350業種収録

業種別 業界情報

2018年版

編集にあたって

　2020年の東京オリンピック・パラリンピックを控え準備が急ピッチで進められています。この影響で建設ラッシュが続いています。東京をはじめとした大都市周辺は不動産・マンションの値上がりが続いています。また、ホテル、サービス業は活況を呈している感があります。この煽りを受けて建設業は勿論のこと各業種全般にわたり人手不足が一段と深刻になっています。また景気の面では輸出がけん引役になって比較的好調を維持し株価に顕著に反映されています。アメリカのTPP離脱宣言により残された11カ国を日本が中心となってなんとかまとめようと努力しています。お隣の中国は一帯一路をスローガン各国に働きかけ、日本も最近は前向きな表明をし、インフラ事業を中心にビジネスチャンスを狙っています。

　国内ではインターネットをはじめとしたe-ビジネスが加速され、バーチャルとリアルの境界線がなくなりつつあります。スポーツ感覚でプレイが出来る e-スポーツまでIT化が進んでいます。世界の時価総額の上位はすべてIT企業が並んでいます。アメリカ、中国企業の名が連なり日本企業は上位にありません。一世代前二世代前は日本企業も上位の仲間に入っていましたが、今は様変わりとなっています。中小企業においてもインターネット・ITの活用次第で収益を大きく左右する要因になっているといっても過言ではありません。製造業では一段とロボット化が進み、介護・医療の分野でも同様でしょう。

　変化の激しい経済環境のなかで経営の一助になればと企画し続けているのが本書です。現状と動向をコンパクトにまとめた本書は企業経営者に役立つものと確信しています。また、中小企業を指導・育成する機関およびコンサルタント業務の皆様には、本書は企業活動の情報源として活用でき、必要な対応策を講じることができます。

　なお、読者の皆さまから問い合わせの多い中小企業の相談窓口および情報収集窓口として便利な中小企業関連団体・機関一覧を巻末に掲載しました。弊社では「業種別業界情報イントラネット版」（CD-ROM）の受注も行っています。詳細については本書巻末にてご案内しています。

目 次　　　　収録350業種

編集にあたって ………… 3	居酒屋チェーン ……… 62	《サービス業》―教育
	オフィスコーヒーサービス業‥ 64	幼稚園 …………… 114
《飲食業》	給食業 …………… 66	保育園 …………… 116
大衆食堂 …………… 8		学童保育所 ………… 118
うどん店(讃岐うどんチェーン店)‥ 10	《サービス業》―娯楽	家庭教師派遣業 …… 120
ファーストフード ……… 12	フィットネスクラブ …… 68	予備校 …………… 122
ハンバーガー店 ……… 14	パチンコ店 ………… 70	ビジネススクール …… 124
ファミリーレストラン …… 16	レジャーセンター ……… 72	資格学校 …………… 126
牛丼店 …………… 18	カラオケボックス …… 74	英会話学校 ………… 128
中華料理店 ………… 20	シネマコンプレックス … 76	モータースクール …… 130
ラーメン店 ………… 22	ゲームセンター ……… 78	プログラミング教室 …‥ 132
焼肉店 …………… 24	ゴルフ場 …………… 80	料理学校 …………… 134
喫茶店 …………… 26	ゴルフ会員権売買業 …‥ 82	ヨガ教室 …………… 136
コーヒーチェーン店 …… 28	スキー場 …………… 84	ダンス教室 ………… 138
回転寿司店 ………… 30	オートキャンプ場 …… 86	通信教育業 ………… 140
持ち帰り弁当店 ……… 32	ボルダリングジム …… 88	
宅配ピザ店 ………… 34	スイミングクラブ …… 90	《サービス業》―専門
食事・食品宅配業 …… 36	囲碁・将棋 ………… 92	公認会計士 ………… 142
和食レストラン ……… 38	水族館 …………… 94	税理士 …………… 144
パスタ専門店 ……… 40	外航クルーズ業(国内クルーズを含む)‥ 96	弁護士 …………… 146
カレー専門店 ……… 42		経営コンサルタント …‥ 148
とんかつ店 ………… 44	《サービス業》―旅行	中小企業診断士 …… 150
ステーキ料理店 …… 46	ホテル …………… 98	建築設計事務所 …… 152
お好み焼き店 ……… 48	ビジネスホテル ……… 100	行政書士 …………… 154
しゃぶしゃぶ料理店 … 50	カプセルホテル……… 102	特許事務所 ………… 156
ぎょうざ専門店 ……… 52	リゾートホテル ……… 104	食品検査業 ………… 158
焼き鳥店 …………… 54	旅館 …………… 106	環境測定業 ………… 160
串焼き・串カツ店 …… 56	温泉旅館 …………… 108	測量調査業 ………… 162
アイスクリームショップ … 58	民泊サービス ……… 110	写真館 …………… 164
バー …………… 60	旅行代理店 ………… 112	商業デザイン業 …… 166

《サービス業》―医療・介護

病院・・・・・・・・・・・・・・・・168
診療所・・・・・・・・・・・・・・・170
歯科医院・・・・・・・・・・・・・172
産婦人科・・・・・・・・・・・・174
小児科・・・・・・・・・・・・・・176
リハビリテーション科・・・・178
メンタルヘルス科(心療内科)・・180
検診サービス機関・・・・・182
臨床検査業・・・・・・・・・・184
治験関連業務委託機関・186
有料老人ホーム・・・・・・・188
グループホーム・・・・・・・・190
訪問介護サービス・・・・・192
デイサービス(通所介護事業所)・194
特別養護老人ホーム・・・196
サービス付き高齢者向け住宅・198
訪問看護ステーション・・・200
鍼灸院・整骨院・・・・・・・202
ペット病院・・・・・・・・・・・・204
福祉用具レンタル業・・・・206

《サービス業》―その他

理容店・・・・・・・・・・・・・・・208
美容院・・・・・・・・・・・・・・・210
エステティックサロン・・・・212
結婚情報サービス・・・・・214
結婚式場・・・・・・・・・・・・216
人材派遣業・・・・・・・・・・218
求人情報サービス業・・・220
福利厚生代行業・・・・・・222
産業廃棄物処理業・・・・224
再生資源回収業(古紙回収業を含む)・226
廃プラスチック再生加工業・228

広告代理店・・・・・・・・・・230
屋外広告業・・・・・・・・・・232
放送局・・・・・・・・・・・・・・234
ケーブルテレビ(CATV)・・236
警備保障業・・・・・・・・・・238
住宅リフォーム・・・・・・・・240
家事代行業・・・・・・・・・・242
家電リサイクル業・・・・・・244
食品リサイクル業・・・・・・246
DPE店・・・・・・・・・・・・・・248
クリーニング店・・・・・・・・250
葬儀社・・・・・・・・・・・・・・252
コインランドリー業・・・・・254
テレマーケティング業(コールセンター)・256
ベビーシッター・・・・・・・・258
アニメ制作業・・・・・・・・・260
宅配ボックス・コインロッカー業・262
ビデオ(DVD)レンタルショップ・264
スーパー銭湯・・・・・・・・・266
チケット取扱業・・・・・・・・268
靴修理業・・・・・・・・・・・・270
ペット関連サービス業・・・272
出版業・・・・・・・・・・・・・・274
総合レンタル業・・・・・・・276

《金融・保険》

クレジットカード・・・・・・・278
消費者金融・・・・・・・・・・280
証券会社・・・・・・・・・・・・282
リース業・・・・・・・・・・・・・284
建設機械器具賃貸業・・286
事務用機械器具賃貸業・288
生命保険会社・・・・・・・・290
来店型保険ショップ・・・・292

ベンチャーキャピタル・・・294

《IT・情報通信》

ネット広告業・・・・・・・・・296
ネットショップ・・・・・・・・・298
ネットカフェ・・・・・・・・・・・300
ソーシャルネットワークサービス業(SNS)・・302
音楽配信サービス業・・・304
ネット証券会社・・・・・・・306
携帯電話・PHS会社・・・308
携帯電話販売業・・・・・・310
ソフトウェア業・・・・・・・・312
データセンター・・・・・・・・314
情報処理業・・・・・・・・・・316
eラーニング業・・・・・・・・318
市場調査(ネット調査)業・・320

《不動産・運輸》

アパート経営・・・・・・・・・322
マンション事業・・・・・・・・324
マンション管理業・・・・・・326
貸ビル業・・・・・・・・・・・・328
不動産業・・・・・・・・・・・・330
不動産仲介業・・・・・・・・332
ビルメンテナンス・・・・・・334
駐車場・・・・・・・・・・・・・・336
倉庫業・・・・・・・・・・・・・・338
レンタルオフィス業・・・・・340
ハイヤー・タクシー・・・・・342
運送業・・・・・・・・・・・・・・344
宅配便業・・・・・・・・・・・・346
レンタカー・・・・・・・・・・・・348
カーシェアリング業・・・・・350
引越し専門業・・・・・・・・・352

高速バス業	354	バイク店	418	食品スーパー	486
自動車整備業	356	自転車店	420	コンビニエンスストア	488
貸会議室	358	スポーツ用品店	422	生活協同組合	490
住宅展示場	360	ゴルフショップ	424	ショッピングモール	492
航空貨物運送業	362	アウトドア用品店	426	アウトレットモール	494
港湾運送業	364	化粧品店	428	ディスカウントショップ	496
土壌改良業	366	調剤薬局	430	ギフトショップ	498
		ドラッグストア	432		

《小売業》

カジュアル衣料品店	368	文具店	434		
既製紳士服店	370	メガネ店	436		
婦人服店	372	コンタクトレンズ販売店	438	**《卸売業》**	
ベビー服・子供服店	374	貴金属店	440	商社	500
ランジェリーショップ	376	宝石リフォーム業(貴金属買取り業)	442	米卸売業	502
シャツ専門店	378	CD・楽器店	444	酒類卸売業	504
ジーンズショップ	380	DIY店	446	食料品卸売業	506
制服・作業服店	382	ガソリンスタンド	448	食肉卸売業	508
呉服店	384	家電量販店	450	水産物卸売業	510
米穀店	386	ブックストア	452	生鮮食品卸売市場	512
フレッシュベーカリー	388	新古書チェーン	454	医薬品卸売業	514
スイーツ専門店	390	ペットショップ	456	鉄鋼卸売業	516
和菓子店	392	ゲームショップ	458	日用雑貨卸売業	518
健康・自然食品店	394	リサイクルショップ	460	鉄屑問屋	520
総菜店	396	均一価格ショップ(100円ショップ)	462	古紙卸売業	522
家具店	398	生活雑貨店	464	書籍取次業	524
インテリア用品店	400	服飾雑貨店	466		
寝具店	402	牛乳販売店(宅配を含む)	468	**《建設業》**	
靴・履物店	404	玩具店	470	総合建設業	526
かばん・袋物店	406	アンテナショップ	472	住宅建設業	528
フラワーショップ	408	手芸店	474	中小工務店	530
園芸店	410	仏具店	476	プレハブ建築業	532
カー用品店	412	カタログ通信販売業	478	土木工事業	534
自動車販売業	414	テレビ通販業	480	内装工事業	536
中古自動車販売業	416	百貨店	482	電気通信工事業	538
		スーパーマーケット	484	塗装工事業	540
				衛生設備工事業(水回り工事)	542
				鉄骨・鉄筋工事業	544

解体工事業 ··········· 546

《製造業》

製菓業 ················ 548
製パン業 ············· 550
清酒製造業 ··········· 552
ワイン製造業 ········· 554
地ビール製造業 ······· 556
清涼飲料製造業 ······· 558
ミネラルウォーター製造業·· 560
コーヒー焙煎業 ········ 562
納豆製造業 ··········· 564
みそ製造業 ··········· 566
しょうゆ製造業 ········ 568
ハム・ソーセージ製造業·· 570
水産練物製造業 ······· 572
漬物製造業 ··········· 574
冷凍食品製造業 ······· 576
健康食品製造業 ······· 578
介護食品製造業 ······· 580
果実加工業 ··········· 582
医薬品製造業 ········· 584
ジェネリック医薬品製造業·· 586
医療機器製造業 ······· 588
福祉機器製造業 ······· 590
防犯機器製造業 ······· 592
家具製造業 ··········· 594
カメラ製造業 ········· 596
ガラス製品製造業 ····· 598
化粧品製造業 ········· 600
楽器製造業 ··········· 602
玩具製造業 ··········· 604
ゲームソフト製造業 ···· 606
自転車製造業 ········· 608

自動車製造業 ········· 610
スポーツ用品製造業 ···· 612
ゴルフ用品製造業 ····· 614
時計製造業 ··········· 616
眼鏡製造業 ··········· 618
タオル製造業 ········· 620
健康機器製造業 ······· 622
食品機械製造業 ······· 624
ワイシャツ製造業 ····· 626
ユニフォーム製造業 ···· 628
インテリア製品製造業 ·· 630
ゴム製品製造業 ······· 632
LED照明製造業 ······· 634
製材業 ··············· 636
ペットフード製造業 ···· 638
工作機械製造業 ······· 640
農業機械製造業 ······· 642
土木建設機械製造業··· 644
合板製造業 ··········· 646
塗料製造業 ··········· 648
印刷業 ··············· 650
香料製造業 ··········· 652
介護(福祉)ロボット製造業·· 654
自動販売機製造業 ····· 656
パソコン製造業 ······· 658
包装・容器製造業 ······ 660
自動車部品製造業 ····· 662
エクステリア製品製造業·· 664
事務用品製造業 ······· 666
電子部品製造業 ······· 668
半導体製造装置製造業· 670
昇降機製造業 ········· 672
ガス・石油機器製造業 ·· 674
洋紙製造業 ··········· 676

セメント製造業 ········ 678
生コンクリート製造業···· 680
電線・ケーブル線製造業·· 682
段ボール製造業 ······· 684
金属プレス加工業 ····· 686
LPG元売業 ··········· 688
農薬製造業 ··········· 690
肥料製造業 ··········· 692
金型製造業 ··········· 694
蓄電池製造業 ········· 696
太陽電池製造業 ······· 698
電力会社 ············· 700
種苗業 ··············· 702
農業法人 ············· 704
植物工場 ············· 706

《資料》主な中小企業関係
　　　　機関一覧 ······709
◆都道府県等中小企業支援センター ··710
◆全国商工会議所 ·······712
◆都道府県商工会連合会···726
◆都道府県中小企業団体中央会··728
◆(一社)中小企業診断協会・各支部·730
　　　総合索引 ·········732

●飲食業●

大衆食堂

最近の業界動向

●食堂・レストランの市場規模は９兆9,039億円

　大衆食堂は、一般的には「家庭の味を安く提供する一般大衆向けの食堂」で、もともと家族経営の店舗が多かったが、平成に入る頃から定食チェーンとして全国展開する企業が増えてきた。現在は家族経営の個人店とチェーン店がそれぞれの良さを出しながら共存している。庶民的で家庭的な雰囲気の一般大衆向け食堂の需要は根強いものがある。小資本・少人数での経営が可能なことから、新規参入・開業が活発であるが、同時に転業や廃業も多い。日本フードサービス協会によると、平成28年の食堂・レストランの市場規模（推計）は、前年比1.1％増の９兆9,039億円となり、前年の3.9％増、前々年の3.5％増と比較して緩やかな伸びとなっている。

●栄養バランスの良いメニューを提供

　大戸屋ホールディングスは、運営する「大戸屋ごはん処」の店舗において、グランドメニューのリニューアルを実施する。平成29年６月１日より、従来のメニューを進化させ、より栄養バランスの良い、新鮮な野菜を豊富に取れるようなメニューを拡充する。東京の新丸の内センタービルディングに新規オープンした店舗では、初めてオープンキッチンを採用し、店内調理している様子が客から見えるようにした。店内には野菜を陳列する野菜ショーケースを設置している。

●人材確保のため環境を整える

　「まいどおおきに食堂」などを展開するフジオフードシステムは、これまで子どもができると辞める従業員が多く、対策として子育てしやすい環境を整えることで人材を確保しようしている。政府が平成27年度から導入した「企業主導型保育」の仕組みを活用し、一定の条件を満たせば国から認可保育園並みの補助金が出る。平成29年１月に本社の近くで開園し、現在は従業員と一般が半々

で利用している。今後もさらに２つの園を開園することが決まっており、この後も増やしていく方針である。

マーケットデータ

●レストラン（和食、すし）の業績

　日経流通新聞「第43回日本の飲食業調査」によると、定食チェーンを含んだ業態がレストラン（和食、すし）をタイプとする大手企業の平成28年度売上高は次の通りである。

レストラン（和食、すし）の業績（平成28年度）

企　業　名	売上高 （百万円）	前年度比 伸び率(%)
フジオフードシステム	56,601	1.6
木曽路（木曽路、素材屋など）	44,912	1.9
大戸屋ホールディングス）	34,342	1.4
甲羅（甲羅本店、かまどなど）	32,661	4.2
梅　　　の　　　花	29,398	0.0
喜代村（すじざんまいなど）	26,000	1.2
がんこフードサービス	22,889	1.9
と　　ん　　で　　ん	21,144	▲4.3
か　　に　　道　　楽	17,600	1.6
な　　　だ　　　万	14,812	―
ライフフーズ(ざめしや、街かど屋など)	12,959	▲0.5
杳間水産(沼津魚がし鮨など)	10,400	1.0
坂東太郎(ばんどう太郎など)	9,288	1.9

（出所）日経流通新聞

●食堂・レストランの市場規模推移

　日本フードサービス協会によると、食堂・レストランの市場規模の推移は次の通り。

食堂・レストランの市場規模推移（単位：億円）

年次	市場規模	年次	市場規模
平17年	86,254	平23年	85,462
18年	88,313	24年	88,158
19年	90,141	25年	91,150
20年	90,800	26年	94,348
21年	88,513	27年	96,905
22年	87,774	28年	99,039

（出所）日本フードサービス協会

業界の特性

●従業員数

　総務省「サービス産業動向調査」によると、平成27年の食堂・レストラン（専門料理店を除く）の従業員数は57万6,700人である。臨時や出向などを除いた常用従業員は48万9,900人で、そのう

ち、正社員・正職員は15.1％の7万4,100人である。専門店等を含めた飲食店全体で見ると、正社員、正職員の比率は20.3％であり、食堂・レストランにおいてはパートやアルバイトなどが多くなっていることが分かる。

●東日本と西日本のスタイル

一口に大衆食堂と言っても、提供する料理やスタイルはさまざまである。一般的に東京では定食型が多いと言われ、大阪から西日本にかけては、小皿の惣菜を好みで組み合わせるスタイルが多いと言われている。夜は居酒屋として営業している店も多い。

●仕入れ

仕入については、チェーン店では本部が一括して大量購入しているケースがほとんどである。個人店では卸売市場や近辺の小売店から仕入れるケースが多い。仕入商品の大半は生鮮食料品であることから、当用仕入（販売状態に応じて一時に少量ずつ、かつ頻繁に仕入れる方法）が多く回転は極めて早い。

●値上げによる顧客離れ

食材費の高騰や人手不足による人件費の上昇で、外食産業の約3割が値上げを検討していると言われている。実際に値上げを実施し、客離れが加速しているところも出てきている。特に人手不足が深刻で、営業時間の短縮や、カット野菜などの利用で調理を簡素化したりしている。また、外食産業は、職場環境が厳しいと捉えられているため、求職者から敬遠されることが多く、高い時給を設定しないと人が集まらない状況となっている。求人のための広告費なども上昇しており、人を確保するために多くのコストがかかり、人手不足が値上げへ、さらには客離れへとつながっている。

ノウハウ

●既存事業との相乗効果

定食専門チェーン「やよい軒」は後発ながら、売上高、店舗数ともに業界トップとなり好調だ。やよい軒を運営するプレナスは、持ち帰り弁当チェーン「ほっともっと」なども運営している（※プレナスは、マーケットデータとして掲載している「レストラン（和食、すし）」と異なる業態のためランキングには入っていない）。成長要因の

一つに「ほっともっと」で培ったリソースを活用できていることが挙げられる。「ほっともっと」は2,600店以上を展開し、売上高1,000億円以上である。大量仕入でコストを下げることはもちろん、物流システムや店舗・メニューづくりにも「ほっともっと」で培ったノウハウが活かされている。「ほっともっと」と「やよい軒」は、食材もターゲットもほぼ同じで似たようなメニューも多く、違いは、お店で食べる「外食」か、出来上がった料理を持ち帰り家で食べる「中食」かである。業態を変えることでうまくすみ分けを行い、最大限に相乗効果を発揮していると言える。

経営指標

ここでは参考として、TKC経営指標（平成29年版）より、「食堂・レストラン（専門料理店を除く）」の数値を掲げる。

TKC経営指標 （変動損益計算書）	全企業　263件	
	平均額（千円）	前年比（％）
売上高	127,737	97.3
変動費	50,075	96.2
仕入高	49,934	96.5
外注加工費	31	58.1
その他の変動費	138	109.5
限界利益	77,662	98.0
固定費	77,402	99.1
人件費	43,129	99.7
減価償却費	3,048	90.4
租税公課	1,212	94.5
地代家賃・賃借料	6,855	102.1
支払利息・割引料	754	94.4
その他	22,403	98.8
経常利益	259	23.0
平均従事員数	22.1名	

今後の課題／将来性

●課題

大衆食堂に限らず、飲食店を含むサービス業全般で人出不足は深刻である。サービス業は労働集約型産業で人の手に頼るところが大きい。人手不足に対応し、大戸屋ホールディングスはセルフレジを導入した。注文用タブレット端末も配備する。平成29年4月に試験導入した店舗では、客の25％程度が利用したという。今後は、効果を見極めながら設置店を増やす予定である。各社は労働環境を良くして人材の確保を図っている。

●飲食業●

うどん店
（讃岐うどんチェーン店）

最近の業界動向

●そば・うどんの市場規模は1兆2,397億円

　日本フードサービス協会の資料によると、平成28年のそば・うどん店の市場規模（推計）は、前年比0.2％増の1兆2,397億円となり、前年の5.8％増に比べ伸びはゆるやかであった。ここ数年の市場規模は増加傾向で、各店の競争は厳しさを増していたが、平成28年はほぼ横ばいとなり、やや落ち着きが感じられる。

そば・うどん店の市場規模推移（単位：億円、％）

項　目	平26年	平27年	平28年
外食産業計	246,148 (2.5)	251,006 (3.2)	254,169 (0.1)
飲食店	132,204 (2.4)	136,325 (3.1)	138,767 (1.8)
そば・うどん店	11,696 (1.7)	12,373 (5.8)	12,397 (0.2)

（注）料理品小売業を除く、カッコ内は対前年比増加率
（出所）日本フードサービス協会

●うどん店の海外展開

　うどん店の海外展開は、「丸亀製麺」が現在、アジアを中心に11の国と地域で198店舗（平成29年7月現在）を持つ。同社では、インドネシアの店舗において、ハラール認定を申請中である。承認を得ることで、インドネシア全土のどの宗教の人にも安心して利用してもらうことができる。宗教的、衛生管理的に審査に合格した安心・安全なものを提供するために、豚肉を使わないオリジナルメニューを提供している。また、うどん店「つるとんたん」は、海外初進出先として、ニューヨークのユニオン・スクエア・カフェ跡地を選び、平成28年に店をオープンさせた。当初は麺に馴染みのあるアジア人を中心に広まっていたが、あくまでもターゲットは米国人とし、全米展開も視野に入れている。

●トリドールが香港のラーメン店を買収

　うどん店「丸亀製麺」を運営するトリドールは平成29年5月15日、香港で人気の中華麺店チェーンの運営会社を買収すると発表した。今回の買収は同社にとって過去最大のM&Aであり、香港での出店を拡大する。また、中華麺店チェーンは上海を中心に60店舗を展開しており、現地の幅広い層に人気がある。馴染みのある中華麺を加えることで、中国市場の開拓を進めるのが狙いである。

●6年ぶりに「山田うどん」を再開

　関東地方でうどんチェーンを展開する山田食品産業は、平成23年から6年ぶりに「山田うどん」の出店を再開した。平成29年1月、JR五反田駅近くに「山田うどん食堂」を開業。出店エリアは郊外のロードサイドからオフィス街や繁華街に拡大する。メニューは、うどんと丼物を中心に20種類程度に絞った。駅前や商業施設などに効率よく出店していく。

マーケットデータ

●うどん・そばチェーンの業績

　日経流通新聞「第43回日本の飲食業調査」によると、うどん・そば店を展開する企業のうち売上高の上位は次の通りである。市場規模はほぼ横ばいの0.2％増であったが、各社の伸び率を見ると、2.4％～24.0％まで売上高を伸ばしている企業がある一方、数％減少している企業もあり、二極化が顕著だ。また、店舗数を大幅に増やした企業は比例して売上高も向上しており、逆に店舗数を減らした企業の売上高は下がっている。

うどん・そばチェーンの業績（平成28年度）

社　名	売上高 （百万円）	前年度比 伸び率（％）	店舗数 直営	FC
トリドール（丸亀製麺など）	94,239	5.2	877	0
は　な　ま　る	27,624	9.1	411	0
グ ル メ 杵 屋	27,084	▲2.8	410	23
三ツ和（小諸そば、嵯峨野）	8,348	2.4	87	10
山田食品産業（山田うどん）	8,100	▲1.8	161	10
ゆ で 太 郎 シ ス テ ム	7,049	24.0	54	77
美 　々 　卯	5,294	▲7.4	23	0
歌 　行 　燈	4,316	▲7.6	48	0

（出所）日経流通新聞

●1世帯当たりのそば・うどんの年間支出額

　総務省「家計調査年報」によると、1世帯当たりの「日本そば・うどん」の年間支出額は次表の通りである。平成28年の日本そば・うどんの年間

— 10 —

支出額は5,486円で、前年に比べて6.0％減少している。一般外食全体では2.6％減少しているが、中華そばは3.5％増、他の麺類は0.5％増であり、日本そば・うどんだけが減少傾向にある。

1世帯当たりの年間支出額の推移 （単位：円）

年次	一般外食	日本そば・うどん	中華そば	他のめん類
平24年	150,724	5,061	5,431	1,736
25年	156,638	5,430	5,929	2,014
26年	157,578	5,399	5,929	1,988
27年	162,014	5,835	6,030	2,069
28年	157,730	5,486	6,246	2,080

（出所）「家計調査年報」

業界の特性

●店舗数

NTTタウンページの「iタウンページ」によると、平成29年7月現在、うどん店の登録件数は2万2,055件である。都道府県別では東京都の2,634件が最も多い。次いで埼玉県（1,448件）、愛知県（1,301件）、大阪府（1,262件）と続いている。

●単価

メニューはうどんのほか、トッピングとして天ぷらなどの揚げ物やおにぎりがあり、企業によってはどんぶりやおでんなども提供している。うどんのサイズは小、中、大、または並、大、特など呼び方は異なるが1〜3玉程度のサイズを取り揃えている。はなまるの主な価格は次表の通り。うどんは小サイズ（1玉）の料金である。

商　品	価　格
つけだしのうどん	300〜450円
かけだしのうどん	130〜450円
好みのうどん	200〜430円
ミ　ニ　丼	380円
天ぷらなどの揚げ物	100〜140円
お　に　ぎ　り	120円〜
お　で　ん	90円〜

●立地

セルフ式うどん店の出店地域は、オフィス街や繁華街、郊外の街道沿い、ショッピングセンター、駅ナカなどである。

ノウハウ

●そば店への進出

九州を地盤にうどん店などを展開するウエストは、関東地方の開拓に乗り出す。関東でニーズの高いそばを中心にロードサイドに展開していく。取得した土地の面積や客層に応じて、「ウエスト」や「生そば　あずま」のブランドを使い分ける。また、北九州市の商業施設内に接客スタッフを配置しないセルフ方式の店舗をオープンした。人手不足に対応した店舗で、従来の7〜8人必要だったスタッフが5人程度で済む。人手不足は深刻で、24時間営業の店舗を減らすなど対応に迫られている。セルフ方式の拡大を検討しており、今回の出店で今後の出店拡大を検討する。

経営指標

ここでは参考として、TKC経営指標（平成29年版）より、「そば・うどん店」の数値を掲げる。

TKC経営指標（変動損益計算書）	全企業　145件	
	平均額（千円）	前年比（％）
売上高	79,530	99.6
変動費	24,861	99.7
仕入高	24,813	102.1
外注加工費	79	14.2
その他の変動費	44	48.9
限界利益	54,669	99.5
固定費	53,744	101.1
人件費	30,843	100.9
減価償却費	2,689	101.4
租税公課	987	98.8
地代家賃・賃借料	4,845	107.9
支払利息・割引料	555	95.5
その他	13,822	99.4
経常利益	925	52.5
平均従事員数	13.0名	

今後の課題／将来性

●課題

外食産業では店舗運営を担うパートやアルバイトの確保が課題となっている。また、工場でも人手不足は深刻化している。このため、讃岐うどん店を展開するはなまるでは、うどんの消費期限を伸ばし、一定の在庫を常に確保できるようにする。工場の生産を平準化させ、無理な勤務シフトを組まなくても対応できるようにする。外食各社では、人手不足対策が喫緊の課題となっている。

《関連団体》　一般社団法人日本麺類業団体連合会
東京都千代田区神田神保町2－4
TEL　03（3264）6265

●飲食業●

ファーストフード

最近の業界動向

●外食産業は25兆4,169億円

　日本フードサービス協会の資料によると、平成28年の外食産業の市場規模（推計）は、前年比0.1％増の25兆4,169億円であった。ファーストフードとコンビニエンスストアで、客の奪い合いが激しくなっている。コンビニエンスストアが「イートイン」併設型の店舗を増やす一方、ファーストフード店では既存店の改装を進め、客席やトイレなどを快適にし、顧客の取り込みを図っている。

●ミスタードーナツの新しい成長戦略

　ダスキンが運営する「ミスタードーナツ」は、他の外食産業と同様に人手不足の問題に加え、手軽なコンビニエンスストアのドーナツに押される形で、売上が減少している。同社は、これまで店舗内にキッチンを備え、手作り感を出した「店内調理」を売りにして展開してきたが、平成28年11月に横浜市でテイクアウト専門の「Mister Donut to go（ミスタードーナツ トゥゴー）」1号店をオープンさせた。今後も、既存のキッチンがある店舗からキッチンのない店舗を増やしていく。これまで出店が難しかった駅構内や駅ビルなど、利便性の高い場所を中心に空白商圏を開拓する考えだ。平成29年度に2店舗、その後は全国に200店舗の展開を目指す。

●ネットでの宅配注文や座席予約を強化

　すかいらーくは、ネットでの宅配注文や座席予約を強化している。主力の「ガスト」では、スマートフォンから花見会場や会議室などへのオードブルなどの注文を受ける。スマートフォンからの注文時には、全地球測位システム（GPS）と連動したアプリ「ガストアプリ」などで最寄りの店舗を検索し注文画面を呼び出せる。母の日などの記念日に、自宅で宅配サービスを利用する動きが広がっていることを受け、宅配サービスを強化する考えだ。また、宅配ピザなどと比べ、メニューや

ブランドの多様さを売りとして差別化している。これまでも、年代や性別などの属性ごとにクーポンの切り替えを行うなど、アプリやビッグデータを使った販売促進の対策を得意としてきた。今後もネットを通じた予約や注文を増やすため、得意分野と連携させながらサービスを向上させることが課題の一つとなるであろう。

マーケットデータ

●外食産業の市場規模

　日本フードサービス協会の資料によると、平成28年のファーストフードのハンバーカー店やお好み焼き店が含まれるその他の飲食店の市場規模は、前年比6.3％増の1兆2,303億円であった。なお、ファーストフード市場全体（チキン、ドーナツ、サンドイッチ、アイスクリーム、ラーメン、セルフ式うどん・そば、天丼・天ぷら、定食チェーン、回転寿司等）では、3兆円前後で推移していると予想される。

外食産業市場規模推移（単位：億円、％）

項　目	市場規模			対前年比
	平26年	平27年	平28年	
外食産業計	246,148	254,006	254,169	0.1
飲食店	132,204	136,325	138,767	1.8
食堂・レストラン	94,348	97,986	99,039	1.1
そば・うどん店	11,696	12,373	12,397	0.2
すし店	13,916	14,394	15,028	4.4
その他の飲食店	12,244	11,572	12,303	6.3

（出所）日本フードサービス協会

●ファーストフード（洋風）の業績

　日経流通新聞「第43回日本の飲食業調査」によ

ファーストフード（洋風）の業績（平成28年度）

企業名	売上高（百万円）	前年度比伸び率
日本マクドナルドホールディングス	438,488	16.4
日本ケンタッキー・フライド・チキン	114,854	▲1.1
モスフードサービス	105,194	▲1.2
ダスキン（ミスタードーナツ）	81,724	▲10.7
ペッパーフードサービス	26,710	38.5
ロッテリア	26,065	▲2.1
イタリアントマト	15,900	▲6.5
ファーストキッチン	9,127	▲1.0
チタカ・インターナショナル・フーズ	8,532	▲11.1
フレッシュネス	8,035	2.0

（出所）日経流通新聞

ると、ファーストフード（洋風）を展開する企業のうち、売上高上位10社は表の通りである。前年度比の伸び率がマイナスとなっている企業が多い中、苦戦していた日本マクドナルドホールディングスが、伸び率16.4％と好調である。

●事業所数、店舗数

日本フードサービス協会の資料によると、同協会の会員を対象としたファーストフードの事業所数は減少したが、店舗数、客数、客単価ともに増加している。特に洋風は、店舗数が若干減少したものの客数、客単価ともに伸び率が高く、売上高も大きく伸ばしている。

事業所数、店舗数

項 目	平28年12月現在		平29年6月現在	
	事業所数	店舗数	事業所数	店舗数
洋 風	17	6,410	14	6,283
和 風	14	2,456	14	2,957
麺 類	23	3,314	20	3,372
回転寿司	15	2,295	15	2,243
その他	10	2,616	9	2,640
合 計	54	17,091	50	17,495

※業態が重複する企業があるため合計値は累積に一致しない。
（出所）日本フードサービス協会

業界の特性

●店舗数

店舗数については公的な資料は見当たらない。前述した日経流通新聞調査の上位10社の店舗数を合計すると7,946店舗あり、中小の店舗を合わせると1万4,000店舗程度はあると推測される。平成27年度の同店舗数は8,435であり、減少傾向にあることが分かる。

●分類

ファーストフードを分けると、洋風と和風がある。洋風を食材別に分類すると、①ハンバーガー、②ドーナツ、③フライドチキン、④アイスクリーム、⑤サンドイッチなどがある。一方、和風には①うどん・そば、②寿司、③弁当、④牛丼などが代表的である。

ノウハウ

●コラボ店の出店を加速

ウェンディーズ・ジャパン傘下のファーストキッチンは、平成30年から両ブランドのコラボ店「ファーストキッチン・ウェンディーズ」の新規出店を始める。これまではファーストキッチンの既存店をコラボ店に転換してきたが、今後は直営で出す新店はコラボ店にする。コラボ店は、ウェンディーズのハンバーガーや、ファーストキッチンのデザートなどの人気メニューを揃えている。ウェンディーズがファーストキッチンを買収したのを機に転換を加速し、2020年までに50店を新設する計画だ。両ブランドの強みが生かせるため、売り上げの伸びが期待できる。

経営指標

ファーストフードの指標が見当たらないので、ここでは参考としてTKC経営指標（平成29年版）より、「他に分類されない飲食店」の数値を掲げる。

TKC経営指標 （変動損益計算書）	全企業　132件	
	平均額（千円）	前年比（％）
売上高	124,619	98.7
変動費	44,114	97.3
仕入高	44,186	97.8
外注加工費	45	52.1
その他の変動費	29	90.5
限界利益	80,504	99.4
固定費	78,810	99.6
人件費	41,078	99.5
減価償却費	2,949	93.4
租税公課	1,254	93.7
地代家賃・賃借料	9,806	97.9
支払利息・割引料	693	102.7
その他	23,189	101.8
経常利益	1,693	90.5
平均従事員数	19.5名	

今後の課題／将来性

●課題

外食各社は宅配サービスに力を入れているが、深刻な人手不足で配達要員の確保は難しい。配車アプリの米ウーバーテクノロジーの宅配サービスを導入するなど、外部委託を活用して宅配事業を拡大させている。また、コンビニエンスストアとの競争も激化しており、消費者の「食」のスタイルの変化に素早く対応する必要がある。

《関連団体》　一般社団法人日本フードサービス協会
　　東京都港区浜松町1－29－6
　　　浜松町セントラルビル9F・10F
　　TEL　03（5403）1060

●飲食業●

ハンバーガー店

最近の業界動向

●ハンバーガーチェーンの売上高は増加

日本フランチャイズチェーン協会の「FC統計調査」によると、平成28年度のハンバーガーチェーンの売上高は5,985億8,800万円で、前年度に比べて10.4％の増加であった。また、店舗数は同1.8％減（96店減）の5,162店である。売上高は日本マクドナルドなど、大手チェーンの売り上げが回復したことで伸長した。

ハンバーガーチェーンの売上高、店舗数

項　　目	平27年度	平28年度	増減 （前年比）
チェーン数	8	8	―
店舗数	5,258	5,162	▲1.8％
売上高（百万円）	542,106	598,588	10.4％

（注）調査期間平成27年7～9月
（出所）日本フランチャイズチェーン協会

●日本マクドナルド、再成長への取り組み

品質管理問の発生で深刻な客離れが起こった日本マクドナルドは、売上高が以前の水準に戻りつつある。平成29年からは地域密着の採用活動を始め、求職者などに向けた仕事体験会を開いている。イベントの実施により、アルバイトの採用が例年の同時期より3倍程度増えている。また、全店でクレジットカード払いを導入する。電子マネーも交通系電子マネー「suica」や「PASMO」も使えるようにする。訪日外国人の増加を見込み、海外で普及している後払い方式の電子マネーにも対応する。再建に向け、大型バーガー「グラン」の販売も始め、再成長に動き出している。

●「ドムドムバーガー」の再建

ダイエー傘下のオレンジフードコートは、ハンバーガーチェーンの「ドムドムバーガー」を、ホテル運営のレンブレラントホールディングスに売却することを平成29年5月に発表した。ドムドムバーガーは、ダイエーを親会社として、昭和45年に日本最古のハンバーガーチェーンとしてスタートした。全盛期には355店舗を展開していたが、ダイエーの不振に伴う閉店から現在は55店舗となり、売上の低迷が問題視されていた。レンブレラントホールディングスは、平成29年7月に買収した「ドムドムバーガー」の再建に着手した。食材の見直しなどでメニューを刷新し、開店時間も短縮する。今後は駅前などにも出店を検討し、Wi-Fiの導入や客席の刷新などで利便性や快適性を高めて集客を図る。

●「低糖質バーガー」の提供

ウェンディーズ・ジャパン傘下のファーストキッチンは平成29年8月、パンのバンズを使わないバーガーを発売した。低糖質バーガー「ワイルドロック」は、ビーフパティで野菜やベーコンエッグを挟んだバーガーだ。また、モスバーガーを運営するモスフードサービスも低糖質バーガーの販売を始めた。期間限定で発売したが、好評だったため毎月1日に販売する。消費者の健康志向を受け、健康をうたった商品は、価格が多少高くても売れる傾向にある。

●「UMAMI BURG（ウマミバーガー）」上陸

米国発祥のハンバーガー店「UMAMI BURG（ウマミバーガー）」が平成29年3月、東京・青山にオープンした。アパレル関連事業のメディロスホールデイングスが平成28年に店舗展開の独占契約を米国本部と結び、ウマミバーガージャパンが運営を手掛ける。バーガーには、牛肉やチーズなどのうま味成分を含んだ食材を用い、昆布などの独自の調味料を加えている。メニューは、日本人の味覚に合った商品を中心に揃えた。今後、国内で10店舗の開業を目指している。

●朝メニューの刷新

バーガーキング・ジャパンは、6商品ある朝メニューのうち、5商品を刷新した。手作業で成形したクロワッサンを焼き上げ、オムレツなどを挟んで食べやすくした。コーヒーと一緒に注文してもらい、客単価を引き上げたい考えだ。朝食需要の取り込みを図るため、外食チェーンでは朝メニューの強化を図っている。

マーケットデータ

●大手チェーン店の売上高

日経流通新聞の「第43回日本の飲食業調査」に

よると、平成28年度の売上高上位250社にランクされているハンバーガー店（業態がファストフード（洋風））を営む大手企業は表の通りである。

平成28年度上位企業の業績（単位：百万円、％）

社　名	売上高	前年度比伸び率	店舗数 直営	店舗数 FC
日本マクドナルド	438,488	16.4	939	1,972
モスフードサービス（モスバーガー）	105,194	▲1.2	80	1,312
ロッテリア	26,065	▲2.1	302	124
ファーストキッチン	9,127	1.0	97	36
フレッシュネス（フレッシュネスバーガー）	8,085	2.0	50	112

（出所）日経流通新聞

業界の特性

●立地

経営上大切なのは立地である。これは、すべての小売業、サービス業に共通するが、ハンバーガー店の簡易な食事においては特に重要である。好立地の条件は、学生を中心としたヤング層、ニューファミリー層の通行量が多い地点を選ぶことが必要になる。

●営業時間

営業時間は長くなる傾向があり24時間営業の店が増えていたが、最近は減っている。ただし24時間でなくとも、朝7時前後開店、夜10時以降閉店と長時間営業の店が多い。

●世代

第一世代と呼ばれるのは、マクドナルドなど、店舗数が多く低価格で商品を提供する店舗で、第二世代は、その反動で登場したグルメなハイエンドバーガーを提供する店舗である。最近は第三世代と呼ばれる中価格帯のハンバーガーが登場してきている。店内調理や安全安心を標榜する特長もあり、今後も新たな展開がありそうだ。

ノウハウ

●モスの産直野菜フェスタ

モスフードサービスは、旬のレタスやトマトを店長や店舗スタッフが近隣の協力農家で収穫し、直接店舗に持ち帰りハンバーガーなどに使用する「モスの産直野菜フェスタ」を平成26年から継続して開催している。平成29年6月は茨城県でのレタスの収穫で、茨城県内の各店舗から29名が参加した。開催地は旬の時期に合わせ、全国の産地を高原地域から沖縄へと移動するリレー方式で行っている。モスフードサービスでは、店舗で使用する野菜はカット野菜ではなく、厳選した協力農家の野菜を丸ごと仕入れて使用するなど、新鮮な野菜にこだわってきた。近隣で収穫された野菜を、物流拠点などを介さず店舗に直接運ばれるこの「モスの産直野菜フェスタ」は、モスフードサービスならではの取り組みと言える。

経営指標

ここでは参考として、TKC経営指標（平成29年版）より、「ハンバーガー店」の数値を掲げる。

TKC経営指標（変動損益計算書）	全企業 20件 平均額（千円）	全企業 20件 前年比（％）
売上高	218,885	102.5
変動費	84,828	102.0
仕入高	84,734	101.9
外注加工費	—	—
その他の変動費	119	107.8
限界利益	134,056	102.8
固定費	132,241	102.4
人件費	66,913	102.0
減価償却費	5,040	93.9
租税公課	412	132.4
地代家賃・賃借料	20,999	115.1
支払利息・割引料	786	86.1
その他	38,090	98.2
経常利益	1,815	156.3
平均従事員数	37.6名	

今後の課題／将来性

●課題

マクドナルドなど、店舗数が多く低価格で商品を提供する第一世代、その反動で登場したグルメなハイエンドバーガーを提供する第二世代に加え、第三世代と呼ばれる中価格帯のハンバーガーが登場してきている。価格以外にも、例えばセントラルキッチンではなく店内調理を特長とするなど、ここ数年で新たな特長を持つハンバーガー店が増えてきた。ハンバーガーは子どもからお年寄りまで幅広い世代に人気があり、価格や素材、調理方法などにも特長があり、顧客にとっては選択肢が広がっている。各社の特長やコンセプトとターゲットを明確にし、展開していくことが必要だ。

— 15 —

●飲食業●

ファミリーレストラン

最近の業界動向

●24時間営業の中止が広がる

　ファミリーレストランなどの外食チェーンで、深夜営業を見直す動きが広がっている。ファミリーレストラン「ロイヤルホスト」は、24時間営業の店をなくし、午前０時に閉店にするなど営業時間の見直しをした。深夜時間帯の客の減少や人手不足などが背景にある。携帯電話やSNSの普及で、顔を合わさずに交流する若者が増えるなど、深夜時間帯の利用が減少している。「ガスト」や「バーミヤン」などを運営するすかいらーくも、平成28年12月に深夜営業の見直しを発表した。深夜営業縮小の動きが広がっている。

●シニア層の取り込み

　ファミリーレストラン各社は、シニアが利用しやすいよう店内の改装に乗り出している。また、高齢者向けのメニュー開発も進めている。ロイヤルホールディングスは、トイレの手すりを新設したりしてバリアフリーの環境づくりを進める。座席の配置は、祖父母を含めた３世代の利用を見込み、４人席から６人席に変更していく。また、大型改装や新店開業に合わせて、ロータイプの椅子に切り替えていく。すかいらーくは、和食ファミレス「藍屋」で店内改装を進め、座敷用のテーブルを高くするカバーを導入して、座敷で椅子を使うシニアに対応する。ファミリーレストラン各社は、３世代での利用を取り込むため、バリアフリー化や店内の改装などを急いでいる。

●人気の「ちょい飲み」に各社が対応

　すかいらーくが展開する「ガスト」や「バーミヤン」では、グランドメニューを刷新し、メニューの品目数を増やした。「ちょい飲み」の需要に対応するため、豊富なつまみを揃え、アルコール類は紹興酒や梅酒、赤ワイン、生ビールなどを安い料金で提供している。品質の良いアルコールとサイドメニューが破格の価格で提供できるのは、

仕入から調理まで一貫して自社で行うことで徹底的にムダを排除しているからである。また、デニーズも全店でグランドメニューを大改訂し、季節感のあるメニューを入れたほか、税別500円以下のサイドメニューを28種類取り揃えた。アルコールと選べるサイドメニューを楽しむ「Myデニ」タイムを提案する。平成29年８月からは「ほろデニセット」として、ビールと８種類の選べるサイドメニューのセットを税別500円で提供する。

マーケットデータ

●市場規模

　日本フードサービス協会の資料によると、平成28年の食堂・レストランの市場規模は前年比1.1％増の９兆9,039億円で、前々年の3.5％増、前年の2.7％増と比べると年々伸び率はゆるやかになっているが、底堅く推移している。

食堂・レストランの市場規模

年　　次	平26年	平27年	平28年
市場規模（億円）	94,348	96,905	99,039
対前年比（％）	3.5	2.7	1.1

（出所）日本フードサービス協会

●大手の売上高ランキング

　日経流通新聞の「第43回日本の飲食業調査」によると、平成28年度のファミリーレストラン大手チェーン企業の店舗売上高は表の通り。

ファミリーレストランの売上高（平成28年度）

社　名	売上高 （百万円）	前年度比 伸び率(%)	店舗数 直営	FC
すかいらーく （ガスト、ジョナサン等）	348,423	1.1	2,903	71
サイゼリヤ	112,865	2.7	1,028	0
セブン＆アイ・フードシステムズ （デニーズ等）	73,817	▲4.5	762	2
ジョイフル	62,878	2.9	728	54
アレフ（びっくりドンキー）	59,446	▲1.0	137	205
ロイヤルホスト	37,964	▲2.7	―	0
サトレストランシステムズ （和食さと）	29,297	2.9	254	1
サガミチェーン	25,700	0.4	227	36
KRフードサービス （かごの屋）	23,480	4.6	107	0
安楽亭	18,744	▲3.4	176	48
ブロンコビリー	18,010	13.1	108	0
馬車道	14,622	▲6.7	133	0
ファイブスター	11,443	0.3	93	0

（出所）日経流通新聞

●事業所数と店舗数

日本フードサービス協会によると、同協会加盟会員社のうち、ファミリーレストランの業態別事業所数と店舗数は次表の通り。事業所数は洋風で減少しているものの、中華、焼肉で増加している。店舗数は、事業所数が減少した洋風でも増加しており全業態で増加している。特に焼肉では事業所数と店舗数ともに大幅に増加している。

事業所数、店舗数

項　　目	平28年6月現在		平29年6月現在	
	事業所数	店舗数	事業所数	店舗数
洋　　風	23	4,898	20	4,910
和　　風	25	2,032	25	2,099
中　　華	10	1,221	12	1,358
焼　　肉	13	1,145	18	1,392
合　　計	47	9,296	51	9,795

（注）業態が重複する企業があるため合計値は累積に一致しない
（出所）日本フードサービス協会

業界の特性

●店舗数

最大手のすかいらーくは、グループ内で約3,000店舗を展開している。そのうち、最も多いのは「ガスト」の1,359店舗、次に「バーミヤン」の331店舗、「ジョナサン」の301店舗と続く。他にはサイゼリヤが1,028店舗、「デニーズ」などを展開するセブン＆アイホールディングスは762店舗、ジョイフル728店舗、「びっくりドンキー」を展開するアレフが342店舗となっている。

●セントラルキッチン

ファミリーレストランでは、幅広い顧客層にマッチした豊富なメニューを、気軽に利用できる低価格で提供することから、大手チェーン店が圧倒的に多く、規模の経済を発揮している。食材は国内のみならず世界中から仕入れており、調達、加工、物流までを一貫して自社で行っている。これにより外部コストの削減、スピードの向上が実現し、低価格での料理提供が可能となっている。

ノウハウ

●人手不足に対応した取り組み

「セルフレジ」の導入や厨房機器の刷新など、ファミリーレストラン各社は人手不足に対応したさまざまな取り組みを行っている。すかいらーくは、平成29年5月から首都圏にある「ガスト」を中心に「セルフレジ」の導入を進める。従業員よりも早く正確に会計ができ、昼時などの混雑時の人手不足を解消する狙いがある。また、グループ内の複数の店舗で宅配ドライバーを共有し、人員の適切な配置を進める。共同配送の仕組みを整えることで、宅配需要の高まりに対応する。ロイヤルホールディングスは、ロイヤルホスト全店の厨房機器を刷新する。一部の工程を自動化することで、品質の安定と従業員の作業負担の軽減を図る。少ない人員で効率的に店舗を運営できる体制を整える。

経営指標

ファミリーレストランを対象にした指標は見当たらないので、ここでは参考として、TKC経営指標（平成29年版）より、「食堂・レストラン（専門料理店を除く）掲げる。

TKC経営指標 （変動損益計算書）	全企業　263件	
	平均額（千円）	前年比（%）
売上高	127,737	97.3
変動費	50,075	96.2
仕入高	49,934	96.5
外注加工費	31	58.1
その他の変動費	138	109.5
限界利益	77,662	98.0
固定費	77,402	99.1
人件費	43,129	99.7
減価償却費	3,048	90.4
租税公課	1,212	94.5
地代家賃・賃借料	6,855	102.1
支払利息・割引料	754	94.4
その他	22,403	98.8
経常利益	259	23.0
平均従事員数	22.1名	

今後の課題／将来性

●課題

ファミリーレストランを含む外食産業では、深刻な人手不足となっている。対策の一つとしてセルフレジの導入がある。さらなる利用拡大のためには、既存システムと連携したレジ開発を前提としつつ、現在は支払いができない現金での支払いや操作のしやすさなど顧客の利便性を高めることも必要だろう。

《関連団体》　一般社団法人日本フードサービス協会
　　東京都港区浜松町1－29－6
　　TEL　03（5403）1060

●飲食業●

牛 丼 店

最近の業界動向

●大手３社の既存店売上高

牛丼大手３社の平成27年度の既存店売上高の推移を見ると、松屋が好調である。松屋は「プレミアム牛めし」の販売が伸び、14期ぶりに純利益が75％増となった。平成29年２月は売上高が若干のマイナスとなったが、定食メニューが人気となり、それ以外の11カ月は全てプラスとなっている。また、「すき家」は、牛丼・カレーのバリエーションを充実させてメニューを幅広く揃え、セット商品が好調だった。「吉野家」では、売上高に占める牛丼比率は５割前後と「牛丼一筋」のまま、「豚丼」の復活や地域特性を生かした地域限定メニューの「ご当地鍋」や、ソフトバンク利用者向けの牛丼の無料販売などキャンペーンも奏功して対前年比が大きく伸びたが、通期を通して対前年同月度売上のプラス・マイナス幅が他社に比べて大きい。

大手３社の既存売上高推移 （前年同月比）

年・月	すき家	吉野家	松屋
平28年 ４月	▲0.6%	6.7%	2.8%
５月	▲1.3%	0.1%	5.4%
６月	1.5%	4.7%	7.7%
７月	8.4%	2.3%	7.3%
８月	1.8%	▲13.1%	1.9%
９月	3.4%	▲2.8%	5.4%
10月	▲4.7%	15.1%	4.0%
11月	4.1%	0.8%	5.3%
12月	0.3%	▲1.1%	4.5%
平29年 １月	▲3.1%	▲2.3%	3.5%
２月	1.3%	▲4.6%	▲0.6%
３月	0.2%	1.1%	4.2%

●牛丼大手３社の戦略

牛丼大手３社は、牛丼以外の戦略が異なる。「すき家」を展開するゼンショーは、スーパーなどのM&Aによって規模を拡大し、全体の運用コストを下げることで成長の起爆剤としている。「吉野家」は、気軽さ・使いやすさを売りにし、ボトルキープもできて、牛煮込みやビールを楽しみながら、牛丼でしめるちょい飲みの「吉呑み」サービスを展開している。「松屋」は、トンカツや唐揚げのチェーン店である揚げ物系の「松のや・松乃家・チキン亭」に力を入れている。

●ロボット活用への取組み

ゼンショーホールディングスでは、回転寿司チェーン「はま寿司」に実験導入している「Pepper（ペッパー）」に続いて、飲食業におけるロボット活用による店舗サービスの向上や新たな付加価値の提供の可能性を探るため、大阪大学大学院石黒研究室と卓上ロボットによる「おもてなし」に関する共同研究を開始した。また、吉野家では、従業員の労働環境整備について、ロボット技術の導入による作業負荷の軽減など、さまざまな取り組みを進めている。

マーケットデータ

●大手チェーンの売上高

日経流通新聞の「43回飲食業調査」によると、主な牛丼チェーンの平成28年度の売上高と店舗数は次の通り。３社とも堅調であるが、特にゼンショーホールディングスは前年度比5.2％増の4,492億2,600万円となった。

平成28年度の上位企業の業績 （単位：百万円、％）

社　名	売上高	前年度比伸び率	店舗数	
			直営	FC
ゼンショーホールディングス（すき家、なか卯など）	449,226	5.2	合計4,364	
吉野家ホールディングス（ 吉 野 家 ）	100,018	1.3	1,119	88
松 屋 フ ー ズ（ 松 屋 ）	86,687	3.9	1,066	7

（出所）日経MJ

●一般外食、和食の年間支出金額

総務省の「家計調査年表」によると、平成28年

１世帯当たりの年間支出額 （総世帯）（単位：円）

年次	一般外食	食　事	和　食
平24年	150,724	120,475	20,965
25年	156,638	124,582	21,389
26年	157,578	125,438	22,313
27年	162,014	127,504	23,476
28年	157,730	126,180	22,715

（出所）総務省「家計調査年報」

における和食への支出額は前年比3.2％減の２万2,715円であった。

業界の特性

●牛丼チェーン大手３社の店舗数

前述の日経流通新聞「43回飲食業調査」によると、牛丼チェーン大手３社の平成28年度の店舗数合計は6,644店（直営、FC合計）となっている。

●健康をキーワードにした商品メニュー

すき家は、「すき家de健康」をテーマとした商品開発を行い、「まぐろなめろう丼」（並盛税込650円）やベーコンアスパラ朝食（並盛税込350円）、ケイジャンソースによるまろやかでスパイシーに仕上げた「アボカド牛丼」（並盛税込490円）を販売している。吉野家は、冬の定番商品として半日分の野菜が摂れる「牛すき鍋膳」、６種類の野菜が摂れて免疫力を高める効果のあるシールド乳酸菌入りの「新とん汁」（190円）など、健康志向の商品を発売した。松屋は、まぐろ・山形だし・とろろで構成された「三色丼」（並盛国産生野菜セットで税込650円）を期間限定で発売した。この「三食丼」は、女性従業員によって結成された「松やスパーク委員会」発案により開発され、化学調味料、人工甘味料、合成着色料、合成保存料を使用しない身体にやさしいメニューである。

●労務環境の改善の施策を実施

ゼンショーホールディングスは、グループ会社も含めた労務環境の改善のための施策を実施している。例えば、月80時間を超える残業者をゼロにするため、勤務時間管理の徹底を図り、退社から出社までの11時間（欧州連合の規制）の間隔を空け、一定の休息時間を確保する「インターバル勤務制度」の導入を始めた。平成29年内に一部店舗で実験を始め、２年後までにグループ全体への拡大を目指す。「すき家」のような飲食店では、通常正社員は店長の１人だけで、数人のアルバイトが主体となって店舗を運営している。アルバイトが休むと、店長が出勤してカバーする場合が多い。労働負荷が高まっているため、軽減する必要があった。

ノウハウ

●高齢者向け商品の販売

吉野家は、主に介護施設を対象とした業務用商品として、高齢者向け牛丼の具「吉野家のやさしいごはん」の販売を開始した。咀嚼・嚥下機能が低下している高齢者向けに、弱い力でも噛めるよう具材を小さくした「やわらかタイプ」と、舌で摺り潰せるまで具材を刻んだ「きざみタイプ」の２種類がある。また、乳酸菌入りの豚汁とけんちん汁を発売した。乳酸菌は免疫効果や整腸作用があるとされ、健康志向の顧客ニーズを取り込みたい考えだ。

経営指標

牛丼店の指標は見当たらないので、ここでは参考として、TKC経営指標（平成29年版）より、「他に分類されない飲食店」の数値を掲げる。

TKC経営指標 （変動損益計算書）	全企業　132件	
	平均額（千円）	前年比（％）
売上高	124,619	98.7
変動費	44,114	97.3
仕入高	44,186	97.8
外注加工費	45	52.1
その他の変動費	29	90.5
限界利益	80,504	99.4
固定費	78,810	99.6
人件費	41,078	99.5
減価償却費	2,949	93.4
租税公課	1,254	93.7
地代家賃・賃借料	9,806	97.9
支払利息・割引料	693	102.7
その他	23,189	101.8
経常利益	1,693	90.5
平均従事員数	19.5名	

今後の課題／将来性

●課題

アルバイトやパートの採用が進まない中、平均時給が増加するなど人件費の上昇は経営の重荷となっている。シニア層の積極的な採用を促進し、教育システムの構築によって即戦力化する取り組みが求められている。

●将来性

IT化をより積極的に推進して、食材調達コストや廃棄ロスを削減し、調理業務の効率化や、パート・アルバイトの人材配置を最適化することが成長要因になってくるであろう。

●飲食業●

中華料理店

最近の業界動向

◉中華料理店チェーンの売上高は2.3％減

日本フランチャイズチェーン協会によると、平成28年度の中華料理店8チェーンの合計売上高は、1,135億5,300万円で、前年度に比べて2.3％の減少となった。また、店舗数は1,218店で前年度に比べて1.7％（21店舗）減少した。

中華料理店のチェーン数、店舗数、売上高

項　目	平27年度	平28年度	前年度比
チェーン数	8	8	0％
店舗数（店）	1,239	1,218	▲1.7％
売上高（百万円）	116,280	113,553	▲2.3％

（出所）日本フランチャイズチェーン協会

◉海外店舗の拡大

国内の少子高齢化や人口減少を背景に、外食市場は低迷が続いている。これを受け、大手中華料理チェーンは海外に活路を求めている。王将フードサービスは平成29年1月、日本の「焼餃子」を世界へ発信し、グローバル企業へと飛躍するため台湾に進出した。大阪王将を運営するイートアンドは、平成28年9月に台湾に初進出し、中国や香港、シンガポールなどに店舗を広げている。これらの動きは、今後も続くものと予想される。

◉油そば専門店の店舗数を拡大

中華料理店「大阪王将」を展開するイートアンドは、油そば専門店の店舗数を拡大する。油そばは、汁の無いそばにローストビーフを載せ、肉の量を3段階に増やすことができる。SNSで話題となり若者を中心に人気となっている。

◉エフアールジェイがチャーハン専門店の出店を加速

吉野家ホールディングスグループのエフアールジェイは、チャーハン専門店の出店を進める。平成29年度中に10店舗を開店する計画で、牛丼店「吉野家」などの退店跡地の活用も検討するなど、グループの連携を強化する。チャーハン専門店

「妙王（チャオ）」は、「肉あんかけチャーハン」が主力メニューで、既存店は黒字化している。店舗拡大を進めるため、平成28年に吉野家ホールディングスの出資を受けた。物流や食品加工などでも連携を強化していく。

マーケットデータ

◉大手中華業態の売上高ランキング

日経流通新聞の「第43回日本の飲食業調査」によると、レストラン（中華）、ファミレス（中華）の業態における大手中華チェーンの平成28年度の店舗売上高上位企業は次表の通り。

売上高上位企業の売上高（平成28年度）

社　名	売上高（百万円）	伸び率（％）	店舗数 直営	店舗数 FC
王将フードサービス（餃子の王将ほか）	91,500	▲2.3	486	231
イートアンド（大阪王将ほか）	29,645	—	72	364
際コーポレーション（紅虎餃子房、万豚記）	27,686	1.4	309	17
銀座アスター食品	11,700	0.9	41	0
ぎょうざの満州	7,336	8.2	84	0
東天紅	6,654	7.7	18	0
聘珍樓	6,268	▲3.9	25	0
五味八珍	4,639	2.5	42	7
浜木綿（四季亭、東桃蹊ほか）	4,020	3.4	29	2

（出所）日経流通新聞

◉中華そば、中華色の年間支出額

総務省「家計調査年報」によると、平成28年の中華食の1世帯当たり年間支出額は前年比2.27％増の4,535円、中華そばは同3.6％増の6,246円となっている。

1世帯当たりの年間支出額（総世帯）（単位：円）

年次	中華食	中華そば	年次	中華食	中華そば
平19年	5,206	5,625	平24年	4,043	5,431
20年	5,113	5,865	25年	4,631	5,929
21年	4,448	5,618	26年	4,552	5,929
22年	4,328	5,950	27年	4,436	6,030
23年	4,029	5,710	28年	4,535	6,246

（出所）総務省「家計調査年報」

業界の特性

◉中華料理店数

NTTタウンページ「iタウンページ」によると、中華料理店の数は平成29年9月1日現在1万

4,526店となっている。

中華料理店数

地域	店舗数	地域	店舗数	地域	店舗数
全　国	14,526	富　山	89	島　根	57
北 海 道	317	石　川	161	岡　山	145
青　森	89	福　井	76	広　島	297
岩　手	92	山　梨	130	山　口	76
宮　城	281	長　野	255	徳　島	75
秋　田	59	岐　阜	218	香　川	105
山　形	84	静　岡	531	愛　媛	144
福　島	177	愛　知	783	高　知	69
茨　城	394	三　重	192	福　岡	472
栃　木	267	滋　賀	76	佐　賀	58
群　馬	255	京　都	262	長　崎	242
埼　玉	879	大　阪	1,082	熊　本	162
千　葉	690	兵　庫	588	大　分	89
東　京	2,529	奈　良	113	宮　崎	97
神 奈 川	1,135	和 歌 山	128	鹿 児 島	154
新　潟	183	鳥　取	68	沖　縄	101

（出所）「iタウンページ」

●中華料理店の３分類

中華料理店は①大衆店、②中華そば店、③高級中華料理店の３タイプに分かれている。中華そば店は麺類とチャーハンなどのご飯類が主体で、ラーメン店と表示する店が多い。高級中華料理店では本場の高級料理を提供する店が多く、料理の味はもちろん、店舗の内装や、店員の服装・接客などでも高級感を演出している。

●食の安全

食材の仕入れは、個別企業が店舗ごとで行うことが一般的である。近年は消費者の安全志向の高まりから、国内食材の使用を進める企業が増えている。

●中華料理店の出店場所

中華料理店は、タイプによって顧客ターゲットが異なり、立地条件も変わる。郊外店では駐車場の完備が必須であり、主に家族を顧客ターゲットとし、オフィス街近辺や駅前の繁華街などでは会社員が顧客ターゲットである。高級中華料理店では、中華料理の味や店舗の内外装の高級感を醸し出すことが重要であり、立地は比較的限定されない。中華そば屋は特に立地によって業績が大きく左右されることから、昼食の集客力が高いオフィス街近辺や駅前の繁華街などの立地が有利である。中華そば屋ではいかに昼食以外の顧客をどう

集めるかが重要である。

ノウハウ

●ネット、コラボ商品の販売

王将フードサービスは、ECショップを開設し、生ラーメン人気定番セットなどを販売している。自宅の周辺に「餃子の王将」の店舗がなくても、ギフト用途や自宅などで餃子の王将の商品を楽しんでもらうことを想定している。また、大阪王将は、エースコックとのコラボラーメン「大阪ラーメン」を販売した。

経営指標

ここでは参考として、TKC経営指標（平成29年版）より、「中華料理店」の数値を掲げる。

TKC経営指標 （変動損益計算書）	全企業　114件	
	平均額（千円）	前年比（％）
売上高	84,168	96.3
変動費	25,208	95.7
仕入高	25,279	96.2
外注加工費	—	—
その他の変動費	35	98.6
限界利益	58,960	96.5
固定費	57,693	97.0
人件費	33,542	98.4
減価償却費	2,339	96.5
租税公課	1,073	106.8
地代家賃・賃借料	6,731	95.7
支払利息・割引料	538	91.7
その他	13,467	93.9
経常利益	1,266	78.9
平均従事員数	13.1名	

今後の課題／将来性

●課題

外食業界は、アルバイト・パートの比率が高く、非正規雇用に強く依存した構造である。外食業界の慢性的な人手不足による賃金ベースの高まりで、人件費も上昇している。人件費の上昇コストを吸収する取り組みが喫緊の課題となっている。また、採用するシニア層や外国人の非正規雇用者を、いかに即戦力として教育するかも課題となっている。

《関連団体》　全国中華料理生活衛生同業組合連合会
　東京都台東区根岸１－１－17
　TEL　03（5603）0288

— 21 —

●飲食業●

ラーメン店

最近の業界動向

●「ちょい飲み」需要の取り込みを強化

ラーメン店をチェーン展開する大手は、アルコールやつまみの品揃えを増やして、「ちょい飲み」需要の取り込みを強化している。割安なつまみメニューの拡充や、店内の改装でテーブル席を増やすなどして、グループでの利用を促している。日本フランチャイズチェーン協会によると、平成28年度のラーメン・餃子のチェーンの売上高は前年度比0.8％増、店舗数は同1.4％増加している。ただ、顧客ニーズも多様化し、新メニューの開発など顧客を飽きさせない工夫も必要だ。

●ラーメンの「一風堂」がマザーズ上場

博多ラーメン「一風堂」を展開する力の源ホールディングスは、平成29年3月21日に東証マザーズに上場した。シンガポールに海外統括拠点を置き、国内、海外での店舗を拡大するため上場による資金調達力を生かす。海外事業では日本の味を基準に、現地に合った味付けの濃さや塩度などを施し、柔軟な発想で現地に受け入れやすいラーメンに変え海外展開をしてきた。また、米国では出店を加速し、東南アジアではイスラム教徒の人向けに鶏ベースのラーメンを提供し、ミャンマーでの出店も計画している。

●吉野家、松屋フーズがラーメン店に参入

吉野家ホールディングスは平成28年6月27日、都内を中心にラーメン店を展開している「せたが屋」を傘下に収めた。「せたが屋」は、昼間は塩ラーメン専門店「ひるがお」、夜は「せたが屋」という二毛作と呼ばれる経営で知られている。また、松屋フーズは、平成29年4月18日にイオンモール日の出店（東京・日の出町）内のフードコートにラーメン店「トマトの花」1号店を出店した。都心部の店舗賃料が高騰していることから、一定の集客が見込めるショッピングセンター内を中心に出店を増やしていきたい意向だ。「8番ら

ーめん」を展開するハチバンは、フードコート向け新業態を展開する。平成29年3月24日に大型商業施設のフードコート向けの新業態である「8番らーめんEXPRESS」の1号店を、イオンモール新小松（石川県小松市）に出店した。新業態では、冷凍麺を使って調理時間を短縮し、10種類の野菜を盛り付けたラーメンを主力商品にする。

●ハイデイ日高が出店攻勢に出る

ラーメン店「日高屋」を展開するハイデイ日高は、平成30年2月期の新規出店を30店とし、出店攻勢に出る。都心部での好立地不足や人手不足などで出店数が減少傾向にあったが、アルバイトの待遇改善などを進めて出店体制を整える。手当の支給や店員の労働時間を減らすなどして、早期退職を防ぐ。また、酒類やつまみメニューを増やして、仕事帰りの会社員などの需要を取り込む。

●ラーメンで訪日客を誘致

福岡県は、福岡の知名度アップにつなげるため、「豚骨ラーメン」を観光ツールとして活用している。平成28年暮れからは、豚骨ラーメンで外国人を呼び込むためにインスタグラムを使って、海外の店舗で食べた豚骨ラーメンの写真を投稿した中から抽選で「FUKUOKA」と書かれたTシャツなどが当たるキャンペーンを海外で展開した。訪日外国人による国内の豚骨ラーメン店のにぎわいは、インターネットや口コミでの情報の広がりによることも要因である。

マーケットデータ

●大手チェーンの売上高

日経流通新聞の「43回飲食業調査」によると、

売上高上位企業の売上高（平成28年度）

社　名	売上高 （百万円）	伸び率 （％）	店舗数	
			直営	ＦＣ
幸楽苑ホールディングス （　幸　楽　苑　）	39,951	▲1.6	528	16
ハイデイ日高 （中華そば日高屋）	38,614	4.9	397	2
一　　　　　蘭	15,042	19.7	62	0
グローバート・ジャパン （らあめん風月嵐など）	12,259	▲0.2	57	178
丸　千　代　山　岡　家 （ラーメン山岡家）	11,110	10.3	149	0
ハチバン（8番らーめん）	11,076	▲2.8	23	116

（出所）日経流通新聞

レストラン（麺類）、ファーストフード（麺類）などの業態における平成28年度の上位企業の売上高は表の通り。

●中華そばの年間支出額

総務省の「家計調査年表」によると、平成28年の中華そばの支出額は前年比2.5％増の6,149円となった。中華そばの支出は増加傾向にある。

1世帯当たりの年間支出額（総世帯）（単位：円）

支出額 年	一般外食	中華そば	他のめん類 外食
平24年	146,359	5,349	1,926
25年	154,533	5,654	2,083
26年	155,988	5,640	2,083
27年	159,167	5,999	2,268
28年	158,011	6,149	2,345

（出所）総務省「家計調査年報」

業界の特性

●ラーメン店のチェーン数

日本フランチャイズチェーン協会によると、平成28年度のラーメン・餃子のチェーンの売上高は前年度比0.8％増の2,509億3,000万円、店舗数は同1.4％増の5,185店となっている。

ラーメン・餃子店のチェーン数、店舗数、売上高

項　　目	平27年度	平28年度	前年度比
チェーン数	97	98	1
店舗数（店）	5,115	5,185	1.4％
売上高（百万円）	249,056	250,930	0.8％

（出所）日本フランチャイズチェーン協会

●個人経営が多い

ラーメン店は個人経営が多く、経営形態別に個人が8割、法人2割程度で、小規模の店が多い。また、廃業による入れ替えも目立つ。

●専門店の店舗形態

ラーメン専門店の店舗形態としては、カウンターのみのものや、テーブルとカウンターからなるものが多い。個人経営が多く、小規模零細店が多い。

●激しい競争環境

ラーメン店は飲食店の中では初期投資を比較的少なく抑えられるため、開業が容易であると言われている。多くの店舗が新しく開業する一方で、同時に多くの店舗が閉店するなど、新陳代謝の激しい業種であると言える。他店に真似できない味

と、地域に根差した経営など、周辺の競合店との差別化をしっかりと打ち出す必要がある。

ノウハウ

●ハラル対応ラーメン

ラーメン店チェーンの景勝軒は、イスラム教の戒律に沿ったハラル対応のラーメン店をオープンした。イスラム教徒専用の礼拝堂を設け、鶏肉などを使ったラーメンを提供する。同社はカレー店も運営しているが、カレー店でハラル対応のつけ麺を販売したところ、ムスリムの来店客から好評であった。今後は群馬県や栃木県を中心に店舗を増やし、イスラム圏への進出も目指している。

経営指標

ここでは参考として、TKC経営指標（平成29年版）より、「ラーメン店」の数値を掲げる。

TKC経営指標 （変動損益計算書）	全企業　97件	
	平均額（千円）	前年比（％）
売上高	117,836	102.9
変動費	40,636	105.4
仕入高	40,438	105.3
外注加工費	125	95.9
その他の変動費	113	113.4
限界利益	77,199	101.7
固定費	76,882	105.2
人件費	44,585	107.5
減価償却費	3,078	101.5
租税公課	970	96.0
地代家賃・賃借料	8,770	105.4
支払利息・割引料	579	101.0
その他	18,877	101.2
経常利益	317	11.2
平均従事員数	17.2名	

今後の課題／将来性

●課題

外食業界では慢性的な人手不足による賃金ベースの高まりや食材費の高騰により収益が悪化している。ラーメン店は中小規模店が多く、生き残るためには地元密着や機動性といった中小規模店ならではの強みを生かした差別化を図ることが必要だろう。

《関連団体》　全国中華料理生活衛生同業組合連合会
　　東京都台東区根岸1－1－17
　　TEL　03（5603）0288

●飲食業●

焼 肉 店

最近の業界動向

●牛肉の需給動向

農林水産省の資料によると、平成28年度の牛肉の消費量は、米国の生産量の回復傾向の影響を受けて輸入量が増加したことにより、前年度比3.8％増の86万1,000トンとなった。また、生産量は平成21年度から一貫して減少を続けており、平成28年度の国内生産は前年度比2.5％減の32万4,000トンとなった。平成28年度の国内生産の減少は、肉専用種やホルスタイン種が減少していることも影響している。輸入は米国産の生産量回復などにより、前年度比7.9％増の52万6,000トンとなった。牛肉の消費量、生産量と輸入量は次の通り。

牛肉の生産量と輸入量（単位：千トン）

年度	平24	平25	平26	平27	平28
消費量	859	867	846	830	861
生産量	360	354	352	332	324
輸入量	506	536	517	487	526

（注）消費量は、生産量・輸入量・輸出量及び期末在庫より推定した出回り量
（出所）農林水産省

●コロワイドがM&Aで事業拡大

外食大手のコロワイドがM&Aで事業拡大を図っている。子会社のレインズインターナショナルが「フレッシュネスバーガー」のフレッシュネス、焼肉店「牛角」の北米事業を買収した。「牛角」の北米事業は、直営とフランチャイズチェーンの合計で39店を運営している。店舗当たりの平均売上高は日本国内よりも上回っている。買収に伴い、進出していない地域を中心にフランチャイズによる出店を加速させる方針だ。

●焼肉店「伊藤課長」の出店を進める

居酒屋チェーンつぼ八は、首都圏を中心に焼肉店「伊藤課長」の出店を進める。「伊藤課長」は鮮度にこだわったホルモンを主力とし、現在15店を運営している。肉料理は女性や高齢者にも人気が広がり、既存店の売上高は順調に拡大してい

る。今後は狭い立地や人手不足に対応するため、小型店の出店を増やす。また、平成28年8月には、家族層や学生をターゲットに食べ放題の「満腹焼肉」を開いた。国内の居酒屋チェーンは苦戦しており、新業態の強化を図る。

●個室を充実させる

コロワイド傘下のアトムは、郊外型焼肉店の出店を拡大する。平成28年10〜11月に開店した店舗は、大半を個室としたほか、今後の新設店は個室を充実させる。アトムが運営する焼肉店「カルビ大将」は、客単価が2,500円ほどで郊外店では家族連れの客が増えている。気兼ねなくくつろげる個室は家族連れに人気が高く、6人前後まで利用できる。世代別に5段階の料金設定の食べ放題メニューも揃えた。

マーケットデータ

●大手チェーンの売上高

日経流通新聞の「43回飲食業調査」によると、レストラン（焼肉）を業態とする平成28年度の店舗売上高は次の通り。

売上高上位企業の売上高（平成28年度）

社　名	売上高（百万円）	伸び率（％）	店舗数 直営	店舗数 ＦＣ
あ　み　や　き　亭	30,564	2.0	242	0
ワン・ダイニング（ワンカルビなど）	23,439	7.1	116	0
叙　々　苑	21,213	3.8	57	0
アスラポート（牛角など）※	21,142	3.9	22	248
トマトアンドアソシエイツ（じゅうじゅうカルビなど）	13,788	8.9	78	39
富士達（七輪焼肉安々など）	7,950	8.9	113	6
牛繁ドリームシステム（牛繁）	6,134	2.5	110	20
ゼンショク（焼肉でんなど）	4,501	▲12.9	59	0

（注）アスラポートは旧プライム・リンク
（出所）日経流通新聞

●チェーン企業の売上高等

日本フランチャイズチェーン協会の資料によると、焼き肉・その他の一般レストラン店のチェー

チェーン企業の売上高、店舗数（単位：百万円）

項　目	平27年度	平28年度	前年度比 増　減
チェーン数	65	67	2
店　舗　数	5,578	5,543	▲0.6％
売　上　高	544,325	532,456	▲2.7％

（出所）日本フランチャイズチェーン協会

ン（67社）の平成28年度の売上高は、前年度比2.2％減の5,324億5,600万円、店舗数は35店減少の5,444店となっている。

業界の特性

●店舗数

NTTの「iタウンページ」によると、平成29年8月31日現在焼肉店の登録件数は2万862件である。都道府県別では東京都（2,110件）が最も多い。次いで大阪府（1,703件）、愛知県（1,337件）、北海道（1,138件）、神奈川県（1,071件）、と続いている。

●客単価、客席数、客回転率で決まる売上高

売上げは客単価、客席数、客回転率で決定される。客単価は、大衆店と高級店の価格差は大きくない。客席数は、コンロ付きテーブルの設置や店内の油煙の影響で、テーブル数が限定されてしまう。例えば、33㎡の店舗面積では、調理場面積を差し引くと5卓の設置が限界である。客回転率を高めるため、昼間はランチサービスを行っている店が多い。

●営業形態とメニュー

焼肉店は、大きく、①ホルモン焼店、②朝鮮料理店、③日本風焼肉レストランに分けられる。また、メニューは、①焼肉類（レバー、ロース、タン、カルビなど）、②ライス物（ビビンバ、カルビクッパ、テグタンなど）、③野菜類（サンチュ、ナムル、サラダなど）、④スープ、⑤漬物類（キムチ、カクテキなど）である。

●立地や顧客ターゲットからみた3分類

焼肉店は、高級業態、大衆向け業態、ファミリー向け業態に区分される。高級業態では、店舗の内外装や照明、店員の服装や接客サービスなど全てにおいて高級な雰囲気を演出し、良質な肉を提供する。サラリーマンの接待や友人等のイベントなどで使用され、多くは利便性の良い駅前や繁華街に出店している。大衆向け業態では、内外装に費用をかけず、良質な肉を安価に提供することが特徴であり、比較的アルコール類の売上比率が高い店舗である。顧客ターゲットが仕事帰りのサラリーマンなどで、駅前や繁華街に出店することが多い。ファミリー向け業態では、明るく開放的な雰囲気の内外装で多種多様なメニューを揃え、バイキング形式の店舗が多く、郊外に比較的大きな駐車場を持ち、車で入りやすい道路沿いに店舗を構える場合が多い。

ノウハウ

●新鮮で手頃な価格のメニューを提供する

人気の焼肉店は、新鮮な肉やホルモンを手頃な価格で提供している。急成長している「焼肉BARさんたま」を運営する「さんたま」は、鮮度を保つため契約する業者から専用便を使って各店に食材を配送している。豚の内蔵肉系は食材センターで当日の朝処理され、その日のうちに提供される。食べ放題やレストランスタイル、ターゲットも家族連れや学生、サラリーマンなどさまざまだが、新鮮で値ごろ感のあるメニューを提供することが不可欠だ。

経営指標

ここでは参考として、TKC経営指標（平成29年版）より、「焼肉店」の数値を掲げる。

TKC経営指標 （変動損益計算書）	全企業	75件
	平均額（千円）	前年比（％）
売上高	169,204	102.1
変動費	69,908	101.8
仕入高	70,042	102.0
外注加工費	0	100.0
その他の変動費	45	428.1
限界利益	99,296	102.3
固定費	93,283	100.7
人件費	56,560	102.9
減価償却費	4,272	104.4
租税公課	1,031	101.3
地代家賃・賃借料	7,367	98.0
支払利息・割引料	505	87.1
その他	23,545	86.3
経常利益	6,012	133.6
平均従事員数	28.3名	

今後の課題／将来性

●将来性

女性や高齢者にも肉料理の人気が広がり、新業態の焼肉店も増えている。大手チェーン店は出店を加速させており、競争は激化している。

《関連団体》　事業協同組合全国焼肉協会
　　東京都中央区日本橋茅場町2－5－6
　　TEL　03（3669）8929

●飲食業●

喫 茶 店

最近の業界動向

●喫茶店の市場規模は1.0％減の１兆1,175億円

　コーヒーチェーン店が台頭し、フルサービス型のコーヒー店は苦戦を強いられている。一方、居心地の良さを前面に出したコーヒー店の人気が広がり、コーヒーチェーン店でも座席数を減らしたりして居心地の良い空間を演出している。日本フードサービス協会の資料（推計）によると、平成28年の喫茶店の市場規模は前年比1.0％減の１兆1,175億円であった。

●澤井珈琲が銀座に路面店を出店

　コーヒー豆の卸小売業の澤井珈琲は平成28年10月、東京・銀座に路面店を出店した。１階はコーヒーと紅茶のショップ、地下がカフェだ。コーヒーは２杯分のポットサービス（680円）で、メニューを書いたカードは持ち帰ることができ、集めるとオリジナルグッズと交換できる。また、コーヒー豆の製造・卸小売を手掛ける小川珈琲は、京都府を中心に24店舗を展開し、このうち23店舗で喫茶店を併設している。喫茶店は子会社の小川珈琲クリエイツが運営している。小川珈琲はオーガニックに加え、国際認証を得たコーヒーの取り扱いに力を入れている。併設する喫茶店では、さまざまなコーヒーの知識を持つバリスタが淹れた本格的なコーヒーを楽しむことができる。また、珈琲教室やイベントも開催している。

●定額制のコーヒー店

　飲食サイト運営のfavy（ファビー）は平成28年10月、定額制のコーヒー店「coffee mafia（コーヒーマフィア）」を開業した。月額2,000円で会員になると、200円のコーヒーが１日１杯無料になる。定額制を導入することで、一定の売り上げが見込め、固定客も確保できるメリットがある。東京・西新宿のオフィス街にあり、ビジネスマンが気軽に立ち寄るほか、地元住民の需要もあるという。ほかに300〜500円程度のコーヒーも提供し、コー

ヒー以外のメニューも揃えている。

マーケットデータ

●市場規模

　日本フードサービス協会の資料（推計）によると、平成28年の喫茶店の市場規模は前年比1.0％減となり、拡大基調から減少に転じた。なお、大手コーヒーチェーン店の売上高に関しては、コーヒーチェーン店に掲載しているので、ご参照下さい。

喫茶店の市場規模（単位：億円）

項　　目	平26年	平27年	平28年
外食産業計	246,148	254,006	254,169
料飲主体部門	50,655	51,887	50,650
喫茶店	10,921	11,291	11,175
居酒屋等	10,380	10,596	10,077
料亭	3,509	3,586	3,514
バー・キャバレー	25,845	26,414	25,884

（出所）日本フードサービス協会

●１世帯当たりの喫茶代の年間支出額

　総務省「家計調査年報」によると、平成28年における１世帯当たりの喫茶代の年間支出額は前年比8.0％増の6,453円で、増加傾向が続いている。

１世帯当たりの喫茶代の年間支出額（単位：円）

年次	支出額	年次	支出額
平19年	5,294	平24年	5,015
20年	5,280	25年	5,628
21年	5,120	26年	5,709
22年	5,143	27年	5,973
23年	5,121	28年	6,453

（出所）総務省「家計調査年報」

業界の特性

●営業施設の許可件数の推移

　厚生労働省「衛生行政報告例」によると、喫茶店営業施設の許可件数の推移は次の通り。平成27年度の喫茶店営業施設は前年度比3.8％減の22万138施設で、8,582施設も減少した。コーヒーチェーン店の台頭で個人経営の喫茶店は厳しい経営環

喫茶店営業施設の許可件数の推移

年度	営業施設数	年度	営業施設数
平20	292,889	平24	249,670
21	285,757	25	238,510
22	270,933	26	228,720
23	263,925	27	220,138

（出所）厚生労働省「衛生行政報告例」

境にある。
●都道府県別の喫茶店営業施設の許可件数
同じく、厚生労働省「衛生行政報告例」によると、平成27年度の喫茶店営業施設22万138施設のうち、都道府県別の上位は次の通り。

都道府県別の喫茶店営業施設の許可件数

順位	都道府県	施設数	順位	都道府県	施設数
1	東京都	22,638	6	埼玉県	8,955
2	愛知県	18,662	7	長野県	7,654
3	大阪府	16,136	8	福岡県	7,120
4	神奈川県	10,568	9	北海道	7,039
5	兵庫県	9,573	10	千葉県	7,433

（出所）厚生労働省「衛生行政報告例」

●立地場所
立地場所の良し悪しで売り上げが大きく左右される。立地場所については①駅前型、②学生街型、③オフィス街型、④盛り場型、⑤幹線道路沿い型などに分けられる。

●コーヒー豆の価格
代表的なコーヒー豆には、レギュラーコーヒーに使われる「アラビカ種」と、主にインスタント向けに使われる「ロブスタ種」がある。コーヒー豆価格の推移は次の通り。

コーヒー豆（アラビカ種、ロブスタ種）の価格推移

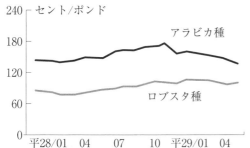

（出所）世界経済のネタ帳

●喫茶店などの遊休スペースを活用した預かりサービス
都内の喫茶店などの遊休スペースを活用した荷物の一時預かりサービスが登場した。シェアリングエコノミーベンチャーのエクボが始めたサービスで、訪日外国人観光客の利用を見込んでいる。喫茶店などが貸し出し施設の空いた場所を預かり所として登録し、利用者は地図上で空きを確認して予約する。東京・渋谷を中心に100カ所以上の施設が登録されている。店舗側は遊休スペースを貸し出すことで新たな収入源となる。

ノウハウ

●地方の中核都市に出店地域を広げる
ファミリーレストラン大手のすかいらーくは、カフェ「むさしの森珈琲」を展開している。「高原リゾートの珈琲店」をコンセプトに、首都圏で12店を展開しているが、地方の中核都市に出店地域を拡大する。数種類のコーヒーやスイーツ、食事メニューも揃えている。注文は座席で取るフルサービス型で、顧客設定は30～50代の女性が中心だが、シニア層なども取り込みたい考えだ。

経営指標
ここでは参考として、TKC経営指標（平成29年版）より、「喫茶店」の数値を掲げる。

TKC経営指標	全企業	100件
（変動損益計算書）	平均額(千円)	前年比(％)
売上高	74,614	100.1
変動費	22,542	98.4
仕入高	22,423	98.4
外注加工費	9	94.4
その他の変動費	32	99.9
限界利益	52,162	100.8
固定費	50,729	97.4
人件費	27,311	97.2
減価償却費	2,277	89.0
租税公課	929	107.9
地代家賃・賃借料	7,356	100.9
支払利息・割引料	423	91.2
その他	12,424	96.9
経常利益	1,433	▲384.7
平均従事員数	15.2名	

今後の課題／将来性

●課題
コーヒーチェーンの台頭で街中の喫茶店は厳しい経営が続いている。最近ではフルサービス型のゆったりとくつろげる喫茶店が人気となっている。コーヒーチェーンでも座席数を減らしたりして居心地の良さをアピールしている。本格的なコーヒーを楽しみたい人が増えており、こだわりのある美味しいコーヒーとくつろげる空間を提供することでリピーターを増やすことが必要だろう。

《関連団体》　全国喫茶飲食生活衛生同業組合連合会
　　東京都台東区根岸1-6-12-801
　　TEL　03（5603）1011

●飲食業●

コーヒーチェーン店

最近の業界動向

●国内コーヒーの消費量は拡大

消費者の生活スタイルの多様化により、こだわりの一杯型商品やカフェインレスが人気となっている。また、コンビニエンスストアなどによるコーヒー市場や家庭用レギュラーコーヒー市場などが拡大している。全日本コーヒー協会によると、平成28年の国内コーヒーの消費量は前年比2.3％増の47万2,535トンと4年連続増加し、過去最高の見込みである。一方、堅調に拡大していた喫茶店の市場規模は減少傾向にある。日本フードサービス協会の資料によると、平成28年の喫茶店市場規模は、前年比1.0％の減の1兆1,175億円となった。

コーヒーの国内消費、喫茶店の市場規模（単位：トン、億円、％）

年　次	平26年	平27年	平28年	前年比
コーヒーの国内消費	449,908	461,892	472,535	2.3
喫茶店市場規模	1,0921	11,291	11,175	▲1.0

（出所）全日本コーヒー協会、日本フードサービス協会

●消費者向けのスクールの開催

コーヒーが身近になり、知識を深めておいしいコーヒーを飲みたいという消費者も増えている。コーヒーチェーンは、これらの顧客の新たなニーズに応えるため、消費者向けのスクールを開くなどの工夫をしている。タリーズコーヒーは利用客からの要望を受け、コーヒースクールを開催している。

●来店客の好みにあったコーヒーの提供

スターバックスコーヒー「東京ミッドタウン店」は、店員がカウンターで来店客の豆や抽出方法の好みを聞いてこだわりの一杯を提供する高級店だ。来店客は数種類ある希少な豆を選べるほか、抽出方法もコーヒープレスで淹れたりするなど数種類の中から好みを指定できる。

●カフェ・ド・クリエがカフェインレスコーヒーを発売

カフェ・ド・クリエを展開するポッカクリエイトは平成29年7月、カフェインを控えたいお客の要望に応えるため、カフェインレスコーヒーとアイスカフェインレスコーヒーを発売した。カフェインを97％除去し、コクのあるモカを配合することで酸味とコクのバランスを整え奥深いコーヒーの風味はそのままに味わうことができる。

●セルフサービス型カフェの出店拡大

キーコーヒーは、セルフサービス型カフェ「キーズカフェ」の出店を加速させる。「キーズカフェ」は一般のフランチャイズチェーンと異なり、店の運営を個人や事業者に任せている。加盟料やロイヤルティーは徴収せず、キーコーヒーから定期的に豆を仕入れてもらう。メニューは各店が決める。キーコーヒーはコーヒー豆の卸先を拡大するため、集客力の高い専門店内に出店先を広げ、出店の拡大に合わせメニューの開発なども強化していく。

●コメダが全国展開に向けて動く

コメダホールディングスは、空白地帯だった東北北部3県のうち岩手県に初出店し、青森県、秋田県でも出店のパートナーを選定し、沖縄県を除く都道府県全域に店舗網を拡大する。既にコーヒーチェーン大手のドトール・日本レスホールディングスやスターバックスコーヒージャパンは全国で展開しており、競争が激化するのは必須だ。

マーケットデータ

●大手コーヒーチェーンの売上高

日経流通新聞の「第43回日本の飲食業調査」に

大手コーヒーチェーンの売上高（平成28年度）

社名（主な店名）	売上高 （百万円）	前年度比 伸び率(%)	店舗数	
			直営	ＦＣ
ドトールコーヒー （ドトールコーヒーショップ等）	88,748	0.0	335	1,014
ジェイアール西日本フード サービスネット（デリカフェ）	23,204	4.6	195	0
シャノアール （カフェ・ベローチェ等）	13,520	▲1.4	193	0
東和フードサービス （椿屋珈琲店等）	10,597	2.3	120	0
ポッカクリエイト （カフェ・ド・クリエ等）	10,333	4.5	110	80
銀座ルノアール （喫茶室ルノアール）	7,926	4.3	118	3
重　光（ＨＡＲＢＳ）	6,147	9.1	33	0
心斎橋ミツヤ（ピッコロ等）	3,111	—	37	

（注）重光の売上高は決算資料より
（出所）日経流通新聞

－ 28 －

よると、「喫茶」を業態とする大手チェーン店の平成28年度売上高は表の通りである。単価が高めのコーヒーが好調で、人件費にかかるコスト高を補っている。価格戦略だけでは成長は難しく、高級でも消費者に受け入れられるような工夫が必要で、コーヒー需要をどう取り込むかが課題となっている。

業界の特性

◉店舗数

前述の日経流通新聞の調査によると、平成28年度の大手チェーン8社の店舗数合計は直営（1,141店）、FC（1,097店）である。

◉コーヒーショップのチェーン数、店舗数

日本フランチャイズチェーン協会によると、平成28年度のコーヒーショップのチェーン数は前年度に比べて2チェーン増加して43チェーンである。また、コーヒーショップの店舗数は前年度比6.1％増の5,897店となっている。売上高は同7.7％増の4,374億3,300万円で、チェーン数、店舗数、売上高ともに増加している。

コーヒーショップのチェーン数、店舗数等

項　目	平26年度	平27年度	平28年度
チェーン数	42	41	43
店　舗　数	5,541	5,556	5,897
売上高（百万円）	391,475	406,190	437,433

（出所）日本フランチャイズチェーン協会

◉セルフ式カフェ

商品をレジで注文して支払いを済ました後、カウンターで商品を受け取る形式のカフェで、従業員が席まで注文を取りに行くフルサービス形式よりも、従業員が少なくて済むほか店舗スペースも小さくてよく、人件費や家賃を抑えられる。商品も低価格で提供できる。

◉カフェチェーン独自のプリペイドカード

大手カフェ・喫茶店チェーンは、独自のプリペイドカードを発行している。それぞれのチェーン店で支払いに使うと、ポイントが多く付いたり、ドリンク料金が割り引かれたりする。大手カフェチェーンのプリペイドカードは、店頭でカードを受け取り、必要に応じて現金を渡してチャージしてもらう。個人情報は登録する必要がなく、共通ポイントのように複数の業種で使えるカードもある。

ノウハウ

◉地方都市、大学構内への出店

カフェチェーンのプロントコーポレーションは、地盤の関東地区以外への出店を進める。手薄だった地方都市の郊外に家族向けの店舗を出店していく。子ども連れに対応してテーブルを低くしたり個室を用意したりした。また、大学構内への進出も図る。大学側も人気の小売店などを誘致する動きが広がっている。上智大学に開いたカフェは、テイクアウト専用の店で、ドリンクのほかサンドイッチやクレープを揃えている。

経営指標

ここでは参考として、TKC経営指標（平成29年版）より、「喫茶店」の数値を掲げる。

TKC経営指標 （変動損益計算書）	全企業　100件	
	平均額（千円）	前年比（％）
売上高	74,614	100.1
変動費	22,452	98.4
仕入高	22,423	98.4
外注加工費	9	94.4
その他の変動費	32	99.9
限界利益	52,162	100.8
固定費	50,729	97.4
人件費	27,311	97.2
減価償却費	2,277	89.0
租税公課	929	107.9
地代家賃・賃借料	7,356	100.9
支払利息・割引料	423	91.2
その他	12,424	96.9
経常利益	1,433	▲384.7
平均従事員数	15.2名	

今後の課題／将来性

◉課題

大手コーヒーチェーン店が出店を加速させ、特徴のない店舗では集客が難しくなっている。コーヒーブームの中、消費者は味にもこだわりを持つようになり、低価格だけでは集客は難しい。ターゲットを絞った戦略や、サイドメニューの開発などが不可欠となっている。

《関連団体》　一般社団法人日本フランチャイズチェーン協会
東京都港区虎ノ門3－6－2　第2秋山ビル1F
TEL　03（5777）8701

●飲食業●

回転寿司店

最近の業界動向

●付加価値を求め競争が激化

近年では回転寿司は安さ以外のさらなる付加価値が求められている。タッチパネルの導入や供給レーンのオートメーション化、高速レーンの導入など消費者を楽しませるさまざまな取り組みをしている。中でもサイドメニューの開発に注力しており、消費者の評判も良い。ラーメン、豚丼、うどんやから揚げなどのほか、デザートも豊富に取り揃えている。ゼンショーホールディングス傘下の回転寿司チェーン「はま寿司」では、サイドメニューの中でも特にラーメンに注力し、1日当たり2万杯以上を売り上げる「旨だし鶏塩ラーメン」や「贅沢一杯 コク旨煮干しラーメン」など、素材から製法までこだわった専門店顔負けの本格派ラーメンを提供し、他社との差別化を図っている。あきんどスシローやくらコーポレーションのような大手チェーンが売り上げを伸ばす一方、競争激化により中小チェーンでは経営破綻が相次いでいる。

●関東や東北への出店を増やす

回転寿司大手の「スシロー」を運営するスシローグローバルホールディングスは、関東や東北への出店を増やしていく。「スシロー」は大阪発祥のため、中部以西に店舗が集中しているが、都心部では小型店の展開も始め、市場のシェアを高めていく。都心部は賃料などの維持費がかさむため、郊外店よりやや高めの価格にし、宅配サービスの導入店舗も広げていく計画だ。また、小型店で始めたセルフレジも大型店への導入を進めていく。手薄であった関東や東北に集中的に出店し、競合チェーンを引き離したい考えだ。

●寿司食べ放題サービスの登場

回転寿司チェーン「かっぱ寿司」を展開するカッパ・クリエイトは、一部店舗で寿司などが食べ放題になるサービスを実施した。同社は平成29年

3月期に連結最終赤字を58億円計上しており、実質初めてというこの異例のキャンペーンを通じて、平成30年3月期には最終黒字13億円への転換を目指している。「かっぱ寿司」は、競争激化に加えて、品質やサービスレベルの低下により来店客が減少し、これに伴う商品・食材廃棄ロスの増加などでも苦戦し連結最終赤字に陥っていた。これを受け、既存店の改装や季節メニューの大幅な見直しなど、ブランド復活を進めている。

●台湾で大型店の出店を加速

回転寿司「くら寿司」を運営するくらコーポレーションは、台湾での出店を加速させる。平成26年に海外店舗を台湾に出店し中型店を展開しているが、郊外型のロードサイドで大型店の出店を始めた。台湾では地価が高騰し、都市部での出店が難しいため郊外のロードサイドでの出店を進める。メニューでは、地元の市場から仕入れた鮮魚を店内でさばいて提供する。

マーケットデータ

●回転すし大手企業の売上高

日経流通新聞の「第43回日本の飲食業調査」によると、平成28年度の回転寿司大手企業の売上高は次の通り。10社のうち、6社が増収となっている。売上高上位2社のあきんどスシローとくらコーポレーションは増収で引き続き好調を維持している。

売上高上位チェーン企業の業績 (平成28年度)

社　名	売上高 (百万円)	前年度比 (%)	店舗数	
			直営	FC
あきんどスシロー(スシロー)	146,396	8.4	442	0
くらコーポレーション (無添くら寿司)	110,950	7.1	385	0
カッパ・クリエイト(かっぱ寿司)	65,744	▲3.4	351	0
元気寿司 (元気寿司)	29,052	11.5	148	0
銚子丸 (銚子丸)	19,730	3.4	92	0
フーズ・ネット	11,462	5.9	64	14
三ツ星レストランシステムズ	5,829	▲0.4	25	0
北一食品(回転寿しトリトン)	5,626	3.7	20	0
マリンポリス (すし日和)	4,049	▲2.7	40	21
サニーブーツ (寿し一貫)	3,198	▲4.8	59	0

(注) アールディーシー (がってん寿司) は決算期変更により、除外している。あきんどスシローは持株会社であるスシローグローバルホールディングスが東京証券取引所第一部に上場した
(出所) 日経流通新聞

●寿司店の市場規模

日本フードサービス協会のデータによると、平成28年の寿司店全体の市場規模（推計）は前年比4.4％増の1兆5,028億円である。平成25年から増加傾向が続いている。

寿司店の市場規模推移

平成26年	平成27年	平成28年
13,916億円（2.7％）	14,394億円（3.4％）	15,028億円（4.4％）

（注）カッコ内は対前年増加率
（出所）日本フードサービス協会

業界の特性

●店舗数

前述の日経流通新聞の「飲食業調査」によると、大手チェーン10社の店舗数合計は直営（1,626店）、FC（35店）である。

●価格

価格は1皿100〜200円が一般的である。寿司ダネの標準的なアイテム数は、握り寿司45品目、手巻き寿司30品目くらいである。また、最近はラーメン、つけ麺、うどん、豚角煮、ローストビーフ、唐揚げなど従来の回転寿司店のメニューの範囲を超えた品目を提供している。また、期間限定メニューや季節ごとにメニューを新しくし、客が飽きないように工夫をしている。なお、一般的に出前は行わないが、テイクアウトできる店がほとんどである。

●タッチパネルオーダーの普及

従来の客が店員に声を掛けるオーダーやテーブルに置かれた注文票に記入して店員に渡すスタイルより、現在では客席にある大型のタッチパネルによるオーダースタイルが一般的となっている。これにより人件費の削減やレーンに乗せた商品の廃棄ロスの軽減につながっている。さらにオーダーが入ってから寿司を作るので、鮮度の高い商品を求める客のニーズと合致している。

●立地

従来は郊外のローサイドに単体で店舗を出店していたが、そうした出店形態が飽和状態にある。大手チェーン店では、今まで比較的手薄だった北関東や東北地方に大型店舗を積極的に出店し勢力を拡大する計画を立てている。一方、都心部では駅前の小型店舗や大型ショッピングモール内への出店なども目立っている。

ノウハウ

●スマートフォンのアプリと連携

大手チェーン店では、客の待ち時間を削減するためにスマートフォンのアプリを使い、受付予約をするシステムを構築した。あきんどスシローでは、受付予約アプリの「スシローアプリ」を提供している。アプリで店舗の予約や空き状況の確認ができ、店でチェックインするとポイントが貯まる。接客にあてる時間の短縮にもなり、回転率の向上につながっている。また、話題を呼ぶサイドメニューとして、SNSやインスタグラムへの投稿を意識したメニューを数多く提供している。

経営指標

ここでは参考として、TKC経営指標（平成29年版）より「すし店」の数値を掲げる。

TKC経営指標 （変動損益計算書）	全企業 116件	
	平均額（千円）	前年比（％）
売上高	148,161	100.2
変動費	61,134	100.0
仕入高	61,058	100.2
外注加工費	—	—
その他の変動費	163	82.4
限界利益	87,026	100.4
固定費	80,883	101.6
人件費	48,075	101.8
減価償却費	3,429	95.3
租税公課	925	97.0
地代家賃・賃借料	7,637	101.0
支払利息・割引料	745	107.6
その他	20,063	102.6
経常利益	6,143	86.0
平均従事員数	22.4名	

今後の課題／将来性

●課題

パートやアルバイトの人材確保が困難になっていることから、時給の引き上げや人事制度の見直しなどで人材を確保しようという動きも広がっている。一方、人手不足の解消のためロボットを活用する動きも広がっている。

《関連団体》　一般社団法人日本回転寿司協会
　東京都新宿区新宿1-15-15　東邦ビル5F
　TEL　03（5368）2446

●飲食業●

持ち帰り弁当店

最近の業界動向

●料理品小売業の市場規模は7兆5,414億円

　日本フードサービス協会の資料によると、持ち帰り弁当店や惣菜店などが含まれる料理品小売業の市場規模は増加傾向にある。平成28年の外食産業全体の市場規模は前年比1.3％増の32兆4,214億円であった。このうち、料理品小売業の市場規模は同5.6％増の7兆5,414億円となった。料理や弁当を購入して家で食べる中食スタイルは、独身サラリーマンや共働き夫婦、高齢者などのさまざまなライフスタイルのニーズに馴染みやすい。今後も市場規模は増加することが予想される。ただ、業種や業態の垣根を越えた顧客獲得競争はますます激化するため、商品やサービスに高い付加価値を付けて他社との差別化を図る必要がある。

料理品小売業の市場規模推移（単位：億円、％）

項　目	平26年	平27年	平28年	前年比
料理品小売業	67,725	71,384	75,414	5.6
弁当給食を除く	62,468	66,053	70,045	6.0
弁当給食（再掲）	5,257	5,331	5,369	0.7
外食産業（料理品小売業を含む）	308,616	320,059	324,214	1.3

（出所）日本フードサービス協会

●顧客獲得競争の激化

　持ち帰り弁当店の競合となるのは、コンビニエンスストアやベーカリー、宅配ピザ、ハンバーガーなどのファーストフード店、スーパーや百貨店の弁当惣菜などが挙げられる。また、飲食店やレストランでもランチメニューとして持ち帰り弁当を販売している。一方、オフィス弁当も広がっている。法人・団体向けの弁当配達を手掛けるワオは、企業内での弁当販売事業を拡大している。「社食DELi」は、契約した企業の社内スペースなどで弁当を販売するサービスで、契約する飲食店などが製造した弁当約40種類を販売する。ワオは法人向け弁当の宅配サービス「弁当デリ」や、複数の弁当店の売り場を集約した店舗「屋台でDELi」

の運営を行っている。周辺に飲食店が少ない、混雑しているなどの理由で昼食を食べられない「ランチ難民」の需要を取り込みたい考えだ。

●顧客嗜好に合わせた商品開発

　ロック・フィールドのRF1は、サラダを中心としたヘルシーメニューに特化した戦略で好調だ。海苔弁当やハンバーグ弁当、唐揚げ弁当といった他社と似たようなありきたりなメニューを展開するのではなく、健康、安心、安全をテーマとして、過食や偏食などによる乱れた食生活による肥満や生活習慣病予防のニーズに合致したヘルシーなメニュー構成になっている。他社と比べると高付加価値によるやや高い価格設定になっているが、最近ではOLだけでなく、健康意識の高い中高年の男性サラリーマンにも人気となっている。

マーケットデータ

●持ち帰り・料理店小売企業の売上高

　日経流通新聞の「第43回日本飲食業調査」によると、平成28年度の「持ち帰り・料理品小売」を業態とする大手企業の店舗売上高上位10社は次の通り。10社中5社が減収となっている。業界上位のうち、プレナスが売上高トップで規模としては他社を圧倒しているが、2年連続で減収となった。業界最大手のプレナスは、昨年に引き続き直営店を33店舗近く閉店しているが、フランチャイズ店舗は37店舗以上増加している。これは同社が推進する既存店を丸ごと引き継げる「ユニットFC制度」によるもので、通常2,000万～数千万円かかるといわれている店舗開業資金を低資金で実

持ち帰り・料理品小売のランキング（平成28年度）

社　名	売上高 （百万円）	前年度比 伸び率（％）	店舗数 直営	店舗数 FC
プレナス（ほっともっと等）	180,371	▲2.9	1,429	1,561
ロック・フィールド（RF1等）	49,781	2.1	324	0
オリジン東秀（オリジン弁当）	45,652	▲0.2	551	0
ハークスレイ（ほっかほっか亭）	41,887	▲4.9	—	—
京　樽（京　樽）	25,682	2.8	326	0
蓬莱（551蓬莱）	17,999	3.9	59	0
柿安本店（柿安ダイニング）	17,806	1.6	114	0
ち　よ　だ　鮨	14,439	▲6.4	195	2
小僧寿し（小僧寿し、茶月）	9,600	▲22.6	138	181
古市庵（古市庵）	8,975	1.2	133	0

（出所）日本流通新聞

現可能にしている。起業意欲のある脱サラリーマン候補者が後を絶たず、今後もフランチャイズ展開の促進を継続していく。

業界の特性

●店舗数

前述の日経流通新聞の「第43回日本飲食業調査」によると、業界最大手のプレナスは直営・FC店の合計が2,990店舗で、全体の59.6％を占めている。ロック・フィールドは324店舗、オリジン東秀は551店舗である。また、プレナスは半数以上がフランチャイズ店となっている。しかし、持ち帰り弁当店全体としては直営店の数が多く、フランチャイズを導入している企業の方が少ない。

●取扱商品

持ち帰り弁当店は、定番メニューの弁当として海苔弁当や幕の内弁当のほか、日替わり弁当なども提供している。ハンバーグや唐揚げなどのおかずのみの販売や、みそ汁やサラダなども販売している。プレナスは、持ち帰りのミニ冷しうどんやパクチーサラダなど豊富なラインナップだ。また、ライスについても白米だけでなく、健康志向の客向けに栄養バランスのある十六穀米なども選択できるようになっている。

●商圏

持ち帰り弁当店の商圏は、仕事帰りに購入する場合と家から弁当を買いに出る場合が考えられるが、いずれも弁当が冷めない距離で購入する消費者が多い。このため、500メートル前後が商圏と考えられ、他の飲食業と比較すると商圏は狭いといえる。より地域に密着した商品メニューの展開と、効果的な販売促進によるリピーター客の確保が必要である。

●顧客層

顧客層は、従来は学生・サラリーマンなどの単身者がメインターゲットであり、唐揚げ弁当やハンバーグ弁当などボリュームの多いメニューが多かった。最近では、高齢者や共働きの家族、育児中の主婦などもターゲットになってきており、子ども向けメニューを提供する企業も出てきている。そのため、健康志向や食の安全・安心に対応してカロリーや原産地を弁当に表示化したり、インターネット上で栄養成分やアレルギー物質を公開する企業も増えている。

ノウハウ

●会員登録によるポイント制度を導入

本家かまどやでは、会員登録によるポイント制度を導入している。会員はスマートフォン等を利用して来店ポイントや購入した商品に応じたポイントが付与され、一定額のポイントが貯まると割引クーポンと交換できる仕組みだ。こうしたポイント制度の導入は、企業側としてはリピーター客の囲い込みのほか、顧客販売データの蓄積ができ、新しい商品開発や有効な販売促進につながる。

経営指標

ここでは参考として、TKC経営指標（平成29年版）より「持ち帰り・配達飲食サービス業」の指標を掲げる。

TKC経営指標 （変動損益計算書）	全企業 平均額（千円）	120件 前年比（％）
売上高	174,240	101.9
変動費	71,975	102.3
仕入高	70,284	102.4
外注加工費	497	90.4
その他の変動費	1,143	91.7
限界利益	102,265	101.7
固定費	101,799	102
人件費	63,047	103.1
減価償却費	4,232	109.6
租税公課	1,141	98.2
地代家賃・賃借料	4,665	101.8
支払利息・割引料	1,228	98.5
その他	27,474	98.9
経常利益	465	59.4
平均従事員数	29.9名	

今後の課題／将来性

●課題

競合となるコンビニエンスストアの弁当や総菜が依然として強い存在感を出している。弁当店においても従来のボリューム重視のメニュー構成だけでなく、高齢者などさまざまな消費者のニーズに対応したメニューを迅速に展開する必要が求められるだろう。

《関連団体》　一般社団法人日本惣菜協会
　　東京都千代田区麹町４－５－10
　　TEL　03（3263）0957

●飲食業●

宅配ピザ店

最近の業界動向

●ピザ市場は前年度比0.4％増

ピザ協議会の資料によると、平成28年度のピザ末端市場規模（家庭用ピザ製品やピザ宅配店の推計売上高）は2,668億4,000万円で、前年度比0.4％増となっている。大手チェーンの出店が増え、店舗間の競争は激しくなっている。

ピザの末端市場規模 （単位：億円）

年度	平24	平25	平26	平27	平28
市場規模	2,638	2,591	2,605	2,657	2,668

（出所）ピザ協議会

●「イートイン」を設ける

宅配ピザのストロベリーコーンズは、宅配ピザをその場で食べられる「イートイン」を、運営するピザ店「ナポリの窯」に設けた。平成29年度中に30～40店に広げていく。イートインはテーブルや椅子を置くスペースのある既存店が対象だが、新店にも導入していく。イートイン専用に価格を抑えたメニューを用意し、1人で食べきれるサイズを500～800円で販売する。

●電動自転車の活用

日本KFCホールディングス傘下の日本ピザハットは、人手不足を解消するため電動自転車を導入する。運転免許を持つアルバイトの確保が難しくなったためだ。また、駐車禁止の場所も多いため近距離であれば自転車の方が便利だ。主に東京都心の直営店を対象に導入していく。電動自転車を活用することでコスト削減にもつながり、免許を持たない高校生や主婦などの採用もしやすくなる。

●日本KFCホールディングスが日本ピザハットの全株式を売却

日本KFCホールディングスは、平成29年6月12日付けで日本ピザハットの全株式を投資ファンドに売却した。ピザハットのフランチャイザーである米ヤム・ブランズは、日本国内での出店を加速させたが、採算を見極めたい日本KFCホールディングス側との折り合いがつかず株式の売却に至ったもようだ。

マーケットデータ

●大手宅配ピザチェーンの売上高

日経流通新聞「第43回日本の飲食業調査」によると、大手宅配ピザチェーンの平成28年度売上高と店舗数は次の通り。

大手宅配ピザチェーンの売上高 （平成28年度）

社　名	売上高（百万円）	前年度比伸び率(%)	店舗数
フォーシーズ（ピザーラなど）	66,800	1.2	1,382
日本ピザハット（ピザハット）	23,291	▲2.1	370

（出所）日本流通新聞

●チェーン企業のチェーン数、店舗数、売上高

日本フランチャイズチェーン協会の資料によると、西洋料理・ステーキ・ピザ・パスタの平成28年度の売上高は、前年度比0.6％増の3,417億6,600万円であった。チェーン数、店舗数、売上高は次の通り。

チェーン企業のチェーン数、店舗数、売上高

項　目	平27年度	平28年度	前年度比増減
チェーン数	46	46	0
店舗数	3,935	3,940	0.1%
売上高（百万円）	339,686	341,766	0.6%

（出所）日本フランチャイズチェーン協会

業界の特性

●サイズと価格

ピザの大きさはチェーンにより若干の差があるが、Sサイズ（約18～20センチ）、Mサイズ（約23～25センチ）、Lサイズ（約31～36センチ）となっている。Sサイズの価格は650～1,500円、Mサイズの価格は1,100～2,700円、Lサイズは1,750～3,500円程度である。これらにトッピングやサイドメニューを追加することで料金アップとなる。サイドメニューは、サラダ、フライドポテト、フライドチキンや飲料などがある。

●店舗数

宅配ピザ店に関する店舗数の詳細なデータは見

当たらない。NTTタウンページ「iタウンページ」によると、平成29年9月28日現在の宅配ピザ店の店舗数は1,928店となっている。最も多いのは東京都の250店、次いで大阪府（186店）、福岡県（125店）、神奈川県（124店）となっている。

宅配ピザの店舗数

地域	店舗数	地域	店舗数	地域	店舗数
全　国	1,928	富　山	16	島　根	8
北 海 道	78	石　川	18	岡　山	19
青　森	20	福　井	7	広　島	47
岩　手	13	山　梨	8	山　口	15
宮　城	48	長　野	25	徳　島	16
秋　田	9	岐　阜	23	香　川	8
山　形	12	静　岡	40	愛　媛	19
福　島	20	愛　知	121	高　知	5
茨　城	18	三　重	45	福　岡	125
栃　木	25	滋　賀	24	佐　賀	9
群　馬	24	京　都	48	長　崎	21
埼　玉	110	大　阪	186	熊　本	36
千　葉	68	兵　庫	93	大　分	16
東　京	250	奈　良	16	宮　崎	11
神 奈 川	124	和 歌 山	9	鹿 児 島	17
新　潟	20	鳥　取	5	沖　縄	32

（出所）「iタウンページ」

●電話やスマートフォンによる注文

注文方法は、ピザ店のチラシを見ながら電話で注文するケースがほとんどだが、ネットやスマートフォンでの注文が増えている。ネット経由で注文すると割引などのサービスを行っているチェーン店も多い。

ノウハウ

●ドミノ・ピザジャパンがLINEを使った注文システムの導入

ドミノ・ピザジャパンは、LINEを使った注文システムを導入した。LINEトークで質問に答える形で注文し、位置情報を送信することで配達先を指定することもできる。配達圏内であれば、自宅でなくても外出先や公園でも配達が可能になるサービスを展開している。また、注文を受けてからピザの調理状況や配達ドライバーの現在地を確認できるサービスも導入。注文したピザが近づいてくるワクワク感を楽しませ、集客につなげている。また、ソフトバンク子会社のソフトバンク・ペイメント・サービスは、ドミノ・ピザのスマー

トフォン向けサイトで注文した代金を月々の携帯電話の料金とまとめて後払いできるサービスを開始し、利便性の向上を図っている。

●ピザーラが妖怪ウォッチとコラボ展開

「ピザーラ」を展開するフォーシーズは、人気キャラクター妖怪ウォッチのオリジナルグッズを使ったスペシャルパックを継続して展開している。子どもから大人まで、幅広い客層を対象に、それぞれのターゲットにあった品揃えを展開してブランド展開を行っている。

経営指標

宅配ピザ店を対象にした指標は見当たらないので、ここでは参考として、TKC経営指標（平成29年版）より、「配達飲食サービス業」の数値を掲げる。

TKC経営指標 （変動損益計算書）	全企業　92件	
	平均額（千円）	前年比（％）
売上高	199,359	102.8
変動費	80,814	102.4
仕入高	78,716	102.7
外注加工費	649	90.4
その他の変動費	1,483	91.5
限界利益	118,545	103.0
固定費	117,380	103.0
人件費	74,757	103.6
減価償却費	4,990	110.7
租税公課	1,367	98.9
地代家賃・賃借料	4,868	100.6
支払利息・割引料	1,500	99.4
その他	29,853	101.1
経常利益	1,164	103.0
平均従事員数	35.3名	

今後の課題／将来性

●課題

宅配ピザ市場は、出店した店舗からの配達範囲が商圏となる極めて限定された市場である。採算の取れる商圏市場には既に店舗があり成熟市場となっている。従って、他店と差別化を図ることでいかに集客するかが生き残るカギとなる。また、宅配以外に、低価格でピザを提供する店が増えるなど、競争は激化している。

《関連団体》　ピザ協議会

東京都新宿区三栄町9　㈱冷凍食品新聞社内
TEL　03（3359）9191

●飲食業●

食事・食品宅配業

最近の業界動向

◉ガイドラインに即した配食の普及

高齢化が進み、高齢者宅に食事を届ける配食サービスの需要が高まっている。これを受け、厚生労働省は、平成29年度からガイドラインに即した配食の普及を図る。ガイドラインでは、栄養管理が適切に行われるよう、献立作成について「当該技能を十分に有する者が担当する」と明記され、継続的な提供食数がおおむね1回100食以上または1日250食以上の事業者では、管理栄養士または栄養士が担当（監修）することが示されている。また、高齢者のための配食については、万全な衛生管理体制の下で調理・提供を行う必要があるとしている。

◉短時間でおかずが作れる宅配の「料理キット」が広がる

短時間でおかずが作れる宅配の「料理キット」が広がっている。働く女性や子育て中の主婦などに人気だ。料理キットは、カット野菜や肉などがパック詰めされ、調味料も揃えてあり備え付けのレシピに従って短時間で料理を仕上げることができる。野菜宅配大手のらでぃっしゅぼーやは、健康志向の消費者に向けた食品の新ブランド「Rigato（リガト）」を立ち上げた。糖質やカロリーを抑え、食物繊維や鉄分を豊富に含ませた商品で、10分で調理できるキット3品など4種類を販売する。また、食品スーパーと組んで有機・低農薬野菜の店頭販売を始めた。実店舗でブランドの知名度を高め、宅配事業の拡大につなげたい考えだ。また、法人向け弁当配達のスターフェスティバルは、料理キットの宅配事業に参入する。「ごちレピ」は2人前の主菜と副菜が15〜30分で作れる。月に2〜3種類ずつ商品を増やしていき、一般家庭向けの市場を開拓する。

◉紹介拠点を増やして、会員数増を図る

健康食宅配のファンデリーの健康食宅配は、自社の管理栄養士などが宅配食のレシピを作るため、高血圧や肝臓病などを患う人でも食べやすいメニューになっている。宅配サービスを利用する会員は肝臓病などの持病を持つ人が多く、3カ月に1回のカタログ発行に合わせてメニューを選ぶ。医療機関や介護施設、調剤薬局などにカタログを置いてもらい会員を獲得しているが、さらに、医療機関や介護施設などの紹介拠点を増やして、会員数を年10％のペースで増やしたい考えだ。

マーケットデータ

◉食品宅配の市場規模

矢野経済研究所によると、平成28年度の在宅配食サービスや食材（惣菜）宅配、宅配寿司などが含まれる食品宅配総市場は、前年度比3.3％増の2兆782億円であった。平成29年度は3.0％増の2兆1,413億円と予測されている。

食品宅配の市場規模の推移（単位：億円）

年度	平25	平26	平27	平28	平29 （予測）
市場規模	18,797	19,348	20,118	20,782	21,413

（出所）矢野経済研究所

◉食品宅配市場の分野別構成比

矢野経済研究所によると、平成28年度の食品宅配総市場（2兆782億円）の分野別構成比は次の通り。

食品宅配市場の分野別構成比

分野別	構成比 （％）	分野別	構成比 （％）
生協（宅配）	52.0	牛乳宅配	5.1
食材（惣菜）宅配	14.1	自然派食品宅配	3.6
ネットスーパー	6.6	外食・ファストフード宅配	2.7
宅配ピザ	6.4	寿司宅配	2.5
在宅配食サービス	5.7	コンビニ宅配	1.1

（出所）矢野経済研究所

◉宅配大手の売上高

日経流通新聞の「第43回日本の飲食店調査」によると、平成28年度の宅配を業態とする大手企業の売上高は次の通り。ライドオン・エクスプレス、サンライズサービスは寿司の宅配、シニアライフクリエイトは高齢者専門宅配弁当「宅配クックワン・ツゥ・スリー」などを展開している。オーシャンシステムは惣菜宅配業「ヨシケイ」のフランチャイジーとして、夕食食材セットなどを宅

配している。玉子屋は弁当の宅配をしている。

宅配大手の売上高（平成28年度）

社名	売上高 （百万円）	伸び率 （％）	店舗数	
			直営	ＦＣ
ライドオン・エクスプレス （銀のさら 等）	32,417	3.9	223	500
シニアライフクリエイト （宅配クックワン・ツゥ・スリー等）	12,935	6.1	8	323
オーシャンシステム （フレッシュランチ99等）	12,410	8.2	102	0
玉 子 屋	6,633	1.5	1	0
サンライズサービス （つきじ海賓）	3,820	0.7	56	0

（出所）日経流通新聞

業界の特性

●事業者数、従業員数

　食事・食品宅配業に関する公的なデータは見当たらないが、総務省「サービス業動向調査」によると、平成27年の持ち帰り・配達飲食サービス業の事業所数は2万9,884所、従業者数46万9,000人である。平成25年に比較して、事業所、従業者数ともに減少している。

●メニュー

　食事宅配サービスのメニューは2タイプに分かれる。1つは既に調理してあり、そのまま食べるタイプのものである。もう1つは、食べるために調理が必要で、必要な食材だけを配達し、レシピを見ながら作るタイプのものである。価格は500円前後の価格で宅配ピザ等と比較すると安いのが特徴である。

●仕入れ

　使用する食材は、こだわりの物を除けば、市場や問屋そして商社経由が中心である。コスト面などを考慮すると、産地直送が望ましい。

●不在時の扱い

　利用者が不在の場合は、置いておくケース、持ち帰るケースがあり、取引先との約束により決めており、その場合送料は不要な場合が多い。

ノウハウ

●料理宅配代行サービスを広げる

　ライドオン・エクスプレスは、飲食店向けの料理宅配代行サービスを広げる。料理宅配「ファインダイン」は、飲食店と提携して料理の出前を代行するサービスで、配送拠点を増やしていく。配送拠点では担当者が常駐し、バイクや電動自転車を活用して配達している。既に配達の半分近くを電動自転車で行っている。宅配事業では人材の確保が課題だが、電動自転車の導入によって、運転に不慣れな学生や主婦の採用も増えている。

経営指標

　ここでは参考として、TKC経営指標（平成29年版）より、「配達飲食サービス業」の数値を掲げる。

TKC経営指標 （変動損益計算書）	全企業　92件	
	平均額（千円）	前年比（％）
売上高	199,359	102.8
変動費	80,814	102.4
仕入高	78,716	102.7
外注加工費	649	90.4
その他の変動費	1,483	91.5
限界利益	118,545	103.0
固定費	117,380	103.0
人件費	74,757	103.6
減価償却費	4,990	110.7
租税公課	1,397	98.9
地代家賃・賃借料	4,868	100.6
支払利息・割引料	1,500	99.4
その他	29,853	101.1
経常利益	1,164	103.0
平均従事員数	35.3名	

今後の課題／将来性

●課題

　配食サービスの市場が拡大する一方、栄養管理が不十分な食事を出すなどの問題も出ている。拡大が見込まれる市場だけに、栄養管理の徹底などが求められている。また、食の宅配ビジネスに参入する事業者も多く、競争は激化している。

●将来性

　一人暮らしのお年寄りや買い物が困難な高齢者が増え、また、働く女性や単身者世帯の利用も増える中、配食サービス市場は拡大を続けている。野菜や調味料をセットした「料理キット」が広がり、宅配各社は野菜の素材や調理時短の短縮など、さまざまなバリエーションの商品を販売している。今後もサービスの拡大が予想される。

《関連団体》　全国惣菜宅配協会
　東京都台東区浅草橋4－15－5
　TEL　03（5829）9736

－ 37 －

●飲食業●

和食レストラン

最近の業界動向

●和食レストランの売り上げは堅調が続く

日経流通新聞「第43回飲食業調査」によると、平成28年度の和食レストラン（和食・すし）の売上高上位10社は次の通りである。売上高上位10社のうち9社が増収、1社が前年並みで好調が続いている。

和食レストラン（和食・すし）の売上高上位10社（平成28年度）

社　名	売上高 (百万円)	伸び率 (%)	店舗数	
			直営	ＦＣ
フジオフードシステム	56,601	1.6	449	352
木　曽　路	44,912	1.9	163	0
大戸屋ホールディングス	34,342	1.4	146	203
甲　　羅	32,681	4.2	124	213
梅　の　花	29,398	0.0	270	0
サンレストランシステムズ（和食さと）	29,297	2.9	254	1
喜　代　村	26,000	1.2	50	0
サガミチェーン	25,700	0.4	227	36
KRフードサービス（かごの屋）	23,480	4.6	10	0
がんこフードサービス	22,889	1.9	97	0

（出所）日経流通新聞

●仕入れから販売までを内製化して食材を安定的に供給する

和食店などを運営する梅の花は平成28年10月3日、カキなどの仕入れを手掛けるヤマグチ水産、水産加工の丸平商店、販売のグッドマークトレーディングの3社の株式を取得し、完全子会社化した。カキを使った料理は既に提供しているが、3社を子会社化することで、仕入れから販売までを内製化しコスト削減につなげ、食材を安定的に店舗に供給する。梅の花は、自社のセントラルキッチンで加工した食材を店舗に供給しており、今回の買収で魚介類も内製化できるようになった。

●ドレスネス、環境配慮のメニューを始める

「DRESSNESS（ドレスネス）」は、平成29年5月に海鮮レストラン「BLUE」を東京・世田谷に開いた。乱獲や水質汚染を避けて水揚げしたことを示す「MSE認証」を受けたカツオやホタテなどの魚介類を提供する。環境への配慮を打ち出したメニューで女性客を中心に集客を狙う。10種類の認証食材を扱い、客単価は3,000〜4,000円を想定している。

●夢庵・藍屋がネットでの予約受付を始める

ファミリーレストラン最大手のすかいらーくの和食ブランド「夢庵」と「藍屋」が、平成29年2月から全店で家族客、団体客の座席予約を始めた。自社のサイトから飲食店予約サイト「ホットペッパーグルメ」に誘導し、人数や時間などを指定することで予約を受け付ける。あらかじめ食材を確保し品切れが防げる長所などを生かし、予約専用メニューを用意するなどサービス面も強化する。

マーケットデータ

●市場規模

日本フードサービス協会によると、平成28年の会員会社の和風ファミリーレストランの売上高（全店ベース）はここ数年4.0％以上の高い伸びを示してきたが、平成28年は0.4％の伸びにとどまった。客数は0.5％減と減少に転じたが、客単価の伸びが客数減を補い、売上高増につながった。店舗数も前年まで2年続いた2％台の伸びから0.5％の伸びに下がった。また、同協会によると、平成28年の食堂・レストランの市場規模は9兆9,039億円と推計され、前年に比べて1.1％の増加であった。

食堂・レストランの市場規模推移（単位：億円）

項　目	平26年	平27年	平28年
外食産業計	246,148	254,006	254,169
飲食店	132,204	136,325	138,767
食堂・レストラン	94,348	97,986	99,039
そば・うどん店	11,696	12,373	12,397
すし店	13,916	14,394	15,028
その他の飲食店	12,244	11,572	12,303

（出所）日本フードサービス協会

業界の特性

●店舗数

和食レストランを対象にした店舗数、従業者数に関する公的な資料は見当たらない。NTTタウンページ「iタウンページ」によると、平成29年10月19日現在の和食レストランの店舗数は4,417店である。

和食レストランの店舗数

地域	店舗数	地域	店舗数	地域	店舗数
全　国	4,417	富　山	53	島　根	47
北 海 道	122	石　川	36	岡　山	70
青　森	25	福　井	64	広　島	112
岩　手	28	山　梨	40	山　口	98
宮　城	90	長　野	124	徳　島	18
秋　田	27	岐　阜	85	香　川	30
山　形	46	静　岡	99	愛　媛	67
福　島	58	愛　知	227	高　知	47
茨　城	159	三　重	82	福　岡	141
栃　木	107	滋　賀	50	佐　賀	32
群　馬	104	京　都	144	長　崎	61
埼　玉	151	大　阪	253	熊　本	72
千　葉	173	兵　庫	215	大　分	63
東　京	412	奈　良	48	宮　崎	52
神 奈 川	169	和 歌 山	40	鹿 児 島	105
新　潟	90	鳥　取	21	沖　縄	59

（出所）「iタウンページ」

●和食の年間支出額

総務省「家計調査年報」によると、平成28年の1世帯当たりの一般外食費は前年比0.7％減の15万8,011円、和食の年間支出額は同0.4％増の2万3,429円であった。

1世帯当たりの一般外食と和食の年間支出額

年次	一般外食（円）	和食（円）
平23年	142,976	20,853
24年	146,359	21,156
25年	154,533	21,581
26年	155,988	22,999
27年	159,167	23,345
28年	158,011	23,429

（出所）「家計調査年報」

●メニュー

和食レストランの主なメニューは単品メニューのほかに、そばやうどん、すし、丼物などを使ったランチセット、ディナー、宴会メニューなどがある。中華や洋食と比べるとメニューで季節感を演出しやすい。このため、和食レストランの多くは季節ごとに限定メニューを取り入れ、メニューの充実を図っている。

ノウハウ

●電子化で常連客の情報を把握する

ふぐ料理店「玄品ふぐ」などを運営する関門海は、店舗が持つ常連客の情報を電子化して、店長

が交代した後も常連客に変わらないサービスが提供できるようにする。常連客の電子化は直営店約50店で行い、フランチャイズチェーンでも順次進めていく。これまでは店長が交代すると、好みなどが分からず、常連客が店に来なくなることも多かった。常連客の情報を引き継ぎやすくし、リピート増につなげていく。

経営指標

和食レストランの指標は見当たらないので、参考として、TKC経営指標（平成29年版）より、「日本料理店」の数値を掲げる。

TKC経営指標 （変動損益計算書）	全企業　231件	
	平均額（千円）	前年比（％）
売上高	91,161	98.7
変動費	33,476	98.1
仕入高	33,389	98.1
外注加工費	60	87.3
その他の変動費	9	53.8
限界利益	57,685	99.0
固定費	56,722	100.4
人件費	31,730	100.8
減価償却費	2,509	101.0
租税公課	941	98.2
地代家賃・賃借料	5,588	97.7
支払利息・割引料	682	94.6
その他	15,265	100.8
経常利益	962	55.7
平均従事員数	12.8名	

今後の課題／将来性

●課題

飲食業界での人手不足が一段と深刻になっている。日経流通新聞の飲食業調査では、1年前と比べて「確保しにくくなった」と回答した企業は、全体の82.6％に達した。小売店やサービス産業など他業界との人材の争奪戦が激しくなり、離職者が増えている。新規出店の拡大を進める飲食チェーンが増えていることも、人材不足に拍車をかける。パート・アルバイトの時給の引き上げを迫られているほか、採用費の増額や人事制度の見直し、営業時間の短縮など店舗運営の見直しなどの動きも広がっている。

《関連団体》　一般社団法人日本フードサービス協会
東京都港区浜松町1-29-6　浜松町セントラルビル10F
TEL　03（5403）1060

－ 39 －

●飲食業●

パスタ専門店

最近の業界動向

◉パスタ店を運営する大手外食企業の売上高

パスタは女性にも人気が高く、比較的参入しやすい業態で、ファミリーレストランなどもパスタ業態に乗り出している。日経流通新聞「第43回日本の飲食店調査」によると、パスタ店を運営する大手外食企業の平成28年度の売上高は次の通り。

パスタ店を運営する外食企業の売上高（平成28年度）

社　名	売上高 （百万円）	前年度比 （％）	店舗数
日本レストランシステム （洋麺屋五右衛門他）	42,969	4.8	563
WDI（カプリチョーザ他）	25,009	▲1.1	154
イタリアントマト	15,900	▲6.5	254
ジローレストラン （マンマパスタ他）	13,299	▲1.8	125
パスタ館（ぱすたかん他）	10,597	2.3	120
ポポラマーマ	6,890	1.7	126

（出所）日経流通新聞

◉サイゼリヤがスパゲッティ専門店、スープパスタ店をオープン

ファミリーレストランのサイゼリヤは、平成28年7月にスパゲッティ専門店「スパゲッティ　マリアーノ」を開業した。メニューは注文後に店員が調理し、持ち帰りもできる容器で出す。スパゲッティは、クリームやトマトなど4種類のソースをベースにきのこやムール貝などを組み合わせた十数種がある。ランチセットは500円で、夕食時間には単品や前菜、グラスワインなどを用意している。容器はイートインと持ち帰り共通にして、忙しい時間帯にも早く商品を提供できるようにしている。また、スープパスタ店「ズッパ・ディ・パスタ」は、持ち帰りに特化した店で、ランチ需要を取り込んでいる。

◉イオンリテールが食品フロアにパスタ店をオープン

総合スーパーのイオンリテールは、ステーキやパスタなどの専門店を、新店や改装店の売り場に増やす。平成29年7月に開業した「イオンスタイルumie（ウミエ）」は、食品フロアにイートインコーナーを設置し、ステーキ店やパスタ店を出した。パスタ店「ベルグラーノ」は、ペペロンチーノなど10品目を揃えた。その場で食べられるメニューを増やし、調理を敬遠する消費者の取り込みを図る。

マーケットデータ

◉西洋料理・ステーキ・ピザ・パスタの売上高等

パスタ店単独ではないが、日本フランチャイズチェーン協会によると、西洋料理・ステーキ・ピザ・パスタの46チェーンの平成28年度の売上高は、前年度比0.6％増の3,417億6,600万円であった。

西洋料理・ステーキ・ピザ・パスタの売上高等

項　目	平27年度	平28年度	前年度比 （％）
チェーン数	46	46	―
店　舗　数	3,935	3,940	0.1
売上高（百万円）	339,686	341,766	0.6

（出所）日本フランチャイズチェーン協会

◉パスタの国内生産量

日本パスタ協会の資料によると、平成28年のパスタ（スパゲッティとマカロニ）の国内生産量合計は前年比7.5％減の13万3,823トンであった。

パスタの国内生産量（単位：トン）

年次	スパゲッティ	マカロニ	合　計
平23年	132,100	28,351	160,451
24年	119,367	28,599	147,966
25年	126,836	23,900	150,736
26年	128,829	25,938	154,767
27年	119,441	25,290	144,731
28年	108,874	24,949	133,823

（出所）日本パスタ協会

◉パスタの国内供給量

日本パスタ協会の資料によると、パスタの国内供給量の推移は次の通り。日本とEUは平成29年7月6日、経済連携協定（EPA）について大枠で合意した。これにより、パスタや牛肉といった多くの輸入品にかかっていた税金が、今後ゆるやかに減っていくことになる。パスタについては、平成28年時点で国産パスタと輸入パスタの比率が逆転し、過去最高の14万5,000トンが輸入されて

いる。食生活の欧米化が進む日本では、多くの輸入パスタを受け入れるための下地が出来上がっている。今回のEPA合意により、さらに外国産パスタの輸入が増えていくことになる。

パスタの国内供給量（単位：トン）

年次	国内生産量 （A）	輸入量 （B）	輸出量 （C）	国内供給量 （A+B-C）
平23年	160,451	134,468	607	294,312
24年	147,966	142,335	598	289,703
25年	150,736	132,600	573	282,763
26年	154,767	133,015	570	287,212
27年	144,731	131,987	553	276,165
28年	133,823	145,021	549	278,295

（出所）日本パスタ協会

業界の特性

●店舗数

パスタ専門店の店舗数に関する公的なデータは見当たらないが、NTTタウンページ「iタウンページ」によると、スパゲッティ店数は平成29年9月1日現在で4,417店である。最も多いのは東京都の560店、次いで愛知県の398店、大阪府・千葉県の265店、福岡県の220店と続いている。

スパゲッティ店数

地域	店舗数	地域	店舗数	地域	店舗数
全　国	4,417	富　山	43	島　根	20
北海道	109	石　川	59	岡　山	45
青　森	19	福　井	42	広　島	84
岩　手	34	山　梨	48	山　口	21
宮　城	67	長　野	146	徳　島	13
秋　田	27	岐　阜	66	香　川	24
山　形	40	静　岡	146	愛　媛	46
福　島	52	愛　知	398	高　知	23
茨　城	102	三　重	84	福　岡	220
栃　木	128	滋　賀	29	佐　賀	26
群　馬	70	京　都	86	長　崎	32
埼　玉	200	大　阪	265	熊　本	47
千　葉	265	兵　庫	163	大　分	39
東　京	560	奈　良	26	宮　崎	39
神奈川	244	和歌山	28	鹿児島	59
新　潟	73	鳥　取	21	沖　縄	39

（出所）「iタウンページ」

ノウハウ

●「食べて旅するイタリア四都」キャンペーン

WDIが運営する「カプリチョーザ」は、ボリュームある手作りの南イタリア料理が楽しめる店だ。平成29年3月から1年間、世界遺産に登録されているイタリア南部の都市ナポリをテーマにしたスパゲッティなどを販売している。「食べて旅するイタリア四都」キャンペーンの第2弾で、各都市の名産品や有名料理などのエッセンスを加えた特徴あるメニューを揃えている。

経営指標

パスタ専門店を対象にした指標は見当たらないので、ここでは参考として、TKC経営指標（平成29年版）より、「その他の専門料理店」の数値を掲げる。

TKC経営指標 （変動損益計算書）	全企業　215件	
	平均額（千円）	前年比（％）
売上高	88,253	97.5
変動費	30,723	95.8
仕入高	30,715	96.0
外注加工費	1	1999.9
その他の変動費	42	88.8
限界利益	57,529	98.4
固定費	56,563	99.0
人件費	31,537	99.0
減価償却費	2,180	95.3
租税公課	789	96.3
地代家賃・賃借料	7,256	101.9
支払利息・割引料	330	93.1
その他	14,468	98.5
経常利益	966	71.1
平均従事員数	13.4名	

今後の課題／将来性

●課題

手頃な価格で食べられるパスタは、コーヒーチェーン店やファミリーレストランでも提供しており、人気が高い。プロントコーポレーションが運営する「カフェ＆プロント」では、歯ごたえを残した「アルデンテ」とは違う食感のパスタを提供している。オリジナルの生パスタは、あごと舌にストレスを感じない軽い食感の生パスタだ。パスタは具材だけで差別化を図るのは難しく、独自の生パスタや調理法などの工夫が不可欠となっている。

《関連団体》　一般社団法人日本パスタ協会
　東京都中央区日本橋兜町15-6
　TEL　03（3667）4245

●飲食業●

カレー専門店

最近の業界動向

●カレー・牛丼チェーンの店舗数、売上高

　カレーは日本人にとって、寿司、ラーメンに続く国民食であり、家庭で食べる頻度も高い。外食では、早く食べられることやボリューム感から、昼食での食事機会が多く男性の利用頻度が高い。カレー専門店は、ファーストフード業態から本格カレーの高級専門店まで幅広く存在している。日本フランチャイズチェーン協会の資料によると、カレー・牛丼チェーン（19チェーン）の平成28年度売上高は、前年度比1.5％増の3,260億1,100万円だった。カレー単独の数値ではないが、伸び率は前年度の4.0％増と比べて鈍化している。

カレー・牛丼FC店の店舗数、売上高 （単位：百万円）

項　目	平27年度	平28年度	前年度比
チェーン数	20	19	▲ 1
店　舗　数	4,347	4,451	104店
売　上　高	321,121	326,011	1.5％

（出所）日本フランチャイズチェーン協会

●アパホテルが直営カレーショップをオープン

　日本最大のホテルチェーンのアパホテルは、カレーショップ「アパ社長カレー」をオープンした。平成29年2月、広島に1号店を開店し、同11月に東京都内で首都圏1号店、大阪府内で関西1号店を出店した。いずれも同社の経営するホテルの1階での運営だ。「アパ社長カレー」とは、アパホテルの前身となる会社が石川県で創業したことから、金沢カレーをベースに開発したレトルトカレーである。平成23年から同社のフロントや通信販売で購入できる。これまでに200万食以上を販売している。

●CoCo壱番屋がハラール対応店をオープン

　壱番屋は、イスラム教徒に対応した店舗として東京・秋葉原に、ハラール対応店を開店した。日本アジアハラール協会の認証を取得し、全ての原材料や配送方法等まで完全に対応した。2020年の東京オリンピック開催に向けて、インバウンド需要が増加することが見込まれ、訪日客の取り込みを目指す。また、今後の海外展開も視野に入れている。

●個人店で増える「宿借り」「間借り」

　個人店において「宿借り」や「間借り」といわれる営業形態が増加している。夜間に営業するバーなどの飲食店を昼間に借りて営業を行うスタイルである。テナント料などの固定費を削減でき、都合の良い曜日のみ限定的に営業することもできるため、副業や趣味の延長などでの参入が多い。また、カレーは昼の会社勤めをターゲットとして、夜の安定した需要につながることや、基本的な器具で調理できること、具材の持ち込みやすさなどによってこうした営業形態が実現している。近年進んでいるシェアリングエコノミーの一形態として、大阪を中心に広がった経営形態であるが、首都圏でも増加してきている。

マーケットデータ

●大手チェーンの売上高

　日経流通新聞「第43回日本の飲食業調査」によると、平成28年度のカレー専門店最大手の壱番屋の売上高は前年度比3.5％増の825億9,900万円と好調を維持している。また、非上場のため、ランキングされていないが、「ゴーゴーカレー」を運営しているゴーゴーシステムの売上高（グループ全体）は55億円と前年と同水準であった。

主なカレー専門店の売上高

社　名	売上高 （百万円）	伸び率 （％）	店舗数 直営	店舗数 FC
壱　番　屋 （カレーハウスCoCo壱番屋）	82,599	3.5	207	1,075
曲　田　商　店 （カレーハウスサンマルコなど）	6,271	2.0	61	14

（注）曲田商店はカレー店以外の売上も含まれている
（出所）日経流通新聞

業界の特性

●店舗数

　カレー専門店の店舗数は公的なデータは見当たらない。NTTタウンページ「iタウンページ」によると、店舗数は平成29年11月10日現在で4,939店である。都道府県別の店舗数は次の通り。

カレー店の店舗数

地域	教室数	地域	教室数	地域	教室数
全国	4,939	富山	60	島根	19
北海道	361	石川	101	岡山	91
青森	24	福井	23	広島	100
岩手	25	山梨	36	山口	43
宮城	65	長野	73	徳島	22
秋田	14	岐阜	73	香川	36
山形	21	静岡	117	愛媛	49
福島	33	愛知	320	高知	17
茨城	53	三重	52	福岡	221
栃木	71	滋賀	39	佐賀	41
群馬	63	京都	98	長崎	51
埼玉	216	大阪	371	熊本	51
千葉	198	兵庫	150	大分	51
東京	930	奈良	40	宮崎	33
神奈川	276	和歌山	31	鹿児島	49
新潟	55	鳥取	15	沖縄	69

（出所）「iタウンページ」

●カレーの種類

国際的にも人気料理であるカレーは、国によって特色が異なり、①インドカレー（スパイスを多用）、②タイカレー（ゲーンと呼ばれるスープ）、③インドネシアカレー（辛みがなく粘り気が少ない）、④イギリスカレー（小麦粉を使いとろみがある）、などがある。日本のカレーはイギリスカレーをベースとしている。また、カレーを使った街おこしが増加しており、地域の特産品を使ったカレーを作り、提供する店舗を集めている。ご当地カレーは日本全国で200以上存在している。代表的なものに、横須賀海軍カレーや札幌スープカレー、金沢カレーがある。近年では、大阪を中心にスパイスカレーと呼ばれるカレーが評判を呼んでいる。

●客単価

カレーを提供する飲食店は多く、牛丼チェーンやそば・うどん店、回転寿司店などでサイドメニューとして提供されている。ファーストフード店では500円程度、専門店ではランチで800～1,000円程度、ディナーで1,500～2,000円程度となっている。ディナーでの客単価が上げにくいため、ランチタイムの回転率を高める必要がある。

●カレーで街おこし

カレーで街おこしを図る動きが広がっている。カレーは比較的安価で人気も高く、地域をアピールするには格好の材料である。茨城県土浦市では、毎年「土浦カレーフェスティバル」を開催し多くの集客がある。カレーの街の認知度を高めるため、統一メニューを開発中だ。

ノウハウ

●個性的なメニューの提供で女性客の取り込み

セレクトショップのベイクルーズは平成29年3月、都内にカレー店「ジェイエス　カリー」をオープンした。ピーナツバターと大根おろしを隠し味にしたルーを使うなど、個性的なメニューを揃えている。店内は女性1人でも入りやすい雰囲気にしている。ライスの上に盛り合わせるのは、自家製のタンドリーチキンや半熟卵などで、白米のほか十穀米も用意し、女性の来店が半数を占めている。

経営指標

カレー専門店を対象にした指標は見当たらないので、ここでは参考として、TKC経営指標（平成29年版）より、「その他の専門料理店」の数値を掲げる。

TKC経営指標 （変動損益計算書）	全企業　215件	
	平均額（千円）	前年比（％）
売上高	88,253	97.5
変動費	30,723	95.8
仕入高	30,715	96.0
外注加工費、その他の変動費	43	88.8
限界利益	57,529	98.4
固定費	56,563	99.0
人件費	31,537	99.0
減価償却費	2,180	95.3
租税公課	789	96.3
地代家賃・賃借料	7,256	101.9
支払利息・割引料	330	93.1
その他	14,468	98.5
経常利益	966	71.1
平均従事員数	13.4名	

今後の課題／将来性

●将来性

カレーブームは一過性のものではなく続いている。メニューも多様で、新しいメニューも開発されている。独自性を持つことで、競合がひしめき合うカレー市場においても、大きな収益を生む可能性は高い。

●飲食業●

とんかつ店

最近の業界動向

●豚肉の輸入拡大が続く

　とんかつは外食チェーンの多くで提供され、大衆食として人気が高い。低価格で提供する店も多く、国産品より割安な豚肉の輸入が拡大している。財務省「貿易統計」によると、平成28年度の輸入量は前年度比6.2％増の87万7,006トンであった。平成29年7月は、前年同月比12.6％増の7万4,465トンとなっている。

豚肉の輸入動向（単位：トン）

年度	平24	平25	平26	平27	平28
輸入量	759,778	744,271	816,218	825,617	877,006

（出所）財務省「貿易統計」

●とんかつ業界への新規参入相次ぐ

　牛めしチェーン「松屋」を展開する松屋フーズは、第二の主力業態として、「松のや」、「松乃家」、「チキン亭」でとんかつ業界へ進出している。価格も「ロースかつ丼」で490円からと低価格で提供している。長崎ちゃんぽんが主力のリンガーハットは、「とんかつ濱かつ」を展開している。また、「ガスト」をはじめ多くの外食チェーンを運営するすかいらーくは、ワンコインからカツ丼を楽しめる「とんから亭」をスタートさせている。平成28年度決算では、「とんから亭」の6カ月平均の既存店売上高は前年比34.0％の増加となっており、今後さらなる成長が期待されている。そのほか、トリドールホールディングスが「豚屋とん一」でとんかつ業界に進出している。

●とんかつ店「かつや」を九州でフランチャイズ展開

　JR九州は平成29年12月から、子会社を通じてとんかつ店「かつや」のフランチャイズチェーン展開を始める。とんかつ店「かつや」で手頃な価格の定食やどんぶりを提供しているが、福岡県内や九州には店舗数が少ない。子会社のJR九州ファーストフーズによる1号店は、平成29年12月8日に福岡県太宰府市のロードサイドにオープン予定。ロードサイドへの出店を中心に、グループの特長を生かして「駅ナカ」や「駅チカ」の出店も検討していく。

マーケットデータ

●とんかつチェーン企業の売上高

　日経流通新聞「第43回日本の飲食業調査」によると、とんかつ業態を展開する飲食チェーン企業の平成28年度の売上高は次の通り。

とんかつチェーン企業の売上高（平成28年度）

社　名	売上高（百万円）	前年度比伸び率（％）	店舗数
グリーンハウスフーズ（とんかつ新宿さぼてん等）	35,500	▲1.9	614
アークランドサービスホールディングス（かつや等）	32,807	12.3	397
浜勝（とんかつ浜勝）	9,525	3.8	90
坂東太郎（かつ太郎等）	9,288	1.9	73
チタカ・インターナショナルフーズ（とんかつ知多家等）	8,532	▲11.1	82
井筒まい泉（とんかつまい泉）	7,946	3.7	87
曲田商店（とんかつKYK等）	6,271	2.0	75

（出所）日経流通新聞

●外食産業の市場規模

　日本フードサービス協会によると、飲食店の市場規模推移は次の通り。

飲食店の市場規模推移（単位：億円）

分野別	平26年	平27年	平28年
外食産業計	246,148	254,006	254,169
飲食店	132,204	136,325	138,767
食堂・レストラン	94,348	97,986	99,039
そば・うどん店	11,696	12,373	12,397
すし店	13,916	14,394	15,028
その他の飲食店	12,244	11,572	12,303

●カツレツの年間出荷額

　総務省の「家計調査年報」によると、一世帯当

カツレツの一世帯当たり年間支出額

年次	支出金額（円）	年次	支出金額（円）
平19年	1,654	平24年	1,587
20年	1,640	25年	1,603
21年	1,563	26年	1,747
22年	1,523	27年	1,870
23年	1,548	28年	1,862

（出所）家計調査年報

たりのカツレツ年間支出額は表の通り。平成28年度は0.4%減の1,862円で6年ぶりに減少した。

業界の特性

●市場の価格幅

とんかつ料理店は、小規模な個人事業の専門店で占められていたが、販売形態も多様になっている。外食チェーン店が台頭し、価格層にも幅が出ている。高級店では健康志向や食の安全性など、特徴ある素材を使用したメニューや、座敷で落ちついて質の高い料理を味わってもらうコンセプトの店舗が中心で、客単価が2,000円以上となるケースもある。一方、低価格をウリにしたチェーン店では、カウンター主体の座席構成で500円代のメニューもあり、とんかつ店への消費者の敷居が低くして高回転をモットーとしている。一般的には1,000円前後の価格帯が最も多い。

●店舗数

とんかつ店の単独の公的統計は見当たらない。NTTタウンページ「iタウンページ」に掲載されているとんかつ店の店舗数は、平成29年9月28日現在4,407店である。東京都の691店舗が最も多く、愛知県（341店）、神奈川県（326店）、埼玉県（244店）、千葉県（232店）、大阪府（216店）となっている。

とんかつ店の店舗数

地域	店舗数	地域	店舗数	地域	店舗数
全　国	4,407	富　山	44	島　根	14
北 海 道	135	石　川	32	岡　山	45
青　森	19	福　井	31	広　島	54
岩　手	20	山　梨	59	山　口	21
宮　城	92	長　野	122	徳　島	16
秋　田	27	岐　阜	92	香　川	20
山　形	44	静　岡	208	愛　媛	31
福　島	78	愛　知	341	高　知	8
茨　城	169	三　重	56	福　岡	114
栃　木	128	滋　賀	24	佐　賀	21
群　馬	114	京　都	57	長　崎	25
埼　玉	244	大　阪	216	熊　本	30
千　葉	232	兵　庫	116	大　分	27
東　京	691	奈　良	19	宮　崎	37
神 奈 川	326	和 歌 山	23	鹿 児 島	77
新　潟	79	鳥　取	7	沖　縄	22

（出所）「iタウンページ」

●立地

主要客層がサラリーマンであるため、大都市の繁華街・ビジネス街の店舗が多い。特に回転数を重視する低価格戦略のチェーン店においてその傾向が強い。一方で、中・高級店は郊外の大型ショッピングモールや商店街・ロードサイド・住宅街とさまざまな立地で見受けられる。

ノウハウ

●とんかつ店と焼肉店を同じ敷地にオープン

コロワイド傘下のレインズインターナショナルは、とんかつ店「神楽坂さくら」の郊外店を東京都内にオープンした。同時に、同じ敷地内に食べ放題型の牛肉店「牛角ビュッフェ」もオープンした。駐車場などを共有することで店舗の運営効率を高める。両店とも客数に応じて仕切りを調整でき、少人数から家族客まで幅広く対応する。

経営指標

とんかつ店を対象にした指標は見当たらないので、ここでは参考として、TKC経営指標（平成29年版）より、「他に分類されない飲食店」の数値を掲げる。

TKC経営指標 （変動損益計算書）	全企業 132件	
	平均額（千円）	前年比（%）
売上高	124,619	98.7
変動費	44,114	97.3
仕入高	44,186	97.8
外注加工費	45	52.1
その他の変動費	29	90.5
限界利益	80,504	99.4
固定費	78,810	99.6
人件費	41,078	99.5
減価償却費	2,949	93.4
租税公課	1,254	93.7
地代家賃・賃借料	9,806	97.9
支払利息・割引料	693	102.7
その他	23,189	101.8
経常利益	1,693	90.5
平均従事員数	19.5名	

今後の課題／将来性

●将来性

家庭で揚げ物をする機会が減り、食品スーパーの総菜売り場では揚げ物は人気だ。とんかつを売りにする外食チェーンが増え、手頃な価格のとんかつはランチ需要も期待できる。

●飲食業●

ステーキ料理店

最近の業界動向

●冷凍牛肉の緊急輸入制限

　米国産などの冷凍の輸入牛肉に対して、セーフガード（緊急輸入制限）が平成29年8月1日から発動されることになった。関税引き上げで牛丼チェーンなどの外食産業には痛手となるが、赤身肉を塊で焼くステーキ店からは動揺する声は聞こえてこない。今回の発動対象が冷凍牛肉に限られ、冷蔵（チルド）の肉を使っている場合は影響がないためだ。赤身肉をこよなく愛する「アカミニスト」には打撃は少ないといえそうだ。

●米国発のステーキ店が相次いで上陸

　米ニューヨーク生まれのステーキ店が相次いで出店している。「ベンジャミン　ステーキハウス」や「エンパイア　ステーキ　ハウス」、「ウルフギャング・ステーキハウス」は、ニューヨークのマンハッタン発のステーキ店だ。米国産の質の高い牛肉をそれぞれの方法で熟成させ、外はカリカリ、中はジューシーに仕上げている。ほかに「BLT ステーキ（BLT STEAK）」や「アレクサンダーズステーキハウス」など、ステーキハウスがアメリカから続々と進出しており、日本の新たな食のトレンドとして浸透し始めている。

● 1グラム単位で注文できるサービス

　柿安本店は、運営するステーキ・ハンバーグ店で、1グラム単位で注文できるサービスを始めた。新サービス「オーダーカットステーキ」は、主に大型商業施設内にある店舗に導入し、子どもや高齢者が食べきれるように、また、家族連れなどがいろいろなメニューを少しずつ注文したいという要望に応えるものだ。価格は肉の種類によって異なるが、1グラム当たり10〜15円（税別）で、200グラム以上注文した場合は値引きする。肉ブームが続いており、ステーキ店に来店する女性や高齢者も増えている。より幅広い客層の取り込みを図っていく。

●ワタミが新業態レストランのステーキ店

　居酒屋大手のワタミが始めた新業態のレストラン「カタマリ肉ステーキ＆サラダバー にくスタ」が人気だ。メニューの柱は「にくスタ」という店名が示すように、ステーキとハンバーグだ。看板メニューはランプステーキで、豪州産の冷蔵肉を塊で仕入れ、店内でカットして提供する。炭火でベリーレアに焼き、残りは焼き石で客が好みの焼き加減に仕上げる。サラダとデリカ（総菜）も売りの一つ。店を入るとすぐにお洒落な「サラダ＆デリカバー」が並ぶ。20数種類のサラダや総菜、フルーツを揃える。「にくスタ」の客は、30〜40代の子ども連れが圧倒的なシェアを占める。

マーケットデータ

●大手企業の売上高

　日経流通新聞「第43回日本の飲食業調査」によると、ステーキ料理店を運営する大手外食企業の平成28年度売上高は次の通りである。

大手企業の売上高（平成28年度）

社　名	売上高 （百万円）	伸び率 （％）	店舗数 直営	店舗数 FC
ペッパーフードサービス （いきなりステーキなど）	26,710	38.5	153	119
ア ー ク ミ ー ル （ステーキのどんなど）	22,753	▲5.4	181	0
ブ ロ ン コ ビ リ ー	18,010	13.1	108	0
あ　さ　く　ま	7,097	18.0	49	10

（出所）日経流通新聞

●牛肉の年間出荷額

　総務省の「家計調査年報」によると、一世帯当たりの牛肉年間支出額は次の通り。平成28年度は3.4％増の2万1,837円であった。

牛肉の一世帯当たり年間支出額

年次	支出金額（円）	年次	支出金額（円）
平21年	20,167	平25年	19,558
22年	18,964	26年	21,120
23年	18,597	27年	21,125
24年	18,208	28年	21,837

（注）二人以上の世帯
（出所）家計調査年報

業界の特性

●店舗数

　NTTタウンページ「iタウンページ」に掲載さ

― 46 ―

れているステーキハウスの店舗数は、平成29年9月1日現在で4,119店である。

ステーキハウスの店舗数

地域	店舗数	地域	店舗数	地域	店舗数
全　国	4,119	富　山	40	島　根	19
北 海 道	101	石　川	58	岡　山	73
青　森	13	福　井	42	広　島	68
岩　手	15	山　梨	25	山　口	40
宮　城	38	長　野	77	徳　島	21
秋　田	16	岐　阜	92	香　川	36
山　形	32	静　岡	124	愛　媛	35
福　島	26	愛　知	260	高　知	13
茨　城	71	三　重	72	福　岡	211
栃　木	129	滋　賀	37	佐　賀	40
群　馬	62	京　都	97	長　崎	32
埼　玉	156	大　阪	294	熊　本	50
千　葉	129	兵　庫	289	大　分	42
東　京	572	奈　良	35	宮　崎	56
神 奈 川	216	和 歌 山	33	鹿 児 島	34
新　潟	50	鳥　取	11	沖　縄	137

（出所）「iタウンページ」

●商品の種類・特性

　ステーキをカウンターなどを目の前で焼く鉄板焼きステーキの店では、接待などに使用される高級な店が多い。紅花のようにパフォーマンスを売りにしている店やリーズナブルな店もあるが、概して高級な肉を提供する店が多い。一方、厨房で焼いたステーキを出す大衆店やフランチャイズチェーン店では、ハンバーグステーキなどの低価格メニューを客寄せにしたり、ハンバーグをメインにしているなど、それぞれの展開で営業をしている。

●立地

　ステーキ料理店は、他の飲食店と同様に立地が売上げを大きく左右する。ビジネス街や繁華街と郊外幹線道路沿いが主な立地であるが、ビジネスマンをターゲットとする場合は、ビジネス街や繁華街が好立地である。ファミリー層をターゲットとする場合は、郊外幹線道路沿いなどが適している。メニュー構成や価格帯もそれに準じて決める必要がある。

ノウハウ

●ステーキ店の新たなビジネスモデルが進行

　「シックスマーズ　ステーキ＆バル」を展開するユニマットプレシャスは、最大11の飲食店の予約サイトの情報を一括管理できるシステムを導入した。電話予約にも自動対応することで経費節減と売上増加につなげている。また、ステーキ店のブロンコビリーは、牛肉などの価格上昇に対して、調達ルートの見直しなどでコストを削減し、収益向上を実現した。

●すかいらーく熟成かたまり肉使用メニュー展開

　「ガスト」を展開するすかいらーくは、肉料理に業態を広げ、ステーキ店では熟成のかたまり肉を使った高単価な商品などを展開し、客単価の引き上げで収益を拡大させる戦略を図っている。

経営指標

　ステーキ料理店を対象にした指標は見当たらないので、ここでは参考として、TKC経営指標（平成29年版）より、「その他の専門料理店」の数値を掲げる。

TKC経営指標 （変動損益計算書）	全企業　215件	
	平均額（千円）	前年比（％）
売上高	88,253	97.5
変動費	30,723	95.8
仕入高	30,715	96.0
外注加工費・その他の変動費	43	88.8
限界利益	57,529	98.4
固定費	56,563	99.0
人件費	31,537	99.0
減価償却費	2,180	95.3
租税公課	789	96.3
地代家賃・賃借料	7,256	101.9
支払利息・割引料	330	93.1
その他	14,468	98.5
経常利益	966	71.1
平均従事員数	13.4名	

今後の課題／将来性

●将来性

　赤身の牛肉は健康に良いとの認識が定着しつつあり、肉料理のイベントである「肉フェス」が各地で開催され、肉ブームが広がっている。健康志向の高まりを受け、女性や高齢者にステーキの消費が増え、この傾向は今後も続くと予想され、ステーキ料理店は需要拡大が期待できる。一方、競合も厳しくなり、生き残りのためには他店との差別化や業態化が必要になってくる。

― 47 ―

●飲食業●

お好み焼き店

最近の業界動向

●お好み焼きチェーンの海外進出

　お好み焼きチェーンの道とん堀は、香港と中国に出店を始めた。これまでフィリピンと台湾で4店運営してきたが、新たに香港の飲食店企業とフランチャイズ契約を締結し、中国本土を中心に出店していく。価格帯は日本より高めで、高所得者層をターゲットにしている。従業員向けに日本店で接客や調理法などの研修を実施し、日本からも社員を現地に派遣して指導する。お好み焼き店「鶴橋風月」を運営するイデアは平成28年1月、台湾にお好み焼き店を新規オープンし、11月にはアメリカにも出店している。「千房」を展開する千房ホールディングスや、「ぼてぢゅう」を展開する東京フードなど、大手お好み焼きチェーンも東南アジアを中心に海外事業を広げている。

●千房ホールディングスの戦略

　お好み焼き店「千房」を運営する千房ホールディングスは、ホテルへの出店を拡大している。訪日外国人が増加する中、お好み焼きの認知度も高まっている。大都市を中心にホテルの建設も相次いでいることから、ホテル内の店舗を2020年度までに10店以上増やす。一方、家族連れや若年層を開拓するため、商業施設のフードコートへの出店を始めた。平成29年3月にオープンした「チボウズ　キッチン」は、今川焼の型を改良して使い、小型のお好み焼きを販売する。単品価格は450円からで、焼きそばやタコ焼きなども販売する。型に流して焼くお好み焼きは、関東地方で「大阪焼き」という名で知られている。都市部ではインバウンド需要を追い風に好調だが、家族連れなどの開拓が課題であった。フードコートに出店することで新たな客層を開拓する。

マーケットデータ

●市場規模

　総務省「経済センサス基礎調査（平成26年）」によると、お好み焼・焼きそば・たこ焼店の事業所数は1万6,551所、従業者数6万6,330人となっている。全体での売上高は公表されていないが民営の事業所数は1万3,245所、従業者数4万7,467人、売上金額1,650億6,700万円となっている。また、お好み焼きソース専門メーカーの「おたふくソース」によると、店舗数は全国に2万店、市場規模は約1,900億円とされている。お好み焼き店の市場規模は1,500～1,900億円と推定される。

●お好み焼き店の売上高

　日経流通新聞の「第43回日本の飲食店調査」によると、平成28年度のお好み焼き店をチェーン展開する企業の売上高は次の通り。

お好み焼き店をチェーン展開する企業の売上高（平成28年度）

社　名	売上高（百万円）	前年度比伸び率(%)	店舗数 直営	ＦＣ
物語コーポレーション（お好み焼き本舗等）	60,867	15.3	190	175
道　と　ん　堀（お好み焼き道とん堀）	15,500	▲5.5	53	266
千　　　房	4,224	2.6	29	32

（出所）日経流通新聞

業界の特性

●インバウンドは空白の時間帯の夜・早朝に鉱脈

　お好み焼き店「千房」を運営する千房ホールディングスによると、大阪・道頓堀などの店舗では夜の早い時間帯に中国人、夜9時以降に韓国人が訪れる傾向があり、「国によって夕食の時間帯が違う」とのこと。こうした行動パターンを踏まえればより幅広い時間帯に誘客できるとみている。

●主なチェーン

　お好み焼き店をチェーン展開する企業は、「千房」を運営する千房ホールディングス、「鶴橋風月」を運営するイデア、「道とん堀」を運営する道とん堀、「お好み焼き本舗」を展開する物語コーポレーションなどである。

●参入障壁が低い

　お好み焼き店は、特別な経験や技術・経営ノウハウが必要でなく小資本で開業できることから、参入障壁が低い業界である。お好み焼き店はこれら個人経営の同業者のほか、もんじゃ焼き・たこ焼き・鉄板焼きなどを取り扱う類似業態と市場競

争する関係にある。お好み焼き・もんじゃ焼きを取り扱うチェーン店が出現しており、中にはお好み焼きと焼肉を組み合わせた新業態を開発する動きもみられる。個人経営のお好み焼き店は、豊富なメニューを武器にするチェーン店と厳しい競争にさらされており、これらの厳しい環境にいかに対応するかがポイントになる。

●店舗数

NTTタウンページ「iタウンページ」によると、平成29年9月27日現在のお好み店の店舗数は1万1,068件である。都道府県別では広島県が最も多く1,399件、次いで大阪府の1,357件、兵庫県の1,099件、東京都の787件と続いている。

お好み焼き店の店舗数

地域	店舗数	地域	店舗数	地域	店舗数
全　　国	11,068	富　　山	103	島　　根	61
北 海 道	125	石　　川	114	岡　　山	369
青　　森	30	福　　井	100	広　　島	1,399
岩　　手	27	山　　梨	29	山　　口	176
宮　　城	47	長　　野	64	徳　　島	150
秋　　田	16	岐　　阜	191	香　　川	146
山　　形	30	静　　岡	277	愛　　媛	276
福　　島	56	愛　　知	679	高　　知	124
茨　　城	124	三　　重	170	福　　岡	439
栃　　木	93	滋　　賀	106	佐　　賀	58
群　　馬	82	京　　都	389	長　　崎	128
埼　　玉	249	大　　阪	1,357	熊　　本	148
千　　葉	232	兵　　庫	1,099	大　　分	85
東　　京	787	奈　　良	163	宮　　崎	83
神 奈 川	290	和 歌 山	130	鹿 児 島	136
新　　潟	54	鳥　　取	43	沖　　縄	34

（出所）「iタウンページ」

●客単価・客層

お好み焼き店は、老若男女問わず人気がある。手頃な価格で提供しているため、客単価は高くない。1,000円前後が相場ではあるが、酒類やデザートなどをメニューに取り入れ客単価向上を狙う店舗も見受けられる。地域性により客層も異なるが、家族連れや女性客の取り込みを図ることが必要である。

●立地

他飲食業同様、駅前の繁華街・ビジネス街・商店街などにも多くの店舗はあるが、ロードサイドやショッピングモールなどで店舗を構えているケースも多い。大衆食として住宅地の中で日々の食

事処として地域密着しているケースも多々ある。

ノウハウ

●低価格帯のメニューを増やす

お好み焼きチェーンの道とん堀は、平成29年4月から中心価格帯の800円前後より3〜4割程度安いメニューを増やす。また、料理と飲み物の既存メニューの商品の値下げも行う。平成28年に人件費の高騰などにより値上げを行った結果、客数が減少したため、低価格戦略を抜本的に見直し、集客を図る。

経営指標

ここでは参考として、TKC経営指標（平成29年版）より、「お好み焼・焼きそば・たこ焼店」の数値を掲げる。

TKC経営指標 （変動損益計算書）	全企業　28件	
	平均額（千円）	前年比（％）
売上高	101,711	96.0
変動費	30,208	94.3
仕入高	30,178	94.4
外注加工費	0	—
その他の変動費	41	59.0
限界利益	71,503	96.8
固定費	69,171	98.0
人件費	39,887	101.1
減価償却費	2,437	91.0
租税公課	1,072	105.5
地代家賃・賃借料	10,758	97.0
支払利息・割引料	405	86.5
その他	14,610	92.1
経常利益	2,331	70.8
平均従事員数	19.0名	

今後の課題／将来性

●課題

全国的なB級グルメの人気やインバウンドを追い風に、お好み焼きの市場は着実に拡大している。市場全体としては今後とも拡大傾向が続くと予想されるが、参入障壁が低い業界であり、また、チェーン店の台頭で個人経営の店は厳しい環境にある。

《関連団体》　全国飲食業生活衛生同業組合連合会
　東京都港区新橋6-8-2
　TEL　03（5402）8630

●飲食業●

しゃぶしゃぶ料理店

最近の業界動向

●高級店と手頃な値段の店が共存

しゃぶしゃぶ料理店は、食べ放題から個室のある高級店まで、幅広く利用されるようになった。肉の良し悪しが料理を左右するため、希少部位など厳選した肉を提供する店も増えている。タレなどにこだわった店も多い。サラリーマンなどがランチの食べ放題を利用する機会も増え、高級店と手頃な値段で提供する店との使い分けが進んでいる。富士経済の資料によると、しゃぶしゃぶ・すき焼きの市場規模は次の通り。しゃぶしゃぶ店では野菜の食べ放題サービスがあり、健康志向を反映して好調に推移している。

しゃぶしゃぶ・すき焼きの市場規模

年　次	平25年	平26年	前年比
市場規模	1,068億円	1,107億円	3.7%

（出所）富士経済

●しゃぶしゃぶ店の出店を加速

すかいらーくはしゃぶしゃぶビュッフェ「しゃぶ葉」の新規出店を加速している。平成29年からの3年間で、すかいらーく全体で新店は450店。このうち、約半数がしゃぶしゃぶ店などの新業態だ。「しゃぶ葉」は200〜300店に増やす計画で、郊外への出店を加速させる。「しゃぶ葉」は、牛肉や豚肉などのしゃぶしゃぶを食べ放題とするビュッフェスタイルで、値ごろ感のある価格設定が支持されている。野菜やめん類、ドリンク、デザートなどのサイドメニューは客が自由に選べる。しゃぶしゃぶは高価な食事というイメージがあったが、手頃な価格で提供することで家族連れなど幅広い客層が利用しやすいようにし、顧客を増やしている。

●木曽路が閉店時間を繰り上げ

外食産業では営業時間を短縮する動きが広がっている。木曽路は主力のしゃぶしゃぶ店のほぼ全店で閉店時間を現行より30分繰り上げて午後10時までとする。利用率の低い夜間の営業を短縮して採算を改善し、労働環境も改善して人材の確保につなげる。飲食店の人材不足は深刻で、定着率を高めるのは飲食店全体の課題となっている。慢性化する人手不足を解消し、人材を定着させる狙いがある。

●地元の食材を安定的に確保する

居酒屋「九州熱中屋」を運営するゴールデンマジックは、食材調達で長崎県五島市と協定を結んだ。地元の豚肉や牛肉を使うしゃぶしゃぶ店と焼肉店を東京都内で開店する。しゃぶしゃぶ店「五島人」は、五島市の五島豚を、同市近海で取れたトビウオから取っただしと合わせて提供する。五島市産の食材は生産量が少なく調達が難しいが、五島市と協定を結ぶことで安定的に調達することができる。物流コスト削減に向け、現地に集積拠点を設けることも検討中で、自治体と連携して特産品も販売するなど居酒屋以外の収益を確保したい考えだ。

マーケットデータ

●大手の売上高

日経流通新聞「第43回日本の飲食業調査」によると、しゃぶしゃぶ料理店を運営する大手4社の平成28年度売上高は次の通り。

しゃぶしゃぶ料理店を展開する大手企業の売上高（平成28年度）

社　名	売上高 （百万円）	伸び率 （％）	店舗数	
			直営	ＦＣ
レインズインターナショナル （しゃぶしゃぶ温野菜他）	125,298	6.8	270	1,150
木　曽　路	44,912	1.9	163	0
ニ　ラ　ッ　ク　ス （しゃぶ葉他）	37,038	23.6	262	0
ア　ー　ク　ミ　ー　ル （しゃぶしゃぶどん亭）	22,753	▲5.4	181	0

（出所）日経流通新聞

●売上高、店舗数

日本フランチャイズチェーン協会の「FC統計

一般レストランの売上高、チェーン数、店舗数

項　目	平26年	平27年	増減
チ ェ ー ン 数	63	65	2
店　舗　数	5,444	5,578	2.5%
売上高（百万円）	530,102	544,325	2.7%

（注）調査期間は平成28年7〜9月
（出所）日本フランチャイズチェーン協会

調査」によると、平成27年度の一般レストラン（焼肉店、しゃぶしゃぶ店、専門レストラン等）のチェーン数、店舗数、売上高は表の通り。

●和食の1世帯当たりの年間支出額

総務省「家計調査年報」によると、平成28年における和食の1世帯当たりの年間支出額は、前年比0.4％増の2万3,429円であった。

和食の1世帯当たりの年間支出額

年次	支出額（円）	年次	支出額（円）
平21年	21,087	平25年	21,581
22年	21,622	26年	22,999
23年	20,853	27年	23,345
24年	21,156	28年	23,429

（出所）総務省「家計調査年報」

業界の特性

●しゃぶしゃぶ料理の店舗数

しゃぶしゃぶ料理店に関する公的な統計は見当たらない。NTTタウンページ「iタウンページ」によると、店舗数は平成29年6月2日現在で2,948店となっている。

都道府県別のしゃぶしゃぶ料理の店舗数

地域	店舗数	地域	店舗数	地域	店舗数
全　国	2,948	富　山	39	島　根	11
北 海 道	74	石　川	42	岡　山	56
青　森	14	福　井	39	広　島	72
岩　手	16	山　梨	28	山　口	29
宮　城	26	長　野	77	徳　島	24
秋　田	15	岐　阜	50	香　川	53
山　形	35	静　岡	56	愛　媛	54
福　島	25	愛　知	182	高　知	10
茨　城	54	三　重	61	福　岡	122
栃　木	33	滋　賀	39	佐　賀	13
群　馬	67	京　都	72	長　崎	18
埼　玉	106	大　阪	229	熊　本	36
千　葉	100	兵　庫	133	大　分	21
東　京	403	奈　良	24	宮　崎	37
神 奈 川	147	和 歌 山	19	鹿 児 島	100
新　潟	34	鳥　取	8	沖　縄	45

（出所）「iタウンページ」

●価格

コースは8,000〜10,000円程度で、一品料理を提供する店もある。ランチでは食べ放題が主流で、価格は1,200〜1,500円程度だ。すかいらーくのしゃぶしゃぶビュッフェ「しゃぶ葉」では、昼食1,199円から、夕食1,599円から食べられる。

ノウハウ

●しゃぶしゃぶ店の工夫

シンプルな料理であり、特徴を持たせるのは難しいが、各店で工夫を凝らしている。焼肉店などを運営するカルネヴァーレが平成28年10月にオープンしたしゃぶしゃぶ店では、焼肉と同じように和牛の部位ごとにしゃぶしゃぶができ、トリュフたまごぞうすいや野菜食べ放題などバランスの取れた食事ができる。また、平成28年7月にオープンした「悠々乃蔵」は、日本酒100％のしゃぶしゃぶを提供している。全国9つの蔵元が運営する店で、昼は「糀カフェ」、夜に日本酒しゃぶしゃぶを提供する。

経営指標

しゃぶしゃぶ料理店を対象にした指標は見当たらないので、ここでは参考として、TKC経営指標（平成29年版）より、「日本料理店」の数値を掲げる。

TKC経営指標 （変動損益計算書）	全企業　231件	
	平均額（千円）	前年比（％）
売上高	91,161	98.7
変動費	33,476	98.1
仕入高	33,389	98.1
外注加工費	60	87.3
その他の変動費	9	53.8
限界利益	57,685	99.0
固定費	56,722	100.4
人件費	31,730	100.8
減価償却費	2,509	101.0
租税公課	941	98.2
地代家賃・賃借料	5,588	97.7
支払利息・割引料	682	94.6
その他	15,265	100.8
経常利益	962	55.7
平均従事員数	12.8名	

今後の課題／将来性

●将来性

肉料理の人気は高く、ヘルシーなイメージのあるしゃぶしゃぶは女性にも人気だ。最近では高級店と食べ放題を提供する店が共存している。産地こだわりの肉や野菜を提供する店も多く、新規出店も相次いでいる。

●飲食業●

ぎょうざ専門店

最近の業界動向

●手頃な価格のぎょうざが消費者に人気

ぎょうざを専門に扱う外食店が増え、持ち帰りなどにも対応し、幅広い客層の取り込みを図っている。ぎょうざは持ち帰って自宅での食事のおかずや「ちょい飲み」需要など、幅広い年齢層に好まれ女性の消費も増えている。安上がりな点が節約志向の消費者に受けている。

●ぎょうざ店の多店舗化に乗り出す

遠藤商事ホールディングスは、ぎょうざ店の多店舗化に乗り出す。遠藤商事ホールディングスのぎょうざ専門店「餃子の山」は焼餃子と水餃子を主力とし、国産原料にこだわったぎょうざを提供している。ランチ時の「餃子定食」は590円で、酒類のメニューも充実させ、夜は「ちょい飲み」需要も取り込む。持ち帰り用に冷凍餃子も販売する。平成29年度中に5〜6店まで増やす予定で、関東地区を中心に多店舗化していく。また、ギョーザ専門店「立吉餃子」を運営するフードイズムは、平成29年度中に店舗数を6店舗程度に増やす。焼餃子や水餃子、揚げ餃子など12種類の餃子を提供する。ワインの種類なども充実させ、女性客の取り込みに成功している。居酒屋でもぎょうざを前面に押し出した店があり、ぎょうざの人気が高まっている。

●職業体験「餃子店開業インターシップ」

宇都宮商工会議所と宇都宮市内の「宇都宮餃子会」は平成29年3月、職業体験「餃子店開業インターシップ」を実施した。宇都宮餃子会には約80店が加盟している。平成28年度にも実施したが、早期創業の実施と創業まもない廃業を未然に防ぐため、同インターシップを企画した。セミナーでは接客や調理など、創業後の現場のイメージを体験する。後継者の育成や新規開業など、将来の担い手を育てることを目指している。

●ぎょうざ店のFC事業を開始

ぎょうざ製造機を製造販売する東亜工業は、ぎょうざ店のフランチャイズ（FC）事業を始めた。同社の自動製造機と店舗運営ノウハウを創業希望者に提供し、定年退職後のシニア層などに売り込む。「浜太郎」の店舗名でFC展開し、創業希望者には実習や座学などの研修を行う。創業希望者は、ぎょうざ製造機を購入して開業する。「餃子ビジネス1日体験ツアー」を実施し、繁盛店のリアルな収支や店舗開発のプロセスなどが体験できる。

●「ブラック」企業からの脱却

王将フードサービスは、労働環境の改善を図っている。女性が働きやすい新型店の出店にも乗り出し、「ブラック」企業のイメージから脱却を図っている。直営店の約7割に当たる308店で深夜営業をやめ、営業時間の短縮を図った。従業員の有給休暇の取得も進めている。また、厨房の設備の改良や使いやすい調理器具の導入など、シニア定員や女性も働きやすい環境づくりに取り組んでいる。企業イメージの低下で新規採用がままならず、人手不足が深刻化していた。平成29年2月には、高島屋京都店に初めて持ち帰り専門のぎょうざ店を出した。人件費の増加で店舗運営の効率化も迫られる中、個店の競争力維持など今後の課題となっている。

マーケットデータ

●ぎょうざを扱う主な外食企業の売上高

日経流通新聞の「43回飲食業調査」によると、ぎょうざを提供する主な外食企業の平成28年度の売上高は次表の通り。

ぎょうざを扱う主な外食企業の売上高（平成28年度）

社　名	売上高 （百万円）	伸び率 （％）	店舗数 直営	FC
王将フードサービス （餃子の王将他）	91,500	▲2.3	486	231
幸楽苑ホールディングス （幸楽苑他）	39,951	▲1.6	528	16
ハイデイ日高	38,614	4.9	397	2
イートアンド （大阪王将他）	29,645	―	72	364
際コーポレーション （紅虎餃子房他）	27,686	1.4	309	17
ぎょうざの満州	7,336	8.2	84	0

（出所）日経流通新聞

◉ぎょうざの１世帯当たりの年間支出額

総務省「家計調査年報」によると、ぎょうざの１世帯当たりの年間支出額は表の通り。平成28年の支出額は前年比2.9％増の2,194円であった。

ぎょうざの１世帯当たりの年間支出額 （単位：円）

年次	支出額	年次	支出額
平19年	2,246	平24年	2,130
20年	1,837	25年	2,016
21年	2,055	26年	2,125
22年	2,019	27年	2,132
23年	2,181	28年	2,194

（注）二人以上の世帯
（出所）総務省「家計調査年報」

業界の特性

◉ぎょうざ店の店舗数

ぎょうざ店の店舗数、従業員数の公的なデータは見当たらない。NTTタウンページ「iタウンページ」によると、平成29年7月6日現在のぎょうざ店の店舗数は6,068店となっている。

ぎょうざ専門店の店舗数

地域	店舗数	地域	店舗数	地域	店舗数
全　国	6,068	富　山	74	島　根	38
北 海 道	114	石　川	121	岡　山	134
青　森	29	福　井	60	広　島	191
岩　手	23	山　梨	46	山　口	85
宮　城	65	長　野	98	徳　島	16
秋　田	13	岐　阜	87	香　川	36
山　形	35	静　岡	336	愛　媛	92
福　島	77	愛　知	320	高　知	26
茨　城	185	三　重	73	福　岡	429
栃　木	301	滋　賀	28	佐　賀	62
群　馬	80	京　都	90	長　崎	98
埼　玉	243	大　阪	380	熊　本	151
千　葉	285	兵　庫	201	大　分	92
東　京	573	奈　良	46	宮　崎	110
神 奈 川	231	和 歌 山	23	鹿 児 島	107
新　潟	79	鳥　取	29	沖　縄	66

（出所）「iタウンページ」

◉仕入れ

餃子には、焼餃子、水餃子、蒸し餃子、揚げ餃子がある。材料は豚肉、キャベツ、白菜、ニラ、ニンニクなどである。食品や食材に対する消費者の関心が高まり、チェーン店などでは品質検査に合格した材料を使用している。また、大半の材料が生鮮品であるため、一度に大量に仕入れるのが難しい。野菜など生産農家などと契約を結ぶ店もある。

ノウハウ

◉「餃子酒場」

居酒屋運営の「NATTY SWANKY（ナッティースワンキー）」の「肉汁餃子製作所 ダンダダン酒場」は、「肉汁焼餃子」が看板商品で、餃子の肉汁感が楽しめる。「餃子酒場」という業種を確立し、店舗数を増やしている。平成29年内には、現在の38店から65店に増やす計画で、都市部の繁華街にも店舗を広げていく。

経営指標

ここでは参考として、TKC経営指標（平成29年版）より、「中華料理店」の数値を掲げる。

TKC経営指標 （変動損益計算書）	全企業　114件	
	平均額（千円）	前年比（％）
売上高	84,168	96.3
変動費	25,208	95.7
仕入高	25,279	96.2
外注加工費	—	—
その他の変動費	35	98.6
限界利益	58,960	96.5
固定費	57,693	97.0
人件費	33,542	98.4
減価償却費	2,339	96.5
租税公課	1,073	106.8
地代家賃・賃借料	6,731	95.7
支払利息・割引料	538	91.7
その他	13,467	93.9
経常利益	1,266	78.9
平均従事員数	13.1名	

今後の課題／将来性

◉将来性

ぎょうざを専門に扱う外食店が増え、餃子居酒屋や餃子バル（食堂とバーが一緒になったような飲食店）の新業態も登場している。女性を意識した店づくりやメニュー構成などで顧客を獲得している。また、「ちょい飲み」需要や持ち帰りにも対応し、幅広い客層の取り込みを図っている。各地でぎょうざのフードイベントが開催されるなど、ぎょうざ人気が続いている。今後もぎょうざ専門店やぎょうざを主力とする飲食店が増えると予想される。

●飲食業●

焼き鳥店

最近の業界動向

●居酒屋・ビヤホール市場規模

日本フードサービス協会によると、平成28年の焼き鳥店が含まれる居酒屋・ビヤホール市場規模は、前年比4.9%減の1兆77億円であった。

居酒屋・ビヤホール等の市場規模 （単位：億円）

年　次	平26年	平27年	平28年
市 場 規 模	10,380	10,672	10,077
増 　加　 率	1.9%	2.8%	▲4.9%

（出所）日本フードサービス協会

●居酒屋チェーンが相次いで焼き鳥市場に参入

外食産業では焼き鳥などの鳥料理がブームとなり、居酒屋チェーンなどが居酒屋を焼き鳥店に転換するなどしている。「塚田農場」を手掛けるエー・ピー・カンパニーは平成28年10月に「やきとりスタンダード」をオープンし、焼き鳥市場に参入した。ワタミは居酒屋「和民」などを「鳥メロ」に切り替えている。コロワイドは「やきとりセンター」の出店を加速させている。各社が相次いで参入する背景には、ヘルシーなイメージがある鶏肉は人気があり消費量も多いことや、豚肉に比べて原価が安い、ことなどがある。

●鳥貴族が値上げ

焼き鳥チェーンの鳥貴族は、平成29年10月から全品280円（税別）としていた価格を298円に値上げした。深刻な人手不足からアルバイトの時給引き上げによる人件費の高騰が背景にある。また、天候不良による野菜などの高騰も影響している。人手不足に対しては、来店客がタッチパネルで注文できる仕組みの整備や、国籍を問わないアルバイトの採用などを行ってきたが、人件費高騰は深刻な状況だ。

●従業員の負担を軽減する省力化の実験店

焼き鳥チェーン運営のひびきは、人手不足に対応し、従業員の負担を軽減する省力化の実験店を開いた。IoTの技術を活用して、冷蔵庫の温度や店舗内の気温を管理するシステムを導入した。また、油分を含んだ水を排出する排水溝の清掃を簡単にするため、特殊な吸着剤を入れて油を簡単に回収できるようにした。従業員の負担を軽くすることで、接客などに力を入れていく。

マーケットデータ

●大手チェーンの売上高

日経流通新聞「第43回日本の飲食業調査」によると、焼き鳥など鳥料理をメインに提供する主な外食産業の平成28年度売上高は次の通り。

焼き鳥を提供する大手チェーンの売上高 （平成28年度）

社　名	売上高 （百万円）	前年度比 伸び率(%)	店舗数 直営	FC
チ　ム　ニー （軍鶏農場等）	70,672	▲2.1	459	288
鳥　　貴　　族	38,656	25.2	285	207
ダ　イ　ナ　ック （響、鳥どり等）	36,007	▲0.4	258	0
ヴィア・ホールデイングス （備長扇屋等）	33,550	▲3.5	478	76
ダイヤモンドダイニング （鳥福等）	21,033	0.9	218	0

（出所）日経流通新聞

業界の特性

●参入の容易性

焼き鳥店は、①調理法がシンプルであること、②串打ちをはじめとした仕込みの多くがマニュアル化できること、③牛肉や豚肉に比べて鶏肉のコストが低いことなどにより一般的に参入が容易である。しかし、焼きの技術や秘伝のタレといった独自の付加価値を高め差別化を図らなければ、好業績の維持・継続は難しい。また、焼き鳥店を開業する場合、独自に開業するか、FCチェーンに加盟して開業するか、2つのケースが考えられる。

●客単価・客層

学生をはじめとした若年層向けの店では2,000〜3,000円程度、高級志向の客層向けの店では5,000円からと幅広い。男性客が多いとされていたが、近年では女性のニーズが高まっており、女性客が利用しやすいような店づくりをコンセプトとした店舗も増加している。

●店舗数推移

NTTタウンページ「iタウンページ」によると、

平成29年9月27日現在の焼き鳥店の店舗数は1万8,341件である。最も多いのは東京都の2,581件、次いで福岡県（1,690件）、大阪府（1,503件）、神奈川県（1,087件）と続いている。

焼き鳥店の店舗数

地域	店舗数	地域	店舗数	地域	店舗数
全　国	18,341	富　山	129	島　根	59
北　海　道	836	石　川	171	岡　山	239
青　森	191	福　井	84	広　島	361
岩　手	90	山　梨	147	山　口	196
宮　城	203	長　野	316	徳　島	149
秋　田	66	岐　阜	124	香　川	140
山　形	191	静　岡	448	愛　媛	286
福　島	186	愛　知	827	高　知	87
茨　城	311	三　重	182	福　岡	1,690
栃　木	197	滋　賀	115	佐　賀	238
群　馬	207	京　都	270	長　崎	374
埼　玉	702	大　阪	1,503	熊　本	370
千　葉	525	兵　庫	868	大　分	255
東　京	2,581	奈　良	144	宮　崎	290
神　奈　川	1,087	和　歌　山	136	鹿　児　島	286
新　潟	264	鳥　取	58	沖　縄	162

（出所）「iタウンページ」

●使用する鶏肉の種類

焼き鳥店で使用する鶏肉の種類は、①ブロイラー、②地鶏、③銘柄鶏、の3種類に分類される。総合居酒屋チェーンでは、①を利用することが多く、焼き鳥専門店では差別化を図るため、②や③を取り扱っている店が多い。

●メニュー

鶏肉の各部位（もも、ハート、肝など）及び野菜（獅子唐、椎茸、玉葱など）を串にした料理が主要であるが、串に刺さずに提供する店もある。調理法によって味の特色を出しやすい「つくね」を目玉商品としている店も多い。

●各地にブランド鶏が誕生

鶏肉のブランド競争が激しくなっている。代表的な銘柄は、名古屋コーチン、比内地鶏、さつま地鶏だが、新興勢力が台頭している。徳島県の「阿波尾鶏（あわおどり）」は、年間生産量が地鶏全体の4分の1を占める。また、北海道（新徳地鶏）、山形県（山形さくらんぼ地鶏）、長野県（信州黄金地鶏）など各地にブランド鶏が生まれている。

ノウハウ

●備長炭で焼く焼き鳥を提供

居酒屋「ひもの屋」などを手掛けるサプライズは、平成29年2月焼き鳥店「カドクラ商店」をオープンした。入荷したての鶏肉を店内でさばいて備長炭で焼く焼き鳥を提供する。女性一人でも入りやすい雰囲気の店づくりで、清潔感がある。主力商品は、1本単位で注文できる焼き鳥や鶏煮込みなどだ。客単価は2,900～3,200円で、早期の多店舗化を目指している。

経営指標

焼き鳥店を対象にした指標は見当たらないので、ここでは参考として、TKC経営指標（平成29年版）より、「酒場・ビヤホール」の数値を掲げる。

TKC経営指標 （変動損益計算書）	全企業　337件	
	平均額（千円）	前年比（％）
売上高	92,829	97.6
変動費	31,463	98.1
仕入高	31,361	97.9
外注加工費	47	98.4
その他の変動費	19	113.2
限界利益	61,366	97.3
固定費	60,375	97.7
人件費	33,372	97.6
減価償却費	2,511	99.6
租税公課	1,128	95.8
地代家賃・賃借料	8,159	98.5
支払利息・割引料	566	98.1
その他	14,633	97.2
経常利益	991	81.3
平均従事員数	15.7名	

今後の課題／将来性

●課題

居酒屋チェーンの参入で競争は激化している。また、コンビニエンスストアなどでも焼き鳥の販売に力を入れ、ローソンは1日限定の「焼鳥屋」を開催して新商品「でか焼鳥」をPRした。人気の焼き鳥を巡って競争が激化している。また、鶏肉人気の高まりを受け、国産鶏肉の卸値が上がっている。低価格を売りにする焼き鳥チェーンなどへの影響が懸念される。

《関連団体》　全国飲食業生活衛生同業組合連合会
　　　　　　　東京都港区新橋6-8-2
　　　　　　　TEL　03（5402）8630

●飲食業●

串焼き・串カツ店

最近の業界動向

●幅広い年齢層に人気

　串焼き店は、肉や魚介類、野菜などを串に刺して焼く料理を提供し、串カツ（串揚げ）店は、肉や野菜などを串に刺して衣を付け油で揚げたカツ料理を提供する業態である。幅広い年齢層の需要を獲得して市場は拡大傾向にある。

●串カツ田中、小型店の出店を始める

　串カツ店をチェーン展開する串カツ田中は、小型店の出店を始める。従来店舗の約3分の1の広さで、立ち飲み形式とする。住宅地などで路面店を中心に展開してきたが、仕事帰りの会社員などの「ちょい飲み」需要を取り込む狙いがある。従来はネタによって価格帯が分かれていたが、小型店では1串100円で提供し、串以外のメニューも用意する。また、中部地方などでは郊外のロードサイド店も増やす。串カツ田中は、首都圏に約150店の串カツ店を展開しているが、既存店の売上高は好調に推移しており、出店を拡大していく。

●「カワサキのれん街　ほのぼの横丁」

　外食大手コロワイドの子会社のコロワイドMDは、串カツやすしなど9つの業態を集めた横丁風の大型店を開く。川崎市に開く「カワサキのれん街　ほのぼの横丁」は座席数が309席で、やきとん（豚肉の串焼き）以外の8つは新たに開発した。また、居酒屋大手のワタミは焼き鳥・串揚げが主力の「三代目鳥メロ」と、から揚げが主力の「ミライザカ」を店舗運営の柱に切り替えていく。専門性の高い店舗中心の運営に切り替え、収益力の回復を図る。串カツは手頃な価格などが人気となっており、集客も見込める。

●牛カツ専門店「京都勝牛」の店舗を拡大する

　肉料理チェーンを運営するゴリップは、牛カツ専門店「京都勝牛」を、京都や東京都内などに約30店展開している。60秒揚げてミディアムレアのカツをわさびしょうゆで食べるスタイルが訪日外国人に人気となっている。牛カツは主に洋食店で提供されていたが、とんかつに代わる和食として提案している。観光客の多い店舗では、平均単価が1,400円、ビジネス街では1,100円、地方・郊外では800円と、メニュー構成を変えている。競合がないことが強みで、現在の4倍に店舗を増やす予定で、フランチャイズチェーンの加盟店の募集を始めた。

マーケットデータ

●外食チェーン大手の売上高

　日経流通新聞「第43回日本の飲食業調査」によると、串焼き・串カツ料理店を運営する外食チェーンの平成28年度売上高は次の通り。

串焼き・串カツ料理店を展開する大手外食チェーンの売上高（平成28年度）

社名	売上高（百万円）	伸び率（％）	店舗数 直営	FC
フジオフードシステム（串家物語ほか）	56,601	1.6	449	352
ダイナミック（鳥どりほか）	36,007	▲0.4	258	0
アスラポート（とりでんほか）	21,142	3.9	22	248
マルシェ（串まんほか）	18,021	▲8.9	127	360

（出所）日経流通新聞

●やきとり、カツレツの1世帯当たり年間支出額

　総務省「家計調査年報」によると、平成27年のやきとり、カツレツの年間支出額は次の通り。

やきとり、カツレツの1世帯当たり年間支出額

年次	やきとり支出額（円）	カツレツ支出額（円）
平23年	1,896	1,548
24年	1,952	1,587
25年	1,911	1,603
26年	2,013	1,747
27年	2,156	1,870

（出所）総務省「家計調査年報」

●串カツ・串揚げ専門店の市場規模

　富士経済によると、平成27年の串カツ・串揚げ専門店の市場規模955億円となっている。平成28年の市場規模はチェーン店の拡大などにより、前年比2.4％増の978億円を見込んでいる。また、串カツ店を運営する串カツ田中の売上高は次の通り。店舗数（直営店＋FC店）は、平27年11月期は94店舗、平28年11月期が131店舗と順調に拡大

している。

串カツ田中の売上高（単位：百万円、％）

決算期	平27年11月期	平28年11月期	前期比
売上高	2,510	3,972	58.2

（出所）決算資料

業界の特性

●串焼き・串カツ料理の店舗数

　NTTタウンページ「iタウンページ」によると、平成29年6月2日現在の串カツ料理の店舗数は1,941店である。また、串焼き店の店舗数は825店で、東京都が最も多く124店、次いで大阪府が93店、福岡県が64店、愛知県が53店となっている。

串カツ店の店舗数

地域	店舗数	地域	店舗数	地域	店舗数
全　国	1,941	富　山	3	島　根	5
北 海 道	13	石　川	13	岡　山	26
青　森	2	福　井	16	広　島	27
岩　手	5	山　梨	11	山　口	14
宮　城	4	長　野	15	徳　島	14
秋　田	2	岐　阜	32	香　川	15
山　形	3	静　岡	48	愛　媛	10
福　島	6	愛　知	187	高　知	13
茨　城	21	三　重	30	福　岡	71
栃　木	4	滋　賀	29	佐　賀	7
群　馬	6	京　都	91	長　崎	9
埼　玉	33	大　阪	496	熊　本	6
千　葉	36	兵　庫	209	大　分	16
東　京	194	奈　良	29	宮　崎	15
神 奈 川	68	和 歌 山	23	鹿 児 島	29
新　潟	16	鳥　取	10	沖　縄	9

（出所）「iタウンページ」

●メニュー、価格

　串カツのメニューは、ジャガイモや玉ねぎ、レンコンなどの野菜や、バナナなどの果物、魚介類や肉などを揚げたもので、価格は100～200円程度が主流だ。串焼きは野菜とベーコンを巻いて焼いたものや、塩やタレで焼いた鶏肉や豚肉などがある。また、ぎんなんやニンニクだけを焼いたメニューもあり、価格は6品盛り合わせで700～800円程度である。串カツや串焼きを提供する店では、ワインや地酒などアルコール類が充実しており、居酒屋業態の要素が強い。

ノウハウ

●従業員の教育プログラムの強化

　串カツ田中は、従業員の教育を強化するため社内に「串カツ田中アカデミー」を開校した。顧客サービスなどにバラつきがないよう、教育・研修を行う。店舗全体で一定水準のサービスが提供できるようにする。従業員全員を対象とし、新入社員、店長など、階級別に均一の教育プログラムを受けてもらう。

経営指標

　串焼き・串カツ店を対象にした指標は見当たらないので、ここでは参考として、TKC経営指標（平成29年版）より、「その他の専門料理店」の数値を掲げる。

TKC経営指標 （変動損益計算書）	全企業　215件	
	平均額（千円）	前年比（％）
売上高	88,253	97.5
変動費	30,723	95.8
仕入高	30,715	96.0
外注加工費	1	1999.9
その他の変動費	42	88.8
限界利益	57,529	98.4
固定費	56.563	99.0
人件費	31,537	99.0
減価償却費	2,180	95.3
租税公課	789	96.3
地代家賃・賃借料	7,256	101.9
支払利息・割引料	330	93.1
その他	14,468	98.5
経常利益	966	71.1
平均従事員数	13.4名	

今後の課題／将来性

●課題

　串カツや串揚げは人気が高く、居酒屋などでもメニューに載せている。「ちょい飲み」需要の高まりを受け、手頃な価格で楽しめる串焼きや串カツを提供する店は好調に推移すると予想されるが、専門店としては、味や価格などで、差別化を図っていかなければならない。ただ、飲食業界では人手不足が顕著で、従業員の確保などが課題となっている。労働時間の短縮や社員制度の導入など、職場環境の改善が求められている。

《関連団体》　全国飲食業生活衛生同業組合連合会
　　東京都港区新橋6-8-2
　　TEL　03（5402）8630

●飲食業●

アイスクリームショップ

最近の業界動向

●アイスクリーム販売額は4,939億円

アイスクリームは夏だけの食べ物ではなくなり、温かい部屋で冷たいアイスクリームを楽しむ人が増えている。製菓各社も冬のアイスクリーム需要を取り込むため、冬場の販促を強化している。冬場に食べられるアイスクリームは、乳成分の量が多く甘みが強いのが特徴だ。ラム酒やクリームチーズで大人の味にしたり、砕いたクッキーで食感を出したりしている。日本アイスクリーム協会によると、平成28年度のアイスクリーム（氷菓を含む）国内販売額は4,939億円で、前年度の4,647億円と比べて6.3％増となった。

アイスクリーム（氷菓を含む）の販売額（単位：億円）

年度	販売金額	年度	販売金額
平19	3,706	平24	4,181
20	3,845	25	4,330
21	3,832	26	4,369
22	4,063	27	4,647
23	4,058	28	4,939

（出所）日本アイスクリーム協会

●製菓各社のアイスクリーム

江崎グリコは、糖質とカロリーを抑えたアイスの新ブランドを平成29年2月に発売した。砂糖を使用せず豆乳でコクを出し、糖質は従来製品より40〜50％カットした。健康志向の高まりを受け、菓子の分野でも低糖質の商品が増えている。また、赤城乳業はカルビーと組み、ポテトチップにディップのように付ける食べ方を提案している。菓子各社は、スナック菓子や生ハムなどの食材と合わせた食べ方をSNSなどで紹介し、新たな食べ方の提案を通じて、家庭内でのアイスクリームのデザート需要を幅広く開拓している。

マーケットデータ

●サーティワンの売上高

日経流通新聞「第43回日本の飲食業調査」によると、アイスクリームチェーン最大手のB-Rサーティワンアイスクリームの平成28年度売上高は次の通り。不採算店の整理や店舗改装を実施し、前年度比5.1％増の増収となった。

B-Rサーティワンの（平成28年度）売上高

社　名	売上高 （百万円）	前年度比 伸び率(%)	店舗数 直営	FC
B-Rサーティワンアイスクリーム	45,116 (42,935)	5.1 (▲1.1)	13 (16)	1,166 (1,175)

（注）下段は平成27年度の売上高、伸び率等
（出所）日経流通新聞

●形態別販売数量金額

日本アイスクリーム協会によると、アイスクリームの形態別販売数量、金額は次表の通り。

形態別販売数量、金額（単位：kℓ、億円）

形態別	平27年度		平28年度	
	数量	金額	数量	金額
紙カップ	126,338	808	133,508	844
プラカップ	93,321	456	93,673	485
スティック	80,477	452	93,277	541
コーン	59,595	333	55,500	334
モナカ	57,200	296	57,562	305
マルチパック	233,224	1,250	243,616	1,344
ホームタイプ	15,058	47	18,040	64
業務用	84,753	583	81,174	599
その他	86,042	421	86,764	423
合計	836,009	4,647	863,114	4,939

（出所）日本アイスクリーム協会

業界の特性

●アイスクリームの分類

アイスクリームは乳成分の量によって、アイスクリーム、アイスミルク、ラクトアイス、氷菓の4つに分けられる。また、乳成分の違いだけでなく、カップやスティック、コーンなど形態によってさまざまな種類がある。種類別販売数量、金額は次の通り。

種類別販売数量、金額（単位：kℓ、億円）

種類別	平27年度		平28年度	
	数量	金額	数量	金額
アイスクリーム	164,315	1,427	181,264	1,546
アイスミルク	153,339	919	155,457	949
ラクトアイス	337,215	1,515	335,427	1,566
氷菓	181,140	786	190,966	878
合計	836,009	4,647	863,114	4,939

（出所）日本アイスクリーム協会

●チェーン数、店舗数

日本フランチャイズチェーン協会「FC統計調査」によると、平成28年度の店舗数（8チェーン合計）は1,477店で、前年度に比べて3.5％減であった。

アイスクリームのチェーン数、店舗数、売上高（単位：百万円、％）

項　目	平26年度	平27年度	平28年度	前年度比増　　減
チェーン数	8	8	8	0
店　舗　数	1,522	1,530	1,477	▲3.5
売　上　高	43,580	43,065	45,246	5.1

（出所）「FC統計調査」

● 1回に購入するアイスクリームの金額

日本アイスクリーム協会の「アイスクリーム白書2016」によると、1回に購入するアイスクリームの金額は年々増加している。コンビニエンスストアのスイーツよりも割安なデザートとして、アイスクリームの人気が高まっている。

1回に購入するアイスクリームの金額（平均額）

年次	平26年	平27年	平28年
全体	285.8円	297.8円	314.1円
男性	266.0円	290.9円	294.2円
女性	305.7円	304.6円	333.9円

（出所）「アイスクリーム白書2016」

●アイスクリームの購入場所

同じく、「アイスクリーム白書2016」によると、アイスクリームの購入場所で最も多かったのはスーパーマーケット、次いでコンビニエンスストア、ドラッグストア、アイスクリーム専門店であった。購入頻度は「月に2〜3回」が最も多かった。また、好きなフレーバーでは「バニラ」が圧倒的に多かった。

ノウハウ

●アイスクリーム販売を拡大

ドーナツ店「ミスタードーナツ」を展開するダスキンは、「ミスタードーナツ」でアイスクリームの販売を拡大する。ダスキンのフードグループ事業は、ドーナツの販売が低調で立て直しが急務となっている。このため、アイスの販売店を約300店まで増やし、客単価の引き上げを図る。アイスの中に餅やクッキーを入れるなど食感を重視し、競合のアイスクリームチェーンとの差別化を図る。ダスキンは平成26年からアイスクリーム専門店「アイス・デ・ライオン」を展開しているが、ミスタードーナツのアイスはこの専門店のものを使う。アイスクリームは廃棄ロスが小さく、投資したコストを回収しやすいため、今後は家族連れなどが多く利用するフランチャイズチェーン店でも取り扱いを始める予定だ。

経営指標

アイスクリームショップを対象にした指標は見当たらないので、ここでは参考として、TKC経営指標（平成29年版）より、「菓子小売業（製造小売）」の数値を掲げる。

TKC経営指標（変動損益計算書）	全企業　102件	
	平均額（千円）	前年比（％）
売上高	179,587	99.8
変動費	67,699	99.8
仕入高	66,653	99.4
外注加工費	50	111.0
その他の変動費	741	81.5
限界利益	111,887	99.9
固定費	106,660	99.3
人件費	58,938	100.4
減価償却費	5,819	98.7
租税公課	1,088	97.0
地代家賃・賃借料	11,756	101.1
支払利息・割引料	702	93.4
その他	28,240	96.4
経常利益	5,227	113.9
平均従事員数	22.6名	

今後の課題／将来性

●将来性

アイスクリーム人気を反映して、菓子メーカーやアイスクリーム専門店など、需要取り込みに向け競争が激化している。店舗販売ではB-Rサーティワンアイスクリームが冷たいアイスと温かいアイスを組み合わせた商品やカップケーキをイメージしたアイスクリームを発売した。また、菓子メーカーは自社のビスケットとアイスを組み合わせたコンビニエンスストア限定商品を販売するなどして相乗効果を狙っている。アイス市場は今後も堅調に推移すると予想される。

《関連団体》　一般社団法人日本アイスクリーム協会
　東京都千代田区九段下1−14−19　乳業会館
　TEL　03（3264）3104

●飲食業●

最近の業界動向

●**バー・キャバレー・ナイトクラブの市場規模は2.0%減**

日本フードサービス協会によると、平成28年のバー・キャバレー・ナイトクラブの市場規模は前年比2.0%減の2兆5,884億円であった。3年連続でプラス成長が続いていたが、平成28年は減少となった。最近では、立ち飲みスタイルのバーが増えている。内容もおしゃれで気軽に立ち寄ることができ、人気となっている。

●**立ち飲みスタイルのバーが広がる**

飲食店を展開するグレイスは平成29年2月23日、立ち飲みバー「壌（じょう）」の新店を大手町パークビルディングの地下1階にオープンした。平成15年にオープンした「西麻布 壌」は、焼酎や日本酒など500円均一で提供し、多くの客を集めた。大手町の新店では、ワインやクラフトビール、ウィスキー、日本酒など多くを取り揃え、料理は「和」をテーマに懐かしい惣菜や豚肉料理を提供する。木材をふんだんに使った内装はおしゃれで、混雑時は外でも飲める。カウンターの下には荷物置き場も用意した。立ち飲みスタイルはほかの業態にも広がっており、クラフトビール大手のヤッホーブルーイングは平成29年10月、東京・渋谷に立ち飲みエリアを設けた。仕事帰りのグループや一人でも気軽に立ち寄れる雰囲気をつくるためだ。店内はバーをイメージし、店内中央には醸造所の仕込み釜をイメージしたステンレス製のタンクを置いている。

●**成城石井のワインバー**

高級スーパーの成城石井は、平成25年に初めてワインバーをオープンした。平成28年4月には、都内の商業施設にスーパーマーケットとワインバー「La Bar a Vin52 AZABU TOKYO」をオープンした。グラス1杯からワインを提供している。ワインバーで気に入ったワインや食材が隣り合った店舗で購入でき、スーパーマーケットとワインバーとの一体型の立地を活かして、客の利便性を高めている。

●**アサヒビールの期間限定バー**

アサヒビールは、平成29年6月22日から7月9日まで、期間限定で「ブラックニッカ 香るバー」を開いた。国産ウィスキーの主力である「ブラックニッカ」の期間限定バーでは、店内の展示スペースに麦芽や樽、特長の異なる原酒など展示した。平成29年秋にはSNSを活用したプレゼントキャンペーンも実施。年末にはグラス付ギフトボックス商品の発売などを順次展開して、ウィスキーの魅力を引き出すツールの一つにしていく予定だ。

マーケットデータ

●**市場規模**

日本フードサービス協会によると、バー・キャバレー・ナイトクラブの市場規模の推移は次の通り。

バー・キャバレー・サイトクラブの市場規模推移（単位：億円）

項 目	平26年	平27年	平28年
料亭・バー等	246,148	254,006	254,169
料亭	3,509 (4.3%)	3,586 (2.2%)	3,514 (▲2.0%)
バー・キャバレー・ナイトクラブ	25,845 (4.3%)	26,414 (2.2%)	25,884 (▲2.0%)

（注）カッコ内は前年比
（出所）日本フードサービス協会

●**バー・スナック・パブ・飲み屋への参加人口**

日本生産性本部「レジャー白書2017」によると、平成28年のバー・スナック・パブ・飲み屋への参加人口は前年比11.2%減の1,660万人。一方、年間平均費用は5万4,700円で前年に比べて5.6%増加した。

バー・スナック・パブ・飲み屋への参加人口

項 目	平26年	平27年	平28年
参加人口（万人）	2,290	1,870	1,660
年間平均活動回数（回）	10.1	12.1	11.5
年間平均費用（千円）	45,700	51,800	54.700
参加率（％）	22.7	18.5	16.5

（出所）「レジャー白書2016」

業界の特性

●**接待飲食業等営業の許可数**

警察庁の「生活安全の確保に関する統計等」に

よると、平成28年12月末現在の接待飲食業等営業の許可数は前年同月比2.1％減の6万4,599件となり、数年連続して減少が続いている。

接待飲食業等営業の許可数の推移 （単位：件）

区　分	平26年	平27年	平28年
接待飲食等営業	67,233	65,989	64,599
1号（キャバレー等）	66,717	65,548	64,528
	(旧1号) 2,463	(旧1号) 2,270	
和風設備	(旧2号)11,323	(旧2号)10,739	10,065
その他の設備	(旧2号)52,931	(旧2号)52,539	54,463
	(旧3号)　377	(旧3号)　345	―
	(旧4号)　134	(旧4号)　92	―
2号（低照度飲食店）	3	2	69
3号（区画席飲食店）	2	2	2

（注）風俗営業法の改正により号数を変更している
（出所）警察庁

●バーの店舗数

NTTタウンページ「iタウンページ」によると、平成29年9月11日現在のバーの数は1万8,561店である。上位15位までの都道府県は次の通り。

バーの店舗数

	地　域	店　数		地　域	店　数
	全　国	18,561	8	静　岡　県	553
1	東　京　都	3,342	9	京　都　府	516
2	大　阪　府	1,587	10	沖　縄　県	494
3	愛　知　県	1,108	11	広　島　県	460
4	福　岡　県	1,019	12	宮　城　県	441
5	北　海　道	929	13	千　葉　県	375
6	神　奈　川　県	862	14	熊　本　県	369
7	兵　庫　県	556	15	埼　玉　県	354

（出所）「iタウンページ」

●営業には都道府県公安委員会の許可が必要

バーは主に洋酒及び料理を提供し、接待して客に遊興飲食させる業種に当たる。そのため「風俗営業適正化法」による規制を受ける。従って新規開店の場合、都道府県公安委員会の許可が必要となる。ただし、「スナック・バー」などホステスを置かない業態では、「深夜酒類提供飲食店営業の届出」申請が認められれば深夜営業が可能となる場合もある。規制内容は自治体の条例などで違いはあるが、一般的には店内の照明の明るさや営業時間、料金表示、接客サービスの内容、騒音防止などが定められている。

ノウハウ

●スターバックスでアルコール提供店が登場

カフェ業界最大手のスターバックスコーヒージャパンは、アルコール類や限定のフードを提供する「スターバックスイブニングス」を都内に4店舗オープンした。通常店舗での取扱商品に加え、世界各地から厳選したワインやビールを提供する。同社は働く女性が気軽にお酒を楽しめる場所は少ないことと、40代女性の酒の消費量が伸びていることに着目し、ターゲット顧客を明確に30代から40代の働いている女性に絞っている。

経営指標

ここでは参考として、TKC経営指標（平成29年版）より、「バー・キャバレー・ナイトクラブ」の数値を掲げる。

TKC経営指標 （変動損益計算書）	全企業　127件	
	平均額（千円）	前年比（％）
売上高	83,255	98.1
変動費	14,144	104.2
仕入高	13,826	103.1
外注加工費	268	297.7
その他の変動費	1	―
限界利益	69,110	97.0
固定費	69,745	96.6
人件費	42,765	98.4
減価償却費	1,150	104.1
租税公課	569	100.4
地代家賃・賃借料	7,294	95.2
支払利息・割引料	198	114.8
その他	17,760	92.5
経常利益	▲635	70.1
平均従事員数	14.1名	

今後の課題／将来性

●将来性

さまざまなコンセプトを持ったこだわりのバーが人気を集めている。インスタ映えすることを意識し、SNSによる口コミ効果を狙っている。こうした店の内装からメニュー構成まで、コンセプトに特化することは話題になりやすく、他店舗と大きく差別化することにつながる。また、法人需要が低迷する中、立ち飲みスタイルのバーなど、気軽に立ち寄れる雰囲気づくりが不可欠となっている。

《関連団体》 全国社交飲食業生活衛生同業組合連合会
　東京都港区新橋6-8-2
　TEL　03（5733）1975

●飲食業●

居酒屋チェーン

最近の業界動向

●市場規模は1兆77億円で前年比4.9％減

居酒屋チェーンの業績が低迷している。日本フードサービス協会によると平成28年の居酒屋・ビヤホール等の市場規模は前年比4.9％減の1兆77億円となった。

●既存店のてこ入れ

居酒屋運営のエーピーカンパニーは、既存店が低迷しているため、出店を減らし既存店のてこ入れに注力する。また、新店は焼き鳥や鮮魚が主体の店を増やしていく。エーピーカンパニーが運営する「塚田農場」は、直営農場から仕入れた地鶏を売りにしてきたが、同じような店が増え既存店の売り上げが落ち込んでいる。都内の調理学校と提携して店員の料理研修を強化し、就職先として同社を優先的に紹介してもらえるように人手不足に対応する。料理やつまみのメニューを店舗間で共通化し、効率的に運営できる仕組みを再構築する。

●中途社員や一般社員研修制度

居酒屋「はなの舞」などを展開するチムニーは、中途社員の育成に力を入れている。中途社員や一般社員向けの研修制度「ABCアカデミー」では、接客や料理実習を学ぶ。外食産業では人手不足が深刻で、人の入れ替えが激しい。中途採用が店舗運営を支えているが、チムニー流の調理や接客を教えなければならない。研修では各店の技能や衛生レベルを標準化する狙いもある。研修によって、スキルの標準化、人材定着につなげていく。

マーケットデータ

●居酒屋チェーンの売上高ランキング

日経流通新聞の「第43回日本の飲食業調査」によると、平成28年度のパブ・居酒屋・バー・料亭業態の店舗売上高上位企業15社は次の通り。外飲みの減少や人手不足、不採算店の整理などにより上位15社のうち11社が前年を下回る結果となっ

た。居酒屋チェーンにとって厳しい経営環境となっている。居酒屋チェーン全体で売上が伸び悩む中、鳥貴族が好調である。全てのメニューが「298円均一」という低価格を武器に、ビルの地階や賃料が比較的安い立地に出店し、節約志向の会社員や若者・女性を取り込んでいる。食材の国産化を進めるとともに、シニアや主婦向けのヘルシーなメニュー開発を急いでいる。また、人手不足をカバーするため、外国人アルバイトも積極的に雇用して店舗数を増やしている。

居酒屋上位企業の業績（平成28年度）

社　名	売上高（百万円）	前年度比伸び率(%)	店舗数 直営	店舗数 FC
モンテローザ（白木屋、魚民など）	134,103	▲5.4	2,009	0
チムニー（はなの舞、さかなや道場など）	70,672	▲2.1	459	288
大庄（大衆割烹庄や）	65,629	▲4.0		
ワタミ（和民）	48,000	―		
鳥貴族	38,656	25.2	285	207
ダイナック（響、鳥どりなど）	36,007	▲0.4	258	0
コロワイドMD（甘太郎、北海道など）	34,167	▲9.3	323	2
ヴィア・ホールディングス（魚や一丁など）	33,550	▲3.5	478	76
サッポロライオン（銀座ライオンなど）	27,158	5.5	200	2
オーイズミフーズ（くいもの屋わんなど）	26,398	0.8	287	0
扇屋コーポレーション（備長扇屋など）	24,136	▲0.8	395	71
養老乃滝	23,273	▲4.2	80	420
ダイヤモンドダイニング（わらやき屋ほか）	21,033	0.9	218	2
マルシェ（酔虎伝ほか）	18,021	▲8.9	127	360
つぼ八	17,500	▲5.4	55	228

（出所）日経流通新聞

●居酒屋・ビヤホール等の市場規模

日本フードサービス協会によると、平成28年の居酒屋・ビヤホール等の市場規模（推計）の推移は次の通り。日本酒造組合連合会「飲酒動向調査（平成29年1月調査）」によると、直近で飲んだ酒はビールが61.2％と最も高く、次いで日本酒が35.5％であった。また、飲酒する女性が増加し、若年層では1回当たりの飲酒量が多い傾向がある。新しい酒にチャレンジする意欲が高く、銘柄

居酒屋・ビヤホール等の市場規模推移（単位：億円、％）

項　目	平26年	平27年	平28年
居酒屋・ビヤホール等	10,380	10,596	10,077
対前年増加率	1.9	2.1	▲4.9

（出所）日本フードサービス協会

にこだわらない傾向がある。これまで若者のアルコール離れが酒類業界不振の要因とされてきたが、若者の集客をいかに高めるかという取り組みが居酒屋チェーンの課題になるといえる。

業界の特性

●酒場・ビヤホールの事業所数、従業者数

「経済センサス－基礎調査」によると、平成26年の酒場・ビヤホールの事業所数は12万9,662事業所、従業員数は69万1,478人である。

●居酒屋チェーンの店舗数

前述の日経流通新聞の調査による上位15社の店舗数だけでも7,551店舗ある。前回調査に比べて183店舗の増加であり、各社はスクラップ＆ビルドを進め、不採算店の閉鎖と新規出店が積極的に行われた結果といえる。

●1世帯当たりの年間飲酒代推移

総務省「家計調査年報」によると、平成28年の飲酒代は前年の2万8,339円に比べて9.3％減の2万5,698円となった。

1世帯当たりの年間飲酒代推移（単位：円）

年次	年間飲酒代	年次	年間飲酒代
平21	26,080	平25	26,537
22	25,920	26	26,552
23	26,228	27	28,339
24	25,126	28	25,698

（出所）「家計調査年報」

●参入しやすい業種

居酒屋は特別な経営ノウハウ、経験を持たなくとも、少額の資金でも参入しやすい業種である。一方で立地によっては、大手チェーン店を含む多くの店舗との競合が予想されるため、消費者の支持を得られない居酒屋は早期に淘汰されるリスクもある。

●主な立地条件の特色

他の飲食店と同様に、経営は立地に大きな影響を受ける。従って出店の場合、繁華街、駅周辺、オフィス街、住宅近隣地域など立地条件に合わせた展開を考えることが重要な要件となる。繁華街や駅前の好立地では幅広い客層をいかに取り込めるかがポイントとなる。一方、オフィス街などではランチ営業や夜のビジネスマン利用に合致したサービスの提供が求められ、住宅近隣地域では主

婦層やファミリー層の集客が重要である。

ノウハウ

●立ち飲み居酒屋が都市部で増加

立ち飲み居酒屋が都市部で増えている。アクティブソースが運営する「晩杯屋」は、つまみの7割が1,000円台だ。都内に23店舗を出店しているが、首都圏の駅前などに出店を加速させる。また、「立飲み居酒屋ドラム缶」を運営するドラムカンパニーは、1カ月に1店のペースで店舗を増やしていく計画で、新たにフランチャイズチェーン展開も始める。ドラムカンパニーはドラム缶をテーブル代わりにして、コスト削減を図っている。節約志向を追い風に、手軽に低価格で酒を楽しみたい消費者を取り込んでいる。

経営指標

ここでは参考として、TKC経営指標（平成29年版）より、「酒場・ビヤホール」の数値を掲げる。

TKC経営指標 （変動損益計算書）	全企業 337件	
	平均額（千円）	前年比（％）
売上高	92,829	97.6
変動費	31,463	98.1
仕入高	31,361	97.9
外注加工費	47	98.4
その他の変動費	19	113.2
限界利益	61,366	97.3
固定費	60,375	97.7
人件費	33,372	97.6
減価償却費	2,511	99.6
租税公課	1,128	95.8
地代家賃・賃借料	8,159	98.5
支払利息・割引料	566	98.1
その他	14,633	97.2
経常利益	991	81.3
平均従事員数	15.7名	

今後の課題／将来性

●課題

居酒屋チェーンでは、人手不足と立地環境の良い場所における賃料の上昇や高止まりが経営の負担となっている。人員確保はコスト面のハードルが高まりつつある。また、人手不足の中で営業時間の短縮を余儀なくされている。人材を確保し、かつ定着率を高める方法の模索が、継続的な課題となっている。

●飲食業●

オフィスコーヒーサービス業

最近の業界動向

●国内のコーヒー消費量は拡大が続く

国内のコーヒー消費量は拡大が続いている。コーヒー市場の約25％がオフィス需要だとされる中、オフィスでも美味しいコーヒーを飲みたいという需要は高まっている。福利厚生の一環として、オフィスコーヒーサービスを利用する企業も増え、コンビニエンスストアなどの参入もあり、競争は激化している。

●ファミリーマートの「オフィス ファミマカフェ」

ファミリーマートは、企業の事業所内に設置した棚で菓子などを販売するサービス「オフィスファミマ」を行っている。平成28年12月からは、淹れたてのコーヒーも扱い、潜在需要の掘り起こしを図っている。「オフィス ファミマカフェ」は、棚の上段に専用のコーヒーマシンを設置し、カプセル型コーヒーを入れて抽出する。価格は1杯100円で500台程度の導入を目指している。設置費用は無料で、利用するオフィスは電気代を負担する。マシンの操作や水の補給などは利用者が行い、マシンの故障などはファミリーマートが電話窓口で対応する。ファミリーマートが契約する自動販売機運営会社が商品の補充と代金の回収を手掛ける。オフィスにボックスや冷蔵庫を無償貸与し、菓子やアイスなどを配置する「置き菓子サービス」市場は拡大傾向にある。江崎グリコが運営する「オフィスグリコ」は、スタッフが定期的に訪問し、商品の補充や賞味期限を管理する。「オフィスグリコ」でも、淹れたてのドリップコーヒーを提供している。UCCの開発したA4サイズの面積に収まるコーヒーマシンを採用し、置き場所を選ばないコンパクトなボックスを展開することで、販路を広げている。

●オフィス専用コーヒーマシンの販売を開始

UCCグループは平成29年3月、オフィス用に開発した専用コーヒーマシンの販売を開始した。専用カプセルを使用し、1杯ずつ抽出するドリップ式を採用。オフィス向けサービスを手掛ける企業などと連携し、初年度300台の納入を目指している。福利厚生の一環として企業に売り込み、すでに先行しているネスレ日本などに対抗する。カプセルは「ブルーマウンテンブレンド」や「ハワイコナブレンド」などのコーヒーのほか、紅茶や緑茶なども揃えている。

マーケットデータ

●大手2社の売上高動向

オフィスコーヒーサービス業に関する公的統計が見当たらないため、業界大手2社の売上高を示す。ユニマットライフは全国100カ所を超えるサービス事業所を持ち、独自のネットワークを生かしている。ダイオーズは平成27年3月期現在、直営49拠点、FC特約店拠点数183拠点となっている。

大手2社の売上高（連結）推移（単位：百万円、％）

社　名	平27年 （3月期）	平28年 （3月期）	前年比 伸び率
ユニマットライフ	46,804	46,106	▲1.5
ダ　イ　オ　ー　ズ	21,713	24,199	11.4

(注) 売上高にはオフィスコーヒー以外も含まれる。ダイオーズの平成28年3月期売上高は予想
(出所) 各社決算資料

●コーヒーの飲料状況

全日本コーヒー協会によると、コーヒーの飲料状況は次の通り。

飲料場所（1人1週間当たりの杯数）

年次	合計	家庭	喫茶店 ほか	レストラン ほか	職場 学校	その他
平22年	10.93	6.74	0.23	0.09	2.86	0.94
24年	10.73	6.85	0.21	0.11	2.56	0.93
26年	11.13	7.04	0.19	0.12	2.71	1.01

(注) 四捨五入のため合計が一致しない場合がある
(出所) 全日本コーヒー協会

●国内のコーヒー需給

全日本コーヒー協会によると、国内のコーヒー

国内のコーヒー需給表（単位：トン）

年次	供給計	国内消費	輸出量	期末在庫
平24年	553,919	428,068	4,247	121,604
25年	624,743	446,392	5,475	172,876
26年	632,582	449,908	6,651	176,023
27年	660,003	461,892	6,992	191,119
28年	672,883	472,535	6,628	193,720

(出所) 全日本コーヒー協会

需給の推移は表の通り。平成28年のコーヒー消費は対前年比2.3％増となり、4年連続で最高記録を更新している。コーヒー製品の輸入が減少し、鮮度の高い国内加工製品が支持されている。

業界の特性

●業者数

NTTタウンページの「iタウンページ」によると、平成29年5月25日現在のオフィスコーヒーサービス業の業者数は631件となっている。最も多いのは北海道の39件、次いで東京都の38件、広島県の35件と続いている。

オフィスコーヒーサービス業の業者数

地域	業者数	地域	業者数	地域	業者数
全　国	631	富　山	18	島　根	10
北 海 道	39	石　川	21	岡　山	18
青　森	11	福　井	15	広　島	35
岩　手	10	山　梨	5	山　口	14
宮　城	11	長　野	10	徳　島	9
秋　田	15	岐　阜	3	香　川	13
山　形	12	静　岡	20	愛　媛	11
福　島	11	愛　知	27	高　知	0
茨　城	5	三　重	9	福　岡	44
栃　木	10	滋　賀	3	佐　賀	6
群　馬	4	京　都	2	長　崎	7
埼　玉	15	大　阪	22	熊　本	14
千　葉	12	兵　庫	18	大　分	5
東　京	38	奈　良	3	宮　崎	13
神 奈 川	14	和 歌 山	6	鹿 児 島	2
新　潟	20	鳥　取	9	沖　縄	12

（出所）「iタウンページ」

●取引形態

オフィスコーヒーサービスは、事業所に対しコーヒーマシンを貸し出し、定期的にコーヒーを納入するとともに、機器の補修点検や代金の回収などのサービスを行うシステムである。取扱商品はコーヒーのほか、日本茶や紅茶、ミネラルウォーターなどの関連商品を提供するケースも多い。

●高機能コーヒー家電の登場

国内のコーヒー消費量が拡大する中、家庭用焙煎機も高機能のものが登場している。パナソニックは、業務用焙煎機を手掛ける英国企業と技術提携して家庭用焙煎機を開発、平成29年6月に焙煎機と生豆宅配サービス「ザ・ロースト」を始めた。他社でも業務用方式を採用したコーヒーメーカー

や、ネットと連動した機器を発売している。

ノウハウ

●移動販売車で

ネスレ日本とTSUTAYAは平成29年3月、移動販売車でカフェと本の販売を始めた。ネスレ日本は、コーヒーやココアなどを提供する。ネスレ日本は、コーヒーマシンを無料で貸し出す「ネスカフェアンバサダー」と呼ばれる取り組みを行っているが、移動販売を行うことで地域の人達と接点を広げ、商品の販売につなげる狙いがある。九州エリアで継続的に展開しながら、全国での展開も検討していく。

経営指標

オフィスコーヒーサービス業の指標は見当たらないので、ここでは参考として、TKC経営指標（平成29年版）より、「他に分類されない専門サービス業」の数値を掲げる。

TKC経営指標 （変動損益計算書）	全企業　275件	
	平均額（千円）	前年比（％）
売上高	91,017	102.5
変動費	29,708	102.0
仕入高	25,471	101.2
外注加工費	3,828	101.4
その他の変動費	351	101.6
限界利益	61,308	102.7
固定費	53,678	100.7
人件費	35,678	102.6
減価償却費	1,825	103.4
租税公課	1,154	105.6
地代家賃・賃借料	2,828	107.4
支払利息・割引料	586	105.3
その他	11,530	92.2
経常利益	7,629	119.6
平均従事員数	8.2名	

今後の課題／将来性

●課題

国内のコーヒー消費量は拡大が続き、オフィス需要を巡って、外食産業やメーカーなどの競争が激化している。今後、オフィス向けの市場に参入する企業が増えると予想される。

《関連団体》　一般社団法人全日本コーヒー協会
東京都中央区日本橋箱崎町6－2
TEL　03（5649）8377

●飲食業●

給 食 業

最近の業界動向

●集団給食市場は0.4％増の３兆3,897億円

　高齢化社会を背景に、給食市場は高齢者施設給食や宅配給食サービスが堅調で市場をけん引している。日本フードサービス協会の資料（推計）によると、平成28年の集団給食市場の市場規模は前年比0.4％増の３兆3,897億円で、外食産業全体（24兆99億円）の13.3％を占めている。事業所数も増加傾向で、給食市場は安定的に推移すると予想される。

●学校給食の実施率

　温かいおかずや産地にこだわったコメを使うなど、小中学校の給食が進化している。給食を導入している自治体では、地域の食材を取り入れるなど地産地消を展開し、食育につなげる動きが活発化している。文部科学省「学校給食実施状況等調査」によると、国公立学校において、学校給食を実施している学校数（平成27年）は全国で３万769校、実施率は94.9％である。大都市では学校数が多く、また食の安全への関心が高まり、外部に委託するケースが増えている。これを受け、公立学校などに積極的な営業を行う民間事業者も増えている。

学校給食の実施率（単位：校、％）

学校総数	実施数	実施率（学校数比）			
		計	完全給食	補給給食	ミルク給食
32,429	30,769	94.9	92.3	0.7	1.9

（出所）文部科学省

●食品製造のコープフーズが病院給食に参入

　コープさっぽろの関連会社で食品製造のコープフーズは、病院給食に参入した。平成29年４月から札幌の病院に供給を始めた。今後３年でノウハウを蓄積し、供給する病院や介護施設を増やしていく。病院給食の食材はコープさっぽろが販売する商品を使用し、物流網も同グループの配達ルートに組み込むことでコスト削減を図る。

マーケットデータ

●集団給食企業売上高上位15社

　日経流通新聞「第43回日本の飲食業調査」によると、平成28年度の集団給食業上位売上高15社は次の通り。給食最大手の日清医療食品は前年比1.0％減少した一方、企業内給食施設などを運営するロイヤルコントラクトサービスは売上高を伸ばした。企業内給食では管理栄養士監修メニュー「健康プログラム」を提供している。また、病院給食ではドック用の「特別御前」対応や外来用レストラン、職員食堂などトータルフードサービスを展開している。介護施設では豊富なメニューを提供している。

集団給食大手の業績（平成28年度）

社　　名	売上高 （百万円）	伸び率 （％）	店舗数
日 清 医 療 食 品	217,211	▲1.0	5,268
エ ー ム サ ー ビ ス	118,127	1.4	1,467
グ リ ー ン ハ ウ ス	102,100	1.3	1,900
西洋フード・コンパスグループ	87,252	1.5	1,070
富 　 士 　 産 　 業	75,855	1.8	2,156
Ｌ 　 Ｅ 　 Ｏ 　 Ｃ	66,580	5.0	―
魚 　 国 　 総 　 本 　 社	63,500	0.9	2,670
メ 　 フ 　 ォ 　 ス	51,150	3.1	2,379
ニ ッ コ ク ト ラ ス ト	32,681	18.8	1,045
一 富 士 フ ー ド サ ー ビ ス	30,287	2.8	1,525
日 京 ク リ エ イ ト	24,096	▲2.7	―
ナリコマエンタープライズ	21,107	9.5	―
ハ 　 ー 　 ベ 　 ス 　 ト	20,400	0.5	562
レ 　 パ 　 ス 　 ト	18,200	▲0.1	745
ロイヤルコントラクトサービス	14,895	114.7	―

（出所）日経流通新聞

●集団給食の市場規模

　日本フードサービス協会の資料（推計）によると、平成28年の集団給食の市場規模は前年比0.4％増の３兆3,897億円であった。このうち、学校給食は給食単価の上昇などを受けて同0.2％増の

集団給食の市場規模（単位：億円）

区　　分	平26年	平27年	平28年
集 団 給 食 計	33,321	33,771	33,897
学 　 　 校	4,968	4,982	4,990
事 　 業 　 所	17,210	17,463	17,495
（社員食堂等給食）	11,953	12,132	12,126
（弁当給食）	5,257	5,331	5,369
病 　 　 院	8,201	8,080	8,064
保 育 所 給 食	3,122	3,246	3,348

（出所）日本フードサービス協会

4,990億円、保育所給食は保育所の在所者数の増加などで同3.1％増の3,348億円となった。一方、病院給食は入院時食事療養費の医療費に占める割合が減少傾向にあるため、同0.2％減の8,064億円、事務所給食は社員食堂等給食がほぼ横ばい、弁当給食は同0.7％増となった。

業界の特性

◉施設数

厚生労働省「衛生行政業務報告」によると、特定給食（集団給食）の施設数の推移は次の通り。平成27年度の特定給食（集団給食）の施設数は、前年比1.1％増の4万9,744カ所で年々増加している。特定給食施設の種類別構成割合は、学校が31.7％で最も多く、次いで児童福祉施設の25.1％、病院の11.4％となっている。

施設数の推移（各年度末現在）

施設名	平成26年度	平成27年度	対前年度増減数
総　　数（＊その他とも）	49,332	49,744	412
学　　校	15,884	15,769	▲115
病　　院	5,666	5,659	▲7
介護老人保健施設	2,761	2,811	50
老人福祉施設	4,474	4,672	198
児童福祉施設	11,727	12,467	740
社会福祉施設	791	791	0
事業所	5,735	5,607	▲128
寄宿舎	579	574	▲5
矯正施設	118	116	▲2
自衛隊	198	189	▲9
一般給食センター	411	402	▲9
その他	988	687	▲301

（出所）厚生労働省「衛生行政業務報告」

◉集団給食と営業給食

給食業は外食産業の一形態で、集団給食と営業給食に分けられる。集団給食は事業所や病院、学校など特定多数に食事を提供している。営業給食はホテルや旅館など不特定多数に食事を提供するものである。

◉契約方式と契約期間

社員食堂や大規模施設などとの契約方式は次の3つである。①給食単価を契約で決める方式。②給食業者が食事の原価分を負担し、委託業者は経費を負担することで利益を保証する方式。③食事の原価を給食業者が負担するが、赤字になった場合は委託企業が一定金額を補助する方式。なお、

社員食堂の契約期間は1年間が一般的となっているようだ。

ノウハウ

◉「塾弁当」サービスが広がる

塾に通う小学生が食べる「塾弁当」を届けるサービスが広がっている。配食サービスのFCNは、日能研の都内13教室に手作り弁当を届けている。夕方から塾に通う生徒は、休み時間に弁当を食べる。仕事などで弁当を作れない親に代わり、温かい弁当を届ける。塾弁当の配達需要は高まっており、配達エリアを広げていく。

経営指標

給食業を対象にした指標は見当たらないので、ここでは参考として、TKC経営指標（平成29年版）より、「配達飲食サービス業」の数値を掲げる。

TKC経営指標 （変動損益計算書）	全企業　92件	
	平均額（千円）	前年比（％）
売上高	199,359	102.8
変動費	80,814	102.4
仕入高	78,716	102.7
外注加工費	649	90.4
その他の変動費	1,483	91.5
限界利益	118,545	103.0
固定費	117,380	103.0
人件費	74,757	103.6
減価償却費	4,990	110.7
租税公課	1,397	98.9
地代家賃・賃借料	4,868	100.6
支払利息・割引料	1,500	99.4
その他	29,853	101.1
経常利益	1,164	103
平均従事員数	35.3名	

今後の課題／将来性

◉将来性

高齢者を中心にした配食事業や介護施設向けの給食事業は底堅く推移している。高齢者施設向け専門にセントラルキッチンを設ける事業者もある。成長する分野だけに、事業者間の競争は激しさを増している。

《関連団体》　公益社団法人日本給食サービス協会
　　東京都千代田区神田鍛冶町3－5－8
　　TEL　03（3254）4614

●サービス業● （娯楽）

フィットネスクラブ

最近の業界動向

◉シニア層向け施設の拡大

フィットネス各社では、高齢者を対象にした施設の展開を進めている。健康機器メーカーと組んだり、交流スペースを設けたりしてシニア向けのサービス競争が激化している。高齢者の健康志向は高まっている。若い世代より定着率の高いシニア層向けのサービスを充実させるなど、フィットネス各社はシニア事業を強化している。

◉シニア向け簡易運動施設

東急スポーツオアシスは、シニア向けの簡易運動施設を開設した。ダイエーの店舗内に開設した施設では、交流スペースを設け、スタジオでは買い物ついでの軽い運動などができるようにした。体幹を鍛えるなどの運動プログラムを実施している。また、イオンはタニタと組み、高齢者向けの小型の簡易フィットネスジムの多店舗展開を開始した。単独で出店するほか、グループの総合スーパーにも開設する。イオンは高齢者の来店を促す健康をテーマとした店づくりを行っており、フィットネスクラブと連動して相乗効果を狙う。首都圏を中心に年間10店の出店を目指している。

◉ダンロップスポーツがフィットネス事業を拡大

ダンロップスポーツは、24時間営業の「ダンロップスポーツクラブ　ジムスタイル24」などの店舗を50店舗に増やす計画だ。平成29年度中に10店舗を出店する予定で、関西での展開に力を入れる。出店する立地によって、フィットネスジムの内容を変えるなどして、会社員から主婦まで幅広い顧客が利用できるようにしている。東京でのオリンピック開催に向けて、国内でのスポーツ熱が高まってきている。店舗網を拡大して、顧客の取り込みを図りたい考えだ。

◉コナミスポーツが「エグザス」を復活

コナミスポーツは15年ぶりに「エグザス」を復活させ、平成29年6月に復活1号店をオープンした。

新店舗は大阪市の商業施設にあり、コナミスポーツクラブが提供しているメニューの中から、30～45分程度の短い時間でも効率的に運動できるプログラムを用意する。今後は商業施設内や駅近くなど利便性の良い場所に出店し、会社帰りのビジネスマンや買い物帰りに立ち寄れるようにする。

マーケットデータ

◉市場規模

日本生産性本部「レジャー白書2017」によると、平成28年のフィットネスクラブの市場規模は前年比2.1％増の4,480億円であった。フィットネスクラブ市場は好調に推移している。

市場規模推移（単位：億円）

年次	市場規模	年次	市場規模
平19年	4,220	平24年	4,120
20年	4,160	25年	4,240
21年	4,090	26年	4,320
22年	4,140	27年	4,390
23年	4,090	28年	4,480

（出所）「レジャー白書2017」

◉フィットネスクラブの売上高等

経済産業省「特定サービス産業動態統計調査」によると、平成28年のフィットネスクラブの年間売上高、利用者数、従業者数などは次の通り。なお、同調査は売上高の概ね7割程度の売上高をカバーするように調査を実施している。これは市場規模の7割程度と概ね一致している。平成28年の売上高合計は前年比4.3％増となっている。

フィットネスクラブの売上高、会員数等（単位：百万円、人）

項　目	平27年	平28年
売上高合計	314,644	328,245
会費収入	282,399	294,155
フィットネス	226,210	237,480
スクール	56,189	56,676
利用料金収入	15,781	17,509
食堂・売上高（直営）	16,465	16,581
利用者数合計	227,133,151	248,177,425
会員数合計	3,016,623	3,293,358
従業者数合計	39,376	40,810
正社員	7,191	7,454
その他の従業員	32,185	33,356
指導員数	33,303	34,026

（出所）経済産業省「特定サービス産業動態統計調査」

◉スポーツ施設の売上高

日経流通新聞「第35回サービス業総合調査」に

よると、平成28年度のスポーツ施設の売上高は次の通り。

スポーツ施設大手の売上高（平成28年度）

社　　名	売上高 （百万円）	伸び率 （％）
コナミスポーツクラブ	68,648	―
セントラルスポーツ	52,712	2.0
ルネサス（スポーツクラブルネサス）	44,449	2.2
ティップネス	37,603	3.4
コシダカホールディングス（カーブス）	21,667	16.2
スポーツクラブNAS（NAS）	21,070	7.7
ＲＩＺＡＰ	19,328	0.2
東急スポーツオアシス	16,603	1.8
東祥（ホリデイスポーツクラブ）	16,363	9.9
野村不動産ライフ＆スポーツ	15,523	3.5

（出所）日経流通新聞

業界の特性

●フィットネスクラブの施設数

　NTTタウンページ「iタウンページ」によると、フィットネスクラブの施設数は、平成29年7月21日現在3,516施設である。最も多いのは東京都（459施設）で、次いで大阪府（233施設）、愛知県（226施設）と続いている。

フィットネスクラブの施設数

地域	施設数	地域	施設数	地域	施設数
全　国	3,516	富　山	21	島　根	19
北 海 道	84	石　川	31	岡　山	65
青　森	28	福　井	30	広　島	78
岩　手	26	山　梨	24	山　口	49
宮　城	56	長　野	98	徳　島	23
秋　田	19	岐　阜	50	香　川	31
山　形	25	静　岡	104	愛　媛	50
福　島	61	愛　知	226	高　知	11
茨　城	70	三　重	48	福　岡	159
栃　木	57	滋　賀	62	佐　賀	19
群　馬	58	京　都	95	長　崎	30
埼　玉	136	大　阪	233	熊　本	46
千　葉	152	兵　庫	159	大　分	25
東　京	459	奈　良	40	宮　崎	34
神 奈 川	199	和 歌 山	31	鹿 児 島	41
新　潟	87	鳥　取	20	沖　縄	47

（出所）「iタウンページ」

●収入の中心は入会金と月会費

　料金体系は入会金と会費（月方式）が中心で、クラブによっては保証金や毎回の利用料が必要な場合もある。前項の「特定サービス産業動態統計

調査」によると、売上構成では会費収入が8割以上を占めている。

ノウハウ

●シニア層向けサービスの強化

　フィットネス各社は、シニア層の取り込みを図るため、体への負荷が比較的軽い特別プログラムや、会員以外の高齢者が利用できるよう、軽い筋トレやひざなどの痛みを予防する運動を盛り込んだメニューを用意している。また、ルネサンスはシニア向けリハビリ施設「元気ジム」を展開している。運動とリハビリの専門家による機能訓練などを行う運動特化型デイサービス施設で、今後もシニア事業を強化していく。

経営指標

　ここでは参考として、TKC経営指標（平成29年版）より、「フィットネスクラブ」の数値を掲げる。

TKC経営指標 （変動損益計算書）	全企業　28件	
	平均額（千円）	前年比（％）
売上高	145,668	104.3
変動費	19,732	101.2
仕入高	19,498	101.4
外注加工費	63	93.9
その他の変動費	263	109.1
限界利益	125,936	104.8
固定費	118,644	105.7
人件費	52,466	110.6
減価償却費	4,479	88.4
租税公課	2,363	106.2
地代家賃・賃借料	18,906	107.8
支払利息・割引料	1,137	92.5
その他	39,290	101.4
経常利益	7,291	92.1
平均従事員数	19.9名	

今後の課題／将来性

●将来性

　高齢者の健康志向の高まりを受け、フィットネス業界ではシニア向けのサービスを競っている。各社は施設やメニューを充実させ、シニア層の取り込みに力を入れている。異業種からの参入もあり、競争は激化している。

《関連団体》　一般社団法人 日本フィットネス産業協会
　　東京都千代田区鍛冶町2－2－3　第3櫻井ビル6F
　　TEL　03（5207）6107

●サービス業● （娯楽）

パチンコ店

最近の業界動向

●市場規模は依然減少傾向

　日本生産性本部「レジャー白書2017」によると、平成28年のパチンコ・パチスロの市場規模は前年比6.9％減少し回復の兆しが見えない。ファン離れは相変わらず進行しており、特に若年層ファンを獲得するために、ゲーム性の向上や入りやすさなどの対策を講じているが、効果はあまり出ていない。業界内ではホールの大型化を進める大手と、事業撤退に踏み切る中小規模店の二極化はさらに拡大している。1円パチンコや5円スロットなどの低貸玉営業が定着し、ほとんどの店舗で導入されているため、売上減が続いているが利益はなんとか確保し、薄利多売のビジネスを継続している店舗も多い。また、50銭パチンコ店も登場したが、売上で苦戦している。一方、パチスロ専業店のような小規模・省スペース・高収入のビジネスモデルは堅調に推移している。パチンコ・パチスロ市場規模の推移は次の通り。

パチンコ・パチスロ市場規模推移 （単位：億円）

年次	市場規模	年次	市場規模
平19年	301,770	平24年	256,720
20年	288,190	25年	250,050
21年	282,420	26年	245,040
22年	259,830	27年	232,290
23年	254,890	28年	216,260

（出所）「レジャー白書2017」

●パチンコ依存問題対応で新たな取り組み

　夢コーポレーションは、パチンコ依存（のめり込み）問題対応への新たな取り組みとして、自己申告プログラムの導入や、安心パチンコ・パチスロアドバイザーの配置を、平成29年6月よりグループ各店で進めている。自己申告プログラムは、ホールの会員管理システムを利用し、遊技客が1日に使用する上限金額を決め、その金額を超えた際は、翌来店日に店舗スタッフが知らせるもの。

これにより自ら適度に楽しみたい、のめり込みを抑制したいと考える遊技客の要望に応え、より安全・安心に遊技出来る環境をシステム的にサポートする。安心パチンコ・パチスロアドバイザーは、遊技客に対して依存問題への適切な案内が出来る相談員で、依存問題に対する知識やその予防と対策に関してのアドバイスや問題がある遊び方に「気づくきっかけ」を提供する。

マーケットデータ

●大手パチンコホールの玉貸料

　日経流通新聞「第35回サービス業総合調査」によると、平成28年度のパチンコホールの玉貸料上位10社は次の通り。

パチンコホールの玉貸料 （平成28年度）

社　名	部門売上高 （百万円）	伸び率 （％）
マ　ル　ハ　ン	1,767,830	▲5.2
ダ　イ　ナ　ム	740,406	▲7.6
アンダーツリー（キコーナ）	250,800	14.1
タイ　ラ　ベ　スト　ビ　ート	212,159	▲15.9
善　　　　　都	186,900	▲15.0
A　　　　B　　　　C	172,678	▲6.3
ニ　　ラ　　ク	143,914	▲9.4
親和（プレイランドハッピー）	129,287	▲5.6
合田観光商事（ひまわり）	125,861	▲7.4
正栄プロジェクト（イーグル）	115,697	―

（出所）日経流通新聞

●パチンコの参加人数

　日本生産性本部「レジャー白書2017」によると、パチンコの参加人数は平成21年から減少が続いている。平成25年には1,000万人を下回った。それ以降は1,000万人を維持していたが、平成28年は、再び1,000万人を下回った。

パチンコの参加人口推移 （単位：万人）

年次	参加人口	年次	参加人口
平19年	1,450	平24年	1,110
20年	1,580	25年	970
21年	1,720	26年	1,150
22年	1,670	27年	1,070
23年	1,260	28年	940

（出所）「レジャー白書2017」

業界の特性

●店舗数

警察庁の資料によると、平成28年のパチンコの営業店数は1万986店で前年比2.8％減となった。一方、回胴式遊技機に特化した店舗は同0.4％の増加となった。

パチンコ店数の推移

年次	営業店数	パチンコ遊技機設置店	回胴式遊技機設置店
平24年	12,149	11,178	971
25年	11,893	10,873	1,020
26年	11,627	10,610	1,017
27年	11,310	10,319	991
28年	10,986	9,991	995

（注）パチンコ遊技機と他の遊技機（回胴式遊技機、スマートボール等）を併設している店舗は、パチンコ遊技機設置店に計上
（出所）警察庁

◉**大型店と小規模店の動向**

警察庁の資料によると、平成28年の設置台数別店舗数は100台以下、101台〜300台、301台〜500台の店舗はいずれもここ数年減少している。一方、501台〜1,000台、1,001台以上の店舗は増加している。当業界の中小規模店と大型店の二極化がさらに拡大していることが読み取れる。

設置台数別の店舗数

設置台数	平26年	平27年	平28年
100台以下	293	262	247
101〜300台	4,355	4,154	3,880
301〜500台	4,218	4,082	3,987
501〜1,000台	2,518	2,534	2,585
1,001台以上	243	278	287

（出所）警察庁

◉**店舗当たりの台数は増加傾向**

警察庁の資料によると、総設置台数が減少しているのに対して、1店舗当たりの備付台数は増加している。前項と同様に全体では店舗数は減少しているが、これは小規模店の減少に対して大型店が増加していることが要因と考えられる。

総設置台数と1店舗当たりの備付台数

年次	平26年	平27年	平28年
総設置台数	4,597,819	4,580,197	4,525,253
1店舗当たりの備付台数	395.4	405.0	411.9

（出所）警察庁

ノウハウ

◉**法規制とパチンコ業界**

「特定複合観光施設区域の整備の推進に関する法律」が可決・成立（平成28年12月）し、政府は施行から1年以内を目処にカジノ解禁に伴う法規制などを定めた実施法案を策定することになった。この法案制定議論の中でもギャンブル依存症に対する対応が議論となり、パチンコ業界に大きな影響を与えている。本来はギャンブルでないのにパチンコには賭博的な要素があり、改善への圧力が高まっている。イベントやボランティア活動などでイメージアップを図っているが、効果は限定的だ。さらなる対策が求められている。

経営指標

ここでは参考として、TKC経営指標（平成29年版）より、「パチンコホール」の数値を掲げる。

TKC経営指標（変動損益計算書）	全企業 76件	
	平均額（千円）	前年比（％）
売上高	1,145,747	90.7
変動費	892,666	90.2
仕入高	891,444	90.2
外注加工費	438	141.9
その他の変動費	397	110.5
限界利益	253,081	92.1
固定費	231,292	93.1
人件費	80,967	93.3
減価償却費	52,815	90.9
租税公課	6,192	97.8
地代家賃・賃借料	27,051	100.7
支払利息・割引料	6,648	107.4
その他	57,618	89.7
経常利益	21,789	83.4
平均従事員数	23.7名	

今後の課題／将来性

◉**課題**

事業撤退に踏み切る中小規模店の増加が進んでいる。また、法規制などによる圧力もあり、多くの課題を抱えている。これらの規制などへの対応は、業界をあげての取り組みが必要である。対策としては、健康的で明るいイメージづくりや、優秀なホールスタッフの育成などが挙げられるが、顧客の声も受け止めて、しっかりした具体策を講じることが求められる。

《関連団体》　全日本遊技事業協同組合連合会
　東京都新宿区市ヶ谷左内町8　遊技会館1F
　TEL　03（3260）7371

●サービス業●（娯楽）

レジャーセンター

最近の業界動向

●遊園地・レジャーランドの市場規模は過去最大

　日本生産性本部「レジャー白書2017」によると、平成28年の遊園地・レジャーランドの市場規模は前年比1.7％増の7,770億円となり、3年連続で過去最高の売上高を更新した。東京ディズニーランド・東京ディズニーシーは、平成28年度の入場者数は前年比0.6％と減少したものの、4年連続の3,000万人の大台を突破した。この業界は時間とともに顧客満足度に変化が生じるので、今後も新たなコンテンツなどの構築などが、一層重要視される。

遊園地、テーマパークの入場者数

	施設名	平27年度（万人）	平28年度（万人）
遊園地	鈴鹿サーキット	207	201
	よみうりランド	173	193
	ひらかたパーク	116	120
	としまえん	103	95
	ツインリンクもてぎ	71	71
テーマパーク	東京ディズニーランド・東京ディズニーシー	3,019	3,000
	ユニバーサル・スタジオ・ジャパン	1,390	1,460
	ハウステンボス	310	289
	サンリオピューロランド	158	180
	志摩スペイン村パルケエスパーニャ	128	122

（出所）綜合ユニコム

●USJは過去最高の入場者数の更新が続く

　ユニバーサル・スタジオ・ジャパン（USJ）は、新型ジェットコースター「ザ・フライング・ダイナソー」導入や15周年イベント開催などで、平成28年度の入場者数は前年比5.0％増の1,460万人で、3年連続で過去最高を更新した。中国を中心としたインバウンド需要にも対応して入場者数を伸ばした。「少年ジャンプ・AKB48グループ」「妖怪ウオッチ」「ドラゴンクエスト」などと組んだイベントを開催して来場者数を広げている。「ウィザーディング・ワールド・オブ・ハリー・ポッター」も高い人気を維持している。価格設定ではスタジオ・パスを8年連続値上げしたが、その影響はないようである。続々と生み出す企画力と業界をリードする強気の姿勢が功を奏している。

●オリエンタルランドの「2020中期経営計画」

　東京ディズニーランド・東京ディズニーシーの経営、運営をしている企業がオリエンタルランドである。平成28年度も東京ディズニーランドは、冬季限定の「アナと雪の女王」などで、東京ディズニーシーは15周年記念イベントで入場者数を確保したが、顧客満足度の低下も指摘されている。オリエンタルランドは、高満足度を伴う入場者数過去最高を目指す「2020中期経営計画」を打ち出し、大規模リニューアル工事を開始した。既に平成29年5月には「ニモ＆フレンズ・シーライダー」を新設し、着々と工事も進行している。今後のさらなる飛躍が期待される。

●ブロック玩具「レゴ」をテーマにした屋外型テーマパーク「レゴランド・ジャパン」

　平成29年4月1日、ブロック玩具「レゴ」をテーマにした屋外型テーマパーク「レゴランド・ジャパン」が名古屋市に開業した。レゴランドの入場料は、東京ディズニーリゾートと500円しか違わない6,900円。園内の規模は狭いため、割高になっているが「レゴファン」は多く、県外からの家族連れも目立っている。園内にはレゴのロボット教材を使ったプログラミング体験教室もあり、遊びながら学べる点が親に支持されている。子ども向けに設計されているため、絶叫マシーンはない。リピーター客確保に向けた取り組みも今後進めていく。

マーケットデータ

●遊園地・テーマパークの売上高、入場者数

　経済産業省「特定サービス産業動態統計調査」

遊園地・テーマパークの売上高、入場者数（単位：百万円、人）

項　目	平27年	平28年
売上高合計	656,033	658,194
入場料金・施設利用料金収入	343,017	350,629
食堂・売店売上高（直営のもの）	313,016	307,565
入場者数合計	81,487,000	80,392,414
一　　般	73,950,121	72,779,744
団　　体	7,536,879	7,612,670
従業者	39,360	40,040
正社員	5,030	6,114
その他の従業者（アルバイト等）	34,330	33,926

（出所）経済産業省「特定サービス産業動態調査」

によると、平成28年の遊園地・テーマパークの売上高は前年比0.3％増の6,581億9,400万円である。微増ではあるが、この数年は堅調な伸びを示している。ただし、入場者数は合計で前年度比1.3％と微減した。なお、経済産業省の調査は、当該業種のおおむね7割程度をカバーする売上高上位の企業である。

◉遊園地・レジャーランドの市場規模

日本生産性本部の「レジャー白書2017」によると、平成28年の遊園地・レジャーランドの市場規模は次の通り。

余暇市場（観光・行楽部門）の推移（単位：億円）

項　目	平26年	平27年	平28年
遊園地・レジャーランド	7,410	7,640	7,770
ホ　テ　ル	12,010	12,840	13,160
ペンション・民宿	750	760	740
会員制リゾートクラブ	3,140	3,550	3,600

（出所）「レジャー白書2017」

業界の特性

◉施設数

経済産業省の資料によると、平成27年の「公園、遊園地、テーマパーク」の事業者数は135施設となっている。前年調査の147施設から僅少ではあるが減少となっている。

◉季節変動とリピーターの確保

施設の繁忙時期は3～4月の春休みとゴールデンウイーク、7～8月の夏休みであり、冬季は少ない。入場者を増やす上で不可欠なのが客のリピート率の向上だ。入場者数が減少する施設の多くは、リピーターを確保できないところがほとんどである。

◉区分

遊園地・テーマパークは都市型、都市近郊型、自然環境型の3つに分類することができる。近年の傾向として施設の大型化が見られる。

ノウハウ

◉各社の取り組み

レジャー各社には企画力と創意工夫が求められている。ハウステンボスは、前半は苦戦し年間入場者数は減少したが、後半はかなり盛り返した。王国シリーズでは、新たに「ロボット王国」が7月にオープンした。「海上ウォーターパーク」が初登場し、夜間営業の「ナイトプール」も実施して好評を得た。また、日本初の夜間ドローンレースも開催した。VRとお化け屋敷を融合させたホラーハウスなども増設した。よみうりランドは、大きく売上を伸ばした。平成28年3月にモノづくりが体感できる新エリアをオープンして好評を博した。また、多彩なイベントを繰り広げた夏のプールも過去最高の入場者数を記録した。これらの例のように、時節の特徴や新たな創意工夫が集客力を高めている。

経営指標

ここでは参考として、TKC経営指標（平成29年版）より、「他に分類されない娯楽業」の数値を掲げる。

TKC経営指標 （変動損益計算書）	全企業　70件	
	平均額（千円）	前年比（％）
売上高	135,687	98.0
変動費	57,615	91.0
仕入高	55,377	90.9
外注加工費	2,484	106.3
その他の変動費	56	54.4
限界利益	78,072	103.8
固定費	77,780	104.3
人件費	40,120	104.3
減価償却費	4,807	127.1
租税公課	1,466	102.7
地代家賃・賃借料	5,374	102.3
支払利息・割引料	800	97.0
その他	25,210	101.5
経常利益	292	46.9
平均従事員数	13.4名	

今後の課題／将来性

◉将来性

情報技術の進展に伴い、VRやARを常設するテーマパークが登場している。今まで以上の創意工夫と独自性が求められ、これらのコンテンツを支える情報技術の活用も今後一層重要視されるであろう。また、入場料の割引サービスや孫と一緒に遊べる体験型など、三世代で楽しめるテーマパークが人気となっている。

《関連団体》　一般社団法人日本アミューズメントマシン協会

東京都千代田区九段南3－8－11

TEL　03（3556）5522

● サービス業 ● （娯楽）

カラオケボックス

最近の業界動向

●市場規模は前年比1.8％減の3,920億円

　全国カラオケ事業者協会の資料によると、平成28年度のカラオケボックスの市場規模は3,920億円で、前年度比1.8％減であった。ここ数年は多少の増減はあるが、横ばい状態が続き市場は低迷している。最近では、防音や個室の特設を生かし「歌う」以外の利用法が広がっている。乳幼児連れの母親たちの集まりに利用されたり、ビジネス利用も広がっている。また、無料のDVDを見ることができる部屋もあり、映画やコンサートを楽しむ利用者も多い。

●カラオケを活用した健康教室

　カラオケ大手の第一興商は、東京・中野区と連携して高齢者向けカラオケシステム「DKエルダーシステム」を活用した健康教室の運営を開始した。同社の社員を中野区の20カ所の高齢者向け施設などに派遣し、機械を操作しながら参加者の健康を促進する。今後は地域の住民に指導員の役割を担ってもらい、高齢者向けカラオケシステムの普及につなげたい考えだ。これは中野区が公募した「音響機器を活用した介護予防事業」を受託したもので、2時間程度の教室を週1度開催する。「短期集中予防サービス」と「一般高齢者向け介護予防体操」の2種類のコースがあり、65歳以上の中野区民は無料で参加できる。「DKエルダーシステム」は、通常のカラオケ機能のほか、歌詞を「パ」「タ」「カ」「ラ」など口を大きく動かす文字に置き換えて歌うプログラムや体操、映像コンテンツを揃えている。現在は介護施設など2万1,000カ所以上に導入している。

●シダックスでVR実証

　KDDIとKDDI総合研究所は、平成28年10月19日から平成28年11月18日の期間中、カラオケ店でのVR事業展開を目指し、シダックスとポニーキャニオンと連携し、実証事業を開始した。料金は1時間当たり600円で、別途室料がかかる。アイドルグループの映像など5種類を配信し、ユーザーが好きな位置に移動して周囲を見回すこともできる。今後、リアルタイムでコンサートのVR映像をカラオケ店で見られるようにするなど、コンテンツを増やす。

マーケットデータ

●業務用カラオケのユーザー市場規模

　全国カラオケ事業者協会の「カラオケ白書2017」によると、平成28年度の業務用カラオケのユーザー市場規模は金額で3,920億円、台数は13.3万台と推計されている。

業務用カラオケユーザー市場規模

（注）金額ベースの割合
（出所）全国カラオケ事業者協会

●カラオケボックスの市場規模

　全国カラオケ事業者協会によると、カラオケボックスの市場規模、参加人口の推移は次の通り。

カラオケボックスの市場規模、参加人口の推移

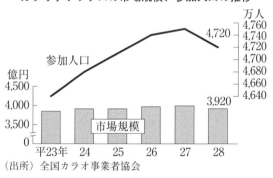

（出所）全国カラオケ事業者協会

業界の特性

●施設数とルーム数

　全国カラオケ事業者協会の資料によると、カラオケボックスの施設数は、平成29年3月で9,484施設と、前年比0.7％減であった。また、ルーム数は13万2,800ルームで、前年の13万4,200ルームに比べて1.0％減少した。この結果、1施設当た

りの平均ルーム数は平成28年度で14.0室となっている。

施設数と1施設当たりの平均ルーム数推移

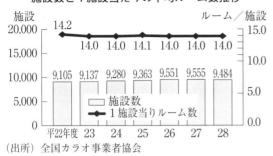

（出所）全国カラオケ事業者協会

●料金

一般的に料金は部屋代、飲食代の2つで構成されている。部屋代は平日と休日、昼間と夜間で異なる。競争が激しい都心部では、平日昼間は300円程度である。利用顧客獲得のため、主婦・子ども連れやシニア層を割り引くケースもある。このため、飲食メニューを充実させ、売上アップを狙う施設が多いが、飲食代の売上はおおむね3割程度である。

●カラオケルームの活用

第一興商は、首都圏のビッグエコー直営21店舗内のカラオケルーム約100室に、Web会議システム、無線LANなどのインフラ整備を考案した。インフラの敷設はNTTコミュニケーションズが担当し、カラオケルームを企業向けテレワークスペースとして活用できる。「トライアル」という名目で平成28年12月から平成29年2月まで実証実験を実施した。東急急行電鉄は、カラオケ店「パセラ」をチェーン展開するニュートンと提携し、オフィス代わりに利用できるシェアオフィス事業を開始した。新たな発想で店舗の有効活用が推進され始めている。

ノウハウ

●個性を競うカラオケ店

「まねきねこ」は現在、全国約480店舗で店舗数では業界トップクラスに入る。「まねきねこ」の画期的な取り組みは、飲食の持ち込みを可能にしたことだ。その結果、学生と高齢者から高い支持を得ている。1人カラオケ専門店の「ワンカラ」は、現在は都内に10店舗だが、今後は全国に拡大する。「まねきねこ」と同様にコシダカが運営する。誰にも気兼ねなく歌ってもらい、存分に歌が練習できるようにレコーディング風にしているのが特徴である。室内にはミキサーを設置し、高級ヘッドホンをしながらプロ用のマイクで歌える環境が整えられている。「BAN×KARA」は、「バンドカラオケ」の略でバンドが即興で生演奏を付けてくれる。ステージもあり、ボーカル気分が味わえる。

経営指標

カラオケボックスを対象にした指標は見当たらないので、ここでは参考として、TKC経営指標（平成29年版）より、「他に分類されない娯楽業」の数値を掲げる。

TKC経営指標 （変動損益計算書）	全企業 平均額（千円）	70件 前年比（％）
売上高	135,687	98.0
変動費	57,615	91.0
仕入高	55,377	90.9
外注加工費	2,484	106.3
その他の変動費	56	54.4
限界利益	78,072	103.8
固定費	77,780	104.3
人件費	40,120	104.3
減価償却費	4,807	127.1
租税公課	1,466	102.7
地代家賃・賃借料	5,374	102.3
支払利息・割引料	800	97.0
その他	25,210	101.5
経常利益	292	46.9
平均従事員数	13.4名	

今後の課題／将来性

●課題

カラオケボックスの売上高、利用回数、客単価も減少傾向にある。店舗の閉鎖なども相次いでいる。カラオケでは、カラオケ以外の利用法を模索するなど、市場回復に知恵を絞っている。

●将来性

カラオケ各社は、介護施設と連携した高齢者向けカラオケシステムの検証や共同開発などを進めている。市場が低迷する中、高齢者の需要獲得は不可欠となっている。

《関連団体》　一般社団法人全国カラオケ事業者協会
　東京都品川区上大崎2-24-11
　TEL　03（3495）5581

●サービス業●（娯楽）

シネマコンプレックス

最近の業界動向

●平成28年の興行収入は2,355億800万円

日本映画作成者連盟によると、平成28年の興行収入は前年比8.5％増の2,355億800万円となった。これは比較可能な平成12年以降で最高額を記録したことになる。また、入場者数も前年比8.1％増の1億8,018万9,000人で、昭和49年以来の1億8,000万人を上回った。日本映画製作者連盟によると、「お客さんが優良のもの、いい映画にお金を払うという気分になってきたことが一つの要因」と分析している。興行収入の邦画トップ3は、1位がアニメーション映画「君の名は。」の235億6,000万円、2位は「ゴジラ」シリーズ最新作「シン・ゴジラ」の82億5,000万円、3位はアニメーション映画「名探偵コナン 純黒の悪夢（ナイトメア）」の63億3,000万円であった。

●映画館が進化

大人シートや遊具の設置など、映画館が進化している。家族連れをターゲットに、子どもが上映前後の15分間自由に遊べる映画館や、複数の大人が寝転がれる特大シートを導入した映画館など、さまざまなスタイルが注目を集めている。

●「スクリーン・エックス」の導入

シネマコンプレックス運営のユナイテッド・シネマは平成29年7月、東京・お台場の映画館に正面と左右の3方面から映画を楽しむことができる「スクリーン・エックス」を導入した。韓国の興行会社が開発した「スクリーン・エックス」は、視界が270度に広がる。

●2019年に首都圏最大級のシネマコンプレックスを開業

東急不動産などは2019年、東京・池袋に首都圏最大級のシネマコンプレックスを開業する。大型商業ビルの中に開業するシネマコンプレックスは、大型スクリーンと迫力ある音響が楽しめる「IMAX」の次世代システムを導入する。映画の

シーンに合わせて座席が揺れたり、雨や風などを体験したりする上映システム「4DX」も採用する。新宿駅周辺に比べて、池袋は映画館が少ないため潜在的な需要はあると見込んでいる。

●軽食を食べながら映画やライブが楽しめる劇場

平成29年3月、ゲーム会社のデジタルワークスエンターティメントが運営する新しいスタイルの劇場がオープンした。個性的な作品を上映するミニシアター「ココロヲ・動かす・映画館○（ココマル）」は、東京・吉祥寺にオープンした。サンドイッチなどの軽食を食べながら映画やライブが楽しめ、映画の世界観やテーマに合わせたメニューも提供する。自社映画に連動したVRコンテンツや関連の展示イベントも開く。

マーケットデータ

●興行収入等の推移

日本映画製作者連盟によると、興行収入や公開本数、入場者数等の推移は次表の通りである。平成28年の興行収入は、邦画が23.4％と大幅に増加した一方、洋画は10.2％減少した。合計では8.5％の増加となっている。

映画館数、入場者数、興行収入の推移（単位：本、千人、百万円）

項　目	平26年	平27年	平28年
スクリーン数	3,364	3,437	3,472
（シネコン）	2,911	2,996	3,045
公開本数	1,184	1,136	1,149
邦　画	615	581	610
洋　画	569	555	539
入場者数	161,116	166,630	180,189
興行収入	207,034	217,119	235,508
邦　画	120,715	120,367	148,608
洋　画	86,319	96,752	86,900

（出所）日本映画製作者連盟

●興行収入シェア

日本経済新聞社の推計によると、映画の興行収

興行収入シェア（平成28年度）

順位	社名	シェア
1	東宝	35.6％ (2.7)
2	ウォルト・ディズニー・スタジオ・ジャパン	15.0％ (2.5)
3	松竹	5.8％ (3.5)
4	ワーナー・ブラザーズ映画	4.8％ (▲0.1)
5	20世紀フォックス	4.0％ (2.8)

（注）カッコ内は前年比増減ポイント
（出所）日本経済新聞社

入のシェアは表の通り。東邦は平成28年の邦画の上位10作品のうち、8作品を配給して圧倒的な1位となった。

● 1スクリーン当たりの興行収入

日本映画製作者連盟の資料によると、平成28年の1スクリーン当たりの興行収入は、6,783万円で、前年の6,317万円から7.4％増加している。

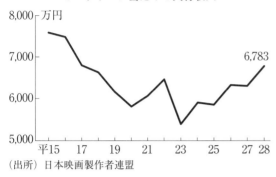
1スクリーン当たりの興行収入
（出所）日本映画製作者連盟

業界の特性

● スクリーン数

日本映画作成者連盟のデータによると、平成28年12月末現在のシネコンのスクリーン数は3,045、一般館のスクリーン数は427である。シネコンは複数のスクリーンを設けており、一般館のスクリーン数との差になっている。

● 入場料金

映画館の入場料金は、現在1,800円（大人）であるが、メンズデイやレディースデイ、会員デイ、カップルデイ、高校生友情プライス、シニア、夫婦50％割引など、各社とも入場者の属性を考えたいろいろな割引サービスを行っている。また、モーニングファーストショー（平日午前中の1回目の上映を割引対象）や、レイトショー（午後8時以降に上映開始となる映画を割引対象）など、時間帯のサービスを実施しているところもある。日本映画作成者連盟によると、平成28年の平均入場料は1,307円で前年比0.3％と僅かに増加している。一般に映画館の入場料金は配給会社に決定権があり、上映して得た収入の一定割合を配給会社に支払う仕組みになっている。

平均入場料金の推移（単位：円）

項　目	平25年	平26年	平27年	平28年
入場料金	1,246	1,285	1,303	1,307

（出所）日本映画製作者連盟

ノウハウ

● 新たな映画の楽しみ方

各シネマコンプレックスでは、迫力ある音響が楽しめる「IMAX」や、雨や風などを体験できる「4DX」など、さまざまな上映方法で差別化を図っている。また、食事を楽しみながら映画鑑賞ができる映画館は米国を中心に広がり、日本では平成28年に福岡市の商業施設にユナイテッド・シネマが初めて開業した。今後も新たな映画の楽しみ方の提案で市場を活性化していく必要がある。

経営指標

ここでは参考として、TKC経営指標（平成29年版）より、「他に分類されない娯楽業」の数値を掲げる。

TKC経営指標 （変動損益計算書）	全企業 平均額（千円）	70件 前年比（％）
売上高	135,687	98.0
変動費	57,615	91.0
仕入高	55,377	90.9
外注加工費	2,484	106.3
その他の変動費	56	54.4
限界利益	78,072	103.8
固定費	77,780	104.3
人件費	40,120	104.3
減価償却費	4,807	127.1
租税公課	1,466	102.7
地代家賃・賃借料	5,374	102.3
支払利息・割引料	800	97.0
その他	25,210	101.5
経常利益	292	46.9
平均従事員数	13.4名	

今後の課題／将来性

● 将来性

映画市場は話題作やヒット作で左右されるが、平成28年はヒット作が多く、映画市場は活況であった。ヒット作「君の名は。」は聖地巡礼を誘引する社会現象も引き起こした。さまざまなサービスでリピータを増やす取り組みにも力を入れている。平成29年も話題作が多く、さらなる市場の拡大が期待される。

《関連団体》　一般社団法人日本映画製作者連盟
　東京都中央区日本橋1-17-12
　TEL　03（3243）9100

●サービス業● (娯楽)
ゲームセンター

最近の業界動向

●オペレーション売上高は4,338億円

日本アミューズメントマシン協会の資料によると、ゲームセンターの平成27年度の市場規模は4,338億円で、前年度の4,222億円に比べて2.7％の増加となった。平成18年の7,029億円から減少が続いていたが、9年ぶりに増加に転じた。規制緩和で、18時以降の保護者同伴での子ども連れの入店が可能になり売り上げに貢献した。都市部のゲームセンターを訪れる訪日観光客の増加も明るい材料である。ただ、施設数や設置台数は依然減少傾向である。ゲームセンター運営各社は、ファミリー層や女性、シニアなど、顧客層への各種の取り組みは今後も欠かせない。

ゲームセンターのオペレーション売上高

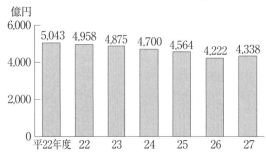

(出所) 日本アミューズメントマシン協会

●クレーンゲームの商品開発

ゲームセンターが復調の兆しを見せる中、ゲームセンターではクレーンゲームで話題になりやすい景品の開発など、消費者の取り込みを進めている。子どもが夢中になるカードゲームなどのゲーム機も好調で、平成28年6月の風俗法改正で保護者同伴であれば16歳未満の入場が可能になったことも追い風となった。

●カフェの併設で集客を図る

ナムコは平成29年7月から、アミューズメント施設にカフェを併設し、ゲームに関心の薄い人も訪れやすくする。JR札幌駅に隣接する施設と、博多駅に近い施設にカフェを設け、効果を検証してから順次全国の施設に広げていく。カフェの出入り口にクレーンゲームを設置し来店を促す。商業施設での出店が多いナムコでは、飲食後に立ち寄る家族連れも多く、ついでに立ち寄ってもらうように工夫していく。

マーケットデータ

●アミューズメント産業の市場規模

日本アミューズメントマシン協会の「アミューズメント産業界の実態調査」によると、平成27年度のアミューズメント業界の業務用市場規模は5,908億円で前年比1.3％増となり、オペレーション売上高と同様に増加に転じた。

アミューズメント産業界の市場規模 (単位：億円)

年度 項目	平26	平27
業務用ゲーム	5,833	5,908
業務用AM機製品（ハード）	1,611	1,569
オペレーション売上高	4,222	4,338

(出所)「日本アミューズメントマシン協会」より業務用ゲーム

●家庭用ゲームの市場規模

コンピュータエンターテイメント協会によると、家庭用ゲーム（ハード、ソフト）の平成28年の市場規模は前年比4.7％減の3,147億円であった。一方、日本国内のスマートデバイスのゲームアプリ市場規模は、1兆1,699億円で前年比23.8％の増加となった。日本は中国に続き世界2位の規模である。

国内の家庭用ゲームなどの市場規模 (単位：億円)

年次 項目	平27年	平28年
家庭用ゲーム	3,302	3,147
ハードウエア	1,353	1,267
ソフトウエア	1,949	1,880
ダウンロード（ソフト）	131	79
スマートデバイスのゲームアプリ	9,453	11,699

(出所) コンピュータエンターテイメント協会

●ポケモンGOでスマホゲームの成長続く

パソコンと家庭用ゲーム機向けオンラインゲームが落ち込み傾向にあるが、スマートデバイスのアプリは大きく伸びている。話題の中心は「ポケモンGO」である。平成28年7月から米国・オーストラリア・ニュージーランドで開始され、世界各地で続々とサービスが広がり大ブームとなった。

社会現象になった。拡張現実（AR）と位置情報（GPS）を組み合わせたリアルワールドゲームである。

●上位企業の売上高

日経流通新聞「第35回サービス業総合調査」によると平成28年度のアミューズメント施設の売上高は次の通り。

大手企業の売上高

社　名	部門売上高 （百万円）	前年度比 （伸び率％）
イオンファンタジー	65,058	10.6
ナ　ム　コ	47,246	8.0
ラウンドワン	40,531	10.8
セガサミーホールディングス	37,200	▲2.2
ワイドレジャー	14,109	4.9
ＫｅｙＨｏｌｄｅｒ	13,302	▲10.1
カ　プ　コ　ン	9,525	5.2
共和コーポレーション	8,839	15.5
山　崎　屋	8,712	1.3
ソ　ユ　ー	8,519	2.6

（出所）日経流通新聞

業界の特性

●施設数

警視庁の資料によると、ゲームセンター等の営業所数は平成28年末現在で4,542軒となり、前年の4,856軒と比べて6.5％減少した。専業店、兼業店ともに減少している。なお、遊技機設置台数は36万2,099台で、前年比4.2％減である。

ゲームセンターなどの営業所数（単位：軒、％）

区　分	平26年	平27年	平28年	前年比
合　計	5,439	4,856	4,542	▲6.5
専業店	3,094	2,830	2,675	▲5.5
兼業店	2,345	2,026	1,867	▲7.8
遊技機設置台数	403,553	377,825	362,099	▲4.2

（出所）警視庁

●料金

ゲームセンターの料金は、一般に1ゲーム100円単位の料金設定である。100円という使いやすさもあり消費税が8％になった時も値上を見送っている。こうした現状を打破する新たな取り組みが、電子マネーである。大手各社で、「Suica」や「PASMO」などの交通系電子マネー対応が進んでいる。

ノウハウ

●時間制の遊び放題プラン「よくばりパス」を導入

イオン傘下で遊技施設運営のイオンファンタジーは、時間制の遊び放題プラン「よくばりパス」を導入する。30分100円と60分1,000円の2種類あり、ファミリー層の利用を促したい考えだ。ゲームに夢中になるとお金を使いすぎる傾向があり、定額なら子どもを安心して遊ばせることができる。お菓子などの景品がもらえるゲームは利用限度があり、500円パスの場合は200円分までだ。カウンターで専用カードをもらい、ゲーム機の読み取り部分にかざせばゲームを楽しむことができる。

経営指標

ゲームセンターを対象にした指標は見当たらないので、ここでは参考として、TKC経営指標（平成29年版）より、「他に分類されない娯楽業」の数値を掲げる。

TKC経営指標 （変動損益計算書）	全企業　70件	
	平均額（千円）	前年比（％）
売上高	135,687	98.0
変動費	57,615	91.0
仕入高	55,377	90.9
外注加工費	2,484	106.3
その他の変動費	56	54.4
限界利益	78,072	103.8
固定費	77,780	104.3
人件費	40,120	104.3
減価償却費	4,807	127.1
租税公課	1,466	102.7
地代家賃・賃借料	5,374	102.3
支払利息・割引料	800	97.0
その他	25,210	101.5
経常利益	292	46.9
平均従事員数	13.4名	

今後の課題／将来性

●将来性

クレーンゲームの景品の魅力は、ゲームセンターの集客に大きく影響する。また、人気のアニメゲーム機器の導入は若者層の開拓に寄与している。また、都心では電子マネーを使える店が増え、利便性を高めている。復調の兆しを見せるゲームセンターでは、さまざまな取り組みを行っている。

《関連団体》　一般社団法人 日本アミューズメントマシン協会
東京都千代田区九段南3-8-11　飛栄九段ビル8F
TEL　03（3556）5522

●サービス業●（娯楽）

ゴルフ場

最近の業界動向

●ゴルフ場の市場規模は前年比0.5％減で縮小傾向が続く

日本生産性本部「レジャー白書2017」によると、ゴルフ場の市場規模は8,740億円で、前年比0.5％と縮小傾向は続いているが、微減にとどまり歯止めがかかりつつある。また、プレー料金は下落傾向にあったが、0.1％増加した。プレー料金にキャディフィ、売店などの料金を加算したゴルフ場利用料金も減少傾向から0.1％増加している。

ゴルフ場の１人当たりの利用料金（単位：円）

年次	プレー料金	ゴルフ場利用料金
平21年	6,696	10,622
22年	6,621	10,450
23年	6,439	10,145
24年	6,419	10,072
25年	6,383	9,953
26年	6,422	9,906
27年	6,389	9,848
28年	6,393	9,858

（出所）経済産業省「特定サービス産業動態統計調査」
（注）一人当たりの料金は筆者が統計資料より計算。ゴルフ場利用金：プレー、キャディフィ、売店・食堂（直営）を含む

●ゴルフ場の運営会社の経営破綻が相次ぐ

ゴルフ場の運営会社の経営破綻が相次いでいる。平成28年8月に、鹿児島県でゴルフ場を運営する吉田ゴルフ開発が民事再生法の適用を申請した。ゴルフ運営会社の倒産は、平成27年に15社、平成28年11月までに17社が経営に行き詰っている。ゴルフ会員権の預託金（ゴルフ場開発にあたり、運営会社が会員を募集し、希望者が納める金で、ビジターよりも優先的に特別料金でプレーできる）に対する返還請求も増えつつある。一方、こうしたゴルフ場のうち、再生可能な案件について、外資系の金融機関などがスポンサーとなり再生を進めている。吉田ゴルフ開発の場合は、不動産会社が再生を進めている。また、大規模太陽光発電施設などゴルフ場以外の施設として再生される場合もあり、転用ケースは130カ所を超えている。

マーケットデータ

●ゴルフ場の市場規模

日本生産性本部「レジャー白書2017」によると平成28年の市場規模は前年比0.5％減の8,740億円となっている。

ゴルフ場の市場規模（単位：億円）

年次	市場規模	年次	市場規模
平23年	9,220	平26年	8,890
24年	9,110	27年	8,780
25年	9,010	28年	8,740

（出所）「レジャー白書2017」

●アコーディア・ゴルフ、OGMホールディングスの売上高

大手ゴルフ場運営のアコーディア・ゴルフ、OGMホールディングスの売上高は次の通り。アコーディア・ゴルフは、満足度向上と安心安全なプレーを提供するため、最新型のカートナビを平成30年3月末までに導入する。100のゴルフ場でタッチパネル式の多機能カートナビの使用が可能となる。PGMホールディングスは、ゴルフ事業のほか、遊技機事業も展開している。ゴルフ事業の売上高は全体の44.2％を占めている。新規取得ゴルフ場は、岐阜県のニューキャピタルゴルフ場や茨城県のザ・インペリアルカントリークラブ、鹿島の杜カントリー倶楽部、大阪府の茨木国際ゴルフ倶楽部である。

アコーディア・ゴルフ、OGMホールディングスの売上高

社　名	平29年3月期（百万円）	概　況
アコーディア・ゴルフ	売上高（47,652）営業利益（5,718）	運営ゴルフ場入場者数（827万人）ゴルフコース数保有（42コース）契約（91コース）
PGMホールディングス	ゴルフ事業売上高（41,390）営業利益（7,449）	ゴルフ場保有（130コース）ゴルフ場リース（1コース）ゴルフ運営委託（2コース）

（出所）各社決算資料

●関東圏のゴルフ会員券の平均価格

関東ゴルフ会員権取引業協同組合によると、関東圏の平均価格（主要150コース平均）は、平成29年7月時点で173万5,000円だった。本格的な値上がりは期待できない。

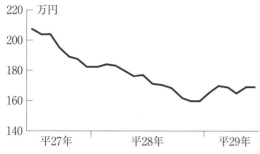

関東圏のゴルフ会員券の平均価格
（出所）関東ゴルフ会員権取引業協同組合

業界の特性

●ゴルフ場数と1ゴルフ場当たりの利用者数

日本ゴルフ場経営者協会によると、平成27年度のゴルフ場数は前年度比0.8％減の2,317カ所となっている。一方、1ゴルフ場当たりの利用者数は同2.3％増の3万7,874人となっている。

ゴルフ場数と1ゴルフ場当たりの利用者数の推移　（単位：所、人）

年度	ゴルフ場数	1ゴルフ場当たりの利用者数	年度	ゴルフ場数	1ゴルフ場当たりの利用者数
平20	2,442	37,177	平24	2,405	36,069
21	2,445	37,481	25	2,386	36,356
22	2,432	36,209	26	2,336	37,031
23	2,413	34,947	27	2,317	37,874

（出所）日本ゴルフ場経営者協会

●ゴルフ会員権の種類

ゴルフ会員権は次の4種類がある。①正会員…コース定休日を除き、全日のプレーが可能で、全クラブ競技に参加出来る。会員権の市場流通性は高い。②平日会員…コースの定休日を除く月～土曜日のプレーが可能である。クラブの定める平日競技に参加出来る。週休2日制の定着で、土曜プレー可の平日会員権の人気は高く、正会員の約50％の相場で流通性もある。③週日会員…月～金曜日の平日のプレーに限られる。平日に休みが取れる人や主婦などが対象となる。④女性会員…一部のゴルフ場で設けられているが、流通量は少なく、正会員より割高になるケースがある。

ノウハウ

●コースの改修などで質の高いサービスを提供

PGMホールディングスのゴルフ場運営子会社のパシフィックゴルフマネージメントは、PGMが運営するゴルフ場の中からハイグレードなゴルフ場を8カ所選び、新たなブランドとして順次展開していく。既にコースの改修やクラブハウスの新築などを行っており、質の高いサービスを提供していく。

経営指標

ここでは参考として、TKC経営指標（平成29年版）より、「ゴルフ場」の数値を掲げる。

TKC経営指標 （変動損益計算書）	全企業　33件	
	平均額（千円）	前年比（％）
売上高	314,918	111.4
変動費	58,358	174.3
仕入高	50,965	194.9
外注加工費	6,555	99.2
その他の変動費	520	93.4
限界利益	256,560	102.9
固定費	241,584	98.5
人件費	116,533	98.5
減価償却費	17,387	87.9
租税公課	7,976	103.4
地代家賃・賃借料	17,966	97.5
支払利息・割引料	3,896	88.7
その他	77,664	101.6
経常利益	14,975	374.3
平均従事員数	35.9名	

今後の課題／将来性

●課題

ジュニアゴルファーの育成はゴルフ業界にとって喫緊の課題である。PGMホールディングスは、ゴルフを振興する各団体と連携して若手ゴルファーやアマチュアゴルファーの発掘・育成を目指している。平成29年11月2日から5日に行われたゴルフトーナメントでは、ジュニアゴルファーを中心に出場機会を与えた。市場が縮小する中、女性や若者の新しいゴルファーの創造は業界全体の課題となっている。

《関連団体》　一般社団法人日本ゴルフ場経営者協会
　東京都千代田区司町2－7－6
　TEL　03（5574）4368

● サービス業 ● （娯楽）

ゴルフ会員権売買業

最近の業界動向

●ゴルフ会員権市場は緩やかな上昇に転じる

　関東ゴルフ会員権取引業協同組合によると、平成29年8月の主要150コースの平均売買単価は173万6,000円で、景気回復から法人需要が高額コースに戻ってきている。また、仲介大手の桜ゴルフの、関東圏の8月の平均売買単価は年初比で上昇基調にある。住地ゴルフでは高額コースの品薄状態が続いている。50～60歳代の個人富裕層を中心に都心郊外の比較的安価なコースに人気が集まり出している。

ゴルフ会員権の仲介単価（関東圏にある指定150コース）

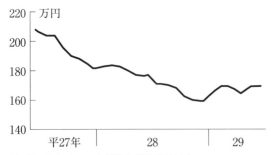

（出所）関東ゴルフ会員権取引業協同組合

●「ゴルフ場利用税の廃止」議論

　文部科学省は、平成30年度税制改正要望事項に、ゴルフを利用する際に課税されるゴルフ場利用税の廃止を盛り込んだ。これは消費税とゴルフ場利用税の二重課税の解消や、平成28年リオデジャネイロオリンピックから正式競技となったゴルフを「生涯スポーツ社会」の実現に寄与させることが目的である。全国のゴルフプレー料金は、平成28年で東京都区部では1万2,126円であり、このうちゴルフ場利用税は1人1日に付き標準課税が800円（制限課税が1,200円）となっている。総務省によると、平成27年度のゴルフ場利用税の決算額は475億円に達しており、各市町村にゴルフ場利用税交付金として332億円を交付している。ゴルフ利用税廃止でゴルフのプレー人口が増えれば、ゴルフ会員権の取引も活発になると予想される。

マーケットデータ

●ゴルフ場の延べ利用者数等の推移

　日本ゴルフ場経営者協会によると、平成27年度のゴルフ場の延べ利用者数は前年比1.4％増の8,775万2,967人と2年振りの増加となった。また、1ゴルフ場当たりの利用者数は、前年比2.3増の3万7,874人となり、4年連続で増加した。

ゴルフ場の延べ利用者数等の推移

年度	ゴルフ場数	延利用者数（千人）	1ゴルフ場当たりの利用者数（人）
平23	2,413	84,327	34,947
24	2,405	86,745	36,068
25	2,402	87,470	36,416
26	2,336	86,505	37,031
27	2,317	87,753	37,874

（出所）日本ゴルフ場経営者協会

●過去5年間のゴルフ会員権の平均相場

　ゴルフ会員権の相場は、売り手と買い手の需給関係によって相場が決定される。この需給関係は、アクセスのし易さ（交通の便が良い）、経営母体の信頼性、会員数、サービスやメンテナンス（コース管理）の良さといった要素によって決まる。椿ゴルフによると、過去5年間のゴルフ会員権の平均相場（半年周期）は次の通り。

過去5年間の平均相場の推移（単位：万円）

年・月	平均価格	年・月	平均価格
平23年9月	154	平26年9月	153
24年3月	147	27年3月	147
24年9月	142	27年9月	134
25年3月	160	28年3月	125
25年9月	165	28年9月	118
26年3月	168	29年3月	121

（出所）椿ゴルフ

業界の特性

●ゴルフ会員権取引業者加盟数

　全国ゴルフ会員権取引業団体連絡会は、各地域の6つの団体で構成されている。構成団体は、北海道ゴルフ会員権取引業協同組合、関東ゴルフ会員権取引業協同組合、中部ゴルフ会員権取引業協同組合、関西ゴルフ会員権取引業協同組合、中四国ゴルフ会員権取引業協同組合と九州ゴルフ会員

権取引業協同組合である。会員数（平成29年9月11日）は、関東ゴルフ会員権取引業協同組合（138）、中部ゴルフ会員権取引業協同組合（23）、関西ゴルフ会員権取引業協同組合（48）となっている。

●会員権の種類

ゴルフ会員権の種類は①正会員（個人と法人）、②平日会員・週日会員、③婦人（女性）会員、④家族会員がある。①正会員（個人と法人）は、個人が名義人となる個人正会員と、法人が名義人となる法人会員がある。個人正会員は、全国のゴルフ場メンバーの75％以上を占め、コース定休日を除き全日のプレーができ、そのゴルフ場を優先的に利用できる権利を有する。法人会員は、記名者としてその法人の関係者が登録されるのが一般的である。②平日会員・週日会員は、コースの定休日を除く月～金曜日のプレーができる。なお、週休2日制の定着で、土曜日にプレーができるものとできないものがあり、利用する側から見れば、土曜日にプレーできる会員権の人気は高い。③婦人（女性）会員は、ゴルフ場の施設などの制約から女性会員数に枠を設け、入会を制限している場合に適用される。④家族会員は、個人正会員の配偶者や子どもといったごく身近な家族が対象になる。この制度を実施しているゴルフ場数は少ない。

●ゴルフ会員権の売買

ゴルフ会員権を売買するには、①ゴルフ場に取引を依頼する、②知人・友人と直接取引する、③会員権取扱会社に依頼するという3種類の方法がある。ゴルフ会員権市場が整備されていなかった時代には、①のゴルフ場に売却や購入の取引を依頼することが一般的であった。②の場合は、個人間取引となるので、馴れ合いで金銭授受を確実に行わなかったり、売買を証明の書類の未発行などの不備が生じたりするなど、トラブルに発展する場合が懸念される。現在では、安全性の高い売買として認知されている。③のゴルフ会員権業者に依頼することが一般的である。ゴルフ会員権の取引市場が大きくなるにつれて、ゴルフ会員権売買業の取り扱う情報量は増え、より有利な条件で会員権を売買できる確率が高くなっている。

ノウハウ

●住地ゴルフのメンバーメリット

住地ゴルフでは、ホームページで「メンバーメリット表」を掲載し、ゴルフ会員権を購入してメンバーになると、プレー回数を基にビジターでプレーする場合に比べて、「いつから」、「どれくらい」ゴルフ会員としてのメリットが得られるか算出するサービスを展開している。桜ゴルフは、ホームページで「温泉・宿泊施設付きコース」や「紅葉の綺麗なコース」といった案内を載せ、ゴルフに附帯する楽しみを訴求している。各社ゴルフ会員券売買だけでなく、トータルで顧客に喜んでもらえるような施策をとっている。

経営指標

ここでは参考として、TKC経営指標（平成29年版）より、「他に分類されないその他の事業サービス業」の数値を掲げる。

TKC経営指標 （変動損益計算書）	全企業	430件
	平均額（千円）	前年比（%）
売上高	147,224	100.5
変動費	57,154	97.3
仕入高	48,998	101.4
外注加工費	7,720	75.4
その他の変動費	356	120.9
限界利益	90,070	102.7
固定費	85,235	101.2
人件費	59,191	102.8
減価償却費	2,579	102.4
租税公課	1,160	96.7
地代家賃・賃借料	4,595	94.9
支払利息・割引料	437	93.8
その他	17,343	98.6
経常利益	4,835	138.1
平均従事員数	15.6名	

今後の課題／将来性

●課題

景気の回復を背景に、法人需要が戻りつつありゴルフ会員権価格の底入れ感が出てきたが、本格的なゴルフ会員権の値上がりにはまだ達していない。ゴルフ業界全体でゴルフを盛り上げることも必要になってくる。

《関連団体》　関東ゴルフ会員権取引業協同組合
　　東京都千代田区神田富山町1－3
　　　金陽神田ビル5F
　　TEL　03（3256）6064

●サービス業●（娯楽）

スキー場

最近の業界動向

●スキー場の市場規模は500億円

日本生産性本部「レジャー白書2017」によると、平成28年のスキー場の市場規模は前年比15.3％減の500億円と、大きく減少した。これは前年の雪不足、シーズン中の悪天候、春の雪解けの早さなど、天候要因が大きく響いたことに起因する。人工降雪機による開業期間の長期化や、ナイター設備導入による営業時間の拡大などで顧客の利便性向上に努めているが、設備維持コストが大きく、経営を圧迫している。一方、外国人スキーヤーの増加はスキー場の活性化につながっている。

スキー場の市場規模推移（単位：億円）

年次	市場規模	年次	市場規模
平19年	680	平24年	560
20年	660	25年	570
21年	600	26年	580
22年	570	27年	590
23年	540	28年	500

（出所）「レジャー白書2017」

●家族3世代が楽しめる場所としてスキー場が進化

各地のスキー場は、家族三世代が楽しめるように雪遊びの道具や施設を充実させている。苗場スキー場では、子ども向けエリアが場内に3カ所あり、足で地面を蹴って進む自転車型の「ストライダー」や、タイヤ状の大きなチューブ「スノーチュービング」に乗って遊ぶことができる。滑り台などの遊具も設置されている。入場料は3歳以上が1,000～1,200円で、保護者は200円引きだ。このほか、犬ぞりが体験できるスキー場や、ファミリーパークでそりや雪像づくりが体験できるスキー場など、家族3世代が楽しめる場所として進化している。

●「ロッテアライリゾート」が平成29年12月オープン

経営破綻して営業休止をしていたスキー場である新潟県妙高市の旧新井リゾートを、韓国のホテル大手「ホテルロッテ」が営業再開に向けてリニューアルを進めている。営業開始は平成29年12月である。「地域と共存するアジア最高のプレミアムマウンテンリゾート」を目指し、温泉掘削やグリーンシーズン対策のジップライン、ツリーアドベンチャー、ボルダリング、チュービングなどの整備も進めている。北陸新幹線開通で、各段に良くなった交通アクセスを活かし、国内だけでなく韓国からの集客も期待される。

マーケットデータ

●索道利用者数

国土交通省「鉄道輸送統計年報」によると、平成28年度のリフトやゴンドラなどの索道利用者数（輸送人員）は、前年度比5.8％増の3億500万5,000人であった。輸送人員の推移は次の通り。

リフト・ゴンドラなどの輸送人員（単位：千人）

年度	全国計	普通索道	特殊索道
平23	333,765	46,735	287,030
24	337,410	47,188	290,222
25	330,893	49,639	291,254
26	344,325	49,174	295,151
27	288,380	46,309	242,071
28	305,005	51,852	253,153

（注）普通索道はロープウェイやゴンドラリフト、特殊索道はいす式リフトなど（スキー場以外の利用も含む）
（出所）国土交通省

●索道旅客収入

国土交通省「鉄道輸送統計年報」によると、平成28年度のリフトやゴンドラなどの全国の索道旅客収入は、前年度比7.3％増の687億7,101万円であった。リフトやゴンドラなどの旅客収入の推移は次の通り。

リフト・ゴンドラなどの旅客収入（単位：千円）

年度	全国計	普通索道	特殊索道
平23	66,891,358	21,929,240	44,692,118
24	70,062,385	23,362,234	46,700,151
25	71,318,195	24,036,843	47,281,352
26	72,736,019	24,539,555	48,196,464
27	64,166,683	23,065,513	41,101,170
28	68,871,010	25,472,469	43,398,541

（注）普通索道はロープウェイやゴンドラリフト、特殊索道はいす式リフトなど（スキー場以外の利用も含む）
（出所）国土交通省

業界の特性

◉スキー場数数

NTTタウンページ「iタウンページ」によると、平成29年10月13日現在スキー場の数は1,013件（ロッジ、教室なども含まれる）となっている。

スキー場

地域	件数	地域	件数	地域	件数
全　国	1,013	富　山	27	島　根	6
北 海 道	132	石　川	16	岡　山	16
青　森	26	福　井	17	広　島	29
岩　手	39	山　梨	4	山　口	3
宮　城	13	長　野	238	徳　島	5
秋　田	25	岐　阜	54	香　川	—
山　形	34	静　岡	4	愛　媛	7
福　島	45	愛　知	2	高　知	—
茨　城	2	三　重	—	福　岡	1
栃　木	10	滋　賀	13	佐　賀	2
群　馬	51	京　都	4	長　崎	—
埼　玉	—	大　阪	1	熊　本	—
千　葉	—	兵　庫	42	大　分	4
東　京	4	奈　良	2	宮　崎	3
神 奈 川	—	和 歌 山	—	鹿 児 島	1
新　潟	114	鳥　取	17	沖　縄	—

（出所）「iタウンページ」

◉収入源

スキー場の収入源は、リフト券販売やスキー板・ウエアのレンタル、施設内での飲食、駐車場収入のほか、「スキー教室」も重要な収益源となっている。

◉スキーの年代別参加率

日本生産性本部「レジャー白書2017」によると、平成28年のスキーの年代別参加率は次の通り。最も多いのは、男性は40代で6.5％、次いで10代が6.3％である。女性は10代と20代で4.0％、次いで70代である。

平成28年のスキーの年代別参加率 （単位：％）

性別	全体	10代	20代	30代	40代	50代	60代	70代
男性	4.0	6.3	2.9	2.7	6.5	2.4	3.5	4.5
女性	2.6	4.0	4.0	2.4	2.9	1.8	1.0	3.5

（出所）「レジャー白書2017」

ノウハウ

◉リフトの共通ICカードシステムを利用した顧客情報の分析

長野県の大町市、白馬村、小谷村で構成する北アルプス3市村観光連絡会は、平成29年3月から域内のスキー場と連携し、リフトの共通ICカードシステムを利用した顧客情報の分析に乗り出した。ICカードを利用した共通リフト券を採用し、そのうち、7カ所でICカードの自動改札システムを導入した。通過時に得られるデータを分析し、複数のスキー場にまたがる行動パターンから効果的な広告や旅行商品の開発につなげていく。また、訪日外国人向けのプロモーションにも活用していく。

経営指標

スキー場の指標は見当たらないので、ここでは参考として、TKC経営指標（平成29年版）より、「娯楽に附帯するサービス業」の数値を掲げる。

TKC経営指標 （変動損益計算書）	全企業　51件	
	平均額（千円）	前年比（％）
売上高	310,478	87.1
変動費	252,709	84.6
仕入高	247,167	84.3
外注加工費	5,229	104.4
その他の変動費	273	78.5
限界利益	57,768	100.1
固定費	56,130	102.6
人件費	30,504	97.2
減価償却費	2,291	131.9
租税公課	761	99.4
地代家賃・賃借料	4,015	102.6
支払利息・割引料	663	95.2
その他	17,896	110.4
経常利益	1,638	54.5
平均従事員数	11.2名	

今後の課題／将来性

◉課題

市場規模は回復傾向にあったが、前年度は悪天候などの影響で大きく落ち込んだ。スキー場はそれぞれの地域特性を有しているので、地域独自の特色を活かし、接客サービス、飲食、その他の各サービスの充実や、各年齢層に対応した新たなプログラムやイベントの開発など、一層の努力と工夫が必要である。加えて、ロッテアライリゾートが進めているボルダリング、チュービングなどの幅のある対応も効果を生む可能性がある。

《関連団体》　公益財団法人全日本スキー連盟
　　東京都渋谷区神南1－1－1（岸記念体育館）
　　TEL　03（3481）2315

● サービス業 ●（娯楽）

オートキャンプ場

最近の業界動向

●オートキャンプの参加人口は830万人

日本オートキャンプ協会「オートキャンプ白書2017」によると、平成28年の参加人口は前年比2.5％増の830万人となった。オートキャンプの活動は天候に大きく左右される。平成28年は北日本、東日本への台風の接近が平年より多く、特に北海道地方ではキャンプ場に被害が出た。一方、それ以外の地域では比較的天候に恵まれ、特に近畿、中国、四国では稼働率が伸びるなど好調だった。また、平成27年12月に国内初の「グランピングリゾート」がオープンし注目された。「グランピング」とは「グラマラス（魅力的な）」と「キャンプ」を合わせた造語で、テントやロッジに泊まりながらホテルのサービスが受けられるというものである。キャンプの道具や経験がなくてもアウトドアを楽しめることや、オシャレな雰囲気から注目され、キャンプ人口の拡大を後押しした。

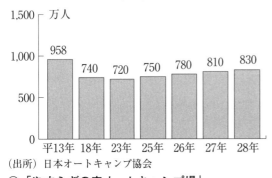

オートキャンプ場の参加人口（推定値）

（出所）日本オートキャンプ協会

●「やすらぎの森オートキャンプ場」

特定非営利活動法人Nature Serviceが運営する「やすらぎの森オートキャンプ場」は、長野県信濃町にある。平成29年4月に、国内最大のキャンプ場検索・予約サイト「なっぷ」で、ゴールデンウイーク中のアクセスランキングが、長野県内にある182のキャンプ場中1位になった。夏休み中には、親子向け企画『夏休みの宿題は「生きもの博士」と一緒に乗り切ろう』と、大人向け企画『森の中には秘密の「焚火BAR」が出現！』の企画を実施した。親子企画はキャンプ場の森などを活用して自然を体感しながら、スタッフが生きものの探検や昆虫標本づくりなどや、子ども達の質問などに答える。「やすらぎの森オートキャンプ場」は、ペットもOKで、隣接した森には散策路が整備されている。

●キャンピングカーの総保有台数

寝泊まりできるキャンピングカーは、時間や場所に縛られず、気ままに日本全国を旅できる魅力がある。旅行の同行者は夫婦二人が半数を占めている。キャンピングカーの販売業者でつくる日本RV協会によると、国内でのキャンピングカーの総保有台数（推計）の推移は次の通り。

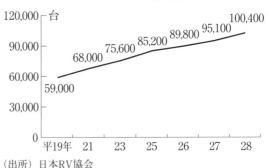

キャンピングカーの総保有台数の推移

（出所）日本RV協会

マーケットデータ

●登山・キャンプ用品の市場規模

日本生産性本部「レジャー白書2017」によると、平成28年の登山・キャンプ用品の市場規模は前年比3.5％増の2,070億円であった。市場規模の推移は表の通り。

登山・キャンプ用品の市場規模 （単位：億円）

年次	市場規模	年次	市場規模
平21年	1,610	平25年	1,890
22年	1,710	26年	1,950
23年	1,800	27年	2,000
24年	1,860	28年	2,070

（出所）「レジャー白書2017」

●キャンプ場の収支状況

日本オートキャンプ協会「オートキャンプ白書2017」によると、オートキャンプ場の収支状況の推移は次の通り。平成28年は「黒字」と「収支トントン」と答えたキャンプ場が全体の69.1％、「赤

字」27.3％と好調を維持している。これは、近年のキャンプブームに加え、全国的に天候に恵まれたことが大きな要因と考えられる。

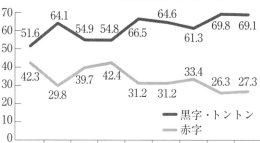

オートキャンプ場収支状況（単位：％）
（出所）日本オートキャンプ協会

●国産キャンピングカーの生産台数

日本RV協会によると、協会会員事業者の平成28年の国産キャンピングカーの新車総出荷台数は4,868台で、前年度の4,968台に比べて2.0％の減少であった。

国産キャンピングカーの生産台数（単位：台）

年　次	平25年	平26年	平27年	平28年
生産台数	4,416	4,434	4,968	4,868

（出所）日本RV協会

業界の特性

●キャンプ場数

日本オートキャンプ協会の資料によると、平成28年のオートキャンプ場数は1,299カ所となっている。都道府県別では北海道を除いて、山梨県や長野県、静岡県など首都圏の周辺に多い。

●延べキャンプ回数とキャンプ泊数

日本オートキャンプ協会の資料によると、平成28年のキャンプに行った回数は平均3.3回（前年3.5回）に留まった。また、平成28年の延べキャンプ泊数は平均4.7泊で、前年の5.2回と比較し0.5泊下回った。なお、「平均1～2泊」が42.1％を占め、ビギナーに多い1～2泊の増加により平均泊数が減少している。

●需要期

キャンプは春から秋がシーズンであり、冬場は閉鎖するキャンプ場が多い。曜日別では平日に比べて休日の利用が圧倒的に多い。ゴールデンウイークや夏休みなどのシーズン期には予約が埋まるキャンプ場も多い。

ノウハウ

●「グランピング」専用の施設が相次いでオープン

ロッジや大型テントに泊まりながら高級ホテル並みのサービスが受けられる「グランピング」が話題となり、グランピング専用の施設も相次いでオープンしている。また、閉鎖したオートキャンプ場がグランピングスタイルの施設としてリニューアルオープンするなど、新たなキャンプ場が広がっている。新しくキャンプを始める人も増えており、参加したくなるイベントや楽しい企画などでアピールしていく必要がある。

経営指標

オートキャンプ場を対象にした指標は見当たらないので、ここでは参考として、TKC経営指標（平成29年版）より、「他に分類されない娯楽業」の数値を掲げる。

TKC経営指標 （変動損益計算書）	全企業　70件	
	平均額（千円）	前年比（％）
売上高	135,687	98.0
変動費	57,615	91.0
仕入高	55,377	90.9
外注加工費	2,484	106.3
その他の変動費	56	54.4
限界利益	78,072	103.8
固定費	77,780	104.3
人件費	40,120	104.3
減価償却費	4,807	127.1
租税公課	1,466	102.7
地代家賃・賃借料	5,374	102.3
支払利息・割引料	800	97.0
その他	25,210	101.5
経営利益	292	46.9
平均従事員数	13.4名	

今後の課題／将来性

●将来性

オートキャンプ場の参加人口は、ここ数年増加傾向にある。増加するインバウンド需要も期待できるが、キャンプ用品のレンタルやWi-Fiの充実などが不可欠だ。夏休み中のイベント企画などは好評で、今後も市場拡大が期待される。

《関連団体》　一般社団法人日本オートキャンプ協会
　東京都新宿区三栄町12　清重ビル2F
　TEL　03（3357）2851

●サービス業●（娯楽）

ボルダリングジム

最近の業界動向

●ボルダリングの人気が広がる

2020年の東京オリンピックにスポーツクライミングが初採用され、ボルダリングの人気が広がっている。ボルダリングは岩や壁を登るスポーツでロッククライミングの一種だ。専用の壁を備えた施設も増えており、特別な道具を必要としない手軽さが受けている。フィットネス大手などもボルダリングジムを新設するなど、好機を捉えようとしている。

●ナムコがクライミングウォールなどの設備があるアスレチック施設を開業

ナムコは平成29年4月21日、クライミングウォール（フリークライミングで用いる人工壁）などの設備があるアスレチック施設を開業した。ファミリー向けの屋内アスレチック施設「TONDEMI（トンデミ）」は、イオンモール幕張新都心（千葉市）にオープンした。利用料金は1人2,400円で、制限時間は90分だ。トランポリンやスポーツクライミングなどエリアごとに訓練を受けたスタッフが、安全具の装着や遊び方などの指導を行う。親子でスポーツが楽しめる施設として、国内市場の開拓を図る。

●スポーツクライミング専用のウォールが完成

スポーツクライミング専用のウォール（壁）が平成29年4月16日、東京都昭島市に完成した。JR昭島駅北側の商業施設内に造られたウォールは高さ17.5メートルで、4人同時に登ることができ、登るスピードを競う専用の施設だ。国際大会も開けるように申請中で、東京選手権も開催された。

●コナミスポーツクラブがクラブ内にクライミング施設を開設

コナミスポーツクラブは、クラブ内にクライミング施設を開設する。平成29年3月の「コナミスポーツクラブ池袋」でのオープンを皮きりに、順次施設を開設していく。東京オリンピックの正式

種目で関心が高まり、クライミングを始めたいといったニーズに応える。初導入の「コナミスポーツクラブ池袋」では、ボルダリングを楽しむことができ、専用シューズなどのレンタルのほか、無料の「初心者クリニック」を随時開催するなど、初心者や未経験者のサポートをする。

マーケットデータ

●登山・キャンプ用品の市場規模

ボルダリングを対象にした市場規模の資料は見当たらない。参考として、日本生産性本部「レジャー白書2017」から、登山・キャンプ用品の市場規模は次の通り。

登山・キャンプ用品の市場規模（単位：億円）

年次	平26年	平27年	平28年
スポーツ部門	39,480	40,270	40,280
山岳・海洋性スポーツ用品	6,140	6,270	6,280
登山・キャンプ用品	1,950	2,000	2,070
スポーツ施設・スクール	17,670	17,760	17,640
フィットネスクラブ	4,320	4,390	4,480

（出所）「レジャー白書2017」

●スポーツ施設の売上高

ボルダリングジム単独の売上高を把握するのは困難である。日経流通新聞「第35回サービス業総合調査」によると、クライミング施設を開設しているスポーツ施設の売上高（平成28年度）は次の通り。

スポーツ施設の売上高（平成28年度）

社　名	売上高 （百万円）	前年度比 伸び率（％）
コナミスポーツクラブ	68,648	―
セントラルスポーツ	52,712	2.0
東急スポーツオアシス	16,603	1.8
野村不動産ライフ＆スポーツ	15,523	3.5
オージースポーツ	13,115	2.4

（出所）日経流通新聞

業界の特性

●立地

ボルダリング施設は商業施設内や中小の雑居ビル、フィットネスジム、大型スポーツショップの店内などにある。会社帰りのサラリーマンやOLが利用することも多く、最近は駅前に開設するケースが増えている。

●設備

ジムに設置される人工壁は、斜度80～90度程度の初心者向けから、同160度程度の上級者向けまでさまざまな傾斜の壁が用意されていて、レベルに応じて楽しめる。初心者は傾斜の少ない壁で始め、慣れてくると徐々に難易度をあげる。このほか、施設にはショップや更衣室、チョークで汚れた手を洗うためのシンク、トイレ、休憩スペースなどの設備がある。

●料金

料金は初回登録料（1,500～2,000円程度）のほか、時間により料金を設定している施設と、1日単位の料金を設定している施設がある。初心者向けの講習会なども盛んに行われている。

●ボルダリングジムの施設数

ボルダリング総合情報のBOLLOG（ボルログ）によると、全国のジム数（平成29年4月現在）は次の通り。最も多いのは東京都の71施設、次いで大阪府の38施設、神奈川県、愛知県の31施設、埼玉県の22施設で、全国では400を超えている。

都道府県別のボルダリングジム数

地域	ジム数	地域	ジム数	地域	ジム数
全　国	446	富　山	6	島　根	2
北 海 道	10	石　川	5	岡　山	6
青　森	3	福　井	1	広　島	7
岩　手	4	山　梨	5	山　口	4
宮　城	6	長　野	9	徳　島	1
秋　田	2	岐　阜	15	香　川	2
山　形	2	静　岡	14	愛　媛	4
福　島	9	愛　知	31	高　知	2
茨　城	8	三　重	4	福　岡	17
栃　木	13	滋　賀	4	佐　賀	1
群　馬	6	京　都	11	長　崎	―
埼　玉	22	大　阪	38	熊　本	5
千　葉	19	兵　庫	21	大　分	2
東　京	71	奈　良	6	宮　崎	3
神 奈 川	31	和 歌 山	4	鹿 児 島	2
新　潟	5	鳥　取	―	沖　縄	3

（出所）「BOLLOG（ボルログ）」

●クライミングとは

クライミングの国内競技人口は50～60万人といわれている。東京オリンピックに採用されたクライミングは、フリークライミングのカテゴリーで、スポーツクライミングと呼ばれている。スポーツクライミングには、①スピード（タイムを競う）、②リード（到達点の高さを競う）、③ボルダリング（より難しいルートを登れるか競う）の3種目がある。気軽に始められるのがボルダリングの魅力で、幅広い年代に人気がある。

ノウハウ

●さまざまなニーズに応える施設の開設

スポーツクライミングの人気が広がり、ボルダリングができる住宅が登場したり、婚活イベントにも採用されている。健康志向の高まりなどを背景に、気軽に楽しめるボルダリングの人気はさらに広がり、初心者向けやファミリー向けなど、ニーズに合った施設が開設されている。

経営指標

ボルダリングジムを対象にした指標は見当たらないので、ここでは参考として、TKC経営指標（平成29年版）より、「フィットネスクラブ」の数値を掲げる。

TKC経営指標 （変動損益計算書）	全企業　28件	
	平均額（千円）	前年比（%）
売上高	145,668	104.3
変動費	19,732	101.2
仕入高	19,498	101.4
外注加工費	63	93.9
その他の変動費	263	109.1
限界利益	125,936	104.8
固定費	118,644	105.7
人件費	52,466	110.6
減価償却費	4,479	88.4
租税公課	2,363	106.2
地代家賃・賃借料	18,906	107.8
支払利息・割引料	1,137	92.5
その他	39,290	101.4
経常利益	7,291	92.1
平均従事員数	19.9名	

今後の課題／将来性

●将来性

クライミングが東京オリンピックで採用されたことを受け注目が集まっている。スポーツ施設やフィットネスクラブなどでは、クライミング施設開設の動きが活発化している。

《関連団体》　公益社団法人日本山岳・スポーツクライミング協会
東京都渋谷区神南1－1－1
　岸記念体育会館4F
TEL　03（3481）2396

●サービス業● （娯楽）

スイミングクラブ

最近の業界動向

●スイミングプールの市場規模は1,310億円

少子化で子どもの数が減っている中、スイミングスクールに通う子どもの参加人口がやや持ち直している。日本生産性本部「レジャー白書2017」によると、平成28年のスイミングプールの市場規模は1,310億円で、前年の1,300億円に比べて0.8％増加した。市場規模は平成23年から減少傾向が続いていたが、ここにきてやや持ち直した。

スイミングプールの市場規模（単位：億円）

年次	市場規模	年次	市場規模
平19年	1,700	平24年	1,350
20年	1,540	25年	1,310
21年	1,480	26年	1,300
22年	1,500	27年	1,300
23年	1,380	28年	1,310

（出所）「レジャー白書2017」

●イトマンスイミングスクールが増収

ナガセは「イトマンスイミングスクール」のブランドで、乳幼児から小中学生、成人まで幅広い世代に対応したスイミングスクールを全国展開している。また、平成28年5月に日本初のオリンピック使用公認競技用施設「AQIT（アキット）」を開設し、オリンピック選手を育成する拠点としている。スイミングスクール部門の平成28年度の売上高は、前年同期比4.6％増の73億4,600万円となった。

スイミングスクールの売上高推移（単位：百万円、％）

年　度	平27	平28	前年伸び率
売上高	7,024	7,346	4.6

（注）小数点以下切り捨て
（出所）各年度の有価証券報告書

●ルネサンスのスイミングスクールが好調

ルネサンスは会員数が順調に増加し、そのうちスイミングスクールの会員数が25.9％を占めている。スイミングスクール部門の会員数も順調に増加し、平成29年3月末では10万3,000名を超え、

平成30年の第1四半期（4月～6月）も引き続き会員数が増加し、スイミングスクール部門の好調が続いている。平成29年3月期のルネサンスのスイミングスクールの売上高は、前年比6.2％増の79億1,800万円となった。ルネサンスの部門別会員数と売上高推移は次表の通り。

ルネサンスの部門別会員数（平成29年3月末）

区　分	会員数（名）	割合（％）
フィットネス	243,000	61.1
スイミングスクール	103,000	25.9
テニススクール	38,000	9.6
その他	13,000	3.4

ルネサンスのスイミングスクールの売上高

年　度	平26	平27	平28
売上高（百万円）	7,145	7,454	7,918

（注）小数点以下切り捨て
（出所）ルネサンス平成28年度ルネサンスリポート、各年度の有価証券報告書

マーケットデータ

●水泳の参加人口

日本生産性本部「レジャー白書2017」によると、水泳（プールでの）の参加人口、参加率、年間平均活動回数等の推移は次表の通り。平成28年の年間平均活動回数は前年比5.0％減の22.6回となり、平成28年の年間平均費用は11.4％増の23,500円となった。

水泳の参加人口、参加率、年間平均活動回数等の推移

項　目	平26年	平27年	平28年
参加人口（万人）	1,080	960	1,020
参加率（％）	10.7	9.5	10.1
年間平均活動回（回）	22.6	23.8	22.6
年間平均費用（千円）	20.5	21.1	23.5

（出所）「レジャー白書2017」

業界の特性

●クラブ数

日本スイミングクラブ協会によると、平成29年9月現在の加盟クラブ数は1,107クラブである。最も加盟クラブ数が多いのは東京の109、次いで大阪と愛知県が各100と続いている。最も少ないのは山梨県と熊本県の各2である。なお、協会に加盟していないクラブも多いので、正確な数を把

握することは難しい。

都道府県別のスイミングクラブ数

地域	クラブ数	地域	クラブ数	地域	クラブ数
全　国	1,107	富　山	22	島　根	15
北 海 道	39	石　川	20	岡　山	19
青　森	6	福　井	16	広　島	21
岩　手	6	山　梨	2	山　口	9
宮　城	19	長　野	30	徳　島	11
秋　田	7	岐　阜	22	香　川	17
山　形	7	静　岡	40	愛　媛	29
福　島	7	愛　知	100	高　知	9
茨　城	15	三　重	22	福　岡	39
栃　木	6	滋　賀	11	佐　賀	8
群　馬	10	京　都	34	長　崎	11
埼　玉	37	大　阪	100	熊　本	2
千　葉	17	兵　庫	61	大　分	6
東　京	109	奈　良	13	宮　崎	8
神 奈 川	39	和 歌 山	20	鹿 児 島	27
新　潟	26	鳥　取	7	沖　縄	6

（出所）日本スイミングクラブ協会

●スイミングスクールの収入

　スイミングクラブのほとんどが会員制を採用している。スイミングスクールの収入は、会員になるための入会金と月謝（月の会費）によるのが一般的である。なお、別途入会登録料や教材費などを徴収するクラブもある。入会金は5,000円ぐらいで、月謝は一般的には利用回数に応じて月謝を設定しているところが多い。月謝は、教室によっても異なるが週に1回のレッスンで平均7,000円～9,000円ほどである。また、年齢や利用時間帯（平日、休日、夜間、早朝、フリー）などがきめ細かく設定されており、その利用用法によって月謝も異なっている。利用時間帯やプラン設定が各社のノウハウでもある。

ノウハウ

●各社が子ども向けにスイミングスクールを充実

　水泳は、風邪予防や喘息などにも効果があるとされ、また、子どもの基礎体力作りに役立つことで人気となっている。セントラルスポーツでは、ブランド浸透とスイミングスクールの入会を促進するため、全国186の小学校の施設で「着衣水泳教室」を無料で実施し、約2万人の参加者を集めた。子ども向けのサマーキャンプや、競泳合宿などのツアーなどのイベントを拡充することで、セ

ントラルスポーツへの参加者が増加している。ルネサンスでは、「エンジョイスイミング」を目標に無理なく段階的に上達レッスンを実施している。生後6カ月から始められる「親子ベビーコース」から「選手育成コース」まで、年齢や経験に応じたコースを用意している。

経営指標

　スイミングクラブを対象にした指標は見当たらないので、ここでは参考として、TKC経営指標（平成29年版）より、「スポーツ・健康教授業」の数値を掲げる。

TKC経営指標 （変動損益計算書）	全企業　82件	
	平均額（千円）	前年比（％）
売上高	124,268	101.0
変動費	11,844	101.4
仕入高	10,975	102.3
外注加工費	637	98.4
その他の変動費	147	74.9
限界利益	112,423	101.0
固定費	110,364	102.1
人件費	65,671	101.2
減価償却費	2,681	103.6
租税公課	1,189	101.5
地代家賃・賃借料	14,095	99.2
支払利息・割引料	558	95.1
その他	26,154	106.5
経常利益	2,059	62.8
平均従事員数	27.6名	

今後の課題／将来性

●課題

　スイミングクラブは、子ども向けのイベントを開催するなどの企業努力や、子どもの基礎体力づくりに役立つとして会員数が増加している。また、水泳（プールでの）の参加人口も増加している。また、大手スイミングクラブは、フィットネスクラブの一部門として運営されていることが多い。例えば、ルネサンスは会員区分によってもフィットネス会員が6割を超えている。フィットネス会員をスイミングスクールへも参加させるような工夫や、施策が求められている。

《関連団体》　一般社団法人日本スイミングクラブ協会
　　東京都千代田区三崎町2－20－7
　　　水道橋西口会館5F
　　TEL　03（3511）1552

●サービス業●（娯楽）

囲碁・将棋

最近の業界動向

◉囲碁の参加人口は減少、将棋は横ばい

　日本生産本部「レジャー白書2017」によると、囲碁への参加人口は減少し、将棋の参加人口は横ばいである。平成28年の囲碁の参加人口は、前年の250万人と比べると20.0％の減の200万人となり、4年前の平成24年の半減と減少傾向が続いている。将棋の参加人口は前年と同じ530万人であった。ゲームやインターネットに精通した世代が自宅などで将棋や囲碁を楽しむことができるようになった。また、最年少プロ棋士、藤井聡太四段の活躍で将棋ブームが起こっている。関連グッズなども売れ行き好調で、中高年だけでなく20～30代の男女にも将棋人気が広がっている。

◉AI碁が世界の強豪に勝利

　日本で開発されたAIを応用した囲碁ソフトと日本の6冠の井山裕太九段、韓国のランキング1位の朴廷桓（パク・ジョンファン）九段と中国から芈昱廷（ミ・イクテイ）九段の4者が、総当たりリーグ戦で争うワールド碁チャンピオンシップが開催された。また、米グーグルが開発した囲碁用AIの「アルファ碁」と中国の世界最強棋士、柯潔（カ・ケツ）九段との三番勝負が、囲碁の未来サミットの目玉として平成29年5月27日、中国浙江省で行われた。この三番勝負では、AIの「アルファ碁」が3連勝して幕を閉じた。この「アルファ碁」は、人間の脳をまねた「深層学習」と、AIが自己対局を繰り返す「強化学習」と呼ばれる2つの情報処理手法を組み合わせ、人間に頼らずに自分で勝ち方を編み出すAIシステムで作られている。AI碁が取り上げられることにより、囲碁人口を増やすきっかけになり、碁会所運営の活性化へつなげることが重要である。

マーケットデータ

◉囲碁・将棋の参加人口

　日本生産性本部「レジャー白書2017」によると、囲碁・将棋の参加人口は次の通り。

囲碁・将棋の参加人口

	囲碁の参加人口	将棋の参加人口
平23年	380万人	860万人
24年	400万人	850万人
25年	280万人	670万人
26年	310万人	850万人
27年	250万人	530万人
28年	200万人	530万人

（出所）「レジャー白書2017」

◉囲碁・将棋の平均活動回数や消費の実態推移

　日本生産性本部「レジャー白書2017」によると、平成28年の囲碁、将棋の平均活動回数、年間平均費用、1回当たりの費用は次の通り。平成28年の囲碁の平均活動回数は、将棋やマージャンよりも多い。

囲碁・将棋の平均活動回数、費用の推移

年次	区分	年間平均活動回数（回）	年間平均費用（千円）	1回当たり費用（円）
平26年	囲碁	16.2	12.8	790
	将棋	11.5	2.7	240
27年	囲碁	24.2	17.7	730
	将棋	11.5	6.7	580
28年	囲碁	16.3	3.9	240
	将棋	12.3	2.7	220

（出所）「レジャー白書」

業界の特性

◉囲碁・将棋の年代別参加率

　日本生産性本部「レジャー白書2017」によると、平成28年の囲碁・将棋の年代別参加率は表の通

囲碁・将棋の年代別参加率（単位：％）

	囲　碁		将　棋	
全体	2.0%		5.3%	
年代別	男性	女性	男性	女性
10代	2.7%	0.0%	16.1%	4.0%
20代	4.3%	0.0%	9.2%	1.0%
30代	1.6%	0.4%	8.6%	2.0%
40代	1.9%	0.3%	6.5%	4.1%
50代	1.6%	0.7%	6.5%	1.1%
60代	2.2%	0.0%	6.6%	0.7%
70代	11.9%	2.8%	13.6%	2.4%
計	3.3%	0.7%	8.6%	2.1%

（出所）「レジャー白書2017」

り。囲碁・将棋とも男性の方が女性に比べて参加率が高い。年代別では、囲碁では男性及び女性とも70代が最も参加率が高く、将棋では10代の男性が最も高く、40代の女性が最も参加率が高い。

◉碁会所の数

　碁会所の検索サイト「碁会所ポータルサイト」によると、碁会所数は平成29年9月11日現在で1,079所である。最も多いのは東京都（159件）、次いで神奈川県（92件）、大阪府（90件）と続いている。また、NTTタウンページ「iタウンページ」によると、囲碁・将棋クラブが含まれる囲碁・将棋の店舗数は平成29年9月25日現在1,098件となっている。最も多いのは東京都（143件）、次いで大阪府（87件）、神奈川県（71件）、兵庫県（54件）、埼玉県（52件）となっている。

都道府県別の碁会所数

地域	碁会所	地域	碁会所	地域	碁会所
全　国	1,079	富　山	10	島　根	7
北 海 道	54	石　川	9	岡　山	23
青　森	7	福　井	11	広　島	20
岩　手	8	山　梨	8	山　口	25
宮　城	11	長　野	10	徳　島	8
秋　田	7	岐　阜	8	香　川	8
山　形	7	静　岡	21	愛　媛	11
福　島	7	愛　知	47	高　知	10
茨　城	14	三　重	14	福　岡	48
栃　木	6	滋　賀	4	佐　賀	2
群　馬	5	京　都	33	長　崎	12
埼　玉	55	大　阪	90	熊　本	10
千　葉	46	兵　庫	52	大　分	16
東　京	159	奈　良	11	宮　崎	12
神 奈 川	92	和 歌 山	4	鹿 児 島	8
新　潟	18	鳥　取	4	沖　縄	27

（出所）「碁会所ポータルサイト」

◉営業時間

　碁会所や将棋道場は一般的に11時〜13時に開店するところが多く、客がいなくなるか、20時〜22時に閉店という営業形態が多く、営業時間は9〜10時間が多い。なお、営業時間は立地条件で異なり、都市ターミナル駅に近い場所にある碁会所は、終電に近い時間まで営業するところもある。

◉利用料金

　利用料金は、通常入場料を払えば、何時間いても何回対局しても他の料金はかからない終日制がほとんどである。月謝の場合には、女性や大学生

以下で一般の人より安く設定されていることが多い。なお、碁会所によっては、時間当たりの定額料金などの料金体系がある場合もある。

ノウハウ

◉将棋ブーム到来

　将棋ブームが到来し、将棋サロンでは女性向け教室が人気を集めている。また、将棋AIを搭載したゲームアプリ「将棋ウォーズ」の会員数は右肩上がりに増えている。将棋教室でも若い人の参加者が増えているという。将棋はコミュニケーションのツールとしても活用され、将棋部を設ける企業もある。関連業界では、一過性のブームに終わらせないようにしなければならない。

経営指標

　ここでは参考として、TKC経営指標（平成29年版）より、「他に分類されない娯楽業」の数値を掲げる。

TKC経営指標 （変動損益計算書）	全企業　70件	
	平均額（千円）	前年比（％）
売上高	135,687	98.0
変動費	57,615	91.0
仕入高	55,377	90.9
外注加工費	2,484	106.3
その他の変動費	56	54.4
限界利益	78,072	103.8
固定費	77,780	104.3
人件費	40,120	104.3
減価償却費	4,807	127.1
租税公課	1,466	102.7
地代家賃・賃借料	5,374	102.3
支払利息・割引料	800	97.0
その他	25,210	101.5
経常利益	292	46.9
平均従事員数	13.4名	

今後の課題／将来性

◉課題

　囲碁や将棋への参加人口を増やすためには、入門コースや女性を対象にしたコースなど、ターゲットを絞った囲碁・将棋教室の開催の充実が必要である。

《関連団体》　公益社団法人日本棋院
　東京都千代田区五番町7−2
　TEL　03（3288）8601

●サービス業● （娯楽）

水 族 館

最近の業界動向

●水族館の入場者数は明暗が分かれる

　綜合ユニコムの資料によると、平成28年度の水族館の上位5企業では、明暗が分かれている。1位の「沖縄美ら海水族館」（5.9％増の360万人）は、6年連続最高記録を更新中である。2位は「海遊館」（3.9％減の237万9,725人）、3位は「名古屋港水族館」（4.1％減の196万7,486人）である。5位には、リニューアル効果で大幅に増加した「アクアパーク品川」（17.3％増の173万5,616人）がランクインした。一方、日本生産性本部「レジャー白書2017」によると、動物園、植物園、水族館、博物館の平成28年の参加人口は3,110万人で前年比10.1％減となっている。また、日本動物園水族館協会加盟の水族館数だけでも日本国内で60館あり、リニューアルやイベントなどで集客を図っている。

水族館の入場者数上位5施設 （平成28年度）

施設名	入場者数（人）	前年度比（％）
沖 縄 美 ら 海 水 族 館	3,600,000	5.9
海　遊　館	2,379,725	▲2.9
名 古 屋 港 水 族 館	1,967,486	▲4.1
新 江 ノ 島 水 族 館	1,807,000	▲1.3
アクアパーク品川	1,735,616	17.3

（出所）綜合ユニコム

●共通チケットで集客

　横浜八景が運営する「アクアパーク品川」と、オリックス不動産が運営する「すみだ水族館」が手を組み、来場者の増加を図る。運営主体が違う水族館が手を組み、両館の入場券をセットにしたチケットを発売する。また、共通のイベントなども開催する。共通入場券は「お江戸の水族館満喫チケット」と名付け、平成29年7月7日から9月30日まで全国のセブンイレブン店舗で販売した。アクアパーク品川とすみだ水族館は駅の近くに位置する都市型水族館で、両館は電車なら約30分で移動できる。

●動物の公開体重測定を実施

　鴨川シーワールドでは、日ごろから動物の健康維持のために体重測定を行っている。動物の種類によって異なるさまざまな体重の測定の様子は、普段見ることはできない。鴨川シーワールドは11月1日の「計量の日」にあたり、例年通り公開体重測定を実施した。体重計の乗り方や体重を測るまでの過程など、動物によって違いがあり興味深い。当日は来場者を対象に「海の体重測定ラリー」も行って、4種類の体重測定を公開した。また、鴨川シーワールドでふ化した子ガメに触れることもできる。

●4つの水族館を持つ横浜・八景島シーパラダイス

　横浜・八景島シーパラダイスは、2,000人収容の「アクアスタジアム」など4つの水族館を有する日本最大級の水族館で、700種の大小さまざまな魚たちを見ることができる。「ドルフィンファンタジー」は、透明なトンネル状の通路などから水槽の中を自由に泳ぎ回るイルカたちを眺めることができる。「ふれあいラグーン」は、海の生き物たちを触ったり感じたりすることができる。「うみファーム」は、魚釣り、魚のつかみ捕り、さらに釣ったり捕ったりした魚を食べることで、「いのちをいただく体験」をすることで多くのことを学ぶことができる。このように独特な企画で人気を博している。

マーケットデータ

●参加率、年間平均活動回数、年間平均費用

　日本生産性本部の「レジャー白書2017」によると、動物園、植物園、水族館、博物館の参加人数、参加率、年間平均活動回数、年間平均費用は表の通りである。

水族館、動物園、植物園、博物館の参加人口、参加率等

項　目	平26年	平27年	平28年
参加人口（万人）	3,690	3,460	3,110
参加率（％）	36.5	34.3	30.9
年関平均活動回数（回）	2.9	3.2	3.1
年間平均費用（円）	10,100	9,600	8,900

（出所）「レジャー白書2017」

●遊園地・レジャーランドの市場規模

水族館を対象にした公的な市場規模を示すデータはない。参考として、日本生産性本部「レジャー白書2017」から、遊園地・レジャーランドの市場規模を示す。平成28年の遊園地・レジャーランドの市場規模は前年比1.7％増の7,770億円であった。

遊園地・レジャーランドの市場規模（単位：億円）

年次	市場規模	年次	市場規模
平19年	6,430	平24年	6,550
20年	6,400	25年	7,240
21年	6,230	26年	7,410
22年	5,990	27年	7,640
23年	5,850	28年	7,770

（出所）「レジャー白書2017」

業界の特性

●会員水族館数

日本動物園水族館協会に加盟する水族館の数は平成29年9月現在で60館、動物園は91園、同協会に加盟する水族館、動物園は合計151施設となっている。

●種類

水族館の事業主体別は、公立施設と民間施設に分かれる。民間施設は半官半民の施設と、西武や京浜急行などの電鉄会社が運営する施設に分かれる。また、飼育対象で分類すると次の通り。①海水水族館：海水のみを使って飼育・展示している。②淡水水族館：淡水魚を中心に飼育・展示している。③専門水族館：限定された種類を集めて詳しく展示する。④総合水族館：海水・淡水に生息する多種多様な動物・水族を飼育展示する。

●立地

水族館の立地は、海岸近隣（臨海型）と内陸部に分かれる。海岸近隣の立地が多いが、都市部ではサンシャイン水族館やエプソン品川など超高層ビルやホテル内に立地する水族館もある。

●収入

水族館は入館料が収入全体の70％を占め、売店や食堂、遊技施設の付帯収入が20％、駐車場などの土地建物使用料が5％、その他収入が5％とされる。大都市にある大規模な水族館を除くと、集客力は弱く収益性も高くない。公立の水族館は、売店や食堂があっても小規模なところが多い上、遊技施設がない施設も多い。公立の水族館は、収支が不足した場合は自治体や財団本体から補填され連営している。

ノウハウ

●来園者を楽しませるイベントや企画

水族館ではシャチやイルカと触れ合う体験が欠かせない。さまざまなイベントや体験を通じて生きものの生態を知ることは来園の機会を増やすことにつながる。来園者を楽しませるイベントや企画が不可欠である。

経営指標

ここでは参考として、TKC経営指標（平成29年版）より、「他に分類されない娯楽業」の数値を掲げる。

TKC経営指標 （変動損益計算書）	全企業	70件
	平均額（千円）	前年比（％）
売上高	135,687	98.0
変動費	57,615	91.0
仕入高	55,377	90.9
外注加工費	2,484	106.3
その他の変動費	56	54.4
限界利益	78,072	103.8
固定費	77,780	104.3
人件費	40,120	104.3
減価償却費	4,807	127.1
租税公課	1,466	102.7
地代家賃・賃借料	5,374	102.3
支払利息・割引料	800	97.0
その他	25,210	101.5
経常利益	292	46.9
平均従事員数	13.4名	

今後の課題／将来性

●将来性

各水族館がさまざまなイベントなどを開いて、集客を図っている。鴨川シーワールドでは18歳以上限定の「大人ナイトステイ」が人気だ。飼育員とのコースディナーの会場となるレストランは、シャチの水槽に囲まれ、SNS映えすると好評だ。集客アップには、企画の是非がカギを握っている。

《関連団体》　公益社団法人日本動物園水族館協会
東京都台東区台東4－23－10
　ヴェラハイツ御徒町402
　TEL　03（3837）0211

●サービス業● （娯楽）

外航クルーズ業
（国内クルーズを含む）

最近の業界動向

●クルーズ船による訪日客の増加に対応し、拠点を整備

　クルーズ船による訪日客は増加しており、平成28年には前年に比べて87万2,000人多い199万2,000人であった。日本の港湾は貨物船向けがほとんどで、クルーズ船専用港は少ない。このため国土交通省は、海外からの大型クルーズ船が寄港しやすいよう整備に乗り出している。拠点港は、横浜港、清水港、佐世保港、熊本県の八代港、沖縄県の本部港、平良港の6港で、運航会社が優先的に利用できるようにする。さらに、国や自治体が大型のクルーズ船が係留できるよう岸壁を整備する。第一弾として、2019年度に横浜に設ける方針だ。クルーズ船は多くの観光客を一度に運ぶため、寄港地での消費は大きい。官民が連携してクルーズ船専用港の整備に乗り出し、訪日客の受け入れ体制を整える。6港以外にも国際クルーズ拠点を増やして寄港地の経済効果を高める。国土交通省によると、クルーズ船の寄港回数は次の通り。港湾別で寄港回数の最も多かったのは博多港で328回、次いで長崎港で197回となっている。外国船社が運航するクルーズ船の寄港回数は、中国からのクルーズ船の寄港増加などで過去最高の1,444回となった。

クルーズ船の寄港回数 （単位：回）

区　分	平25年	平26年	平27年	平28年
日本船社運航のクルーズ船	628	551	489	574
外国船社運航のクルーズ船	373	653	965	1,444
合　計	1,001	1,204	1,454	2,018

(注) 平成28年の値は速報値であり、今後変動する可能性がある
(出所) 国土交通省

●外航クルーズ人気で外国勢も参入が相次ぐ

　日本でもクルーズ人気が徐々に高まっている。このため、イタリアの豪華客船大手のコスタ・ク

ルーズは、平成28年7月から1泊1万円台で乗船できるクルーズ旅行を始めている。欧米では10日以上の航海が一般的だが、日本では休暇が短いため5泊6日のツアーを企画している。船内にはカジノや劇場、プールなどが備えてあり、日本語対応のスタッフも乗船している。日本観光の人気を受け、外国のクルーズ船が寄港を増やしている。

●工場夜景クルーズが人気

　夜の工場を船上から見学するクルーズが各地で行われている。工場夜景クルーズは、陸から見ることができない工場の姿を見ることができる。平成23年頃から工業施設のある地域で広まり、船会社や地元観光協会、自治体などが共同で企画や運営を行っている。所要時間は1時間～1時間半が主流で、料金は2,000～7,000円とさまざまで、不定期での実施が多い。一方、千葉市は平成28年4月から定期運航を開始した。「工場夜景クルーズ定期便」で、大人2,000円、子ども1,000円、第2、第4土曜日に運航する。

マーケットデータ

●日本郵船と商船三井の売上高

　日本郵船と商船三井の売上高は次の通り。商船三井傘下でフェリーを運航する商船三井フェリーは、平成29年5月から大洗―苫小牧航路で運航する「さんふらわあふらの」の新型船を就航。個室の割合を5割に増やし、大部屋や相部屋もプライバシーの確保を重視している。

日本郵船と商船三井の売上高 （平成29年3月期）

社　名	売上高（億円）
日本郵船（総売上高）	19,238
定期船事業	5,857
不定期船事業	7,175
商船三井（総売上高）	15,043
不定期専用船事業	7,442
フェリー・内航RORO船事業	420

●客船によるクルージングの参加人口

　日本生産性本部「レジャー白書2017」によると、

客船によるクルージングの参加人口

年次	参加人口（万人）	参加率（%）	1回当たり費用（円）
平27年	240	2.4	69,380
28年	130	1.3	38,820

(出所)「レジャー白書」

客船によるクルージングの参加人口、参加率、1回当たりの費用は表の通り。

業界の特性

◉日本船社と外航クルーズ商品を扱う企業

クルーズは豪華客船による世界一周旅行から、水上バスや遊覧船による河川の観光まで、幅広い船旅に対して使われているが、船内でのレジャーや滞在、洋上ライフを楽しむことが乗船の主目的であること、船内での宿泊が伴うことなどが定義として挙げられている。乗船の日本の船会社で外航クルーズ船を運航するのは、郵船クルーズ（飛鳥Ⅱ）、日本クルーズ客船（ぱしふぃっくびいなす）、商船三井客船（にっぽん丸）である。外航クルーズのツアー商品を扱う旅行会社はJTB、日本旅行、近畿日本ツーリスト、エイチ・アイ・エス子会社のクルーズプラネットなどのほかに、クルーズ旅行専門の旅行会社もある。また、内航海運法の規制で、国内のみのクルーズは日本籍船のクルーズ客船に限定されており、外国籍船は必ず1度は海外の港に寄港しなければならない。

◉クルーズ専用港

国が指定した港湾で、クルーズ会社と地元の自治体が協定を締結し、クルーズ会社が旅客ターミナルや入国審査の施設を整える。一方、自治体はその会社に優先的に岸壁を利用できる権利を与える。官民が共同でクルーズ専用港の集客目標をつくり、訪日客の誘致を進めていく。

◉料金

国土交通省の資料によると、国内クルーズの短期クルーズ（1泊2日）が5万～20万円程度、（3泊4日）が11万～61万円程度、長期クルーズ（11泊12日）が54万～226万円程度である。また、海外クルーズのサイパンクルーズ（10泊11日）が44万～200万円、タヒチ・ハワイクルーズ（46泊47日）が123万～625万円、世界1周クルーズ（103泊104日）が442万～2,634万円などとなっている。

ノウハウ

◉快適なフェリー旅の提供

国内クルーズ船のイメージが変わりつつある。プライバシーに配慮した個室を増やした新船が相次いで就航している。東海汽船系の小笠原海運は、東京・竹芝―小笠原諸島・父島間を結ぶ航路では、個室を従来よりも6割多くし、最上級の特等室には専用の屋外デッキを備えた。2等の大部屋にもカプセルホテル型のベッドを設けた。東京―徳島―北九州間を運航するオーシャントランスは、新船の客室をすべて個室とカプセル型のベッドで構成した。障害者対応の個室なども設けた。豪華客船によるクルーズは人気が高まっており、各社は手頃な料金で1泊から乗船できることをアピールし、利用客増につなげたい考えだ。

経営指標

外航クルーズ業の指標は見当たらないので、ここでは参考として、TKC経営指標（平成29年版）より、「他に分類されない娯楽業」の数値を掲げる。

TKC経営指標 （変動損益計算書）	全企業　70件	
	平均額（千円）	前年比（%）
売上高	135,687	98.0
変動費	57,615	91.0
仕入高	55,377	90.9
外注加工費	2,484	106.3
その他の変動費	56	54.4
限界利益	78,072	103.8
固定費	77,780	104.3
人件費	40,120	104.3
減価償却費	4,807	127.1
租税公課	1,466	102.7
地代家賃・賃借料	5,374	102.3
支払利息・割引料	800	97.0
その他	25,210	101.5
経常利益	292	46.9
平均従事員数	13.4名	

今後の課題／将来性

◉将来性

訪日客の誘致に向けた大型クルーズ船の拠点整備が動き出した。アジアを中心にクルーズ客の呼び込みが活発化する。クルーズ観光は1週間を超えるツアーも多く、寄港先での経済効果は大きい。クルーズ旅行は高額で日数もかかるため、敬遠する人は多い。手頃な価格で乗船できるプランなどを用意し、広くアピールする必要がある。

《関連団体》　一般社団法人日本外航客船協会
　　東京都千代田区平河町2－6－4　海運ビル
　　TEL　03（5275）3710

●サービス業● (旅行)

ホテル

最近の業界動向

●東京・大阪のホテル稼働率上昇に天井感

東京と大阪のホテルの客室稼働率が、平成28年当初には上昇の機運を見たものの、年間を通しては緩和が見られた。日本経済新聞社の資料によると、平成28年の東京都内の主要18ホテルの平均客室稼働率は、83.0％と前年比1.5ポイント低下した。18ホテル中13ホテルが前年の水準を下回っている。パレスホテル東京の場合、客単価を年平均で5,000円程度引き上げて、客層を絞ることでホテル全体の快適性とサービスの質向上の戦略を取ったが、その結果、高い料金でも泊まる欧米ビジネス客を取り込むことには成功したが、客室稼働率は83.2％と0.7ポイント下降した。都道府県中、最も客室稼働率が高いとされる大阪市内の主要12ホテルの平均稼働率も89.1％と前年比1.3ポイント低下し、前年割は5年ぶりであった。平成28年の東京・大阪の客室稼働率は、全国平均から見れば80％を超すなど水準は高いが、主要ホテルの強気の価格設定への宿泊客の敬遠、ビジネスホテルの新設ラッシュ、民泊の増加などが要因で、国内外の観光客が格安ホテルに流れている傾向にあり、主要ホテルの稼働率上昇に一服感が見られる状況といえる。

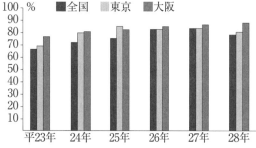

シティホテル稼働率推移（全国・東京・大阪）

(出所) 観光庁「宿泊旅行統計調査」（平成28年確定値）

●外国人観光客の増加

平成28年に訪日した外国人観光客は、日本政府観光局（JNTO）によると、過去最高の2,403万9千人に上り、政府目標（観光立国推進基本計画）の「2020年に2,000万人」をはるかに超えた。クルーズ船寄港数の増加や航空路線の拡充、ビザの緩和による訪日旅行プロモーションの促進、消費税免税制度の拡充等が、主な増加の要因とされている。ホテルでは、団体パッケージに代わってFTT（個人旅行客）化が進み、ビジネスホテルの施設拡張ブームなどにあって、いかに良質のインバウンド客を取り込むかの戦略が問われている。

●外国人客への対策強化

外国人観光客の増加や五輪開催を控えて、都市部ではさらなる改築・改修が相次いでいる。昭和37年の開業以来、52年間営業してきた東京のホテルオークラ本館は平成27年8月に閉館し、平成31年春に新本館を開業する。地上38階、地下6階にホテル、美術館（大倉集古館）、オフィスが入り、ホテル客室数は約550室、日本の伝統美を継承しつつ、設備面では最新の機能を装備する。一方、独自色を打ち出すホテルも多い。ホテルメトロポリタン東京池袋では海外の観光客向けに、「少年ジャンプ」の作品（ドラゴンボール、NARUTOなど）の世界で遊べるテーマパーク「J-World東京」や「ポケモンセンター」などサブカルチャが楽しめる近隣施設を持つ地域性のPRで特色を出している。

マーケットデータ

●ホテルの軒数、客室数の増加

厚生労働省「衛生行政報告例」によると、平成28年3月末時点の全国ホテル軒数は9,967軒で、前年より88軒（0.9％）増加した。客室数は1万1,744室増の84万6,332室で、同1.4％増加した。ただ、1軒当たりの平均客室数は84.9室と微増で前年とほぼ変わらない。ホテル軒数、ホテル客室の増加は、先のインバウンド増加の影響を見ることができる。

ホテル数・客室数等の推移

区分 年月	軒数（軒）	客室数（室）	1件当たり平均客室（室）
平24年3月末	9,863	814,355	82.7
25年3月末	9,796	814,984	83.2
26年3月末	9,809	827,211	84.3
27年3月末	9,879	834,588	84.5
28年3月末	9,967	846,332	84.9

(出所) 厚生労働省

●国内ホテルのシェア

日本経済新聞社の推計によると、国内ホテルの平成28年の売上高は2兆6,405億円で、前年比3.0％増である。主なホテルの売上高シェアは次の通り。

国内ホテル売上高シェア（平成28年度）

社　名	売上高 （億円）	シェア （％）	前年比 増減
プリンスホテル	1,801	14.3	0.4
東急ホテルズ	1,029	8.2	0.1
ホテルオークラ	686	5.4	▲0.3
ニュー・オータニ	673	5.3	0.0
阪急・阪神グループ	673	5.3	0.1
そ　の　他	1,829	78.6	—

（注）ホテルオークラ本館は平成27年8月に閉館、平成31年春に新本館を開業
（出所）日本経済新聞社

業界の特性

●施設数と従業者数

厚生労働省の資料によると、平成28年3月末現在、「旅館業」は7万8,519施設で、前年度に比べ379施設（0.5％）減少している。このうち、「ホテル営業」は9,967施設で、88施設（0.9％）増加している。なお、参考として「平成28年経済センサス－活動調査（速報）」によると、宿泊業・飲食サービス業の事業所数は70万1,241所、従業者数は546万685人となっている。

●ネットによる宿泊予約

ホテル各社は自社のホームページでも予約サイトを開設しているが、業界ではインターネットによる「ネット宿泊予約」が通常化している。trivago（トリバゴ）、楽天トラベル、一休、ジャランや団体旅行の阪急トラピスト、クラブツーリズムなどの宿泊予約サイトに登録している。また、JRその他の旅行業者と提携して、集客を図っている。

ノウハウ

●独自のコンセプトを持つホテル計画

無印料品の国内初のホテルMUJI HOTEL（仮称）が、平成31年春に東京・銀座にオープンする計画だ。読売新聞東京本社と三井不動産が推進する「マロニエ×並木 読売銀座プロジェクト」の商業施設の複合ビルにテナントとして入居するもの。ビルは地下3階、地上10階建て。6階一部から10階がホテルとなり、良品計画がコンセプトや内装

デザインを監修し、無印良品の家具やアメニティグッズを備える。ホテルの設計・運営は小田急グループのUDSが行う。今後もこうした他業界から参入するホテルが増加するだろう。また、既存のホテルも他業界と提携しての個性づくりが想定される。

経営指標

ここでは参考として、TKC経営指標（平成29年版）より、「旅館・ホテル」の数値を掲げる。

TKC経営指標 （変動損益計算書）	全企業　563件	
	平均額（千円）	前年比（％）
売上高	178,293	98.9
変動費	37,861	99.1
仕入高	37,137	98.9
外注加工費	388	107.4
その他の変動費	290	101.7
限界利益	140,431	98.9
固定費	136,259	100.2
人件費	58,082	100.8
減価償却費	11,587	98.6
租税公課	3,876	98.1
地代家賃・賃借料	6,027	102.3
支払利息・割引料	3,550	93.4
その他	53,129	100.3
経常利益	4,172	69.1
平均従事員数	22.3名	

今後の課題／将来性

●課題

話題になった「爆買い」も影を潜め、かつて急激な上昇を見せたインバウンド現象も今は緩和し、追い風に乗って増収を果たしてきたホテルの客室稼働率の高騰も一段落した感がある。それでも平成32年の東京五輪を頂点として、インバウンドは順調に伸長し、ホテル需要は好調と予想される。しかし、ホテル業界の高成果を牽引して来たのは都市部を中心とする全体の約半数のホテルで、全国的には微増また横這いの例も見られる。今後はさらなる快適な施設と応対サービスの充実とともに、独自に創意工夫の対策を講じて、国内外客ともにリピーター客を創出していく取り組みが肝要である。

《関連団体》　日本ホテル協会
　　東京都千代田区大手町2－2－1
　　TEL　03（3279）2706

●サービス業● （旅行）

ビジネスホテル

最近の業界動向

●平成28年の客室稼働率は74.4%

観光庁「宿泊旅行統計調査」によると、平成28年の延宿泊者数は4億9,242万5,160人で、そのうち、ビジネスホテルの延宿泊者数は前年比1.3%減の2億849万4,670人であった。日本政府観光局によると、平成28年の外国人観光客数は前年比21.8%増で、平成29年に入っても動向は変わらない。観光庁の調査では、平成28年の訪日外国人の旅行消費額は3兆7,476億円（前年比7.8%増）、1人当たりの旅行支出額は15万5,896円（前年比11.5%減）とされ、平成28年の訪日外国人のビジネスホテル宿泊客数は延2,506万9,240人で、宿泊施設にもたらす効果も高い。各ビジネスホテルでは、訪日外国人客を受け入れる態勢とともに、日本人旅行客にも満足される施設の充実を図っている。

宿泊施設別訪日外国人延宿泊数（人）

施　　設	平27年	平28年	前年比
旅館	7,292,090	7,784,930	0.6
リゾートホテル	8,801,120	9,306,430	0.5
ビジネスホテル	22,850,960	25,069,240	0.9
シティホテル	24,548,690	24,965,000	0.2
簡易宿泊所	1,778,770	2,033,430	0.1
会社・団体の宿泊所	329,800	229,910	▲0.3

（出所）観光庁

●訪日外国人向け会員サービス

ワシントンホテルなどを展開する藤田観光は、訪日外国人向けの会員サービスを始めた。会員になると、1ポイント1円換算で、1.5倍の金額としてホテルの支払いに使えるポイントを付与する。専用サイトや宿泊時に申し込める。訪日客限定だが、チェックインの際に申し出れば、チェックアウトの時間が無料で1時間まで延長できる。訪日客の間ではワシントンホテルの知名度が低く、ブランド認知度を高める取り組みを進め、リピート客の獲得にもつなげていく。

●宿泊に特化したホテル事業の展開

西武ホールディングスは、客室単価を1万円前後に抑えた宿泊に特化したホテル事業を展開する。2019年度を目途に開業し、今後10年内に100カ所の開業を目指す。訪日外国人の増加でホテル需要が高まり、宿泊料金が高騰している。値ごろ感のある料金で、中間所得者層など新たな顧客の開拓を図る。

マーケットデータ

●ビジネスホテルの客室稼働率

観光庁「宿泊旅行統計調査」によると、平成29年半期（1～6月）のビジネスホテルの平均客室稼働率は73.5%で、平成28年同期の平均客室稼働率の72.3%に対して0.2%増である。平成26年（4～6月期）から連続して70%を超え、高い稼働率を維持している。平成29年6月に客室稼働率が80%を超えた都道府県は4カ所で、特に大阪府のビジネスホテルの場合は82.7%、東京都は82.4%となっている。

ビジネスホテルの平均客室稼働率（単位：%）

年・月	稼働率	年・月	稼働率
平27年1～3月	73.7	平28年4～6月	72.7
4～6月	73.2	7～9月	77.2
7～9月	77.6	10～12月	75.7
10～12月	70.1	29年1～3月	72.7
28年1～3月	71.8	4～6月	74.3

（出所）観光庁

●大手ビジネスホテルの売上高の推移

宿泊客の増加、高い客室稼働率によって、ビジネスホテルの売上高も増加している。大手ビジネスホテルの売上高推移は次の通りである。

大手ビジネスホテルチェーンの売上高（単位：百万円）

社　名	平27／3	平28／3	平29／3
東　横　イ　ン	70,005	80,141	81,970
スーパーホテル	24,865	29,037	30,871
ワシントンホテル	20,027	21,007	32,954

（出所）各社決算資料

業界の特性

●ビジネスホテル数

ビジネスホテルが加盟している全日本シティホテル連盟（JCHA）のデータによると、平成27年3月日末現在197ホテルが加盟している。総客室

— 100 —

数は3万896室、収容人員は4万5,165人となっている。

JCNA加盟ホテル数と総客室数、収容人員など

支 部		ホテル数	客室数(室)		総客室数(室)	収容人員(人)
			洋室	和室		
北 海 道		7	591	57	648	1,011
東 北		14	1,090	20	1,110	1,304
関東	東京都	47	9,326	80	9,406	13,661
	その他	19	2,766	21	2,787	3,901
	合計	66	14,858	101	12,193	17,562
甲 信 越		25	3,258	20	3,278	4,342
中 部		16	1,765	37	1,802	2,833
近 畿		28	7,169	51	7,220	11,490
中国四国		20	2,319	33	2,362	2,817
九 州		11	2,278	5	2,283	3,806
合 計		197	30,572	324	30,896	45,165

(出所)全日本シティホテル連盟

●**ビジネスホテルのタイプと高級化**

シティホテルとビジネスホテルという分け方は日本独自のもので、法的な定義はない。従来は、レストランや宴会場を併設するホテルがシティホテルとされ、部屋数は15㎡以上。レストラン・宴会場を持たないホテルがビジネスホテルとされ、部屋数は平均13.5㎡、と区別されている。ビジネスホテルは旅館業法に基づく施設で、宿泊業務に特化していて、客室以外の付帯施設・人件費を最小限に留める代わりに、低料金で利用できる。客室は1人部屋(シングル)がメインで、出張など社用で宿泊する人を主な対象としていて、市街地の主要駅付近、繁華街、オフィス街など交通の利便性の高い地域に立地している。平成28年9月に開業した三井ガーデンホテルズ京橋(地上15階、客室233室)は、デラックスツインやスーペリアツインなど35㎡以上の客室が多い。低料金のホテルと高級路線の二極化の傾向は今後いっそう鮮明になるだろう。

ノウハウ

●**アプリで予約、スピードチェックイン**

アパホテルは平成29年4月1日、「アパアプリ」で予約やチェックインがスピーディーにできる会員証サービスを開始した。アプリをかざすだけで簡単にチェックインでき、ポイントも付与される。また、全国アパホテル巡りスタンプラリーというキャンペーンも展開している。

●**ユニバーサルデザインへの取り組み**

障害のある人にも快適に宿泊してもらうための設備を整備するホテルが増えている。東横インでは、全国のほとんどの施設が「ハートフルルーム」を備えている。浴室とトイレ、洗面所が広めに設計され、一般客も宿泊できるが、障害のある人が優先的に宿泊できる。ネットでの予約には、それぞれ「ハートフルマーク」が各ホテルに示されている。同ホテルではスタッフが車椅子の人の手助け、客室のカーテンの開け閉めの手伝い、宿泊カードの記入などを行う。今後はどのビジネスホテルにもユニバーサルデザインンの普及が予想される。

経営指標

ここでは参考として、TKC経営指標(平成29年版)より、「旅館・ホテル」の数値を掲げる。

TKC経営指標(変動損益計算書)	全企業 563件	
	平均額(千円)	前年比(%)
売上高	178,293	98.9
変動費	37,861	99.1
仕入高	37,137	98.9
外注加工費	388	107.4
その他の変動費	290	101.7
限界利益	140,431	98.9
固定費	136,259	100.2
人件費	58,082	100.8
減価償却費	11,587	98.6
租税公課	3,876	98.1
地代家賃・賃借料	6,027	102.3
支払利息・割引料	3,550	93.4
その他	53,129	100.3
経常利益	4,172	69.1
平均従事員数	22.3名	

今後の課題／将来性

●**課題**

ビジネスホテルでは、観光客や訪日外国人の比率が高くなるにつれて、ベッドやバスルーム、加湿空気清浄機などシティホテル並みの客室や、大浴場などの付帯設備の充実が要求され、設備・サービス充実型の差異化が課題となっている。

《関連団体》 一般社団法人全日本シティホテル連盟
　　東京都品川区西五反田2－12－19
　　　五反田NNビル2F
　　TEL 03(6672)6960

●サービス業● （旅行）

カプセルホテル

最近の業界動向

●カプセルホテルの利用者が広がる

カプセルホテルの利用者が、若い世代や外国人旅行者にも広がっている。おしゃれで快適な空間として外国人にも人気となり、女性専用や共有施設も充実している。サラリーマンの利用が多かったカプセルホテルは進化している。

●JR西日本がカプセルホテルを展開

JR西日本は平成29年1月、割安ホテルを運営するファーストキャビンと共同出資した会社「JR西日本ファーストキャビン」を設立した。JR西日本の施設内にカプセルホテルを展開する。訪日外国人や出張客などの利用を見込んでいる。一方、JR東日本は通行廃止となった寝台特急「北斗星」を再利用した「Train Hostel」を開業している。カプセルホテルと異なる業態だが、法律上では同様の簡易宿泊所のカテゴリーで、訪日外国人の需要を想定している。

●銀座の景観を保持するための独自規制

東京都中央区は銀座地区で、カプセルホテルなどの割安宿泊所の新規開業を規制する。地元商店街の景観保持や風格を懸念する声が相次いだため、区独自の基準を設ける。カプセルホテルは「簡易宿所」であり、施設全体の客室面積33平方メートル以上などの最低基準を求める法令がある。中央区は、定員3人の客室面積は20平方メートル以上を確保し、定員が1人増えるごとに5.3平方メートル広げる必要があると、地区計画や条例を変更する。また、施設のロビーについても規制を設ける。地区計画は平成29年7月をめどに変更する。

マーケットデータ

●施設数

カプセルホテルは、簡易宿所営業（宿泊する場所を多数の人で共用する構造・施設を設けて行う営業）に属する。カプセルホテル単独の統計はないが、簡易宿所の施設数を示す。厚生労働省「衛生行政報告例」によると、平成28年3月末の簡易宿所数は次の通り。前年同月に比べ、3.1％増の2万7,169施設となっている。

旅館数、簡易宿泊営業施設数の推移 （単位：施設）

区分年	旅館数	簡易宿泊所数
平23年3月末	46,906	23,719
24年3月末	46,196	24,506
25年3月末	44,744	25,071
26年3月末	43,363	25,560
27年3月末	41,899	26,349
28年3月末	40,661	27,169

（出所）厚生労働省「衛生行政報告例」

●国内観光・行楽の市場規模

カプセルホテル単独の市場規模のデータは見当たらない。日本生産性本部「レジャー白書2017」によると、国内観光・行楽の市場規模は次の通り。

国内観光・行楽の市場規模 （単位：億円）

年　　次	平25	平26	平27	平28
国内観光・行楽	64,650	67,560	70,040	70,810
旅　　館	13,950	14,200	14,430	14,600
ホ　テ　ル	10,820	12,010	12,840	13,160
ペンション・民宿	750	750	760	740

（出所）「レジャー白書2017」

●サウナの参加人口、年間平均費用等

サウナを併設するカプセルホテルが多いため、サウナの参加人口、年間平均費用を示す。日本生産性本部「レジャー白書2017」によると、サウナの参加人口は前年比26.4％減の780万人であった。一方、年間平均活動回数、年間平均費用は増加している。

サウナの参加人口、年間平均費用等

項　　目	平27年	平28年
参　加　人　口（万人）	1,060	780
参　加　率（％）	10.5	7.7
年間平均活動回数（回）	12.3	16.3
年間平均費用（千円）	9.7	11.4

（出所）「レジャー白書2017」

●ファーストキャビンの売上高

カプセルホテル運営のファーストキャビンの売上高の推移は次の通り。平成28年3月期（決算期変更のため6カ月間の決算）の売上高は6億7,879万円となっている。平成28年8月現在で展開して

いる8施設のうち、直営が3店舗、フランチャイズが3店舗、運営委託が2店舗となっている。

ファーストキャビンの売上高（単位：千円）

項　　目	平26・9月期	平27・9月期	平28・3月期
売　上　高	443,827	909,720	678,798
営　業　利　益	29,541	77,133	20,484
経　常　利　益	23,666	72,353	18,415
施　設　数	5施設	6施設	8施設

（出所）決算資料

業界の特性

●日本サウナ・スパ協会の加盟店数

カプセルホテルの多くがサウナを併設している。サウナ営業者の団体である日本サウナ・スパ協会に加盟する加盟店数78店舗である。このうち、カプセルホテルの施設がある店舗は次の通り。

地域別	店舗数	地域別	店舗数	地域別	店舗数
埼　玉	2	愛　知	5	兵　庫	1
千　葉	2	岐　阜	1	岡　山	1
東　京	9	京　都	1	広　島	3
神奈川	3	大　阪	7	福　岡	1
				合　計	36

（出所）日本サウナ・スパ協会

●顧客層

カプセルホテルは、若者層や訪日外国人などにも利用が広がっている。女性専用のカプセルホテルも登場し、英語での対応なども行っている。平成28年4月に開業した「ナデシコ　ホテル　シブヤ」は、女性専用のカプセルホテルで、6色の浴衣が用意されている。浴衣のままホテル内を歩くことができ、素泊まりで6,000円からだ。最近では、共有スペースも充実し、カフェバーやレストランなども併設されている。新型カプセルホテルは、プライベートスペースと共有スペースを使い分けながら過ごせる場として人気が高い。

●料金設定

料金は、通常のビジネスホテルの半額程度といわれるが、立地や平日、土日別などで料金に格差がある。東京都心部では3,000～6,000円、東京郊外や大阪・名古屋地区では3,000～4,000円程度が一般的である。

●旅行業法

旅館業にはホテル営業、旅館営業、簡易宿所営業、下宿営業の4種があり、カプセルホテルは簡易宿所営業で、多人数で共用する構造及び施設を設けて営業する施設である。ほかに、ペンションや民宿、山小屋やスキー小屋、ユースホステルが該当する。

ノウハウ

●女性専用フロアにカプセルルームを導入

神戸サウナ＆スパは平成28年12月、女性専用フロアにカプセルルームを導入した。最新設備を導入し、利用者のみ入室可能なセキュリティシステムやテンピュール枕と羽根布団、アメニティーグッズも充実させた。また、パブリックスペースを増やして質を高め、サウナや天然温泉、ボディケアなどスパならではのサービスはそのまま維持した。館内でつながっているフィットネスジムも改装中で、より質の高い施設を目指している。

経営指標

ここでは参考として、TKC経営指標（平成29年版）より、「簡易宿所」の数値を掲げる。

TKC経営指標 （変動損益計算書）	全企業　20件	
	平均額（千円）	前年比（％）
売上高	38,565	106.5
変動費	3,046	103.3
仕入高	3,059	106.3
外注加工費	—	—
その他の変動費	—	—
限界利益	35,518	106.8
固定費	32,603	101.2
人件費	16,350	100.3
減価償却費	2,276	99.1
租税公課	1,128	116.1
地代家賃・賃借料	4,026	100.7
支払利息・割引料	211	84.1
その他	8,611	102.4
経常利益	2,914	280.2
平均従事員数	7.2名	

今後の課題／将来性

●課題

カプセルホテルは、外観だけでなく内装も快適に過ごせるように整えられてきた。しかし、簡易宿所のため、ロビーの設置が義務付けられていない。室内も狭いため、宿泊客が施設の外で騒ぐといった懸念もあるため、各地の事情を考慮した運営が求められる。

●サービス業●（旅行）

リゾートホテル

最近の業界動向

●リゾートホテルの実宿泊者数は2.5％増

観光庁「宿泊旅行統計調査」によると、平成28年のリゾートホテルの実宿泊者数は6,905万9,060人で、前年の5,510万7,290人に比べて2.5％増である。平成27年の前年比5.4％の増加に比べて微増であったが、平成26年が2.1％の減少であったのに対して、引き続き回復傾向にある。国内全体の宿泊者数の伸びや、リゾートホテルのリニューアルなど設備向上による富裕層の獲得などが要因である。また、平成27年の訪日外国人のリゾートホテルの実宿泊数は659万7,570人で、前年の634万4,500人に対し3.9％の増加となっている。しかし、前年が50.8％の大幅増であったのに比べれば、伸び率は極めて低い。ただ、今後も宿泊客数増加を期待して、リゾートホテル各社は外国人観光客や富裕層をターゲットにした取り込みの強化などを進めている。

実宿泊者数（単位：人）

宿泊施設タイプ	平27年	平28年
実宿泊者数	378,773,130	416,635,120
旅 館	86,761,810	79,179,450
リ ゾ ー ト ホ テ ル	55,107,290	69,059,060
ビ ジ ネ ス ホ テ ル	155,425,060	178,020,080
シ テ ィ ホ テ ル	56,744,300	76,393,710
会社・団体の宿泊所	6,238,240	5,341,240

（注）実宿泊数は簡易宿泊所も含めた数
（出所）観光庁「宿泊旅行統計調査」

●「ウェルカムベビーのお宿」認定を取得

大和ハウスグループの大和リゾートが運営するダイワロイヤルホテルズの「大泉高原八ヶ岳ロイヤルホテル」は、平成29年5月9日にミキハウス子育て総研研究所が認定する、赤ちゃん・子ども連れでも安心して宿泊できる施設「ウェルカムベビーのお宿」に選ばれた。客室単位での認定だが、認定された2室は、赤ちゃんがハイハイしても安全なように土足禁止のじゅうたん敷きになっ

ている。ツインベッドの隙間をなくして子どもが落ちないように工夫したり、玩具や絵本などを置いてアメニティもファミリー向けに変更している。なお、大和リゾートは、全国27カ所のリゾートホテル「ダイワロイヤルホテルズ」を運営しているが、平成29年10月1日、名称を「ダイワロイヤルホテル」に変更し、コーポレートシンボル及びロゴを変更した。地域・ターゲット別にホテルブランドを4つのコンセプトに区分して体制を築くことで、個性のあるホテルを創り、顧客満足度を高めるとともにサービスの向上を図る。

マーケットデータ

●リゾートホテルの定員稼働率

観光庁「宿泊旅行統計調査」によると、平成28年の国内宿泊施設の定員稼働率は次の通り。全体にやや下降している。リゾートホテルの場合も、定員稼働率は前年の40.8％より0.2ポイント下降し44.6％となっている。

定員稼働率（単位：％）

宿泊タイプ別	平26年	平27年	平28年
旅 館	23.0	33.9	23.5
リ ゾ ー ト ホ テ ル	40.8	44.8	44.6
ビ ジ ネ ス ホ テ ル	61.7	68.0	66.7
シ テ ィ ホ テ ル	65.3	68.4	66.8
会社・団体の宿泊所	18.0	29.7	30.2

（注）定員稼働率は一定期間内の宿泊者数を、その期間内の延宿泊定員合計で除した数字（従業員10名以上）
（出所）観光庁「宿泊旅行統計調査」

●会員制リゾートクラブの市場規模

リゾートホテル対象の市場規模のデータは、現状では見当たらない。ここでは、会員制リゾートホテルを利用する会員制リゾートクラブの市場規模で代替えする。日本生産性本部「レジャー白書2017」によると、平成28年の会員制リゾートクラブの市場規模は前年比1.4％増の3,600億円で、5年連続のプラス成長となっている。利用者数が増え、客単価も向上している。最大手のリゾートトラストは、平成28年8月から「ラグーナトラスト倶楽部」の会員権販売を販売したのに続き、平成29年3月に「エクシブ湯河原離宮」、平成30年には「芦屋ベイコート倶楽部」も開業する。会員の高齢化が進み利用回数が減少しているが、ファミリー層の開拓やインバウンドの宿泊客も増えてい

— 104 —

会員制リゾートクラブの市場規模（単位：億円）

年次	市場規模	年次	市場規模
平21年	2,550	平25年	2,860
22年	2,710	26年	3,140
23年	2,640	27年	3,550
24年	2,710	28年	3,600

（出所）「レジャー白書2017」

業界の特性

●リゾートホテルの施設数

観光庁「宿泊旅行統計調査」によると、平成28年12月現在のリゾートホテルの施設数は2,380施設である。都道府県別では、長野県が320で最も多く、次いで静岡県230、沖縄県170、北海道140施設の順位となっている。高級リゾートホテルのランクでは、沖縄県が上位を占める。

●リゾートホテルのタイプ

リゾートホテルには明確な定義はない。観光地や保養地に立地していて、余暇を過ごすための宿泊施設といえる。2食付きが多く、ゴルフ場やスキー場、また、施設専用のビーチを併設する例も見られる。温泉好きの日本の場合は、特に独自の温泉を売り物にしているリゾートホテルが多いのが特徴である。和室や和洋室を設置していて、長期滞在客や団体客が多いのも特徴である。ホテルのタイプとして、都市近郊型のリゾートホテルと地方の景勝地のリゾートホテルに大別できる。

ノウハウ

●新規ホテル事業に参入

飲食店などを運営する際コーポレーションは、長崎県新上五島町、十八銀行、㈱ドーガンとリゾートホテルの建設・運営を目的とした新会社「五島アイランドリゾート」を設立する。十八銀行が出資する「元気な長崎」応援ファンドの投融資支援を受け、新上五島町内に遊休公共施設を活用し、新規ホテル事業に参入する。新上五島町は世界文化遺産候補の「長崎と天草地方の潜伏キリシタン関連遺跡」の構成資産である「頭ヶ島（かしらがしま）の集落」が存在していることから注目を集めている。観光客の増加も見込まれることから新規ホテル事業を開始する。

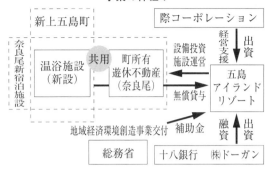

事業の枠組み

経営指標

リゾートホテルを対象とした指標は見当たらないので、ここでは参考として、TKC経営指標（平成29年版）より、「旅館・ホテル」の数値を掲げる。

TKC経営指標 （変動損益計算書）	全企業 563件	
	平均額（千円）	前年比（％）
売上高	178,293	98.9
変動費	37,861	99.1
仕入高	37,137	98.9
外注加工費	388	107.4
その他の変動費	290	101.7
限界利益	140,431	98.9
固定費	136,259	100.2
人件費	58,082	100.8
減価償却費	11,587	98.6
租税公課	3,876	98.1
地代家賃・賃借料	6,027	102.3
支払利息・割引料	3,550	93.4
その他	53,129	100.3
経常利益	4,172	69.1
平均従事員数	22.3名	

今後の課題／将来性

●将来性

有名な観光地だけでなく、余り知られていない地方にも足を運ぶ外国人観光客が増えている。これを受け、自治体やリゾートホテル各社は風土や歴史等の特性を生かしてインバウンド対策を強化している。また、全天候型・通年型施設にリニューアルするなど、施設の改修を進めている。多様化するニーズに合わせたリニューアルが広がっている。

《関連団体》　一般社団法人日本ホテル協会
　東京都千代田区大手町2－2－1
　TEL　03（3279）2706

●サービス業● （旅行）

旅　館

最近の業界動向

●市場規模は前年比1.2％増の１兆4,600億円

　観光庁の宿泊旅行統計調査（平成28年）によると、国内の延べ宿泊者数（全体）は４億9,249万人泊（前年比2.3％減）と、ここ数年来の急速な上昇傾向から見ればやや下降した。日本人の延べ宿泊者数は４億2,310万人（前年比3.5％減）で、観光庁では、ゴールデンウイーク・シルバーウイークの日並びの悪さ、熊本地震や台風などの影響による減少とみている。一方、訪日外国人は6,939万人（前年比5.8％増）で、平成19年の調査開始以来の最高値となった。日本生産性本部「レジャー白書2017」によると、旅館の市場規模は前年比1.2％増の１兆4,600億円である。ただし、ホテルの2.5％増（１兆3,160億円）に比較すれば、伸び率は低い。

●バリアフリー化の推進

　国土交通省は、ホテルや旅館などの宿泊施設のバリアフリー推進に向け、全客室を対象にした設計指針を改定した。新指針では、車いすで室内を移動しやすくするため、部屋の通路幅を１メートル以上とし、回転用スペースの設置を明記。部屋や浴室・トイレ入り口では段差をなくし、幅80センチ以上を確保することとしている。また、視覚障害者向けに部屋の客室番号を浮き彫りにすること、聴覚障害者のために字幕放送に対応したテレビの導入などを求めている。

●ITベンチャーのリバティが旅館の運営事業に参入

　ITベンチャーのリバティは、旅館の運営事業に参入する。平成29年４月から、民事再生法の適用を申請した静岡県の老舗旅館「天城荘」の経営に参画する。買収額は１億円前後とみられ、従業員は継続して雇用する。名称は「天城荘」から「りばてぃリゾ・音（おと）」に変更し、ネット宿泊予約サイトを活用して、季節別に宿泊プランを用意するなどして集客を図る。

●透析治療が必要な患者や家族の宿泊を受け入れ

　鬼怒川・川治温泉旅館協同組合は、平成29年４月から腎臓病で透析治療が必要な患者やその家族などの宿泊を受け入れる。透析治療は週３回ほど通院が必要なため、治療設備がない場所での長期滞在は難しいが、温泉近くの独協医科大学病院で透析を受けながら連泊もできる。独協医科大学が独協医科大学日光医療センターと連携し、透析患者を受け入れる仕組みを作った。鬼怒川・川治温泉旅館協同組合に加盟する10施設が宿泊プランを販売する。

●高級旅館「ふふ」

　ホテルなどを運営するカトープレジャーグループは、高級旅館「ふふ」を2020年までに６カ所に増やす。ターゲットは富裕層で、平成30年10月にオープンする「河口湖ふふ」は、１泊２食付きで１室８～10万円程度を想定している。高級旅館は個人経営が多いが、カトープレジャーグループは拠点数を増やして認知度を高めていく。

マーケットデータ

●旅館の年間１室当たり総売上高・客１人当たり総売上高

　日本旅館協会（3,200軒加盟）の「平成28年度営業状況等統計調査（平成27年度財務諸表等）」によると、平成27年度の年間１室当たり総売上高の平均は前年度比10.0％増の1,243万円、客１人当たりの総売上高の平均は同6.9％増の２万274円であった。

年間１室当たり総売上高・客１人当たり総売上高

地　域	年間１室当たり売上高（万円）		1日平均客１人当たり総売上高（円）	
	平成26年度	平成27年度	平成26年度	平成27年度
北 海 道	896	667	16,111	13,247
東　　北	1,042	1,049	18,794	20,417
関　　東	1,205	1,140	17,788	18,959
北陸信越	965	1,349	17,383	21,308
中　　部	1,435	1,507	19,887	21,529
関　　西	1,491	1,636	22,850	22,832
中　　国	1,215	1,115	21,367	18,261
四　　国	971	1,388	18,367	23,002
九　　州	852	1,073	17,512	18,862
全　　国	1,130	1,243	18,959	20,274

（出所）日本旅館協会「主要観光地営業概況調査」

●市場規模の推移

　日本生産性本部「レジャー白書2017」によると、

旅館の市場規模推移は次の通り。

旅館の市場規模推移（単位：億円）

年次	市場規模	年次	市場規模
平19年	18,730	平24年	13,990
20年	17,610	25年	13,950
21年	15,850	26年	14,200
22年	14,570	27年	14,430
23年	14,250	28年	14,600

（出所）「レジャー白書2017」

業界の特性

●施設と規模

　厚生労働省の資料によると、平成28年3月末現在の旅館数は4万661軒、客室数は70万1,656室である。また、1軒当たりの平均客室数は17.3室で、前年から0.1室増加した。

施設数・客室数の推移

年　月	軒数（軒）	客室数（室）	1軒当たり平均客室数（室）
平24年3月末	46,196	761,448	16.5
25年3月末	44,744	740,977	16.6
26年3月末	43,363	735,271	16.9
27年3月末	41,899	720,663	17.2
28年3月末	40,661	701,656	17.3

（出所）厚生労働省「衛生行政報告例」

●経営規模の拡大

　旅館の営業は厚生労働省の「旅館業法」によって、都道府県知事の許可が必要条件である。旅館は日本旅館とも言い、通常は和室の構造と設備を主とする宿泊施設のことである。旅館の種類は観光・行楽利用主体の温泉旅館や観光旅館、割烹旅館（料理旅館）などのほかに、都市部にあるビジネス・修学旅行利用の駅前旅館などがあり、大・中規模の施設から個人・家族的な小規模経営までと幅広い。小規模旅館が減少する一方、経営規模の大きな旅館は効率化によって収益を高めている。

●旅館・商品の特性

　旅館の運営は、都道府県の条例で定める換気、採光、照明、防湿、清潔等の基準に沿っていなければならない。宿泊施設として、上記のハード面の安全性、清潔性、快適性、また飲食では衛生、郷土性とともに、人的サービスで宿泊客に満足感を提供するソフト面の充実も不可欠だ。増加している訪日外国人対しても同様の対応が重要であることは言うまでもない。

ノウハウ

●体験型を望む外国人観光客への対応

　訪日外国人の増加に伴い、日本ならではの体験を求める傾向が強まっている。温泉入浴は人気が高く、豊岡市の城崎温泉では、外国人宿泊者数が4万人を超えている。外国人観光客向けに兵庫県がPRしている「食べて、見て、くつろぐ周遊コース・ひょうごゴールデンルート（神戸〜姫路〜城崎）」や、豊岡市が英語・フランス語の宿泊サイトを作成するなど、官民一体のキャンペーンが功を奏したとみられる。無料の抹茶体験や浴衣と下駄履き姿で木造のレトロな温泉街散歩などができる。

経営指標

　ここでは参考として、TKC経営指標（平成29年版）より、「旅館・ホテル業」の数値を掲げる。

TKC経営指標（変動損益計算書）	全企業　563件	
	平均額（千円）	前年比（％）
売上高	178,293	98.9
変動費	37,861	99.1
仕入高	37,137	98.9
外注加工費	388	107.4
その他の変動費	290	101.7
限界利益	140,431	98.9
固定費	136,259	100.2
人件費	58,082	100.8
減価償却費	11,587	98.6
租税公課	3,876	98.1
地代家賃・賃借料	6,027	102.3
支払利息・割引料	3,550	93.4
その他	53,129	100.3
経常利益	4,172	69.1
平均従事員数	22.3名	

今後の課題／将来性

●課題

　訪日外国人の増加に伴い、人材確保に悩む宿泊施設は多い。特に、旅館は女性従業員への依存度が高く、子育てしながら働ける職場の環境づくりや、託児所設置などが不可欠だ。また、従業員の定着率の低さも課題で、定着率向上に向けた待遇改善も急務である。

《関連団体》　全国旅館ホテル生活衛生同業組合連合会
　　東京都千代田区平河町2−5−5
　　TEL　03（3263）4428

●サービス業●（旅行）

温泉旅館

最近の業界動向

●温泉施設数は減少、宿泊利用者数は増加

　温泉施設（温泉のある旅館や日帰り入浴施設）の数が減っている。環境省の資料によると、温泉地数は平成27年度で3,084カ所となり、前年度比2.3％減少した。平成25年11月に施行された「改正耐震改修促進法」への対応で、旧耐震基準で建てられた旅館が廃業を余儀なくされるケースがある。一方、利用客数は平成25年度から増加し、平成27年度の延べ宿泊利用人員は、平成26年度の1億2,801万人から3.2％増加して1億3,206万人となった。利用客数の増加要因は、宿泊施設の高級化や独自の個性を打ち出す販売戦略が功を奏している。また、外国人観光客の増加などが要因となっている。

●「湯治」の効用を広める取り組み

　温泉地では「湯治」の効用を広める取り組みが行われている。鍼灸や薬膳料理の提供など、湯治の役割としての温泉を前面に出して宿泊客の取り込みを図っている。地元の病院と連携し、脳検査や理学療法士による運動指導、栄養士による栄養指導などのメニューを組み込んだり、温泉と鍼灸、薬膳料理を組み合わせたプランなど、新たな視点から見直し、宿泊客を呼び込む。

●北陸の温泉旅館が積極的な設備投資

　2022年の北陸新幹線敦賀延伸を見据え、沿線のあわら温泉や山城温泉の旅館が設備投資を積極的に行っている。大浴場や客室などの新設・改修を行い、サービスを向上させて集客を図る。また、外国人客も増えているため、朝食はバイキング形式で提供し、ベッドの部屋も増やす。

●「やまなみハイウェイ観光連絡協議会」が設立

　大分県の由布院温泉や熊本県の黒川温泉は、観光振興で提携し、「やまなみハイウェイ観光連絡協議会」が設立された。平成28年4月の熊本地震で被害を受けた同ハイウェイ沿いの温泉が観光ス

ケジュールを共有する。平成29年4月1日から、「やまなみ訪遊（for you）宣言」を示し、大分の由布院、湯平、塚原高原や熊本の黒川、阿蘇などの温泉地が、各地のイベント情報などを共有して広域観光につなげていく。同協議会には、大分県の由布市や九重町、竹田市の観光協会や自治体、熊本県の小国町や南小国町、阿蘇市など20を超す団体が集まった。

●秩父地域のツアーを開催して欧米客の増加につなげる

　西武鉄道と秩父地域おもてなし観光公社は、平成29年11月28〜29日にフランスのメディアや旅行会社の関係者などを招き、秩父地域のツアーを催した。フランスからの観光客の増加につなげるため、ツアーを通じてウェブサイトや雑誌、新聞などで秩父地域の魅力を発信してもらう。川下り体験や、フランスと秩父地域のつながりを紹介するプログラムも盛り込んだ。西武鉄道は平成27年から、台湾やタイのメディアに秩父を紹介するツアーを開いているが、欧米を対象にしたツアーは初めてで、アジア中心の観光客から欧米客の増加につなげたい考えだ。

マーケットデータ

●旅館の市場規模は増加傾向

　日本生産性本部「レジャー白書2017」によると、温泉旅館が含まれる旅館の市場規模は平成28年で1兆4,600億円となり、前年の1兆4,430億円と比べて1.2％の増加である。旅館市場は平成25年まで長期低迷が続いていたが、平成26年からは復調傾向が見られ、ほぼ平成22年の水準に回復している。

旅館（温泉旅館を含む）の市場規模（単位：億円）

年次	市場規模	年次	市場規模
平21年	15,850	平25年	13,950
22年	14,570	26年	14,200
23年	14,250	27年	14,430
24年	13,990	28年	14,600

（出所）日本生産性本部「レジャー白書2017」

●温泉利用状況

　環境省自然環境局の「温泉利用状況」によると、全国の温泉地数、宿泊施設、収容定員数、温泉利用者数の推移は次表の通りである。温泉地の数

— 108 —

は、平成28年3月末現在で3,084カ所ある。都道府県で最も多いのは北海道の245カ所、次いで長野県の224カ所、新潟県153カ所、青森県133カ所、福島県132カ所と続いている。宿泊施設数は、平成28年3月末現在で前年同期比1.3％減の1万3,108軒となっている。温泉利用者数は平成28年3月末現在で前年同期比3.2％増の1億3,206万4,000人となっている。温泉利用者数は増加傾向が続いているが、宿泊施設数、収容定員数は減少傾向が続いている。

温泉利用状況の推移

項　　目	平25年度	平26年度	平27年度
温泉地数	3,098	3,158	3,084
宿泊施設数	13,358	13,277	13,108
収容定員数（千人）	1,377	1,377	1,371
温泉利用者数（千人）	126,422	128,012	132,064

（出所）環境省自然環境局「温泉利用状況」

業界の特性

●旅館数は減少

厚生労働省「衛生行政報告例」によると、平成29年3月末現在の旅館（温泉旅館を含む）軒数は、平成28年3月末の4万661軒に比べ2.9％減の3万9,489軒となっている。経営者の高齢化や経営悪化などの理由で廃業に追い込まれる旅館は多く、旅館数は温泉旅館と同様に減少傾向にある。旅館業の施設数の推移は次の通り。

旅館業の施設数の推移

年　　度	平25	平26	平27	平28
旅館業	79,519	78,898	78,519	79,842
旅館営業	43,363	41,899	40,661	39,489
ホテル営業	9,809	9,879	9,967	10,101
簡易宿泊営業	25,560	26,349	27,169	29,559
下宿営業	787	771	722	693

（出所）厚生労働省「衛生行政報告例」

●宿泊料金プランは多様化

温泉旅館の宿泊料金は1泊2食付きの基本料金に、サービス料を加えたものが一般的である。しかし、近年の宿泊者のニーズの多様化により、朝食のみの提供や、素泊まりのプランを用意する旅館も増えている。なお、宿泊料とは別に地方税の入湯税が必要となり、1人1日150円を標準とすると定められており、150円にする温泉旅館が多い。

ノウハウ

●人手不足への対応により生産性が向上

これまで年中無休が当たり前とされてきた旅館業において、「鶴巻温泉元湯陣屋」では、平日の週休2日の定休日を導入した。客室稼働率が低くなる平日のあらかじめ決まった日に休めることで、従業員がプライベートの時間を有効に活用することが出来るようになった。採用が容易になり、定着率もアップし、従業員同士のコミュニケーションが良くなり、生産性の向上につながった。

経営指標

ここでは参考として、TKC経営指標（平成29年版）より、「旅館・ホテル」の数値を掲げる。

TKC経営指標 （変動損益計算書）	全企業　563件	
	平均額（千円）	前年比（％）
売上高	178,293	98.9
変動費	37,861	99.1
仕入高	37,137	98.9
外注加工費	388	107.4
その他の変動費	290	101.7
限界利益	140,431	98.9
固定費	136,259	100.2
人件費	58,082	100.8
減価償却費	11,587	98.6
租税公課	3,876	98.1
地代家賃・賃借料	6,027	102.3
支払利息・割引料	3,550	93.4
その他	53,129	100.3
経常利益	4,172	69.1
平均従事員数	22.3名	

今後の課題／将来性

●課題

訪日外国人の増加に伴い、外国人の訪問先は従来の東京や京都などの大都市部、観光地から、北海道や福岡など地方都市に広がっている。今後、温泉旅館を訪れる外国人観光客の急激な増加が予想される。日本旅館らしい細やかな対応が求められるとともに、日本人観光客との共存が求められる。

《関連団体》　一般社団法人日本温泉協会
　　東京都千代田区平河町2－5－5
　　TEL　03（6261）2180

●サービス業● （旅行）

民泊サービス

最近の業界動向

● 「住宅宿泊事業法（民泊法）」の成立

マンションや戸建て住宅の空き部屋を旅行者に有料で貸し出す「民泊サービス」は、不足する宿泊施設の受け皿として期待されている。現在は、民泊に対応した法律がないため、「ヤミ民泊」などの問題が起こっている。このため、政府は事業を実施する場合の一定のルールを定めた「住宅宿泊事業法案（民泊新法案）」を閣議決定し、平成29年6月9日、「住宅宿泊事業法（民泊法）」が成立した。主に国家戦略特区認定地域に認められていた民泊が、平成30年にも全国で解禁される。年間営業日数は180日を上限とし、誰でも民泊事業ができるようになった。民泊法には違反した場合の罰則も設け、違法民泊を徹底して排除する方針だ。

●民泊を担う人材の育成

民泊の仲介世界最大手の米エアビーアンドビーは、人材サービスのパソナと業務提携を結び、民泊のノウハウを備えた人材の育成に乗り出す。パソナは平成30年から室内清掃や集客用のホームページ作成など、民泊の運営に欠かせない作業の代行支援を始める。地方都市などでは民泊向けの部屋を持つ高齢者が多く、清掃や接客などの付帯業務を代行する人材を増やすことで、民泊を始められる環境を整える。また、民泊の貸し手に関心のある人を対象にした講習会の開催も行う。エアビーは、国内で約5万件の掲載物件を抱え、平成28年に同社のサイトを利用した訪日外国人は約370万人に上る。民泊を担う人材を育成して普及拡大を図る。

●異業種からの参入

京王電鉄は平成29年2月、東京・大田区のマンションで民泊事業を始めた。2DKのメゾネットタイプで、システムキッチンや冷蔵庫、洗濯機などが備えてある。鉄道業界で民泊物件を所有し運営も手掛けるのは初めてだ。沿線では空き家が増加

しており、民泊ノウハウを蓄積して沿線の活性化につなげたい考えだ。また、楽天は平成29年6月22日、民泊事業に参入すると発表した。楽天は不動産住宅情報サイト「ホームズ」を運営するLIFULL（ライフル）と新会社を設立し、宿泊仲介サービスを始める。約9,000万人の会員を持つ楽天は個人オーナーによる物件登録を促し、約800万件の住宅情報を持つライフは、管理会社などの法人による物件登録の推進と空き家物件を開拓する。両社の経営資源を活用して、国内外の宿泊需要に対応する。

マーケットデータ

●シェアリングエコノミー市場規模

矢野経済研究所によると、シェアリングエコノミー（不特定多数の人々がインターネットを介して乗り物やスペースを共有できる場を提供するサービス）の市場規模は次の通り。このうち、民泊市場への参入事業者やサービスの利用者がさらに増加すると予想される。

シェアリングエコノミー市場規模（単位：百万円）

年度	平26	平27	平28 （見込）	平29 （予測）
市場規模	23,275	28,500	36,000	44,300

（注）サービス提供事業者売上高ベース
（出所）矢野経済研究所

●訪日外国人の推移

日本政府観光局によると、平成28年の訪日外国人数は過去最高の2,403万9,000人であった。中国からの訪日客が前年比27.6％増の637万人であった。

訪日外国人推移（単位：人）

年次	訪日外国人	年次	訪日外国人
平21年	6,789,658	平25年	10,363,904
22年	8,611,175	26年	13,413,467
23年	6,218,752	27年	19,737,409
24年	8,358,105	28年	24,039,000

（出所）日本政府観光局

●ホテル、旅館、簡易宿所等の施設数

現行の法制度では、国内で合法的に民泊運営を行うには、旅館業法簡易宿所の許認可を取得して営業する方法があるが、既存の旅館業法とは別の法制度が民泊法である。民泊施設数の公的データがないため、簡易宿所営業施設数を示す。厚生労

— 110 —

働省「衛生行政報告例の概況」によると、平成27年度の簡易宿所営業は前年度比3.1％増の2万7,169施設であった。

ホテル、旅館、簡易宿所等の施設数（単位：施設、％）

年　度	平25	平26	平27	前年比
ホ テ ル	9,809	9,879	9,967	0.9
旅　　館	43,363	41,899	40,661	▲3.0
簡 易 宿 所	25,560	26,349	27,169	3.1
下　　宿	787	771	722	▲6.4
合　　計	79,519	78,898	78,519	▲0.5

（出所）厚生労働省

業界の特性

●民泊物件の営業許可取得状況

　厚生労働省「全国民泊実態調査（平成28年10月〜12月調査）」によると、全国の1万5,127件（インターネット上の民泊サイトで紹介されている物件のうち抽出、重複除く）のうち、営業許可を得ていることが確認できたのは2,505件（16.5％）であった。また、無許可物件のうち、共同住宅が2,508件（54.2％）、戸建て住宅が1,659件（35.9％）、その他457件（9.9％）となっている。

民泊物件の営業許可取得状況

許可取得の状況	物件数
許　　可	2,505件
旅館営業	645件
ホテル営業	109件
簡易宿泊営業	1,701件
特区民泊	50件
無許可	4,624件
物件特定不可・調査中等	7,998件

（出所）厚生労働省「全国民泊実態調査」

●民泊の1泊当たりの平均宿泊料

　同じく、厚生労働省「全国民泊実態調査」によると、民泊の1泊当たりの平均宿泊料は次の通り。無許可物件の料金は、許可物件のおよそ半額以下となっている。これは、許可物件の宿泊可能人数が6.3人と多いのに対して、無許可物件は4.2

物件別	1泊当たり平均宿泊料
許可物件	16,571円
無許可物件	7,659円
物件特定不可・調査中等	9,240円
全国平均	9,971円

（出所）厚生労働省「全国民泊実態調査」

人と少ないことが影響しているとみられる。

ノウハウ

●訪日外国人以外の顧客の開拓

　民泊仲介の百戦錬磨は、企業向け代行サービスのベネフィット・ワンの会員向けに割安で民泊が予約できるサービスを始めた。利用者にはサイトのポイントが付与され、通常より3.0％安く予約できる。東京や大阪のマンションから地方の古民家まで幅広い物件を用意している。ベネフィット・ワンと組むことで、訪日外国人以外の顧客の開拓を図る。

経営指標

　民泊を対象とした指標は見当たらないので、ここでは参考として、TKC経営指標（平成29年版）より、「他に分類されない宿泊業」の数値を掲げる。

TKC経営指標 （変動損益計算書）	全企業　22件	
	平均額（千円）	前年比（％）
売上高	82,372	97.7
変動費	21,088	93.6
仕入高	21,071	93.5
外注加工費	—	—
その他の変動費	—	—
限界利益	61,283	99.1
固定費	62,531	99.7
人件費	30,326	100.6
減価償却費	3,675	106.7
租税公課	2,274	83.0
地代家賃・賃借料	3,082	101.8
支払利息・割引料	901	106.9
その他	22,270	98.9
経常利益	▲1,248	138.0
平均従事員数	12.0名	

今後の課題／将来性

●将来性

　民泊法が成立し異業種からの参入が相次いでいる。ビジネスホテルやカプセルホテルなどとの競争が激しくなると予想される一方、宿泊市場の活性化につながると期待される。また、利用者の選択肢が増え、訪日客増加によるホテル不足も緩和されるだろう。

《関連団体》　一般社団法人日本民泊協会
　　大阪市北区西天満3－1－25－904号
　　TEL　0570（001）389

●サービス業●（旅行）

旅行代理店

最近の業界動向

◉国内の旅行取扱高は減少傾向

　観光庁の資料によると、平成28年度の主要49旅行会社の総取扱高は前年度比2.3％減の5兆5,656億円、外国人旅行取扱高は同14.4％増であった。一方、国内旅行は熊本地震、海外旅行はテロの影響もあって前年比マイナスとなった。

主要旅行業者の総取扱高（単位：百万円、％）

項　　目	平27年度	平28年度	前年度比
海　外　旅　行	2,086,287	2,036,907	▲2.4
外国人旅行※	175,967	200,541	14.0
国　内　旅　行	3,433,875	3,328,158	▲3.1
合　　計	5,696,130	5,565,608	▲2.3

（注）※日本の旅行会社によるインバウンド旅行の取り扱いを指す
（出所）観光庁

◉成田空港に旅行商品の販売店をオープン

　JTBは、訪日客向けに旅行商品を販売する店舗を成田空港にオープンした。成田国際空港会社が、平成29年10月に全面開業した「ビジター・サービスセンター」を構成する施設で、訪日客の玄関口となる成田空港に拠点を設けて訪日客の取り込みを図る。都内の地下鉄に乗れる企画乗車券やバス乗車券、航空券、宿泊券、東京ディズニーランドなどのテーマパークの入場券を販売する。

◉「ゆったり旅」プランを刷新

　クラブツーリズムは、シニア層にターゲットを絞った国内外ツアーを刷新する。シニア向けの「ゆったり旅」は、これまで歩行時間や距離などで「ゆったり度」を3段階に分けていたが、2コースを新設した。1つは「ゆったり旅70」でグループに1人でも該当者がいれば参加できる。階段や坂がほぼないプランで、必要に応じてタクシーを使う。2つ目はもう少し若い人も参加できるプランで、訪問先の見学時間は通常の1.5倍を確保する。旅行に出掛けたいが、長時間の移動がおっくうな人や計画するのが面倒な人などの需要を見込んでいる。

◉富裕層をターゲットにしたツアー

　旅行各社は、富裕層をターゲットにしたツアーを相次いで投入している。1人当たり1,000万円する海外旅行のパッケージツアーもあり、問い合わせも多いという。プライベートジェットを使うオーダーメード型の旅行や、専用ガイド付き、豪華クルーズ船旅行など、さまざまなプランがある。また、富裕層の中高年向け高級ツアーは、国内の世界遺産などを豪華バスで巡り、高級ホテルに宿泊するもので、定員も少なくしゆったりと旅行できる。

◉訪日外国人と日本人通訳ガイドを仲介するサービス

　エイチ・アイ・エスは、訪日外国人と日本人通訳ガイドを仲介するサービスを始める。平成30年春を目途に準備し、国家資格の通訳案内士や規制緩和で認められるようになった無資格ガイドを募集する。有資格者と無資格者を合わせて500人の登録を目指している。

マーケットデータ

◉旅行業者取扱高上位10社の業績

　観光庁のデータによると、平成28年度の旅行業者上位10社の旅行取扱高（速報）は次表の通り。首位のJTB（グループ15社合計）の売上高は前年度比5.9％減の1兆4,771億円だった。昨年度2位のKNT-CTホールディングス（傘下に近畿日本ツーリスト、クラブツーリズム等グループ8社合計）の取扱高は同5.1％減の4,830億円で3位に転落している。国内旅行が伸びた楽天が2位に浮上している。

旅行業上位10社の取扱高（単位：百万円、％）

順位	社　　名	平成28年度取扱高 海外	外国人	国内	合計	前年度比
1	ジェイティービー	413,987	85,914	977,226	1,477,128	94.1
2	楽　　　　　天	33,357	9,362	514,133	556,852	111.8
3	ＫＮＴ－ＣＴ	139,544	20,008	323,522	483,075	94.9
4	エイチ・アイ・エス	355,289	24,946	58,650	438,887	102.5
5	日　本　旅　行	116,645	35,811	274,325	426,781	99.8
6	阪　急　交　通　社	186,991	2,752	129,006	318,750	94.9
7	JTBワールドバケーション	204,771	—	—	92.8
8	ＡＮＡセ ー ル ス	20,521	1,269	174,010	195,801	95.2
9	ジャルパック	53,929	33	125,709	179,672	102.0
10	東武トップツアーズ	30,966	6,334	101,779	139,080	93.9

（出所）観光庁

業界の特性

●オンライン専業旅行社（OTA）の台頭

近年この業界で台頭しているのは、OTA（Online Travel Agencyの略）と言われるオンライン専業の旅行業者である。米国のエクスペディア（取扱高約8兆円）と同じく米国のプライスライングループ（同約7.5兆円）が2強であるが、国内業者でも楽天（同5,568億円）などが順調に成長している。この背景には、従来型の旅行代理店とのコスト構造の違いが大きく影響している。従来型企業の営業利益率が約3％なのに対して、OTAは約15％となっている。このコスト構造の違いは、人件費を含めた国内外店舗の費用負担が大きいためである。

●旅行業者の分類

平成8年に改正された旅行業法で旅行業者を分けると次の通り。①第1種旅行業者は、海外・国内の企画旅行の企画・実施、海外旅行、国内旅行の手配及び他社の募集型企画旅行の代売を行う。②第2種旅行業者は、海外「募集型企画旅行」の企画・実施を除く旅行業務を行う。③第3種旅行業者は、「募集型企画旅行」の企画・実施を除く旅行業務を行う。④旅行業者代理業者は、上記旅行業者に委託する範囲の旅行業務を行う。観光庁のデータによると、旅行業者数は平成26年に1万社を割り込んだが、その後増加に転じている。平成25年4月より施行された旅行業法施行規則の改正により、営業所のある市町村と隣接する市町村に限定された区域にのみ企画旅行、手配旅行等を行う地域限定旅行業者が新たに創設された。旅行者を受け入れる地域（着地）側が、地域の観光資源を基に旅行商品や体験プログラムを提供する旅行形態である「着地型旅行」の、旅行商品の開発・提供の促進が期待されている。

旅行業者数の推移

年次	第1種旅行業者	第2種旅行業者	第3種旅行業者	地域限定旅行業者	旅行業者代理業者	合計
平24年	726	2,799	5,749	—	872	10,146
25年	701	2,869	5,738	—	837	10,145
26年	696	2,777	5,625	45	835	9,978
27年	697	2,776	5,524	77	810	9,884
28年	708	2,827	5,668	118	779	10,100

（出所）観光庁

ノウハウ

●多様化する旅行者のニーズ

ここ2年間の各旅行業者の取扱高の推移は、従来型の旅行商品を取り扱うJTBや阪急交通社が落ち込み、ネット販売を得意とするHISや楽天の伸長が目立っている。また、航空会社系のANAセールスやジャルパックも堅調に推移している。旅慣れた旅行者はネットを利用して自分で自由に航空機や鉄道を選択し、泊まりたいホテルや旅館を組み合わせて、旅行を組み立てている。一方、すべてが満たされるように組み立てられた豪華なパッケージ旅行商品も話題となっている。旅行会社は、得意分野を開発して、多様化する旅行者のニーズに対応することが求められている。

経営指標

ここでは参考として、TKC経営指標（平成29年版）より、「旅行業者代理業」の数値を掲げる。

TKC経営指標 （変動損益計算書）	全企業　64件	
	平均額（千円）	前年比（％）
売上高	168,407	96.5
変動費	108,402	95.9
仕入高	106,718	95.7
外注加工費	1,591	107.0
その他の変動費	4	109.3
限界利益	60,005	97.6
固定費	58,623	98.4
人件費	26,311	96.9
減価償却費	1,530	94.3
租税公課	661	89.5
地代家賃・賃借料	2,828	102.7
支払利息・割引料	391	99.6
その他	26,856	99.7
経常利益	1,381	73.2
平均従事員数	7.4名	

今後の課題／将来性

●課題と将来性

今後2020年の東京オリンピックまではインバウンド需要で旅行業者は順調に伸びていくと見込まれるが、それだけに注力するのではなく、多様化している旅行者のニーズを的確につかんだ旅行商品の開発が求められる。旅行業者の手数料は取扱高のうちごくわずかであり、人件費が多い従来型の企業はOTAに押され気味である。

《関連団体》　一般社団法人日本旅行業協会
東京都千代田区霞が関3-3-3
TEL　03（3592）1271

●サービス業●（教育）

幼 稚 園

最近の業界動向

●幼稚園の定員割れが続く

待機児童問題が深刻化しているが、３歳以上の子どもを預かる幼稚園は定員割れが続いている。共働き世帯の増加で、１～２歳児を預かる施設は不足しているため、２歳児以下も預かる認定こども園への移行が期待されるが、人員配置などの問題もあり容易ではない。預かる子どもの年齢が高く、時間も短い幼稚園のニーズは減少している。

園児数の推移（単位：人）

年次	計	国立	公立	私立
平24年	1,604,225	5,930	283,327	1,314,968
25年	1,583,610	5,785	274,164	1,303,661
26年	1,557,461	5,614	264,563	1,287,284
27年	1,402,448	5,510	238,036	1,158,902
28年	1,339,761	5,394	223,066	1,111,301

（出所）文部科学省「文部科学統計要覧」

●「預かり保育」を行う幼稚園や認定こども園が増加

幼稚園のニーズが減る中、夕方以降も園児を預かる「預かり保育」を行う幼稚園や認定こども園が増えている。共働き世代が増え、延長保育のニーズは高まり、子育て施設の長時間利用が一般的になりつつある。幼稚園は午後２時頃までに終了するのが一般的で、預かり保育には別途料金がかかるが、共働き世帯など利用者は増えている。幼稚園の定員割れが問題となっているが、幼稚園には幼児教育の有資格者が配置されており、子どもの学習能力向上にとって強みである。スポーツや絵画教室、英会話など授業内容も充実している。

●「幼稚園教育要領」の改定

平成29年３月に「幼稚園教育要領」が改定され、平成平成30年度から実施される。「幼児期の終わりまで育ってほしい姿」として、①健康な心と体、②自立心、③協同性、④道徳性・規範意識の芽生え、⑤社会生活との関わり、⑥思考力の芽生え、

⑦自然との関わり・生命尊重、⑧数量・図形、文字等への関心・感覚、⑨言葉による伝え合い、⑩豊かな感性と表現の10項目が明記された。就学前にこれらを育てる新しい取り組みが始められる。自然との関わりについては、自然の中で過ごす「森のようちえん」が広がっている。自然体験を軸とした幼児教育の総称で、幼稚園や保育園など０歳から７歳ぐらいまでが対象となる。「森のようちえん」には、①毎日のように森に出かける通年型の森のようちえん、②幼稚園などが年に数回から数十回程度出かける融合型の森のようちえん、③団体などがイベントとして実施する行事型の森のようちえんがある。幼児の自然体験が重要視されつつあり、今後さらに広がりを見せるだろう。

マーケットデータ

●認定こども園の数

内閣府によると、平成29年４月１日時点の認定こども園は5,081カ所である。

認定こども園の数（各年４月１日時点）

年次	認定こども園数	（類型別の内訳）			
		幼保連携型	幼稚園型	保育所型	地方裁量型
平26年	1,360	720	411	189	40
27年	2,836	1,930	525	328	53
28年	4,001	2,785	662	474	60
29年	5,081	3,618	807	592	64

（出所）内閣府

●学童保育市場規模

幼稚園の市場規模について公的資料は見当たらない。矢野経済研究所によると、学童保育の市場規模は次の通り。共働き世帯の増加に伴い、長時間の預かりサービスなどの利用が増え、民間事業者が運営主体の施設が増加している。

学童保育市場規模の推移（単位：億円）

年度	平24	平25	平26	平27（予測）
市場規模	2,545	2,693	2,862	3,030

（注）事業者売上高ベース
（出所）矢野経済研究所

業界の特性

●幼稚園数

文部科学省「文部科学統計要覧」によると、平成28年の幼稚園数は前年比3.6％減の１万1,252カ

— 114 —

所である。内訳は、国立は49カ所で前年と同一。公立は同4.5％減の4,127カ所、私立は同3.1％減の7,076カ所となっている。

幼稚園数の推移

年次	計	国立	公立	私立
平24年	13,170	49	4,924	8,197
25年	13,043	49	4,817	8,177
26年	12,905	49	4,714	8,142
27年	11,674	49	4,321	7,304
28年	11,252	49	4,127	7,076

（出所）文部科学省「文部科学統計要覧」

●教員数

文部科学省「文部科学統計要覧」によると、平成28年の幼稚園の教員数は9万9,957人で、前年に比べて1,540人減少している。

教員数の推移

年次	計	国立	公立	私立
平26年	111,059	344	23,360	87,355
27年	101,497	352	21,295	79,850
28年	99,957	341	20,675	78,941

（出所）文部科学省「文部科学統計要覧」

●入園者数

文部科学省「文部科学統計要覧」によると、平成28年の幼稚園の入園者数は前年比6.3％減の45万1,206人となっている。

入園者数（単位：人）

項 目	昭和60年	平成27年	平成28年
入園者数	1,043,684	481,788	451,206
3歳児	210,662	353,472	338,018
4歳児	623,165	99,381	86,368
5歳児	209,857	28,935	26,820

（出所）文部科学省「文部科学統計要覧」

●認定こども園とは

認定こども園は、教育・保育を一体的に行う施設で幼稚園と保育所の機能を併せ持つ施設である。認定基準（①就学前の子どもに幼児教育・保育を提供する施設、②地域における子育て支援を行う機能）を満たす施設には、都道府県等から認定を受けることができる。認定こども園には、①幼保連携型（幼稚園と保育園の機能を併せ持つ単一の施設）、②幼稚園型（許可幼稚園が、保育所的な機能を備える施設）、③保育所型（許可保育所が、幼稚園的な機能を備える施設）、④地方裁

量型（幼稚園・保育所いずれの許可もない地域の教育・保育施設が、認定こども園として必要な機能を果たす施設）の4つのタイプがある。

ノウハウ

●保護者の早期学習の要望に応える

私立いずみ幼稚園では、漢字や英語、音楽、体育の授業を毎日行う。幼児が取り組みやすいようゲーム感覚で教える。幼児の能力を引き出し、自信を持って小学校に送り出している。知的教育を増やして欲しいという保護者は多く、学校先取り型が広がりつつある。

経営指標

幼稚園を対象とした指標は見当たらないので、ここでは参考として、TKC経営指標（平成29年版）より、「他に分類されない教育・学習支援業」の数値を掲げる。

TKC経営指標 （変動損益計算書）	全企業 56件	
	平均額（千円）	前年比（％）
売上高	166,867	100.4
変動費	19,828	121.2
仕入高	18,505	118.9
外注加工費	994	103.7
その他の変動費	84	67.2
限界利益	147,039	98.1
固定費	144,271	100.5
人件費	90,753	99.7
減価償却費	6,010	109.0
租税公課	3,288	96.6
地代家賃・賃借料	8,528	102.5
支払利息・割引料	1,638	95.0
その他	34,126	101.9
経常利益	2,767	44.5
平均従事員数	19.8名	

今後の課題／将来性

●課題

国は「子育て安心プラン」で、幼稚園での2歳児の受け入れや預かり保育を推進している。2歳児保育を実施する幼稚園も増えている。保護者の早期学習への関心も高く、受け入れの拡大が期待される。

《関連団体》 全日本私立幼稚園連合会
東京都千代田区九段北4－2－25
TEL 03（3237）1080

— 115 —

●サービス業●（教育）

保育園

最近の業界動向

●待機児童者数は増加

厚生労働省の「保育所等関連状況取りまとめ」によると、平成29年4月1日現在の待機児童数は2万6,081人で前年同月に比べ2,528人増加した。待機児童のいる市町村は、前年から増加して420市区町村で、待機児童が100人以上増加したのは、東京都・大田区、目黒区、千葉県習志野市など13市区。一方、待機児童が100人以上減少したのは、那覇市、東京都・北区、世田谷区など10市区であった。

●公園内保育所がスタート

国家戦略特区の規制緩和により、都市内に整備された「都市公園」の敷地内に保育所が開設できるようになった。東京都や横浜市、福岡市などの6自治体が公園内保育所を開設している。これまで都市公園には、都市公園法に規定のない保育所などの福祉施設は設置できなかったが、平成27年9月の国家戦略特区法が改定され、特区内の都市公園に限り保育所を開設できるようになった。都立汐入公園の敷地内に開園した「にじの森保育園」は、公園の利用者が無断で立ち入りできないよう入り口をオートロックにし、防犯カメラも設置されている。保育所の開設は用地不足で近隣住民とのトラブルも起こっている。国土交通省は、特区以外の都市公園でも保育所が設置できるよう改正案を国会に提出している。

●企業内に設けた保育所のサービスが広がる

企業内に保育所を設ける例が増えている。サービスも幅広く女性の職場復帰などを後押ししている。イオンは政府が平成28年度から始めた助成制度を活用して、系列のショッピングモールなどに事業内保育所を整備する。また、サッポロホールディングスの本社内にある保育所は、開設・運営を保育大手のポピンズが担っている。ポピンズには企業主導型保育所に関心を寄せる企業からの問い合わせが多く寄せられている。日本生命はニチイ学館と共同で保育所を全国展開する。平成29年4月から31カ所を開設し、順次増やしていく。

●保育大手の保育士確保策

都市部での保育士確保が難しい中、保育大手は地方に人材を求めて動き出した。学研ココファン・ナーサリーは、保育所の養成学校と連携し、学生の生活費などを補助し、学研ココファン・ナーサリーで2年間働けば補助金の返還を免除する。アートコーポレーション子会社のアートチャイルドケアは、東京都などで働く地方の新卒者に、3月末までに正社員として入社する保育士に支度金10万円を支給する。また、JPホールディングスは、保育士向けの社員寮を都内などに7カ所構え、保育士の住居費負担を軽減している。

マーケットデータ

●保育所等の施設数、定員数、利用児童数及び待機児童数

厚生労働省「保育所関連状況とりまとめ」によると、平成29年4月1日現在の保育所等の施設数は、前年比6.3％増の3万2,793カ所、定員数は前年比3.8％増273万5,238人、利用児童数は同3.6％増の254万6,669人と増加しているが、定員充足率は微減している。また、待機児童数は2万6,081人で同10.7％と増加している。なお、これらは保育所に加え新たに子育て支援新制度に基づく幼保連携型認定こども園等の特定教育・保育施設（幼保連携型認定こども園、幼稚園型認定こども園）と特定地域型保育事業を含んでいる。

保育所等の施設数、定員数、利用児童数及び待機児童数の状況（各年4月1日現在）

項　目	平27年	平28年	平29年
保育所数	28,783	30,859	32,793
定員数（人）	2,531,692	2,634,510	2,735,238
利用児童数（人）	2,373,614	2,458,607	2,546,669
定員充足率（％）	93.8	93.3	93.1
待機児童数（人）	23,167	23,553	26,081

（出所）厚生労働省「保育所関連状況とりまとめ」

業界の特性

●子ども1人当りの8時間保育の単価

子ども1人当りの8時間保育の保育単価額（公定価格＝子どもに対する教育・保育を行う場合に、月単位でこども一人当たりに平均的にかかる

— 116 —

コストを国が定めたもの）の加重平均額は次の通り。公定価格に積算されている人件費対象の保育士数は国の配置基準にて決められているため、各保育所が実際に配置されている保育士全員に支給されているわけではない。実際の保育士数の配置数は国の基準の1.8〜2倍程度と推計されている。

子ども1人当りの8時間保育の単価（1カ月単位）

項　目	平27年度(新制度)	平28年
保育単価額計 （加重平均額）	89,477.5円	90,807.5円

（出所）保育白書

◉**保育所の基準**

保育所の主な基準は次の通り。

項　目	基　準
職員配置	保育士数は、0歳児は3人につき1人、1・2歳児は6人につき1人、3歳児は20人につき1人、4・5歳児は30人につき1人。ただし、常時2人以上
食事の提供	食事の提供は、施設内で調理する方法により行う。ただし、①食事の提供責任が保育所にあり、管理者が衛生面など注意しうる体制等になっていること等の要件を満たせば外部搬入によることができる
教育時間・保育時間	1年の開所日数は、日曜日・国民の祝休日を除いた日が原則。1日の開所時間は原則8時間。その地方における保護者の労働時間その他の家族状況等を考慮して定める

◉**東京都が保育士の待遇改善のため給与を補助**

東京都は保育士の待遇改善のため、平成29年度保育士1人当たり月額平均4万4,000円の給与補助をする方針を決めた。都内では保育士の確保が困難で、保育所の新設も難しい。このため、処遇改善を後押しして待機児童対策を進める。

◉**厚生労働省が私立保育所への支援を拡充**

厚生労働省は、土地や建物を借りて運営している私立保育所への支援を拡充する。大都市などの賃料が高い保育所には国費で月約90万円までの補助を追加する。昇給や昇格制度のある私立保育所の賃上げも支援する。平成29年4月から制度を始めた。

ノウハウ

◉**ITの活用**

首都圏の保育所は、ITを利用して保育の質を高めている。子どもの昼寝中の呼吸チェックなどの安全性の向上や、ロボットやスマートフォンを活用して保護者とのやりとりを緊密に連絡することで、子どもを安心して預けられる環境づくりを進めている。「茶々保育園」を運営する社会福祉法人あすみ福祉会は、保護者と保育士をつなぐコミュニケーションシステムの全国展開を開始した。このシステム導入により、連絡帳の手書き・保護者からの電話連絡などを、スマートフォンで行うことができ、保育士の業務の削減につながる。

経営指標

ここでは参考として、TKC経営指標（平成29年版）より、「保育所」の数値を掲げる。

TKC経営指標 （変動損益計算書）	全企業　60件	
	平均額(千円)	前年比(%)
売上高	137,598	116.2
変動費	4,672	124.4
仕入高	4,441	127.4
外注加工費	217	134.8
その他の変動費	120	116.0
限界利益	132,926	115.9
固定費	122,996	118.8
人件費	84,159	118.8
減価償却費	3,617	106.5
租税公課	852	99.7
地代家賃・賃借料	12,848	122.2
支払利息・割引料	767	94.3
その他	20,752	121.5
経常利益	9,930	88.7
平均従事員数	27.0名	

今後の課題／将来性

◉**課題**

国は待機児童を減らすために立てている政策「加速化プラン」に基づき、必要になる保育士を確保するための「保育士確保プラン」を提示しているが、保育士不足は深刻である。潜在保育士の保育業務への復帰、新規保育士の獲得や保育士の離職を阻止するために、保育士の給与改善は大きな課題である。ロボットやITの最新技術を活用し、保育業務の効率化を図ることが求められる。

《関連団体》　公益社団法人全国私立保育園連盟
　東京都台東区蔵前4−11−10　全国保育会館
　TEL　03（3865）3880

●サービス業● （教育）

学童保育所

最近の業界動向

◉学童保育の待機児童が増加

学童保育所は共働き家庭などの小学生が放課後や夏休みに過ごす施設である。利用者が増えるに伴い学童保育でも待機児童が増加している。公立と民間が運営する施設があり、学習塾などを運営する企業が学童保育に参入するケースも相次いでいる。施設数は増えているが利用希望者の急増に対応できていない。全国学童保育連絡協議会によると、平成28年の待機児童数は1万5,839人だが、正確には把握できていないという。

待機児童数の推移 （単位：人）

年　　次	平25	平26	平27	平28
待機児童数	6,944	9,115	15,533	15,839

（出所）全国学童保育連絡協議会

◉学習塾のノウハウを生かして学童保育に参入

リソー教育グループの「伸芽'Sクラブ学童」や、国大グループの「オレンジプラネット」、市進ホールディングスの「ナナカラ」など、学習塾を運営する企業が学童保育に参入し、施設数を増やしている。教科書に合わせた学習指導やピアノなどの習い事も有料で受けられる。また、料理の作り方など生活に役立つ授業もある。学習塾の市場は伸び悩みが顕著で、ニーズの高い学童保育に参入する動きが広がっている。

◉ポピンズが学童保育事業を拡充

保育サービスを手掛けるポピンズは、学童保育事業を拡充する。平成29年4月には直営の学童保育施設を設けた。夏休みの長期休暇を除き、下校時間から午後7時まで開き、午後9時までの延長にも対応する。直営にすることで、独自のサービスを提供することができる。学童保育の待機児童が増えており、需要が見込めると判断した。

◉JR西日本が子育て支援事業を拡充

JR西日本は子育て支援事業を拡充する。同社は首都圏を中心に、保育所や学童保育などの子育て支援施設を運営している。現在、首都圏を中心に約100カ所の保育所や学童保育などを、3年をめどに130カ所に拡大する。駅周辺の土地やビルを活用し、沿線の価値を向上させ本業である鉄道事業との相乗効果を狙う。

マーケットデータ

◉学童保育市場規模

矢野経済研究所によると、平成27年度の学童保育市場は前年度比5.9％増の3,030億円（事業者売上高ベース）と予測されている。

学童保育市場 （単位：億円）

平24年度	平25年度	平26年度	平27年度(予)
2,545	2,693	2,862	3,030

（出所）矢野経済研究所

◉学童保育所数と入所学童数

全国学童保育連絡協議会によると、平成28年5月1日現在の学童保育所数は2万7,638カ所で前年に比べて8.2％増加した。また、入所児童数は107万6,571人で前年に比べて5.8％増加している。

学童保育所数と入所児童数 （各年5月1日現在）

年次	学童保育所数	入所学童数
平25年	21,635	888,753
26年	22,096	933,535
27年	25,541	1,017,429
28年	27,638	1,076,571

（出所）全国学童保育連絡協議会

◉学年別入所児童数

全国学童保育連絡協議会によると、学年別入所児童数は次の通り。いずれの学年でも前年に比べて入所児童数が増えているが、特に4、5年生の増加が著しい。

学年別児童数 （単位：人）

学年	平27年	平28年	28年割合
1　年　生	343,502	351,666	32.7%
2　年　生	298,806	312,310	29.0%
3　年　生	224,715	237,975	22.1%
4　年　生	92,173	106,057	9.9%
5　年　生	37,007	45,433	4.2%
6　年　生	19,711	21,933	2.0%
そ　の　他	1,515	1,197	0.1%
計	1,017,429	1,076,571	100.0%

（出所）全国学童保育連絡協議会

業界の特性

●学童保育所の運営主体

全国学童保育所連絡協議会によると、平成28年5月1日現在の学童保育所の運営主体は次の通り。

学童保育所の運営主体（平成28年5月1日現在）

運営主体	平28年 （カ所）	28年割合 （%）	前年比 （%）
公 立 公 営	9,902	35.8	4.6
社 会 福 祉 協 議 会	3,179	11.5	25.0
地 域 運 営 委 員 会	4,523	16.4	4.5
父 母 会・保 護 者 会	1,538	5.6	4.1
Ｎ Ｐ Ｏ 法 人	2,222	8.0	⎫
民 間 企 業	1,207	4.4	⎬ 10.0
そ の 他 の 法 人	5,067	18.3	⎭
合 計	27,638	100.0	

（注）塾などが「学童保育」と自称して運営するところはこの調査には含まれていない
（出所）全国学童保育所連絡協議会

●開設場所

学童保育の開設場所は余裕教室の活用が増え、学校施設内が全体の半数となっている。また、地域にある公共施設も活用されており、全体の8割以上の学童保育が公的に設置された施設である。

学童保育所数と入所児童数（各年5月1日現在）

開設場所	施設数	平28年割合
学校施設内	15,120	54.7%
児童館内	3,380	12.2%
学童保育専用施設	1,879	6.8%
その他の公的施設	2,181	7.9%
法人等の施設	1,809	6.5%
民家・アパート	1,671	6.0%
その他	1,598	5.8%
合 計	27,638	

（出所）全国学童保育連絡協議会

●放課後児童支援員

平成27年4月から、学童保育に2人以上の「放課後児童支援員」を配置することが義務付けられた。支援員になるには、保育士や社会福祉士などの資格を持っている人や教員免許持っている人が、都道府県知事が行う研修を修了することで、資格を取得することができる。「子ども・子育て支援制度」では、放課後児童支援員の配置のほか、施設・設備について、児童1人につき約1.65㎡以上の面積を確保することや、平日3時間以上児童を受け入れること、1年につき250日以上開所することなどの基準が定められている。

ノウハウ

●企業が独自に運営する学童保育事業が広がる

国の補助金を受けずに企業が独自に運営する学童保育事業が広がっている。公設の学童保育が不足する中、学習塾や英会話教室、フィットネスクラブなど参入が相次いでいる。送迎や長時間の預かりなどのサービスや、多彩なカリキュラムなどが支持を得ている。

経営指標

学童保育所を対象にした指標は見当たらないので、ここでは参考として、TKC経営指標（平成29年版）より、「保育所」の数値を掲げる。

TKC経営指標 （変動損益計算書）	全企業 60件	
	平均額（千円）	前年比（%）
売上高	137,598	116.2
変動費	4,672	124.4
仕入高	4,441	127.4
外注加工費	217	134.8
その他の変動費	120	116.0
限界利益	132,926	115.9
固定費	122,996	118.8
人件費	84,159	118.8
減価償却費	3,617	106.5
租税公課	852	99.7
地代家賃・賃借料	12,848	122.2
支払利息・割引料	767	94.3
その他	20,752	121.5
経常利益	9,930	88.7
平均従事員数	27.0名	

今後の課題／将来性

●将来性

共働き世帯の増加で学童保育のニーズは高まっている。学童保育に参入する企業も増え、学習内容やサービスなどで差別化を図り、利用者の新規開拓を進めている。しかし、支援員の雇用は不安定で処遇改善が急務となっている。

《関連団体》　全国学童保育所連絡協議会
東京都文京区本郷2−26−13
TEL　03（3813）0477

● サービス業 ● （教育）

家庭教師派遣業

最近の業界動向

●家庭教師派遣の市場規模

家庭教師派遣業は、小学生から高校生の自宅などに家庭教師を派遣し、学校教育の補習授業や受験対策指導などを行う。ベネッセホールディングスによると、家庭教師派遣業のほか学習塾や予備校などが含まれる校外学習市場は次の通り。平成26年度は1兆4,941億円で、このうち、家庭教師派遣は6.8％の1,056億円となっている。少子化が進み校外学習市場は伸び悩んでいるが、校外学習市場は1兆5,000億円程度の水準は維持している。

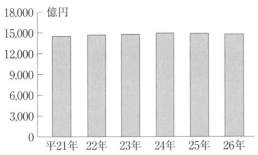

校外学習市場規模の推移

（出所）ベネッセホールディングス

●J-STARが「家庭教師アルファ」の運営事業を取得

国内系プライベート・エクイティ・ファンドのJ-STARは平成29年5月15日、アルファコーポレーションから、家庭教師派遣業及び個別指導教室運営事業を取得したことを発表した。アルファコーポレーションは、「家庭教師アルファ」のブランドで、札幌において16拠点の個別指導教室運営や、全国で家庭教師派遣事業を展開している。不登校の生徒の家庭教師も手掛けており、社会性の高い取り組みも行っている。少子化の影響で市場縮小はあるものの、個別指導のニーズは高く、プロ講師による需要は根強い。

マーケットデータ

●補習学習費

文部科学省「子どもの学習費調査」によると、参考書等購入や家庭教師、学習塾などへ通うための経費が含まれる補習学習費の推移は次の通り。小学校、中学校、高等学校の公立、私立ともに補習学習費は増加している。

補習学習費の推移 （単位：万円）

区 分		平22年度	平24年度	平26年度
小学校	（公立）	8.6	8.7	8.7
	（私立）	29.6	30.1	30.2
中学校	（公立）	23.0	22.4	24.6
	（私立）	18.1	19.2	19.5
高等学校	（公立）	12.5	12.2	13.5
	（私立）	18.8	18.3	20.5

（注）調査は2年ごと
（出所）文部科学省「子どもの学習費調査」

業界の特性

●家庭教師派遣業者の分類

家庭教師派遣業者を大きく分類すると、①家庭教師派遣業者、②専属プロ家庭教師、③学生サークル・学生団体、④家庭教師あっ旋サイト運営業者、⑤個人契約である。大手の家庭教師派遣業者は、登録した教師の中から受講者の学習レベルに対応した教師を派遣する。プロの家庭教師とアルバイトの家庭教師に分かれるが、プロの家庭教師は社会人が専業として行っており、指導経験が豊富である。

●家庭教師派遣業者数

家庭教師派遣業に関する公的データは見当たらないため、事業所や従業員数を把握するのは困難である。家庭教師派遣業協同組合の加盟会社は、家庭教師・学参、家庭教師のアズ、プロ家庭教師アズネット、家庭教師の学び家、全国医学部生家庭教師会、プロ家庭教師のDIC（ディック）学園である。業界最大手はトライグループの「家庭教師のトライ」で、平成28年3月期決算では、財務状況は良いものの、6億2,000万円の赤字を計上している。また、大手の学習塾などが家庭教師派遣事業を行っている。学研ホールディングスの「学研の家庭教師」、学研グループの「プロ家庭教師のプレステージ」、リソー教育グループの「家庭教師センター名門会」、ワオ・コーポレーションの「オンラインの家庭教師ワオティーチャー」、

学究社の「ena家庭教師センター」などである。NTTタウンページ「iタウンページ」によると、平成29年6月2日現在の家庭教師派遣業者数は2,495件となっている。

家庭教師派遣業数

地域	業者数	地域	業者数	地域	業者数
全　国	2,495	富　山	21	島　根	8
北海道	90	石　川	71	岡　山	63
青　森	27	福　井	40	広　島	52
岩　手	21	山　梨	22	山　口	32
宮　城	45	長　野	88	徳　島	24
秋　田	21	岐　阜	22	香　川	44
山　形	26	静　岡	103	愛　媛	41
福　島	26	愛　知	219	高　知	8
茨　城	34	三　重	25	福　岡	114
栃　木	20	滋　賀	17	佐　賀	17
群　馬	29	京　都	56	長　崎	22
埼　玉	57	大　阪	165	熊　本	36
千　葉	56	兵　庫	121	大　分	32
東　京	238	奈　良	10	宮　崎	16
神奈川	166	和歌山	15	鹿児島	33
新　潟	72	鳥　取	16	沖　縄	14

（出所）「iタウンページ」

●家庭教師派遣料金

家庭教師派遣料金は、小学生や中学生、高校生の学年や学習目的などによって異なる。また、入会金（1万～2万5,000円）や家庭教師の交通費、教材費などを負担する場合もある。不登校コースや高卒認定コースもあり、医学部受験対策は料金が高い。料金相場は次の通り。

家庭教師派遣料金 （家庭教師派遣会社）

目　的		学生教師（円）	プロ教師（円）
小学校	授業の補習	2,500～4,000	4,000～7,000
	受験対策	3,500～4,500	5,000～10,000
中学校	授業の補習	3,000～4,000	5,000～8,500
	受験対策	3,500～5,000	5,500～15,000
高等学校	授業の補習	3,500～4,500	5,000～8,500
	受験対策	3,500～5,000	6,000～25,000

（出所）各社ホームページを基に作成

ノウハウ

●家庭教師を紹介するサービス

ITベンチャーのテックバディは平成29年1月、家庭教師を紹介するサービスを本格的に開始した。料金は登録した家庭教師が決めるが、1時間当たり1,500～2,000円程度で割安な料金となっている。小学生から高校生向けの家庭教師紹介サイト「おべんきょレスキュー」は、長期の担任制ではなく、各家庭の要望に対応し、単発の授業も依頼できる。教師の特性なども分かりやすく紹介し、受講前の判断材料にしてもらう。テックバディは、家庭教師と受講者から10%の手数料を受け取る。学生や主婦など、空き時間に勉強を教えたいとの需要は高く、今後も大学の学生などに登録を呼びかけていく。

経営指標

家庭教師派遣業単独の指標は見当たらないので、ここでは参考として、TKC経営指標（平成29年版）より、「学習塾」の数値を掲げる。

TKC経営指標 （変動損益計算書）	全企業　245件	
	平均額（千円）	前年比（％）
売上高	112,517	100.9
変動費	9,031	104.7
仕入高	8,363	105.0
外注加工費	544	103.0
その他の変動費	133	110.8
限界利益	103,485	100.5
固定費	99,127	100.9
人件費	58,628	101.3
減価償却費	2,361	101.1
租税公課	1,375	93.9
地代家賃・賃借料	13,085	100.2
支払利息・割引料	387	90.2
その他	23,272	100.9
経常利益	4,358	92.8
平均従事員数	21.6名	

今後の課題／将来性

●課題

家庭教師派遣業においては、料金が明確に示されていないこともあり、利用者とのトラブルも見受けられる。最近ではホームページで料金を掲載している業者も多いが、○○円～という表現が多く、保護者には分かりづらい。利用者の信頼度を高めるためには、明確な料金設定が不可欠である。また、派遣する家庭教師の質を高めることはもちろんのこと、生徒のニーズに合わせた指導方法や指導するジャンルを増やすことなどが必要である。

《関連団体》　家庭教師派遣業協同組合

　　埼玉県戸田市中町1－20－46

　　TEL　048（445）0133

●サービス業● （教育）

予 備 校

最近の業界動向

●学習塾・予備校の市場規模

　矢野経済研究所によると、平成27年度の学習塾・予備校の市場規模は前年度比2.0％増の9,570億円であった。平成28年度は同0.8％増の9,650億円と予想されている。少子化の影響で市場規模の縮小が懸念されるが、映像授業を組み合わせた学習サービスなどが生徒数を伸ばし、学習塾では低学年層の生徒開拓が進んでいることなどがプラス成長につながっている。

学習塾・予備校の市場規模 （単位：億円）

年　　度	平24	平25	平26	平27	平28（予測）
市場規模	9,380	9,360	9,380	9,570	9,650

（出所）矢野経済研究所

●「大学入学共通テスト（仮称）」の概要や問題例を公表

　文部科学省は、「大学入学共通テスト（仮称）」の概要や問題例を平成29年5月16日に公表し、約30年ぶりの大学入試改革の全体像が明らかになった。この新テストは平成32年度から導入される。国語と数学には思考力や表現力を見定める狙いで記述式問題を採用し、英語は民間の検定・資格試験を活用して現行の大学入試センター試験で問う「読む・聞く」という技能に加え、「書く・話す」も評価するようになる。知識の詰め込み型と言われた従来の授業形式を見直し、能動的な学習を促す「アクティブラーニング」を授業に取り入れる動きが広がっている。

●学研ホールディングスが市進ホールディングスを持ち分法適用会社に

　学研ホールディングス（HD）は、平成29年5月上旬をメドに市進ホールディングス（HD）の創業者の資産管理会社などから株式を買い取り、現在議決権ベースで19.07％の出資比率を31.47％に引き上げて持分法適用会社とすることを発表した。学研HDが平成28年7月から始めた大学受験向けの映像授業「学研プライムゼミ」に、市進HDが持つ動画配信のプラットフォームを活用して教育事業を強化するのが狙いだ。既に埼玉県を中心に、タブレット端末を使った授業や英語教育の強化などに取り組む事業を共同で進めている。少子化が避けられないことから学習塾や予備校の事業環境は厳しさを増しており、生き残るために再編機運がさらに高まる可能性がある。

●アドバンテッジが学習塾大手「やる気スイッチ」を買収

　投資ファンドのアドバンテッジパートナーズは、学習塾大手のやる気スイッチグループホールディングスを買収した。アドバンテッジは、今後も成長が見込める教育産業に投資機会を見いだし、やる気スイッチは投資ファンドの資金と経営管理ノウハウを活用して事業拡大を加速し、将来の株式上場を目指す。また、やる気スイッチはアドバンテッジからブランド認知度向上策やITインフラの整備などの支援を受け、海外展開の強化も検討する。投資ファンドは企業価値を高めて上場すれば、上場時の株式売却で投資収益を得られる狙いもある。組織・人材コンサルティングのリンクアンドモチベーションも出資する。

マーケットデータ

●学習塾・予備校の売上高

　日経流通新聞「第34回サービス業総合調査」によると、学習塾・予備校の売上高は次の通り。

学習塾・予備校の上位10社の売上高 （平成28年度）

順位	社　名	売上高（百万円）	前年度比伸び率（％）
1	明光ネットワークジャパン	46,122	▲3.4
2	やる気スイッチホールディングス	32,801	6.1
3	栄光（栄光ゼミナール）	29,883	0.2
4	学研ホールディングス（学研教室他）	27,492	0.4
5	リソー教育（TOMAS）	20,777	5.8
6	早稲田アカデミー	20,628	2.5
7	東京個別指導学院	17,909	4.8
8	ワオ・コーポレーション	17,718	3.2
9	さなる（佐鳴予備校）	17,413	5.2
10	臨海（臨海セミナー）	17,018	6.7

（出所）日経流通新聞

●大学入学者数

　文部科学省「文部統計要覧」によると、大学入学者数は次の通り。平成28年は前年に比べて0.1

％増の61万8,423人であった。国立大学入学者数は前年に比べて10万146人と0.5％減少したが、公立大学は前年に比べて1.2％増の3万1,307人、私立大学の入学者数は0.2％増の48万6,970人であった。

大学入学者数（単位：人）

項　目	平26年	平27年	平28年
入学者総数	608,247	617,507	618,423
国　立	100,874	100,631	100,146
公　立	30,669	30,940	31,307
私　立	476,704	485,936	486,970

（出所）文部科学省「文部統計要覧」

業界の特性

●予備校の費用

予備校の費用は、入学金、授業料、テキスト代、夏期・冬季講習料や模擬試験料などで構成されている。進路相談の担当指導料が必要な予備校もある。夏期・冬季講習や模擬試験はオプションであるため、必ずしも受ける必要がない。また、授業料は1授業当たりや受講回数、月単位など、予備校によって異なっている。

●授業内容

大学のように単位の履修が目標ではなく、大学合格という一点に絞られて授業が行われる。カリキュラムは国立大学と私立大学の別、理科系・文科系・医歯薬科系、美術系など、目標大学の入試科目・制度を考慮した編成となっている。このほか、科目別の単科コースも設定されている。

●映像学習

人手不足の影響が予備校にも広がり始めたことから、タブレットやパソコン等が講師の代役を務め、生徒のレベルに応じたカリキュラムを提供する学習塾もある。生徒がタブレットなどで、自分のレベルにあった映像講義を視聴したり、苦手分野の問題を解いたりして学ぶ。複数の教室を監督する1人の専任講師が、分からない個所だけ教える仕組みだ。通常より講師数が少ないので、月額授業料を安価にできる。

ノウハウ

●河合塾がAIベンチャーと数学教材開発

河合塾は、AIを活用することで、高校生の学習効率の向上が見込める新しい教材の開発が可能になると判断し、AIのベンチャー企業COMPASSと高校生向け教材の共同開発に着手した。生徒がタブレットを使って問題を解き、AIが間違えた部分の理由を解析することで、一人ひとりに最適な学習プログラムをつくる。学習塾や予備校では、教室の授業ではない方法で基礎学力をどう付けさせるかが課題になっており、河合塾ではAIで生徒の実力に応じた教育プログラムを提供することで、幅広い生徒のニーズに応えられるとみている。

経営指標

予備校を対象にした指標は見当たらないので、ここでは参考として、TKC経営指標（平成29年版）より、「各種学校」の数値を掲げる。

TKC経営指標 （変動損益計算書）	全企業　39件	
	平均額（千円）	前年比（％）
売上高	244,570	96.1
変動費	13,652	102.9
仕入高	12,942	104.6
外注加工費	593	91.5
その他の変動費	104	63.1
限界利益	230,917	95.7
固定費	218,481	98.7
人件費	136,384	100.2
減価償却費	10,179	108.9
租税公課	6,241	109.2
地代家賃・賃借料	20,606	90.6
支払利息・割引料	1,997	98.3
その他	43,071	94.8
経常利益	12,436	62.5
平均従事員数	31.6名	

今後の課題／将来性

●将来性

大学の入試改革に向け、従来の知識の詰め込み型授業形式を脱却して能動的な学習を促すアクティブラーニングを取り入れる動きが広がっている。英語教育に長けた英語学校との連携や買収などにより、大学入試向けに英語の会話力や書く能力の教育ノウハウを習得することが求められている。

《関連団体》　全国専修学校各種学校総連合会
　　　東京都千代田区九段北4－2－25
　　　私学会館別館11F
　　TEL　03（3230）4814

●サービス業● （教育）

ビジネススクール

最近の業界動向

●専門職大学院数の減少傾向に歯止めがかかる

　文部科学省の資料によると、平成28年度の専門職大学院数は前年比3校増の117校となった。近年、専門職大学院数は減少傾向にあったが、歯止めがかかった状態になった。専門職大学院数の推移は次の通り。

専門職大学院数の推移

平24年度	平25年度	平26年度	平27年度	平28年度
128校	124校	122校	114校	117校

（出所）文部科学省

●「専門職大学」の新設

　平成31年度の開設を目指している新機関「専門職業大学」について、文部科学省は平成29年3月10日、一定の実務経験や国家資格を持つ社会人は通常4年間コースを短縮して学位が取れるように制度設計することを決定した。即戦力の人材育成、社会人が通いやすい仕組みにする。新機関は産業界と連携したカリキュラム作りが特徴で、4年制と短大相当の2、3年制を設け、4年制では「学士（専門職）」を授与する。専門性に富んで現場をけん引できる人材輩出を目指す。

●国際認証の取得

　国際的評価の高い認証団体から、教育や研究の質の認証を受けるビジネススクールが増えている。米国の認証機関AACSBによると、これまで日本では立命館アジア太平洋大学、名古屋商科大学、慶応大学の3校にとどまっていたが、6校が取得を目指して申請中だ。認証を受けると、学生交換や研究交流がスムーズになる。認証を取得するためには、基準を満たすカリキュラム編成や、博士号を持つ教員の割合を一定以上にしたりなどする必要がある。また、費用も必要でハードルは高い。

●ビジネススクール各校が企業幹部向けプログラムに注力

　国内のビジネススクール各校は、企業幹部向け

プログラムに力を入れている。グローバル化に伴い、戦略やマーケティングなど幅広いマネジメント力を身に付けさせたいという企業のニーズに対応する。ビジネススクールでは、理論的な分析や意志決定方法などを短期間で学べるプログラムを提供している。早稲田大学大学院経営管理研究科では、10年以上の実務経験がある上場企業の部課長級を主な対象とするプログラムを実施している。平成29年秋からは英語授業を組み込んだコースも始めた。

マーケットデータ

●教育産業の市場規模

　ビジネススクールの市場規模や数に関する公的な資料は見当たらない。矢野経済研究所によると、平成28年の教育産業全体の市場規模は2兆5,006億円と推計される。このうち、資格取得学校の市場規模は1,880億円、資格検定試験市場規模が447億円、企業向け研修サービス市場規模が4,970億円などとなっている。

●分野別専門職大学院の専攻数

　文部科学省の資料によると、分野別専門職大学院の専攻数は次表の通り。分野別専門職大学院の専攻数は、法科大学院が45で全体の26.7％を占め、続いてビジネス・MOTが32で18.9％を占める。

分野別専門職大学院の専攻数 （平成28年度）

分　野	国立	公立	私立	株立	合計
ビジネス・MOT	12	3	16	1	32
会　　　計	2	1	9	1	13
公　共　政　策	5	0	2	0	7
公　衆　衛　生	3	0	1	0	4
知　的　財　産	0	0	3	0	3
臨　床　心　理	2	0	4	0	6
法　科　大　学　院	16	2	27	0	45
教　職　大　学　院	39	0	6	0	45
そ　の　他	1	4	8	1	14
合　　計	80	10	76	3	169

（注）1つの大学で複数の専攻を設置している場合があるため、各分野の大学数の合計は前述の全大学数の合計と一致しない
（出所）文部科学省

●専門職大学院への入学者数

　同じく、文部科学省の資料によると、平成28年度の専門職大学院の入学者数は前年度比1.7％増の6,999人であった。法科大学院の入学者数は前

－ 124 －

年比15.6％減の1,857人となり、4年連続で減少している。一方、ビジネス・MOTは前年比5.4％増の2,397人となり、4年連続で増加している。分野別専門職大学院の入学者数は次表の通り。

専門職大学院への入学者数

分野別	平25年度	平26年度	平27年度	平28年度
入学者数	7,312	6,707	6,883	6,999
法科大学院	2,698	2,272	2,201	1,857
教職大学院	803	772	874	1,217
ビジネス・MOT	2,085	2,119	2,274	2,397
会　　　計	561	441	465	485
公 共 政 策	321	275	300	263
公 衆 衛 生	103	99	96	101
知 的 財 産	108	82	82	63
臨 床 心 理	128	117	106	123
そ の 他	505	530	485	493

（出所）文部科学省

業界の特性

●認証評価

専門職大学院は、教育課程や教員組織等の教育研究活動の状況について、文部科学大臣から認証を受けた認証評価機関の評価（5年以内ごと）を受けなければならない。評価項目は、教育課程、教員組織のほか、成績評価、修了認定、入学者選抜、管理運営、施設設備、図書等が設けられている。

●社会人学生が学修しやすくなるための配慮

専門職大学院では、社会人が学びやすいようさまざまな配慮をしている。社会人に対して一般とは別の選抜枠や受験科目を設けたり、平日夜間や土曜日に授業を実施したりしている。また、通いやすいよう都心にサテライトキャンパスを開設し、短期コースの設定も可能である。さらに、教室以外でも履修できるよう、多様なメディアを利用した授業を実施している。

平成28年の状況	社会人に配慮	勤務時間に配慮	サテライト・遠隔授業	短期コース	メディアを利用した授業
ビジネス・MOT	26	32	16	9	6
会　　　計	10	8	2	2	2
公 共 政 策	6	2	1	4	－
法 科 大 学 院	13	9	3	－	－
教 職 大 学 院	33	24	6	13	1
そ の 他	18	15	6	8	4
計	106	90	34	36	13

（出所）文部科学省

ノウハウ

●グロービス経営大学院の卒業後の支援体制

グロービス経営大学院は、卒業生のキャリア支援として、優れた事業案に最大500万円を出資する制度を設けている。平成29年8月、同経営大学院は、MBA修了後のキャリアプラン実現のためのプログラムを発表した。それによると、MBAを取得した後に、どのように経歴を活かしていけば良いか転職支援のためのキャリアセミナーを開催する。また、転職サイト「ビズリーチ」と提携した転職支援活動も行う。

経営指標

ビジネススクールを対象にした指標は見当たらないので、ここでは参考として、TKC経営指標（平成29年版）より、「他に分類されない教育、学習支援業」の数値を掲げる。

TKC経営指標 （変動損益計算書）	全企業　56件	
	平均額（千円）	前年比（％）
売上高	166,867	100.4
変動費	19,828	121.2
仕入高	18,505	118.9
外注加工費	994	103.7
その他の変動費	84	67.2
限界利益	147,039	98.1
固定費	144,271	100.5
人件費	90,753	99.7
減価償却費	6,010	109.0
租税公課	3,288	96.6
地代家賃・賃借料	8,528	102.5
支払利息・割引料	1,638	95.0
その他	34,126	101.9
経常利益	2,767	44.5
平均従事員数	19.8名	

今後の課題／将来性

●課題

ビジネススクールには、即戦力の人材育成が求められる。ビジネススクールで学んだ人材の評価が企業や社会で認められれば、ビジネススクールのブランド価値が高まる。変化する社会情勢に応じたカリキュラムを継続的に作成することが必要だ。

《関連団体》　全国専修学校各種学校総連合会
　　東京都千代田区九段北4-2-25
　　TEL　03（3230）4814

●サービス業●（教育）

資格学校

最近の業界動向

●資格取得学校の市場規模は前年度比1.1％増

　矢野経済研究所によると、平成28年度の資格取得学校の市場規模（事業者売上高ベース）は、前年度比1.1％増の1,900億円であった。ここ数年減少傾向が続いていたが、増加に転じた。比較的簡単な資格や就職系講座などに受講者が増え、市場が活性化している。平成29年度は、引き続き拡大基調で推移すると予想され、平成29年度は前年度比2.6％増の1,950億円と予測されている。なお、平成28年度の資格検定試験市場規模は427億円となっている。

資格取得学校の市場規模（単位：億円）

年度	市場規模	年度	市場規模
平21	2,370	平25	2,030
22	2,250	26	1,950
23	2,170	27	1,880
24	2,120	28	1,900

（出所）矢野経済研究所

●AI活用の機運が高まる

　AIの専門人材の育成に関して、官民双方での動きが加速している。ソニーやソフトバンクなどがAI・ビッグデータ解析に精通した人材育成の講座を設け、修了者に独自の認定資格を授与する計画だ。また、経済産業省等主導でIoTとAIの専門人材を短期集中で、育成するプログラムを作ることも公表されている。こうした新技術に対応できる人材は非常に限られており、技術レベルの達成度を証明する資格などの需要が今後高まるものと考えられる。

●「励まし型」の教室を開校

　資格取得のオンライン学習サービスのサイトビジットは、宿題のチェックなど生徒を挫折させないようサポートに徹する。オンラインで学習する人は途中で挫折する人が多く、継続率が低い。継続率を高めるため、「励まし型」の教室を開校した。実際に塾に行って講師に見てもらうのは週1回だが、随時メールなどで相談に応じる。サイト

ビジットは、簿記や司法書士など23の資格取得講座があり、今後は「励まし型」の教室をフランチャイズ形式で増やしていく。

マーケットデータ

●資格学校別の売上高

　資格学校の大半は中小規模の事業者であり、大手は数社だけで、上場している企業はさらに限られている。TACやヒューマンホールディングス、ユーキャンのほか、大手では東京リーガルマインドや大原学園があるが売上高などは非公表である。

主な資格学校の売上高（単位：百万円）

会社名	売上高	決算期
ＴＡＣ	20,440	平29・3
ヒューマンホールディングス	74,416	平29・3
ユーキャン	37,000	平29・3

（出所）各社決算報告

●主な資格試験の受験者数、合格率

　平成28年度の資格別の受験者数、合格者数、合格率は次の通り。有資格者の需給状況や試験の難易度によって、合格率が毎年変動している。

主な資格試験の受験者数、合格率（単位：人、％）

資格名	平27年度受験者数	平28年度受験者数	平28年度合格率
司 法 試 験	8,016	6,899	22.9
行 政 書 士	44,366	41,053	9.9
公 認 会 計 士	10,180	10,256	10.8
税 理 士	38,175	35,589	2.1
中 小 企 業 診 断 士	15,326	16,024	5.2
社 会 保 険 労 務 士	40,712	39,972	4.4
宅 地 建 物 取 引 士	194,926	198,463	15.4

（出所）各協会、団体などの資料

業界の特性

●対象とする講座・資格試験

　大きく分けて、アート・デザイン系、コンピュータ系、法律・会計等のビジネス資格系、医療・福祉系などがある。これらの資格を総合的に取り扱っているのは大手の資格学校のみで、大半は一つの分野あるいは資格に特化した講座を展開している。

●民間資格に対する第三者評価の導入

　全国検定振興機構の調査（平成25年）によると、1,163の民間の資格検定試験がある。文部科学省は、それらに対する外部評価の仕組みづくりに対する指針案をまとめている。検定試験実施団体の

運営状況や試験内容の適切性などを第三者評価機関が評価するもので、平成30年度から、希望する団体が定期的に審査を受けられる体制を整備していく見通し。

●教育訓練給付金制度

　教育訓練給付金制度は、雇用保険の給付金の一種で、厚労省が指定する教育訓練を受講・修了し、支給要件期間など必要な要件を満たした場合に、入学料および受講料が次の割合で支給される。①一般教育訓練（2割、上限額10万円）②専門実践教育訓練（4割、上限額96万円）、資格取得後1年以内に就職した場合など、さらに一定の要件を満たした場合は6割（上限額144万円）が支給される。③一般教育訓練の受講日前1年以内にキャリアコンサルタントのコンサルティングを受けた場合の費用（上限額2万円）。専門実践教育訓練給付金の対象となる講座は、中長期的なキャリア形成に資する専門的かつ実践的な教育訓練とされており、「業務独占あるいは名称独占の資格取得を目的とする養成課程（看護師、調理師等）」、「専門学校の職業実践専門課程」、「専門職大学院」などが対象となっている。対象となる講座は年々増加している。

ノウハウ

●適切な試験対策・受験指導

　ソフト面では、人気のある国家試験の合格率は低く、高いハードルがある。このため、多くの試験は独学での合格は難しく、資格学校が蓄積した長年のデータ等をもとに提供する試験対策や受験指導が大きくモノを言うことになる。従って、合格率や予想問題的中率などは勿論のこと、講師の人気度や、テキストの分かりやすさ、面倒見の良さなど、受験生の評判が受講生募集の大きなカギを握っている。優秀な講師・スタッフの確保は重要である。また、ハード面では、近代的な設備の整備や利便性の高い場所への立地が求められる。遠隔地での受講生や多忙な社会人受講生確保のためには、eラーニング環境やスマートフォンでの学習アプリなどの導入も必要である。こうした環境を整えるためには、計画的な資金調達・設備投資が必要である。

経営指標

　ここでは参考として、TKC経営指標（平成29年版）より、「その他の教養・技能教授業」の数値を掲げる。

TKC経営指標 （変動損益計算書）	全企業　63件	
	平均額（千円）	前年比（%）
売上高	51,467	102.0
変動費	9,307	108.4
仕入高	9,320	107.6
外注加工費	56	248.4
その他の変動費	15	149.0
限界利益	42,160	100.6
固定費	40,949	97.0
人件費	20,921	100.8
減価償却費	1,815	102.1
租税公課	820	94.5
地代家賃・賃借料	4,912	98.2
支払利息・割引料	244	90.9
その他	12,176	90.2
経常利益	1,210	▲397.4
平均従事員数	8.0名	

今後の課題／将来性

●課題

　各資格試験の合格率が年々厳しい傾向になっている背景には、有資格者が総じて過剰気味で過当競争になってきていることが挙げられる。一部の資格では、合格して独立を果たしても生活を維持できるだけの仕事が獲得できないといったケースが目立ってきている。また、AIの進展により、知識に偏った資格の存在意義が問われてくる可能性も高い。今後は、資格取得だけをゴールにするのではなく、取得後のフォローにも力を入れる必要がある。

●将来性

　多くの企業が人材の育成に力を入れているが、OFF・JTの能力開発までなかなか手が届かないのが実情である。働き方改革や業務の効率化を推進するためには、社員一人一人の自主的なスキルアップが不可欠である。そのため、今後はビジネスマンにとって必要な知識・技術を体系的に学んでもらう仕組みを、各企業に提供していく法人向けビジネスの強化が不可欠となっている。

《関連団体》　全国検定振興機構
　　東京都港区新橋1−20−10
　　TEL　03（3539）3821

●サービス業●（教育）

英会話学校

最近の業界動向

●2020年度に導入される次期学習指導要領

2020年度に導入される次期学習指導要領に基づき、小学3年生から始まる英語教育について、文部科学省は小学3から小学6の年間指導計画案と教材サンプルを専門家会議に示した。高学年では児童が興味を持ちやすいテーマを扱い、自然な形で中学校の英語学習につなげることを目指す。遊びながら英語に親しむ活動は定着しているが、文字学習などの面で課題が指摘されている。一方、学習塾は小学生向けの英会話授業に乗り出している。「栄光ゼミナール」を運営するZEホールディングスは、傘下に持つ英会話学校「シェーン英会話」と連携し、都心部などで授業を始めていく。また、早稲田アカデミーも小学生から中学生を対象に英語塾を開く。

●教材を刷新

英会話教室のイーオンは、中学生向けのレッスンに用いる教材を刷新する。次期学習指導要領で重視される「話す・聞く・読む・書く」の4技能をバランス良く伸ばすことに重点を置いた内容にする。平成28年4月には、既に小学生向けの教材を刷新している。中学生向けの教材は、平成30年4月から全国の教室で導入し、生徒確保につなげる。また、VRに対応した英会話学習の新アプリを開発した。スマートフォンからアプリをダウンロードするだけで、市販のヘッドマウンテンディスプレイで簡単に利用できる。

●駿台予備校で英会話レッスンを開始

「駿台予備学校」を運営する駿河台学園は、英会話レッスンを始めた。受講生は無料でレッスンが受けられる。駿台予備校に通う現役生が対象の「バイリンガル・インストラクターによるスピーキングトレーニング」は、平成29年5月から首都圏14校舎と関西の3校舎で順次開始していく。レッスンは会話が中心で予約が埋まっている校舎も

出ている。

マーケットデータ

●外国語会話教室の売上高

経済産業省「特定サービス産業動態統計調査」によると、平成28年度の外国語会話教室の年間売上高は857億7,400万円で前年度と同じであった。

外国語会話教室の年間売上高、受講者数（単位：百万円、人）

項　目	平26年度	平27年度	平28年度
売上高	82,155	85,774	85,774
受講料収入	76,659	79,759	79,824
教材料売上高	5,496	6,015	5,950
受講者数	4,620,522	4,728,324	4,849,566
うち、新規入学者数	151,170	153,524	151,607

（注）平成26年1月、平成27年1月に一部調査対象の追加を行ったため、以前の数値との不連続が生じている。なお、伸び率はこれを調整したものである。売上高ならびに受講者数については、全国（又は特定の地域）の年間売上高の概ね7割程度をカバーする売上高上位の企業（又は事業所）を対象としている
（出所）経済産業省

●語学月謝の年間支出額

総務省「家計調査年報」によると、平成28年の1世帯当たりの語学月謝の年間支出額は前年比0.2％増の3,847円であった。月謝類合計に占める語学月謝の割合は10.8％となり、前年の10.4％に比べると0.4ポイント拡大している。

語学月謝の年間支出額（単位：円）

項　目	平26年	平27年	平27年
語学月謝	3,825	3,839	3,847
月謝類合計	36,324	37,036	35,557
月謝類合計に占める語学月謝の割合（％）	10.5	10.4	10.8

（出所）総務省「家計調査年報」

●語学ビジネスの市場規模

矢野経済研究所によると、語学ビジネスの分野

語学ビジネスの分野別市場規模（単位：億円）

市場分野	平27年度	平28年度（予）
外国語教室全体	3,440	3,500
成人向け	2,090	2,100
幼児・子供向け	1,010	1,030
プリスクール	340	370

（注）成人向けはビジネス目的や趣味・教養など。幼児・子供向けは0歳から中学生を対象、プリスクールは英語のみで教育・保育などを行う幼稚園や保育園
（出所）矢野経済研究所

別市場規模は表の通り。

業界の特性

●事業所数

経済産業省「特定サービス産業動態統計調査」によると、平成28年の外国語会話教室の事業所数は前年比2.4％増の3,814所、従業員数は同0.1％増の6,011人となっている。

外国語会話教室の事業所数、従業者数（単位：所、人）

項　目	平26年度	平27年度	平28年度
事業所数	3,754	3,805	3,814
従業者数	5,809	6,007	6,011
正社員	2,525	2,587	2,623
その他	3,824	3,420	3,388

（出所）経済産業省

●講師数

経済産業省「特定サービス産業動態統計調査」によると、平成28年度の外国語会話教室の講師数は1万411人、うち専任が3,171人、非常勤が7,240人である。

外国語会話教室の講師数（単位：人）

項　目	平26年度	平27年度	平28年度
講師数	9,812	10,310	10,411
うち専任	3,135	3,123	3,171
うち非常勤	6,677	7,187	7,240

（出所）経済産業省

●収入

生徒からの入学金、授業料が収入となる。個別レッスン1回（40分）の受講料金は6,000〜7,500円が主流である。受講料は数カ月分、複数回分を前払いするところが大半である。

●経費

経費は人件費と広告宣伝費が大きなウエイトを占める。広告宣伝費は収入の2〜3割程度が目安とされている。経営悪化を理由に広告宣伝費を削減する学校が多いが、広告宣伝費を削減しすぎると生徒獲得が難しくなるので注意が必要である。

ノウハウ

●子ども向け英会話学校

英会話教室「NOVA」を運営するNOVAは、主に2〜6歳向けの集中英語レッスンの教室を始めた。価格はインターナショナルスクールの相場の4分の3程度に設定し、インターナショナルスクールに通わせたいが高くて通わせられない層の需要を取り込む。滋賀県に開いた「NOVAバイリンガルスクール」は、利用者が自由に時間を選べ、1日最大6時間、週5回にわたり英語のレッスンが受けられる。一方、ニチイ学館は「COCO塾ジュニア」の小規模英会話教室を始めた。既存の大型教室の近くにサテライト教室として開設する。講師は近くの教室から派遣する形にしてコストを抑え、低価格と通いやすさをアピールする。

経営指標

ここでは参考として、TKC経営指標（平成29年版）より、「外国語会話教授業」の数値を掲げる。

TKC経営指標 （変動損益計算書）	全企業　35件	
	平均額（千円）	前年比（％）
売上高	77,437	105.7
変動費	4,168	96.6
仕入高	3,818	86.6
外注加工費	47	279.0
その他の変動費	310	358.3
限界利益	73,269	106.3
固定費	69,705	102.6
人件費	42,222	101.3
減価償却費	2,208	112.4
租税公課	1,999	112.5
地代家賃・賃借料	7,582	101.4
支払利息・割引料	405	103.6
その他	15,287	104.2
経常利益	3,563	356.7
平均従事員数	14.7名	

今後の課題／将来性

●将来性

外国人観光客の増加や2020年の東京オリンピック開催に備えて市場が拡大している。また、文部科学省が進める英語力強化に向けた教育改革による次期学習指導要領を受け、英語教育の現場を取り巻く環境も大きく変わろうとしている。学校教育で英語教育の強化が図れるにつれて英会話学校の在り方についても変化が求められてくると予測される。

《関連団体》　日本私立学校振興・共済事業団
　　東京都千代田区富士見1−10−12
　　TEL　03（3230）1321

●サービス業●（教育）

モータースクール

最近の業界動向

●教習所の経営環境は悪化

少子化や若者の車離れにより、自動車学校は生徒数の減少が続いている。業界団体の全日本指定自動車教習所協会連合会会員の平成28年12末現在の教習所数は1,280所で、前年末より10所減少している。また、平成28年中の会員教習所卒業生は153万8,645人で、前年に比べ9,211人の減少となった。生徒数の減少に悩む自動車教習所では、生き残りをかけた模索が続いている。

●高齢ドライバー向けの講習が増加

高齢化の進展に伴い、高齢者の免許保有者は増え続けている。警察庁「運転免許統計」によると、平成27年は前年に比べて40歳代以降が増加し、10歳代から30歳代は減少している。また、80歳以上の運転免許保有者は15万7,531人増加し、保有者率も前年の2.2％から2.4％となった。運転免許保有者の年代別内訳は次の通り。

年代別免許保有者数

年代別	平成26年	平成27年
10歳代	988,816	984,800
20歳代	10,784,587	10,559,501
30歳代	15,181,069	14,752,032
40歳代	17,424,434	17,517,060
50歳代	13,984,069	14,201,351
60歳代	14,393,025	14,651,166
70歳代	7,515,308	7,528,652

（出所）警察庁

●ドローン教習で新たな収入源を確保する

生徒数の減少に歯止めがかからない中、自動車教習所では、車の運転を教えてきたノウハウや飛行に必要な広い敷地がある利点を生かし、ドローン教習の開校に向けた動きが広がっている。ドローンは無人航空機の総称で、重さ200グラム以上の機体を、空港周辺や住宅密集地で飛ばす場合、国の許可が必要だ。国家資格はないが、民間団体などが独自に資格を設けている。国土交通省は平成29年4月から、民間団体が行っているドローン講習について、公認制度を導入する。実技訓練や学科内容、講師の数など一定の要件を満たした団体が選ばれ、国土交通省のサイトに掲載される。ドローンの教習に乗り出すことで、新たな収入源につながるか期待される。

●センコーが指定教習所の運営を開始

物流会社のセンコーは物流業界でのドライバー不足を背景に、平成28年11月から大型自動車免許の指定教習所の運営を開始した。指定教習所となったことで、教習所の卒業生は、運転免許試験場で技能試験を受ける必要がなくなり、効率的に免許を取得できるようになった。交通安全教育を含むドライバー教育に加え、新たなドライバーを確保するために大型自動車免許の取得も促進していく。今後、けん引免許（自走しない状態の車両総重量750kgを超える車をけん引する場合に必要な免許）なども取得できるように教習科目の幅を広げていく計画である。

マーケットデータ

●免許取得者数

警察庁の「運転免許統計」によると、平成27年の第1種の運転免許の合格者数は、前年とほぼ横ばいの0.6％減の202万3,165人だった。

種類別運転免許試験の合格者数

区分／種類別		合格者数（人）		合格率（％）	
		平26年	平27年	平26年	平27年
第1種総数		2,034,509	2,023,165	75.1	75.9
第一種免許	大　型	58,918	60,505	91.0	91.4
	中　型	201,246	203,936	99.0	99.0
	普　通	1,267,918	1,277,150	71.6	72.3
	普通二輪	206,070	196,104	82.9	84.0
	大型特殊	49,319	48,682	81.7	82.7
	けん引	22,787	22,904	80.2	81.5
	小型特殊	550	596	61.3	59.2
	大型二輪	87,400	83,913	90.5	90.6
	原　付	140,301	129,375	59.1	60.6
第二種免許		30,190	30,348	42.8	44.3
仮　免　許		1,278,463	1,290,512	76.9	77.6

（出所）警察庁

●指定教習所数

警察庁の「運転免許統計」によると、平成27年の教習所数は1,339カ所となり、前年の1,347カ所と比べて8カ所減少した。また、卒業者数は前年

－ 130 －

比1.6％減少している。

指定自動車教習所数、卒業者数の推移

年次	教習所数	卒業者数（人）
平23年	1,366	1,563,772
24年	1,358	1,589,098
25年	1,351	1,611,940
26年	1,347	1,595,971
27年	1,339	1,571,071

（出所）警察庁

業界の特性

●教習指導員の数

警察庁の「運転免許統計」によると、平成27年の教習指導員は3万2,208人でほぼ横ばいで推移している。

教習指導員の数（単位：人）

項　目	平25年	平26年	平27年
技能検定員（A）	18,828	18,835	18,872
教習指導員（B）	32,626	32,608	32,125
技能検定員兼教習指導員（C）	18,826	18,832	18,870
副管理者（D）	4,274	4,323	4,274
技能検定又は教習指導員（E）	4,189	4,231	4,274
総数（F）	32,713	32,703	32,208

（注）総数はA＋B－C＋D－E＝F
（出所）警察庁

●需要期

自動車教習所の需要は1月から3月にかけて最盛期を迎える。これは免許取得を目指す大学生や新入社員が多いためである。一方、合宿所免許の場合は、学生が夏休みに入る7～8月に生徒数が増える傾向がある。

●教習料金

生徒から受け取る教習所料金は、入学金、指定教習時間に対する基本料金、補習料金、教材代などで構成され、教習所の所在地や最終的な教習時限数により料金総額は変動する。また、教習所料金は、自宅や学校の近くから通う通学型教習と、合宿型教習とでは異なる。一般的には、普通車運転免許の新規取得にかかる入所料金は30～35万円と言われている。

ノウハウ

●中国語で受講できる合宿コースを開講

南部自動車学校は、国内の中国人の増加を受け、日本語が苦手な在留中国人をターゲットに、学科教習と技能教習をほぼ中国語で学べる合宿コースを開講した。日本人受講生が減る「閑散期」を中心に、中国人の受講生を募る方針で、平成29年5月から生徒を募集し、前期（4～6月）と後期（9～11月）の年2回開講。合宿所で宿泊しながら最短16日間で卒業でき、宿泊費と1日3回の食費を含め、費用は27万円（税込み）である。母国語での教習は、日本と中国の交通規則やマナーの違いを理解する上で役立っており、中国人受講生も基本的なルールが良く分かったと好評だ。

経営指標

モータースクールを対象にした指標は見当たらないので、ここでは参考として、TKC経営指標（平成29年版）より、「その他教養・技能教授業」の数値を掲げる。

TKC経営指標（変動損益計算書）	全企業　63件	
	平均額（千円）	前年比（％）
売上高	51,467	102.0
変動費	9,307	108.4
仕入高	9,320	107.6
外注加工費	56	248.4
その他の変動費	15	149.0
限界利益	42,160	100.6
固定費	40,949	97.0
人件費	20,921	100.8
減価償却費	1,815	102.1
租税公課	820	94.5
地代家賃・賃借料	4,912	98.2
支払利息・割引料	244	90.9
その他	12,176	90.2
経常利益	1,210	▲397.4
平均従事員数	8.0名	

今後の課題／将来性

●課題

生徒数の減少で、自動車教習所は生き残りをかけ知恵を絞っている。二種免許の事業領域への特化や在日外国人向けのサービスの提供など、差別化を図る必要がある。

《関連団体》　一般社団法人全日本指定自動車教習所協会連合会
　東京都千代田区九段南2－3－9
　TEL　03（3556）0070

●サービス業● （教育）

プログラミング教室

最近の業界動向

◉公立小学校でプログラミング教育が必修

国はプログラミング教育に力を入れる方針で、2020年度には公立小学校でプログラミング教育が必修となる。海外ではプログラミング教育を重視しており、専門家から日本の遅れが指摘されていた。プログラミング教育により、子ども達にコンピューターに意図した処理を行うよう指示することができるということを体験させながら、「プログラミング的思考」を育てたい考えだ。プログラミングは、人間の意図した処理を行うようコンピューターに指示を与える行為で、専門用語で命令するものが多い。しかし、近年ではブロックを並べたり、絵を描いたりして指示できるようになり、初心者でも気軽にできるようになってきた。小学校での必修化を受け、小学生を対象にしたプログラミング教室を運営する企業や団体も増えている。

◉子ども向けロボットプログラミング教室を展開

学校法人追手門学院は平成29年4月、子ども向けロボット教育事業に進出した。既に追手門学院中学・高校でロボットプログラミング教育を進めており、外部の教室でも実施して認知度を高める。子ども向けプログラミング教室「プログラボ」は、阪神電気鉄道や読売テレビ、映像の製作・企画などを手掛けるエイデックで構成する「プログラミング教育事業運営委員会」が運営している。追手門学院が100％出資する事業会社オーティーエムは平成29年3月、「プログラボ」のフランチャイズ1号店を大阪府茨木市に開設した。また、阪神電気鉄道は平成29年4月から「プログラボ」を始め、公立小学校への出張授業も行い、積極的に「プログラボ」の教室数を増やしている。

◉ヒューマンアカデミーが「こどもプログラミングコース」を開講

人材派遣のヒューマンホールディングス傘下の

ヒューマンアカデミーは、全国約940教室でロボット教室を開講している。平成29年6月から、ヒューマンアカデミーロボット教室で、「こどもプログラミングコース」が開講され、300教室以上で受講できる。コースは年齢や期間に応じて「プライマリーコース」、「ベーシックコース」、「ミドルコース」、「アドバンスプログラミングコース」がある。コースに応じ、ロボット製作を進めながらパーツ名を覚え、さまざまなバリエーションを持つロボットを製作し、構造や仕組みなどを学ぶことができる。同社は平成21年からロボット教室を始め、ロボット教室全国大会を開催している。2020年には、教室数を2倍にし、在籍生徒数3万人を目指している。

マーケットデータ

◉市場規模

プログラミング教育については、新しい分野で公的なデータがない。矢野経済研究所によると、平成27年度の教育産業全体（主要12分野計）の市場規模は2兆5,006億円となっている。このうち、学習塾・予備校、資格取得学校、英会話・語学学校などの市場規模は次の通り。

学習塾・予備校等の市場規模（単位：億円）

分野別	平26年度	平27年度	平28年度（予測）
学習塾・予備校	9,380	9,570	9,650
資格取得学校	1,950	1,880	1,810
英会話・語学学校	3,070	3,100	3,130
資格検定試験	408	426	447
通信教育	2,587	2,183	1,984
企業向け研修サービス	4,860	4,970	5,070
eラーニング	1,745	1,650	1,767

（出所）矢野経済研究所

◉プログラミング教室運営企業の売上高

学童保育や英会話教室などを運営する「夢見る株式会社」は、プログラミング教室「ロボ団」を全国展開している。「平成28年度の大阪ベンチャー企業成長プロジェクト」の支援先に選ばれ、平成28年12月の月商は400万円超、平均顧客単価は1万7,000円である。また、「ヒューマンアカデミーロボット教室」を開催しているヒューマンアカデミーは、ヒューマンホールディングスのグループ会社である。ヒューマンホールディングスの平成29年3月期の売上高は744億1,600万円で、この

— 132 —

うち教育事業の売上高は211億900万円となっている。児童教育事業では、ロボット教室を中心にフランチャイズ加盟店が1,000教室を超え、生徒数も順調に伸ばしている。

業界の特性

●プログラミング教室の授業内容

プログラミング教室の授業内容はさまざまだが、制作やプログラミングを基礎から学び、プログラミング言語を用いたロボット制御技術が身に付くよう構成されている。

●受講料

入会金、受講料（月額）ともに約1万円で、体験受講は1,000円程度で受けられる。子どもの能力に応じ、コースに分かれてカリキュラムが組まれている。

●プログラミング教室

小中高生を中心にプログラミング教室を運営する企業や団体は40以上あるといわれる。大都市が中心であるが、地方にも広がりつつある。プログラミング教育専業事業者のほか、大手の学研ホールディングスや学習塾「栄光ゼミナール」を運営する栄光など、プログラミング教室を展開している。

●プログラミング用玩具の開発

プログラミング教育が2020年度から小学校で必修になるのを受け、保護者の間でも関心が高まっている。プログラミング用玩具も開発されている。米玩具メーカーマテル社の日本法人マテル・インターナショナルの「プログラミングロボ」や、英プリモトイズの「キュベット」などが開発されている。また、ワイズインテグレーションとナチュラルスタイルは、「ゾビーゴ 子どもロボットプログラミング」を発売した。付属の子供用プログラミングパソコンを使って段ボール製のロボットを動かすことができる。家庭でも基礎的な考え方を学ぶことができる玩具や教材が登場している。

ノウハウ

●楽しく学べる工夫

プログラミング教室では、制作したロボットをパソコンでプログラミングし、設定された課題を解決するためにはどう動かすか、自ら考えてプログラミングすることを学ぶ。論理的思考力や問題解決力、表現力、集中力などを身に付けることができる。子ども向けの教室では、楽しみながら学べるようロボットを使ってサッカーで遊ぶプログラムや動物の動きを決めるゲームなど工夫している。

経営指標

プログラミング教室単独の指標は見当たらないので、ここでは参考として、TKC経営指標（平成29年版）より、「他に分類されない教育、学習支援業」の数値を掲げる。

TKC経営指標 （変動損益計算書）	全企業　56件	
	平均額（千円）	前年比（％）
売上高	166,867	100.4
変動費	19,828	121.2
仕入高	18,505	118.9
外注加工費	994	103.7
その他の変動費	84	67.2
限界利益	147,039	98.1
固定費	144,271	100.5
人件費	90,753	99.7
減価償却費	6,010	109.0
租税公課	3,288	96.6
地代家賃・賃借料	8,528	102.5
支払利息・割引料	1,638	95.0
その他	34,126	101.9
経常利益	2,767	44.5
平均従事員数	19.8名	

今後の課題／将来性

●課題

プログラミング教育の必修化に向け、パソコンやタブレット端末などハード面の整備が課題となっている。また、プログラミングを教える教員は経験のない新しい分野であるため、教え方など取り組む課題も多い。

●将来性

学童教育や学習塾などを手掛ける企業は、プログラミング教育の必修化に向け既に動き出している。授業内容を充実させたり、教室数を増やしたりなどしている。今後、競争が激しくなることが予想される。

《関連団体》　一般社団法人コンピュータソフトウェア協会
　　東京都港区赤坂1－3－6
　　　赤坂グレースビル4F
　　TEL　03（3560）8440

●サービス業● （教育）

料理学校

最近の業界動向

◉料理の市場規模は5.1％増

日本生産性本部「レジャー白書2017」によると、学習レジャーサービスに含まれる料理の市場規模は、平成28年で420億円と、前年の410億円に比べて2.4％増となった。

料理の市場規模（単位：億円）

年次	市場規模	年次	市場規模
平19年	350	平24年	340
20年	350	25年	360
21年	360	26年	390
22年	360	27年	410
23年	380	28年	420

（出所）「レジャー白書2017」

◉旅行と組み合わせた料理教室を提供

クックパッドとJTBコーポレートセールスは、子どものクリエイティブな発想、表現力を育てる親子料理体験プログラムを共同開発した。共働き世帯の増加や核家族化による個食など家庭料理環境の変化によって、子どもが料理に接する機会が少なくなっている。クックパッド料理教室と、子ども達の生きる力を育むさまざまな体験プログラムを提供しているJTBが、「親子で料理する」楽しさと効果を手軽に体験するプログラムを提供することで、料理への関心を高める取り組みを行っている。

◉外国人向けの料理教室が人気

インバウンドの増加に伴い、外国人向けの日本料理教室が人気を集めている。京都市のNecustoが運営する外国人向けの料理教室「クッキングサン」では、3カ月を目安にメニューを変更している。寿司のようなメジャーな日本料理ではなく、一般的な日本料理を英語で学べるのが特徴である。

◉レシピ動画の「mogoo（もぐー）」が料理教室などと組み合わせた取り組み

アプリなどで料理レシピを動画で提供するサービスが増える中、「mogoo（もぐー）」を運営するスタートアウツは、コンビニエンスストアなどで簡単に手に入る食材を使った料理教室を開催した。できた料理はSNSに投稿される。スタートアウツは、企業から依頼を受けて製作するタイアップ動画を収益源にしている。食品メーカーを中心に30社ほどと協業しているが、料理教室を開催して参加した人から収集した声をレシピ開発などに役立てている。

◉親子の料理教室

キッコーマンやキユーピーなど食品大手が料理教室を開いている。キッコーマンは、年4回程度の頻度で定期的に料理教室を開催していく。キッコーマンのしょうゆを使ったメニューづくりを体験してもらう。キユーピーは著名なシェフを招いて、父親と子どもの料理教室を開いた。食育や自社商品のファンを増やす狙いがある。

マーケットデータ

◉料理への参加人口

日本生産性本部「レジャー白書2017」によると、平成28年の料理（日常的なものは除く）の参加人口は前年比9.2％減の1,390万人であった。活動回数、年間平均費用ともに減少している。

料理（日常的なものを除く）への参加状況

項　目	平27年	平28年
参　加　人　口（万人）	1,530	1,390
参　加　率（％）	15.2	13.8
年間平均活動回数（回）	26.2	23.9
年間平均費用（円）	25,500	21,700
用具等	16,600	14,900
会費等	8,900	6,800

（出所）「レジャー白書2017」

◉料理科のある専修学校と各種学校の生徒数

文部科学省「学校基本調査報告」によると、平成28年度の専修学校と各種学校の料理科の学生数は合計で2,354人である。このうち、専修学校の料理科の学校数は3校、生徒数は299人である。

専修学校、各種学校の料理科と生徒数

項　目	平26年度	平27年度	平28年度
専　修　学　校	5校	4校	3校
生　徒　数	913人	803人	299人
各　種　学　校	22校	23校	21校
生　徒　数	1,857人	2,089人	2,055人

（出所）文部科学省「学校基本調査報告」

各種学校の料理科の学科数は21校、生徒数は2,055人である。

業界の特性

◉料理学校、料理教室の数

全国料理学校協会に加盟する料理学校の数は、平成29年10月現在で約330校ある。ここで示す料理学校は、先述の文部科学省「学校基本調査報告」で、調査対象外の個人が経営する料理学校も含まれる。また、協会に加盟していない学校も多い。なお、NTTタウンページ「iタウンページ」によると、料理教室の件数は平成29年10月現在で1,069件である。都道府県別では、東京都の131件が最多で、次いで大阪府76件、愛知県68件、兵庫県59件と続いている。

◉料理学校の分類

料理学校には、調理師や栄養士などの資格取得や、就業のための高度な技術を教育する事を目的とした専修学校と、日常料理のレパートリーを増やすため、趣味として料理を学ぶことを目的として料理教室がある。前者は、専門学校として1年から3年間通学する形で調理技術だけではなく栄養面や衛生面の知識を集中して学ぶための長期間通学するスタイルで、調理学校や製菓学校、栄養学校がある。後者は、一般家庭料理から諸外国の珍しい料理、子どもが喜ぶお菓子の作り方など、受講者が学びたいテーマを短期的に学ぶことを目的としたスタイルである。

◉立地

専修学校は、多くの学生を集めるためにターミナル駅周辺など交通の便を考慮した立地にしていることが多い。一方、料理教室では、ターゲットとしている顧客のニーズに合わせて立地している。例えば社会人女性をターゲットにする場合には、交通の便が良く、周辺にビジネス街が存在した立地に開校している。

ノウハウ

◉昼休みに習える料理教室

時短料理が広がる中、短時間で料理を習える料理教室が支持を集めている。THINK ABOUT EATが主催する料理教室は、昼休み時間に40分でプロの料理人から料理を習うことができる。料理教室「EATALK（イートーク）」は、料理のレクチャー20分、食事に20分の計40分に設定している。ランチタイムの間に料理を習うことができ、容器を持参すれば作った料理を持ち帰ることもできる。筆記用具だけ持参すれば気軽に参加することができるため、主婦などの参加も多いという。朝活や夕活だけでなく昼休みを有効利用できる。一般向けの会場は横浜市の1カ所だけだが、都内にも会場を増やしていく。

経営指標

料理学校を対象にした指標は見当たらないので、ここでは参考として、TKC経営指標（平成29年版）より、「他に分類されない教育・学習支援業」の数値を掲げる。

TKC経営指標 （変動損益計算書）	全企業　56件	
	平均額（千円）	前年比（％）
売上高	166,867	100.4
変動費	19,828	121.2
仕入高	18,505	118.9
外注加工費	994	103.7
その他の変動費	84	67.2
限界利益	147,039	98.1
固定費	144,271	100.5
人件費	90,753	99.7
減価償却費	6,010	109.0
租税公課	3,288	96.6
地代家賃・賃借料	8,528	102.5
支払利息・割引料	1,638	95.0
その他	34,126	101.9
経常利益	2,767	44.5
平均従事員数	19.8名	

今後の課題／将来性

◉将来性

料理学校の受講者ニーズは多様化している。時短料理が広がり、動画で料理手順を見ながら料理する人も増えている。プロフェッショナルを目指す人でも、短期間に習得したいと思う人が増え、専修学校でも対応する必要がある。また、一般の料理教室でも、短時間に料理ができ、気軽に参加できることが求められている。

《関連団体》　一般社団法人全国料理学校協会
　　東京都新宿区下宮比町2－28
　　TEL　03（6228）1650

●サービス業● （教育）

ヨガ教室

最近の業界動向

●頭に着目した「ヘッドヨガ」

　ヨガの人気が高まり、2人以上でするスタイルの「アクロヨガ」や「空中ヨガ」など、さまざまなスタイルのヨガが登場している。LAVA Internationalが運営する「ホットヨガスタジオLAVA」では、頭に着目した「ヘッドヨガ」を行っている。パソコンやスマートフォンなどの普及で、日常で下を向くことが多くなっている。頭は5kgほどあり、下を向いている時に首にかかる負担は最大30kgを超えるとも言われている。この首への負担が積み重なると、背中全体を緊張させて肩こりや腰痛を引き起こす原因になる。頭皮のマッサージや、背骨を中心にヨガのポーズを行うことで身体を整えて美しい姿勢が保て、肩こりや腰痛緩和・頭が軽くなるなどの効果が期待できる。頭皮の刺激により、気持ちもリフレッシュして顔色も明るくなるとされている。

●ヨガ専門のマネージメント会社を設立

　「スタジオ・ヨギー」を全国展開しているロハスインターナショナルは、ヨガインストラクターと、ヨガを活用したい、ヨガに興味のある企業やメディアのニーズのマッチングを行う専門会社「トゥルーライフエージェント」を設立した。ヨガ市場は拡大傾向にあり、ヘルスケア業界やスポーツ界、ビジネス界などで関心が高まっている。ヨガインストラクターへの取材やイベント出演、ヨガを中心にした研究や商品開発など互いの強みをコラボレートして、ヨガインストラクターのサポートと地位向上を目指す。国内のヨガ市場の活性化と市場拡大を図り、業界を盛り上げていくことが同社の狙いだ。

●介護事業者が参入

　介護関連事業を行っている「こもれび」（群馬県）は、富山県内のヨガスタジオ運営会社と提携し、ヨガスタジオの運営に乗り出した。同社は新たな事業の柱として、平成29年4月10日に1号店となる「ホットヨガスタジオ　ユニオン高崎飯塚スタジオ」をオープンした。ヨガスタジオは女性専用で、今後、半年に1店舗のペースで前橋や高崎、伊勢崎エリアの郊外に出店していく計画だ。

マーケットデータ

●健康（美容・ヨガ・ジャズダンス等）の市場規模

　日本生産性本部「レジャー白書2017」によると、ヨガ・ピラティスの市場規模の推移は次の通り。平成28年は1,390億円で、前年に比べて0.7％の増加であった。

健康（美容・ヨガ・ジャズダンス等）の市場規模

年次	市場規模（億円）	年次	市場規模（億円）
平21年	1,540	平25年	1,180
22年	1,280	26年	1,200
23年	1,260	27年	1,380
24年	1,240	28年	1,390

（出所）「レジャー白書2017」

業界の特性

●ヨガ教室の数

　NTTタウンページ「iタウンページ」によると、平成29年6月8日現在ヨガ教室の数は1,521教室である。最も多い都道府県は、東京都の269教室

ヨガ教室数

地域	教室数	地域	教室数	地域	教室数
全　国	1,521	富　山	13	島　根	3
北海道	54	石　川	11	岡　山	9
青　森	5	福　井	9	広　島	38
岩　手	10	山　梨	7	山　口	7
宮　城	19	長　野	33	徳　島	10
秋　田	4	岐　阜	18	香　川	15
山　形	12	静　岡	39	愛　媛	11
福　島	13	愛　知	109	高　知	9
茨　城	20	三　重	20	福　岡	92
栃　木	24	滋　賀	15	佐　賀	3
群　馬	22	京　都	44	長　崎	11
埼　玉	56	大　阪	136	熊　本	13
千　葉	49	兵　庫	86	大　分	15
東　京	269	奈　良	18	宮　崎	8
神奈川	94	和歌山	10	鹿児島	13
新　潟	28	鳥　取	4	沖　縄	16

（出所）「iタウンページ」

— 136 —

で、次いで大阪府（136教室）、愛知県（109教室）、神奈川県（94教室）、福岡県（92教室）、と続いている。

◉ヨガ・ピラティスの参加人口

日本生産性本部「レジャー白書2017」によると、ヨガ・ピラティスの参加人口、参加率、年間平均費用は次の通り。平成28年の参加人口は650万人で、前年の660万人に比べて1.5％減少した。また、年間平均費用は前年の2万9,600円に比べ5,000円増えて3万4,600円であった。

ヨガ・ピラティスの参加人口、参加率等

部　門	参加人口 （万人）	参加率 （％）	年間平均費用 （千円）
ヨガ・ピラティス	650	6.5	34.6

（出所）「レジャー白書」

◉ヨガの種類

ヨガは種類が多く、バリエーションも豊富で、体を鍛えることに重心を置いたもの、瞑想を中心としたものなど、運動量や目的もさまざまである。年齢や体調、目指す目的などでヨガが選択される。主なヨガの種類は次の通り。

主なヨガの種類

ハ　タ　ヨ　ガ	ヨガの呼吸、瞑想や基本的なヨガのポーズをゆっくりとしたペースで行うことができ、比較的オールマイティに誰でも参加しやすい。
パ　ワ　ー　ヨ　ガ	筋力トレーニングと意志を強める瞑想が特徴で、エクササイズ的な要素が大きく、ダイエットや肉体の強化などを目的とする。
骨盤調整ヨガ	骨盤矯正のポーズを中心に行い、骨盤の歪みを整え、ボディシェイプに効果がある。
マタニティヨガ	妊娠中の不安定な心身を穏やかに癒して、出産への不安を和らげる効果もあり、リラクゼーションとしても行われている。妊娠中の女性に合わせたヨガである。
ホ　ッ　ト　ヨ　ガ	室温40度、湿度55％程度の高温多湿の環境の中でポーズを行い、たっぷりと汗をかくのでデトックス効果が高い。なお、呼吸に負荷がかかるため、体の弱い人が急に始めるのは難しい。

ノウハウ

◉ヨガ・ピラティスに特化したマッチングアプリを開発

in nova合同会社は、インストラクターと受講生が互いの時間を有効活用できるマッチングアプリ「Timee」を開発し、平成29年内にリリースする。「Timee」はインストラクターやスタジオが、通常のヨガ・ピラティスのレッスンや空いている時間などのスケジュールをアップすることで、ユーザーは好きな時間や場所から自分の受けたいレッスンをアプリ上で実際に申し込むことができる。また、予約から決済まで全てアプリで行える。同社は、ヨガ・ピラティス関係者の利用を促し、多くの人にヨガ・ピラティスの素晴らしさを知ってもらうことで利用者を増やしていく。

経営指標

ここでは参考として、TKC経営指標（平成29年版）より、「スポーツ・健康教授業」の数値を掲げる。

TKC経営指標 （変動損益計算書）	全企業　82件	
	平均額（千円）	前年比（％）
売上高	124,268	101.0
変動費	11,844	101.4
仕入高	10,975	102.3
外注加工費	637	98.4
その他の変動費	147	74.9
限界利益	112,423	101.0
固定費	110,364	102.1
人件費	65,671	101.2
減価償却費	2,681	103.6
租税公課	1,189	101.5
地代家賃・賃借料	14,095	99.2
支払利息・割引料	558	95.1
その他	26,154	106.5
経常利益	2,059	62.8
平均従事員数	27.6名	

今後の課題／将来性

◉課題

健康志向の高まりを背景に、ヨガは幅広い層に受け入れられやすく、リラックス効果や美容効果を期待して始める人も多い。成長が期待できる業界であり、競争が激しくなることが予想される。優秀なヨガインストラクターの育成や処遇面が課題となる。

《関連団体》　一般社団法人全日本ヨガ協会
　東京都中央区銀座2－7－8　銀座貿易ビル
　TEL　03（6228）6020

●サービス業● （教育）

ダンス教室

最近の業界動向

●ダンス人気が広まる

　ダンスミュージックの人気が若い親子両世代に広まっている。また、中学校でダンスが必修化されたために、誰もがダンスに抵抗感がなくなっている。フィットネスクラブでは、小中学生向けのダンス教室に注力している。これまでダンス教室といえば、小規模のものがほとんどだったが、ダンス人気の広まりから、大手企業でも参入を開始している。

●生命保険会社の社会貢献活動

　第一生命保険は平成29年9月13日、LDH JAPANと、地域社会の活性化及び発展に向けて「子どもの育成」をはじめとする社会貢献活動に関する包括連携協定を締結した。連携事項では、豊かな次世代社会の創造に向け、子どもたちの夢を応援するために両社が協働してダンス教室を開催することや、生活習慣改善の具体策としてダンス体操の普及活動を行うことなどが取組事項として挙げられている。

●健康のための高齢者向けダンス教室

　BCCの社内カンパニーであるスマイル・プラスカンパニーが運営する介護・福祉・健康関連の常設展示場ATCエイジレスセンターでは、日本ストリートダンススタジオ協会との共催で高齢者向けダンス教室を平成29年7月より開催した。厚生労働省が後援している。高齢者は日常的に体を動かすことで体力を維持することが必要だが、自ら習慣化するのは難しく、転倒予防や介護予防向けのダンスプログラムのノウハウを持つ日本ストリートダンススタジオ協会がレッスンを提供し、未経験者でも続けられる構成になっている。

マーケットデータ

●市場規模

　日本生産性本部「レジャー白書2017」によると、健康（美容・ヨガ・ジャズダンス等）の市場規模の推移は次表の通り。平成28年は1,390億円で、前年の1,380億円と比べると0.7％増加している。

市場規模の推移 （単位：億円）

年次	フィットネスクラブ	健康（美容・ヨガ・ジャズダンス等）
平23年	4,090	1,260
24年	4,120	1,240
25年	4,240	1,180
26年	4,320	1,200
27年	4,390	1,380
28年	4,480	1,390

（出所）「レジャー白書2017」

●お稽古・習い事の市場規模

　矢野経済研究所によると、平成27年度のお稽古・習い事市場規模（受講料ベース）は、前年度比0.3％減の1兆9,699億円であった。このうち、ダンス教室（バレエ、社交ダンス、ジャズダンス他）の市場規模は2,220億円（全体の11.3％）である。

お稽古・習い事の分野別構成比 （平成27年度）

分野別	構成比	分野別	構成比
スポーツ	33.0％	音楽	5.2％
日本文化	16.3％	料理	3.0％
外国語	15.7％	美容・健康	1.7％
アート	13.0％	パソコン	0.8％
ダンス	11.3％		

（出所）矢野経済研究所

●エアロビクス・ジャズダンスの参加人口

　日本生産性本部「レジャー白書2017」によると、平成28年のエアロビクス・ジャズダンスの参加人口は360万人で、前年の450万人と比べると20.0％減少した。また、洋舞・社交ダンスの参加人口は120万人で、前年の170万人と比べると29.4％減少している。

参加人口・参加率の推移 （単位：万人、％）

年次	スポーツ部門（エアロビクス・ジャズダンス）		趣味・創作部門（洋舞・社交ダンス）	
	参加人口	参加率	参加人口	参加率
平23年	550	5.4	210	2.1
24年	420	4.1	150	1.5
25年	410	4.0	170	1.7
26年	320	3.2	190	1.9
27年	450	4.5	140	1.4
28年	360	3.6	120	1.2

（出所）「レジャー白書2017」

業界の特性

●教室数

— 138 —

ダンス教室の事業所数、従業者数に関する公的なデータは見当たらない。NTTタウンページ「iタウンページ」に掲載されるダンス教室の数は平成29年10月26日現在で3,453件である。

ダンス教室

地域	教室数	地域	教室数	地域	教室数
全　国	3,453	富　山	36	島　根	9
北 海 道	199	石　川	33	岡　山	43
青　森	45	福　井	25	広　島	68
岩　手	23	山　梨	27	山　口	52
宮　城	75	長　野	68	徳　島	23
秋　田	35	岐　阜	32	香　川	27
山　形	49	静　岡	138	愛　媛	28
福　島	66	愛　知	223	高　知	24
茨　城	71	三　重	37	福　岡	150
栃　木	69	滋　賀	23	佐　賀	13
群　馬	76	京　都	60	長　崎	26
埼　玉	132	大　阪	215	熊　本	73
千　葉	124	兵　庫	119	大　分	36
東　京	446	奈　良	28	宮　崎	25
神 奈 川	197	和 歌 山	17	鹿 児 島	37
新　潟	86	鳥　取	17	沖　縄	28

（出所）「iタウンページ」

●洋舞、社交ダンスの性・年代別参加率

日本生産性本部「レジャー白書2017」によると、平成28年の洋舞、社交ダンスの性・年代別参加率は次表の通り。男性は10代、女性は70代の参加率が最も高い。

洋舞、社交ダンスの性・年代別参加率（単位：％）

性別	計	10代	20代	30代	40代	50代	60代	70代
男性	0.2	0.9	0.0	0.0	0.3	0.0	0.0	0.6
女性	2.2	0.0	0.5	0.8	0.6	2.2	3.4	6.7

（出所）「レジャー白書2017」

●主なダンスの種類

ダンスは子どもから大人まで楽しめるため、ダンス愛好家の年齢層は幅広い。主なダンスの種類は、①社交ダンス…競技ダンスと呼ばれることもある。種目はラテンとスタンダードに分かれている。②フラダンス…国内愛好者数は約50万人。フラダンスは他のダンスと比べると激しく踊らなくてもよく、シニア層も気軽に踊れる。③ストリートダンス…若者を中心に愛好者が多く、日本ストリートダンススタジオ協会によると、国内のストリートダンスの競技人口は約200万人とされている。

●レッスン料

レッスン料は、前払い式が多く、相場は月謝5,000～8,000円で、１回当たりは1,000～2,000円程度である。ほかに、入会金を徴収する教室もある。また、定額料金制やチケット制を採用する教室もある。

ノウハウ

●英語でバレエが学べる教室

東京都内と神奈川県内で教室を持つバンクーバーバレエシアターは、ネイティヴ講師による英語でバレエのレッスンを受けることができる。０歳児から大人までを対象として多彩なクラス構成を持ち、1,000円の体験レッスンも提供することで門戸を広げている。

経営指標

ここでは参考として、TKC経営指標（平成29年版）より、「その他の教養・技能教授業」の数値を掲げる。

TKC経営指標 （変動損益計算書）	全企業　63件	
	平均額（千円）	前年比（％）
売上高	51,467	102.0
変動費	9,307	108.4
仕入高	9,320	107.6
外注加工費	56	248.4
その他の変動費	15	149.0
限界利益	42,160	100.6
固定費	40,949	97.0
人件費	20,921	100.8
減価償却費	1,815	102.1
租税公課	820	94.5
地代家賃・賃借料	4,912	98.2
支払利息・割引料	244	90.9
その他	12,176	90.2
経常利益	1,210	▲397.4
平均従事員数	8.0名	

今後の課題／将来性

●将来性

ダンスにはさまざまな種類があり、教室としての集客力はある程度の流行にも左右される。一方、シニア層を対象に、健康増進や介護予防の観点からダンスなどのニーズが高まる可能性がある。

《**関連団体**》　公益財団法人日本ボールルームダンス連盟
東京都中央区日本橋浜町２-33-４　日本ダンス会館
TEL　03（5652）7351

●サービス業● （教育）

通信教育業

最近の業界動向

●教育市場は横ばいが続く

矢野経済研究所によると、平成27年度の教育市場は前年度比0.9％減の2兆5,006億円で横ばいが続き、通信教育市場も低迷している。スマートフォンを使った勉強方法などで生徒数を増やしているが、少子化の影響は避けられない。

●不登校・高校中退者への支援としての通信教育

かつては経済的な理由から通信制高校を選択する人が多かったが、最近では不登校生徒の受け皿としての通信制高校が注目されている。また、そうした生徒をサポートするためのサポート校も存在している。厚生労働省は、生活保護受給世帯などを対象にした学習支援事業について、平成30年度から、小中学生に加え、高校中退者や中卒者にも対象を広げる方針で、こうした動きは教育機会の格差是正を意図している。通信教育はその手段として十分に活用される余地がある。

●ゲームをしながら勉強する

学研ホールディングス傘下の学研プラスは、中学生向けに参考書とスマートフォンゲームをセットにした「AppliS（アプリス）」を販売する。参考書で学習内容を読み込み、ページの端に埋め込まれたQRコードを読み取る。アプリに復習問題が出て、正解するとゲームの物語を先に進めることができる。ゲーム世代に対応した学習方法で、ゲームをしながら勉強ができる。

●利用者と講師のマッチング精度を高める

オンライン英会話サービスのビズメイツは、AIなどを導入して、利用者と講師のマッチング精度の向上を図る。ビズメイツはビジネス英語に特化してサービスを提供している。無料ネット通話サービス「スカイプ」を利用して、フィリピン人講師から英会話学習が受けられる。1日25分のレッスンで月額1万2,000円と、大手英会話スクールに比べて格安だ。法人向けと個人向けにサービスを展開している。利用者と講師、教材のマッチング精度を高めることで、利用者の利便性などを向上させる。

マーケットデータ

●通信教育の市場規模推移

矢野経済研究所によると、通信教育市場の市場規模推移は次の通り。平成28年度の通信教育市場は前年度比9.1％減の1,984億円と予測される。

通信教育の市場規模推移 （単位：億円）

年度	市場規模	年度	市場規模
平21	2,906	平25	2,743
22	2,825	26	2,587
23	2,780	27	2,183
24	2,849	28（予）	1,984

（注）事業者売上高ベース
（出所）矢野経済研究所

●ベネッセコーポレーションの売上高

通信教育を手掛ける大手企業は、通信教育のみに特化するのではなく、個別・集団指導や出版事業など、教育ノウハウをさまざまな形で提供している。また、中学から大学受験分野だけでなく、資格取得や趣味・教養に至るまで、すそ野が広い。通信教育講座を主力事業とするベネッセコーポレーションは、会員減少が続いていたが、平成29年4月時点で5年ぶりに会員数が前年を上回った。しかし、ピーク時には420万人を上回っていたが、243万人に減少している。通信教育事業は、売上高の約25％を占めるため、会員数の減少は大きなダメージとなる。中高生が親しみやすいIT端末を用いたサービスの刷新などで会員の増加を図っている。ベネッセコーポレーションの売上高は次の通り。

ベネッセコーポレーションの売上高

項　目	平27・3	平28・3	平29・3
売　上　高（百万円）	463,264	444,190	430,064
経常利益（百万円）	26,838	8,732	5,545

（出所）決算資料

●文部科学省認定の社会通信教育の実施状況

文科省は、民間で行われている通信教育のうち、学校又は一般社団法人若しくは一般財団法人の行う通信教育で社会教育上奨励すべきものを社会教育法の規定に基づき認定し、その普及奨励を図っている。文部科学省が認定した社会通信教育

の団体数は平成28年7月現在で25団体、課程数109課程である。

文部科学省認定社会通信教育の実施状況

区　　分	団体数	過程数
事　務　系　課　程	9	42
技　術　系　課　程	4	28
生活技術・教養系課程	12	39
合　　計	25	109

（出所）文部科学省

業界の特性

●社会通信教育とは

　通信教育は、学校通信教育と社会通信教育に分かれる。このうち、社会通信教育は文部科学省認定の社会通信教育と非認定の社会通信教育に分かれる。非認定の社会通信教育は、ビジネスニーズと娯楽的なニーズに分かれる。ビジネスニーズは、資格や語学、自己啓発などの講座が中心である。娯楽的なニーズは文化、教養、趣味などの講座が多い。文部科学省の認定講座は前者が中心となっている。

●教育訓練給付金制度

　雇用保険の給付金の一種で、厚生労働大臣が指定する教育訓練を受講・修了し、支給要件期間など必要な要件を満たした場合に、入学料および受講料の以下の割合が支給される。①一般教育訓練：2割（上限額　10万円）、②専門実践教育訓練：4割（同　96万円）。資格取得後1年以内に就職した場合など、さらに一定の要件を満たした場合は6割（上限額144万円）、一般教育訓練の受講日前1年以内にキャリアコンサルタントのコンサルティングを受けた場合の費用：2万円上限が支給される。教育訓練給付の支給状況は次の通り。

教育訓練給付の支給状況（単位：人、百万円）

項　　目	平25年度	平26年度	平27年度
受　給　者　数　計	135,944	121,056	126,757
総　給　付　額	4,640	4,491	5,596

（出所）厚生労働省「雇用保険事業年報」

ノウハウ

●通信教育におけるフォローアップ

　通信教育は、自学自習の仕組みであるため、途中で脱落するケースも少なくない。スクリーング・フォローアップの仕組みを設けているところがあるが、受講生の学習状況や達成レベルを個別に把握し必要な助言を行うなど、受講生に寄り添った指導が求められる。また、遠隔地の受講生や多忙な社会人受講生など、教室での対面フォローアップが困難な人のために、eラーニング環境やスマートフォンでの学習アプリなどの導入も必要である。

●経営指標

　ここでは参考として、TKC経営指標（平成29年版）より、「他に分類されない教育・学習支援業」の数値を掲げる。

TKC経営指標 （変動損益計算書）	全企業　56件	
	平均額（千円）	前年比（％）
売上高	166,867	100.4
変動費	19,828	121.2
仕入高	18,505	118.9
外注加工費	994	103.7
その他の変動費	84	67.2
限界利益	147,039	98.1
固定費	144,271	100.5
人件費	90,753	99.7
減価償却費	6,010	109.0
租税公課	3,288	96.6
地代家賃・賃借料	8,528	102.5
支払利息・割引料	1,638	95.0
その他	34,126	101.9
経常利益	2,767	44.5
平均従事員数	19.8名	

今後の課題／将来性

●将来性

　少子化により受験生は減少傾向が続く一方、社会人の新たなスキル習得の需要は高まっている。また、シニア層を中心に「学び直し」の動きも出ている。こうしたニーズを確実に取り込むためには、知識・技術習得後のフォローアップや、同じようなスキルを持つ人のコミュニティづくりなどを支援していくことも必要だ。AIを活用した学習システムの導入など、さまざまなニーズに対応した教育方法が求められている。

《関連団体》　公益社団法人日本通信教育振興協会
　東京都千代田区飯田橋1－7－10
　　山京ビル本館303
　TEL　03（5213）5534

●サービス業● （専門）

公認会計士

最近の業界動向

●合格者増でも公認会計士不足

　平成28年度の公認会計士試験の合格者数は９年ぶりに増加したが、公認会計士不足が続いている。監査法人は採用を活発化しており、平成28年度の全国の公認会計士の採用は千数百人以上と言われ、ここ数年で公認会計士が足りない状態が続いている。特に４大監査法人（新日本、トーマツ、あずさ、PwCあらた）が、採用枠を積極的に増やしている。また、平成28年度の公認会計士試験の願書提出数が前年比ほぼ横ばいの0.7％増の１万256人となったが、ピーク時の平成22年度の２万５千人台だったことを考えれば半分以下に減少している。景気回復により企業に就職しやすい環境になっている中、難関資格である公認会計士にあえて挑戦する若い人材が減少していることも一因である。大手監査法人では、週１～２日の在宅勤務を認める制度を導入したり、出産や介護を機に退職した会計士の再就職も促したり、人材のつなぎ止め対策を実施している。

●監査法人のガバナンス・コードの公表

　金融庁の「監査法人のガバナンス・コードに関する有識者検討会」は、平成29年３月31日に「監査法人の組織的な運営に関する原則」（監査法人のガバナンス・コード）を公表した。この原則は、監査法人の組織運営の透明性を確保するものである。例えば、監査法人が社会の期待に応え、会計監査に対する実効的な組織運営を行うために第三者の知見を十分に活用して監督・評価する機能を強化すること、監査品質の向上に向け、社内や社外との積極的な意見交換や議論を行うことである。監査法人は、本法則の公表が資本市場からのさらなる監査に対する信頼性の維持向上につながり、ガバナンスの向上の契機と捉えている。大手監査法人を中心にコードの趣旨を踏まえた体制強化に向けた取り組みを行っている。

マーケットデータ

●公認会計士試験の合格者数

　金融庁の資料によると、平成28年の公認会計士試験の合格者数は1,108人で、前年度の1,051人と比べて5.4％増加した。合格率は10.8％で前年比0.5ポイント上昇している。また、願書提出数は前年比0.7％増と僅かながら増加し、１万256人となった。

公認会計士試験の合格者数

年次	平24年	平25年	平26年	平27年	平28年
合格者数	1,347	1,178	1,102	1,051	1,108

（出所）金融庁

●日本公認会計士協会の会員数

　日本公認会計士協会の会員数は、平成29年５月現在で、公認会計士２万9,367人、外国公認会計士２人、監査法人223社、会員数の合計は２万9,592となっている。また、会員の地域別割合は、東京が58.9％、近畿が11.5％、東海が6.7％と続いている。

日本公認会計士協会の会員数（平成29年５月末）

地　域	会　員			準会員	合計
	公認会計士	外国公認会計士	監査法人		
北 海 道	361	0	6	44	411
東　　北	387	0	2	52	441
埼　　玉	681	0	0	147	828
千　　葉	663	2	1	138	804
東　　京	17,278	0	137	4,091	21,506
神奈川県	1,419	0	2	291	1,712
東　　海	1,973	0	13	368	2,354
北　　陸	273	0	1	38	312
京　　滋	612	0	8	155	775
近　　畿	3,370	0	34	884	4,288
兵　　庫	700	0	2	133	835
中　　国	447	0	4	67	518
四　　国	228	0	5	26	259
北部九州	699	0	4	156	859
南 九 州	208	0	3	22	223
沖　　縄	68	0	1	5	74
特定社員	—	0	—	156	156
合　　計	29,367	2	223	6,773	36,365

（注）特定社員は地域会に所属しない
（出所）日本公認会計士協会

業界の特性

●一般的な業務内容

　昭和23年に制定された公認会計士法に基づき、

公認会計士は監査及び会計の専門家として、公正性と信頼性を確保するため依頼人から独立した立場で企業の財務情報を検証し、世界中の投資家に開放される株式市場においてその正しさを保証することを主たる業務としている。監査証明は公認会計士だけに与えられた独占業務であり、「監査」の他には「税務」、「コンサルティング」の業務を行い、一般企業の中で組織の一員の立場で「組織内会計士」として、経理業務やIR業務に携わる者もいる。

●新日本監査法人が2年連続のIPO件数がトップ

公認会計士ナビによると、平成28年の監査法人のIPO（新規上場株式）で新日本監査法人が2年連続トップとなった。なお、平成28年IPOの総数は前年度と比較して9件減の83件となった。4大監査法人では、前年度と比べて新日本監査法人では2件の増加、監査法人トーマツとPwCあらた監査法人は同じ件数、あずさ監査法人は9件も減少している。平成28年のIPOの件数のランキングは、次の通り。

平成28年のIPOの件数のランキング

順位	監査法人名	平成28年
1	新日本有限責任監査法人	28件
2	有限責任監査法人トーマツ	23件
3	有限責任あずさ監査法人	13件
4	太陽有限責任監査法人	8件
5	PwCあらた監査法人	3件
5	三優監査法人	3件
7	仰星監査法人	2件
7	東陽監査法人	2件
9	優成監査法人	1件
	合計	83件

（出所）公認会計士ナビ

ノウハウ

●非営利法人へ公認会計士の監査義務化

「社会福祉法等の一部を改正する法律」（平成28年3月31日成立）により、平成29年4月以降に開始する会計年度から一定規模を越える社会福祉法人や医療法人に公認会計士の監査が導入されることになった。近年、社会福祉法人や医療法人にも、社会において健全で適切な業務運営を行うことが要請され、財政状態や経営状態を正確に把握する必要が生じている。このことから、両法人に

も一般的に公正妥当と認められる監査基準に基づく公認会計士の監査を導入することが義務付けられ、両法人は監査を通じ経営のガバナンスの強化や透明性の向上等の経営力の強化を目指すものである。こうした動きは、公認会計士の役割や公認会計士に対する社会の期待の高まりと捉えられることもできるとともに、公認会計士の市場の拡大につながっていく。

経営指標

公認会計士を対象とした指標は見当たらないので、ここでは参考として、TKC経営指標（平成28年版）より、「他に分類されない専門サービス業」の数値を掲げる。

TKC経営指標 （変動損益計算書）	全企業 310件	
	平均額(千円)	前年比(%)
売上高	87,360	101.5
変動費	25,658	102.1
仕入高	21,524	101.5
外注加工費	3,738	99.8
その他の変動費	339	103.1
限界利益	61,702	101.3
固定費	54,830	99.6
人件費	36,411	101.1
減価償却費	1,879	103.5
租税公課	1,222	111.4
地代家賃・賃借料	2,928	104.9
支払利息・割引料	607	105.2
その他	11,705	91.3
経常利益	6,871	117.5
平均従事員数	8.5名	

今後の課題／将来性

●課題

公認会計士は、会計不祥事が続き不正を見逃せば信頼が損なわれ顧客離れにつながる。時間をかけて慎重に監査する傾向が強く、その分人手が必要となるため採用枠を増やしている。しかし、景気の緩やかな回復に伴って企業への就職環境が良くなり、難関な公認会計士の取得を目指す者が減少しており、人材確保が課題となっている。特に、各監査法人は将来を支える若い公認会計士の確保が課題である。

《関連団体》 日本公認会計士協会
　東京都千代田区九段南4-4-1
　TEL　03（3515）1120

— 143 —

●サービス業● （専門）

税 理 士

最近の業界動向

●相続税への関心が高まる

平成27年の相続税法改正により、保有財産が自宅と老後資金のみの中流層でも課税対象となるケースも出てきているため、相続税に関する相談が増加している。スマートフォン向けアプリ開発のテックファームはランドマーク税理士法人と組み、AIを活用した相続相談サービスを行っている。ランドマークの持つ相続申告事例と相続相談内容をデータベース化し、過去の相続案件から適切な方法を割り出し助言する。実績を積んだ後は、他の税理士法人や信託銀行でも利用できるようにしたい意向だ。また、小田急沿線に店舗がある小田急不動産は、ランドマーク税理士法人と組んで、店舗内に相続の無料相談窓口「丸の内相続プラザ」を開設する。町田市内を皮切りに平成32年までに22店舗全てに拡大したい考えだ。「丸の内相続プラザ」では小田急不動産の従業員が相談に応じる。実際の税金の試算など、税理士資格が必要な業務をランドマーク税理士法人に引き継ぐ考えだ。また、小田急不動産の従業員にはランドマーク税理士法人系の資格「認定相続マイスター」の取得を奨励しており、従業員の約8割を有資格者としたい意向だ。「丸の内相続プラザ」開設により、新規顧客獲得だけではなく、沿線の不動産売買の拡大も図る。

●北陸税理士会が企業情報を専用サイトで共有

中小企業、特に小規模事業者の後継者問題は深刻だ。経営者の高齢化が進行し、業績が悪くない場合でも、後継者がいないために廃業を余儀なくされることもある。北陸税理士会はそのような後継者不足である中小企業の事業承継を活性化させるため、M&Aなどを希望する企業情報を税理士間で共有するシステムの構築を進めている。会員である税理士向けの専用サイトを、平成29年から本格運用していく意向だ。当面は、北陸3県の事業所を対象とする。M&Aなどの相談を受けた税理士が、事業者の業種や業績、資産規模をデータベースに登録すると、会員税理士が案件情報を閲覧できるようにする仕組みだ。税理士にとってはサイト掲載や交渉に関する手数料、実際に承継が成立した場合の報酬などが収入となる。民間企業や金融機関でもM&A仲介業務を行ってはいるが、小規模企業の場合は手数料が少ないにも関わらず手間がかかるため、マッチングが進んでいないという現状がある。

マーケットデータ

●税理士登録者・税理士法人の届出数

日本税理士会連合会の資料によると、平成29年7月末現在の税理士数は次の通りである。

税理士登録者・税理士法人の届出数（平成29年7月末現在）

会　　名	登録者数	税理士法人届出数	
		主たる事務所	従たる事務所
東　　　京	22,365	1,116	376
東 京 地 方	4,838	197	116
千　葉　県	2,482	92	61
関 東 信 越	7,296	365	188
近　　　畿	14,563	590	247
北　海　道	1,845	139	79
東　　　北	2,481	118	91
名　古　屋	4,538	253	128
東　　　海	4,317	196	109
北　　　陸	1,400	92	41
中　　　国	3,061	116	69
四　　　国	1,568	72	44
九 州 北 部	3,168	133	98
南　九　州	2,087	89	48
沖　　　縄	401	21	23
合　　　計	76,410	3,589	1,718

（出所）日本税理士会連合会

●年間売上高

総務省「サービス業動向調査」によると、平成

公認会計士・税理士事務所の年間売上高

産業詳細分類	年間売上高（百万円）
学術研究・専門・技術サービス	25,831,998
公認会計士・税理士事務所	1,369,980
経営コンサルタント業	1,878,651
法律・特許事務所	807,097
公証人役場・司法書士事務所・土地家屋調査事務所	314,781
社会労務士事務所	68,796
行政書士事務所	30,741

（出所）総務省「サービス業動向調査」

25年（公式の最新データ）の公認会計士事務所、税理士事務所の年間売上高は表の通り。

業界の特性

●業務内容

税理士業務を行うためには、日本税理士会連合会に登録をしなければならない。また、事務所の所在地を管轄する税理士会に所属なければならない。税理士の主な業務には、税務代理、税務書類の作成、税務相談、e-Taxの代理送信、会計業務の他、補佐人として裁判所に出頭し陳述したり、会計参与として取締役と共同して計算関係書類を作成するなどがある。

●租税教育

日本税理士会連合会は、租税教育等事業に取り組んでいる。租税教育を通じ租税に関する意義や役割等の租税制度を知ることで、申告納税制度の理念や納税者の権利及び義務を理解し、社会の構成員としての正しい判断力と健全な納税者意識を育むことを目的としている。小・中学生や高校生、さらには大学生や社会人を対象に、税理士による租税教室を全国で行っている。

●税理士事業所数・従業者数

総務省統計局「経済センサス基礎調査」によると、平成26年7月1日現在の税理士事務所の事業所数は2万8,465所となっている。従業者数は13万6,392人（男性7万2,690人、女性6万3,702人）である。従業者規模別の事業所数・従業者数は次の通り。4人以下の事業所数が1万7,996所で、全体の63.2％を占めている。

税理士事務所の事業所数・従業者数

規模別	事務所	従業者（人）
合　計	28,465	136,392
1～4人	28,465	43,121
5～9人	7,758	49,074
10～19人	2,211	28,079
20～29人	330	7,760
30～49人	126	4,545
50～99人	31	1,919
100～299人	5	741
300以上	3	1,153
派遣従業者のみ	5	—

（出所）総務省「平成26年経済センサス－基礎調査」

ノウハウ

●freee（フリー）が税務申告ソフトに参入

クラウド会計ソフトのfreee（フリー）は、税務申告ソフトに参入する。「会計freee」の決算データから税務申告書に必要なデータを自動抽出して表示するため、数値をわざわざ入力する手間が省けるのが特徴だ。会計から申告までクラウドで完結できるサービスは国内初である。法人だけでなく個人事業主も利用でき、所得税や消費税の電子申告も可能となっている。

経営指標

ここでは参考として、小企業の経営指標（日本政策金融公庫総合研究所）（平成28年）より、「税理士事務所」の指標を掲げる。

小企業の経営指標	平均
売 上 高 総 利 益 率（％）	96.8
売 上 高 営 業 利 益 率（％）	1.5
売 上 高 経 常 利 益 率（％）	1.8
総 資 本 経 常 利 益 率（％）	3.1
自 己 資 本 経 常 利 益 率（％）	63.6
当 座 比 率（％）	223.6
流 動 比 率（％）	274.3
借 入 金 回 転 期 間（月）	4.6
固 定 長 期 適 合 率（％）	75.1
総 資 本 回 転 率（回）	2.4
受 取 勘 定 回 転 期 間（月）	1.3
支 払 勘 定 回 転 期 間（月）	1.6
従業員1人当たり売上高（千円）	9,367
従業員1人当たり人件費（千円）	5,593
諸 経 費 対 売 上 高 比 率（％）	29.9
人 件 費 対 売 上 高 比 率（％）	61.7

今後の課題／将来性

●課題

税理士の増加や顧客の減少、税報酬規定の廃止などの要因により、税理士間の競争が激化している。競争に生き残るためには、他の士業との連携を強化し複数の顧客獲得ルートをつくったり、国際税務や相続税などを得意な専門分野にすることで差別化を図ることが必要である。また、中小企業の事業承継を活性化させる取り組みが進められ、日本税理士会連合会も積極的に取り組むことが求められる。

《関連団体》　日本税理士会連合会
　　東京都品川区大崎1－11－8
　　TEL　03（5435）0931

● サービス業 ● （専門）

弁護士

最近の業界動向

●「法テラス」の周知活動

日本司法支援センターは、気軽に法的サービスを利用できる社会の実現を目指して設立された。平成28年で10年目を迎え、法律サービスが行き届かない「司法過疎地」に開設された地域事務所は35カ所になった。法テラスの主要事業は、経済的に余裕のない人を対象にした無料相談で、平成27年度は28万6,602件であった。だが、認知度の低さなどの課題も多く、福祉関係者や自治体との連携を強めて、潜在的な需要の掘り起こしを進めている。

●「弁護士ドットコム」が好調

法律相談を仲介する「弁護士ドットコム」が好調だ。弁護士ドットコムのサイト「みんなの法律相談」は、登録する弁護士がさまざまな法律相談に対応してくれる。スマートフォンからの相談も多く、月300円（税別）払えばいつでも相談できる。弁護士ドットコムは、弁護士から登録料を受け取り、自社のサイトで紹介する。国内の約3割の弁護士が登録しているという。

●NPOやボランティア団体を支援動き

企業法務を専門とする弁護士が、NPOを支援する動きが広がっている。支援する内容は、契約書の作成や活動プログラムに関する商標権の取得、スタッフの労務管理などで、無償、有償は個々に異なる。「NPOのための弁護士ネットワーク」では、約20人が活動し、地方にもネットワークを広げている。東京の3つの弁護士会や大阪弁護士会などは、会員弁護士に公益活動を義務付けている。NPOやボランティア団体を支援する例はまだ少ないが、今後広がっていくことが期待される。

マーケットデータ

●弁護数の推移

日本弁護士連合会資料によると、平成29年9月1日現在の弁護士数は3万8,898人、弁護士法人の数は1,079法人であった。また、外国法事務弁護士は401人である。

弁護士数の推移

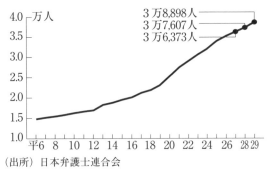

（出所）日本弁護士連合会

●大手弁護士事務所の弁護士数

日本経済新聞社「業界地図」によると、大手弁護士事務所の弁護士数は次の通り。国内では法律件数の伸びが低迷しているため、アジアなどで拠点を設け、法務助言の受任を目指している。

大手弁護士事務所の弁護士数（平成27年）

事務所名	弁護士数
西村あさひ法律事務所	499人
森・濱田松本法律事務所	347人
長島・大野・常松法律事務所	319人
アンダーソン・毛利・友常法律事務所	313人
TMI総合法律事務所	313人
弁護士法人アディーレ法律事務所	144人
シティユーワ法律事務所	128人
弁護士法人大江橋法律事務所	116人
ベーカー＆マッケンジー法律事務所	104人
北浜法律事務所・外国法共同事業	87人

（出所）日本経済新聞社「業界地図」

●企業内弁護士数

日本組織内弁護士協会によると、平成29年6月末現在の企業内弁護士数は1,931人で、採用企業数も937社あり、年々増加の一途を辿っている。背景には企業側のコンプライアンスの意識の高まりに加え、グローバル化の進展やIT技術の向上により、法的リスクへの感度が高まったことが挙げられる。取引形態の変化に伴い、契約書の作成

企業内弁護士数（単位：人）

年次	平27	平28	平29
企業内弁護士数	1,442	1,707	1,931

（注）各年6月30日現在
（出所）日本組織内弁護士協会

段階から社内弁護士が係わることは自然の流れとなっており、今後も企業内弁護士の需要は高まることが予想される。

業界の特性

●法律事務所数と従業員数

総務省「経済センサス－基礎調査」によると、平成26年現在の法律事務所の事業所数は1万3,196カ所、従業員数は6万3,829人となっている。

●弁護士となる資格の取得

弁護士となる資格は、司法修習生の修習を終えたもの（弁護士法第4条）、同5条に規定された者であり、①最高裁判所の裁判官の職にあった者、②司法修習生となる資格を得た後、5年以上簡易裁判所判事、検察官、裁判所裁判官、裁判所事務所を経た者、③5年以上法律で定める大学の学部、専攻科、大学院の法律学教授または助教授を経た者である。

●平成28年の弁護士試験合格率は22.9％

法務省の資料によると、平成28年の法科大学院修了者が対象の司法試験の合格者数は1,583人で、前年よりも14.4％減少した。合格率は22.9％で、前年よりも0.2ポイント低下した。

●弁護士会別会員数

地域別の弁護士の人数を見ると、東京（東京、第一東京、第二東京）の会員数が全体の46.7％を占めており、次いで大阪が11.4％を占めるなど、首都圏への偏在が見られる。今後、過疎地域における弁護士確保が課題となろう。

ノウハウ

●ITで法律事務の効率化が進む

ITを駆使して企業法務の事務作業を効率化する「リーガルテック」が広がっている。「リーガルテック」とは、リーガルとテクノロジーを組み合わせた造語で、ITを利用した法律関連サービスやシステムの総称である。事業者にとっては複雑な契約手続きの簡便化など事務の効率化に寄与する一方、弁護士などの士業にとっては顧客へのサービス提供の手段となる。サイトに登録して月利用料を支払えば、チャットサービス利用による専門家との相談ができるほか、必要に応じて有料での支援が受けられるなど簡便さが評価され利用が広がっている。AOSリーガルテックでは、訴訟を抱える企業等を対象に、「eディスカバリーサービス」というAIによる国際訴訟のサポートなどを行うほか、取引先と安全にチャットできるアプリを、グループ企業を通じて販売したりして効果を上げている。リーガルテックの登場により、対面や書面でのやり取りを基本としてきた弁護士にとって変革が求められることになるであろう。

経営指標

ここでは参考として、TKC経営指標（平成29年版）より、「法律事務所」の数値を掲げる。

TKC経営指標 （変動損益計算書）	全企業 14件	
	平均額（千円）	前年比（％）
売上高	95,955	99.6
変動費	―	―
仕入高	―	―
外注加工費	―	―
その他の変動費	―	―
限界利益	95,955	99.6
固定費	91,163	104.4
人件費	57,968	102.7
減価償却費	2,002	103.7
租税公課	1,952	117.2
地代家賃・賃借料	10,527	111.7
支払利息・割引料	61	120.9
その他	18,651	104.6
経常利益	4,791	53.3
平均従事員数	14.2名	

今後の課題／将来性

●課題

法律事務所勤務や独立弁護士だけでなく、企業内や自治体に勤務する弁護士が増加するなど弁護士のキャリアは多様化しつつある。企業を取り巻く環境はグローバル化や、IT技術の進展が進み、国内外を問わず法的なリスク対応が不可欠であり、関連法が未整備な領域での事業を模索することが多くなっている。また、高齢化の進展に伴う相続や贈与等の弁護士ニーズなど独立弁護士、企業内弁護士を問わず期待値は高まっている。今後こうした需要に応えるため、ニーズに即した弁護業務改革が求められるだろう。

《関連団体》 日本弁護士連合会
　　東京都千代田区霞が関1－1－3
　　TEL　03（3580）9841

●サービス業●（専門）

経営コンサルタント

最近の業界動向

●国内コンサルティング市場

経営コンサルタントは、企業の経営課題を抽出し、改善策の立案・提言により企業の収益向上に貢献していく役割を持つ。IDCジャパンの資料によると、平成28年の国内コンサルティングサービス市場規模は前年比4.8％増の6,792億円となった。このうち、ビジネスコンサルティング市場は、業務のIT化支援を中心とする需要拡大により同7.0％増の3,625億円であった。特にIoTやAIの導入、活用に関わる企業のデジタルトランスインフォメーション（DX）支援事業が同40.3％増の1,200億円となるなど成長をけん引している。同市場は今後も継続して成長を維持できるとみており、平成33年には8,238億円規模まで成長が期待されている。

●三菱UFJコンサルティングが中小事業者を支援

三菱UFJリサーチ＆コンサルティングは、ソーシャルビジネス支援プログラムに取り組む事業者を対象に資金支援や人的支援に取り組む支援先として、平成29年7月に、NPO法人e-Education、NPO法人寺子屋プロジェクト、Little Japanの3法人を決定した。3法人は半年間にわたり同社スタッフの支援が受けられるほか資金支援も受けられる。このプログラムは、平成25年に創設され、これまでに24の団体に資金支援を行っている。

●日本M&Aセンターが業績を上方修正

企業のM&A仲介を手掛ける日本M&Aセンターは、平成29年7月に第2四半期累計（平成29年4月1日〜9月30日）の連結業績予想の上方修正を発表した。同社は今期に入り、M&A仲介の成約件数が増加しており、第1四半期（平成29年4〜6月）では過去最高の173件（前年同期比36.2％）となった。第2四半期に入ってもM&A仲介の成約件数が堅調に伸びることが見込まれたため今回の発表となった。

●アグリホールディングスとゴハンスタンダードが業務提携

健康・食・農業に関する事業のコンサルティングを手掛けるアグリホールディングスは、平成29年5月にゴハンスタンダードとの業務提携を発表した。日本の食材・農産物の海外市場拡大をサポートするワンストップサービスの提供を目的としたもの。両社の持つノウハウの活用により海外の販路開拓を進めるもので、シンガポールをスタートとして今後5年間で取扱品目1万点、100億円の売上規模を目指す計画だ。

●三菱総合研究所とNextremerがAI対話システムで業務・資本提携

産業・社会の各分野でAIがデジタル化の中核技術となる中、人とコンピュータとの自然な対話を可能とするシステムが注目されている。チャットボットはAI対話システムの一つだが、スマートフォンなどを通じて音声やテキストによる簡易操作で情報サービス提供を行う。三菱総合研究所は、AIを活用した対話システムの開発を進めるNextremerと連携事業の展開に合意し、平成29年10月より共同研究を開始する予定である。

マーケットデータ

●船井総研ホールディングスとタナベ経営の業績

大手コンサルタント会社の船井総研ホールディングスとタナベ経営の直近の営業成績は次の通りである。船井総研ホールディングスの平成28年12月期売上高は、前期比11.7％増の164億3,300万円と直近4期連続増収となった。主力の月次支援型コンサルティング事業の契約継続率向上、業種・

船井総研ホールディングス（連結）（単位：百万円）

項　　目	平26年 12月期	平27年 12月期	平28年 12月期
売　上　高	12,485	14,717	16,433
営業利益	2,992	3,497	3,859
経常利益	3,028	3,691	3,866

タナベ経営（単独）（単位：百万円）

項　　目	平27年 3月期	平28年 3月期	平29年 3月期
売　上　高	7,865	8,297	8,389
営業利益	762	856	878
経常利益	808	886	915

（出所）各社決算資料

テーマ別経営研究会の会員数大幅増加が寄与した。一方、タナベ経営の平成29年3月期売上高は前期比1.1％増の83億8,900万円となった。国内景気は緩やかな回復基調が続く反面、中国をはじめとする新興国経済の成長鈍化、米国新政権の政策動向等、国際情勢の不透明感による景気の下振れ感が続く1年間であった。そのような中で地域密着のコンサルティング体制確立に向けたさまざまな取組みの効果により、ほぼ前年並みの実績を確保した。

業界の特性

◉事業所数と従業者数

総務省「経済センサス基礎調査」によると、平成26年の経営コンサルタントの事業所数は9,644所、従業員数は9万8,694人となっている。

◉他のコンサルタントとの連携

経営コンサルタントの収入を左右するのは、経営者の実力はもちろん、人柄、人脈、経歴も大きく影響する。特に中小規模の経営コンサルタントは、マンパワーに限界がありすべてのニーズに応えるのは困難である。自らの能力を補完可能な他の経営コンサルタントとの連携は不可欠となる。

◉コンサルタントのタイプ

経営コンサルタントを大きく分類すると次の通りとなる。①一般コンサルタント…得意分野を持ちながら依頼があれば何でもこなす事業全般に通じたコンサルタント。②専門コンサルタント…特定の業種や部門に精通しており、その業種や部門に活動領域を絞っているコンサルタント。③教育訓練トレーナー…社員教育や管理者訓練等を専門に行っている。④その他…講演・セミナーや文献の執筆等を中心に行っているコンサルタントである。

◉キャリアコンサルタントが国家資格に

求職者と求人企業のマッチングをしたり、企業内で社員の仕事コースの相談に乗ったりする「キャリアコンサルタント」が、平成28年4月から国家資格になった。厚生労働省は、2024年までに10万人に増やす計画で、企業内での活用を前提としている。

ノウハウ

◉営業の効率化を支援するサービス

経営コンサルティングのブリッジインターナショナルは、AIを活用して電話やインターネットを使った営業の効率化を支援するサービスを始めた。営業担当社員の会話をAIが分析して改善策を示す。同社は、顧客と直接対面しない営業手法（インサイドセールス）について、研修やコンサルティングを請け負っている。インサイドセールスは、会話のマナーや話術が求められるため、成果につながった会話内容の分析をし、勘や経験に頼らないノウハウを蓄積してスキルを高める。

経営指標

ここでは参考として、TKC経営指標（平成29年版）より、「経営コンサルタント業」の数値を掲げる。

TKC経営指標 （変動損益計算書）	全企業　333件	
	平均額（千円）	前年比（％）
売上高	43,930	106.1
変動費	10,395	121.2
仕入高	10,000	119.4
外注加工費	432	146.7
その他の変動費	6	228.6
限界利益	33,534	102.1
固定費	30,886	104.1
人件費	16,992	105.7
減価償却費	1,021	110.5
租税公課	740	105.0
地代家賃・賃借料	2,526	107.4
支払利息・割引料	214	53.2
その他	9,454	102.6
経常利益	2,648	83.9
平均従事員数	4.0名	

今後の課題／将来性

◉課題

中小企業の経営課題の解決に向けた支援には、経営コンサルタントの多様な経験と知識が必要である。分野を問わず支援を行うためには、各分野に強いコンサルタントや他士業との連携、自らの知識・経験値の向上が必須となる。従って中小企業のさまざまな課題に対応可能な能力を有するコンサルタントの育成が急がれる。

《関連団体》　一般社団法人中小企業診断協会
　　東京都中央区銀座1−14−11　銀松ビル
　　TEL　03（3563）0851

●サービス業● （専門）

中小企業診断士

最近の業界動向

◉中小企業診断士登録者２割増

　中小企業診断士の登録者数は平成29年３月末時点で２万5,746人となり、増加傾向にある。中小企業診断士の資格は試験範囲が広く難易度は高いものの、中小企業が抱える経営問題は多く、解決に向けて活躍が期待される。

◉東京ベイが千葉県中小企業診断士協会と連携して融資審査を行う

　東京ベイ信用金庫は平成29年９月１日から、千葉県中小企業診断士協会の中小企業診断士が事業の将来性を評価して資金を貸し出す融資商品の取り扱いを始めた。千葉県中小企業診断士協会との連携による融資商品の取り扱いは、千葉県内の金融機関では初めてだ。中小企業診断士が企業の成長や将来性を見極めることで、担保や保証がなくても融資をする。融資限度額は１事業者当たり1,000万円で、営業店の店長に決裁権限が与えられるため、迅速な融資につながる。千葉県中小企業診断士協会の診断士が融資判断の難しい企業への聞き取りに同行し、企業の成長を見極める「診断シート」を作成し、東京ベイは審査時の参考資料として診断シートを活用する。

◉中小企業等経営強化法の取組状況

　平成28年７月に施行された中小企業経営強化法は、中小企業・小規模事業者等をサポートするための法律である。サポートを受けるためには、人材育成、マネジメント力向上や設備投資等、自社の経営力を向上させるために実施する計画（経営力向上計画）の提出が必要だ。経営力向上計画認定企業数は、平成29年７月末で全国２万7,831件である。業種別の内訳を見ると、全体の59.1％が製造業、次いで建設業（13％）、卸・小売業（6.8％）となっている。中小企業にとって、自社の事業の現状を踏まえた将来への道筋として、事業計画（経営力向上計画）を策定することが重要である。

　自ら立案した計画に基づきPDCA（計画・実行・評価・改善）を続けていく事が、不透明な事業環境の中での経営に欠かせない要件と言え、その精度向上のためにも中小企業診断士等の専門家の関わりが今後期待される。

マーケットデータ

◉中小企業診断士登録者数の推移

　中小企業庁によると、中小企業診断士の登録者数は平成28年度（平成29年３月31日現在）で２万5,746人となっている。登録者数の推移は次の通りである。

中小企業診断士登録者数の推移（単位：人）

年度	登録者数	年度	登録者数
平17	17,559	平23	20,191
18	18,158	24	21,703
19	18,695	25	22,544
20	19,105	26	23,281
21	18,209	27	24,605
22	20,119	28	25,746

（出所）中小企業庁

◉第１次試験申込者・受験者・合格者数・合格率

　中小企業庁の資料によると、平成28年度の第１次試験の合格者数は2,404人で、合格率は15.0％となっている。

第１次試験申込者・受験者・合格者数・合格率（単位：人、％）

年度	第１次試験申込者数	第１次試験受験者数	合格者数	合格率
平23	21,145	15,803	2,590	16.4
24	20,210	17,168	3,519	20.5
25	20,005	16,627	3,094	18.6
26	19,538	16,224	3,207	19.8
27	18,361	15,326	3,426	22.4
28	19,444	16,024	2,404	15.0

（出所）中小企業庁

業界の特性

◉中小企業診断士試験

　中小企業診断士になるには、第１次試験に合格した後、第２次試験に合格し、さらに一定期間の診断実務補習を経た後に登録される。１次試験合格者は中小企業診断士養成課程に通学する方法もある。養成課程は、中小企業大学校東京校を始め全国に12校（機関）存在し、半年から２年間の通学により中小企業診断士としての能力を養成され

— 150 —

る。合格者は2次試験を免除され、養成機関によっては経営学修士号を取得できる機関も存在する。

●業務内容

中小企業診断士の主な業務内容は、中小企業の経営診断業務、経営指導業務、調査・研究業務、講演・教育訓練業務、執筆活動、その他である。

●診断業務の特徴

診断業務は民間診断と公的診断に大別される。民間診断は、個別の企業と直接契約を交わすものであり、顧問やアドバイザー等、経営に直接携わる活動が多い。一方、公的支援は、国、都道府県、市町村、商工会議所・商工会などから委託を受けて行うものである。

●企業内診断士の存在

中小企業診断士の中には、資格取得後も企業内で働き続ける人も存在する。収入の不安定な個人開業に踏み切れない事情を有する人材が多いと考えられる。政府が働き方改革の一環として副業を容認する方針であることを踏まえ、企業にも副業容認の機運が高まっている。本業への影響回避や自己管理能力の維持など課題は多いが、今後、企業内診断士としての活動に追い風となる期待は高い。

●資格更新制度の存在

中小企業診断士の資格は5年毎の更新が必要である。更新のためには①実務従事要件、②知識の要件の2つを両方満たす必要がある。①の実務従事要件については、中小企業者に対する経営診断・助言業務、実務補修又は養成課程（登録養成課程）の実習指導のいずれかにより取得する（1日1点、5年間で30点以上必要）。②の知識の要件については、経済産業大臣が登録する研修機関が実施する理論政策更新研修の受講、または同機関が実施する論文審査に合格、中小企業大学校が行う理論政策研修の受講、上記理論政策更新研修または理論政策研修の講師いずれかの方法により獲得する（5年間で5回以上）。

ノウハウ

●金融機関との連携を強めた経営支援

中小企業診断士は、経営支援を担う専門家と民間のコンサルタントとして活躍する診断士に分かれる。最近では、金融機関との連携や他士業との連携を進めて活動する診断士が増えている。事業承継の支援などは需要が高く、金融機関などとの連携を強めた支援体制が求められている。

経営指標

ここでは参考として、TKC経営指標（平成29年版）より、「経営コンサルタント業」の数値を掲げる。

TKC経営指標 （変動損益計算書）	全企業　333件	
	平均額（千円）	前年比（％）
売上高	43,930	106.1
変動費	10,395	121.2
仕入高	10,000	119.4
外注加工費	432	146.7
その他の変動費	6	228.6
限界利益	33,534	102.1
固定費	30,886	104.1
人件費	16,992	105.7
減価償却費	1,021	110.5
租税公課	740	105.0
地代家賃・賃借料	2,526	107.4
支払利息・割引料	214	53.2
その他	9,454	102.6
経常利益	2,648	83.9
平均従事員数	4.0名	

今後の課題／将来性

●課題

中小企業診断士に期待されることは、専門的な知識と経験である。経営コンサルタントとして認められる公的資格でありながら独占業務を持たない中小企業診断士は、逆に経営に関わる全ての支援を期待される可能性が高い。従って自らの知識と経験値を高めることはもちろん、自らの知識や経験値が不足する部分を補完できる人的ネットワークの確立は不可欠といえる。

●将来性

従来の中小企業診断士の活動範囲は、製造業や小売業等が中心であったが、近年は農業や医療福祉、IT等の新しい分野に広がりを見せつつある。また、支援内容についても創業から事業承継までの事業のライフサイクル全体を通して、支援を期待されることもあり、中小企業診断士の活躍の場は今後も増加していく事が期待されている。

《関連団体》　一般社団法人中小企業診断協会
東京都中央区銀座1－14－11　銀松ビル
TEL　03（3563）0851

●サービス業● （専門）

建築設計事務所

最近の業界動向

◉建築設計業務の概算延床面積

国土交通省「建設関連業態等動態調査」によると、建築設計業務（50社）の概算延床面積は次の通り。平成29年4月より予定されていた、消費税率の引き上げが延期されたことにより、非住宅系設計業務の需要が後ろへ倒れ、一時的に大きく落ち込んだことから、平成28年度の建築設計業務の概算延床面積は総計で前年度比22.4％の減少となった。

建築設計業務の概算延床面積（単位：千㎡）

区　分	平26年度	平27年度	平28年度
住　宅　系	5,697	6,697	6,577
非　住　宅　系	26,499	32,170	23,592
総　　計	32,196	38,867	30,169

（注）対象の50社は売上高の多い業者を中心に有意抽出している
（出所）国土交通省

◉優良な中古住宅の普及に取り組む

国土交通省は中古住宅市場の拡大に向け、専門家が建物のひび割れや雨漏りなどの状況を調べる「住宅診断」の普及を促している。香川県内では、専門家の住宅診断「インスペクション」を定期的に受けて、修繕などを施した良質な中古住宅の流通拡大を後押しする取り組みが動き出した。建築士や住宅会社が「さぬき安心あんぜん住宅普及協議会」を立ち上げた。また、香川県建築士会では、空き家バンクに登録する際、建築士会による無料の個別相談や、アドバスや登録するための助言を行っている。

◉「ZEHビルダー評価制度」

経済産業省は平成29年3月、「平成29年度住宅・ビルの革新的省エネルギー技術導入促進事業（ネット・ゼロ・エネルギー・ハウス（ZEH）支援事業）」の概要について」の中で、ZEHビルダー評価制度の構想を明らかにした。ZEHに取り組む住宅会社を評価することで、ZEH普及への取り組みに注力することを促す。本制度は、平成30年度から運用を開始する方針だ。評価する項目は、省エネルギー性能が高いZEHを何棟建築したかといった実績のほか、どの程度ZEHの普及に注力したかといった活動についても対象とする。ZEHビルダーは、工務店やハウスメーカー、建築設計事務所などを対象とした登録制度である。2020年度における年間の建築棟数または改修件数のうち50％以上をZEHとすることや、それまでの各年度の目標値を設定し公表することなどが要件になっている。

◉バリアフリー設計のガイドラインの改正

国土交通省は、すべての建築物が利用者にとって使いやすいものとして整備されることを目的に、平成29年3月にバリアフリー設計のガイドラインである「高齢者、障害者等の円滑な移動等に配慮した建築設計標準」を改正した。改定の主な変更点は、①高齢者、障害者等の円滑な利用に配慮した一般客室の設計標準の追加等、②車いす使用者用便房等、一層の機能分散、整備を進める、③建築物の用途別の計画・設計のポイントの記述の充実など、建築設計事務所に求められる役割は多い。

マーケットデータ

◉一級建築士の現金給与額、年間賞与額

厚生労働省「賃金構造基本調査」によると、一級建築士（企業規模（10人以上））の現金給与額（月収）と年間賞与その他の特別給与額（ボーナス）および平均年齢の推移は次の通りである。平成28年度は一級建築士の平均年齢が前年度と比べ2.8歳下がり、一級建築士の若返りが進んでいる。

一級建築士の現金給与額、年間賞与額（単位：千円）

項　目	平26年	平27年	平28年
決まって支給する現金給与額（月給）	433.3	422.0	439.7
所定内給与額	404.1	397.4	378.4
年間賞与その他の特別給与額（ボーナス）	1,175.5	1,381.5	1,161.7
平均年齢	49.9歳	49.7歳	46.9歳

（出所）厚生労働省

業界の特性

◉建築士の登録状況

－ 152 －

国土交通省によると、一級建築士の登録者数は平成29年4月1日現在36万6,755人で、長期的には緩やかな増加傾向にある。

区　分	平27年3月末	平28年3月末	平29年4月1日
一級建築士	359,605	363,232	366,755
構造設計一級建築士	9,279	9,466	9,661
設備設計一級建築士	4,739	4,964	5,191

（出所）国土交通省

●建築士の種類と業務

建築設計事務所および建築士の業務範囲は建築法によって定められている。建築士の種類、業務は次の通り。また、大手のグループ企業に関係する建物の設計を行うグループ系組織設計事務所と独立系の設計事務所に大きく分けられる。

建築士の種類と業務

区　分	特　徴
一 級 建 築 士	国土交通大臣の免許を受け、設計、工事監理等の業務を行う者。一級建築士には構造設計一級建築士と設備設計一級建築士がある
二 級 建 築 士	都道府県の免許を受け、設計、工事監理等の業務を行う者
木 造 建 築 士	都道府県の免許を受け、木造の建築物に関し設計、工事監理等の業務を行う者

●建築設計事務所の数

NTTタウンページ「iタウンページ」によると、建築設計・施工、リフォームなどを行う店、会社

建築設計・施工などを行う店、会社数

地域	社数	地域	社数	地域	社数
全　　国	37,364	富　山	430	島　根	381
北 海 道	1,433	石　川	615	岡　山	562
青　　森	326	福　井	453	広　島	1,107
岩　　手	390	山　梨	330	山　口	561
宮　　城	748	長　野	1,492	徳　島	382
秋　　田	302	岐　阜	743	香　川	317
山　　形	355	静　岡	1,494	愛　媛	429
福　　島	804	愛　知	2,009	高　知	342
茨　　城	728	三　重	461	福　岡	1,533
栃　　木	581	滋　賀	411	佐　賀	268
群　　馬	619	京　都	806	長　崎	444
埼　　玉	1,171	大　阪	2,207	熊　本	620
千　　葉	843	兵　庫	1,188	大　分	461
東　　京	3,658	奈　良	349	宮　崎	430
神 奈 川	1,357	和歌山	375	鹿児島	592
新　　潟	1,221	鳥　取	288	沖　縄	928

（出所）「iタウンページ」

数は平成29年8月27日現在3万7,364社である。

ノウハウ

●新素材を用いた耐震補強

江尻建築構造設計事務所は、長野県の善光寺の耐震補工事を担当した際、繊維メーカーの小松精練が開発した炭素繊維複合材料「カボコーマ・ストランドロッド」を国の重要文化財である「経蔵」の耐震補強材に使用した。鉄筋と比べ比重が4分の1、引張強度は7倍と軽くて強い。新素材が文化財保護にも使用されるようになった。

経営指標

ここでは参考として、TKC経営指標（平成29年版）より「建築設計業」の指標を掲げる。

TKC経営指標 （変動損益計算書）	全企業　487件	
	平均額（千円）	前年比（％）
売上高	88,095	105.6
変動費	26,476	112.5
仕入高	11,243	113.0
外注加工費	15,180	113.6
その他の変動費	216	97.5
限界利益	61,619	102.9
固定費	56,434	102.8
人件費	39,115	102.3
減価償却費	1,657	111.7
租税公課	947	104.0
地代家賃・賃借料	2,788	103.6
支払利息・割引料	408	101.5
その他	11,484	101.8
経常利益	5,184	104.6
平均従事員数	7.0名	

今後の課題／将来性

●課題

建て主は完成形や正確な費用がわからない状況で、1年以上の長期にわたる契約に臨まなければならないという制約を受ける。そのため建築設計事務所を選ぶ基準として、最終的には建築設計者の人柄が重視される。建築設計者の設計能力やデザイン力だけではなく、コミュニケーション力やコストマネジメント力なども同様に高めていく必要があるといえる。

《関連団体》　一般社団法人日本建築士事務所協会連合会
東京都中央区八丁堀2－21－6
TEL　03（3552）1281

●サービス業● （専門）

行政書士

最近の業界動向

●行政書士事務所の年間売上高

　総務省「サービス産業活動調査」によると、平成27年の行政書士事務所の年間売上高は350億3,900万円で、平成25年の実績と比較すると14.0％増加している。また、事業従事者数は1万2,300人で同39.9％（1,400人）増加となっている。一方、事業所数は平成26年経済センサス基礎調査では5,429事業所となっており、平成21年の調査結果と比較して若干の増加となっている。行政書士法の改正や、行政書士業務の増加といった行政書士にとって追い風となる環境変化が寄与しているとみられる。

事務所数、事業従業者数、年間売上高

事務所数※ （平26年）	事業従事者数 （人）	平27年間売上高 （百万円）
5,429	12,300	35,039

（出所）総務省「サービス活動調査」、※事業者数は平成26年経済センサス基礎調査

●社会福祉法改正に伴う行政書士業務の拡大

　平成29年4月、社会福祉法が66年ぶりに改正施行された。背景には高齢化社会の進展とともに、社会福祉ニーズの多様化・複雑化し、公益性の高い社会福祉事業に携わる事業者に対し、ガバナンスの強化、事業運営の透明性の確保、財務規律の強化、地域の公益的取組実施の責務を求めている。法改正によって定款作成、認可業務等において行政書士業務の拡大が想定される。

●民泊ニーズ増加に伴う法整備と申請業務の拡大

　外国人観光客の増加による宿泊施設の不足、人口減に伴う空き家問題、ITを活用した宿泊業の新たなビジネスモデルの出現など、宿泊に伴う環境変化は昭和23年に制定された旅館業法の改正だけでは対応できない進化を遂げている。このような環境変化に対応するため、新たに「民泊」という営業形態の宿泊業に対応させる法律として「住宅宿泊事業法」が平成29年6月に成立した。施行

は早ければ同30年1月の予定である。これに伴い事業を営む者は「住宅宿泊事業者」の届出が必要となるため、申請業務や登録までの一連の相談業務等で行政書士が対応する機会が増加することが見込まれる。

マーケットデータ

●行政書士の登録者数、法人数

　日本行政書士連合会によると、平成29年4月1日現在の同連合会に加盟する行政書士の登録者数は4万6,205名で、平成27年10月1日現在と比べ654人増加している。また、法人数は514法人であり前年と比べ106法人の増加となっている。地域別では、最も多いのが東京都で個人登録6,190人（13.4％）、法人登録132（25.6％）である。

●行政書士の受験者・合格者数の推移

　行政書士試験研究センターによると、平成28年度の行政書士の受験者数は4万1,053人で、受験者数は年々減少している。平成28年度の合格者数は4,084人、合格率は9.9％であった。前年度の試験と比較すると合格者数は1,736人減少し、合格率は13.1％から3.2ポイント低下している。

行政書士試験の受験者数、合格数の推移

年度	受験者数（人）	合格者数（人）	合格率（％）
平22	70,586	4,662	6.6
23	66,297	5,337	8.1
24	59,948	5,508	9.2
25	55,436	5,597	10.1
26	48,869	4,043	8.3
27	44,366	5,820	13.1
28	41,053	4,084	9.9

（出所）行政書士試験研究センター

業界の特性

●行政書士の仕事

　行政書士は行政書士法に基づく国家資格である。その業務は、①「官公署に提出する書類」の作成とその代理・相談業務、②「権利義務に関する書類」の作成とその代理・相談業務、③事実証明に関す書類」の作成と、その相談業務、④その他の特定業務である。

●営業形態

　単独で事務所を開設する場合が多いが、最近は税理士、司法書士、弁理士などと合同で事務所を

― 154 ―

開設するケースが増えている。また、「行政書士法の一部を改正する法律」（平成16年8月1日施行）で、行政書士事務所の法人化が可能になり、行政書士法人数も増加基調にある。

●資格取得方法

行政書士資格を取得するには次の3つの方法がある。①行政書士試験に合格すること。②弁護士、弁理士、公認会計士、税理士の資格を有すること。③国家公務員又は地方公務員として行政業務を20年以上担当するもの（高等学校を卒業したものは17年）。

●行政書士の報酬

行政書士の報酬については、各都道府県で報酬額が決められていたが、行政書士法の改正により規制が解除された。なお、日本行政書士会が行った「行政書士報酬統計調査」によると、平成27年度の行政書士の主な業務に対する報酬額（平均値、最頻値）は次の通りである。

平成27年度行政書士報酬統計調査（単位：円）

申請別	平均	最頻値
建設業許可申請（法人新規）知事	138,779	150,000
建設業許可申請（法人更新）知事	74,230	54,000
建設業許可申請（法人新規）大臣	192,155	150,000
建設業許可申請（法人更新）大臣	112,299	100,000
宅地建物取引業者免許申請（新規）知事	107,195	100,000
宅地建物取引業者免許申請（更新）知事	74,250	50,000
宅地建物取引業者免許申請（新規）大臣	141,056	162,000
宅地建物取引業者免許申請（更新）大臣	105,154	100,000
社会保険新規適用届	44,711	55,000
介護保険制度申請（指定居宅サービス事業者申請）	159,937	100,000
医療法人設立許可申請	562,182	600,000
産業廃棄物処理業許可申請（収集運搬・補完積替含む）	182,916	100,000
会社設立（株式）	102,854	100,000
遺言書の起案及び作成指導	57,726	50,000
内容証明郵便作成	21,201	20,000

（注）最頻値は最も回答の多かった金額
（出所）日本行政書士連合会

ノウハウ

●デロイトトーマツグループが行政書士法人を設立

デロイトトーアツグループは、平成29年7月にデロイトトーマツ行政書士法人を発足した。企業のグローバル展開に伴い、日本人の海外留学、海外留学生の採用や海外拠点への転籍、国際間の人事異動など、国内外の人材の活性化を実現するた

めには、各国法制度への対応などが不可欠となっている。

経営指標

ここでは参考として、TKC経営指標（平成29年版）より、「他に分類されない専門サービス業」の数値を掲げる。

TKC経営指標 （変動損益計算書）	全企業 310件 平均額（千円）	前年比（％）
売上高	87,360	101.5
変動費	25,658	102.1
仕入高	21,524	101.5
外注加工費	3,738	99.8
その他の変動費	339	103.1
限界利益	61,702	101.3
固定費	54,830	99.6
人件費	36,411	101.1
減価償却費	1,879	103.5
租税公課	1,222	111.4
地代家賃・賃借料	2,928	104.9
支払利息・割引料	607	105.2
その他	11,705	91.3
経常利益	6,871	117.5
平均従事員数	8.5名	

今後の課題／将来性

●課題

国内では高齢化の進展が進み、相続や贈与に関連した手続きの増加に伴って、行政書士業務の機会拡大の可能性が高まっている。一方、IT環境の進化によって、今後ITによる申請の簡素化等により業務領域が大きく変化する懸念もある。今後、行政書士に求められる業務として、依頼された書類作成を行う代書的業務から、企業の戦略を踏まえたさまざまなコンサルティングを含む業務に拡大していく事が課題となる。許認可業務を通じて培った事業者との関係を活かし継続的な事業支援活動への踏み込みや、他士業との連携強化による事業者への利便性の提供等、変革する顧客ニーズに、行政書士として対応できるだけの経験とノウハウ、人的ネットワークの構築が求められるだろう。

《関連団体》 日本行政書士連合会
　　　東京都港区虎ノ門4－1－28
　　　虎ノ門タワーズオフィス10F
　　TEL　03（6435）7330

－ 155 －

●サービス業● (専門)

特許事務所

最近の業界動向

●海外知財訴訟費用保険制度を創設

特許庁は、平成28年6月に中小企業が海外において財係争に巻き込まれた場合の「セーフティネット」として、初めて海外知財訴訟費用保険制度を創設した。海外現地企業の模倣の増加や現地企業による知的財産の出願件数の増加に伴い、中小企業が現地で知財係争に遭う危険性が増大し、資金不足から提訴や応訴ができずに事業撤退に追い込まれるなど海外におけるビジネス環境の悪化に対策を講じる必要性が生じたことにある。そこで、特許庁は、中小企業が「海外知財訴訟費用保険制度」への保険加入を促進するため、保険加入に必要な保険掛金への助成を行う。なお、補助は「中小企業等の保険掛金」を対象として、2分の1を補助する（平成29年度）。

●特許出願・審査請求・特許登録件数の減少

日本国内における特許出願件数は、平成18年以降減少傾向にあり、平成27年は31万8,721件（2.2％減）となった。審査請求件数はここ数年24万件で推移しており、平成27年は24万1,412（1.7％減）となった。特許登録件数は20万件を割り込み、平成27年は18万9,358件（16.6％減）と大きく減少した。特許出願、審査請求、特許登録件数の推移は次の通り。

国内特許出願件数・審査請求・特許登録件数の推移 （単位：件）

年　　次	平24年	平25年	平26年	平27年
特許出願件数	342,796	328,436	325,989	318,721
審査請求件数	245,004	240,188	245,535	241,412
特許登録件数	274,791	277,079	227,142	189,358

（出所）特許庁

●PCT国際出願件数の推移

特許を外国に出願する手続きとして、パリ条約に基づき直接出願国に出願するパリルートと、特許協力条約（PCT）に基づき国際特許庁に出願することでPCT加盟国である全ての国に同時に出願したことと同じ効果を与えるPCT国際出願とがある。国内の特許出願の減少傾向とは異なり、PCT国際出願の全体件数は増加し、また、中小企業による出願も増加していることから、日本企業における海外市場の重要性が推測される。PCT国際出願の件数の全体と中小企業による出願の推移は次の通り。

PCT国際出願の推移

年　　次	平24年	平25年	平26年	平27年
全　体	42,787	43,075	41,292	43,097
うち中小企業	3,015	3,133	3,498	3,693

（出所）特許庁

マーケットデータ

●企業の知的財産活動費

特許中によると、企業の知的財産活動費の推移は次の通り。

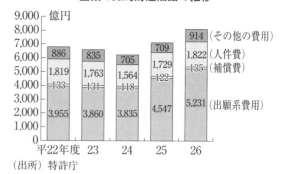

企業の知的財産活動の推移

（出所）特許庁

業界の特性

●弁理士の志願者数、合格者数

弁理士となるには、難関試験を合格するか、特許庁で審判官や審査官として7年以上その業務に就くかであり、弁護士も弁理士になれる。平成28年度の志願者数は4,679人（前年度5,340人）、受験者数は4,211人（同4,789人）、合格者数は296人（同319人）である。

●弁理士数と地域分布

日本弁理士会の資料によると、平成29年3月31日現在の会員数は1万1,057人名、特殊業務法人は257法人である。会員の地域分布を見ると、東京が6,036で最も多く、全体の54.6％を占めている。主要なクライアントである大企業が東京に本社を構えているためである。

— 156 —

地域分布（平成29年3月31日現在）（単位：人）

地域別	弁理士数	地域別	弁理士数
北海道	44（0.4%）	近　畿	2,320（21.0%）
東　北	57（0.5%）	中　国	84（0.8%）
関　東	7,411（67.0%）	四　国	43（0.4%）
東　京	6,036（54.6%）	九　州	145（1.3%）
東　海	780（7.1%）	国　外	102（0.9%）
北　陸	71（0.6%）	合　計	11,057（100%）

（出所）日本弁理士会

●弁理士の就業形態

日本弁理士会の資料によると、平成29年3月31日現在の弁理士の就業形態は次の通り。

弁理士の就業形態（単位：人、%）

就業形態	主たる事務所	
特許事務所経営	2,612	23.6
特許事務所勤務	2,698	24.4
特許事務所共同経営	719	6.5
会社勤務	2,474	22.4
法律事務所勤務	80	0.7
特許業務法人経営	635	5.7
特許業務法人勤務	1,574	14.2
弁護士法人経営	37	0.3
弁護士法人勤務	46	0.4
その他（非営利団体勤務等）	182	1.6
その他（派遣労働）	—	—
合　計	11,057	—

（出所）日本弁理士

●弁理士の業務内容

弁理士は、知的財産権（主に特許、実用新案、意匠、商標等）に係る全ての事務手続きを代理することができる国家資格保有者である。弁理士業務は、特許、実用新案、意匠、商標やこれらの国際出願に関する権利化業務と、知的財産権に関する事件の仲裁和解の代理、売買契約ライセンスなどの契約関連業務の代理、付記弁理士（特定侵害訴訟代理業務試験の合格者）による特定侵害訴訟の代理業務などがある。

●「弁理士地財キャラバン」

日本弁理士会が中小企業の支援を強化するため立ち上げた「弁理士地財キャラバン」では、平成29年2月現在、コンサルティング件数は350件。

コンサルティング件数

内　容	企業からの申請によるコンサルティング	クライアント向け訪問型コンサルティング
平27年度	16件	161件
28年度	91件	82件

「弁理士地財キャラバン」に要する費用は無料で、現状分析や課題、戦略提案などを行う。

ノウハウ

●コンサルティング業務への拡大

国内の特許出願は減少しているが、弁理士の独占業務である権利化業務以外の知的財産戦略の策定支援やライセンス契約などのコンサルティング業務は、市場を拡大する余地がある。特に中小企業の市場は未開拓市場として期待できる。

経営指標

ここでは参考として、TKC経営指標（平成29年版）より、「他に分類されない専門サービス業」の数値を掲げる。

TKC経営指標（変動損益計算書）	全企業　310件	
	平均額（千円）	前年比（%）
売上高	87,360	101.5
変動費	25,658	102.1
仕入高	21,524	101.5
外注加工費	3,738	99.8
その他の変動費	339	103.1
限界利益	61,702	101.3
固定費	54,830	99.6
人件費	36,411	101.1
減価償却費	1,879	103.5
租税公課	1,222	111.4
地代家賃・賃借料	2,928	104.9
支払利息・割引料	607	105.2
その他	11,705	91.3
経常利益	6,871	117.5
平均従事員数	8.5名	

今後の課題／将来性

●課題

中小企業数は約381万社で、全企業の99.7%を占めており、特許出願件数は年々増加傾向にある。しかし、中小企業の特許出願件数は全体の僅か14.0%に過ぎない。これは、特許事務所が大量出願の可能性が高い大企業を相手に活動していることの証左であり、今後は知的財産の専門家として、中小企業に目を向けた営業活動を実施することが必要になってきている。

《関連団体》　日本弁理士会
　　東京都千代田区霞が関3－2－6
　　TEL　03（3581）1211

●サービス業● （専門）

食品検査業

最近の業界動向

●食を扱う企業が「安全」への投資を拡大

　食を扱う企業が安全性に疑念を抱かれると、業績への影響は大きい。このため、安全性を担保するため、企業は安全性に対して投資している。平成27年4月1日から食品表示法が施行され、現行法（JAS法、食品衛生法、健康増進法）の義務表示の部分を一元化した。主な変更点としては、栄養成分表示の義務化、アレルギー表示のルールの変更、添加物の表示ルールの変更などがある。これにより、食品検査市場ではこれまでの微生物検査などに加えて、栄養成分分析の検査需要が期待できることとなった。

●エコプロリサーチが植物専門の受託研究会社と提携し、「全成分指紋解析」サービスを開始

　エコプロリサーチは、植物専門の受託研究会社のインプランタイノベーションズと提携し、「全成分指紋解析」サービスを開始した。「全成分指紋解析」とは、食品や飲料、農林水産物などに含まれる栄養や機能性などに関わる成分を一斉に検出、数値化する最新科学分析手法「メタボローム解析」を基盤に、加工方法や保存方法、保存期間などの違いにより生じる成分の量的変化、質的分布を数値で示すことにより特徴づけする。対象顧客は、6次産業化を目指す農林水産事業者や食品・飲料企業、農林水産業支援自治体を見込んでいる。今まで見過ごされてきた機能性に関与する成分の手がかりや世代や嗜好に対し、より満足度の高い成分調合のヒントが見つかる可能性がある。

●ビジョンバイオが食物アレルギー検査の分析拠点を関東に

　ビジョンバイオは、自社独自開発のサービスや多彩なコース設定により顧客からの評価の高いELISA法による食物アレルギー検査とグルテンフリー確認検査の分析拠点を東京R&Dセンターに移転した。これまで分析の対応を本社である福岡県久留米市で行っていたが、関東以北の顧客にとっては距離が遠く、輸送に時間がかかることから利用しづらい環境にあった。今回の検査拠点移転により、検査サンプルの輸送環境が改善することになり、これまでの輸送日数と距離が短縮されることで、時間とコスト面でメリットが生まれる。

マーケットデータ

●登録検査機関の数

　平成15年の食品衛生法改正により、厚生労働大臣の登録を受ければ食品検査ができるようになった。登録検査機関が行うことのできる検査は、「タール色素の検査」、「命令検査」、「収去食品等の試験事務の受託」の3種類である。厚生労働省によると、平成29年2月22日現在の食品衛生法に基づく登録検査機関の数は103機関となっている。

食品衛生法に基づく登録検査機関

項　　目	財団法人	社団法人	株式会社等	合計
登録機関数	40	26	37	103

（出所）厚生労働省

●食品衛生法27条による輸入届出時の検査件数

　厚生労働省によると、平成27年度の輸入食品の届出件数は225万5,019件であった。このうち、19万5,667件の検査を実施し、858件を食品衛生法違反として、積戻しまたは廃棄等の措置を講じた。

届出・検査・違反状況

項　　目	平成26年度	平成27年度
届　出　件　数（件）	2,216,012	2,255,019
検　査　件　数※1	195,390 (58,727)	195,667 (58,874)
割　　　　　合※2	8.8	8.7
違　反　件　数	877	858

（注）※1 行政検査、登録検査機関検査、輸出国公的機関検査の合計から重複を除いた数値。※2 届出件数に対する検査件数割合。（　）の数値については登録検査機関のうち命令検査の件数
（出所）厚生労働省

●検査・分析業の売上高

　研究産業・産業技術振興協会の「検査・分析業の実態と適合性評価の動向に関する調査」によると、検査・分析業の売上高は次の通り。なお、検査・分析業の属性は公的機関や民間企業などさまざまであり、売上高は食品検査のみのものではな

— 158 —

い。

検査・分析業の売上高の推移 （単位：百万円）

年度	総売上高	1機関当たりの売上高	機関数
平25	154,851	1,098.2	141
26	165,888	1,168.2	142
27	170,418	1,191.7	143
28（見込）	167,752	1,181.4	142

（出所）研究産業・産業技術振興協会

業界の特性

●主な食品分析

食品検査業が提供する主な食品分析は次の通り。

主な食品分析

項　目	分析内容
栄　養　成　分分　　　析	栄養表示基準に基づく表示対象となる栄養成分分析、ミネラル類、ビタミン類などの分析
添　加　物　分　析	食品添加物である保存料や合成着色料の量を測定し、製品の安全性を確認するための分析
微　生　物　検　査	食中毒や変性・腐敗を防止するうえで、品質と安全の定期的検証のための検査
異　　　　　　物分　析　・　検　査	商品に混入した異物の特定、確認のための分析・検査
残　留　農　薬分　　　析	食品中の残留農薬の分析や顧客が使用した農薬がどの程度食品中に残っているかの確認のための分析
食　物　ア　レ　ル　ギ　ー　検　査	表示義務品目や表示推奨品目についての検査
放　射　性　物　質検　　　　　査	食品・農産物・飲料水などの放射性物質（ヨウ素、セシウム）の測定検査

●受託金額

受託金額は実施機関によって差が生じている。ここでは参考として、日本食品分析センターの金額を挙げる。栄養表示基本セットは2万円、一般細菌数（生菌数）は2,800円、腸管出血性大腸菌O157は1万2,000円からとなっている。

ノウハウ

●東朋テクノロジーが食品検査市場に参入

東朋テクノロジーは平成30年から、食品の安全検査市場に参入する。調理器具などに付着した病原菌を検査できる加工業者向け小型装置をまず米国で発売する。同社は米医療機器大手企業と、病原菌を抗体と結合させて、「ラマン分光」で解析する技術について、独占ライセンス契約を締結している。これをベースに机の上に置ける小型装置を開発中だ。まな板や作業台などを綿棒でこすり、培養液の入った試験管に封入して装置にセットすると、菌の有無をランプで表示する。小型化することで、業者自らが利用しやすく、判定まで必要な期間を2日程度に短縮できる。商品の出荷を速められ、コスト削減にもつながる。培養と判定を同じ装置で実施することで菌の散逸も防げる。

経営指標

食品検査業の指標は見当たらないので、ここでは参考として、TKC経営指標（平成29年版）より、「商品検査業」の数値を掲げる。

TKC経営指標 （変動損益計算書）	全企業　29件	
	平均額（千円）	前年比（％）
売上高	166,899	90.7
変動費	84,848	88.6
仕入高	29,276	102.0
外注加工費	55,275	83.0
その他の変動費	506	85.5
限界利益	82,051	92.8
固定費	81,459	97.6
人件費	55,125	95.0
減価償却費	4,185	93.3
租税公課	892	105.2
地代家賃・賃借料	4,101	102.8
支払利息・割引料	716	115.8
その他	16,434	106.0
経常利益	592	11.9
平均従事員数	19.8名	

今後の課題／将来性

●将来性

SNSの普及により、異物混入などの情報が急速に広がるようになった。消費者は食の安全に敏感になっており、安全性を怠った企業の業績は急落する。食品表示への関心も高まっており、食品検査に対する需要は拡大が予想される。

《関連団体》　一般社団法人食品衛生登録検査機関協会
　　東京都渋谷区神宮前2－6－1
　　TEL　03（3403）9668

●サービス業●（専門）

環境測定業

最近の業界動向

●環境計量証明業の売上高は

東日本大震災以降、地盤の安全性への関心が高まっている。経済産業省「特定サービス産業動態統計調査」によると、平成28年の環境計量証明業の年間売上高は624億1,000万円だった。前年と比べると17億7,600万円増加している。

●シコク分析センターの新本社が稼働

土壌や水質、大気、菌など幅広い分野での測定を手掛けているシコク分析センターの新本社が稼働した。移転先は親会社である四国化成の旧本社跡地。環境意識の高まりで企業や自治体からの依頼が増えていることに対応するため、面積を3倍に広げ、分析機器など設備を増強した。今後も分析の依頼は拡大するとみており、新拠点でさらなる需要の取り込みを目指す。シコク分析センターは、水質検査のほか、土壌や大気の濃度測定などさまざまな分野に対応している。近年は環境意識の高まりで検査項目が増えており、依頼も伸びている。分析機器も相次いで導入しており、手狭になっていた同社への分析依頼の6割程度を水質検査が占める。対象は工場排水のほか、飲料水や風呂、プール、河川・海水と多岐にわたる。新本社の稼働で部屋数が従来の2倍になったことを生かし、飲料水や工場排水など検査対象ごとに部屋を分けるようにした。水滴が別の検体に混入しないなど、より厳密な分析をする。

●土壌及び地下水環境基準が一部改正

「土壌環境基準及び地下水環境基準に一部を改正する告示並びに土壌汚染対策法施行規則の一部を改正する省令」等が平成28年3月29日に公布され、平成29年4月1日から施行された。主な変更点は、①土壌の汚染に係る環境基準項目に、「クロロエチレン」及び「1,4－ジオキサン」が追加になった。②地下水の水質汚濁に係る環境基準項目のうち、「塩化ビニルモノマー」の項目名が、「ク

ロロエチレン」に変更になったことである。ただし、「1,4－ジオキサン」については、土壌環境基準には追加されたものの、土壌汚染対策法の特定有害物質には追加されてはいない。

●水道管周辺土壌を調査する新技術

近年、水道管の老朽化が進み、総延長の1割以上が法定耐用年数の40年を過ぎている。全国的に水道管の破損などトラブルも相次いでおり、老朽した水道管を計画的に更新する必要性が高まっている。水道管の腐食は地盤の比抵抗が低いほど進行しやすい特徴があるため、路面を掘削して土壌試料を採取し、比抵抗を測定する調査があるが、コストや時間、労力の負担が大きく、比抵抗を簡単に測定できる手法が求められている。産業技術総合研究所は、路面下に敷設された水道管周辺の地盤の比抵抗を測定して、その水道管の腐食リスクを推定できる「高周波交流電気探査装置」を開発した。これは、高周波を送信する送信機と送信ダイポール、受信する受信機と受信ダイポールで構成される電気探査装置だ。これを使うことで、路面から地盤の詳細な比抵抗を計測し、水道管の腐食リスクを効率よく評価が可能となる。また、送信ダイポールと受信ダイポールの両方を移動させることで、2次元的な地盤の比抵抗断面図も推定可能だ。今後は、水道管などの老朽化した埋設管インフラ更新の優先度を決定し、合理的・効果的なインフラ整備を進めるためのツールとして発展させるとともに、各地方自治体への普及を働きかけ、実用化を目指したい意向だ。

マーケットデータ

●環境管理センター、地盤ネットHDの売上高

地盤調査や環境測定などを行う環境管理センター、地盤ネットホールディングス（HD）の売上高は次の通り。

環境管理センター、地盤ネットHDの売上高（単位：百万円）

社　名	平27年	平28年	平29年
環境管理センター （各年6月期）	3,698	3,634	3,799
地盤ネットワークHD （各年3月期）	2,542	2,384	2,714

（出所）各社決算報告

●環境計量証明業の年間売上高

経済産業省「特定サービス産業動態統計調査」

によると、平成28年の環境計量証明業の年間売上高は次の通り。

環境計量証明業の業務種類別売上高（単位：百万円）

業　務	平26年	平27年	平28年
合　計	54,249	60,634	62,410
大　　　気	9,176	10,329	10,642
水　　　質	16,421	18,038	17,979
土　　　壌	9,081	9,016	9,055
騒　　　音	1,203	1,378	1,487
そ　の　他	18,369	21,873	23,248

（注）平成28年1月分、平成29年1月分より一部数値に変更が生じたため、以前の数値と一部不連続が生じている。また、平成27年1月分より一部調査対象の追加等を行ったため、以前の数値と不連続が生じている

（出所）経済産業省

業界の特性

●事業所数、従業者数

経済産業省「特定サービス産業動態統計調査」によると、平成28年の環境計量証明業の調査対象事業所数は277所で前年比1.4％減、従業者数は6,490人で同0.8％減であった。

環境計量証明業の事業所数、従業者数

年次	事業所	従業者数（人）
平23年	235	5,812
24年	241	5,802
25年	245	5,829
26年	250	5,890
27年	281	6,544
28年	277	6,490

（出所）経済産業省

●分析機関数

日本環境測定分析協会によると、所属会員のうち、放射能測定・放射能分析が可能なのは164会員（平成28年3月17日現在）、絶縁油中微量PCBの分析が可能なのは166会員（平成28年12月22日現在）、アスベストの採取・分析が可能なのは227会員（平成27年10月16日現在）である。

●環境計量士

環境測定事業を行うためには、企業は事業区分に応じて所定の人数の環境計量士を配置しなければならない。環境計量士の役割はさまざまな試薬や分析機器を使い、環境に関する正確なデータを集めることだ。環境測量士は、集めるデータによって濃度関係と騒音・振動関係の2種類に分けられる。

ノウハウ

●人材定着につながる取り組みが評価される

環境関連サービスの日吉は、環境分析から上下水道、廃棄物焼却炉の維持管理まで環境ソリューション事業をワンストップで展開している企業だ。仕事と育児の両立に悩む退職を申し出た女性社員に、社内の制度確立に先駆け試行的に在宅勤務を導入し、人材の定着につなげた。また、海外展開を見据えて長年外国人を雇用しており、日本人社員と分け隔てない待遇で育成を行っている。こうした取り組みが評価され「新・ダイバーシティ経営100選」に滋賀県企業で初めて選ばれた。

経営指標

ここでは参考として、TKC経営指標（平成29年版）より、「環境計量証明業」の数値を掲げる。

TKC経営指標 （変動損益計算書）	全企業　32件	
	平均額（千円）	前年比（％）
売上高	201,179	99.9
変動費	30,053	93.3
仕入高	15,393	114.6
外注加工費	11,002	71.8
その他の変動費	3,337	105.0
限界利益	171,125	101.1
固定費	162,477	101.6
人件費	102,914	101.2
減価償却費	12,634	95.1
租税公課	3,225	102.5
地代家賃・賃借料	8,051	98.4
支払利息・割引料	3,140	93.8
その他	32,619	107.4
経常利益	8,648	93.2
平均従事員数	21.2名	

今後の課題／将来性

●課題

最近は環境保護や水質汚染、大気汚染に関心が高まっており、環境測定業への依頼は増加している。加えて、業務の高度化と高付加価値化が進んでいることから、環境計量士の技術向上が求められている。この要求に応えられる優秀な人材の育成は急務となっている。

《関連団体》　日本環境測定分析協会

東京都江戸川区東葛西2－3－4 JEMCビル

TEL　03（3878）2811

●サービス業●（専門）

測量調査業

最近の業界動向

●リコーが3D測量可能なシステムを開発

測量のために人や車の行き来を止める必要があった道路や、危険な場所、狭くて入り組んだ場所などの計測は、測量が困難なケースが少なくない。リコーは、このような場所での計測に使用可能な3次元空間の距離や高さなどを簡単に測量できる3次元測量システムを発売した。2台のデジタルカメラがセットになったものを使い、写真を撮るだけでソフトウエアを使って距離や面積、角度などを測定できる。NTTインフラネットが開発した「ジオショット3D」というソフトを活用する。リコーは、現場の監視などに活用していた業務用カメラ「G800」などを改良し、2つ並べてセットして同時にシャッターを切れるようにした。三脚を立てて写真を撮るだけで、ソフトウエアに写真を取り込めば測量ができる。多少の誤差が生じるため、概要をつかむための測定などで使うことを想定している。

●コマツが水中を3Dで測量するサービスを開始

水中の測量は、これまでは作業員が水の中に入って水深を測量する必要があり手間がかかっていた。コマツは、リモコンボートを使い水中を高精度に3Dで測量するサービスを始めた。地上からは見えにくい水中の地形を測れることから、施工現場の効率改善が図ることが可能だ。調査用無人ボートなどを手掛けるコデンと協業する。全地球測位システムとソナーを搭載したコデンの小型ボートを動かし、自動で水深を測る。測量データをコマツのサービスに反映することで、油圧ショベルなどで簡単に河川工事ができる。既にコマツはドローンなどを飛ばして現場の3D測量データを作成し、工事の生産性を高めるサービス「スマートコンストラクション」を展開している。この新しいサービスで水陸のデータを組み合わせることができるようになる。水底の土砂や岩石をさらう

浚渫（しゅんせつ）と河道の掘削を組み合わせたような工事現場でも対応しやすくなる。

●森林データを活用する実証実験

航空測量大手のアジア航測と信州大学、北信州森林組合は、森林にある樹木の種類や量を調査し、林業で活用する実証実験を始めた。従来型の航空レーザー測量に加え、ドローンや背負って持ち運べる新型装置によるレーザー測量を組み合わせた。複数のデータを一元的に管理し、効率的な作業計画や保全計画の策定に役立てる意向だ。

●非接触3D測量で市場を開拓

測量会社のトップライズは、建設業向けが主力の3D測量サービスで、プラントや鉄道など新たな市場を開拓する。同社の保有する3Dレーザースキャナーは、レーザー光線で対象物の3D座標データを高精度で取得できる。立ち入りが制限された箇所や従来の方法では測量が不可能な構造物も非接触で計測でき、設計や施工計画の立案、施工後の検査まで一貫して対応できる。国交省がICTで工事の生産性を高める「アイ・コンストラクション」を打ち出し、3D測量の導入を促したため経営環境が大きく変わった。従来は建設業界からの受注が大半だったが、建設業界以外からの問い合わせが来るようになった。今後は、老朽化対策や維持管理などで需要が見込めるプラントなどへ営業をかけていく意向だ。

マーケットデータ

●測量業の契約金額、契約件数

国土交通省「建設関連業等動態調査」によると、測量業売上高上位50社の契約金額、契約件数は次表の通りである。平成28年度の契約件数は1万9,841件で、前年度の1万9,863件に比べて0.1％の減少であった。

測量業の契約金額、契約件数（単位：件、百万円）

年度	総計		国内		海外	
	件数	契約金額	件数	契約金額	件数	契約金額
平24	21,619	83,657	21,595	83,051	24	606
25	21,672	86,287	21,651	84,829	21	1,458
26	20,900	82,180	20,872	80,450	28	1,730
27	19,863	90,049	19,845	89,365	18	684
28	19,841	85,699	19,825	85,030	16	669

（注）前年度比は前年度と共通の回答会社から算出している
（出所）国土交通省

業界の特性

●測量士・測量士補の合格者の推移

国土交通省国土によると、測量士・測量士補の合格者の推移は次の通り。

測量士・測量士補の合格者の推移

年度	測量士	測量士補
平25	127	2,248
26	290	4,417
27	315	3,251
28	304	4,767

（出所）国土交通省

●業務内容

測量調査業の業務内容は、①地上測量、②航空測量、③水路測量、④測量関連調査、⑤データ処理などがある。その内容は次の通りである。

業　務	業務内容
地　上　測　量	計測機器を使用して地上で直接、地形・地物の位置、高さ、深さを測定する方法。基準点測量、用地測量、路線測量、地形測量などがある
航　空　測　量	航空機を使用し上空から写真を撮影して、その写真を元に広範囲の地図を作る方法
水　路　測　量	船舶などを使用して海底地形などを把握するため水深等測る方法
測量関連調査	公共施設管理台帳の作成など測量に関する調査
データ処理	測量によって得られた情報を基にデータベース化して活用

●測量業者数

国土交通省によると、平成27年度末の測量業登録業者数は1万2,000業者、当該年度中の新規登録業者数は344業者、登録を消除した業者数は459業者であった。消除した業者数の内訳は、廃業等の届出をした業者数が212業者、更新切れが247業者となっている。前年度末の1万2,115業者と比べ、0.9％減少した。測量業の登録業者数が最も多かった平成15年度末をピークに、12年連続で減少している。

測量業の登録業者数の推移（各年度末現在）

年次	業者数	年次	業者数
平20年	13,324	平24年	12,436
21年	12,974	25年	12,272
22年	12,695	26年	12,115
23年	12,566	27年	12,000

（出所）国土交通省

ノウハウ

●「測量」でのドローン活用に期待

MM総研によると、平成28年度の国内ドローン市場規模は404億円と見込まれ、平成33年度には1,676億円まで拡大すると予測している。ドローンの現在の活用方法では「メディア・広告向けの空撮」が29.8％で最も多く、「測量」はそれに続いて12.6％であった。また、現在の活用率などから判断すると、「災害等の危険個所の把握」「施設設備の保守・点検」と共に「測量」での活用が今後も期待されている。

経営指標

ここでは参考として、TKC経営指標（平成29年版）より、「測量業」の数値を掲げる。

TKC経営指標 （変動損益計算書）	全企業　211件	
	平均額（千円）	前年比（％）
売上高	79,817	101.7
変動費	14,630	94.0
仕入高	3,463	96.5
外注加工費	10,327	93.4
その他の変動費	747	95.2
限界利益	65,186	103.6
固定費	60,180	101.4
人件費	42,712	102.6
減価償却費	2,616	97.8
租税公課	1,359	91.6
地代家賃・賃借料	2,169	98.0
支払利息・割引料	538	96.3
その他	11,145	103.8
経常利益	5,006	140.9
平均従事員数	8.8名	

今後の課題／将来性

●将来性

リモートセンシング、地理情報システム、デジタル写真測量、衛星測位、レーザー計測など測量技術の進展は目覚ましい。このような地理空間情報技術を利用し、ほかの市場に展開することで、ビジネスチャンスが広がる可能性がある。

《関連団体》　公益社団法人日本測量協会
　東京都文京区小石川1－3－4　測量会館
　TEL　03（3815）5751

●サービス業●（専門）

写真館

最近の業界動向

◉SNS世代の取り込みを図る

　異業種から参入した写真館や老舗写真館が、SNSに写真を投稿する世代の取り込みを図っている。また、成人式や七五三などの晴れの日ではなく、普段使いに活路を見出し、自然な写真を撮る住宅型のスタジオの出店が目立っている。

◉小野写真館が店頭で保険の販売仲介業を開始

　小野写真館は、保険会社2社と提携し、婚礼や成人式用の写真撮影をする際に、生命保険や自動車保険などを紹介するサービスを始めた。保険販売を通じて顧客との付き合いを深め、写真館の利用増につなげたい意向だ。写真撮影は人生の節目に利用する人が多いことから、保険の需要もあると見込む。結婚式の相談に来た客には生命保険や学資保険を、成人式の写真撮影の客には、自動車保険などの需要を見込む。客が興味を持てば、保険販売員が店舗に出向いて対応する。保険の加入期間は長期間となる傾向が高く、顧客との付き合いも長くなる。それと同時に、成人式から結婚式、子どもの七五三と継続して自社サービスを利用してもらうことを期待している。

◉インバウンドの写真撮影や婚礼需要を開拓

　神社で和装の写真撮影をする外国人カップルが増えている。写楽館はインバウンドの写真撮影や婚礼需要を開拓する。2億円をかけて神前挙式ができる建屋を新築し、レンタルの着物1,000着を揃えた。一度に多くの人数に対応できる設備を設けることで、手軽に撮影したい団体客などの開拓を目論む。これまでも西洋式の婚礼設備はあったが、新設した神前式の設備はインバウンド需要を喚起することを期待する。今後はタイやインドネシア、台湾などの旅行会社に営業活動を始める予定だ。撮影料金は衣装レンタルなどを含め和装15万円、神前式費用は30万円など他社より安価に設定。外国人需要で3年後は3億円近くまで増やし

たい意向だ。他社でも同様のサービスを行うところも出てきているが、写楽館は同じ場所で着付けから撮影までまとめてできることが特徴だ。近隣のアウトレット施設に訪れた外国人がコスプレ感覚で撮影するといった利用も期待している。

◉スタジオアリスが東海地方の商業施設に初出店

　スタジオアリスは、愛知県長久手市に開業する商業施設へ新業態「スタジオアリスHALULU」を出店した。「スタジオアリスHALULU」は、海外チャペルのようなステンドグラスなど、多彩な撮影スタジオを持つ。従来のスタジオアリス同様に子どもの記念写真撮影も可能で、成人式やブライダル、マタニティ撮影の要望にも対応し、大人向けの豊富な衣装は1,000着以上もある。また、専門スタッフがヘアセット、メイクをコーディネートする。

◉サムライ体験ができるフォトスタジオが人気

　国内外でサムライ人気を取り入れたフォトスタジオが注目されている。「戦国フォトスタジオSAMURAI」は、ハリウッド映画や大河ドラマで使用する甲冑を用意して撮影会を催している。運営するヘキサゴンはもともとブライダル用のグッズ作成などの会社だ。人気武将をモデルにした甲冑から好みを選び、着付け師の説明を受け装着して撮影する。今後はコト消費の拡大や訪日客の増加が見込まれることから、企画を増やしていく。

マーケットデータ

◉スタジオアリスの売上高

　子ども写真館最大手のスタジオアリスの売上高は次の通りである。平成28年12月期の売上高は前期比1.5%増の387億1,900万円であった。

スタジオアリスの売上高（連結）推移（単位：百万円）

項　　目	平26.12月期	平27.12月期	平28.12月期
売　上　高	37,061	38,141	38,719
営　業　利　益	3,928	5,336	5,452
純　利　益	1,750	2,709	3,015

（出所）決算報告書

業界の特性

◉写真館の店舗数

　NTTタウンページ「iタウンページ」によると、写真館の店舗数は平成29年7月17日現在で、2万

1,940件である。

写真館の店舗数

地域	店舗数	地域	店舗数	地域	店舗数
全　国	21,940	富　山	289	島　根	199
北海道	1,082	石　川	296	岡　山	487
青　森	291	福　井	201	広　島	617
岩　手	289	山　梨	225	山　口	328
宮　城	530	長　野	595	徳　島	189
秋　田	273	岐　阜	339	香　川	242
山　形	330	静　岡	682	愛　媛	325
福　島	485	愛　知	1,017	高　知	172
茨　城	476	三　重	307	福　岡	906
栃　木	368	滋　賀	243	佐　賀	168
群　馬	378	京　都	472	長　崎	289
埼　玉	787	大　阪	1,158	熊　本	364
千　葉	685	兵　庫	783	大　分	282
東　京	1,806	奈　良	210	宮　崎	251
神奈川	844	和歌山	180	鹿児島	389
新　潟	595	鳥　取	158	沖　縄	358

（出所）「iタウンページ」

●需要期

写真館の需要は季節変動が大きいのが特徴である。入学卒業シーズンの3月、4月、七五三の11月、成人式の1月は代表的である。同様に、結婚式、お宮参り、修学旅行も需要が見込まれるイベントである。

●チェーン展開企業は少数

写真館でチェーン展開する企業は少ない。多くは個人経営である。チェーン展開の代表的な企業は、スタジオアリス、スタジオマリオ、ピノキオなどがある。

●「出張撮影サービス」が人気

カメラマンに好きな場所に来てもらって撮影する「出張撮影サービス」が人気となっている。「出張撮影サービス」は、プロやセミプロのカメラマンに登録してもらい、撮影したい人とカメラマンをネット上で橋渡しするサービスだ。平成27年頃に登場した。家族層向けに力を入れる「アワーフォト」や、ウェディング向けの「ファマリー」などさまざまなプランがある。

ノウハウ

●「結婚ツーリズム」を北海道で展開

北海道リゾートウェディング協会は北海道と組み、海外のカップルに道内で挙式してもらう「結婚ツーリズム」を全道で展開する。台湾や香港など主にアジアのカップルを呼び込み、道内で結婚式を開いてもらうほか、式でお披露目したり記念のアルバムに収めたりする写真を道内各地で撮ってもらう。挙式後に道内を周遊して観光や食を楽しむまでの一連の周遊プランを1つの旅行商品として売り出す。アジアでは式で披露する写真を観光地で前撮りをしたり、風景を背景に結婚写真を撮るフォトウエディングが人気だ。道内では函館で既に函館ブライダル・ロケーションフォト協議会などが結婚ツーリズムに力を入れており、連携も視野に入れている。

●経営指標

ここではTKC経営指標（平成29年版）より、「写真業（商業写真業除く）」の数値を掲げる。

TKC経営指標 （変動損益計算書）	全企業　90件	
	平均額（千円）	前年比（％）
売上高	42,961	95.4
変動費	11,121	99.2
仕入高	10,093	95.7
外注加工費	880	125.8
その他の変動費	82	133.5
限界利益	31,839	94.2
固定費	32,041	94.6
人件費	17,984	96.5
減価償却費	1,876	101.7
租税公課	618	103.4
地代家賃・賃借料	2,388	94.2
支払利息・割引料	439	86.3
その他	8,791	90.4
経常利益	▲202	401.0
平均従事員数	6.3名	

今後の課題／将来性

●課題

写真館の使い方も多様化している。七五三や成人式などの伝統的な記念日だけでなく、マタニティ姿での撮影や誕生日の家族写真の撮影、女子会での撮影も見られるようになってきた。スマートフォンやデジタルカメラで気軽に写真撮影を楽しむことが一般的な時代であるからこそ、プロのカメラマンに撮影してもらいたいと思わせる提案が求められている。

《関連団体》　共同組合日本写真館協会
　東京都新宿区四谷1-7　日本写真会館3F
　TEL　03（3351）3040

— 165 —

●サービス業●（専門）

商業デザイン業

最近の業界動向

●デザイン業の年間売上高は586億2,100万円

　デザインの分野は商業デザインのほか、インダストリアル（工業デザイン）、インテリアデザイン、グラフィックデザインなどさまざまである。デザイン業は、メーカーや広告会社などから受注を受けて仕事を行う、受託型サービス業である。経済産業省によると、デザイン分野は、インダストリアル、グラフィック、インテリア、マルチメディアに分かれ、グラフィック部門の売上高が大きい。グラフィックデザインを手掛けるデザイン業は、広告会社との関係が深い。経済産業省「特定サービス産業動態統計調査」によると、平成26年のデザイン業の年間売上高は前年比6.7％増の586億2,100万円となっている。

●地方創生に向けた事業「高鍋デザインプロジェクト」

　宮城県高鍋町が主催し、日本デザイン振興会が企画運営を行う、地方創生に向けた事業「高鍋デザインプロジェクト」が平成29年1月からスタートした。高鍋町の事業者と宮崎県内のデザイナーをマッチングし、地域資源を活かした商品作りを行い、高鍋町の魅力をPRする。地方では地域資源を活用したオリジナリティのある商品やサービスを創出することが地域活性化につながる。地元企業や地元信用金庫、県内のデザイナー、日本デザイン振興会が協働することで、地域のビジネス活性化を図る。

●異なる分野のデザイナー同士の協業や提携が広がる

　日経BP社は、世界的なデザイナー佐藤オオキ氏が代表のデザイン事務所「nendo」と業務提携し、デザインコンサルティング事業に乗り出した。経営の課題分析やデザイン提案を組み合わせ、効率的な事業支援を行う。日経BP社は、各種企業のデザイン開発やブランド開発事例の調査や研究を基にしたコンサルティングを行う組織「日経デザインラボ」を擁している。デザイン事務所「nendo」の発送力やデザインを武器に、国内外でデザインプロジェクトを推進していく。また、商業空間の企画設計や施工・運営を手掛ける乃村工藝社も、平成28年にデザイン事務所「nendo」と業務提携している。乃村工藝社は業務提携に伴い、車内にインテリアデザインの専門部門を立ち上げ、デザインから施工までを請け負っている。

マーケットデータ

●デザイン業の年間売上高

　経済産業省「特定サービス産業動態統計調査」によると、平成26年のデザイン業の業務種類別売上高（最新データ）は次の通りである。売上高の約50％を占めるグラフィックは前年比10.5％増の316億6,700万円だった。

デザイン業の年間売上高（単位：百万円、％）

区　分	平24年	平25年	平26年	前年比
売上高合計	55,963	54,908	58,621	6.7
インダストリアル	5,026	4,938	5,032	1.9
グラフィック	29,173	28,665	31,667	10.5
インテリア	1,592	1,468	1,622	10.5
マルチメディア	3,865	3,883	4,010	3.3
その他	16,307	15,955	16,289	2.1

（注）平成21年1月分、平成25年1月分より一部数値に変更が生じたため、及び、平成24年1月分、平成26年1月分より一部調査対象の追加を行ったため、以前の数値と不連続が生じている。
（出所）経済産業省

●大手デザイン会社の売上高

　ドラフトはオフィスデザインやグラフィックデザイン・広告デザイン、ショップデザイン・設計・施工などを手掛けている。平成29年4月現在の従業員数は101名。

大手デザイン会社の売上高（単位：百万円）

社　名	平25年度	平26年度	平27年度	平28年度
ドラフト	1,800	2,100	2,952	3,124

（出所）ドラフトの資料より

業界の特性

●事業所数

　総務省「経済センサス－基礎調査」によると、平成26年（最新データ）のデザイン業の事業所数は9,010所だった。ここ5年間では減少傾向にある。

－ 166 －

デザイン業の事業所数

区　分	平21年	平24年	平26年
全　産　業	5,886,193	5,768,489	5,649,632
デザイン業	10,578	9,080	9,010
構　成　比	0.18%	0.16%	0.16%

(出所) 総務省「経済センサス－基礎調査」

●従業者数

総務省「経済センサス－基礎調査」によると、平成26年（最新データ）のデザイン業の従業者数は4万563人。このうち、男性が2万3,395人、女性が1万7,168人である。事業所数同様に、ここ5年間では減少傾向にある。

デザイン業の従業者数

区　分		平21年	平24年	平26年
全　産　業	総数	58,442,129	55,837,252	59,892,274
	男	33,087,727	31,355,187	32,984,908
	女	25,261,278	24,302,231	26,822,037
デザイン業	総数	47,163	41,254	40,563
	男	27,813	24,138	23,395
	女	19,350	17,116	17,168
比　　率		0.08%	0.07%	0.07%

(出所) 総務省「経済センサス」

●取引形態

クライアントとの取引形態を示すと次図の通りとなる。クライアントと直接取引契約するケース（直接発注）と、元請け事業者と契約するケースに分かれる。

取引形態

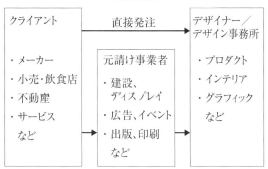

●保有施設

デザイン業は特に大きな施設投資を必要としない。デザインツールとしてパソコンとソフトウェアがあれば仕事を受注できる環境にある。

●経費

デザイン業は経費に占める人件費の割合が高い。その他の経費として、オフィス賃料やOA機器の設備費、リース料、購入費などがある。

ノウハウ

●異なる分野のデザイナー同士の協業や提携が広がる

最近では、デザイナーの活動領域が広がり、インテリアから建築までの分野をこなす必要がある。大手デザイン事務所では、異なる分野のデザイナー同士の協業や提携が広がっている。商品パッケージから店舗設計まで、デザイン力がビジネスに不可欠となっている。

経営指標

ここでは参考として、TKC経営指標（平成29年版）より、「デザイン業」の数値を掲げる。

TKC経営指標 (変動損益計算書)	全企業　221件	
	平均額(千円)	前年比(%)
売上高	72,667	102.4
変動費	27,914	103.5
仕入高	18,307	102.9
外注加工費	9,605	104.5
その他の変動費	149	109.7
限界利益	44,752	101.6
固定費	42,741	101.9
人件費	27,453	102.5
減価償却費	1,230	107.2
租税公課	685	105.6
地代家賃・賃借料	2,824	100.0
支払利息・割引料	314	94.1
その他	10,217	99.8
経常利益	2,011	96.7
平均従事員数	5.7名	

今後の課題／将来性

●将来性

景気による影響を受けやすい業界であり、売上の減少傾向が続いていたが、景気回復と共に直近では持ち直しつつある。事業所の9割以上が個人経営であり、受注の不安定な状態が続くと資金繰りを圧迫しかねない。一方、経営にデザイン志向を取り入れる企業も増加しており、需要増加が期待される。

《関連団体》　公益財団法人日本デザイン振興会
　東京都港区赤坂9－7－1
　　ミッドタウン・タワー5F
　TEL　03（6743）3772

●サービス業●（医療・介護）

病院

最近の業界動向

◉外国語で受診できる体制を整える

　東京都内の医療機関では、外国語で受診できる体制づくりが広がっている。東京都は2020年までに、都立病院など14病院で「外国人患者受入れ医療機関認証制度（JMIP）」を取得する。現在、認証を受けているのは都立広尾病院だけだが、都が運営に関わる全ての病院に広げていく。認証とは別に、一定の外国人対応を備えた医療機関向けの補助制度も始める。院内の表示やホームページの多言語対応などが対象で、最大50万円を補助する。また、東京都看護協会は、看護師向けに英会話研修を始めた。平成29年度に700人程度の受講を目指している。外国人観光客や東京五輪を見据え、医療体制の整備が進められている。

◉赤字病院の割合が７割となる

　全国公私病院連盟と日本病院会は「平成28年病院運営実態分析調査」の概要を公表した。平成28年６月の１カ月分の総損益差額から見た赤字病院の割合は72.9％であった。前年同月比では1.4％の増加だ。開設者別の赤字病院の割合は自治体病院が89.0％、その他公的病院60.3％、私的病院が45.9％。自治体病院は前年の90.2％から若干低下したものの、その他公的病院と私的病院は上昇した。４年連続で赤字病院の割合が７割を超えており、病院経営の厳しさは依然として続いている。

◉大病院受診時の「5,000円徴収」の効果はやや期待外れ

　平成28年度診療報酬改定で、大病院の外来患者を縮小させるため療養担当規則が改正された。患者が紹介状を持たずに特定機能病院、一般病床500床以上の地域医療支援病院を受診した場合、最低金額として初診時5,000円、再診時2,500円の徴収が義務付けられた。厚生労働省の今回の診療報酬改定の結果検証によると、500床以上の大病院のうち、94.2％が「5,000以上6,000円未満」を

初診時に徴収したが、紹介状なしの初診患者比率は42.6％（平成27年10月時点）から39.7％（平成28年10月時点）と2.9ポイントの減少であり、わずかに低下しただけに留まった。

◉広告規制見直しなどの改正医療法が成立

　平成29年６月に改正医療法が成立した。医療機関の広告については、現行法では名称や診療科名、診療時間などの表示以外は禁止されているが、ウェブサイトは対象外だった。近年、美容医療などでトラブルが増加しており、今回の改正医療法ではウェブサイトの虚偽・誇大表示も規制対象とした。また、「持ち分あり」から「持ち分なし」の医療法人への移行を促すために、平成29年９月で期限が切れる相続税猶予などの税制優遇措置を３年間延長する。

◉遠隔医療が注目される

　インターネットを通じて、どこにいても医師の診察を受けられる遠隔診療への関心が高まりつつある。平成28年７月に東京電力福島第１原発事故による避難指示が解除された小高区では、医師や看護師の数など震災前の医療環境が回復できない状況だ。帰還者の半数以上が高齢者で医療環境に不安を抱えている人も多く、市や病院が経済産業省などに支援を要請し、遠隔医療の実現につながった。遠隔診療の対象は、病院を日常的に訪れる患者のうち、医師がオンライン診療で対応できるかどうかを診察し判断。住民はタブレットを通じて医師に健康状態などを伝えるが、操作に不慣れな人もいることを考慮し、運用当初は住民宅に看護師や事務職員を派遣、住民と一緒に端末を操作するなどサポートする。タブレット配布には通信大手のKDDIが協力する。だが、遠隔医療に関しては、報酬面で対面診療ほどの優遇制度はないことや患者側の意識の低さから普及するには至っていないのが現状だ。

マーケットデータ

◉収支金額

　全国公私病院連盟の調査によると、平成28年６月の１カ月の病院（調査病院数638）の総収の持ち分益は１億9,413万9,000円、総費用は２億650万1,000円で、総収益から総費用を差し引くと1,236万2,000円の赤字となり、赤字幅は縮小した。

－ 168 －

100床当たり収支金額の推移 （単位：千円）

項　　目	平25年 6月のみ	平26年 6月のみ	平27年 6月のみ
総費用	190,510	208,286	206,501
医業費用	185,914	194,457	201,708
医業外費用	3,293	3,720	3,262
特別損失	1,303	10,090	1,531
総収益	176,376	189,532	194,139
医業収益	172,369	184,559	189,383
医業外収益	3,306	3,442	3,486
特別利益	701	1,532	1,269
総収益－総費用	▲14,134	▲18,754	▲12,362
病院数	645	643	638
平均病床数	314	308	315

（注）四捨五入計算のため、合計が合わない場合もある
（出所）全国公私病院連盟

業界の特性

●開設者別の病院数

　厚生労働省「医療施設調査」によると、開設者別の病院数は次表の通り。医療法人は5,737で総数の67.6％を占める。

開設者別の病院数 （各年10月1日現在）

開設者	平25年	平26年	平27年
病院数	8,540	8,493	8,480
国	273	329	329
公的医療機関	1,242	1,231	1,227
社会保険関係団体	115	57	55
医療法人	5,722	5,721	5,737
個　　人	320	289	266
そ　の　他	868	866	866

（出所）厚生労働省

●病院の一日平均患者数

　厚生労働省「病院報告」によると、病院の1日平均患者数は次表の通り。

1日平均患者数 （単位：人）

区　分	平29年2月	平29年3月	平29年4月
在院患者数	1,290,272	1,269,971	1,253,122
外来患者数	1,377,738	1,377,738	1,301,963

（出所）厚生労働省「病院報告」

●医師数

　厚生労働省「医師・歯科医師・薬剤師調査」によると、平成26年12月31日の医師数は19万4,961人で、平成24年調査の18万8,306人に比べて3.5％増加した。

ノウハウ

●スマートフォン決済

　病院の入院や治療にかかった費用がスマートフォンで即時決済できる新しい仕組みが動き出す。平成30年度から、銀行や決済代行会社が提供を開始する。試験導入は神奈川県内の医療機関約50カ所で、その後全国750カ所に広げていく。赤字の病院が増える中、人件費や手数料などのコスト負担が軽減され、経営の効率化につながると期待される。

経営指標

　ここでは参考として、TKC経営指標（平成29年版）より、「有床診療所」の数値を掲げる。

TKC経営指標 （変動損益計算書）	全企業　51件	
	平均額(千円)	前年比（%）
売上高	253,042	97.3
変動費	42,398	97.9
仕入高	40,657	97.9
外注加工費	945	98.6
その他の変動費	828	110.2
限界利益	210,644	97.2
固定費	209,477	103.2
人件費	140,800	103.3
減価償却費	10,773	103.0
租税公課	1,978	82.0
地代家賃・賃借料	16,901	104.4
支払利息・割引料	683	99.2
その他	38,348	103.7
経常利益	1,167	8.5
平均従事員数	27.3名	

今後の課題／将来性

●課題

　看護師不足が深刻化する中、看護師を紹介する「有料職業紹介ビジネス」が過熱している。病院側は看護師の定着率が低下すると懸念している。

●将来性

　国は地域包括ケアシステムの構築を進めており、これまでの入院機能を中心とした事業展開から地域との連携重視の方向に動いている。そのため、入院患者の退院促進だけではなく、在宅医療の展開や在宅介護事業所との連携を強化する必要がある。

《関連団体》　一般社団法人全国公私病院連盟
　　東京都渋谷区神宮前2－6－1
　　TEL　03（3402）3891

●サービス業●（医療・介護）

診療所

最近の業界動向

●かかりつけ医の重要性

かかりつけ医は紹介状が必要な大病院でなく、身近に診療所や病院で健康上の相談ができる。病院の専門科勤務を経て診療所を開業する医師も多く、専門性の高い診療所もある。かかりつけ医を持たない人が多いのが現状だが、かかりつけ医の重要性は高まっている。また、高齢化社会を迎え、在宅でも対応できる医師が求められている。

●大阪市に大型診療所開設

脳神経疾患研究所は平成30年9月、大阪市に完成予定の新南海会館ビルに大型診療所「南東北グループ大阪なんばクリニック」を開設する。南東北グループは福島、東京、神奈川など1都4県で医療・介護施設など7法人を運営するが、関西進出は初めてだ。一般外来や各種専門外来のほか、人間ドック、企業向け健康診断を扱う。MRIやCTなどの検査装置も設置する予定。海外からの医療目的の訪日客の受け入れ実績があり、関西でもアジアなどからの患者受け入れを積極的に推進したい意向だ。

●「ミッドタウンクリニック名駅」がオープン

ミッドタウンクリニックの新しい人間ドック・健康診断施設として、「ミッドタウンクリニック名駅」が「JRタワー名古屋」に開業する。JRタワー名古屋はJR名古屋駅に直結する超高層ビルだが、その中に入居する。このクリニックの特徴は「男女別の受診エリア」で、待合室から検査まで男女別にエリア分けし、ストレスのない快適な健康診断・人間ドックを実現している。施設内には内科も併設する。名古屋市立大学との提携・協力関係を結び、検査からその後のフォローや治療まで一貫しての医療サポートを行う。東京・六本木に開業している「東京ミッドタウンクリニック」は、JCIの認定を取得するなど、「国際スタンダードの医療安全とホスピタリティを」というコンセプトのもと診療を行っている施設だが、「ミッドタウンクリニック名駅」でもこのコンセプトを導入し、名古屋地区における新たなフラッグシップ施設として展開を考えている。

マーケットデータ

●診療所数の推移

厚生労働省「医療施設調査」によると、平成27年10月1日現在の一般診療所数は10万995で、前年の10万461に比べ0.5％増加した。

一般診療所数の推移（各年10月1日現在）

年次	病院数	年次	病院数
平18年	98,609	平23年	99,547
19年	99,532	24年	100,152
20年	99,083	25年	100,528
21年	99,635	26年	100,461
22年	99,824	27年	100,995

（出所）厚生労働省「医療施設調査」

●患者数

厚生労働省「患者調査」によると、平成26年の一般診療所の患者数（推計）は427万8,800人で、前回調査（平成23年）の428万9,700人比べて0.2％減少した。

●一般診療所（全体）の損益差額

中央社会保険医療協議会「第20回医療経済実態調査（平成27年実施）」によると、平成26年度の一般診療所（全体）の1施設当たりの損益差額は2,047万3,000円となっている。

一般診療所（全体）の1施設当たり損益差額（単位：千円）

項　　目	平25年度	平26年度
Ⅰ医業収益	130,056	129,842
入院診療収益	5,960	5,823
外来診療収益	118,960	118,874
その他の医業収益	5,135	5,145
Ⅱ介護収益	2,066	2,060
Ⅲ医業費用	110,846	111,429
給与費	53,642	53,989
医薬品費	20,884	20,606
材料費	3,941	4,145
委託費	4,728	4,814
減価償却費	4,718	4,605
その他の医業・介護費用	22,933	23,271
損益差額（Ⅰ＋Ⅱ－Ⅲ）	21,276	20,473
施設数	1,663	1,618

（出所）中央社会保険医療協議会「医療経済実態調査」

●一般診療所の年間売上高

総務省「サービス産業動向調査」によると、平

－ 170 －

成27年の一般診療所の年間売上高は9兆558億2,900万円となっている。

一般診療所の年間売上高等（平成27年）

従業者数（人）	年間売上高（百万円）
933,400	9,055,829

（出所）総務省「サービス産業動向調査」

業界の特性

●一般診療所の医師数

厚生労働省の「医師・歯科医師・薬剤師調査」（各年調査）によると、平成26年12月末現在の医師の総数は29万6,845人で、前回調査に比べて2.7％増加した。

一般診療所の医師数

年　次	平22年	平24年	平26年
総　　数	280,431	288,850	296,845
病　　院	180,966	188,306	194,961
診療所	99,465	100,544	101,884

（出所）厚生労働省「医師・歯科医師・薬剤師調査」

●有床、無床診療所の施設数

厚生労働省「医療施設調査」によると、平成27年10月1日現在の一般診療所数は次の通り。

有床、無床診療所数の推移

項　目	施設数		
	平25年	平26年	平27年
一般診療所	100,528	100,461	10,995
有　床	9,249	8,355	7,961
無　床	91,279	92,106	93,034

（出所）厚生労働省「医療施設調査」

●開設者別施設数

厚生労働省「医療施設調査」によると、一般診療所の開設者別施設数は次表の通り。

開設者別施設数（各年10月1日現在）

開設者別	平26年	平27年
国	532	541
公的医療機関	3,593	3,583
社会保険関係団体	513	497
医療法人	39,455	40,220
個人	43,863	43,324
その他	12,505	12,830
合　計	100,461	100,995

（出所）厚生労働省「医療施設調査」

ノウハウ

●JR東日本の改札内に診療所を開設

JR東日本は、JR千葉駅改札内の商業施設「ペリエ千葉エキナカ」の4階に診療所と調剤薬局を開業した。改札内に診療所を設置するのは全国初。開設したのは「東京ビジネスクリニック」だ。子どもから会社員まで広範囲な患者層を想定しており、内科や小児科、皮膚科などの診療科目がある。診療時間は午前9時～午後9時までで年中無休。ウェブでの予約も可能だ。鉄道を利用しない患者が受診するには、入場券を購入して駅構内に入り、後で払い戻してもらうことになる。

経営指標

ここでは参考として、TKC経営指標（平成29年版）より、「無床診療所」の数値を掲げる。

TKC経営指標（変動損益計算書）	全企業 240件	
	平均額（千円）	前年比（％）
売上高	150,393	98.8
変動費	22,777	96.7
仕入高	22,128	96.5
外注加工費	410	93.2
その他の変動費	164	102.3
限界利益	127,616	99.2
固定費	121,809	101.5
人件費	82,212	102.4
減価償却費	6,355	99.8
租税公課	1,169	106.5
地代家賃・賃借料	10,954	101.2
支払利息・割引料	343	90.9
その他	20,776	98.3
経常利益	5,806	67.4
平均従事員数	14.8名	

今後の課題／将来性

●課題

団塊の世代が後期高齢者に移行する平成37年に向けて、地域包括ケアシステムの構築が進行している。高齢者の増加に伴い、無床診療所数は増加している一方、有床診療所数は減少傾向にある。有床診療所の多くは都市部よりも人口過疎の地域、特に九州地区に多く存在する。有床診療所数が減少する最大の原因は入院基本料の低さだ。これに歯止めをかけるためには、有床診療所の位置付けの見直しを行い、診療報酬上の評価が必要だ。

《関連団体》　公益社団法人日本医師会

東京都文京区本駒込2-28-16

TEL　03（3946）2121

●サービス業●（医療・介護）

歯科医院

最近の業界動向

●歯科診療所の数は６万8,940カ所

厚生労働省「医療施設調査」によると、平成28年10月１日現在の歯科診療所の数は６万8,940カ所で、前年の６万8,737カ所に比べて203カ所増加した。歯科医師は過剰傾向にあり、厚生労働省は2029年に約１万4,000人過剰になるという試算をまとめた。これに伴い、歯学部定員の削減や国家試験の合格基準の引き上げを検討する。競争激化の影響で歯科診療所の経営は厳しく、不必要な治療や治療期間の引き延ばしなどが懸念される。

歯科診療所数の推移（各年10月１日現在）

年次	歯科診療所	年次	歯科診療所
平21年	68,097	平25年	68,701
22年	68,384	26年	68,592
23年	68,156	27年	68,737
24年	68,474	28年	68,940

（出所）厚生労働省「医療施設調査」

●虫歯になった割合

児童の口腔ケアを積極的に行う小学校が増え、子どもの虫歯は減っている。給食後の歯磨きやフッ化ナトリウムなどを含む液「フッ化物洗口」でのうがいなど、虫歯予防に知恵を絞っている。文部科学省「学校保健統計調査」によると、子どもの虫歯は、ピーク時（昭和40～50年）より減少が続いている。平成28年度は中学校、高等学校で過去最低となった。

虫歯になった割合（単位：％）

年度	幼稚園	小学校	中学校	高等学校
平23	42.95	57.20	48.31	58.46
28	35.64	48.89	37.49	49.18

（出所）文部科学省「学校保健統計調査」

●歯科衛生士の偏在

歯科診療所が増え続ける一方、歯科衛生士は不足している。歯科衛生士は歯垢の除去など口腔ケア業務を担当し、国家資格が必要である。歯科衛生士の数は増えているが、待遇の良い歯科医院に集まる傾向があり、歯科衛生士の偏在が進んでいる。介護施設などでも歯科衛生士は重要な役割を担っている。通院が難しい高齢者のため、介護施設や自宅に出向く訪問歯科の必要性は高まっている。しかし、歯科衛生士が集まらず訪問歯科にまで対応できない場合が多い。大都市圏では平日20時依降まで、週末も診療する医院もあり、歯科衛生士の労働環境は厳しい。高齢化社会の進展を受け、介護施設や個人宅への訪問歯科は重要さを増しており、歯科衛生士に対する労働環境の改善など対策が求められる。厚生労働省によると、歯科衛生士数の推移は次の通り。

歯科衛生士数等の推移（各年末現在）（単位：人、カ所）

年　　次	平24年	平26年	平28年	対26年増減数
歯科衛生士	108,123	116,299	123,831	7,532
歯科技工士	34,613	34,495	34,640	145
歯科技工所	19,706	20,166	20,486	320

（出所）厚生労働省

●「予防医療」ビジネスが拡大

予防医療ビジネスが拡大している。健康な生活を維持していくためには、口内のケアは欠かせない。ライオンは唾液で口内の状況を調べられる検査システムを発売した。歯科医院などで、５分程度で歯や歯茎の健康状態が分かり、虫歯や歯周病対策につながるという。予防歯科が広がり、予防のために歯科医院に通う人も増えている。

マーケットデータ

●歯科診療費の推移

厚生労働省「診療種類別国民医療費」によると、平成26年度の歯科診療医療費は前年度比1.9％増の２兆7,900億円で、532億円の増額となった。

歯科診療費の推移（単位：億円）

診療種類	平24年度	平25年度	平26年度	
	推計額	推計額	推計額	対前年比増額
国 民 医 療 費	392,117	400,610	408,071	7,461
一 般 診 療	283,198	287,447	292,506	5,059
歯 科 診 療	27,132	27,368	27,900	532

（出所）厚生労働省「診療種類別国民医療費」

●歯科診療代

総務省「家計調査年報」によると、歯科診療代の年間支出額は次の通り。平成28年の年間支出額

— 172 —

は前年比1.9%増の１万7,718円であった。

歯科診療代の年間支出額（単位：円）

年次	支出額	年次	支出額
平21年	17,991	平25年	17,406
22年	16,531	26年	18,034
23年	18,467	27年	17,387
24年	18,557	28年	17,718

（注）二人以上の世帯
（出所）総務省「家計調査年報」

◉開設者別歯科診療所数

厚生労働省「医療施設調査」によると、開設者別の歯科診療所数は次表の通り。個人の診療所数は平成28年10月１日現在で５万4,930所となっており、全体の79.7％を占める。

開設者別に見た歯科診療所数（重複計上）

開設者	平26	平27	平28
歯科診療所	68,592	68,737	68,940
国	4	5	5
公的医療機関	273	274	278
社会保険関係団体	7	7	7
医療法人	12,393	12,880	13,393
個人	55,588	55,244	54,930
その他	327	327	327

（注）各年10月１日現在
（出所）厚生労働省「医療施設調査」

業界の特性

◉歯科医師数

厚生労働省「医師・歯科医師・薬剤師調査」（隔年）によると、平成26年12月31日現在の歯科医師数は10万3,972人で、平成24年12月31日の10万2,551人から1.4％増加した。

◉診療科目

医療法で規定される歯科の診療科目は、①歯科、②矯正歯科、③小児歯科、④歯科口腔外科の４つである。このほかに、審美歯科、歯周科、予防歯科、歯科麻酔科などがあるが、これらの科目は医療法で正式な科目として規定されていない。このため、実際に診療していても看板などには標榜できない。

◉歯科治療の内容

歯科治療は健康保険の対象と自由診療に分かれる。歯科診療費の引き下げにより、健康保険対象外となる自由診療に力を入れる歯科医院が増加している。虫歯の治療はすべて保険診療となるが、

見た目の美しさを追求するなど、審美歯科といわれる分野は保険適用ではなく、自由診療となっている。また、矯正歯科は技術に差があるため、矯正を専門に勉強した歯科医のいる診療所を受診する必要がある。

ノウハウ

◉スポーツ歯科

スポーツ選手の治療やマウスガード製作などを行うスポーツ歯科が認知されるようになった。スポーツ歯科外来も増え、歯科大学や歯学部の附属病院に専門外来がある。マウスガードをはめることで、あごの筋肉から刺激が脳に伝わり、脳から手足の運動神経に伝わることで、競技力や筋力の向上も期待できるという。

経営指標

ここでは参考として、TKC経営指標（平成29年版）より、「歯科診療所」の数値を掲げる。

TKC経営指標 （変動損益計算書）	全企業　115件	
	平均額（千円）	前年比（％）
売上高	122,599	101.6
変動費	16,793	98.8
仕入高	13,193	98.1
外注加工費	3,299	100.8
その他の変動費	243	109.1
限界利益	105,806	102.1
固定費	101,117	101.8
人件費	67,817	102.8
減価償却費	4,867	98.4
租税公課	1,523	112.4
地代家賃・賃借料	7,594	103.4
支払利息・割引料	426	80.4
その他	18,882	98.2
経常利益	4,688	110.1
平均従事員数	14.0名	

今後の課題／将来性

◉課題

歯科医師が過剰傾向にあり、歯科診療所間の競争が激化している。優秀な歯科衛生士の確保も難しくなっており、最新機器の導入や技術の向上など課題が多い。

《関連団体》　公益社団法人日本歯科医師会
　　東京都千代田区九段北４－１－20
　　TEL　03（3262）9321

— 173 —

●サービス業●（医療・介護）

産婦人科

最近の業界動向

●出産を扱う医療機関の集約化、効率化が急務

高齢妊婦が増えるなど、ハイリスクの出産が増え、人手が手薄な診療所では対応が難しいケースもある。病院では産婦人科医が不足しており、小規模の開業医が出産数の全体の半分近くを担っている。病院と診療所の医療連携が進められているが、連携体制はさほど浸透していない現状がある。病院が診療所の開業医に出産の場を解放し、病院スタッフがサポートして開業医が受け持つ妊婦の出産に立ち会うオープンシステムや、診療所が妊婦健診のみを行い、出産間近になると病院にバトンタッチするセミオープンシステムを導入している医療機関は多くない。

●違法中絶手術を防ぐ

日本医師会はすべての産婦人科医に、人工妊娠中絶手術を行う母体保護法指定医の取得を求めることを決めた。平成29年6月中に、各都道府県医師会に通知し研修を受けやすい体制整備を進める。母体保護法指定医は、各都道府県医師会が、中絶手術について研修機関で指導を受けた医師を審査して決めている。母体保護法指定医を取得した産婦人科医は半数程度にとどまっているため、広く取得を促し、無資格の医師による違法な手術を防ぐ狙いがある。

●災害時に妊婦や新生児を守る取り組み

日本産科婦人科学会は、災害時に妊産婦や新生児の受け入れをスムーズに進めるため、情報を共有するシステムをつくった。分娩などができる医療機関を地図上で表示し、災害時に現場に駆け付けた医師らが適切な施設に搬送する。災害派遣医療チームが使用する広域災害救急医療情報システムは、けがの治療などが中心で、周産期医療の情報は対象外だ。日本産科婦人科学会のシステムに登録されている施設は、産婦人科などがある約2,400施設。被災地やその周辺の産婦人科を持つ医療機関に、分娩や帝王切開、外来診療が可能かどうかなどの情報入力を呼び掛ける。

日本産科婦人科学会が運用する災害時の情報システム

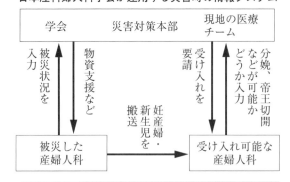

マーケットデータ

●患者1人1日当たりの診療収入

全国公私病院連盟「病院運営実態調査」によると、平成28年の患者1人1日当たりの診療収入は次の通り。

産婦人科の患者1人1日当たりの診療収入（単位：千円）

区　分	平26年	平27年	平28年
入　院			
DPC以外の病院	43.4	49.3	49.4
DPCの病院	60.6	62.6	62.9
外　来			
DPC以外の病院	6.1	7.3	6.5
DPCの病院	7.9	8.2	8.5

（注）DPCとは、厚生労働省が定めた診断群分類点数表をもとに、疾患や症状に対して行う手術などの診療行為により医療費を計算する定額払い方式の病院である。ほとんどの基幹病院は「DPC対象病院」に移行している。また、調査は例年6月を対象に実施し、基礎数値は6月分の集計数値または6月30日現在の数値である
（出所）全国公私病院連盟

●平成28年の出生数は97万6,979人

厚生労働省「人口動態統計調査」によると、平成28年の出生数（概算）は97万6,979人で、前年の100万5,677人より2万8,698人減少し、出生率（人口千対）は7.8%と推計される。

全国の出生数（単位：人）

年次	出生者数	年次	出生者数
平21年	1,071,035	平25年	1,029,816
22年	1,071,304	26年	1,003,539
23年	1,050,806	27年	1,005,677
24年	1,037,231	28年	976,979

（出所）厚生労働省「人口動態統計調査」

業界の特性

●一般病院の産婦人科数

厚生労働省「医療施設調査」によると、平成27年10月1日現在の産婦人科の数は1,159施設で、前年同月の1,176施設に比べて0.14％の減少となった。一方、一般診療所の産婦人科の数（3年おきの調査）は平成26年10月1日現在で3,105施設となっている。

診療科目別一般病院数（重複計上）

項　　目	平25年	平26年	平27年
一般病院数	7,474	7,426	7,416
産婦人科	1,203	1,176	1,159
産　　科	172	185	194

（注）各年10月1日現在
（出所）厚生労働省「医療施設調査」

●産婦人科の医師数

厚生労働省「医師・歯科医師・薬剤師調査」（隔年調査）によると、平成26年12月31日現在の産婦人科を主な診療科とする医師数は次の通り。

産婦人科の医師数（各年12月31日現在）

項　　目	平24年 医師数	割合	平26年 医師数	割合
病院総数	188,306	100.0%	194,961	100.0%
産婦人科	6,296	3.3%	6,533	3.4%
産　　科	491	0.3%	492	0.3%
診療所総数	100,544	100.0%	101,884	100.0%
産婦人科	4,359	4.3%	4,252	4.2%
産　　科	293	0.3%	313	0.3%

（出所）厚生労働省

●平成28年の合計特殊出生率は1.44人

1人の女性が一生の間に産む子どもの数「合計特殊出生率」は平成28年で1.44人（概算）となり、平成27年（確定値）の1.45人と比べて0.01人減少した。

合計特殊出生率の推移（単位：人）

年　次	昭50年	60年	平26年	27年	28年
合計特殊出生率	1.91	1.76	1.42	1.45	1.44

（出所）厚生労働省「人口動態統計調査」

ノウハウ

●父親の育児参加を支援する

産科病院を運営する愛和グループは、父親の育児参加を支援するための施設「パタニティ・マタニティハウス」を新設した。「パタニティ・マタニティハウス」は、母子の退院後に父親が一緒に宿泊して、育児のノウハウを身に付ける施設だ。病院スタッフが希望に合わせてミルクのあげ方やお風呂の入れ方などを教える。愛和病院は24時間体制で出産に応じ、母親の産後ケアや父親向けの育児支援に取り組んでいる。「パタニティ・マタニティハウス」には、滞在してから1年間にわたって、父親と母親が利用できる会員制サロンも設けている。育児相談のほか、母親向けに子どもを預かり、母親が昼寝やマッサージを受けられるサービスも用意する。

経営指標

ここでは参考として、TKC経営指標（平成29年版）より、「有床診療所」の数値を掲げる。

TKC経営指標 （変動損益計算書）	全企業　51件 平均額（千円）	前年比（%）
売上高	253,042	97.3
変動費	42,398	97.9
仕入高	40,657	97.9
外注加工費	945	98.6
その他の変動費	828	110.2
限界利益	210,644	97.2
固定費	209,477	103.2
人件費	140,800	103.3
減価償却費	10,773	103.0
租税公課	1,978	82.0
地代家賃・賃借料	16,901	104.4
支払利息・割引料	683	99.2
その他	38,348	103.7
経常利益	1,167	8.5
平均従事員数	27.3名	

今後の課題／将来性

●将来性

自治体は産後ケアに力を入れ始めた。産後ケア施設が提供するサービスの利用料を助成する。東京都では台東区が平成29年7月から3つの施設で始め、千代田区や荒川区も取り組みを始めるなど、少子化対策が進められている。

《関連団体》　公益社団法人日本産科婦人科学会
　東京都中央区京橋3－6－18
　TEL　03（5524）6900

— 175 —

●サービス業●（医療・介護）

小 児 科

最近の業界動向

●遠隔医療相談サービスの利用が広がる

　キッズパブリックが運営する「小児科オンライン」は、スマートフォンで小児科医に相談ができる遠隔医療相談サービスだ。テレビ電話、チャットで、自宅から小児科を専門とする医師にリアルタイムで医療相談を行うことができる。身近に相談相手がいない子育てに悩む若い母親や通院が難しい社会人が多い中、遠隔医療サービスは都市部で拡大している。東急不動産もキッズパブリックと連携し、自社開発した分譲マンションの入居者を対象に、子どもの病状などをオンラインで相談できるサービスを開始する。小田急電鉄も社員が仕事と子育てを両立できる労働環境を整える狙いで同様のサービスを開始する。鉄道業界で福利厚生制度として遠隔医療サービス導入は初めての試みだ。

●「小児救急電話相談」の相談業務の質の向上

　厚生労働省は、「小児救急電話相談」の相談業務の質の向上を図るため、寄せられた事例を一元的に集約して分析する事業を始めた。相談員の判断が異なるケースなどが見受けられるため、5カ所以上の都道府県から電話のやり取りを収集して分析する。分析は日本小児科医師会の医師らが行っている。小児救急電話相談の相談件数は増え続けており、的確な対応を保護者に伝えられるようにすることを目指す。

マーケットデータ

●一般病院における小児科の施設数は2,642施設

　厚生労働省の「医療施設調査」によると、小児科を標榜する一般病院数（重複計上）は、平成27年10月1日現在で2,642施設となり、前年同期の2,656施設に比べて0.5％減少した。少子化による子どもの減少や地方の勤務医の不足、採算面の問題などが影響し、小児科の施設数の減少傾向が続いている。

一般病院の小児科の施設数（各年10月1日現在）

年次	小児科	年次	小児科
平20年	2,905	平24年	2,702
21年	2,853	25年	2,680
22年	2,808	26年	2,656
23年	2,745	27年	2,642

（出所）厚生労働省「医療施設調査」

●小児科医師1人当たりの診療収入

　全国公私病院連盟「病院経営分析調査報告」によると、小児科医師1人1日当たりの診療収入（入院と外来合計）は平成28年で22万6,000円だった。このうち、入院は16万5,000円、外来は6万1,000円となっている。

小児科医師1人1日当たりの診療収入（単位：千円）

項　目	平27年	平28年
総　数	324	336
（入　院）	233	229
（外　来）	101	107
小児科	239	226
（入　院）	177	165
（外　来）	62	61

（注）診療収入はDPCの病院の数値。DOCは厚生労働省が定めた診療群分類点数表をもとに、疾患や病状に対して行う診療行為により医療費を計算する「定額払い」方式。ほとんどの基幹病院は「DPC対象病院」に移行している
（出所）全国公私病院連盟

●小児科診療所の医業収益等

　中央社会保険医療協議会「医療経済実態調査」によると、平成27年6月の一般診療所の小児科（全体）の医業収益は1億211万4,000円で、平成25年6月の1億395万3,000円に比べて1.7％の減少となった。

小児科診療所の医業収益等（単位：千円）

項　目	平25年6月	平27年6月
Ⅰ医業収益	103,953	102,114
Ⅱ介護収益	4	3
Ⅲ医業・介護費用	83,969	82,593
Ⅳ損益差額（Ⅰ＋Ⅱ－Ⅲ）	19,987	19,542
施設数	110	110

（出所）中央社会保険医療協議会

●一般診療所の小児科施設数

　厚生労働省「医療施設調査」によると、小児科を標榜する一般診療所数は、平成26年10月1日時点で2万872施設となり、平成23年の1万9,994施設に比べると4.3％増加した。

－ 176 －

一般診療所の小児科数（各年10月1日時点）

区　分	平20年	平23年	平26年
一 般 診 療 所 数	99,083	98,156	100,461
小 　児 　科 　数	22,503	19,994	20,872

（出所）厚生労働省「医療施設調査」

業界の特性

●小児科の医師数

厚生労働省「医師・歯科医師・薬剤師調査」（隔年調査）によると、医療施設に従事する小児科の医師数は平成26年12月31日現在で1万6,758人、前回調査の1万6,340人に比べて2.5％の増加である。このうち、病院に従事する小児科の医師数は1万108人、診療所に従事する医師数は6,650人となっている。

小児科の医師数の年次推移（単位：人）

年次	小児科の医師数	病院の医師数	診療所の医師数
平20年	15,236	8,721	6,515
22年	15,870	9,308	6,562
24年	16,340	9,774	6,596
26年	16,758	10,108	6,650

（出所）厚生労働省「医師・歯科医師・薬剤師調査」

●女性医師の割合

小児科は皮膚科や眼科などと並んで女性医師の割合が高い診療科目である。厚生労働省「医師・歯科医師・薬剤師調査」によると、平成26年の小児科に従事する医師のうち、女性の医師が占める割合は、病院は35.5％、診療所は32.3％である。

●プロモーション

小児科は他の診療科目と比べて、口コミの影響を受けやすい特性がある。特に母親からの口コミはスマートフォン等を通じて広がりを見せる。そのため、悪い評判も母親の間で拡散しやすいが、逆に信頼を得ることができれば、新患獲得の機会も増える。

●立地

小児科に来院する際は、親が付き添うことがほとんどである。自動車や自転車で子どもを連れて来ることを考えると、駅前の繁華街よりもマンションや住宅が密集したエリアでの立地が望ましい。また、駐車場や駐輪場の確保も必要となる。

ノウハウ

●兵庫県で小児用救急車が効果を上げる

兵庫県立尼崎総合医療センターは、平成27年11月に子どもの体に合わせた医療用具や薬剤、超音波検査機器を備えた小児ドクターカーを導入した。通常の救急車は救急隊員が乳幼児にできる処置が限られているが、小児ドクターカーでは小児科医が同行することで迅速な手当が行える。尼崎市を含む周辺8市町の消防に入った119番のうち、患者が15歳未満で「心肺停止」や「意識障害」など約30のキーワードに該当すると、同センターに連絡が入る仕組みだ。小児救急を専門にする医師2人と看護師ら3人の5人体制で出動する。

経営指標

小児科の指標は見当たらないので、ここでは参考として、TKC経営指標（平成29年版）より、「無床診療所」の数値を掲げる。

TKC経営指標 （変動損益計算書）	全企業　240件	
	平均額（千円）	前年比（％）
売上高	150,393	98.8
変動費	22,777	96.7
仕入高	22,128	96.5
外注加工費	410	93.2
その他の変動費	164	102.3
限界利益	127,616	99.2
固定費	121,809	101.5
人件費	82,212	102.4
減価償却費	6,355	99.8
租税公課	1,169	106.5
地代家賃・賃借料	10,954	101.2
支払利息・割引料	343	90.9
その他	20,776	98.3
経常利益	5,806	67.4
平均従事員数	14.8名	

今後の課題／将来性

●課題

少子化による患者数の減少により、競合する他の医療機関との差別化対策が不可欠だ。スマートフォンを使った予約システムの導入や皮膚科や耳鼻咽喉科などの小児関連疾患と関係の深い診療科目との連携強化を積極的に行うなどの取り組みが重要である。

《関連団体》　公益社団法人日本小児科学会
　　　　　東京都文京区後楽1－1－5
　　　　　TEL　03（3818）0091

●サービス業●（医療・介護）

リハビリテーション科

最近の業界動向

●高齢化社会に向かいリハビリや在宅医療重視へ

　脳卒中やケガなどの手術後、機能回復に向けたリハビリテーションはその後の生活水準を維持するために欠かせない取り組みだ。急性期病院でも積極的にリハビリに取り組む動きが広がっている。特に手術後の高齢者は筋委縮や認知機能の低下が進みやすいため、リハビリは症状の回復に役立つ。最近では、リハビリテーションと栄養管理を並行して取り組む「リハビリテーション栄養」が広がっている。リハビリ専門職や管理栄養士などがチームを組み、入院患者に十分な栄養摂取と運動に取り組んでもらい、早期の自宅療養につなげる。厚生労働省は入院ベッド数を減らし、リハビリなどで使う回復期のベッド数を増やす方向で、医療と介護体制の見直しを始める。高齢者の人口増加には地域差があるため、都道府県は医療計画の中で「地域医療構想」を定め、各地域の医療関係者が病床の削減などに取り組む。

●継続したリハビリ

　急性期病院でもリハビリに取り組む動きが広がっている。手術直後からリハビリを始め、病状の回復を助ける。急性期から維持期まで、切れ目のないリハビリが必要だ。浜松市では、脳卒中の患者を対象に、急性期病院と回復リハビリ病院、在宅医の間で患者の情報が共有できる「連携パスポート」を発行している。患者が携帯することで、転院や退院後でも継続的に症状に適したリハビリが続けられるようにしている。

マーケットデータ

●診療科目別一般病院数

　厚生労働省「医療施設調査」によると、リハビリテーション科の一般病院数は次の通り。平成27年10月1日現在のリハビリテーション科の数は5,429施設、施設数に占める割合は73.2％で、内科

の92.0％に次いで多い。

診療科目別一般病院数（重複計上）（各年10月1日現在）

診療科目名	平25年	平26年	平27年
一 般 病 院 数	7,474	7,426	7,416
リハビリテーション科	5,263	5,362	5,429
リ ウ マ チ 科	1,196	1,226	1,258
整 形 外 科	4,956	4,943	4,941

（出所）厚生労働省「医療施設調査」

●リハビリ科医師1人1日当たりの診療収入

　全国公私病院連盟「病院経営分析調査結果」によると、リハビリ科医師1人1日当たりの診療収入（入院と外来の合計）は、平成28年で53万7,000円であった。このうち、入院が47万9,000円、外来が5万8,000円となっている。

リハビリ科医師1人1日当たりの診療収入（単位：千円）

項 目	平26年	平27年	平28年
総 数	328	334	336
（入 院）	226	233	229
（外 来）	102	101	107
リハビリ科（総数）	473	442	537
（入 院）	418	379	479
（外 来）	55	63	58

（注）診療収入はDPCの病院の数値。DPCは厚生労働省が定めた診断群分類点数表をもとに、疾患や症状に対して行う診療行為により医療費を計算する「定額払い」方式。ほとんどの基幹病院は「DPC対象病院」に移行している。また、調査は例年6月を対象に実施し、基礎数値は6月分の集計数値または6月30日現在の数値である

（出所）全国公私病院連盟

業界の特性

●リハビリテーション科の医師数

　厚生労働省「医師・歯科医師・薬剤師調査」（隔年調査）によると、平成26年12月末現在の主たる診療科別の医療施設に従事するリハビリテーション科の医師数は2,301人である。

リハビリテーション科の医師数（平26年12月末）

診療科目科	病院	診療所	総数
総 数	194,961	101,884	296,845
リハビリテーション科	2,142	159	2,301
リ ウ マ チ 科	1,267	155	1,422
整 形 外 科	13,182	7,814	20,996

（出所）厚生労働省「医師・歯科医師・薬剤師調査」

●機能別病床数

　厚生労働省によると、平成27年7月1日現在の

— 178 —

機能別病床数は次の通り。病床数は124万4,629床で、このうち、回復期の病床数は10.4％の12万9,100床である。厚生労働省は回復期の病床数を2025年には約3倍に拡充する計画で、リハビリテーションや在宅医療の充実を図る。

機能別病床数（平成27年7月1日現在）

機能別	高度急性期	急性期	回復期	慢性期
病床数	169,367	592,634	129,100	353,528

（出所）厚生労働省

●リハビリの流れ

脳卒中による障害の場合、①急性期、②回復期、③維持期の3段階に分かれ、それぞれの段階で受ける治療や訓練は異なる。急性期は1週間から2カ月の期間で治療と早期にベッドから離れる訓練を受ける。回復期は1～6カ月で体の機能を取り戻す訓練を行う。リハビリテーションのチーム医療は、リハビリテーション科医の機能評価、目標設定、疾病管理、リスク管理、リハビリテーション処方に基づき、理学療法士や作業療法士、言語聴覚士などがそれぞれの専門性を発揮して、患者の能力を効率的に引き出す訓練などが行われる。

●リハビリテーション科専門医

リハビリテーション科は、病院や診療所に認められた標榜科であるが、リハビリテーション科専門医は病気や外傷の結果生じる障害を医学的に診断・治療し、機能回復と社会復帰を総合的に提供することを専門とする医師である。専門医の資格は、リハビリテーション科が関与する領域について、定められた卒後カリキュラムにより5年以上の研修を修め、資格試験に合格して認定される。日本リハビリテーション医学会によると、同医学会が認定するリハビリテーション科専門医が指導医として常勤する研修施設は628施設、専門医は2,278名（平成29年6月現在）である。

ノウハウ

●温泉プールの活用

リハビリ専門の群馬リハビリテーション病院には、脳梗塞や骨折などの手術を終えた回復期の患者が訪れる。同病院は温泉プールを利用して筋力トレーニングなどのプログラムを行っている。浮力で関節への負荷を減らしながら水の抵抗によって筋肉を鍛えることができ、温泉のリラックス効果もあるという。理学療法士や作業療法士などの専門職を交えながら、患者ごとにチームをつくり、リハビリ計画を立て患者に最適な訓練サービスを提供している。

経営指標

ここでは参考として、TKC経営指標（平成29年版）より、「有床診療所」の数値を掲げる。

TKC経営指標 （変動損益計算書）	全企業 51件	
	平均額（千円）	前年比（％）
売上高	253,042	97.3
変動費	42,398	97.9
仕入高	40,657	97.9
外注加工費	945	98.6
その他の変動費	828	110.2
限界利益	210,644	97.2
固定費	209,477	103.2
人件費	140,800	103.3
減価償却費	10,773	103.0
租税公課	1,978	82.0
地代家賃・賃借料	16,901	104.4
支払利息・割引料	683	99.2
その他	38,348	103.7
経常利益	1,167	8.5
平均従事員数	27.3名	

今後の課題／将来性

●課題

高齢化社会に向け、需要が増えるリハビリテーションや在宅医療の充実が不可欠となっている。リハビリにはチームでの取り組みが欠かせないが、優秀な人材の確保は難しい。

●将来性

国は医療の国際展開を推進している。北原国際病院を運営する医療法人KNIは、平成29年7月からベトナムの国立病院にリハビリテーションなど医療技術を供与している。ベトナムでも高齢化が進んでおり、日本と同様にリハビリなど高齢者医療のニーズが高まるとみている。高齢化社会を迎え、国内外を問わずリハビリテーションの需要は高まっている。

《関連団体》　公益社団法人日本リハビリテーション医学会
東京都千代田区内神田1－18－12
　内神田東誠ビル2F
TEL　03（5280）9700

●サービス業●（医療・介護）

メンタルヘルス科
（心療内科）

最近の業界動向

●EAP市場は拡大が続く

職場などでのストレスからメンタルヘルスの不調をきたす人が増えている。うつ病などの精神疾患による労災申請も増え、その対策を担うEAP（従業員支援プログラム）市場は拡大を続けている。企業などの事業者に、従業員のメンタルヘルス対策の強化を促すストレスチェック制度が義務化されて2年目に入り、会社員が社外の専門家に仕事の悩みなどを相談できるサービスが広がっている。また、うつ病にかかった社員に対して、職場復帰に取り組む企業が増えている。

●仕事などの悩みを相談できるサービスが広がる

社外の専門家に仕事などの悩みを相談できるサービスが広がっている。ベンチャー企業のYeLL（エール）が始めたサービス「エール」は、現場の社員が投稿した仕事上の業務報告や目標などに、ネットや電話でキャリアカウンセラーなどが対応をアドバイスしたり応援のコメントなどを書き込むサービスだ。職場の上司は一連の投稿を閲覧でき、部下とのコミュニケーションなどに役立てることができる。100人規模の事業部で導入する場合、月160〜200万円程度の価格で、人事関連の研修も提供する。

●「ストレスチェック制度」の実施状況

厚生労働省は平成29年6月末時点でまとめた、「ストレスチェック制度」の実施状況を公表した。実施率は82.9％にとどまり、実施した上で部署による違いなどの分析まで行ったのは64.9％であった。実施状況は表の通り。

「ストレスチェック制度」の実施状況

事業場規模	50〜90人	100〜299人	300〜999人	1,000人以上	計
実施割合	78.9%	86.0%	93.0%	99.5%	82.9%
医師による指導	22.6%	36.9%	61.0%	85.0%	79.1%
委託医師	16.0%	15.4%	13.6%	10.1%	15.1%
産業医	79.3%	78.7%	79.5%	81.1%	79.1%

（出所）厚生労働省

マーケットデータ

●EAPサービスの市場規模

EAP（従業員支援プログラム）市場規模は拡大傾向にあり、200〜250億円程度で推移していると予想される。

●精神疾患の患者数

厚生労働省によると、精神疾患の患者数の推移は次の通り。精神疾患は治療が長期に及ぶことが多く、社会復帰が難しい場合もある。うつ病や統合失調症などのストレス性疾病の患者数は増加傾向にあり、生命保険各社は精神疾患で60日以上継続して入院した場合、一時金が受け取れる特約を付けた保険を発売している。高ストレス要因として、仕事の量や労働時間、上司との関係、仕事内容（質）などが挙げられる。

精神疾患の患者数（単位：万人）

年　次	平17年	平20年	平23年	平26年
患者数	302.8	323.3	320.1	392.4
外　来	267.5	290.0	287.8	361.1
入　院	35.3	33.3	32.3	31.3

（注）平成23年の調査では宮城県の一部と福島県を除いている
（出所）厚生労働省

●患者1人1日当たりの診療収入

厚生労働省「平成28年病院運営実態分析調査」によると、精神科の患者1人1日当たりの診療報酬は次の通り。

患者1人1日当たりの診療収入（精神科）（単位：千円）

精神科	平26年		平27年		平28年	
	DPC以外	DPC	DPC以外	DPC	DPC以外	DPC
入　院	16.8	18.3	19.3	19.0	18.8	18.9
外　来	8.9	7.0	8.7	6.9	8.6	6.7

（注）DPCとは、厚生労働省が定めた「包括評価方式DPC」という医療費制度で計算する定額払い方式の病院。基幹病院は「DPC対象病院」に移行している
（出所）厚生労働省

業界の特性

●一般病院の心療内科、精神科の施設数

厚生労働省の「医療施設調査」によると、平成27年10月1日現在の一般病院における心療内科、精神科の施設数は次の通り。

— 180 —

一般病院の心療内科、精神科の施設数

項　目	一般病院			
	平26年	平27年	増減数	総数に対する割合(%)
心療内科	629	632	3	8.5
精神科	1,681	1,698	17	22.9

（注）重複計上
（出所）厚生労働省「医療施設調査」

●診療所の心療内科、精神科の施設数

　同じく、厚生労働省の「医療施設調査」によると、平成26年10月1日現在（最新）の一般診療所における心療内科の施設数は4,577、精神科の施設数は6,481となっている。

●心療内科等の医師数

　厚生労働省「医師・歯科医師・薬剤師調査」によると、平成26年12月31日現在の主たる診療科別にみた医療施設に従事する心療内科、精神科の医師数は次の通り。

医療施設に従事する心療内科、精神科の医師数

項　目	病院の医師数（人）	診療所の医師数（人）
心療内科	286	617
精神科	11,413	3,774

（出所）厚生労働省「医師・歯科医師・薬剤師調査」

●精神科との違い

　心療内科は主に心身症を扱う診療科である。心に原因があっても身体に症状が出てくる状態で自律神経失調症やストレス性胃潰瘍などが対象となる。一方、精神科は精神疾患を扱う診療科である。心の病気、具体的には、幻聴、幻覚、妄想、抑うつなどの症状が表れる状態で統合失調症、認知症、うつ病などが対象になる。しかし、うつ病の場合は、食欲不振や体重減少、不眠など身体症状に表れることもあるため、心療内科でも治療されている。

ノウハウ

●「音声こころ分析サービス」

　心療内科・精神科、一般内科を専門とする新六本木クリニックは、日立システムズの「音声こころ分析サービス」を導入する。「音声こころ分析サービス」は、うつ病などのメンタル疾患の予防や未病の早期発見に寄与するクラウド型のサービスで、平成29年6月に発売された。スマートフォンや固定電話、携帯電話などから録音した音声データから声帯の変化を分析して心の健康状態を数値化し、分析結果をPCやスマートフォンに表示する。医療機関では、診察や問診で得た情報以外に、患者の心の健康状態を数値化した情報として得ることができる。新六本木クリニックでは、患者の日々の心の健康状態を把握するための支援ツールとして活用していく。税別価格は1ID当たり月額300円からで、100IDから導入可能となっている。

経営指標

　メンタルヘルス科の指標は見当たらないので、ここでは参考として、TKC経営指標（平成29年版）より、「無床診療所」の数値を掲げる。

TKC経営指標 （変動損益計算書）	全企業　240件	
	平均額(千円)	前年比(%)
売上高	150,393	98.8
変動費	22,777	96.7
仕入高	22,128	96.5
外注加工費	410	93.2
その他の変動費	164	102.3
限界利益	127,616	99.2
固定費	121,809	101.5
人件費	82,212	102.4
減価償却費	6,355	99.8
租税公課	1,169	106.5
地代家賃・賃借料	10,954	101.2
支払利息・割引料	343	90.9
その他	20,776	98.3
経常利益	5,806	67.4
平均従事員数	14.8名	

今後の課題／将来性

●将来性

　うつ病や統合失調症などのストレス性疾病で入院し働けなくなった場合に、メンタル疾患に備える特約がある保険が発売されている。うつ病などの患者は年々増加し、その対策に企業などが力を入れるようになった。休職から復職後までの道筋を示す「職場復帰プログラム」を設ける企業も増えつつある。「ストレスチェック制度」を追い風に、その対策を担うEAPサービスに参入する企業は増加している。今後、サービス需要は拡大傾向で推移するだろう。

《関連団体》　特定非営利活動法人日本心療内科学会
　千葉県市川市国府台3－2－20－103
　TEL　047（374）8301

●サービス業● （医療・介護）

検診サービス機関

最近の業界動向

●がん検診の受診率

厚生労働省は、平成28年のがん検診率を公表した。国の目標とする50％を超えたのは男性の肺がん検査のみであった。今後、自治体などと連携して特定健康診査（メタボ健診）との同時実施を進めるほか、かかりつけ医や薬局と連携した受診勧奨に取り組んでいく。

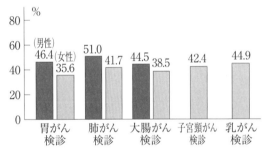

がん検診の受診率（平成28年）

（出所）厚生労働省

●自治体の受診率向上策

栃木県矢板市は、各種がん検診などを一律500円で受診できる「ワンコイン検診」事業を開始した。同市では特定健診や胃がん検診（40～69歳）など、7項目の検診について補助を引き上げ、計9項目を一律500円とした。市では平成27年度に38.0％だった受診率を平成38年度までに60％に引き上げることを目標にしている。同市では一律にすることで分かりやすさを高め、受診項目の増加なども狙っている。また、広島県は平成29年3月、県民ががん検診を受けるなど健康づくりに取り組むことで加算される「ひろしまヘルスケアポイント」を始めた。たまったポイントは小売店の買い物などで使える仕組みだ。広島県医師会が整備を進めている医療情報ネットワーク「HMネット」の「ひろしま健康手帳」機能と連携する。参加希望者はHMネットに登録して専用カードを取得し、カードのIDを使ってポイント制度に参加する。健康づくりへの取り組み内容を入力すれば、ポイントが加算される。がんや特定の検診を受診すれば500ポイント（年1回）、1日8,000歩以上歩けば10ポイント加算される仕組みだ。ためたポイントは協賛企業の店舗で使える買い物ポイントや、商品の詰め合わせなどに交換できる。県としては、平成29年度は1万人、平成32年度には17万人の参加を目指す考えだ。ほかにも、岐阜県が大腸がん検診の自己負担分の全額補助や、静岡県の乳がん、子宮けいがん検診の受診率向上に向けたプロジェクトを開始するなど、各自治体が受診率向上に向けた取り組みを行っている。

●「トワイライト乳がん検診」を実施

国内の乳がん患者は増加傾向にある。国立がん研究センターによると、平成28年の発症者は約9万人と推計される。川崎医科大総合医療センターは、夕方以降に受診できる「トワイライト乳がん検診」を毎月1回行っている。マンモグラフィー（乳房エックス線撮影）検査では、女性の診療放射線技師が撮影し読影認定医が判定する。判定結果は後日郵送し、必要な場合には専門医を紹介する。日中忙しい働く女性に仕事帰りなどに気軽に受けてもらい、早期発見につなげたい狙いだ。

マーケットデータ

●健診・人間ドック市場規模

矢野経済研究所によると、平成27年度の検診・人間ドック市場規模は9,040億円（見込）、平成28年度は9,000億円と予測している。

●特定健康診査の実施率

厚生労働省の調査によると、平成27年度の特定健康診査の実施率は50.1％と、前年度の48.6％に比べて1.5ポイント上昇した。

特定健康診査の実施率の推移

年度	対象者（人）	受診者数（人）	特定健康診査実施率
平27	53,960,721	27,058,105	50.1％
26	53,847,427	26,163,456	48.6％
25	53,267,875	25,374,874	47.6％

（出所）厚生労働省

●総合精度管理事業参加機関の健診実績

全国労働衛生団体連合会の資料によると、総合精度管理事業参加機関の健診実績は次の通り。平成27年度は、職域関係が3,313万3,987人、地域住

民・児童・生徒関係は1,597万9,562人となっている。

総合精度管理事業参加機関の健診実績（単位：人）

項　目	平26年度	平27年度
職域関係合計	31,847,316	33,133,987
一般健康診断	14,003,104	14,522,810
特殊健康診断	1,850,208	1,973,694
行政指導による健康診断	994,688	978,662
がん検診	12,531,962	13,154,870
特定健診	1,169,375	1,028,234
特定保健指導	146,717	125,643
人間ドック	884,336	933,311
健康測定	6,988	8,003
ストレスチェック	229,938	408,760
地域住民・児童・生徒関係	15,979,562	15,965,198
がん検診	5,081,701	5,312,632
住民一般健診	472,258	531,703
特定健診	630,452	583,819
特定保健指導	10,304	8,205
人間ドック	82,202	77,631
児童・生徒の健康診断	9,702,645	9,451,208

（出所）全国労働衛生団体連合会

業界の特性

◉会員機関の就業者数

全国労働衛生団体連合会によると、会員機関の就業者数（常勤・非常勤合計）は、平成28年4月末時点で3万2,523人である。職種別では、看護師・准看護師が5,924人、臨床検査技師等が4,175人、医師（役員を含む）が4,058人である。

◉健診と検診

健診は健康診断の略であり、文字通り健康を診断するものである。体の全体的なチェックとなり、生活習慣を見直すことが目的であるため、一次予防の検査である。一方、検診は検査することを目的にしており、特定の病気を早期に発見して早期に治療するための「二次予防」である。健診の種類には法定健診と任意健診がある。法定健診には特定健診、学校健診、職場健診があり、任意健診には人間ドックがある。一方、検診の種類には乳がん検診や子宮頸がん検診などがある。

ノウハウ

◉東南アジアの富裕層向けの糖尿病の検診事業を強化

シミックスホールデイングスは、東南アジアの富裕層向けの糖尿病の検診事業を強化する。糖尿病を早期発見する尿検査の診断薬について、フィリピンやベトナム当局から薬事承認を取得し、病院の診療も支援する。新興国では所得向上に伴い、糖尿病患者が増えている一方、医療体制の整備が進んでいない。また、インドでは検査技師の育成を進め、日本式の検査施設の新設なども視野に入れている。

経営指標

検診サービス機関の指標は見当たらないので、ここでは参考として、TKC経営指標（平成29年版）より、「その他の医療に附帯するサービス業」の数値を掲げる。

TKC経営指標 （変動損益計算書）	全企業　119件	
	平均額（千円）	前年比（％）
売上高	92,000	100.0
変動費	25,857	96.8
仕入高	21,507	95.4
外注加工費	4,188	96.9
その他の変動費	105	117.4
限界利益	66,143	101.2
固定費	59,279	99.0
人件費	37,746	98.5
減価償却費	3,869	98.0
租税公課	1,193	96.2
地代家賃・賃借料	3,422	102.8
支払利息・割引料	487	91.2
その他	12,560	100.5
経常利益	6,863	125.6
平均従事員数	8.2名	

今後の課題／将来性

◉課題

他国と比べても日本でのがん検診受診率は低いのが現状である。また、受動喫煙防止対策の強化も遅れ気味だ。がん対策加速化プランにおける平成29年度までの目標である「75歳未満のがん死亡率を20％減少させること」の達成が難しくなっている。そのため、市町村ごとのがん検診受診率向上に向けた取り組みの公表制度や、職場ごとのがん検診のガイドライン作成制度の策定などの具体的な取り組みが求められる。

《関連団体》　公益社団法人全国労働衛生団体連合会
　　東京都港区芝4−4−5　三田労働基準協会ビル4F
　　TEL　03（5422）5934

●サービス業●（医療・介護）

臨床検査業

最近の業界動向

◉臨床検査業の事業規模

矢野経済研究所によると、平成27年度の臨床検査薬・機器の事業規模は前年度比6.5％増の１兆67億円であった。このうち、国内向けが5,364億円、海外向けが4,703億円となっている。

臨床検査薬・機器の事業規模（単位：億円）

年　度	平26	平27	平28（予測）
臨床検査薬事業	5,242	5,898	6,100
臨床検査機器・関連事業	4,213	4,169	4,400
合　計	9,455	10,067	10,500

（注）臨床検査薬・機器事業を展開する企業40社を対象
（出所）矢野経済研究所

◉LSIメディエンスと丸紅がフィリピンで血液や尿の検体検査を始める

LSIメディエンスと丸紅は平成29年８月、日本の技術を活かした血液や尿の検体検査をフィリピンで始めると発表した。フィリピンの民間病院グループが平成29年１月に設立した検査会社に、LSIメディエンスと丸紅が出資し、合弁会社として運営する。検体検査では、体から採取した血液や尿について、成分分析や微生物の有無を調べるなど、血液学的検査、生化学的検査、免疫血清性検査などが含まれる。平成29年８月からサービスを開始し、マニラにある医療機関などが外注する検体検査を合弁会社が受託する。LSIメディエンスが検査を、丸紅が営業を担当する。

◉ファルコホールディングスが即日検査体制を整備

ファルコホールディングスは大阪市に検査施設を開設し、大阪市内の診療所などから受託した血液や尿などの検査を当日中に処理できる体制を整えた。開業医が多い都市部の需要を取り込む。これまで大阪市内の検体は、京都府内の基幹研究所や堺市の拠点まで運んで検査していたが、大阪市の施設開設で、朝に検体を受け取れば夕方には診療所にデータを渡すことが可能になった。輸血や手術などの緊急検査にも対応できる。また、大阪市西区の営業所や、神戸市と大阪府枚方市にあった電子カルテ事業の拠点もこの施設に集約した。大阪市内の開業医らに対して、最近扱いが増えている不妊検査や、診療所への電子カルテなどの導入を働きかける機能を担う。

◉みらかHDが開業医向け受託臨床検査を強化

みらかホールディングス（HD）は、開業医からの受注を増やすため、平成29年度中に東京都23区内にサテライトラボを２カ所新設する。クリニックが多い都内に増設することで、迅速に検診結果が出せる体制を整備したい狙いがある。政府による地域医療の強化や、かかりつけ医の普及が進むことで開業医からの検査需要を見込んでいる。

◉鴻池運輸がインドと臨床検査の技術交流に取り組む

鴻池運輸は、日本とインド間で臨床検査の技術交流に取り組む。厚生労働省が委託する医療技術の国際展開を推進する事業で、同社が研修実施機関となった。事業期間は最大で２年間の予定だ。同社が事業主体となり、インドの臨床検査技師・病理医を日本に招いて研修をするほか、日本からも医師や臨床検査の専門家をインドに送り、現地でシンポジウムを開催することを計画している。医療品販売や海外での臨床検査を手掛けるJ-VPDなど数社と提携する。同社は平成25年に、インドで医療機器や材料のデータベースの構築を手掛ける子会社を設立した。今後はインドで医療関連の物流需要の開拓に力を入れる方針だ。

マーケットデータ

◉大手企業の売上高

主な臨床検査受託会社の売上高は次の通り。みらかホールディングス、ビー・エム・エル、LSIメディエンスの大手３社でシェアの過半数を占め

大手企業の売上高

社名	売上高（平29年３月期）
みらかホールディングス	1,329億円
ビー・エム・エル	1,112億円
LSIメディエンス	878億円

（注）みらかホールディングスは受託臨床検査事業の売上高。子会社にエスアールエルを持つ。ビー・エム・エルLSIメディエンスは連結売上高
（出所）各社決算資料

－ 184 －

ている。臨床検査受託最大手のみらかホールディングスは、検査体制の効率化を図るため、東京・八王子市にある主力の検査所を含めた見直しを進めている。

●地方衛生研究所における臨床検査件数

厚生労働省「衛生行政報告例」によると、地方衛生研究所における臨床検査件数は次の通り。

地方衛生研究所における衛生検査件数

項　目		平26年度	平27年度
血清等検査	エイズ	42,325	35,972
	HBs抗原・抗体検査	5,986	4,703
	その他	15,392	19,887
生化学検査	先天性代謝異常検査	48,861	48,995
	その他	1,389	952
尿　検　査	尿一般	9,349	8,089
	神経芽細胞腫	10,318	10,140
	その他	3,162	1,207
アレルギー検査	抗原検査・抗体検査	30	―
そ　の　他		27,211	26,211

（出所）厚生労働省

業界の特性

●施設数

日本衛生検査所協会によると、衛生検査所の施設数は平成29年1月1日現在で920施設、同協会に加盟する施設数は平成29年5月1日現在395施設である。

経営主体別検査所数

区　　分	衛生検査所数	会員衛生検査所数
公　　　立	8	0
医　師　会　立	68	0
公　益　法　人	88	7
会　　　社	724	387
医療法人・その他の法人	18	1
個　　　人	14	0
合　　計	920	395

（出所）日本衛生検査所協会

●臨床検査の種類

臨床検査は、「検体検査」と「生理機能検査」の2つに分けられる。①検体検査は、患者から採取した血液や尿、便、細胞などを調べる検査。②生理機能検査は、心電図や脳波など医療機器を用いて患者の身体の構造や機能を直接調べる検査。検体検査は、患者から検体を採取するところまでは医療行為とみなされ医療機関でしか行なえない。

採取後の検体は温度や時間など、適切な保存条件が守られれば医療機関外での検査が可能だ。そのため、現在では多くの医療機関が検体検査の一部または全てを外部検査施設に委託している。

ノウハウ

●自宅でできる腸内検査

ベンチャーのサイキンソーは、自宅でできる腸内検査「サイキンソー」を提供している。手軽な検査キットで腸内環境を解析する。検査結果で示されるのは、腸内細菌のタイプやビフィズス菌などの割合などで、生活習慣病の改善に役立ててもらうため、サービス拡充に力を入れている。

経営指標

ここでは参考として、TKC経営指標（平成29年版）より、「その他の医療に附帯するサービス業」の数値を掲げる。

TKC経営指標（変動損益計算書）	全企業　119件	
	平均額（千円）	前年比（％）
売上高	92,000	100.0
変動費	25,857	96.8
仕入高	21,507	95.4
外注加工費	4,188	96.9
その他の変動費	105	117.4
限界利益	66,143	101.2
固定費	59,279	99.0
人件費	37,746	98.5
減価償却費	3,869	98.0
租税公課	1,193	96.2
地代家賃・賃借料	3,422	102.8
支払利息・割引料	487	91.2
その他	12,560	100.5
経常利益	6,863	125.6
平均従事員数	8.2名	

今後の課題／将来性

●課題

臨床検査市場は医療関連サービスの中でも外部委託率が高く、市場規模の拡大も望めない状況だ。臨床検査業の企業数は多いことから受注競争が激化している。生き残るためには同業他社との差別化が求められている。

《関連団体》　一般社団法人日本衛生検査所協会
東京都千代田区紀尾井町3-27　剛堂会館ビル
TEL　03（3262）2326

— 185 —

●サービス業●（医療・介護）

治験関連業務受託機関

最近の業界動向

◉国内臨床試験の届出件数

　新しい薬を開発するために欠かせない臨床試験（治験）の役割は大きい。医薬品医療機器総合機構によると、平成28年度の治験は645本であった。ここ数年は600前後で推移している。

国内臨床試験の届出件数の推移

年　度	平24	平25	平26	平27	平28
治験本数	556	601	601	657	645

（出所）医薬品医療機器総合機構

◉卸とCROが資本業務提携し、中国・アジアの市場を開拓

　医薬品卸大手のスズケンと臨床試験受託機関（CRO）大手のEPSホールディングスは、資本業務提携を行う。CROと医薬品卸の提携は新たな形の提携である。両社は、国内で医薬品・医療機器の開発から販売や流通を含めた市販後までワンストップで対応可能な受託モデルの構築、新規事業の共同開発に取り組む一方、中国を中心としたアジア市場では、EPCホールディングスの基盤を生かして市場開拓に乗り出す意向だ。

◉パシフィックグローブが高齢者治験の被験者募集強化

　臨床試験支援事業を手掛けるパシフィックグローブは、臨床試験の医学ボランティア約25万人の会員を基盤に、高齢者を対象とした治験での被験者募集事業を強化する。国内でも高齢者を対象とした臨床試験が重要視されるにつれて、被験者不足という問題が顕在化している。同社では、高齢者被験者が治験に参加するにあたって、対話による説明を重視したサポートと、個人情報管理を徹底する。第三者審査機関が個人情報保護体制を整備する事業者を認定する「プライバシーマーク」を取得し、情報管理体制の強化に努めている。今後、リウマチや腰痛、認知症といった高齢者が多く罹患する治験でも存在感を示すほか、依頼者の

要望に応じ、外国人ボランティア会員の発掘を手掛けている。同社は、臨床試験の支援や臨床検査の業務受託、介護事業を展開している。平成16年から臨床試験の被験者募集事業を開始し、健常人、患者予備群である境界領域、患者の約25万人で構成された「医学ボランティア会JCVN」を基盤に、糖尿病や高血圧症等の生活習慣病や気管支喘息、アトピー、精神疾患などの治験で多くの募集実績を持つ。取引社数は、製薬企業、医療機関など約50社。健常人対象の第I相試験が守備範囲だったが、第Ⅱ・Ⅲ相の患者対象の治験にも事業を拡大している。

◉武田薬品が事業の一部をCMOの武州製薬に事業移管

　武田薬品は、従業員200人を含む治験薬製造や製剤設計・品質管理（CMC）などを担うファーマシューティカルサイエンス部門（旧CMC研究センター）の一部の事業を、医薬品製造受託機関（CMO）の武州製薬に移管すると発表した。武田薬品は、従業員140人を含む国内臨床開発を担当する部門を、グローバル臨床開発委託機関（CRO）のPRAへ移管することを発表している。製造分野でもグローバル研究開発体制の見直しを図り、人的リソースも含めた委託会社に移管する措置に踏み切った。　今回の提携により、新会社の全株式を武州製薬に譲渡する予定だ。

マーケットデータ

◉日本CRO協会会員企業の総売上高

　日本CRO協会によると、会員企業の総売上高の推移は次の通り。平成28年は前年比12.6％増の1,723億円で増加傾向にある。

会員企業の総売上高推移（単位：億円）

年次	総売上高	年次	総売上高
平23年	1,192（26）	平26年	1,435（23）
24年	1,330（25）	27年	1,529（26）
25年	1,368（24）	28年	1,723（26）

（注）カッコ内は調査対象企業数
（出所）日本CRO協会

◉日本SMO協会の会員売上高

　日本SMO協会によると、会員企業35社の売上高（SMO＝治験施設支援事業のみ）は平成28年度で352億円と、前年度の328億円と比べると、7.3％増加した。CRO市場の成長が続く一方、医

療機関からの受託案件が小規模化していたAMO市場は、伸び悩みが続いていたが平成28年度はやや回復した。

会員企業の売上高（単位：億円）

年　度	平25	平26	平27	平28
売　上　高	406	370	328	352
回　答　社　数	40	38	38	35

（出所）日本SMO協会

業界の特性

●会員数、従業員数

日本CRO協会によると、平成28年の会員数は34社、従業者数は1万5,671人である。また、日本SMO協会の会員数（平成28年）は35社、従業員数は5,296人となっている。

●CROとSMOの主な業務内容

医薬品が承認されるまでには数多くの段階がある。CROの主な業務としては、臨床試験を滞りなく進行するために、関連法規や計画書に則って正しく行われていることを保証するためのモニタリング、集積されたデータの処理・解析、行政当局に提出する申請書類の作成などがある。SMO（治験施設支援機関）の主な業務としては、医療機関での治験を開始するための補助、医療機関での治験を実施するための補助、IRBの設立・運営の補助、CRC（治験コーディネーター）の教育と派遣などがある。

●CRAとCRC

CRAは臨床開発モニターのことで、CRCに雇用され製薬会社を支援する業務で、薬剤師資格保有者が多い。製薬会社から依頼を受けたCRAが治験計画を作成し、病院へ治験の依頼を行う。病院で治験が適正に行われているか確認し、結果データを集計する。他方、CRCは治験コーディネーターのことで、SMOに雇用され病院を支援する業務で、看護師資格保有者が多い。病院から依頼を受けたCRCは医師や看護師、被験者と共に治験を実施し、取りまとめを行う。

ノウハウ

●シミックが再生医療臨床開発部を設立

シミックは、再生医療分野の臨床試験や臨床研究に特化した再生医療臨床開発部を設立した。平成26年11月の法改正による再生医療等製品の早期実用化に向けた承認制度の開始以降、国内外の顧客からの案件も増加している。これらの顧客に対するコンサルティング業務の強化を図る狙いがある。今後は、受注拡大に伴う人員の拡大を図り、関連するがん領域や、中枢領域等の治療領域の専門性を持つ人員を含めた体制を整える意向だ。

経営指標

ここでは参考として、TKC経営指標（平成29年版）より、「その他の医療に付帯するサービス業」の数値を掲げる。

TKC経営指標 （変動損益計算書）	全企業　119件	
	平均額（千円）	前年比（％）
売上高	92,000	100.0
変動費	25,857	96.8
仕入高	21,507	95.4
外注加工費	4,188	96.9
その他の変動費	105	117.4
限界利益	66,143	101.2
固定費	59,279	99.0
人件費	37,746	98.5
減価償却費	3,869	98.0
租税公課	1,193	96.2
地代家賃・賃借料	3,422	102.8
支払利息・割引料	487	91.2
その他	12,560	100.5
経常利益	6,863	125.6
平均従事員数	8.2名	

今後の課題／将来性

●課題

治験の課題の一つが被験者探しだが、これまでは病院受診患者の中から治験条件に合った患者を探し、患者数が多い実施医療機関を選定してきた。近年は、治験計画の複雑化や患者数が少ない難治性疾患の治験へと移行しており、目標症例数を決められた期間までに集めることが難しくなってきた。患者が治験に参加しやすいよう環境を整備したり、一般者に対する治験啓発を行って認知度を高めることが求められる。

《関連団体》　日本SMO協会
　　　東京都中央区日本橋堀留町1－8－9
　　　　渡菊ビル新館5F
　　　TEL　03（6425）8451

●サービス業●（医療・介護）

有料老人ホーム

最近の業界動向

●首都圏での開設

ソニーフィナンシャルホールディングス傘下の介護事業子会社のソニー・ライフケアは、平成30年秋に東京・練馬に老人ホームを新設する。東京・世田谷、さいたま市に次いで3棟目となる。また、チャーム・ケア・コーポレーションは、高価格帯の老人ホームを首都圏に相次ぎ開設する。首都圏では需要が見込めるため、介護士の人材などをやりくりして首都圏への積極展開を進めていく。

●ヒューマンライフケアが介護施設紹介サービスに参入

ヒューマンライフケアは、有料老人ホームなどの介護施設への入居を希望する高齢者に、施設を紹介する「介護施設紹介サービス」に参入した。また、入居に際して、希望する高齢者に対しては、自宅の清掃や、荷物・不用品の整理といった住み替えの支援サービスを合わせて提供することで、高齢者が新生活を円滑にスタートできるよう総合的に支援する。介護施設への入居に当たり、特に一人暮らしをしている高齢者にとっては、清掃や片付け、物品購入などに多くの労力を要する。これまでは、ソーシャルワーカーやケアマネジャーが無償で行うケースが少なくなかったが、こうした協力が得られない場合、手続きの遅れなどによって入居が大幅に遅くなってしまうケースもある。新サービスでは、介護業界や各施設の特徴を熟知した社員が高齢者や家族の住み替えニーズに合った施設をご紹介する。また、「ヒューマンホームサービス」の運営ノウハウを強みとした住み替え支援を一体的に提供することで、円滑に新生活のスタートを切れるよう、高齢者と入居先介護施設の双方に貢献したい意向だ。

●愛犬と暮らせる施設にリニューアルオープン

独居の愛犬家にとって、有料老人ホームへの住み替えは容易ではない。施設入居後に愛犬の世話を頼むことが困難であるためだ。神奈川県の「アプルール秦野」は、いつまでも愛犬と暮らせるホームに生まれ変わった。同社では運営する施設ごとに異なる特色を打ち出している。ガーデニングに特化したサービスを「アプルール横浜」で開始し、愛犬と暮らせる施設は2つ目の特化サービス事業だ。

マーケットデータ

●有料老人ホームのマーケットシェア

富士経済ネットワークスによると、平成30年の有料老人ホームとサービス付き高齢者向け住宅の合算の市場規模は2兆8,273億円を予測している。地域包括ケアシステムの構築に向けて、住み替えとしての役割が期待されている。介護業界への異業種からのM&Aによる新規参入が続いており、業界再編が進むと考えられる。

●有料老人ホームの売上高

日経流通新聞「第35回サービス業総合調査」によると、平成28年度の有料老人ホームの売上高は次の通り。

大手有料老人ホームの売上高 （平成28年度）

社　名	部門売上高 （百万円）	伸び率 （％）
ベネッセスタイルケア	100,897	7.8
SOMPOケアネクスト（ラヴィーレほか）	36,298	3.9
ニチイ学館（ニチイのきらめきほか）	34,206	8.9
SOMPOケアメッセージ（そんぽの家）	31,355	▲10.5
ベストライフ	29,480	▲1.5
ハーフ・センチュリー・モア（サンシティほか）	22,455	2.0
木下の介護	20,522	0.6
さわやか倶楽部（さわやか）	14,431	12.4
スーパー・コート	11,002	2.4
チャーム・ケア・コーポレーション	10,930	19.5

（出所）日経流通新聞

●有料老人ホームの施設数、在所者数など

厚生労働省「社会福祉施設等調査」によると、有料老人ホームの施設数、定員数、所在者数は次

有料老人ホームの施設数、定員数、所在者数等 （各年10月1日現在）

項　目	平25年	平26年	平27年
施設数（カ所）	7,472	8,495	9,053
定員数（人）	315,718	349,732	366,886
所在者数（人）	257,777	285,160	300,870
所在率（％）	82	82	82

（出所）厚生労働省

の通り。

業界の特性

◉有料老人ホームの類型

厚生労働省「有料老人ホーム設置運営基準指導指針」によると、有料老人ホームの類型は次の通りである。

有料老人ホームの類型

類　型	内　　容
介護付有料老人ホーム	介護等のサービスがついた高齢者向け住居施設。介護が必要になっても、当該施設で継続的に生活が可能。介護サービスを施設の職員が提供する一般型と外部委託先がサービスを提供する外部サービス利用型がある
住宅型有料老人ホーム	生活支援等が付いた高齢者向けの居住施設。入居者自身が選択した地域の介護サービス事業者の介護サービスを利用しながら当該施設で継続的に生活が可能
健康型有料老人ホーム	食事付きの高齢者向けの居住施設。介護が必要になった場合は契約を解除して退去が必要になる

（出所）厚生労働省

◉主な提供サービス

有料老人ホームで提供されるサービスは次の通り。ただし、全ての施設がこれらのサービスを全て提供している訳ではない。

サービス	内　　容
食事サービス	食事の提供、特別食の提供、治療食の提供、介護食の提供
介護サービス	身体介護、家事サービス、入退院時・通院時の付き添い、機能訓練
健康管理サービス	健康相談、服薬管理、医療機関との連携、緊急時の対応
アクティビティサービス	イベントの実施、サークル活動
生活相談サービス	日常の生活相談全般
生活支援サービス	フロントサービス、代行サービス、不在時の居室管理、安否確認、入院中のサービス

◉費用

有料老人ホームにおける月額の費用には次のものがある。①家賃（居室や共用施設を利用する費用）、②管理費（事務部門や生活支援サービスの人件費、事務費、共用施設の維持管理費）、③食費（食事サービスを利用した場合の費用）、④介護費（介護サービス利用時、要介護度に応じた費

用）、⑤その他（光熱水費、通信費、介護保険対象外サービス、活動参加費など）。

ノウハウ

◉待遇改善で人材流出を防ぐ

有料老人ホーム運営のチャーム・ケア・コーポレーションは、介護職員の資格手当や夜勤手当の金額を平成29年5月から引き上げ、優秀な社員の流出を防ぐ。また、手当の引き上げで技能習得を促す狙いもある。同年7月からは、60歳定年後、65歳まで社員として雇用する「エルダー社員制度」も導入する。介護業界では人材流出を防ぐために、待遇改善を進める動きが活発化している。

経営指標

ここでは参考として、TKC経営指標（平成29年版）より、「有料老人ホーム」の数値を掲げる。

TKC経営指標 （変動損益計算書）	全企業　87件	
	平均額（千円）	前年比（％）
売上高	229,238	106.2
変動費	21,724	109.6
仕入高	19,088	109.9
外注加工費	2,310	104.9
その他の変動費	351	152.7
限界利益	207,513	105.9
固定費	198,580	103.5
人件費	120,235	105.2
減価償却費	14,450	100.3
租税公課	3,465	109.7
地代家賃・賃借料	13,505	103.6
支払利息・割引料	4,790	93.5
その他	42,132	100.8
経常利益	8,933	210.5
平均従事員数	38.3名	

今後の課題／将来性

◉課題

有料老人ホームの施設数は増加傾向にあるが、一方では職員不足が深刻な状態である。職員の入居者への虐待報道も続いており、職員の質が問われている。入居者が安心して入居できるよう、職員教育の体制の充実が求められている。

《関連団体》　公益社団法人全国有料老人ホーム協会
　東京都中央区日本橋3－5－14
　　アイ・アンド・イー日本橋ビル7F
　TEL　03（3272）3781

－ 189 －

●サービス業●（医療・介護）

グループホーム

最近の業界動向

●東京都がグループホームの整備を後押し

東京都内のグループホームの入居者は、平成29年度で約1万2,000人である。東京都は認知症高齢者が平成37年に約60万人に上ると予想しており、平成37年度末までにグループホームの定員を2万人に拡大する目標を掲げている。この目標を達成するために、東京都はグループホームの整備で、土地所有者と運営事業者を結び付ける事業を開始する。専門家による事業者の絞り込みを行い、土地所有者が安心して事業者を選べるようにする仕組みだ。事業を日本認知症グループホーム協会に委託し、説明会や見学会を開催する。土地は不動産や設計などの専門家がグループホームの整備に適しているかを調査し、事前審査を受けた事業者に土地の情報を提供していく。専門家は事業者の整備案を検討し、事業者を数社に絞り込み、土地所有者が事業者を選ぶ。グループホームの施工業者の選定や補助金の申請手続きなども専門家が支援する。グループホーム開設後も土地所有者から相談を受け付ける窓口を設ける。

●グループホームの人件費は介護職員処遇改善加算の影響により増加

福祉医療機構が公表した「認知症高齢者グループホーム（認知症対応型共同生活介護）の経営状況」によると、認知症高齢者グループホームの平成27年度のサービス活動収益対サービス活動増減差額比率は、6.2%から5.2%へと1.0ポイント低下した。642施設の平成27年度の収支状況では、サービス活動収益が6,296.2万円、サービス活動費用が5,971.9万円で、増減差額は324.3万円であった。サービス活動増減差額比率は5.2%と前年度比1.0ポイント低下している。要因は人件費の増加だ。同機構は「介護職員処遇改善加算の影響によるもの」としている。また、1,282施設中、赤字施設の割合は32.2%で、前年度比5.0ポイント上昇してい

る。赤字施設は入所利用率の低さによりサービス活動収益が黒字施設よりも低く、結果として人件費率や経費率などが高くなっている。同機構は、「入所利用率の向上などによるサービス活動収益の増収を図っていくことが重要」としている。

●グループホームでの不適切ケアのあった施設は6割

日本認知症グループホーム協会は、会員向けの「権利擁護・虐待防止に関するアンケート調査」の結果を公表した。職員が利用者に対して、強い言葉で利用者の自由を奪う「スピーチロック」や心無い発言、プライバシーの軽視などの「不適切なケア」を行ったケースが「ある」と答えた施設が全体の60.1%であった。「不適切なケア」が「たまにある」とあるのは47.6%。「時々ある」は11.6%、「よくある」は0.9%で、「ない」は37.0%だった。「不適切なケア」があった事業所に対して、「対策を講じたか」という質問では、48.1%が「1〜2回程度行った」、46.7%が「頻繁に行っている」と回答しており、合わせると94.8%だった。

マーケットデータ

●介護事業者の売上高

介護事業などを実施している企業のグループホーム関連の売上高は次の通りである。

主要企業売上高（平成29年3月期）

企業名	売上高（百万円）	概　要
ニチイ学館	介護事業 143,788	グループホーム「ニチイのほほえみ」を運営
ベネッセホールディングス	介護・保育事業 102,996	—
ユニマット・リタイアメント・コミュニティ	介護事業 43,920（グループホーム）8,960	デイサービスやショートステイなどを運営
ヒューマンライフケア	介護事業 9,181	グループホームの売上高は2億500万円増

（出所）各社決算資料

●グループホームの市場規模

富士経済ネットワークスによると、グループホームの平成30年の市場規模は1兆1,000億円を予測している。地域包括ケアシステムの構築が進む中、認知症高齢者の住み替えの場としてグループホームが位置づけられている。今後も認知症高齢者の増加が予想されており、それに伴い需要の増

加が見込まれる。

●グループホームの施設数

厚生労働省によると、認知症対応型共同生活介護（グループホーム）の施設数は、平成27年10月1日現在で1万2,983カ所となっている。

地域密着型サービス事業所の施設数（各年10月1日現在）

項　目	平25年	平26年	平27年
夜間対応型訪問介護	196	217	224
認知症対応型通所介護	4,193	4,253	4,308
小規模多機能型居宅介護	4,230	4,630	4,969
認知症対応型共同生活介護	12,048	12,497	12,983
地域密着特定施設入居者性生活介護	263	288	301

（出所）厚生労働省

●グループホームの利用者数

厚生労働省によると、グループホームの利用者数は、平成27年10月1日現在で16万9,975人である。

グループホームの要介護者別利用者数（平成27年9月30日現在）

要介護度	利用者（人）	構成比（％）
要　介　護　1	31,265	18.4
要　介　護　2	43,015	25.3
要　介　護　3	45,768	26.9
要　介　護　4	29,736	17.5
要　介　護　5	19,913	11.7
そ　　の　　他	278	0.2
合　　計	169,975	100.0

（出所）厚生労働省

業界の特性

●開設者別事業所数

厚生労働省のデータによると、グループホーム

開設者別事業所数（平成27年10月1日現在）

開設者別	施設数	構成比（％）
地　方　公　共　団　体	14	0.1
社　会　福　祉　協　議　会	64	0.5
社　会　福　祉　法　人	2,793	23.5
医　　療　　法　　人	1,984	16.7
社　団　・　財　団　法　人	43	0.4
協　　同　　組　　合	63	0.5
営　　利　　法　　人	6,361	53.6
特定非営利活動法人	531	4.5
そ　　の　　他	21	0.2
合　　計	11,874	100.0

（注）調査方法の変更等による回収率変動の影響を受けているため、数量を示す利用者数の実数は前年以前と単純に年次比較できない
（出所）厚生労働省

の開設者別の事業所数は営利法人が全体の53.6％を占め、最多となっている。

ノウハウ

●認知症カフェ開設が相次ぐ

千葉県内で認知症のお年寄りや家族、地域住民が交流する「認知症カフェ」の開設が相次いでいる。船橋市は運営などにかかる費用として10万円を上限に補助を開始し、これまでに10団体が補助を受けた。地域における認知症への正しい理解や見守りにつながることを期待している。

経営指標

ここでは参考として、TKC経営指標（平成29年版）より、「認知症老人グループホーム」の数

TKC経営指標 （変動損益計算書）	全企業　118件	
	平均額（千円）	前年比（％）
売上高	129,126	101.3
変動費	7,452	104.7
仕入高	6,991	106.4
外注加工費	305	101.0
その他の変動費	164	88.7
限界利益	121,674	101.1
固定費	118,281	101.9
人件費	85,800	102.7
減価償却費	7,261	100.5
租税公課	1,425	108.4
地代家賃・賃借料	5,412	101.4
支払利息・割引料	1,690	101.1
その他	16,691	98.6
経常利益	3,393	79.2
平均従事員数	31.0名	

今後の課題／将来性

●課題

認知症高齢者による交通事故の問題など、認知症に起因する事故が社会問題となっている。在宅生活が困難になった認知症高齢者の受け皿であった特別養護老人ホームの入所者要件が原則要介護3以上となり、その他の選択肢としてグループホームの果たす役割の重要性を増している。施設数も増加しており、競合他社との差別化をどのように図っていくかが課題である。

《関連団体》　公益社団法人日本認知症グループホーム協会
東京都新宿区大京町23-3　オーキッドビル8F
TEL　03（5366）2157

●サービス業●（医療・介護）

訪問介護サービス

最近の業界動向

●総合事業の住民主体型が低調

　厚生労働省の調査によると、平成28年4月までに、これまでの全国一律の介護保険から市町村の事業「総合事業」に移行した軽度者向け介護サービスで、ボランティアやNPOによる住民主体型サービスの参入が低調であったことが明らかとなった。新たにできたサービス類型のうち、訪問型サービスでは住民主体型は3.9％、通所型サービスでも12.9％であった。厚生労働省としては、従来の介護サービス事業所以外にも、地域住民などの多様な担い手がサービスを提供し、地域の支え合いを促したい意向だ。だが、小規模自治体などでは人材確保が難しく、思うように進んでいない状況だ。介護サービスのうち、要介護度が軽い「要支援1、2」と認定を受けた高齢者に対する訪問介護サービスと通所介護サービスは、平成27年4月から平成29年4月にかけて順次、市町村の「総合事業」に移行された。従来の介護保険と同等のサービスのほかに、自治体が独自に基準や利用料を定める新方式の「多様なサービス」が設けられた。総合事業で期待されている住民主体型のサービスは、まだ浸透しているとは言えない状況であり、今後は住民への教育や動機付けの施策が必要だ。

●介護福祉士の国家試験の申込者が半分以下に

　平成28年度の介護福祉士の国家試験の申込者が、前回の半分以下にまで減少した。社会福祉振興・試験センターによると、平成28年度の国家試験を受験するための申込みをした人は7万9,113人。平成27年度の16万919人、平成26年度の16万2,433人の5割を下回り急激に低下した。最大の要因として、「実務経験ルート」の要件に、最大で450時間の「実務者研修」の修了が新たに加えられたことがある。「実務経験ルート」では、従来は介護職員として仕事を3年間続けていれば国家試験を受験することができた。実務者研修が必須とされた

のは今年度からだ。無資格者の場合は450時間、ヘルパー2級の修了者か「初任者研修」修了者の場合は320時間、ヘルパー1級修了者の場合は95時間の研修を受けなければならなくなったためハードルが高くなった。実務者研修の目的は、現場の経験だけでは身に付きにくい体系的な知識や技術を学んでもらうことであるが、その反面、負担の増加が懸念されていた。訪問介護業界の人手不足の問題は深刻であり、人材養成の議論が再燃しそうだ。

●パナソニックが訪問介護などの在宅介護で北関東初進出

　パナソニックは、在宅介護サービスでは北関東3県で初めての拠点を宇都宮市開設する。開設する事業所は「パナソニックエイジフリーケアセンター宇都宮」。訪問介護サービスの他、ショートステイやデイサービスを1カ所で提供し、利便性を高める。ショートステイやデイサービスでは、パナソニックが製造する介護機器や住宅建材を施設内に多く配備し、自らの住まいとさほど変わらない環境で過ごせるのが特徴だ。パナソニックは従来、北関東には福祉用具のレンタルや販売の店舗を展開してきたが、在宅介護サービスは初めてとなる。これまで関西や東京、神奈川などの大都市圏で展開している。初進出の北関東では、これからの需要をみながら判断することとなる。

マーケットデータ

●利用者数

　厚生労働省「介護サービス施設・事業所調査」によると、介護サービスの利用者数は次の通り。

介護サービスの利用者数（各年10月1日現在）（単位：人）

項　　目	平成26年	平成27年
訪問系		
訪　問　介　護	890,865	886,928
訪　問　入　浴　介　護	57,493	58,075
訪　問　看　護	431,588	472,681
通所系		
通　所　介　護	1,303,874	1,376,591
通所リハビリテーション	384,123	385,154

（出所）厚生労働省

●在宅（訪問）福祉サービスの売上高ランキング

　日経流通新聞「第35回サービス業総合調査」によると、平成28年度の在宅（訪問）福祉サービス

－ 192 －

業上位企業の売上高は次表の通りである。

在宅（訪問）福祉サービス上位企業 （平成28年度）

社　　名	部門売上高 （百万円）	前年度比 伸び率（％）
ニ　チ　イ　学　館	105,901	▲1.7
ツ　　　ク　　　イ	55,230	7.9
SOMPOケアメッセージ	37,148	▲5.7
ユニマットリタイアメント・コミュニティ	36,231	1.3
セントケア・ホールデイングス	36,182	3.4
ケ　　　ア　　　21	22,568	9.0
ア　ー　ス　サ　ポ　ー　ト	19,745	3.7
アサヒサンクリーン	16,825	5.4
ト　　ー　　カ　　イ	15,141	5.0
や　さ　し　い　手	14,015	8.6

（出所）日経流通新聞

業界の特性

●事業所数

厚生労働省「介護サービス施設・事業所調査」によると、訪問介護の事業所数は次表の通り。

事業所数 （各年10月1日現在）（単位：所）

項　　目	平26年	平27年
訪問系		
訪　問　介　護	33,911	27,550
訪　問　入　浴　介　護	2,262	1,826
訪問看護ステーション	7,903	7,897
通所系		
通　所　介　護	41,660	36,757
通所リハビリテーション	7,284	6,829

（出所）厚生労働省

●提供サービス

訪問介護サービスは、訪問介護員や介護福祉士が利用者の住居を訪問して、「身体介護」や「生活援助」などを行うサービスだ。「身体介護」は、利用者の身体に直接接触して行う介助サービスのほか、日常生活動作能力や意欲の向上のために利用者とともに行う自立支援のためのサービスである。「生活援助」は、掃除や洗濯などの日常生活の援助を行うサービスである。そのほかに、「通院

身体介護と生活援助の内容例

身体 介護	排せつ、食事、清拭・入浴の介助、就寝・起床、更衣の介助、身体整容、洗面、体位変換、通院・外出介助、自立支援のための見守り援助、特段の専門的配慮をもって行う調理（嚥下困難者のための流動食・糖尿食等の調理）
生活 援助	掃除、洗濯、ベッドメイク、衣類の整理・被服の補修、一般的な調理・配下膳、買い物、薬の受け取り

等乗降介助」があり、通院等のために訪問介護員等が自らの運転する車両への乗車や降車の介助を行い、乗車前や降車後の屋内外における移動等の介助等を行った際に算定できるサービスである。

ノウハウ

●ヘルパーに調理指導

訪問介護では、調理や掃除などの生活援助サービスを利用する高齢者が多くいるため、ヘルパーに調理を学ばせる動きが広がっている。在宅介護事業を手掛ける「やさしい手」では、管理栄養士が定番料理のアレンジ法や食材を柔らかくする方法などを指導している。また、30分以内で作れる高齢者向け料理の研修などを行い、ヘルパーの調理支援に力を入れている。

経営指標

ここでは参考として、TKC経営指標（平成29年版）より、「訪問介護事業」の数値を掲げる。

TKC経営指標 （変動損益計算書）	全企業　368件	
	平均額（千円）	前年比（％）
売上高	74,675	105.1
変動費	5,466	134.5
仕入高	5,453	133.2
外注加工費	49	246.2
その他の変動費	48	92.2
限界利益	69,209	103.3
固定費	68,191	103.1
人件費	50,626	102.9
減価償却費	2,488	105.4
租税公課	550	109.4
地代家賃・賃借料	3,945	107.9
支払利息・割引料	692	103.7
その他	9,887	101.6
経常利益	1,017	113.1
平均従事員数	21.0名	

今後の課題／将来性

●課題

高齢化社会を迎え、在宅における介護サービスの提供が求められている。だが、訪問介護サービスの人材不足は深刻であり、依頼があっても提供できない事態も発生している。

《関連団体》　一般社団法人日本在宅介護協会
　　東京都新宿区西新宿1−18−14
　　TEL　03（3351）2885

●サービス業●（医療・介護）

デイサービス
（通所介護事業所）

最近の業界動向

●デイサービスの利用者数は増加傾向続く

　デイサービス（通所介護）は、在宅の要介護者を送迎付きで施設が日中預かるサービスで、介護する家族の負担が軽減されることから需要が増加している。厚生労働省「介護サービス施設・事業所調査」によると、平成27年度のデイサービスの利用者数は約190万人と前年比5.2％の増加であった。事業所数は年々増加傾向にあり、競争は一層激しさを増し、ほかの事業所にない特色のあるサービス提供などの差別化が不可欠となっている。

●名古屋鉄道がデイサービス事業に参入

　名古屋鉄道と介護サービスを提供するインターネットインフィニティーは、共同出資で合弁会社「名鉄ライフサポート」を設立した。名鉄グループのブランド力と、インターネットインフィニティーが培ってきたデイサービスの経営ノウハウを相互に活用し、短時間のリハビリ型デイサービス「名鉄レコードブック」を展開していく。名鉄は中期経営計画で、「総合生活サービス事業の展開」を重点テーマに掲げ、この一環としてシニア層のニーズに応える取り組みを推進。一方、インターネットインフィニティーは、高齢者の健康寿命延伸を目的とした短時間のリハビリ型デイサービス「レコードブック」を全国7大都市に直営とフランチャイズで展開している。シニア層に対して新たな事業展開を図る名鉄と、「レコードブック」の店舗数を拡大したいインターネットインフィニティーの思惑が一致し、シニア向けビジネスで合意した。

●イオンリテールが総合スーパ内にデイサービスを設置

　イオン傘下のイオンリテールは、運営する総合スーパ内にデイサービスの設置を始めた。2020年までに50カ所まで広げていく。介護サービスで直接売り場を案内したりできないが、買い物を支援したりすることはできる。また、スポーツジム運営のルネサンスと連携して、認知機能の低下予防プログラムを提供している。

●人型ロボットの試験導入を開始

　ケアパートナーは、東京・練馬区内のデイサービス施設「ケアパートナー大泉」で、ソフトバンクロボティクスの人型ロボット「Pepper（ペッパー）」の試験導入を開始した。ペッパーは1,000人まで認証可能な顔認証システムを搭載しており、利用者の出迎え時には名前を呼んで挨拶し、選択された昼食メニュー等の詳細情報を調理スタッフに伝達し、利用者が帰宅の際にも、名前を呼んで挨拶して見送ることを想定している。また、利用者の発話内容を自然言語解析し、利用者の声を記録サーバに蓄積することで、自然なコミュニケーションや雑談を行えるようになる。ケアパートナーのデイサービスでは、介護記録、測定した血圧や体温などのデータをすべてPC管理しているが、ペッパーを導入することで計器と連動させ、血圧・体温・体重測定の補助を実施できる。測定したデータは表情レベルを付加して自動印字されるとともに、記録サーバに記録されることから、さらなる業務効率化を図り利用者への手厚いサービスにつなげたい考えだ。

マーケットデータ

●通所介護の市場規模

　厚生労働省「介護給付費実態調査」によると、平成27年度の通所介護の市場規模（費用額）は、1兆4,887億2,500万円で、前年度に比べて4.9％増加している。

通所介護の市場規模（単位：百万円）

項　　目	平26年度	平27年度
介護サービス総数	8,762,537	9,012,344
訪問通所	3,156,808	3,291,244
訪問介護	799,167	826,227
訪問入浴介護	57,680	55,977
訪問看護	186,382	201,445
訪問リハビリステーション	33,016	34,578
通所介護	1,419,137	1,488,725
通所リハビリステーション	409,842	418,576
福祉用具貸与	251,583	265,716

（出所）厚生労働省

●通所介護の支給件数

国民健康保険中央会によると、通所介護の支給件数は次の通り。平成28年度の通所介護の支給件数は前年度比22.0％減の1,885万8,000件だった。小規模事業所の多くが、地域密着型通所介護に移行したことが影響している。通所リハビリテーションの支給件数は同2.5％増の693万1,000件となっている。

通所介護と通所リハビリテーションの支給件数（単位：千件）

年度	通所介護	通所リハビリステーション
平24	19,689	6,299
25	21,338	6,485
26	22,965	6,660
27	24,177	6,758
28	18,858	6,931

（出所）国民健康保険中央会

業界の特性

●事業所数

厚生労働省「介護サービス施設・事業所調査」によると、平成27年度の通所介護の事業所数は4万3,406カ所で前年比度比4.1％増加、介護予防通所介護は8万4,587カ所で前年度比4.3％増となっている。

通所介護と介護予防通所介護の事業所数

年度	通所介護	介護予防通所介護	合　計
平23	28,354	27,170	55,524
24	34,107	32,432	66,539
25	38,127	36,097	74,224
26	41,660	39,383	81,043
27	43,406	41,181	84,587

（出所）厚生労働省

●療養通所介護

療養通所介護は、難病やがん末期、脳血管疾患後遺症など、医療ニーズが高く、常時看護師の観察を要する人を対象とした通所サービスだ。利用者が可能な限り住み慣れた地域で生活でき、食事や入浴、排せつなどの日常生活上の世話や必要な医療処置、機能訓練を受けることができる。また、家族の介護負担軽減にも役立っている。利用定員が少なく、手厚くきめ細かい看護や介護サービスが受けられるメリットがあるが、全国的に施設数が少ないのが現状だ。

ノウハウ

●サービスの質を高める動きが活発化している

デイサービスの利用者が増え、施設も増加傾向にある中、デイサービス各社はサービスの質を高め、選ばれるデイサービスを目指している。契約農家から直接仕入れた野菜を使った食事や、個人の状態に合わせたリハビリや柔道整復師によるマッサージなど、施設によってサービスに特色を持たせている。また、デイサービスのオール・ウェイは、脳卒中患者に特化した自由診療のリハビリサービスを始めている。

経営指標

ここでは参考として、TKC経営指標（平成29年版）より、「通所・短期入所介護事業」の数値を掲げる。

TKC経営指標 （変動損益計算書）	全企業　453件	
	平均額（千円）	前年比（％）
売上高	87,352	105.3
変動費	4,695	107.1
仕入高	4,265	109.4
外注加工費	370	103.4
その他の変動費	53	88.3
限界利益	82,657	105.2
固定費	81,272	104.0
人件費	56,121	104.6
減価償却費	4,841	99.4
租税公課	881	109.1
地代家賃・賃借料	4,429	105.4
支払利息・割引料	1,310	99.3
その他	13,687	102.7
経常利益	1,384	328.5
平均従事員数	22.2名	

今後の課題／将来性

●課題

小規模デイサービスの地域密着型サービスへの移行や、予防通所介護の介護予防・日常生活支援総合事業への移行など、通所介護をめぐる制度の動きが活発だ。通所介護事業所数は増加しており、同業他社との競争は激化する一方だ。いかに独自性を高めたサービスの提供ができるかが求められている。

《関連団体》　一般社団法人日本在宅介護協会
東京都新宿区新宿1－18－14　廣田ビル3F
TEL　03（3351）2885

●サービス業●（医療・介護）

特別養護老人ホーム

最近の業界動向

●入所待機者が大幅に減少

厚生労働省によると、特別養護老人ホームの入所待機者が大幅に減っている。平成28年4月時点での待機者は36万6,000人で、前回調査に比べ3割減少している。新たに入所を申し込める高齢者の基準を厳しくしたためで、要介護度の低い人は原則として外している。運営費の多くを介護保険が賄っているため、財政への負担が大きいためだ。一方、職員不足で定員まで受け入れられない施設もあり、多額の公費を投じた施設が将来的に余る可能性も指摘されている。労働環境の改善が急務となっている。

●新在留資格「介護」を創設

介護現場での人手不足が深刻化する中、介護業務に従事する外国人の受入れを増やす出入国管理・難民認定法（出入国管理及び難民認定法の一部を改正する法律）が成立した。厚生労働省は、2025年には日本国内で約38万人の介護職が不足すると試算しており、介護福祉士の国家資格を有する者を対象とした新たな在留資格「介護」を創設した（施行日は平成31年1月1日）。創設する在留資格の「介護」に関する規定は公布日（平成30年11月28日）から1年を超えない範囲内に施行される。この改正により、EPA締結国（インドネシア、フィリピン、ベトナム）以外からも留学生として入国し、介護福祉士の資格取得後に就労ビザに切り替えて正式に働くことが可能になる。政府は外国人を登用することで、不足する介護分野に対応することを想定している。

マーケットデータ

●特別養護老人ホームの入所申込者の状況

平成27年4月より、特別養護老人ホームは、介護の必要性がより高い中重度の要介護者を支える機能を重視する観点から、新規に入所する者を原則要介護3～5の者に限るとする制度改正を行った。厚生労働省が平成29年3月に発表した「特別養護老人ホームの入所申込者の状況」は次の通り。なお、各都道府県が把握した特別養護老人ホームの入所申込者の状況について集計したものである。

要介護3～5の入所申込者の状況（単位：人、％）

項　目	要介護3	要介護4	要介護5	計
全　体	115,270	103,658	76,309	295,237
	39.0	35.1	25.8	100.0
在宅	56,750	40,356	26,118	123,224
	19.2	13.7	8.8	41.7
在宅でない	58,520	63,302	50,191	172,013
	19.8	21.4	17.0	58.3

（出所）厚生労働省

●特養ホームの施設数

厚生労働省「福祉行政報告書」によると、平成27年度の老人ホーム（有料老人ホームは除く）は1万2,444施設で、前年度に比べて414施設（3.4％）増加している。このうち、特別養護老人ホームは400施設（4.6％）増加の9,181施設となり、老人ホームの施設数の73.8％を占めている。老人ホームの種類別施設の推移は次の通り。

老人ホームの種類別施設数の推移

項　目	平25年	平26年	平27年
施設総数	11,174	12,030	12,444
養護老人ホーム	980	986	982
特別養護老人ホーム	7,951	8,781	9,181
都市型軽費ホーム	1,980	1,998	2,012
軽費老人ホーム（ケアハウス）	31	41	52
軽費老人ホームA型	212	206	201
軽費老人ホームB型	20	18	16

（出所）厚生労働省「福祉行政報告書」

業界の特性

●入居条件

入居条件は、介護を必要とする65歳以上、特定疾病により介護を必要とする40～64歳までで、平成27年4月1日の改正によって要介護度3以上の人が入居対象となった。入居の順番は、施設が開催する入居判定会議などで緊急性が高いと判定された人が優先され、主に介護度で決定される。

●事業主体

特別養護老人ホームは、公的に運営されている介護施設の一つであり、その事業主体は地方自治

体や社会福祉法人が中心である。介護保険制度で要介護状態と認定された人が利用できる。WAMNETの平成28年12月分によると、要介護者（要支援者）の認定者数は次表の通り。

要介護者（要支援者）の認定者数（単位：人、%）

項　　　目	平成26年	平成27年	平成28年	対前年度増減率
要　支　援	1,680,441	1,749,311	1,762,115	0.7
要介護1	1,147,911	1,213,747	1,252,185	3.2
要介護2	1,052,241	1,076,752	1,099,983	2.2
要介護3	784,409	804,360	826,221	2.7
要介護4	723,844	737,934	759,347	2.9
要介護5	612,910	601,242	605,138	0.6
合　　計	6,001,756	6,183,346	6,304,989	2.0

（出所）WAMNET

●定員数

厚生労働省「福祉行政報告書」によると、平成27年度末の老人ホーム（有料老人ホームは除く）の定員総数は前年度に比べ2万1,356人（3.0％）の増加で73万1,147人となった。このうち、特別養護老人ホームは前年度比2万1,717人（4.0％）増の57万449人となった。老人ホームの施設数の78.0％を占めている。老人ホームの定員総数と特別老人ホームの定員数の推移は次の通り。

老人ホームと特別老人ホームの定員総数の推移（単位：人、%）

定員数	平25年	平26年	平27年	対前年度増減率
老人ホーム総数	684,030	709,791	731,147	3.0
特別養護老人ホーム	524,110	548,732	570,449	4.0

（出所）厚生労働省「福祉行政報告書」

ノウハウ

●看取り対応の態勢整備が進む

医師が特別養護老人ホームに常駐していないことも多く、入所者の容態が悪くなると医療機関に移り、医療機関で最期を迎えることが多く、終末期の入所者への対応が難しかった。厚生労働省の調査（平成28年）によると、特別養護老人ホームは入所者が施設内で看取ることを希望すれば、78.0％で対応できるよう態勢を整備しており、「看取り介護」が主流になりつつある。16.0％の施設では、終末期の入所者を原則病院などに移すと回答しており、常勤の医師がいる施設は1.0％、非常勤医師がいるのは95.0％であった。また、平成

28年10月に死亡した入所者のうち、施設内で亡くなった人が59.0％、病院・診療所が41.0％であった。終末期ケアの課題（複数回答）として、介護職員の知識・技術の向上が最も多く挙がり、配置医との関係強化や夜間・休日の職員態勢の充実を挙げているものも多かった。看取り対応の整備が進んでいる。

経営指標

ここでは参考として、TKC経営指標（平成29年版）より、「その他の老人福祉・介護事業」の数値を掲げる。

TKC経営指標（変動損益計算書）	全企業　163件	
	平均額（千円）	前年比（%）
売上高	141,984	106.8
変動費	11,632	106.4
仕入高	11,008	104.4
外注加工費	540	170.5
その他の変動費	68	88.8
限界利益	130,351	106.8
固定費	126,803	106.5
人件費	85,066	104.3
減価償却費	10,630	123.0
租税公課	2,528	97.1
地代家賃・賃借料	6,655	105.5
支払利息・割引料	2,034	87.7
その他	19,887	112.7
経常利益	3,548	120.8
平均従事員数	29.6名	

今後の課題／将来性

●課題

厚生労働省「介護事業経営概況調査」によると、収入に対する給与費の割合がわずか3年（平成24年度と平成27年度）の間に4.3％も悪化しており、平成27年度決算の収支差率（収益額から費用を減算した額に収益額で除算して得られる）は、前年比で0.5％減少し2.5％となった。人手不足の影響で人件費がかさみ、経営環境が悪化している。いかに従業員の生産性を向上させるかがポイントであり、また、安定的な人材を確保するためにも外国人の介護士の積極的な採用や魅力あるサービスの提供による経営基盤の構築が課題である。

《関連団体》　公益社団法人全国老人福祉施設協議会
東京都千代田区平河町2-7-1　塩崎ビル7F
TEL　03（5211）7700

－ 197 －

●サービス業●（医療・介護）

サービス付き高齢者向け住宅

最近の業界動向

◉サービス付き高齢者向け住宅の登録状況は伸び悩み

サービス付き高齢者向け住宅（サ高住）は、平成23年10月の「高齢住まい法」の改正により登場した。有料老人ホームは一時金や月額利用料が高く、特別養護老人ホームは入所待機者の問題などがあり、政府はそれらの代替施設としてサ高住でカバーしようとして、助成金や税制メリットを設けてサ高住の新規開設を促進している。すまいづくりまちづくりセンター連合会によると、サ高住の登録棟数、登録戸数は次の通り。

サ高住の登録棟数と戸数の状況

年・月	登録棟数	増減率	登録戸数	増減率
平24年4月	1,253	―	31,094	―
25年4月	3,425	173.3%	109,239	251.3%
26年4月	4,582	33.8%	147,526	35.0%
27年4月	5,505	20.1%	178,173	20.8%
28年4月	6,124	11.2%	199,860	12.2%
29年4月	6,669	8.9%	217,775	9.0%

（出所）すまいづくりまちづくりセンター連合会

◉異業種のサ高住への参入が進む

野村不動産と野村不動産ウェルネスは、サ高住市場に参入する。第一号として平成29年10月に千葉県に自立生活が可能な高齢者などを対象に高齢者住宅の「OUKAS（オウカス）」を開業。サ高住市場への参入に当たり、有料老人ホームを中心とした多数の介護施設を運営する創生事業団と業務提携及び同社の子会社であるJAPANライフデザインとの資本提携を実施した。また、西日本鉄道は、軽度の要介護の高齢者などが入居できるサ高住を、2年後を目途に開業する。第一号の物件は福岡市の同社の社宅跡地に建設する。入居一時金は不要で、家賃や安否確認などを含めて月額約13万円の料金を設定している。

◉高齢者の住み替えを促す

京王電鉄は、東京都多摩市周辺への高齢者の住み替えを促すため、平成29年1月にサ高住を開業した。平成28年に京王線聖蹟桜ヶ丘駅近くに開業した介護付き有料老人ホームとともに、郊外住宅からの移住を促す。開業したサ高住は、運営する子会社の京王ウェルシィステージの専任スタッフが24時間常駐する。共益費などを含めた賃料は月額約16万～32万円。京王電鉄の本社がある多摩市は高齢化が進んでいる。サ高住や有料老人ホームの開業により、沿線からの流出を防ぐ狙いがある。

マーケットデータ

◉サービス付き高齢者向け住宅の登録棟数

すまいづくりまちづくりセンター連合会の「サービス付き高齢者向け住宅情報提供システム」によると、平成29年4月末時点のサ高住の登録棟数は次の通り。登録棟数の都道府県別棟数のベスト3は、前年に続き1位大阪（595）、2位北海道（425）、3位埼玉（343）となっており、首都圏以外での登録棟数の多さが目立つとともに、地域によるバラツキがある。

サービス付き高齢者向け住宅の登録棟数 （平成29年4月時点）

都道府県	登録棟数	都道府県	登録棟数	都道府県	登録棟数
北海道	425	新潟県	96	岡山県	109
青森県	106	富山県	77	広島県	213
岩手県	88	石川県	54	山口県	129
宮城県	119	福井県	49	徳島県	73
秋田県	68	岐阜県	103	香川県	70
山形県	61	静岡県	143	愛媛県	156
福島県	103	愛知県	245	高知県	33
茨城県	192	三重県	177	福岡県	211
栃木県	134	滋賀県	84	佐賀県	21
群馬県	157	京都府	125	長崎県	114
埼玉県	343	大阪府	595	熊本県	112
千葉県	264	兵庫県	315	大分県	69
東京都	312	奈良県	58	宮崎県	29
神奈川県	289	和歌山県	109	鹿児島県	93
山梨県	70	鳥取県	46	沖縄県	74
長野県	109	島根県	47	全　国	6,669

（出所）すまいづくりまちづくりセンター連合会

業界の特性

◉登録基準と入居条件

国はサ高住のハード・ソフトの両面で登録基準

を設けている。入居者は60歳以上、または要介護・要支援認定を受けている人である。単身でも配偶者と一緒でも入居できる。入居者の年齢構成は80歳以上の単身者が多い。

◉費用

サ高住は敷金のほか、家賃、共益費、サービス費などに費用を限定している。有料老人ホームのように入居一時金はなく、月払いの費用だけで済む施設が多い。

◉設備

サ高住は設置基準として25㎡以上の居室面積が必要とされている。しかし、施設によっては食堂と共用リビングを兼用する共同生活施設を設置するところもあり、居室には台所、トイレ、浴室、収納施設などを設置するなど一定の基準を満たせば18㎡以上の広さでも認められる。このため、現在開設されているサ高住の約8割は、居室面積が25㎡未満の「介護型」物件である。

◉異業種のM&Aによるサ高住への参入が進む

介護業界は、高齢化人口が急速に進んでいることや利用者がいる限りは廃業が困難であるなどを背景に、買収需要のある業態となっている。平成29年2月には不動産建設会社であるワイグッドホールディングスが川商アドバンスの株式譲渡を受け事業を承継、平成28年10月には物流会社のセンコーが、けいはんなヘルパーステーションの株式譲渡を受けて新規参入している。また、CVCキャピタルパートナーズ、日本みらいキャピタルやヘルスケア・キャピタルの投資ファンドが、株式の譲渡を受けて参入するケースも見られる。

ノウハウ

◉タワーマンションにサ高住を設ける

学研グループの学研ココファンは、野村不動産などが開発したタワーマンションにサ高住を設けた。高齢の親を持つ世代にマンションに住んでもらうなど、多世代交流を促す場としてアピールする。都営大江戸線「勝どき駅」から近いタワーマンションの1〜4階部分に入るサ高住「ココファン勝どき」は、利用料金が1人用で月額約14万円。食事は別料金で、3食30日で4万7,000円程度になる。コンビニや飲食店など他のテナントを利用しやすい点をアピールしていく。

経営指標

サービス付き高齢者向け住宅を対象にした指標は見当たらないので、ここでは参考として、TKC経営指標（平成29年版）より、「有料老人ホーム」の数値を掲げる。

TKC経営指標 （変動損益計算書）	全企業　87件	
	平均額（千円）	前年比（％）
売上高	229,238	106.2
変動費	21,724	109.6
仕入高	19,088	109.9
外注加工費	2,310	104.9
その他の変動費	351	152.7
限界利益	207,513	105.9
固定費	198,580	103.5
人件費	120,235	105.2
減価償却費	14,450	100.3
租税公課	3,465	109.7
地代家賃・賃借料	13,505	103.6
支払利息・割引料	4,790	93.5
その他	42,132	100.8
経常利益	8,933	210.5
平均従事員数	38.3名	

今後の課題／将来性

◉課題

地価の価格帯で見ると、地価が安いほど、高齢者人口に対するサ高住の供給が多い傾向にある。一部地域については郊外や公共交通機関、医療機関へのアクセスが悪い地域に立地している。サ高住の業界として街づくりや医療・介護サービスの連携などからも立地の適正化が課題となる。

◉将来性

帝国データバンクの調査によると、増収企業が半数を超え、成長産業であることは間違いない。平成23年10月にスタートしたサービス付き高齢者向け住宅の登録制度により、新規参入企業が増えるものと予想される。高齢者人口の増加は避けられず、競合企業との競争を勝ち抜くためにも、地域ニーズに合った質の良いサービスを提供して居住環境を整備することが重要になってくる。

《関連団体》一般財団法人サービス付き高齢者
　　　　　　向け住宅協会
　東京都中央区日本橋小伝馬町13-4
　TEL　03（5645）3573

●サービス業●（医療・介護）

訪問看護ステーション

最近の業界動向

●訪問看護の利用者数は急増

訪問看護は訪問看護ステーションから看護師が高齢者宅などに出向き、医療処置などを行う。施設介護から在宅介護にシフトする中で、自宅での療養生活を支える介護保険サービスの一つで、訪問看護の利用者は増え続けている。厚生労働省「介護給付費実態調査」によると、平成27年には39万6,000人、平成28年には42万2,400人に増加している。

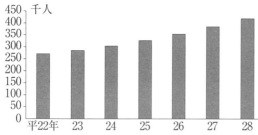

訪問看護利用者数の推移

（出所）厚生労働省「介護給付費実態調査」

●看護人材確保のための支援

高齢者の増加に伴い、都内で在宅医療の患者が増加している。これを受け、東京都は看護人材の確保策を強化するため、平成28年度から「セカンドキャリア支援」の名称でベテラン看護師が再就職しやすくする仕組みや、訪問看護に特化した就労支援を行っている。また、人材育成の計画を立てた訪問看護ステーションに、研修費や人件費の一部を補助している。病院とは異なるノウハウが必要な訪問看護を広めていく。

マーケットデータ

●都道府県別訪問看護ステーション数

全国訪問看護事業協会の調査によると、平成29年4月1日現在訪問看護ステーションの稼働数は9,735カ所で、平成28年4月1日の調査結果と比べて665カ所増加している。最も多いのが大阪府で999カ所、次いで東京都の970カ所である。一方、最も少ないのが鳥取県の51カ所となっている。また、平成28年度中の新規の訪問看護ステーション数は1,234カ所、廃止数は462カ所、休止数は224カ所であった。

都道府県別訪問看護ステーションの稼働数（平成29年4月1日現在）

都道府県	稼働数	都道府県	稼働数	都道府県	稼働数
北海道	407	新潟県	130	岡山県	142
青森県	121	富山県	62	広島県	260
岩手県	89	石川県	96	山口県	114
宮城県	134	福井県	78	徳島県	76
秋田県	63	岐阜県	125	香川県	82
山形県	61	静岡県	192	愛媛県	136
福島県	126	愛知県	575	高知県	60
茨城県	155	三重県	134	福岡県	470
栃木県	84	滋賀県	95	佐賀県	68
群馬県	174	京都府	252	長崎県	101
埼玉県	372	大阪府	999	熊本県	176
千葉県	317	兵庫県	583	大分県	107
東京都	970	奈良県	126	宮崎県	110
神奈川県	609	和歌山県	118	鹿児島県	155
山梨県	52	鳥取県	51	沖縄県	99
長野県	160	島根県	69	合計	9,735

（出所）全国訪問看護事業協会

業界の特性

●事業所数

全国訪問看護事業協会によると、訪問看護ステーション数は平成29年4月1日現在9,735所となっている。

訪問看護ステーション事業所数の推移（単位:カ所）（各年4月1日現在）

年次	事業所数	年次	事業所数
平21年	5,731	平25年	7,473
22年	5,972	26年	8,241
23年	6,298	27年	7,070
24年	6,795	28年	9,735

（出所）全国訪問看護事業協会

●利用料金

訪問看護を利用する費用は、利用する公的保険の種類によって基本利用料の割合が異なる。①介護保険で訪問看護を利用する場合の基本料は毎回費用の1〜2割を負担し、支払限度額を超えるサービス（訪問看護回数増など）や保険給付対象外サービスは全額自費負担となる。②健康保険・国民健康保険で訪問看護を利用する場合の基本料

は、70歳以上の人は原則として費用の1割を負担し、70歳未満の人は原則として費用の3割を負担する。なお、一定時間を越えるサービスや休日・時間外サービスは差額を負担する。

◉提供サービス

専門の看護師等が、訪問看護ステーションから利用者の自宅を訪問し、看護の専門家として利用者の病状や療養生活を見守り、ケアとアドバイスで24時間365日対応し、療養生活が在宅で送れるように支援する。主なサービスとして、①療養上のお世話（食事、入浴や排せつの介助・指導など）、②医師の指示による医療処置、③床ずれの予防・措置、④病状の観察（病気や障害の状態、血圧・体温・脈拍などのチェック）、⑤ターミナルケア、⑥在宅でのリハビリテーションなどである。

◉訪問看護はかかりつけ医の指示書が必要

訪問看護は、医療保険、介護保険のどちらでサービスを受ける場合もかかりつけ医の指示書が必要であり、訪問看護ステーションでは、かかりつけ医が交付した「訪問看護指示書」に基づき、必要なサービスを提供する。医療保険で利用する場合、赤ちゃんからお年寄りまで年齢に関係なく利用でき、介護保険で利用する場合、要支援、要介護認定が前提となっている。

◉従業者数

厚生労働省「介護サービス施設・事業所調査」によると、平成27年度の訪問看護ステーションの従事者数（常勤換算）は、看護師約3万3,000人、准看護師約3,500人、理学療法士約6,600人、作業療法士約3,000人で、いずれの職種も増加傾向にある。全従事者に占める看護職員の割合は73%である。また、1事業所当たりの従事者数は6.5人で、そのうち、看護職員は4.8人である。

◉種類

訪問看護は大きく分けて、介護給付（要介護1〜5）による「訪問看護」と、予防給付（要支援1および2）による「介護予防訪問看護」に分けられる。要介護認定を受けている場合は、介護保険を使って1割負担でサービスを利用できる。

◉かかりつけ医の指示書が必要

訪問看護は医療保険、介護保険のどちらでサービスを受ける場合もかかりつけ医の指示書が必要

である。医療保険で利用する場合は、年齢に関係なく利用できる。介護保険で利用する場合は、要支援、要介護認定が前提となっている。

ノウハウ

◉訪問看護拠点を増やす

訪問看護事業などを手掛けるタツミメディカルサービスは、神奈川県内を中心に、訪問看護ステーションを新たに10カ所開設する。看護師や理学療法士、作業療法士などスタッフも増やし、柔軟な勤務体制で必要な要員を確保する。介護予防やリハビリ、在宅での看取りの支援も行う。

経営指標

ここでは参考として、TKC経営指標（平成29年版）より、「訪問介護事業」の数値を掲げる。

TKC経営指標 （変動損益計算書）	全企業　368件	
	平均額(千円)	前年比(%)
売上高	74,675	105.1
変動費	5,466	134.5
仕入高	5,453	133.2
外注加工費	49	246.2
その他の変動費	48	92.2
限界利益	69,209	103.3
固定費	68,191	103.1
人件費	50,626	102.9
減価償却費	2,488	105.4
租税公課	550	109.4
地代家賃・賃借料	3,945	107.9
支払利息・割引料	692	103.7
その他	9,887	101.6
経常利益	1,017	113.1
平均従事員数	21.0名	

今後の課題／将来性

◉課題

自宅で最期を迎えたいと考える人が増え、訪問看護のニーズは高まっている。利用者のニーズに対応するためには、訪問看護ステーションの整備が必要だ。また、看護師不足が叫ばれる中、訪問看護士数を増やすためにも、訪問看護サービスの職場環境を整えることが急務となっている。

《関連団体》　一般社団法人全国訪問看護事業協会
東京都新宿区新宿1−3−12
　壱丁目参番館401
TEL　03（3351）5898

●サービス業●（医療・介護）

鍼灸院・整骨院

最近の業界動向

●柔道整復師を養成する施設が増加

　柔道整復師を養成する施設が増え、整復師も急増している。柔道整復師は整骨院や接骨院、ほねつぎなどの名称で開業している。また、はり・きゅうなどの東洋療法は腰痛や肩こりなどの緩和に期待されている。スポーツ分野や介護・福祉分野など活躍の場は広がっている。厚生労働省「衛生行政報告例」によると、平成28年末のはり及びきゅうを行う施術所は平成27年末に比べて2,854カ所増の2万8,299カ所、柔道整復の施術所は平成27年末に比べて98カ所増の3万7,780カ所であった。

施術所数の推移（各年末現在）

項　目	平24年 （カ所）	平26年 （カ所）	平28年 （カ所）
あん摩、マッサージ及び指圧を行う施術所	19,880	19,271	19,618
はり及びきゅうを行う施術所	23,145	25,445	28,299
あん摩、マッサージ及び指圧、はり並びにきゅうを行う施術所	37,185	37,682	37,780
その他の施術所	3,103	2,862	2,739
柔道整復の施術所	42,431	45,572	48,028

（出所）厚生労働省「衛生行政報告例」

●ファクトリージャパングループが企業向けの整体サービスを開始

　整体サロンのファクトリージャパングループは、平成28年11月から企業向けの整体サービスを開始した。企業の従業員が割安でサービスを受けられるチケットを販売するほか、整体師を企業に派遣して施術を行う。企業への出張サービスは、企業の会議室などにベッドを置いて施術を行う。契約は半年又は1年単位で、訪問する頻度や日時などは企業と決める。従業員50人以上の企業に義務付けられる「ストレスチェック」など、職場環境の改善が進められているため、企業からの需要

が見込めると判断した。また、ファクトリージャパンの全国276店舗（平成29年4月時点）で利用できる施術券を、eギフトサービスの「ギフティ」で取り扱っている。276店舗で使える共通施術券のほか、「整体ショートコース（40分）5,184円」、「整体スタンダードコース（60分）8,424円」がある。

マーケットデータ

●はり・きゅうに係る療養費の推移

　厚生労働省の調査によると、柔道整復師、はり・きゅう、マッサージに係る療養費（医療保険分）の推移は次表の通り。柔道整復の療養費は緩やかな増加傾向にあったが、平成24年度から減少に転じている。一方、はり・きゅう、マッサージの療養費は増加傾向で推移している。

柔道整復、はり・きゅう等に係る療養費(推計)の推移（単位:億円）

区　分	平24年度	平25年度	平26年度
国　民　医　療　費	392,117	400,610	408,071
柔　道　整　復	3,985	3,855	3,825
は　り・き　ゅ　う	358	365	380
マ　ッ　サ　ー　ジ	610	637	670
治　療　用　装　具	406	405	421

（出所）厚生労働省

●整骨（接骨）・鍼灸院の治療代

　総務省「家計調査年報」によると、整骨（接骨）・鍼灸院治療代の年間支出額の推移は次の通り。

整骨（接骨）・鍼灸院治療代の年間支出額（単位：円）

年次	整骨（接骨）・鍼灸院 治療代支出額	マッサージ料金等 （診療外）支出額
平24年	2,308	2,771
25年	2,531	2,997
26年	2,524	2,922
27年	2,249	3,039
28年	2,678	2,825

（注）二人以上の世帯
（出所）総務省「家計調査年報」

●アトラの売上高

　鍼灸接骨院「ほねつぎ」をチェーン展開するアトラは、新規出店を加速させる。自費施術の割合を高めるため、自費施術メニューも充実させる。施術料金は透明性を高めるため、受付に料金を提示するとともに、タッチパネルで施術内容を事前に説明する。アトラは直営店を持たず、オーナーが各店舗を経営する。ITを駆使した運営や独自

の研修システム、モバイルによる予約システム「HONEY-STYLE」を行っている。また、柔道整復師が在籍する介護施設事業も行い、介護と医療関連サービスの相乗効果を目指している。

アトラの売上高（単位：千円）

内容別	平27年12月期	平28年12月期
ほねつぎチェーン	1,051,241	1,017,447
ＨＯＮＥＹ-ＳＴＹＬＥ	264,803	275,959
機材・消耗品販売	776,598	1,485,525
請求代行サービス	287,161	330,696
介護支援・その他	70,721	51,915
コンサルティング	113,543	90,020
合　計	2,564,070	3,251,564

（出所）決算資料

業界の特性

◉施術師数

厚生労働省「衛生行政報告例」（隔年調査）によると、はり師や柔道整復師などの施術師の数は次の通り。平成28年末のはり師は前回調査に比べて6.9％増の11万6,007人、きゅう師は同6.9％増の11万4,048人、柔道整復師は同6.6％増の6万8,120人となっている。

あん摩マッサージ指圧師等の施術師数（各年末現在）

区　分	平26年（人）	平28年（人）
あん摩マッサージ指圧師	113,215	116,280
は　　り　　師	108,537	116,007
き　ゅ　う　師	106,642	114,048
柔　道　整　復　師	63,873	68,120

（出所）厚生労働省「衛生行政報告例」

◉鍼灸師、柔道整復師の資格等

鍼灸師、柔道整復師の資格や保険対象の範囲などは次の通り。はり・きゅうの治療費は、日本鍼灸師会によると、1回の治療で4千〜1万円程度

資格、保険範囲

	あん摩マッサージ指圧師、はり師、きゅう師	柔道整復師
資　格	国家資格（修業年限3年以上）	国家資格（修業年限3年以上）
保　険範　囲	鍼灸治療の保険範囲は、神経痛やリウマチなどの疾患であり医師の同意書が必要	急性又は亜急性が原因の外傷に対する治療。医師の同意書が必要な場合は骨折や脱臼の応急手当てを除く治療

（出所）日本柔道整復師会、全日本鍼灸マッサージ師会

で、鍼灸院によってばらつきがある。

ノウハウ

◉整体師などが相談に応じる「健康相談」

はり・きゅう、整体等の治療院に特化したウェブサービス開発のプロデュース・アクティビストは、運営サイト上で、整体師などの専門家が無料でアドバイスするサービスを行っている。「みんなの健康相談」は、整体師や柔道整復師、はり師が相談に応じ、回答した専門家が所属する治療院の店舗情報など確認ができ、治療院側は新たな顧客の開拓につながる。

経営指標

ここでは参考として、TKC経営指標（平成29年版）より、「按摩マッサージ師・鍼灸師・整復師の施術所」の数値を掲げる。

TKC経営指標（変動損益計算書）	全企業　191件	
	平均額（千円）	前年比（％）
売上高	41,124	100.2
変動費	2,321	104.2
仕入高	2,291	100.5
外注加工費	4	94.3
その他の変動費	―	50.0
限界利益	38,803	100.0
固定費	38,656	100.2
人件費	23,871	101.4
減価償却費	1,873	103.7
租税公課	413	111.1
地代家賃・賃借料	4,033	100.3
支払利息・割引料	260	112.9
その他	8,203	95.2
経常利益	146	65.9
平均従事員数	7.8名	

今後の課題／将来性

◉将来性

健康志向の高まりを受け、企業も社員の健康に注意を払うようになり、企業向けのサービスも始められている。また、高齢者の増加により介護施設などで、柔道整復師の役割も高まっている。しかし、チェーン展開の施術所の台頭で、個人営業の施術所は厳しい状況となっている。

《関連団体》　公益社団法人全日本鍼灸マッサージ師
　　東京都新宿区四谷3-12-17
　　TEL　03（3359）6049

●サービス業●（医療・介護）

ペット病院

最近の業界動向

●高度医療の普及

ペットの治療において、高度な医療が普及している。治療にかかる費用も1回の手術で数十万円かかる場合も多く、ペット保険に加入する飼い主が増えている。また、再生医療も広がり実施する施設は250以上あるが、診断や治療は獣医師に任されている。ペットに投与する医薬品や治療法は進化しており、より明確な基準が求められている。

●初の上場ペット病院

平成28年3月に日本動物高度医療センターが東証マザーズに上場した。犬と猫専門の動物病院で、医療機関を運営する会社の上場は初めてだ。現在、本院（川崎市）と分院（名古屋市）のみだが、平成29年以降には東京と大阪にも開設を予定している。全国の動物病院（一次診療病院）との競合を避け、他の病院から紹介された難しい整形・胸部外科やがん、脳神経疾患といった重大疾病を持つ犬や猫のみを受け入れている。保険の適用が進まないことや利益と医療のバランスなどの課題はあるものの、強みとしては①MRI（磁気共鳴画像装置）やCT（コンピューター断層撮影装置）などの設備がある、②年中無休で、診療時間も午前9時から午後8時までと一般的な動物病院より長い、③獣医師70名を擁する、などが挙げられる。

●専門の違う獣医師が揃う動物病院

人が通う病院には耳鼻科、外科などの専門分野があるが、動物病院では、一人の獣医師がすべての分野の治療に当たらねばならない。埼玉県のドルフィンアニマルホスピタルでは、一次診療動物病院として、さまざまな専門の獣医が専門の治療やペットとの関わり方のアドバイスを行っている。犬、猫の病気や怪我に幅広く対応できるように内視鏡や、レーザー治療装置などとともに、獣医師に専門分野を持たせている。一次診療専門と

して予防接種や健康診断も実施している。

マーケットデータ

●ペット関連市場

矢野経済研究所の資料によると、平成27年度の国内ペット関連市場規模は、小売金額ベースでは前年度比1.5％増の1兆4,720億円であった。サービス関連では、ペット保険市場が好調で、ペットの健康に関する製品やサービスへの需要は底堅い。

●犬猫の飼育状況

ペットフード協会「全国犬猫飼育実態調査」によると、平成28年度の犬の飼育頭数、猫の飼育頭数は次の通り。猫の頭数はほぼ横ばいだが、犬の頭数は減少傾向にある。

犬・猫の飼育状況（平成28年度）

項　　目	犬	猫
飼　育　頭　数	9,878千頭	9,847千頭
飼　育　世　帯	7,902千世帯	5,542千世帯
飼　育　世　帯　率	14.16％	9.93％
平　均　飼　育　頭　数	1.25頭	1.78頭

（出所）ペットフード協会

業界の特性

●ペット病院・診療所数

農林水産省「飼育動物診療施設の開設状況」によると、平成28年12月末現在のペット病院、診療所の数は1万5,631カ所であった。このうち、産業動物の個人診療所は2,221カ所、小動物・その他の個人診療所は7,032カ所である。

飼育動物診療所数の開設届出状況（各年12月末現在）

区　　分	平27年	平28年
合　　計	15,463	15,631
産業動物	3,977	3,956
会　社　・　そ　の　他	902	904
個　人　診　療　所	2,230	2,221
国　・　都　道　府　県　等	845	353
小動物・その他	11,486	11,675
会　社　・　そ　の　他	4,163	4,371
個　人　診　療　所	7,056	7,032
国　・　都　道　府　県　等	267	272

（出所）農林水産省

●獣医師数

農林水産省の調査によると、獣医師法第22条の

届出に基づく届出獣医師の総数は、平成26年12月31日現在で３万9,098人である。うち、個人診療施設の獣医師は１万7,241人である。ペット医の人気が高い一方、家畜を診る獣医師は不足気味である。特に地方公務員の獣医師は不足している。家畜の感染症が出れば、休日返上の勤務が続くなど厳しい労働環境である。

◉診療費の決定方法

ペット病院の診療費は独占禁止法によって、獣医団体が基準料金を定めたり、獣医師同士が協定して料金を設定することが禁じられている。ペット病院が診療費を決める際の方法は、①原価に一定利潤を上乗せして診療費を決める方法、②経営が成り立つ範囲で診療費を決める方法、③競合相手を意識して診療費を決める方法などがある。ペット病院が多く競争が激しい地域では、他院の料金を参考にしながら決めるペット病院が多い。

主な診療料金の相場（金額は中央値）

項　　目		診療料金
診　察　料	初診料	1,386円
	再診料	726円
入　院　料	小型犬	2,729円
	大型犬	4,201円
	猫	2,619円
時 間 外 診 療	平　日	2,324円
	休診日	2,646円
	深　夜	4,513円
輸　血　料	犬	10,542円
	猫	10,283円

（出所）日本獣医師会「家庭飼育動物（犬・猫）の診療料金実態調査」（平成26年12月～平成27年２月）

◉診療対象

ペット病院で診療する動物は犬・猫が圧倒的に多いが、爬虫類などの珍しいペットを飼う人も増えている。さまざまな動物に対応できるのが望ましく、高度医療へのニーズも高まっている。また、ペットホテルの営業やトリミングのサービス、動物保険の取り扱いやクレジットカードの支払いなどのサービスを提供するペット病院が増えている。

ノウハウ

◉ペット病院を支援するシステム

ワイ・ビー・シーは、獣医医療機関に関わる病院等への増収増益につながるシステムを構築し販売している。「MAP-STAR AniRich」には、営業支援や増患支援、開業支援の３つがある。分析に必要なデータを提供し、これを基に各種分析を行い、現場に生かそうというものだ。ペット病院の潜在来院可能ペット数の把握もできるという。ほかにも視覚に訴える顧客データベース作りや診療圏調査が簡易に行えること、来院ペットの住所を地図に展開して広告・看板等の販促を提案すること、移転する際の立地調査などもできる。

経営指標

ここでは参考として、TKC経営指標（平成29年版）より、「獣医業」の数値を掲げる。

TKC経営指標 （変動損益計算書）	全企業　203件	
	平均額（千円）	前年比（％）
売上高	91,353	101.9
変動費	20,846	103.9
仕入高	20,779	104.3
外注加工費	117	122.7
その他の変動費	158	103.1
限界利益	70,507	101.3
固定費	66,406	102.4
人件費	42,784	102.7
減価償却費	4,670	107.3
租税公課	1,818	108.6
地代家賃・賃借料	3,859	97.1
支払利息・割引料	329	101.2
その他	12,931	100.6
経常利益	4,100	85.8
平均従事員数	8.8名	

今後の課題／将来性

◉将来性

ペットの高齢化などを受け、飼い主がペットにかける金額は上昇している。ペットの健康に関する市場が活発化し、高度医療や再生医療も広がっている。高齢のペットが増える中、訪問診療サービスを行う獣医師もいる。行政の支援を受けながら奮闘している。埼玉県鶴ヶ島市の女性活躍支援事業に応募し、動物病院勤務の傍ら往診を続けている。人間社会と同様、ペットも高齢化が進み、医療現場でも対応が進められている。

《関連団体》　公益法人日本獣医師会
　　東京都港区南青山１－１－１
　　　新青山ビル西館23Ｆ
　　TEL　03（3475）1601

●サービス業●（医療・介護）

福祉用具レンタル業

最近の業界動向

●福祉用具貸与の市場規模

厚生労働省「介護給付費実態調査」によると、平成27年度の福祉用具貸与の費用額（市場規模）は、2,930億900万円で、前年度の2,754億5,400万円と比べ6.3％増加した。高齢者人口の増加を背景に、拡大傾向が続いている。政府は平成30年10月から福祉用具貸与の商品ごとの上限額を設定する方針を決めているものの、今後もこの傾向は続きそうだ。

福祉用具貸与の費用額（市場規模）（単位：百万円）

年　度	平25	平26	平27
費用合計	257,906	275,454	293,009
福祉用具貸与	237,122	251,583	265,716
介護予防福祉用具貸与	20,784	23,871	27,293

（注）各年度とも５月審査分～翌年４月審査分までの累計
（出所）厚生労働省

●徘徊認知症患者に小型GPS

認知症による徘徊で高齢者が行方不明になる事案が相次いでいる。奈良県広陵町のアーバン福祉用具は、徘徊時に所在を知らせるGPS機能付き感知機器を開発した。靴や杖に装着して使用するタイプのもので、機器は携帯電話会社が子どもの誘拐防止に開発した小型のGPS端末で、アーバン福祉用具が、高齢者の徘徊による行方不明防止に役立てようと、独自仕様に開発した。徘徊が始まった際、機器が歩く振動を感知することで、あらかじめ登録した連絡先５件に通知メールを自動配信する。その後も徘徊が続くと、所在を知らせる地図情報を２分ごとに送る。利用者それぞれの住環境に応じた個別設定が可能で、専門スタッフが踏切や交差点など危険な場所を登録し、近づいた際に機器が作動するよう設定が可能だ。GPS型徘徊感知機器に介護保険が適用された例はないため、アーバン福祉用具は、全国の各自治体を回って許可を要請した結果、奈良県や大阪府、兵庫県、熊本県の一部市町で介護保険が適用できるようになった。

●フランスベッドが個人賠償責任保険付帯サービスを開始

高齢化の進展に伴う認知症者数の増大は、社会においても深刻な問題だ。厚生労働省によると、認知症者数は平成37年には約700万人に達する見込みだ。フランスベッドは、徘徊感知器「認知症外出通報システムおでかけキャッチWS-01」の貸与利用者を対象とした無料の個人賠償責任保険付帯サービスをスタートした。保険金の上限額は1億円。この製品は、玄関などに設置した本体セットの前を、認証キーを持たない認知症利用者が通過すると人感センサーが反応し、リビングやキッチンにいる家族に伝わる仕組みだ。フランスベッドでは、認知症外出通報システムの利用者にさらに安心してもらうため、個人賠償責任保険付帯サービスを開始した。

マーケットデータ

●福地用具貸与種目別に見た件数

厚生労働省「介護給付費実態調査」によると、福祉用具貸与種目別の件数は平成27年度で8,130万1,500件で、前年度比8.2％増である。

福祉用具貸与種目別に見た件数（単位：千件）

種目別	平26年度	平27年度	構成割合（％）
総　数	75,095.6	81,301.5	100.0
車いす	7,815.0	8,053.2	9.9
車いす付属品	2,704.6	2,848.9	3.5
特殊寝台	9,530.8	9,967.4	12.2
特殊寝台付属品	27,385.8	28,750.8	35.4
床ずれ防止用具	2,796.7	2,852.7	3.5
体位変換機	335.7	360.9	0.4
手すり	13,495.1	15,988.4	19.7
スロープ	2,352.3	2,781.2	3.4
歩行器	6,007.0	6,798.7	8.4
歩行補助杖	1,693.4	1,876.2	2.3
認知症老人徘徊感知機器	272.2	317.5	0.4
移動用リフト	692.8	691.1	0.9
自動排せつ処理装置	14.2	14.5	0.0

（注）各年度とも５月審査分～翌年４月審査分までの累計
（出所）厚生労働省

業界の特性

●請求事業所数

　厚生労働省「介護給付費実態調査」によると、福祉用具貸与と介護予防福祉用具貸与の請求事業所数は次の通りである。

福祉用具貸与と予防福祉用具貸与の請求事業所数

年　　度	平26	平27	平28
福 祉 用 具 貸 与	7,213	7,302	7,301
介護予防福祉用具貸与	6,388	6,537	6,629

（出所）厚生労働省

●分類

　利用者の要介護度により、「介護予防福祉用具貸与」「福祉用具貸与」に分けられる。「介護予防福祉用具貸与」は要支援1、要支援2の認定を受けた者が対象となり、「福祉用具貸与」は要介護1から要介護5までの認定を受けた者が対象となる。

●種類

　福祉用具のレンタル対象品目には、①車いす、②車いす付属品、③特殊寝台、④特殊寝台付属品、⑤床ずれ防止用具、⑥体位変換器、⑦手すり、⑧スロープ、⑨歩行器、⑩歩行補助杖、⑪認知症老人徘徊感知機器、⑫移動用リフト、⑬自動排泄処理装置がある。ただし、①〜⑥、⑪、⑫は一定の例外となる場合を除き、要支援1、要支援2、要介護1の認定者は利用できない。⑬は一定の例外となる場合を除き、要介護4、要介護5の認定者に限られる。

●福祉用具貸与の上限額を平成30年10月から導入

　福祉用具貸与の料金は事業者によってばらつきがある。同じ機種にもかかわらず、一般的な水準より大幅に高い値段をつける事業者がいるのが現状だ。政府は介護保険制度のもとで福祉用具を貸与する際の価格の上限を、平成30年10月から導入する方針を決めた。上限額は商品ごとに設定する。それぞれの全国平均の貸与料に「1標準偏差」を足した額とする予定だ。それ以外の動向としては、国が商品ごとに全国平均の貸与料を公表することや、貸与商品の全国平均貸与料を当該事業所の貸与料と合わせて説明することの義務化、機能や価格帯の異なる複数の商品を選択肢として示すことの義務化を実施したい意向だ。

ノウハウ

●価格を抑えた電動車椅子

　介護施設を運営する小ングライフホールディングスは、電動車椅子「ラスレル」を平成29年12月中に発売する。要介護認定を受けていない人も気軽に使える車椅子で、傘下の福祉用具販売・レンタル会社「カシダス」から売り出す。価格を大幅に抑え（税別29万8,000円）、折り畳んで運べるよう大幅に軽量化した。電動車椅子は、要介護認定を受けた人が利用するケースが大半だが、幅広いユーザーを想定している。販路も福祉用具ルートでなく、ホームセンターや家電量販店を中心にする予定で、年間の販売目標を2,500台としている。

経営指標

　福祉用具レンタル業の指標は見当たらないので、ここでは参考として、TKC経営指標（平成29年版）より、「他に分類されない物品賃貸業」の数値を掲げる。

TKC経営指標 （変動損益計算書）	全企業　151件	
	平均額（千円）	前年比（％）
売上高	151,838	103.4
変動費	39,734	100.6
仕入高	38,231	100.3
外注加工費	1,216	111.1
その他の変動費	252	98.0
限界利益	112,103	104.4
固定費	106,902	104.3
人件費	45,344	104.5
減価償却費	4,539	94.6
租税公課	1,379	97.8
地代家賃・賃借料	5,466	105.3
支払利息・割引料	681	95.7
その他	49,426	105.3
経常利益	5,200	108.1
平均従事員数	130名	

今後の課題／将来性

●課題

　国内市場はすでに飽和状態となり、競争は激化している。そのため、一部の事業者は海外展開に目を向け始めている。中国や東南アジアなどは需要の拡大が見込まれるため、海外への進出も検討していく必要がある。

《関連団体》　一般社団法人日本福祉用具供給協会
　　東京都港区浜松町2-7-15
　　TEL　03（6721）5222

●サービス業●（その他）

理 容 店

最近の業界動向

●理容業のインバウンド対応事業に補助金

　厚生労働省は「平成29年度生活衛生関係営業対策事業費補助金審査結果」を公表し、理容9事業、美容8事業が補助金助成事業の対象事業に選ばれた。理容9事業の中にはインバウンド助成事業として、英・仏・中・韓の4言語で表示した理容店で活用できるパネルの作成、メニューの店頭表示、外国人の毛質に対応した技術や衛生の講習の実施がある。

●商業施設への出店で女性客を取り込む

　ヘアカット専門店「QBハウス」を展開するキュービーネットは、商業施設への出店ペースを加速させる。駅徒歩圏内への出店が中心で、主な顧客は20〜30歳代の男性であったが、女性客の取り込みを強化するため、商業施設内に出店していく。育児などで忙しい女性が買い物ついでに立ち寄り、髪をカットする需要を見込んでいる。商業施設に出店する店舗は、子どもの遊び場を設置し、女性スタッフを多く配置する。「QBハウス」は、予約制ではなく、来店順に案内し、10分間で髪をカットする。料金は1,000円（税別）で、節約志向の主婦の支持を得ている。来店客全体の99％が男性だが、商業施設内の店舗では女性客の比率が高まっている。店舗を増やすにあたって、社内に研修施設を設け、理美容師の再雇用と育成に力を入れ、不足している理容師や美容師の確保を図っている。

●多様なサービスを提供する理容店が人気

　顔のマッサージやヘッドスパなど、多様なサービスを提供する理容店が人気を集めている。一般的な理容店に比べ、コース料金が5,000〜7,000円と高いが30代以上の男性の支持を得ている。高級感のある内装で、流行のスタイリングのほか、靴磨きやアルコールを提供する店もある。低価格で時間のかからない理容店が伸び悩んでいる一方、

高級感のある落ち着いた雰囲気の理容店が増えつつある。

マーケットデータ

●理容業の年間売上高、事業従事者数

　総務省「サービス産業動向調査」によると、平成27年の年間売上高は前年比1.2％減の3,984億9,500万円であった。節約志向の影響で、利用者の来店頻度が減少し、理美容業界の経営環境は厳しい。

理容業の年間売上高、事業所、従事者数

年次	年間売上高 （百万円）	事業従事者数 （人）	1事業従事者当たり 年間売上高（千円）
平25年	499,193	223,600	2,232
26年	403,443	196,400	2,055
27年	398,495	193,700	2,057

（出所）総務省「サービス産業動向調査」

●理容市場規模

　矢野経済研究所によると、平成28年度の理容市場は、理髪市場が前年度比0.5％減の4,510億円、理容その他の市場が同0.3％減の1,898億円であった。若者の理容店離れや低価格サロンチェーンの低迷などが影響している。理容市場規模の推移は次の通り。

理容市場規模（単位：百万円）

年度	平25	平26	平27	平28	平29 （予測）
合　計	660,000	647,300	643,800	640,800	637,700
理　髪	465,000	455,700	453,500	451,000	448,300
その他	195,000	191,600	190,300	189,800	189,400

（出所）矢野経済研究所

●大手企業の売上高

　日経流通新聞「第35回サービス業総合調査」によると、低価格チェーンを運営する大手3社の平成28年度売上高は次表の通り。

理美容大手の売上高（平成28年度）

社　名	売上高 （百万円）	伸び率 （％）
カットツイン（cut-A）	9,203	6.3
将軍ジャパン（クイックカットBB）	4,032	12.4
ス　　カ　　イ	868	▲1.0

（出所）日経流通新聞

●1世帯当たり理髪料の年間支出額、利用回数

　総務省「家計調査年報」によると、1世帯当たり理髪料の年間支出額、利用回数、1回当たりの

金額は次の通り。

1世帯当たりの理髪料年間支出の推移（単位：円、回）

年次	年間支出額	利用回数	1回当たり金額
平23年	5,477	2.027	2,702
24年	5,574	2.099	2,656
25年	5,398	2.044	2,640
26年	5,169	1.981	2,608
27年	5,207	1.992	2,614
28年	5,112	1.972	2,592

（出所）総務省「家計調査年報」

業界の特性

●店舗数と理容師数

厚生労働省「衛生行政報告例」によると、理容店の店舗数と理容師数の推移は次の通りである。理容店数、理容師数とも減少傾向が続いている。

理容店数・理容師の推移（単位：店、人）

年　次	理容店		理容師	
	実数	指数	実数	指数
昭和55年	144,157	100.0	248,259	100.0
平24年3月末	131,687	91.3	240,017	96.7
25年3月末	130,210	90.3	238,066	95.9
26年3月末	128,127	88.9	234,044	94.3
27年3月末	126,546	87.8	231,053	93.1
28年3月末	124,584	86.4	227,429	91.6

（注）指数は昭和55年を100としたときの比率
（出所）厚生労働省「衛生行政報告例」

●営業形態別の区分

理容店を営業形態別で分類すると、①住宅地型、②ビジネス街型、③専門店型、④低価格型に分けられる。①は住宅地や郊外に立地した店で家族労働経営が中心。店舗、土地ともに自己所有が多い。②はビジネス街や繁華街に立地し、主要顧客はビジネスマン。③はカットやひげ剃り、ヘッドスパなど充実したサービスを提供する高級店。④は短時間でカットし洗髪やひげそりなどのサービスを省いて低価格をウリにしている。

●日本音楽著作権協会が理容店を提訴

日本音楽著作権協会（JASRAC）は平成29年7月11日、同協会が著作権を管理する音楽を無断でBGMに使用したとして、札幌市の理容店を相手取り、同協会が管理する音楽の使用差し止めと損害賠償を求める訴えを札幌地裁に起こした。理容店で音楽を流す場合、有線音楽放送やラジオをそのまま流せば問題はないが、市販のCDやインターネットからダウンロードした楽曲を利用すると音楽著作権の侵害にあたるので注意が必要である。

ノウハウ

●固定客の確保がポイント

理容業界の特色の一つは固定客が非常に多いことである。理容店の固定客比率は、全理連の平成28年調査では78％で、2年前の調査に比べて低下している。少子高齢化が進行し、理容店の顧客数は減少傾向が続くと予測される。その中で生き残るには、地域住民や消費者ニーズに沿ったサービスが求められる。

経営指標

ここでは参考として、TKC経営指標（平成29年版）より、「理容業」の数値を掲げる。

TKC経営指標 （変動損益計算書）	全企業　115件	
	平均額（千円）	前年比（％）
売上高	35,287	96.7
変動費	1,829	92.9
仕入高	1,814	93.9
外注加工費	—	—
その他の変動費	—	—
限界利益	33,457	96.9
固定費	32,590	96.9
人件費	19,696	97.9
減価償却費	1,061	92.6
租税公課	802	108.9
地代家賃・賃借料	3,725	99.0
支払利息・割引料	273	86.8
その他	7,031	93.1
経常利益	867	99.3
平均従事員数	6.6名	

今後の課題／将来性

●課題

理容業界では高齢化が進み、ある程度固定客を持っている店舗は安定した経営ができるため、経営戦略に関心を示さない経営者が多くみられるのが実情である。経営方針を明確にし、提供するサービスの見直しや向上などが求められる。また、店内の内装なども見直し、新規顧客の獲得や固定客の確保などが不可欠となっている。

《関連団体》　全国理容生活衛生同業組合連合会
　　東京都渋谷区代々木1－36－4　全理連ビル
　　TEL　03（3379）4111

●サービス業●（その他）

美 容 院

最近の業界動向

●予約サイトの広がり

予約サイトを通して新しい美容院を予約し、初回割引クーポンなどを利用する人が増えている。新規顧客の開拓につながる一方、客単価の下落を招いている。1回当たりの割引額を見直す美容院もあるが、節約志向を反映して来店周期が伸び、美容院の経営は厳しい。矢野経済研究所によると、平成27年度の美容市場規模は前年度に比べて0.4％減の1兆5,220億円となっている。このうち、カット市場が前年度比0.2％減、セット市場が同0.5％減、パーマ市場が同0.9％減、その他の市場が同0.2％減となっている。平成28年度は0.5％減の1兆5,146円と予測されている。

美容市場規模（単位：百万円）

年　度	平25	平26	平27	平28 （予測）
カ ッ ト	298,500	293,700	293,000	291,700
セ ッ ト	59,200	58,300	58,000	57,700
パ ー マ	382,000	373,000	369,500	365,500
そ の 他	809,000	803,500	801,500	799,700
合　計	1,548,700	1,528,500	1,522,000	1,514,600

（出所）矢野経済研究所

●トリドールホールデイングスが美容業界に参入

うどん店「丸亀製麺」などを展開するトリドールホールデイングスは、ヘアカラー専門店「Fast Beauty（ファストビューティ）」と資本業務提携した。トリドールが資金と出店ノウハウを提供し、店舗支援を行う。ファストビューティは手頃な値段で白髪染めができ、中心顧客は40～50歳代の女性だ。両社とも主要顧客がシニア層で重なっているため、相互の顧客基盤を活用した売り上げ拡大を図る。トリドールホールデイングスは、グループ会社の化粧品の展示や販売も、ヘアカラー専門店で始める。

●美容サロンの出店支援

理美容品通販のビューティガレージは、美容サロンの出店支援を始める。平成29年1月に子会社、BGパートナーズを設立。専用サイト「サロンまるごとサポート」を開設し、美容サロンの店舗リースや内装、設備の分割払いなどの相談を受け付ける。家賃40万円の居抜き店で開業する場合、通常では保証金や設備など初期費用が必要だ。同社のリースでは、最初に契約金60万円を支払い、家賃を含め毎月約58万円を5年間支払う。既存店を借り受ける「リースバック」を実施し、追加出店や設備更新などで一時的に資金が必要なサロンの利用を見込んでいる。

マーケットデータ

●大手企業の売上高

日経流通新聞「第35回サービス業総合調査」によると、平成28年度の理美容業大手の売上高は次の通り。

理美容大手企業の売上高（平成28年度）

社　　名	売上高 （百万円）	伸び率 （％）
阪 南 理 美 容 （ ブ ラ ー ジ ュ ）	38,731	2.2
アルテサロンホールディングス	17,085	0.3
田 谷 （TAYA、shampooほか）	11,401	▲3.7
エ ム・ワ イ・ケ ー （イレブンカット）	9,180	4.5
日 鳥 ヤ マ ト （ シ ャ ン バ ラ ）	6,006	3.0
アポロ（イン東京、アーベン）	4,315	0.5
ソ シ エ・ワ ー ル ド	4,157	▲0.3
モ ー ド ケ イ ズ	3,940	▲0.6
若松（ヘアーズゲートほか）	3,922	7.0
遠 藤 波 津 子 美 容 室	3,547	7.0

（出所）日経流通新聞

●年間売上高

総務省「サービス業動向調査」（確報）によると、平成27年の美容業の年間売上高は前年比2.8％減の1兆6,339億4,300万円となっている。

美容業の年間売上高（平成27年）

年次	売上高 （百万円）	1事業従事者当たり 年間売上高（千円）	事業従事者数 （人）
平26年	1,680,303	3,802	439,900
27年	1,633,943	3,745	436,300

（出所）総務省「サービス業動向調査」

●美容室1回当たりの利用金額

リクルートライフスタイル「美容センサス2017」によると、美容室1回当たりの利用金額は次の通り。女性の年代別で最も利用金額が高いの

－ 210 －

は30代の7,073円、男性の年代別で最も利用金額が高いのは40代の4,956円であった。また、美容室のメニューで最も利用率が高いのは、男女ともにカット、次いでヘアカラーである。

美容室1回当たりの利用金額（単位：円）

性　別	平26年上期	平27年上期	平28年上期	平29年上期
女性（全体）	6,347	6,462	6,413	6,429
男性（全体）	3,957	4,065	4,020	4,067

（出所）「美容センサス2017」

業界の特性

●施設数と従業美容師数

厚生労働省「衛生行政報告例」によると、美容院の施設数、従業美容師数の推移は次の通り。施設数、美容師数ともに増加傾向にあり、競争は激しくなっている。

施設・従業美容師数推移（各年3月末）

年　月	施設数	従業美容師数
平25年3月末	231,134	479,509
26年3月末	234,089	487,636
27年3月末	237,525	496,697
28年3月末	240,299	504,698

（出所）厚生労働省「衛生行政報告例」

●予約方法

リクルートライフスタイル「美容センサス2017」によると、美容院の予約方法は電話予約が44.2％と最多であるが、スマートフォンやパソコンからのネット予約が34.7％と5.0ポイント伸びている。

過去1年の美容室予約方法（女性）

予約方法	平28年上期	平29年上期	対28年pt
ネット予約	29.7％	34.7％	5.0
電話予約	48.3％	44.2％	▲4.1
店で予約	8.7％	8.7％	0.0

（出所）リクルート

●商圏

美容院の商圏は500メートル周囲とみられているが、自転車利用では1キロメートル、自動車利用では3キロメートルまで広がる。また、美容院はそれぞれ固定客を持っている。客も指名する美容師を決めている人が多く、よほどの理由がなければ替えたりしない。

ノウハウ

●ブローとヘアアレンジ専門のヘアサロン

ニューヨークやロサンゼルスで人気の「BLOW DRY BAR（ブロードライバー）」は、カットやヘアカラー、シャンプーをしない、ブローとヘアアレンジ専門のヘアサロンだ。平成29年3月、福岡県の中央区・天神、今泉に2店オープンした。入会金5,000円を支払うと、月に何度でも利用でき毎回の支払がお得になる。また、1回ごとに料金を支払う「スポット」が3,500円（入会金が必要）や、12枚綴りの1万円のチケット（入会金不要）など、利用回数やメニューによって選択できる。

経営指標

ここでは参考として、TKC経営指標（平成29年版）より、「美容業」の数値を掲げる。

TKC経営指標（変動損益計算書）	全企業　569件	
	平均額（千円）	前年比（％）
売上高	78,397	100.9
変動費	11,377	103.8
仕入高	11,270	103.2
外注加工費	98	126.3
その他の変動費	20	79.6
限界利益	67,020	100.5
固定費	64,968	100.4
人件費	38,546	99.4
減価償却費	2,390	100.5
租税公課	1,212	99.1
地代家賃・賃借料	8,183	100.7
支払利息・割引料	445	92.3
その他	14,189	103.3
経常利益	2,052	102.7
平均従事員数	12.3名	

今後の課題／将来性

●課題

美容院に求める消費者ニーズは多様化し、低価格だけでは成長は見込めない。シニアをターゲットにしたヘアカラー専門やヘアアレンジに特化した店など、顧客階層の細分化や施術の質の向上など、付加価値のあるサービスが求められている。

《関連団体》　全日本美容業生活衛生同業組合連合会
　　東京都渋谷区代々木1-56-4
　　　美容会館7F
　　TEL　03（3379）2064

— 211 —

●サービス業●（その他）

エステティックサロン

最近の業界動向

◉エステティックサロン市場は低迷が続く

エステティックサロン市場は低迷が続いている。エステティシャンの高度な技術の平準化や実証されたデータに基づく施術、新たなメニュー開発が急務となっている。また、エステティックサービスに対するトラブルは多い。平成28年に消費生活センターに寄せられた相談件数は約5,000件にのぼり、過半数を20代が占める。相談内容は「無料カウンセリングの後に高額な契約を結ばされた」、「解約に応じてくれない」といった契約に関するものが多い。業界側も自主基準を設けているが、新たな対策が求められる。

◉40代以上の女性に脱毛ニーズが高まる

40代以上の女性に脱毛ニーズが高まっている。アウトドアを楽しむ人や、身だしなみとして脱毛目的でエステティックに来店するという。大手のTBCでは40代以上の女性客が倍増している。若者に比べ金銭的に余裕のある40代以上の女性客には、10万円以上のメニューが人気で「美容電気脱毛」という施術を選ぶ傾向があるという。微弱電流を流して、エステティシャンが1本ずつ処理する。TBCでは40代以上のエステティシャンの採用を増やすなどして、新たなニーズの掘り起こしを図っている。一方、脱毛施術によるトラブルも多く、施術内容の説明や技術力の向上が不可欠である。

マーケットデータ

◉エステティックサロンの市場規模

矢野経済研究所によると、エステティックサロンの市場規模は次の通り。平成27年度の市場規模

エステティックサロンの市場規模（単位：百万円）

年度	平24	平25	平26	平27
市場規模	349,100	355,400	356,900	356,300

（出所）矢野経済研究所

は前年度比0.2％減の3,563億円であった。

◉エステティックサロン大手企業の売上高

日経流通新聞「第35回サービス業総合調査」によると、平成28年度のエステティックサロンの売上高上位8社は次の通りである。消費者の節約志向の高まりを受け、大手エステティックサロンでも減収となっている。

エステティック大手企業の売上高（平成28年度）

社　名	売上高（百万円）	伸び率（％）
ソシエ・ワールド	10,699	▲6.4
シェイプアップハウス（ダンディハウス、ミス・パリ）	10,436	▲8.1
スリムビューティハウス	5,235	▲7.6
ビ・メーク（ヴァン・ベール）	2,543	▲1.4
アスクビューティー（トータルエステティックサロンデフィー）	1,659	6.8
イ　マ　ー　ジ　ュ	1,405	▲12.1
エ　イ　チ・ツー・オー	1,404	3.4
長沼（エステアップ）	820	▲2.7

（出所）日経流通新聞

◉フェイシャルと脱毛は増加、痩身は微減

リクルートライフスタイルによると、エステサロン1回当たりの利用金額は次の通り。フェイシャルと痩身の利用金額が減少する一方、脱毛の利用金額は増加した。

エステサロン1回当たりの利用金額（全体）

年　次	平27年上期	平28年上期	平29年上期
フェイシャル	6,655円	6,823円	6,621円
痩　　身	7,776円	7,124円	6,823円
脱　　毛	5,280円	5,424円	5,800円

（出所）リクルートライフスタイル「美容センサス」

業界の特性

◉会員数、加盟サロン数

エステティックサロンは開業にあたって国家資格や規制がないため、だれでも自由にサロンを開業できる。エステティックサロンの店舗数を正確に把握する統計は見当たらない。NTTタウンページ「iタウンページ」によると、エステティックサロンの件数は平成29年10月3日現在2万3,969店（美容院等も含まれる）である。また、業界団体の日本エステティック業協会によると、平成29年6月現在正会員数は155社、加盟サロン数は1,143サロンとなっている。また、特別会員（認定校）は80校となっている。

地域	件数	地域	件数	地域	件数
全　国	23,969	富　山	388	島　根	139
北 海 道	741	石　川	328	岡　山	437
青　森	143	福　井	264	広　島	649
岩　手	192	山　梨	176	山　口	284
宮　城	291	長　野	688	徳　島	189
秋　田	129	岐　阜	409	香　川	311
山　形	160	静　岡	889	愛　媛	350
福　島	310	愛　知	1,740	高　知	154
茨　城	385	三　重	431	福　岡	1,249
栃　木	335	滋　賀	238	佐　賀	181
群　馬	395	京　都	522	長　崎	311
埼　玉	732	大　阪	1,699	熊　本	415
千　葉	788	兵　庫	1,068	大　分	279
東　京	2,369	奈　良	285	宮　崎	234
神 奈 川	1,077	和 歌 山	230	鹿 児 島	303
新　潟	479	鳥　取	125	沖　縄	478

（出所）「iタウンページ」

●業態

エステティックサロンは通常のサロンのほか、①複合型エステティックサロン（タラソテラピーなどのリラクゼーションサービスを組み合わせ、相乗効果を狙うサロン）、②セルフ方式エステティックサロン（顧客自身が美容器具を用いて行う。低価格で利用できるため若年層に人気）、③訪問エステティックサービス、④男性専用エステティックサロンである。

●エステティックサロンの予約方法

リクルートライフスタイルによると、エステティックサロンの予約方法はネット予約を利用する人が大半を占める。また、現在利用しているサロンの継続理由では、フェイシャル、痩身、脱毛全てで「ネット予約ができる」が最も高い。エステティックサロンの利用率、利用経験率、年間利用回数は表の通り。

サロンの利用率、利用経験率、利用回数

サービス別	利用率	利用経験率	年間利用回
フェイシャル			
女 性 全 体	9.3%	27.5%	4.73回
男 性 全 体	3.3%	5.8%	―
痩　　　身			
女 性 全 体	4.5%	15.2%	4.11回
男 性 全 体	3.1%	5.5%	
脱　　　毛			
女 性 全 体	10.7%	24.1%	3.60回
男 性 全 体	4.0%	6.1%	

（出所）リクルートライフスタイル「美容センサス」

ノウハウ

●遺伝子検査によるカウンセリング

エステティックサロンを運営するソシエ・ワールドは、カウンセリングで遺伝子検査を行っている。「ソシエ ビューティ サイエンス」では、8種類の体質サンプルに基づき、遺伝子検査によって最適な美容アプローチを提案している。初回体験価格はボディコース60分5,400円（税込）だ。平成29年9月には、大阪天王寺の商業ビルにオープンしたエステティックサロンでは、フェイシャルやボディ、ヘッドスパ、タラソテラピーなど豊富なメニューを提供している。

経営指標

ここでは参考として、TKC経営指標（平成29年版）より、「エステティック業」の数値を掲げる。

TKC経営指標 （変動損益計算書）	全企業　89件	
	平均額（千円）	前年比（％）
売上高	69,316	119.3
変動費	14,806	122.4
仕入高	14,510	124.5
外注加工費	511	100.0
その他の変動費	11	728.6
限界利益	54,509	118.5
固定費	52,535	111.6
人件費	24,767	104.2
減価償却費	2,365	105.1
租税公課	946	119.7
地代家賃・賃借料	5,586	98.3
支払利息・割引料	409	100.1
その他	18,459	130.3
経常利益	1,974	▲187.2
平均従事員数	8.0名	

今後の課題／将来性

●課題

エステティックサロンでは、優秀なエステティシャンの確保が不可欠である。平準化された高度な技術が求められるが、中途解約や施術ミスなどが後を絶たない。利用者が安全に施術を受けられるよう業界全体で対策を講じる必要がある。

《関連団体》　一般社団法人日本エステティック協会
東京都千代田区麹町３－２－１
　　HAKUWAビル３Ｆ
　　TEL　03（6272）6154

●サービス業● （その他）

結婚情報サービス

最近の業界動向

◉婚活を前面に出さないイベント企画

晩婚化が広がり、結婚相談所や結婚情報サービスを利用する人は増えている。「プレミアムフライデー」に対応した夕方からの婚活イベントなども行われている。また、最近は自然な出会いを求める人が増え、婚活を前面に出さないイベントが企画されている。

◉一般男性をモデルに使ったポスター

リクルートマーケティングパートナーズは、結婚相談所サービスの出店を拡大している。結婚件数の減少が続き、同社の結婚式場紹介サービスに大きく影響している。結婚相談所サービスの出店を加速させ、結婚式場紹介事業につなげたい考えだ。婚活支援サービスの広告費も増やし、キャンペーンなども積極的に行っている。結婚情報誌「ゼクシィ」の高いブランド力を生かして、平成29年末までに会員数を1万人に増やしたい考えだ。また、実績に伴い、成婚率などのデータ開示も行っていく。

◉自然な出会いを演出

婚活支援サービスのIBJは、趣味の交流などのイベントで自然な出会いを演出した「MEET＋（ミートプラス）」を平成29年1月から始めた。会員登録すると、イベントの閲覧ができるが、従来は10前後の分類のうち、選択した分類のイベントしか閲覧できなかったが、分類によらずさまざまなイベントの閲覧ができるようにした。食事や趣味に合わせたイベントを用意する。「MEET＋CAFE」の会場でのイベントに参加し、参加者同士が気が合った場合には、インターネット上でスポーツやバーベキューなど同じイベントを選択して一緒に参加できるようにする。

マーケットデータ

◉ブライダル関連市場規模

結婚情報サービス業の市場規模に関する公的な統計は見当たらない。矢野経済研究所によると、ブライダル関連の市場規模は次の通り。平成28年のブライダル関連市場規模（挙式披露宴・披露パーティー、新婚家具、新婚旅行、ブライダルジュエリー、結納式・結納品、結婚情報サービスの6分野）は、前年比0.7％減の2兆5,290億円を見込んでいる。このうち、挙式披露宴やパーティー市場が全体の5割以上を占めている。なお、結婚情報サービス市場規模は、600億円程度と推計される。

ブライダル関連市場規模（単位：億円）

年　次	平26年	平27年	平28年（見込）	平29年（予測）
市場規模	26,649	25,480	25,290	25,150

（注）事業者売上高ベース
（出所）矢野経済研究所

◉オンラインの婚活市場規模

結婚相手をオンライン上で探せるマッチングサービス市場が拡大している。サイバーエージェント子会社のマッチングエージェントによると、平成29年の市場規模は208億円と予測している。SNSの利用が増え、ネットを介した出会いに抵抗感が少なくなっている。

◉大手企業3社の売上高

大手企業の3社の売上高は次の通り。ツヴァイは会員数の増加に向け、来店予約率や会員サポートの強化に取り組んでいる。IBJはオンラインとオフライン両方の婚活サービスを総合的に運営している。パートナーエージェントは顧客満足度の向上に努め、サービス提供エリア（全国25店舗）を拡大している。

大手企業の売上高（単位：百万円）

社　名	売上高
ツ　ヴ　ァ　イ（平29.2月期）	3,763（3,890）
Ｉ　　　Ｂ　　　Ｊ（平28.12月期）	5,090（4,123）
パートナーエージェント（平29.3月期）	3,812（3,644）

（注）カッコは前の期の売上高
（出所）各社決算資料

業界の特性

◉事業者数

結婚情報サービス業の事業者は、経済産業省によると、約3,700〜3,900社ある。また、NTTタウ

— 214 —

ンページ「iタウンページ」によると、平成29年8月10日現在掲載されている結婚相談の店舗数は3,291店である。上位都道府県の店舗数は次の通り。

順位	都道府県	店舗数	順位	都道府県	店舗数
1	東京都	330	4	埼玉県	174
2	愛知県	270	5	神奈川県	161
3	大阪府	252	合計	全国	3,291

●大手企業の会員数等

大手企業の会員数は次の通り。また、IBJの平成28年12月21日現在の店舗数は28店、ほかにハビライズが運営するサンマリエなどがある。

大手企業の会員数

企業名	会員数
イオングループのツヴァイ	3万2,220人（平成28年2月現在）
楽天グループのオーネット	4万6,638人（平成28年現在）
パートナーエージェント	1万2,193人（平成29年4月現在）

（注）カッコは前の期の売上高
（出所）各社決算資料

●営業形態

結婚情報サービス業の営業形態は、①データマッチング型、②お見合い仲人型、③ネット婚活型に分けられる。①はツヴァイやオーネットなどの大手が手掛けており、希望条件に合う相手をコンピューターで検索する。全国に支店を持ち、会員は数千〜数万人が大半である。②でもコンピューターを使ったデータマッチングをする業者が増えている。③はパソコンやスマホを使って登録し、サービスを利用できる。ID発行時に身分証明書の提示を求められるケースもある。リクルートマーケティングパートナーズの「婚活実態調査2017」によると、平成28年に結婚した人の11.3%が結婚相手を婚活サービスで見つけていた。サイト・アプリの普及もあり、若い世代を中心に婚活サービスが広がっている。

婚活サービスの利用状況

年次	結婚相談所	サイト・アプリ	婚活パーティー・イベント
平25年	17.0%	8.4%	15.1%
28年	25.3%	20.5%	17.2%

（出所）リクルートマーケティングパートナーズ

●料金

料金は入会金・登録料、初期活動費、月会費で構成されている。大手業者は成婚するしないにかかわらず、数十万円のお金を払うのが一般的となっている。

ノウハウ

●サービスの質を高める

顧客満足度を高めるためには、サービスの質を上げる必要がある。成婚率が高ければ、会員数はおのずと伸びていく。インターネット婚活サイトや婚活パーティーが広がり、利用者も増えている。インターネット婚活サイトや婚活パーティー、結婚相談所などのサービスを組み合わせ、ニーズに対応したサービスを提供する必要がある。

経営指標

結婚情報サービスを対象にした指標は見当たらないので、ここでは参考として、TKC経営指標（平成29年版）より、「他に分類されないその他生活関連サービス業」の数値を掲げる。

TKC経営指標 （変動損益計算書）	全企業 145件	
	平均額（千円）	前年比（%）
売上高	72,301	100.0
変動費	21,999	94.0
仕入高	21,747	95.7
外注加工費	586	100.6
その他の変動費	36	78.0
限界利益	50,301	103.0
固定費	45,352	98.3
人件費	27,819	99.3
減価償却費	1,660	98.1
租税公課	868	112.5
地代家賃・賃借料	2,466	101.2
支払利息・割引料	343	106.8
その他	12,188	94.5
経常利益	4,949	183.4
平均従事員数	13.2名	

今後の課題／将来性

●将来性

結婚に消極的な若者が増え、婚姻件数は減少が続いている。一方、オンライン上で結婚などの対象となる相手を見つけるマッチングサービス市場規模は拡大傾向にある。

《関連団体》　日本結婚相手紹介サービス協議会
　　東京都文京区本郷3−32−6
　　　ハイヴ本郷401
　　TEL　03（5689）8769

— 215 —

●サービス業●（その他）

結婚式場

最近の業界動向

●結婚式場の市場規模は1兆4,090億円

ホテルで結婚式を挙げるカップルが増えつつある。ホテルウェディングの人気が回復傾向にあり、ホテル各社はウェディングプランを相次いで出している。一方、婚姻件数の減少は続いており婚礼施設の供給過多が課題となっている。矢野経済研究所によると、平成28年の挙式披露宴・披露パーティの市場規模は1兆4,090億円（見込）で、市場は縮小傾向にある。

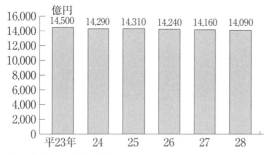

結婚式場の市場規模
（出所）矢野経済研究所

●結婚式場の無料紹介サービス

ブライダル事業のコンサルティングを手掛けるリクシィは、結婚式場の無料紹介サービスを始めた。東京都内35カ所の結婚式場と提携し、会場ごとに最低価格を保証し、料金への不安などを解決する。新サービス「gensen wedding（ゲンセンウェディング）」は、ウェディングプランナーの経験があるリクシィの社員が式場との契約前に相談に乗る。契約が成立した場合、リクシィは式場から契約料を受け取る。今後は提携する式場を全国各地に増やしていく。

●ハワイで伝統的な挙式のできるチャペルをオープン

海外挙式のグッドラック・コーポレーションは、ハワイで伝統的な挙式のできるチャペルをオープンした。個性的な挙式を望むカップルの取り込みを図る。ダンサーが伝統的な音楽に合わせて古典フラダンスを踊り、「カピライ」という聖水による清めの儀式などが行われる。国内の結婚市場は縮小傾向にあるが、海外でのリゾートウェディングは根強い人気がある。ハワイ人気は高く、各社も力を入れている。

マーケットデータ

●結婚式場大手の売上高

日経流通新聞「第35回サービス業総合調査」によると、平成28年度の結婚式場・手配大手の売上高は次の通り。

結婚式場・手配大手の売上高（平成28年度）

社　名	部門売上高 （百万円）	前年度比 伸び率（％）
テイクアンドギヴ・ニーズ（T&G）	60,186	1.1
ワタベウェディング	43,908	0.1
ツカダ・グローバルホールディングス	34,783	▲6.2
アニヴェルセル	26,860	▲8.4
エスクリ	22,939	17.0
メモリード	17,509	3.5
ポジティブドリームパーソンズ	17,300	12.3
アイ・ケイ・ケイ	17,212	5.6
ディアーズ・ブレイン	13,692	6.2
アルカンシェル	9,839	▲8.2

（出所）日経流通新聞

●結婚式場業は縮小傾向

経済産業省の「特定サービス産業動態統計調査」によると、結婚式場業の売上高、取扱件数、従業者数は次表の通り。

結婚式場業の売上高、取扱件数、従業者数

年次	売上高 （百万円）	取扱件数 （件）	従業者数 （人）
平27年	241,953	88,590	14,360
28年	229,791	84,755	14,353

（出所）経済産業省「特定サービス産業動態統計調査」

●挙式、披露宴・披露パーティの総額

ブライダル総研「ゼクシィ結婚トレンド調査2016」によると、平成28年の挙式、披露宴・披露パーティの総額は359万7,000円で増加傾向にある。招待客1人当たりの費用は6万2,000円、新婦の衣装総額は47万4,000円、新郎の衣装総額は16万7,000円で、費用、衣装代とも増加傾向にある。また、招待客の人数は71.6人で、前年調査よ

り0.9人減少した。

挙式、披露宴・披露パーティの総額の推移（単位:百万円）

年　　次	平24	平25	平26	平27	平28
全国（平均）	343.8	340.4	333.7	352.7	359.7

（出所）「ゼクシィ結婚トレンド調査2016」

●婚姻件数

厚生労働省「人口動態調査」によると、平成27年の婚姻件数は63万5,156組（確報）であった。平成24年に前年比で増加したが、それ以降は減少が続いている。

婚姻件数の推移

年次	婚姻件数	年次	婚姻件数
平22年	700,214	平25年	660,613
23年	661,895	26年	643,749
24年	668,869	27年	635,156

（出所）厚生労働省「人口動態調査」

業界の特性

●事業所数

経済産業省「特定サービス産業実態調査」によると、「冠婚葬祭業」の中で結婚式場業務を手掛ける事業所数の推移は次表の通り。

結婚式場業務を手掛けている事業所数の推移

調査年	平25年	平26年	平27年
事業所数	907所	1,067所	967所

（出所）経済産業省「特定サービス産業実態調査」

●式場のトレンド

式場のトレンドは時代とともに変化している。ホテルでの挙式が回復傾向にあり、海外挙式も根強い人気がある。「なし婚」が増えているが、結婚式を挙げるカップルはこだわりが強く、費用も惜しまない傾向がある。ホテル各社の高級ウェディングプランでは、アクセサリーの無料提供や新郎新婦のスイートルーム宿泊、両家の両親の宿泊など特典を用意して取り込みを図っている。また、ブライダル総研「ゼクシィ結婚トレンド調査2016」によると、披露宴・披露パーティに関して実施した演出で最も多かったのは、①花嫁の手紙を読む、②ウェディングケーキを互いに食べさせるであったが、増加している演出は①テーブルごとに写真撮影、②招待客一人ひとりにメッセージを書くで、招待客との交流を持つ演出が増えている。

ノウハウ

●ブライダル業界に必要な人材

ブライダル業界の動向としては、さらなる多様化が見込まれている。結婚式のスタイルに対する柔軟性と提案力のある対応が求められている。現代の新郎新婦に合ったサービスを展開するためにも、自社の強みを深耕して多くの顧客を獲得していく人材が必要とされる。

経営指標

結婚式場の指標は見当たらないので、ここでは参考として、TKC経営指標（平成29年版）より、「他に分類されないその他生活関連サービス業」の数値を掲げる。

TKC経営指標 （変動損益計算書）	全企業　145件	
	平均額（千円）	前年比（％）
売上高	72,301	100.0
変動費	21,999	94.0
仕入高	21,774	95.7
外注加工費	586	100.6
その他の変動費	36	78.0
限界利益	50,301	103.0
固定費	45,352	98.3
人件費	27,819	99.3
減価償却費	1,660	98.1
租税公課	868	112.5
地代家賃・賃借料	2,466	101.2
支払利息・割引料	343	106.8
その他	12,188	94.5
経常利益	4,949	183.4
平均従事員数	13.2名	

今後の課題／将来性

●将来性

ブライダル業界は少子高齢化や価値観の多様化などによって厳しい状況が続くものと予想さる。一方、晩婚化の影響によって、1件当たりの単価は上昇している。競争の激化も予想されることから、各社はさらなる独自性や強みを持って顧客に提案をしていかないと生き残れない状況になってきている。

《**関連団体**》　公益社団法人日本ブライダル事業振興協会
　　東京都港区芝2－3－12
　　芝アビタシオンビル9F
　TEL　03（5418）4501

— 217 —

●サービス業● （その他）
人材派遣業

最近の業界動向

●派遣社員とアルバイトの平均時給の差が縮まる

派遣社員とアルバイトの平均時給の差が縮まっている。求人情報のリクルートジョブズによると、派遣社員として働くアルバイト求人が増え、平成29年2月のアルバイト・パートの募集平均時給は、前年同月と比べて2.3％高い1,001円であった。深刻な人手不足の中、アルバイト・パートを集められない企業が派遣社員を活用している。大手派遣会社は、人手不足を背景に顧客企業に料金引き上げ交渉を進めている。

派遣社員、アルバイト・パートの平均時給

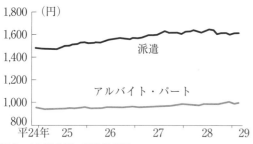

（注）三大都市圏の募集時平均
（出所）リクルートジョブズ

●派遣料金の上昇

派遣会社と顧客企業は、3カ月や半年といった更新時期ごとに派遣料金の交渉を行うが、人手不足を背景に派遣料金の大幅な上昇が広がっている。特に上げ幅が大きいのはIT系の派遣料金

人材派遣の料金相場

職　種	人材派遣の料金相場
一　般　事　務　職	2,200～2,400円
販　　売　　職	1,800～2,800円
貿　易　業　務　職	2,200～2,500円
ＳＥ・プログラマー	2,600～4,500円
経　理　事　務　職	2,300～2,500円
秘　　　　書	2,400～2,600円
製　造　ラ　イ　ン	1,500～2,300円

（注）首都圏の中心価格帯、派遣会社1時間当たりの請求額
（出所）日本経済新聞

で、IoTの普及で金融や通信など幅広い業界でIT系人材の需要が高まっている。IT人材派遣のメディアファイブは、データベースに関する高度なスキルを持つ技術者の育成に力を入れている。平成28年から外部のセミナーなどを受講させるなど、高度IT資格取得を支援する。優秀な人材を育てて受注単価や利益を増やす狙いがある。人材派遣の料金相場は表の通り。

マーケットデータ

●労働者派遣事業の売上高

厚生労働省「労働者派遣事業報告書」によると、平成27年度の人材派遣業の年間売上高は前年度比4.4％増の5兆6,790億円であった。このうち、一般労働者派遣事業が同3.3％増の4兆348億円、特定労働者派遣事業が同7.2％増の1兆6,442億円となっている。

労働者派遣事業に係る売上高 （単位：億円）

区　分	平25年度	平26年度	平27年度
一般労働者派遣事業	35,906	39,056	40,348
特定労働者派遣事業	15,135	15,338	16,442
合　計	51,042	54,394	56,790

（注）四捨五入計算をしているため、合計が合わない場合がある
（出所）厚生労働省

●1事業所当たりの売上高

厚生労働省「労働者派遣事業報告書」によると、売上高ランク別事業所数は次の通り。

売上高ランク別事業所数 （平成27年度）

売上高別	一般労働者派遣事業(所)	特定労働者派遣事業(所)
10億円以上	699	151
5～10億円	1,191	251
1～5億円	5,042	3,192
5,000万～1億円	1,847	3,250
1,000～5,000万円	2,788	11,007
1,000万円未満	1,540	13,815
合　計	13,107	31,666

（出所）厚生労働省

●派遣労働者数

同じく、厚生労働省「労働者派遣事業報告書」によると、派遣労働者数は次の通り。なお、平成27年度は、平成27年4月1日から平成27年9月29

日までの集計値であるため、平成26年度までの集計値とは比較できない。

派遣労働者数（単位：人）

項　目		平26年度	平27年度※
一般	①常時雇用労働者数	551,676	70,359
	②常時雇用以外の労働者数（①以外、常用換算）	441,820	53,140
	③登録者数	1,799,187	234,972
特定	④常時雇用労働者数	279,462	83,445
合計	①＋③＋④（派遣労働者数）	2,630,325	388,776
	①＋②＋④（常用換算派遣労働者数）	1,272,958	206,944

（出所）厚生労働省

業界の特性

◉労働者派遣事業の事業者数

厚生労働省「労働者派遣事業報告」によると、労働者派遣事業の事業者数は次の通り。平成27年度の事業者数は前年度比4.5％増の7万7,956所となっている。

集計事業者数（単位：％）

区　分	平26年度	平27年度	前年比
一般労働者派遣事業	17,735	18,403	3.8
特定労働者派遣事業	56,874	59,553	4.7
合　計	74,609	77,956	4.5

（出所）厚生労働省

◉労働者派遣事業の許可制への一本化

平成27年9月に労働者派遣法が改正され、特定労働者派遣事業と一般労働者派遣事業の区別は廃止され、すべての労働者派遣事業は新たな許可基準に基づく許可制となった。労働者派遣法改正時点での届出により特定労働者派遣業を営んでいる企業は、平成30年9月29日まで許可を得ることなく、引き続き「その事業の派遣労働者が常時雇用される労働者のみである労働者派遣事業」（改正前の特定労働者派遣事業に相当）を営むことが可能となっている。しかし、平成30年9月からは許可基準を満たすことが必要となる。許可基準を満たせずにやむを得ず事業を縮小・転換する中小規模の派遣会社に対して、許可制への円滑な移行をセミナーや個別相談で支援するとともに、派遣労働者の雇用の安定を図ることを目的とした支援事業を厚生労働省が行っている。

ノウハウ

◉外国人留学生に特化した人材派遣サービス

中堅人材派遣会社のウィンジョブは、外国人留学生に特化した人材派遣サービスを始めた。飲食店や小売店に販売員や作業員として派遣するほか、アルバイトも紹介する。訪日外国人の増加を受け、外国語が話せる人材の需要は高い。外国人留学生向けに求人情報サイトを立ち上げ、平成29年度に約200人の派遣や紹介を目指す。

経営指標

ここでは参考として、TKC経営指標（平成29年版）より、「職業紹介・労働者派遣業」の数値を掲げる。

TKC経営指標 （変動損益計算書）	全企業　487件	
	平均額（千円）	前年比（％）
売上高	203,605	105.6
変動費	48,081	106.5
仕入高	42,433	106.4
外注加工費	5,388	106.1
その他の変動費	279	121.1
限界利益	155,523	105.4
固定費	150,676	105.0
人件費	124,616	105.0
減価償却費	1,890	105.7
租税公課	1,428	109.0
地代家賃・賃借料	4,537	103.3
支払利息・割引料	531	92.2
その他	17,668	105.4
経常利益	4,847	120.2
平均従事員数	47.4名	

今後の課題／将来性

◉課題

人手不足で派遣スタッフの確保が難しくなり、労働者派遣事業者の倒産件数が増えている。帝国データバンクの調査によると、平成29年上半期の倒産件数は37件で前年同期に比べて30.3％増加し、負債総額は37億8,300万円であった。今後も人手不足は続くと予想され、中小零細企業を中心に派遣スタッフの確保が課題となっている。

《関連団体》　一般社団法人日本人材派遣協会
　　東京都千代田区飯田橋3－11－14
　　TEL　03（3222）1601

－ 219 －

●サービス業● （その他）

求人情報サービス業

最近の業界動向

●求人広告件数は増加傾向

求人情報会社でつくる全国求人情報協会によると、平成28年12月の求人広告件数は前年同月と比べ21.1％多い110万6,692件であった。飲食・サービス業を中心に人手不足が深刻化する中、活発な求人が続いている。媒体別の求人広告掲載件数（平成29年5〜7月）は次の通り。

媒体別の求人広告掲載件数（単位：件、％）

媒体別	平29/5月	平29/6月	平29/7月
有料求人情報誌	32,263 （▲6.3）	33,780 （▲9.3）	36,882 （▲5.6）
フリーペーパー	319,323 （▲8.5）	328,783 （▲4.2）	357,899 （4.2）
折込求人紙	82,700 （▲3.1）	75,388 （▲5.0）	88,078 （▲4.8）
求人サイト	708,928 （2.0）	739,706 （4.5）	743,998 （3.7）

（注）下段は前年同月比。前年同月比は比較対象50社を基に算出している
（出所）全国求人情報協会

●外国人留学生向けのアルバイト求人サイトを開設

ウィルグループは平成29年8月、外国人留学生向けのアルバイト求人サイトを開設した。留学生が検索しやすいよう工夫し、企業も留学生の情報を取得しやすくなる。求人サイト「Find Works Japan」は、これまでのユーザーの要望や日本人と比べた求人サイトの利用方法との違いを反映させている。サイトは英語、日本語、中国語、ベトナム語に対応している。求人情報は時給や職種、勤務地に絞り、留学生は気に入った企業の求人情報のページに名前や性別などを入力して応募する。大手飲食チェーンなどが利用する予定で、外国人留学生向けに幅広く事業を展開していく。

●信用金庫との業務提携

総合人材サービスのパーソルホールディングスは平成29年9月、横浜信用金庫と業務提携を締結

した。この業務提携では、横浜信用金庫の顧客企業が抱える経営課題や採用課題に合わせて、パーソルグループの人材総合サービスを包括的に提供することで、神奈川エリアの中小企業の人手不足解消の一助となることを目指す。背景として、人手不足が深刻化する中、横浜信用金庫が経営支援を行っている多くの中小企業でも、優秀な人材の獲得が事業成長の大きな課題となっている。特に中小企業は大手企業に比べ採用に苦戦する傾向にあり、さまざまな採用手法を活用した支援が必要となっている。

マーケットデータ

●大手企業の売上高

求人情報サービス業の市場規模に関する公的な資料は見当たらない。参考として大手求人情報サービス業の売上高を示す。

大手企業の売上高（単位：百万円）

社名	売上高
エン・ジャパン （平29・3月期連結）	31,719（26,135）
ディップ （平29・2月期単独）	33,178（26,798）
アルバイトタイムス （平29・2月期連結）	5,427（5,243）
リブセンス （平28・12月期単独）	6,400（5,366）

（注）カッコ内は前の期の売上高
（出所）各社決算資料

●求人数の推移

厚生労働省「職業紹介事業報告の集計結果」によると、求人数（常用求人）の推移は次の通り。平成27年度の求人数は前年度比8.7％増の556万6,759人と、求人数は増加傾向が続いている。

求人数（常用求人）の推移（単位：人）

年度	有料職業紹介事業	無料職業紹介事業	合計
平22	2,058,934	431,175	2,490,109
23	2,435,751	483,718	2,919,469
24	2,842,192	582,284	3,424,476
25	3,442,530	656,742	4,099,272
26	4,368,574	753,501	5,122,075
27	4,656,492	910,267	5,566,759

（注）常用求人数は、4カ月以上の期間を定めて雇用されるもの又は期間の定めなく雇用されるものという
（出所）厚生労働省

●人材紹介市場規模

矢野経済研究所によると、平成27年度の人材紹

介市場規模は前年度比13.5％増の2,100億円であった。平成28年度は9.5％増の2,300億円と予想されている。

人材紹介市場規模（単位：億円）

年度	平25	平26	平27	平28（予）
市場規模	1,560	1,850	2,100	2,300

（出所）矢野経済研究所

業界の特性

●民営職業紹介の事業所数

厚生労働省「職業紹介事業報告の集計結果」によると、平成27年度の民営職業紹介の事業所数は前年度比3.4％増の１万9,453事業所となっている。

民営職業紹介の事業所数

項目	平24年度	平25年度	平26年度	平27年度
有 料	16,916	17,315	17,893	18,457
無 料	855	869	912	996
合 計	17,771	18,184	18,805	19,453

（出所）厚生労働省

●求人サイトの媒体

求人情報サービス業は、求人媒体（求人情報サイトや有料求人情報誌、フリーペーパーなど）を通じて正社員やアルバイト、パートなど人材の獲得を希望する企業を手助けする。これまでは有料求人情報誌やフリーペーパーなどの紙媒体が中心であったが、ネットで職を探す人が増えているため、紙媒体を扱ってきた求人情報サービス業も求人情報サイトに媒体の軸足を移している。また、スマートフォン対応を強化する求人情報サイトも出てきた。当初はアルバイトの求人が主であったが、現在は長期雇用の求人情報の公開や求職者の応募、その後のフローもスマートフォンの専用アプリで対応する事業者もある。

ノウハウ

●主婦向け求人サイト

人材サービスのビースタイルは、就労ブランクを抱えるアラフィフ主婦を中心にコールセンターや、事務センター向けに低単価派遣・紹介サービスを展開している。求人サイト「しゅふJOBアライブ」は、雇用創造数が平成29年９月に3,000人を超え、中小企業を中心に導入企業が100社を突破した。厚生労働省が発表している一般職業紹介状況によると、平成29年７月の有効求人倍率（季節調整値）は1.52倍で全体的に人材不足が深刻化している。中でも年齢別一般職業紹介状況を見ると、アラフィフ層と呼ばれる45～54歳の有効求人倍率は0.84倍である。人手不足が課題となっているが、企業側ではアラフィフ層の雇用が進んでいない。「しゅふJOBアライブ」では、就労ブランクがある主婦やアラフィフ層に着目し、就労ブランクやアラフィフ層にも活躍しやすい職種や業務の仕事情報の提供を行っている。

経営指標

求人情報サービス業の指標は見当たらないので、ここでは参考として、TKC経営指標（平成29年版）より、「職業紹介・労働者派遣業」の数値を掲げる。

TKC経営指標 （変動損益計算書）	全企業　487件	
	平均額（千円）	前年比（％）
売上高	203,605	105.6
変動費	48,081	106.5
仕入高	42,433	106.4
外注加工費	5,388	106.1
その他の変動費	279	121.1
限界利益	155,523	105.4
固定費	150,676	105.0
人件費	124,616	105.0
減価償却費	1,890	105.7
租税公課	1,428	109.0
地代家賃・賃借料	4,537	103.3
支払利息・割引料	531	92.2
その他	17,668	105.4
経常利益	4,847	120.2
平均従事員数	47.4名	

今後の課題／将来性

●将来性

人手不足が深刻化する中、人材紹介会社が受け取る手数料も上昇している。潜在的な働き手の主婦や外国人留学生など、ターゲットを絞った情報発信は効果的で、求人と求職のニーズに合致したサイトの開設などが増えている。

《関連団体》　団体名公益社団法人全国求人情報協会
　　東京都千代田区富士見２－６－９
　　　雄山閣ビル３Ｆ
　　TEL　03（3288）0881

●サービス業●（その他）

福利厚生代行業

最近の業界動向

●福利厚生を充実させる企業が増加

　福利厚生を充実させる企業が増えつつある。人材の確保が目的で、独身寮の新設や社員寮の開設などの動きも出ている。日本経済団体連合会の調査によると、平成27年度に企業が負担した福利厚生費（従業員1人1カ月当たり）は、前年比2.1％増の11万627円となり11万円を初めて超えた。福利厚生費のうち、法定外福利費は抑制傾向が続いているが、9年ぶりに増加に転じた。福利厚生代行サービスは、契約した会社の従業員を対象に、レジャー施設の利用や資格取得、健康管理などの外部サービスを割安な価格であっ旋するサービスである。従業員の健康管理や介護の分野など、企業が求めるサービスも多様化している。

従業員1人1カ月当たりの福利厚生費（単位：円）

年度	平23	平24	平25	平26	平27
福利厚生費	103,298	104,243	106,265	108,389	110,627

（出所）日本経済団体連合会

●職場復帰を支援するサービス

　福利代行各社は、顧客企業の従業員が育児休業制度を活用しやすくするサービスを拡充している。育休中や仕事復帰に向けた支援を充実させることで、新たなサービスの需要を図る。ベネフィット・ワンは、保育所の施設情報や育休中の従業員が予定通りに職場復帰できるかヒヤリングなど、顧客企業に代わって行う。リログループは、育休中の従業員が出産や育児の際に必要な申請の代行サービスを始める。政府による育休制度の利用促進に向けた環境づくりが進められている。職場復帰を支援するサービスの需要は高まっている。

●「第一生命Walk＆Linkサービス-DL KENPOS」の提供

　企業・健康保険組合の福利代行などを手掛ける

イーウェルは平成29年6月、健康維持・増進を支援するWeb及びアプリサービス「KENPOS」を利用した「第一生命Walk＆Linkサービス-DL KENPOS」を提供すると発表した。これまで企業や健康保険組合を中心に「KENPOS」をはじめ、健康診断の手配や事務代行サービスなどの健康支援サービスを提供していたが、第一生命保険の一部団体保険における付帯サービスとして提供する。イーウェルは東急不動産ホールディングスのグループ会社で、平成29年現在の従業員数は1,056人、平成28年3月期の売上高は81億円となっている。

マーケットデータ

●BPO市場規模

　矢野経済研究所によるとBPO（ビジネスプロセスアウトソーシング）の市場規模は次の通り。BPOには、コールセンターや会計、事務、福利厚生など、業務委託を受けて代行するさまざまな業務が含まれる。市場は拡大傾向で推移している。

BPO市場規模（単位：百万円）

年度	平26	平27	平28(見込)	平29(予測)
市場規模	3,605,630	3,705,140	3,799,600	3,891,200

（注）事業者売上高ベース
（出所）矢野経済研究所

●福利厚生代行大手の業績

　福利厚生代行大手2社（リロ・ホールディング、ベネフィット・ワン）の業績は次の通り。リロ・ホールディングは、「福利厚生倶楽部」の会員数や「クラブオフアライアンス」の導入企業が増加するなどした。ベネフィット・ワンは、経営の効率化や中堅・中小企業の開拓に注力し、導入企業数を増やしている。

大手2社の業績（単位：百万円）

会社名	売上高	当期利益
リロ・ホールディング （平29.3月期）	205,120 (183,280)	9,150 (7,160)
ベネフィット・ワン （平29.3月期）	29,478 (26,053)	3,855 (2,737)

（注）カッコ内は前期
（出所）各社決算資料

●法定外福利費と福利厚生代行サービス費の推移

　日本経済団体連合会の調査によると、福利厚生

費と法定外福利費の推移は次の通り。

従業員1人1カ月当たりの法定外福利費と福利厚生代行サービス費の推移（単位:円）

項　目	平25	平26	平27
法定福利費	81,258	83,500	85,165
法定外福利費	25,007	24,889	25,462
住宅関連	12,225	12,278	12,509
医療・健康	2,962	2,891	2,922
ライフサポート	5,799	5,860	6,139
慶弔関係	704	611	632
文化・体育・レクリエーション	2,002	1,942	1,941
共済会	270	279	272
福利厚生代行サービス費	273	312	300
その他	771	715	747

（注）調査対象企業は経団連企業会員および同団体会員加盟の企業1,646社。回答企業数は667社。うち製造業が328社。このため、中小企業を含んだ調査ではないことを留意する必要がある
（出所）日本経済団体連合会

業界の特性

●主なサービス

福利厚生代行会社が提供するサービスは、育児・介護、健康、自己啓発、住宅貸与・補助、引越し、スポーツクラブ、国内外の宿泊施設、投資教育などである。利用者がサービスを割引料金で利用できるのは、企業が共同で施設の利用権を購入している形になるからである。

●料金

福利厚生代行会社が企業や行政機関に提示する料金は、従業員1人月額300～1,000円で、平均は600円程度である。会員数が多い福利厚生会社ほど、旅館やホテルとの交渉力は高まるため、割引率の割り増しも要求しやすくなる。

●カフェテリアプランの導入割合

カフェテリアプラン（選択型福利厚生）は、従業員に対して複数の法定外福利厚生施策により構成されたプランを提供し、従業員が付与されたポイントの範囲内で希望するものを選ぶ仕組みである。日本経団連の調査によると、平成27年度でカ

カフェテリアプランの導入企業数と割合

項　目	平25年度	平26年度	平27年度
回答企業数	674	645	667
導入企業数	95	96	104
割合（％）	14.1	14.9	15.6

（出所）日本経済団体連合会

フェテリアプランを導入する企業は104社で全体の15.6％となっている。

ノウハウ

●糖尿病患者向けサービス

ベネフィット・ワンは、糖尿病患者向けにネット上の面談サービスを始めた。子会社のベネフィットワン・ヘルスケアが平成29年2月から始めた「WEB面談　健康増進プログラム」は、治療中の人が対象で6カ月間の生活指導を行う。専門スタッフが食事や運動、服薬管理などを指導し、パソコンなどの機器も貸し出す。専門スタッフは約300人で、地方の顧客などにも対応するためネットを通じた指導サービスで、ネットの利点を生かせる地方での営業に注力する。

経営指標

福利厚生代行業の数値は見当たらないので、ここでは参考としてTKC経営指標（平成29年版）より「他に分類されないその他生活関連サービス業」の数値を掲げる。

TKC経営指標 （変動損益計算書）	全企業　145件	
	平均額（千円）	前年比（％）
売上高	72,301	100.0
変動費	21,999	94.0
仕入高	21,774	95.7
外注加工費	586	100.6
その他の変動費	36	78.0
限界利益	50,301	103.0
固定費	45,352	98.3
人件費	27,819	99.3
減価償却費	1,660	98.1
租税公課	868	112.5
地代家賃・賃借料	2,466	101.2
支払利息・割引料	343	106.8
その他	12,188	94.5
経常利益	4,949	183.4
平均従事員数	13.2名	

今後の課題／将来性

●将来性

優秀な人材を確保するため、福利厚生を充実させる企業が増えている。福利厚生代行各社は、健康管理など企業向けのサービスを増やしている。また、富裕層向けのサービスなど新たなサービスで需要の開拓を図っている。

●サービス業●（その他）

産業廃棄物処理業

最近の業界動向

●産業廃棄物の総排出量は３億9,284万トン

廃棄物には産業廃棄物と一般廃棄物があり、産業廃棄物は廃棄物処理法で規定された燃え殻や汚泥など20種類の廃棄物である。環境省によると、平成26年度の産業廃棄物の総排出量は３億9,284万トンで、このうち、全体の53.0％が再生利用され、44.0％が中間処理等で減量化、3.0％が最終処分されると推計されている。

総排出量の推移（単位：千トン）

年　度	平23	平24	平25	平26
排出量	381,206	379,137	384,696	392,840

（出所）環境省

●医療廃棄物をITで効率化

医療廃棄物の処理をITで効率化する取り組みが注目されている。医療関連サービスを手掛ける日本シューターは、医療廃棄物を適切、手軽に管理できる電子管理システム「WETS（ウェッツ）」を提供している。対象となる医療廃棄物は、注射針やカテーテル、使用済みのおむつなど幅広い。医療廃棄物は加熱処理するなど、適正に処理しなければならない。違反すれば、収集運搬業者や処理業者だけでなく、排出元の病院も処罰の対象となる。収集運搬業者から最終処分業者まで、事務作業に手間もかかるが、電子管理システム「WETS」は、この手間が不要になる。政府も電子化を後押ししており、日本産業廃棄物処理振興センターもセミナーを開催して促している。

●排水を消毒剤にする

水ing（スイング）は、松山市のごみ最終処分場で排水に含まれる有害な塩類を有効活用できる施設を建設した。ごみ焼却場から出た灰を埋め立てる最終処分場では、雨によりしみ込んだ水は、集めて排水処理していたが、排水には高濃度の塩類が含まれており、費用をかけて産業廃棄物として処分するなどしていた。新たな設備は抽出した

塩類を処理することで、下水処理場などで消毒薬に使える次亜塩素酸ナトリウム液と同等の液剤を作ることができる。コスト削減などをPRし、自治体で施設導入を目指す。

マーケットデータ

●環境産業の市場規模

環境省「環境産業の市場規模・雇用規模等に関する報告書（平成28年７月発表）」によると、平成26年の環境産業の市場規模は105兆4,133億円となっている。このうち、廃棄物処理・資源有効利用の市場規模は45兆8,334億円である。また、廃棄物処理・リサイクルのうち、産業廃棄物処理の市場規模は１兆8,044億円となっている。廃棄物処理・資源有効利用分野の項目別市場規模は次の通り。

廃棄物処理・資源有効利用分野の市場規模（単位：億円）

項　目	平24年	平25年	平26年
廃棄物処理・資源有効利用分野	438,665	459,452	458,334
廃棄物処理、リサイクル	37,757	37,930	38,251
うち、産業廃棄物処理	18,073	18,044	18,044

（出所）環境省

●産業廃棄物処理大手企業の売上高

産業廃棄物処理大手企業の売上高は次の通り。大手の産業廃棄物業者に売上が集中している。

産業廃棄物処理大手企業の売上高（単位：百万円）

企業名	売上高	決算期	所在地
神鋼環境ソリューション	78,698 (83,005)	平29年３月期	愛知県
ダ　イ　セ　キ	44,232 (50,809)	平29年２月期	愛知県
タ　ケ　エ　イ	27,973 (28,560)	平29年３月期	東京都

（注）カッコ内は前期の数値、連結決算
（出所）各社決算報告

業界の特性

●産業廃棄物の種類

産業廃棄物は廃棄物処理法で20種類が規定されている。①燃え殻、②汚泥、③廃油、④廃酸、⑤廃アルカリ、⑥廃プラスチック類、⑦ゴムくず、⑧金属くず、⑨ガラスくず、コンクリートくず及び陶磁器くず、⑩鉱さい、⑪がれき類、⑫ばいじん、⑬紙くず、⑭木くず、⑮繊維くず、⑯動物性

－ 224 －

残さ、⑰動物系固形不要物、⑱動物のふん尿、⑲動物の死体、⑳以上の産業廃棄物を処分するために処理したもので、上記の産業廃棄物に該当しないもの（例えばコンクリート固形化物）。

◉産業廃棄物処理業者の許可件数

産業廃棄物の収集・運搬を行うためには、地域や施設を管理する都道府県の許可が必要である。環境省「産業廃棄物処理業者検索システム」によると、平成29年6月7日現在の産業廃棄物処理業者の許可件数、特別管理産業廃棄物処理業の許可件数は次の通り。

産業廃棄物処理業者の許可件数（平成29年6月7日現在）

項　目		産業廃棄物処理業の許可件数	特別管理産業廃棄物処理業の許可件数
収集運搬業	積替あり	7,457	1,081
	積替なし	160,320	16,356
処分業	中間処理のみ	10,840	682
	最終処分のみ	234	50
	中間・最終	502	25
合　計		179,353	18,194

(注) 許可件数は、複数の許可を持つ業者についてそれぞれの項目で積算した延べ数である。積替とは廃棄物を一時保管し積替えを行う施設の有無のこと
(出所) 環境省

◉業種別排出量

産業廃棄物の業種別排出量上位6業種は次表の通り。電気・ガス・熱給湯・水道業（25.7％）が最も多く、次いで農業・林業（20.8％）、建設業（20.8％）、パルプ・紙・紙加工品製造業（8.3％）、鉄鋼業（7.3％）、化学工場（3.0％）が続いている。

業種別排出量（上位6業種）（単位：千トン）

業種別	平25年度	平26年度
電気・ガス・熱給湯・水道業	97,991	101,032
農業・林業	82,963	81,902
建設業	80,348	81,614
パルプ・紙・紙加工品製造業	30,441	32,612
鉄鋼業	30,755	28,637
化学工場	12,807	11,896
その他合計	384,696	392,840

(出所) 環境省

ノウハウ

◉徹底した分別で新製品を生み出す

産業廃棄物処理業のナカダイは、徹底した分別で廃棄物の99.0％を再生利用している。ネジ1本まで解体し、種類の多いプラスチックは火であぶって臭いを嗅ぎ分けて分別する。中間素材の再利用だけでなく、デザイン事務所などと連携し新製品も開発している。車のエアバッグからウェディングドレス、消防ホースなどからテーブルや椅子ができる。毎日50トンの廃材を手作業で仕分けし、新たな製品を生み出している。

経営指標

ここでは参考として、TKC経営指標（平成29年版)より、「産業廃棄物処理業」の数値を掲げる。

TKC経営指標（変動損益計算書）	全企業　161件	
	平均額(千円)	前年比（％）
売上高	325,968	104.3
変動費	93,644	108.3
仕入高	38,646	101.2
外注加工費	50,326	111.6
その他の変動費	4,219	108.8
限界利益	232,324	102.8
固定費	211,217	100.9
人件費	102,115	103.3
減価償却費	21,254	97.6
租税公課	4,444	98.4
地代家賃・賃借料	12,776	102.7
支払利息・割引料	2,338	92.9
その他	68,216	98.8
経常利益	21,107	126.6
平均従事員数	21.9名	

今後の課題／将来性

◉将来性

産業廃棄物処理事業は、循環型社会を構築する上で重要なインフラである。一方、処分場の建設や移転は周辺住民の反発などで難航するケースが多い。地域社会と連携しつつ、産業廃棄物処理業の社会的地位を向上させることが求められる。また、廃棄物のリサイクル技術が向上し、新たな製品を生み出している。開発途上国では、経済成長に伴い、廃棄物量の増加が見込まれる中、大手事業者は海外からの受注を受け市場を開拓している。循環型社会に向け、需要な役割を担っている。

《関連団体》　公益社団法人全国産業廃棄物連合会
　　東京都港区六本木3－1－17
　　TEL　03（3224）0811

● サービス業 ● （その他）

再生資源回収業
（古紙回収業を含む）

最近の業界動向

●古紙の輸出価格

再生資源の一つである古紙の輸出価格が上昇している。中国が環境悪化を背景に古紙の輸入を制限したため、代替品として段ボール原紙の需要が高まっている。古紙再生促進センターによると、古紙価格、輸出価格は次の通り。

関東地区の古紙価格、古紙輸出価格（店頭、単位:円/トン）

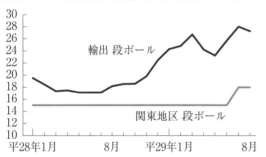

（注）古紙価格は東京都内及び近郊の古紙問屋店頭渡しの価格。輸出価格は「古紙品種輸出先別輸出実績」の各輸出金額計を各輸出数量計で除算し算出
（出所）古紙再生促進センター

●環境産業の市場規模

環境省が平成29年3月に発表した資料によると、平成27年の環境産業の市場規模（推計値）104兆2,559億円であった。このうち、廃棄物処理・資源有効利用分野の項目別市場規模（推計）は次の通り。

項目別市場規模（単位：億円）

項　目	平26年	平27年
リサイクル素材	88,621	88,739
廃プラスチック製品製造業	913	923
鉄スクラップ加工処理業	9,348	9,348
PETボトル再生繊維	172	162
資源有効利用製品	57,648	51,216
資源回収	22,805	16,134
リターナルびんのリユース	1,437	1,341

（出所）環境省

●再生資源の落札価格

日本容器包装リサイクル協会によると、平成29年度の再生処理事業者との契約による落札単価は前年度より上昇している。なお、PETボトルと紙製容器包装が前年度と比べて数字の上では下落しているが、これらのマイナスは再商品化事業者から同協会への支払額であることを示している。

平成29年度落札単価（加重平均）（単位：円／トン）

種　別	平28年度	平29年度	前年度増減
ガラスびん	6,026	6,141	115
無色	4,648	4,680	32
茶色	5,189	5,262	73
その他の色	7,988	8,142	154
PETボトル	▲20,385	▲41,843	▲21,458
紙製容器包装	▲8,706	▲9,659	▲953
プラスチック製容器包装	46,059	50,105	4,046
白色トレイ	43,388	48,243	4,855
その他	46,061	50,106	4,045

（注）平成29年3月31日時点の落札単価（加重平均）。落札単価の金額はすべて消費税抜き。PETボトルについては、平成29年度上期の落札結果を表示し、平成28年度上期分との増減を比較。PETボトル・紙製容器包装の落札価格の「▲」表示は有償（再商品化事業者から日本容器包装リサイクル協会への支払）を意味している。上表では逆有償分も含めた加重平均単価を表示。白色トレイ（食品用白色発泡性スチロールトレイ）
（出所）日本容器包装リサイクル協会

マーケットデータ

●古紙の回収率等の推移

古紙再生促進センターによると、国内の古紙回収量の推移は次の通り。平成28年の古紙回収量は前年比0.8％減の2,123万3,289トン、古紙回収率は81.5％であった。

古紙の回収率等の推移

項　目	平26年	平27年	平28年
古紙回収量（トン）	21,749,508	21,400,940	21,233,289
古紙回収率（％）	80.8	81.3	81.3
古紙利用率（％）	63.9	64.3	64.2

（注1）古紙回収率は紙・板紙の国内消費量の中に占める古紙回収量の割合
（注2）古紙利用率は製紙減市に占める古紙の割合
（出所）古紙再生促進センター

●古紙の輸出量

財務省「貿易統計」によると、品種別の古紙輸出量は次表の通り。平成28年は化学パルプから製造された紙及び板紙、その他（台紙・地券・ボール）は前年を上回ったが、新聞古紙などは前年を下回った。

品種別の古紙の輸出量（平成28年）（単位：トン、％）

品種別	輸出量	前年比
クラフト紙及びクラフト板紙	1,797,405	▲5.1
化学パルプから製造された紙及び板紙	105,329	19.3
新聞古紙	365,052	▲5.1
雑誌及びその他の印刷物	979,066	▲8.1
その他（台紙・地券・ボール）	890,092	7.7
合　計	4,137,944	▲2.9

（出所）財務省「貿易統計」

業界の特性

◉売上高、事業従事者数

総務省の「サービス産業動向調査（確報）」によると、再生資源回収業が分類される再生資源卸売業の平成28年の売上高、事業従事者数は次の通り。

売上高、事業従事者数（平成28年）

売上高	3,458億3,900万円
事業従事者数	34万8,200人
うち、常用雇用者数	29万　400人
正社員・正職員	24万　200人
正社員・正職員以外	5万　200人

（出所）総務省の「サービス産業動向調査（確報）」

◉再生資源回収の対象

再生資源回収の対象となるのは、古紙、古繊維類、金属類、びん・カレット（びんを破損した粉状のもの）、プラスチック、鉄スクラップ、ゴムなどである。

◉古紙の不正持ち去り対策

団地などの回収拠点から無断で古紙を持ち去る業者が増えているため、古紙問屋で構成する業界団体と東京・荒川区が情報を共有するなど平成30年度にも連携する。古紙の値上がりで、古紙回収業者の間で奪い合いが起こっている。不正な持ち去りで集める量が減った回収業者は売上高が落ち込み、廃業に追い込まれるケースもあり、警察などと協力して不正な持ち去りを減らす。

ノウハウ

◉環境保全への取り組み

環境意識の高まりを受け、各企業でもさまざまな取り組みを行っている。印刷や映像制作を行う帆風は、印刷物の回収・リサイクルを行っている。古紙回収サービスはメールで申し込むと回収に来てくれる。回収した印刷物は再生紙や段ボールなどになる。また、資源回収ボックス「エコファミリー」を運営するサンウエパスは、学校やスーパー、ホームセンターなどの場所にボックスを設置している。また、スーパーなどが回収ボックスを設置して環境保全に貢献している。

経営指標

ここでは参考として、TKC経営指標（平成29年版）より、「古紙卸売業」の数値を掲げる。

TKC経営指標 （変動損益計算書）	全企業 27件	
	平均額(千円)	前年比（％）
売上高	266,771	96.9
変動費	129,074	88.8
仕入高	124,707	88.6
外注加工費	3,577	88.5
その他の変動費	660	110.0
限界利益	137,696	105.9
固定費	122,989	99.3
人件費	69,677	101.1
減価償却費	7,454	93.4
租税公課	2,596	105.8
地代家賃・賃借料	7,389	96.2
支払利息・割引料	729	101.1
その他	35,143	97.2
経常利益	14,706	240.0
平均従事員数	14.4名	

今後の課題／将来性

◉課題

リサイクルは社会的な関心が高い一方、再生資源の価格は安定しておらず、再商品化製品の販売価格が連動する傾向がある。価格が上昇するにつれて新品との差別化ができなくなるなど、経営の損益に関して自社がコントロールできない大きな要因が潜在的に存在することになる。また、廃棄物処理法の改正など、広い意味でリサイクルに関する環境は変わり続けている。従来の事業の中で、経費削減に結びつく生産性向上を図ることも重要だが、これまでの経験や知識を活かした新しい事業の可能性を模索して、常にチャレンジすることができる体制を構築することが求められる。

《関連団体》　日本再生資源事業協同組合連合会
　　東京都千代田区三崎町2−21−1
　　　東京資源会館5F
　　TEL　03（3263）9101

●サービス業● （その他）

廃プラスチック再生加工業

最近の業界動向

●PETボトルのリサイクル率推移

PETボトルリサイクル推進協議会の「PETボトルリサイクル年次報告書2016」によると、平成27年度のPETボトルのリサイクル率は86.9％（前年度比4.3％増）であった。

国内再資源化と海外再資源化 （単位：千トン、%）

項　目	平26年	平27年	平28年
指定PETボトル販売量	579	569	563
リサイクル量	497	470	489
国内再資源化量	258	271	262
海外再資源化量	239	199	227
リサイクル率	85.8	82.6	86.9

（出所）PETボトルリサイクル推進協議会

●プラスチックリサイクルを学べるゲームコンテンツ

新日鐵住金株式会社は平成29年8月22日、同社が行っているコークス炉化学原料化法によるプラスチックリサイクルの認知度向上を目的として、プラスチックの分別を楽しみながら学ぶことができるゲームコンテンツを開設した。新日鉄住金はコークス炉化学原料化法という、分別回収された容器包装プラスチックを既存の製鉄設備であるコークス炉を有効に活用して100％再資源化する鉄鋼メーカーならではのユニークなリサイクル法を実施している。平成28年にリサイクルへの取り組みを広く認知してもらうため、君津製鉄所をモデルとした特設サイトを立ち上げた。このサイト内にプラスチックの分別を楽しみながら学ぶことができるゲームコンテンツ「目指せ！最強のしわけキング キャッチ ザ・プラスチック」が新たに加わった。新日鉄住金では、こうしたコンテンツにより、容器包装プラスチックの回収率の向上を促すなど、リサイクル意識を喚起するとともに、今後ともコークス炉化学原料化法によるリサイクルに積極的に取り組むことで、省エネ・CO$_2$削減、循環型社会の形成に広く貢献する。

●プラスチックリサイクル業に関わる日本工業規格が制定される

経済産業省は平成28年10月20日、平成28年10月分の日本工業規格（JIS規格）を制定・改正を発表した。この中にプラスチック再生材料の事業プロセスパフォーマンスに関する指針（品質マネジメントシステム）のJIS制定が含まれている。プラスチック再生材料の事業プロセスの信頼性向上に資する品質マネジメントシステム（JISQ9001）の分野別指標について、「新市場創造型標準化制度」を活用してJISが制定された。このプロセス指針を取引関係者で利用することにより、リサイクルプロセスの信頼性を高め、廃材利用の促進が期待されている。

マーケットデータ

●環境産業の市場規模

環境省が平成29年3月に発表した資料によると、平成27年の環境産業の市場規模(推計値)は、104兆2,559億円であった。このうち、廃棄物処理・資源有効利用分野の項目別市場規模（推計）は次の通り。

項目別市場規模 （単位：億円）

項　　目	平26年	平27年
リサイクル素材	88,621	88,739
廃プラスチック製品製造業	913	923
鉄スクラップ加工処理業	9,348	9,348
PETボトル再生繊維	172	162

（出所）環境省

●廃プラスチックの総排出量、有効利用量等

プラスチック循環利用協会によると、廃プラスチックの総排出量、有効利用量等は次の通り。

廃プラスチックの総排出量・有効利用量・有効利用率の推移（単位:万トン、%）

項　目	平26年	平27年	平28年
廃プラ総排出量	952	929	940
有効利用量	744	744	767
マテリアルリサイクル量	212	204	203
ケミカルリサイクル量	36	38	30
サーマルリサイクル量	496	502	535
有効利用率	78	80	82

（出所）プラスチック循環利用協会

●再生資源の落札価格

— 228 —

日本容器包装リサイクル協会によると、平成29年度の再生処理事業者との契約による落札単価は前年度より上昇している。

平成29年度落札単価（加重平均）（単位：円／トン）

種　別	平28	平29	前年比増減
PETボトル	▲20,385	▲41,843	▲21,458
プラスチック製容器包装	46,059	50,105	4,046
白色トレイ	43,388	48,243	4,855
その他	46,061	50,106	4,045

（注）平成29年3月31日時点の落札結果の落札単価（加重平均）。落札単価の金額はすべて消費税抜き。PETボトルについては、平成29年度上期の落札結果を表示し、平成28年度上期分との増減を比較。PETボトルの落札価格の「▲」表示は有償（再商品化事業者から日本容器包装リサイクル協会への支払）を意味している。上表では逆有償分も含めた加重平均単価を表示。白色トレイ（食品用白色発泡性スチロールトレイ）
（出所）日本容器包装リサイクル協会

業界の特性

●事業所数の推移

総務省の「サービス産業動向調査（確報）」によると、再生資源回収業が分類される再生資源卸売業の平成28年の売上高は3,458億3,900万円、事業従事者数は34万8,200人、うち、常用雇用者は29万400人となっている。

●リサイクル法

廃プラスチックのリサイクル方法は、①マテリアルリサイクル（材料リサイクル）、②ケミカルリサイクル、③サーマルリサイクルに分かれる。①は使用済のプラスチックを粉砕するなどして、もう一度プラスチック製品に再生し、利用する。②は使用済のプラスチックを薬品などを用いて化学的に分解するなどして、原料・モノマー段階まで戻して再利用する。③はプラスチックをセメントの焼成燃料や発電の燃料として、または固形燃料化して利用する。

ノウハウ

●リサイクルした床材

京都府のユアサ化成が販売する床材製品は、木の質感を持ち、木材とプラスチックの利点を兼ね揃えた材料だ。プラスチックと比較して、合成・熱寸法安定性・耐熱性能が高い材料である。木材とプラスチックを練り合わせて生成し、その木材とプラスチックを練り合わせる際にリサイクルプ

ラスチックを使用し、環境にやさしいリサイクル材料として製造、販売している。また、使用後に粉砕して再利用の出来るリサイクル材として使用する事ができる。

経営指標

ここでは参考として、TKC経営指標（平成29年版）より、「他に分類されない産業廃棄物処理業」の数値を掲げる。

TKC経営指標 （変動損益計算書）	全企業　36件	
	平均額（千円）	前年比（％）
売上高	262,126	98.1
変動費	77,479	90.5
仕入高	49,058	88.1
外注加工費	25,241	95.7
その他の変動費	2,423	110.4
限界利益	184,647	101.7
固定費	170,870	99.2
人件費	76,796	95.8
減価償却費	18,827	99.6
租税公課	6,379	104.9
地代家賃・賃借料	7,030	116.1
支払利息・割引料	2,332	89.9
その他	60,656	102.3
経常利益	13,777	148.2
平均従事員数	18.6名	

今後の課題／将来性

●課題

リサイクル自体は社会的な関心も高く、リサイクルを行う意義なども広く認知されてきている。プラスチックリサイクルは一般家庭においても身近なものであり、PETボトルや食品用白色発泡性スチロールトレイなど、リサイクルのための回収が自治体や店舗なので積極的に行われている。一方、材料としての特質上、原油価格と再生資源の価格が外的要因として常に経営に影響を与える。原油価格は近年変動が大きく、従来型のビジネスモデルでは変動の影響を小さくすることは難しい。視野を広く持ち、今ある経営資源を活用できるビジネスチャンスを検討しつづける必要がある。

《関連団体》　一般社団法人プラスチック循環利用協会
東京都中央区日本橋茅場町３－７－６
　　茅場町スクエアビル９Ｆ
　TEL　03（6855）9175

●サービス業●（その他）

広告代理店

最近の業界動向

◉広告費はネット広告を中心に５年連続で増加

電通「日本の広告費」によると、平成28年の総広告費は前年比1.9％増の６兆2,880億円で、５年連続でプラス成長となった。内訳ではマスコミ四媒体（新聞、雑誌、ラジオ、テレビ）が同0.4％減となったが、インターネット広告費はモバイル広告市場の成長や動画広告などが好調で同13.0％増となり、全体をけん引した。

日本の広告費と国内総生産（単位：億円）

項目 年	国内総生産	総広告費	マスコミ 四媒体広告費
平24年	4,949,572	58,913	28,809
25年	5,031,756	59,762	28,935
26年	5,136,980	61,522	29,393
27年	5,305,452	61,710	28,699
28年	5,373,112	62,880	28,596

（注）国内総生産は「国民経済計算年報」および「国民所得統計速報」による
（出所）電通「日本の広告費」

◉人工知能が広告コピーを生成「電通AIシステム」

電通は、人工知能（AI）による広告コピー生成システム「AICO（アイコ）」を開発した。電通では、５年ほど前から「広告コピーの良し悪しによって広告効果がどのように変化するか」の評価を行っており、これを発展させ、静岡大学との共同開発により、今回のシステムを開発した。実際に広告制作の実務に携わっているコピーライターが人工知能の学習をサポートすることで、より人間に近いコピーの生成を可能にしたという。

◉楽天と電通がビッグデータ活用の新会社

楽天と電通は、楽天グループのビッグデータと電通グループ保有のマスメディアなど独自のデータ・知見を融合した新たなマーケティングソリューションの提供を行う新会社「楽天データマーケティング」を設立し、平成29年10月より営業を開始する。楽天グループの顧客基盤やビッグデータと、電通グループのマスメディア・生活者のデー

タなどを活かし、総合的なデジタルマーケティングソリューションを提供することで、企業のマーケティング活動の最適化および効果の最大化を図っていく。

マーケットデータ

◉国内広告取扱高シェア

日本経済新聞社によると、平成28年の国内広告取扱シェアは次表の通り。ネット広告が好調で、専業のサイバーエージェントが売り上げを伸ばした。電通や博報堂もネット広告に力を入れ、シェアを拡大した。

国内広告取扱高シェア

順位	社　名	シェア
1	電　　　　　通	25.4％ (0.1)
2	博　　報　　堂	11.2％ (0.4)
3	アサツーディ・ケイ	5.0％ (0.0)
4	サイバーエージェント	2.9％ (0.5)
5	大　　　　広	2.1％ (0.1)

（注）カッコ内は前年比増減ポイント
（出所）日本経済新聞社

◉媒体別広告費

電通「日本の広告費」によると、媒体別広告費の推移は次表の通り。マスコミ四媒体のうち、雑誌の推定販売金額の落ち込みが影響し、平成28年

国内媒体別広告費の推移（単位：億円）

媒　体	平26	平27	平28
総広告費	61,522	61,710	62,880
マスコミ四媒体	29,393	28,699	28,596
新　　聞	6,057	5,679	5,431
雑　　誌	2,500	2,443	2,223
ラ ジ オ	1,272	1,254	1,285
テ レ ビ	19,564	19,323	19,657
地上波テレビ	18,347	18,088	18,374
衛星メディア関連	1,217	1,235	1,283
プロモーションメディア広告費	21,610	21,471	21,184
屋　　外	3,171	3,188	3,194
交　　通	2,054	2,044	2,003
折　　込	4,920	4,687	4,450
Ｄ　　Ｍ	3,923	3,829	3,804
フリーペーパー・フリーマガジン	2,316	2,303	2,267
Ｐ Ｏ Ｐ	1,965	1,970	1,951
電　話　帳	417	334	320
展示・映像他	2,844	3,062	3,195
インターネット広告費	10,519	11,594	13,100
媒　体　費	8,245	9,194	10,378
広告制作費	2,274	2,400	2,722

（出所）電通「日本の広告費」

－ 230 －

の雑誌広告費は前年比9.0％減、新聞広告費も新聞購読部数の減少などが影響して同4.4％減であった。一方、ラジオ広告費は年間を通じて好調に推移し、同2.5増の1,285億円であった。

●デジタルサイネージの設置数増加・新たな活用

矢野経済研究所によると、平成28年度のデジタルサイネージ市場規模は、前年度比16.2％増の1,487億7,500万円と推計している。初期投資費用や運用・管理維持費用の低価格化などにより、導入が増加し、平成29年度は前年度比20.3％増の1,789億2,000万円に達すると予測している。一方、JR東海エージェンシーは、デジタルサイネージを活用したO2O（Out of Home to Online）型記事コンテンツ広告を開発した。同社はアイティメディアと共同で、JR名古屋駅のデジタルサイネージをはじめとした広告メディアとウェブサイトを活用したO2O型の記事コンテンツ配信を実施すると発表し、平成29年6月より販売を開始した。

業界の特性

●事業所数、従業者数、年間売上高

経済産業省「特定サービス産業実態調査（確報）」によると、平成27年の事業所数、従業者数、年間売上高は次の通り。

事業所数、従業者数、年間売上高（平成27年）

業種区分	事業所数 （所）	従業者数 （人）	年間売上高 （億円）
広告業	9,193	119,850	81,118
前年比（％）	▲1.0	▲2.9	▲1.8

（出所）経済産業省「特定サービス産業実態調査」

●中堅以下の広告会社は特定の分野に特化

広告会社の規模はさまざまである。中堅以下の規模の広告会社は制作、PR、SP（セールスプロモーション）など特定の分野に特化するケースが多い。

●媒体で変わる広告料金

広告料金はテレビ、新聞、雑誌、ネットなど媒体や広告の大きさ、掲載期間などによって異なる。テレビの場合、6～12カ月単位で購入する場合と、一時的スポットの場合で大きな差が生じるほか、時間帯によっても差が生じる。新聞の場合は、1頁目と2頁目以降では価格差がある。

ノウハウ

●検索連動型広告

従来型のマスメディアに加え、海外からの観光客が増加していることからインターネットを使ったインバウンド広告が注目されている。これは、英語圏や中華圏、台湾、東南アジア圏の検索連動型広告である。キーワードに連動して表示され、ユーザーの興味に応じた出稿ができる。

経営指標

ここでは参考として、TKC経営指標（平成29年版）より、「広告業」の数値を掲げる。

TKC経営指標 （変動損益計算書）	全企業　461件	
	平均額（千円）	前年比（％）
売上高	216,299	97.4
変動費	145,679	96.4
仕入高	134,934	96.2
外注加工費	10,514	98.7
その他の変動費	141	119.6
限界利益	70,619	99.4
固定費	65,535	98.4
人件費	41,628	101.3
減価償却費	1,799	99.2
租税公課	718	87.0
地代家賃・賃借料	3,755	100.3
支払利息・割引料	528	96.7
その他	17,083	92.1
経常利益	5,084	112.9
平均従事員数	8.4名	

今後の課題／将来性

●将来性

近年注目されているデジタル広告の分野では、媒体そのものの技術だけでなく、利用形態も目覚ましい進歩を遂げている。消費者にとっては、モバイル機器、SNSなどのコミュニケーション媒体との連携によって、広告業界でも従来は発信側からの一方通行だったものが双方向でのコミュニケーションが可能になってきている。広告市場をけん引するインターネット広告のうち、スマートフォン、動画市場の伸長が目立っており、今後一層の伸びが期待できる。

《関連団体》　一般社団法人日本広告業協会
　　東京都中央区銀座7－4－17
　　TEL　03（5568）0876

－ 231 －

● サービス業 ● （その他）

屋外広告業

最近の業界動向

●商品別屋外広告費の動向

電通「日本の広告費」によると、平成28年の屋外広告費は前年比0.2％増の3,194億円であった。広告板などが景気の堅調な推移に刺激されたが、全体としては横ばい傾向であった。業種傾向は情報通信、飲料、輸入車、音楽、番組宣伝、映画宣伝が多く、ここ数年来固定化されている。商品別の動向としては、ネオン・LEDは、ネオンからLEDへの切り替えが多く、LEDは前年に引き続き増加した。また、看板管理・保守の作業が増加した。屋外ビジョンは、レギュラー広告主である音楽やアパレルブランドは堅調に推移した。新規の広告主であるスマートフォンアプリやエンターテインメント系スポンサーも同様に堅調だった。スタジアム看板は、年間契約広告主の継続が多く、前年に引き続き横ばいだった。商業施設メディアは、各商業施設では、年間を通して催される各種イベントや催事で協賛やコラボレーションが増え活況であった。

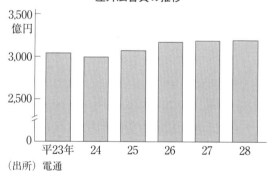

屋外広告費の推移

（出所）電通

●ディグアウトがマンションの共用部向けに電子看板の設置・運営サービスを開始

電子看板（デジタルサイネージ）は、鉄道駅や商業施設で急速に普及している。限られたスペースにさまざまな情報を流せるため、マンションでも有効な手段だ。マンション管理支援のディグアウトは、マンションの共用部向けに電子看板の設置・運営サービスを始めた。近隣店の広告や管理会社からの案内などを配信し、貼り紙だらけの掲示板をなくす効果がある。電子看板は分譲物件や賃貸物件の管理会社や管理組合、オーナーらに提案する。エントランスやエレベーターホールといった多くの住人の目に触れる場所に1台から設置する。32型と40型があり、画面が縦長になる床置きや横向きでの壁への固定が可能だ。広告主から受け取る広告費で、機器の費用や運営費を賄う。情報1点当たり15秒表示し、20点を5分で1回りさせるというのが標準的な使い方で、要望によってバスの時刻表や天気予報、防災情報なども流す。広告は近隣のスーパーやクリーニング店、飲食店などの商品・サービスや割引の情報を配信する。広告主はディグアウト側が探す。ディグアウトは機器設置とデータ、システムの管理を担う。定期的に管理会社や広告主から最新データを受け取り、電子看板に配信する。ディグアウトは、これまで運営してきたマンション向け情報共有サイトと合わせて提案する。従来型の掲示板に代わるものと位置づけ、物件の資産価値の向上にもつなげる。

マーケットデータ

●屋外広告の売上高

経済産業省「特定サービス産業動態統計調査」によると、広告業における屋外広告売上高の推移は次の通りである。

屋外広告売上高（単位：百万円）

項　目	平26年	平27年	平28年
屋外広告売上高	67,405	66,456	67,597

（注）平成26年4月分、平成28年1月分より一部数値に変更が生じたため、以前の数値と一部不連続が生じている。なお、伸び率はこれを調整したものである。また、平成25年1月分、平成26年1月分より一部調査対象の追加を行ったため、以前の数値と一部不連続が生じている。なお、伸び率はこれを調整したものである

（出所）経済産業省

●電子看板（デジタルサイネージ）の市場規模

屋外や店舗、公共空間、交通機関などの場所で、ディスプレイなどの電子的な表示機器を使って情報発信するシステムを総称してデジタルサイネージと呼ぶ。矢野経済研究所によると、平成28年度のデジタルサイネージの市場規模は前年度比

16.2％増の1,487億7,500万円であった。市場規模の推移は次の通り。

電子看板（デジタルサイネージ）の市場規模（単位：百万円）

年　　度	平27	平28	平29（予）
市場規模	128,049	148,775	178,920

（出所）矢野経済研究所

業界の特性

●事業所数

経済産業省「平成27年特定サービス産業実態統計調査」によると、屋外広告業の事業所数は2,391所となっている。経営組織別では、会社が2,257所、会社以外の法人・団体および個人経営が135所となっている。

●取扱商品

屋外広告業が扱う広告の種類は、ネオン、サインボード、交通広告、広告看板、ビル壁面の垂れ幕や大型ビジョン、博覧会・展示会などである。

●屋外広告の特徴的な役割

屋外広告はSP（セールスプロモーション）広告に区分され、企業の広告活動全体からみて、次のような特徴的な役割を果たしている。①商品知名を高め、維持する。②告知、記憶保持に効果を発揮する。③広告生命は長い。④広告インパクトを大きくする。⑤購入意図を強める。⑥市場細分化戦略に格好な広告、など。

●和歌山県が高速沿道の広告基準変更

和歌山県内では、高速道路の沿道300mの範囲で屋外広告物の設置が原則禁止されてきたが、十分に守られていないのが現状だ。このため、和歌山県は、県内の高速道路沿道（和歌山市を除く）への屋外広告物の設置について、規制を緩和した新たな基準を策定した。新基準では、神社仏閣や海水浴場、テーマパークなど知事が指定する観光施設や、ミカン・梅などの地域特産品を案内する広告物に限定して設置を認める。

ノウハウ

●人の顔に応じて広告を出し分ける広告配信システム

博報堂と博報堂アイ・スタジオは、カメラで撮影した人の顔に応じて広告を出し分ける広告配信システムを試作した。人の状態に合った広告を表示できるようにすることで広告価値を高める狙いだ。日本マイクロソフトと協力し、人が鏡をのぞき込むと顔の特徴や表情を読み取り、鏡の中の顔に広告を重ね合わせて表示するシステムで、駅や街中に設置する鏡型の電子看板を想定している。ウェブ広告では、利用者の行動に応じて広告を出し分ける仕組みが利用されてきたが、屋外広告では難しかった。博報堂などは試作した広告配信システムを、家庭や社会に置かれる多様な表示装置に向けた広告に活用することを目指す。

経営指標

屋外広告の指標は見当たらないので、ここでは参考として、TKC経営指標（平成29年版）より、「広告業」の数値を掲げる。

TKC経営指標 （変動損益計算書）	全企業　461件	
	平均額（千円）	前年比（％）
売上高	216,299	97.4
変動費	145,679	96.4
仕入高	134,934	96.2
外注加工費	10,514	98.7
その他の変動費	141	119.6
限界利益	70,619	99.4
固定費	65,535	98.4
人件費	41,628	101.3
減価償却費	1,799	99.2
租税公課	718	87.0
地代家賃・賃借料	3,755	100.3
支払利息・割引料	528	96.7
その他	17,083	92.1
経常利益	5,084	112.9
平均従事員数	8.4名	

今後の課題／将来性

●課題

広告業界は景気動向と連動する傾向がある。広告宣伝費は売上高に対して常に一定の割合を占めるという特性があるためだ。屋外広告の技術的な面では、デジタルサイネージ広告が注目を集め、国内市場規模は拡大傾向にある。屋外広告業の市場規模の横ばい状態が続く中、こうした技術を活用し、広告を介して新たな付加価値を生み出していく取り組みが必要だ。

《関連団体》　一般社団法人日本屋外広告業団体連合会　東京都墨田区亀沢1-17-14　屋外広告会館　TEL　03（3626）2231

●サービス業● （その他）

放　送　局

最近の業界動向

●地上波テレビ局の営業収入は２兆1,850億円

　日本民間放送連盟（民放連）によると、平成29年度の地上波テレビの営業収入（テレビ単営社の総営業収入＋兼営社のテレビ営業収入）は前年度0.4％増の２兆1,850億円程度と予想されている。収入の内訳は、広告主との間で番組や時間帯は指定せず、一定期間内に指定した本数を放送するスポットCMが1.2％増加し、番組枠の中で放送する番組提供のスポンサーCMであるタイムCMは0.7％の減少と見込んでいる。地上波ラジオの営業収入は0.2％減の1,457億円と予想され、収入の内訳はラジオ全体でスポットが1.5％減、タイムが±0.0％と予想されているが、FMでは2.5％の増収とみられている。また、BSテレビ８社の営業収入は、前年度比5.2％増の1,045億円で、引き続き堅調に推移することが予想されている。

地上波テレビ・ラジオ等の営業収入（単位：億円）

区　分	平27年度	平28年度	平29年度(予)
地 上 波 テ レ ビ	21,570	21,760	21,850
地 上 波 ラ ジ オ	1,457	1,461	1,457
Ｂ Ｓ テ レ ビ ８ 社	890	993	1,045

（出所）日本民間放送連盟

●動画配信サービスに参入企業が相次ぐ

　日本の動画配信市場は、既にhulu（日本テレビグループ）、Abema TV（テレビ朝日、サイバーエージェント）、ネットフリックス（米国ネットフリックス）やDAZN（ダ・ゾーン：英国パフォームグループ）などが事業展開している。平成29年5月23日には日本経済新聞社、テレビ東京ホールディングス、TBSホールディングス、WOWOWなど国内メディア大手6社がインターネットの動画配信事業で提携し、7月に共同出資会社「プレミアム・プラットフォーム・ジャパン(仮称)」を設立すると発表した。平成29年秋には部分的な動画配信を始め、平成30年4月に本格的にサービスを開始す

る予定だ。動画配信サービスの国内市場規模は、平成29年度の約1,800億円から2022年度には2,200億円へと2割強拡大すると試算されている。

●コミュニテイ放送局は経営難

　コミュニテイ放送は、平成4年の放送法施行規則改正で制度化され開局ができるようになった。阪神大震災や東日本大震災などでは、避難場所や生活情報を被災者に配信したことで注目されたが、放送エリアが狭いためスポンサー集めが難しく、経営難による閉局も後を絶たない。平成28年度から、放送局の収入を増やすために自治体が広報番組を制作する場合、委託料の半分までは特別交付税の使用を認めたが、番組提供を増やすか否かは自治体次第であり、その動向が注視される。

マーケットデータ

●民放キー局の連結業績

　民放キー局5社の平成29年3月期の連結業績は次の通り。全局の売上高が増加した。営業利益では、TBSホールディングスが2桁の増収、テレビ朝日ホールディングスも増益となったが、それ以外の3局は減益であった。

民放キー局の連結業績民放キー局5社の連結業績（単位：百万円、%）

社　名	売上高	営業利益
フジ・メディア・ホールディングス	653,976 (2.1)	22,319 (▲8.5)
日 本 テ レ ビ ホールディングス	416,704 (0.5)	52,526 (1.2)
TBSホールディングス	355,363 (2.0)	19,878 (15.7)
テ レ ビ 朝 日 ホールディングス	295,879 (5.4)	17,278 (4.3)
テ レ ビ 東 京 ホールディングス	142,679 (4.7)	6,394 (▲12.1)

（出所）各社決算資料

業界の特性

●地上基幹放送事業者数と売上高

　総務省によると、平成27年度の民間の地上基幹放送事業者数は前年度と比較してコミュニテイ放送の減少によって全体の事業者数は減少している。売上高はラジオ放送単営社とコミュニテイ放送の赤字分を補って全体としては微増となった。平成27年度の民間の地上基幹放送事業者数と売上高は次の通り。

— 234 —

地上基幹放送事業者数と売上高

事 業 別	事業者数	売上高（百万円）	前年比増減率(%)
テレビジョン放送事業者	127	2,220,781	0.6
テレビジョン放送単営社	94	1,878,542	0.6
中波（AM）放送、テレビジョン放送兼営社	33	342,239	0.7
ラジオ放送単営社	66	112,661	▲3.2
中波（AM）放送単営社	14	48,619	▲7.9
短波放送単営社	1	1,518	▲2.3
超短波（FM）放送単営社	51	62,524	0.7
計	193	2,333,442	0.4
コミュニティ放送	275	12,609	▲0.9
合 計	468	2,346,051	0.4

（出所）総務省報道資料

●衛星系放送事業者数

　総務省によると、平成27年度の民間の衛星系放送事業者数は衛星一般放送数（テレビジョン放送）の減少により、全体として3社減少し44社となった。また、営業収益は衛星一般放送の減収はあるものの全体としては4.0％増の3,808億5,400万円となった。平成27年度の民間の衛星系放送事業者数と営業収益は次の通り。なお、平成23年6月に改正・施行された衛生法に基づき、BS放送及び東経110度CS放送を衛星基幹放送、それ以外の衛星放送を衛星一般放送として位置付けている。また、BS放送と東経110度CS放送を兼営する事業者が4社存在し、統計上は分計されているため、衛星基幹放送の事業者数と衛生一般放送の事業者数を合計した事業所数と全体の合計事業者数とは一致しない。

衛星系放送事業者と営業収益（単位：百万円）

事 業 別	事業者数 26年度	事業者数 27年度	営業収益（27年度）	前年比増減率
衛星基幹放送	43	43	293,940	6.2
BS放送	20	20	211,790	5.5
テレビジョン放送	18	18	211,607	5.5
キー局系BS放送	5	5	74,075	3.3
データ放送	2	2	183	0.2
東経110度CS放送	23	23	82,150	7.9
衛星一般放送	8	5	86,913	▲2.6
テレビジョン放送	5	2	63,169	▲3.4
音声放送	3	3	23,744	▲0.4
合 計	47	44	380,854	4.0

（出所）総務省報道資料

ノウハウ

●ネット配信でIIJと民放15社が提携

　平成29年4月3日、インターネットイニシアティブ（IIJ）と日本テレビ放送網が共同で立ち上げた共同出資会社「JOCDN」に在京キー4局を中心に民放14社が出資し、インターネット配信で提携したと発表した。動画配信サービスに相次いで日本勢や外国勢が参入し事業展開する中、IIJ・民放連合でスマートフォンでも映像が見やすい環境を整える。JOCDNは、「コンテンツ配信ネットワーク（CDN）」と呼ばれるシステムを開発する。ネットでも放送と同水準の映像品質を実現するため、高品質なコンテンツ配信ネットワーク（CDN）を開発し、放送と通信の融合を進める。

経営指標

　ここでは参考として、TKC経営指標（平成29年版）より、「放送業」の数値を掲げる。

TKC経営指標（変動損益計算書）	全企業 50件 平均額（千円）	全企業 50件 前年比（%）
売上高	369,232	101.1
変動費	84,469	97.1
仕入高	67,579	98.1
外注加工費	15,163	91.6
その他の変動費	1,597	93.5
限界利益	284,762	102.3
固定費	254,430	99.7
人件費	80,904	101.0
減価償却費	40,133	96.2
租税公課	4,181	108.3
地代家賃・賃借料	11,562	99.2
支払利息・割引料	803	86.5
その他	116,837	99.9
経常利益	30,331	131.5
平均従事員数	15.8名	

今後の課題／将来性

●課題

　若者のテレビ離れが進むとともに、広告費の内訳がテレビからインターネットへと大幅にシフトしてきている。広告収入を中心にしたビジネスモデルから脱却する必要がある。今後は、インターネットとの差別化がカギであり、地上デジタル放送の利点を生かして通信機能を使いながら視聴者が求める新たな企画を作り上げる必要がある。

《関連団体》　一般社団法人日本民間放送連盟
　東京都千代田区紀尾井町3－23
　TEL　03（5213）7711

●サービス業● （その他）

ケーブルテレビ（CATV）

最近の業界動向

◉自主放送のみの加入世帯数と普及率

　総務省の調査によると、平成28年9月末のケーブルテレビ（CATV）の加入世帯数は平成27年度末に比べて0.4％増の2,959万世帯であった。また、世帯普及率は0.3％減の52.0％である。加入世帯数と普及率は次の通り。

ケーブルテレビの加入世帯数、普及率（単位：万世帯）

区　分	平26年度末	平27年度末	平28年9月末
P　F　方　式	2,817	2,852	2,864
IPマルチキャスト方式	101	96	95
合　計	2,918	2,948	2,959
普　及　率（％）	52.2	52.3	52.0

(注1) 普及率は平成28年1月1日現在の住民基本台帳世帯数から算出
(注2) PF方式は帯域の利用効率を高めた伝送を行う方式、IPマルチキャスト方式はデータを必要とする複数の端末だけに送信する方式
(出所) 総務省「ケーブルテレビの現状」

◉共通IDの導入

　全国のCATV会社が加入する日本ケーブルテレビ連盟は、CATVを使っている2,600万世帯に「ケーブルID」と呼ばれる共通のIDを導入する。事業者はIDを通じてサービスの課金・決済機能を共有し、テレビ通販やインターネットを使った新サービスを展開する。新サービスの第一弾は、連盟主導で、インターネットを通じて小口資金を集めるクラウドファンディングを立ち上げる。テレビの視聴者はボタンを押すだけで寄付ができる。寄付金の精算は月額の利用料と合わせて請求され、連盟のシステムを通じて支援先に振り込まれる。CATV会社は共通IDを使うことで対象の顧客が広がり、新しいサービスを立ち上げやすくなる。連盟にはCATV会社の7割超が加盟しており、中小のCATV会社を支援することで事業の持続性を高める。

◉ジュピターテレコム（J:COM）が家庭用エネルギー管理システムの提供を開始

　CATVは、多チャンネル化によって契約件数を伸ばしてきたが、ネットで豊富な動画を楽しめるネットフリックスやhulu（フールー）など新興企業によるサービスの台頭により、CATVの優位性が崩れ、契約件数は頭打ちとなっている。ジュピターテレコム（J:COM）は、平成27年秋に格安スマートフォン、平成28年春には電力小売りの新サービスを始めて、収入増を図るとともに、CATVの顧客増加を狙っている。また、家庭用エネルギー管理システムの提供を開始した。新サービス「エコレポホーム」は、地域の電力会社が取り付けたスマートメーターで測った電力の情報を管理する。専用端末は無償で貸し出し、CATVの工事員が設置作業を行う。平成29年3月末のJ:COMのサービスに一つでも加入している世帯数は前年比4.6％増の528万6千世帯となった。有料多チャンネルに加入している世帯は少なく、各社とも開拓の余地があるとみている。NTTドコモは映画やドラマなどの動画配信を手掛け、平成28年2月にはスポーツ見放題のサービスも始めた。新興企業や通信業界による競争環境は激化しつつある。

マーケットデータ

◉ケーブルテレビ事業の収支状況

　総務省の調査によると、ケーブルテレビ事業の営業収益は5,003億円となり、前年度比0.6％増となった。また、営業利益は535億円となり、前年度比5.6％増となった。

ケーブルテレビ事業の収支状況（単位：億円、％）

項　目	平26年度	平27年度	前年比
事　業　者　数	294	291	—
営　業　収　益	4,975	5,003	0.6
営　業　費　用	4,468	4,468	—
営　業　利　益	507	535	5.6

(出所) 総務省「ケーブルテレビの現状」

◉ケーブルインターネット接続サービスの普及状況

　総務省の資料によると、ケーブルインターネット接続サービスの事業者数は次の通り。

ケーブルインターネット接続サービスの普及状況

区　分	平27年3月末	平28年3月末	増減率
事　業　者　数	328	318	▲3.0％
契　約　者　数	6,430,000	6,730,000	4.7％

(出所) 総務省「ケーブルテレビの現状」

◉ケーブルテレビの売上高上位ランキング

日経流通新聞「第35回サービス業総合調査」によると、都市型CATVの平成28年度の売上高は次の通り。

都市型CATVの売上高ランキング（平成28年度）

社　名	本社	売上高 （百万円）	前年度比 伸び率（%）
ジュピターテレコム（J:COM）	東　京	246,359	2.4
TOKAIケーブルネットワーク	静　岡	14,838	13.9
イッツ・コミュニケーションズ	東　京	13,094	0.9
近鉄ケーブルテレビ	奈　良	11,476	3.9
Ｚ　Ｔ　Ｖ	三　重	11,119	0.4
スターキャット・ケーブルネットワーク	愛　知	9,879	4.5
ベイ・コミュニケーションズ	大　阪	6,644	▲0.7
日本ネットワークサービス	山　梨	5,943	1.1
金沢ケーブルテレビネット	石　川	5,003	3.6
宮崎ケーブルテレビ	宮　崎	4,826	4.5

（出所）日経流通新聞

業界の特性

◉事業者数

総務省「ケーブルテレビの現状」によると、ケーブルテレビの事業者数は次の通り。

ケーブルテレビの事業者数

区　分	26年度末	27年度末	増減率
自主放送を行う設備	520	510	▲1.0%
再放送のみを行う設備	249	238	▲4.4%
合　計	769	748	▲2.7%

（出所）総務省「ケーブルテレビの現状」

◉受信者保護ルールの制度化

有料放送サービスの受信者保護のため、平成28年5月21日に放送法の新たな制度が施行され、具体的な消費者保護ルールの明確化等を目的にガイドラインが策定された。例えば、書面交付義務（契約締結後に契約内容を容易に確認できるよう書面交付の義務付け）、不実告知の禁止（受信者の判断に影響を及ぼす重要事項の不実告知や事実不告知の禁止）、勧誘継続行為の禁止（勧誘を受けた者が契約しない旨の意思表示をした場合、勧誘を継続する行為の禁止）や、適合性の原則（受信者の知識・経験等に照らして必要な程度及び方法による説明を行うことを義務付け）がある。

ノウハウ

◉親子支援サービスの実施

CATV会社では、マイナンバーカードの公的認証機能を活用して自治体と連携し、妊娠・出産から子育てまでのシームレスな親子支援サービスを実施している。例えば、妊婦週数や子どもの月例に応じた検診やイベントの閲覧、母子手帳の電子版として妊婦や子どもの健康診断や予防接種などの子育て記録を管理し閲覧できる。また、薬局で処方された薬の情報を記録し、履歴を管理・閲覧できる電子お薬手帳機能（ポケットカルテを利用）がある。

経営指標

ここでは参考として、TKC経営指標（平成29年版）より、「放送業」の数値を掲げる。

TKC経営指標 （変動損益計算書）	全企業　50件	
	平均額（千円）	前年比（%）
売上高	369,232	101.1
変動費	84,469	97.1
仕入高	67,579	98.1
外注加工費	15,163	91.6
その他の変動費	1,597	93.5
限界利益	284,762	102.3
固定費	254,430	99.7
人件費	80,904	101.0
減価償却費	40,133	96.2
租税公課	4,181	108.3
地代家賃・賃借料	11,562	99.2
支払利息・割引料	803	86.5
その他	116,837	99.9
経常利益	30,331	131.5
平均従事員数	15.8	

今後の課題／将来性

◉課題

細分化するニーズを捉えるなどして、CATVは契約件数を伸ばしてきた。しかし、新興企業や無線事業者などの参入や、ネットサービスとの競合により、契約件数の増加率が頭打ちとなっている。細分化するニーズを掘り起こしたコンテンツなどにより、新たな利用者の獲得が課題となっている。

《関連団体》　一般社団法人日本ケーブルテレビ連盟
　　東京都中央区京橋1-12-5
　　　京橋YSビル4F
　　TEL　03（3566）8200

● サービス業 ● （その他）

警備保障業

最近の業界動向

●警備業の年間売上高は3兆4,236億円

全国警備業協会によると、平成28年末の警備業者（8,758業者対象）の売上総額は、3兆4,236億9,480万円で、前年比2.1％増となった。水害災害時に介護施設の入居者を円滑に避難させる支援サービスや高齢者の見守りサービスなど、さまざまなニーズに対応したサービスが登場している。

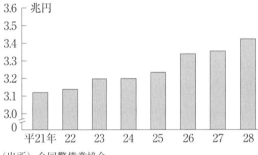

国内警備市場規模の推移（単位：兆円）
（出所）全国警備業協会

●ALSOKはM&Aで警備事業を拡大

綜合警備保障（ALSOK）は、大手企業が主に自社向けに行っている警備事業を買収し警備事業を拡大している。平成29年2月には日立製作所の警備子会社を傘下に収め、4月にはNTTのグループ会社から警備事業を引き継いだ。警備会社は全国で9,000社を超える企業があるが、中小企業は経営者の高齢化が進み、大企業の警備子会社も人手不足で経営が困難になってきている。今後も警備大手企業のM&Aが続くと予想される。

●セコムがリストバンド型ウエアラブル端末で救急通報と健康管理

セコムは、平成29年7月7日からリストバンド型ウエアラブル端末「セコム・マイドクターウォッチ」を販売する。救急通報を行う救急対応と、歩数や消費カロリーなどの活動量を計測する健康管理がある。救急対応は救急通報ボタンが押されたり、装着者の転倒の検知や長時間持続して動かない状態の場合に自動で救急通報する。救急通報を受理したら緊急対処員を自宅に急行させ、必要に応じて救急車の手配も行う。健康管理は日立製作所のAI技術を活用して、装着者の歩数や消費カロリーなどの計測された活動量を基に、歩行・睡眠・食事の分野で健康をチェックし、スマートフォンで生活全般のアドバイスを行う。

マーケットデータ

●大手3社の業績

警備業大手3社（セコム、ALSOK、CSP）の業績は次の通り。

大手3社の業績（単位：億円）

会社名	売上高	営業利益	経常利益
セコム	3,825 (3,760)	763 (757)	865 (866)
ALSOK	2,295 (2,210)	155 (164)	221 (230)
CSP	405 (386)	12 (4)	16 (7)

（注）決算期はセコムとALSOKは、平成29年3月期、CSPは平成29年2月期。カッコ内は前期。各業績は億単位で四捨五入したもの
（出所）各社決算資料（単独決算）

業界の特性

●業者数、警備員数

警察庁によると、平成28年12月末の警備業者数は前年比1.0％増の9,434業者だった。警備員数は、前年比0.1％増の54万3,244人であり、臨時警備員数の割合は減少傾向であるが、女性警備員の割合は前年と同様に全体の5.8％である。

警備業者数、警備員数の推移（各年12月末）

項　目	平26年	平27年	平28年
警備業者数（業者）	9,240	9,342	9,434
警備員数（人）	537,285	538,347	543,244
男性警備員	507,715	507,334	511,797
女性警備員	29,570	31,013	31,447
常用警備員	440,440	461,675	476,221
臨時警備員	96,845	76,672	67,023
臨時の割合（％）	18.0	14.2	12.3

（出所）警察庁

●業務別警備業者数

警備業務は、警備業法により1号業務から4号業務に区分されている。第1号警備は施設警備であり、主に常駐員（ガードマン）による警備、空港保安警備や機械警備である。第2号警備は工事現場に見られる交通誘導やイベントにおける雑踏

警備がある。第3号警備は現金輸送などの貴重品運搬や核燃料物質等運搬などがある。第4号警備は要人警備（ボディガード）や緊急通報サービスなどがある。平成28年12月末現在の業務別の警備業者の数は、前年比第2号警備業務を除き減少している。業務ごとの警備業者の数は次の通り。

業務ごとの警備業者の数

区　分	平成27年末	平成28年末	
	警備業者数	警備業者数	構成比（％）
総　数	9,342	9,434	100
1号業務	6,961	6,847	72.6
2号業務	6,870	7,008	74.3
3号業務	713	702	7.4
4号業務	662	657	7.0

（注）警備業者が2つ以上の警備業務を実施している場合は、その警備業務ごとにそれぞれ1つとして計上している
（出所）警察庁

● **警備業者の警備員数別の状況**

警察庁によると、平成28年12月末の警備業者の警備員数別状況は表の通り。100人未満の警備業者は前年比1.1％増の8,419業者で全体の89.2％を占めている。

警備業者の警備員数別の状況（平成28年12月末）

警備員数	警備業者数	構成比（％）
5 人 以 下	2,340	24.8
6 ～ 9人	952	10.1
10 ～ 19人	1,687	17.9
20 ～ 29人	1,086	11.5
30 ～ 49人	1,277	13.5
50 ～ 99人	1,077	11.4
100～499人	893	9.5
500～999人	73	0.8
1,000人以上	49	0.5
合　計	9,434	100.0

（出所）警察庁

● **女性警備員が不足**

2020年東京五輪・パラリンピックでは、円滑に女性の観客の身体検査や会場内の女性トイレ、更衣室の巡回などを実施するためには、1日当たり千人の女性警備員が必要ともいわれている。しかし、女性警備員は全国で全警備員の5.8％（3万1,447人）しかおらず、現状では同大会の運営に懸念が生じている。警備員は立ち仕事が多く体力的な負担が大きいことなどから、女性の応募が少ない。東京都警備業協会では、女性採用に関する

研修会の開催や警備現場での女性用トイレの増設、育児との両立策など職場環境の改善策の議論を通じて、女性が働きやすい職場環境の整備などを検討している。

ノウハウ

● **自宅の警備サービス**

自宅を警備するサービスは、電話の固定回線などを使って異常などを知らせる。ただ、スマートフォンの普及で自宅に固定回線がない自宅が増えている。また、別荘の警備サービス需要も高まっている。これを受け、警備各社はスマートフォンの専用アプリを使う方法を導入している。通信技術の進展に伴い、家庭の実情に合わせたサービスが広がっている。

経営指標

ここでは参考として、TKC経営指標（平成29年版）より、「警備業」の数値を掲げる。

TKC経営指標	全企業	176件
（変動損益計算書）	平均額（千円）	前年比（％）
売上高	181,018	101.5
変動費	15,719	105.2
仕入高	10,009	104.3
外注加工費	5,198	107.2
その他の変動費	456	109.7
限界利益	165,299	101.2
固定費	158,790	100.4
人件費	130,855	100.4
減価償却費	1,786	102.1
租税公課	2,252	105.0
地代家賃・賃借料	3,853	98.6
支払利息・割引料	482	93.6
その他	19,587	100.4
経常利益	6,508	126.1
平均従事員数	53.1名	

今後の課題／将来性

● **課題**

警備業界も警備員の人手不足が顕在化しつつあり、採用コストや処遇改善などの人件費の増加が不可避となっている。

《**関連団体**》　一般社団法人全国警備業協会
　　東京都新宿区西新宿1−25−1
　　　新宿センタービル32F
　　TEL　03（3342）5821

— 239 —

●サービス業●（その他）

住宅リフォーム

最近の業界動向

◉住宅リフォーム市場

　住宅リフォームの市場規模は、消費税の増税先送りによって駆け込み需要が先送りされたこと、秋口まで株価が低迷したことなどの影響により縮小している。平成28年に策定された国土交通省の「住生活基本計画」では、今後10年の住宅政策の指針として、少子高齢化・人口減少社会への新たな住宅政策、若年・子育て世代が安心して暮らすことができる住生活、住宅ストック活用型市場への転換、住生活産業の活性化を挙げている。その中で、平成25年に約7兆円であった市場規模を、平成37年には12兆円にする目標を掲げている。地方自治体では、耐震改修やバリアフリー化、省エネルギー化、環境対策などの支援制度を設け、住宅リフォームを推進している。

◉他業種からの参入

　大手家電量販店は、リフォーム事業に力を入れている。ビックカメラは、旗艦店である有楽町店を改装しグループ最大の売場を開設した。また、ヤマダ電機は、住宅メーカーや住設機器メーカーを傘下に取り込み、リフォームに特化した新店を開業した。家電の買い替え需要を喚起することにもつながる。ほかにも、家具販売のニトリやセレクトショップ大手のユナイテッドアローズも、リフォーム業に進出する。

◉リビ充家族

　リビ充家族とは、「リビングを最大化し、そこで各々が好きに充実した時間を過ごす家族が増加」することを予測したもので、リビングの広さを居室の広さより重視する傾向が広がっている。リクルート住まいカンパニーの調査によると、就寝時間を除くと夫は73.0％、妻は84.9％をリビングで過ごす。家族の団らんや家事、仕事や個人の趣味などを行っていることが分かった。子どもも年齢が上がるに従って自室にいる時間が増える

が、高校生でも半分近くの時間をリビングで過ごす。多機能で緩やかに家族がつながるリビングづくりがリフォーム・リノベーション業界で話題となっている。

◉「スケルトンリフォーム」が注目される

　古くなったマンションを、柱や床などコンクリートの骨組みだけ残して間取りを変えられる「スケルトンリフォーム」が注目されている。住み慣れた部屋を見直すシニア層や、リフォームを前提に中古マンションを購入する若い世代も多い。政府は中古住宅の活性化を進めており、リフォーム市場の拡大を目指している。マンションのスケルトンリフォームは、不動産などの建築関連会社や住宅設備メーカーが手掛けている。住友不動産の「新築そっくりさん」は、完全定価制で千人の担当者が設計から引き渡しまで対応する。「三井のリフォーム」の三井不動産リフォームは、内装は予算に応じてオーダーメイドできる。

マーケットデータ

◉大手8社のリフォーム事業売上高

　リフォーム産業新聞によると、大手リフォーム会社8社の平成28年度決算による売上高は次の通り。大手リフォーム会社8社の平均伸び率は0.6％である。

大手リフォーム会社の売上高（平成28年度決算）（単位:億円、％）

社　名	リフォーム事業売上高	前年同期比	平29年度計画値
積水ハウスグループ	1,334	▲0.7	1,400
大和ハウスグループ	1,055	10.6	1,100
住友不動産（新築そっくりさん）	1,037	▲1.5	1,070
積水化学工業グループ	969	▲3.5	970
ミサワホームグループ	664	2.3	678
住友林業グループ	646	▲0.4	693
旭化成リフォーム	561	0.3	570
パナホームグループ	462	▲2.6	―

（出所）リフォーム産業新聞

◉住宅リフォームの市場規模

　矢野経済研究所によると、住宅リフォームの市場規模の推移は次の通り。平成28年の住宅リフォーム市場規模は前年比4.4％減の6兆2,003億円であった。このうち、10㎡超の増改築工事と10㎡以下の増改築工事の合計が同1.4％増の7,792億円、設備修繕・維持関連費が同5.0％減の4兆7,355億円、家具・インテリア等が同6.0％減の6,856億円

であった。平成29年の住宅リフォーム市場規模は、株価も高止まりで推移するなど好影響をもたらす状況があり、4.3％増の6兆4,689億円と拡大すると予想されている。

住宅リフォーム市場規模

年　　次	平26年	平27年	平28年
市場規模	6.6兆円	6.5兆円	6.2兆円

（出所）矢野経済研究所

業界の特性

●「住宅ストック循環支援事業」

省エネに配慮した住宅改修（エコリフォーム）などに対し、国から補助金が出る「住宅ストック循環支援事業」の申請が平成29年1月から始まった。エコリフォームの補助金は計30万円が上限で、旧耐震基準で建てられた住宅には同時に耐震改修する場合は15万円が上乗せされる。

●リフォーム業者の種類

住宅リフォームを手掛ける主な業者は、①住宅メーカー・ゼネコン系、②住宅設備メーカー系、③ホームセンター系、④住宅リフォーム専業業者などである。家電量販店や家具販売店、エネルギー供給事業者などの参入もみられる。

●施主の約5割は60代以上

平成29年3月に公表された国土交通省の調査では、リフォーム実施世帯の世帯主は60歳以上が49.9％で最も多く、次いで50歳代が25.6％、40歳代が17.1％で、平均年齢は58.4歳となっている。また、リフォームの内容は、住宅内の設備が48.6％で最も多く、住宅外が38.8％、内装の模様替え38.6％、冷暖房設備19.5％などである。

●工事費

工事費は一般的に設備・部材費（単価×数量）、工賃（日当×人数）、諸経費（人件費、交通費、通信費）などが含まれている。工事費の見積り方法は、①工事総額方式、②工事単価方式、③工種別内訳方式、④部屋別・部分別内訳方式などがある。このうち、③が最も一般的で、各工事の積算根拠を明示する見積り方法である。

ノウハウ

●ニトリホールディングスが、中古住宅販売のカチタスと資本提携しリフォーム事業を拡大

ニトリホールディングスは、中古住宅販売のカチタスと資本提携し、住宅のリフォーム・販売を共同で拡大する。提携では、カチタスがリフォームした家に、ニトリの家具を配置し販売することを想定している。「ホームステージング」と呼ばれる手法で、欧米では一般的だ。ニトリホールディングスの住宅リフォームでは、営業や施工サービスの人材育成が課題であったが、カチタスの工務店ネットワークを活用し需要拡大につなげていく。

経営指標

ここでは参考として、TKC経営指標（平成29年版）より、「建築リフォーム工事業」の数値を掲げる。

TKC経営指標 （変動損益計算書）	全企業　244件	
	平均額（千円）	前年比（％）
売上高	167,581	99.7
変動費	118,050	98.1
仕入高	40,813	98.1
外注加工費	77,259	99.5
その他の変動費	262	82.2
限界利益	49,530	103.9
固定費	45,695	100.2
人件費	25,948	101.8
減価償却費	1,553	96.4
租税公課	810	100.0
地代家賃・賃借料	2,713	94.2
支払利息・割引料	814	104.7
その他	13,903	99.5
経常利益	3,834	184.9
平均従事員数	5.7名	

今後の課題／将来性

●将来性

住宅リフォーム市場は住宅ストックの増加に伴い設備修繕・維持管理の需要拡大や、国土交通省による中古住宅の流通促進・活用策などにより堅調に推移すると予測される。しかし、少子高齢化による人口・世帯数の減少、新築住宅市場の減少の影響もあり、ある程度成熟期を迎えているとの見方もある。

《関連団体》　公益財団法人住宅リフォーム・紛争処理支援センター
　東京都千代田区九段北4－1－7
　　九段センタービル3F
　TEL　03（3261）4567

－ 241 －

●サービス業●（その他）

家事代行業

最近の業界動向

●外国人家事代行サービス解禁

平成29年2月23日、内閣府と東京都は国家戦略特区で解禁した家事代行サービスについて、都内で認定した事業者に通知書を交付した。都内での認定第一弾は、ベアーズ、ポピンズ、ダスキン、ニチイ学館、パソナ、ピナイ・インターナショナルの6社である。また、神奈川県、大阪府の自治体も制度の活用を決定した。外国人による家事代行が解禁となり、家事代行サービス大手はフィリピン人を家政婦として派遣するサービスを本格化している。平成27年に政府が解禁した外国人による家事代行サービスは、国家戦略特区内に限られるが、家事代行市場の拡大が期待されている。

●外国人の受け入れ人数

家事代行サービスで、事業認定を受けた6社の外国人の受け入れ人数は、ニチイ学館が2019年度、パソナが2020年までにそれぞれ1千人体制を目指す。また、ベアーズは3年間で200人、ポピンズは2020年をめどに100人以上を受け入れる。受け入れには、事業者が外国人を正社員として受け入れ、日本人と同等額以上の給与を支払うことなどが条件となる。パソナは既に神奈川県でサービスを始めている。人材育成にはフィリピンの人材派遣会社マグサイサイと組み、フィリピンで研修を実施した。ポピンズもマグサイサイに研修を委託している。

●物流大手のセンコーが家事代行サービスに参入

物流大手のセンコーは平成29年1月26日、イエノナカカンパニーを子会社にし、家事代行サービスに参入した。東京や横浜、川崎などを中心とした関東地区でサービスを始め、自社の物流拠点を活用しながら全国に広げていく。イエノナカカンパニーは、東京23区で家事代行サービスのほか、不動産仲介なども手掛けている。今後は個人向けサービスから住宅関連の法人向けまで、幅広いサ

ービスを提供する考えだ。

マーケットデータ

●家事支援企業の売上高

日経流通新聞「第35回サービス業調査」によると、平成28年度の家事支援の売上高は次の通り。平成28年度の売上高は前年度比4.8％増加したが、前年度と比べると伸び率が縮小している。

家事支援企業の売上高（平成28年度）（単位：百万円）

社　名	部　門 売上高	伸び率 （％）
長谷川興産（おそうじ本舗ほか）	12,072	1.8
ダスキン（メリーメイド）	10,533	0.7
カジタク（家事玄人〈カジクラウド〉）	8,351	9.5
ベアーズ（ベアーズの家事代行）	3,984	15.5
住友不動産建物サービス（お手伝いおそうじ宅急便）	3,300	6.4
ミニメイド・サービス	2,500	0.0
ニチイ学館（ニチイライフ）	1,292	12.3
クラッシー（ファミリーコンシェルジェ）	380	15.9
アートコーポレーション（アートエプロンサービス）	254	4.1
シェヴ（シェヴドメスティックサービス）	217	▲0.5

（出所）日経流通新聞

●家事代行サービスの市場規模

共働き世帯や高齢者世帯の増加で家事代行サービスの利用者が増加している。このため、家事代行各社は新規採用を増やしたり、業務委託として働いてもらう登録者数を増やすなどしている。また、研修内容も改めスキル向上に努めている。経済産業省の資料によると、家事代行サービスの市場規模は、将来的には約6,000億円に拡大すると推計している。

●価格

従来は1時間当たり3,000〜6,000円が中心であったが、1,000〜2,000円の料金も増えている。一方、ベアーズの「ロイヤルプラン」は1時間当たり6,500円（税別）で2時間以上からの利用となる。研修を受けた専属スタッフが利用者の細かい注文に対応する。富裕層向けだが、利用者のすそ野が広がっているという。

業界の特性

●主要企業

NTTタウンページ「iタウンページ」によると、家事支援サービス業の登録件数は平成29年7月28日現在で3,602件となっている。最も多いのは大

阪府の401件、次いで東京都の307件、兵庫県の216件と続いている。家事サービス業の主要企業は長谷川興産、ダスキン、カジタク、住友不動産建物サービス、ベアーズなどである。

◉家事代行サービスの認証制度

経済産業省と日本規格協会（JSA）は、家事代行サービスの認証制度を始める。経済産業省がJSAに審査の規格づくりを委託し、平成29年4月から審査し、基準を満たした事業者に認証する。規格の実証事業に参加したダスキンやミニメイド・サービス、カジタク、ミライドの5社は、先行して認証を受けた。認証を受ける企業は、留守宅のカギ管理や器物破損に対する保険の導入などの安全面、掃除や炊事などのスキルを一定水準以上保つ教育面などで審査を受ける。家事代行サービス市場は拡大傾向にあり、事業者も増加している。一方、利用者からの苦情件数も増えている。このため、経済産業省や関係団体は認証制度を設け家事代行サービスの質を高めたい考えだ。

◉サービス内容

サービス内容は、掃除や洗濯、ゴミ出し、買い物、調理などであり、利用者の希望に合わせて選ぶことができる。また、時間制や月単位の契約など定期的に利用できるタイプがある。シニアに特化したサービスでは、家事全般のほか、通院や外出時の付き添い、食事の介助など幅広いニーズに対応している。リログループの企業を対象にした家事代行サービスは、仕事と介護を両立できる支援サービスだ。訪問介護サービスを受ける際に、家族などに代わって同席したり、家事を引き受けたりする。

◉契約方法

家事代行サービスは電話による受け付けが一般的である。これは、必要な時間やサービス内容などのプランについて説明し、見積もりを作成するために営業担当者が依頼主の自宅を訪問する必要があるためである。しかし、最近はスマホやパソコンを使ったネット予約が広がっている。

ノウハウ

◉サービスエリアの拡大

家事代行サービスのカジーは、サービスエリアを郊外に拡大する。平成29年5月から、東京都西東京市や千葉県船橋市、柏市、松戸市のそれぞれ一部など12のエリアでサービスの提供を始めた。子育てや共働き世帯に人気のエリアを選び、顧客の取り込みを図る。登録スタッフも増やす予定で、サービスを提供する地域で採用し、自宅近くで働けるようにする。家事代行サービスのニーズは高まっており、働き方を柔軟にすることで人材の確保を図る。

経営指標

家事代行業を対象にした指標は見当たらないので、ここでは参考として、TKC経営指標（平成29年度版）より、「その他の生活関連サービス業」の数値を掲げる。

TKC経営指標 （変動損益計算書）	全企業 591件	
	平均額（千円）	前年比（％）
売上高	164,857	99.5
変動費	82,578	98.1
仕入高	80,307	98.0
外注加工費	2,148	103.1
その他の変動費	149	105.6
限界利益	82,278	100.9
固定費	76,663	100.0
人件費	43,056	100.1
減価償却費	4,752	101.4
租税公課	1,748	95.7
地代家賃・賃借料	5,144	100.9
支払利息・割引料	1,063	92.7
その他	20,894	100.0
経常利益	5,615	115.7
平均従事員数	13.1名	

今後の課題／将来性

◉課題

家事代行サービスの市場が拡大するにつれ、人手不足が深刻化している。外国人の活用が期待されるが、サービスの質やコミュニケーション能力など課題も多い。このため、気軽に面接を受けられるようウェブ上での面接や、空き時間に仕事ができるようにして、採用を増やす工夫をしている。新規顧客の獲得には、優秀な人材の確保が不可欠となっている。

《関連団体》　一般社団法人ホームプロデューサー
&アテンダンド協会
東京都中央区八丁堀4-3-3
TEL　03（3552）7401

●サービス業● （その他）

家電リサイクル業

最近の業界動向

●使用済小型家電のリサイクルが進まず

　家電リサイクル法（特定家電用機器再商品化法）施行により、エアコン・テレビ・冷蔵庫（冷凍庫を含む）・洗濯機（乾燥機を含む）4品目の再利用が義務付けられ、平成25年4月からは小型家電リサイクル法（使用済小型電子機器等の再資源化の促進に関する法律）は、パソコン・携帯電話・デジタルカメラ等96品目が対象となった。平成27年度の小型家電リサイクル制度に基づく回収や再資源化された小型家電は、使われなくなった小型家電の総量60万トン（この中に含まれる金やレアメタルなどの貴金属はおよそ700億円分とも言われている）の約1割に当たる6万6,000トンであった。一方、市区町村が回収したものの、引き受ける業者がいないなどの理由でそのまま廃棄されたものは15万6,000トンに上った。使用済小型家電のリサイクルが進まない理由として、資源価格の下落による採算性の悪化、リサイクル業者が引き取りに消極的なことや携帯電話などは個人情報が漏えいする懸念があることが要因とみられる。

●プラスチックの量を高める技術開発

　三菱電機は、グループで家電リサイクル工場を運営しており、使用済みの家電から取り出すプラスチックの量を高める技術開発に注力している。家電リサイクル法で指定された品目が対象で、回収したプラスチックは同社が製造するエアコンなどに再利用される。製品ごとに混合比率をデータベース化し、最適な回収方法を見つける。社内外と連携し、製品の型番を読み込むだけで組成情報が分かる業界共通のシステム構築も視野に入れている。

マーケットデータ

●廃家電4品目の再商品化率

　家電製品協会によると、平成28年度の廃家電4

品目の再商品化率は、洗濯機・衣類乾燥機が10%も改善され、ほかの廃家電も堅調に推移している。

廃家電4品目の再商品化率 （単位：%）

年度	エアコン	テレビ		冷蔵・冷凍庫	洗濯機・衣類乾燥機
		ブラウン管式	液晶・プラズマ式		
平24	91	82	87	89	89
25	91	79	89	91	91
26	92	75	89	91	91
27	93	73	89	92	92
28	92	73	89	93	93
法定基準	80	55	74	80	80

（出所）家電製品協会

●小型家電リサイクルにおける再生金属量と価格

　平成27年度は回収した小型家電の93%が再生利用・熱回収されている。また、平成27年度に回収した5万7,260トンのうち、2万9,994トンが金属として再生され、金額換算では21億6,000万円（資源価格では26億5,000万円）に相当する。2年連続で再生金属量は増加している。再生資源の内訳は次の通り。

小型家電リサイクルにおける再生金属量と価格

金属の種類	平26年度	平27年度
鉄（トン）	20,124	26,326
アルミ（トン）	1,527	2,023
銅（トン）	1,112	1,469
ステンレス・真鍮（トン）	99	148
金（kg）	1,566	2,563
銀（kg）	143	214
パラジウム（kg）	14	21
合　計（トン）	22,870	29,994
資源価格	18.9億円	21.6億円

（出所）環境省

業界の特性

●小型家電リサイクル業の認定業者数と回収実績

　小型家電は、自治体回収と事業者自らが回収する場合とがある。国からの認定制度があり、環境省の廃棄物リサイクル対策「認定事業者および連絡先一覧」によると、平成29年3月31日現在、認定業者は49社であり、収集区域も指定されている。国の認定を受けていなくても、各自治体が認定事業者と同等の要件を満たすと判断した事業所

－ 244 －

も本事業を行うことができる。回収数量は、平成27年度は前年比32.7％増の６万6,978トンと大幅に伸長している。環境省「市町村の小型家電リサイクルの取り組みに関する意見交換会」によると、小型家電リサイクル事業者によって回収された実績は次の通り。

小型家電リサイクル事業者によって回収された実績（単位：トン）

回収区分	平25年度	平26年度	平27年度
市町村からの回収量	29,507	38,546	47,942
認定事業者による直接回収量	3,464	11,945	19,036
合計	23,971	50,491	66,978

（出所）環境省

◉家電リサイクル法による再商品化

家電リサイクル法（一般家庭や事務所から排出された家電製品から有用な部分や材料をリサイクルし、廃棄物を減量し、資源の有効利用を推進する法律）による再商品化とは、家電リサイクル法の対象機器をリサイクルすることを指し、対象機器の廃棄物から部品及び材料を分離して、これを製品の部品又は原材料として自ら利用したり、またこれを部品又は原材料として利用する者に有償又は無償で譲渡できる状態にすることをいう。

◉家電リサイクル料金

廃家電の排出者（個人や事業者）は、「収集・運搬料金」及び「リサイクル料金」の負担が義務付けられている。消費者のリサイクル料金の支払方法として、住まいの地域の自治体が引き取るか、自分で指定引き取り場所に持ち込むか、家電製品協会家電リサイクル券センターにリサイクル料金を振り込む方法とがある。家電リサイクル券センターのリサイクル商品一覧表によると、大手家電メーカー（パナソニック、東芝、日立）のリサイクル料金は次の通り。なお、大きさによってリサイクル料金が異なる。

家電リサイクル料金（平成29年４月現在）

エアコン	テレビ		冷蔵庫・冷凍庫	洗濯機・乾燥機
	ブラウン管式	液晶・プラズマテレビ		
972円	1,296～2,376円	1,836～2,916円	3,672～4,644円	2,484円

（出所）家電製品協会家電リサイクル券センター

ノウハウ

◉廃棄物の回収に工夫

小型家電のリサイクルが進まない要因の一つとして、携帯電話などの個人情報の漏えい懸念がある。環境省は、個人情報の漏えい防止策の一環として、住民に安心して廃棄してもらうために、自治体が一般ごみと一緒に直接集めることを後押ししている。また、岡山市は、100カ所以上の回収専用ボックスを公共施設や家電量販店などに設置して、回収や運搬を認定業者が直接行うことで、市の負担を抑えて回収量を増やすことに成功した。福島県桑折町と国見町は、共同で収集運搬する実証事業に取り組んでいる。単独で収集運搬を実施する場合に比べて費用が３分の１程度に減った。

経営指標

家電リサイクル業務を対象にした指標は見当たらないので、ここでは参考として、TKC経営指標（平成29年版）より、「他に分類されない廃棄物処理業」の数値を掲げる。

TKC経営指標 （変動損益計算書）	全企業　36件	
	平均額（千円）	前年比（％）
売上高	262,126	98.1
変動費	77,479	90.5
仕入高	49,058	88.1
外注加工費	25,241	95.7
その他の変動費	2,423	110.4
限界利益	184,647	101.7
固定費	170,870	99.2
人件費	76,796	95.8
減価償却費	18,827	99.6
租税公課	6,379	104.9
地代家賃・賃借料	7,030	116.1
支払利息・割引料	2,332	89.9
その他	60,656	102.3
経常利益	13,777	148.2
平均従事員数	18.6名	

今後の課題／将来性

◉課題

小型家電のリサイクル量は増加傾向にあるが、現状では利益の確保が難しい事業といえる。廃家電を効率的にリサイクルの仕組みに組み入れることが課題である。

《関連団体》　一般社団法人家電製品協会
　　東京都港区千代田区霞が関３－７－１
　　TEL　03（6741）5600

－ 245 －

●サービス業● （その他）

食品リサイクル業

最近の業界動向

●食品廃棄物等の年間発生量は横ばい

農林水産省「食品循環資源の再生利用等実態調査」によると、平成27年度の日本の食品廃棄物等の年間発生量は2,009万6,000トンで、前年度に比べて2.9％増加した。売れ残りや期限切れの食品、食べ残しなど本来食べられたはずの「食品ロス」は、平成28年の推計では621万トンになる。このうち、事業系が339万トン、家庭系が282万トンとなっている。外食や小売店と協力して食品ロスに取り組む自治体が増加し、自治体間ネットワークの構築などを進めている。イオンは、グループのスーパーなどから出る食品廃棄物の量を2025年までに半減するため、PB商品の一部で賞味期限の表示を従来の「年月日」から「年月」に改め、消費者が敬遠しがちな期限間近の商品の購入を促している。また、店舗などから出る廃棄物を堆肥としてグループの直営農場で活用する取り組みを進めている。

●東日本旅客鉄道が食品リサイクル事業に参入

東日本旅客鉄道（JR東日本）は平成29年3月7日、食品リサイクル事業に参入すると発表した。JEEエンジニアリングなどと共同で、新会社Jバイオフードリサイクルを設立した。新会社が横浜市内にバイオマス発電所を建設し、JR東日本の駅ビルなどから回収した食品廃棄物を使って発電し売電する。1日当たり80トンの食品廃棄物を微生物によって発酵させ、発生したガスを燃料にして発電し、JEEエンジニアリングの新電力子会社に売電する。廃棄物の有効活用を進め、環境配慮と事業創出を狙う。これまで食品廃棄物は焼却処分するケースが多かったが、バイオマス発電の燃料に使う動きが広がっている。

マーケットデータ

●食品廃棄物等の年間総発生量

農林水産省「食品循環資源の再生利用等実態調査」によると、業種別の発生量は次の通りである。平成27年度の食品製造業の発生量は前年比3.0％増の1,653万3,000トンで、発生量全体の82.3％を占めている。

食品廃棄物等の年間総発生量（単位：千トン、％）

業　種	平26年度	平27年度	前年度比
年間総発生量	19,532	20,096	2.9
食品製造業	16,055	16,533	3.0
食品卸売業	270	294	8.6
食品小売業	1,269	1,275	0.4
外食産業	1,884	1,995	3.0

（出所）農林水産省「食品循環資源の再生利用等実態調査」

●食品廃棄物等の再生利用等実施率

農林水産省「食品循環資源の再生利用等実態調査」によると、業種別の食品廃棄物の再生利用実施率（リサイクル率）は次の通りである。食品リサイクル法では、食品廃棄物の再利用促進を促す狙いから、数値目標を設定して積極的な取り組みを求めている。平成27年度の食品廃棄物等の再生利用等実施率は次の通り。

食品廃棄物等の再生利用等実施率（平成27年度）

業種別	年間発生量（万トン）	実施率目標	再生利用実施率
食品製造業	1,653	95％	95％
食品卸売業	29	70％	60％
食品小売業	127	55％	47％
外食産業	200	50％	23％
合計	2,010	—	85％

（出所）農林水産省「食品循環資源の再生利用等実態調査」

業界の特性

●登録再生使用事業者による再生利用事業種別内訳

食品廃棄物のリサイクルには、リサイクル事業

登録再生使用事業者による再生利用事業種別内訳（平成29年3月末現在）

再生利用事業	件　数
肥　料　化　事　業	110
飼　料　化　事　業	57
油脂化・油脂製品化事業	23
メ　タ　ン　化　事　業	9
炭　化　事　業	2

（注）一事業者が複数の再生利用事業を実施しているケースがあるため、種別の件数の計と事業者数とは合致しない
（出所）農林水産省

— 246 —

者への委託処理と自社内での処理の2つの方法がある。このうち、再生利用を的確に実施できる一定の条件を満たした再生利用事業者（リサイクル事業者）が主務大臣に登録され、公表されている。農林水産省によると、食品廃棄物等の登録再生利用事業者数174社（平成29年3月末現在）の内訳は表の通り。

●再生利用の方法

食品リサイクル法は、食品関連事業者に食品廃棄物の再生利用などの方法として次の4つの方法を定めている。①発生抑制…製造方法や調理方法の見直し、流通・保管の効率化、メニュー見直しなどによって食品廃棄物等の発生自体を抑制する。②再生利用…食品循環資源を肥料や飼料、油脂・油脂製品、メタン、エタノールの原料として利用する。③熱回収…平成19年6月の食品リサイクル法の改正で追加された方法で、再生利用することができない食品廃棄物等について、熱を得るために利用する。④減量…再生利用あるいは熱回収することもできない食品廃棄物は、脱水、乾燥、発酵などにより水分を飛ばし減量する。

●事業に関する許可

食品廃棄物の再生利用事業（リサイクル事業）を行うには、原料の食品廃棄物を食品関連事業者から入手しなければならない。食品関連事業者が排出する食品廃棄物は、産業廃棄物もしくは事業系一般廃棄物に該当するため、一般廃棄物処理業もしくは産業廃棄物処理業の許可が必要になる。なお、食品リサイクル法で定められた登録再生利用事業者は、一般廃棄物の運搬業の許可が不要である。

ノウハウ

●独自の再資源化ループ構築

埼玉県に本社があるウム・ヴェルトは、食品工場を中心とした排出事業者の処分コストを下げられるよう、計量器付車両の導入や衛生的で毎日回収できる蓋付きプラドラム（食品や医薬品の輸送・保管するための容器）の貸し出しなどを行っている。また、アグリファームを立ち上げ、平成28年6月に農地を購入して農業生産法人となった。養豚場を購入して養豚での食品リサイクルループにも取り組んでいる。

●省資源、資源循環のシステム

愛知県に本社がある環境テクシスは、大学・県試験場との共同研究により廃棄物の種類に応じた保存処理・加工方法・加工機器を選択することで、幅広い種類の廃棄物のリサイクルを可能にしている。また、食品廃棄物に応じて最適なシステムを提案するとともに、加工して発生する飼料の買い取りまで行うワンストップサービスを提供している。年間数百万トン発生する食品廃棄物への対応策として、期待される省資源、資源循環のシステムといえる。

経営指標

ここでは参考として、TKC経営指標（平成29年版）より、「他に分類されない廃棄物処理業」の数値を掲げる。

TKC経営指標 （変動損益計算書）	全企業　36件	
	平均額（千円）	前年比（%）
売上高	262,126	98.1
変動費	77,479	90.5
仕入高	49,058	88.1
外注加工費	25,241	95.7
その他の変動費	2,423	110.4
限界利益	184,647	101.7
固定費	170,870	99.2
人件費	76,796	95.8
減価償却費	18,827	99.6
租税公課	6,379	104.9
地代家賃・賃借料	7,030	116.1
支払利息・割引料	2,332	89.9
その他	60,656	102.3
経常利益	13,777	148.2
平均従事員数	18.6名	

今後の課題／将来性

●将来性

リサイクル法やエコフィードのような仕組みが食品リサイクル業の追い風になっている。一方、新規参入の動きも目立ち、フードバンク活動も農林水産省が推し進めている。食品リサイクル業界全体では、今後もさまざまな支援を受けながら拡充していくことが期待されるが、一方で競争は激化する可能性がある。

《関連団体》 一般社団法人食品リサイクル推進協議会
　愛知県名古屋市中区栄1－22－6
　TEL　052（218）7681

●サービス業●（その他）

DPE店

最近の業界動向

●DPE大手が生き残りを模索

DPE（写真の現像・焼き付け・引き伸ばし）大手が苦戦を強いられている。スマートフォンの影響で、撮った写真を現像する人が減少したためだ。大手は店舗の閉鎖など生き残り策を模索している。

●CCCがキタムラノ筆頭株主に

カルチュア・コンビニエンス・クラブ（CCC）は平成29年6月1日、写真プリント大手のキタムラが実施する第三者割当増資を引き受け、筆頭株主になった。キタムラが持つノウハウや販売網を生かし、写真・映像関連事業を拡大する。

●キタムラが129店を閉鎖

キタムラは全国に1,240店を展開しているが、平成30年3月期までに、全体の1割に当たる129店を閉鎖する。写真のプリント事業は長期低迷している。撮影の主体がデジタルカメラからスマートフォンに移行し、プリントする人が減少している。スマートフォン販売も低迷しており、回復の見込みが立っていない。

●写真管理アプリ「シーン」をより便利に

カシオ計算機の子会社のリプレックスは、スマートフォンで撮影した写真をアルバムに作成できる写真管理アプリ「scene（シーン）」を、平成25年から始めている。平成29年6月には「シーン」の機能をより便利にするため、機能を追加した。アプリ内のアルバムをさらにテーマごとや、家族の中で長女や次女に分け、入学式や運動会などを入れアルバムとして印刷したりできるようにした。

●デジタルカメラの国内出荷台数

カメラ映像機器工業会によると、平成28年の国内向けデジタルカメラの出荷台数は、レンズ一体型は前年比31.6％減の223万7,134台、レンズ交換型は同21.2％減の128万3,243台であった。デジタルカメラ市場が縮小する一方、富士フイルムホー

ルディングスのインスタントカメラ「チェキ」は、女子高生を中心に人気が高く、平成28年度の販売台数は660万台であった。平成29年度は750万台の販売を計画している。

マーケットデータ

●写真の制作の参加人口

日本生産性本部「レジャー白書2017」によると、余暇市場のうち、趣味・創作部門の市場規模は次の通り。また、写真制作の参加人口は、平成27年の1,590万人から平成28年には1,430万人（10.1％減）に減少している。

趣味・創作部門の市場規模

年　　次	平26年	平27年	平28年
趣味・創作部門	11,990	11,720	10,350
カ　メ　ラ	6,550	6,280	4,850
ビデオカメラ	290	210	190

（出所）「レジャー白書2017」

●DPE・印刷・コピーサービスチェーンの売上高

日本フランチャイズチェーン協会の「FC統計調査」によると、平成28年度のDPE・印刷・コピーサービスチェーンの売上高は前年度比4.6％増の780億3,400万円であった。また、店舗数は同1.7％増の1,989店となっている。

DPE・印刷・コピーサービスチェーンの売上高、店舗数

項　　目	平27年度	平28年度	増減 （前年比）
チェーン数	10	10	―
店　舗　数	1,956	1,989	1.7％
売上高（百万円）	74,597	78,034	4.6％

（注）調査期間は平成29年7月～9月

●DPE大手の売上高

日経流通新聞「第35回サービス業総合調査」によると、DPE大手4社の売上高は次の通りとなっている。

DPE大手の売上高（平成28年度）

社　　名	売上高 （百万円）	伸び率 （％）
キ　タ　ム　ラ	40,950	▲3.8
プラザクリエイト本社	9,533	▲4.3
堀　内　カ　ラ　ー	3,968	0.7
コ　イ　デ　カ　メ　ラ	3,825	▲2.0

（出所）日経流通新聞

●写真撮影・プリント代

総務省「家計調査年報」によると、写真撮影・

プリント代の1世帯当たりの年間支出額は次の通り。

写真撮影・プリント代の年間支出額推移

年次	支出額（円）	年次	支出額（円）
平23年	3,819	平26年	3,846
24年	3,631	27年	3,547
25年	3,705	28年	3,515

（注）二人以上の世帯
（出所）総務省「家計調査年報」

業界の特性

●店舗数

NTTタウンページ「iタウンページ」によると、平成29年7月6日現在の画像加工・写真プリント店・施設数は8,875件となっている。

画像加工・写真プリント店・施設数

地域	施設数	地域	施設数	地域	施設数
全　国	8,875	富　山	141	島　根	120
北 海 道	373	石　川	125	岡　山	262
青　森	124	福　井	92	広　島	303
岩　手	146	山　梨	97	山　口	174
宮　城	221	長　野	259	徳　島	79
秋　田	147	岐　阜	99	香　川	126
山　形	173	静　岡	191	愛　媛	153
福　島	265	愛　知	256	高　知	85
茨　城	199	三　重	75	福　岡	298
栃　木	155	滋　賀	107	佐　賀	66
群　馬	130	京　都	167	長　崎	150
埼　玉	263	大　阪	409	熊　本	169
千　葉	275	兵　庫	346	大　分	119
東　京	596	奈　良	85	宮　崎	105
神 奈 川	320	和 歌 山	95	鹿 児 島	204
新　潟	281	鳥　取	71	沖　縄	179

（出所）「iタウンページ」

●サービス

DPE店のサービスは、デジタルカメラ、携帯電話・スマートフォンを使った写真プリントのほか、CD/DVDへの書き込み、ネットプリント、フォトブックなどさまざまである。撮影した画像は店頭に持ち込むほか、ネットを介して申し込むことができる。

ノウハウ

●プラザクリエイトの取り組み

プラザクリエイトは、携帯電話販売店で印刷紙を使った写真を客が印刷できるサービスを始めた。写真印画紙の自動出力機を開発し、ソフトバンクの携帯電話販売店で導入した。スマートフォンやカメラのSDカードをつなげれば、画面に写真が表示される。タッチしてサイズなどを選ぶと出力される。また、写真付きのスマートフォンケースやTシャツなどのオリジナル商品の注文も受ける。プラザクリエイトは現像だけでなく、アルバム作りや雑貨などの写真プリントへシフトしている。ニーズの掘り起こしを図り、生き残りを図りたい考えだ。

経営指標

ここでは参考として、TKC経営指標（平成29年版）より、「写真プリント、現像・焼付業」の数値を掲げる。

TKC経営指標 （変動損益計算書）	全企業　34件	
	平均額（千円）	前年比（％）
売上高	40,311	96.5
変動費	12,593	93.6
仕入高	10,766	94.4
外注加工費	1,649	88.8
その他の変動費	30	62.9
限界利益	27,718	97.9
固定費	27,391	100.0
人件費	13,829	99.8
減価償却費	1,007	93.3
租税公課	511	103.2
地代家賃・賃借料	3,431	100.0
支払利息・割引料	207	90.2
その他	8,389	101.0
経常利益	326	35.2
平均従事員数	6.0名	

今後の課題／将来性

●課題

写真プリント市場は、撮影の主体がデジタルカメラからスマートフォンに移行し、デジタルカメラの出荷台数も減少している。DPE大手はさまざまな取り組みを行っているが、打開策は見つかっていない。

《関連団体》　全日本写真材料商組合連合会
東京都千代田区神田小川町2-3
M&Cビル8F
TEL　03（5282）7170

●サービス業● （その他）

クリーニング店

最近の業界動向

◉クリーニング店の減少

クリーニング店の減少が続く一方、コインランドリーの数は増えている。クリーニング店よりも半額程度の料金で、ダウンジャケットや羽根布団なども洗うことができる。クリーニング店はさまざまなサービスで顧客獲得を図っているが、需要拡大には至っていない。

◉宅配クリーニングサービス

ホワイトプラスが展開する宅配クリーニングサービス「リネット」は、働く女性などの支持を集めて会員数を伸ばしている。スマートフォンやパソコンからクリーニングを依頼すると、クロネコヤマトが集配し、提携工場でクリーニングし、仕上がった衣服は指定時間に届けてくれる。利用料金はワイシャツが194円、ジャケットが745円で、送料は別料金だが、プレミアム会員（月額324円）になると、1回当たり総額2,052円以上は送料が無料となる。平成28年9月末からは深夜0時まで集配時間を伸ばし、帰宅時間の遅い人の取り込みを図っている。また、ハウスクリーニング「おそうじ本舗」を運営する長谷川ホールディングスは、ローソンの店舗で宅配クリーニングサービスの申し込みができるようにした。ローソンがシリアルナンバーを記載したカードを販売し、利用者はネット上で番号を記入すると業者が自宅に衣類を回収に来てくれる。これまで、家電量販店でもカードを販売していたが、コンビニエンスストアを通じて顧客の裾野を広げる。

◉「ウォッシュアンドフォールド」の旗艦店を開く

洗濯代行サービスを手掛けるアピッシュは、「ウォッシュアンドフォールド」の旗艦店を中目黒駅の高架下に開き、水洗いクリーニングを相場より安く提供する。洗濯代行サービスでは、専用のランドリーバッグに洗濯ものを詰めて、宅配業者に渡すと、大型の洗濯機で個別に洗い、自宅などに届けてくれる。水洗いクリーニングは衣服へのダメージが少なく、ドライクリーニングのように独特の匂いが残らない。「ウォッシュアンドフォールド」は、東京や大阪に18店を展開しているが、集荷と配送地域を広げて新規顧客の開拓に力を入れる。

マーケットデータ

◉大手クリーニング2社の売上高

白洋舎ときょうとくの大手クリーニング2社の売上高は次の通り。

クリーニング大手2社の売上高（単位：百万円）

社　名	売上高	営業利益	経常利益
白　洋　舎 （平28.12連結）	48,977 (47,768)	1,414 (1,353)	1,425 (1,338)
きょくとう （平29.2単独）	6,803 (6,868)	361 (139)	230 (446)

（注）カッコ内は前期実績
（出所）厚生労働省「衛生行政報告例」

◉洗濯代の年間支出額

総務省「家計調査年報」によると、平成28年の1世帯当たりのクリーニング代を含む洗濯代の年間支出額は前年比0.2％増の6,615円だった。

1世帯当たりの洗濯代の年間支出額（単位：円）

年次	支出額	年次	支出額
平19年	8,915	平24年	7,372
20年	8,849	25年	6,896
21年	8,131	26年	7,164
22年	7,795	27年	6,601
23年	7,281	28年	6,615

（注）二人以上の世帯
（出所）総務省「家計調査年報」

◉クリーニング事業者の推移

厚生労働省の「衛生行政報告例」によると、平成27年度の全国のクリーニング事業者は前年比4.0％減の10万4,180で、減少傾向が続いている。

施設数の推移（各年3月末現在）

年　度	平25	平26	平27
クリーニング業	113,567	108,513	104,180
クリーニング所（取次所を除く）	32,005	30,371	29,423
取次所	79,773	76,341	72,888
無店舗取次所	1,789	1,801	1,869

（出所）厚生労働省「衛生行政報告例」

◉クリーニング市場

1世帯当たりのクリーニング代を含む洗濯代

は、減少傾向にある。クリーニング市場規模は、総務省「家計調査年報」の1世帯当たりの洗濯代に全国の世帯数をかけることで算出される。平成28年のクリーニング市場規模は約3,767億円（平成28年の6,615円×5,695万世帯）と推計される。

業界の特性

●クリーニング師数

厚生労働省の「衛生行政報告例」によると、平成27年度の全国のクリーニング師数は4万5,684人である。

クリーニング師数（単位：人）

年　度	平25	平26	平27
クリーニング所従事	49,662	47,230	45,593
無店舗取次店従事	75	84	91
合　計	49,737	47,314	45,684

（出所）厚生労働省「衛生行政報告例」

●営業時間

単身者や働く女性の増加を受け、仕事帰りに衣類を受け取りたいというニーズが高まり、クリーニング店の営業時間は長くなっている。一方、宅配クリーニングが広がり、集配時間を伸ばすなど帰宅時間の遅い人に対応している。

●洗濯表示の国際規格統一

平成28年12月1日から、衣類などの繊維製品に付く洗濯表示の記号（マーク）が国際規格と同じマークに刷新された。新たなマークは、①家庭洗濯、②漂白、③乾燥、④アイロン、⑤クリーニングの仕方を示す5つの図形（基本記号）と、それぞれの強さや温度などを示す付加記号を組み合わせて構成され、簡略な記号のみとなる。⑤のクリーニングは次の通り。

新しい洗濯記号の見方（クリーニング）

基本記号	付加記号	マーク例
クリーニングの種類 ○	「P」や「F」使える溶剤「W」ウェットクリーニング － 弱い操作でなど	Ⓕ 石油系溶剤でドライクリーニングできる / Ⓦ 弱い操作でウェットクリーニングできる

ノウハウ

●宅配クリーニングと無料保管のサービスを拡大

喜久屋が運営する宅配クリーニングサービス「リアクア」は、衣類のクリーニングと無料保管サービスのセットに続き、布団、寝具類の6カ月無料保管サービスを平成29年6月8日より受付開始した。自宅からクリーニング店までの持ち運びが大変な布団、寝具類を宅配便で自宅まで集荷配達し、さらに6カ月間無料で保管する。「リアクア」は、平成28年6月にサービス産業生産性協議会が主催する「第1回 日本サービス大賞」で、「優れたサービスをつくりとどけるしくみ」として評価され、CM動画をYouTubeにアップするなどの工夫もしている。

経営指標

ここでは参考として、TKC経営指標（平成29年版）より、「普通洗濯業」の数値を掲げる。

TKC経営指標（変動損益計算書）	全企業　207件	
	平均額（千円）	前年比（％）
売上高	108,047	98.6
変動費	11,935	98.8
仕入高	8,339	98.7
外注加工費	2,164	102.2
その他の変動費	1,443	96.3
限界利益	96,111	98.6
固定費	93,442	98.9
人件費	51,952	100.9
減価償却費	4,420	104.7
租税公課	1,492	100.1
地代家賃・賃借料	8,373	99.8
支払利息・割引料	873	92.2
その他	26,340	94.3
経常利益	2,669	89.1
平均従事員数	25.5名	

今後の課題／将来性

●課題

家庭用洗濯機の高機能化やコインランドリーの増加、宅配クリーニングの広がりなど、従来のクリーニング店は苦境に立たされている。一方で、店舗型のクリーニング店がコインランドリーを併設して集客と自社サービスの差別化を図っている。

《関連団体》　全国クリーニング生活衛生同業組合連合会
　　　　　　　東京都新宿区若葉1-5　全国クリーニング会館
　　　　　　　TEL　03（5362）7201

●サービス業● （その他）

葬 儀 社

最近の業界動向

●葬送の簡素化が進む

葬儀をせず火葬だけですませる直葬が増加している。葬送の簡素化に加え、人口減少に伴う檀家の減少や宗教心の変化により、地方では寺院が立ちゆかなくなっている。一方、火葬場不足の影響で火葬までの待ち時間が長くなり、すぐに火葬できない遺体を一時的に預かる施設の利用が広がっている。斎場併設の安置所は、斎場利用が条件となっていることが多く、直葬希望者の利用が多くなっている。一方で安置施設に法的な規制がなく、衛生管理などのルールづくりが求められる。

●葬儀費用

日本消費者協会の調査報告（平成29年）によると、日本人が葬儀にかける費用の総額は、地域によってばらつきがあるが全国平均で195万7,000円であった。また、葬儀の依頼先は葬儀社がトップで全体の66.5％を占めている。次いで、冠婚葬祭互助会が15.4％、農協・生協・漁協が7.8％であった。

葬儀費用

項　目	費用（万円）
通夜からの飲食接待費	30.6
寺院への費用	47.3
葬儀一式費用	121.4
葬儀費用合計	195.7

（出所）日本消費者協会

●葬儀会館をシニア世代の交流の場として活用

九州地域を中心に冠婚葬祭施設を展開するサンレーは、葬儀会館をシニア世代の交流の場として活用する。増え続けるシニア世代を生前からサポートする事業に軸足を移す。地域住民に葬儀会館の施設を貸し出すほか、イベント等の交流拠点として活用する。

●簡素な葬儀

スマートフォン向けゲームなどを手掛けるカヤックは、平成28年に鎌倉自宅葬儀社を設立し、葬儀ビジネスに参入した。葬儀場を使わない自宅葬に特化し、火葬のみのプランは25万円、30人程度の規模でお別れ会を開くプランは55万円。要望に応じて出張料理サービスなども行う。また、ユニクエスト・オンラインは、葬儀プラン「小さなお葬式」をインターネットで販売しているが、従来より2割程度安いプランを発売した。棺や骨つぼ、火葬料金がセットになったプランで14万5,000円。お坊さんを呼ばず仏具を省くことで安い料金になった。従来は19万3,000円で、お坊さんを呼ぶ場合は別途料金がかかる。葬儀の在り方に対する消費者の意識は変わりつつある。

マーケットデータ

●大手葬祭業の売上高

日経流通新聞「第35回サービス業総合調査」によると、平成28年度の大手葬祭業の売上高は次の通り。

大手葬祭業の売上高（平成28年度）

社　名	本社	売上高（百万円）	前年度比伸び率(%)
日 本 セ レ モ ニ ー	山　口	33,969	15.7
メ モ リ ー ド	長　崎	21,747	2.6
ホ ー ル デ ィ ン グ ス	大　阪	18,677	0.9
雅　　裳　　苑	新　潟	15,112	3.6
サ ン レ ー	福　岡	13,410	0.8
く ら し の 友	東　京	11,828	5.9
テ ィ ア モ	愛　知	10,217	3.3
セ レ モ	千　葉	9,296	1.7
平 安 レ イ サ ー ビ ス	神奈川	8,740	8.5
サ ン ・ ラ イ フ	神奈川	7,874	2.2

（出所）日経流通新聞

●葬儀業の売上高

経済産業省「特定サービス産業動態統計調査」

葬儀業の売上高、取扱件数等

年　度	平26	平27	平28	前年比(%)
売上高（百万円）	602,132	602,030	605,928	0.6
取扱件数（件）	422,457	416,345	426,690	2.4
調査対象の事業所数	2,156	2,230	2,312	3.7
従業者数（人）	23,615	23,791	23,918	0.5
正社員	11,716	11,780	11,913	1.1
その他従業者	11,899	12,011	12,005	0.0

（注）当該業種の全国（又は特定の地域）の年間売上高の概ね7割程度をカバーする売上高上位の企業（又は事業所）平成27年1月分より一部調査対象の追加を行ったため、以前の数値と不連続が生じている。なお、伸び率はこれを調整したものである

（出所）経済産業省「特定サービス産業動態統計調査」

によると、平成28年度の葬儀業の売上高は0.6％増の6,059億2,800万円、取扱件数は同2.4％増の42万6,690件となっている。

業界の特性

●事業所数、従業員数

総務省「サービス産業動向調査」によると、平成27年の事業従事者は9万9,000人で、前年に比べて8.1％減少している。

●葬儀にかかる費用

葬儀費用の総額は一般的に、①葬儀一式（葬儀本体にかかる費用）、②実費、③お布施の3つの費用で構成される。③のお布施については、お布施や寄付の不透明さから、寺との接触を敬遠する人が増えている。

●葬儀場の種類

葬儀場の種類は次の通りである。葬儀専門の式場…葬祭会館・斎場。宗教施設の式場…寺院・神社、教会。このほか、自宅、自治体・公共団体の施設、ホテルなど。葬儀専門の式場の場合、所有する葬儀業者に葬儀を依頼することが葬儀専門の式場を使用する条件になる。

●問い合わせ件数が累計30万件突破

仏事関連総合サービスのメモリアルアートの大野屋は、冠婚葬祭のしきたりやマナー、仏事全般に関する相談に電話やメールを通じて365日無料で回答する「大野屋テレホンセンター」を開設している。年間約2万6,000件の問合せが寄せられるテレホンセンターでは、平成29年8月15日に問合せ件数が30万件を突破した。最近の傾向として、葬儀の事前相談の増加傾向が顕著である。

●葬儀サービスに関する相談件数

国民生活センターによると、葬儀サービスに関する相談件数は次の通り。

葬儀サービスに関する相談件数

年　度	平24	平25	平26	平27	平28
相談件数	704	730	724	764	715

（出所）国民生活センター

ノウハウ

●シンプルな生前契約

定額のお葬式「シンプルなお葬式」や法事法要にお坊さんを手配する「お坊さん便」を運営する「みんれび」は、本人あるいは家族が生前に葬儀を決めて契約（葬儀費用の前払い）を済ませておくことのできるお葬式の生前契約サービス「シンプルな生前契約」を平成29年8月より開始した。また、「シンプルなお葬式」で、葬儀の悩みを対面で無料相談できるサービスも始めた。平成28年から対面サービスを試験的に始めたが、好評で需要があると判断した。みんれびは、これまで僧侶手配サービスや葬儀費用のオンライン決済など、ネットを活用した利便性の高いサービスを提供してきた。対面サービスで顧客満足度を高めて成約率の向上を図っていく。

経営指標

ここでは参考として、TKC経営指標（平成29年版）より、「葬儀業」の数値を掲げる。

TKC経営指標 （変動損益計算書）	全企業　188件	
	平均額（千円）	前年比（％）
売上高	248,307	100.3
変動費	128,267	99.6
仕入高	127,067	99.6
外注加工費	780	97.9
その他の変動費	281	111.6
限界利益	120,039	101.0
固定費	109,373	100.2
人件費	62,214	100.3
減価償却費	8,090	103.2
租税公課	3,068	94.0
地代家賃・賃借料	8,163	99.0
支払利息・割引料	1,820	91.8
その他	26,008	100.9
経常利益	10,666	109.1
平均従事員数	14.2名	

今後の課題／将来性

●課題

すでに小規模な葬儀が増えており、また、長期的には死亡者も減少していくことが予測される。従来はなかったサービスによって異業種の事業者が葬儀関連ビジネスに参入する例も目立つ。その中で存在価値を出すにはIT等の最新技術を活用しながら、利用者のニーズに応えるサービスを考案して提供することが重要と言える。

《関連団体》　全日本葬祭業協同組合連合会
　　東京都港区港南2－4－12　港南YKビル4F
　　TEL　03（5769）8701

●サービス業●（その他）

コインランドリー業

最近の業界動向

●コインランドリーの新店が増加

　コインランドリーの新店が続々と開業し、市場が活性化している。共働き世帯の増加や自宅で洗濯できる衣料品が増えたこと、人手をかけずに運営できることなどが要因で、参入者も相次いでいる。クリーニング支出の節約を背景に、コインランドリーは成長が続いている。

●大手コインランドリーの動向

　九州を中心にコインランドリーを展開するWASHは新規出店を加速させ、平成28年には100店を新規出店し約400店舗を運営している。徹底したオペレーションの効率化や労務管理など、ITを活用した経営を行っている。ランドリーデボは、24時間対応のカスタマーセンターを設置し、店舗でのトラブルに対応している。また、スウェーデンの家電メーカーの日本法人であるエレクトロラックス・ジャパンは、都市部を中心にコインランドリーの展開を開始している。店内には無料Wi-Fiやカウンターテーブルなどを用意し、待ち時間に仕事もできるようにした。エレクトロラックス・ジャパンは、業務用の洗濯機や乾燥機を販売しており、地元の企業に洗濯機を販売し、運営を委託する形で郊外に大型コインランドリーを展開している。今後は都市部のニーズに合ったコインランドリーの展開に力を入れる。

マーケットデータ

●コインランドリーの店舗数、市場規模

　厚生労働省「コインオペレーションクリーニング営業施設の衛生実態調査」によると、平成25年度のコインランドリーの施設数は1万6,693施設となっている。店舗の増加が続いており、業界推計では1万8,000～2万店舗とされる。また、市場規模は約1,000億円規模に増加すると推測される。

コインランドリーの施設数

年度	施設数	年度	施設数
平13	12,502	平21	14,426
15	12,726	23	15,985
17	13,746	25	16,693
19	14,840	27（推計）	18,000

（注）隔年調査、平成27年度は調査データなし
（出所）厚生労働省

●洗濯代の年間支出金額

　総務省「家計調査年報」によると、クリーニング所やコインランドリーの利用が含まれる洗濯代の年間支出額は次の通り。平成28年の1世帯当たりの年間支出額は前年比0.2％増の6,615円であった。

洗濯代の年間支出額推移（単位：円）

年次	支出額	年次	支出額
平23年	7,281	平26年	7,164
24年	7,372	27年	6,601
25年	6,988	28年	6,615

（注）二世帯以上の世帯
（出所）総務省「家計調査年報」

●大手コインランドリーの店舗数、売上高

　大手4社の概況は次の通り。WASHハウスの平成28年12月期の売上高は31億1,800万円（平27年12月期20億5,000万円）、ランドリーデポの27年度売上高は19億9,100万円（平成26年度17億3,200万円）、エムアイエスの平成28年9月期の売上高は14億円、各種機器設置メンテナンス事業などを手掛けるフジタカコーポレーションの平成28年9月期の売上高は54億4,000万円となっている。このほか、関西地盤のノムラクリーニングや関東地盤のトリオマネジメント「ジャンボランドリーふわふわ」などがある。

大手コインランドリーの概況

企業名	店舗名	本社	店舗数
WASHハウス	WASHハウス	宮崎市	平28年12月361店舗
ランドリーデポ	コインランドリーデポ	町田市	平27年度184店舗
エムアイエス	マンマチャオ	横浜市	平29年5月335店舗
フジタカコーポレーション	ホワイトピア	京都市	平29年6月229店舗

（出所）各社決算資料等

業界の特性

— 254 —

●立地

コインランドリーは都市型と郊外型に分けられる。都市型は公衆浴場や街角のスペースに設置するコインランドリーである。郊外型は広い駐車場と大型設備を設置したコインランドリーで、カーテンや布団など大きな洗濯物を洗うために利用するケースが多い。

●規模・設備・営業時間

安全性を高めるための防犯カメラの設置、子育て世代に対応したキッズスペース、待ち時間に対応した無料Wi-Fiの完備、プリペイドカードやICカードの導入などが進んでいる。また、24時間営業のコインランドリーでは、カスタマーセンターを設置し24時間トラブルに対応する。

●事業特性

コインランドリーの事業特性は次の通り。①人件費がかからない（利用者自らが洗濯や乾燥を行うため、一般的な小売業やサービス業と比べて人件費が安く抑えられる）、②高い利益率が見込める（開業後に発生する主な費用は、水道代や光熱費、洗剤などの消耗品が中心で、粗利益率が高い）、③参入障壁が低い（コインランドリーで使われる洗濯機や乾燥機は、メーカーによって洗浄力などに大きな差がないため、知名度がなくても立地が良ければ一定の利用客が見込める）。

●開業・運営のサポート

コインランドリーの開業・運営にあたっては、機器メーカーや販売代理店から支援を受けるケースがほとんどである。立地調査や店舗設計などのサポートなどを支援する。

●コインランドリーの利用料金

コインランドリーの利用料金例は次の通り。

コインランドリーの利用料金例

使用する機器	洗濯と乾燥	乾燥のみ
小型サイズ	600〜800円	100円程度
中型サイズ	1,000〜1,200円	
大型サイズ	1,600〜1,800円	

ノウハウ

●利用者の利便性を高めるサービス

大型で高性能な洗濯乾燥機を設置しているコインランドリーでは、羽根布団や毛布を洗うことができる。家庭用の乾燥機は50度程度だが、ガスを使うコインランドリーの洗濯乾燥機の熱風の温度は最高で80度に達する。洗濯物が早く乾き、ダニ退治の効果も期待できる。来店前にスマートフォンで店内の選択乾燥機の空き状況を確認できるなど、IoTの活用も広がっている。また、ショッピングセンター内にあるコインランドリーでは、待ち時間に買い物やコーヒータイムを楽しむこともできる。ペットを洗う専用コーナーを設けたコインランドリーもあり、さまざまなサービスを提供している。

経営指標

コインランドリー業単独の指標は見当たらないので、ここでは参考として、TKC経営指標（平成29年版）より、「リネンサプライ業」の数値を掲げる。

TKC経営指標 （変動損益計算書）	全企業　122件	
	平均額（千円）	前年比（％）
売上高	206,890	100.3
変動費	72,795	98.7
仕入高	64,269	99.5
外注加工費	6,106	98.1
その他の変動費	2,549	90.8
限界利益	134,094	101.2
固定費	126,788	99.7
人件費	72,986	102.3
減価償却費	6,388	106.9
租税公課	1,994	106.5
地代家賃・賃借料	5,778	97.3
支払利息・割引料	1,203	99.6
その他	38,460	93.8
経常利益	7,306	138.9
平均従事員数	26.4名	

今後の課題／将来性

●将来性

共働き世帯の増加で、週末にまとめ洗いをする利用者が増えたことや、花粉やダニ対策で布団などをこまめに洗う習慣が根付いたことなどで、コインランドリーの店舗は増え続けている。提供されるサービスも多様化し、利用者の利便性も高まっている。コインランドリーの市場は、今後も堅調に推移すると予想される。

《関連団体》　全国コインランドリー連合会
東京都中野区本町1−23−9　（株）ニド内
TEL　03（3372）1301

●サービス業●（その他）

テレマーケティング業
（コールセンター）

最近の業界動向

●年間売上高は7,725億5,600万円

テレマーケティング業は、電話受付や受注業務などのコールセンターやテレマーケティング業務の企画・運営・管理などを行う。コールセンター各社では、AIを活用する動きが活発化している。日本コールセンター協会によると、平成28年度の年間売上高は7,725億5,600万円であった。平成27年度（7,112億5,000万円）と比較可能な25社の売上高は7,214億8,700万円で、1.4％の増加となっている。

●AIを活用した「チャットボット」を使う動きが広がる

コールセンターでは、問い合わせ対応の質を保ちながら、必要な人手を減らせるため、AIを活用して人間のように応答する「チャットボット」を使う動きが広がっている。LINEをはじめとした対話アプリの普及も、チャットボットの広がりを後押ししている。コールセンターのトランスコスモスは、広告と組み合わせたサービス「デックアズ」を開発し、全日本空輸が試験運用を始めた。消費者が広告に触れると、チャット画面に移行して、チャットボットがどこに旅行に行きたいか問いかけ、予約のページに誘導する。問い合わせ対応にもチャットボットが広がり、導入を支援するサービスも相次いで登場している。

●多言語の低価格のコールセンターサービスを提供

コールセンターのベルシステム24は、英語や中国語など多言語の低価格のコールセンターサービスを提供している。新サービスは、1人のオペレーターが複数のクライアント企業を担当することで、大規模コールセンターに比べて5分の1程度の価格で、宿泊施設や小売店など中小事業者を対象にしている。価格は全日午前9時〜午後6時の英語による受付で、月間100コール（受電）まで

の場合、初月のみ発生する導入準備金が5万円（税別）で、ランニング費用が月13万9,000円（税別）。101コール目からは1コールにつき950円（税別）が加算される。

●トランスコスモスの新サービス

コールセンターのトランスコスモスは、オペレーターが自分のスマートフォンのチャットアプリを使って問い合わせに対応するシステムを構築した。オペレーターは、自由な場所、時間に仕事ができるようになった。委託する企業は電話回線や座席、パソコンを備えたコールセンターを開設する必要がない。新システムは平成29年11月から稼働し、長時間勤務や通勤が難しい人も働けるようになる。オペレーターは、「クラウドワーカー」としてトランスコスモスに対応できる業務内容を登録する。業務をトランスコスモスに委託する企業は、新サービスを使えば整備投資負担を軽減できる。

マーケットデータ

●コールセンターの年間売上高

日本コールセンター協会によると、コールセンターの年間売上高の推移は次の通りである。平成28年の年間売上高は前年比4.4％増の7,725億5,600万円であった。

コールセンターの年間売上高（単位：百万円）

年　次	平26年	平27年	平28年
売上高	698,155	740,009	772,556

（出所）日本コールセンター協会

●コールセンター（テレマーケティング）の市場規模

矢野経済研究所によると、コールセンター（テレマーケティング）の市場規模は次の通り。平成27年度は前年度比2.4％増の8,390億円であった。平成28年度は前年度比1.6％増の8,524億円と予測されている。

コンタクトセンター（テレマーケティング）市場規模（単位：億円、％）

年　度	平25	平26	平27	平28（予）	平29（予）
市場規模	8,037	8,196	8,390	8,524	8,670
前年度比	1.8	2.0	2.4	1.6	1.7

（出所）矢野経済研究所

●コールセンター大手の売上高

コールセンター大手の売上高は次の通り。

コールセンター大手の売上高・国内拠点数

企業名	連結売上高 （百万円）	決算期
トランスコスモス	242,314 (224,605)	平29・3
NTTマーケティングアクト	115,833 (122,900)	平29・3
ベルシステム24	108,916 (102,540)	平29・2
りらいあコミュニケーション	96,188 (81,500)	平29・3

（出所）カッコ内は前の期の売上高、各社決算報告、NTT
マーケティングアクトは通販新聞社

業界の特性

●会員数

日本コールセンター協会の加盟会員数は、平成
29年10月4日現在219社である。会員の職種は、
①インハウス（自社の製品・サービスを販売提供
するために自社内でテレマーケティングを活用し
ている企業）、②サービスエージェンシー（他社
にテレマーケティングを提供することを主たる業
務としている企業）、③サポート（テレマーケ
ティングを行うにあたって必要な機器、サービスを
提供している企業）などである。

●業務の種類

業務はオペレーターが顧客からの電話を受け
るインバウンドと、オペレーターが顧客に電話を
かけるアウトバウンドがある。インバウンドは商
品の注文受付や資料請求、相談、苦情対応が中心
である。アウトバウンドはDMのフォローや債権
の催促、見込み客へのセールスなどが中心であ
る。日本コールセンター協会の調査によると、平
成28年の売上高に占めるインバウンドとアウトバ
ウンド比率は、インバウンドのみ、インバウンド
の方が多いと答えた企業が多く、全体の80％を占
めている。一方、アウトバウンドの方が多いと答
えた企業は12.7％となった。また、外国語対応に
関しては、全体の58.2％が対応を行っており、英
語のほか、フランス語、ドイツ語、イタリア語、
タイ語、ベトナム語、インドネシア語、ロシア語
への対応を挙げている。

ノウハウ

●人事制度の改定で人材確保につなげる

ベネッセ系コールセンターのTMJは、平成30
年4月に人事制度を改定する。職種・地域限定正
社員の適用範囲を拡大し、地域手当を創設した
り、短時間勤務を導入したりして、コールセンタ
ー職員の働き方改革を進める。新制度を導入する
範囲を全国に広げ、働きやすさをアピールして人
材確保につなげる。

経営指標

ここでは参考として、TKC経営指標（平成29
年版）より、「その他の情報処理、提供サービス業」
の数値を掲げる。

TKC経営指標 （変動損益計算書）	全企業　81件	
	平均額（千円）	前年比（%）
売上高	177,972	111.7
変動費	37,831	118.0
仕入高	28,117	121.8
外注加工費	9,525	108.8
その他の変動費	155	77.9
限界利益	140,141	110.1
固定費	130,997	110.2
人件費	70,981	103.9
減価償却費	3,549	122.0
租税公課	934	82.3
地代家賃・賃借料	4,926	98.4
支払利息・割引料	812	101.5
その他	48,707	119.1
経常利益	9,144	108.4
平均従事員数	12.2名	

今後の課題／将来性

●将来性

AIの導入で、業務の迅速化が図られている。
しかし、複雑な案件や顧客に提案するような場合
は、オペレーターが担当し、適切な対応をしなけれ
ばならない。業務の効率化は不可欠であるが、優
秀なオペレーターの確保は付加価値を高めるため
に欠かせない。コールセンター各社は、働き方の
仕組みを変え、人材確保に努めている。また、
AIを活用しながら、新しいビジネスを構築して
いくことが求められている。

《関連団体》　一般社団法人日本コールセンター協会
　　東京都千代田区神田東松下町35
　　アキヤマビルディング2　4F
　　TEL　03（5289）8891

●サービス業● （その他）

ベビーシッター

最近の業界動向

●自治体がベビーシッターを割安で自宅に派遣する取り組み

　東京都内の自治体が待機児童対策として、ベビーシッターを割安で自宅に派遣する取り組みを始めている。待機児童にも対象を広げるシッター保育制度は、国や自治体が経費の大半を負担する。両親ともフルタイム勤務などの制約があり、保育の必要性が高い世代が優先される。自治体がベビーシッターを自宅に派遣して子どもを保育する居宅訪問型保育事業は、平成27年に国が導入した「子ども・子育て支援制度」の許可事業として始まり、障害児などの保育を主眼としていた。待機児童にも広げることで、待機児童対策の一つとする。経費の大半を国や都道府県、区市町村が負担することで、個人負担は保育所の料金と同額で済むようになる。

●ネット仲介で中間層の開拓を図る

　保育サービスのポピンズは、グリーの子会社スマートシッターを買収して完全子会社化し、ベビーシッターのネット仲介サービスに参入した。利用者の利便性と人材の確保を図る狙いがある。潜在保育士が大幅に増加し問題となっているが、柔軟な働き方を提供することで潜在保育士をシッターとして取り込むことができる。大手の参入でネット仲介の認知度が高まれば、ベビーシッターの利用が広がるとともに、サービスの向上も期待される。また、ポピンズは高所得者向けにシッター事業を展開していたが、ネット仲介をすることで中間層の取り込みを図り、首都圏から全国に広げていく。

●平成29年度ベビーシッター派遣事業

　ベビーシッター派遣事業は、事業主等に雇用される労働者がベビーシッター派遣サービスを利用した場合、その労働者が支払う利用料金の一部又は全部を補助する事業で、2,200円の割引券を事業主等に発行し、労働者が1日（1回）につき1家庭1枚使用できる。事業主等は、割引券利用手数料として割引券1枚につき、中小事業主は110円、それ以外の事業主は220円を支払う。また、義務教育就学前の児童を養育する労働者が産前産後の育児休業や介護休業等の期間で職場への復帰のためにベビーシッター派遣サービスを利用する場合には、年度内4枚まで割引券を使用できる。

マーケットデータ

●協会加盟事業者の売上高

　全国保育サービス協会の「平成28年度実態調査報告」によると、同協会に加盟する96社の平成28年度の合計売上高は637億5,639万円であった。平成27年度（96社）に比べて11.8％の増加となった。

会員事業者の合計売上高（単位：万円、％）

項　　目	平27年度 （96社）	平28年度 （96社）	構成比
家庭訪問保育	479,029	488,712	7.7
在宅保育	379,830	386,751	6.1
在宅外保育	99,199	101,961	1.6
施設型保育事業	3,448,083	4,219,735	66.2
直営施設	1,570,514	1,997,325	31.3
委託施設	1,877,569	2,222,410	34.9
保育所養成研修	1,288	1,732	0.0
その他保育関連	359,966	423,572	6.6
保育関連事業小計	4,288,360	5,133,751	80.5
その他保育以外	1,100,240	1,241,888	19.5
総合計	5,388,606	6,375,639	100

（出所）全国保育サービス協会

●保育サービスの売上高

　日経流通新聞「第35回サービス業総合調査」に

保育サービスの売上高（平成28年度）

社　名	売上高 （百万円）	伸び率 （％）
ポ　ピ　ン　ズ	11,754	15.0
ア　イ　グ　ラ　ン	9,907	30.8
小学館集英社プロダクション	6,091	6.5
テノ.ホールディングス	4,770	33.6
ラ　イ　フ　サ　ポ　ー　ト	3,046	20.4
明　　日　　香	1,504	23.1
パ　ワ　フ　ル　ケ　ア	257	22.4
マ　ザ　ー　ネ　ッ　ト	225	▲3.0
サ　ン　フ　ラ　ワ　ー・A	219	5.8
マ　マ　M　A　T　E	182	4.6
ジャパンベビーシッターサービス	111	▲20.1

（出所）日経流通新聞

よると、平成28年度の保育サービスのうち、ベビーシッター事業を手掛ける企業の売上高は表の通り。このほか、家事代行サービスのベアーズが「キッズ＆ベビーシッター」のサービス名でベビーシッターサービスを展開している。

業界の特性

●事業者数、事業所数

全国保育サービス協会の「平成28年度実態調査報告」によると、同協会加盟の事業者数、事業所数は次の通り。平成28年度の事業者数は96社、事業所数は450カ所となっている。

ベビーシッター事業者数、事業所数 (平成28年度)

ブロック別	事業者数	事業所数
関東・東北・北海道	22	105
東　　　　　　　京	31	180
中　部　・　近　畿	26	102
中　国・四　国・九　州	17	63
合　　計	96	450

(出所) 全国保育サービス協会

●ベビーシッター資格認定試験

ベビーシッターは国家資格を必要としないが、全国保育サービス協会では、ベビーシッターの資格認定制度における「ベビーシッター資格認定試験」を実施している。協会主催の研修会2種類(養成、現任研修)を受講、修了し、在宅保育の実務経験を持つ人が認定試験を受験し、合格すると「認定ベビーシッター」資格が付与される。

●サービス内容

ベビーシッターは、基本的には依頼者の自宅で乳児・幼児の保育を行う。主なサービスは、食事やおむつ替え、排せつなど日常の世話、幼稚園や保育園の送迎、遊びなどの相手を行う。また、外出先での世話や買い物の付き添いなども行う。

ノウハウ

●1万円のポイントを贈るキャンペーン

ベビーシッター仲介サービスのキッズラインは、許可保育所の入所に落選した親に1万円分のポイントを贈るキャンペーンを始めた。自治体からの「不承諾通知」の画像を送ると、同社のベビーシッターが利用できる3回分のポイントがもらえる。初めて同社のサービスを受ける利用者が対象で、利用できる期間が設定されている。保育園に落ちた親に同社のサービスを利用してもらい、会員獲得につなげる狙いがある。キッズラインは、1時間1,000円から即日ベビーシッターが頼めるサービスで、保育士や大学生など約千人が審査を経て登録している。クラウド会計ソフトのフリーは、キッズラインと提携し、人事労務ソフトの利用者にベビーシッターの割引を行っている。

経営指標

ベビーシッターの指標は見当たらないので、ここでは参考として、TKC経営指標(平成29年版)より、「他に分類されないその他生活関連サービス」の数値を掲げる。

TKC経営指標 (変動損益計算書)	全企業　145件	
	平均額(千円)	前年比(%)
売上高	72,301	100.0
変動費	21,999	94.0
仕入高	21,774	95.7
外注加工費	586	100.6
その他の変動費	36	78.0
限界利益	50,301	103.0
固定費	45,352	98.3
人件費	27,819	99.3
減価償却費	1,660	98.1
租税公課	868	112.5
地代家賃・賃借料	2,466	101.2
支払利息・割引料	343	106.8
その他	12,188	94.5
経常利益	4,949	183.4
平均従事員数	13.2名	

今後の課題／将来性

●課題

共働き世帯の増加で需要は拡大しており、ベビーシッターの確保が課題となっている。柔軟な勤務時間を設定することで、潜在保育士を確保する動きも広がりつつある。

●将来性

ネット仲介は手頃な料金設定や多様なサービスなど利用者の利便性が高い。ネット仲介の認知度が高まれば、利用のすそ野は広がると予想される。

《関連団体》　公益社団法人全国保育サービス協会
　東京都渋谷区左門町6−17　山王商会四谷ビル
　TEL　03 (5363) 7455

●サービス業●（その他）

アニメ制作業

最近の業界動向

●アニメ市場は動画配信などで活況

アニメ関連市場は動画配信などで活況を呈しているが、競争激化で製作会社の収益は厳しさを増している。製作本数の増加で、外注費や人件費が増え収益が圧迫されている。

●アニメ制作におけるデジタル技術

最近では、デジタル中心のアニメーションが話題になっている。日本動画協会はアニメ制作のデジタル化の進展を踏まえ、より良い制作環境の整備を目指した調査・研究を行っている。同協会が経済産業省より受託した調査・研究によると、アニメーションのデジタル製作導入の割合は実務に導入済が23.19％、導入中が14.4％、試験的に行い検討しているが13.04％となっている。なお、導入の目的・効果としては制作の効率化が最も高く、次いで品質向上、アニメーター収入向上の順になっている。

●「長寿キャラクター」を生かした商品の販売

アニメ制作会社などは、「長寿キャラクター」を生かした商品の開発を強化している。日本アニメーションは、平成29年から放送40周年を迎える「世界名作劇場　あらいぐまラスカル」の地域限定デザインなどを使った販売促進を始めた。キャラクター商品専門店「キデイランド」などの店に売り場を設けて販売する。LINEのスタンプをきっかけにファン層が広がっている。また、サンリオは、「ドラえもん」の版権者と協力するなどして、約300種類の商品を用意してサンリオの直営店や百貨店の限定特設売り場などで取り扱っている。各社は、子どもの頃に親しんだキャラクターの商品を販売し、需要の掘り起こしを図っている。

マーケットデータ

●広義と狭義のアニメーション市場の差

日本動画協会の「アニメ産業レポート2016サマリー」によると、アニメーション市場は定義によって大きく規模が異なる。これは、キャラクターなどのアニメビジネスが非常に大きなレバレッジ効果をもっているからだとされている。広義と狭義のアニメーション市場規模は次の通り。

アニメ産業市場の推移（単位：億円）

年次	ユーザーが支払った金額を推定した広義のアニメ市場	全ての商業アニメ製作企業の売上を推定した狭義のアニメ市場
平21年	12,542	1,457
22年	13,131	1,488
23年	13,295	1,532
24年	13,333	1,643
25年	14,709	1,846
26年	16,299	1,863
27年	18,255	2,007

（出所）日本動画協会

●アニメ制作企業の収益動向

帝国データバンク「アニメ制作企業の経営実態調査(2017年)」によると、平成28年のアニメーション制作企業全体の収入高は過去10年間で最高だが、一方で平均収入高は10年間で約4割の減収となっている。平成26年度のアニメ制作会社の平均売上高は10億1,800万円でほぼ横ばいで推移している。平成28年のアニメーション制作企業の収入高、増収企業の構成比が2年連続で縮小しており、4割強の制作企業で減益となるなど、収入高・収益ともに伸び悩みの傾向が見られた。アニメ制作企業の約9割が東京都に本社を置き、中でも杉並区の51社が最多であり、総じて23区西部から東京都下に集中している。設立年代別では、平成12年以降に設立した企業が約6割の137社を占める。

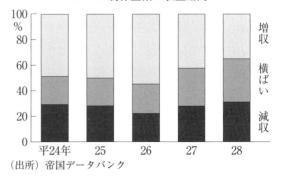

アニメ制作企業の収益動向
（出所）帝国データバンク

業界の特性

●テレビアニメ放映時間帯の傾向

日本動画協会の資料によると、平成27年に初めてテレビアニメーションの放映時間帯として深夜帯の放映時間が前日帯の放映時間を上回った。

全日帯アニメと深夜帯アニメの制作分数推移（単位：分）

年次	全日帯 （6:00〜24:00）	深夜帯 （0:00〜6:00）
平23年	53,338	41,761
24年	62,282	42,788
25年	61,694	50,476
26年	62,094	57,868
27年	54,733	60,800

（出所）日本動画協会

◉アニメ制作会社数

日本動画協会によると、アニメ制作会社は企画・制作、元請け、脚本、演出、動画、音楽、編集を主業とする事業者及びフリーランスを指す。同協会によると、協会の会員数は平成29年10月現在、正会員36社、準会員38社である。

◉業界構造

テレビアニメ作品の取引形態は、アニメ制作業と放送会社との直接取引でなく、複数の企業から構成される制作委員会からアニメ制作会社へと発注されることが多い。また、大量のスタッフが必要になるアニメ制作は、制作委員会、放送局などから直接発注を受ける元請会社、さらにそこから個別作業ごとに再受注する一次下請、二次下請と多層構造になっている。

アニメ制作業の類別

会社の類別	機能
元請制作会社	主に制作委員会やテレビ局から委託され、アニメの制作、運営、管理業務を行っている
グロス請制作会社	主に元請制作会社から委託されてアニメの制作、運営、管理を話数単位等で一括して行っている
下請制作会社	他の制作会社から委託されてアニメ制作工程の業務を行っている
個人事業者	アニメ制作工程の一部の業務を個人で行っている。個人事業者の数は5,000人程度と推定される

◉地方のアニメ制作会社が台頭

アニメ制作会社は東京への一極集中が進む一方、京都アニメーションやピーエーワークスなど地方のアニメ制作会社も健闘している。その理由としては、利便性には欠くが、制作に集中できる環境の良さがあげられる。インターネットの発達で、地域差によるコミュニケーション格差が縮まり、今後も地方のアニメ制作会社が活躍する場面は増えそうである。

ノウハウ

◉クラウドファンディングの活用

平成28年より公開された劇場用長編アニメーション「この世界の片隅に」は、徐々に公開館数を伸ばして長期に渡り好評を博した作品の1つだ。この作品は制作費用を集めるにあたりクラウドファンディングを活用した。クラウドファンディングによる資金集めの成功例である。

経営指標

ここでは参考として、TKC経営指標（平成29年版）より、「アニメーション制作業」の数値を掲げる。

TKC経営指標 （変動損益計算書）	全企業　13件	
	平均額（千円）	前年比（％）
売上高	66,080	94.7
変動費	43,410	102.2
仕入高	2,951	26.8
外注加工費	40,343	129.3
その他の変動費	177	135.6
限界利益	22,669	83.1
固定費	27,693	93.3
人件費	14,284	91.8
減価償却費	845	75.3
租税公課	704	128.3
地代家賃・賃借料	3,314	103.0
支払利息・割引料	29	265.0
その他	8,515	92.4
経常利益	▲5,025	211.0
平均従事員数	3.0名	

今後の課題／将来性

◉課題

活況が続くアニメ市場だが、それを支える製作会社の収益は厳しさを増している。「クールジャパン」の一翼を担うアニメ産業の成長には、製作会社の経済的な底上げや抜本的な収益構造の改善が求められる。一方、アニメの海外輸出は好調が続いている。

《関連団体》　一般社団法人日本動画協会
　東京都千代田区神田和泉町1－7－2　百瀬ビル2F
　TEL　03（5839）2930

●サービス業●（その他）

宅配ボックス・コインロッカー業

最近の業界動向

●コインロッカー・精算機の普及台数は121万台

宅配ボックス・コインロッカー業は、荷物など
を一時預かるための施錠可能な設備の製造・販
売、保守管理や運営を行う事業者である。日本自
動販売機工業会によると、コインロッカー・精算
機他の普及台数は平成28年12月末現在121万台で
増加傾向にある。宅配業者の再配達の負担が問題
になる中、留守中でも荷物を受け取ることができ
る住宅向けの宅配ボックスが広がっている。三菱
地所レジデンスと宅配ロッカーのフルタイムシス
テムは平成29年8月、各住戸専用の「各住戸玄関
前宅配ボックス」の共同開発を始めた。共用エン
トランスドアや宅配ボックスの開錠ができるIC
カードを利用して宅配業者が玄関前まで荷物を配
達する「各住戸玄関前宅配ボックス」の開発は業
界初になるという。また、ミサワホームは平成29
年9月、最大2つの宅配ボックスを内蔵できる玄
関ドア「CONSIGNEE DOOR（ドア内蔵タイプ）」
とゴルフバッグなどの大型宅配物を受け取れる荷
受用外部収納「宅配スペースドア」の運用を開始
し、4月より展開している「CONSIGNEE
DOOR（袖ガラス組み込みタイプ）」に加えて宅
配ボックスのラインアップを拡充すると発表し
た。宅配ボックス市場の需要は高まっており、各
社は新製品など相次いで発売している。

●決済機能をつけた宅配ロッカー

両替機など貨幣処理機のグローリーは、電子マ
ネーによる決済機能をつけた宅配ロッカーを発売
した。コインロッカーを改良したもので、通販業
者などが購入し、駅やスーパーの店頭などにおい
て使う。商品の購入者はメールで送られてきたパ
スワードをロッカーのタッチパネルに入力すれば
荷物を受け取れる。インターネット通販や宅配業
者に採用を働きかける。

●書留郵便の再配達を受け取れるサービス

日本郵便は、郵便局や鉄道駅に設けている全国
85カ所の宅配ロッカー「はこぽす」で、書留郵便
の再配達を宅配ロッカーで受け取れるようにする
と発表した。平成29年3月31日から試行し、イン
ターネット上から本人を確認することで利用でき
るようにする。受取人は日本郵便の会員制サービ
ス「マイポスト」に登録する必要がある。現金書
留は対象外だが、2020年までに全国1千カ所への
導入を目指している。

マーケットデータ

●コインロッカー・精算機他の普及台数と自販金額の推移

日本自動販売機工業会によると、コインロッカ
ー・精算機他の普及台数と自販金額の推移は次の
通り。平成28年のコインロッカー・精算機他の自
販金額は前年比2.0％増の1,452億円となっている。

コインロッカー・精算機他の普及台数と自販金額の推移（単位：台、万円）

年次	普及台数	自販金額
平24年	1,175,000	14,100,000
25年	1,175,000	14,100,000
26年	1,181,000	14,172,000
27年	1,186,000	14,232,000
28年	1,210,000	14,520,000

（出所）日本自動販売機工業会

●宅配ボックス大手の売上高

宅配ボックス大手のフルタイムシステムと日本
宅配システムの売上高は次の通り。フルタイムシ
ステムは、新築分譲マンション向けの宅配ロッカ
ーで国内シェア6割を占める。利用する居住者の
名前やメールアドレスなどを事前に登録すれば、
ロッカーに荷物が届いた時点で知らせてくれる独
自のオンライン管理を強みとしている。

宅配ボックス大手の売上高

企業名	売上高
フルタイムシステム	48億8,682万円（平28年4月期）
日本宅配システム	22億2,600万円（平29年2月期）

（出所）各社資料

業界の特性

●コインロッカーの特性

製造や販売、保守管理、運用などの役割によっ
てビジネス形態が大きく変わる。主な形態は次の
通り。①メーカー型…事業者がロッカーの製造・

販売、設置及び故障時の対応などを行い、購入者は自分で運用する。②オペレーションリース型…事業者がロッカーの設置から運用までを行い、地権者にロイヤルティを支払う形態である。ロッカーの売り上げの一部が事業者の収益である。③フランチャイズ型…事業者はロッカーの製造から運用まで行う。加盟企業や地権者は、利用料の一部をロイヤルティとして受け取る。土地を持たなくても始められ、副業としてフランチャイズに加盟する人もいる。

●宅配ボックスの特性

宅配ボックスは、マンションなどに設置されるケースがほとんどである。居住者の不在時でも宅配便の荷物を受け取れるように設置されている。宅配業者は、届け先が不在時には宅配ボックスに荷物を入れて施錠し、ボックスから出てきた受領証を受領印の代わりに持ち帰る仕組みである。最近はマンション販売会社が他の物件との差異化を図るため、クリーニング業者と連携し、宅配ボックスを使ったクリーニング宅配を行うなど、宅配ボックスを使った新しいサービスの開発が活発化している。

●IT化が進む

宅配ボックス・コインロッカーは、いずれもIT化による利便性の向上や管理の効率化などが図られている。電子マネーなどで利用できるロッカーやボックスが普及している。

●専用ロッカーのメリットとデメリット

ネット通販で購入した商品を専用ロッカーで受け取るメリットは、好きな時間に受け取れることや、宅配員と顔を合わさずに受け取れることである。一方、デメリットは、専用ロッカーに取りに行くのが面倒なことや、受け取れるロッカーの数が限られていることなどである。

ノウハウ

●荷物預かりシェア

エクボ（東京・渋谷）はスマートフォンを通じて、荷物を預けたい人と空きスペースを持つ店舗を仲介している。利用者の大半は訪日外国人で、スーツケースや大きな荷物も預けることができる。利用者は専用ウェブサイトで氏名やメールアドレス、クレジットカードなどの個人情報を登録

する。荷物を受け取るときにオンラインで利用金が決済される。スペースを提供する店舗は、料金の50％を受け取る。訪日外国人の増加が見込める中、今後は都市圏から地方へとサービスを広げていく。

経営指標

物品預かり業の指標は見当たらないので、ここでは参考として、TKC経営指標（平成29年版）より、「その他の生活関連サービス」の数値を掲げる。

TKC経営指標 （変動損益計算書）	全企業　591件	
	平均額（千円）	前年比（％）
売上高	164,857	99.5
変動費	82,578	98.1
仕入高	80,307	98.0
外注加工費	2,148	103.1
その他の変動費	149	105.6
限界利益	82,278	100.9
固定費	76,663	100.0
人件費	43,056	100.1
減価償却費	4,752	101.4
租税公課	1,748	95.7
地代家賃・賃借料	5,144	100.9
支払利息・割引料	1,063	92.7
その他	20,894	100.0
経常利益	5,615	115.7
平均従事員数	13.1名	

今後の課題／将来性

●将来性

環境省は国土交通省と連携した新規事業「オープン型宅配ボックスの普及事業」を推進しており、物流事業者、ロッカー設置者などを対象（駅などの公共スペースに設置する宅配ロッカーが対象）に、オープン型宅配ロッカーの設置にかかる費用の半額を補助しており、2021年度まで継続される。物流業者の人手不足は深刻で、宅配の効率化は喫緊の課題だ。官民が受取人の不在時にも荷物を受け取れる宅配ボックスの普及に取り組んでおり、宅配ボックス・ロッカーの市場は活性化するだろう。

《関連団体》　一般社団法人リビングアメニティ協会
　　東京都千代田区富士見２－７－２
　　　ステージビルディング６Ｆ
　　TEL　03（5211）0540

● サービス業 ● （その他）

ビデオ（DVD）レンタルショップ

最近の業界動向

●市場は縮小が続く

　主要顧客の若者層の減少に加えて、好きなときに映像コンテンツを視聴できるビデオ・オン・デマンド（VOD）の普及拡大を受け、DVDレンタル市場は縮小が続いている。日本映像ソフト協会によると、平成28年のビデオソフトの市場規模は前年比6.7％減の2,037億1,100万円であった。このため、大手企業は収益源の多様化を図るなど、ほかの収益源の確保を急いでいる。書店や漫画のレンタル・販売などを手掛ける複合店が増加している。ビデオレンタルショップ市場は大きな成長は望めないだろう。

●古着、新品の扱いで集客力を高める

　ビデオレンタル市場が縮小する中、大手のゲオホールディングスは、古着などリユースの販売を広げている。インターネット販売にも力を入れ、ビデオやCD買い取り販売に次ぐ収益の柱にしていく。同社の主力店「セカンドストリー」を中心に500店超の店があり、主要顧客は30代のファミリー層で、大学生やシニア層の来店客も多い。古着のほか新品も扱い、実店舗、ネット販売の集客力を高めて、古着の販売を増やしていく。

●CCCが「Tマネー」を本格展開

　最大手のカルチュア・コンビニエンス・クラブ（CCC）は平成29年3月21日、中堅出版社の徳間書店を買収したと発表した。CCCはCDやDVDのレンタルが主力だが、近年は書店を中核とした商業施設づくりにも力を入れている。CCC子会社のカルチュア・エンタテイメントが徳間書店を傘下に収め、徳間書店が持つコンテンツ作りのノウハウを生かして、商業施設の集客を図る。CCCは、書店を核とした商業施設「T-SITE」や、書店と家電を組み合わせた「蔦屋家電」なども運営している。CCCがチェーン展開する「TSUTAYA」では、平成29年3月以降に43店が閉店している。

ネット動画配信が急速に広がり、競争激化で不採算の店舗の整理を進めている。一方、月額1,000円（税別）で、旧作のDVDとブルーレイ・ディスクが借り放題になるサービスを始めた。

マーケットデータ

●ビデオレンタルの市場規模

　日本映像ソフト協会の資料によると、平成28年のビデオソフト（販売用・レンタル店用など合計）の市場規模は、前年比6.7％減の2,037億1,100万円であった。このうち、レンタル店用は同9.5％減の4,910億900万円となっている。

ビデオレンタルソフト市場の推移（単位：百万円）

項　目	平26年	平27年	平28年
販　売　用	167,516	162,596	153,165
レンタル店用	61,506	54,264	49,109
業　務　用	901	1,587	1,437
合　計	229,923	218,447	203,711

（出所）日本映像ソフト協会

● 1店舗当たりの売上高

　日本映像ソフト協会「ビデオレンタル店実態調査（平成28年6月～平成29年5月）」によると、平成29年のレンタル業者1店舗当たりの月平均売上高は464万4,000円だった。このうち、DVDは441万1,000円、BDは25万円となっている。また、DVDやBDの普及を受け、VHSは項目として姿を消している。

平成29年のビデオレンタル部門の売上高

区　分	平成29年
月 平 均 売 上	464.4万円 （DVD441.1万円、BD25.0万円）
月 平 均 貸 出 本 ・ 枚 数	DVD28,432枚、BD1,273枚
月 平 均 仕 入	DVD（金額）165.1万円、（枚数）2,313枚 BD（金額）11.0万円、（枚数）72枚
会 員 数	1万4,568人（前年比5.7％減） 男性56.3％、女性43.7％

（出所）日本映像ソフト協会

●ビデオ鑑賞の参加人口

　日本生産性本部「レジャー白書2017」によると、

ビデオ鑑賞（レンタル含む）の参加人口、年間平均活動回数、年間平均費用等（平成28年）

参加人口 （万人）	年間平均 活動回数（回）	年間平均 費用（千円）	1回当たり の費用（円）
2,610	28.1	8.6	310

（出所）「レジャー白書2017」

平成28年のビデオ鑑賞（レンタルを含む）の参加人口は2,610万人で、前年の2,860万人に比べて8.7％の減少であった。参加人口、年間平均活動回数、年間平均費用等は表の通り。

業界の特性

●店舗数

日本映像ソフト協会の資料によると、JVAレンタルシステム加盟店数は平成28年12月末で3,488店と、前年同月の3,581店に比べて2.6％の減少となっている。

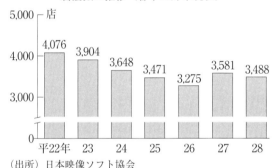

店舗数の推移（各年12月末現在）

（出所）日本映像ソフト協会

●平均レンタル料金

ビデオ（DVD）レンタルショップの料金形態は1泊2日や2泊3日、1週間の日数ならびに新作か旧作かによって変わる。日本映像ソフト協会「ビデオレンタル店実態調査」によると、平成29年のDVDとBDの平均料金は次表の通り。

平均レンタル料金（平成29年）（単位：円）

区 分	DVDとBDの区別なし		
	新作	準新作	旧作
当日料金	280	262	204
1泊2日	322	285	216
2泊3日	377	288	215
1週間料金	496	276	114
延滞料金	249	248	239

（出所）日本映像ソフト協会

●平均総店舗面積は240.9坪

日本映像ソフト協会「ビデオレンタル店実態調査」によると、平成29年の1店舗当たりの総面積は240.9坪で前年に比べて2.7％減少した。このうち、レンタル部門面積は86.6坪で同0.2％増加している。

ノウハウ

●シニアに向けた取り組み

レンタルビデオ店では、シニア層の取り込みができていない。多くの利用者が観たい映画をコンスタントにリリースし続けることに重点を置いているため、必然的に作品は近年のもので顧客層も若年層が中心となる。シニア向けに、昭和の傑作邦画作品を中心に集めたコーナーを設置するなど、シニア層の取り込みに向けた取り組みが必要である。

経営指標

ここでは参考として、TKC経営指標（平成29年版）より、「他に分類されない物品賃貸業」の数値を掲げる。

TKC経営指標	全企業	151件
（変動損益計算書）	平均額（千円）	前年比（％）
売上高	151,838	103.4
変動費	39,734	100.6
仕入高	38,231	100.3
外注加工費	1,216	111.1
その他の変動費	252	98.0
限界利益	112,103	104.4
固定費	106,902	104.3
人件費	45,344	104.5
減価償却費	4,539	94.6
租税公課	1,379	97.8
地代家賃・賃借料	5,466	105.3
支払利息・割引料	681	95.7
その他	49,426	105.3
経常利益	5,200	108.1
平均従事員数	13.0名	

今後の課題／将来性

●課題

消費者にとって映画などを楽しむ方法として、インターネット経由の動画配信に比重が移りつつある。大手レンタルショップは、レンタル事業を縮小、または動画配信事業に切り替える事業者が目立つ。この分野での事業を維持するためには、大手事業者のように事業の多角化を図るか、または動画配信を好まない顧客の取り込みが必要で、有効なターゲット顧客、提供商品、付加サービスなどが求められる。

《関連団体》　一般社団法人日本映像ソフト協会
　　東京都中央区築地2－11－24
　　TEL　03（3542）4433

●サービス業● （その他）

スーパー銭湯

最近の業界動向

●温浴施設の参加人口は3,570万人

温泉は日ごろの疲れを癒してくれる。最近では大都市近郊でもスーパー銭湯など日帰りで楽しめる施設が増えている。日本生産性本部「レジャー白書2017」によると、平成28年の温浴施設（健康ランド、スーパー銭湯等）の参加人口は2,740万人で、前年の2,880万人に比べて4.9％減であった。

温浴施設の参加人口、参加率など

項　　目	平27年	平28年
参加人口（万人）	2,880	2,740
参加率（％）	28.6	27.2
年間平均活動回数（回）	7.6	7.2
年間平均用（円）	10,800	11,900

（出所）「レジャー白書2017」

●タトゥーをした外国人の入浴を巡る対応

訪日外国人の増加を受け、入浴のほかに飲食やマッサージなどが楽しめるスーパー銭湯や日帰り温泉施設にも外国人が多く訪れるようになった。一方、首都圏の温浴施設や旅館ではタトゥー（入れ墨）をしている人の入浴を認めるかで対応が分かれている。温泉道場が運営する埼玉県の温浴施設「おふくろcafe utatane（うたたね）」は、タトゥーをシールで隠せば入浴できるようにした。シール（縦13cm、横18cm程度）は200円で販売しており、このシールで隠せることを条件にしている。ファッションや文化的な理由でタトゥーを入れている外国人は多く、対応に苦慮している。

●やまの湯の「風呂ぺ」

茨城県水戸市の地域密着型スーパー銭湯「やまの湯」は、仕組みとしかけをデザインするPOOLが展開する新感覚コミュニケーション「パリぺ」とのコラボプロジェクト「風呂ぺ」を始めた。やまの湯は、バスケットボールBリーグ「茨城ロボッツ」のオフィシャルスポンサーで、試合後の選手やサポーターにやまの湯を解放している。試合会場で行うフェイスペイントを入場券とするなど、新しい仕組みやしかけを行っている。

マーケットデータ

●温浴施設の売上高

日経流通新聞「第35回サービス業総合調査」によると、温浴施設の平成28年度売上高上位10社は次の通り。平成28年度の温浴施設の売上高は前年度比3.1％増であった。各施設はリニューアルなどで若者の集客を図っている。オークランド観光開発は、前年度比28.5％増大幅な伸び率であった。

温浴施設の売上高（平成28年度）（単位：百万円、％）

社　　名	本社	部門売上高	前年度比伸び率
極楽湯ホールディングス	東　京	13,758	▲2.6
スパサンフジ（湯楽の里他）	東　京	10,128	3.7
オークランド観光開発（竜泉寺の湯他）	愛　知	7,491	28.5
常磐興産（スパリゾートハワイアンズ）	福　島	4,986	▲6.5
大江戸温泉物語	東　京	4,769	11.5
東京ドーム（スパ ラクーア）	東　京	3,271	▲4.5
サンリク（健美の湯）	埼　玉	2,033	13.4
タカチホ（湯ったり苑）	長　野	1,748	1.3
リラフル（湯花楽他）	神奈川	1,553	▲4.8
コシダカホールディングス（まねきの湯他）	東　京	1,552	3.8

（出所）日経流通新聞

業界の特性

●施設数

厚生労働省「衛生行政報告例」によると、平成27年度のスーパー銭湯や健康ランドなどの温浴施設が含まれるヘルスセンターは前年度比2.7％増

公衆浴場等の施設数

種　　類	平25年度	平26年度	平27年度
公衆浴場	26,580	26,221	25,703
公営	4,386	4,312	4,237
一般公衆浴場	370	354	338
その他	4,016	3,958	3,899
私営	22,194	21,909	21,466
一般公衆浴場	4,172	3,939	3,740
個室付浴場	1,384	1,382	1,419
ヘルスセンター	2,113	2,135	2,192
サウナ風呂	1,686	1,620	1,560
スポーツ施設	3,337	3,313	3,374
その他	9,502	9,520	9,181

（出所）厚生労働省「衛生行政報告例」

— 266 —

の2,192カ所となっている。

●立地

車の使用を想定した立地が多かったが、消費者の価値が多様化したこともあり、電車などの公共交通機関で行きやすい立地や、日常的生活の中で立ち寄る事が容易な場所にも目立つようになった。

●料金

施設の規模や立地などによって、料金はさまざまである。一般的にはスーパー銭湯が1,000円程度、大型温浴施設が2,000～3,000円程度となっている。

●施設

サウナやジャクジー、露天風呂などのほか、食事処やマッサージ施設も備えている。近年では温泉を使うスーパー銭湯も増えている。

●建設費

スーパー銭湯の建設費は、健康ランドなどの大型施設に比べると低く抑えられることができる。1施設当たりの建設費は4～6億円程度とされている。

●客層

スーパー銭湯や大型温浴施設では、家族連れやカップルでの利用が目立つ。また、スパ施設は女性の利用が多い。年代では30代の利用が最も多く、40代、50代と続いている。

●施設のリニューアルが盛ん

施設は入浴施設を基本だが、最近は飲食施設やマッサージルーム、カラオケなどの娯楽施設を設置する施設が増えている。異業種企業の参入が相次ぎ、施設間の競争が激化しているためである。施設のリニューアルも盛んに行われており、岩盤浴やミストサウナ、サービスではネイルやヘッドスパなどを取り入れる施設が多い。

ノウハウ

●さまざまなイベントで楽しませる

スーパー銭湯を運営する極楽湯は、さまざまなイベントなど行って利用者を楽しませている。端午の節句にちなんだイベントでは菖蒲湯、冬至のゆず湯、平成28年11月からは江崎グリコとのコラボレーションキャンペーンを行っている。江崎グリコの商品「パピコ」をイメージした共同開発の

オリジナル入浴剤は、チョコレートコーヒー味で、甘い香りとなめらかな肌触りの湯に浸かることができる。また、キャンペーン中は、「パピコ」の販売を行い、購入した人にはパピコのオリジナル「パピコ風船」をプレゼントしている。また、白鶴酒造とのコラボレーションキャンペーンを期間限定で実施している。白鶴酒造の濁り酒をイメージした日本酒風呂を提供するほか、食事用の期間限定メニューも販売される。

経営指標

スーパー銭湯の指標は見当たらないので、ここでは参考として、TKC経営指標（平成29年版）より、「その他の公衆浴場」の数値を掲げる。

TKC経営指標 （変動損益計算書）	全企業　41件	
	平均額（千円）	前年比（％）
売上高	195,962	97.4
変動費	54,816	97.0
仕入高	53,687	96.7
外注加工費	161	105.1
その他の変動費	921	98.8
限界利益	141,145	97.6
固定費	127,679	94.9
人件費	59,048	99.5
減価償却費	7,573	92.2
租税公課	2,685	107.5
地代家賃・賃借料	9,826	75.9
支払利息・割引料	1,676	99.8
その他	46,870	94.1
経常利益	13,466	132.5
平均従事員数	29.9名	

今後の課題／将来性

●将来性

スーパー銭湯は廃業が増えるといわれていたが、レジャーを近場で楽しむ傾向は続いている。また、リフレッシュのための非日常空間を手軽に味わいというニーズが続く状況では、ニーズに応えることに成功したスーパー銭湯が成長する可能性は高いと考えられる。すでに潜在需要に応える施設が多くできているが、実際の市場の声からすると、まだ新しいサービスを訴求する余地がある。

《関連団体》　一般社団法人温浴振興協会
　神奈川県横浜市中区石川町2－64－406
　TEL　045（681）1126

●サービス業●（その他）

チケット取扱業

最近の業界動向

●ライブ・エンタテインメント市場

ぴあ総研によると、平成28年のライブ・エンタテインメント市場規模は前年比2.0％減の5,015億円と推計され、ここ数年間活況が続いていたライブ・エンタテインメント市場が5年振りに前年を割り込んだ。音楽・ステージいずれの分野においても公演回数は全体として増加しているものの、会場収容人数1万人以上の大規模会場での公演回数が前年を下回ったことで1公演当たり動員数が低下している。このうち、音楽市場規模は同1.0％減の3,372億円、ステージ市場規模は前年比4.2％減の1,643億円と推計されている。

ライブ・エンタテインメント市場（平成28年）

項　　目	音楽コンサート市場	ステージ市場
開催回数　（回）	63,667	68,401
動員数　（万人）	4,305	2,331
市場規模　（億円）	3,372	1,643

（出所）ぴあ総研

●音楽業界団体公認のチケットリセールサービス

ぴあは平成29年6月1日、公式チケットトレードリセールサービスのサイト「チケトレ」を開始した。日本音楽制作者連盟、日本音楽事業者協会、コンサートプロモーターズ協会、コンピュータ・チケッティング協議会の4団体が協議して実現したもので、すでに購入済みのイベントチケットを券面金額で2次売買することができるエンタテインメント業界初の公式サービスだ。コンサートなどのチケット高額転売や、不正転売による顧客間のトラブルを抑止し、健全な2次流通を推進する。

●音楽業界などが共同でチケットの高額転売防止に乗り出す

音楽業界やチケット販売大手は、共同でチケットの高額転売防止に乗り出す。一部のイベント主催者は、転売サイトで購入したチケットでの入場を制限するなど、高額転売を防止する動きを強めている。しかし、主催者側の負担が大きいため、主要企業や団体が協力して転売防止に取り組む。

マーケットデータ

●チケット取り次ぎの売上高

日経流通新聞「第35回サービス業総合調査」によると、チケット取り次ぎの平成28年度売上高は次の通り。最大手のぴあの売上高は前年度比11.0％増で、音楽、スポーツなど全てのジャンルで好調であった。平成29年7月20日には、横浜で1万人規模のアリーナを建設すると発表した。投資額は約100億円で3年後を目途に開業する。一方、平成29年4月25日、運営を受託している男子バスケットボール「Bリーグ」のチケット販売サイトなどがサイバー攻撃を受け、顧客情報約15万5,000件が流出した可能性があると発表した。カード情報も含まれており、ぴあは不正に使用された被害の全額を負担するとしている。

チケット取り次ぎの売上高（平成28年度）

社　　名	部門売上高（百万円）	前年度比伸び率（％）
ぴ　　　　　　　あ	161,422	11.0
コミュニティネットワーク（CNプレイガイド）	22,348	5.0
エニー（ちけっとぽーと）	20,954	—
ロングランプランニング（カフェティ）	1,990	21.8

（注）売上高はチケットの額面総売上高、ロングランプランニングは決算期を変更したが、平成29年7月期の12カ月の数字
（出所）日経流通新聞

●スポーツ観戦や映画、観劇等の参加人口

日本生産性本部「レジャー白書2017」によると、スポーツ観戦や映画、観劇、音楽会・コンサートなどチケットの購入が必要な主なレジャー活動への参加人口は次の通り。

スポーツ観戦や映画、観劇等の参加人口（単位：万人）

項　　目	平27年	平28年
スポーツ観戦（テレビは除く）	1,520	1,340
映　　　画（テレビは除く）	3,660	3,560
観　　　劇（テレビは除く）	1,010	930
演芸鑑賞（テレビは除く）	440	440
音楽会・コンサートなど	2,430	2,220

（出所）「レジャー白書2017」

業界の特性

●チケット販売店の数

NTTタウンページ「iタウンページ」によると、プログラミング教室の数は、平成29年11月10日現在チケット販売店の数は1,843店である。

チケット販売店

地域	店舗数	地域	店舗数	地域	店舗数
全　国	1,843	富　山	17	島　根	6
北 海 道	88	石　川	25	岡　山	23
青　森	18	福　井	17	広　島	44
岩　手	12	山　梨	13	山　口	26
宮　城	26	長　野	19	徳　島	9
秋　田	19	岐　阜	26	香　川	5
山　形	8	静　岡	45	愛　媛	13
福　島	21	愛　知	113	高　知	6
茨　城	27	三　重	23	福　岡	78
栃　木	22	滋　賀	32	佐　賀	13
群　馬	24	京　都	43	長　崎	24
埼　玉	67	大　阪	159	熊　本	10
千　葉	71	兵　庫	106	大　分	20
東　京	266	奈　良	26	宮　崎	11
神 奈 川	148	和 歌 山	13	鹿 児 島	13
新　潟	26	鳥　取	13	沖　縄	9

（出所）「iタウンページ」

●プレイガイド

プレイガイドは、コンサートや映画、演劇、スポーツイベントなどのチケットの予約、発券業務や案内業務を行う場所で、チケットセンターやチケットオフィスとも呼ばれる。プレイガイドは、ぴあやローソンチケット、イープラス、CNプレイガイド、チケットJCBなどが運営している。

●販売方法

チケット取扱業は委託販売が中心であり、主催者がチケット取扱業に支払う販売手数料が収入源となる。主催者がチケットサービスを利用するには、一般的に登録料がかかるほか、チケット販売手数料がかかる。また、グッズも自社制作以外のモノは委託販売となる。

●決済方法

チケットの決済方法はクレジットカード決済が主流であるが、前受金、コンビニや宅配における代金引換、郵便振替などの方法もある。

ノウハウ

●不正転売などを解決するサービス

LINE、アミューズ、テイパーズの3社は、平成29年9月1日に新会社「LINE TICKET」を設立し、バンダイナムコライブクリエイティブ、エンジンと資本業務提携を締結した。「LINE TICKET」では、電子チケットサービスとして新サービス「LINEチケット」を提供する。「LINEチケット」では、LINEIDを活用した転売対策や、主催者からユーザーへ、ユーザーからユーザーへと「LINE」上でチケットのやり取りが可能になる。また、主催者公認かつ市場原理に即した価格設定を可能にする二次流通の仕組みの構築を検討、平成30年中にサービス開始を予定している。

経営指標

ここでは参考として、TKC経営指標（平成29年版）より、「娯楽に附帯するサービス業」の数値を掲げる。

TKC経営指標 （変動損益計算書）	全企業　51件	
	平均額（千円）	前年比（％）
売上高	310,478	87.1
変動費	252,709	84.6
仕入高	247,167	84.3
外注加工費	5,299	104.4
その他の変動費	273	78.5
限界利益	57,768	100.1
固定費	56,130	102.6
人件費	30,504	97.2
減価償却費	2,291	131.9
租税公課	761	99.4
地代家賃・賃借料	4,015	102.6
支払利息・割引料	663	95.2
その他	17,896	110.4
経常利益	1,638	54.5
平均従事員数	11.2名	

今後の課題／将来性

●課題

コンサートチケットなどの高額転売が社会問題となっている。関係団体やチケット販売大手が共同で対策に乗り出し、チケットの電子化が進められているがスマートフォンを持たない人も多く、課題が残る。

《関連団体》　日本チケット商協同組合
　　　　　　東京都港区新橋2－16－1
　　　　　　TEL　03（3503）6013

●サービス業●（その他）

靴修理業

最近の業界動向

●靴磨きの場が広がる

靴磨きの場が広がっている。居酒屋や理容店などで時間を有効活用して身だしなみが整えられることが支持されている。出張・宅配靴磨きサービスを手掛ける「ニイナナ」は、カフェ内に出店している。平成28年6月にはレンタルスペース「サザードラウンジ」にも出店し、顧客を順調に獲得している。個人で靴磨きの出張サービスを行う人も多い。また、理容店などが靴修理専門店に持ち込んで理髪中に磨いてくれるサービスもある。東急ハンズでは靴磨き関連商品の売れ行きが好調で、高くても良い靴を買い、手入れして長く使う人が増えている。

●靴修理店「ミスターミニット」の多様なサービス

青山商事は平成27年12月、靴修理店「ミスターミニット」の運営会社であるミニット・アジア・パシフィックを買収し、完全子会社化した。「ミスターミニット」は靴のほかカバンやカギの修理も手掛けている。スーツ市場が縮小する中、青山商事は「ミスターミニット」の展開を加速させている。印鑑作製やクリーニングの受け渡しなどの新しいサービスも始め、消費者が身近に利用できるサービスを拡充して店舗を増やしていく。立ち寄りやすい立地を生かし、スマートフォンの破損画面の修理サービスは、提供店舗が約100店に広がり、時計の電池交換も手掛けている。白洋舎と提携して、クリーニングの受け渡しも始めた。ミニット・アジア・パシフィックでは、将来1千店にまで増やしたいとしている。

●「靴専科」のバッグ修理サービス

HITOWAグループ（旧長谷川ホールディングスグループ）は、靴のクリーニング・修理の専門店「靴専科」で、ビジネスバッグに特化した修理サービスを始めた。これまでもビジネスバッグの修理サービスは行っていたが、修理の日数が2〜3週間かかっていた。このため、傘下のHITOWAライフパートナーがフランチャイズチェーンを含む121店舗で、ビジネスバッグの取っ手の即日修理サービスを始めた。同社は関東地区を中心に「靴専科」を展開し、靴やバッグの修理・クリーニング、合鍵作製などのサービスを提供している。

マーケットデータ

●ミスターミニットの売上高

靴修理の市場規模に関する公的な統計は見当たらない。なお、靴修理チェーン最大手の「ミスターミニット」の売上高は次の通り。また、靴修理のほか洋服の直しも手掛けるリフォームスタジオの平成29年2月期の取扱高は100億7,900万円となっている。

ミスターミニットの売上高（単位：百万円）

平成29年 3月31日実績	店舗数等
15,737 （連結ベース）	国内では駅構内や商業ビルなどに約300店、海外ではオーストラリアやシンガポールなどに展開し、6カ国合計で約600店を展開している

（出所）同社資料

業界の特性

●主要企業

靴修理店をチェーン展開する企業は、ミニット・アジア・パシフィックの「ミスターミニット」、HITOWAライフパートナーの「靴専科」、東海地方と関東地方を中心に靴修理のほか洋服リフォームを手掛ける「あーる工房」、靴修理のほか合鍵複製などを手掛けるプラスワンなどがある。

主要企業の店舗数（平成29年10月現在）

店舗名	店舗数
靴　専　科	121店舗
あ ー る 工 房	68店舗
プ ラ ス ワ ン	210店舗（グループ会社を含む）

（出所）各社資料

●分類

靴修理業は店舗で修理を行うケースと、取次を受けて工場で修理するケースとに分かれる。店舗修理の場合は直営、営業委託、フランチャイズの3種類がある。一方、取次修理はメーカーの修理委託と取次店ネットワークの2種類となっている。

— 270 —

◉ほかの修理を手掛けるケースが大半

バッグ修理や合鍵修理などほかの修理も兼務しているケースが大半である。靴修理だけでなく、ほかの修理もできる点を利用者にアピールし、修理需要全般の取り込みを狙っている。

◉靴修理業の店舗数

NTTタウンページ「iタウンページ」によると、平成29年10月20日現在、靴修理の店は2,484店となっている。

靴修理業の店舗数

地域	店舗数	地域	店舗数	地域	店舗数
全　国	2,484	富　山	7	島　根	2
北海道	126	石　川	20	岡　山	30
青　森	29	福　井	8	広　島	37
岩　手	20	山　梨	11	山　口	24
宮　城	107	長　野	29	徳　島	11
秋　田	58	岐　阜	21	香　川	14
山　形	93	静　岡	39	愛　媛	13
福　島	9	愛　知	133	高　知	12
茨　城	17	三　重	29	福　岡	119
栃　木	17	滋　賀	15	佐　賀	10
群　馬	22	京　都	45	長　崎	19
埼　玉	116	大　阪	232	熊　本	25
千　葉	92	兵　庫	142	大　分	11
東　京	437	奈　良	28	宮　崎	11
神奈川	164	和歌山	8	鹿児島	30
新　潟	28	鳥　取	7	沖　縄	7

（出所）「iタウンページ」

◉料金

各社によって料金は異なるが、靴専科の靴修理料金は次の通り。

靴専科		修理料金
かかとゴム交換	ピンヒール	1,200円
（レディース）	小	1,500円
	中	1,800円
	大	2,300円〜
（メンズ）	靴専科オリジナル	2,500円
	ブランドリフト	3,000円
	革＋ラバー	3,800円

◉立地

靴修理業の出店場所は百貨店内のインショップ、スーパーやショッピングセンターなど商業施設内のインショップ、路面店、駅構内の小型店舗等もある。駅構内ではサラリーマンやOLらの通勤客、百貨店内のインショップは女性の買い物客の利用が多い。

ノウハウ

◉「シューズリペア」を開始

トランクルームサービス「サマリーポケット」は、インターネット上でのソーシャルサイト開発・運営を手掛けるサマリーと寺田倉庫の協業による、1箱250円の格安料金で預けられ収納サービスだ。ボックスを購入して預けたいものをボックスに詰めて集荷を申し込む。預けた荷物はスマートフォンやPCからいつでも確認できる。平成29年6月から、保管品オプションサービスとして「シューズリペア」を開始した。専用ボックスに入れて靴を送れば、靴の修理をしてくれる。料金は1,280円からで、婦人靴や紳士靴のほか、靴底が一体になった靴にも対応する。

経営指標

靴修理業を対象にした指標は見当たらないので、ここでは参考として、TKC経営指標（平成29年版）より、「その他の生活関連サービス業」の数値を掲げる。

TKC経営指標 （変動損益計算書）	全企業　591件	
	平均額（千円）	前年比（％）
売上高	164,857	99.5
変動費	82,578	98.1
仕入高	80,307	98.0
外注加工費	2,148	103.1
その他の変動費	149	105.6
限界利益	82,278	100.9
固定費	76,663	100.0
人件費	43,056	100.1
減価償却費	4,752	101.4
租税公課	1,748	95.7
地代家賃・賃借料	5,144	100.9
支払利息・割引料	1,063	92.7
その他	20,894	100.0
経常利益	5,615	115.7
平均従事員数	13.1名	

今後の課題／将来性

◉将来性

靴の手入れに気を使う人は多く、高額の靴や気に入った靴は、磨いたり修理したりして長く使う傾向がある。靴以外にもバッグの修理やクリーニング、合鍵複製、洋服のリフォーム需要は底堅いと推測される。

— 271 —

●サービス業● （その他）

ペット関連サービス業

最近の業界動向

●ペット関連サービス市場

　ペット関連サービスは、ペット生体・ペット用品販売から、ペット美容室、ペット医療・保険、ペットホテルなど多岐にわたる。ペットの飼育頭数の大幅な増加は見込めないが、ペットを家族の一員のように大切にする飼い主は多く、関連サービス市場は底堅い。矢野経済研究所によると、平成27年度のペット関連の総市場規模は前年度比1.5％増の1兆4,720億円であった。

●ペットシッターサービス

　ペットの飼い主が旅行などで留守にする際、ペットに餌をやったり、散歩をさせたりするペットシッターの利用が広がっている。平成29年4月現在132店舗をフランチャイズ展開する日本ペットシッターサービスでは、年間約6,000件の依頼がある。初回登録料は1,000円で、1時間当たりの基本料金は小型犬1匹2,700円、大型犬1匹3,300円だ。また、猫専門のシッターサービスを提供する「猫の森」や、高齢の犬や猫の介護や看護もしてくれるペットシッターサービスもあり、サービスの範囲も広がっている。

●ペット保険市場の拡大

　ペットの治療費を補償するペット保険市場が拡大している。補償対象の動物も爬虫（はちゅう）類まで拡大し、ペット保険各社は補償内容などを競っている。ペットも高齢化が進み、治療や入院、通院などの費用も負担が大きくなっている。業界最大手のアニコム損害保険は平成29年5月から、無料通信アプリ「LINE」を使い保険金を請求できるサービスを始めた。診察時の明細書を添付し、病名や診察日、診察代金を入力するだけで請求できる。また、ペットの状況をLINE上で獣医師に相談できるサービスも始めた。日本小額短期保険協会によると、平成28年度中間期のペット保険の保険料収入は次の通り。なお、平成29年3月末のペット保険の保険料は100億円を超え、契約件数は35万件に達している。

平成28年度中間期のペット保険の保険料収入

平27年9月末			平28年9月末		
業者数	件数	保険料	業者数	件数	保険料
9社	25万件	38億円	8社	31万件	48億円

（出所）日本小額短期保険協会

マーケットデータ

●ペット関連の総市場規模

　矢野経済研究所によると、ペット関連の総市場規模の推移は次表の通り。平成27年度の市場規模（小売金額ベース）1兆4,720億円のうち、ペットフードの市場規模は前年比2.8％増の4,735億円、ペット用品の市場規模は同0.1％増の2,505億円、生体やペット医療・保険などの市場規模は同1.2％増の7,480億円となっている。

ペット関連総市場規模推移（単位：億円）

年度	市場規模	年度	市場規模
平24	14,169	平27	14,720
25	14,288	28（見込）	14,889
26	14,498	29（予測）	14,987

（注）ペット関連の総市場は主にペットフード、ペット用品、その他ペット関連産業に分かれる。ペット関連産業市場は生体やペット美容室、ペット医療、ペット保険、ペットホテルなどの各種サービスが含まれる
（出所）矢野経済研究所

●ペット治療費、保険料の年間支出額

　ペット医療でも高度な医療が普及し、治療にかかる費用も高額になっている。このため、ペット保険に加入する人が増えている。損害保険のほか、異業種からの新規参入も増えている。アニコム損害保険の「ペットにかける年間支出調査」によると、犬猫別の病気やケガの治療費、ペット保険料などの主な項目の年間支出額は次表の通り。平成28年の犬にかける費用は年間34万円、猫は16万円となっている。

ペットにかけた主な年間支出額（犬猫別）（単位：円）

項　目	犬		猫	
	平27年	平28年	平27年	平28年
病気やけがの治療費	57,822	57,129	35,749	35,016
ペット保険料	42,538	43,799	30,767	30,944
しつけ・トレーニング料	55,032	41,393	—	—
シャンプー・カット・トリミング料	38,775	45,718	7,849	7,132
ペットホテル・ペットシッター	26,484	22,297	17,954	15,195

（出所）アニコム損害保険

業界の特性

●ペット関連サービス業者に関連する法律

業として動物の販売、保管、貸出し、訓練など
を営利目的で行う場合は、営業を始めるに当たっ
て登録が必要となる。ペットシッターや出張訓練
などのように、動物または飼養施設がない場合も
規制の対象となる。規制を受ける業種は次の通り。

規制を受ける業種

業種	業の内容	該当する業者
販　売	動物の小売及び卸売並びにそれらを目的とした繁殖または輸出入を行う業（その取次または代理を含む）	売・卸売業者、販売目的の繁殖または輸入を行う者、露天等における販売のための動物の飼養業者
保　管	保管を目的に顧客の動物を預かる業	ペットホテル業者、美容業者（預かる場合）、ペットシッター
貸　出	愛玩、撮影、繁殖その他の目的で動物を貸し出す業	ペットレンタル業者、映画等の撮影用動物派遣業者
訓　練	顧客の動物を預かり訓練を行う業	訓練・調教業者、出張訓練業者
展　示		動物園、動物ふれあいパーク、乗馬施設等
競りあっ旋業	動物の売買をしようとする者のあっ旋会場を設けて競りの方法により行うこと	動物オークション（会場を設けて行う場合）
譲受飼養業	有償で動物を譲り受けて飼養を行うこと	老犬老猫ホーム

（出所）環境省

●ペット関連の業者数

ペット関連サービス業の正確な業者数を把握す
るのは難しい。NTTタウンページ「ⅰタウンペ
ージ」によると、平成29年7月14日現在のペット
美容室やペットホテル等の業者数は次の通り。な
お、事業者の多くは複合的にサービスを提供して
いる。

ペット関連サービス業の業者数

業者別	業者数	業者別	業者数
ペット関連サービス	2,507	ペットシッター	580
ペット美容室	16,524	ペット保険	280
ペットホテル	5,581	ペット写真スタジオ	77
ペット霊園・葬祭	6,730	ペットレンタル	66
犬訓練所	1,061	ペットタクシー	52

（出所）「ⅰタウンページ」

ノウハウ

●老犬ホーム

ペットの高齢化が進む中、老犬ホームが注目さ
れている。都市部に老犬ホームが増えてきたが費
用などは割高だ。一方、郊外のホームはドッグラ
ンが併設され、都市部よりも費用は低い。情報提
供サイトリブモによると、「一生預かり」サービ
スで、費用は年間12万～162万円で平均56万円。
ペットフード協会「平成28年全国犬猫飼育実態調
査」でも、希望する飼育サービスの上位に、「高
齢で飼育不可能な場合の受入施設サービス」があ
る。今後、このような施設が増えていくだろう。

経営指標

ペット関連サービス業の指標は見当たらないの
で、ここでは参考として、TKC経営指標（平成
29年版）より、「他に分類されないその他の事業
サービス業」の数値を掲げる。

TKC経営指標 （変動損益計算書）	全企業 430件	
	平均額（千円）	前年比（％）
売上高	147,224	100.5
変動費	57,154	97.3
仕入高	48,998	101.4
外注加工費	7,720	75.4
その他の変動費	356	120.9
限界利益	90,070	102.7
固定費	85,235	101.2
人件費	59,191	102.8
減価償却費	2,579	102.4
租税公課	1,160	96.7
地代家賃・賃借料	4,595	94.9
支払利息・割引料	437	93.8
その他	17,343	98.6
経常利益	4,835	138.1
平均従事員数	15.6名	

今後の課題／将来性

●将来性

飲食店などでのペット同伴サービスや高齢ペッ
ト向けの施設なども広がりつつある。栄養価の高
いペットフードの普及や室内で飼う場合の消臭力
の高い猫砂など、ペット関連商品やサービスの市
場は底堅い。

《関連団体》　公益財団法人動物愛護協会
　　　東京都港区南青山1－15－15
　　　乃木坂パークフロント2Ｆ
　　TEL　03（3478）1881

●サービス業●（その他）

出版業

最近の業界動向

●出版物の販売額は12年連続の減少

　出版科学研究所によると、平成28年の出版物の推定販売額は前年比3.4％減の１兆4,709億円であった。12年連続の減少で、１兆5,000億円を割り込むのは、昭和56年以来である。平成27年と同様雑誌の落ち込みが大きく、月刊定期誌や単行本など全体的に振るわなかった。

●アニメグッズ専門店

　講談社などが出資するジャパンマンガアライアンス（JMA）は、平成29年３月にアニメグッズ専門店をオープンした。「東京タワー　ツーリストインフォメーションセンター」の物販コーナーにあり、主に訪日外国人向けの商品を並べている。平成27年９月に設立されたJMAは、海賊版が増加する中、本物の良さをアピールする。英語や中国語に翻訳されたマンガやアニメグッズなどを用意するほか、店員も英語や中国語に対応する。日本のマンガは海外で人気が高く、既にバンコクに出店している。今後、欧米などへの進出も検討していく考えだ。

●投稿サイトの開設が広がる

　大手出版社は、小説が発表できる投稿サイトを開設したりして、将来有望な作家を見つける取り組みを行っている。これまでは、持ち込まれた原稿や大賞の募集などで編集者が作品を発掘していたが、投稿サイトで活動していた人がヒット作を生み出すケースが増えている。ネット投稿サイト「小説家になろう」に投稿された小説は39万作を超え、登録者は76万人を超えた。有望な作家を取り込むため、宝島社や双葉社などは「小説家になろう」内の作品を対象に、「ネット大賞」を開催し、入賞作品を自社から書籍として刊行する。KADOKAWAは、自社のネット投稿サイト「カクヨム」を平成29年２月に開設した。他社に先駆けて有望な作家を見つけるため、大手出版各社が

投稿サイトに注視している。

マーケットデータ

●出版販売額の推移

　出版科学研究所によると、出版物販売額の推移は次表の通り。平成28年の書籍の販売額（推計）は前年比0.7％減の7,370億円、雑誌は同5.9％減の7,339億円であった。

出版物販売金額の推移（単位：億円）

年次	書　籍	雑　誌	合　計
平24年	8,013	9,385	17,398
25年	7,851	8,972	16,823
26年	7,545	8,520	16,065
27年	7,420	7,801	15,220
28年	7,370	7,339	14,709

（注）四捨五入計算のため、合計が合わない場合もある
（出所）出版科学研究所

●大手出版社の売上高

　大手出版社の売上高は次の通り。各社の売上高のうち、雑誌や書籍の売り上げは前年を下回っているが、出版以外の収入が全体をカバーしている。学研ホールディングスの売上高のうち、出版事業は前年比3.0％増の305億1,800万円。平成27年に学研教育出版と学研パブリッシング、学研マーケティングの３社を統合した学研プラスは、出版以外の分野が好調で大幅に業績を改善した。

大手出版社の売上高（単位：百万円、％）

社　名	売上高	前年比
カ　ド　カ　ワ　※	200,945（連結）（平28・３月期）	―
講　　談　　社	117,288（平28・11月期）	0.4
集　　英　　社	122,957（平28・５月期）	0.7
学研ホールディングス	99,049（連結）（平28・９月期）	3.2
小　　学　　館	97,309（平28・２月期）	1.8

（注）カドカワは平成26年10月１日、ドワンゴとKADOKAWAの共同持株会社として発足。カドカワグループは、連結子会社42社及び持分法適用会社13社で構成。売上高はカドカワと連結子会社42社を対象
（出所）新文化

●電子出版市場規模

　出版科学研究所によると、平成28年の電子出版市場は前年比27.1％増の1,909億円であった。この

－ 274 －

うち、電子雑誌が同52.8％増、電子コミックが同27.1％増、電子書籍が同13.2％増となっている。書籍は出版社が電子化に積極的でないため、伸び悩んでいるが、雑誌とコミックはPR活動などを積極的に行っており、市場をけん引している。

電子出版市場規模（単位：億円、％）

部　門	平26年	平27年	平28年	占有率
電子コミック	882	1,149	1,460	79.5
電　子　書　籍	192	228	258	13.5
電　子　雑　誌	70	125	191	10.0
合　　計	1,144	1,502	1,909	100.0

（出所）出版科学研究所

●書籍新刊点数と雑誌の発行銘柄数

出版科学研究所によると、書籍の新刊点数と雑誌の発行銘柄数は次の通り。平成28年の書籍の新刊点数前年比1.8％減の7万5,039点となっている。

出版点数の推移（単位：点）

年次	書籍新刊	雑　　誌	
		月刊誌	週刊誌
平25年	77,910	3,154	90
26年	76,465	3,091	88
27年	76,445	2,991	87
28年	75,039	2,896	81

（出所）出版科学研究所

業界の特性

●出版業の企業数、従事者数、年間売上高

経済産業省の「特定サービス産業実態調査」によると、平成27年の企業数、従業者数、年間売上高は次の通り。

企業数、従事者数、年間売上高（平成27年）

系列別出版社	企業数	従事者者（人）	年間売上高（百万円）
合　　計	3,370	56,172	1,876,903
総　　　　合	659	17,855	958,253
人文社会科学書	526	5,451	90,557
自　然　科　学　書	294	4,001	108,830
文　学・芸　術　書	237	1,732	30,359
情　報・教　育　系	593	14,461	421,171
実　　用　　書	319	4,837	105,946
児　　童　　書	77	1,860	57,081
そ　　の　　他	664	5,974	104,707

（出所）経済産業省

ノウハウ

●雑誌や文庫の売り上げを伸ばす試み

雑誌の売り上げが大きく落ち込む中、集英社は「週刊少年ジャンプ」の復刻版を発売した。平成31年に創刊50周年を迎えるのに合わせた企画で、平成29年7月～9月まで、人気漫画の復刻版を発売。中高年など幅広い読者層にアピールした。また、文庫市場も苦戦している。新潮社は新刊の文庫の点数を減らす試みを始めた。新刊を減らし、特定の文庫に手書き風の帯を付けるなどして効果を上げる。

経営指標

ここでは参考として、TKC経営指標（平成29年版）より、「出版業」の数値を掲げる。

TKC経営指標（変動損益計算書）	全企業　82件	
	平均額（千円）	前年比（％）
売上高	147,128	107.9
変動費	33,719	87.9
仕入高	20,932	83.1
外注加工費	12,559	96.8
その他の変動費	▲896	159.3
限界利益	113,409	115.7
固定費	102,581	104.9
人件費	47,257	101.8
減価償却費	1,568	114.0
租税公課	1,261	86.0
地代家賃・賃借料	5,366	118.0
支払利息・割引料	668	97.6
その他	44,955	106.1
経常利益	10,828	―
平均従事員数	8.5名	

今後の課題／将来性

●課題

出版市場は低迷が続いている。書籍はベストセラーがコンスタントに出たため減少幅が小幅になったが、文庫本の不振は続いている。一方、雑誌の落ち込みは大きく深刻な状況だ。雑誌が担っていた役割がほかの媒体に代わられている。スマートフォンを用いた「マンガ検定」で書店に集客する試みも行われているが、スマートフォンなどを通じた雑誌読み放題サービスの普及などもあり、活路が見出せない状況だ。出版各社は新たな活路を見つけようと模索している。

《関連団体》　一般社団法人日本書籍出版協会
東京都新宿区袋町6番地
TEL　03（3268）1302

●サービス業● （その他）

総合レンタル業

最近の業界動向

●レンタルサービスの広がり

高級時計から訪日外国人向けの着物、寝具、洋服、オートバイなどさまざまな商品のレンタルが広がっている。また、年に数回しか使わないレジャー用品の貸し出しサービスも広がっている。年に数回しか使わない道具は、収納スペースや価格の問題などもあり、必要なときだけ借りて使う消費者が増えている。

●エアウィーヴが寝具のレンタルを本格展開

寝具メーカーのエアウィーヴは、寝具のレンタルを平成28年11月に数量限定で実施したところ好評であったため、サービス内容を見直して本格展開する。マットレスパット単品のほか、布団や枕などとのセットでも貸し出す。エアウィーヴのマットレスパットなどは、価格が高いため購入をためらう消費者も多い。レンタルで試してもらい、購入につなげていく。利用者はレンタルの料金の差額を支払うことで寝具を買い取ることもできる。

●AIでデータを分析し消費者に合ったバッグを提案

ラクサス・テクノロジーズは、高級バッグの貸し出しサービスをしている。会員は14万人に増え、AIでデータを分析し消費者に合ったバッグの提案をしている。ラクサス・テクノロジーズのレンタルサービス「ラクサス」は、スマートフォンのアプリやパソコンのサイトで利用する。高級ブランドのバッグが、月額7,344円で無制限に借りることができる。商品は中古品業者から仕入れたり、個人から借りたりする。レンタルの利用を続けてもらうため、データの分析をして一人ひとりに合ったバッグを提案するなどサービスの向上を図っている。

●高級腕時計のレンタルサービス

衣料品レンタルなどを手掛けるクローバーラボは、男性向けに高級腕時計のレンタルサービス「KARITOKE（カリトケ）」を始めた。月額1万9,800円のプランなら、100万円以上の高級品が借りられる。「カリトケ」は同社の専用サイトを通じたサービスで、平成29年6月から開始した。月額3,980円のカジュアルプランから4種類のプランがある。店舗にはスタッフが2人常駐し、客の要望や相談などに対応する。

マーケットデータ

●大手企業の売上高

日経流通新聞「第35回サービス業総合調査」によると、総合レンタル業の平成28年度の売上高は次の通り。

総合レンタル各社の売上高（平成28年度）

社　名	本社	売上高 （百万円）	前年度 伸び率（%）
西尾レントオール	大阪	7,781	10.3
アイレンタル	広島	137	▲2.8

（出所）日経流通新聞

●事業者向けレンタル業者の売上高推移

経済産業省「特定サービス産業動態統計調査」によると、事業者向けレンタル業者の売上高等の推移は次の通り。

レンタルの物件別売上高、事業所数及び常用従業者数（自動車賃貸業を除く）（単位：百万円）

項　目	平26年	平27年	平28年
売上高合計	1,709,049	1,746,350	1,752,912
土木・建設機械	976,061	1,011,070	1,020,041
情報関連機器	136,992	134,246	130,659
事務用機器	90,440	95,345	96,032
音楽・映像記録物	203,477	191,358	177,992
その他	302,079	314,331	328,188
事業所数	6,156	6,128	6,125
常用従業者数（人）	93,382	93,322	94,464

（出所）経済産業省「特定サービス産業動態統計調査」

●事業所数、売上高

経済産業省の「平成27年特定サービス産業実態

その他の物品賃貸業務（レンタル）の物件別の該当事業所数及び年間売上高（単位：所、百万円）

経営組織		事業所数	年間売上高
合　計		8,073	669,848
	会　社	6,636	659,668
	会社以外の法人・団体	29	1,080
	個人経営	1,408	9,099

（出所）経済産業省「平成27年特定サービス産業実態調査」

調査」によると、その他の物品賃貸業務の中でレンタル業と分類される事業者の平成27年における事業所数と売上高は表の通り。

業界の特性

◉事業所の性格による事業所数と売上

　経済産業省の「平成27年特定サービス産業実態調査」によると、その他の物品賃貸業務の中でレンタル業と分類される事業者の、平成27年における専業割合別とフランチャイズ加盟別の事業所数と売上高は次の通り。

その他の物品賃貸業務（レンタル）の該当事業所数及び年間売上高（単位：所、百万円）

経営組織		事業所数	年間売上高
合　計		8,073	669,848
専　業 割合別	50％未満	138	15,093
	50％以上100％未満	3,610	407,363
	100％	4,326	247,393
フランチャイズ 加　盟　別	加盟している	807	88,562
	加盟していない	7,266	581,286

（出所）経済産業省「平成27年特定サービス産業実態調査」

◉料金

　レンタル料金は、レンタルする期間の長さによって異なる。一般的にレンタル期間が長くなればなるほど、料金は安くなる。利用金の目安は購入価格の10％程度（レンタル期間３日間）とされるが、特殊で利用頻度の低いものや、季節性が高いものの場合は、回転率に応じて料金が引き上げられるケースもある。

◉営業形態

　総合レンタル業の大手企業は、ダスキン、西尾レントオールなどがある。営業形態は、①直営方式、②フランチャイズ方式、③無店舗販売方式の３つに分類できる。それぞれの特徴を挙げると、①は本社のほかに各地に支店を持ち、直接ユーザーに提供する。②は加盟店を募集し、経営指導やノウハウを提供する。③は一定の商品在庫を抱え、倉庫はあっても商品は置かず、ネットや電話を通じて申し込みを受ける。

ノウハウ

◉スマホによる音声検索を分かりやすく

　総合レンタル業のアイレントは、取り扱っているレンタル商品を利用者が簡単に探せるようにさまざまな工夫をしている。動画サイトのYouTubeに店舗の様子を掲載しているほか、平成29年３月１日にはスマートフォンでの音声検索の仕方をYouTubeに掲載し、スマートフォンに慣れていない利用者でも簡単に商品検索ができるようにした。動画は画面と説明文で構成され、実際に商品を選ぶ際の手順を具体的に再現している。

経営指標

　ここでは参考として、TKC経営指標（平成29年版）より、「他に分類されない物品賃貸業」の数値を掲げる。

TKC経営指標 （変動損益計算書）	全企業　151件	
	平均額（千円）	前年比（％）
売上高	151,838	103.4
変動費	39,734	100.6
仕入高	38,231	100.3
外注加工費	1,216	111.1
その他の変動費	252	98.0
限界利益	112,103	104.4
固定費	106,902	104.3
人件費	45,344	104.5
減価償却費	4,539	94.6
租税公課	1,379	97.8
地代家賃・賃借料	5,466	105.3
支払利息・割引料	681	95.7
その他	49,426	105.3
経常利益	5,200	108.1
平均従事員数	13.0名	

今後の課題／将来性

◉課題

　レンタルに対する消費者の抵抗感がなくなり、潜在需要の拡大が期待されるが、商品管理や利用者の管理、トラブルが発生した際の対応ノウハウなどが不可欠となっている。

◉将来性

　物を持たない消費者が増え、時計などの高額商品や洋服、バッグ、レジャー用品など、さまざまな商品のレンタルサービスが広がっている。レンタル業者もさまざまなサービスの充実を図っている。

《関連団体》　一般社団法人 什器・備品レンタル協会
　　東京都品川区大崎１−６−１
　　　TOC大崎ビルディング10F
　　TEL　03（6893）1886

●金融・保険●

クレジットカード

最近の業界動向

◉クレジットカードのショッピング支払い額は50兆円を突破

平成28年の年のクレジットカードのショッピング支払額は、初めて50兆円を突破した。日本クレジット協会によると、平成28年のカードの利用金額である信用供与額は前年比8.2％増の53兆9,265億円だった。ネット通販の拡大や税金の支払い、医療費の支払いなどにクレジットカードの利用が広がっていることが要因である。

クレジットカードショッピング信用供与額（単位：億円）

年次	信用供与額	信用供与残高 （当該年12月末時点）
平25年	417,915	79,876
26年	462,663	85,797
27年	498,341	92,804
28年	539,265	100,227

（出所）日本クレジット協会

◉自治体にクレジットカードによる納税が広がる

クレジットカードを使って税金を納めることができる自治体が増えている。平成29年からは国税も可能になり、国税庁は平成29年1月から専用サイト「国税クレジットカードお支払サイト」を開設した。東京都や愛知県は、自動車税や固定資産税、不動産取得税のクレジットカード払いができる。大阪市や神戸市、福岡市など規模の大きい自治体では、カードによる納税が広がり、利便性が高まっている。

◉三菱UFJフィナンシャル・グループが、三菱UFJニコスを完全子会社化

三菱UFJフィナンシャル・グループは、平成29年内にもクレジットカード子会社の三菱UFJニコスを完全子会社化する方針を固めた。ニコスには三菱UFJフィナンシャル・グループが85％、農林中央金庫が15％を出資しているが、農林中央金庫の保有株を買い取る。ITと金融を融合したフィンテックが広がる中、スマートフォンによる決済

など、多様な非現金決済が増えていることを見据えたもので、仮想通貨の利用が広がった際に、決済の基幹システムをニコスが担うことになる。

◉クレディセゾンが人事制度を刷新

クレジットカード大手のクレディセゾンは、平成29年9月16日付けで人事制度を刷新する。「同一労働・同一賃金」を軸に、4つの社員区分を正社員に一本化する。人事の運用に役割等級性（G1〜G5）を取り入れ、等級に応じた月給と賞与が受け取れる。また、柔軟な勤務体系を用意し、テレワークやフレックスタイム制も取り入れ、優秀な人材確保を図る。

マーケットデータ

◉クレジットカード業の業務種類別取扱高

経済産業省「特定サービス産業動態統計調査」によると、平成28年のクレジットカード業の業務種類別取扱高は49兆7,259億5,400万円で、前年の46兆7,724億1,100万円と比べて6.3％の増加である。

クレジットカード業の業務種類別取扱高（単位：百万円）

区分		平27年	平28年
	取扱高計	46,772,411	49,725,954
会社系別	銀　行　系	18,996,312	19,846,256
	信　販　系	7,853,956	9,247,991
	商　業　系	15,826,322	16,423,013
	そ　の　他	4,095,820	4,208,694
業務種類別	販売信用業務	44,958,453	47,949,344
	うち、百貨店・総合スーパー	12,008,281	12,888,514
	その他の小売店	10,351,484	11,103,475
	飲食店	1,268,170	1,383,293
	旅館・ホテル	1,341,585	1,419,143
	病院・診療所	249,680	306,798
	国外	2,393,342	2,466,617
	その他	17,345,911	18,381,504
	消費者金融業務	249,680	1,776,610

（出所）経済産業省

◉クレジットカードのショッピング利用額シェア

国内ショッピング利用額のシェア（平成28年度）

順位	社　名	シェア
1	三井住友カード	11.3％（▲0.4）
2	三菱UFJニコス	11.1％（▲1.2）
3	楽天カード	10.7％（0.7）
4	イオンフィナンシャルサービス	9.2％（▲0.1）
5	クレディセゾン	9.2％（▲0.7）

（注）カッコ内は前年度増減ポイント
（出所）日本経済新聞社

日本経済新聞の推計によると、平成28年度のクレジットカードの国内ショッピング利用額のシェアは表の通りである。

業界の特性

◉会員数

日本クレジット協会によると、平成29年5月1日現在の会員数は937会員である。

◉クレジットカードの発行枚数

日本クレジット協会によると、平成28年3月末時点のカード流通枚数は2億6,600万枚で前年比2.7％増加している。これは、成人1人当たりでクレジットカード2.5枚を保有する勘定になる。

クレジットカード発行枚数（単位：万枚）

区　分	平27年3月末	平28年3月末
総　　数	25,890	26,600
家族カード	1,746	1,794
法人カード	874	888

（出所）日本クレジット協会

◉クレジットの特徴

クレジットの契約の主体は消費者、クレジット会社、販売会社の三者である。その特徴は次の通りである。

契約の主体	特　　徴
消　費　者	代金後払いでの商品等を購入、キャッシュレスでの商品等購入、支払い分割での家計の平準化
クレジット会　　社	クレジット利用者からの手数料販売会社からの手数料
販　売　会　社	現金の用意のない消費者に購入をすすめることが可能、高額商品等の購入をすすめることが可、購入履歴により、購入傾向把握

◉デビットカード、電子マネーとの比較

日本クレジット協会によると、クレジットカード、デビットカード、電子マネーの比較は次の通り。

項目	クレジットカード	デビットカード	電子マネー
入手方法	クレジット会社の審査を受ける	金融機関に預金口座を設ける	現金かクレジットカードでチャージする
支払方法	後払い	即時払い	前払い
利用金額	利用可能枠の範囲内	預貯金の額の範囲	チャージした金額の範囲内
利用方法	利用伝票にサインか端末機に暗証番号入力	端末機に暗証番号入力か利用伝票にサイン	読み取り機にカードをかざす

デビットカードが浸透しており、JCBは全国の金融機関との連携によるデビットカード発行を加速させている。三菱UFJニコスは、平成29年3月から常陽銀行の「Visaデビットカード」の発行などを受託した。

ノウハウ

◉訪日外国人対応

三菱UFJニコスは、訪日外国人が地方の観光地にも多く出かけているのを受け、地方銀行と協力して、観光地や空港、スキー場などで外国人に対応したATMの設置を進めている。海外発行のクレジットカードなどで、日本円を引き出せる外国人対応型のATMを都市部に加えて、各地域の観光でも拡大させている。

経営指標

ここでは参考として、三菱UFJニコスの損益計算書の数値を掲げる。

三菱UFJニコス（損益計算書）	平成29年3月期（百万円）
営業損益	275,031
クレジットカード収益	213,563
ファイナンス及びその他の収益	60,063
金融収益	1,402
営業費用	281,903
販売費及び一般管理	278,155
金融費用	3,748
営業損失	6,872

今後の課題／将来性

◉将来性

クレジットカード業界では、ビッグデータやAIといった最新技術を駆使したサービスの導入が進められている。また、安全性と利便性を高めた決済システムへの進化も目指している。クレジットカードの利用は納税にも広がり、訪日外国人観光客の利便性や、多様化する利用者のニーズへの対応など、各社がさまざまなサービスを競っている。

《関連団体》　一般社団法人日本クレジット協会
　　東京都中央区日本橋小網ビル14−1
　　　住友日本橋小網町ビル6F
　　TEL　03（5643）0011

●金融・保険●

消費者金融

最近の業界動向

●金融庁が銀行カードローンの実態を調査

無担保でお金を借りられる銀行のカードローンで、多額の債務を抱える人が増えている。これを受け、金融庁は平成29年9月からメガバンクや地方銀行への立ち入り検査を実施すると発表した。個人向け無担保ローンは、消費者金融から銀行に移行してきている。銀行の個人向けカードローンは、貸金法で定められた融資額の制限（総量制限）が適応されず、多重債務対策の抜け道になっていた。

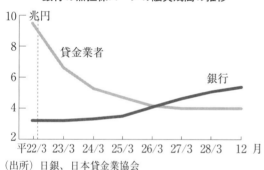

銀行の無担保ローンの融資残高の推移
（出所）日銀、日本貸金業協会

●各銀行のカードローン抑制策

各銀行では、過剰な融資が問題となっているのを受けて、融資額の上限引き下げの検討や融資の審査を厳しくするなどしている。みずほ銀行は、カードローンの上限を利用者の年収の3分の1に設定した。三井住友銀行は、平成29年4月から年収証明書の提出を求める融資額の基準を「300万円超」から「50万円超」に引き下げた。三菱東京UFJ銀行は、「200万円超」から「50万円超」に引き下げ、テレビコマーシャル放映時間も限定する。

マーケットデータ

●消費者金融業者の貸付残高、金利

金融庁「貸付業関係統計集」によると、平成29年3月末の業態別貸金業者の貸付残高と金利は次の通り。

全貸金業者の消費者向け貸付残高・金利（平成29年3月末）

業態	業者数	残高（億円）	金利（％）
消費者向無担保貸金業者	411	25,846	15.35
うち大手	6	22,471	15.46
うち大手以外	405	3,375	14.60
消費者向有担保貸金業者	78	1,062	4.44
消費者向住宅向貸金業者	34	6,187	2.95
消費者向貸金業者計	523	33,095	—
事業者向貸金業者	574	1,012	4.58
手形割引業者	91	5	10.33
クレジットカード会社	128	4,876	14.40
信販会社	104	19,188	11.22
流通・メーカー系会社	19	181	3.99
建設・不動産業者	78	367	6.63
質屋	22	6	14.25
リース会社	66	3,427	1.85
その他	20	16	2.16
消費者向貸金合計	1,625	62,179	11.57

（注）「大手」とは貸付残高500億円超の業者
（出所）金融庁

●消費者金融大手の業績

平成29年3月期の大手3社の業績は次の通り。SMBCコンシューマーファイナンスは、旧プロミスで三井住友FGの100％子会社。アコムは、三菱UFJフィナンシャルグループの子会社である。純利益は前期の145億円から赤字転落しているが、これは利息返還損失引当金（1,437億円）の影響である。依然として無配が続いているが、利息返還請求次第では、今期黒字化・復配の可能性がある。アイフルは独立系で、新規契約も伸びているが無配が続いている。

大手3社の業績（平成29年3月期）（単位：億円）

社名	営業利益	純利益	無担保ローン残高
SMBCコンシューマーファイナンス	2,588	1,114	10,746
アコム	2,451	▲721	7,775
アイフル	914	72	3,464

（出所）各社決算資料

業界の特性

●業者数

金融庁「貸金業関係統計資料集」によると、平成29年3月末の貸金業者数は次の通り。

貸金業者数の推移

年・月末	平27.3	平28.3	平29.3
財 務 局 登 録 業 者	299	292	285
都道府県登録業者	1,712	1,634	1,580
合　　計	2,011	1,926	1,865

（出所）金融庁

●日本貸金業協会の会員数

日本貸金業協会によると、平成28年度末の業態別会員数は次の通り。

日本貸金業協会の会員数 （平成28年度末）

業態別	会員数	業態別	会員数
消費者向無担保貸　金　業　者	411	信　販　会　社	38
		流通・メーカー会社	20
消費者向有担保貸　金　業　者	86	建設・不動産会社	26
		質　　　　　屋	2
消費者向住宅向貸　金　業　者	33	リ ー ス 会 社	31
		日 賦 貸 金 業 者	1
事業者向貸金業者	307	非 営 利 特 例対 象 法 人	3
手 形 割 引 業 者	46		
クレジットカード会社	144	合　　計	1,148

（出所）日本貸金業協会

●改正貸金業法

平成22年6月に完全施行された改正貸金業法の骨子は次の通り。①出資法の上限金利29.2％を利息制限法の水準（借入残高に応じて15％～20％）へ引き下げ、いわゆる「グレーゾーン金利」を撤廃する。②総量規制の導入（借入残高が年収の3分の1を超える貸付を禁止する。ただし、住宅ローン・自動車ローンは総量規制の対象外）。③借入残高100万円超の借手への貸付には給与明細書等の確認を義務付ける。④指定信用機関での総借入残高の把握を義務付ける。⑤貸金業者の登録要件を純資産額5,000万円以上に引き上げる。⑥高金利、無登録業者に対する罰則を引き上げる。(懲役最長10年)。改正の影響で消費者金融専業のローン残高は急減し、ピーク時の約5分の1になった。業者数もこの10年で8割以上減り、大手への寡占が進んでいる。

●過払い金

過払い金とは、貸金業者が利息制限法の上限を超えて取り続けていた利息のことである。返済時に利息を払いすぎていた人が過払い分を取り戻せるとした平成18年の最高裁判所の判決をきっかけに、消費者金融業界では過払い金の返還請求が急増し、消費者金融各社の経営環境は急速に悪化した。

ノウハウ

●グループ一体でのコスト削減

モビットは、自前の無人契約機約420台を2～3年かけて全廃し、系列の三井住友銀行のカードローン契約機に統合することを発表した。既に同じグループのSMBCコンシューマーファイナンスは、同銀行の契約機を利用できるようになっており、グループ一体での運営による効率化が加速している。

経営指標

ここでは参考として、TKC経営指標（平成29年版）より、「貸金業等非預金信用機関」の数値を掲げる。

TKC経営指標（変動損益計算書）	全企業　38件	
	平均額（千円）	前年比（％）
売上高	181,691	85.6
変動費	76,171	76.1
仕入高	74,125	75.1
外注加工費	—	—
その他の変動費	—	—
限界利益	105,519	94.1
固定費	99,137	96.5
人件費	34,993	96.1
減価償却費	4,505	88.6
租税公課	3,314	97.5
地代家賃・賃借料	3,525	96.6
支払利息・割引料	5,070	82.6
その他	47,716	99.4
経常利益	6,381	67.9
平均従事員数	7.5名	

今後の課題／将来性

●課題

メガバンクグループの傘下に入った消費者金融業者は、人材・経営資源面でグループ内の連携・基盤強化されたことが新事業展開にあたっての大きな強みとなっている。中小の消費者金融業者は、地道な顧客開拓・囲い込みと顧客利便性の向上に努めていく必要がある。

《関連団体》　日本貸金業協会

東京都港区高輪3-19-15

　二葉高輪ビル2F

TEL　03（5739）3011

●金融・保険●

証券会社

最近の業界動向

◉国内証券会社の当期純利益は6,626億5,800万円

　各国の金融政策や政治的なイベント等に伴う不透明・不安定な市場環境が続く中、証券市場では売買を手控える動きがあったが、アメリカの大統領選後は、投資家がリスクオンに転じ、債券市場でも、ポートフォリオの入れ替えが活発になった。日本証券業協会の資料によると、平成29年3月期の国内証券会社の当期純益（242社合計）は6,626億5,800万円で、前の期の6,036億3,200万円（236社合計）と比べると、9.7%の増加となっている。

証券業協会会員の平成28年3月期決算（1社平均）（単位：百万円）

項　目	全国（1社平均）		うち国内証券（1社平均）	
	28・3月期	29・3月期	28・3月期	29・3月期
会社数（社）	249	253	236	242
営 業 利 益	16,218	15,636	16,801	16,191
金 融 費 用	1,529	1,644	1,537	1,678
純 営 業 利 益	14,689	13,991	15,264	14,512
販 売 費・一般管理費	11,242	11,161	11,708	11,584
営 業 損 益	3,446	2,830	3,555	2,927
経 常 損 益	3,603	2,935	3,717	3,036
当 期 純 利 益	2,482	2,645	2,557	2,738

（出所）日本証券業協会の資料により計算

◉証券大手は若年層の開拓に注力

　証券大手は、若年層の開拓に力を入れている。これまで高齢の富裕層を中心に営業していたが、20〜50代の現役世代に長期の資産形成を促していく。富裕層中心の営業と比べて短期的な収益は見込みづらいが、将来を見据えた営業を行っていく。

◉投資信託不振で14年ぶりに資金流出を記録

　投資信託は株や債券などに投資して、得られた利益を再び投資に回して資産を増やしていく商品だ。この複利効果が長期運用の最大の利点である。この投資信託の販売が不振に陥っている。平成28年度は14年ぶりに解約と償還額が購入額を上回る資金流出を記録した。主な要因は、運用益の一部を投資家に月々支払う「毎月分配型」の投信の縮小だ。このタイプの商品では運用益を払い戻せば複利効果が得られにくくなる。さらに世界的に低金利の状況が続くため運用難に直面し、分配金に投資家が払い込んだ元本を充てるファンドは多くなっていた。元々はこの「毎月分配型」は最大の売れ筋商品だったが、証券会社では販売自粛の動きが始まり、その結果、投資信託市場の失速が生じることとなった。

マーケットデータ

◉日本証券業協会会員の営業収益項目の推移

　日本証券業協会の資料によると、会員企業の営業収益内訳の推移は次の通り。

会員の営業収益項目の推移（単位：百万円、%）

項　目	平28.3	平29.3	前期比
受 入 手 数 料	2,295,690	2,136,595	▲7.0%
（委 託 手 数 料）	690,007	558,560	▲19.0%
（引受け・売出し手 数 料 ）	176,811	165,496	▲6.0%
（募集・売出しの取扱い手数料）	345,930	298,595	▲14.0%
トレーディング損益	1,088,091	1,113,356	2.0%
金 融 収 益	605,400	651,947	8.0%

（注）各年とも3月末時点で営業を行っていない証券会社を除く
（出所）日本証券業協会

◉主要証券5社の業績

　主要証券5社の平成29年3月期決算は次表の通りである。

主要証券5社の平成29年3月期決算（単位：億円）

社　名	純営業収益	純利益
野村ホールディングス	14,031 (13,956)	2,396 (1,315)
大 和 証 券	4,727 (5,148)	1,040 (1,168)
三菱UFJ証券ホールディングス	3,792 (4,377)	995 (1,078)
み ず ほ 証 券	3,659 (4,152)	1,885 (611)
SMBC日興証券	3,267 (2,928)	469 (421)

（注）野村は米国会計基準。カッコ内は前の期の数値

業界の特性

◉外務員資格試験の受験者数の推移

　日本証券業協会によると、証券外務員試験の受験者数は次表の通り。平成27年の一種試験の合格率は45.6%となっている。

外務員資格試験の受験者数の推移（単位：人）

項　目	平26年	平27年
一 種 試 験 受 験 者 数	59,088	58,379
二 種 試 験 受 験 者 数	27,312	26,018
特別会員一種試験受験者数	10,128	8,731
特別会員二種試験受験者数	15,038	16,774
合　　計	111,566	109,902

（出所）日本証券業協会

●会員の国内店舗数

日本証券業協会によると、会員の国内店舗数の推移は次表の通りである。

会員の国内店舗数の推移（各年3月末現在）

項　目	平25年度	平26年度	平27年度	平28年度
本　　　店	255	254	256	261
支　　　店	1,454	—	—	—
営 業 所 数	379	1,864	1,889	1,886
合　　計	2,088	2,118	2,145	2,147

（注）平成26年度より支店区分を営業所区分に含めている
（出所）日本証券業協会

●従業員数

日本証券業協会によると、証券会社の従業員数は平成28年12月末現在で8万9,942人と、前年同月比2.0％の増加となっている。

●主要業務

証券会社の主要な業務は次の通りである。

業　務	内　容
委託売買業務（ブローカー業務）	投資家から株式や債券の売買の注文を流通市場に取り次ぎ、投資家から委託手数料を受け取る業務
引受及び売出し業務（アンダーライティング業務）	株式会社や国が株式や債券を新たに発行する時、証券会社が売り出す目的を持って、その全部または一部を買い取る業務。一方、売り出しは、すでに発行された証券を対象にして、同様のことを行う業務
自己売買（ディーラー業務）	一般投資家と同じように、証券会社が自分のお金と自分の判断で有価証券を売買する業務
自己売買業務（ディーリング業務）	募集・売出しの取り扱いは、新たに発行される証券やすでに発行された証券について、投資家に向けて買い入れるように勧誘する業務

●日本証券業協会が私募債販売に新ルール導入

私募債に関するトラブルが相次いでいる。「レセプト債」の運用会社が破産し、投資家が損害賠償を求める訴訟を起こすなど、金融庁から業務改善命令などの処分を受けた証券会社が増加している。このため、日本証券業協会は会員の証券各社を対象に、新たな規則を設ける方針だ。具体的に

は、私募債を販売する証券会社は、発行会社の財務状況や商品の安全性を事前に審査し、販売後も年に1回以上審査を継続し、投資家に情報を提供するよう義務づける。違反した場合は最大5億円の過怠金の支払いを命じるなどの罰則を科す。

ノウハウ

●契約が6年目以降から手数料を半額

三井住友信託銀行は、平成29年10月から、顧客のお金を預かって運用する「ファンドラップ（ラップ口座）」の手数料を、契約が6年目以降から半額にする。個人の資産を投資に振り向け、長期保有を促す狙いがある。

経営指標

ここでは参考として、TKC経営指標（平成29年版）より、「貸金業等非預金信用機関」の数値を掲げる。

TKC経営指標 （変動損益計算書）	全企業　38件	
	平均額（千円）	前年比（％）
売上高	181,691	85.6
変動費	76,171	76.1
仕入高	74,125	75.1
外注加工費	—	—
その他の変動費	—	—
限界利益	105,519	94.1
固定費	99,137	86.5
人件費	34,993	96.1
減価償却費	4,505	88.6
租税公課	3,314	97.5
地代家賃・賃借料	3,525	96.6
支払利息・割引料	5,070	82.6
その他	47,716	99.4
経常利益	6,381	67.9
平均従事員数	7.5名	

今後の課題／将来性

●課題

インターネット証券の顧客には比較的若いデイトレーダーが多いのに対し、中小証券会社の顧客は高齢化している。さらに、「貯蓄から投資へ」の流れを取り込むべく、銀行系の証券会社が攻勢を強めており、業界再編の動きは今後も続くだろう。

《関連団体》　日本証券業協会

東京都中央区日本橋茅場町1-5-8

TEL　03（3667）8451

●金融・保険●

リース業

最近の業界動向

●リース取扱高は微減

リース事業協会によると、平成28年度のリース取扱高は前年度比0.4％減の5兆203億円となった。平成28年度のリース設備投資額は同0.1％増の4兆7,248億円であった。民間設備投資額（82兆4,177億円）に対するリース比率（民間設備投資に占めるリース設備投資の割合）は5.73％で、前年度の6.76％に比べ若干の減少となった。設備投資は全体として回復基調にあるものの、当業界にはそのプラス効果が表れていない。

リース取扱高の推移（単位：億円）

年度	取扱高	年度	取扱高
平19	71,542	平24	48,754
20	60,564	25	52,390
21	49,219	26	48,252
22	45,553	27	50,393
23	45,997	28	50,203

（出所）リース事業協会

●資本提携や業務提携等の動き

日立キャピタルは平成28年5月、三菱UFJFGと資本提携した。同グループが、筆頭株主である日立製作所（31.2％出資）に次いで実質第2位の株主（三菱UFJFG21.5％、三菱UFJリース3.9％出資）となっている。将来は経営統合へ進む可能性がある。また、多様なビジネスチャンスの確保を狙った事業提携が進んでいる。例えば、東京センチュリー（平成28年10月に東京センチュリーリースから社名変更）は、再生エネルギー事業については、月島機械と共同推進している。また、同社は中国でカード決済最大手の銀聯カードと提携し、加盟店向け設備リースを提供している。

●法人向け給油カードが使えるガソリンスタンドを増やす

オリックス自動車は、法人向け給油カードが使えるガソリンスタンドを増やす。東燃ゼネラルグループ系列のガソリンスタンドでも利用できるようにし、カードの利便性を高めて顧客獲得につなげる。給油カードは、法人向けカーリースやカーシェアリングの車両でも使え、対象のガソリンスタンドでは、全国一律の価格で給油できる。オリックスのカードは、利用状況をインターネットで確認することができ、給油した日が分かるため、私用利用を抑えることができる。

マーケットデータ

●機種別リース取扱高シェア

リース事業協会によると、機種別リース取扱高は次の通り。「輸送用機器」が2桁の増加率となったほか、「医療機器」、「商業およびサービス業機器」が増加した。一方、工場新設が減少したことで「産業機器」が特に苦戦した。また、パソコン・複合機といった情報通信機器・事務用機器も伸び悩んでいる。

機種別リース取扱高（単位：億円、％）

機種	平27年度	平28年度	前年度比
情報通信機器	15,940	15,648	▲1.8
事務用機器	4,300	4,205	▲2.2
産業機械	6,158	5,565	▲9.6
工作機械	1,131	1,118	▲1.2
土木建設機械	1,373	1,307	▲4.8
輸送用機器	6,103	6,716	10.0
医療機器	2,485	2,533	1.9
商業及びサービス業機器	6,123	6,150	0.5
その他	6,781	6,959	2.6

（出所）リース事業協会

●大手リース会社の営業資産残高

大手リース会社の営業資産残高はオリックスを

大手リース会社の営業資産残高（億円）（平成29年3月期）

会社名	営業資産残高	系列
オリックス	89,568	独立系
三井住友ファイナンス&リース	48,975	三井住友FG
三菱UFJリース	48,765	三菱商事
東京センチュリーリース	32,160	伊藤忠商事、みずほFC
日立キャピタル	29,944	日立製作所
NTTファイナンス	20,576	NTT
芙蓉総合リース	20,436	みずほFG
興銀リース	16,087	みずほFG

（出所）各社決算報告

除いては、メガバンクなど大手資本系列の会社が上位を占めている。なお、規模は劣るものの、多くの地銀が系列会社としてリース会社を設立している。一方、中道リースや九州リースサービスのように、地域密着型の独立系企業も活躍している。このように、一部の独立系を除くと、銀行やメーカーなど、系列の中核企業の営業基盤を活用していることが多いことがうかがえる。

業界の特性

●リース事業協会会員数

リース事業協会によると、同協会に加盟する会員数は平成29年9月1日現在で243社（正会員91社、賛助会員152社）である。リース会社の従業員数は平成28年7月末で5万9,228人である。従業員数は20人以下の企業が全体の44％を占め、最も多い。次いで「31〜50人」が17％、「22〜30人」が10％と続いている。

●リース事業協会会員の営業実績

同じく、リース事業協会によると、リース会社の営業実績（平成28年調査）の現況は次の通り。資産残高では「リース投資資産」9兆363億円（36％）が最も多く、次いで「営業貸付金」7兆9,998億円（32％）、「割賦債権」3兆5,626億円（15％）、「リース債権」2兆5,542億円（10％）、「賃貸資産」1兆7,493億円（7.0％）の順となっている。

●リースとは

リースは、顧客企業が必要とする設備をリース会社が購入し、それを顧客企業に貸し出す取引のことである。顧客企業にとっては初期投資資金の捻出を抑えることができるため、借入に代わる資金調達手段として活用されている。物件の所有権はリース会社にある。契約の条件に応じて、ファイナンスリースとオペレーティングリースに分かれる。ファイナンスリースは、借入による設備投資と同等の経済効果をもたらすものであり、通常は2〜6年の長期契約で解約の場合には違約金が発生する。顧客企業側は、原則として自社の貸借対照表にリース資産を計上する必要がある。オペレーティングリースは、自動車や工作機械など、中古市場が発達している商品での扱いが中心である。

ノウハウ

●少額リースの審査効率化

三井住友ファイナンス＆リースは、少額リースの審査を自動化するシステムの導入を検討している。平成28年4月にGEから国内リース事業を買収し、子会社化したSMFLキャピタルのノウハウを活用する。

経営指標

ここでは参考として、TKC経営指標（平成29年版）より、「総合リース業」の数値を掲げる。

TKC経営指標 （変動損益計算書）	全企業　31件	
	平均額(千円)	前年比(％)
売上高	307,633	99.6
変動費	150,401	98.7
仕入高	149,712	98.9
外注加工費	617	88.1
その他の変動費	78	70.2
限界利益	157,232	100.4
固定費	145,890	101.0
人件費	78,318	100.5
減価償却費	14,556	128.9
租税公課	2,988	94.1
地代家賃・賃借料	11,536	91.5
支払利息・割引料	1,236	78.8
その他	37,253	98.5
経常利益	11,341	93.3
平均従事員数	14.1名	

今後の課題／将来性

●課題

ここ数年、低金利の状況が続き、調達コストが下がっていることは追い風であるが、一方で主力分野での競争は激化している。大手のリース会社は、収益源の多様化を図ろうとしている。具体的には、環境・エネルギー分野、ヘルスケア、グローバル投資、社会インフラといった分野に対して、ファイナンスに加え、自らも投資・出資を行う戦略を打ち出している。また、海外進出も加速している。技術面では、IoTやAI、ロボティクスの活用が進んでおり、それらに応えられるような体制も整えていく必要がある。

《関連団体》　公益社団法人リース事業協会
　　東京都千代田区内幸町2−2−2
　　　富国生命ビル13F
　　TEL　03（3595）1501

●金融・保険●

建設機械器具賃貸業

最近の業界動向

●建機レンタル大手の売上高は好調

　オリンピック開催などに関連する再開発工事が都市部中心に活発化し、建設機械レンタルへの需要も高まっている。建設機器レンタル大手各社の売上高も拡大傾向が続いているが、機械を操作する建設就業者の不足などが懸念される。大手建機レンタルの売上高は次の通り。

建機レンタル大手の売上高（単位：億円）

企　業　名	売上高
カ　ナ　モ　ト（平28.10月期）	1,448（1,333）
レンタルのニッケン（平29.3月期）	1,026（996）
ジ　ェ　ス　コ（平29.3月期）	987（860）
日 建 リ ー ス 工 業（平28.9月期）	710（660）

（注）カッコは前の期の売上高
（出所）各社資料

●建設機械のシェアリングサービスを開始

　豊田通商は平成29年7月21日、建設機械のシェアリングサービスを始めたと発表した。専用のウェブサイト「Jukies」を立ち上げ、関東限定でサービスを開始し、利用状況をみながら全国にサービスを広げていく。油圧ショベルや発電機を保有する企業や個人などが登録し、ネット上で利用者と結び付ける。取引の安全性や機械の品質を保証するため、貸し出しを希望する企業と豊田通商が面談した上で機械を登録する。一方、借りる側は身分証明書の画像を送信する。利用金額は登録者が自由に設定でき、期間も1日〜3カ月から選べる。

●移動式橋梁検査路の開発

　西尾レントオールは、簡単に運搬ができ短時間での設置・撤去が可能で、作業中の通行規制を必要としない移動式橋梁検査路のレンタルを開始した。6メートル未満の狭幅員橋梁の点検調査や補修作業に最適で吊り足場をユニット化することにより、対象橋梁到着後にクレーン付トラックで橋梁検査路を短時間で架設できる。本体の大型車輪

及び壁面アウトリガに設置されているガイドローラにより動力源を必要とせず、移動は人力によって前後に移動することができる。高度成長期に多くの中小橋梁が建設され、耐用年数を超えて供用するためには定期点検とメンテナンスが必要となることから、メンテナンス用機械の需要が今後高まってくると考えられる。

マーケットデータ

●土木・建設機械のレンタル売上高

　経済産業省「特定サービス産業動態統計調査」によると、物品賃貸（レンタル）業に含まれる土木・建設機械のレンタル売上高は次の通り。平成28年の売上高は前年比11.9％増の1兆200億4,100万円と、レンタル需要の拡大に支えられて、増加傾向が続いている。

土木・建設機械のレンタル売上高（単位：百万円）

年　次	平26年	平27年	平28年
売上高	976,061	1,011,070	1,020,041

（注）平成26年1月分、平成27年1月分より一部調査対象の追加等を行ったため、以前の数値と一部不連続が生じている。伸び率はこれを調整したものである
（出所）「特定サービス産業動態統計調査」

●主要品目の総保有台数

　国土交通省「建設関連業等の動態調査報告」によると、建設機械器具リース業50社の主要品目の総保有台数は、土木機械ではブルドーザ、トラクタショベル、ショベル系掘削機があり、その中でショベル系掘削機が多く、約7.5万台となっている。運搬機器ではクレーン、不整地運搬車、フォークリフトがあり、その中でクレーンが多く、約1.8万台となっている。その他、高所作業車が約7.1万台、大型発電機が約3万台となっている。

業界の特性

●会員数

　全国建設機械器具レンタル協会によると、国内の建設機械器具賃貸業の事業所数は平成29年3月現在で3,019社である。このうち、協会に加盟する正会員は1,043社となっている。

●分類

　建設機械器具賃貸業は大きく次の3つに分類される。①地場密着のリース会社、②全国展開する大手リース会社、③建機メーカーの子会社が自社

物件のみを専門的に扱う業者がある。

●業務内容

建設機械器具賃貸業は、メーカー系の販社や商社から建機を購入するケースが大半である。購入後は始業点検、調整を行った上で、発注を受けた建設業者に貸し出す。建機はコンテナヤード（コンテナを荷役し、一時集積して置く場所）渡しのほか、貸与先が指定した建設現場に搬入する。契約期間の終了時に受領または建設現場に引き取りに行くことになっている。

●受注方法

受注方法はメモ又は口頭が過半を占めるが、大手は「注文書または請書」などの文書による契約が一般的である。なお、建設機械の価格表は機種ごとに作成しているものの、価格表によらない受注が一般化している。

●需要期

建設機械器具賃貸業は、公共事業への依存度が高い業種であるため、繁忙期は11月～翌年3月、閑散期は5～8月となっている。公共工事は夏場が工事の端境期であり、年度末にかけて需要は盛り上がる。

● 「ICT導入協議会」

日本建設機械レンタル協会は、産学官関係者による「ICT導入協議会」に参加している。「ICT導入協議会」は、土工への「ICTの全面的な活用」に向けて、ICTを建設現場へ円滑に導入し、普及推進を図ることを目的に設置された。建設工事にICTの導入が積極的に研究されていることから、今後の需要拡大が見込まれる。

ノウハウ

●労働人口の減少を視野に入れた開発

レンタルのニッケンと竹中工務店は、追従感知センサーの働きで作業者を自動追従し、現場の資材運搬を省力化・軽減する運搬用ロボット台車を開発した。一台で最大600Kgの重量物を運搬することができる。人手不足が深刻化する中、資材運搬にかかる省力化機器を開発することは、新たな需要開拓につながる。

●遠隔操縦できる人型ロボットを開発

建設機械を必要とする現場には、災害復旧現場も多く、二次災害を防ぎつつ早急な対応ができる建機の要望が数多くある。カナモトは、建設機械を遠隔操縦できる双腕双脚の人型ロボットを開発し、レンタルを開始した。オペレータがコックピット型コントローラに搭乗して遠隔操作するもので、二次災害が予想される危険な地域でも作業ができる。近年多発している自然災害に二次災害を避けて迅速に対応するためには遠隔作業が最適であり、二次災害を防止できるまでの短期間の需要となる事から建設機械器具賃貸業に合った商品となっている。

経営指標

ここでは参考として、TKC経営指標（平成29年版）より、「建設機械器具賃貸業」の数値を掲げる。

TKC経営指標 （変動損益計算書）	全企業　133件	
	平均額（千円）	前年比（%）
売上高	339,212	107.6
変動費	125,540	111.6
仕入高	92,180	112.9
外注加工費	22,028	107.5
その他の変動費	12,317	110.4
限界利益	213,672	105.3
固定費	201,202	104.8
人件費	75,990	102.7
減価償却費	45,558	100.5
租税公課	3,456	106.9
地代家賃・賃借料	18,191	113.0
支払利息・割引料	1,998	92.7
その他	57,030	109.4
経常利益	12,469	114.0
平均従事員数	14.0名	

今後の課題／将来性

●課題

建設機器を操作する作業員不足が課題となっている。また、橋梁の点検義務化など社会インフラの維持管理分野に土木・建設機械が用いられる機会が増す中、顧客もゼネコン企業からコンサルタント企業に幅が広くなっている。コンサルタント企業は、機械の取り扱いに慣れていない場合が多く、その取扱い方法について理解してもらう必要がある。

《関連団体》　一般社団法人日本建設機械レンタル協会
　東京都千代田区神田美倉町12-1
　TEL　03（3255）0511

●金融・保険●

事務用機械器具賃貸業

最近の業界動向

●事務用機械器具賃貸業の年間売上高は3,668億円

経済産業省「特定サービス産業実態統計調査」によると、事務用機械器具賃貸業の平成28年の売上高は3,668億円であった。このうち、リースの売上高が2,708億円、レンタルの売上高が960億円となっている。前年の3,817億円と比べると、3.9％の減少であった。中国市場の成長鈍化の影響などにより、事務用機器への投資を控える傾向にあることや、クラウドの普及によりペーパーレス化の動きがあることから需要の減少がみられる。

●大塚商会の「サービス＆サポート事業」

大塚商会の主力事業には、コンサルティングからシステム設計・開発、搬入設置工事やネットワーク構築まで最適なシステムを提供する「システムインテグレーション事業」と、事務機器リースや保守サービス、オフィス用品のカタログ通販「たのめーる」などの「サービス＆サポート事業」がある。「サービス＆サポート事業」は、「たのめーる」での工具や介護用品などの品揃えを充実させたことで着実に伸長し、保守等も堅調に推移したことから、平成28年12月期の同事業の売上高は2,666億2,500万円で、前年同期比4.4％の増加となっている。

●芙蓉総合リースが企業向けに資産管理の新サービス

小売業や飲食業など多店舗展開を行う業態では、資産が数万点に及ぶことがあり、リースを含む資産管理が煩雑となることが多い。芙蓉総合リースはSAPジャパンと組み、企業が事務用品などの資産を管理する際の資産データを会計情報として計算できるクラウドサービスの提供を開始した。同社からのリース資産だけではなく、他社のリース品などの登録も可能だ。決算の準備をする際に、資産の経理情報入力の手間を減らすメリットがある。対象企業としては、主に上場企業を想定している。

●ICタグによるレンタル品管理システム

事務用機械器具レンタル品の紛失を防ぎ、レンタル資産利用効率を向上させるため、個別に管理するニーズが増大している。現在、ICタグを取り付けて管理を効率化する取り組みがあるが、テーブルやロッカーなど金属製レンタル品にICタグを取り付けた場合、電波が金属影響を受けて読み取り性能が低下することが多くなることから、活用が限定されている。コーユーレンティアと大日本印刷、日本アイ・ビー・エムは、「レンタル品管理システム」を構築した。「レンタル品管理システム」は、金属製品に取り付けても安定的にデータ読み取りが可能な「DNP 金属対応広指向性 ICタグ」を使用し、金属製什器や機器などレンタル品を簡便かつ確実に管理し、ビッグデータ分析によって稼働率向上や在庫保管コスト低減を支援する。コーユーレンティアで約100万個のICタグを机や椅子などオフィス家具に取り付け、全国展開する予定だ。

マーケットデータ

●事務用機器リースの取扱高の推移

リース事業協会によると、機種別リース取扱高は次の通り。平成28年度のリース取扱高は前年度比0.4％減の5兆203億円であった。このうち、事務用機器リースの取扱高は同比2.2％減の4,205億円である。

機種別リース取扱高の推移 （単位：億円）

機種別	平26年度	平27年度	平28年度
合　計	48,252	50,393	50,203
情報通信機器	15,555	15,940	15,648
事務用機器	4,417	4,300	4,205
産業機械	5,480	6,158	5,565
工作機械	875	1,131	1,118
土木建築機会	1,505	1,373	1,307
輸送用機械	6,315	6,103	6,716
医療機器	2,278	2,485	2,533
商業・サービス業用機器	6,294	6,123	6,150
その他	5,533	6,781	6,959

（出所）リース事業協会

●事務用機械器具のリース・レンタル売上高

経済産業省「特定サービス産業動態統計調査」によると、物品賃貸業の売上高に含まれる事務用機械器具のリース・レンタル売上高の推移は次の通り。

－ 288 －

事務用機械器具のリース・レンタル売上高（単位:百万円）

項　目	平26年	平27年	平28年
リース売上高	307,047	286,390	270,829
レンタル売上高	90,440	95,345	96,032
合　計	397,487	381,735	366,861

(注)調査対象は全国の年間売上高の概ね7割程度をカバー
　　する売上高上位の企業
(出所) 経済産業省

●**リースとレンタルの違い**

　リースとレンタルでは契約形態に違いがあるため、用途に応じてメリット、デメリットがある。

リースとレンタルの違い

項　目	リース契約	レンタル契約
対象物件	顧客が選んだ商品	レンタル会社が選んだ商品
契約期間物件の所有権	長期（3〜6年）リース会社	短期（1〜2年）レンタル会社
中途解約	原則不可、リース会社に返却	契約内容により可能
契約終了後の物件処理	返却または再リース契約	レンタル会社に返却

●**従事者数**

　経済産業省「特定サービス産業実態統計調査」によると、平成27年の事務用機器器具賃貸業の専業従事者数は4,133人である。内訳は管理・営業部門が全体の72.6％、保守・管理・操作部門が22.1％、その他が5.3％を占めている。

専従従事者数（単位：人）

区　分	平26	平27	構成比
合　計	3,782	4,133	100.0％
管理・営業部門	2,815	3,003	72.6％
保守・管理・操作部門	764	913	22.1％
その他	204	218	5.3％

(出所) 経済産業省「特定サービス産業実態統計調査」

●**事業所数**

　経済産業省「特定サービス産業実態統計調査」によると、平成27年の事務用機械器具賃貸業の事業所数は468社で、従業者29人以下の事業所が全体の94.7％を占める。

経営組織別事業所数

区　分	平26	平27	構成比
合　計	450	468	4.0％
会　社	432	464	7.4％
個人経営	18	4	77.8％

(出所) 経済産業省「特定サービス産業実態統計調査」

ノウハウ

●**芙蓉総合リースがリユース型リースを実施**

　芙蓉総合リースは、オフィスを仮移転した大手総合商社の丸紅に対し、移転期間に合わせたリース期間を設定し、期間満了後の買取保証を設けるエコ＆バリュー型の事務機器リースを実施した。環境負荷の低減に向けた企業活動に取り組んでいる丸紅のニーズに対し、オフィス家具販売会社の内田洋行、中古オフィス家具販売会社のオフィスバスターズ、ソリューション提案を得意とする芙蓉総合リースが共同して実現した。同社の独自商品であるPCエコ＆バリューリースの事務機器版と位置付け、今後の事業拡大を目指している。

経営指標

　ここでは参考として、TKC経営指標（平成29年版）より、「その他の各種物品賃貸業」の数値を掲げる。

TKC経営指標 （変動損益計算書）	全企業　74件	
	平均額（千円）	前年比（％）
売上高	228,228	101.4
変動費	77,570	101.9
仕入高	67,309	100.8
外注加工費	8,656	113.6
その他の変動費	1,913	99.7
限界利益	150,657	101.1
固定費	143,401	102.9
人件費	73,494	103.9
減価償却費	9,457	106.9
租税公課	2,902	98.2
地代家賃・賃借料	11,725	104.7
支払利息・割引料	1,064	93.6
その他	44,760	100.6
経常利益	7,256	75.8
平均従事員数	16.4名	

今後の課題／将来性

●**課題**

　コピー機などの精密機器は、利用頻度の高さから使用中のトラブルも少なくない。顧客の満足度を高めるためには、修理や保守点検などに迅速な対応が取れる体制が重要となる。

《**関連団体**》　一般社団法人ビジネス機械・システム産業協会

　　東京都港区三田3－4－10

　　TEL　03（6809）5010

－ 289 －

●金融・保険●

生命保険会社

最近の業界動向

●国内生保大手の平成29年３月決算

　国内の生保大手９社の平成29年３月期決算は、売上高にあたる「保険料等収入」は９社中２社が前期を上回る結果となった。生保事業の儲けを示す基礎利益は９社中６社が増益であった。日銀のマイナス金利政策による運用難で、貯蓄性保険の予定利率を下げたり、販売を見合わせたりした影響が出た形だ。

国内生保大手９社の平成29年３月期決算 （単位：億円）

社　　名	保険料等収入	基礎利益
日　本　生　命	60,809	6,981
住　友　生　命	33,154	3,376
明 治 安 田 生 命	26,158	4,723
第　一　生　命	25,475	3,921
T&D保険グループ	15,052	1,599
ソ ニ ー 生 命	9,567	838
フ コ ク 生 命	5,744	889
三　井　生　命	5,076	524
朝　日　生　命	3,837	220

（注）第一生命、T&D、フコク生命は傘下の生保の合算または連結
（出所）各社決算

●外貨建て保険販売に注力

　マイナス金利導入による運用難が続いている。それに対応するため、大手生命保険各社は円建て一時払い終身保険の保険料を値上げしたり、販売抑制に動いているが、一方で、外貨建て保険の販売に力を入れている。住友生命保険は、最長10年間払い込んだ保険料の元本を保証する外貨建て保険の取り扱いを開始した。国債利回りが低迷していることから、より高い利回りが見込める外貨建てに力を入れる。契約時に保険料をまとめて支払う「一時払い終身保険」で、米ドルと豪ドルの２種類を取り扱う。明治安田生命保険も金融庁の認可を前提に、外貨建て保険の取扱い開始を見込む。解約時に返ってくる金額を逐一、確認できる

ようにする考えだ。第一生命ホールディングスと日本生命保険も外貨建て保険の販売に乗り出している状況だ。

●日本生命が「ほけんの110番」を買収

　街中で気軽に生命保険の相談に乗れる保険ショップが20代から30代の若年層に支持され、職場訪問が中心の営業職員では手が届きにくい顧客の獲得が期待されている。日本生命は全国で保険ショップを展開する「ほけんの110番」を買収し、手薄な若年層との接点を増やすなど、販路の多角化を急ぐ。今回の買収で店舗数は３倍近くに増加する。日本生命の営業職員だけでは若年層への営業が難しくなっていた。店舗数の増加で若年層が求める商品やサービスなどの市場動向を把握したい狙いだ。第一生命保険は、訪問型中堅の販売代理店を傘下に持つホロスホールディングス（HD）に２億円を出資する。ホロスHDは今後の成長に向け、店舗の新設や他の販売代理店の買収を検討中だ。ホロスHD傘下の代理店が獲得する新契約のうち、第一生命グループの商品は１割程度だが、ホロスHDが伸びれば契約の獲得増が見込める。住友生命保険も、「ほけん百花」という保険ショップを展開しているが、保険デザインを買収している。

●生命保険各社が平成30年度から主力商品の保険料を全面改定

　平均寿命が延びていることを受け、「標準死亡率」が11年ぶりに下がる見通しだ。生命保険会社はこれを参考に保険料を決定するが、死亡保険料は下がる一方で、医療保険は値上げの可能性がある。若い世代ほど負担減の恩恵がありそうだが、医療保険は寿命が延びると保険会社の支払いが増加することから、保険料の引き上げ要因となる。終身医療保険で、契約者は平均５％前後の負担増となる見通しが、医療保険は競争が激化している分野であるため、各社は安易に値上げがしづらい面もある。

マーケットデータ

●収入保険料

　生命保険協会の「生命保険事業概要」によると、平成27年度の収入保険料（全社合計）は、前年度比11.4％減の33兆4,591億3,300万円となっている。

－ 290 －

収入保険料の推移（単位：百万円、%）

項　目	平28年度	前年比
収　入　保　険　料	33,459,133	▲11.4
資　産　運　用　収　益	9,078,281	9.5
（利息及び配当金収入）	7,023,260	▲1.2

（出所）生命保険協会

◉新規契約件数、契約金額

生命保険協会「生命保険事業概要」によると、個人保険の新規契約・保有契約の推移は次の通り。

個人保険の新規契約・保有契約の推移（単位：万件、億円）

年度	新規契約 件　数	新規契約 金　額	保有契約 件　数	保有契約 金　額
平24	1,967	713,456	13,601	8,616,513
25	1,899	668,367	14,388	8,575,406
26	1,939	674,314	15,173	8,574,325
27	1,988	693,336	16,011	8,586,041
28	1,930	684,789	16,772	8,629,052

（出所）生命保険協会

業界の特性

◉加盟会社数

生命保険協会に加盟する生命保険会社数は、平成29年7月時点で41社である。

◉登録営業職員数

生命保険協会の資料によると、登録営業職員数は平成27年度で前年度比0.9％増の22万9,668人である。

登録営業職員数（単位：人）

年　度	平25	平26	平27
営　業　職　員　数	228,878	227,724	229,668

（出所）生命保険協会

◉保険料の決定要因

保険料を決める要因は、①予定死亡率、②予定利率、③予定事業費率の3つである。①は契約期間中に死亡する人がどれくらいいるのかを示す。②は支払われた保険料を基に得られる収益を見込む。その分を保険料から割り引く際の割引率を示す。これが下がると、保険料が上がる要因となる。③は生命保険会社で必要となる経費はどれくらいかを示す。これが下がると、保険料が下がる要因となる。

ノウハウ

◉AIを活用する動きが生命保険業界で始まる

日本生命は顧客に保険商品を提案する際に、AIを活用する実証実験を開始する。全国約5万人の営業職員が保有する約4千万件分の契約情報をAIに読み込ませ、年齢や性別、家族構成に応じて適切な商品を提案できるようにし、営業力を強化したい考えだ。AIの活用で経験の浅い営業職員による提案ミスを防ぎ、優秀職員の活動パターンを読み込み、訪問する回数や手順などの模範例を表示する試みも検討する。さらに、保険の引き受け審査にもAIを活用できないかの検討を始める。審査には医学的な知識を持つ人の判断も必要になるが、膨大なデータを処理できるAIを使えば作業の効率化が見込める。

経営指標

生命保険業を対象とする指標は見当たらないので、ここでは参考として、TKC経営指標（平成29年版）より、「生命保険媒介業」の数値を掲げる。

TKC経営指標（変動損益計算書）	全企業　92件 平均額（千円）	全企業　92件 前年比（%）
売上高	78,574	101.5
変動費	12,607	106.5
仕入高	6,342	114.4
外注加工費	3,234	98.7
その他の変動費	2	178.5
限界利益	65,966	100.6
固定費	62,158	102.1
人件費	38,156	102.6
減価償却費	1,676	105.5
租税公課	953	101.3
地代家賃・賃借料	4,369	103.9
支払利息・割引料	257	97.4
その他	16,728	100.1
経常利益	3,808	81.3
平均従事員数	10.8名	

今後の課題／将来性

◉課題

日本の生命保険市場は、他の業界と比較すると規模は大きいが依然として縮小傾向にある。マイナス金利の影響による運用難の発生など厳しい環境が続く。いかに若年層を取り込む商品を提供できるかが課題となる。

《関連団体》　一般社団法人生命保険協会
東京都千代田区丸の内3－4－1　新国際ビル3F
TEL　03（3286）2624

●金融・保険●

来店型保険ショップ

最近の業界動向

●来店型保険ショップの店舗数は増加傾向

　複数の保険会社の商品を販売する来店型保険ショップは、保険契約の10％以上を占めるまでになっている。金融以外の異業種からの参入も相次いでおり、競争が激化している。職場への立ち入りが厳しくなったことや共働き世帯の増加で自宅訪問が難しいことから、来店型保険ショップが台頭してきた。来店型保険ショップが存在感を増す一方、自社製品を優先的に扱って欲しい保険会社は、さまざまな名目の販売促進費を負担している。このため、商慣行を見直す動きが広がっている。金券類での販売促進を自粛する動きは第一歩となるが、商慣行を見直すのは容易ではない。生命保険文化センターの資料によると、保険販売に占める保険ショップの割合は増加している。保険ショップが保険販売の担い手になるには、顧客の信用を得る努力が不可欠である。

●第一生命保険と日本調剤が業務提携

　第一生命保険と日本調剤は、保険商品の販売や開発で業務提携する。日本調剤は薬局の店頭で、生活習慣病で入院した場合に給付金が受け取れる保険や医療保険などの商品を取り扱う。また、日本調剤が持つデータを解析し、新しい保険商品を開発する。平成29年5月から、保険販売の資格を持つ販売員がいる店舗を30店舗程度に広げる。

●山口フィナンシャルグループの保険ショップ「保険ひろば＋（プラス）」

　山口銀行、もみじ銀行、北九州銀行を傘下に持つ山口フィナンシャルグループは、保険ショップ「保険ひろば＋（プラス）」を開設した。グループ子会社のワイエムライフプランニングが店舗運営を行い、平成28年10月から営業を開始している。銀行は、ATMやコンビニエンスストア決済の利用などで、直接コンタクトが取りづらい状況にある。来店型保険ショップ事業では、金融商品仲介業や銀行代理店業務などの許可を取得することで、保険商品や投資信託、住宅ローンなどローン商品を取り扱うことができ、幅広い金融商品を提供することができる。ワイエムライフプランニングは、山口フィナンシャルグループと住友生命の共同出資により設立された。住友生命も来店型保険ショップ「ほけん百花」を展開している。ほかの地方銀行も保険商品販売強化に向け地場の保険ショップを買収するなど、保険ショップを展開する動きが活発化している。

マーケットデータ

●来店型保険ショップの市場規模

　来店型保険ショップの店舗数は年々増加し、主要6社の店舗数は1,500を超えている。認知度も広がり急速に拡大している。複数の保険会社の保険商品を比較でき、気軽に相談できることなどが消費者に支持されている。矢野経済研究所の資料によると、来店型保険ショップの新契約年換算保険料（市場規模）は次の通り。市場規模は拡大傾向にあり、平成28年度の予測では1,991億円となっている。

来店型保険ショップの新契約年換算保険料（市場規模）（単位：億円）

年度	平24	平25	平26	平27（見込）	平28（予測）
市場規模	951	1,309	1,495	1,732	1,991

（出所）矢野経済研究所

●主な来店型保険ショップ運営企業の売上高

　来店型保険ショップを運営する主な企業の売上高は次の通り。

来店型保険ショップ運営企業の売上高

会社名（店舗名）	売上高	
保険の窓口グループ（保険の窓口）	平27年6月期	平28年6月期
	264億円（単体）	311億円（単体）
アドバンスクリエイト（保険市場）	平27年9月期	平28年9月期
	72.4億円（連結）	72.9億円（連結）
アイリックコーポレーション（保険クリニック）	平27年6月期	平28年6月期
	19億5,100万円	22億9,000万円

（出所）各社資料

業界の特性

●店舗数

　来店型保険ショップの店舗数は増え続けている。「保険の窓口」の店舗が最も多く655店で、こ

－ 292 －

のうち東京都に97店舗、神奈川県に59店舗、愛知県に42店舗、大阪府に41店舗を展開している。主要6社の保険ショップの店舗数は次の通り。

主要6社の保険ショップ店舗数（平成29年3月末現在）

社　名	店舗名	店舗数
保険の窓口グループ	保　険　の　窓　口	655
アドバンスクリエイト	保　険　市　場	316
保険見直し本舗	保険見直し本舗	232
アイリックコーポレーション	保険クリニック	177
イオン保険サービス	イオン保険マーケット	123
みつばち保険グループ	みつばち保険	88
6社合計		1,591

（出所）各社資料

●改正保険業法

保険業法の改正（平成28年5月29日施行）に伴い、規模の大きい特定保険募集人に該当した保険代理店は、帳簿書類の備付け、事業報告書の作成・提出が必要になった。改正保険業法は、保険ショップなどの代理店に適正な商品販売を求めるもので、15社以上の保険商品を提供するか、手数料・報酬等の合計が10億円以上の特定保険募集人（代理店）には手数料の開示が求められる。法改正により保険ショップの信用が高まれば、さらなる市場の拡大が期待される。

●運営主体

来店型保険ショップの運営主体は、独立系のほか、流通系や大手生保などの企業もある。最近では、携帯電話業者や家具販売店など異業種からの参入も相次いでいる。NTTドコモは、平成28年9月から、ドコモショップで保険に関する相談を行う「ドコモでほけん相談」を開始した。保険専門スタッフが相談に応じる。関東甲信越エリアから順次スタートし、全国に広げていく。また、ニトリホールディングスは日本生命と提携し、保険ショップの店舗を運営している。

●立地

来店型保険ショップは、ショッピングセンターや複合商店施設、駅前などに出店するのが望ましいが、出店に適した場所はすでにどこかの保険ショップが出店しているのが現状だ。出店場所が販売に大きく影響するため、適した場所の確保が課題となっている。

●サービス

来店型保険ショップは、顧客と相談しながら顧客のライフプランに合わせた保険商品を提案している。また、保険加入時や登録内容の変更、給付金の請求など、保険会社が行う届け出・申請も行っている。

ノウハウ

●顧客情報の共有

複数の保険会社の商品を扱う来店型保険ショップは、各社がさまざまな戦略により業務提携を行うなどして展開している。顧客情報を共有したり、新たなビジネスにつながるなど相互に利点がある。

経営指標

来店型保険ショップの指標は見当たらないので、ここでは参考として、TKC経営指標（平成29年版）より、「生命保険媒介業」の数値を掲げる。

TKC経営指標 （変動損益計算書）	全企業　92件	
	平均額（千円）	前年比（%）
売上高	78,574	101.5
変動費	12,607	106.5
仕入高	6,342	114.4
外注加工費	6,234	98.7
その他の変動費	2	178.5
限界利益	65,966	100.6
固定費	62,158	102.1
人件費	38,156	102.6
減価償却費	1,676	105.5
租税公課	953	101.3
地代家賃・賃借料	4,369	103.9
支払利息・割引料	257	97.4
その他	16,728	100.1
経常利益	3,808	81.3
平均従事員数	10.8名	

今後の課題／将来性

●将来性

金融以外の異業種が来店型保険ショップに相次いで参入している。結婚関連企業や家具店などには、結婚式の相談や購入の検討などで訪れるカップルも多い。人生の節目に加入や見直しを提案しやすく、本業との相乗効果も見込める。また、保険会社では新たな販路の開拓を図ることができる。今後、異業種との提携が増えると予想される。

— 293 —

●金融・保険●

ベンチャーキャピタル

最近の業界動向

●国内向けベンチャー投資金額

ベンチャーキャピタル（VC）やコーポレートベンチャーキャピタル（CVC）などによる、国内ベンチャーへの投資が活発化している。ベンチャーエンプライズセンターによると、平成29年の上半期（1月～6月）の投資額は前年同期比24.3%増の616億2,000万円であった。

国内向けベンチャー投資金額（単位：百万円）

項　目	平28年 （1月～6月）	平29年 （1月～6月）	前年同期比 （%）
国内VC＋CVC投資	495.8億円	616.2億円	24.3%
投　資　件　数	514件	510件	▲4件

（出所）ベンチャーエンプライズセンター

●IPO市場の現状

IPO（新規公開株）市場については、回復傾向にある。市場はマザーズやJASDACという比較的新興の市場への上場数が多くなっている。

IPOの状況

項　目	平25年	平26年	平27年
市　場　第　一　部	6	10	8
市　場　第　二　部	6	10	9
マ　ザ　ー　ズ	29	44	61
Ｊ Ａ Ｓ Ｄ Ａ Ｑ	12	11	11
TOKYO PRO Market	4	3	6
合　　計	57	78	95

（出所）日本取引所グループ

●千葉銀行と武蔵野銀行が共同で事業継承ファンドを設立

千葉銀行と武蔵野銀行は平成29年9月26日、それぞれの傘下のベンチャーキャピタルと共同で、事業継承ファンドを設立すると発表した。ファンドが投資先の中小企業の株式を一時的に所有し、事業の円滑な引き継ぎに備える。両行の地盤で共通する経営課題を持つ企業の支援を通じて、増加する事業継承への対応ノウハウを培う。「千葉・武蔵野アライアンス」に基づく提携施策として、

平成29年10月5日、ぶぎんキャピタル・ちばぎんキャピタルを無限責任組合員とした「千葉・武蔵野アライアンス1号投資事業有限責任組合」を設立した。

●「500スタートアップス」が投資拡大

米ベンチャーキャピタルの「500スタートアップス」は、日本のベンチャー企業への投資を拡大する。創業まもないベンチャー企業に投資し、有望企業をいち早く発掘する。日本向けファンドも平成28年2月に立ち上げ、これまで21社に投資したが、今後2～3年間で60社程度に投資していく。また、投資だけでなく、経営にも力を入れていく。

マーケットデータ

●ベンチャーキャピタルの投資額

ベンチャーエンタープライズセンターによると、平成28年度のベンチャーキャピタルによる投資額は前年度比10.8%増の1,488億円、件数は同23.2%増の1,349件であった。投資金額の推移は次の通り。

ベンチャーキャピタルの投資金額

年　　度	平25	平26	平27	平28
投資金額	1,723	1,171	1,343	1,488
国内向け	647	742	756	1,056
海外向け	1,077	429	587	432
件数	886	957	1,095	1,349
国内向け	717	725	890	1,082
海外向け	169	232	205	267

（注）端数を処理しているため内訳と合計が一致しない場合がある
（出所）ベンチャーエンタープライズセンター

●業種種別投資実行金額

ベンチャーエンタープライズセンターによる

業種種別投資実行金額（平成29年4月～6月）

業種分類	金額（億円）
通信・ネットワーク及び関連機器	2.8
コンピュータ及び関連機器、ITサービス	104.3
ソフトウェア	15.0
半導体、電機一般	14.8
バイオ、製薬	19.5
医療機器、ヘルスケアサービス	14.6
工業、エネルギー、その他産業	18.0
メディア、娯楽、小売、消費財	8.0
金融、不動産、法人向けサービス	2.5
合　　計	199.5

（出所）ベンチャーエンタープライズセンター

と、平成29年4月～6月の業種別投資実行金額（国内向け）は次の通り。投資実行金額の合計は199億5,000万円で、このうち、IoT関連が4億5,000万円で全体の2.3%を占めている。また、海外向けは91億9,000万円であった。

業界の特性

●ベンチャーキャピタル、コーポレートベンチャーキャピタル

ベンチャーキャピタル（CV）は、ベンチャー企業に投資する際、綿密な企業調査を行い、企業の将来性を判断する。投資後は投資先の企業価値を高めるため、資金面だけでなく、人材の供給、販売・提携先の紹介などを通じて経営に深く関与して株式上場まで支援する。コーポレートベンチャーキャピタル（CVC）は、事業会社が自己資金によって自ら投資活動を行うための機能を持つ組織を指す。投資家から資金を集めキャピタルゲインを担う一般的なベンチャーキャピタルと異なり、CVCでは本業との事業シナジーを求めて運営されることが多い。

●会員数

日本ベンチャーキャピタル協会によると、平成28年8月現在でVC会員は69社、CVC会員は27社となっている。

●主なベンチャーキャピタル

主なベンチャーキャピタルは次の通りである。

社　名	特徴（売上高、上場数など）
ジャフコ	野村系、売上高は278億5,700万円（平成28年3月期）バイアウト投資（企業買収）に注力
日本アジア投資	独立系。売上高は49億9,600万円（平成28年3月期）アジアなど海外投資に強み、金融機関の支援を受け再建中
みずほキャピタル	銀行系、事業内容はベンチャーキャピタル全般。平成28年度の年間投資社数は82社、年間投資額は35億円

●ベンチャーキャピタルによる投資対象分類

ベンチャー企業は、「シード」、「アーリー」、「エクスパンション（ミドル）」及び「レイター」の4ステージに分類される。「シード」とは、会社の設立準備段階や設立してすぐのことをいい、「アーリー」は会社の本格的事業展開が進もうとする時期で、この時期はまだ売り上げもそれほど多くなっていない。「エクスパンション」は、市場に受け入れられて規模が急速に拡大していく時期、「レイター」は、商品やサービスが成熟し、上場もある程度見えてくる時期のことをいう。それぞれの時期に資金需要はあるが、ベンチャーキャピタルでは、それぞれ投資の範囲を決めていることが多い。

ノウハウ

●エフベンチャーズが大学生を対象にした

ベンチャーキャピタルのエフベンチャーズ（福岡市）は、大学生を対象にした投資に関する研究や活動を行う団体を設立した。設立団体名は「スタートアップ投資部」で、勉強会や交流会を開く。起業や投資に関心のある福岡県内の大学生を対象に公募し、活動を始める。毎月1回世界的なVCが投資する企業のビジネスモデルや特徴を分析し、発表する場を設ける。スポンサー企業との交流会も予定している。学生のうちから業界に精通した起業家を増やし、将来の投資先企業を開拓したい考えだ。

みずほキャピタルの損益計算書

ここでは参考として、みずほキャピタルの村営計算書の数値を掲げる。

みずほキャピタル（損益計算書）	平27年12月末（百万円）	平28年12月末（百万円）
売上高	4,545	2,480
売上原価	875	553
売上総利益	3,670	1,927
販売費及び一般管理費	1,254	1,167
営業利益	2,415	760
営業外利益	528	571
経常利益	2,944	1,331
当期純利益	2,729	1,167

今後の課題／将来性

●将来性

金融市場は方向が定まらない不透明な状況が続いている。ICTやフィンテックなどベンチャーの期待感は引き続き高いと予想される。

《関連団体》　一般社団法人日本ベンチャーキャピタル協会
　　　東京都港区1－12－32　アーク森ビル3F
　　　TEL　03（5114）6667

●IT・情報通信●

ネット広告業

最近の業界動向

●不正（アドフラウド）に対抗するシステム「Axia」を開発

国内のインターネット市場は成長が続いている。一方、広告の効果が見込めないのに、掲載料を受け取る不正（アドフラウド）も多い。システム開発のモメンタムは、不正に対抗するシステムを開発した。悪徳サイトを判別して配信対象から外すもので、広告を自動配信する企業に対し、不正サイトへの配信を防ぐ「Axia（アクシア）」の提供を始めた。新システムは、IAでアドフラウドを見分ける。広告を自動配信する運用型の国内市場規模は、平成28年（電通・日本の広告）で7,383億円あり、このうち5％がアドフラウドにあたるという。企業は、広告配信をどう利用すべきか一層の検証が必要となる。

●Yahoo! JAPANが動画広告を提供開始

ヤフーは平成29年3月、「Yahoo!ディスプレイアドネットワーク（YDN）」の動画広告を正規代理店に提供を開始したことを発表した。スマートフォン向け「Yahoo! JAPAN」アプリトップのタイムラインから掲載を開始している。同社は平成27年にスマートフォン用「Yahoo! JAPAN」アプリをタイムライン型のユーザーインターフェイスに刷新し、タイムライン上に最適なレイアウトで広告も掲載している。さらにコンテンツの動画化を推進してユーザーが快適に動画体験を楽しむ環境を整えてきた。YDNの動画広告は画像とテキストの広告に比べ情報量が格段に増え伝達力と訴求力の高い広告アプローチを実現しており、同社の幅広いユーザーを対象にYDNならではの多彩なターゲティング機能を活用して動画クリエイティブを届けることができるとしている。タイムライン上の動画広告はユーザーの利用環境に合わせて再生され、動画領域の50％以上が可視領域に表示された場合に自動再生が開始される。

マーケットデータ

●ネット広告大手5社の連結業績

ネット広告大手5社の連結業績は次の通り。

ネット広告5社の連結業績

社名（決算期）	売上高 （百万円）	経常利益 （百万円）
サイバーエージェント （平29年9月期）	371,362 （254,38）	28,741 （32,314）
デジタル・アドバタイジング・ コンソーシアム（平29年3月期）	184,779 （144,980）	3,728 （4,974）
オプトホールディング （平28年12月期）	69,815 （64,052）	2,004 （1,192）
セプテーニホールディング （平29年9月期）	14,702 （13,862）	2,448 （2,252）
アドウェイズ （平29年3月期）	42,329 （39,613）	248 （744）

（注）カッコ内は前期の数値
（出所）各社決算資料

●広告種別による広告費

D2Cとサイバー・コミュニケーションズが共同で行った調査「2016年インターネット広告市場規模推計調査」によると、平成28年の広告種別、デバイス別の広告費は次の通り。

広告種別・デバイス別広告費

種別・デバイス別	広告費（億円）	比率（％）
運用型広告	7,383	71.0
スマートフォン	5,020	48.0
PC	2,363	23.0
予約型広告	1,538	15.0
スマートフォン	823	8.0
PC	716	7.0
成果報酬型広告	1,457	14.0
スマートフォン	633	6.0
PC	823	8.0

（出所）「2016年インターネット広告市場規模推計調査」

●インターネット広告費の推移

電通「日本の広告費」によると、インターネット広告費の推移は次表の通り。平成28年の媒体費は前年比12.9％増の1兆378億円となり、インターネットメディアへのシフトが続いている。また、広

インターネット広告費の推移（単位：億円）

項　目	平26年	平27年	平28年
インターネット広告費	10,519	11,594	13,100
広告媒体費	8,245	9,194	10,378
うち、運用型広告費	5,106	6,226	7,383
広告制作費	2,274	2,400	2,722

（出所）電通「日本の広告」

告制作費は同13.4％増の2,722億円となっている。インターネット以外の施策と連動するサイトやコンテンツの制作など、企業のマーケティングやプロモーション活動につながる制作が増えている。

業界の特性

◉会員数
日本インタラクティブ広告協会によると、同協会に加盟する会員者数は平成29年10月31日現在で259社（正会員224社、賛助会員26社、準会員9社）である。

◉東京都がインターネット上の不当表示に改善指導
東京都では不当景品類及び不当表示防止法の観点から年間を通してインターネット上の広告・表示を監視する事業を実施している。平成28年度は357件（356事業者）の不当表示等について改善を指導した。内容は優良誤認の恐れ（健康食品、化粧品、水関連商品等、294件）、有利誤認の恐れ（美容関連サービス、各種教室等、140件）、過大な景品類の提供の恐れ（総付景品、12件）である。

◉ネット広告の種類
サイトの一角に用意した広告枠に画像やテキストを掲載するバナー広告は、掲載期間や表示回数によって料金が決まる。サイト運営企業（媒体社）と広告主が代理店などを通じて相対で契約することが多い。最近の主流であるリスティング広告は検索連動型広告とも呼ばれ、検索サイトにキーワードを入力すると、関連する広告が検索結果より上に表示される仕組みである。

◉動画広告
動画広告は商品やサービスの概要、広告主の世界観などを分かりやすく伝えられる点が特徴である。種類はディスプレー型、インストリーム型に分かれる。広告が最後まで再生された場合だけに課金されるケースも多く、広告主は費用を抑えることができる。最近は個人が「ユーチューブ」などに動画を制作・投稿し、収益を得るケースも増えている。動画広告の再生回数に応じて広告収益の一部を受け取る人を「ユーチューバー」というが、動画広告だけで生計を立てるユーチューバーもいる。

ノウハウ

◉ネット広告枠を売買するサービス
日本コンピュータ・ダイナミクは、広告主と広告媒体をつなげる、広告枠のショッピングサイト「Adplace」を平成29年8月より提供している。従来の広告配信サービスでは、媒体が用意している広告枠に対して自動的に配信するものが一般的だが、「Adplace」では広告主が金額・期間・色・イメージから媒体を探し出して主体的に広告を出稿することが可能となる。

経営指標
ここでは参考として、TKC経営指標（平成29年版）より、「広告業」の数値を掲げる。

TKC経営指標 （変動損益計算書）	全企業 461件	
	平均額(千円)	前年比(%)
売上高	216,299	97.4
変動費	145,679	96.4
仕入高	134,934	96.2
外注加工費	10,514	98.7
その他の変動費	141	119.6
限界利益	70,619	99.4
固定費	65,535	98.4
人件費	41,628	101.3
減価償却費	1,799	99.2
租税公課	718	87.0
地代家賃・賃借料	3,755	100.3
支払利息・割引料	528	96.7
その他	17,083	92.1
経常利益	5,084	112.9
平均従事員数	8.4名	

今後の課題／将来性

◉将来性
ネット広告では単価の下落が懸念されている。また、AIの支援を受けて広告コンテンツを作成する、ビッグデータを解析して効率の良い出稿を導くといった技術の導入もされており、環境の変化に素早く対応することが求められている。一方、ITインフラの進歩によって、広告媒体は変化し続けながら市場は拡大を続けている。ネット広告業界は、独自性のある新しいビジネスモデルが成立する余地が大きいと言える。

《関連団体》　一般社団法人日本インタラクティブ広告協会
　　東京都中央区新富2-1-7　冨士中央ビル9F
　　TEL　03（3523）2555

● IT・情報通信 ●

ネットショップ

最近の業界動向

◉ネットショッピングでの1カ月当たり支出

総務省の「平成29年版情報通信白書」によると、平成28年のインターネットを利用した1世帯当たり1カ月間の自宅用支出平均は総額で7,448円であった。品目別では、旅行関連が目立って多い。また、世帯主が65歳以上である二人以上の世帯（高齢者世帯）では、10年間で2.9倍となっている。

インターネットを利用した1世帯当たり1カ月間の自宅用支出（単位：円）

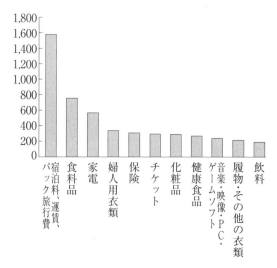

（出所）総務省「家計消費状況調査結果」

◉BtoBのEC市場が活発化している

経済産業省の「平成28年度我が国におけるデータ駆動型社会に係る基盤整備（電子商取引に関する市場調査）」によると、BtoC以上にBtoB市場が拡大している。平成28年の日本国内のBtoC（消費者向け電子商取引）のEC市場規模は15.1兆円（前年比9.9％増）まで拡大しており、BtoB（企業間電子商取引）の市場規模は、204兆円（前年比1.2％増）に拡大している。また、EC化率はBtoCのECで5.43％（前年比0.68ポイント増）、BtoBのECで19.8％（前年比0.6ポイント増）とどちらも増加傾向にあり、商取引の電子化が引き続き進展していることがわかる。

◉ライブコマース

スマートフォンによるネットショッピング機会の増加に合わせるように、ライブコマース（動画コマース）が注目を集めている。平成28年に中国のEC企業であるタオバオが開始して注目され、動画のライブ配信と買い物が連動していてあたかもコミュニケーションをとっているように感じられることが特長である。

◉バーチャルコマーズ

実際の店舗にいるような臨場感を追求する技術も進んでいる。大塚家具の提供する「バーチャルショールーム」は、スマートフォンやタブレット端末、パソコンなどを利用して実際に店内を歩いているような疑似体験をすることができ、商品の詳細情報を確認したりオンラインから商品を購入することができる。

マーケットデータ

◉ネットショッピング支出の割合と金額の推移

総務省の「家計消費状況調査結果」によると、平成28年の二人以上の世帯においてネットショッピングを利用する世帯の割合は27.8％、1世帯当たりのネットショッピングでの月間支出総額（利用した世帯に限る）は3万678円となっている。

ネットショッピングの利用世帯割合、1世帯当たりの月間支出総額の推移
（単位：％、円）

年次	注文をした世帯の割合	注文をした世帯当たりの支出金額
平23年	19.9	22,927
24年	21.6	23,461
25年	24.3	23,857
26年	25.1	25,846
27年	27.6	31,310
28年	27.8	30,678

（注）平成27年以降は調査項目を変更したため、平成26年以前のデータと時系列で比較する際には注意が必要
（出所）総務省「家計消費状況調査結果」

◉ネットショッピング等の売上高

経済産業省及び総務省の「情報通信業基本調査」によると、平成27年におけるインターネット・ショッピング・サイト運営業及びインターネット・オークション・サイト運営業の売上高等は次の通り。

インターネット附随サービス業のサービス別売上高及び広告収入額

（単位：百万円）

サービス	企業数	売上高	広告収入額
全　体	545	2,395,436	163,421
インターネット・ショッピング・サイト運営業及びインターネット・オークション・サイト運営業	77	265,783	56,048

（出所）経済産業省・総務省「情報通信業基本調査」

業界の特性

●越境EC

ネットショッピングは、インターネット上に仮想的な店舗を運営する仕組みなので基本的に距離は関係ない。これまでも日本から外国のサイトで購入をする、日本のサイトで外国からアクセスすることはあったが、近年は日本から海外にアピールする越境ECが注目されている。従来はショッピングサイト自体の多言語対応はプラットフォーム側で解決できるものの、決裁システムと購入後の物流が問題であったが、これらの整備も進んでいる。

●ネットショップの開業

ネットショップを開業する方法として、楽天やヤフーなどのモールに出店するか、独自のネットショップを立ち上げるかの2種類がある。また、店舗販売を主体とする小売店、メーカーや卸売業者などもネット通販を行っている。

●仕入用のECサイト

未経験者が簡単にネットショップを持つことができるドロップシッピングサービス「もしもドロップシッピング」を運営する「もしも」は、ネットショップ事業者向けに商品仕入を簡単に行える「TopSeller」サービスを提供している。このサービスを介して商品を取り扱う場合、ユーザから注文があった場合はメーカーに発注し、直接ユーザへ配送する仕組みなので、ネットショップ事業者が在庫を持つことなく取扱商品を増やすことができる。

ノウハウ

●リアル店舗とネット通販の融合

ショッピングセンターなどでは、ネット販売を前提にする売り場の設置を始めている。陳列用以外の在庫を置かず、来店客が気に入った商品をスマートフォンや自宅で注文する。商品を届ける機能をネットに任せ、人は接客など販売に集中する。リアル店舗とネット通販の融合が進んでいる。

経営指標

ネットショップを対象とした指標は見当たらないので、ここでは参考として、TKC経営指標（平成29年版）より、「他に分類されないその他の小売業」の数値を掲げる。

TKC経営指標 （変動損益計算書）	全企業　381件	
	平均額（千円）	前年比（%）
売上高	161,759	99.6
変動費	106,165	99.6
仕入高	104,283	99.9
外注加工費	1,882	108.6
その他の変動費	41	130.1
限界利益	55,594	99.7
固定費	53,018	100.3
人件費	27,811	100.0
減価償却費	2,118	109.0
租税公課	778	104.1
地代家賃・賃借料	3,819	100.5
支払利息・割引料	577	94.5
その他	17,960	100.2
経常利益	2,576	89.4
平均従事員数	7.8名	

今後の課題／将来性

●課題

インターネット通販市場の競争は激化している。リアル店舗でもネットとつながった買い物体験が楽しめるようになり、サービスも広がっていく。一方、通販を支える人手不足は深刻で、再配達を減らす仕組みづくりも進められている。

●将来性

市場の成長性や技術的面からはスマートフォンを前提としたネットショッピングに注目が集まるが、拡大しつつある市場の中で適切なターゲットを見つけ出すことが重要である。

《関連団体》　公益社団法人日本通信販売協会

東京都中央区日本橋小舟町3－2

リブラビル2F

TEL　03（5651）1155

● IT・情報通信 ●

ネットカフェ

最近の業界動向

●平成28年の市場規模は1,481億円

日本複合カフェ協会の資料によると、平成27年の複合カフェの市場規模は1,439億円であった。漫画やネットゲームが楽しめる複合カフェ市場は回復傾向にあり、平成28年の市場規模は3.0％増の1,481億円（筆者推計）が見込まれる。

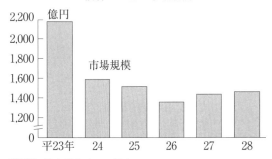
複合カフェの市場規模
（出所）日本複合カフェ協会

●ゲームなどとのコラボレーション

ネットカフェの集客のため、ゲームや映画などのイベントとコラボレーションを行う店舗が多い。ネットカフェのソリューション提供も行うテクノブラッドは、ゲーム「Shadowverse Rampage Battle」の大会を全国のネットカフェで開催している。同社は大会を開催する公認店舗を募集しており、一定の条件を満たした店舗を公認店舗に認定し販促物や景品を提供する。また、ディスクシティエンタテインメントが運営し関東を中心に展開している「DiCE」では、セガゲームスが提供するオンラインRPG「ファンタシースターオンライン2（PSO2）」とのコラボレーションキャンペーンを平成29年6月から実施している。モバイルファクトリーは、同社が配信する位置情報連動型ゲーム「ステーションメモリーズ！（駅メモ！）」において、ダイヤモンドダイニングが運営するインターネットカフェ「グランサイバーカフェ バグース」と連携し、対象店舗の利用者に「駅メモ！」オリジナルグッズをプレゼントするキャンペーンを平成29年9月より実施している。

●バーチャルリアリティ（VR）とネットカフェ

スマートフォンや無料Wi-Fiの普及に伴い、ネットカフェでもサービスの拡充を図るため、VRの導入が進んでいる。VR技術の進展と関連機器の低価格化が進み、コンシューマー用ゲーム機でもVRを楽しめるようになった。その一方で、本格的なVRシステムは高価である。VR設備を整えるネットカフェが増え、プロモーションや設備の面でネットカフェを意識したVRコンテンツも増加している。ランシステムの複合カフェ「自遊空間NEXT蒲田」では、個室でVRが楽しめる。利用料金は個室の場合1時間600円で、その後、10分ごとに100円がかかる。ランシステムのVRスタジオ利用者は1日に10～15組程度で、若いカップルの利用も多い。複合カフェでは、ネットゲームやマンガ以外に職場代わりに使ってもらうなど利用方法に知恵を絞っている。

マーケットデータ

●大手企業の売上高

複合カフェを運営する大手企業4社の売上高は次の通り。各社とも多角化を行っており、複合カフェ単体の売上高は不明である。ヴァリックは既存店の活性化策として、女性専用エリア導入やブース構成改善、シャワー導入といった積極的なリニューアルの実施などを挙げている。また、ベンチャーバンクは、事業を5つに分け新設分割設立会社にし、「まんが喫茶ゲラゲラ」はソーエキサイトが運営している。

複合カフェ大手企業の売上高（単位：百万円、％）

企業名（店舗名）	売上高	決算月
ヴァリック（快活CLUB）	48,940	平29年3月
ベンチャーバンク（まんが喫茶ゲラゲラ）	36,900	平29年3月
カジ・コーポレーション（アイ・カフェ）	17,500	平29年2月
ランシステム（自遊空間）	8,466	平29年6月

（注）ベンチャーバンクの売上高はベンチャーバンクグループとして記載された数値
（出所）各社資料

業界の特性

●店舗数

日本複合カフェ協会に加盟する加盟店は平成29年10月31日現在で104社、加盟店数は1,025店である。

●料金

複合カフェの料金体系は「15分ごとに100円課金」するなど、単位時間当たりの料金を積み上げるケースと、「3時間パック1,000円」などのパック料金があるが、両方の料金体系を併用する店舗がほとんどである。

●店舗の企画・開発

ネットカフェや複合カフェの店舗は、都心や繁華街、駅前、郊外、ロードサイドなど、さまざまな場所が選ばれている。最近は高速道路のサービスエリアなどもあり、それぞれ客層も異なる。店舗の内装やコンテンツを、立地する各地域のニーズに合わせて設定する必要がある。

●差別化

ネットカフェは出店数が増え飽和状態にあるため、各社の競争が激しくなってきている。他社との差別化を図ることで、利用者を増やしたり、囲い込みを行う必要がある。例えば、ゲーム会社や出版社など異業種とのコラボレーションによって、e-スポーツなどのイベントの開催、ゲームコンテンツの開発などを進める必要がある。アーティストの力を借りて新しいコンセプトの店舗を開発することも考えられる。また、独自のメニューの提供など、食事のサービスを充実させることも差別化の大きな要因となる。

ノウハウ

●まんが喫茶ゲラゲラの「マンスリーモーニングプラン」

ソーエキサイトが運営する「まんが喫茶ゲラゲラ」は、平成28年から導入した「月額固定料金制」（マンスリープラン）が好評であった。プランに加入した新規顧客のうち41.7%が勉強や仕事目的で加入している。これを受け、利用枠を拡大し平成29年5月から朝活として午前中の勉強や仕事に利用しやすい「マンスリーモーニングプラン」を導入した。モーニングプランの導入に合わせて文房具の貸出も拡充したほか、モーニングプラン限定で100円の朝食、テレビ・新聞・雑誌が読み放題など新しいネットカフェの使い方に合わせて整備している。月額固定料金制は午前7時〜12時の間に利用できる朝専用プランと、19時〜24時の間に利用できる夜専用プランがありそれぞれのライフスタイルに合わせて選ぶころができ、オフピーク通勤、テレワーク、モバイルワークなど、さまざまな働き方に合わせて選べるコース設定は現代社会に合わせた新しい在り方であるとしている。

経営指標

ネットカフェを対象とした指標は見当たらないので、ここでは参考として、TKC経営指標（平成29年版）より、「インターネット付随サービス業」の数値を掲げる。

TKC経営指標 （変動損益計算書）	全企業　177件	
	平均額（千円）	前年比（%）
売上高	82,878	107.2
変動費	29,150	109.2
仕入高	27,898	108.4
外注加工費	1,138	132.2
その他の変動費	24	79.6
限界利益	53,727	106.1
固定費	50,840	104.5
人件費	27,607	108.1
減価償却費	1,136	82.6
租税公課	479	108.9
地代家賃・賃借料	3,128	108.8
支払利息・割引料	172	97.0
その他	18,144	100.1
経常利益	2,886	145.2
平均従事員数	5.4名	

今後の課題／将来性

●将来性

ヤマウチが運営する「ネトマル」は、全室完全個室、女性専用エリア、コインランドリーも備える。また、マンボーが運営するネットルーム「マンボー」は、インターネットカフェの進化系で、プライベートを重視した完全個室・防音個室の環境で仕事や図書館代わりに勉強部屋としての利用、終電を逃した際の一時的な利用として活用されている。このように、利用者の利便性やニーズに対応したさまざまなネットカフェが登場している。今後も、利用者のニーズに合わせて変化していくことが必要だろう。

《関連団体》　日本複合カフェ協会
東京都千代田区二番町1番地　番町ハイム337
TEL　03（3237）2253

● IT・情報通信 ●

ソーシャルネットワークサービス業（SNS）

最近の業界動向

●国内のSNS利用者数は6,872万人

ソーシャルネットワーキングサービス（SNS）は、スマートフォンの普及でツイッターやフェイスブックなどのSNSを利用する中高年が増え、利用者のすそ野が広がっている。ICT総研の調査によると、平成28年末のSNS利用者数は6,872万人で、平成30年末には7,486万人に拡大すると予想されている。

SNS利用者数の推移

（出所）ICT総研

●SNSの利用率の推移

ICT総研の調査によると、SNSの利用率の推移は次の通り。

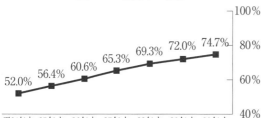

主SNSの利用率の推移

（注）SNS利用率はネット利用人口に対するSNS利用者の割合（平成27年末のネット利用人口は9,943万人）
（出所）ICT総研

●新しい分散型SNS

平成28年10月、「Mastodon（マストドン）」と名付けられた新しいタイプのSNSが誕生した。平成29年春にはメディアで紹介されるとともにアカウント数が急拡大した。従来のSNSは特定の事業者がシステム全体を管理した上でユーザーの利用を許諾するのだが、このサービスのプログラムは誰でも自由に使うことができ、独自の「インスタンス」を持つことができる分散型のSNSである。分散型ではあるが、それぞれの「インスタンス」は独立しているだけではなく、全体の「インスタンス」の情報を閲覧することができる。ビジネスとしての価値や活用方法は未知数だが、既に多くの事業者がこのサービスによって独自の「インスタンス」を構築している。

マーケットデータ

●ネット広告の売上推移

経済産業省及び総務省の「情報通信業基本調査」によると、平成27年における電子掲示板・ブログサービス・SNS運営業の売上高等は次の通り。売上高の中で広告収入額が占める割合が高い。インターネット附随サービス業の中には、広告収入がないサービスも多いが、広告収入があるサービスでも、最も割合が高くなっている。

インターネット附随サービス業のサービス別売上高及び広告収入額（単位：社、百万円）

サービス	企業数	売上高	広告収入額
全体	545	2,395,436	163,421
電子掲示板・ブログサービス・SNS運営業	21	28,919	16,362

（出所）経済産業省・総務省「情報通信業基本調査」

●SNS運営大手3社の会員数、売上高

ミクシィやDeNA、グリーのSNS運営大手3社の会員数、売上高は次の通り。

SNS国内大手3社の売上高

社名	売上高（百万円）	決算期
ミクシィ	207,161 (205,000)	平29年3月期
ディー・エヌ・エー（DeNA）	143,806 (143,709)	平29年3月期
グリー	65,369 (69,878)	平29年6月期

（注）カッコは前期の値
（出所）各社決算報告書

業界の特性

●SNS運営企業

SNS運営企業の規模は、ミクシィやグリーのような上場企業のほか、小規模業者が開設するSNSまでさまざまである。SNS運営企業が対象とするジャンルも趣味・興味関係、状況限定・相談関係、ビジネス関係と多様化している。

●SNSの収益源

SNS運営会社の収入源は、大きく広告収入と課金収入の2つに分けられる。広告収入は多くのユーザーをサイトに訪問させ、いかにPV（ページビュー）を獲得できるかどうかが重要になる。大手のグリーやDeNAは、スマホゲームによる課金収入を柱としてきた。ミクシィはこれまで広告収入を柱としてきたが、ほかの2社と同様にスマホゲームによる課金収入に力を入れている。

●余暇時間の過ごし方とSNS

日本生産性本部の「レジャー白書2017」によると、平成28年の余暇活動「SNS、ツイッターなどのコミュニケーション」の参加人口は2,280人で、前年の2,330人から50万人減少している。余暇活動では、国内旅行や夕食、ドライブ、読書、映画などが上位を占めている。

●主なSNSの利用者満足度

ICT総研の調査（平成28年度）によると、LINEの満足度が最も高く77.9ポイント、次いでインスタグラムが77.8ポイント、ツイッターが70.4ポイントなどとなっている。

主なSNSの利用者満足度
（出所）ICT総研

ノウハウ

●ビジネスSNSで上場

ビジネスSNS「Wantedly」などを提供するウォンテッドリーは平成29年8月10日、東京証券取引所への新規上場申請を実施し承認された。同社は創業当初、まだ国内で存在が大きくなかったリファラル採用に注目し、「Wantedly」を立ち上げた。その後、単なる採用プラットフォームとしてだけではなくさまざまなサービスをリリースして事業を拡大していった。リファラル採用とは、社員の知人や友人を紹介・推薦してもらうことで行う採用手法のことである。

経営指標

ここでは参考として、TKC経営指標（平成29年版）より、「インターネット附随サービス業」の数値を掲げる。

TKC経営指標 （変動損益計算書）	全企業 177件	
	平均額(千円)	前年比(％)
売上高	82,878	107.2
変動費	29,150	109.2
仕入高	27,898	108.4
外注加工費	1,138	132.2
その他の変動費	24	79.6
限界利益	53,727	106.1
固定費	50,840	104.5
人件費	27,607	108.1
減価償却費	1,136	82.6
租税公課	479	108.9
地代家賃・賃借料	3,128	108.8
支払利息・割引料	172	97.0
その他	18,144	100.1
経常利益	2,866	145.2
平均従事員数	5.4名	

今後の課題／将来性

●将来性

ソーシャルネットワークサービス業界でのビジネスは、SNS運用事業者になるか、または既存のSNSと連携するサービスを提供するか、既存のSNS運用事業者に内部サービスを提供するか、となる。クラウドソーシングなどによって、特定の専門的な技術を保有するエンジニアの助力を得ることが容易になり、AWS（アマゾンウェブサービス）などの登場によりサーバーの容量計画が難しいSNSサーバーの構築運営コストが柔軟に最適化できるようになった。障壁が低くなったことでユーザーにヒットする企画があれば、それを実現できる可能性は高まっている。

《関連団体》　一般社団法人モバイル・コンテンツ・フォーラム
東京都渋谷区東3-22-8　サワタビル4F
TEL　03（5468）5091

IT・情報通信

音楽配信サービス業

最近の業界動向

●国内の有料音楽配信市場は528億8,600万円

日本レコード協会によると、平成28年の有料音楽配信の売上高は前年比12.0％増の528億8,600万円で、3年連続の増加であった。一定の金額を払えば楽曲数に関係なく聞き放題の定額配信サービスの売り上げが伸び、音楽の視聴スタイルは定額配信に移行している。

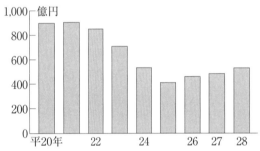

音楽配信市場
（出所）日本レコード協会

●利用者の好みに合わせた楽曲の提案

音楽配信サービスでは、利用者の好みに合わせた楽曲を提案するサービスが広がっている。平成28年に日本で音楽配信サービスを開始したスウェーデンのスポティファイが提供するのは、スマートフォン限定の「ランニング」という機能だ。好みの音楽を聴きながら走ると、振動がスマートフォンに伝わり、利用者の速度を測定する。そのデータとこれまでの機械学習した楽曲と合わせて利用者に適した楽曲リストを作成する。ただ、無料視聴に慣れた消費者が有料配信サービスを利用するかは不透明だ。

●音楽配信サービスに楽曲の「プレイリスト」を提供

JVケンウッド傘下のビクターエンタテイメントは、定額制の音楽配信サービスに楽曲の「プレイリスト」を提供する。プレイリストとは、テーマに沿った複数の楽曲を集めたリストで、音楽配信サービス向けの楽曲を扱う部門に専門組織を設け、プレイリストを作成する人材を育てる。定額配信サービスの普及で、1曲ごとのダウンロードではなく、利用者の楽しみ方も変化している。定額配信サービスの利用や再生回数が増えれば、レコード会社の収益につながるため、プレイリストを作成する人材を育てていく。

マーケットデータ

●有料音楽配信市場

日本レコード協会によると、平成28年の形態別音楽配信売上実績は次表の通り。

平成28年の形態別音楽配信売上実績（単位：百万円、％）

形　態		金　額	前年比
Master ringtones		591	▲25.0
Ringback tones		2,519	▲15.0
シングルトラック	PC配信・スマートフォン	16,538	5.0
	フィーチャーフォン	919	▲41.0
	小　計	17,457	▲8.0
アルバム	PC配信・スマートフォン	9,554	4.0
	フィーチャーフォン	―	―
	小　計	9,554	4.0
音楽ビデオ	PC配信・スマートフォン	406	▲18.0
	フィーチャーフォン	42	▲44.0
	小　計	448	▲21.0
サブスクリプション	PC配信・スマートフォン	19,998	61.0
	フィーチャーフォン	5	5.0
	小　計	20,003	61.0
その他	その他のデジタル音楽コンテンツ	2,314	9.0
総合計		52,886	12.0

（出所）日本レコード協会

●音楽配信売上実績

日本レコード協会の「日本のレコード産業2017

有料音楽配信売上実績（平成28年）（単位：千回、百万円）

種別	数量	前年比	金額	前年比
Masterr ingtones（着うた®）	6,180	▲30	591	▲25
Ringback tones（待ちうた、メロディーコール）	37,226	▲15	2,519	▲15
シングルトラック	105,831	▲8	17,457	▲8
アルバム	8,367	▲1	9,554	4
音楽ビデオ	1,565	▲22	448	▲21
サブスクリプション	―	―	20,003	61
その他	―	―	2,314	9
合計	159,169	▲11	52,886	12

年版」によると、平成28年の有料音楽配信売上実績は次の通り。サブスクリプションが大きく成長している。

業界の特性

◉個人向けオンデマンド型定額音楽配信サービス

個人向けオンデマンド型定額音楽配信サービスは多様化が進んでいる。個人向けのオンデマンド型定額音楽配信サービスは従来行われていたサービスに加えて、国内や海外の企業が参入したため、多様なサービスが展開されている。

◉大手企業

音楽配信を手掛ける企業は、音楽配信会社やレコード会社などである。米グーグルやアップル、サイバーエージェント、無料通話アプリLINEなど相次いで参入している。さらに、音楽配信サービスで世界最大手とされるスウェーデンのスポティファイが、平成28年9月に日本でサービスを開始するなど、さらに競争は激化している。

ノウハウ

◉音楽を世界に発信

サービス開発事業、音楽事業、ゲーム事業を行うモンスター・ラボは平成29年8月、第三者割り当て増資により約7億円を調達した。この出資を受けて欧州・北米への展開を加速させ、現在市場を既に獲得しているアジアから欧州、北米にかけて事業展開し、欧米企業からの受注を拡大する。同社はインディーズアーティストとリスナーを感性によって結びつけるインディーズ音楽配信サイト「monstar.fm」を運営しており、全世界の音楽配信サイト100サイト以上、配信国250カ国以上へ一括配信している。楽曲の提供者は楽曲を登録することで世界規模の配信と売上を期待できる。

◉アニメソングに絞った音楽配信サービス

アニュータは、アニメソング（アニソン）定額聴き放題の新サービス「aniuta」を提供している。平成29年3月、アニソンを取り扱うレコード会社・関連企業が集まり新会社として同社を設立した。アニソン定額配信サービス「ANiUTa」を発表し、専用アプリの提供をスタートさせた。また、海外でのアニメ＆アニソンライブなどの需要拡大を背景に、需要が大きい海外でのサービス開

始を平成30年3月末までに目指す。また、オリジナルコンテンツの配信を予定しているほか、会員特典としてコンサートチケット優先予約販売や、グッズ販売など、アニソンを基軸にしたサービスも行っていく。

経営指標

音楽配信サービス業の指標は見当たらないので、ここでは参考として、TKC経営指標（平成29年版）より、「インターネット附随サービス業」の数値を掲げる。

TKC経営指標 （変動損益計算書）	全企業　177件	
	平均額(千円)	前年比(％)
売上高	82,878	107.2
変動費	29,150	109.2
仕入高	27,898	108.4
外注加工費	1,138	132.2
その他の変動費	24	79.6
限界利益	53,727	106.1
固定費	50,840	104.5
人件費	27,607	108.1
減価償却費	1,136	82.6
租税公課	479	108.9
地代家賃・賃借料	3,128	108.8
支払利息・割引料	172	97.0
その他	18,144	100.1
経常利益	2,866	145.2
平均従事員数	5.4名	

今後の課題／将来性

◉将来性

音楽配信サービス業界は、世界的に展開する定額配信制のサービスが目立っている。そのようなサービス事業者を対象とした周辺ビジネスや、対象とするユーザー、あるいは配信するコンテンツを絞ることで大手のサービスに対抗する事業者も活躍している。スマートフォンでのサービス利用が増え、技術的に外出先でのインターネット通信回線のスピートが増せば、音楽を主とした動画配信が増加することなども予測される。裾野が広がれば特定分野に特化した市場でもビジネスが成立しやすくなることが期待できる。

《関連団体》　一般社団法人日本レコード協会

東京都港区虎ノ門2－2－5

共同通信会館9F

TEL　03（5575）1301

●ＩＴ・情報通信●

ネット証券会社

最近の業界動向

●金融商品の「見える化」が広がる

　金融庁は金融機関に対し、顧客の利益を最優先した業務運営を行う受託者責任「フィデューシャリー・デューティー」の徹底を求めている。これを受け、金融機関の間で投資信託の販売を透明化しようという動きが広がっている。カブドットコム証券は、平成29年２月下旬から、自社サイトで販売している投信の運用成績に含まれる運用コストが一目で分かるようグラフ表示するなどしている。SBI証券も同様の開示を検討している。投資家にとって手数料が運用成績に与える影響を把握するのが難しいという指摘があったためだ。顧客ニーズに合わせて適切な商品を提供することが求められ、金融商品の「見える化」が広がりつつある。

●投資教育の動画講座を配信

　カブドットコム証券とベネッセコーポレーションは、投資教育分野で提携する。カブドットコム証券が投資教育の講座を作成し、ベネッセコーポレーションが監修した動画講座を、インターネットを通じて配信する。カブドットコム証券の顧客は無料で受講できる。投資初心者向けの資産運用講座や税金制度の開設などの講座がある。講師はファイナンシャルプランナーや税理士などの専門家を起用し、顧客以外も有料で受講できる。

●地銀との提携進む

　平成29年３月、SBI証券は清水銀行との提携を発表した。清水銀行の顧客に投資信託の販売を開始する。同様に、マネックス証券も静岡銀行と業務提携しており、ネット証券各社による地銀の囲い込み競争が進んでいくことが想定される。

マーケットデータ

●ネット証券大手４社の業績

　ネット証券大手４社の業績は次の通り。ネット証券は、手数料の安さを売りに個人による株式売買の約９割を取り扱っている。日本経済新聞社によると、個人投資家による平成28年度の株式売買は４年ぶりに低い水準に落ち込んだ。海外情勢の不透明さが一因となっている。

ネット証券専業大手４社の業績

各年３月末	平成29年３月期
Ｓ　Ｂ　Ｉ　証　券	280億円（微減）
松　　井　　証　　券	110億円（▲25.0％）
カブドットコム証券	65億円（▲19.0％）
マ　ネ　ッ　ク　ス　証　券	5億円（▲86.0％）

（注）カッコ内は前の期比増減率

●インターネット取引口座数

　日本証券業協会「インターネット取引に関する調査結果」によると、平成29年３月末のインターネット取引の口座数は前年比2.4％増の2,333万4,936口座となっている。インターネット取引口座数の推移は次の通り。

インターネット取引口座数の推移（単位：口座）

各年３月末	有残高口座数 （ａ）	口座数 （ｂ）	割合 （ａ）／（ｂ）
平24年	12,097,706	17,569,423	68.9％
25年	12,573,791	18,156,218	69.3％
26年	13,302,216	19,682,982	67.6％
27年	14,300,833	20,881,428	68.4％
28年	15,332,466	22,588,850	67.9％
29年	15,644,909	23,334,936	67.0％

（注）有残高口座数は残高が１円以上の口座のこと。口座数には法人顧客が含まれており、後述する年代別口座数とは一致しない
（出所）日本証券業協会

●売買代金の推移

　日本証券業協会「インターネット取引に関する調査結果」によると、平成28年10月～平成29年３月の６カ月間におけるインターネット取引の売買代金合計は144兆869億3,100万円となっている。

インターネット取引による売買代金等の推移（単位：百万円）

年・月	現金取引	信用取引	合　計
平26年10月～ 平27年３月	58,568,663	112,533,896	171,102,559
平27年４月～ 平27年９月	62,061,648	121,001,010	183,062,658
平27年10月～ 平28年３月	46,511,023	104,143,558	150,654,581
平28年４月～ 平28年９月	37,844,606	97,215,690	135,060,296
平28年10月～ 平29年３月	47,897,119	96,189,812	144,086,931

（出所）日本証券業協会

業界の特性

●インターネット取引を扱う証券会社数

日本証券業協会「インターネット取引に関する調査結果」によると、平成29年3月末時点でインターネット取引を扱う証券会社は70社で、前年同月と比べて4社増加した。調査会員257社のうち、インターネット取引を扱う会員割合は全体の27.2%となっている。

インターネット取引を扱う証券会社数の推移

項　目	平26.3	平27.3	平28.3	平29.3
会　員　数	61	61	66	70
調査会員数	251	252	253	257

（出所）日本証券業協会

●年代別口座数

日本証券業協会「インターネット取引に関する調査結果」によると、年代別口座数は次表の通り。平成29年3月末現在、年代別で最も口座数が多いのは40代の23.5%となっている。50〜60歳台の割合も増え、シニア層のネット取引が広く受け入れられていることがうかがえる。

年代別口座数（単位：口座、％）

年代別	平28.3月	平29.3月	割合
30歳未満	1,123,051	1,149,255	4.9
30歳代	3,506,739	3,441,932	14.8
40歳代	5,310,685	5,468,470	23.5
50歳代	4,497,231	4,681,428	20.1
60歳代	4,532,773	4,631,216	19.9
70歳以上	3,537,367	3,870,497	16.7
合　計	22,507,846	23,242,795	100.0

（出所）日本証券業協会

●ノーロード投信は増加傾向

超低金利で少しでも運用利回りを確保したい投資家が若年層を中心に増えている。これを受け、SBI、楽天、カブドットコム、マネックスのネット証券4社は、販売手数料ゼロの「ノーロード投信」を増やしている。また、購入後に毎年かかる信託報酬（運用管理費用）についても、資産運用各社が相次いで低コスト商品を投入している。

ノウハウ

●フィンテックの活用

カブドットコム証券は、日立製作所と共同でAIを用いた株式の需給予測システムを開発した。同社はネット証券ならではの顧客基盤を生かし、貸株を新たな収入源に育てたい考えだ。貸株料は銘柄ごとに専門のトレーダーが決定しているが、値決めが注文処理に追いつかず収益機会を逃すこともあった。AIで最適な貸出金利を瞬時に決定し、収益機会をつかむことを狙っている。

経営指標

ここでは参考として、TKC経営指標（平成29年版）より、「貸金業等非預金信用機関」の数値を掲げる。

TKC経営指標 （変動損益計算書）	全企業　38件	
	平均額（千円）	前年比（％）
売上高	181,691	85.6
変動費	76,171	76.1
仕入高	74,125	75.1
外注加工費	—	—
その他の変動費	—	—
限界利益	105,519	94.1
固定費	99,137	96.5
人件費	34,993	96.1
減価償却費	4,505	88.6
租税公課	3,314	97.5
地代家賃・賃借料	3,525	96.6
支払利息・割引料	5,070	82.6
その他	47,716	99.4
経常利益	6,381	67.9
平均従事員数	7.5名	

今後の課題／将来性

●将来性

フィンテック企業のFOLIOは平成29年7月、日本株を対象にしたネット証券業に参入した。日本株を扱うネット証券が参入するのは約10年ぶりで、新サービスには、ロボットが上場投資信託（ETF）の分散運用を指南する「ロボット・アドバイザリー」などがある。今後も、ITを活用した新サービスを提供する企業が参入してくる可能性がある。また、平成29年3月にSBIホールディングスと韓国のキウム証券がアジアでの事業展開で業務提携を発表した。フィンテックを巡る国内ネット証券の競争は激しく、国内外のフィンテックベンチャー企業への投資が加速することが見込まれる。

《関連団体》　日本証券業協会
　　東京都中央区日本橋茅場町1−5−8
　　TEL　03（3667）8451

●ＩＴ・情報通信●

携帯電話・ＰＨＳ会社

最近の業界動向

●携帯電話・ＰＨＳの国内出荷実績

電子情報技術産業協会の資料によると、平成28年度の携帯電話の国内出荷実績は前年度比12.3％減の1,754万6,000台であった。公衆用PHSは同71.7％減の7万5,000台、スマートフォンは同2.7％増の1,071万台であった。スマートフォンは、新機種の出荷が好調で買い替え需要も堅調で2年連続のプラスとなった。国内携帯電話端末出荷台数の推移は次の通り。

国内携帯電話端末出荷台数 （単位：千台）

項　目	平26	平27	平28
移動電話	21,923	20,100	17,620
携帯電話	21,238	19,835	17,546
うち、スマートフォン	9,901	10,432	10,710
公衆用PHS	684	265	75

（注）四捨五入のため内訳と合計が合わない場合がある
（出所）電子情報技術産業協会

●IoT事業の強化

携帯電話大手3社ともにIoT事業の強化を進めている。平成28年7月にソフトバンクグループが3兆3,000億円で半導体設計大手の英アーム・ホールディングスを買収した。アーム社は低消費電力CPUの設計を得意としており、スマートフォン向けCPUの90％以上が同社によるものと推定されている。あらゆるモノがネットワークにつながるIoT時代において、その頭脳となる半導体の需要は爆発的に伸びるとみられる。一方で、KDDIはトヨタ自動車と「つながる車」で提携した。自動車がIoTで最初に市場が大きくなる分野と目論んでいる。また、NTTは、工作機械大手ファナックと提携した。NTTが世界の工場や設備をつなぐ技術を提供し、ファナック製品をネットワークで連携させて、稼働状況を一元的に管理できるようにする。

●ガラケー通話料金値下げ

平成28年10月にNTTドコモは、高齢者を中心とする従来型携帯電話（ガラケー）ユーザの流出を防ぐために、通話し放題の料金を4割程度値下げすることを発表し、その後、KDDI（au）、ソフトバンクも追随した。NTTドコモの携帯電話の契約者数約7,300万人のうち、ガラケーが30％前後を占めており、格安スマホへの乗り換え圧力に対抗する。また、NTTドコモは、平成28年内にガラケーのインターネット接続サービス「ｉモード」を利用できる機種の出荷を原則として終了した。「ｉモード」対応機の役割が小さくなったためだ。「ｉモード」対応のガラケーを使用している人はこれまでと同じ操作でネットに接続できる。今後は、ガラケーのネット接続サービスを、スマートフォンと同じ「SPモード」に全面的に切り替えていく。

マーケットデータ

●携帯電話大手3社の売上高

携帯電話各社の平成29年3月期の売上高は次の通りとなっている。各社とも光回線とスマートフォンのセットによる割引サービスが好調であった。また、総務省が端末の過剰な値引きを制限したことで販売コストが減少したことも増益に寄与した。携帯電話大手3社の売上高は次の通り。

携帯電話大手3社の売上高 （平成29年3月期連結決算）

会社名	売上高	営業利益
ソフトバンクグループ	8兆9,010億円 （0.2％）	1兆259億円 （12.9％）
KDDI	4兆7,482億円 （6.3％）	9,129億円 （9.7％）
NTTドコモ	4兆5,845億円 （1.3％）	9,447億円 （20.7％）

（注）カッコ内は前期比伸び率
（出所）各社決算資料

●携帯電話の契約者数シェア

総務省によると、平成28年度の携帯電話の契約

携帯電話の契約者数シェア （平成28年度）

会社名	シェア
NTTドコモ	44.6％（0.9）
KDDI（au）	29.4％（0.3）
ソフトバンク	26.0％（▲1.2）

（注）カッコ内は前年度比増減ポイント
（出所）総務省

者数シェアは表の通り。

業界の特性

●携帯電話の加入者数の推移

電気事業者協会によると、平成28年度の携帯電話の加入者数は累計で１億6,273万件となっている。

携帯電話の加入数の推移 （単位：件）

年度末	携帯電話	年度末	携帯電話
平23	124,187,600	平26	147,839,700
24	131,724,900	27	156,459,100
25	139,552,000	28	162,729,800

（出所）電気通信事業者協会

●格安スマホ（MVNO）の参入

MVNO（mobile virtual network operator）は自前で設備を持たずに、通信回線と設備を借り受ける形でビジネスを行う通信事業者のことで、「OCNモバイルONE（NTTコミュニケーションズ）」、「IIJmio（IIJ）」、「楽天モバイル（楽天）」など30以上のブランドサービスが林立している。契約者に対するMVNOのメリットとしては、携帯会社の回線に比べて、契約内容によっては安く回線を利用できること、契約期間の縛りが少なく、解約時に大幅な違約金を請求されることが少ないことなどが挙げられる。一方で、携帯会社で使用していた機能で使用できないものがあることや、サポート体制が弱いといったデメリットもある。MM総研によると、国内 MVNOサービスの総契約回線数は平成28年９月末時点で5,562万回線となり、平成27年９月末に比べ52.7％増加した。

ノウハウ

●ポイントプログラムの拡充

NTTドコモの「dポイント」やKDDIの「au Wallet」ポイントなど、利用料金等で貯めたポイントが利用できる飲食店や小売店の提携先が拡充されている。「dポイント」を利用できる小売店はローソンやマクドナルド、高島屋など平成28年10月時点で全国に２万を超える数にのぼる。ドコモが振り出しているポイントは年間600億円ほどあり、ポイントで清算された膨大な購買履歴等が各社に蓄積され、今後の更なるサービス向上に利用されることになる。

●ベンチャー投資の拡大

AIやIoTの分野を中心に、本業の携帯電話事業やITサービス事業と相乗効果が見込める技術を持つ企業への出資が拡大している。NTTドコモは国内外のベンチャー企業への新規投資を平成29年度に20社と前年度の約２倍に増やす。

経営指標

移動電気通信業の指標は見当たらないので、ここでは参考として、TKC経営指標（平成29年版）より、「電気通信に附帯するサービス業」の数値を掲げる。

TKC経営指標 （変動損益計算書）	全企業　49件	
	平均額（千円）	前年比（％）
売上高	114,224	98.8
変動費	53,641	95.8
仕入高	46,521	95.7
外注加工費	7,355	97.2
その他の変動費	106	104.3
限界利益	60,582	101.7
固定費	56,576	99.9
人件費	37,655	98.4
減価償却費	1,504	101.3
租税公課	501	114.4
地代家賃・賃借料	3,409	106.1
支払利息・割引料	559	113.4
その他	13,009	101.8
経常利益	4,006	134.5
平均従事員数	8.7名	

今後の課題／将来性

●課題

大手携帯電話会社は国内市場の飽和に直面している。IoTを含む通信事業に関連する事業でどのような成長戦略を立てられるかが重要なポイントとなる。

●将来性

次世代通信規格「5G」は、現在の通信規格よりも動画を100倍以上速く送ることができる。高精細な動画を瞬時に転送できるようになることで新たなサービス展開が可能となる。総務省は「5G」の経済効果は国内だけで52兆円を超えると試算している。

《関連団体》 一般社団法人電気通信事業者協会
　東京都港区西新橋１－１－３　東京桜田ビル４F
　TEL　03（3502）0991

●IT・情報通信●
携帯電話販売業

最近の業界動向

●大手3社の携帯電話販売店は減少傾向

ソフトバンク、KDDI、NTTドコモ3社の携帯電話販売店は減少傾向にある。平成28年4月の「実質ゼロ円販売」の是正要請により、新規乗り換え客が減少し、携帯電話販売業界は苦境に立たされている。閉店した携帯電話販売店もあり、離職率は4割に達する。日本の携帯電話は、大手3社が専業の代理店に販売を委託し、代理店は3社から得る奨励金を原資に値引きなどして端末を普及させてきた。総務省の実質ゼロ円規制の影響で、端末の価格が上昇して格安スマートフォンに乗り換える消費者が増えている。専業の携帯電話販売店は大きな転換期を迎えている。

ソフトバンク、KDDI、NTTドコモの携帯電話販売店数の推移

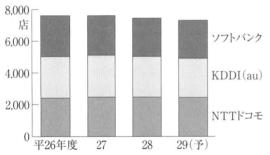

(出所)シード・プランニング

●タブレットやAIを活用して待ち時間を短縮する

携帯電話大手は、全国の販売店で使う営業支援などの情報を刷新する。NTTドコモは、全国のドコモショップなどにタブレットを導入する。店員が月々のデータ通信量などを入力すると、最適な料金プランが分かる。タブレットの導入で、カウンター以外での契約手続きやクレジットカードでの支払いが座ったままでき、待ち時間も短縮できる。また、ソフトバンクは、AIを活用して待ち時間や説明時間などを短縮する。

マーケットデータ

●大手携帯電話販売業の売上高・経常利益

大手携帯電話販売業の売上高、経常利益は次の通り。過度な販売競争が沈静化したこともあり、市場の縮小が始まっている。市場が飽和する中で、各社ともに収益源の多様化や業務効率化による生産性向上に取り組んでいる。

大手携帯電話販売業者の売上高(単位:百万円)

会社名	売上高 平27	売上高 平28	経常利益 平27	経常利益 平28
ティーガイア	642,095	620,074	14,194	15,621
光通信	562,509	574,523	36,551	38,356
コネクシオ	282,961	281,307	8,682	9,294
ベルパーク	90,145	89,629	3,270	2,927
エスケーアイ	17,020	17,992	750	654

(出所)各社決算資料

●携帯電話の契約数

電気通信事業者協会によると、携帯電話の契約数の推移は次の通り。

携帯電話契約件数の推移(単位:台)

年度	平26	平27	平28
NTTドコモ	66,595,500	70,963,500	74,879,600
KDDI(au)	43,478,000	45,909,600	48,540,100
ソフトバンク	37,766,200	39,586,000	39,310,100
総合計	147,839,700	156,459,100	162,729,800

(出所)電気通信事業者協会

業界の特性

●業界構造

携帯電話販売業の業界構造は、通信事業者から直接携帯電話を仕入れる一次代理店、一次代理店から仕入れる二次代理店といった具合に、通信事業者を頂点に複数の階層構造を持つ販売代理店から形成されている。ドコモショップやauショップなどのようにキャリアを限定した専売店は、通信事業者の直営ではなく、基本的には一次代理店か二次代理店が運営している。家電量販店は二次代理店であることが多い。

●収益構造

携帯電話販売業の収益は携帯電話端末の販売収益と、通信事業者が提供する通信サービスへの利用契約の取次手数料とがある。販売収益は、仕入価格と販売価格がさほど変わらず(かつては販売価格の方が低いことが一種の商習慣となっていた)、ほとんど収益が出ていないか、若干の赤字

である。これを通信事業者から支払われる販売報奨金により補っている。取次手数料の金額、支払対象期間、支払対象となるサービス業務内容、通話料金に対する割合等の取引条件は各通信事業者によって異なる。

大手携帯電話販売業者３社の販売収益（単位：百万円）

	ティーガイア	コネクシオ	ベルパーク
商品売上高	393,816	207,773	58,879
商品売上原価	406,431	206,591	63,604
商品販売収益	▲12,615	1,182	▲4,725

（注１）平成28年３月期の決算数値で比較
（出所）各社決算資料

●増加する相談件数

携帯端末の高機能化や料金体系の複雑化などに伴い、ユーザサポートが大きな課題となっている。国民生活センターによると、消費者から寄せられる携帯電話サービスに関する苦情・相談件数は増加の一途を辿っている。

スマートフォンに関する相談件数

年次	スマートフォンに関する相談件数	デジタルコンテンツに関する相談件数
平25年	9,545	43,669
26年	9,732	71,379
27年	13,728	93,672

（出所）国民生活センター

●中古スマートフォン市場

家電量販店のソフマップで提供する中古スマートフォンの故障時の補償サービスや、ケーブルテレビ大手のジュピターテレコム（J:COM）が米アップル社の正規中古品の取り扱いを始めるなど、安心感を売りとした中古スマートフォンが広がっている。中古端末市場は国内需要に加え、訪日外国人や短期滞在外国人のニーズも高く、市場は拡大傾向にある。

●コンシューマ事業と法人事業

コンシューマ事業は、個人顧客に対する携帯電話等の契約取次、アフターサービス、携帯電話端末の販売を、小売店舗および家電量販店で行っている。法人事業は、法人顧客に対し訪問販売等により法人向け携帯電話等の販売を通じて、業務効率向上とコスト適正化などのコンサルティングサービスを提供する。

ノウハウ

●端末の高機能化、サービスの多様化に対応

スマートフォンやタブレット市場の拡大に伴い、端末の高機能化やサービスの多様化・複雑化が進んでいる。ユーザーが安心して商品やサービスを利用できる環境と仕組みづくりが販売業には必要である。業界最大手のティーガイアでは、関係会社のキャリアデザイン・アカデミーを設立し、スタッフの接客のみならず、説明スキルの向上やユーザー視点での提案に至るまで、教育・研修を充実させてこれに対応している。

経営指標

携帯電話販売店の指標は見当たらないので、ここでは参考として、TKC経営指標（平成29年版）より、「電気機械小売業（中古品を除く）」の数値を掲げる。

TKC経営指標 （変動損益計算書）	全企業　275件	
	平均額（千円）	前年比（％）
売上高	139,593	92.3
変動費	93,788	91.0
仕入高	92,950	91.1
外注加工費	561	67.3
その他の変動費	28	115.7
限界利益	45,805	95.3
固定費	44,598	96.4
人件費	22,832	98.2
減価償却費	1,332	95.4
租税公課	639	75.8
地代家賃・賃借料	3,100	94.8
支払利息・割引料	412	93.7
その他	16,166	94.9
経常利益	1,206	68.3
平均従事員数	6.4名	

今後の課題／将来性

●課題

携帯電話市場が成熟する中で、政府の競争促進施策により「携帯電話端末の実質０円廃止」や「新料金プランの導入」などが進められてきた。従来の商品・サービスの取次ぎ業務に加えて、MVNOサービス（他社のインフラを借りて音声通信などを提供する）など、顧客に新しい価値を提供することがより求められるようになる。

《関連団体》　一般社団法人電気通信事業者協会
　　東京都千代田区神田小川町１−10　興信ビル２F
　　TEL　03（5577）5845

● IT・情報通信 ●

ソフトウェア業

最近の業界動向

●国内ソフトウェア市場は2兆6,957億9,700万円

IDCジャパンによると、平成28年度の国内ソフトウェア市場は2兆6,957億9,700万円で、前年比2.2％増であった。アプリケーション開発では、データ管理ソフトウェア市場などが好調で市場をけん引した。

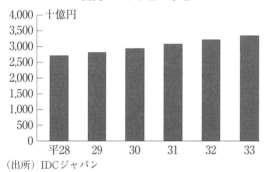

国内ソフトウェア市場
（出所）IDCジャパン

●ライセンスからサブスクリプションへ

ソフトウェアの販売モデルが、ライセンスの買切り（永続ライセンス）の形態から、年間または月々一定の金額を受け取ってソフトウェアの利用サービスを提供する形態（サブスクリプション）へシフトしている。Adobeは、サブスクリプションモデルの移行をきっかけに20％を上回る新規顧客の獲得に成功した。サブスクリプションモデルの場合、ユーザーに対して「お試し感」をつくることが可能となるため、特に高額なソフトウェアの場合、購買障壁を下げることが可能となる。一方で、機能や使い勝手が悪いソフトウェアはすぐに他社製品に乗り換えられてしまう可能性も高くなる。

●スマホアプリ

若年層を中心にスマートフォンの普及が進み、特にコンシューマー向けのソフトウェアはスマホアプリの割合が増えている。平成28年7月にサービスが開始された「ポケモンGO」は、日本だけでなく世界中の国々で社会現象となった。スマートフォンが持つ通信機能、GPSによる位置情報取得機能、磁気センサーによる方角探知機能などがうまく活用されている。スマホアプリの収益モデルは、有料アプリとしてアプリ配信時にユーザーから料金を徴収するパターンと、アプリ自体は無料で提供し、特定の機能やサービスを使うときに課金を促すアプリ内課金とがある。

マーケットデータ

●ソフトウェア業の売上高

経済産業省「特定サービス産業動態統計調査」によると、ソフトウェア開発、プログラム作成業の売上高の推移は次の通り。過年度の経済産業省の「特定サービス業実態調査」等から推計すると、ソフトウェア業の市場規模は10兆円超である。

ソフトウェア開発、プログラム作成の年間売上高（単位：百万円）

年次	受注ソフトウェア開発	ソフトウェアプロダクト	合計
平26年	6,492,355	1,136,044	7,628,400
27年	6,703,760	1,115,421	7,819,180
28年	6,726,031	1,179,928	7,905,959

（注）調査対象は全国の年間売上高の概ね7割程度をカバーする売上高上位の企業。調査の数値に補正があり、以前の数値と不連続が生じている。また、小数点以下の集計により合計が一致しない
（出所）経済産業省

業界の特性

●業界構造

ソフトウェア業には大きく分けて、パッケージソフトウェアと受託開発ソフトウェアがある。パッケージソフトウェアは市販ソフトの開発であり、受託開発ソフトは企業向けに業務アプリケーション等を受託開発するものである。受託開発であれば、元請けのSIer（システム・インテグレーターのことエスアイアーと呼ぶ）と一次下請け、二次下請け、場合によっては三次下請けといった、下請け構造となっている。一種の景気調整機能にもなっている。下請け企業は自社開発することは少なく、セキュリティの観点から、元請け企業の開発拠点に技術者を提供するSESビジネスが主流となっている。

●事業所数

経済産業省「特定サービス産業実態統計調査」によると、平成27年のソフトウェア業の事業所数

は2万2,531社、従業者数は66万8,974人となっている。資本金規模別の事業所数、従業者数は次の通り。

資本金規模別の事業所数、従業者数（平成27年）

資本金規模別	事業所数	従業者数
500万円未満	5,637	19,298
500万以上〜1千万円未満	1,213	8,109
1千万以上〜5千万円未満	10,943	214,158
5千万以上〜1億円未満	2,001	100,820
1億以上〜10億円未満	1,767	163,371
10億円以上	494	162,632
資本金なし	476	585
合　計	22,531	668,974

（出所）経済産業省

◉従業員の育成と確保

ソフトウェア業は労働集約業的な側面を持つ。進化し続けるソフトウェアに対するスキルの吸収等、従業員のスキルを向上させる教育はソフトウェア品質を向上させる。また、労働集約的であるため、長時間労働になりやすく、従業員の退職へとつながることもあり、従業員の体調や心のケアも大切である。ソフトウェア業を担う人材不足も指摘され、海外のエンジニアを活用するオフショア開発も珍しいことではなくなっている。

◉ソフトウェア開発方式

ソフトウェア開発方式には、大きく分けてウォーターフォール型とアジャイル型とがある。ウォーターフォール型は「基本設計」「詳細設計」「実装」「単体テスト」「結合テスト」といった一連のプロセスを一つひとつ完了させてソフトウェアを完成させる。基本的に前プロセスへの手戻りは行わない。一方で、アジャイル型は、イテレーションと呼ばれる短い期間（通常1〜4週間）でソフトウェア開発を一通り完遂させる。当然ながらが一回のイテレーションで当初要求された全ての機能は盛り込めないので、複数回のイテレーションを繰り返すことになるが、各回でそれぞれのレベルの完結したソフトウェアをリリースさせるところに特徴がある。各イテレーション終了時に要件の見直しを実施し、以降のイテレーションに変更を組み込むことができる。

ノウハウ

◉正規品と偽装品を識別できるシステムを開発

ソフトウェア開発のグレープシステムは、正規品と偽装品を識別できるシステムを発売した。商品に付けたホログラムをスマートフォンで読み取るだけで識別できる。また、消費者が識別システムのアプリを使用した情報をGPSと連動させることで、商品がどの店にあるか追跡可能となる。グレープシステムは組み込みソフト開発が主力で、ホログラム開発を主力事業に育てたい考えだ。

経営指標

ここでは参考として、TKC経営指標（平成29年版）より、「受託開発ソフトウェア業」の数値を掲げる。

TKC経営指標 （変動損益計算書）	全企業　634件	
	平均額（千円）	前年比（%）
売上高	169,581	103.1
変動費	52,259	106.6
仕入高	33,480	106.7
外注加工費	18,790	107.3
その他の変動費	76	66.3
限界利益	117,321	101.7
固定費	111,915	101.9
人件費	84,207	101.7
減価償却費	1,862	105.9
租税公課	1,149	98.4
地代家賃・賃借料	4,721	101.5
支払利息・割引料	786	94.6
その他	19,020	103.6
経常利益	5,406	98.3
平均従事員数	15.0名	

今後の課題／将来性

◉データ駆動型社会への変革

IoTの拡がりやビッグデータの活用、AIのさまざまな分野への適用など、社会生活に対するITおよびデータの関わりが複雑かつ高度になってきている。こうしたデータ駆動型社会においては、ビジネスとデータアナリティクスを結び付けて、全体をデザインする能力を持った新しい時代のITエンジニアが必要不可欠である。そのため、ソフトウェア業は、自社のエンジニアを普段の仕事に専念させるだけでは不十分であり、多様な人と関わる環境を作り出し、さまざまなビジネス面での経験を積ませる人材育成も重要になる。

《関連団体》　一般社団法人情報サービス産業協会
　東京都中央区八重洲2-8-1　日東紡ビル9F
　TEL　03（6214）1121

— 313 —

● I T・情報通信 ●

データセンター

●データセンターの新設は大きく落ち込む見込み

　クラウドサービスがけん引役となり、拡大傾向を維持してきたデータセンター市場は、新設・増設の投資額が平成29年には大きく落ち込むことが見込まれている。IDCジャパンによると、平成28年に前年比76.7％増の1,517億円であった国内データセンター（DC）の新設・増設投資額は、平成29年は前年比47.3％減の799億円を見込んでいる。ただ、平成30年になると、東京都内および大阪府内を中心に大規模なDC新設が複数予定されており、平成30年のDC新設・増設投資額は、前年比61.2％増の1,288億円と予測している。

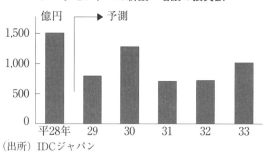

データセンターの新設・増設の投資額
（出所）IDCジャパン

●NTTコミュニケーションズがミャンマーでデータセンター事業を開始

　NTTコミュニケーションズ（NTTコム）は平成29年6月、データセンター用施設を持つミャンマーの現地企業、ミン・アンド・アソシエイツ・テレコミュニケーションズと提携し、ミャンマー最大の都市、ヤンゴン市内にある同社の施設内にて、データセンター事業を始めると発表した。同国に投資する外国企業が増え、地元の金融機関もIT投資を拡大していることに対応する。稼働率99.995％を保証し、高品質な情報基盤への需要を取り込む狙いがある。主な顧客層としてはミャンマーに進出した外国企業や金融機関を想定している。将来はクラウドサービスも始める構想だ。NTTコムはインターネット接続事業を始めており、接続とデータセンターの両方を一括で提供できる。NTTコムはグループ全体の売上高に占める海外比率を、平成32年度までに平成27年度の27％から40％に引き上げる目標を掲げている。東南アジアではタイを中核とし、近隣のミャンマー、カンボジア、ラオスの3カ国を含む情報ネットワークを構築する考えだ。

●KDDIが香港で専用線接続サービスを提供

　KDDIは平成29年8月、同社が香港で運営しているデータセンターで、主要パブリッククラウドのデータセンターへの専用線接続サービスの提供を始めた。このサービスを提供するKDDIのデータセンターは、アメリカ、イギリスに続いて3カ所目である。また、平成29年2月にはアジア最大級のIX（インターネットエクスチェンジポイント：相互接続点）事業者と直接接続する体制も整えている。

マーケットデータ

●データセンター向け通信機器市場の推移

　IDCジャパンの調査によると、平成27年のデータセンター向けネットワーク機器の市場は前年比10％増の906億円となった。クラウドやモバイルの利用が広がっているのを背景に、データセンターでの需要が増えていることが要因である。また、今後もデータセンター向け通信機器市場は成長が続くと見込んでおり、平成27年～32年までの年平均成長率は2.8％になると予測している。

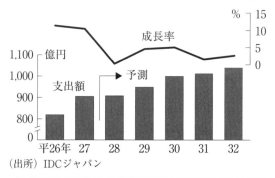

国内データセンターネットワーク機器市場の推移
（出所）IDCジャパン

業界の特性

●会員数

　データセンターの運営企業は大手通信事業者、電力系事業者、大手SI/アウトソーシング事業者、独立系専業事業者に分かれる。日本データセ

ンター協会によると、平成29年7月13日現在で加盟する正会員数は142、賛助会員数は93となっている。

●データセンターのニーズ

データセンターを利用するニーズは大まかに分けて次の4つである。①サーバーなどのIT機器を預けたい（機器は所有し、運用は自社で行う）、②サーバーなどのIT機器を預けたい（機器は所有し、運用は任せたい）、③サーバーなどのIT機器をサービスとして利用したい（機器は所有しない）、④データを安全に保管・バックアップしたい。また、DCのサービスには、サーバーの設置場所を顧客に貸し出す「コロケーション」と、DC事業者が保有するサーバーを顧客に提供する「ホスティング」の2つがある。自社のITシステムをデータセンターに預ける場合には、まず預ける形態（所有するか利用するか）、運用（自社で行うか任せたいのか）を考え、サービスを選択する必要がある。

●電力使用効率の測定

データセンターの電力消費量の増大は運用コストだけにとどまらず地球温暖化対策から見ても大きな問題だ。そのため米国環境保護庁や業界団体、主要ベンダーの手によってPUE（パワー・ユーセッジ・エフェクティブネス）という指標が作られ、電力使用効率を測定している。PUEはデータセンター全体の消費電力量をIT機器の消費電力量で割ったものであり、1.0であればデータセンターの全消費量とIT機器の消費全力が等しくなり、無駄がないことになる。国内データセンターは、PUE2.0前後が標準といわれ、海外ではPUE1.1前後と非常に高い電力使用効率を実現しているケースもある。

ノウハウ

●新しい技術の活用やコスト削減を進める

データセンター事業者間の競争が激しくなり、各事業者はサービス品質を向上させつつ、建設費や運営コストの引き下げを図るため、新しい技術の活用やコスト削減を進めている。設計から運用開始まで数年かかるため、トレーラーで運搬、設置し、電力を引き込めば稼働できるコンテナ型のデータセンターも登場している。データセンター全体の発熱量は増加し続けており、電力料金を減らすためには空調関連の消費電力の削減がカギを握っている。

経営指標

ここでは参考として、TKC経営指標（平成29年版）より「その他の情報処理・提供サービス業」の指標を掲げる。

TKC経営指標 （変動損益計算書）	全企業　86件	
	平均額（千円）	前年比（％）
売上高	160,972	108.0
変動費	38,312	121.2
仕入高	29,576	122.3
外注加工費	8,518	117.2
その他の変動費	131	93.5
限界利益	122,660	104.4
固定費	116,899	106.9
人件費	64,054	106.2
減価償却費	3,387	123.5
租税公課	916	81.6
地代家賃・賃借料	4,517	99.0
支払利息・割引料	836	104.4
その他	42,166	105.5
経常利益	5,761	70.7
平均従事員数	11.3名	

今後の課題／将来性

●課題

情報システムを利用するに当たり、自社管理下にある設備に機材を設置し、ソフトウェアを配備・運用する形態、いわゆる従来のオンプレミスは減少し、代わってデータセンターに企業の情報システムが設置される形態にシフトしていくものと予測される。企業が今まで以上に成長するためには、クラウドコンピューティングを積極活用していく必要があるが、クラウドコンピューティングを活用するには、いくつかのリスクが潜んでいる。主なリスクはデータのセキュリティ、コンプライアンス、内部統制面、事業継続などの観点である。データセンター事業者はこれらの課題と向き合い、海外と比べ遅れている規格・標準化を推進し、産業カテゴリとして確立する必要がある。

《関連団体》　日本データセンター協会
　　東京都新宿区四谷4－29
　　　株式会社IDCフロンティア内
　　TEL　03（6705）6149

●ＩＴ・情報通信●

情報処理業

最近の業界動向

●オンサイト運用・保守サービスは縮小

クラウドサービスの普及やデータセンター化の進展により、オンサイトにサーバーを設置しないユーザー企業が増加している。オンサイト運用・保守サービスは、ユーザー企業に設置されたサーバー機に対して、オンサイトによる日常の運用管理業務、リモート対応、ヘルプデスク、システム監視、トラブル対応などユーザーのニーズに合わせた柔軟なサービスを提供するもの。かつてITアウトソーシングサービス提供事業者の一大収益源であった。ユーザー企業がデータセンター関連サービスへのシフトを進めているため、同サービスの利用が減少している。

●取り扱いデータ量の増加

オンサイト運用・保守サービスの縮小は、ユーザー企業が抱えるデータ量が年々増加していることが一因となっている。スケーラビリティに優れるクラウドサービスやデータセンターに増加したデータを預ける企業が増えている。総務省「ビッグデータの流通量の推計及びビッグデータの活用実態に関する調査研究」によると、データ流通量は、平成17年の約1.6エクサバイトから平成26年には約14.5エクサバイト（見込み）となり、平成17年から平成26年の9年間で、データ流通量は約9.3倍（同期間の年平均伸び率は28.2％）に拡大している。

データ流通量の推移

年次	データ流出量 （TB）	年次	データ流出量 （TB）
平17年	1,556,589	平23年	6,050,339
19年	2,614,878	25年	10,804,988
21年	4,076,772	26年（見込）	14,524,752

（出所）総務省「ビッグデータの流通量の推計及びビッグデータの活用実態に関する調査研究」（平成27年）

マーケットデータ

●情報サービス業の売上高

経済産業省「特定サービス産業動態統計調査」によると、情報サービス業の業務種類別売上高は次表の通り。平成28年は前年比1.7％増の10兆9,771億5,800万円で増加傾向が続いている。

情報サービス業の業務種類別売上高 （単位：百万円）

区　分	平26年	平27年	平28年
合　計	10,632,784	10,796,754	10,977,158
ソフトウェア開発、 プログラム作成	7,628,400	7,819,180	7,905,959
計算事務等情報処理	696,892	677,020	715,574
システム等管理 運営委託	1,467,171	1,495,084	1,558,705
データベースサービス	130,746	122,053	124,839
各種調査	152,369	157,771	162,422
その他	557,206	525,646	509,659

（注）調査対象は全国の年間売上高の概ね7割程度をカバーする売上高上位の企業。調査の数値に補正があり、以前の数値と不連続が生じている。

（出所）経済産業省

●ITアウトソーシングサービス市場

矢野経済研究所によると、ITアウトソーシングサービス全体の平成27年度の市場規模（事業者売上高ベース）は、前年度比0.2％増の3兆8,434億円であった。クラウドサービスの普及やサービスの多様化、データセンター利用の増加などを背景に、平成26年度から平成31年度までの同市場全体の年平均成長率は0.8％で推移し、平成31年度の市場規模は3兆9,985億円になると予測されている。

●ビッグデータアナリティクス市場

同じく矢野経済研究所によると、平成27年度の国内のユーザー企業におけるビッグデータ関連投資額は535億円と推計されている。現状、ビッグデータへの取り組みを進めているのは大企業が中心だ。ビッグデータアナリティクスは、IoT、AIによるデータ駆動型経済を実現するための基盤技術となる。

業界の特性

●業態と業界構造

我が国の情報処理産業のうち、受注ソフトウェアまたはパッケージソフトウェアを開発するソフトウェア業を除く、情報処理・提供サービス業を情報処理業とし、ユーザーに代わってコンピュー

－ 316 －

タを用いた受託計算、データ入力・変換、顧客企業のシステムの管理運用サービス、データベース提供サービスなどの事業を行う。一般的に、大手企業やコンピュータメーカーといった元請企業が受注し、下請け業者へ外注する労働集約的な下請構造が形成されているが、近年のビックデータアナリティクスサービスを提供するような専門性の高い企業は、中小企業であっても直接ユーザー企業と取引を行うケースもある。

●事業所数

経済産業省「特定サービス産業実態統計調査」によると、平成27年の情報処理提供サービス業の事業所数は1万944社、従業者数は29万3,990人となっている。資本金規模別の事業所数、従業者数は次の通り。

資本金規模別の事業所数、従業者数（平成27年）

資本金規模別	事業所数	従業者数
500万未満	4,096	14,477
500万以上～1千万円未満	677	2,967
1千万以上～5千万円未満	3,432	83,456
5千万以上～1億円未満	638	29,329
1億以上～10億円未満	893	72,686
10億円以上	712	86,501
資本金なし	497	4,844
合　計	10,944	293,990

（出所）経済産業省

●クラウドサービス

クラウドサービスには大きく「パブリッククラウド」と「プライベートクラウド」に分けることができる。パブリッククラウドは、大量のサーバーを保有する事業者が、各社独自の仮想化、分散化等の技術を用いて、クラウド環境を企業等の不特定多数のユーザーにインターネットを通じて提供するサービスを呼ぶ。一方、プライベートクラウドは、クラウドの技術を用いて一つの企業のためだけに構築するコンピューティング環境を提供するサービスを呼ぶ。プライベートクラウドは、企業内セキュリティポリシーの実現が図りやすく、サービス仕様も自社で決めることができる。そのため、顧客データベースや、基幹業務システムといった高度なガバナンスが求められるシステムに向いている。

ノウハウ

●クラウドサービスの多様化

クラウドサービスの多様化が進んでいる。複数のクラウドを使い分けるハイブリッドクラウドにより、最適なサービスを顧客が自由に選択するようになってきている。また、システム環境の変化や多様な新技術の出現もあり、ユーザー企業が利用するクラウドサービスのマルチベンダー化が進んでいる。これに伴い、クラウド環境の統合管理のニーズが高まっている。

経営指標

ここでは参考として、TKC経営指標（平成29年版）より、「その他の情報処理・提供サービス業」の数値を掲げる。

TKC経営指標 （変動損益計算書）	全企業　86件	
	平均額（千円）	前年比（%）
売上高	160,972	108.0
変動費	38,312	121.2
仕入高	29,576	122.3
外注加工費	8,518	117.2
その他の変動費	131	93.5
限界利益	122,660	104.4
固定費	116,899	106.9
人件費	64,054	106.2
減価償却費	3,387	123.5
租税公課	916	81.6
地代家賃・賃借料	4,517	99.0
支払利息・割引料	836	104.4
その他	42,166	105.5
経常利益	5,761	70.7
平均従事員数	11.3名	

今後の課題／将来性

●将来性

あらゆるものがネットにつながるIoTでは、膨大なデバイスが、膨大なデータをリアルタイムで処理する必要があり、デバイスは低消費電力であることが求められる。このため、次世代のメモリー、低消費電力ネットワーク、MEMSセンサーの実用化の目途が立ち始めている。次世代メモリーは、現在主流のメモリーと比べて消費電力を最大7分の1に減らせると言われている。IoTは情報処理業にとって大きなチャンスであろう。

《関連団体》　独立行政法人情報処理推進機構
　　　東京都文京区本駒込2-28-8
　　　TEL　03（5978）7501

●IT・情報通信●

eラーニング業

最近の業界動向

●オンライン学習の広がり

リクルートマーケティングが手掛けるオンライン学習「スタディサプリ」のようなeラーニング市場は、拡大傾向にある。「スタディサプリ」は、1万本以上の講義動画を月額980円（税別）で見放題で提供する。ネットでの自主学習だけではモチベーションを維持するのが難しいとの声もあり、東京・新宿に学習拠点を設けた。講師の講義が受けられたり大学生が相談に応じたりする。オンライン学習を行っている企業では、生の講義にシフトしつつある。

●地域創生カレッジのeラーニングシステム

NTTドコモのグループのドコモgaccoが提供するオンライン動画学習サービス「gacco（ガッコ）」が、内閣府地方創生推進室が推進する「地方創生カレッジ」のeラーニングシステムに採用された。gaccoは、動画によるeラーニングシステムとしての機能や、約25.9万人（平成28年12月15日現在）の受講者数等の実績が評価されており、地方創生の取り組みを支援する21講座が提供される。

●eラーニングに関わる大学設置基準

eラーニングは、大学などの高等教育を行う学校（大学、大学院、短期大学、高等専門学校）で単位を与える授業にも活用することができる。ただ、大学設置基準に基づく文部科学省告示のeラーニングに関わる規定に従う必要がある。告示によれば、eラーニングを教室以外の場所等で学習者に受講させる場合は、同時かつ双方向に行われる遠隔授業などを除けば「毎回の授業の実施に当たって設問解答、添削指導、質疑応答等による指導を併せ行うものであって、かつ、当該授業に関する学生の意見の交換の機会が確保されているもの」でなければならないと定められている。

マーケットデータ

●eラーニングの市場規模

矢野経済研究所によると、平成28年度の国内eラーニング市場規模は、前年度比6.7％増の1,767億円を見込み、平成29年度も前年度増と予想している。主要通信教育事業者がサービスラインアップを拡充したのに加え、学習塾・予備校の映像授業の伸長が市場規模の拡大に貢献した。また、それ以外の語学などの学習コンテンツ分野のサービスも概ね堅調に推移し、市場規模拡大に寄与した。

eラーニング市場規模推移（億円）

年　度	平25	平26	平27	平28 （見込）	平29 （予測）
市場規模	1,370	1,665	1,657	1,767	1,794

（出所）矢野経済研究所

●eラーニング利用状況

総務省「平成28年通信利用動向調査」によると、インターネット利用者（個人）の9.1％がeラーニングを利用している。また、クラウドサービスを導入している企業のeラーニング利用率は、前年比1.2ポイント増の12.2％となっている。

インターネット利用者のeラーニング利用率（％）

年　度	平27	平28
個人	－	9.1
企業（クラウドサービス利用）	11.0	12.2

（出所）総務省

業界の特性

●eラーニングの業態

eラーニングは、主にインターネットを利用した学習形態のことである。事業者はeラーニングを提供するために「教材・学習材」と「学習管理システム（LMS: Learning Management System）」を準備する必要があり、イニシャルコストは高いが、ランニングコストは、サーバー維持費やコンテンツのメンテナンスなど比較的安価である。

●メリット・デメリット

eラーニングの主なメリット・デメリットは、集合研修に比べ受講者の都合に合わせて学習できるメリットがあるのに対し、受講者と教師間、受講者間の交流が難しいといったデメリットがある。

●コンテンツ共有のための規格

それぞれの事業者がそれぞれ独自の学習管理シ

ステムを持ち、その学習管理システム用の教材・学修材を作成することは効率的ではない。そのため、異なる学習管理システム間においても同一の教材・学習材などを利用するための規格が考案された。現在、代表的な規格は米国ADLによる「SCORM」であるが、その仕様の複雑さから、一般の教師が簡単に教材・学習材を作ることが難しいという欠点があった。そのため、ADLは平成25年に「SCORM」に継ぐ新規格「Experience API(xAPI)」を発表した。国内でも、この「xAPI」仕様に基づいた新たなサービスが既に始まっている。

◉インターネットの端末利用状況

総務省「平成28年通信利用動向調査」によると、平成28年のインターネット利用者は前年比0.5ポイント増の83.5%となり、インフラとして定着していることが認識できる。インターネットの端末利用状況は次の通り。

インターネットの端末別利用状況

端　末	平27	平28
パソコン	56.8%	58.6%
スマートフォン	54.3%	57.9%
タブレット型端末	18.3%	23.6%
携帯電話・PHS	15.8%	13.3%
合　計	83.0%	83.5%

(注) 複数回答のため、合計は100とならない
(出所) 総務省

ノウハウ

◉モバイルラーニング

スマートフォンやタブレットが普及し「いつでも・どこでも学習」することが可能になった。こうしたモバイル端末を使った学習をモバイルラーニングと呼んでeラーニングとは区別することがある。eラーニングとの最大の違いは、「教材＋LMS」という枠組みに囚われることなく、モバイル端末で学習するものは全て「モバイルラーニング」に含まれることである。学習アプリや、スカイプを使った英会話などもモバイルラーニングに含まれる。インターネット利用にはさまざまな端末が用いられるため、eラーニングサービスを提供する場合、将来の端末拡張を考慮したサービス設計も重要である。

◉メンターとチューター

事業者からすると「受講者の学習の進捗」はシステムで把握できるが、「どれくらい意欲的に取り組めているか」、「ちゃんと理解できているのか」を把握することは集合学習に比べて難しい面がある。この課題に対し、学習の進捗管理や支援を行う案内役の「メンター」や、学習内容に関するサポートも行う「チューター」を配置し、学習者に対する適切なサポートを行うことで、eラーニングの効果をより高めることができ、受講者の満足度向上やリピートにつながる。

経営指標

ここでは参考として、TKC経営指標（平成29年版）より、「他に分類されない教育・学習支援業」の数値を掲げる。

TKC経営指標 （変動損益計算書）	全企業　56件	
	平均額(千円)	前年比(％)
売上高	166,867	100.4
変動費	19,828	121.2
仕入高	18,505	118.9
外注加工費	994	103.7
その他の変動費	84	67.2
限界利益	147,039	98.1
固定費	144,271	100.5
人件費	90,753	99.7
減価償却費	6,010	109.0
租税公課	3,288	96.6
地代家賃・賃借料	8,528	102.5
支払利息・割引料	1,638	95.0
その他	34,126	101.9
経常利益	2,767	44.5
平均従業員数	19.8名	

今後の課題／将来性

◉マルチデバイス対応

近年では、PCだけでなく、タブレット、スマートフォンといったデバイスも普及し、eラーニング（モバイルラーニング）にも活用されている。一方で、通信速度も画面のサイズも異なるデバイスに対し、同じ教材を配信して、同じ教育効果が上がるとは限らない。各デバイスに対し最適なコンテンツを模索する検討が進められている。

《関連団体》　特定非営利活動法人日本イーラーニングコンソシアム

東京都中央区日本橋小伝馬町16－5

新日本橋長岡ビル2F

TEL　03（5640）1017

●ＩＴ・情報通信●

市場調査(ネット調査)業

最近の業界動向

●マーケティング・リサーチ業界の市場規模

　日本マーケティング・リサーチ協会「第42回経営業務実態調査」によると、平成28年度の日本の市場調査業界の市場規模（推計）は前年比7.9％増の2,099億円である。調査手法別の市場規模は次の通り。

調査手法別の市場規模（推計）（単位：億円、％）

調査手法別	平27年度	平28年度	前年度比
パネル調査	642	677	5.4
アドホック調査	1,208	1,282	6.1
インターネット調査	607	645	6.3
既存手法調査	601	637	6.0
その他	97	140	44.7
合　計	1,946	2,099	7.9

（出所）日本マーケティング・リサーチ協会

●博報堂とLINEが共同調査研究プロジェクト

　インターネット調査はパソコンが主流だったが、消費者の利用する主要な端末がスマートフォンに移行している。博報堂とLINEは、共同で若年層を対象にした調査研究プロジェクト「若者インサイトラボ」を立ち上げた。スマートフォンを使ったLINEの調査手法を生かし、季節性を踏まえた調査テーマを毎月設定し、若者の興味や嗜好を調査する。LINEは自社アプリを起点にスマートフォンで調査をしており、300万人が登録している。LINEは今回のプロジェクトで使うスマートフォン調査の仕組みを基盤として、調査事業者向けへのサービス提供を始める意向だ。

●最大手のマクロミルが東証１部再上場

　インターネット市場調査最大手のマクロミルが東証１部に上場を果たした。同社は平成16年に東証に上場したが、平成26年に米投資会社ベインキャピタル系のファンドが約500億円で買収し、上場廃止になった。今回３年ぶりの再上場だ。現在82％を出資するベインキャピタルは上場で一部株式を放出するが、引き続き３割弱を持つ考えだ。

　ネットを使った市場調査は、郵送や電話を使う従来の手法に比べ低価格・短時間のため、需要が伸びている。調査で回答を依頼するモニターは約１千万人に上り、約90カ国で3,800社超と取引がある。特に海外ではモニターのネット上の行動履歴を基に、広告の効果測定やSNSの分析などを手掛けるデジタル・マーケティング事業が伸びている。国内にもノウハウを持ち込み、事業拡大につなげる考えだ。

●外国人に海外でアンケート調査できるサービス

　調査会社のブルームーン・マーケティングは、外国人に海外でアンケート調査ができるサービス「インバウンド・オムニバス」を始めた。約60カ国・地域が対象で、１カ国当たり２千人に訪問の意向や訪問したい都市、観光施設などについてアンケートできる。調査はネット経由で配布し回答を集計する。サービスを利用する企業は欧米やアジアなど世界約60カ国・地域から希望する国を選び、18〜69歳の男女に質問ができる。国ごとに分析できるため、きめ細かいマーケティング活動がしやすいという利点がある。

●クロス・マーケティングが社員の満足度を調査

　政府が進める「働き方改革」が注目される中、より良い職場環境に改善することは企業にとっても重要なことである。クロス・マーケティングは、企業向けに社員の満足度を調査するサービス「カリーグ・フィーリングス」の提供を開始した。インターネットを介した社員へのアンケートを基に、自社に対する評価や満足度を調べる。回答の所要時間を10分ほどに設定し、社員の負担を小さくした。100人以上の回答があれば確度の高い結果を得られる。アンケートを基に「公平性」「コミュニケーション」「福利厚生・待遇」「コンプライアンス」といった項目に分けて社員満足度を導き出す。業界別や年代別の結果と比較して、優先的に改善した方がよいポイントなどを把握することができる。

マーケットデータ

●調査売上規模別売上高、売上規模別社数

　日本マーケティング・リサーチ協会の「第42回経営業務実態調査」によると、市場調査業界の調査事業売上高（98社合計）、調査売上規模別社数

は次の通り。平成28年度の売上高は1,683億5,600万円で、1社当たりの平均売上高は17億1,800万円となっている。

調査売上規模別売上高、売上規模別社数（平成28年度）

区　別	社数	売上高 （百万円）	1社当たり平均 （百万円）
合　計	98	168,356	1,718
2億円以上	31	3,213	104
2億円台	10	2,538	254
3億円台	7	2,427	347
4～5億円	14	7,069	505
6～10億円	7	5,289	756
11～20億円	9	12,387	1,376
21億円以上	20	135,433	6,772

（出所）日本マーケティング・リサーチ協会

業界の特性

●企業数と規模

日本マーケティング・リサーチ協会に加盟する会員数は、正会員121社、賛助会員89社、賛助個人112人（平成29年8月現在）となっている。

●1社当たりの平均従事者数

日本マーケティング・リサーチ協会の資料によると、平成28年の1社当たりの平均従事者数、調査業務従事者数は次の通り。

1社当たりの平均従事者数（単位：人）

項　目	平27年	平28年
総 従 事 者 数	73.1	74.5
調査業務従事者	57.5	58.9

（注）1社当たりの平均従事者数は98社の数字
（出所）日本マーケティング・リサーチ協会

●調査方法

調査方法は以下の4つに分けられる。①訪問面接調査（調査対象者の元にインタビューアーが出向いて意見を聞く）、②電話調査、③郵送調査、④グループインタビュー形式である。さらに、単発で実施するアドホック調査と、定期的に実施するパネル調査がある。アドホック調査は、調査の企画→調査対象の選定→調査票の作成→実査→集計→分析→報告というのが一般的な流れとなっている。パネル調査は調査対象によって、世帯パネル、個人パネル、小売店パネルなどである。

●収入源

収入源の調査収入は、固定会員数×調査件数×1件当たり単価で決まる。ほかの収入源は、出版収入、広告収入、データサービス収入などがある。

ノウハウ

●マクロミルと滋賀大学が人材育成で連携協定

マクロミルと滋賀大学は、データサイエンス分野の人材育成や研究で連携協定を結んだ。具体的な取り組みとしては、滋賀大学データサイエンス学部で、マクロミルが持つ消費者購買データを使ったマーケティングリサーチ講座やデータ分析に取り組んだり、共同でマーケティングデータを活用した新しい分析手法の研究開発も進めるなど交流を図っていく意向だ。

経営指標

ここでは参考として、TKC経営指標（平成29年版）より、「その他の情報処理・提供サービス業」の数値を掲げる。

TKC経営指標 （変動損益計算書）	全企業　86件	
	平均額（千円）	前年比（％）
売上高	160,972	108.0
変動費	38,312	121.2
仕入高	29,576	122.3
外注加工費	8,518	117.2
その他の変動費	131	93.5
限界利益	122,660	104.4
固定費	116,899	106.9
人件費	64,054	106.2
減価償却費	3,387	123.5
租税公課	916	81.6
地代家賃・賃借料	4,517	99.0
支払利息・割引料	836	104.4
その他	42,166	105.5
経常利益	5,761	70.7
平均従事員数	11.3名	

今後の課題／将来性

●課題

市場調査業界では競争が激化し、価格競争が起きている。また、顧客からは単なる調査だけではなく付加価値が求められており、他社との差別化をどう図るかが重要である。

《関連団体》　一般社団法人日本マーケティング・リサーチ協会
　　東京都千代田区鍛冶町1－9－9
　　　石川LKビル2F
　　TEL　03（3256）3101

●不動産・運輸●

アパート経営

最近の業界動向

●貸家の建設は5年連続増加

国土交通省によると、平成28年の貸家着工件数は前年比10.5％の増加で、新設住宅着工の4割超を占めている。平成27年施行の相続税の課税強化により節税対策の動きが活発化したことに加え、日本銀行のマイナス金利政策における低金利の長期化していることが追い風になっている。アパートローンについても、金利の低下が続いている。新築アパートが急増したことによって、古いアパートの空室率が増えることが懸念される。

●家賃支払いを保証するサービスが広がる

賃貸住宅の家賃支払いを保証するサービスが広がっている。滞納した家賃を立て替えるサービスで、連帯保証人のいない高齢者なども部屋を借りやすくなる。ただ、保証金が必要で、滞納金は最終的に借り手が返済しなければならない。入居者が保証会社に支払う金額は、初回は月額家賃の半分、後は年1万円が相場で、家賃滞納の限度はおおむね3カ月である。多くの不動産会社が保証会社を利用しているが、トラブルも多い。業界団体の家賃債務保証事業者協議会では、自主ルールを決めているが、国土交通省は保証会社を登録制にする予定で、顧客向けの相談窓口の設置などを求める。

●シェアハウスが若年層に人気

シェアハウスが若年層に人気となっている。ダイワハウス工業は、都心部でオフィスビルを改装するなどして、賃貸住宅「シェアハウス」を展開している。中古オフィスビルを購入し、大規模改修してシェアハウスにすることも想定している。シェアハウスは、人とのコミュニケーションを大事にする若者層に人気があり、新生活を始める際に費用を抑えることもできる。

マーケットデータ

●新築住宅着工数

国土交通省の資料によると、平成28年度の新築住宅着工数は96万7,237戸で、前年度比6.4％増と2年連続増加した。貸家は前年度比10.5％増で5年連続の増加となっている。

新設住宅着工戸数の推移（単位：戸）

年度	総計	持家	貸家	分譲住宅
平24	893,002	316,532	320,891	249,660
25	987,254	352,842	369,993	259,148
26	880,470	278,221	358,340	236,042
27	920,537	284,441	383,678	246,586
28	967,237	292,287	418,543	250,532

（出所）国土交通省

●入居率と家賃保証会社利用率、一時金等

日本賃貸住宅管理協会の賃貸住宅景況感調査（平成28年10月1日～平成29年3月31日）によると、同時期の入居率と家賃保証会社利用率、一時金（平均月数）、機関保証への加入必須割合は次の通り。入居率に関しては、サブリースが2％程度高くなっているが、算定基準が管理戸数ベースに変更したことによる。回答者は入居促進に取り組んでいる優良な住宅管理会社が多いと思われるため、市場平均よりも高い数字になっているものと推測される。

入居率と家賃保証会社利用率、一時金等

項　目	全国	首都圏	関西圏
入居率（％）			
委託管理 　（集金管理を含む）	93.6 (91.9)	95.0 (92.5)	93.7 (92.6)
サブリース	97.1 (95.1)	97.2 (95.3)	97.5 (93.9)
家賃保証会社利用率	98.38 (98.50)	98.39 (98.40)	95.65 (97.00)
一時金（平均月数）			
礼金	0.97 (1.00)	0.84 (0.74)	1.36 (1.36)
敷金（保証金）	1.37 (1.27)	1.21 (1.10)	1.23 (0.91)
機関保証への加入 必須割合	72.76 (74.46)	69.36 (69.90)	75.57 (78.75)

（注）カッコ内は平成27年10月1日～平成28年3月31日の数字
（出所）日本賃貸住宅管理協会

●単独世帯の増加

全国での平均居住年数では、単身者の2～4年と家族の4～6年、高齢者の6年以上の比率が高くなっている。子どもの就学や地域との接点など

のライフスタイルにより、年齢が高くなるほど居住年数は伸びる。また、外国人は4年までの滞在がほとんどで1～2年も多く学生よりも短期となっている。

業界の特性

●経営の現況

総務省「経済センサス基礎調査」によると、平成26年の賃貸業・貸間業の事業所数は16万1,379所、従業者数は37万2,628人である。個人経営が多く、持ち部屋数20戸以下のアパートが多い。また、契約も管理もすべて委託している経営者が大半を占める。

●敷金・礼金の月数

敷金とは、保証金的性格のもので、原状回復にかかる費用を除き、アパートを出る際に戻ってくる資金であるが、家賃の1カ月分となっているところが約半数を占める。多いところでは3カ月分に及ぶ。退出時に戻ってこない礼金は、無しが約50％、1カ月分が約30％を占めている。また、契約更新にかかる手数料があるところは約40％で、うち80％弱が1カ月となっている。

●インターネットの利用

賃借人は、新しい住居を探す前にインターネットで住みたい地域の家賃相場や地域情報などを確認するのが一般的である。賃借人が、多数の地域や物件を比較し、間取りや家賃、通勤通学時間などを比較しながら入居を検討することができる。また、部屋探しのためのサイトやスマートフォンアプリなども充実してきたことから、利用は今後も増加傾向にある。比較されやすく、貸家の供給が増加していることもあり、家賃相場は下落傾向にある。

ノウハウ

●コミュニティ賃貸が人気

賃貸住宅ではコミュニティが形成されないことがこれまでの人気の一つであった。しかし、最近では居心地の良いゆるやかなコミュニティを提供することで、他の物件にはない競争力を持った賃貸住宅が増えきている。例えば、ペットを飼うことが前提でプランニングされた「ペット共生型」である。入居者同士の理解があるので気遣いが少

なく、ペットのしつけ教室などを開催して入居者同士のコミュニティが形成されることで人気が出ている。ほかに、「子育てコミュニティ」や「都市で暮らす単身女性の安心共有」、「アクティブシニアの生活サポート」なども人気物件となっている。

●家賃はクレジットカードで

家賃の支払いにクレジットカードを使用できる物件が増加している。毎月の家賃などに加え、電気代やガス代などをまとめてカード払いができるサービスもある。また、自社物件用の賃貸のカード決済を地方の不動産業者が管理する物件にも提供する。住友林業はカード決済を更新料にも広げる。買い物に使えるポイントを付与したりして、入居者の囲い込みを図っている。

経営指標

ここでは参考として、TKC経営指標（平成29年版）より、「貸間業」の数値を掲げる。

TKC経営指標 （変動損益計算書）	全企業	31件
	平均額（千円）	前年比（％）
売上高	34,026	108.4
変動費	142	79.8
仕入高	142	80.2
外注加工費	―	―
その他の変動費	―	―
限界利益	33,883	108.5
固定費	30,988	100.4
人件費	10,548	105.2
減価償却費	3,395	97.8
租税公課	965	94.8
地代家賃・賃借料	6,577	102.0
支払利息・割引料	354	95.0
その他	9,148	95.9
経常利益	2,895	846.2
平均従事員数	2.2名	

今後の課題／将来性

●課題

相続税対策や低金利を追い風に、アパートなどの貸家の着工が増えている。一方、世帯数の伸び率は鈍化しており、供給過剰が懸念される。

《関連団体》　公益法人日本賃貸住宅管理協会
　　東京都中央区八重洲2－1－5
　　　東京駅前ビル8F
　　TEL　03（6265）1555

●不動産・運輸●

マンション事業

最近の業界動向

●マンション販売戸数3年連続減

不動産経済研究所によると、平成28年の全国のマンション発売戸数は前年比1.4%減の7万6,993戸で、3年連続の減少となった。価格高騰により一般所得層の購入意欲が低下し売れ行き不振につながっている。価格の高騰は、人手不足による人件費や都心部などの用地費の上昇がある。

マンション販売戸数の推移 （単位：戸）

地区＼年	平25年	平26年	平27年	平28年
首 都 圏	56,478	44,913	40,449	35,772
近 畿 圏	24,691	18,814	18,930	18,676
そ の 他	24,113	19,478	18,710	22,545
全 国 計	105,282	83,205	78,089	76,993

（出所）不動産経済研究所

●「エコマンション」販売好調

野村不動産は、横浜市のスマートシティ（環境配慮型都市）でエコにつながる分譲マンションを建設する。最新のシステムを導入し、従来に比べて約20%の光熱費を削減することができる。また、宅配ボックスの設置率を高め、ネットスーパー専用の食配ステーション・出前器の返却ボックス・荷物の一時預かり用の保管ポートなども備え、デリバリーステーションとして展開する。住戸には小型端末を導入し、電力の使用状況の確認や玄関の解錠、エアコン・照明の操作などができる。スマートフォンアプリとも連携する。スマートシティに対する消費者の関心は高まっている。

●民泊制限の動き

インバウンドの増加を背景に、民泊は市場拡大が見込まれている。増加し続けている空き家の活用策として期待する一方、宿泊者による騒音やゴミなどを懸念する居住者は多く、分譲マンションの販売時に民泊利用を禁止する管理規約を盛り込む動きが広がっている。住友不動産や野村不動産、東急不動産などは、販売中のマンションを居住目的として民泊の利用を禁じる規約を設けている。民泊利用が広がれば、旅行者とのトラブルへの不安から、マンション購入に影響を与えかねない懸念があるためだ。既存のマンションの管理組合から民泊を禁止する利用規約を入れたいとの声も上がっている。

●駅近、資産性を重視

都心部を中心に新築マンションは高値水準となっている。一般的な会社員の給与では買いにくい価格であり、販売戸数は減少傾向である。しかし、女性の社会進出は年々進んでおり女性の平均年収は増えている。そのため、特に共働きでは資金に余裕のある世帯は増加している。特に女性については、仕事・家事・育児の時間が増える傾向があり、交通の利便性が高く災害時にも徒歩で帰宅できる場所にある都心の高級マンションへのニーズが高まっている。また、東京カンテイの調査では、築10年の首都圏の中古マンションは駅から10分超の場合は下落しているが、駅から徒歩3分以内だと新築よりも8%上昇している。永住せずに将来の売却を視野に入れた購入者は増加傾向であり、利便性の高いマンションが高価格となっている。

マーケットデータ

●発売戸数上位企業

不動産経済研究所によると、平成28年のマンション発売戸数上位の企業は次表の通りである。住友不動産は3年連続のトップであり、2年ぶりに6,000戸を上回った。平成29年3月期決算では2期連続の過去最高益となった。物件価格の上昇や東京五輪の選手村予定地に近接している免震タイプの「ドゥ・トゥール」などの首都圏の大型タワー

事業主別発売戸数（平成28年）

順位	事業主	戸数
1	住 友 不 動 産	6,034
2	三井不動産レジデンシャル	4,320
3	野 村 不 動 産	4,056
4	プレサンスコーポレーション	3,225
5	三 菱 地 所 レ ジ デ ン ス	3,215
6	大 和 ハ ウ ス 工 業	2,185
7	あ な ぶ き 興 産	1,619
8	東 急 不 動 産	1,551
9	日 本 エ ス リ ー ド	1,476
10	タ カ ラ レ ー ベ ン	1,204

（出所）不動産経済研究所

マンションの売れ行きが好調なことが貢献した。

●マンションの新設着工戸数

国土交通省によると、平成28年度のマンションの新設着工戸数は前年度比5.1％減の11万2,354戸である。前年度の増加から再び減少となった。地域別の内訳では首都圏は同3.4％増、中部圏は21.2％減、近畿圏では14.4％減、そのほかの地域では14.0％減と首都圏以外は大きく落ち込んでいる。

マンションの新設着工戸数の推移（単位：戸）

年度	着工戸数	年度	着工戸数
平21	67,382	平25	123,818
22	97,757	26	110.215
23	120,092	27	118.432
24	124,027	28	112,354

（出所）国土交通省

業界の特性

●上位寡占化

不動産経済研究所によると、平成28年の上位20社のマンション発売戸数は3万9,497戸で、発売戸数全体に占める割合は51.3％であった。前年より戸数は2.5％、シェアは0.5％下降した。大手5社が首都圏の供給戸数に占める割合は、平成23年の29.7％から平成28年の37.4％と増えている。また、大手による寡占化が進んだことで、大幅な値下げはされにくくなっている。

●マンション価格の停滞

不動産経済研究所によると、マンションの価格（全国平均）推移は次表の通り。平成28年のマンション価格は前年比1.3％減の4,560万円で、平成28年の過去最高価格から下落した。依然として高値水準にあるものの、価格高騰から新築から中古マンションに購買層が流れている。今後、さらに金利が下がることがないため、首都圏でも横ばいまたは下落し、中古マンションの価格も新築マンションに連動し、頭打ちとなっている。

マンション価格推移（単位：万円）

地域別	平24	平25	平26	平27	平28
首都圏	4,540	4,929	5,060	5,518	5,490
近畿圏	3,438	3,496	3,647	3,788	3,919
全国平均	3,824	4,174	4,306	4,618	4,560

（出所）不動産経済研究所

ノウハウ

●野村不動産は地方都市開拓

野村不動産は、地方都市での分譲マンションの開発を拡大する。同業の中堅企業と組み、新潟市や富山市で平成30年に発売を予定している。東京都心ではマンション用地の取得が難しくなっており、地方県庁所在地の駅前などのマンション価格が上昇傾向にあり、地方都市での事業領域の拡大を経営目標に掲げている。また、岡山駅前でマンションや商業施設が一体となった再開発事業を進めている。

経営指標

マンション事業としての指標は見当たらないので、ここでは参考として、TKC経営指標（平成28年版）より、「建物売買業」の数値を掲げる。

TKC経営指標 （変動損益計算書）	全企業 98件	
	平均額（千円）	前年比（％）
売上高	357,878	104.9
変動費	230,370	101.7
仕入高	191,317	103.2
外注加工費	50,973	102.5
その他の変動費	382	▲104.5
限界利益	127,508	111.1
固定費	104,675	106.5
人件費	36,908	107.7
減価償却費	11,293	104.5
租税公課	8,032	110.9
地代家賃・賃借料	6,904	107.0
支払利息・割引料	6,203	98.8
その他	35,727	111.7
経常利益	22,832	138.5
平均従事員数	6.5名	

今後の課題／将来性

●将来性

マンション市場においては、中古ストックの活用を促す施策が政府や地方自治体から発表されている。新築物件の販売環境は今後ますます厳しいものとなり、中古マンション市場が拡大すると予測されるため、中古物件の売買仲介やリノベーション、マンション管理事業など多角的な収益確保が重要となる。

《関連団体》　一般社団法人不動産協会

　　東京都千代田区霞が関3－2－5

　　　霞が関ビル17F

　　TEL　03（3581）9421

●不動産・運輸●

マンション管理業

最近の業界動向

●分譲マンション供給戸数は前年並み

国土交通省によると、平成28年の全国の分譲マンション供給戸数は前年並みの約10万3千戸で、ストック戸数は約633万5千戸と推計されている。新設着工数は減少傾向が続いており、平成29年以降の新規供給戸数も連動して減少する見込みである。また、マンション管理組合からの減額要請も厳しく、成長率は鈍化傾向である。

分譲マンションストック戸数（単位：万戸）

年　　次	平25年	平26年	平27年	平28年
ストック戸数	601.2	613.2	623.3	633.5
新規供給戸数	11.6	12.1	10.3	10.3

（出所）国土交通省

●管理業務の効率化

マンション管理業において、管理員の人手不足や管理コストの上昇が起こっている。システム開発を手掛けている日本デジコムでは、インターネット端末を使って管理員の業務を代用できるサービスを平成31年から始める計画だ。管理員1人で3〜5棟のマンションを担当できるようになり、管理コストがおよそ4割削減できるという。また、大京アステージと穴吹コミュニティ、ファミリーネット・ジャパンは、共同でAI管理員の実証実験を平成29年7月に開始した。居住者の問い合わせに対してAI管理員が音声対話するシステムである。大京グループでは、遠隔化・無人化、機械化、建物・設備の長寿命化をテーマとする研究開発を進めている。

●「振り込め詐欺」を防ぐためマンション管理人が啓発に乗り出す

マンション住民の「振り込め詐欺」被害を防ぐため、東京都内のマンション管理人が啓発に乗り出した。マンション住民の高齢化と被害の深刻を受け、警視庁は平成28年からマンション管理人にアドバイザーを委嘱している。野村不動産パート

ナーズでは、平成29年に都内の管理人約500人が講習を受け、アドバイザーに委嘱された。三菱地所コミュニティも平成29年5月から、管理人に向け講習を実施している。

マーケットデータ

●マンション管理市場

矢野経済研究所によると、平成27年のマンション管理市場前年比2.5％増の6,816億円と見込んでいる。平成28年は同2.4％増の6,978億円、平成29年は同2.0％増の7,115億円と拡大が予想されている。

マンション管理市場

年　次	平26年	平27年 （見込）	平28年 （予測）	平29年 （予測）
市　場　規　模	6,647	6,816	6,978	7,115

（出所）矢野経済研究所

●受託戸数上位企業

マンション管理新聞社によると、平成29年3月のマンション管理受託戸数の上位企業は次表の通りである。平成28年2位の日本ハウズイングは毎年1万戸以上の受託が増え、5年ぶりにトップとなった。三菱地所コミュニティは、三菱地所丸紅住宅サービスや北海道ベニーエステートを吸収合併し大幅に管理戸数を増やしている。なお、マンション管理業者の登録数は2,131社（平成28年度末）である。

マンション管理会社受託戸数（平成29年3月）

順位	事業主	受託戸数
1	日本ハウズイング	440,156
2	大京アステージ	426,584
3	東急コミュニティー	330,472
4	三菱地所コミュニティ	320,415
5	長谷工コミュニティ	264,997
6	大和ライフネクスト	256,347
7	三井不動産レジデンシャルS	202,731
8	合人社計画研究所	194,409
9	住友不動産建物サービス	183,314
10	日本総合住生活	160,285

（出所）マンション管理新聞社

●地区別受託戸数

マンション管理業協会によると、平成29年4月の地区別の受託状況は全国では589万555戸で前年度比2.2％の増加となっている。全国平均を上回った地区は、東北・関東・中国・四国であった。また、首都圏と近畿地区の合計受託戸数の構成比

は、全国の76.1％で前年と同じであった。

地区別の管理受託戸数（単位：戸、％）

地区別	平28年	平29年	増減	率
北　海　道	174,887	175,328	441	0.3
東　　　北	111,958	114,831	2,873	2.6
関　　　東	3,167,314	3,238,222	70,908	2.2
信　　　越	45,348	46,038	690	1.5
北　　　陸	21,686	22,110	424	2.0
東　　　海	362,997	370,171	7,174	2.0
近　　　畿	1,292,458	1,318,211	25,753	2.0
中　　　国	147,347	159,350	12,003	8.1
四　　　国	55,594	57,801	2,207	4.0
九　州・沖　縄	381,499	388,493	6,994	1.8
全　　体	5,761,088	5,890,555	129,467	2.2

（出所）マンション管理業協会

業界の特性

●管理員の人手不足

　管理員はこれまで60代の企業の管理職経験者が多かったが、企業の定年延長や再雇用により、応募者が少なくなっている。これまでの土日出勤や残業が多い厳しい環境から、管理会社は給与の引き上げ、拘束時間の短縮化、定年の延長などの対策を講じている。近年では、居住者の高齢化も進んでいるため、管理員は生活をサポートし、人の命を守る役割まで求められている。責任と待遇のバランスが一致していないとの声が多く聞かれている。

●管理組合からの管理費値下げ要請

　マンション管理業において、管理員などの人件費や修繕工事の工事単価が上昇基調にある。管理組合は、管理会社を変更することも積極的で、値下げ要請は強く、ニーズは高度化・多様化している。コストアップを吸収するため、スケールメリットや業務の効率化を図ることが課題となっている。一方でマンション管理業協会は、平成29年に管理組合から受託する際に交わす見積書のモデル書式を作成した。管理委託契約書に記載されていない業務を無償で提供することが増加しており、共通見積書を作成することで、管理サービスの内容を顧客に十分な理解を得ることが目的である。

ノウハウ

●マンション管理満足度

　スタイルアクト社が毎年行う管理会社満足度ラ

ンキングで、野村不動産パートナーズは9年連続で総合満足度1位となった。総会の議案書などの書類はマンションごとに違うのが一般的であるが、社内で書式を統一し、顧客が見やすい資料を提供することができ、同時に複数のマンションを担当する社員の業務の効率化も図っている。社員にタブレット端末を支給し、本社以外でも仕事ができる環境を作り、現場力向上を目指している。

経営指標

　マンション管理業としての指標は見当たらないので、ここでは参考として、TKC経営指標（平成29年版）より、「不動産管理業」の数値を掲げる。

TKC経営指標 （変動損益計算書）	全企業　　1,027件	
	平均額(千円)	前年比(％)
売上高	58,394	100.1
変動費	15,621	95.4
仕入高	14,129	93.4
外注加工費	1,401	115.8
その他の変動費	17	114.4
限界利益	42,773	102.0
固定費	38,660	100.5
人件費	12,560	101.2
減価償却費	4,136	102.4
租税公課	1,829	104.6
地代家賃・賃借料	8,818	100.1
支払利息・割引料	1,150	95.0
その他	10,101	98.7
経常利益	4,113	118.1
平均従事員数	4.0名	

今後の課題／将来性

●将来性

　マンション管理業は景気の影響を受けにくいストック型産業である。建物の経年劣化に対する修繕、社会やライフスタイルにより変化する管理組合や居住者のニーズに対し、適切に対応することで成長すると予測される。業務の効率化やスケールメリットを生かした低コスト化や、新しいサービスの開発力に優れた管理会社に集約していくことが予測され、業界再編が進むものとみられている。

《関連団体》　一般社団法人マンション管理業協会
　　東京都港区虎ノ門1-13-3
　　　虎ノ門東洋共同ビル2F
　　TEL　03（3500）2721

●不動産・運輸●

貸ビル業

最近の業界動向

●空室率の推移

オフィス空室率は全国的に低下傾向にあり、平成29年は三大都市圏と地方都市の両方において、前年に比べて空室率が低下した。全国的に企業の業績が堅調に推移する中、分室の開設や拡張移転、増床などの需要が続く状況である。東京都心地区ではオフィス供給量は減少しており、空室率を押し下げる結果となっている。また、地方都市でも貸室面積は増加しておらず、空室率は同様に低下傾向である。

全国オフィス空室率（単位：％）

地区別	平27/6	平28/6	平29/6
東京都心5区	5.12	4.07	3.26
大阪ビジネス地区	8.42	6.36	4.06
名古屋ビジネス地区	6.80	6.89	5.60
札幌ビジネス地区	6.24	4.17	2.97
仙台ビジネス地区	10.55	9.21	7.74
横浜ビジネス地区	7.68	5.58	5.00
福岡ビジネス地区	6.96	5.60	3.36

（出所）三鬼商事

●商業地の基準地価上昇

国土交通省が発表した平成29年7月1日時点の全国の商業地における基準地価は、前年度より0.5％上昇した。大都市や地方中核都市を中心に、訪日外国人旅行客の増加で店舗やホテル用の土地が上がったことや、再開発の活発化が要因である。一方、地方圏の商業地は1.1％の下落となっている。また、全国的に賃料は頭打ちで、不動産賃貸の利回りは都市部で低下がみられる。

●グリーンリース契約

省エネシステム開発を手掛けるヴェリア・ラボトリーズ社は、平成29年から賃貸ビル向けにグリーンリース契約という仕組みを始めた。この契約は、賃貸ビルで進んでいない省エネを促進するためのもので、省エネにより生じた利益をテナントとビルオーナーが分け合う仕組みである。賃貸ビルでは、オーナーが省エネ設備を導入しても光熱費削減の利益を得るのはテナントで、コスト負担も大きいことから導入は進んでいない。環境省や東京都では、グリーンリース契約を利用したオーナーに対し改修費を助成し、省エネを促進している。

●民法改正

平成29年6月2日、民法と債権法の改正が公布され、公布後3年以内に施行となる。不動産賃貸契約では次のような影響がある。①敷金返還のルールの明確化、②原状回復のルールの明確化、③連帯保証人が個人の場合は限度額設定が義務化、④賃借人の賃料支払状況などを連帯保証人からの問い合わせに対し回答義務が賃貸人に義務付け、⑤賃借人の財務状況を連帯保証人に提供することを賃借人に義務付け。連帯保証人が限度額の金額を拒否したり、賃借人が財務状況の提供を拒否したりすることにより、連帯保証人を設定することが従来よりも難しくなることが予想され、保証会社の利用が増えるとみられている。

マーケットデータ

●平均募集賃料の推移

東京都心5区募集賃料は、平成26年より引き続き上昇している。リーマンショック以降控えられていた増床や移転が、企業業績が回復してきたことによって活発化し、需要は堅調である。新規賃料の上昇だけでなく、既存オフィスの賃料値上げも行われており、賃料全体の上昇となっている。ただし、今後の供給量の拡大予測もあり、上昇幅は緩やかなものとなっている。地方においては、ここ数年ほぼ横ばいの状態が続いていたが空室率の低下とともに平成28年は全国で上昇した。

平均募集賃料の推移（単位：円／月・坪）

地区別	平27/6	平28/6	平29/6
東京都心5区	17,401	18,179	18,864
大阪ビジネス地区	11,131	11,086	11,147
名古屋ビジネス地区	10,813	10,758	10,874
札幌ビジネス地区	8,141	8,205	8,375
仙台ビジネス地区	9,067	8,978	8,994
横浜ビジネス地区	10,491	10,731	10,846
福岡ビジネス地区	9,217	9,248	9,350

（出所）三鬼商事

●オフィス床面積の推移（ストック）

三鬼商事調査によると、東京都心5区および地方主要都市周辺の貸室面積は、名古屋地区を除きほぼ横ばいとなっている。今後は都心における大量供給が予定されており、空室率の上昇が予測される。

貸室面積の推移（単位：千坪）

地区別	平27/6	平28/6	平29/6
東 京 都 心 5 区	7,202	7,321	7,310
大 阪 ビジネス地区	2,197	2,196	2,203
名古屋ビジネス地区	939	988	1,012
札 幌 ビジネス地区	508	507	507
仙 台 ビジネス地区	466	465	465
横 浜 ビジネス地区	152	150	150
福 岡 ビジネス地区	692	699	698

（出所）三鬼商事

業界の特性

●貸ビルの種類

主な用途によって、①オフィス型、②適業型、③その他（老人保健施設、倉庫、ホテル等）に大別され、地域やそれぞれの業種の景気により需要変動が大きい業界である。

●日本ビルヂング協会連合会会員数

貸ビル業の業界団体である日本ビルヂング協会連合会の資料によると、平成29年4月1日現在の会員数は1,307会員であり、保有棟数2,208棟、ビル総床面積約2,920万平方メートルである。

●賃料

賃料は通常2年ごとの改定が多い。また、賃料には、室料のみの名目賃料と、敷金や保証金の運用益および共益費等を加えた実質賃料がある。

●フリーレント

フリーレントとは、新規に不動産契約をする際に、賃料変更なく、契約期間中の一定期間について賃料を免除することで、事実上値引きを行う仕組みのことである。すでに入居しているテナントへの配慮により、名目上の賃料変更なしとなる。

●テナント獲得方法

ビル所有者がテナントを募集する方法として、ビル建設前からテナントを決めておく「誘致方式」と、ビル建設後にテナントを募集する「公募方式」がある。

ノウハウ

●高級中型オフィスビル

1フロアが約660平方メートル前後の中型オフィスビルの中で、高級タイプに人気が出ている。内部の柱を無くすことで自由なレイアウトができ、ラウンジなどの共有機能の拡充などを行い、賃料は相場より1～2割高い。大型ビルは機能が充実するが面積は広く家賃は高い。大企業以外は入居しにくく、業績の好調な中堅企業を中心に中型ビルの需要が発生している。

経営指標

貸ビル業を対象とした指標は見当たらないので、ここでは参考として、TKC経営指標（平成29年版）より、「貸事務所業」の数値を掲げる。

TKC経営指標 （変動損益計算書）	全企業 1,218件	
	平均額（千円）	前年比（%）
売上高	57,274	99.2
変動費	9,391	92.4
仕入高	9,366	93.3
外注加工費	137	168.4
その他の変動費	23	218.5
限界利益	47,882	100.7
固定費	39,360	100.3
人件費	12,370	101.3
減価償却費	6,539	99.2
租税公課	3,424	101.4
地代家賃・賃借料	5,776	101.7
支払利息・割引料	1,899	93.7
その他	9,452	99.8
経常利益	8,523	102.7
平均従事員数	3.4名	

今後の課題／将来性

●課題

事業所や店舗などの需要に左右されるため、景気動向に左右される部分が大きい。株価の上昇や東京オリンピックの準備、都心の再開発などの影響でストック量が増え、堅調に推移している。ただ、中小企業は大企業に比べて経営状況が大きく改善しているとは言い難く、空室率の上昇により、賃料の引き下げが起こってくる懸念がある。将来的には、絶対的なストック量の増加に対して、入居率の維持のための差別化戦略が必要となる。

《関連団体》　一般社団法人日本ビルヂング協会連合会
　　　東京都千代田区大手町1-6-1
　　　TEL　03（3212）7845

●不動産・運輸●

不動産業

最近の業界動向

●公示価格は２年連続の上昇

　国土交通省が発表した平成29年の公示地価（平成29年１月１日）によると、全国平均では、全用途平均が２年連続の上昇となった。用途別では、住宅地は平成28年の下落から横ばいに転じた。商業地は２年連続の上昇となり、工業地は平成28年の横ばいから上昇に転じた。三大都市では、大阪圏の住宅地が平成28年の上昇から横ばいになった以外、ほぼ前年並みの小幅な上昇となった。商業地は名古屋圏を除き上昇基調、工業地は総じて上昇基調を継続している。地方圏では、地方四市は全ての用途で三大都市圏を上回る上昇を示している。また、そのほかの地方圏では全ての用途で下落幅が縮小している。三大都市圏（東京圏、大阪圏、名古屋圏）の平均変動率は４年連続の上昇となり、上昇幅も拡大している。

圏域別・用途別変動率（単位：％）

圏域別地域別 ＼ 用途別年次	住宅地		商業地		工業地	
	平28 変動率	平29 変動率	平28 変動率	平29 変動率	平28 変動率	平29 変動率
東 京 圏	0.6	0.7	2.7	3.1	1.6	1.8
大 阪 圏	0.1	0.0	3.3	4.1	0.4	0.6
名 古 屋 圏	0.8	0.6	2.7	2.5	0.1	0.1
三大都市平均	0.5	0.5	2.9	3.3	0.9	1.0
地方圏（地方四市）	2.3	2.8	5.7	6.9	1.8	2.6
地方圏（その他）	▲1.0	▲0.8	▲1.3	▲0.9	▲1.2	▲0.7
地方圏平均	▲0.7	▲0.4	▲0.5	▲0.1	▲0.9	▲0.4
全 国 平 均	▲0.2	0.0	0.9	1.4	0.0	0.3

（注）地方圏とは三大都市圏を除く地域。地方四市は札幌市、仙台市、広島市、福岡市。その他は地方圏四市を除いた市町村の地域
（出所）国土交通省

●コワーキングスペースの開設

　日本土地建物は、テーマを決めて入居企業を募集するコワーキングスペース（共用オフィス）を展開している。コワーキングスペースは、共有デスクや通信環境、キッチンなどを備えることが多く、入居企業はメンター（指導役）から、ビジネスなどの助言などが受けられる。三井不動産や三菱地所などの大手不動産各社が相次いで開設している。日本土地建物が平成28年11月に開設したコワーキングスペース「SENQ（センク）」は、「食」に関連した企業に絞った共有スペースで、ラウンジや有料で使えるシェアキッチンを備えている。個室を専有できる会員やラウンジを利用できる会員など、複数のコースを用意している。日本土地建物は、新築ビルにはコワーキングスペース「センク」を導入する方針で、既存ビルでも建て替えなどの際に導入を検討する。

●不動産鑑定士の合格条件の緩和

　国土交通省は、土地や建物の価格を評価する不動産鑑定士の制度を見直す。鑑定士の受験者数が減少する中、鑑定士試験の合格条件の緩和や新たに農地の評価を鑑定士の業務に加えるなど、受験者数の増加を図る。受験者には不動産会社勤務が多く、リーマン・ショックの影響で資格取得費の補助などを縮小する動きが広がり、受験者数の減少につながった。鑑定士の高齢化も進んでおり、将来的な不動産鑑定士不足を防ぐ狙いがある。

不動産鑑定士試験の受験者数、合格者数（単位：人）

年次	短答式		論文式	
	受験者数	合格者数	受験者数	合格者数
平24年	2,003	616	910	104
25年	1,827	532	812	98
26年	1,527	461	745	84
27年	1,473	451	706	100
28年	1,568	511	708	103

（出所）国土交通省

マーケットデータ

●新設住宅着工戸数

　国土交通省の資料によると、平成28年度の住宅着工戸数は前年度比5.8％増の97万4,137戸であった。新設住宅着工は、持家、賃貸、貸家及び分譲

新設住宅着工戸数（単位：戸）

年度	総計	持家	賃家	分譲住宅
平23	841,246	304,822	289,762	239,086
24	893,002	316,532	320,891	249,660
25	987,254	352,841	369,993	259,148
26	880,470	278,221	358,340	236,042
27	920,537	284,441	383,678	246,586
28	974,137	291,783	427,275	249,286

（出所）国土交通省

住宅で増加したが、貸家の増加が最も大きい。

業界の特性

◉宅地建物取引業者数

不動産適正取引推進機構の資料によると、宅地建物取引業者は平成29年3月末現在12万3,416業者であった。このうち法人が10万6,494業者、個人が1万6,922業者となっている。長く減少が続いていたが、平成26年度から増加に転じ、平成28年度は前年度比0.1%増であった。

宅地建物取引業者数の推移

年度	業者数	年度	業者数
平19	129,991	平24	122,703
20	129,847	25	122,046
21	126,421	26	122,631
22	125,771	27	123,249
23	123,979	28	123,416

（出所）不動産適正取引推進機構

◉免許制

不動産業は適正な運営と流通の円滑化および消費者保護のため、宅地建物取引業法によりさまざまな規制が行われている。まず、不動産業を営む場合には、都道府県知事の免許が必要であり、また、2カ所以上の都道府県の区域に事業所を設置する場合には、国土交通大臣の免許が必要となる。この免許は3年ごとの更新を受けなければならない。そのほか同法では、誇大広告の禁止、広告開始時期の制限、広告掲載義務項目の設定、重要事項の事前説明の義務、不動産取引報酬の制限、契約時の規制事項、秘密の厳守などが規定されている。

◉営業保証金

宅地建物取引業法により不動産業者は主たる事務所につき1,000万円、その他の事務所については1カ所につき500万円の営業保証金の供託が義務付けられている。

ノウハウ

◉不動産鑑定士の育成

近鉄ホールディングス傘下の近鉄不動産は、不動産鑑定士の育成を始めた。社外学習の費用補助や試験前に勤務を2週間免除するなど、資格取得を支援する。また、合格した際には30万円の報奨金を支給する。語学や会計、住環境に関わる資格取得に際しても最大30万円の報奨金を支給する。平成27年の近鉄グループの再編で、近鉄不動産はマンションや戸建て開発に加えて、商業やオフィス開発を手掛けるようになった。事業領域が広がる中、多様な分野のエキスパートを育てる狙いがある。

経営指標

ここでは参考として、TKC経営指標（平成29年版）より、「建物売買業」の数値を掲げる。

TKC経営指標 （変動損益計算書）	全企業 98件	
	平均額（千円）	前年比（%）
売上高	357,878	104.9
変動費	230,370	101.7
仕入高	191,317	103.2
外注加工費	50,973	102.5
その他の変動費	382	▲104.5
限界利益	127,508	111.1
固定費	104,675	106.5
人件費	36,908	107.7
減価償却費	11,293	104.5
租税公課	8,032	110.9
地代家賃・賃借料	6,904	107.0
支払利息・割引料	6,203	98.8
その他	35,727	111.7
経常利益	22,832	138.5
平均従事員数	6.5名	

今後の課題／将来性

◉課題

不動産鑑定士は民間の不動産投資のほか、公示地価など公的審査も担っており、人材確保が不可欠となっている。

◉将来性

不動産大手が物流施設の投資を拡大している。ネット通販の市場拡大が見込まれる中、物流施設への投資が活発化している。複数の利用者を想定したマルチテナント型物流施設の利回りは4.5～5%程度で、ネット通販を強化する企業などに根強い需要があるため、物流事業を拡大する動きが相次いでいる。

《関連団体》　一般社団法人不動産協会
　　東京都千代田区霞が関3-2-5
　　TEL　03（3581）9421

●不動産・運輸●

不動産仲介業

最近の業界動向

●平成28年の成約件数は17万8,507件

不動産流通推進センター「指定流通機構の活用状況について」によると、平成28年の売り物件の成約報告件数は前年比5.4％増の17万8,507件で、成約報告率は前年に比べて0.6ポイント増加した。

成約報告件数（売り物件）（単位：件、％）

年　次	平25	平26	平27	平28
成約報告件数	162,095	157,520	169,386	178,507
成約報告率	11.6	10.2	10.2	10.8

（出所）不動産流通推進センター

●高齢者の見守りサービス

不動産仲介・管理のC-NETは、平成29年秋から賃貸マンション・アパートで一人暮らしする高齢者の安否を見守るサービスを始める。玄関の天井にセンサーを取り付け、ドアの開け閉めで安否を確認する。単身の高齢者の入居は敬遠されがちで、安否確認サービスによって賃貸を促し、仲介・管理物件を増やしたい考えだ。

●ヤマダ電機が不動産仲介の新会社を設立

家電量販店大手のヤマダ電機は、平成29年6月に新会社ヤマダ不動産を設立し、不動産事業を広げる。すでに傘下の住宅メーカーや外部の企業と組んで不動産事業を手掛けているが、新会社を通じて賃貸物件や不動産売買の仲介に乗り出す。平成29年から子会社を通じて生活ローンの提供を始めているが、平成29年内にヤマダ電機の店舗内にヤマダ不動産の拠点を設けて誘客などを行っていく。

●良質な中古住宅を認定する制度

国土交通省は、良質な中古住宅を認定する制度を導入する。昭和56年に導入された新耐震基準を満たしていることや、構造上の不具合などがないことなど要件を満たせば、中古住宅の仲介業者に認定マークを交付する。不動産仲介など売買を手掛ける事業者は、専門家に建物の状態を確認して

もらう住宅診断が必要となる。国は、基準を満たした中古住宅を「安心R住宅」に認定する。認定マークも作成し、物件を紹介する際に表示できるようにする。国内住宅市場に占める中古住宅の割合は約15％で、欧米などに比べて低い。中古物件のイメージを高め、中古住宅市場を活性化させる狙いがある。

●優秀な学生を優遇して人材確保を図る

東急リバブルは、平成30年春の新卒採用から宅地建物取引士の資格を持つ学生と、部活動の優勝などの経験がある学生の1次面接を免除する。人手不足で採用競争が激しいため、優秀な学生を優遇して人材確保につなげる狙いがある。

マーケットデータ

●不動産仲介業の手数料収入上位10社

日経流通新聞「第35回サービス業総合調査」によると、平成28年度の不動産仲介業の仲介手数料収入は前年度に比べて6.2％増加であった。地価上昇の影響で、1物件当たりの取引額が増えている。

不動産仲介業の手数料収入上位10社（平成28年度）

順位	社　名	仲介手数料（百万円）	伸び率（％）
1	三井不動産リアルティ	77,357	2.3
2	住友不動産販売	61,216	8.7
3	東急リバブル	53,918	7.0
4	野村不動産	30,283	8.0
5	三井住友トラスト不動産	18,953	11.8
6	三菱UFJ不動産販売	17,388	0.2
7	みずほ不動産販売	14,230	4.0
8	スターツコーポレーション	11,428	1.6
9	エイブル	9,724	6.5
10	三菱地所リアルエステートサービス	9,214	22.3

（出所）日経流通新聞

●物件種類別の成約報告件数

不動産流通推進センターによると、平成28年の物件種類別の成約報告件数は次の通り。

物件種類別の成約報告件数（売り物件）

項　目		新規登録数（件）	成約報告数（件）
総　計		1,653,435	178,507
物件種類	マンション	479,824	72,539
	一戸建住宅	516,374	58,762
	土地	569,062	41,501
	住宅外全部	78,927	4,970
	住宅外一部	9,248	735

（出所）不動産流通推進センター

業界の特性

●空き家

空き家の適正管理を所有者に求める空き家対策特別措置法などに基づき、所有者への勧告や建物の強制撤去に踏み切る自治体が増えている。空き家情報を集約して買い手を広く募集する試みも進んでいるが課題も山積している。

●宅地建物取引者数

不動産仲介業を営むためには、宅地建物取引業方の規定により、国土交通省または都道府県知事から「宅地建物取引業」の免許を取得する必要がある。国土交通省「宅地建物取引業方の施工状況調査」によると、宅地建物取引業者数の推移は次の通り。

宅地建物取引業者数

年度	法人	個人	合計
平24	103,163	19,347	122,510
25	103,415	18,712	122,127
26	104,470	18,161	122,631
27	105,629	17,620	123,249
28	106,494	16,922	123,416

（出所）国土交通省

●大手企業と地場の不動産屋

不動産仲介業はFC展開する企業や大企業と、旧来から営む地元の不動産屋に大きく区分できる。大手企業は東急リバブル、アパマンショップ、エイブル、ミニミニ、ピタットハウスなどがある。なお、業界団体である全国宅地建物取引業協会連合会に加盟する業者数は、約11万社ある。

●不動産仲介業の業務

不動産仲介の業務には売買仲介と賃貸仲介がある。売買仲介は不動産の売却・購入・買替えなどの取引が安全、迅速かつ適正に行われるよう手助けする業務である。賃貸仲介は借り手の希望に合った賃貸物件の紹介から、契約・更新・解約まで、賃貸借全般にわたりサービスを提供する業務である。

ノウハウ

●「LIFULL HOME'S空き家バンク」

不動産情報サイトを運営するLIFULL（ライフル）は平成29年7月19日、全国の空き家・空き地情報を一元管理するプラットホーム「LIFULL HOME'S空き家バンク」を開始すると発表した。国土交通省のモデル事業として、全国空き家バンク推進機構と連携して実施する。自治体が空き家バンクとして個別に公開している情報を一元化し、住みたい人や活用したい事業者などが物件を探しやすくする。平成29年7月から自治体からの参加登録受付を開始した。ライフルは、物件の投資や融資事業、リノベーションなど、地方創生への取り組みから派生したビジネスで収益を上げる。増え続ける空き家、空き地の有効活用や不動産市場の活性化が期待される。

経営指標

ここでは参考として、TKC経営指標（平成29年版）より、「不動産代理業・仲介業」の数値を掲げる。

TKC経営指標 （変動損益計算書）	全企業　994件	
	平均額（千円）	前年比（％）
売上高	109,615	110.5
変動費	61,442	114.7
仕入高	56,485	111.7
外注加工費	6,260	105.3
その他の変動費	▲6	7.8
限界利益	48,172	105.6
固定費	43,481	103.0
人件費	19,557	104.5
減価償却費	2,776	111.8
租税公課	2,550	105.7
地代家賃・賃借料	3,337	100.7
支払利息・割引料	1,607	107.3
その他	13,694	99.3
経常利益	4,690	137.2
平均従事員数	4.4名	

今後の課題／将来性

●将来性

不動産オーナーや入居者の利便性を高めた、AIを活用したサービスが登場している。さらに、ネットによる不動産取引が一般的になれば、不動産市場は活性化するだろう。また、相続税対策としてアパートを建設する傾向にあり、取引活発の要因ともなっている。

《関連団体》　公益社団法人全国宅地建物取引業連絡会
　東京都千代田区岩本町2－6－3
　TEL　03（5821）8111

●不動産・運輸●

ビルメンテナンス

最近の業界動向

●総売上高は4年連続のプラス

全国ビルメンテナンス協会によると、平成27年の総売上高は前年比3.2％増の3兆8,382億円で、4年連続のプラスとなった。景気回復と共に市場の拡大が期待されており、近年、オフィスや商業ビルの空室率は東京都心部や地方中核都市で改善傾向となっている。また、東京都心部では複合ビルの建て替えプロジェクトが増加しており、利用者の獲得競争が激化している。

●ゼネコン各社がビル管理で付加価値を高める

一般的にビル管理は不動産会社のグループ企業などが担う例が多い。ただ、建物を長く利用したい顧客から、将来的な改修費用も含めゼネコンにビル管理を任せたほうが効率的と判断する発注者も増えている。これを受け、ゼネコン各社でもビル管理サービスの付加価値を高め、建築の受注増につなげていきたいという考えが高まっている。清水建設はビル管理業務に合わせて、同社が費用を負担して顧客の建物や敷地内に太陽光発電設備やガスコージェネレーションシステムなどを設ける。顧客はエネルギー設備を利用でき、清水建設は設備の維持管理・修繕の更新費用などの対価として定額のサービス料を得る。ビルオーナーは同設備の初期投資を抑えるだけでなく、清水建設による定期的な省エネ改善提案を受けられる。また、大林組は建物の設備の点検・修繕記録といった情報を一元管理し、故障の遠隔監視などができるシステムを開発する。空調機器などの異常をセンサーが検知すると、故障箇所を立体的に示すことができる。点検記録や取扱説明書を基に管理者が素早い対処がしやすくなる。竹中工務店も建物の配管や電源回路といった設備管理に必要な情報を3Dで見えるようにするシステムを開発した。大成建設は3Dで情報を管理するだけでなく、部屋ごとの資産価値を評価できるシステムを開発している。

●ホクタテの本社敷地に認可保育園を開園

ビル管理を手掛けるホクタテは平成28年9月、本社敷地内に事業所内保育施設を開園した。同社グループの従業員が利用できる以外にも、「地域枠」を設けて一般住民の子どもも受け入れる。社会福祉法人のわかば福祉会が運営し、保育士4人が常駐する。同社グループ内では若い人材が重要となっており、女性の働き手確保と活躍推進につなげたい意向だ。

●アジア諸国にマーケットを広げる

ビルメンテナンス大手のビケンテクノは平成28年11月、同社100％子会社の「ベトナム・ビケン」をベトナムのハノイ市に設立した。ベトナムではオフィスビルや住宅への開発投資が加速し、建物管理に対する品質向上のニーズが高まっている。ベトナム・ビケンでは、病院や工場、物流倉庫、ホテルなどの総合ビルメンテナンス業務やビルの新築・改修、設備に関する工事や監修などを行う。ビケンテクノはアジア地域に注目し、シンガポールの現地法人を拠点として、ベトナムやマレーシア、インドネシアなどのアジア諸国にマーケットを広げている。

マーケットデータ

●ビルメンテナンス業界の総売上高

全国ビルメンテナンス協会によると、ビルメンテナンス業界の総売上高の推移は次の通りである。

ビルメンテナンスの市場規模

年度	売上高（億円）
平22年度	34,980
23	34,945
24	35,574
25	36,214
26	37,156
27	38,382

（出所）全国ビルメンテナンス協会

●大手3社の売上高

ビルメンテナンス大手3社（イオンディライト、日本管財、ビケンテクノ）の売上高は次の通りである。

大手3社の売上高

社　名	売上高（百万円）	前期比（％）
イオンディライト	295,725 （281,041）	4.9
日　本　管　財	92,490 （90,078）	2.7
ビケンテクノ	32,213 （33,546）	▲3.9

（注）各社連結決算。イオンディライトは平成29年2月期、
　　　日本管財、ビケンテクノは平成29年3月期。カッコ
　　　は前期売上高
（出所）各社決算資料

業界の特性

●事業場数、会員企業数の推移

全国ビルメンテナンス協会のデータによると、平成27年12月末の会員企業数、事業場数は次の通り。

会員数、事業場数の推移（各年12月末）

年次	会員数	事業場数
平23年	2,863	21,784
24年	2,839	21,812
25年	2,798	22,099
26年	2,791	22,294
27年	2,787	22,636

（出所）全国ビルメンテナンス協会

●従業員数

全国ビルメンテナンス協会によると、平成27年度のビルメンテナンス業の従業者数、1事業場当りの従業員数は次の通り。

従業員数の推移（単位：人）

項　　目	平25年度	平26年度	平27年度
従 業 員 数	1,060,695	1,076,925	1,099,057
1 事 業 場 当 り	48.2	48.3	48.6

（出所）全国ビルメンテナンス協会

●分類

ビルメンテナンス業の企業形態を分類すると、①独立専業型、②大手企業系列型、③特殊団体の系列型となる。①はビルメンテナンスの専業企業で、不特定多数の顧客からサービスを受託する。清掃業務や警備業務、設備管理業務など業務内容を特化する企業が多い。②は建物を多く保有してきた電鉄、不動産など大手企業のビル管理部門を分社化して事業を行うケース、③は官公庁など外部団体の関連会社として事業を行うケースである。

●業務対象、業務内容

ビルメンテナンス業の業務対象は、オフィスビルや官公庁ビル、商業ビル、病院、ホテル、映画館など多岐にわたる。主な業務内容は、①環境衛生管理業務、②設備管理業務、③建物・設備保全業務、④保安業務、⑤警備防災業務である。

ノウハウ

●イオンディライトが従業員教育を強化

イオンディライトは、従業員教育を強化する。関連会社に委託していた教育プログラムを内製化する。座学が多かった内容を実技実習中心に改めるほか、支店長などに対する管理系の研修も増やす。従業員の技能を底上げすることで、今後の海外展開など事業拡大に備える。採用教育部内にボイラーや空調機器などの維持管理をする技術職と、管理職の教育担当者をそれぞれ選任した。

経営指標

ここでは参考として、TKC経営指標（平成29年版）より、「ビルメンテナンス業」の数値を掲げる。

TKC経営指標 （変動損益計算書）	全企業　262件	
	平均額（千円）	前年比（％）
売上高	233,115	103.1
変動費	87,672	105.1
仕入高	49,430	100.7
外注加工費	37,474	111.9
その他の変動費	807	100.8
限界利益	145,443	101.9
固定費	138,421	101.6
人件費	107,387	101.6
減価償却費	2,320	103.3
租税公課	4,877	101.8
地代家賃・賃借料	3,418	103.7
支払利息・割引料	640	97.8
その他	19,625	101.5
経常利益	7,021	109.7
平均従事員数	51.6名	

今後の課題／将来性

●課題

業界全体の売上高は増大しているものの、長期的には市場規模の縮小が懸念される。従来のビルメンテナンスに留まらず、入居者の満足度を向上させることが求められる。

《関連団体》　公益社団法人全国ビルメンテナンス協会
　　東京都荒川区西日暮里5－12－5
　　TEL　03（3805）7560

●不動産・運輸●

駐 車 場

最近の業界動向

●空き駐車場のシェアリングサービスの広がり

駐車場には月極駐車場やコインパーキング、立体駐車場があり、近年では空き駐車場のシェアリングサービスが広がっている。住友商事は「akippa（アキッパ）」と提携し、駐車場事業に参入した。アキッパは、平成26年より全国の空いている月極や個人駐車場を、駐車場の利用者に仲介するシェアリングサービスを提供している。個人宅をシェアするAirbnbやマイカーをシェアするUberの駐車場版だ。コンサートやスポーツイベントの開催時間や、人気飲食店の繁忙時間など需要は少なくない。平成29年6月には、三菱地所と提携し、駐車場業界での存在感が増している。空き駐車場を貸し出すシェアリングビジネスは、三井不動産やパーク24など参入する企業が相次ぎ競争が激化している。

●大型バス駐車場オープン

訪日外国人の増加に伴い、主に観光地周辺において観光バスの運行が増加している。これに伴い、銀座・新宿・浅草など主に都心部では、観光バスの路上駐車を原因とする交通渋滞等の問題が発生している。平成29年3月に歌舞伎町周辺等での観光バス滞留対策として、新宿区、東京都道路整備保全公社、ロッテが連携し、大型バス9台を収容できる「歌舞伎町観光バス駐車場」をオープンした。

●オリックス自動車と日本パーキングが提携

カーシェアリングのオリックス自動車は、駐車場を運営する東京建物子会社の日本パーキングと提携した。平成30年3月末までに、日本パーキングの駐車場にカーシェア車両を設置し拠点数を増やす。日本パーキングは、郊外などの空いている駐車場をオリックス自動車に貸し出すことができ、カーシェアの拠点にすることで知名度のアップにつながる。

マーケットデータ

●貸し駐車場大手の売上高

日経流通新聞「第35回サービス業総合調査」によると、平成28年度の貸し駐車場大手の売上高は次の通り。

貸し駐車場大手の売上高（平成28年度）

社　名	部門売上高 （百万円）	伸び率 （％）
パーク24（タイムズ）	142,142	5.8
三井不動産リアルティ（三井のリパーク）	71,706	12.6
日本パーキング	20,223	47.8
名鉄協商	14,792	3.8
日本駐車場開発	12,705	7.4
パラカ	11,856	8.5
スターツアメニティー（ナビパーク）	9,392	6.8
銀泉（GSパーク）	7,628	3.6
トラストパーク	6,643	▲0.2
駐車場綜合研究所	6,582	―

（出所）日経流通新聞

●自動車台数当たり駐車場数は微増

国土交通省の「自動車駐車場年報」によると、平成27年の自動車保有台数約7,730万台に対し、駐車場数は約499万カ所であった。自動車1万台当たりの駐車場の数は645.4カ所で、増加傾向にあるが、大都市圏の市街地を中心に慢性的な不足状態にある。

自動車1万台当たり駐車場数

年次	自動車 保有台数	駐車場数	自動車1万台 当たり駐車場数
平23年	75,609,825	4,435,659	586.0
24年	76,089,675	4,738,049	622.3
25年	76,696,825	4,785,528	623.8
26年	77,080,842	4,888,741	631.9
27年	77,301,798	4,989,376	645.4

（出所）国土交通省「平成28年度版自動車駐車場年報」

●駐車違反件数

国土交通省の「駐車施策の最近の動向」によると、平成26年の東京特別区内における瞬間路上駐車（違反）台数は4万8,411台でここ数年横ばいの

瞬間路上駐車件数（違法）

地域	平23年	平24年	平25年	平26年
東京特別区	48,181	48,497	47,761	48,411
大阪府	20,184	16,438	13,812	9,671

（出所）国土交通省「駐車施策の最近の動向」

傾向である。一方、大阪府内における平成26年の瞬間路上駐車（違反）台数は9,671台と平成23年に比べ半分以下に減少している。

◉コインパーキングの動向

日本パーキングビジネス協会によると、平成27年のコインパーキングの数は次の通り。今後は老朽化した建物の解体が進み、小型のコイン式駐車場が増加する見込みだ。大阪市では競争が激しく料金の下落が進んでいる。名古屋市周辺では、遊休地の増加でコイン式駐車場が増加している。

コイン式駐車場のカ所数と車室数

年次	カ所数	車室数
平23年	44,600	910,000
27年	65,000	1,180,000

（出所）日本パーキングビジネス協会

業界の特性

◉駐車場の業態

駐車場業は、土地あるいは建物内に主として自動車を駐車するスペースを確保し、利用者にスペースを提供することで対価収益を得る。営業形態としては、その場で清算することで時間貸しをする「コイン式駐車場」と、一定期間の契約を行う「月極駐車場」とがある。経営の形態としては、土地所有者の個人または企業自らが経営するパターンと、駐車場専業の企業が土地所有者から土地を借り上げて運営するパターンがある。都市部では、大規模なビルやマンションの建設が始まるまでの空き時間を有効活用するために一時的に駐車場となるケースもみられる。駐車場の立地と収容数により収益の上限が決まってしまうが、一定額の賃貸料の収入が見込めるため、自己所有地であれば、比較的安定した経営が可能となる。

◉駐車場の数

国土交通省の「自動車駐車場年報」によると、

駐車場整備状況（単位：千台）

年次	都市計画駐車場	届出駐車場	附置義務駐車施設	路上駐車場	合計
平23	120	1,624	2,691	1	4,436
24	120	1,664	2,953	1	4,738
25	119	1,661	3,004	1	4,786
26	120	1,699	3,069	1	4,889
27	120	1,762	3,107	1	4,989

（出所）国土交通省「平成28年度版自動車駐車場年報」

大都市では附置義務駐車場を中心に、地方都市ではコインパーキングを中心に「量」的整備が進んでいる。附置義務駐車施設とは、条例により一定規模以上の建築物の新増設の際に義務として整備された駐車場施設のことである。

ノウハウ

◉スマートフォンを利用した新サービス

パーク24は、駐車場所の経路案内の新サービスの実証実験を始めた。大規模駐車場では、駐車位置が分からなくなることが多いが、スマートフォンなどを利用して、駐車位置に簡単にたどり着けるようにする。利用実態などを検証し、本格展開につなげたい考えだ。

経営指標

ここでは参考として、TKC経営指標（平成29年版）より、「駐車場業」の数値を掲げる。

TKC経営指標 （変動損益計算書）	全企業　116件	
	平均額（千円）	前年比（％）
売上高	55,641	101.5
変動費	4,995	99.2
仕入高	4,896	96.3
外注加工費	36	320.0
その他の変動費	22	93.4
限界利益	50,646	101.8
固定費	44,471	101.9
人件費	16,535	106.0
減価償却費	4,225	107.8
租税公課	1,616	87.2
地代家賃・賃借料	11,329	98.4
支払利息・割引料	827	90.1
その他	9,938	100.9
経常利益	6,174	101.1
平均従事員数	6.4名	

今後の課題／将来性

◉将来性

駐車場を保有する人と駐車場所を探す人を結びつけるサービスは、今後さらに広がっていくだろう。ただ、参入する企業も多く、競争の激化が予想される。

《関連団体》　一般社団法人全日本駐車協会
東京都千代田区大手町１－６－１
大手町ビル２F
TEL　03（3211）6085

－ 337 －

●不動産・運輸●

倉　庫　業

最近の業界動向

●スマート物流

　人材不足が深刻化する中、「スマート物流」への取り組みが進展している。スマート物流は、IoTやロボット、AIなどの先端技術を活用した物流の仕組みで、より効率的なサプライチェーンを目指すものである。例えば、無人搬送車が保管棚を自動で搬送するピッキングシステムにより、入出庫作業の省力化、省人化を実現させることができる。

●三菱倉庫が医薬品の管理・配送業務を強化

　三菱倉庫は、医薬品の管理・配送業務を強化するため、医薬品向けの機能を備えた物流センターを大阪府茨木市に建設している。平成30年7月の完成予定で、名神高速道路のインターチェンジに近い立地を生かし、西日本の医薬品配送の中核拠点の一つにする。医薬品の管理・配送は、温度管理などが難しいバイオ医薬品などが増えている。バイオ医薬品の管理・配送は、単価が高く収益性も高い。安定した輸送品質を医薬品メーカーにアピールしていく。

●寺田倉庫は個人向けのサービスを強化

　寺田倉庫は、個人向けのサービスを強化している。衣類などを手軽に預けられる「ミニクラ」という仕組みを応用し、SNSと連携してサークルなどの仲間が道具などを共有するサービスを始めた。「ミニクラ」は、段ボール箱単位の料金設定で、利用者は預けたい荷物を送るだけだ。ただ、トランクルームなどもこのサービスを提供しており、競争が激しくなっている。このため、グループで利用できるSNSコミュニティをつくり、趣味の仲間で倉庫を共有できるサービスを始めた。

マーケットデータ

●普通倉庫の市場規模は20兆4,110億円

　矢野経済研究所によると、平成27年度の物流（海運事業、宅配便事業、普通倉庫事業、一般港

湾運送業等17業種）の総市場規模は前年度比0.9％減の20兆4,110億円であった。このうち、普通倉庫は10.5％（2兆1,432億円）を占める。平成28年度は前年度比4.0％減の19兆5,970億円（見込）となっている。

●主要倉庫21社の入庫数量、入庫金額等の推移

　国土交通省「営業普通倉庫の実績（主要21社）」によると、倉庫21社の入庫数量、入庫金額、所管面積の推移は次表の通り。平成28年（平均）の入庫数量は前年比1.2％減の223万トン、同年（平均）の入庫金額は1.6％増の9,990億5,900万円であった。

主要倉庫21社の入庫数量、入庫金額等

年次 （平均）	入庫数量 （千トン）	入庫金額 （百万円）	1～3類倉庫の 所管面積（千㎡）
平24年	2,266	874,347	7,097.1
25年	2,306	951,703	7,168.5
26年	2,370	1,005,767	7,310.0
27年	2,256	982,965	7,427.7
28年	2,230	999,059	7,478.7

（出所）国土交通省

業界の特性

●業者数

　国土交通省のデータによると、平成26年度の事業者数は前年度比1.1％増の4,849社であった。

普通倉庫の事業者数

年度	事業者数	年度	事業者数
平19	4,223	平23	4,725
20	4,453	24	4,886
21	4,555	25	4,798
22	4,637	26	4,849

（出所）国土交通省

●倉庫業の業態

　倉庫業は、寄託を受けた物品を倉庫において保管する事業であり、物流機能において極めて重要な役割を担っている。倉庫業の収益は主に「保管料」と「荷役料」から成る。国土交通省の「平成27年度倉庫事業経営指標（概況）」によると、1社平均の「保管料」と「荷役料」による営業収益の推移は次の通りとなっている。保管料は保管スペースの提供に対する報酬であり、荷役料は入出庫などの作業に対する報酬である。業務に供される倉庫（営業倉庫）は、保管方法により「普通倉庫」、「冷蔵倉庫」「水面倉庫」に分類される。普

－ 338 －

通倉庫は常温で保管する設備で、構造により一類、二類、三類、野積、貯蔵そう、危険品倉庫、トランクルームに細分され、幅広い物品が取り扱われる。冷蔵倉庫は、10℃以下で保管する設備で、主に生鮮食品や冷凍食品が取り扱われる。水面倉庫は、原木等を水面で保管するものである。

普通倉庫業における営業収益（1社平均）（単位：千円）

年次	保管料	荷役	合計
平23年	977,308	694,345	1,671,653
24年	1,002,794	690,557	1,693,351
25年	981,809	677,441	1,659,250
26年	101,373	769,700	1,783,434
27年	1,001,255	754,539	1,755,794

冷蔵倉庫業における営業収益（1社平均）（単位：千円）

年次	保管料	荷役	合計
平23年	902,570	429,966	1,332,537
24年	1,068,805	507,635	1,576,440
25年	948,231	469,825	1,418,056
26年	1,015,488	519,886	1,535,374
27年	1,315,682	651,145	1,966,826

（注）普通倉庫業は調査対象事業者133社／全体4,506社、所管面（容）積ベースで普通倉庫の約2割をカバーしている。冷蔵倉庫業は調査対象事業者92社／全体1,181社、所管面（容）積ベースで冷蔵倉庫の約5割をカバーしている
（出所）国土交通省

●倉庫業の費用構成

倉庫業における費用構成は次の通りである。普通倉庫業では、人件費の占める割合が増加傾向にあり、さらに外部に支払う請負費用と派遣費用の占める割合も約3割となっている。一方、冷蔵倉庫業では、外部に支払う請負費用と派遣費用の占める割合は約2割程度で、水道光熱費を含むその他費用の割合が高くなっている。

普通倉庫業(保管＋荷役)の収支状況の推移（1社平均）（単位：千円）

項目	普通倉庫業 費用	普通倉庫業 割合	冷蔵倉庫業 費用	冷蔵倉庫業 割合
人 件 費	374,535	21.8%	419,490	23.1%
請 負 費 用	460,878	26.8%	370,453	20.4%
派 遣 費 用	35,476	2.1%	24,804	1.4%
減 価 償 却 費	133,317	7.8%	171,335	9.4%
賃 借 料	205,812	12.0%	193,959	10.7%
租 税 公 課	52,894	3.1%	36,513	2.0%
そ の 他	433,553	25.2%	570,294	31.4%
営 業 外 費 用	20,947	1.2%	28,497	1.6%
合 計	1,717,413	—	1,815,343	—

（注）その他には、水道光熱費、通信費、消耗品費、交際費、旅費等が含まれる
（出所）国土交通省

ノウハウ

●物流倉庫を利用しやすくするサービス

物流倉庫を利用しやすくするサービスが登場している。倉庫の空きスペースを小規模・短期間でも利用できるサービスで、ベンチャーのSOUCOが始めた。平成28年に創業したSOUCOは、マッチングサイト「SOUCO」を立ち上げた。倉庫の空きスペースがある物流関連企業や事業会社などが、場所や大きさなどを登録し、借り手は希望条件に合った倉庫を検索する。物流需要は高く、利便性の高い独自サービスで顧客の取り込みを図る。

経営指標

ここでは参考として、TKC経営指標（平成29年版）より、「倉庫業（冷蔵倉庫業を除く）」の数値を掲げる。

TKC経営指標（変動損益計算書）	全企業 78件 平均額（千円）	全企業 78件 前年比（%）
売上高	245,496	99.7
変動費	61,978	99.5
仕入高	51,528	101.0
外注加工費	9,913	92.8
その他の変動費	541	93.9
限界利益	183,518	99.8
固定費	175,776	99.2
人件費	87,169	101.4
減価償却費	10,365	96.5
租税公課	4,291	104.0
地代家賃・賃借料	15,325	99.3
支払利息・割引料	3,045	83.1
その他	55,552	97.2
経常利益	7,742	116.8
平均従事員数	25.2名	

今後の課題／将来性

●施設の老朽化

倉庫建物の法定耐用年数は、平成20年度の税制改正で普通倉庫が35年、冷蔵倉庫が23年とそれまでよりも延長された。一方、国土交通省によると、庫齢30年以上の冷蔵倉庫は、東京で約6割、全国でも約4割を占めており、耐用年数を超える老朽設備の更新が課題となる。

《関連団体》 一般社団法人日本倉庫協会
　　東京都江東区永代1−13−3
　　TEL 03（3643）1221

— 339 —

●不動産・運輸●

レンタルオフィス業

最近の業界動向

●東京都心は低い空室率が続く
　東京都心部ではオフィスの空室が少ない状況が続いている。業績拡大に伴いオフィスを広げようとする企業が多いためだ。三幸エステートによると、東京都心では大型オフィスビルの建設が相次いでいるが、完成は平成30年以降になる物件が多く、平成30年前半に完成する大型ビルの入居企業も決まっている物件が多いという。低い空室率や穏やかな賃料上昇はしばらく続くと予想されている。

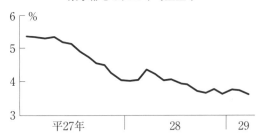

東京都心5区の平均空室率

（出所）三鬼商事

●働き方改革に対応した貸しオフィス
　企業の働き方改革に対応した貸しオフィスが広がっている。外回り中に短時間作業をできるようにしたり、子育て社員が住む郊外に設けたりして、職場に行かずにすむよう配慮している。三井不動産、阪急電鉄などが事業として取り組み、企業の利用も広がっている。三井不動産は個室や会議室などを備えた法人向け貸しオフィス「ワークスタイリング」を都内などで展開している。料金は10分ごとに300円。毎月の利用が100人までの場合5万円の基本料金が要る。平成29年度中に現在の16拠点から約30拠点まで増やす。

●時間貸しオフィス
　外出先で仕事を効率良くこなすなら、最新のモバイルガジェットを活用するだけでなく、集中して仕事ができる場所の確保も重要となる。そこで最近増えつつあるのが「コワークスペース」、仕事をすることに特化した時間貸しスペースである。無線LANやコンセントが完備され、施設によっては複合機や文房具なども使える。静粛な環境なので、仕事に集中できるのがメリットである。

●働きやすいビル認証、採光など基準100項目
　国土交通省は、オフィスビルでの働きやすさを比べる新しい基準をつくる。快適な環境で健康に働けるかを判断するため、換気や採光など約100項目で評価する。基準を満たせば認証する仕組みを平成30年度から始め、オフィス環境の改善で働き手の生産性向上につなげる。年内にも不動産業界や金融機関と新基準を定め、オフィスビルの換気、採光、快適さ、水、食事、運動、健康の7分野を柱に項目を詰める。ビルの性能評価を手掛ける建築環境・省エネルギー機構が認証業務を担う方向だ。

●変わりゆくオフィス需要の潮流、需要は堅調
　ザイマックス不動産総合研究所の「大都市圏オフィス需要調査2017」によると、過去1年におけるオフィス需要の変化を見ると、利用人数が「増えた」企業の割合は37.6％で、「減った」企業の12.9％を上回った。また、オフィス面積を「拡張した」企業の割合は7.9％で、「縮小した」企業の2.0％を上回り、オフィス需要は堅調であった。

マーケットデータ

●不動産賃貸業の年間売上高推移
　サービス産業動向調査によると、不動産賃貸業（貸家業、貸間業を除く）の年間売上高の推移は次の通りである。経済センサス活動調査によると、不動産賃貸業の中の「貸事務所業」の事業所数の比率が約3分の2を占めていることから、年間売上高もその比率前後の数値と推測され、売上高は上昇傾向にあるといえる。

不動産賃貸業の年間売上高の推移

年次	年間売上高（百万円）	前年比
平24年	7,405,735	―
25年	7,760,435	4.8％
26年	8,008,780	3.2％

（出所）サービス産業動向調査

●全国主要都市のオフィス賃料の相場比較
　全国主要都市の賃貸オフィスの賃料の相場は、平成29年8月31日現在で表の通りである。

全国主要都市の賃料一覧 （単位：坪単価/円）

	エリア	賃料	エリア	賃料
	東 京 2 3 区	24,914	札 幌 市	12,172
	東京都心5区	27,259	仙 台 市	12,042
関	横 浜 市	14,446	名 古 屋 市	13,875
東	川 崎 市	15,617	大 阪 市	14,396
	さ い た ま 市	15,271	神 戸 市	12,775
	千葉市・船橋市	11,828	京 都 市	15,798
			福 岡 市	13,364

（出所）三幸エステート

業界の特性

●事業所数、従業者数

総務省統計局の「平成26年経済センサス基礎調査」によると、不動産賃貸業（貸家業、貸間業を除く）の従業者規模別の事業所数と従業者数は表の通り。従業者数が4人以下の小規模事業所が8割以上を占めている。一方、従業者数が30人以上の事業所数は1.1％にかかわらず従業者数は20％以上を占めており、二極化が進んでいる。

不動産賃貸業の従業者規模別事業所数従業者数

従業者規模	事業所数（所）	構成比（％）	従業者数（人）	構成比（％）
合 計	35,732	100.0	139,551	100.0
1～4人	29,361	82.2	60,834	43.6
5～9人	4,263	11.9	26,416	18.9
10～19人	1,194	3.3	15,768	11.3
20～29人	320	0.9	7,434	5.3
30～49人	222	0.6	8,390	6.0
50人以上	168	0.5	20,709	14.8

（出所）経済センサス基礎調査

●レンタルオフィスの種類

レンタルオフィスの明確な定義はない。通常の賃貸事務所に近く簡単な設備だけでほとんどサービスのない空間重視型から、業務に必要な高速インターネット・光ファイバー機器を備えたり休憩室やミーティングルームなどの付加サービスを提供する機器・設備重視型、さらに電話応対や来客応対等の一般業務まで対応するビジネス代行型まで、いろいろなタイプに分類される。

ノウハウ

●自治体と連携してサービスを拡充

空きスペースの貸し借りを仲介するスペースマーケットは、サービスの幅を広げている。自治体が同サービスに注目し、自治体の埋もれた資産を活用して地域活性化につなげようとしている。同社は企業や個人を対象にスペースを、ネットを通じて紹介してきたが、貸しスペースのマッチングを手掛ける企業が増えたため、自治体と連携して企画などのサービスに幅を広げている。また、企業のブランドイメージに合った物件を選び、デザインも担ってパーティ向けの空間として貸し出すサービスも始めた。

経営指標

ここでは参考としてTKC経営指標（平成29年版）より、「貸事務所業」の数値を掲げる。

TKC経営指標（変動損益計算書）	全企業 1,218件	
	平均額（千円）	前年比（％）
売上高	57,274	99.2
変動費	9,391	92.4
仕入高	9,366	93.3
外注加工費	137	168.4
その他の変動費	23	218.5
限界利益	47,882	100.7
固定費	39,360	100.3
人件費	12,370	101.3
減価償却費	6,539	99.2
租税公課	3,424	101.4
地代家賃・賃借料	5,776	101.7
支払利息・割引料	1,899	93.7
その他	9,452	99.8
経常利益	8,523	102.7
平均従事員数	3.4名	

今後の課題／将来性

●課題

現状の日本経済の景況動向を踏まえると、起業家の増加、取り分け女性起業家の増加が予想されるとともに、「働き方改革」の推進によってレンタルオフィスの需要も拡大していくことが予想される。しかし、小資本で開業できることやオフィス供給の過剰による転業によって、モバイルワークオフィス、サテライトオフィス、シェアオフィス、コワーキングスペースなど、ほかの業態との競合も拡大する可能性も高い。多種多様な消費者ニーズに応えるサービスの拡充も必要とされる。

《関連団体》 一般社団法人日本レンタルオフィス協会
東京都港区芝1－4－10 トイヤビル5F
TEL 03（6403）3800

●不動産・運輸●

ハイヤー・タクシー

最近の業界動向

●タクシーの「初乗り410円」が都内で始まる

タクシーの「初乗り410円」が都内で始まった。平成29年1月末から、都内では従来の初乗りが2キロメートル730円から約1キロメートル410円に料金体系が変わり、高齢者の病院通いや主婦の買い物の利用など、短い距離での利用が広がっている。今回の運賃改定では加算運賃も変更され、距離に応じて従来よりも割高になったり割安になったりする。日本経済新聞社の調査によると、大手4社の利用実績は対象地域では2キロメートルまでの利用回数が前年同期に比べて2割増え、タクシー営業収入も7.7%増となった。今後、新たな顧客の開拓につながるか注目される。一方、東京都以外の地域では、運賃の値上げ傾向が強まっている。

●「相乗りタクシー」、「運賃事前確定サービス」の導入

国土交通省は「相乗りタクシー」導入の検討に入った。スマートフォンのアプリを使い、出発地と目的地が近い客同士を結び付ける仕組みで、平成29年8月から10月にかけて都内で実証実験を行い、平成30年度にもサービスを始める予定だ。また、タクシー料金を乗車前に確定できる「運賃事前確定サービス」を平成29年度にも導入する方針で、スマートフォン向けの配車アプリを活用する。タクシー大手の日本交通など数社が導入を要望している。

●訪日外国人向け配車アプリ

ハイヤー・タクシーのネット予約サービスで、訪日外国人向けの機能を充実させる動きが広がっている。大成観光交通と日の丸リムジンは、共同で手掛けるハイヤーの予約受け付けサイトに、AIを使ったチャットができる機能を加えた。人数や期間の指定などのやり取りに対して自動で答える仕組み。サイトは英語のほか、中国語や韓国語から選べる。AIにより24時間の対応が可能で、午前8時から午後10時までは従来通りオペレーターも対応する。帝都自動車交通も配車アプリの英語版の提供を始めるなど、タクシー・ハイヤー各社は訪日客向けのサービスを充実させ、需要の取り込みを図っている。

マーケットデータ

●ハイヤー・タクシーの売上高

日経流通新聞の「第35回サービス業総合調査」によると、平成28年度のハイヤー・タクシーの売上高上位10社は次の通り。

ハイヤー・タクシーの売上高（平成28年度）

社　名	本社	売上高（百万円）	伸び率（％）
日　本　交　通	東　京	85,392	17.2
国　際　自　動　車	東　京	62,787	0.6
第　一　交　通　産　業	福　岡	55,002	1.8
飛　鳥　交　通	東　京	22,725	▲0.1
大　和　自　動　車　交　通	東　京	12,350	▲2.3
エ　ム　ケ　イ	京　都	11,430	▲0.7
京　王　自　動　車	東　京	10,105	▲3.8
三　和　交　通	神奈川	8,192	1.3
平　和　交　通	神奈川	6,677	▲4.3
国　際　興　業　大　阪	大　阪	5,205	▲4.0

（出所）日経流通新聞

●ハイヤー・タクシーの車両数と輸送人員

国土交通省の資料によると、ハイヤー・タクシー（営業用乗用車）の車両数と輸送人員は次表の通り。

ハイヤー・タクシーの車両数と輸送人員

年度	輸送人員（百万人）	前年比（％）	車両数（両）	前年比（％）
平21	1,948	▲3.8	265,431	▲2.2
22	1,783	▲8.5	251,466	▲5.3
23	1,660	▲7.0	246,322	▲2.0
24	1,640	▲1.2	243,247	▲1.2
25	1,648	▲0.5	240,853	▲1.0
26	1,557	▲5.5	238,606	▲1.0
27	1,466	▲5.8	274,489	1.2

（出所）国土交通省

●各地の日車営業収入の推移

全国ハイヤー・タクシー連合会の資料によると、各地の日車営業収入の推移は次の通り。地域

によって日車営業収入に大きな開きがある。

各地の日車営業収入の推移（法人）（単位：円）

地域別	平25年度	平26年度	平27年度
東京都	46,027	47,630	48,825
愛知県	29,728	29,954	30,666
大阪府	28,273	28,599	29,479

（出所）全国ハイヤー・タクシー連合会

業界の特性

●ハイヤー・タクシーの事業者数

国土交通省によると、タクシーの事業者数の推移は次表の通り。

事業者数、個人タクシー数（各年3月末現在）

年次	総事業者数	法人事業者数	個人タクシー
平23年	56,219	14,319	41,900
24年	55,437	14,798	40,639
25年	54,575	15,271	39,304
26年	53,769	15,657	38,112
27年	52,885	15,923	36,962
28年	51,979	16,096	35,883

（出所）国土交通省

●法人タクシー事業者の事業規模

全国ハイヤー・タクシー連合会の資料によると、平成28年3月末の規模別事業者数は次の通り。

法人タクシー事業者の事業規模

（従業員数）規模別	法人数(社)	構成比（%）
10人まで	10,069	62.6
30人まで	2,536	15.8
50人まで	1,158	7.2
100人まで	1,207	7.4
300人まで	935	5.8
301人以上	191	1.2
合　計	16,096	100.0

（出所）全国ハイヤー・タクシー連合会

●規模別車両数

同じく、全国ハイヤー・タクシー連合会の資料

規模別車両数

（従業員数）規模別	法人数(社)	構成比（%）
10両まで	11,188	69.5
30両まで	2,628	16.3
50両まで	1,014	6.3
100両まで	840	5.2
101両以上	426	2.7
合　計	16,096	100.0

（出所）全国ハイヤー・タクシー連合会

によると、平成28年3月末の規模別車両数は表の通り。

ノウハウ

●日本交通の配車アプリ「全国タクシー」

日本交通の配車アプリ「全国タクシー」が、平成29年3月からグーグルマップ上で、ウーバー（米国のウーバー・テクノロジーズが運営する配車アプリ）の配車機能が使えるようになった。日本交通はグーグルマップに載せてもらえるよう求めていた。利用者は配車の方法としてウーバーか「全国タクシー」を選ぶことができる。

経営指標

ここでは参考として、TKC経営指標（平成29年版）より、「一般乗用旅客自動車運送業」の数値を掲げる。

TKC経営指標 （変動損益計算書）	全企業　423件	
	平均額（千円）	前年比（%）
売上高	188,324	98.4
変動費	12,366	94.3
仕入高	10,605	91.7
外注加工費	746	95.2
その他の変動費	931	103.0
限界利益	175,957	98.7
固定費	172,731	99.3
人件費	131,788	99.2
減価償却費	6,119	101.3
租税公課	2,103	101.9
地代家賃・賃借料	3,975	101.3
支払利息・割引料	1,009	93.2
その他	27,734	98.8
経常利益	3,226	77.0
平均従事員数	44.4名	

今後の課題／将来性

●課題

帝国データバンクによると、国内タクシー事業者の経営環境は訪日外国人の増加などを背景に、減収に歯止めがかかりつつある。各社はスマートフォンの配車アプリや訪日外国人向けなど、サービスの充実を図っているが他社との差別化を図るのは難しい。

《関連団体》　一般社団法人全国乗用自動車連合会
　東京都千代田区九段南4－8－13
　TEL　03（3239）1531

－ 343 －

●不動産・運輸●

運 送 業

最近の業界動向

●ドライバー不足が深刻化

　トラック輸送は、鉄道や海運などの輸送手段に比べ利便性や機動力に優れているが、トラックの運転手不足が深刻化している。セイノーホールディングス傘下の西濃運輸は、長距離のトラック定期便を原則、鉄道輸送に切り替え効率化を図る。運転手不足を背景に、トラックから鉄道への移行は、ほかの物流会社にも広がる可能性がある。

●センコーグループホールディングスが安全輸送を買収

　物流大手のセンコーグループホールディングスは、関東を地盤とする安全輸送を買収する。全株式を平成29年10月までに取得し、関東地区で不足している作業員や大型トラックを確保する。平成30年には物流センターを茨城県に新設する予定で、関東での事業に力を入れていく。

●運転手の能力に応じた仕事を仲介するシステムを導入

　個人の運送業者らで構成する赤帽首都圏軽自動車運送協同組合は、首都圏の1都3県を事業エリアとしている。個人事業主を中心に約3,200の組合員がいるが、平成29年6月から、運転手の能力に応じた仕事を仲介するシステムを導入する。これまで、GPSで組合員のトラックの場所と空車情報を把握し、依頼を受けると近くにいる運転手に仕事を仲介していた。運送業は運ぶ商品によって必要となる技能が異なるため、新たに運転手の技能を加えることで、消費者や企業の要望にきめ細かく対応する。

●荷主とドライバーを仲介するサービス

　中小運送会社などが、荷主とドライバーを仲介するシェアリングサービスに相次いで参入している。ドライバーの空き時間を有効活用でき、荷主は迅速に荷物を運んでもらうことができる。バイク便のセルートは、平成29年8月から仲介サービ

スを開始した。トラック運転手のほか、一般の人も登録できる。中小運送会社は、大手からの下請け業務が多く、繁忙期に仕事が集中する。仲介サービスを通じて、安定的に仕事が見つけやすくなるメリットがある。トラックの積載量は平均で40％程度とされ、空きスペースも多い。仲介サービスは、配送の効率化につながると期待される。

●平成27年度の1社平均の売上高（営業収益）

　全日本トラック協会の資料によると、運送事業者の売上げに当たる営業収益（貨物運送事業収入）は、平成27年度で1社平均2億149万2,000円と、前年度比0.3％増であった。燃料価格の下落によるコスト削減で、営業赤字企業の割合は減少した。しかし、人材不足によるコスト増が影響し、業績改善は限定的で、営業利益率は0.3％減であった。平成26年度の0.9％減より改善したが、依然として厳しい状況にある。

貨物運送事業の営業収益（1社平均）（単位：千円）

区　　分		平25年度	平26年度	平27年度
全　　体		202,342	200,795	201,492
車両規模別	～10台	54,751	54,520	54,852
	11～20台	146,939	145,375	146,126
	21～50台	319,868	317,900	306,958
	51～100台	615,401	614,808	603,821
	101台以上	1,155,102	1,135,561	1,168,593

(注) 調査対象は全国の事業者2,188社
(出所) 全日本トラック協会

マーケットデータ

●運送業の年間売上高

　総務省「サービス業動向調査」によると、平成27年度の運輸業・郵便業の年間売上高は62兆6,515億1,900万円となっている。内訳は次の通り。

運送業・郵便業の年間売上高（単位：百万円）

分　　類	平27年度
運輸業・郵便業	62,651,519
道路貨物運送業	24,764,317
道路旅客運送業	3,201,956
鉄　道　業	7,757,199
水　運　業	7,104,590
倉　庫　業	3,524,484
運輸に付帯するサービス業	11,162,236
航空運輸業・郵便業(信書郵便事業を含む)	5,136,735

(出所)「サービス業動向調査」

●トラックの輸送量

－ 344 －

国土交通省の資料によると、平成27年度の貨物自動車の輸送量は、営業自動車で輸送トン数は42億8,900万トン、輸送トンキロ数（トン数に輸送距離を乗じて仕事量を示した指標。1トンの貨物を10km輸送した場合は10トンキロとなる）は2,043億トンキロだった。

貨物自動車輸送量（単位：百万トン、億トンキロ）

項　目	年　度	平25	平26	平27
輸送トン数	営業用	2,989	2,934	2,916
	自家用	1,356	1,381	1,372
	合　計	4,345	4,315	4,289
輸送トンキロ	営業用	1,848	1,811	1,759
	自家用	293	288	283
	合　計	2,141	2,100	2,043

（出所）国土交通省

業界の特性

●事業者数

国土交通省の資料によると、平成27年度の地場トラック業者は6万2,176社で、前年度の6万2,637社と比べると461社減っている。

トラック運送事業者数の形態別推移

年度	特積トラック	地場トラック			
		計	一般小型	霊柩	特定
平23	290	63,082	57,600	4,594	598
24	280	62,936	57,466	4,623	567
25	276	62,905	57,439	4,660	530
26	280	62,637	57,217	4,657	483
27	286	62,176	57,722	4,705	463

（出所）国土交通省

●分類

トラック輸送には自家の貨物を輸送する自家用トラックと他者の貨物を有償で輸送する営業用トラックがある。営業用トラックは貨物自動車運送事業と特定貨物自動車運送事業に大別され、さらに一般貨物自動車運送事業の中の1つの形態として特別積合わせ貨物運送がある。

●積載量によるトラックの3種類

トラックは、積載量に応じて大きく3種類に分けられる。積載量が2トン以下の車両を小型、4トン級を中型、10トン級を大型と呼ぶ。中型と大型を合わせて普通トラックと呼ぶ。

ノウハウ

●オリックスが青果物流に参入する

オリックスは冷温物流網を構築するファーマインドの物流を活用し、野菜などの青果物流に参入する。野菜や果物などを生産者から市場を通さずにコンビニエンスストアなどに届ける。ファーマインドは低温物流センターを全国14カ所に持ち、コンビニエンスストアや食品スーパに小分けした果物などを供給している。オリックスは農業に参入しているが、自社生産品だけでなく、他社品も引き受けることで農業事業の拡大につなげる。

経営指標

ここでは参考として、TKC経営指標（平成29年版）より、「一般貨物自動車運送業」の数値を掲げる。

TKC経営指標（変動損益計算書）	全企業 2,503件	
	平均額（千円）	前年比（％）
売上高	330,999	101.2
変動費	79,239	100.3
仕入高	27,760	97.6
外注加工費	48,593	102.3
その他の変動費	2,831	101.8
限界利益	251,760	101.4
固定費	240,713	101.7
人件費	121,196	102.3
減価償却費	18,787	101.7
租税公課	4,662	99.8
地代家賃・賃借料	8,988	104.6
支払利息・割引料	1,945	93.5
その他	85,097	100.9
経常利益	11,046	95.5
平均従事員数	26.9名	

今後の課題／将来性

●課題

トラック運送事業は、運転手不足から人件費が増加し経営を圧迫している。特に車両10台以下の事業者が営業赤字を計上している。物流大手の日本通運は、取引企業に対し値上げを要請する方針だ。運転手不足で配送を外部に委託する費用が増えているためだ。これを受け、中小の運送会社もコストに見合った運賃を荷主に求められやすくなるとみられる。

《関連団体》　公益社団法人全日本トラック協会

東京都新宿区四谷3－2－5

TEL　03（3354）1009

●不動産・運輸●

宅配便業

最近の業界動向

●宅配便の取扱個数は前年度比7.3％増

　インターネット通販市場の拡大に伴い、宅配便の個数が急増している。一方、受取人の不在による再配達の増加や配送用トラックの運転手不足など、宅配サービスが苦境に立たされている。これを受け、ヤマト運輸は平成29年9月中に荷物1個当たり最大180円の値上げを実施、佐川急便は宅配便の運賃を平成29年11月21日から値上げすると発表した。値上げは「飛脚宅配便」や「飛脚ラージサイズ宅配便」などが対象となる。国土交通省によると、平成28年度の宅配便取扱個数は前年度比7.3％増の40億1,861万個であった。2年連続で過去最高を更新した。

宅配便の取扱個数の推移（単位：百万個、％）

項　　目	平26年度	平27年度	平28年度	前年度比
宅 配 便 計	3,614	3,745	4,019 ※(3,908)	7.3 ※(4.4)
ト ラ ッ ク	3,570	3,704	3,978 ※(3,867)	7.4 ※(4.4)
航空等利用	44	40	41	0.9
メ ー ル 便	5,464	5,264	5,290	0.5

(注)※（平成28年10月から日本郵便が取扱う「ゆうパケット」を宅配便取扱個数に含めて集計しており、カッコ内はゆうパケットを除いた取扱個数）
(出所)国土交通省

●大手宅配業者が労働環境の改善に取り組む

　ヤマトホールディングスは従業員の労働環境の改善を目指し、残業時間の削減に取り組んでいる。また、ネット通販業者などへの運賃引き上げや時間帯指定、当日配送の見直しなどの検討を進めている。従業員の負担を減らすため、平成29年度にグループ全体で正社員と契約社員を4,200人、パートを5,000人増やす。サービス維持のためには、大幅な人員増が不可欠と判断した。また、佐川急便は東京都と山梨県で、週休3日制の正社員ドライバーの採用を始めた。資格取得や育児、介護などの理由で、週5日働けない人のニーズに応える。給与は週休2日制の正社員とほぼ同じ水準を想定している。深刻な人手不足に対応するため、今回の制度導入を見極めた上で、他地域にも広げるか検討する。

●宅配ロッカーの設置

　宅配便の取り扱い個数の増加を受け、宅配便各社は宅配ロッカーの設置など対策に知恵を絞っている。日本郵便は大和ハウスと組み、受取人が不在時にも配達できる戸建て住宅向けの宅配ロッカーの販売を始めた。マンションでも、大京が通販の商品を受け取れる宅配ボックスを兼ねた大型ポストを新築物件で設置している。新築マンションでは、標準で設置されるケースが増えているが、戸建て住宅では普及率は低い。

●ヤマトホールディングスが菓子などの無人販売を開始

　ヤマトホールディングスは平成29年9月から、オフィスでの菓子や日用品の無人販売を始めた。ヤマトホールディングスの子会社ヤマトシステム開発が「オフィス販売支援サービス」を展開する。複数の企業の商品を1つの箱で販売し、ヤマトシステム開発が提供するスマホアプリを使って代金を支払う。メーカーは販売個数などのデータを、ネットを通じて確認でき、ヤマトはメーカーからシステム利用料と、売り上げに応じた決済手数料を取る。新たなサービスとして企業に採用を働きかけ、平成29年度中に100社への設置を目指す。

マーケットデータ

●宅配便各社の売上高

　日経流通新聞「第35回サービス業総合調査」に

宅配便各社の売上高（平成28年度）

社　　名	部門売上高（百万円）	前年度比伸び率(%)
ヤ マ ト 運 輸	1,151,028	3.5
佐 川 急 便	738,186	2.3
日 本 郵 便	488,900	2.8
中 越 運 送	4,394	1.1
姫 路 合 同 貨 物 自 動 車	280	▲39.8
岡 山 県 貨 物 運 送	74	▲3.9
三 八 五 流 通	69	▲73.4
近 物 レ ッ ク ス	5	0.0
久 留 米 運 送	1	0.0

(出所)日経流通新聞

よると、平成28年度の大手宅配便企業の売上高は表の通り。

●宅配便各社の取扱個数

国土交通省によると、平成28年度の宅配便取扱個数上位企業は次の通り。

宅配便（トラック）取扱個数上位企業（平成28年度）

社　名	宅配便名	取扱個数 （千個）	前年度比 （％）
ヤマト運輸	宅　急　便	1,867,563	7.9
佐川急便	飛脚宅配便	1,218,215	1.7
日本郵便	ゆうパック	632,421 ※（521,720）	23.3 ※（1.7）
西濃運輸	カンガルー便	129,558	▲2.9
福山通運	フクツー宅配便	122,295	1.5
その他（16便）		7,743	3.5
合　計（21便）		3,977,795 ※（3,867,094）	7.4 ※（4.4）

（注）※（宅配便取扱個数の「注」を参照）
（出所）国土交通省、航空貨物を除く

業界の特性

●宅配便とは

宅配便とは、一般貨物自動車運送事業の特別積み合せ貨物運送であり、重量30kg以下の一口一個の貨物である。比較的小さな荷物を各戸に配送する輸送便で、ヤマト運輸が昭和51年に始めた事業に端を発する。

●大手２社の概要

平成28年度の宅急便取扱個数のうち、ヤマト運（46.9％）と佐川急便（30.6％）の大手２社の取扱個数は全体の77.5％を占める。大手２社の概要は次の通り。

大手２社の概要（平29年3月現在）

項　目	ヤマト運輸	佐川急便
営 業 所 数	6,444所	約400所
車 両 数	4万3,539台	2万4,517台
従 業 員 数	16万1,081人	4万7,597人

●収益構造

宅配業は、本来人件費率が高いビジネスモデルである。加えて、求人難による人件費上昇、運転手不足に伴う下請け運送会社に支払う傭車（ようしゃ）費（他社が所有する車両を自社のために使う費用）アップによりコストは上昇傾向にあり、業績への影響は大きい。運転手不足は慢性化しており、収益低下のみならず、小規模の請負業者に

とっては事業継続の障害ともなりかねない。

ノウハウ

●新しい受け取り方

宅配便の取扱量が増える中、宅配便各社は荷物をスムーズに配達するためウェブ上のサービスを強化している。ヤマト運輸「クロネコメンバーズ」や日本郵便「LINEで郵便局」、佐川急便「WEBトータルサポート」など、配達日や配達時の不在通知などメールやLINEで知らせてくれる。また、コンビニでの受け取りや、スマートフォンで指定した場所で荷物が受け取れるサービスの検証も行われている。

経営指標

ここでは参考としてTKC経営指標（平成29年版）より、「特定貨物自動車運送業」の数値を掲げる。

TKC経営指標 （変動損益計算書）	全企業　224件	
	平均額（千円）	前年比（％）
売上高	275,277	101.8
変動費	59,764	100.4
仕入高	26,149	93.0
外注加工費	32,102	107.8
その他の変動費	1,550	98.3
限界利益	215,513	102.1
固定費	203,826	102.5
人件費	108,651	103.5
減価償却費	14,999	103.1
租税公課	3,980	100.1
地代家賃・賃借料	7,291	102.5
支払利息・割引料	1,272	91.9
その他	67,627	101.3
経常利益	11,686	95.7
平均従事員数	22.9名	

今後の課題／将来性

●課題

宅配便業界は、労働時間の改善や運転手不足などによる運送コストの増加など課題が山積している。ヤマト運輸と佐川急便は、個人が利用する基本料金の引き上げを決めたが、事業環境は一段と厳しくなっている。

《関連団体》　公益社団法人全日本トラック協会
　　東京都新宿区四谷3−2−5
　　TEL　03（3354）1009

— 347 —

●不動産・運輸●

レンタカー

最近の業界動向

●レンタカー市場は拡大傾向

　レンタカー市場は拡大傾向で推移している。カーシェアリングとのすみ分けも課題であるが、訪日外国人の利用も広がっている。訪日外国人の増加に伴い、移動手段も多様化している。観光庁の「訪日外国人消費動向調査」によると、観光・レジャー目的の訪日外国人が日本滞在中に支出する交通費のうち、レンタカーの購入率は上昇傾向にある。格安レンタカーも登場し、市場は活発化している。

来日外国人のレンタカー購入率の推移

年　　次	平26年	平27年	平28年	平29年 （4～6月期）
購入率	4.6%	6.4%	7.5%	7.8%

（出所）観光庁「訪日外国人消費動向調査」

●試乗で新規会員獲得につなげる

　レンタカーやカーシェアリング大手は、試乗目的の利用者のため、定価より安く提供するなど需要の掘り起こしを図っている。パーク24は、期間限定だが定価より25～45％割り引く。オリックス自動車は、平成29年10月末まで通常料金より安い価格でレンタルする。自動車販売店では試乗時間が限られるが、レンタカーやカーシェアリングなら、長時間の運転や高速道路などさまざまな状況で乗り心地を試すことができる。こうした利用者の掘り起こしに力を入れ、新規会員獲得につなげたい考えだ。

●オリックス自動車の地域情報ページ「おでかけナビ」

　オリックス自動車は、レンタカーのウェブサイト内にドライブルートを検索できる地域情報ページ「おでかけナビ」を設けた。地元の店舗スタッフが、各地域の観光スポットなどの情報をサイトに投稿する。利用者が行き先とルートを選びやすくなるよう、ナビタイムジャパンと連携し、効率

的なドライブルートを作るサービスを提供する。ナビタイムは法人向けに提供するルート検索サービスだが、観光情報の記事で紹介する行き先リストに直接加えることができるようにした。オリックス自動車は、この新機能を活用してサービスを提供する。作成したプランはQRコードやSNSで共有することができる。オリックス自動車は、レンタカー利用者向けに観光情報の提供を進めている。

マーケットデータ

●レンタカー市場規模

　レンタカーの市場規模（売上金額）は、6,500～6,700億円程度で推移していると予想される。若者の車離れが進み、自動車を保有せず気軽に利用できるレンタカーやカーシェアリングの需要が高まっている。レンタカーの車両数も増加傾向で推移しており、市場は拡大傾向で推移すると予想される。

●大手レンタカー企業の業績

日経流通新聞「第35回サービス業総合調査」によると、平成28年度の大手レンタカー企業の売上高は次の通り。

大手企業の業績（平成28年度）

順位	社　　名	売上高 （百万円）	前年度比 伸び率(%)
1	ニッポンレンタカーサービス	53,100	－
2	タイムズモビリティネットワークス	37,850	10.3
3	ジャパンレンタカー	7,850	0.6
4	JR西日本レンタカー＆リース	1,573	▲10.1
5	JR九州レンタカー＆パーキング	510	▲22.7
6	駅レンタカー四国	57	0.0

（出所）日経流通新聞

●レンタカー業者の経営実態

　帝国データバンク「レンタカー業者の経営実態

売上高規模別企業数と構成比

売上高規模別	社　　数	構成比(%)
1億円未満	40	15.7
10億円以上10億円未満	105	41.3
100億円未満	96	37.8
100億円以上	13	5.1
合　　計	254	100.0

（注）平成27年度の売上高が判明した企業のみ
（出所）帝国データバンク「レンタカー業者の経営実態調査」

－ 348 －

調査」によると、平成27年度の売上高（調査対象の256社）は9,892億3,900万円であった。規模別の売上高で最も多かったのは「1億円以上10億円未満」の105社（構成比41.3%）であった。

業界の特性

●レンタカー事業者数

国土交通によると、平成28年3月末の総事業者数は前年比10.8%増の1万307社で、8年連続で増加し新規参入が続いている。

レンタカー事業者数の推移（各年3月末現在）

年次	乗用車	マイクロバス	トラック	その他	計
平23年	5,684	1,801	3,681	1,167	7,746
24年	6,143	1,734	3,750	1,234	8,155
25年	6,602	1,674	3,978	1,294	8,547
26年	7,325	1,666	4,308	1,411	9,291
27年	8,216	1,736	4,781	1,718	10,294
28年	8,326	1,647	4,812	1,778	10,307

（注）複数車種にわたって事業を行っている場合、車種ごとに1事業者として計上。合計欄は複数の車種を扱う事業者の重複を除いて計上
（出所）国土交通省

●レンタカーの車両台数

国土交通省によると、平成28年3月末現在の車両数の推移は次の通り。

レンタカー車両数の推移（各年3月末現在）

年次	全車種車両数	うち乗用車車両数
平21年	382,499	195,340
22年	392,286	207,370
23年	425,683	229,542
24年	474,501	257,091
25年	506,966	273,466
26年	534,121	283,438
27年	597,097	315,011
28年	620,080	326,235

（出所）国土交通省

●格安レンタカー

格安レンタカーは、ガソリンスタンドや自動車整備工場、中古車販売店などが副業としてフランチャイズ展開している場合が多い。また、中古車を活用しているため格安でサービスを提供している。レンタスが運営する「ニコニコレンタカー」は、12時間2,525円で利用できる。フランチャイズ加盟店を急速に増やしており、1,400を超える店舗がある。格安レンタカーの台頭がレンタカー市場を活性化させている。

ノウハウ

●「ピッとGoデリバリー」サービス

パーク24は、一部地域で開始した「ピッとGoデリバリー」の新サービスのエリアなどを拡大する。「ピッとGoデリバリー」は、カーシェアリング会員向けにレンタカーの受付手続きを簡素にしたサービスだ。「ピッとGoステーション（タイムズカーレンタル店舗以外の特定拠点）」へ配車されたレンタカーを、車両にカードをかざすだけで利用できる。平成29年6月からは、利用対象者をタイムズクラブ会員にも拡大し、関東、東海、関西エリアの122拠点で展開しているが、拠点数を順次拡大していく。

経営指標

ここでは参考として、TKC経営指標（平成29年版）より、「自動車賃貸業」の数値を掲げる。

TKC経営指標 （変動損益計算書）	全企業 55件	
	平均額（千円）	前年比（%）
売上高	293,934	125.5
変動費	215,083	133.5
仕入高	185,622	141.6
外注加工費	442	160.2
その他の変動費	732	140.0
限界利益	78,850	107.8
固定費	76,106	108.2
人件費	25,284	106.1
減価償却費	16,329	122.6
租税公課	2,088	100.6
地代家賃・賃借料	5,921	103.9
支払利息・割引料	1,178	100.0
その他	25,304	104.4
経常利益	2,744	96.9
平均従事員数	7.9名	

今後の課題／将来性

●将来性

レンタカー各社は、利用者の利便性を高めるなどサービスの充実を図っている。自動車を保有せず手軽に安く利用できるレンタカー市場は、今後も成長が見込まれる。

《関連団体》　一般社団法人全国レンタカー協会
　　東京都港区芝大門1－1－30
　　TEL　03（5472）7328

●不動産・運輸●

カーシェアリング業

最近の業界動向

●シェアリングエコノミーの広がり

車を保有せずシェアして活用する消費者が増え、カーシェアリングサービスの会員数も伸びている。未利用者における認知度も高まっている。モノや場所などを貸し借りするシェアリングエコノミーが広がる一方、トラブルも増えている。トラブル回避のための対策が求められる。

●オフィスビルの入居企業を対象にカーシェアリングサービス

三井不動産は平成29年3月、グループ会社を通じて運営するオフィスビルの入居企業を対象にカーシェアリングサービスを始めた。ビル内に設けられた駐車場から、10分当たり120円で車が利用できる。また、午後6時から翌午前9時までの夜間パックは2,000円で利用できる。ビルの付加価値を高めるとともに、平日と法人需要の底上げも期待できる。

●シェアリングカーでキャンプ

三井不動産グループのカーシェアリング・ジャパンは、キャンピングカーに加えテントなどの宿泊用品も提供し、シェアリングカーでキャンプに出掛ける需要を掘り起こす。提供するキャンピングカーは、大人4人、子ども2人が泊まれる。利用者は電話で予約し、会員用ICカードか、スマートフォンをかざして解錠する。6時間（1万4,100円）から利用できる。

●トヨタ自動車がカーシェアリングの実用化を進める

トヨタ自動車は、カーシェアリングの実用化を進めるため、販売店がカーシェア事業を展開するためのアプリを開発し、平成29年内に米国のハワイの代理店と共同で実証実験を始める。ホノルルで一般の人も対象に、販売店の顧客や観光客などに利用してもらい課題などを検証する。カーシェアの展開は新車販売に影響を与えると懸念される

が、新たな収入源になる可能性もある。

●住民らの移動手段としてカーシェアリングサービスを導入

カーシェアリングを手掛けるタイムズ24は、東京都奥多摩町と連携し、住民らの移動手段としてカーシェアリングサービスを導入する。奥多摩町は貸出ステーションとして町有地を無償貸与する。タイムズ24は、5人乗りコンパクトカーと7人乗りミニバン、8人乗りのワゴン型福祉車両の3台を設置する。過疎に悩む奥多摩町は、移住促進策として月額基本料金を無料にする。タイムズ24は、既に役場用駐車場の運営も受託しているが、カーシェアリングサービスは地域貢献の一環として実施する。

マーケットデータ

●カーシェアリングの市場規模

矢野経済研究所の調査によると、平成27年のカーシェアリングの市場規模は202億円（見込）である。モノやサービスのシェアリングサービスは成長が続いている。情報通信総合研究所の資料によると、平成28年の提供する側の収入は1兆1,800億円、利用する支出は4,401億円となっている。このうち、移動のシェアは提供による収入が1,181億円、利用による支出が1,490億円である。また、提供する収入の潜在市場は2兆6,323億円、利用による支出の潜在市場は1兆1,144億円と試算している。インターネット上でモノやサービスをシェアする動きが広がっている。

●車両台数と会員数の推移

交通エコロジー・モビリティ財団によると、平成29年3月の車両台数は前年比24.0％増の2万4,458台、会員数は同28.0％増の108万5,922人となった。また、カーシェアリング車両ステーション数は同20.0％増の1万2,913カ所となっている。

カーシェアリングの車両台数・会員数の推移

年　度	平26	平27	平28	平29
車両台数（台）	12,373	16,418	19,717	24,458
前 年 比（％）	140.1	132.7	120.1	124.0
会 員 数（人）	465,280	681,147	846,240	1,085,922
前 年 比（％）	160.9	146.4	124.3	128.0

（注）平26年までは1月、平27年からは3月調べ
（出所）交通エコロジー・モビリティ財団

業界の特性

●カーシェアリング大手のサービス概要

　交通エコロジー・モビリティ財団によると、カーシェアリング事業者は平成29年3月現在31社となっている。主なカーシェアリング事業者の拠点数、車両台数、会員数は次の通り。

カーシェアリング大手の拠点数、車両台数等（平成29年3月現在）

企業名 （サービス名）	拠点数 （カ所）	車両台数 （台）	会員数 （人）
タイムズ24 （タイムズカープラス）	9,091	17,492	783,282
オリックス自動車 （オリックスカーシェア）	1,531	2,600	170,050
三井不動産リアルティ （カレコ・カーシェアリングクラブ）	1,159	1,761	57,058
アース・カー （アースカー）	257	257	24,584
名鉄協商 （カリテコ）	304	386	20,150
アスク （カテラ）	110	140	9,000

（出所）交通エコロジー・モビリティ財団

●シェアリングエコノミー協会の自主メール策定

　シェアリングエコノミー協会は、業界標準となる自主ルールを策定し、その条件を満たした6事業者のサービスを認定した。協会の自主ルールは、内閣官房IT総合戦略室の「シェアリング検討会議」が示した「モデルガイドライン」に沿って策定した。第一弾として、自家用車で乗客を有料で運ぶライドシェア（相乗り）大手の米ウーバーテクノロジーなどが選ばれた。

●カーシェアリングのメリット

　利用者から見たカーシェアリングサービスの最大のメリットは、経済的な負担が抑えられる点だ。都心では月極め駐車場代が5万円以上かかるケースも少なくない。免許は持っていても車を持たない人にとって、30分、1時間など短時間だけ使えるカーシェアリングは利便性が高い。一方、地方のように交通手段の中心が自動車で、通勤の足として自動車を使う場合などは、自動車を所有した方が経済的であるため、カーシェアリングは都市部中心のサービスといえる。

ノウハウ

●法人向け新プランの導入

　タイムズ24は、カーシェアリングサービス「タイムズカープラス」に導入しているダイハツ工業の軽自動車「ウェイク」を利用した顧客に、次回以降60分利用できる電子優待券を特典として提供する共同キャンペーン始めた。また、法人向けの新プランの導入を始めた。新幹線駅や在来線主要駅への車両配備や、商用タイプの車両導入を進めているが、新設するプランでは法人契約のクレジットカードが使用可能となる。人事異動などで所属部署が変更になった場合など、登録情報の変更手続きが必要だったが、これらが不要になる。

経営指標

　ここでは参考として、TKC経営指標（平成29年版）より、「自動車賃貸業」の数値を掲げる。

TKC経営指標 （変動損益計算書）	全企業　55件	
	平均額（千円）	前年比（％）
売上高	293,934	125.5
変動費	215,083	133.5
仕入高	185,622	141.6
外注加工費	442	160.2
その他の変動費	732	140.0
限界利益	78,850	107.8
固定費	76,106	108.2
人件費	25,284	106.1
減価償却費	16,329	122.6
租税公課	2,088	100.6
地代家賃・賃借料	5,921	103.9
支払利息・割引料	1,178	100.0
その他	25,034	104.4
経常利益	2,744	96.9
平均従事員数	7.9名	

今後の課題／将来性

●課題

　カーシェアリングの利用が広がる一方、トラブルも増えている。利用者が料金を支払わずに逃げてしまうケースが後を絶たない。使用が止められているクレジットカードを会員情報として登録し、翌月の引き落としまで集中して乗車し、支払いを逃れる。シェアリングエコノミーの広がりとともに、トラブルが増えており対策が急がれる。

《関連団体》　公益財団法人交通エコロジー・モビリティ財団
　　東京都千代田区五番町10　五番町KUビル3F
　　TEL　03（3221）6672

●不動産・運輸●

引越し専門業

最近の業界動向

◉サカイ引越センターがシェアを伸ばす

　新設住宅着工戸数は平成26年度を除いて増加傾向が続き、引越し需要は順調に推移している。引越し受注単価改善の傾向もわずかにみられるようになってきている。他の業界と同様に人手不足は引越し業界でも大きな課題になっており、労働環境の改善が急務になっている。そのような中、引越し業界上位企業のシェアに変化が出ている。業界トップのサカイ引越センターが大きくシェアを伸ばし、他社との差を広げている。ここ数年で売上順位とシェアが大きく変動している。

◉アルバイトの採用面接拠点を都市部に新設

　サカイ引越センターは人手不足が深刻化する中、平成29年度を目途に、アルバイトの採用面接拠点を現在の約2倍に増やす。都市部を中心に開設し、学生やフリーターが気軽に立ち寄れるようにする。同社のアルバイト料金は、実働8時間の日当で1万円だ。学生などから人気は高いが、外食産業などとの人材の争奪戦が激しくなっている。従来は全国の支店で採用面接をしていたが、郊外に多くあるため気軽に立ち寄ることができなかった。都心部に新設する拠点では、外回りや出張中の社員もオフィスとして活用することもできる。現在は午前0時までインターネットで引越しの申し込みを受け付けている社員などが利用している。社員の自宅から近い場所に拠点を設けることで、就労環境の改善にもつなげる。

◉定休日の導入

　アートコーポレーションは平成29年8月から、引越し用貨物トラックの運転手などの作業員が毎週火曜日に休日を取れるようにした。火曜日は比較的、引越し件数が少ない。また、受注量を2割減らすなど、負担軽減策も行っている。定休日の導入や受注量の抑制などが、ドライバーなどの作業員の定着率の向上につながることを期待している。

マーケットデータ

◉引越しの市場規模

　引越し業の市場は、年間4,000～5,000億円と推定される。宅配便の市場は約2兆円であるが、それと比べると4分の1にすぎない。

◉引越し業の年間売上高

　引越し業の年間売上高は次の通り。需要の減少に伴い価格競争も激化している。業界首位のサカイ引越センターの平成29年3月期のチャネル別売上は、個人引越し（売上構成比約19％）は前年をわずかに下回り、法人営業（同約48％）とインターネット（同約32％）が売上を伸ばしている。市場の変化に対応し、営業力を発揮していることが業績につながっている。

引越専門業の売上高

社　名	部門売上高 （百万円）	前年比 （％）	決算期
サカイ引越センター	73,775 （70,809）	3.0	平29・3月期
アート引越しセンター	66,078 （62,886）	4.3	平29・9月期
ヤマトホームコンビニエンス	49,163 （48,981）	1.0	平28・3月期
全国引越専門協同組合	28,110 （27,949）	2.7	平27・12月期

（注）カッコ内は前年同期売上高
（出所）各社決算報告

業界の特性

◉事業者数

　国土交通省の資料によると、平成27年度の地場トラック業者は6万2,176社で、前年度の6万2,637社と比べると461社減っている。トラック運送業者の大半は引越し事業を手掛けているといわれるが、引越し専業の事業者は3,000社程度とみられる。トラック運送事業者の99％は中小企業であり、引越し事業者も同様に中小規模の事業者比

トラック事業者数の推移

年度	特積 トラック	地場トラック			
		計	一般小型	霊柩	特定
平23	290	63,082	57,600	4,594	598
24	280	62,936	57,466	4,623	567
25	276	62,905	57,439	4,660	530
26	280	62,637	57,217	4,657	483
27	286	62,176	57,722	4,705	463

（出所）国土交通省

率は高いと思われる。

●分類

引越しサービスは個人向けと法人向けに分かれる。個人向けは住居移転作業が主な業務であるのに対し、法人は事務所や工場の移転作業が主な業務である。個人は法人に比べて受注件数自体は多いが、引越し規模は小さい。さらに、引越しサービスを行う事業者は、運送業の1事業部門として兼業している事業者と、引越し事業のみを専門とする事業者に大別される。

●引越し料金

引越し料金は、①基礎運賃・基本作業料金＋②実費（人件費など）＋③付帯サービス料が基本になっており、内容は次の通り。①基礎運賃…基本作業料は国交省が定める「標準引越運送約款」より、料金の算出方法は「時間制」と「距離制」の2種が定められており、事業者はこの2つの手法で料金メニューを設定できる。②実費…人件費や有料道路の通行料、ダンボール等の梱包資材などの経費などになる。③付帯サービス料…オプションで選択する場合が多いが、エアコンの取り外しや取り付け、ハウスクリーニングやピアノなどの特殊運送物の搬出入などがある。

●繁忙期の分散化

引越し件数が集中するのは3～4月上旬、年末などである。以前は、繁忙期は長時間労働などで対応していたが、最近では労働時間の管理を厳格に行うことが求められている。

●引越安心マーク

平成26年度に「引越事業者優良認定制度」が創設され、全日本トラック協会が引越優良事業者として認定した事業者に「引越安心マーク」を交付している。平成28年12月8日現在、376事業者（1,964事業所）が認定されている。最近のインターネット利用の進展等に伴い、見積りや契約に関することなどで消費者の期待に著しく反する事案もあり、苦情やトラブルも増加している。「引越事業者優良認定制度」の目的は、①事業者の責任を明確化し、消費者が安心して引越を委託できる事業者を選択しやすい環境をつくる、②引越業界全体のコンプライアンスの向上を図る、③引越における苦情やトラブルの防止、の3点を柱にしている。

ノウハウ

●女性の単身者やシニア層の開拓

単身女性の引越しに対する不安を解消するため、引越し作業に女性を中心にしたチーム構成にすることで、安心感と顧客満足を向上させている。また、シニア層の引越しニーズに合ったノウハウを蓄積することも必要だ。一方、法人の引越しは、事務所、工場、大型施設など規模が大きく、業務の都合によって土日、夜の作業もある。多数の作業員の手配や多様なノウハウを蓄積していることが強みになる。

経営指標

ここでは参考として、TKC経営指標（平成29年版）より、「その他の道路貨物運送業」の数値を掲げる。

TKC経営指標 （変動損益計算書）	全企業　32件	
	平均額(千円)	前年比(％)
売上高	256,686	97.6
変動費	80,461	95.3
仕入高	37,938	103.0
外注加工費	38,913	88.3
その他の変動費	3,636	106.3
限界利益	176,224	98.2
固定費	166,360	97.4
人件費	94,716	100.5
減価償却費	17,424	82.6
租税公課	4,751	96.6
地代家賃・賃借料	5,277	108.6
支払利息・割引料	773	70.6
その他	43,418	97.5
経常利益	9,864	113.8
平均従事員数	23.8名	

今後の課題／将来性

●課題

人材確保が困難になる中、免許取得支援や、小型車やAT車の導入により女性や若年ドライバーの取り込みを図っている。インターネットを活用した従業員教育を導入し、ノウハウの共有化に取り組む企業もある。受注業務の効率化、労働環境の改善などが急がれる。

《関連団体》　公益社団法人全日本トラック協会

東京都新宿区四谷3－2－5

TEL　03（3354）1009

●不動産・運輸●

高速バス業

最近の業界動向

●訪日外国人の利用が広がる

高速バスは、主に高速道路を運行する路線バスのことを指す。バス事業共通の課題として、安全対策の推進や乗務員の確保、運営の効率化、訪日外国人への対応などが挙げられる。高速バス事業者は、訪日外国人の利便性を高めたり、衝突時に被害を軽減するためにブレーキが自動でかかる安全装置の搭載率を100％にするなど、快適で安全な高速バスを目指している。

●訪日外国人等向け「高速バス情報プラットフォーム」の開設

国土交通省は、高速バスに関する情報が、訪日外国人などに分かりにくいといった課題に対応するため、高速バスを利用しやすいよう環境整備を進めている。平成29年1月31日に開設した「高速バス情報プラットフォーム」は、外国人に対応した高速バス予約サイトの紹介や、高速バス事業者のサイトの紹介、高速バス利用に関するFAQ（よくある質問と回答を集めたもの）などの情報を提供する。対応する言語は英語、中国語、韓国語である。

●シニア層の開拓

高速バスのウィラーエクスプレスジャパンは、シニア層の開拓に注力する。55歳以上を対象に、全国どの路線でも均一価格で乗車できるキャンペーンを開始した。「おとな自由旅」は、平成29年9月26日から12月15日までに出発するバスが対象で、関東から関西、関東から広島など16路線で価格を均一にする。ウィラーエクスプレスジャパンの高速バスの利用者は、10代から20代が多く、50～60歳代は少ない。シニア層の開拓が課題となっており、座り心地の良い座席シートの開発にも力を入れている。シニア市場は拡大が見込まれるため、快適で安全な高速バスをアピールしていく。

●いすゞ・日野がハイブリッド連節バス共同開発

いすゞと日野は、国産初となるハイブリッド連節バスを共同で開発する。連節バスは、車両が2連以上つながっているバスで、従来のバスと比べ効率的に大量輸送ができる。ハイブリット連節バスは、平成31年の市場導入を目指している。生産は両社が共同出資し、設立した「ジェイ・バス」で行われる。日本の法規に合わせた車両サイズにし、環境に配慮してハイブリットシステムも採用する。

マーケットデータ

●貸切バスの営業収入

国土交通省によると、貸切バスの営業収入の推移は次の通り。平成27年度の営業収入は前年度比2.8％増の4,620億700万円であった。

貸切バス事業の営業収入（単位：百万円）（各年3月末現在）

年　度	平25	平26	平27
営業収入	435,188	449,457	462,007

（出所）国土交通省

●高速乗合バスの運行状況

国土交通省によると、高速乗合バスの運行状況は次の通り。平成26年度の高速乗合バスの輸送人員は前年度比5.3％増の1億1,570万3,000人であった。

高速乗合バスの運行状況

年度	運行回数（1日）	輸送人員（年間）	
		全乗合（百万人）	高速乗合バス（千人）
平23	12,666	4,118	103,737
24	12,251	4,125	108,615
25	14,223	4,176	109,862
26	15,756	4,175	115,703

（出所）国土交通省

●乗合バスと貸切バスの車両数

国土交通省によると、平成27年度の乗合バスと貸切バスの車両数は次の通り。

乗合バスと貸切バスの車両数（単位：台）

年度	乗合バス	貸切バス
平23	59,100	47,693
24	58,994	48,135
25	59,027	48,808
26	59,979	48,995
27	60,352	50,182

（出所）国土交通省

業界の特性

●高速乗合バスの事業者数

国土交通省によると、高速乗合バスの事業者数の推移は次の通り。

高速乗合バスの事業者数（各年3月末現在）

年　次	平24年	平25年	平26年	平27年
事業者数	313	311	365	365

（出所）国土交通省

●高速乗合バスの運行系統数と運行回数

国土交通省によると、高速乗合バスの運行系統数と運行回数は次の通り。平成27年度の運行系統数は4,996本、運行回数は1万5,756回となっている。

高速乗合バスの運行系統数と運行回数（各年度末現在）

年　度	平24	平25	平26	平27
運行系統数	4,818	4,778	5,229	4,996
運行回数	12,666	12,251	14,223	15,756

（出所）国土交通省

●貸切バス事業者の規模

国土交通省によると、貸切バス事業者の車両数規模別の事業所数と構成比は次の通り。小規模な事業者が多くを占めている。

車両数規模別事業者数（平成28年3月現在）

区　分	10両以下	11～30両	31～50両	51～100両	101両以上
事業者数（社）	2,955	1,265	188	85	15
構成比（%）	65.5	28.1	4.2	1.9	0.3

（出所）国土交通省

●「完全個室」の豪華高速バス

豪華車両の高速バスが広がっている。関東バスと両備ホールディングスが共同運行する「ドリーム・スリーパーII」は、座席定員11人（通常は45～49人）と少なく、扉で完全に仕切られる「個室」は国内初である。ウィラーエクスプレスの高速バスは、シェル型に包まれた座席で斬新かつ快適。JRバス関東と西日本JRバス共同運行の「ドリーム号」にも、豪華座席搭載の新型車両が導入された。

●貸切バス事業者を対象に「覆面調査」

国土交通省は平成29年8月23日、貸切バス事業者を対象に、「覆面調査」を始めると発表した。バスツアーの参加者を装った調査員が、休憩の適切さやシートベルトの装着案内をしているかなどを調査する。運行現場での監視を強化して、バス事業者の安全対策への意識を高める。

ノウハウ

●他言語に対応する「iPad」の導入

関東鉄道は高速バスに、多言語に対応するアプリを搭載した米アップルのタブレット「iPad」を導入した。英語や中国語、韓国語、スペイン語、ポルトガル語、タイ語、ロシア語の7カ国語に対応しており、運転手がアプリを使って外国人乗客とのコミュニケーションに役立てる。乗客がアプリ上で希望する言語を選ぶとオペレーターにつながり、テレビ電話形式で通訳してくれる。外国人客の利用が多い路線で導入し、利用状況などを見極め、他の路線への導入を検討していく。

経営指標

高速バスの指標は見当たらないので、ここでは参考としてTKC経営指標（平成29年版）より、「一般貸切旅客自動車運送業」数値を掲げる。

TKC経営指標 （変動損益計算書）	全企業　154件	
	平均額（千円）	前年比（%）
売上高	231,464	96.8
変動費	16,154	84.8
仕入高	9,828	88.8
外注加工費	4,616	78.9
その他の変動費	1,795	84.2
限界利益	215,309	97.8
固定費	210,633	103.0
人件費	95,427	104.9
減価償却費	28,182	110.2
租税公課	3,744	94.0
地代家賃・賃借料	10,931	118.0
支払利息・割引料	1,398	99.2
その他	70,928	96.8
経常利益	4,676	29.8
平均従事員数	24.9名	

今後の課題／将来性

●将来性

訪日外国人の増加に伴い、高速バス事業者も利便性を高めて訪日客利用を促している。国土交通省も高速バスに関する情報発信を進めている。高速バスを手掛けるウィラーは、訪日外国人向けに風景を眺めながら料理も楽しめる「レストランバス」を開発し、訪日外国人の取り込みを強化している。

《**関連団体**》　公益社団法人日本バス協会

　東京都千代田区丸の内3-4-1　新国際ビル9F

　TEL　03（3216）4016

●不動産・運輸●

自動車整備業

最近の業界動向

●自動車整備業の総整備売上は5兆3,944億円

　若者の車離れや自動車の安全性の向上など、自動車整備業を取り巻く環境は厳しさを増している。日本自動車整備振興会連合会「自動車分解整備業実態調査」によると、平成28年度の自動車整備業の総整備売上は前年比2.2％減の5兆3,944億円で、2年連続の下落であった。業態別では、専業及び兼業整備業が4.1％減、ディーラーが0.04％減、自家工場が2.7％減となっている。

総整備売上高の推移（単位：億円）

区　分	平26年度	平27年度	平28年度
総整備売上高	55,169	55,133	53,944
専　　業	20,968	20,224	19,751
兼　　業	6,555	7,178	6,534
ディーラー	25,195	25,364	25,355
自　　家	2,451	2,367	2,304

（出所）日本自動車整備振興会連合会

●外国人整備士の採用

　佐川急便を傘下に持つSGホールディングスの子会社で自動車整備を手掛けるSGモータースは、人手不足を補うため外国人の新卒社員を平成28年春の2倍の20人を採用する。平成30年春入社予定で、日本の自動車整備の専門学校で学んだ中国籍やベトナム籍の学生に内定を出した。同社はグループで保有する貨物トラックの整備や一般乗用車の車検も請け負う。人手不足の中、日本人整備士の採用が難しくなっている。外国人整備士の技術向上を図るため、ベテラン整備士がいる大型店で技術を学んでもらい、5～6年かけて修理ができるまで育てる。外国人整備士はグループ全体の1割を占めており、帰国する場合はSCグループの海外事業所で雇用することも検討し、安心して働ける環境を用意する。

マーケットデータ

●作業内容別売上高の推移

　日本自動車整備振興会連合会「自動車分解整備実態調査」によると、作業内容別の売上高は次の通り。平成28年度の車検整備は前年度比3.4％減、定期点検整備が同0.6％減、事故整備が同1.7％減、その他の整備が同1.3％減と、全ての項目で減少した。

作業内容別売上高の推移（単位：億円）

区　分	業　態	平27年度	平28年度
車 検 整 備	専　・　兼　業	12,651	12,123
	ディーラー	8,294	8,063
	自　　　　家	943	960
	合　　計	21,888	21,146
定期点検整備	専　・　兼　業	979	914
	ディーラー	2,309	2,333
	自　　　　家	130	151
	合　　計	3,418	3,398
事 故 整 備	専　・　兼　業	5,729	5,521
	ディーラー	5,377	5,350
	自　　　　家	472	511
	合　　計	11,578	11,382
その他の整備	専　・　兼　業	8,043	7,727
	ディーラー	9,384	9,609
	自　　　　家	822	682
	合　　計	18,249	18,018
総整備売上高		55,133	53,944

（出所）日本自動車整備振興会連合会

業界の特性

●事業場数（工場数）の推移

　日本自動車整備振興会連合会によると、平成28年の事業場数は前年度比0.1％減の9万2,061事業場である。また、整備要員の平均年齢（自家除く）は44.3歳となっている。

業態別の事業場数（工場数）推移

区　分	平26年度	平27年度	平28年度
事業場（工場数）	92,135	92,160	92,061
専　　業	57,043	57,024	56,735
兼　　業	15,181	15,210	15,476
ディーラー	16,179	16,221	16,213
自　　家	3,732	3,705	3,637

（出所）国土交通省

●従業員数、工具数

　日本自動車整備振興会連合会によると、平成28年度の整備関係の従業員数は前年度比1.7％減の53万7,880人であった。うち、整備要員（工具）

－ 356 －

数は同0.1減の40万713人、整備士数は同1.6％減の33万4,655人であった。

従業員数、工員数、整備士数の推移

項　目	平26年度	平27年度	平28年度
従業員数	545,132	546,942	537,880
整備要員	401,085	401,001	400,713
うち、整備士数	342,486	339,999	334,655
整備士保有率	85.4	84.8	83.5

（出所）日本自動車整備振興会連合会

●整備要員1人当りの年間整備売上高

日本自動車整備振興会連合会によると、整備士1人当たりの年間売上は次の通り。

整備要員1人当たりの整備売上高（単位：千円、％）

項　目	平27年度	平28年度	前年度比
専・兼業	10,293	9,900	▲3.8
専　業	9,819	9,654	▲1.7
兼　業	11,911	10,731	▲9.9
ディーラー	21,998	21,867	▲0.6
平　均	13,830	13,539	▲2.1

（出所）日本自動車整備振興会連合会

●分類

自動車整備業は大きく専業、ディーラー、兼業、自家の4つに分類される。専業は整備売上高が総売上高の50％を占める事業場を指す。ディーラーは自動車メーカーまたは国内大手卸販売会社と特約店契約を結び、整備を行う。兼業は石油販売など事業部門の売り上げが総売上高の50％を超える事業場である。自家は運送会社やゼネコンなど多数の自動車を所有する企業が自社の自動車だけを整備する業態である。

●整備要員の高齢化

若年整備士が不足し整備士の平均年齢も高くなっている。女性整備士の活用も進められており、平成28年度の女性整備要員は前年度に比べ1,718人増加し1万8,405人、女性整備士は前年度に比べ331人増加し1万935人となっている。優秀な整備士の確保には、労働環境の改善などが求められる。

ノウハウ

●適正な人員配置と付加価値を高める

インフラの一部である自動車の安全確保は重要であり、自動車の高度化に対応した整備技術は不可欠である。マニュアル作成などで作業ミスを防止し、効率化を図る必要がある。また、業務量に応じた人員配置の適正化、時間帯や曜日などによる需要を事前に把握し人員を確保する必要がある。一方、顧客に対し定期的な点検整備の重要性などを周知させることで来店を促し、リピート率を向上させることが重要だ。インターネットを活用した予約システムの整備や会員制度、ポイント制の導入など、付加価値を高める必要がある。

経営指標

ここでは参考として、TKC経営指標（平成29年版）より「自動車一般整備業」の数値を掲げる。

TKC経営指標 （変動損益計算書）	全企業　1,232件	
	平均額（千円）	前年比（％）
売上高	116,570	102.1
変動費	65,642	102.9
仕入高	61,893	103.2
外注加工費	3,541	99.6
その他の変動費	419	99.8
限界利益	50,928	101.1
固定費	48,497	100.4
人件費	31,253	99.9
減価償却費	2,924	100.3
租税公課	1,401	100.0
地代家賃・賃借料	2,831	100.7
支払利息・割引料	563	96.0
その他	9,493	101.9
経常利益	2,431	119.0
平均従事員数	7.6名	

今後の課題／将来性

●課題

自動車の高度化が進み、自動車整備においても新たな設備や機器、工具などの導入が必要となっている。しかし、個人経営の整備業者には難しく倒産や廃業に追い込まれるケースも多い。若者の車離れも加わり、経営環境は厳しさを増している。一方、自動車の点検や整備、検査は人手を要する工程が多く、一定の資格を有する従業員の確保が不可欠である。整備士の高齢化が進んでいる一方、整備学校に入学する若者は減少傾向にあり、人材の確保と育成は喫緊の課題となっている。

《関連団体》　一般社団法人日本自動車整備振興会連合会
　東京都港区六本木6-10-1　森タワー17F
　TEL　03（3404）6141

●不動産・運輸●

貸会議室

最近の業界動向

●貸会議室の利用は拡大している

貸会議室業は、オフィスビルの空きテナントを借りて会議室として提供する。インターネットや電話などを使って顧客を獲得し、利用料（貸室料）を得て、利用料の一部をビルの所有者に賃料として支払う仕組みである。貸会議室の用途は幅広く、企業の採用関連の説明会や、社内会議、研修、株主総会の会場としても使われる。交通の便が良く、会議用機材が揃っている貸会議室の需要は増え、料金も上昇傾向にある。

●TKPが「クラウドスペース」の運営を開始

貸会議室業大手のティーケーピー（TKP）は、スマートフォンで会議室を貸し借りできるアプリ「クラウドスペース」の運営を平成29年4月より開始した。同社の会議室に加え、遊休スペースを持っている企業や個人も登録できるようにした。TKPは、利用料金の10〜20％を手数料として受け取る。

●法人向けの料金プランの提供を開始

貸会議室の予約サイトを運営するスペイシーは、平成29年8月から法人向けの料金プランの提供を始めた。企業は払った料金に応じて、約400カ所の貸会議室を使える。法人向けプランは、月額5万円（税別）で月40時間、月額20万円（税別）で月200時間の2種類あり、それぞれ部屋の大小にかかわらず利用できる。これまでは個人向けプランだけで、貸会議室を提供する側から、利用者が所属する企業に一括請求したいという要望が高まっていた。スペイシーは、企業の空いている会議室など遊休スペースを活用することで賃料コストを抑えている。

マーケットデータ

●最大手TKPの年間売上高

貸会議室業は業界団体などがなく、全体の市場規模を統計的に把握するのは困難である。貸会議室を運営している主な専業事業者としては、TKPや住友不動産ベルサールなどがある。業界最大手のTKPの平成29年2月期の売上高は前年度比23.0％増の約220億円で、2年連続で20％以上の伸び率を記録し、事業規模が右肩上がりで拡大している。

TKPの年間売上高推移

項　　目	平27	平28	平29
売上高（百万円）	14,162	17,941	21,978
伸び率（％）	18.0	27.0	13.0

（出所）ティーケーピー決算資料

●MICE開催件数と参加者数

国や自治体が国際会議や学会などを誘致する活動は、「MICE（マイス）」と呼ばれている。自治体などは、訪日外国人客を取り込むためMICEに力を入れている。こうした動きも貸会議室需要を押し上げている。

MICE開催件数と参加者数の推移

年度	開催件数（件）	参加者数（千人）
平25	2,427	1,429
26	2,590	1,995
27	2,847	1,767

（出所）日本政府観光局（JNTO）「2015年国際会議統計」

業界の特性

●運営業者

貸会議室は専業のほか、ホテルや喫茶店などの飲食店が兼業するケースもある。専業形態は、オーナーがビルやフロア全体で貸会議室を自ら運営しているケースと、TKPや住友不動産ベルサールなど貸会議室の運営業者が空室を賃借して運営するケースとに分かれる。

●規模・設備

一般的な貸会議室の大きさは30〜60平方メートルで、洋室が中心である。これは10〜30人程度の集会・打ち合わせに使用されることが多いからである。一方、公共施設では25〜75畳の和室を備える施設もある。茶道や華道、伝統芸能向けに貸し出されるケースがあるからだ。設備は、机や椅子のほかに、映写機やプロジェクター、OHPなどの映像関連機器、ワイヤレスマイクやビデオ装置なども必要となる。

●会議室数

国内の貸会議室は2,000施設ほどあるとされている。なお、NTTタウンページ「iタウンページ」によると、平成29年10月23日現在貸会議室は978件掲載されている。

会議室数

地域	施設数	地域	施設数	地域	施設数
全　国	978	富　山	3	島　根	7
北 海 道	23	石　川	11	岡　山	18
青　森	8	福　井	9	広　島	30
岩　手	5	山　梨	3	山　口	12
宮　城	16	長　野	25	徳　島	11
秋　田	5	岐　阜	12	香　川	15
山　形	15	静　岡	35	愛　媛	7
福　島	6	愛　知	59	高　知	4
茨　城	8	三　重	8	福　岡	58
栃　木	10	滋　賀	15	佐　賀	1
群　馬	5	京　都	25	長　崎	11
埼　玉	14	大　阪	94	熊　本	13
千　葉	12	兵　庫	42	大　分	7
東　京	181	奈　良	10	宮　崎	12
神 奈 川	32	和 歌 山	11	鹿 児 島	14
新　潟	36	鳥　取	10	沖　縄	10

(出所)「iタウンページ」

●収入

貸会議室の収入は申し込み時、または使用時に受け取る貸室料が中心である。貸室料は申し込み時に受け取るか、使用日の2週間前までに受け取るケースがほとんどである。最近はインターネットで申し込むケースが定着している。貸室料は立地場所や設備によって差がある。都心部で利便性が高い場所にある貸会議室ほど貸室料は高くなる傾向にある。

●支出

支出は人件費、光熱費、管理費、修繕費などがあり、ビルを賃借している場合には家賃がこれに加わる。初期投資はオフィス家具が中心で、投資リスクが低く、出店しやすいのが貸会議室の特徴である。仮に利用が伸び悩んで閉鎖する事態となっても、オフィス家具を流用したり、売却したりして損失を抑えることが可能である。

ノウハウ

●貸会議室の予約から決済までスマートフォンで完結できる貸会議室の展開

住友不動産子会社の不動産ベルサールは、都内14カ所で貸会議室を運営するほか、貸会議室の予約から決済までスマートフォンで完結できる貸会議室「ベルサールネクスト」を展開している。従来の貸会議室では、専門スタッフが各施設に待機し、カギの受け渡しやイベント業務を行っていた。「ベルサールネクスト」では、利用者が解錠・施錠まで行うためコスト削減につながる。「ベルサールネクスト」は、インターネットを使って24時間予約でき、スマートフォンでドアの解錠・施錠ができる。住友不動産は、市場拡大が見込める貸会議室・イベントホール事業に力を入れている。

経営指標

貸会議室の指標は見当たらないので、ここでは参考として、TKC経営指標（平成29年版）より、「貸間業」の数値を掲げる。

TKC経営指標 （変動損益計算書）	全企業　31件	
	平均額（千円）	前年比（％）
売上高	34,026	108.4
変動費	142	79.8
仕入高	142	80.2
外注加工費	—	—
その他の変動費	—	—
限界利益	33,883	108.5
固定費	30,988	100.4
人件費	10,548	105.2
減価償却費	3,395	97.8
租税公課	965	94.8
地代家賃・賃借料	6,577	102.0
支払利息・割引料	354	95.0
その他	9,148	95.9
経常利益	2,895	846.2
平均従事員数	2.2名	

今後の課題／将来性

●将来性

企業の採用関連の説明会などの増加が追い風となり、貸会議室の利用は増加傾向にある。貸会議室運営各社は、スマートフォンで貸し借りできるサービスなどで利用者の利便性を高めている。今後も貸会議室の需要は底堅く推移すると予想される。

《関連団体》　一般社団法人日本ビルヂング協会連合会
　　東京都千代田区大手町1-6-1　大手町ビル3F
　　TEL　03（3212）7845

●不動産・運輸●

住宅展示場

最近の業界動向

●住宅展示場への若年層の来場者割合が増加

　家を建てようと考えた時、住宅展示場は身近な情報として利用しやすい。実際に建物の内部に入って空間の大きさなどを実感でき、素材やインテリア、トレンドなどの情報を得ることができる。展示場ではイベントを行うなどして来場を促している。住宅展示場協議会のアンケート調査によると、平成28年の年齢別来場者割合は、34歳以下の若年層の割合が前年と比較し3.1％増加し、39.7％となっている。若年層の多くが低金利のうちに住宅購入を実現したいと考えていることや、消費税率の引き上げ延期により、住宅購入の検討を始めたことが来場割合増加の背景となっている。また、景気が上向いていることも住宅購入を検討するきっかけとなっている。なお、平均建築予算は2,319万円と過去10年間で最も高い結果となった。

●住宅展示場で購入金額をシミュレーション

　関東を中心に住宅事業を手掛ける桧家ホールディングスは、総合展示場のモデルハウスで、顧客へ住宅ローンや将来的な資金計画を提案する体制を強化する。提案ソフトを扱う知識を持ったアドバイザーを平成29年度中に400人超を配置する。ライフプランを見据えた住宅購入を支援できることをアピールし、集客につなげる。コンサルティング会社のハイアス・アンド・カンパニーと事業提携を結んだ。同社のソフト「ハイアーFP」を住宅展示場で活用し、持ち家と賃貸の費用の比較や、最適な購入時期、住宅ローン減税の還付金計算などをシミュレーションして、顧客に無料で提供する。同社が認定するアドバイザーを取得するための研修、試験を、注文住宅部門の桧家住宅と売買仲介部門の桧家不動産の営業員が受け、顧客の対応にあたる。アドバイザーを2020年度末には1,000人体制にする計画である。

●タマホームが立川に住宅展示場を新設

　低価格帯の注文住宅が好調な注文住宅大手のタマホームは、平成29年8月に高価格帯の住宅展示場を東京・立川に開設した。商品名は「大安心の家」である。耐震等級3、長期優良住宅に対応し、熱を遮断する陶器瓦やLow-E複層ガラスを標準採用するなど、冷暖房が不要な住宅となっている。インテリアやキッチンなどにもこだわり、バリアフリーにも対応している。高級志向の新規顧客層の開拓につなげる狙いがある。

マーケットデータ

●新設住宅着工戸数の推移

　国土交通省のデータによると、平成28年度の新設住宅着工戸数は前年度比6.4％増の96万7,237戸だった。新設住宅着工戸数は2年連続のプラスとなっている。

新設住宅着工戸数の推移（単位：戸、％）

項　　目	平26年度	平27年度	平28年度	前年度比
総　　数	892,261	909,299	967,237	6.4
持　　　家	285,270	283,366	292,287	3.1
貸　　　家	362,191	378,718	418,543	10.5
給 与 住 宅	7,372	6,014	5,875	▲2.3
分 譲 住 宅	237,428	241,201	250,532	3.9

（出所）国土交通省

●全国の総合住宅展示場数

　矢野経済研究所「総合住宅展示場実態調査」によると、平成28年5月時点の全国の総合住宅展示場は342カ所で、前年に比べて1カ所増加した。出展棟数は合計で4,659棟となり、前年に比べて49棟増加した。平成28年は出展棟数の増減率（前年比1.1％増）と、区画枠数の増減率（同0.3％減）では、出展棟数で微増、区画枠数で微減となり、出展率（展示場の区画枠数に対する出展棟数の占める割合）は前年比1.2ポイント上昇し92.6％となった。

●総合住宅展示場の年齢別来場者割合

　住宅展示場協議会によると、総合住宅展示場の

総合住宅展示場の年齢別来場者割合（単位：％）

年齢別	平25年	平26年	平27年	平28年
若年層（34歳以下）	37.4	41.5	36.6	39.7
中年層（35〜49歳）	41.8	40.7	45.6	40.6
熟年層（50歳以上）	20.8	17.8	17.8	19.5

（出所）住宅展示場協議会

年齢別来場者割合は表の通り。平成28年は平成27年と同様に35〜49歳の中年層が最も多いが、続く若年層との差は0.9ポイントと、その差は縮まっている。

業界の特性

◉総合住宅展示場数

住宅展示場協議会のサイトに登録する地域ブロック別総合住宅展示場数は、北海道（10件）、東北（13件）、関東（132件）、信越・北陸（15件）、東海（27件）、近畿（35件）、中国・四国（7件）、九州・沖縄（8件）となっている。住宅展示場協議会へ未登録の展示場も存在するため、実際の総合住宅展示場数はこれよりも多い。なお、NTTタウンページ「iタウンページ」によると、平成29年8月25日現在の住宅展示場の数は次の通り。

住宅展示場数

地域	施設数	地域	施設数	地域	施設数
全　国	6,843	富　山	64	島　根	44
北 海 道	125	石　川	56	岡　山	141
青　森	66	福　井	75	広　島	214
岩　手	72	山　梨	58	山　口	92
宮　城	185	長　野	368	徳　島	40
秋　田	50	岐　阜	126	香　川	79
山　形	63	静　岡	385	愛　媛	101
福　島	171	愛　知	508	高　知	43
茨　城	220	三　重	187	福　岡	269
栃　木	193	滋　賀	147	佐　賀	34
群　馬	168	京　都	110	長　崎	44
埼　玉	386	大　阪	157	熊　本	93
千　葉	292	兵　庫	235	大　分	72
東　京	350	奈　良	82	宮　崎	45
神 奈 川	304	和 歌 山	56	鹿 児 島	77
新　潟	164	鳥　取	20	沖　縄	12

（出所）「iタウンページ」

◉主要企業

住宅展示場の運営企業は、サンフジ企画、ライダース・パブリシティ、エー・ビー・シー開発など企画を主体とする企業のほか、大和ハウス工業、積水ハウス工業、パナホームなどのハウスメーカーが住宅展示場を事業の一つとして手掛けている場合もある。なお、サンフジ企画が企画・運営する住宅展示場は平成29年8月現在で73カ所（業務委託を含む）、展示棟数は967棟となっている。

◉分類

住宅展示場はハウスメーカーが単独で展開する「単独住宅展示場」と、複数のハウスメーカーがモデルハウスを出展する「総合住宅展示場」に分けられる。

ノウハウ

◉平成29年にオープンした総合住宅展示場

関東地区で平成29年にオープンした主な総合住宅展示場は次の通りである。1月2日にオープンした「錦糸町住宅公園」は、不燃化特区に定められた木造密集地域が多い墨田区という立地に合わせ、「防災」をテーマに「耐震・耐火・エコロジー」に特化した、安全安心な住まいを提供するというコンセプトを掲げ、全10棟のモデルハウスが展示されている。1月7日にオープンした「かしわ沼南住宅公園」は、大型ショッピングセンターの向かいの立地を活かし、買い物ついでに立ち寄れることを強みとしており、全7棟のモデルハウスが展示されている。4月22日にオープンした「tvkハウジングプラザ湘南平塚」は、広々とした敷地に大規模駐車場を完備している。緑豊かな展示場でゆったりと回覧できる造りとなっており、平成29年8月現在で14棟が展示されている。最大で20棟の展示が可能な敷地となっている。

今後の課題／将来性

◉課題

住宅を購入する上で、信頼できる住宅会社を選びたいというニーズは強い。熟年層では、細かい要望やこだわりへの対応のほか、不具合への対応や最新の工法や設備、自社で直接施工など、企業もしくは規模への期待が高いのに対し、若年・中年層では予算にあったプランの提示や土地探しや資金計画の相談、営業マンに加え設計士と施工担当者が一体で対応など、施主の目線に合わせた「人」への期待が高い。住宅展示場はこれらのニーズをくみ取り、集客力のあるイベントを開催することで、住宅購入希望者と住宅会社との接点をつくる場でなければならない。

《関連団体》　住宅展示場協議会
　　　　東京都港区虎ノ門3−11−15
　　　　SVAX TTビル5F
　　　　TEL　03（5733）6733

●不動産・運輸●

航空貨物運送業

最近の業界動向

●国内航空貨物は連続減少

平成28年の国内航空貨物取扱件数は4,341万件で前年比3.0％減と減少が続いている。重量は55万3,835トンで前年比0.4％減であった。宅配貨物の底堅さは見込まれるが、国内全体の貨物の伸びは低迷しており、平成29年も横ばいで推移すると推測される。国内航空貨物の取扱件数と取扱重量は次の通りである。

国内航空貨物の取扱件数と取扱重量

年次	件数（万）	前年比	重量（トン）	前年比
平26年	4,716	▲4.6％	567,692	▲1.9％
平27年	4,476	▲5.1％	555,922	▲2.1％
平28年	4,341	▲3.0％	553,835	▲0.4％

（出所）航空貨物運送協会

●輸出はアジア線の伸びが継続

平成28年度下期は、全体の7割超を占めるアジア線が大幅増となり、太平洋線もプラスに転換した。平成29年度は主力のアジア線が高水準の伸びを継続し、前年度から引き続き市場をけん引している。太平洋線はプラスを維持するものの、自動車関連の需要が一巡して伸びが鈍化する見込みだ。電気機器・一般機械等の機械類は、堅調な荷動きになると予測されている。平成29年度の輸出は8.0％超の増加が見込まれる。

●輸入は5.0％超の増加見込み

平成29年度は個人消費に前年度以上の伸びが見込まれるため、食料品、衣料品等の消費財は堅調な荷動きが予想される。設備投資も前年度に引き続き伸びを維持し、半導体等電子部品、機械部品等の生産用部材も増加が予測され、平成29年全体で5.0％超の増加が見込まれる。

●定温輸送に適したDNP多機能断熱ボックス

郵船ロジスティクスは、輸送サービスで大日本印刷と協業する。温度管理が必要な貨物の定温での国際輸送を可能とする、DNP多機能断熱ボッ

クスによる高品質な国際定温輸送を構築する。温度管理が必要な貨物を国際一貫輸送する際には、それぞれの輸送日数に応じた保冷梱包や冷蔵・冷凍専用のトラック・コンテナの手配が必要になる。この場合、到着地で梱包資材の開梱作業および資材の廃棄処理が必要になることや、冷蔵・冷凍専用のトラック・コンテナの利用は、輸送費用がかさむことが課題であった。DNP多機能断熱ボックスは、特殊技術を用いた真空断熱パネルを使用することによって、電源を用いることなく、優れた断熱性や気密性を確保しており、定温輸送に適している。

マーケットデータ

●国際輸出の航空貨物輸送実績

航空貨物運送協会によると、平成28年の混載貨物の取扱件数は前年比0.13％増の305万3,464件、直送貨物の取扱件数は同2.36％増の27万3,922件となっている。

国際輸出の航空貨物の輸送実績

項　目		平27年	平28年
混載貨物	件数（件）	3,049,518	3,053,464
	重量（トン）	95,942	96,253
直送貨物	件数（件）	267,616	273,922
	重量（トン）	67,192	66,254

（出所）航空貨物運送協会

●国際航空貨物の取扱量シェア

日本経済新聞社の推計によると、平成28年度の国際航空貨物の取扱量シェアは次の通り。日本通運は北米向けの自動車部品などの輸送が伸長した。近鉄エクスプレスはアジア向けの電子部品などが伸びた。

国際航空貨物の取扱量シェア

社　名	平28年度
日　本　通　運	22.0％（0.5）
近　鉄　エクスプレス	13.9％（0.8）
郵　船　ロジスティクス	12.5％（▲0.5）
阪　急　阪神エクスプレス	6.2％（▲0.1）
西　日　本　鉄　道	5.8％（▲0.2）

（注）カッコ内は前年度比増減ポイント
（出所）日本経済新聞社

●航空貨物運送事業

国土交通省の資料によると、平成27年の航空貨物運送事業者数は21社で、中小企業比率が23.8％

－ 362 －

と低い。

航空貨物運送事業の営業収入、事業者数等（平成27年）

項　目	航空貨物運送	航空利用運送
営 業 収 入（億円）	2,684	5,300
事 業 者（社）	21	196
従 業 員（人）	34,000	12,000
中 小 企 業 率（％）	23.8	62.7

（出所）国土交通省

業界の特性

●会員数

航空貨物運送協会の平成28年10月1日現在の会員数は正会員が124社、準会員が21社、賛助会員が14社となっている。

●取引形態

国際航空貨物は混載貨物事業者（フォワーダー）が航空会社から貨物のスペースを仕入れ、荷主から運賃を受け取り、荷物を運ぶ。貨物専用機で運ぶほか、旅客機の貨物スペースを使うケースもある。

●運賃体系

長期契約の場合、航空会社とフォワーダー間は半年に1回、フォワーダーと大口の荷主間は年に1回の料金改定を行う。4月に改定するケースが多い。

●直送貨物と混載貨物

航空貨物運送業が扱う貨物は大きく直送貨物と混載貨物に分かれる。直送貨物は荷送人が代理店を通じ、あるいは直接航空会社に運送を委託する場合で、荷送人と航空会社との間の直接の運送契約による運送を行う。混載貨物は航空貨物運送業が航空会社の賃率より安い賃率で、不特定多数の荷主から集貨した貨物を同一地域宛に一括仕立てをし、航空貨物運送業が自ら荷送人となって、航空会社と運送契約を締結し運送される貨物を指す。

●取扱品目

航空貨物で取り扱う主な品目は①半導体電子部品、事務用機器、電気計測機、時計、映像機器など付加価値が高い製品。②貴金属やダイヤモンドなどの高額商品。③化学品、生鮮食料や生きた動物などである。地域によって取扱品目は異なる。

ノウハウ

●収益性の高いチャーター便を増やす

日本郵船の航空貨物子会社である日本貨物航空（NCA）は、貨物航空の米アトラスエアと共同運航を始めた。海外他社との協業により、自社便として活用する機材の一部を定期便から収益性の高いチャーター便に振り分け、チャーター便の比率を10〜15％に高める。NCAは12機を運航しているが、運航ダイヤを見直して機動的に航空貨物需要を取り込める体制を構築する。需要拡大が見込まれているが、運賃は世界的に低迷し競争も激しくなっている。事業運営の柔軟性を高めて、収益回復を目指す。

経営指標

ここでは参考として、TKC経営指標（平成29年版）より、「他に分類されない運輸に附帯するサービス業」の数値を掲げる。

TKC経営指標 （変動損益計算書）	全企業　99件	
	平均額（千円）	前年比（％）
売上高	233,254	102.1
変動費	88,168	98.9
仕入高	75,118	97.7
外注加工費	12,279	106.2
その他の変動費	650	97.9
限界利益	145,086	104.1
固定費	135,033	102.8
人件費	90,198	104.1
減価償却費	3,217	86.6
租税公課	1,601	100.2
地代家賃・賃借料	6,901	102.4
支払利息・割引料	799	93.5
その他	32,311	101.4
経常利益	10,053	127.3
平均従事員数	29.0名	

今後の課題／将来性

●課題

航空輸出貨物は、半導体や電子部品を中心に活発な荷動きとなっている。一方、航空輸入貨物はエレクトロニクス関連品を中心に取り扱いが増加している。しかし、貨物専用機や旅客機の貨物スペースである「ベリー」の供給増で競争が激しくなり、輸送運賃が低迷している。突発的な需要などに柔軟に対応できる体制を整える必要がある。

《関連団体》　一般社団法人航空貨物運送協会
東京都中央区新川1−6−1
TEL　03（6222）7571

— 363 —

●不動産・運輸●

港湾運送業

最近の業界動向

◉一般港湾運送業の市場規模

　矢野経済研究所によると、平成27年度の物流17業種の総市場規模は前年度比0.9％減の20兆4,440億円であった。このうち、一般港湾運送業は全体の4.4％（8,995億円）となっている。

◉コンテナ取扱量

　国土交通省によると、平成26年の港湾別コンテナ取扱量は次の通り。日本の港湾では東京港が29位であった。平成16年から平成26年までの10年間で世界の港湾におけるコンテナ取扱個数は2.2倍に増加しているが、日本は1.3倍に留まった。大型コンテナ船の荷捌きを効率的にできるハブ港湾の整備が、アジアの各国よりも遅れていることなどが指摘されている。

港湾別コンテナ取扱個数（平成26年）（単位：万TEU）

順位	港湾名	コンテナ取扱量
1	上　　　海　（中国）	3,654
2	シンガポール	3,092
3	深　波　セ　ン　（中国）	2,420
4	寧波－舟山　（中国）	2,062
5	香　　　港　（中国）	2,011
6	釜　　　山　（韓国）	1,947
7	広　　　州　（中国）	1,762
8	青　　　島　（中国）	1,751
9	ド　バ　イ　（UAE）	1,559
10	天　　　津　（中国）	1,410
29	東　　　京　（日本）	463

（出所）国土交通省

◉横浜川崎国際港湾株式会社設立

　平成28年1月に京浜港の港湾運営会社となる横浜川崎国際港湾が設立された。これにより、平成26年10月に設立された阪神港の港湾運営会社となる阪神国際港湾と合わせ、東西の国際コンテナ戦略港湾にける国・港湾管理者・民間が連携して競争力強化を推進していく。今後、国際コンテナ戦略港湾政策が深化するとともに、その取り組みが加速される見込みだ。

◉コンテナ船の大型化進む

　スケールメリットによる輸送コスト低減のため、コンテナ船が超大型化している。平成27年1月に今治造船が台湾企業から世界最大級となる2万個積みメガコンテナ船11隻を受注した。第1船目は平成30年初旬の竣工を予定している。なお、現在、世界で就航しているコンテナ船の最大船型は1万9,000個積みである。

マーケットデータ

◉大手港湾運送会社の売上高

　大手港湾運送会社の売上高は次の通り。

大手港湾運送会社の売上高（単位：百万円）

社　　名	売上高	決算期
上　　　　　　　組	246,212	平29・3月期
二　　　　　　　葉	24,877（連結）	平29・3月期
名　港　海　運	60,279	平29・3月期
宇　　　　　　　徳	51,041	平29・3月期
伊　勢　湾　海　運	42,962（連結）	平29・3月期
ユ　ニ　エ　ッ　ク　ス	21,264	平29・3月期
オ　ー　ナ　ミ	9,810	平29・3月期
苫　小　牧　埠　頭	16,430	平29・3月期
ダイドーコーポレーション	23,622	平29・3月期

◉港湾取扱貨物量

　国土交通省の資料によると、港湾取扱貨物量の推移は次表の通りとなっている。平成25年まではやや増加傾向にあったが、2年連続で減少している。

港湾取扱貨物量の推移（単位：万トン）

年次	外貿	うち輸出入コンテナ	内貿	内航フェリー	合計
平22年	123,535	25,174	97,459	59,781	280,775
23年	122,632	25,507	96,697	59,066	278,395
24年	126,902	25,179	99,934	58,339	285,175
25年	129,110	25,467	102,212	58,726	290,048
26年	127,616	25,667	102,163	58,280	288,060
27年	125,343	24,961	99,601	56,091	281,036

（出所）国土交通省

業界の特性

◉港湾運送業の業態

　港湾運送業は港湾運送業法で規定されており、政令で定められている93カ所の港湾において「一般港湾運送事業」または「検数事業」を営むもの

である。一般港湾運送事業は、船舶の貨物の積み降ろしを行う荷役をはじめ、はしけ運送、いかだ運送等を行う事業を呼ぶ。検数事業は、船積貨物の積込み、陸揚げにおける貨物の個数・容積・重量の計算・証明、積付けの証明、調査および鑑定を行う事業を呼ぶ。

◉**港湾運送事業者**

港湾運送事業者の事業者数は、一般港湾運送事業者が874社、検数事業者が33社となっており、港湾運送事業者数は減少傾向にある。また、港湾運送事業の労働者数は、平成26年度末において約5万2,000人で、近年はほぼ横ばい状態になっている。一般港湾運送事業者のうち、資本金3億円未満の中小企業は88.7％の775社と非常に高い比率となっている。

港湾運送事業許可数（平成27年3月末）

業　種	事業者数
一般港湾運送事業者	874
検　数　事　業　者	33

（出所）一般社団法人日本港運協会

◉**港湾運送事業許可数**

港湾運送事業は指定港ごとの許可制度となっており、平成27年3月現在の事業許可数は次の通りとなっている。

港湾運送事業許可数（平成27年3月末）

業　種	許可数	小計
一　般　港　湾　運　送　業	602	
港　湾　荷　役　事　業	927	
は　し　け　運　送　事　業	147	1,715
い　か　だ　運　送　事　業	39	
検　　数　　事　　業	7	
鑑　　定　　事　　業	15	45
検　　量　　事　　業	23	

（注）指定港（政令で定める93港）ごとの許可
（出所）日本港運協会

ノウハウ

◉**港湾荷役機械の点検診断**

港湾荷役作業を効率的に実施するためには、港湾荷役機械の役割は大きい。一方、こうした港湾荷役機械は一般的に厳しい自然状況の下に置かれることから、材料の劣化や部材の損傷、基礎等の洗掘、沈下、埋没等により、供用期間中に性能劣化が生じることが懸念される。このため、平成25年6月の港湾法改正において、対象施設の維持は国土交通大臣が定める方法により行うことが規定され、平成26年7月に「港湾荷役機械の点検診断ガイドライン」が、続いて平成28年3月に「港湾荷役機械の維持管理計画策定ガイドライン」が公表された。

◉**港湾EDIシステム**

港湾EDIシステムの導入によって、港湾諸手続が簡便になっている。港湾EDIシステムは、港長及び港湾管理者に対する申請・届出等の行政手続きにおける電子化・ワンストップ化を行うために開発されたITシステムで、税関や入国管理局など、各行政機関への申請を一つの窓口から行うことができる。

経営指標

ここでは参考として、TKC経営指標（平成29年版）より、「港湾運送業」の数値を掲げる。

TKC経営指標 （変動損益計算書）	全企業　43件	
	平均額（千円）	前年比（％）
売上高	659,810	105.4
変動費	278,167	106.3
仕入高	123,297	112.5
外注加工費	150,886	101.3
その他の変動費	3,626	108.4
限界利益	381,643	104.8
固定費	341,073	102.3
人件費	195,199	101.3
減価償却費	17,986	100.0
租税公課	4,970	116.5
地代家賃・賃借料	18,780	100.9
支払利息・割引料	1,440	89.6
その他	102,585	104.5
経常利益	40,569	131.2
平均従事員数	36.8名	

今後の課題／将来性

◉**課題**

港湾運送業は、景気や政府の貿易施策に業績が左右される面も持ち、事業者単独の取り組みでは売上増加を期待しにくいともいえる。そのため、絶え間ない効率的な運営によりコストダウンを図ることが安定的な経営につながる。

《関連団体》　一般社団法人日本港運協会
　　東京都港区新橋6−11−10　港運会館
　　TEL　03（3432）1050

●不動産・運輸●

土壌改良業

最近の業界動向

●土壌汚染対策関連の市場規模は1,098億円

有害物質による土壌汚染が発見される事例が増え、豊洲新市場予定地における土壌汚染問題が注目を集めている。土壌環境センター「土壌汚染状況・調査に関する実態調査」によると、土壌汚染対策業務を手掛ける会員企業の平成28年度の受注高は前年度比21.9％増の942億円であった。このうち、土壌調査は前年度と同じ89億円、土壌対策は同24.7％増の853億円であった。土壌汚染対策関連の受注高の推移は次の通り。

土壌汚染対策関連の受注高（単位：億円）

年　　度	平24	平25	平26	平27	平28
調　　査	82	91	84	89	89
対　　策	802	1,007	1,005	684	853
合　　計	884	1,098	1,089	773	942

（出所）土壌環境センター

マーケットデータ

●土壌汚染対策の受注件数

土壌環境センターの調査によると、土壌汚染対策の受注件数の推移は次の通り。平成28年度は7,627件で、前年度の7,106件に比べて7.3％増であった。

土壌汚染対策の受注件数（単位：件）

年　　度	平24	平25	平26	平27	平28
調　　査	5,342	6,825	6,372	5,634	6,232
対　　策	2,131	1,744	1,628	1,472	1,395
合　　計	7,473	8,569	8,000	7,106	7,627

（出所）土壌環境センター

●土壌改良剤市場

TPCマーケティングリサーチによると、平成27年度の肥料・土壌改良材市場規模は前年度比0.3％減の1,928億円であった。平成28年度も0.4％減の1,920億円が見込まれている。減少の要因は、農家の高齢化や後継者不足による農業従事者の減少、化学肥料減肥政策、輸入農産物の増大などが挙げられる。

肥料・土壌改良剤の市場規模推移（単位：百万円）

年　次	平25年	平26年	平27年	平28年（見込）
市場規模	205,215	193,405	192,800	192,000

（出所）土壌環境センター

●肥料・土壌改良材の種類別シェア

TPCマーケティングリサーチによると、平成27年度の種類別シェアは次の通り。化成肥料が47.3％（911億5,000万円）、次いで配合肥料が26.9％（518億5,000万円）となっている。

肥料・土壌改良材の種類別シェア

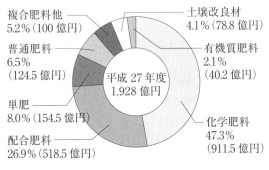

（出所）TPCマーケティングリサーチ

業界の特性

●会員企業数

土壌環境センターによると、土壌汚染対策を手掛ける会員企業は平成28年末現在で110社である。

●業務内容

土壌汚染対策の業務は、大きく調査業務と浄化業務に分かれる。調査業務は主にゼネコンなど土壌汚染対策の情報を握る元請企業からの下請けの場合が多いが、最近は土地所有者から直接受注するケースも増えている。採取した土壌の分析は専門機関が行う。土壌汚染の浄化には掘削して土壌を別の場所に運ぶ「掘削除去」と、その場所で浄化する「原位置処理」がある。これまでは最終処分場に運ぶケースが一般的であったが、近年はその場で汚染を除去する方法が主流になりつつある。

●土壌汚染対策としての土壌改良

土壌汚染対策では、土壌汚染の状況を調査した上で、土壌汚染浄化が行われる。土壌汚染調査で

は、地表面及び地下5～10メートル程度の地中における有害化学汚染物質の濃度を調べるため、応用地質分析を行う。また、土壌汚染の有無は、過去の土地利用状況も重要な情報となる。金属加工・メッキ工場、ガソリンスタンド、クリーニング工場などの跡地は土壌が汚染されている恐れがあるため、不動産取引等において、過去の航空写真を確認するケースもある。一方、土壌汚染浄化業務では、掘削して汚染土壌を取り除く「掘削除去」と、その場所で浄化する「現位地処理」とがある。土壌汚染処理を行う事業者は、大手ゼネコン、環境機器メーカー、非鉄金属業者、鉄鋼業者、廃棄物処理業者などが参入している。

土壌汚染浄化手法

分　類	手　法
掘　削　除　去	掘削浄化埋め戻し
	未汚染土埋め戻し
原　位　置　処　理	原位置分解法（汚染物質を無害化する薬剤等を注入する方法）
	原位置抽出法（汚染物質を抜き出す方法）

●農業における土壌改良

土壌を耕作に適するように改良するため、地力を増進させることを目的として土壌改良を行う。改良では主に、「土壌の排水性の改善」、「保水性の改善」、「団粒化の促進」が状況に応じて実施される。団粒化とは、土中の微生物の働きによって生成された物質により粒子がまとまることを呼び、適度な空隙ができるとともに、排水性及び保水性に優れた柔らかい土となる。有機物を適切に投入し、水分を微生物の活動が活発になるよう保持することで団粒化が促進される。土壌改良剤は、有機質系、無機質系、高分子系に分類される。

土壌改良剤の分類

分　類	主　成　分
有　機　物　系	腐葉土や家畜の糞尿など、主成分が動植物由来のもの
無　機　物　系	鉱物を粉末に又は高温処理し多孔質にしたもの
高　分　子　系	分子数の多い化学物質を主成分としたもの

ノウハウ

●訴訟リスクの低減

土壌汚染調査の結果、汚染されていないと判定されたにもかかわらず、後から汚染が見つかった場合や、土壌汚染浄化作業を行なったにも関わらず浄化しきれていなかった場合は、訴訟対象となることも想定される。土地の上に建造物が建った後に露見した場合など、大きな損失につながる可能性もあるため、徹底的な品質管理と訴訟リスク低減対策を行うことが求められる。

経営指標

ここでは参考として、TKC経営指標（平成29年版）より、「その他の土木建築サービス業」の数値を掲げる。

TKC経営指標 （変動損益計算書）	全企業　357件	
	平均額（千円）	前年比（％）
売上高	125,749	103.5
変動費	34,716	103.5
仕入高	10,862	114.8
外注加工費	22,645	97.1
その他の変動費	843	97.1
限界利益	91,032	103.5
固定費	83,105	103.0
人件費	59,326	104.6
減価償却費	2,579	91.6
租税公課	1,158	104.1
地代家賃・賃借料	3,450	103.6
支払利息・割引料	640	91.9
その他	16,404	104.1
経常利益	7,926	108.6
平均従事員数	10.9名	

今後の課題／将来性

●将来性

ヤンマーはドローンを使った土壌分析など、農業の省力化への効果を検証している。対象は100ヘクタール規模の大型農場で、ヤンマーが新たに開発したドローンで、上空から土の中の水分量や酸性度を測定し、ピンポイントで土壌改良や施肥が可能になる。こうした新しいテクノロジーを活用した取り組みが増えてくることが期待される。

《関連団体》　一般社団法人土壌環境センター
　東京都千代田区麹町4－5　KSビル3F
　TEL　03（5215）5955

●小売業●

カジュアル衣料品店

最近の業界動向

●カジュアル衣料品市場は成長が鈍化

国内アパレル市場は低迷し、カジュアル衣料品店も節約志向の高まりを受け市場の成長が鈍化している。値下げの影響で伸び率が鈍化したが、セールの抑制などで補い、平成28年度の総売上高は前年度比プラスを確保した。

●「ジーユー（GU）」の成長に陰り

ファーストリテイリング傘下の低価格衣料「ジーユー（GU）」の成長に陰りが出てきた。平成29年上半期にはヒット商品がなく、平成29年上期は減益となった。平成28年2月にユニクロが一部商品を値下げして、GUとの価格差が縮まったことも影響した可能性がある。

●カジュアル衣料品大手が若手デザイナーの育成に乗り出す

カジュアル衣料品大手は、若手デザイナーの育成に乗り出している。ストライプインターナショナルは、外部デザイナーとコラボレーションした商品の展開を始めた。第1弾は家族向けブランド「KOE」で投入する。しわになりにくく耐久性の高い商品を展開する。また、「KOE」での海外進出も検討している。インターネットでの中古の衣料品販売も本格化し、新品の半額程度で買えるようにする。自社ブランドの新品を貸し出すサービスで返却された商品を検品し、中古品として新品の半額程度で販売してきたが、店舗スタッフが着た商品も扱っていく。アダストリアは、研究開発室を新設し、デザイナーやパタンナーの一部を正社員にする取り組みを始めた。長期間働くことを前提に正社員として雇用、新卒でもデザイナーなどを継続的に採用して人材の育成を進める。カジュアル衣料各社は、外部の人材にデザインなどを任せるケースが少なくないが、他社との差別化を図るためデザイン力が問われている。各社ともデザイン力の向上に力を入れている。

●立地別に3タイプの店舗展開

カジュアル衣料のしまむらは、「ファッションセンターしまむら」で、新たに3つの店舗タイプ（①1,500平方メートル超の都心型、②500平方メートル程度の都心型、③1,000平方メートル未満の人口減少地域向け）を開発した。立地によって広さや品揃えを変えるひな型を用意し、グループで年間100店を安定的に出店できるように、都心部などこれまで手薄だった立地を開拓する。出店用地の確保や設計などを担当する人員を増やして出店攻勢をかける。また、値下げを判断するエリアの区分けを見直し、気温や天候などに応じた5種類のエリアに分ける。平成28年には売れ行きデータから値下げする商品を自動的に選定するシステムを稼働させていたが、手間がかかる上にあまり効果がなかった。今回の見直しで値下げ判断をする仕組みを導入し、同一県内でも温度の違いによって値下げのタイミングを変える。

マーケットデータ

●カジュアル衣料専門店の業績

日経流通新聞「第45回日本の専門店調査」によると、平成28年度のカジュアル衣料品の総売上高は前年度比2.4％増となり、13年連続の増収であったが、伸び率は鈍化している。

カジュアル衣料専門店の業績（平成28年度）

順位	社 名	売上高（百万円）	前年度比伸び率（％）	店舗数
1	ユ ニ ク ロ	799,817	2.5	837
2	アダストリア（グローバルワーク他）	194,611	－	1,243
3	ユナイテッドアローズ	126,072	▲1.4	218
4	ラ イ ト オ ン	86,462	10.5	514
5	ビ ー ム ス	74,450	5.2	160
6	バロックジャパンリミテッド	62,970	▲0.7	358
7	マ ッ ク ハ ウ ス	33,727	▲6.2	433
8	コ ッ ク ス（ikka、LBC他）	20,916	▲1.2	255
9	あ か の れ ん	18,823	3.0	76
10	エ ム ズ	11,930	0.9	111

（出所）日経流通新聞

●カジュアル衣料専門店のシェア

日本経済新聞社によると、平成28年度のカジュアル衣料の小売金額は1兆4,869億円で、ユニクロは53.8％のシェアを占めている。カジュアル衣料専門店のシェアは次の通り。

カジュアル衣料専門店のシェア

順位	社　名	シェア
1	ユニクロ	53.8%（0.2）
2	アダストリア	13.1%（0.1）
3	ユナイテッドアローズ	8.5%（▲0.4）
4	ライトオン	5.8%（0.4）
5	ビームス	5.0%（0.1）

（注）カッコ内は前年度比増減ポイント
（出所）日本経済新聞社

●1世帯当たりの洋服の年間支出金額

　総務省の「家計調査年報」によると、平成28年における1世帯当たりの洋服の年間支出金額は前年比5.3%減の5万4,067円であった。

1世帯当たりの婦人用洋服の年間支出金額

年次	支出額（円）	年次	支出額（円）
平21年	59,255	平25年	58,973
22年	57,383	26年	59,525
23年	54,985	27年	57,095
24年	55,695	28年	54,067

（出所）総務省の「家計調査年報」

●国内アパレル市場規模

　矢野経済研究所によると、国内アパレル市場規模は次の通り。

国内アパレル市場規模（販売チャネル別）

販売チャネル別	平25年	平26年	平27年
総小売市場規模	92,925	93,784	93,609
百　貨　店	27,790	21,221	20,600
量　販　店	10,260	9,869	9,249
専　門　店	47,715	49,014	49,616
通　販　等	13,160	13,680	14,144

（出所）矢野経済研究所

業界の特性

●店舗数

　カジュアル衣料品店の店舗数は、前述の日経流通新聞調査によると、上位18社合計で4,642店である。

●主な顧客層

　主な顧客層は、10〜20代の若者を中心に熟年世代まで多岐にわたる。ニット衣料などは、ほかの専門店より安い価格を設定している。

●売り場の構成

　男女、年齢層などコーナーごとに売り場を構成する必要がある。さらに、上下コーディネートしやすい商品配置を行うことも重要である。また、売り場はTシャツと短パン、ビジネス売り場はシャツとジャケットといった具合に1カ所にまとめた方が良い。

ノウハウ

●太めの体型でも細く見えるデザイン

　はるやまホールディングスは、太めの体型でも細く見えるデザインを揃えた新ブランドを立ち上げた。新ブランド「エクステッドラボ」は、4Lまでの大きいサイズが全体の4割程度を占める。店舗での実際の売れ筋は2Lや3Lが中心だが、潜在需要は大きいとみている。

経営指標

　ここでは参考として、TKC経営指標（平成29）より、「婦人服小売業」の数値を掲げる。

TKC経営指標 （変動損益計算書）	全企業　152件	
	平均額（千円）	前年比（%）
売上高	70,121	94.3
変動費	37,887	92.8
仕入高	37,299	92.8
外注加工費	195	100.4
その他の変動費	―	50.0
限界利益	32,234	96.2
固定費	31,564	94.6
人件費	15,744	96.7
減価償却費	1,305	92.5
租税公課	613	106.8
地代家賃・賃借料	4,206	93.5
支払利息・割引料	514	92.5
その他	8,991	91.7
経常利益	669	444.1
平均従事員数	6.3名	

今後の課題／将来性

●課題

　カジュアル衣料品の市場は、値下げなどの影響で成長が鈍化している。ユニクロはセールを抑制する方向に転換した。地方の中小規模の店舗は閉鎖が進んでおり、大手のシェアが高まっている。

《関連団体》　一般社団法人日本アパレル・
　　　　　ファッション産業協会
　東京都中央区日本橋2−8−6
　　SHIMA日本橋ビル5F
　TEL　03（3275）0681

― 369 ―

●小売業●

既製紳士服店

最近の業界動向

●紳士服大手が店舗網の再構築に乗り出す

紳士服大手は、店舗網の再構築に乗り出している。コナカは「紳士服コナカ」で、路面店での出店を取りやめ、駅前や繁華街での小型店を展開する。青山商事も主力のスーツ店「洋服の青山」の小型店を繁華街やショッピングセンター内に増やしていく。人口減やクルマ離れなどの影響で、郊外店の集客は難しくなっている。集客が見込める駅前や繁華街、ショッピングセンター内に店舗を増やして都市型にシフトしていく。

●簡易なオーダーメイドでスーツをあつらえるパターンオーダーが人気

簡易なオーダーメイドでスーツをあつらえるパターンオーダーが人気となっている。パターンオーダーは着丈や袖丈などの長さを調整して作るが、最近では丈の長さに加えて胴回りや肩幅なども調整できる。紳士服スーツの市場は大幅に縮小しているが、パターンオーダーの市場は伸びているため、各社は形やデザインなどに力を入れている。一方、オーダースーツ専門店では、銀座山形屋が新店を開くなど2020年までに30店強にし、佐田も2019年までに約50店に増やす。銀座山形屋は、主力の「銀座山形屋」のほか、若者向けや女性向けの3ブランドを展開している。スーツは仮縫いしないパターンオーダーが主力で、中心価格帯は7万円前後だ。オーダー店「SADA」を運営する佐田も、駅に近い繁華街に店舗数を増やしていく。大型店や女性専門店の展開も検討している。

●大きいサイズの衣料品店を増やす

紳士服のAOKIは、大きいサイズの衣類専門店「サイズマックス」の店舗を拡大する。これまで紳士服店「AOKI」内でのコーナー展開が中心であったが、独立した店舗を増やしていく。独立店では試着室を大きくしたりして配慮している。服のサイズがなくて悩んでいる消費者の需要を取り込んでいく。

●店内に体組成計などの測定機を設置

紳士服のはるまや商事は、紳士服店「はるまや」内に体組成計など4種類の測定機を設置し、客が買い物ついでに健康状態をチェックできるようにする。健康に配慮する紳士服店をアピールし、スーツの販売につなげていく。はるまやの客層は40代後半から50代が中心で、健康への意識が高いと判断した。競争が激化する中、価格競争から距離を置き、伸縮性を高めた「ストレス対策スーツ」など、他社との差別化を図っていく。

マーケットデータ

●大手企業の売上高は堅調

日経流通新聞の「第45回日本の専門店調査」によると、平成28年度の紳士服専門店の売上高は前回の増収から一転して1.2％の減収となった。上位企業10社の売上高は表の通り。

紳士服専門店売上高ランキング（平成28年度）

社　名	本社	売上高 （百万円）	前年度比 伸び率（%）	店舗数
青　山　商　事	広島	189,650	▲0.0	919
AOKI（AOKI, ORIHICA）	神奈川	118,264	3.7	718
ワ　ー　ク　マ　ン	群馬	52,077	5.0	797
コ　ナ　カ	神奈川	39,994	3.6	359
はるやまホールディングス（紳士服はるまや）	岡山	37,719	▲25.9	447
シ　ッ　プ　ス	東京	24,333	2.3	73
タ　カ　キ　ュ　ー	東京	24,004	▲1.3	299
坂善商事（サカゼン、ゼンモール）	東京	12,866	▲7.7	37
三　　峰	東京	7,977	▲4.6	51
オンリー（ザ・スパースーツストアなど）	京都	5,820	▲2.3	62

（出所）日経流通新聞

●1世帯当たり背広服の年間支出金額

総務省「家計調査年報」によると、平成28年に

背広服等の1世帯当りの年間支出金額（単位：円）

年次	背広服	男子用 上着	男子用 ズボン	男子用 コート
平23年	4,545	1,892	3,710	1,276
24年	4,755	1,861	3,737	1,400
25年	4,802	1,946	3,884	1,447
26年	5,135	2,356	4,228	1,345
27年	4,867	1,696	3,863	1,241
28年	4,743	1,597	3,829	1,231

（出所）総務省「家計調査年報」

おける背広服の1世帯当たりの年間支出金額は前年比2.5％減の4,743円であった。

業界の特性

●店舗数

前述の日経流通新聞「第45回日本の専門店調査」によると、平成28年度の紳士服専門店上位16社の店舗数合計は3,913店である。なお、NTTタウンページ「iタウンページ」によると、平成29年10月20日現在の紳士服店数は6,683店である。

紳士服店数

地域	店舗数	地域	店舗数	地域	店舗数
全　　国	6,683	富　　山	84	島　　根	40
北 海 道	193	石　　川	78	岡　　山	101
青　　森	69	福　　井	74	広　　島	198
岩　　手	62	山　　梨	38	山　　口	72
宮　　城	139	長　　野	111	徳　　島	31
秋　　田	52	岐　　阜	120	香　　川	53
山　　形	62	静　　岡	219	愛　　媛	65
福　　島	91	愛　　知	429	高　　知	19
茨　　城	128	三　　重	101	福　　岡	364
栃　　木	75	滋　　賀	72	佐　　賀	41
群　　馬	79	京　　都	170	長　　崎	83
埼　　玉	252	大　　阪	615	熊　　本	127
千　　葉	216	兵　　庫	294	大　　分	71
東　　京	766	奈　　良	55	宮　　崎	65
神 奈 川	327	和 歌 山	45	鹿 児 島	95
新　　潟	154	鳥　　取	29	沖　　縄	59

（出所）「iタウンページ」

●AOKIのスタイリスト制度

AOKIはスタイリスト制度を設けている。スキルに応じて資格が取れる仕組みで、販売員の「売る力」を高めている。最上級はゴールドで現在500人、試験は筆記と面接、リポートがある。次いでシルバーは筆記、実技、リポートがあり80点以上が合格で現在3,000人。実技は会員顧客がスーツを買いに来たと想定して、最適なスーツやシャツが提案できるか審査をする。試験は毎年1回から2回行われる。販売力の底上げに役立てている。

ノウハウ

●大型タッチパネルでスーツなどを注文できる小型店

青山商事は、店内の大型タッチパネルでスーツなどを注文できる小型店を出した。主力スーツ店「洋服の青山」の新店で、スーツの品揃えも約600着と通常の店よりも少ない。「デジタル・ラボ」と名付けた実験店で、同社の通販サイトにつながっている。顧客はブランド名やサイズなどを選んで指定し、選んだスーツは実物大で高精密に表示される。これを見ながら色柄やデザインを変更できる。通常のネット通販と異なり、店舗にある商品を試着したり、採寸してもらうことができる。ネット通販と実売店との相乗効果で販売増につなげていく。

経営指標

ここでは参考として、TKC経営指標（平成29年版）より、「男子服小売業」の数値を掲げる。

TKC経営指標 （変動損益計算書）	全企業　51件	
	平均額(千円)	前年比(％)
売上高	146,439	91.9
変動費	80,791	94.8
仕入高	78,171	90.9
外注加工費	940	91.3
その他の変動費	21	59.5
限界利益	65,647	88.7
固定費	65,293	90.5
人件費	30,582	94.9
減価償却費	2,039	99.5
租税公課	609	116.4
地代家賃・賃借料	11,973	97.4
支払利息・割引料	872	96.4
その他	18,373	76.3
経常利益	353	19.0
平均従事員数	9.7名	

今後の課題／将来性

●課題

人口減少や消費者の節約志向、職場でのカジュアル化などの影響で、紳士服市場は縮小が続くと見込まれる。紳士服大手は販売員の販売力を高めたり、人気のパターンオーダーに力を入れるなどしている。既製服紳士服店各社は、小型店を増やしたりしているが他社との差別化は難しく、競争はさらに激しさを増している。

《関連団体》　東京紳士服専門店協同組合連合会
　東京都千代田区神田佐久間町2－8
　TEL　03（3861）8961

●小売業●

婦人服店

最近の業界動向

●アパレル業界は低迷が続く

アパレル大手のTSIホールディングスは、カジュアル衣料のストライプインターナショナルと商品の共同配送に乗り出した。両社ともにショッピングセンターや専門ビルに出店しており、重複した出店先への共同配送など、効率的な物流手法などの検討を始める。トラック運転手不足は深刻で、配送コスト増を軽減する。TSIホールディングスをはじめとする百貨店向けに展開していたアパレル大手は販売不振が続き、人員削減や不採算店の削減などに取り組んできたが効果は限定的だ。これまでアパレル業界では共同配送が実現しなかったが、平成28年に日本アパレル・ファッション産業協会が加盟企業に共同配送を推奨し、業界をあげて改善に乗り出した。同協会には加盟していない企業も多いが、業界全体に取り組みが広がるか注目される。

●フォーマルウェアを日常生活の中で着る装いとして提案

東京ソワールの直営店ブランド「フォルムフォルマ」は、ショッピングセンターなどで展開している。堅苦しいイメージのフォーマルウェアを日常生活の中で着る装いとして提案し、若年層の支持を得ている。喪服や結婚式用のフォーマルウェアを幅広く取り揃え、百貨店向けの商品より低めの価格に設定している。平成29年秋からは通販サイトの「ゾゾタウン」でも販売を始め、平成30年には5店舗の出店を計画している。

マーケットデータ

●婦人服・洋品の市場規模

矢野経済研究所に資料によると、平成27年の婦人服・洋品の市場規模は、前年比0.4％減の5兆8,844億円となっている。百貨店や量販店の売り上げが伸び悩んでいる。

婦人服・洋品の市場規模推移 （単位：億円）

年　次	平24年	平25年	平26年	平27年
市場規模	57,500	58,290	59,086	58,844

（出所）矢野経済研究所

●婦人服の国内販売額シェア

日本経済新聞社によると、平成28年度の婦人服の国内販売額は5兆1,321億円で、前年度より3.5％減少した。国内販売額シェアは次の通り。主要販路の百貨店向けが苦戦する中、5社はEC専用の商品を売り出すなど、EC向けを強化している。

婦人服の国内販売額シェア （平成28年度）

順位	社　名	シェア
1	オンワードホールディングス	3.8％（▲0.1）
2	ワ　　　ー　　　ル　　　ド	3.2％（▲0.1）
3	TSIホールディングス	2.2％（▲0.4）
4	イ　　ト　　キ　　ン	1.2％（▲0.1）
5	三　　陽　　商　　会	0.7％（▲0.3）

（注）カッコ内は前年度比増減ポイント
（出所）日本経済新聞社

●専門店売上高伸び率は1.9％増

日経流通新聞の「第53回日本の専門店調査」によると、婦人服・子供服専門店の平成28年度売上高は前年度比1.9％増であった。

婦人服・子供服専門店の売上高上位企業 （平成28年度）

社　名	売上高（百万円）	前年度伸び率（％）	店舗数
し　ま　む　ら	560,367	3.5	2,013
西　松　屋　チ　ェ　ー　ン	136,273	2.6	908
パルグループホールディングス	116,457	1.8	923
赤　ち　ゃ　ん　本　舗	102,765	0.0	106
三　　　　喜	65,983	9.5	223
ジ　　ュ　　ン	51,538	―	―
ハーニーズホールデイング他	45,163	▲1.1	849
F・O・インターナショナル	27,648	2.3	347
パ　　レ　　モ	24,693	▲9.6	495
ナルミヤ・インターナショナル	23,474	13.4	710

（出所）日経流通新聞

●1世帯当たりの婦人用洋服の年間支出金額

総務省の「家計調査年報」によると、平成28年

1世帯当たりの婦人用洋服の年間支出金額

年次	支出額（円）	年次	支出額（円）
平21年	33,453	平25年	33,302
22年	31,727	26年	32,816
23年	30,492	27年	32,397
24年	30,634	28年	29,844

（出所）総務省の「家計調査年報」

における１世帯当たりの婦人用洋服の年間支出金額は前年比7.9％減の２万9,844円であった。

◉量販店は規模の縮小が続いている

GMS（総合小売業）の衣料品分野は、店舗閉鎖やテナント導入による直営売り場の圧縮といった売り場改善策が継続的に打たれてきたが、十分な成果につながっていない。GMSの衣料品は引き続き改革が求められ、住居関連品売場との連携も進みそうだ。

量販店の平成29年２月期単体衣料品売上高（単位：百万円、％）

社　　名	衣料品売上高	既存店伸び率	粗利益率
イオンリテール	340,200	▲4.1	38.8
イトーヨーカ堂	179,027	▲6.3	32.5
ユ　ニ　ー	94,535	▲1.5	35.6
イ　ズ　ミ	69,006	0.5	37.7
イオン九州	44,148	▲5.0	37.4
イオン北海道	36,129	▲2.1	38.1
平　和　堂	35,380	▲2.9	36.9
ライフコーポレーション	27,714	▲2.6	36.8
フ　ジ	23,167	▲6.6	36.5
ヨークベニマル	14,967	▲3.9	31.5

（注）イオンリテールの粗利益率は参考値
（出所）繊研新聞

業界の特性

◉婦人服小売業の事業所数、年間商品販売額等

経済産業省「商業統計（確報）」によると、平成26年の婦人服小売業の事業所数は４万5,767店で、従業者数は20万9,115人である。また、年間販売額は３兆7,446億円である。なお、NTTタウンページ「iタウンページ」によると、平成29年10月20日現在婦人服店は１万8,464店である。最も多いのは東京都の1,756店。次いで大阪府の1,582店、福岡県の1,265店、兵庫県の996店、愛知県の980店と続いている。

◉重要な販売員の接客スキル

店舗での販売形態には、セルフ販売と接客販売の２つに別れる。いずれの場合も売れ筋商品を品揃えすることは当然、大切になる。接客販売では、販売員の接客スキルも重要になる。販売員は顧客のファッションアドバイザーの役割を持っており、対応の巧拙が売上げに大きく影響する。そのため、優秀な人材の育成と確保が重要となっている。

ノウハウ

◉衣類の移動販売が人気

衣類の移動販売が人気となっている。出店費用が抑えられ、客のいる所に自ら出向くことができる利点がある。「ビビット」は３トントラックの店舗で、滋賀県内を回っている。ワンピースなど100着ほどの衣類や小物類を揃え、カーテンで仕切られた試着スペースもある。客の要望に応えて服を揃えたり、早朝や夜間の営業も行う。また、移動店舗に特化したファッションブランドも登場している。忙しくて買い物に出かけられない人の需要を取り込んでいる。

経営指標

ここでは参考として、TKC経営指標（平成29年版）より、「婦人服小売業」の数値を掲げる。

TKC経営指標（変動損益計算書）	全企業 152件	
	平均額（千円）	前年比（％）
売上高	70,121	94.3
変動費	37,887	92.8
仕入高	37,292	92.8
外注加工費	195	100.4
その他の変動費	―	50.0
限界利益	32,234	96.2
固定費	31,564	94.6
人件費	15,744	96.7
減価償却費	1,305	92.5
租税公課	613	106.8
地代家賃・賃借料	4,206	93.5
支払利息・割引料	514	92.5
その他	8,991	91.7
経常利益	669	444.1
平均従事員数	6.3名	

今後の課題／将来性

◉課題

アパレル業界の売り上げの低迷が続いているが、小売現場では消費者の嗜好に合わせて、新しいブランドの選考やブランドの垣根を超えた売場改善の取り組みが実施されている。個々の店が今まで以上に従来の習慣にとらわれない柔軟な発想で、ターゲットとする顧客のトレンドをつかむ努力が求められる。

《関連団体》　全日本婦人子供服工業組合連合会
　東京都千代田区神田和泉町１－１－12
　　ミツバビル２F
　TEL　03（3866）8920

●小売業●

ベビー服・子供服店

最近の業界動向

◉ベビー服・子供服市場は堅調に推移

　矢野経済研究所によると、平成27年のベビー服・子供服の小売市場規模は前年比0.5％減の9,180億円であった。平成28年は2.8％減の8,925億円を見込んでいる。

ベビー服・子供服の小売市場規模

年次	平25年	平26年	平27年	平28年（予測）
小売市場規模	9,160	9,223	9,180	8,925

（出所）矢野経済研究所

◉子供用品販売店「バースデイ」の店舗数を拡大

　カジュアル衣料品店のしまむらは、子供用品販売店「バースデイ」の店舗数を拡大する。衣料品全体の需要は伸び悩んでいるが、子供服は比較的堅調に推移しているため、店舗網を広げていく。「バースデイ」は、子供服、ベビー服、おもちゃなどを扱っている。比較的大型の店舗を増やし、子供服専業の西松屋チェーンなどに対抗する。

◉仏キッズのSPA「オカイディ」が日本市場へ

　フランス発ベビー・子供服のSPA（製造小売業）「オカイディ」を展開するアイディキッズが、日本市場開拓に乗り出した。ジェトロの支援を受け、平成29年1月にアイディ・ジャパンを設立、4月に直営店2店をイオンレイクタウンとイオンモール幕張新都心に出店した。出店したのは、キッズウェア「オカイディ」と、新生児・ベビーウェア「オベビィ」で、日常使いのジーンズや、ドレス、肌着まで子どもの生活シーンに応じたアイテムを手頃な価格帯で揃える。2週間サイクルで新商品を投入し、売場構成も1カ月に2回替えて新鮮味を出す。今後は、都内のSCへの出店を進めつつ、路面の旗艦店も検討する。同時に、多店舗展開に向けた物流体制も整えていく。卸売り専用の上質ベビー・子供服「ジャカディパリ」で百貨店販路の開拓も計画している。

◉ユニクロが新生児とマタニティー商品を販売

　ユニクロは、新生児とマタニティーに向けた商品を販売する。生まれてからすぐに着られる肌着やよだれかけ、スリーパーのほか、妊婦向けの着心地に配慮したショーツやジーンズなどを企画した。新生児向けは平成29年7月末から、マタニティー向けは8月末から販売を開始した。客からの要望や、妊娠期や出産直後からユニクロ商品を使ってもらう機会をつくりファンを増やす狙いがある。

マーケットデータ

◉子供服専門店の売上高

　日経流通新聞の「第45回日本の専門店調査」によると、子供服、ベビー服を扱う企業の売上高は次の通り。

子供服専門店の売上高上位企業（平成28年度）

社　名	売上高（百万円）	伸び率（％）	店舗数
西松屋チェーン	136,273	2.6	908
赤ちゃん本舗	102,765	0.0	106
ファミリア	11,438	▲4.6	108
赤ちゃんデパート水谷	7,070	2.4	27

（出所）日経流通新聞

◉子供用洋服などの年間支出額

　総務省「家計調査年報」によると、子供用洋服、子供用下着類などの1世帯当たりの年間支出額の推移は次表の通り。平成28年の子供用洋服は前年比2.8％減の7,405円であった。

1世帯当たりの年間支出額（単位：円）

品　目	平26年	平27年	平28年
子供用洋服	8,242	7,616	7,405
子供服	7,068	6,686	6,481
乳幼児	1,174	930	924
子供用下着類	1,586	1,521	1,542
子供用靴下	698	652	599
子供靴	1,105	1,028	1,029

（注）二人以上の世帯、平均価格
（出所）総務省「家計調査年報」

業界の特性

◉事業所数、従業者数

　経済産業省「商業統計」によると、平成26の事業所数は3,307所、従業員数は1万9,459人となっている。なお、NTTタウンページ「iタウンページ」によると、平成29年10月30日現在、子供服店は3,874店、ベビー服店は1,203店となっている。

子供服店数

地域	店舗数	地域	店舗数	地域	店舗数
全　国	3,874	富　山	54	島　根	18
北 海 道	153	石　川	51	岡　山	59
青　森	45	福　井	41	広　島	100
岩　手	44	山　梨	21	山　口	57
宮　城	77	長　野	53	徳　島	39
秋　田	32	岐　阜	60	香　川	36
山　形	46	静　岡	122	愛　媛	60
福　島	59	愛　知	217	高　知	28
茨　城	59	三　重	65	福　岡	245
栃　木	57	滋　賀	38	佐　賀	30
群　馬	57	京　都	90	長　崎	58
埼　玉	142	大　阪	349	熊　本	80
千　葉	127	兵　庫	235	大　分	49
東　京	288	奈　良	40	宮　崎	35
神 奈 川	149	和 歌 山	54	鹿 児 島	45
新　潟	84	鳥　取	11	沖　縄	42

（出所）「iタウンページ」

●子供服の分類

　子供服は、一般的には15歳くらいまでを指すが明確な定義はなく、メーカーによっても異なる。子供服の分類は性別のほか、年齢別や身長でも分類できる。年齢別では、①ベビー…0〜3歳、②トドラー（toddler＝幼児）…3〜6歳、スクール…6〜15歳、ローティーン…12〜15歳。

●複数のチャネルとの競合

　ベビー服・子供服を取り扱うのは専門店だけでなくデパートや量販店、通信販売、リサイクルショップなどのチャネルでも販売している。デパートは、子育ての不安の解消や相談に対応するコンシェルジュを配置するなど、母親の関心の高い商品展開や情報サービスの提供、イベント開催などを行っている。量販店は、比較的低価格帯の商品から機能性を重視したPB商品に注力したり、子供服専門店を売場に誘致するなどしている。通信販売は、働く母親の増加などで利便性の高さに支持が集まっている。また、ベビー服では接客が必要なケースが多いものの、子供服では基本的には試着を必要としないことから、通信販売チャネルはインターネット通販を中心に今後も拡大が期待される。

ノウハウ

●高島屋がファミリアと協業し、タブレット端末で接客

　子供服のファミリアは百貨店高島屋に既存オンラインショップの仕組みを提供し、高島屋は実店舗とECを連動させたサービスを開始した。実店舗とECの在庫情報を連動させ、タブレット端末を通じて店頭で欠品している商品をその場で発注し、顧客が店舗や自宅で受け取ることができるようにする。タブレット端末を活用した接客は、店舗で取り扱いのない商品や色・サイズの欠品などによる売り逃しを防ぐのが狙い。ファミリアでは、神戸元町本店などで実施しており、タブレット経由の購入は約10％に達しているという。高島屋はこれらのサービスを順次導入していく。

経営指標

　ベビー服・子供服店を対象にした指標は見当たらないので、ここでは参考として、TKC経営指標（平成29年版）より、「子供服他の織物・衣服・身の回り品小売業」の数値を掲げる。

TKC経営指標	全企業　67件	
（変動損益計算書）	平均額（千円）	前年比（％）
売上高	72,832	97.4
変動費	46,803	97.0
仕入高	44,773	94.4
外注加工費	189	92.6
その他の変動費	5	4575.1
限界利益	26,029	98.0
固定費	26,197	96.0
人件費	15,479	101.6
減価償却費	1,034	80.3
租税公課	574	95.0
地代家賃・賃借料	2,166	90.4
支払利息・割引料	524	98.1
その他	5,875	82.4
経常利益	▲169	22.6
平均従事員数	6.0名	

今後の課題／将来性

●課題

　衣料品市場が低迷する中、ベビー服・子供服市場は比較的堅調で、各社は新ブランドを立ち上げたり、育児を支援する売り場を設けるなど力を入れており、競争は激化している。

《関連団体》　全日本婦人子供服工業組合連合会
　　東京都千代田区神田和泉1−1−12
　　TEL　03（3866）8920

●小売業●

ランジェリーショップ

最近の業界動向

●専門店の出荷金額は153億7,800万円

日本ボディファッション協会によると、平成28年の出荷金額（インナーウェアとナイトウェアの合計）は2,357億7,800万円で前年比3.6％増となり、3年連続で増加した。OEMは417億8,900万円で前年に比べ65.0％増となった。大量ロット発注の海外向け（中国など）のOEMのほか、高品質の国内老舗企業へのOEMがある。量販店は790億8,200万円で出荷金額合計の33.5％を占めているが、前年比4.3％減となった。訪問販売は規制による影響が大きく、前年比65.3％減の7億8,200万円となった。出荷金額全体に占める専門店の割合は6.5％で、前年の9.6％に比べて3.1ポイントの減少となった。

販売チャネル別出荷金額（単位：百万円）

販売チャネル別	平26年	平27年	平28年
百　　貨　　店	37,212	37,040	33,276
量　　販　　店	66,350	82,690	79,082
専　　門　　店	18,444	22,034	15,378
問　　屋　　卸	4,743	7,296	7,123
訪　　問　　販　　売	2,684	2,260	782
通信・ネット販売	11,347	10,326	10,316
自　社　店　販　売	28,310	31,053	39,272
Ｏ　　　Ｅ　　　Ｍ	29,186	25,317	41,789
そ　　の　　他	8,055	9,399	8,760
合　　　計	206,331	227,415	235,778

（出所）日本ボディファッション協会

●ワールドが「リサマリ」の出店を加速

ワールドは下着ブランド「リサマリ」の出店を加速する。「リサマリ」は、レースにこだわったデザインが特徴で、中心顧客は20〜30代女性だ。トリンプやワコールなどに比べて手頃な値段設定で、さまざまなデザインや素材の下着を購入したい女性から注目されている。ショッピングセンターやファッションビルを中心に店舗を増やしていく計画で、電子商取引（EC）での販売も強化していく。

●後継者候補の育成

女性向け補整下着のダイアナは、フランチャイズチェーン店を経営するオーナーの後継者候補を育成する経営塾を開設した。オーナーの高齢化で後継者問題が課題となっている。ビジネススクールで経営学修士を取得した社員が、経営学の講義を行う。オーナーの子どもら2世が主に参加し、経営手法を学んで、店を継ぐ意欲などを高めてもらう。

マーケットデータ

●品目別国内出荷金額

日本ボディファッション協会の資料によると、インナーウェアとナイトウェアの品目別出荷金額は次の通り。平成28年はブラジャーなどのファンデーションが前年比6.4％増の1,045億6,600万円、スリップなどのランジェリーは1.0％減の90億7,900万円となった。また、メンズインナーは前年比9.7％減の336億800万円であった。

品目別出荷金額（単位：百万円）

品　　目	平27年	平28年
ファンデーション計	98,215	104,566
うちブラジャー	79,050	84,630
ガードル	13,416	13,974
ボディスーツ	4,496	4,166
その他	1,253	1,796
ランジェリー計	9,178	9,079
ショーツ	41,556	43,901
肌着	33,090	32,781
その他	3,599	2,346
インナーウェア合計	185,638	192,673
ナイトウェア合計	11,157	9,497
メンズインナー計	30,620	33,608
ブリーフ・トランクス	25,715	27,569
ニットインナー・肌着	4,900	6,034
その他	5	5
合　　計	227,415	235,778

（出所）日本ボディファッション協会

●婦人用下着の支出額

総務省「家計調査年報」によると、平成28年の婦人用下着類の1世帯当たりの年間支出金額は5,911円で、前年の6,041円に比べ2.1％減少した。被服（履物類を除く）の年間支出金額は10万262円で、婦人用下着類はこのうち5.8％を占めている。

婦人用下着類の年間支出額（単位：円）

種　類	平26年	平27年	平28年
婦人用下着	6,661	6,041	5,911
ファンデーション	905	755	794
他の婦人用下着	4,824	4,420	4,194
婦人用寝巻き	932	867	924

（注）品目分類１世帯の年間の品目別支出金額（総世帯）
（出所）総務省「家計調査年報」

業界の特性

◉事業所数と従業員数

　経済産業省「商業統計確報」によると、平成27年の下着類小売業の事業所数は3,544所、従業員数は２万48人、年間商品販売額は4,433億5,200万円、売場面積は96万85㎡となっている。

下着類小売業の年間商品販売額等（平成27年）

事業所数	従業員数	年間商品販売額（百万円）	売場面積（㎡）
3,544	20,048	300,350	967,085

（出所）経済産業省「商業統計確報」

◉商品

　婦人用下着は、保湿性・吸収性や衛生を維持するために直接肌に着用するアンダーウェア、女性が体型を美しく見せるために着用するファンデーション、上着の着こなしを良くして、体のシルエットを美しく表現するランジェリーの３つに分類される。ファンデーションに分類されるブラジャーやガードル、ボディスーツは直接肌に身に着けるため、締め付けが強い商品で、体型に合っていないサイズやデザインを選ぶと着け心地の不快感や体型の崩れを引き起こすことになる。ブラジャーのカップの形や生地のストレッチ感などは商品によって異なるため、表示サイズが同じでも必ずしも体にフィットする訳ではない。そのため、売り場の販売員は商品の専門知識や客にフィットした商品を提案する販売能力が重要となる。なお、日本ボディファッション協会が認定する販売員の資格として、インティメント・アドバイザーがある。

◉平均単価

　日本ボディファッション協会によると、平成28年のランジェリーの平均単価は1,765円で、前年の1,402円と比べると25％増加した。

ノウハウ

◉トリンプがスポーツブラジャーを販売開始

　トリンプはスポーツアパレル市場に本格的に参入する。欧州発のスポーツブラジャーのブランド「トライアクション　バイ　トリンプ」を国内で販売する。スポーツ用のブラジャーを着ける女性から運動中も胸の形をきれいに整えられると好評だ。下着売り場のほかスポーツ用品店などでも販売する。平成29年は150店で展開する計画で、5,000万円の売り上げを目指す。スポーツアパレル市場は拡大傾向にあり、下着メーカーとしての強みを生かしながら市場を開拓する。

経営指標

　ランジェリーショップを対象にした指数は見当たらないので、ここでは参考として、TKC経営指標（平成29年版）より「他に分類されないその他の小売業」の数値を掲げる。

TKC経営指標（変動損益計算書）	全企業　381件	
	平均額（千円）	前年比（％）
売上高	161,759	99.6
変動費	106,165	99.6
仕入高	104,283	99.9
外注加工費	1,882	108.6
その他の変動費	41	130.1
限界利益	55,594	99.7
固定費	53,018	100.3
人件費	27,811	100.0
減価償却費	2,118	109.0
租税公課	778	104.1
地代家賃・賃借料	3,819	100.5
支払利息・割引料	577	94.5
その他	17,960	100.2
経常利益	2,576	89.4
平均従事員数	7.8名	

今後の課題／将来性

◉将来性

　下着類は流行や季節性の大きい商品であるが、今後も快適性を求める消費者の志向はしばらく続くと予想される。市場はすでに成熟化しているが、ダイエット用やマタニティ用、スポーツ用など、用途に特化した商品の展開が必要となっている。

《関連団体》　一般社団法人日本ボディファッション協会
　　東京都中央区日本橋富沢町７−13　洋和ビル
　　TEL　03（5623）5983

●小売業●

シャツ専門店

最近の業界動向

◉オーダーシャツの店が広がる

　紳士服各社がオーダーシャツの販売に力を入れている。オーダーシャツを注文する人は固定客になりやすいため、品揃えやサービスを充実させている。東京シャツは、平成28年11月からオーダーシャツを中心とした新型店「ピッタリ」を開いている。シャツのタイプは3つから選べ、生地は400種類を用意している。また、タカキューは、230店でオーダーシャツの取り扱いを始めた。生地は100種類を用意し、ボタンや襟の形などのオプションも選ぶことができる。紳士服のはるやま商事も、シャツ専門店の出店を進めている。手頃な価格のオーダーシャツで若者層をつかみ、スーツの販売につなげる。紳士服市場は低迷が続いており、オーダーシャツの利用者からスーツへの需要拡大へつなげたい考えだ。

◉米テイラースティックが日本に進出

　オーダーシャツの製造・販売を手掛ける米テイラースティックが日本に進出した。インターネット通販のほか、神奈川・鎌倉に実店舗をオープンした。テイラースティックは若者に人気があり、ネット通販が9割を占めている。また、ワイシャツのオーダー通販サイトを手掛ける米オリジナルは、ワイシャツ大手の山喜と提携した。2年後を目途に月産4万枚の生産体制を目指す。オリジナルは、「オリジナルスティッチ」のブランド名で、日本産のオーダーシャツを販売している。製造を担っているのはシャツ大手のフレックスジャパンだが、新たに山喜と提携し生産体制を整える。利用者はネットで生地を選び、サイズを入力すれば2週間程度でシャツが届く。今後は中国や欧州などにも進出する予定だ。

◉レナウンがシャツの宅配を始める

　レナウンは8枚のワイシャツを合計3万円（税別）で販売し、4カ月に1回4枚ずつ宅配する。

インターネット通販限定のサービスで、価格を低く抑えている。宅配サービスに合わせ、シャツブランド「bgr」に若者向けの「ブルーレーベル」を立ち上げた。「ブルーレーベル」は1枚5,500円で販売するが、まとめ買いがお得になっている。ワイシャツは一定の買い替え需要があり、今後は年間の定期購入も始める予定だ。

マーケットデータ

◉ワイシャツやブラウス等の年間支出金額

　ワイシャツやドレスシャツ、カッターシャツなどビジネスに必要なシャツの国内販売枚数は、業界累計で5,000万枚と推定されている。総務省「家計調査年報」によると、ワイシャツ・ブラウス等の年間支出金額は次の通り。平成28年の男子用ワイシャツの支出金額は前年比3.7％減の1,727円、女性用ブラウスは同5.8％減の3,576円であった。

ワイシャツ・ブラウス等の年間支出金額（単位：円）

品　　目	平26	平27	平28
男子用シャツ・セータ類	9,813	9,217	8,902
ワイシャツ	1,757	1,793	1,727
他の男子用シャツ	6,193	5,790	5,586
婦人用シャツ・セータ類	19,484	18,728	17,633
ブラウス	3,776	3,796	3,576
他の婦人用シャツ	8,349	83,21	7,957

（注）二人以上の世帯
（出所）総務省「家計調査年報」

◉主要会社の売上高と従業員数

　主要会社の売上高と従業員数は次の通りである。山喜は平成29年3月期の売上高は前年比6.9％減の176億4,500万円であった。山喜はシャツ専業メーカーであり、卸売り機能が売上の大半を占めるが、直営店の展開も行っている。

主要会社の売上高（単位：百万円）

社　　名	売上高	従業員数
山　　　　喜	17,645（連結） （平29年3月期）	2,282
東 京 シ ャ ツ	11,487 （平29年3月期）	897
メーカーズ鎌倉	4,001 （平29年5月期）	140

（注）東京シャツ従業員数にパート・アルバイト含
（出所）各社決算資料

業界の特性

◉事業所数・従業員数

— 378 —

シャツ専門店単独の事業所数、従業員数に関する統計は見当たらない。全日本オーダーシャツ専門店連合会によると、加盟店は東京地区で8店、横浜地区で3店、中部地区で2店、北陸地区で1店、京阪地区で3店、中国地区で1店、四国地区で1店、九州で2店である。NTTタウンページ「iタウンページ」によると、平成29年10月10日現在、ワイシャツ店は135店である。最も多いのは東京都で30店、次いで愛知県（14店）、大阪府（12店）、神奈川県（10店）、千葉県（8店）と続いている。

●製品の種類

ワイシャツ（ドレスシャツ）とカジュアルシャツに大別される。ワイシャツは着用時にネクタイを着用、カジュアルシャツは着用時にネクタイを使用しないことを前提に、各種のカラーデザインで襟回りをS、M、Lなどで表示したものと区別されてきた。ただ、クールビズの浸透とともに区分が明確ではなくなってきている。

●シャツの販売形態

メーカーから買い取りで品揃えをするセレクト形態の小売がある一方、ユニクロなどのように、企画から製造・販売まで一貫して行うSPA（製造小売業）形態も勢力を伸ばしている。SPAにより、顧客ニーズを迅速に捉え、商品比較やデザインにいち早く反映させることができることが特長である。また、顧客の注文に応じてシャツを仕立てるオーダー形態がある。オーダー型には完全オリジナルのオーダー、各種パーツを選んで仕立てるセミオーダー（パターンオーダー）がある。また、各形態を組み合わせて店舗販売するケースも少なくない。さらに、シャツ専門店がインターネット経由でシャツを販売したり、オーダーメイドシャツの受付を行うこともあり、ネット販売と実店舗販売を組み合わせる戦略も珍しくない。

ノウハウ

●業界初のホテルスタッフの制服の共同開発

老舗の丸の内ホテルは、鎌倉シャツにスタッフのユニフォームのリニューアルを依頼した。鎌倉シャツは着こなしやコーディネートを含め、ホテルの品格を高める提案を行ない、共同開発で新しいユニフォームが完成した。この取り組みは専門メディアを中心に取り上げられ、鎌倉シャツにと

ってPR効果があった。また、老舗ホテルとの共同開発でもあり、鎌倉シャツのイメージアップにもつながり、ホテルのスタッフのシャツの大量受注や継続受注も期待できる。鎌倉シャツの取組みは、さまざまな効果を生み出すコラボ戦略といえる。

経営指標

シャツ専門店単独の指標は見当たらないので、ここでは参考として、TKC経営指標（平成29年版）より、「他の織物・衣服・身の回り品小売業」の数値を掲げる。

TKC経営指標 （変動損益計算書）	全企業　67件	
	平均額（千円）	前年比（％）
売上高	72,832	97.4
変動費	46,803	97.0
仕入高	44,773	94.4
外注加工費	189	92.6
その他の変動費	5	4575.1
限界利益	26,029	98.0
固定費	26,197	96.0
人件費	15,479	101.6
減価償却費	1,034	80.3
租税公課	574	95.0
地代家賃・賃借料	2,166	90.4
支払利息・割引料	524	96.1
その他	5,875	82.4
経常利益	▲169	22.6
平均従事員数	6.0名	

今後の課題／将来性

●課題

生活用品のオンライ販売が進んでいる中、シャツ販売店は強みを活かしつつ、オンライン販売とどのように向き合っていくかを含め、経営戦略を構築する必要がある。

●将来性

オーダーシャツの需要が高まっているが、シャツ専門店のほか紳士服各社も力を入れており、競争は激しくなっている。一方、海外市場では、所得・生活水準に伴う新興市場の活性化により、ワイシャツを含めたアパレル関連の成長が見込まれ、ワイシャツにもチャンスがある。

《関連団体》　全日本オーダーシャツ専門店連合会
　　　大阪市中央区島之内1-4-26　ムサシヤ
　　　TEL　06（6271）7012

●小売業●

ジーンズショップ

最近の業界動向

●低価格から高価格帯までさまざまなブランド、ショップが展開される

ファッションの定番であるジーンズは、高級品から低価格品、新品より高い中古品などさまざまだ。平成26年にオープンした広島県の「ONOMICHI DENIM SHOP」は、尾道市で働く人たちがはき続けたジーンズを販売している。何年もはき古したジーンズは味が出て人気も高い。また、伊勢丹新宿本店の自主編集売り場「ジーニングスタイル」では、約30ブランド300種類の女性向けジーンズを取り扱っている。ジーンズやデニム生地の生産が盛んな岡山県倉敷市の倉敷ファッションセンターが認定する「ジーンズソムリエ」が、消費者に合ったジーンズを選んでくれる。手頃な価格のジーンズから高級品まで、専門店からカジュアル衣料品店、百貨店など販売競争は激化している。国内のジーンズカジュアルウェア市場（小売金額ベース）は1兆円前後で推移していると予想される。

●RIZAPグループがジーンズメイトを子会社化

フィットネスジム「ライザップ」を運営するRIZAPグループは平成29年1月16日、カジュアル衣料専門店のジーンズメイトを子会社化すると発表した。RIZAPは平成24年にアパレル事業に参入しており、M&Aでアパレル事業を強化している。ジーンズメイトは業績が思わしくなく、RIZAPの強みである広告戦略のノウハウを導入して業績回復につなげる。一方、RIZAPは業容拡大を進めたい考えだ。ジーンズメイトではブランドを2つに集約し、ロゴも新しくして早期の黒字化を図る。

●エドウインは商品の価格帯を広げて新規顧客の取り込みを図る

ジーンズ大手のエドウインは、商品の価格帯を広げて新規顧客の取り込みを図る。平成29年秋から米高級デニムブランドの国内展開を始めた。日本での価格はジーンズが1万8,000〜3万5,000円。輸入販売するほか、一部の商品はエドウインの工場でも生産し、日本人のサイズに合った商品を揃える。一方、低価格帯では「Cセブンティーン」などの既存シリーズを拡充し、6,000〜8,000円程度の新しいシリーズも投入する。今後は、商品群を広げ、ジーンズ専門店から百貨店やセレクトショップ、総合スーパーなどにも販売網を広げ、より幅広い顧客の取り込みを図る。

●「もも太郎ジーンズ」が好調

ジャパンブルーのジーンズブランド「もも太郎ジーンズ」は、10年間の保証が付いている。高級コットンを使い、長くはき続けられるジーンズは、高めの価格だが支持を集めている。店舗を一軒一軒回り商品のこだわりを伝え、卸先は約150店舗で直営店も増えつつある。平成29年1日には、6店舗目をオープンした。

マーケットデータ

●ジーンズ専門店5社の売上高合計は1,555億6,400万円

日経流通新聞「第45回日本の専門店調査」によると、ジーンズを主体とする専門店5社の平成28年度売上高合計は1,555億6,400万円である。ライトオンが前年比10.5％増となった一方、4社は全て減収となった。ライトオンは平成29年3月、東京・原宿にジーンズに注力した旗艦店をオープンした。デザインやシルエットが一目で分かるように畳まずに展示し、じっくり見て、店員の詳しい説明が聞けるよう、入り口付近ではなくあえて店舗の奥に並べている。

ジーンズ専門店の売上高 （平成28年度）

社　名	本社	売上高 （百万円）	伸び率 （％）
ラ イ ト オ ン	茨城	86,462	10.5
マ ッ ク ハ ウ ス	東京	33,727	▲6.2
コ ッ ク ス	東京	20,916	▲1.2
ジ ー ン ズ メ イ ト	東京	9,195	▲1.2
シ ー ズ メ ン	東京	5,264	▲16.2

（出所）日経流通新聞

●リーバイ・ストラウス・ジャパンの売上高

日本でリーバイスブランドを販売するリーバイ・ストラウス・ジャパンの平成28年11月期の売

上高は前年比6.1％増の123億3,900万円であった。同社の商品を取り扱うジーンズ専門店は多い。好調な要因は、冬物商戦や春夏商品の立ち上がりが好調であったこと、アウトレットでの品揃え戦略がマッチしたこと、訪日外国人旅行者の購買が伸びたことである。

業界の特性

●店舗数

NTTタウンページ「iタウンページ」によると、平成29年10月23日現在のジーンズショップの数は1,696店である。最も多いのは東京都の149店、次いで愛知県の111店、大阪府の106店、神奈川県の80店と続いている。

ジーンズショップの店数

地域	店舗数	地域	店舗数	地域	店舗数
全国	1,696	富山	20	島根	16
北海道	62	石川	25	岡山	43
青森	21	福井	15	広島	44
岩手	17	山梨	11	山口	26
宮城	33	長野	42	徳島	16
秋田	13	岐阜	24	香川	23
山形	18	静岡	53	愛媛	26
福島	17	愛知	111	高知	17
茨城	32	三重	35	福岡	59
栃木	26	滋賀	24	佐賀	15
群馬	13	京都	40	長崎	23
埼玉	61	大阪	106	熊本	19
千葉	64	兵庫	77	大分	20
東京	149	奈良	22	宮崎	13
神奈川	80	和歌山	24	鹿児島	21
新潟	39	鳥取	10	沖縄	31

（出所）「iタウンページ」

●販売価格

ユニクロやしまむらなどの大手衣料品チェーンや、総合スーパーが販売するジーンズは1,900～3,900円台が中心価格帯である。一方、ジーンズ専門店は、衣料品チェーンよりも高い価格帯のジーンズを中心に揃え、1万円を超えるジーンズを販売する店舗もある。

●多様な取扱店

ジーンズを取り扱う店舗はさまざまである。スーパーや量販店、百貨店、カジュアル衣料品店などがあり、ジーンズ専門店の比重は相対的に低下している。

ノウハウ

●1950年代のフランス鉄道員の服装を基にしたジャケットなどが人気

ジーンズ製造販売のベティスミスは、ワークウェア風カジュアルの「デニムワークス」を売り出した。「デニムワークス」は、1950年代のフランスの鉄道員の服装を基にしている。生地はデニムのほか、綿の撚杢（よりもく）も用意した。訪日外国人にも人気があり、今後は百貨店のイベントなどにも出品していく予定だ。

経営指標

ジーンズショップ単独の指標は見当たらないので、ここでは参考として、TKC経営指標（平成29年版）より、「他の織物・衣服・身の回り品小売業」の数値を掲げる。

TKC経営指標 （変動損益計算書）	全企業　67件	
	平均額（千円）	前年比（％）
売上高	72,832	97.4
変動費	46,803	97.0
仕入高	44,773	94.4
外注加工費	189	92.6
その他の変動費	5	4575.1
限界利益	26,029	98.0
固定費	26,197	96.0
人件費	15,479	101.6
減価償却費	1,034	80.3
租税公課	574	95.0
地代家賃・賃借料	2,166	90.4
支払利息・割引料	524	98.1
その他	5,875	82.4
経常利益	▲169	22.6
平均従事員数	6.0名	

今後の課題／将来性

●課題

職場でジーンズをはくことに抵抗感がなくなりつつある。ユニクロの調査（平成29年10月）では各年代ともに、職場でジーンズをはくことに寛容的であった。消費者のニーズを捉えた品揃えや、実店舗とWeb販売との融合など、オムニチャネルとどのように向き合っていくかが課題になる。

《関連団体》　一般社団法人日本アパレル・ファッション協会
東京都中央区日本橋2－8－6
TEL　03（3275）0681

●小売業●

制服・作業服店

最近の業界動向

●紳士服各社が学生服市場に参入
　学生服市場に、はるやま商事や青山商事などの紳士服各社が参入している。学生服などのオーダー品はある程度の売り上げが見込めるため、新たな収益源として期待されている。

●青山商事が男子向けの学生服を発売
　青山商事は、男子向け詰襟学生服の低価格商品の販売を始める。自宅の洗濯機で洗え、菌の増殖などを抑える機能も付けた。上着とズボンの価格は合計で1万5,000円（税別）で、成長に伴って袖丈が3センチメートル伸ばすことができる。はるやま商事は、学生服大手で「カンコー学生服」を全国展開する菅公学生服と組み、学生向けワイシャツの販売を始める。防水加工や抗菌防臭、耐久性などの機能を備えている。「カンコー学生服」を取り扱う全国の販売店で販売する。

●ワークマンが需要予測システムを導入
　作業服チェーンのワークマンは、平成29年4月から発注業務の自動化を開始した。店舗から本部への発注業務において、販売状況などを基に需要予測システムを導入し業務負担を軽減する。平成29年3月から始めた法人向けの営業に注力するため、全店での導入を進める。

●胸ポケットに入れたスマホが落ちにくい白衣
　白衣の製造販売を手掛けるクラシコは、胸ポケットに入れたスマートフォンが落ちにくい白衣の販売を始めた。東京慈恵会医科大学と共同開発した「スマートデバイスコート」は、ポケットの角度などを工夫している。医療現場ではスマートフォンの利用が増え、患者を抱える際などに落としてしまうことが多い。現場からの要望に対応して開発された。一般的な白衣より高めだが、販売は好調だという。

マーケットデータ

●ユニフォームの市場規模
　制服・作業服店の市場規模に関する公的な資料は見当たらない。参考として矢野経済研究所の資料を示す。同調査によると、学生制服や事務服、製造工場や建築業向けなどの作業服が含まれるユニフォーム市場規模（メーカー出荷額ベース）は、平成27年度は前年比1.6％増の5,026億円であった。このうち、製造工場などのユニフォームが52.3％（2,629億円）、学生服が21.9％（1,101億円）、病院や飲食業などのユニフォームが16.8％（844億円）、事務服が9.0％（452億円）となっている。平成28年度は前年比1.1％増の5,079億円と予想されている。ユニフォームの市場規模の推移は次の通り。

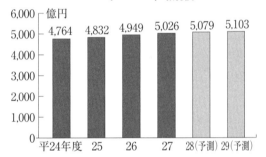
（出所）矢野経済研究所

●作業服専門店の売上高
　日経流通新聞「第45回日本の専門店調査」によると、平成28年度の作業服専門店の売上高は次の通り。作業服専門店大手のワークマンは、建設労働者の多くが固定客で、生産コストの削減や安価なルート先の確保により、低価格を実現している。また、オオツキは作業服や各種ユニフォームなどの販売、ユニフォームのレンタル事業などを行っている。なお、作業服専門店「プロノ」を運営するハミューレの平成28年8月期の売上高は68億9,900万円、店舗数は36店舗である。また、菅公学生服の平成27年度のグループ連結売上高は342億9,000万円となっている。

作業服専門店の平成28年度売上高

社　名	売上高 （百万円）	伸び率 （％）	店舗数
ワークマン	52,077	5.0	797
オオツ（ワークショップオオツキ）	1,927	2.6	18

（出所）日経流通新聞、決算資料

業界の特性

●制服・作業服の店舗数

NTTタウンページ「iタウンページ」によると、制服・作業服店の店舗数は平成29年6月30日現在8,388店となっている。都道府県別では、大阪府の643店が最も多く、次いで東京都の602店、愛知県の564店、福岡県の396店、神奈川県の362店が続いている。

制服・作業服店の店舗数

地域	店舗数	地域	店舗数	地域	店舗数
全　国	8,388	富　山	118	島　根	67
北 海 道	323	石　川	97	岡　山	245
青　森	98	福　井	91	広　島	227
岩　手	80	山　梨	67	山　口	188
宮　城	166	長　野	150	徳　島	97
秋　田	70	岐　阜	175	香　川	110
山　形	81	静　岡	308	愛　媛	133
福　島	107	愛　知	564	高　知	51
茨　城	166	三　重	134	福　岡	396
栃　木	110	滋　賀	119	佐　賀	59
群　馬	148	京　都	143	長　崎	92
埼　玉	313	大　阪	643	熊　本	138
千　葉	261	兵　庫	318	大　分	85
東　京	602	奈　良	92	宮　崎	78
神 奈 川	362	和 歌 山	71	鹿 児 島	99
新　潟	184	鳥　取	57	沖　縄	105

（出所）「iタウンページ」

●作業店の取扱商品

作業服店の取扱商品は、作業服やつなぎ、防寒着、防水防寒着、安全靴、衛生長靴、厨房シューズ、セーフティシューズ、白衣まで、作業現場で必要な商品を多数取り揃えている。安全靴はJISの基準に合格した製品で、JIS認定工場で製造された靴と定義されている。

●需要期

学生服は新学期が始まる前の12〜4月が最大の需要期である。9〜10月は買換えを目的とした需要があるが、5〜8月はほとんど発生しない。作業服はさまざまな現場や工場で着用され、季節を問わない。最近は建設現場などでも女性が多く働いているため、女性用の作業服も種類が増えている。

ノウハウ

●顧客のニーズが高い商品を販促する

ユニフォームネクストはインターネットを中心に、飲食店のユニフォームや工場の作業服など業務用制服の販売を手掛けている。自社の物流拠点には、売れ筋を中心に約1万3千点の在庫が用意され、北海道と九州の一部を除き1日で届ける。医療用白衣では、「スクラブ」と呼ばれる半袖で首元がVネックになっている白衣が人気となっている。手術現場のほか、診察衣など幅広い医療シーンで利用されている。同社は、自社サイトで「スクラブ」の特集を組むなどして積極的に販促している。

経営指標

制服・作業服店を対象にした指標は見当たらないので、ここでは参考として、TKC経営指標（平成29年版）より、「男子服小売業」の数値を掲げる。

TKC経営指標 （変動損益計算書）	全企業　51件	
	平均額（千円）	前年比（％）
売上高	146,439	91.9
変動費	80,791	94.8
仕入高	78,171	90.9
外注加工費	940	91.3
その他の変動費	21	59.5
限界利益	65,647	88.7
固定費	65,293	90.5
人件費	30,582	94.9
減価償却費	2,039	99.5
租税公課	609	116.4
地代家賃・賃借料	11,973	97.4
支払利息・割引料	872	96.4
その他	18,373	76.3
経常利益	353	19.0
平均従事員数	9.7名	

今後の課題／将来性

●将来性

2020年の東京オリンピックに向け、建設ラッシュや各地の災害対策などにより、作業服の需要は堅調に推移すると予想される。また、製造現場や飲食業、農業従事者などの分野ごとに、デザイン性や機能性に優れた作業着の取り扱いが増えている。学生服では、紳士服各社の参入で競争が激しくなっているが、需要は底堅いと予想される。

《関連団体》　公益財団法人日本ユニフォームセンター
　東京都港区元赤坂1‐4‐21
　TEL　03（3401）2111

●小売業●

呉　服　店

最近の業界動向

●呉服小売店の市場規模は2,785億円

　矢野研究所によると、平成28年の呉服小売市場規模は前年比0.7％減の2,785億円であった。平成25年は前年比1.6％増の3,010億円と増加したが、それ以降は３年連続で減少している。着物を着る機会がほとんどなく、日常的に着るような習慣が少なくなったことに伴い、呉服小売市場は縮小している。一方、着物のレンタル専門店が増加している。京都などの観光地では、若者がレンタルした着物で観光する姿が多く見受けられるようになった。ファッションの中心にある若者層への市場開拓や、国内に限らず海外の消費者の需要を的確に捉えた商品開発やサービスの提供が今後の重要な課題となる。

呉服小売市場規模の推移（単位：億円）

年次	市場規模	年次	市場規模
平23年	3,000	平26年	2,855
24年	2,960	27年	2,805
25年	3,010	28年	2,785

（出所）矢野経済研究所

●男性の間で着物人気が広がりつつある

　低価格の着物商品が充実したことや、ファッションとしてとらえる若者が増え、若い男性の着物姿が見受けられるようになった。百貨店ではイベントを開催するなどして市場の活性化を後押ししている。伊勢丹新宿本店では、平成28年から呉服大手のやまとの男着物専門店「ワイ＆サンズ」とコラボした期間限定店を開いている。また、専門店でも商品数を増やし、手頃な価格帯の商品を揃えている。

●若者向けの販売に力を入れる

　着物各社がアパレルブランドと連携して新商品を開発するなどして、若者向けの販売に一段と力を入れている。やまとは、若い女性向けの新型店の展開を加速させる。一般的なアパレル店のように着物をハンガーにかけて並べ、入口付近にアクセサリーを置くなどして、来店しやすいように工夫した。三松は、若者に人気のアパレルブランド「MACKDADDY（マックディ）」と共同で企画した着物を販売する。カジュアルなデザインの着物に仕上げ、組み合わせる羽織物や帯も複数用意した。三松の通常商品価格に比べ低い価格の５万円程度とした。

●セパレートタイプの子ども用浴衣

　花火大会などのイベントで浴衣姿の人を多く見かけるようになった。こうした中、子供用浴衣で着付けが簡単にできるセパレートタイプの着物が人気となっている。三越日本橋本店で販売している浴衣は、羽織とドレス、帯の３点セットで、帯をすると上下がつながったように見えて、浴衣として着られる。子どもは動き回ってすぐに気崩れてしまうが、気崩れしにくいと好評だ。また、ドレスとしても着られる。通信販売のベルメゾンも、セパレートタイプの浴衣を販売している。

●さが美の再建

　さが美は投資ファンドの傘下で再建に乗り出す。主力の「さが美」の１割弱に当たる８店舗を閉鎖し、新規出店は当面凍結する。高価格帯の商品を中心に開発や販売を強化し、顧客データを一元管理するシステムを活用して、きめ細かい販促などを行う。さが美は平成28年２月期まで５期連続の赤字に陥り、親会社であったユニー・ファミリーマートホールデイングスは、投資ファンドのアスパラントグループによるTOBに応じ、さが美の株式を売却して同ファンドの傘下で再建を進めることになった。

マーケットデータ

●和服関連の年間支出金額

　総務省「家計調査年報」によると、和服関連の

和服関連の年間支出金額推移（単位：円）

品　目	平26年	平27年	平28年
和服合計	2,870	2,366	1,563
男子用和服	99	116	77
婦人用着物	1,229	1,022	918
婦人用帯	1,085	509	258
他の婦人用和服	264	135	133
子供用和服	193	584	177

（出所）家計調査年報

1世帯当たりの年間支出金額（総世帯）は次の通り。平成28年の和服の年間支出金額は1,563円で、前年の2,366円と比べると33.9％減となった。

◉大手呉服店の売上高

日経流通新聞「第45回日本の専門店調査」によると、平成28年度の呉服小売業の売上高は次の通り。10社中8社が減収で市場縮小に歯止めがかからない。

呉服小売業の売上高（平成28年度）

順位	会社名	本社	売上高（百万円）	前年度比伸び率（％）	店舗数
1	や ま と	東京	20,257	1.6	122
2	三 松	東京	12,992	▲3.4	116
3	さ が 美	神奈川	12,638	▲19.6	119
4	ヤ マ ノHD	東京	12,419	▲3.3	104
5	京都きもの友禅	東京	12,194	▲2.3	53
6	鈴 乃 屋	東京	8,500	▲16.7	―
7	鈴 花	佐賀	5,285	▲6.3	67
8	東京ますいわ屋	神奈川	5,006	▲4.8	43
9	す ず の き	東京	4,419	4.8	33
10	ち づ る	広島	1,782	▲4.1	21

（出所）日経流通新聞

業界の特性

◉事業所数と従業員数

経済産業省「商業統計確報」によると、平成26年の呉服・服地小売業の事業所数は7,850所、従業員数は2万789人となっている。また、日経流通新聞「専門店調査」によると、平成28年度の呉服専門店上位10社の店舗数は合計で678店である。

◉販売形態

販売形態は店頭販売と催事販売が主である。しかし、固定客中心の催事販売はコストがかかることから、最近では新規顧客獲得に向けたインターネットによる販売形態が増えている。また、若者が店に入りやすいように店舗改装によるイメージチェンジや大手通販会社を利用した販売、ダイレクトメール等による幅広い新規顧客の獲得を模索している。「着付教室」や「レンタル」から販売につながるケースが多く、着物に対する敷居を低くして体験による需要拡大を狙う新しい販路が拡大しそうだ。

ノウハウ

◉着物の保管サービス

呉服専門店のやまとは、着物の保管サービスを一部の店舗で始めた。SNS運営のサマリーが手掛ける荷物預かりサービスと連携して、着物などの専用箱に入れて保管する。保管期間は6カ月からで、やまとが全国展開する124店で開始した。店舗で申し込みすると、自宅に専用箱や着物を畳んでしまう際に使うたとう紙が届く。畳み方の説明書もあり、1箱5着まで収納することができる。管理はスマートフォンアプリ「サマリーポケット」を用いる。祖父母や親から譲られた着物を持つ20〜30代の需要を見込んでいる。

経営指標

ここでは参考として、TKC経営指標（平成29年版）より「呉服・服地小売業」の数値を掲げる。

TKC経営指標（変動損益計算書）	全企業 175件	
	平均額（千円）	前年比（％）
売上高	67,088	94.6
変動費	31,082	93.4
仕入高	30,548	93.0
外注加工費	116	81.9
その他の変動費	―	312.5
限界利益	36,006	95.7
固定費	37,039	97.2
人件費	17,211	96.2
減価償却費	1,301	101.3
租税公課	539	98.7
地代家賃・賃借料	3,707	104.9
支払利息・割引料	655	100.6
その他	13,618	96.6
経常利益	▲1,034	224.7
平均従事員数	6.1名	

今後の課題／将来性

◉課題

着物離れが加速し、呉服店の経営状況は悪化している。低価格帯の商品を増やしたりして裾野を広げているが、市場回復につなげるには至っていない。また、浴衣を着る若者が増えたが、浴衣は本来家の近所などで着る普段着で価格は安い。フォーマルな場で着る高価格帯の着物が売れなければ市場回復は期待できない。

《関連団体》　全国呉服専門店協同組合
　京都府向日市上植野町西小路23-15
　TEL　075（932）4546

●小売業●

米　穀　店

最近の業界動向

●米の年間支出金額は２万3,522円

　総務省「家計調査年報」によると、平成28年の米の年間支出額は前年比2.3％増の２万3,522円となったが、購入数量は減少している。インターネットなどで最安値情報や口コミなどが手軽に入手できることから価格競争がますます激しくなり、コメの価格も概ね減少傾向が続いている。一方、産地や生産方法にこだわった美味しいコメは、高くても買うという消費者の二極化が進んでいる。また、家庭内においても生活スタイルの多様化により、個々で外食や中食によるハンバーガーや麺などで手軽に済ませることが多いことも、米の購入数量の減少傾向につながっている。

米の年間支出金額、購入数量の推移

年次	年間支出額	購入数(kg)	購入単価(円)
平23年	28,425	80.58	340.33
24年	28,731	78.78	364.67
25年	28,093	75.17	373.72
26年	25,108	73.05	343.72
27年	22,981	69.51	330.64
28年	23,522	68.74	342.19

（出所）総務省「家計調査年報」

●高級ブランド米の競争激化が進む

　全国で相次ぎ登場する新ブランド米の取引価格が上昇している。新米は人気銘柄の新潟産コシヒカリに比べて２～３割高いものが目立つ。減反廃止の影響で自立を迫られた農家は、生き残りをかけて高級ブランド米の開発に力を注いでいる。岩手県が平成29年から売り出す「金色の風」は１俵（60キロ）１万8,000円と、平成28年産の新潟産コシヒカリ（魚沼など有名産地を除く）の取引価格である１万４千円台を大幅に超えている。また、青森県のブランド米「青天の霹靂（へきれき）」も価格が１万6,500円で強気な姿勢だ。おいしさや生産方法にこだわる新ブランド米は店頭価格も高くなり、２キロ袋で最高1,400円程度となる見

通しだ。また、新潟県はコシヒカリ以外のブランド育成にも力を入れ、「新之助」は取引価格で60キロ１万9,000円と、国内最高級の魚沼産コシヒカリと同等の価格帯で、「コシヒカリに依存しないコメづくり」を目指している。おいしさや生産方法にこだわり、米の付加価値を高める販売戦略による競争の激化は今後も続くと予想される。

●小分けしたコメの少量販売

　少人数世帯や共働きの増加に伴い、従来よりも小分けしたコメの少量販売が増えている。小分けすることで、同じ棚に多数の銘柄を置けるメリットもあり、消費者は少量パックなら鮮度の高いコメを味わうことができる。また、ブランド米が相次いで発売されており、少量パックなら試してみたいと思う消費者も多い。衣料・服飾・生活雑貨などを手掛けるサザビーリーグは、「AKOMEYA TOKTO（アコメヤトウキョウ）」というコメ販売店を展開している。平成29年９月には３店目となる「ルミネ大宮店」をオープンした。全国から厳選したコメを販売し、店頭には３合パックが並んでいる。新鮮な状態で、必要な量だけ買いたいという消費者の需要が高まっている。また、セブン＆アイ・ホールディングスは、単身者でも使い切れる小容量にして販売している。小容量のコメや総菜などを提供することで、高齢者や女性の個食需要を取り込みたい考えだ。

マーケットデータ

●米の小売価格の推移

　総務省「小売物価統計調査」によると、米（単一原料米：コシヒカリ）の地区別小売価格の推移

米の小売価格の推移（単一原料米：コシヒカリ）（単位：円）

地　区	平27年平均	平28年平均
札　幌　市	2,298	2,325
仙　台　市	1,923	2,017
東京都区部	2,285	2,355
新　潟　市	2,133	2,251
名　古　屋　市	1,956	2,060
大　阪　市	2,032	2,157
広　島　市	2,022	2,136
松　山　市	2,030	2,108
福　岡　市	2,051	2,138
那　覇　市	2,515	2,525

（出所）総務省「小売物価統計調査」

は表の通り。平成28年平均では、すべての地区において前年の平均価格を0.4〜6.2%上回っている。

●米穀類小売業の年間商品販売額

経済産業省「商業統計（速報）」によると、平成27年の米穀類小売業の年間商品販売額は2,609億5,300万円となった。米の消費量の減少に伴い、年間商品販売額は減少している。

米穀類小売業の年間商品販売額等

年次	事業所数（所）	従業者数（人）	年間商品販売額等（百万円）	売り場面積（㎡）
平27年	10,030	25,404	260,953	443,199

（出所）経済産業省「商業統計表確報」

●米の消費量動向調査

米穀安定供給確保支援機構によると、消費世帯1人1カ月当たり精米消費量の推移は次の通り。平成28年は4,663gで前年比6.3%増となった。

消費世帯の1人1カ月当たり精米消費量の推移（単位：g）

平成25年	平成26年	平成27年	平成28年
4,466	4,554	4,386	4,663

（出所）米穀安定供給確保支援機構

業界の特性

●事業所数、従業者数

経済産業省「商業統計確報」によると、平成27年の米穀類小売業の事業所数は1万30所、従業者数は2万5,404人である。このうち、個人経営の事務所は7,213所で、全体の71.9%を占めている。

●米の購入先の推移

米穀安定供給確保支援機構「米の消費動向調査

米の購入先の推移（複数回答）

項目	平27年度	平28年度
スーパーマーケット	48.0%	50.0%
農家直売	5.0%	6.0%
産地直売所	2.0%	2.0%
生協	8.0%	8.0%
米穀専門店	4.0%	3.0%
農協	1.0%	2.0%
ディスカウントストア	3.0%	3.0%
コンビニエンスストア	0.0%	1.0%
デパート	2.0%	2.0%
ドラッグストア	4.0%	4.0%
インターネットショップ	10.0%	10.0%
親兄弟、知人などから無償で入手	20.0%	17.0%
その他	3.0%	3.0%

（出所）米穀安定供給確保支援機構

結果」によると、米の購入先の推移は表の通り。平成28年度調査によると、スーパーマーケットでの購入が全体の50%に達した。米穀専門店は3%で、前年比1ポイント減少した。インターネットショップは10%で横ばいが続いている。

ノウハウ

●ネット販売

重たい米を購入して家まで運ぶのは大変で、玄関まで配送してくれるサービスは、高齢者や単身者、子育て中の主婦などに好評だ。ネット販売を手掛ける米穀店も増えてくると予想される。

経営指標

ここでは参考として、TKC経営指標（平成29年版）より、「米穀類小売業」の数値を掲げる。

TKC経営指標（変動損益計算書）	全企業　93件	
	平均額（千円）	前年比（％）
売上高	94,341	100.7
変動費	70,073	103.4
仕入高	69,897	104.4
外注加工費	15	94.2
その他の変動費	6	255.7
限界利益	24,267	93.6
固定費	24,731	97.9
人件費	12,774	97.6
減価償却費	1,878	100.4
租税公課	491	96.9
地代家賃・賃借料	1,822	99.4
支払利息・割引料	482	102.0
その他	7,285	97.8
経常利益	▲464	▲70.1
平均従事員数	5.0名	

今後の課題／将来性

●課題

消費者の購入先の多様化により、米の購入先は米穀専門店からスーパーマーケットにシフトしたが、今後はインターネットによる購入が増加すると見込まれる。米穀店側においても従来の地域密着型の保守的な経営姿勢から脱却し、消費者のニーズを考えた上での販売戦略を再構築しなければ競争に生き残ることは難しいと言える。

《関連団体》　日本米穀小売商業組合連合会
　　東京都中央区日本橋小伝馬町15−15
　　TEL　03（4334）2180

— 387 —

●小売業●

フレッシュベーカリー

最近の業界動向

●パン市場はゆるやかに拡大

パン市場はゆるやかに拡大している。スーパーやコンビニエンスストアなどがパンに力を入れ、百貨店の食品フロアの有名ベーカリーでは、焼き立てのパンに行列ができている。飲食店でもパンの販売に注力するなど、競争が激化している。

●ベーカリーの併設

ハンバーガー店を運営するフレッシュネスは、店で手作りするパンを併売する新型店を多店舗化する。平成29年秋からは、一部店舗で店内のオーブンで焼き上げたパンの販売を始めた。新型店「フレッシュネスベーカリー」は、専用のパン職人を常駐させて小麦粉から成形して店で焼き上げる。パンの品揃えは40〜50種類で、パンの売り場を充実させるため厨房を設けた。ハンバーガーの客層は若年層が多く、中高年層の取り込みができていなかった。焼き立てパンを販売することで、幅広い客層の集客を図る。また、飲食店を運営する俺のフレンチは、新たにベーカリーを併設したカフェを多店舗展開する。俺のフレンチは、競合の激化や料理人の育成が追い付かず成長が鈍化している。このため、新たな事業の柱としてベーカリー併設型カフェの多店舗化に乗り出した。平成28年11月には東京・恵比寿にオープンし、平成29年9月に東京・銀座、さらに都内に3店の出店を計画している。

●パン専門店の出店を増やす

飲食店運営のオペレーションファクトリーは、パン専門店「やまびこベーカリー」の出店を増やしていく。オペレーションファクトリーは、関西を中心に客単価3,000〜5,000円のレストランを展開しているが、パン専門店を増やして客層を広げる。「やまびこベーカリー」では、店内で生地を作り、食材にこだわったパンを販売している。今後は大阪など大都市の中心部に出店し、東京への進出も視野に入れている。

マーケットデータ

●国内パン市場規模

富士経済によると、平成28年の国内パン市場（小売りベース）は前年比1.4％増の2兆7,437億円（見込）であった。市場は拡大傾向だが、ベーカリーショップはチェーン店が堅調な一方、個人店は苦戦している。

国内パン市場規模（単位：億円）

年　　次	平28年（見込）	平29年（予測）
国内パン市場規模	27,437	27,798

（出所）富士経済

●大手製パンメーカーの売上高

大手製パンメーカーの売上高は次の通り。

大手製パンメーカーの売上高（単位：億円）

社　　名	売上高	決算期
山 崎 製 パ ン	10,419	平28年12月
フ ジ パ ン	2,732	平28年6月
敷 島 製 パ ン	1,571	平28年8月
ア ン デ ル セ ン	695	平28年3月
神 戸 屋	580	平28年12月
第 一 屋 製 パ ン	257	平28年12月

（出所）各社決算資料

●パンの年間支出額は11.8％減

総務省の「家計調査年報」によると、平成28年のパン1世帯当たり年間支出金額は前年比0.7％減の3万294円であった。このうち、食パンは1.3％減の8,904円、他のパンが同0.4％の2万1,390円となっている。

パンの1世帯当たり年間支出額（単位：円）

年次	パン	食パン	他のパン
平23年	28,321	8,635	19,685
24年	28,282	8,525	19,757
25年	27,974	8,494	19,480
26年	29,210	8,747	20,464
27年	30,507	9,023	21,484
28年	30,294	8,904	21,390

（出所）総務省「家計調査年報」

業界の特性

●店舗数

NTTタウンページ「iタウンページ」によると、平成29年10月19日現在のパン店の数は1万2,051店となっている。

パン店数

地域	店舗数	地域	店舗数	地域	店舗数
全国	12,051	富 山	163	島 根	74
北 海 道	573	石 川	166	岡 山	286
青 森	103	福 井	118	広 島	314
岩 手	101	山 梨	94	山 口	163
宮 城	175	長 野	283	徳 島	127
秋 田	51	岐 阜	170	香 川	120
山 形	98	静 岡	427	愛 媛	206
福 島	211	愛 知	577	高 知	113
茨 城	199	三 重	180	福 岡	626
栃 木	178	滋 賀	121	佐 賀	89
群 馬	181	京 都	318	長 崎	183
埼 玉	456	大 阪	709	熊 本	212
千 葉	427	兵 庫	614	大 分	163
東 京	1,004	奈 良	130	宮 崎	121
神 奈 川	650	和 歌 山	118	鹿 児 島	159
新 潟	276	鳥 取	81	沖 縄	143

(出所)「iタウンページ」

●リテールベーカリー

リテールベーカリーは、店舗内にパンを作るための厨房を持ち、製造・販売をしているパン製造小売業のことで、大手パンメーカーのように、工場で作った商品を流通させて販売する形態ではない。出来たてパンを食べられるのが魅力である。同じリテールベーカリーでも、工場で生産した冷凍生地を厨房で焼きあげる「ベークオフ製法」や、厨房で粉から全ての工程を作る「フルスクラッチ製法」などの製法があり、それぞれメリット、デメリットがある。ベークオフは生産効率の良さから商品を低価格で提供でき、各店舗での品質を一定に保つことができる。フルスクラッチは商品価格が高くなりがちだが、パン本来の風味ではベークオフよりも優っている。ただ、各店舗や職人でバラつきが生じたり、温度・湿度などの影響を受けて品質にバラつきが生じる可能性がある。

●製パンメーカーとベーカリーショップの展開

大手製パンメーカーはパン製造ではなく、ベーカリーショップの経営を行っている。山崎製パン（サンエトワール、ハースブラウンなど）、フジパン（パリクロアッサンなど）、敷島パン（レアールパスコベーカリーズ、フォションなど）、アンデルセン（アンデルセン、リトルマーメイドなど）、神戸屋（フレッシュベーカリー神戸屋など）、第一製パン（ベーカリーアウトレット）。

ノウハウ

●イートアンドベーカリー店の出店加速

「大阪王将」を展開するイートアンドは、平成26年からベーカリー店を出店しているが、平成30年3月期中に27店に拡大する。コストを抑えて大量出店できるように、旗艦店にはセントラルキッチンの機能を持たせ、運営を効率化して150店に増やしていく計画だ。パン工房は設備費用が高く、専門の料理人を置く必要がありコストがかかる。セントラルキッチン付きの旗艦店を設けることで、周辺地域に効率的に出店しやすくする。

経営指標

ここでは参考として、TKC経営指標（平成29年版）より、「パン小売業（製造小売）」の数値を掲げる。

TKC経営指標 （変動損益計算書）	全企業 54件	
	平均額（千円）	前年比（％）
売上高	101,859	95.6
変動費	35,552	92.8
仕入高	34,922	93.4
外注加工費	—	68.6
その他の変動費	635	79.6
限界利益	66,307	97.3
固定費	67,352	99.1
人件費	42,241	98.8
減価償却費	4,375	107.5
租税公課	1,541	140.2
地代家賃・賃借料	5,753	95.6
支払利息・割引料	661	114.6
その他	12,784	95.1
経常利益	▲1,046	▲527.6
平均従事員数	18.9名	

今後の課題／将来性

●課題

スーパーや飲食店などが焼き立てパンの販売を強化している。ベーカリーチェーンが店舗数を拡大する中、個人経営のベーカリーショップは苦戦している。地域の購買層やこだわりの素材を使ったパンなど、個人店独自の商品を販売することが重要である。

《関連団体》　全日本パン協同組合連合会
　　東京都新宿区新宿1-34-9
　　TEL　03（3352）3341

— 389 —

●小売業●

スイーツ専門店

最近の業界動向

●糖質を抑えたスイーツが広がる

健康志向を反映して、糖質を抑えたスイーツが広がり、糖質カットの商品が相次いで発売されている。女性や中高年の間で気軽にダイエットできる糖質制限が支持され、糖質オフ・ゼロの食品市場は拡大傾向にある。

●洋菓子店の海外展開

不二家は親会社の山崎製パンと連携して平成28年12月、台湾の百貨店にケーキなどを扱う店をオープンした。既に日本から菓子を輸出して菓子を販売していたが、店舗を構えてブランドの認知度を高める。台北市の百貨店「太平洋そごう」の地下３階に出店した店舗には、洋菓子を製造する設備を導入し、店内調理も手掛ける。菓子やチョコレートなど29品目を揃え、平成29年３月末にはシュークリームやケーキを追加した。今後、多店舗展開していく予定で、海外市場の開拓を本格化させる。また、セレクトショップのベイクルーズは平成29年７月、香港にパンケーキ専門店をオープンした。現地企業とフランチャイズチェーン契約を結び、多店舗化を目指す。香港の大型商業施設に出店した「フリッパーズ」は、ふわふわの食感と口の中で溶ける味わいが特長で、若い女性の取り込みを図る。一方、資生堂の食品事業会社の資生堂パーラーは、海外事業を加速させ平成30年にはタイに海外２カ所目となる自社製菓子の直営販売店を開業する。アジアで高いブランド知名度を武器に、海外物販を新たな柱に育てていく。現在、立地選定を始めていて、チーズケーキやビスケットなどの販売を予定している。

●わさびをテーマにしたスイーツ

長野県安曇野市内の菓子店やホテル、レストランでつくる「安曇野やさいスイーツプロジェクト」は、わさびをテーマにした菓子やデザートの新商品を企画し、「信州デスティネーションキャンペ

ーン」に合わせて、平成29年７月15日から８月31日まで各店で販売された。

マーケットデータ

●和洋菓子・デザート類の市場規模

矢野経済研究所によると、平成27年度の国内和洋菓子・デザート類の市場規模は、前年度比3.9％増の２兆2,216億円（メーカー出荷金額ベース）であった。平成28年度の市場規模は2.0％増の２兆2,655億円の見込みとなっている。

和洋菓子・デザート類の市場規模（単位：億円）

年　度	平25	平26	平27	平28 （見込）
市場規模	21,425	21,390	22,216	22,655

（出所）矢野経済研究所

●洋生菓子等の生産数量、小売金額

全日本菓子協会によると、平成28年の菓子全体の小売金額は、前年比0.9％増の３兆3,609億円である。うち、洋生菓子の小売金額は前年比2.0％増の4,250億円、チョコレートは同4.4％増の5,260億円であった。

洋生菓子等の生産数量、小売金額（単位：トン、億円）

品　　目		平26年	平27年	平28年
洋 生 菓 子	数量	189,104	189,482	195,167
	金額	4,175	4,167	4,250
チョコレート	数量	231,400	231,350	238,980
	金額	4,860	5,040	5,260
菓 子 全 体	数量	1,932,578	1,964,981	1,978,607
	金額	32,522	33,339	33,609

（出所）全日本菓子協会

●洋生菓子の年間支出金額

総務省「家計調査年報」によると、洋生菓子の年間支出額の推移は次表の通り。平成28年の洋生菓子の年間は前年比0.4％減の１万4,449円であった。このうち、ケーキの年間支出金額は同0.1％減の6,916円、他の洋生菓子は同0.6％減の7,533円

１世帯当たりの年間支出額（単位：円）

年次	ケーキ	他の洋生菓子	合　計
平23年	6,852	6,674	13,526
24年	6,781	6,716	13,497
25年	6,837	6,984	13,821
26年	6,810	7,154	13,964
27年	6,921	7,580	14,501
28年	6,916	7,533	14,449

（出所）総務省「家計調査年報」

であった。

業界の特性

●店舗数

スイーツ専門店の店舗数、従業者数に関する公的なデータは見当たらない。NTTタウンページの「iタウンページ」によると、平成29年9月現在の洋菓子店の店舗数は1万5,222店となっている。なお、洋菓子店の多い上位10都道府県と人口10万人当たりの店舗数が多い都道府県は次の通り。

洋菓子店の多い都道府県、及び10万人当たり店舗数の多い都道府県

順位	都道府県	件数	順位	都道府県	10万人当り店舗数
1	東京都	1,323	1	長崎県	20.6
2	大阪府	852	2	福井県	20.3
3	愛知県	810	3	富山県	19.5
4	兵庫県	756	4	石川県	18.5
5	福岡県	755	5	沖縄県	17.9
6	神奈川県	740	6	佐賀県	17.7
7	北海道	651	7	鳥取県	17.6
8	埼玉県	564	8	鹿児島県	17.3
9	静岡県	514	9	大分県	17.2
10	千葉県	493	10	徳島県	17.1

（出所）「iタウンページ」

●営業形態

スイーツ店の営業形態を分類すると、次の3つのタイプがある。①製造販売タイプ（大手業者が多く、フランチャイズ店を通じて事業拡大を図る）、②街の洋菓子店タイプ（店舗の厨房などで製造した洋菓子を販売する。店舗は多くて2～3店舗）、③洋菓子の販売タイプ（コンビニエンスストアなどに洋菓子の販売のみを行う）。

●取扱商品

スイーツ（洋菓子）の種類は、洋生菓子（ケーキ、カステラ、ドーナツ、シュークリームなど）と、洋干菓子（ビスケット、チョコレート、キャンディーなど）がある。平均的な洋菓子店が扱う商品のアイテム数は、主力商品の洋菓子が20～30アイテム、焼き菓子が6～20アイテム、クッキーが10アイテム程度であり、多品種少量生産が一般的である。

ノウハウ

●学生チームの企画を基にしたスイーツ

神戸学院大学の学生チームの企画を基に、風月堂が作ったスイーツが発売された。平成29年に開港150年を迎えた神戸港にちなんだ商品で、カップに桜餅に使う桜の葉を細かくして入れたあんや、クリーム、ジャムを重ねたスイーツで、甘さを程良く抑えている。糖質を抑えたスイーツや、季節ごとに材料を変えたスイーツなど、新たな商品が相次いで登場している。味はもとより、消費者を飽きさせない工夫も必要だ。

経営指標

スイーツ専門店の指標は見当たらないので、ここでは参考として、TKC経営指標（平成29年版）より、「菓子小売業（製造小売）」の数値を掲げる。

TKC経営指標（変動損益計算書）	全企業 206件	
	平均額（千円）	前年比（％）
売上高	100,354	96.3
変動費	33,899	95.2
仕入高	32,288	94.8
外注加工費	65	53.6
その他の変動費	1,378	98.9
限界利益	66,455	96.9
固定費	66,202	97.5
人件費	38,607	98.7
減価償却費	3,877	93.8
租税公課	1,233	96.2
地代家賃・賃借料	4,217	96.1
支払利息・割引料	821	95.7
その他	17,408	96.1
経常利益	253	37.2
平均従事員数	15.5名	

今後の課題／将来性

●課題

洋生菓子は、大手チェーンのブランド化や一定の商品に特化したブランドの出現など多様化が進んでいる。手軽に楽しめるコンビニエンスストアのスイーツは商品数が増え、価格も手頃で購入しやすく競争力を増している。洋菓子店を取り巻く環境は厳しくなっている。価格競争で対抗するのではなく、味や企画力などで対抗していく必要がある。

《関連団体》　全日本菓子協会
　東京都港区新橋6－9－5
　TEL　03（3431）3115

－ 391 －

●小売業●

和菓子店

最近の業界動向

●和生菓子の小売金額は前年と同じ4,750億円

全日本菓子協会によると、平成28年の和生菓子の小売金額は前年と同じ4,750億円であった。スイーツ人気が高まる一方、和菓子の人気は価格が高いというイメージもあり低迷している。

●「くず餅カフェ」の多店舗展開

くず餅の老舗船橋屋は、くず餅プリンなどの和スイーツを揃えた店を多店舗展開して若年層の取り込みを図る。和カフェ「船橋屋こよみ」の東京・広尾店では、くず餅の原料を使ったプリンや、くず餅の上に抹茶アイスを乗せた「抹茶クリームくず餅」など、独自商品が女性の支持を集めている。また、東京・亀戸の本店を改装し、50～60代の主要顧客以外に、30代を中心とした顧客層の開拓を図っていく。

●和菓子店の新規出店を加速

柿安本店は、総菜店のほかに和菓子店「柿安口福堂」を運営している。みたらし団子や草だんごの定番商品のほか、スイーツブームの影響でフルーツ大福などが好調で、新規出店を加速させる。平成29年2月期は、前期より多い10店舗の和菓子店の新規出店を行う。

●洋菓子専門店のBAKEが生どら焼き専門店をオープン

洋菓子専門店の「BAKE（ベイク）」は平成29年5月、生どら焼きの専門店「DOU（ドウ）」をオープンした。同社初めての和菓子業態で、生地は洋菓子のスポンジケーキのようなふんわりとした食感を取り入れた。あんこは北海道産の大粒の最高級小豆を使い、生クリームを加えて食べやすくすっきりとした後味に仕上げている。洋菓子のノウハウを生かして若年層の集客を図る。

マーケットデータ

●和菓子等の生産数量、小売金額

全日本菓子協会によると、和菓子などの生産数量、小売金額は次の通り。平成28年の菓子全体の小売金額は前年比0.9％増の3兆3,609億円である。和生菓子の小売金額は横ばいで推移している。

和生菓子等の生産数量、小売金額（単位：トン、億円）

品　目		平26年	平27年	平28年
和生菓子	数量	304,500	305,000	305,000
	金額	4,700	4,750	4,750
米　菓	数量	216,676	220,350	217,687
	金額	3,508	3,642	3,643
飴菓子	数量	168,000	169,000	174,700
	金額	2,460	2,510	2,610
せんべい	数量	56,350	57,505	58,082
	金額	712	726	734
菓子全体	数量	1,932,578	1,964,981	1,978,607
	金額	32,522	33,339	33,609

（出所）全日本菓子協会

●虎屋の売上高

日経流通新聞の「第45回日本の専門店調査」によると、老舗和菓子店虎屋の平成28年度の売上高は次の通り。

虎屋の売上高（平成28年度）

社　名	本社	売上高（百万円）	伸び率（％）	店舗数
虎　屋	東京	18,526	▲3.3	82

（出所）日経流通新聞

●1世帯当たりの和菓子の年間支出額

総務省「家計調査年報」によると、ようかんやまんじゅう、他の和生菓子の年間支出額は表の通り。

1世帯当たりの年間支出額（単位：円）

年次	ようかん	まんじゅう	他の和生菓子	合計
平23年	732	1,478	8,917	11,127
24年	755	1,426	8,948	11,129
25年	764	1,374	9,036	11,174
26年	722	1,311	9,117	11,150
27年	795	1,413	9,329	11,538
28年	760	1,366	9,440	11,566

（注）二人以上の世帯
（出所）総務省「家計調査年報」

業界の特性

●和菓子店数

NTTタウンページ「iタウンページ」によると、

平成29年9月1日現在和菓子店数は1万3,299店となっている。

和菓子店数

地域	店舗数	地域	店舗数	地域	店舗数
全国	13,299	富　山	205	島　根	151
北 海 道	220	石　川	315	岡　山	242
青　森	84	福　井	141	広　島	265
岩　手	56	山　梨	109	山　口	187
宮　城	174	長　野	178	徳　島	127
秋　田	79	岐　阜	408	香　川	72
山　形	105	静　岡	454	愛　媛	93
福　島	112	愛　知	905	高　知	46
茨　城	249	三　重	328	福　岡	588
栃　木	251	滋　賀	226	佐　賀	203
群　馬	269	京　都	677	長　崎	220
埼　玉	644	大　阪	796	熊　本	247
千　葉	356	兵　庫	611	大　分	146
東　京	1,145	奈　良	235	宮　崎	131
神 奈 川	555	和 歌 山	181	鹿 児 島	220
新　潟	144	鳥　取	67	沖　縄	82

（出所）「iタウンページ」

●和菓子の種類
　和菓子は水分含有率によって①生菓子、②半生菓子、③干菓子の3つに分けられる。①～③の主な和菓子の種類は次の通り。①生菓子（餅、おはぎ、赤飯、ういろう、金つば、どら焼きなど）、②半生菓子（最中、羊かん、ぎゅうひなど）、③干菓子（落雁、おこし、ボーロ、米菓など）。また、上生菓子は手技の技術を生かした季節の風物を映した練切りなどが代表的な生菓子で、茶会などに使用される。

●営業形態
　和菓子店は営業形態によって、①贈答用菓子店、②自家用菓子店、③高級菓子店の3つに分類される。①贈答用菓子店は贈答品や催事品を主力とする。②自家用菓子店は団子や大福、かしわ餅など一般家庭で主に消費される商品を取り扱う。③高級菓子店は来客用や茶道用など高価な商品を中心に扱う。

●和菓子を購入する場所は専門店が63.1%
　全日本菓子協会の「和菓子需要実態調査（平25年11月～平26年1月）」によると、和菓子を購入する場所は専門店が63.1%最も多く、次いで百貨店9.4%、スーパー34.6%、コンビニ13.9%、通販1.4%、ネットショップ0.2%、その他1.9%であっ

た。また、1回に購入する金額は500～800円が最も多く、選ぶ基準は「味」が最も多かった。

ノウハウ

●健康に配慮した和菓子作り
　健康志向の高まりを受け、健康に配慮した和菓子が広がっている。日本食が外国人に好まれるようになり、和菓子も訪日外国人を意識して味を変えたりする必要がある。和菓子は日本文化が詰まった食べ物であり、伝統を踏まえながら新しい商品づくりも求められている。

経営指標
　ここでは参考として、TKC経営指標（平成29年版）より、「菓子小売業（製造小売でないもの）」の数値を掲げる。

TKC経営指標 （変動損益計算書）	全企業　30件	
	平均額（千円）	前年比（%）
売上高	141,012	97.9
変動費	88,531	97.9
仕入高	87,634	96.6
外注加工費	—	600.1
その他の変動費	—	—
限界利益	52,481	97.9
固定費	50,073	100.3
人件費	26,433	100.4
減価償却費	1,789	90.1
租税公課	711	103.2
地代家賃・賃借料	6,480	101.7
支払利息・割引料	756	101.8
その他	13,891	100.8
経常利益	2,407	64.7
平均従事員数	14.0名	

今後の課題／将来性

●課題
　コンビニエンスストアの和菓子は、価格も手頃で品質も良くなっている。専門店では、吟味した材料を使い、価格に見合うような商品の提供が不可欠である。また、人気のスイーツを意識した和菓子を自らプロデュースして若年層の需要開拓を図る必要がある。

《関連団体》　全国和菓子協会
　　東京都渋谷区代々木3－24－3
　　TEL　03（3375）7121

●小売業●

健康・自然食品店

最近の業界動向

●健康食品市場規模

矢野経済研究所によると、平成27年度の健康食品市場規模（メーカー出荷額ベース）は前年度比3.2％増の7,435億3,000万円であった。健康志向の高まりを受け、健康食品市場は底堅く推移すると予想される。

健康食品市場規模（単位：百万円）

流通別	平26年度	平27年度	平28年度（見込）
合　　計	720,800	743,530	750,000
訪　問　販　売	235,000	234,000	232,800
通　信　販　売	299,000	309,100	318,400
薬　系　チャネル	96,700	107,530	106,500
食品系チャネル	26,500	26,900	27,200
健康食品系チャネル	15,600	16,800	15,400
その他のチャネル	48,000	49,200	49,700

（出所）矢野経済研究所

●らでぃっしゅぼーやが有機・低農薬野菜の店頭販売を開始

野菜宅配のらでぃっしゅぼーやは、有機・低農薬野菜の店頭販売を始めた。食品スーパーのライフコーポレーションと組み、ライフの生鮮売り場に常設の売り場を設けて販売する。契約農家が栽培した有機・低農薬野菜は、一般的な野菜と比べて割高だが、食の安心・安全に関心の高い消費者に売り込む。

●健康をキーワードにした食品やサービスを充実

食品スーパーなどが健康をキーワードにした食品やサービスを充実させている。イオンは有機・添加物不使用といった機能ごとに3種に分け、PB商品を再編する。有機栽培の公的な認証を受けた商品「グリーンアイオーガニック」の生鮮野菜や加工食品を中心に15品目を発売し、随時拡大していく。また、食品スーパーのカスミは、来店客向けに健康支援サービスを強化している。子ども向けの食育イベントや高齢者向けの食生活講座

などに力を入れる。

●グラノーラ市場が拡大

穀物やドライフルーツなどを混ぜたシリアルを指すグラノーラは、食物繊維を豊富に含み、手軽に健康的な食事が取れる点などが消費者に支持され、市場は拡大している。日本スナック・シリアルフーズ協会によると、平成28年のグラノーラの市場規模（出荷額ベース）は前年比15.7％増の453億円で、グラノーラ市場は拡大が続いている。

グラノーラ市場の推移（単位：億円）

区　分	平25年	平26年	平27年	平28年
グ ラ ノ ー ラ	146	245	369	453
玄 米 フ レ ー ク	18	15	13	18
コーンフレーク	112	104	94	91
その他のシリアル	65	63	61	60
合　　計	340	427	537	621

（出所）日本スナック・シリアルフーズ協会

マーケットデータ

●特定保健用食品の市場規模

日本健康・栄養食品協会の「トクホ市場規模調査結果」（隔年調査）によると、特定保健用食品の市場規模の推移は次の通り。

特定保健用食品の市場規模推移（単位：億円）

年度	市場規模	年度	市場規模
平21	6,299	平25	6,275
22	6,798	26	6,135
23	5,494	27	6,391
24	5,175	28	6,463

（出所）日本健康・栄養食品協会

●1世帯当たり年間支出額

総務省「家計調査年報」によると、1世帯当たりの健康保持用摂取品の年間支出額は次の通り。

1世帯当たりの健康保持用摂取品の年間支出額

年次	健康保持用摂取品（円）	栄養剤（円）
平22年	14,524	4,467
23年	13,967	4,458
24年	14,558	4,401
25年	14,960	4,227
26年	14,237	3,933
27年	14,182	3,981
28年	15,333	3,663

（注）二人以上の世帯
（出所）家計調査年報

業界の特性

●企業数

　健康食品・自然食品店に関する公的な統計は見当たらない。業界団体の日本健康・栄養食品協会の加盟企業数は平成29年3月末現在、会員は688社である。また、NTTタウンページ「iタウンページ」によると、平成29年10月11日現在健康食品販売店は1万2,212店（薬局や漢方薬局などが含まれている）、自然食品販売店が6,525店となっている。それぞれ店舗数が多い都道府県10位までは次の通り。

健康食品・自然食品販売店数

地域	健康食品販売店数	地域	自然食品販売店数
全　国	12,212	全　国	6,525
東　京　都	1,229	福　岡　県	699
福　岡　県	1,072	東　京　都	430
大　阪　府	811	大　阪　府	395
北　海　道	707	熊　本　県	303
熊　本　県	427	兵　庫　県	269
鹿　児　島　県	426	鹿　児　島　県	256
兵　庫　県	412	北　海　道	226
沖　縄　県	398	沖　縄　県	221
愛　知　県	383	愛　知　県	194
静　岡　県	379	神　奈　川　県	183

（出所）「iタウンページ」

●トクホの許可数

　特定保健用食品（トクホ）は、通常の食品とは異なり、脂肪の吸収を抑える、コレステロールを低下させるといった特定の健康効果を商品のパッケージや広告で表示する制度である。日本健康・栄養食品協会によると、トクホの表示許可数は平成29年3月末現在で1,127品目である。

●主な食品表示制度

　食品表示制度は国の審査や許可が必要なトクホと、国の許可は不要だが、ビタミンやミネラルの機能に限られる「栄養機能食品」、平成27年4月に開始された機能性表示食品制度がある。機能性表示制度では、消費者庁に表示内容を届け出てから60日後には販売が可能になる。トクホは申請から許可まで2〜3年かかるため、トクホに比べると負担が軽く、ドラッグストア業界が制度の導入を後押ししてきた。

●販売に関する規制

　健康食品そのものを規定する単独の法律はなく、主に食品衛生法、健康増進法、薬事法によって規制を受ける。また、販売にあたっては不当景品類及び不当表示防止法、特定商取引に関する法律、消費者契約法などの規制を受ける。

ノウハウ

●塩分を抑えたラーメンやうどん

　健康食品の宅配を手掛けるファンデリーは、健康食の宅配カタログを発行し、塩分やカロリーを抑えた弁当などを発売している。平成29年3月には、塩分を抑えたラーメンやうどんを発売した。スープの材料などを見直し、腎臓疾患などで食事療法を受けている人でも食べられる。

経営指標

　健康・自然食品を対象にした指標は見当たらないので、ここでは参考として、TKC経営指標（平成29年版）より、「各種食料品小売業」の数値を掲げる。

TKC経営指標 （変動損益計算書）	全企業　313件	
	平均額（千円）	前年比（％）
売上高	266,660	99.8
変動費	197,230	100.2
仕入高	197,181	100.0
外注加工費	48	85.3
その他の変動費	14	178.4
限界利益	69,430	98.9
固定費	68,290	100.5
人件費	35,393	100.9
減価償却費	3,144	101.0
租税公課	730	99.1
地代家賃・賃借料	4,304	101.2
支払利息・割引料	497	89.3
その他	24,156	100.0
経常利益	1,140	50.8
平均従事員数	14.7名	

今後の課題／将来性

●課題

　高齢化社会と単身者の増加が進展する中で、気軽に摂取しやすい健康食品への需要は堅調である。健康食品業界をはじめ、食品・医療品メーカー、大手量販店、ドラッグストアなどが機能性表示食品の展開に積極的な姿勢を見せており、今後の市場拡大が期待される。

《関連団体》　公益社団法人日本健康・栄養食品協会
　東京都新宿区市谷砂土原町2−7−27
　TEL　03（3268）3134

●小売業●

総 菜 店

最近の業界動向

●惣菜市場規模は2.7%増

中食市場は消費者のライフスタイルの変化や食の簡便志向、食品調理技術の進化、それに伴う中食商品の味の向上により、惣菜市場規模も拡大を続けている。日本惣菜協会の資料によると、惣菜市場規模は9兆8,399億円で、前年度の9兆5,881億円と比較して2.7%増加している。

●新型オーブンを導入して加熱調理した料理を提供

サラダ店「RF1ロック・フィールド」を展開するロック・フィールドは、新型のオーブンを導入して加熱調理した料理を提供する。コンビニエンスストアなど競合が総菜に力を入れているため、付加価値の高い商品で集客を増やす。平成29年9月から百貨店内の店に新型オーブンを導入し、野菜をのせて焼き上げたタルトやキッシュなどを販売する。

●オフィス向けサービス「オフィスおかん便」

総菜提供サービスの「おかん」は、法人向けサービスを全国に拡大する。個人向けは既に全国展開しているが、多忙でランチタイムを確保できない社員の多い企業での利用を見込んでいる。オフィス向けサービス「オフィスおかん便」は、東京や神奈川など1都3県で展開する。定期的にひじきや焼き魚などを届け、総菜を補完する冷蔵庫も提供する。

●総菜を新ブランド「おかず亭」に統一

コンビニエンスストアのスリーエフは、店内で販売する総菜を新ブランド「おかず亭」に統一した。スリーエフでは、専用オーブンを導入して、店内で焼いた焼き鳥やコロッケなどを販売してきたが、認知度を高めるため「おかず亭」に統一し、新商品も投入する。

●フジッコの少容量パック総菜が人気

個食化が進む中、フジッコの少容量パックの総菜が好調だ。「おかず畑　おばんざい小鉢」は、1食分が40～50グラムの総菜を2個パックで売っている。切干大根やひじき煮、うの花の3種類を展開している。少容量パックは高齢者にも人気で、シニア向けメニューをさらに強化していく。

マーケットデータ

●惣菜の市場規模

日本惣菜協会の資料によると、平成28年の惣菜市場規模9兆8,399億円で、このうち、コンビニエンスストアは3兆1,133億円、専門店・他が2兆9,024億円、食品スーパーが2兆5,417億円、総合スーパーが9,148億円、百貨店が3,674億円となっている。コンビニエンスストアでの販売が伸び、専門店などを超えた。カテゴリー別では、米飯類が最も多く、次いで一般惣菜の売上構成が大きくなっている。

惣菜の市場規模（単位：億円）

	平25年	平26年	平27年	平28年
市場規模	88,962	92,605	95,813	98,399
前年比（％）	—	4.1	3.5	2.7

（出所）日本惣菜協会

●主な調理食品の年間支出金額

総務省「家計調査年報」によると、主な調理食品の年間支出額は次の通り。

主な調理食品の1世帯当たり年間支出金額（単位：円）

品　名	平26年	平27年	平28年
サラダ	3,848	4,335	4,535
コロッケ	1,927	2,000	1,996
カツレツ	1,747	1,870	1,862
天ぷらとフライ	9,772	10,157	10,493
しゅうまい	996	1,005	1,036
ぎょうざ	2,125	2,132	2,194
そうざい材料セット	2,703	2,726	3,238

（出所）総務省「家計調査年報」

●大手の売上高

各社の決算資料によると、大手惣菜店（ロック・フィールドと柿安）2社の平成28年度の売上

大手の売上高（単位：億円）

社　名	売上高 （百万円）	前年度比 （％）	経常利益 （百万円）	店舗数
ロック・フィールド	50,574	1.6	3,084	329
柿安本店	43,291	▲0.3	2,195	351

（出所）各社決算資料

高は表の通り。スーパーやコンビニエンスストアとの競争激化の中で、両社の売上高は現状維持の状態にある。

業界の特性

◉事業所数と従業者数、年間販売額

経済産業省「商業統計」によると、総菜店が含まれる各種食品小売業の事業所数は平成27年で2万104店、従業者数は74万84人となっている。なお、NTTタウンページ「iタウンページ」によると、平成29年10月11日現在惣菜店は7,784店である。

惣菜店数

地域	店舗数	地域	店舗数	地域	店舗数
全 国	7,784	富 山	53	島 根	60
北 海 道	147	石 川	62	岡 山	126
青 森	85	福 井	75	広 島	174
岩 手	61	山 梨	47	山 口	91
宮 城	78	長 野	119	徳 島	35
秋 田	44	岐 阜	111	香 川	74
山 形	78	静 岡	290	愛 媛	130
福 島	74	愛 知	369	高 知	63
茨 城	137	三 重	126	福 岡	635
栃 木	77	滋 賀	64	佐 賀	69
群 馬	106	京 都	146	長 崎	142
埼 玉	262	大 阪	356	熊 本	194
千 葉	249	兵 庫	283	大 分	305
東 京	897	奈 良	29	宮 崎	135
神 奈 川	539	和 歌 山	50	鹿 児 島	187
新 潟	141	鳥 取	34	沖 縄	175

（出所）「iタウンページ」

◉デリカアドバイザー

日本惣菜協会では、惣菜専門店や百貨店、スーパーなどの業務従事者を対象として、食品表示等の関係法令、調理や販売時の注意点、食物と栄養などの基礎知識を習得させることを目的として、デリカアドバイザー試験を行い、1,595人の有資格者が存在している。平成29年9月にはデリカアドバイザー養成研修を始め、134人をデリカアドバイザーとして認定した。有資格者が勤務する店舗では「デリカアドバイザーのいる店」として表示することも可能であり、信頼性を上げることにも寄与している。

ノウハウ

◉オリジン東秀がセルフレジ方式を導入

弁当・総菜店を運営するオリジン東秀は、セルフレジの導入を進めている。来店客の会計待ち時間を短縮するとともに、従業員が調理に専念できるようにする。セミセルフ式レジは、弁当・総菜店を、キッチンオリジンに改装するのに合わせて導入を進めている。

経営指標

総菜店の指標は見当たらないので、ここでは参考として、TKC経営指標（平成28年版）より、「料理品小売業」の数値を掲げる。

TKC経営指標 （変動損益計算書）	全企業　73件	
	平均額（千円）	前年比（%）
売上高	160,614	99.7
変動費	74,388	99.8
仕入高	73,787	99.8
外注加工費	—	—
その他の変動費	584	103.2
限界利益	86,225	99.7
固定費	84,019	98.9
人件費	50,314	100.4
減価償却費	2,812	91.7
租税公課	826	97.6
地代家賃・賃借料	6,183	98.3
支払利息・割引料	691	88.6
その他	23,214	97.3
経常利益	2,206	143.3
平均従事員数	27.3名	

今後の課題／将来性

◉課題

高齢化、単身世帯の増加、女性の社会進出などライフスタルの変化を反映して、惣菜利用が大きく増加している。コンビニエンスストアや食品スーパーも総菜の取り扱いを増やし、健康に配慮した総菜など内容も充実している。業態を超えた競争は今後、より厳しくなるものと考えられる。総菜に求めるニーズは、顧客の年齢や性別によって異なる。さまざまなニーズを把握する必要があり、対象とする顧客を明確にし、安心・安全な信頼できる商品を提供することが求められている。

《関連団体》　一般社団法人日本惣菜協会
　　東京都千代田区麹町4－5－10
　　麹町アネックス6F
　TEL　03（3263）0957

●小売業●

家 具 店

最近の業界動向

●デザイン性、機能性の高いソファ

　ロボット掃除機の普及で、掃除しやすい家具が好まれるようになった。大塚家具店が平成29年1月から販売しているソファは、ロボット掃除機が通れるようにコンパクトな設計にした。部屋の広さや好みに合わせて選べるよう3種類を用意した。アクタスのプライベートブランドのソファは、カバーが洗えるようになっており、清潔に保ちたいという消費者の要望に応えている。まとまった家具の買い替え需要が見込めない中、ソファは比較的需要が見込めるため、消費者のニーズに合ったソファの販売で、需要を取り込みたい考えだ。

●大塚家具の経営立て直し

　業績が低迷している大塚家具は、ソファなど特定の商品に特化した専門店や小型店の店舗を増やして再起を図る。また、インターネットでインテリアの相談を受け付けるオンラインも強化する。小型店は、地方の百貨店や住宅メーカーとの提携店で、平成29年3月1日には四国の販売拠点として「いよてつ高島屋」に提携店を開業した。また、千葉県の複合商業施設にソファ専門店をオープンした。提携店は家賃や人件費を負担せずに展開できる。固定費を抑えた運営体制に切り替え、経営立て直しにつなげたい考えだ。

●杉を使ったオフィス向け家具の販売

　良品計画は、内田洋行と共同開発した国産杉を使ったオフィス向け家具を販売する。廃材となった杉を有効活用して、林業の活性化にもつなげていく。杉は傷が付きやすく机などの家具に使われることは少ないが、上手に加工して長く使えるようにした。法人客を多く持つ内田洋行と協業して、新たな需要の取り込みを図る。

マーケットデータ

●家具の販売額

　経済産業省「繊維・生活用品統計」によると、平成28年度の木製家具の販売金額は前年比2.9％減の1,396億5,000万円である。主な木製家具の販売金額は次の通り。

木製家具の販売金額（単位：百万円）

品　目	平27年度	平28年度
たんす	1,896	1,619
木製棚計	20,334	19,506
木製机・テーブル計	13,912	13,077
木製いす計	30,838	30,071
ベッド	10,392	10,331
その他の木製家具	66,434	65,046
計	143,806	139,650

（出所）経済産業省「繊維・生活用品統計」

●大手家具店の売上高

　日経流通新聞の「第45回日本の専門店調査」によると、平成28年度の大手家具店の売上高は次の通り。ニトリホールディングスは、既存店の改修を例年より多い60店に増やす。都心店の集客が好調なため、都心店で採用しているダウンライトの照明などデザイン性の高い内装に変えていく。

家具小売業の売上高ランキング（平成28年度）

社　名	売上高 （百万円）	伸び率 （％）	経常利益 （百万円）	店舗数
ニトリホールディングス	512,958	12.0	87,563	471
山　　　　新	54,000	0.7	—	39
東京インテリア家具	47,460	▲0.5	3,407	37
大　塚　家　具	46,307	▲20.2	▲4,436	18
ア　ク　タ　ス	16,063	▲0.3	—	27
マナベインテリアハーツ	9,497	9.8	307	16
ビ　ッ　グ　ウ　ッ　ド	4,638	6.2	86	46
山　下　家　具　店	3,806	▲0.9	▲46	7
湯　川　家　具	2,110	▲10.1	▲96	7
岡　本　総　本　店	1,618	▲9.6	—	5
プ　ラ　ス・カ　ー　サ	834	—	30	4

（出所）日経流通新聞

●日本製家具の輸出入

　日本家具産業振興協会の調査によると、日本から海外への家具完成品の輸出額は平成28年で112億4,800万円と前年の103億6,000万円から8.0％増えている。特に、品目別では木製の寝台兼用腰掛が1,700万円から5,300万円に増加している。国別ではシンガポール、香港、中国などアジアへの輸出が多く、日本製品の品質や機能性の高さを評価した富裕層によるものと考えられる。輸入においては、4,057億8,900万円から3,681億700万円と減

— 398 —

少したが、革張りの寝台兼用腰掛のみが3,300万円から3,700万円と13.0％増加した。

業界の特性

●年間販売額、商店数、従業者数

経済産業省「商業統計表」によると、平成27年の家具小売業の事業所数は5,621店、従業者数は4万2,168人、年間販売額は8,743億3,900万円である。

●一般家具の1世帯当たり年間支出金額

総務省「家計調査年報」によると、平成28年の一般家具の1世帯当たり年間支出金額は前年比5.9％減の6,034円であった。

一般家具の1世帯当たり年間支出額推移

年次	支出額（円）	年次	支出額（円）
平19年	6,525	平24年	5,966
20年	6,806	25年	6,204
21年	6,633	26年	6,845
22年	6,046	27年	6,414
23年	5,870	28年	6,034

（出所）総務省「家計調査年報」

●ホームファニシングストア

ニトリやイケアのような業態の店は「ホームファニシングストア」と呼ばれ、家庭用品を中心に、カーテンやシーツ類、カーペットにインテリア用品など一カ所で揃えられる。この基本となるのが「トータルコーディネート」という考え方である。

●SPAのメリット

SPA（製造小売り）のメリットは、コスト削減、情報の有効活用等がある。SPAによる迅速なPOSデータ反映により、機会ロス、見切りロス、在庫ロスを最小限に抑えられる。さらに物流コスト節約、情報の有効活用、子会社化、専門化による能力アップや活動集約によるコスト削減が期待できる。

●イケア、ニトリが顧客満足度同点で1位

日本生産性部のサービス産業生性協議会で行われた平成29年度JCSI（日本版顧客満足度指数）第3回調査で、各種専門店の中でイケアとニトリが「顧客満足」が同点で1位であることを発表した。これらの調査は「顧客期待」「知覚品質」「知覚価値」「顧客満足」「推奨意向」「ロイヤルティ」の項目で調査された。イケアは「顧客期待」「知覚価値」「推奨意向」において1位、ニトリは「知覚価値」「ロイヤルティ」において1位であった。

ノウハウ

●イケアがインターネット通販を本格展開

イケアの日本法人イケア・ジャパンは、平成29年4月からインターネット通販を本格展開している。通販専用サイトを立ち上げ、愛知県にある物流センターを拡張して、発送体制を整備した。配送できる地域も順次広げていく。イケアは、購入者が持ち帰って組み立てる家具を低価格で販売し成長してきた。最近ではネット通販の需要が高まったため、グループ全体でインターネット通販の強化を進めている。

経営指標

ここでは参考として、TKC経営指標（平29年版）より、「家具小売業」の数値を掲げる。

TKC経営指標 （変動損益計算書）	全企業	126件
	平均額（千円）	前年比（％）
売上高	150,734	96.6
変動費	89,450	95.7
仕入高	89,333	96.0
外注加工費	232	64.1
その他の変動費	39	105.9
限界利益	61,283	98.0
固定費	60,326	98.8
人件費	29,700	99.0
減価償却費	2,784	95.8
租税公課	1,447	99.8
地代家賃・賃借料	4,824	95.7
支払利息・割引料	804	92.5
その他	20,759	99.9
経常利益	956	66.3
平均従事員数	8.1名	

今後の課題／将来性

●課題

最近は、衣料品や日用雑貨も含めたトータルなライフスタイルを提案する総合的な小売業が家具の販売まで手掛けるようになってきている。住まいの小型化に合わせた多機能家具の提案や、洗える布張りソファなど、消費者のライフスタイルやニーズに合った商品を投入することが不可欠となっている。

《関連団体》　東京都家具商業協会
　　東京都文京区湯島3－35－13
　　TEL　03（3834）3661

●小売業●

インテリア用品店

最近の業界動向

●インテリアファブリックス市場は5,652億円

インテリアファブリックス協会によると、平成28年度のインテリアファブリックス市場規模（卸売ベース）は、前年度比0.2％減の5,652億3,000万円であった。分野別では、ウインドトリートメントが同0.5％増の2,014億4,000万円、フロアカバリングが同0.9％減の2,469億8,000万円、ウォールカバリングが同0.2％増の1,168億1,000万円となっている。

インテリアファブリックス市場の推移（単位：億円）

項　　目	平26年度	平27年度	平28年度
インテリアファブリックス	5,651	5,661	5,652
ウインドトリートメント	2,000	2,003	2,014
フロアカバリング	2,509	2,492	2,469
ウォールカバリング	1,141	1,166	1,168

(注) ウインドトリートメント（カーテン、ブラインド類など）、フロアカバリング（カーペット、プラスチック系床材）、ウォールカバリング（壁紙）
(出所) インテリアファブリックス協会

●そごう・西武がシニア需要を開拓するためインテリア用品売り場を改装

そごう・西武は、シニア需要を開拓するためインテリア用品売り場を改装した。自宅をイメージしやすいようフローリングのような床材に変更し、収納雑貨を収納するコーナーを新設した。平成28年に開設した中高年をターゲットにした「くらしのデザインサロン」が好調で、建築家やインテリアデザイナーを増員することも検討している。そごう・西武は、住まいの改修やリビング用品販売で認知度を高め、さらなるシニア層の需要開拓に注力する。

●中高年層をターゲットに高級ラインの商品販売

インテリア雑貨店「フランフラン」を運営するパルスは、手薄だった中高年層の取り込みを図るため、高級ライン「マスターレシピ」の商品を売り出した。価格は従来の商品より2～5割程度高い。布団カバーやソファの張り布地、テーブルクロスなどのファブリック類では、仏産の麻を使った布団カバーなど、無垢材のダイニングテーブルも販売する。

マーケットデータ

●インテリア用品大手の売上高

インテリア用品・家具大手の売上高は次の通りである。

インテリア用品・家具大手の売上高（単位：百万円）

企業名	売上高	決算期
ニ　ト　リ	512,958 (458,140)	連結（平29.2）
良　品　計　画	333,281 (307,532)	連結（平29.2）
ナ　フ　コ	231,040 (239,000)	単独（平29.3）
島　　　忠	149,987 (157,352)	単独（平28.8）
カッシーナ・イクスシー	10,107 (10,300)	単独（平28.12）

(注) カッコ内は前の期
(出所) 各社決算資料

●1世帯当たりの年間支出金額

総務省の「家計調査年報」によると、平成28年における1世帯当たりの室内装備・装飾品の年間支出額は前年比8.0％減の9,115円となった。主な家具、室内装飾品、寝具類の年間支出金額は表の

インテリア（家具を含む）の1世帯当たり年間支出額（単位：円）

品　　目	平26年	平27年	平28年
タ　ン　ス	860	722	550
食卓セット	1,166	1,176	1,113
応接セット	2,111	2,087	1,910
食器戸棚	511	573	613
他の家具	2,196	1,857	1,850
室内装備・装飾品	9,587	9,911	9,115
照明器具	1,805	1,606	1,478
室内装飾品	1,740	2,119	2,045
敷　　物	2,293	2,116	1,932
カーテン	1,603	2,084	1,598
他の室内装飾品	2,143	1,985	2,061
ベ　ッ　ド	2,023	1,770	1,447
他の寝具類	3,804	3,824	3,991

(出所) 総務省「家計調査年報」（二人以上の世帯）

— 400 —

通りとなっている。

業界の特性

●店舗数

NTTタウンページ「iタウンページ」によると、インテリア用品店の数は、平成29年10月10日現在1万671店となっている。最も多いのは東京都の930店、次いで愛知県の832店、大阪府の635店と続いている。

インテリア用品店の店舗数

地域	店舗数	地域	店舗数	地域	店舗数
全　国	10,671	富　山	164	島　根	118
北 海 道	313	石　川	184	岡　山	226
青　森	78	福　井	120	広　島	340
岩　手	91	山　梨	57	山　口	169
宮　城	210	長　野	230	徳　島	104
秋　田	65	岐　阜	298	香　川	172
山　形	79	静　岡	504	愛　媛	148
福　島	162	愛　知	832	高　知	85
茨　城	172	三　重	228	福　岡	613
栃　木	122	滋　賀	110	佐　賀	79
群　馬	112	京　都	276	長　崎	100
埼　玉	318	大　阪	635	熊　本	188
千　葉	223	兵　庫	460	大　分	126
東　京	930	奈　良	105	宮　崎	85
神 奈 川	422	和 歌 山	94	鹿 児 島	138
新　潟	182	鳥　取	64	沖　縄	140

（出所）「iタウンページ」

●販売形態

インテリア用品を取り扱う業態は、インテリア用品専門店のほかに、家具店やホームセンター、大手生活雑貨店、スーパー、百貨店などである。中でもホームセンターは郊外幹線道路沿いに、大手生活雑貨店は駅ビルや大型商業施設などに店舗を増やしている。

●取扱商品

取扱商品は店の規模で変わる。小規模店はカーテンやカーペット、壁紙が主力商品である。中規模店は小規模店で扱う商品のほか、プラスチック床材や壁装品などを扱う。大規模店は中規模店の商品に加えて、収納家具や台所家具、建具、寝装寝具、照明器具などが加わる。

ノウハウ

●新しい資格制度で接客力などを高め、販売につ

なげる

パルスは、平成29年春から新しい資格制度を設けた。新しい資格制度は、インテリア産業協会が主催する「インテリアコーディネーター」試験の合格を必須にし、資格や職位をステップアップしていく。資格取得した社員がけん引する形で、店長や社員らの販売力を高め、販売層につなげていく。

経営指標

インテリア用品店の指標は見当たらないので、ここでは参考として、TKC経営指標（平成29年版）より、「他に分類されないじゅう器小売業」の数値を掲げる。

TKC経営指標 （変動損益計算書）	全企業　20件	
	平均額(千円)	前年比(％)
売上高	167,938	100.2
変動費	113,523	103.5
仕入高	113,085	104.9
外注加工費	618	80.0
その他の変動費	3	7.9
限界利益	54,415	93.9
固定費	53,573	92.2
人件費	34,255	90.4
減価償却費	1,710	97.2
租税公課	551	89.6
地代家賃・賃借料	2,346	98.9
支払利息・割引料	721	95.8
その他	14,013	92.9
経常利益	841	▲402.7
平均従事員数	8.0名	

今後の課題／将来性

●課題

インテリア用品市場は市場全体では堅調に推移しているが、インテリア専門店のほかホームセンターや家具店、百貨店など、業態を超えた販売競争が激化している。機能性やデザイン性、提案力など、競合他社との差別化を図る必要がある。

●将来性

機能を果たす道具としてのインテリア用品だけではなく、ライフスタイル全体の提案など幅広いアドバイスや、顧客のニーズを取り入れた商品開発が必要となっている。

《関連団体》　日本室内装飾事業協同組合連合会
　東京都港区西新橋3-6-2
　TEL　03（3431）2775

— 401 —

●小売業●

寝 具 店

最近の業界動向

●ベッドリネン・寝具市場

　睡眠への関心が高まり、快適な眠りを助ける商品が相次いで販売されている。日本人の多くが睡眠の悩みを抱えており、睡眠の悩みを改善するサービスが広がっている。矢野経済研究所によると、平成27年のベッドリネン・寝具市場は前年比3.3％増の6,920億円であった。平成28年は前年比0.3％減の6,900億と予測されている。

ベッドリネン・寝具市場（単位：億円）

平24年	平25年	平26年	平27年	平28年 （予測）
5,123	6,543	6,699	6,920	6,900

（注）ベッドリネン・寝具類に含まれる品目はシーツ、各種カバー類、布団類、毛布類、まくら類などである
（出所）矢野経済研究所

●「ねむりの相談所」

　西川産業は、直営店や百貨店売り場の一角に「ねむりの相談所」を設けた。社内資格「スリープマスター」の資格を持つスタッフが睡眠に関する悩みに対応する。相談に訪れた消費者にセンサーを貸し出し、センサーを通じて収集したデータを基に睡眠時の様子を解析して、改善する方法などをアドバイスする。料金は1回1,000円で、寝具の需要拡大につなげたい考えだ。また、平成28年には働く母親向けの寝具ブランドを立ち上げている。新ブランド「ホーム　メイクス」は、洗濯後に乾きやすい合成素材を使った掛け布団カバーなど、手間などを減らせる商品で、全国の百貨店や専門店などで販売している。

●フランスベッドが羽毛布団のリフォームサービスを始める

　フランスベッドは、平成29年7月から羽毛布団のリフォームサービスを始めた。羽毛布団は長く使用していると、中身の羽毛が痛んだりして、十分な保温が保てなくなる。羽毛布団は価格が高いため、リフォームなら新品を買うより安上がりに

なる。良い物を長く使うという消費者が増え、布団リフォーム件数も増えている。閑散期の工場の稼働率を高めるメリットもあり、ニーズ次第では設備を増強する。

●エアウィーブとアイシン精機が提携

　エアウィーブホールディングスとアイシン精機は平成29年4月21日、寝具の販売や商品開発で提携すると発表した。7月には共同開発したマットレスを発売し、共同で販路活動も展開する。両社は高反発マットレスを販売しているが、両社それぞれの独自素材を組み合わせて新製品を作り、提携によって販路を広げていく。

マーケットデータ

●寝具類の年間支出金額

　総務省「家計調査年報」によると、平成28年の寝具類の1世帯当たりの年間支出額は次の通り。

寝具類の1世帯当たりの年間支出金額（単位：円）

品　目	平26年	平27年	平28年
ベ　　ッ　　ド	2,023	1,770	1,447
ふ　　と　　ん	3,370	3,020	2,874
毛　　　　布	596	528	391
敷　　　　布	626	733	626
他　の　寝　具	3,804	3,824	3,991
合　計	10,420	9,876	9,329

（出所）総務省「家計調査年報」

●ふとんの販売金額

　経済産業省「繊維・生活用品統計」によると、ふとんの販売金額の推移は次の通り。

ふとんの販売金額推移（単位：百万円）

品　目	平26年	平27年	平28年
掛　ふ　と　ん	2,434	2,505	2,460
敷　ふ　と　ん	7,765	7,670	7,597
こ た つ ふ と ん	765	558	507
羽毛・羽根ふとん	17,051	16,300	17,044
合　計	28,015	27,033	27,608

（出所）経済産業省「繊維生活用品統計」

業界の特性

●店舗数

　NTTタウンページ「iタウンページ」によると、ふとん販売店の店舗数は、平成29年10月10日現在736店である。最も多いのは福岡県の109店、次いで大阪府（53店）、鹿児島県（40店）、東京都（32店）、兵庫県（31店）、神奈川県（30店）、愛知県（29

店）と続いている。

●取扱商品

寝具店の取扱商品は大きく①寝具用品、②寝具関連用品、③寝装関連用品、④その他関連商品に分けられる。それぞれ主な商品は次の通りである。①ふとん類（掛ふとん、敷きふとん、座布団類）、毛布類、マットレス類、枕、タオルケット。②シーツ、カバー類、ナイトウェア類、ベッド関連用品。③ベッド類（普通ベッド、ソファベッド、二段ベッド、病院ベッド、ウォーターベッド）。④ふとん袋、ふとん圧縮保存袋などとなっている。

●収入源

寝具店は寝具類などの物品販売による収入のほか、ふとん綿の打ち直しや寝具の仕立て、加工等による加工賃収入も貴重な収入源である。加工賃収入は物品販売よりも利益率が高いが、合繊綿の増加、寝具の高級化、加工職人の減少などを背景に、加工賃収入は減っている。加工部門を廃止して外部に加工を委託する業者も増えている。

●ふとんの流通経路

ふとんの流通経路は商品やブランドによって異なるが、寝具加工メーカー→集散地問屋→地方卸→小売店という経路をたどるのが一般的である。このうち、集散地問屋は自社ブランドやデザイナーズブランドを持つなど、資金力、マネジメント力ともに、流通・生産両面で中心的な役割を果たしている。

●需要

寝具の需要は季節による繁閑の差が激しい。需要が高まるのはブライダルシーズンや冬季である。このため、一般的な寝具店は12月をピークに、新学期が始まる4月、衣替え時期の9～11月に売り上げが集中する傾向にある。

●睡眠環境・寝具指導士による提案型販売の強化

日本睡眠環境学会の協力を得て、日本寝具寝装品協会と日本ふとん協会は平成25年から睡眠環境・寝具指導士の育成を推進している。内容は、睡眠の生理や運動や健康と睡眠、体温調節系、熱移動、寝姿勢の測定方法、寝返りの評価、室内環境、寝具の性能評価等である。睡眠に基づく健康の維持と寝具業界の振興を目的としており、睡眠に関する医学的な基礎知識や正しい寝具の商品知識を身につけることを目的としており、平成29年

では有資格者は503人である。

ノウハウ

●ユナイテッドアローズが寝具コーナーの展開を始める

ユナイテッドアローズは、平成28年秋から寝具コーナーの展開を始めている。昭和西川と組み、オリジナルの寝具を開発した。ユナイテッドアローズが同社の生活雑貨レーベル「スタイルフォーリビング」と合うようにデザインや素材を決め、昭和西川が生産した。ルームウェアなども販売し、眠りとファッションを融合させ、市場開拓を図る。

経営指標

ここでは参考として、TKC経営指標（平成29年版）より、「寝具小売業」の数値を掲げる。

TKC経営指標 （変動損益計算書）	全企業 67件	
	平均額（千円）	前年比（％）
売上高	79,265	98.1
変動費	42,972	98.6
仕入高	42,349	98.3
外注加工費	548	96.4
その他の変動費	52	87.2
限界利益	36,292	97.6
固定費	36,533	100.8
人件費	16,738	101.6
減価償却費	1,445	71.4
租税公課	867	90.4
地代家賃・賃借料	2,245	105.4
支払利息・割引料	561	95.9
その他	14,180	100.7
経常利益	▲241	▲25.9
平均従事員数	5.6名	

今後の課題／将来性

●課題

睡眠の需要性が広く知られ、快適な眠りのための商品が数多く出回っている。デザイン性や機能性に優れた商品が相次いで発売され、消費者の選択肢も広がっている。寝具市場は底堅く推移しているが、ニトリホールディングスが寝具・雑貨中心の小型店を出店するなど、競争は激しくなっている。

《関連団体》　一般社団法人全日本寝具寝装品協会
　東京都中央区日本橋小舟町7－2　小舟町243ビル7F
　TEL　03（6661）0213

●小売業●

靴・履物店

最近の業界動向

◉婦人靴や紳士靴は低迷

　矢野経済研究所によると、平成27年度の国内靴・履物小売市場は前年度比0.8％増加の１兆4,150億円となっている。スポーツシューズや子供靴が好調な一方、婦人靴や紳士靴は低迷している。靴専門店ジーフットは、紳士靴の事業拡大を図るため、靴のOEM（相手先ブランドによる生産）などを手掛けるライフギアコーポレーションから、高級紳士靴の販売事業を取得する。ジーフットの業績はここ数年スニーカーに依存してきたが、紳士靴を強化して売り上げを引き上げたい考えだ。

◉独自商品を充実させ出店を加速

　靴専門店大手のエービーシー・マートは、女性向け店舗の出店を加速させる。スニーカー人気が高まる一方、婦人靴市場は低迷している。全国に約30店を展開する女性向け店舗では、パンプスのほかバッグやアクセサリーなども揃え、婦人靴は履き心地を重視した商品を拡充している。店舗名も「シャルロット」から「シャルロットbyABCマーチ」に変更し、駅ナカや駅近く、ショッピングセンターなどに出店を進めていく。

◉婦人靴のてこ入れを図る

　靴専門店大手のチヨダは、パンプスの新たなPB商品を売り出すほか、スニーカーの販売にも力を入れ、婦人靴をてこ入れする。パンプスは、シンプルなデザインで機能性を重視した。中心価格帯は５千円前後で、値ごろ感のある商品で需要拡大を図る。また、スポーツ関連商品も充実させる。平成29年３月からは、伊「フィラ」のランニングシューズの販売を始めた。

◉シニア層の取り込みを強化

　靴専門店ジーフットは、運動や旅行に積極的なシニア層の取り込みを強化する。シニアをターゲットにした店舗改装も進める。年齢に関係なく着用できるカラフルなランニングシューズを増やし、店内も移動しやすくするため通路の幅を広げるなど工夫した。また、足の悩みを持つシニア客の相談に応じ、さらに改装を進めていく。シニア層の取り込みを図っていく。一方、百貨店でもシニア向けスニーカーを売り出すなど、歩きやすいスニーカーの人気はシニア層にも広がっている。

◉しまむらが低価格の婦人靴チェーンの確立を目指す

　カジュアル衣料品店のしまむらは、平成18年に靴店をオープンしたが業績が悪く、平成29年２月期に小型店を閉鎖するなど店舗数を半分に減らした。改めて出店を再開し、2020年までに100店以上に増やしていく。パンプスなど婦人靴のスペースを多く割き、低価格とトレンドを両立させた衣料品での成功モデルを婦人靴市場に持ち込む。

マーケットデータ

◉大手専門店の売上高

　日経流通新聞の「第45回日本の専門店調査」によると、平成28年度における靴専門店全体の売上高伸び率は1.1％減で、前回の3.4％増から減収に転じた。スニーカーは好調であったが、婦人靴などの販売が振るわなかった。

靴小売店上位11社の売上高（平成28年度）

順位	社　名	売上高 （百万円）	伸び率 （％）	店舗数
1	エービーシー・マート	178,930	2.7	906
2	ジーフット	102,224	▲1.6	880
3	チヨダ	100,562	▲4.5	1,055
4	ダイアナ	15,958	▲4.7	96
5	東京靴（シューズ愛ランド）	10,872	6.8	38
6	神戸レザークロス	9,884	▲16.7	84
7	かねまつ	9,700	▲6.7	61
8	銀座ヨシノヤ	6,096	▲4.9	75
9	ワシントン靴店	3,723	▲5.0	32
10	テヅカ	2,799	2.8	33
11	ダイアナユーエスエイ（リーガルシューズ）	967	19.7	7

（出所）日経流通新聞

◉靴の年間支出金額

　総務省「家計調査年報」によると、履物類の１世帯当たりの年間支出金額は次の通り。平成28年の履物類の年間支出金額は１万9,336円で、前年に比べて2.6％の減少であった。このうち、運動靴は前年に比べ5.6％増加している。

履物類の１世帯当たりの年間支出金額（単位：円）

品　目	平26年	平27年	平28年
履物類	20,397	19,857	19,336
運動靴	4,146	4,413	4,658
サンダル	572	538	527
男子靴	4,022	4,058	3,997
婦人靴	8,254	7,797	7,097
子供靴	1,105	1,028	1,029
他の履物	2,297	2,024	2,028

（注）二人以上の世帯
（出所）総務省「家計調査年報」

業界の特性

●事業所数と従業者数、年間販売額

経済産業省「商業統計」によると、平成26年の靴・履物小売業の事業者数は8,771店で、従業者数は３万3,656人、年間販売数は6,640億392万円となっている。なお、NTTタウンページ「iタウンページ」によると、平成29年10月12日現在靴店は9,061店、履物店は2,169店である。

靴店数

地域	店舗数	地域	店舗数	地域	店舗数
全　国	9,061	富　山	100	島　根	47
北 海 道	463	石　川	112	岡　山	132
青　森	134	福　井	78	広　島	177
岩　手	149	山　梨	51	山　口	82
宮　城	182	長　野	184	徳　島	65
秋　田	93	岐　阜	167	香　川	72
山　形	109	静　岡	301	愛　媛	92
福　島	154	愛　知	525	高　知	56
茨　城	178	三　重	104	福　岡	418
栃　木	138	滋　賀	65	佐　賀	62
群　馬	115	京　都	158	長　崎	141
埼　玉	372	大　阪	537	熊　本	157
千　葉	340	兵　庫	389	大　分	76
東　京	1,054	奈　良	64	宮　崎	93
神 奈 川	493	和 歌 山	61	鹿 児 島	130
新　潟	247	鳥　取	48	沖　縄	96

（出所）「iタウンページ」

●PB商品

大手チェーンのPB比率は高まっている。独自性を高められ、他社との差別化も図ることができる。また、利益率も高く品質面もNB商品とそん色ないレベルになっている。

ノウハウ

●外反母趾用の靴が中高年に人気

婦人靴販売の「fitfit（フィットフィット）」の外反母趾用の靴が人気で、出店を加速させる。外反母趾は、40～60歳代の女性の多くが悩んでいる。フィットフィットの靴は、一般的な婦人靴より中心線が親指側に寄るように設計されているため、足指の周りにゆとりがあり圧迫感をなくしている。価格は１足１万円前後に抑えている。大都市だけでなく地方都市にも出店を進め、ブランドの認知度を高めたい考えだ。

経営指標

ここでは参考として、TKC経営指標（平成29年版）より、「靴小売業」の数値を掲げる。

TKC経営指標 （変動損益計算書）	全企業　22件	
	平均額（千円）	前年比（％）
売上高	155,716	94.6
変動費	103,046	94.4
仕入高	98,896	92.8
外注加工費	0	21.1
その他の変動費	3	47.6
限界利益	52,670	94.9
固定費	51,413	94.8
人件費	24,294	97.5
減価償却費	2,387	83.0
租税公課	2,582	120.2
地代家賃・賃借料	6,968	92.7
支払利息・割引料	2,059	88.9
その他	13,110	90.8
経常利益	1,257	99.4
平均従事員数	9.7名	

今後の課題／将来性

●将来性

スニーカーの人気が高い一方、スポーティーなファッションに飽きが来ることが予測される。運動靴のような履き心地を維持しながらも、女性らしいデザインを併せた靴の開発が行われている。女性靴では、歩きやすさを重視したヒールが太いパンプスが流行するとみられる。また、販売面においては、シューフィッターによる個々の顧客の足に応じた提案販売など、比較的低価格で対応できるセミオーダーの販売形態も期待できる。

《関連団体》　日本靴小売商連盟
　　東京都千代田区鍛冶町１－６－17
　　TEL　03（3252）5656

●小売業●

かばん・袋物店

最近の業界動向

◉かばん・袋物の国内市場は1兆円超

矢野経済研究所によると、平成27年度のかばん・袋物の国内市場（小売金額ベース）は前年度比3.1％増の1兆915億円であった。要因として、訪日外国人需要の獲得や、富裕層の消費拡大が挙げられる。

◉ランドセル市場

小学校に通学するために使うランドセルは、高機能化やデザイン競争が進み、高価格帯のランドセルの販売も好調だ。また、海外の著名人がランドセルを使っている姿をSNSで紹介するケースもあり、ランドセルに注目している訪日外国人も少なくない。子どもが小学校で使うかばんから使用シーンが広がっている。ランドセルを取り扱っていなかったかばん・袋物店にとっても、新たなビジネスチャンスが生まれている。ランドセル工業会によると、ランドセルの平均販売価格の推移は次の通り。平成26年のランドセル平均販売価格は、前年比7.1％増の4万2,400円であった。8年連続で平均販売価格は上昇している。

ランドセル平均価格帯の推移

年次	価格	年次	価格
平19年	32,000	平23年	36,500
20年	34,400	24年	37,400
21年	34,600	25年	39,600
22年	35,400	26年	42,400

（出所）日本ランドセル工業会

◉東京駅構内の商業施設にPBの革製品を扱う店をオープン

かばん小売りのサックスバーホールディングスは、東京駅構内の商業施設にPBの革製品を扱う店「キソラ」をオープンした。革小物類に特化し、8色の革から選んでオーダーすると、ミシンで縫い上げ名前も刻印してくれるサービスが支持されている。「キソラ」は駅ナカ限定の業態で、駅ナ

カでは身の回りの小物需要が高いとみている。

◉ネット通販での販売を拡大

かばん製造のシカタは、EC販売をてこ入れし、これまでOEM（相手先ブランドによる生産）で展開していたブランドのネット販売を平成29年4月から本格化した。既に自社ブランドのネット通販は行っていたが、品揃えを増やしネット通販での販売を拡大する。

マーケットデータ

◉かばん・袋物の国内市

矢野経済研究所によると、かばん・袋物店の国内市場の推移は次の通り。平成27年度のカバン・袋物小売市場規模は1兆915億円であった。このうち、インポートブランド（海外から輸入されたブランド）が5,461億円（50.0％）、ドメスティックブランド（国内のブランド）が4,166億円（38.2％）、ライセンスブランド（企業が持つブランドを別の企業が契約を通じて商品を開発・販売する）が1,288億円（11.8％）となっている。

かばん・袋物店の国内市場推移 （単位：億円）

年度	平25	平26	平27	平28（見込）
市場規模	10,056	10,590	10,915	10,807

（出所）矢野経済研究所

◉かばん類の年間支出額

総務省「家計調査年報」によると、ハンドバッグや通学用かばん、旅行用かばん等が含まれるかばん類の1世帯当たりの年間支出額の推移は次の通り。平成28年のかばん類の支出額は前年比12.0％減の9,291円である。

かばん類の年間支出額 （単位：円）

品　目	平26年	平27年	平28年
かばん類	11,198	10,561	9,291
ハンドバッグ	6,204	5,157	4,849
通学用かばん	1,228	1,611	1,159
旅行用かばん	888	1,012	740
他のバッグ	2,878	2,782	2,544

（出所）総務省「家計調査年報」

業界の特性

◉小売事業所数、従業者数

経済産業省「商業統計表」によると、平成26年のかばん・袋物小売業の事業所数は平成24年比12.0％増の3,949店、従業者数は同年比23.8％増の

1万7,153人であった。なお、NTTタウンページ「iタウンページ」によると、平成29年10月12日現在かばん店は2,350店、袋物店が139店、ハンドバッグ店が2,507店となっている。それぞれ店舗数が多い都道府県10位までは次の通り。

かばん・袋物・ハンドバッグ店数

地域	かばん店数	地域	袋物店数	地域	ハンドバッグ店数
全　国	2,350	全　国	139	全　国	2,507
東　京	269	兵　庫	15	岡　山	386
大　阪	243	大　阪	13	広　島	217
兵　庫	169	京　都	11	山　口	158
福　岡	160	鹿児島	9	徳　島	151
愛　知	160	長　崎	9	香　川	143
神奈川	90	東　京	9	愛　媛	125
埼　玉	79	福　岡	7	高　知	104
京　都	77	広　島	7	福　岡	93
千　葉	74	愛　知	7	佐　賀	79
静　岡	71	和歌山	6	長　崎	67

(出所)「iタウンページ」

●商品の種類
　袋物の種類は①小物類（札入れ、名刺入れ、ポケットバッグ）、②ショッピングバッグ、③ハンドバッグ（なめし革製ハンドバッグ、プラスチック製ハンドバッグ、その他ハンドバッグ）などがある。

●分類
　かばんを用途別に分類すると、学生用かばん、ビジネス用かばん、一般旅行用、海外旅行用かばん、レジャー用かばんなどがある。袋物には、ハンドバッグ、ショッピングバッグ、札入れ、定期入れなどがある。

●流通経路
　かばん類の流通経路はメーカー→問屋→小売店→消費者という経路をたどることが多い。問屋の中には自ら専属の職人を抱え、メーカーと兼業、製造問屋の機能を持つものもある。また、商品企画から直営店舗での販売まで手掛ける形態もある。かばん類の取引において、多くの問屋が返品を受け付けている。

●ネット通販サイトへの出店
　インターネットの普及により、楽天やヤフー、アマゾンなどネット通販サイトに出店し、自社のホームページ上に通販サイトを開設する企業も増えている。

ノウハウ

●廃材を素材としたバッグの人気が広がる
　タイヤチューブなど捨てられる素材を生かし、バッグとして再生させる取り組みが広がっている。モンドデザインは、廃タイヤのチューブを加工してバッグなどを販売している。平成29年6月からは、TPOに合わせて持ち手を付け替えられるバッグを発売した。また、アミューズエデュテインメントは、廃材となった消防士の制服や、シートベルトなどの規格外品を素材にかばんを製作している。再利用される素材の意外性が注目され、人気が広がっている。

経営指標
　ここでは参考として、TKC経営指標（平成29年版）より、「かばん・袋物小売業」の数値を掲げる。

TKC経営指標 （変動損益計算書）	全企業	24件
	平均額（千円）	前年比（%）
売上高	163,366	93.0
変動費	100,706	96.8
仕入高	93,903	90.2
外注加工費	―	―
その他の変動費	―	―
限界利益	62,660	87.6
固定費	70,297	97.2
人件費	28,866	96.9
減価償却費	1,320	78.6
租税公課	730	99.3
地代家賃・賃借料	8,518	91.5
支払利息・割引料	903	93.0
その他	29,958	100.3
経常利益	▲7,638	908.2
平均従事員数	10.7名	

今後の課題／将来性

●将来性
　使い勝手の良いバッグやTPOによって持ち手が替えられるバッグ、シニア向けに小型の椅子としても使えるキャリーケースなど、消費者の利便性や年齢層に合ったバッグが投入されている。ターゲットを絞った販売戦略や商品の開発が求められる。

《関連団体》　一般社団法人日本かばん協会
東京都台東区蔵前4-16-3　東京鞄会館内
TEL　03（3862）3516

●小売業●

フラワーショップ

最近の業界動向

●花きの市場規模

　農林水産省によると、平成27年の花きの国内供給のうち、国内生産（金額ベース）は3,801億円で約9割を占め、輸入は約1割である。国産花きの流通は、品目品種が多いこと、小売構造が零細であることから卸売市場経由が8割となっている。また、花き小売市場は1兆円程度で推移していると予想される。

●「装花事業」の強化

　生花販売の第一園芸は、結婚式場などを花で飾る「装花事業」を強化するため、パリのフラワーアーチストのエルベ・シャトランの日本における事業のライセンスを取得した。エルベ・シャトランは、同名の店舗をパリで出店し、一流ブランドのブティックなどの装飾を手掛けている。個人事業主が、東京・渋谷で店を運営していたが、個人事業主からライセンスを含む全ての事業を引き継いだ。結婚式場のほか、高級ブランドのイベント装飾の需要を取り込みたい考えだ。また、個人向けの生花販売でもエルベ・シャトランブランドを活用し、多店舗展開することも検討している。

●プリザーブドフラワーや多肉植物を主力とするフラワーショップが増加

　トレンドとして、切り花よりもプリザーブドフラワーや流行の多肉植物を主力とするフラワーショップも増えている。現在では植木を中心とした園芸店と生花を扱うフラワーショップの明確な違いは見られなくなっている。また、スーパーやホームセンターでも生花を取り扱っている状況から、日持ち保障制度や自宅でどのように活けたら良いかを示したレシピの配布や体験講座を開くなどして提案する取り組みも見られる。

マーケットデータ

●花きの産出額

　農林水産省「花きの現状について」によると、花きの産出額は次の通り。平成27年の産出額の内訳は、切り花類が6割、鉢物類が3割、花壇用苗もの類が1割となっている。また、切り花類のうち、仏花として使用されるキクの産出額は692億円、祝い事に使用される洋蘭が333億円、装飾用や供花用のユリが217億円、バラが190億円、カーネーションが126億円、シクラメンが87億円などとなっている。また、平成27年の農業産出額8兆7,979億円のうち、花きの産出額は全体の4.0％を占めている。

花きの産出額（単位：億円）

項　　目	平26年	平27年	前年比
合　計	3,732	3,801	41.8％
切り花類	2,086	2,182	4.6％
鉢物類	958	959	0.1％
球根類	24	27	12.5％
花き苗類	310	302	▲2.6％
花木類	246	226	▲8.1％
芝、地被植物類	108	105	▲2.8％

（出所）農林水産省

●花きの出荷量の推移

　農林水産省の資料によると、花きの出荷量は次の通り。

花きの出荷量の推移

項　　目	平27年	平28年	前年比
切り花類（万本）	388,000	378,100	▲2.6％
球根類（万球）	10,200	9,540	▲6.5％
鉢もの類（万鉢）	22,960	22,640	▲1.4％
花壇用苗もの類（万本）	66,660	64,900	▲2.6％

（出所）農林水産省

●1世帯当たりの切り花の年間支出額

　総務省「家計調査年報」によると、1世帯当たりの切り花の年間支出額の推移は次の通り。平成28年は前年の9,616円に比べ3.1％減の9,317円であった。

1世帯当たりの切り花の年間支出額（単位：円）

年次	消費額	年次	消費額
平19年	10,828	平24年	9,541
20年	10,327	25年	9,406
21年	10,136	26年	9,707
22年	10,111	27年	9,616
23年	9,428	28年	9,317

（出所）「家計調査年報」

業界の特性

— 408 —

●事業所数と従業者数

平成29年9月に発表された大田花き花の生活研究所の調査によると、平成26年の専門店の事業所数は1万5,620店、年間販売額は4,190億円である。その他スーパー、ホームセンター、ディスカウントショップなどが販売チャネルとして考えられる。平成26年経済センサス基礎調査によると、「花・植木小売業」の事業者数は1万7,344店、従業者数は6万4,307人、売上高は4,621億4,200万円である。そのうち支店を持たない単独事業所は1万2,946店で全体の74.6％を占めているが、売上高2,531億1,000万円と54.7％である。店舗の知名度、ブランドからチェーン店が効率よく売上を上げている。

●自宅で花を楽しむ消費者を開拓する

大田花き花の生活研究所によると、日常的な自宅での一般消費規模は8,500〜9,000億円、葬儀の需要は2,200億円、婚礼需要は590億円となっている。日本において個人消費で生花を購入する場面は、お彼岸などやイベント、プレゼントに対応したものが主流であり、潜在的な需要を開拓することが欠かせない。

●需要期

花き市場は婚礼宴会の装花市場、葬儀花市場、造園緑化市場のほか、個人需要では、お彼岸やお盆時期、母の日や父の日、誕生日、クリスマスなどの個人間のギフト需要がある。特に、母の日は生花店としては最大の需要期である。また、最近は友人・知人間で記念日ではなくても、日常的に花を贈ることが増えつつある。

●生花の日持ちを5日間保証

生花は日持ちがしないため、廃棄率は高い。一般的な花屋の廃棄率は3割といわれる。一部の店舗では、日にちが経った切り花を水揚げ（茎を切って花の先端まで水を行き渡らせる）という作業によって蘇らせることもあるという。日比谷花壇では、フラワーショップ「Hibiya-Kadan Style（ヒビヤカダンスタイル）」で、生花の日持ち保証販売を始めた。購入後5日以内に枯れた場合、1回に限り替わりの生花と交換する。普段から自宅で花のある生活を楽しんでもらい、販売につなげる狙いがある。廃棄を減らすことは、経営の安定にもつながる。

ノウハウ

●ロアベルジャパン、ハーバリウムを展開

ドライフラワーをオイルの入った瓶に詰めるハーバリウムが流行しており、各地で講習会が行われている。ロアベルジャパンは、瓶や専用オイルなどの関連商品を販売しているほか、教室や認定制度も展開している。ハーバリウムは置き場所に困らず、日持ちする上、手入れも簡単で、インスタグラムなどのSNSの普及も後押ししている。今後、ハーバリウムの動きは注目する必要がある。

経営指標

ここでは参考として、TKC経営指標（平成29年版）より、「花・植木小売業」の数値を掲げる。

TKC経営指標 （変動損益計算書）	全企業	207件
	平均額（千円）	前年比（％）
売上高	77,721	96.7
変動費	40,463	95.1
仕入高	39,584	95.0
外注加工費	813	104.6
その他の変動費	70	99.6
限界利益	37,257	98.5
固定費	36,792	99.9
人件費	21,477	99.6
減価償却費	1,575	88.2
租税公課	849	95.6
地代家賃・賃借料	2,838	99.6
支払利息・割引料	566	96.8
その他	9,496	103.7
経常利益	465	46.5
平均従事員数	8.0名	

今後の課題／将来性

●将来性

個人消費では、母の日や正月など特別なイベントで贈答品として購入する場合が多い。最近では、かすみ草やラナンキュラスなどの小ぶりの草花を使用した野趣を感じさせるアレンジメントが流行している。流行を察知する一方で、商品特性上、日持ちしない商品であるため、十分な販売予測を行うこと、また、小振りなブーケを販売するなど廃棄を減らす取り組みが必要である。

《関連団体》　一般社団法人日本生花商協会
　　　　　　大阪市平野区加美北8-11-6
　　　　　　TEL　06（6794）7774

●小売業●

園芸店

最近の業界動向

●園芸用品市場は4,160億円

日本生産性本部「レジャー白書2017」によると、平成28年の園芸用品の市場規模は前年比3.0％増の4,160億円であった。家庭菜園の需要も堅調で、ファミリーマートやローソンは、野菜などを育てられる菜園キットを販売している。

●AIを活用した苗の選別システムを開発

農家向けに野菜などの苗を販売する竹内園芸は、AIを活用した苗の選別システムを開発した。苗の成長具合などの判断を自動化し、苗の生産効率を高めることを目指している。自動選別システムの開発は平成28年から本格化し、主力のトマト苗の選別に取り組んでいる。同社が販売する苗は、出荷前の検品も含め膨大なチェック作業がある。これを自動化して作業効率を高める。生産投資を進めて生産量を高めていく。

●ファミリーマートがガーデニング関連商品を増やす

ファミリーマートは、ガーデニング関連商品の品揃えを増やす。ファミリーマートは、平成28年にサカタのタネや住友化学園芸と組み、ガーデニング関連商品を発売している。野菜などを育てられる家庭栽培キットを新たにミニトマトなど8種類に拡大した。また、用土と肥料をセットにしたプランターや、種まきから最短30日で収穫できる種子も発売する。植物成分を使った殺虫剤や除草剤も揃え、家庭栽培需要を取り込む。また、平成29年秋以降には、貸農園「シェア畑」を運営するアグリメディアと組んで、農園を紹介するサービスを始める予定だ。

マーケットデータ

●園芸用品の市場規模

日本生産性本部「レジャー白書2017」によると、園芸用品の市場規模の推移は次の通り。

園芸用品の市場規模の推移 （単位：億円）

年次	市場規模	年次	市場規模
平17年	3,800	平23年	3,890
18年	3,570	24年	3,840
19年	3,440	25年	3,690
20年	3,360	26年	4,010
21年	3,710	27年	4,040
22年	3,980	28年	4,160

（出所）「レジャー白書2017」

●ガーデニングの市場規模

矢野経済研究所によると、平成27年度のガーデニングの市場規模は前年度比0.8％増の2,250億円であった。このうち、植物分野（生産者出荷金額ベース）が前年度比1.1％増の937億円、資材分野（メーカー出荷金額ベース）が同0.5％増の1,313億円であった。また、家庭菜園向け野菜苗・果樹苗の市場規模は、平成27年度は157億円で前年度に比べて2.6％増加している。

ガーデニングの市場規模推移

年度	平24	平25	平26	平27	平28（予測）
資材分野	1,299	1,298	1,306	1,313	1,323
植物分野	947	916	927	937	932

（出所）矢野経済研究所

●園芸植物・園芸用品の年間支出金額

総務省「家計調査年報」によると、園芸植物・園芸用品の1世帯当たりの年間支出金額は次の通り。平成28年度は前年比3.2％減の7,146円であった。

園芸植物・園芸用品の1世帯当たり年間支出金額

年次	支出額（円）	年次	支出額（円）
平21年	8,052	平25年	7,236
22年	7,682	26年	7,331
23年	7,163	27年	7,382
24年	7,583	28年	7,146

（出所）総務省「家計調査年報」

●園芸・庭いじりの参加人口、参加率など

日本生産性本部「レジャー白書2017」によると、園芸・庭いじりの参加人口、参加率などの推移は

園芸・庭いじりの参加人口、参加率など

項　目	平26年	平27年	平28年
参加人口（万人）	3,000	2,670	2,660
参加率（％）	29.7	26.5	26.4
年間平均活動回数（回）	32.4	37.4	38.4
年間平均費用（千円）	12.8	15.1	15.2

（出所）「レジャー白書2017」

表の通り。

業界の特性

●店舗数

NTTタウンページ「iタウンページ」によると、平成29年10月10日現在園芸店の店舗数は9,129店である。

園芸店数

地域	店舗数	地域	店舗数	地域	店舗数
全　国	9,129	富　山	156	島　根	69
北海道	386	石　川	114	岡　山	191
青　森	97	福　井	76	広　島	301
岩　手	96	山　梨	91	山　口	188
宮　城	153	長　野	278	徳　島	96
秋　田	79	岐　阜	166	香　川	92
山　形	109	静　岡	342	愛　媛	103
福　島	194	愛　知	331	高　知	61
茨　城	138	三　重	167	福　岡	445
栃　木	273	滋　賀	128	佐　賀	81
群　馬	159	京　都	221	長　崎	121
埼　玉	321	大　阪	488	熊　本	114
千　葉	302	兵　庫	362	大　分	118
東　京	594	奈　良	109	宮　崎	138
神奈川	398	和歌山	113	鹿児島	157
新　潟	268	鳥　取	59	沖　縄	86

（出所）「iタウンページ」

●取扱商品

一般消費者向けの園芸店では、花木、鉢物、植木、種子や球根などの植物と土、肥料、薬品等の付随する消耗品、スコップや小型農具等を取り扱っている。花き類・鉢物類は生産農家から農協・園芸組合を通して花き卸売市場に集められる一方、植木類は花木植木生産組合に集められ、植木類取引市場に集められる。近年では、初心者向け商品や室内で気軽に栽培できるキットの種類も増加している。欧米では盆栽や日本庭園の植木や資材のニーズが増加しているが、植物の輸出は、検疫が必要である。輸出先の国によっては持ち込めない植物が存在し、諸手続きが必要なため、参入障壁は高いが、このノウハウを習得すると大きな市場への可能性も期待できる。

●業態

園芸品は、専門店のほかにディスカウントストアやホームセンター、量販店などでも販売されている。また、造園業や生花店からの進出も見受けられる。自家用車での買い物がしやすいロードサイド型の店舗が有利と言われているが、近年では室内向きの小型商品に特化した店舗も都市部を中心に増加している。

ノウハウ

●「オフィス緑化」が広がる

第一園芸は、植物や照明などを組み合わせたオフィス空間のトータルコーディネートサービスに力を入れている。「オフィス緑化」は、社員のストレスを軽減するなどの効果があり、需要が高まっている。また、植物の手入れも代行する。オフィス緑化は成長が見込めるため、日比谷花壇やユニバーサル園芸なども同様のサービスを提供している。

経営指標

参考として、TKC経営指標（平成29年版）より、「苗・種子小売業」の数値を掲げる。

TKC経営指標 （変動損益計算書）	全企業 平均額（千円）	16件 前年比（%）
売上高	147,170	95.8
変動費	104,063	96.0
仕入高	104,591	102.5
外注加工費	—	—
その他の変動費	19	103.2
限界利益	43,107	95.3
固定費	41,187	96.7
人件費	27,526	95.0
減価償却費	1,660	103.8
租税公課	765	97.6
地代家賃・賃借料	2,478	101.5
支払利息・割引料	639	101.0
その他	8,116	99.5
経常利益	1,919	73.1
平均従事員数	8.1名	

今後の課題／将来性

●将来性

家庭菜園への関心が高まり、手軽に取り組みたいという需要が高まっている。コンビニエンスストアで販売される家庭菜園キットが人気となるなど、需要は底堅いと思われる。また、ストレス社会において、植物の癒し効果が注目されている。

《関連団体》　一般社団法人日本花き生産協会

東京都中央区東日本橋3−6−17　山一ビル5F

TEL　03（3663）7277

— 411 —

●小売業●

カー用品店

最近の業界動向

●売上の減少に歯止めがかからず

自動車用品小売業協会の資料によると、平成28年度の自動用品小売業の売上高は3,879億6,470万円で、減少傾向が続いている。また、客単価はわずかに上昇傾向にあるものの、業界全体の売り上げが落ち込む中で店舗数が拡大しており、一店舗平均の売上高は減少している。これはインターネット通販でも比較的容易にカー用品が入手可能となっていること、個々の用品の品質向上による耐用年数の長期化、新車購入時の各種オプション品の初期搭載が要因と考える。

自動車用品小売業の売上高他の推移

項　目	平26年度	平27年度	平28年度
売上高（千円）	395,343,791	388,580,999	387,964,766
1店平均（千円）	25,328	23,976	23,469
店舗数（店）	15,609	16,207	16,531
企業数（社）	48	48	48
客単価（円）※	6,766	6,807	7,027
客　数（人）※	58,434,925	57,085,715	55,213,324

（注）※の項目は、一部の数値において会員社からの報告数値がなく不明の為、それぞれの項目を算出する為の基礎データが若干異なる
（出所）自動車用品小売業協会

●カー用品大手がタイヤを値上げ

カー用品大手が平成29年6月から、タイヤの販売価格を引き上げた。上げ幅はイエローハットが5〜8％、オートバックスセブンが6％前後で、天然ゴムなどの原料価格の上昇によりタイヤメーカーが出荷価格を引き上げたためだ。イエローハットは大手メーカー製の200種のタイヤを対象に値上げ、オートバックスはPB商品と専品を除いた200種類程度のタイヤを値上げした。

●販売好調なドライブレコーダー

平成27年のドライブレコーダーの国内販売台数は前年比29％増の79万台となった。大型バスの転落事故や高齢者による自動車事故などの報道を受け、万が一の備えとして注目を集めている。認知

度の高まりや売り場の拡大により、年間販売台数は3年前と比べて約3倍に拡大した。増加傾向にあったメーカー参入は一段落しており、販売メーカー数は前年並みの60社強となった。また、製品性能、品質も引き続き高機能化が進展した。前方衝突警報機能、車線逸脱警報機能といった安全運転を支援する機能を搭載したモデルは、数量構成比で前年の1割弱から2割へと拡大した。運転支援機能搭載モデルの税抜き平均価格は1万8,000円強で、非搭載モデルとの価格差が5,000円程度にとどまることも支持を集める一因と考えられる。また、カメラ画素数では、300万画素以上のモデルが数量構成比で44％へ拡大した。さらに、夜間モード搭載モデルも60％を占めるまでに拡大した。ドライブレコーダーは普及段階にあるが、今後は実用性をより重視する購入者が増えると考えられるため、高機能化はしばらく続くと見込む。

●オートバックスセブンが会員制の新業態を開く

カー用品販売国内最大手のオートバックスセブンは、洗車や車内清掃などのサービスを提供する会員制の新業態を開く。大阪府茨木市に開く「スマートプラスワン」は、顧客からの注文に応じて商品を取り寄せ、時間やサービス内容を予約してから来店してもらう。年会費は540円で、専用サイトからコールセンターを通じて注文する。定期的な整備やタイヤ交換などのほか、洗車サービス（1回1,080円〜）を提供する。また、小型店の運営を始めた。PBを中心に売れ筋商品に絞って商品数を減らし、運営コストを抑えて効率的な店舗運営で収益の改善を図る。

マーケットデータ

●大手カー用品専門店の売上高

日経流通新聞「第45回日本の専門店調査」によ

大手カー用品専門店の売上高（平成28年度）

社　名	売上高（百万円）	前年度比伸び率（%）	店舗数
オートバックスセブン	153,054	▲3.3	601
イエローハット	95,732	1.9	378
G-7・オート・サービス（オートバックス）	31,022	0.1	76
オートアールズ	12,356	2.3	56
バッファロー	8,556	▲0.5	15
オートウェーブ	7,230	▲0.1	6

（出所）日経流通新聞

ると、HC・カー用品業界のうち、主なカー用品店大手企業の平成28年度の売上高は表の通りとなっている。

●ガソリン、自動車等部品他の1世帯当たりの年間支出額

　総務省「家計調査年報」によると、平成28年におけるガソリンの1世帯当たりの年間支出額は前年比15.5％減の5万2,569円、自動車等部品は同1.1％増の1万3,352円、自動車等関連商品は同7.5％減の9,093円、自動車整備費は同4.5％増の2万339円であった。

ガソリン、自動車等部品他の1世帯当たりの年間支出額

項　目	平26年	平27年	平28年
ガソリン	75,553	62,203	52,569
自動車等部品	14,168	13,209	13,352
自動車等関連商品	11,878	9,825	9,093
自動車整備費	20,055	19,462	20,339

（注）2人以上の世帯
（出所）総務省「家計調査年報」

業界の特性

●店舗数

　自動車用品小売業協会の資料によると、カー用品店の店舗数は1万6,531店である。なお、NTTタウンページ「iタウンページ」によると、平成29年11月16日現在2万2,550店のカー用品店が掲載されている。

●品目別売上、構成比

　自動車用品小売業協会の資料によると、平成28

品目別自動車用品売上高（平成28年度）

品　目	売上高 （千円）	売上比率 （％）
タ　イ　ヤ	93,776,064	24.2
工　　　賃	82,254,576	21.2
カーアクセサリー	46,812,147	12.1
カーナビゲーション	31,020,483	8.0
カーエレクトロニクス	25,945,092	6.7
オ　イ　ル	22,430,718	5.8
バ　ッ　テ　リ　ー	16,972,914	4.4
ケ　ミ　カ　ル	19,931,356	5.1
ホ　イ　ー　ル	16,160,803	4.2
モータースポーツ関連	10,572,819	2.7
電　装　機　能　用　品	9,922,911	2.6
そ　の　他	12,164,883	3.0
合　計	387,964,766	100.0

（出所）自動車用品小売業協会

年度の品目別の売上ならび構成比は表の通りである。消耗品であり、各種機能別の製品を取り揃えたタイヤが最も大きなウエイトを占めている。

ノウハウ

●新たな顧客の開拓

　オートバックスセブンでは、新しいPB商品を立ち上げた。洗車用のバケツやスポンジなどガレージで使うグッズを中心に、日常生活でも取り入れやすいデザインにしている。また、カフェ風の新店舗などを開発して新たな顧客との接点を広げようとしている。

経営指標

　ここでは参考として、TKC経営指標（平成29年版）より、「自動車部品・附属品小売業」の数値を掲げる。

TKC経営指標 （変動損益計算書）	全企業　123件	
	平均額（千円）	前年比（％）
売上高	174,454	103.4
変動費	110,300	102.5
仕入高	110,686	102.8
外注加工費	147	86.4
その他の変動費	16	98.2
限界利益	64,154	105.0
固定費	61,602	100.9
人件費	34,294	101.1
減価償却費	3,314	103.4
租税公課	1,520	95.6
地代家賃・賃借料	6,353	98.0
支払利息・割引料	889	65.7
その他	15,211	102.1
経常利益	2,552	3725.3
平均従事員数	7.9名	

今後の課題／将来性

●課題

　国内新車販売の減少や若者のクルマ離れなどの影響で、カー用品市場は縮小している。PB商品や車検事業の強化などを図っているが打開策が見つからない。ドライブレコーダーの販売好調は明るい材料だが、それ以外の商品やサービスの充実が求められる。

《関連団体》　自動車用品小売業協会
　　東京都港区芝5-1-7　HTビル3F
　　TEL　03（3454）1427

― 413 ―

●小売業●

自動車販売業

最近の業界動向

●新車販売台数は507万7,855台

日本自動車販売協会連合会によると、平成28年度の軽自動車を含む新車販売台数は、前年比2.8％増の507万7,855台であった。国内新車市場は2年ぶりに500万台を回復した。各社が新型車を相次いで発売ことで市場は活性化した。一方、軽自動車は、三菱自動車の燃費データ不正問題によるイメージの悪化などの影響で伸び悩んでいる。

●トヨタは地域別の営業体制に転換

トヨタは全国一律の営業体制から地域別に見直す。過疎地の販売店では、系列を超えた共同出店などを進める。平成30年1月に地域別の営業を担う新組織を立ち上げ、各県に営業担当者を置く。都市部や過疎地域で異なる車のニーズを収集し、商品やサービスの開発につなげる。また、法人顧客を増やすために、整備工場の機能も強化していく。トヨタの販売チャネルは、高級車中心の「トヨタ店」、中級車の「トヨペット店」、大衆車の「カローラ店」若年層向けの「ネッツ店」だが、より地域に密着した営業体制に転換する。

●大阪ダイハツ販売が池田店の販売をてこ入れ

ダイハツ工業の主要ディーラーである大阪ダイハツ販売は、大阪・池田店の販売をてこ入れするため旧店舗から600メートルの場所に移転して改装オープンした。屋外の展示車を増やし、店内のスペースも広げた。高齢者や家族連れがゆっくりと過ごせる空間にし、整備工場には車検用の検査ラインを設けた。大阪府はスズキやホンダなどとの競争が激しく、軽自動車の販売が他県に比べて低い。地域密着の中核店舗として販売強化を進めていく。

●日産が販売網の大規模な編成に乗り出す

日産は販売店の大規模な編成に乗り出している。現在の大中小の3種類の店舗を、5種類に拡充し、販売戦略上の地域を200～300に分ける。既

存店舗の改装や、カフェなどの併設、試作車を展示するなどして、顧客獲得につなげる。また、ショッピングモール内に店舗を広げることで、家族連れが気軽に立ち寄れるようにする。さらに、全モデルを展示する大型店舗を全国に導入し、試乗サービスなどで集客力を高める。

マーケットデータ

●新車販売台数

日本自動車販売協会連合会の「年別統計データ」によると、平成28年の車種別の販売台数は次の通り。乗用車が好調で、普通車が前年度比10.8％増、小型車が同5.3％増となった。車種別の販売台数は次の通り。

新車販売台数（単位：台、％）

車種別	平27年度	平28年度	前年度比
乗　用　車	2,687,460	2,905,912	8.1
普　通　車	1,379,831	1,529,276	10.8
小　型　車	1,307,629	1,376,636	5.3
ト　ラ　ッ　ク	422,822	436,369	3.2
普　通　車	167,498	177,882	6.2
小　型　車	255,324	258,487	1.2
バ　　ス	14,124	15,652	10.8
合　計	3,124,406	3,357,933	7.5
総合計	4,937,638	5,077,855	2.8

（出所）日本自動車販売協会連合会

●総売上高の推移

日本自動車販売協会連合会によると、総売上高の推移は次の通り。平成27年の自動車ディーラーの総売上高は13兆4,994億7,492万円、1社平均の売上高は124億5,339万円であった。なお、平成28年の総売上高のデータは平成29年12月1日現在公表されていない。

総売上高の推移（単位：万円）

年次	総売上高	1社平均の売上高	調査企業数
平23年	1,130,175,845	1,026,499	1,101社
24年	1,133,775,764	1,125,895	1,007社
25年	1,236,293,878	1,179,670	1,048社
26年	1,380,358,743	1,312,128	1,052社
27年	1,349,947,492	1,245,339	1,084社

（出所）日本自動車販売協会連合会

業界の特性

●事業所数

日本自動車販売協会連合会によると、平成27年

の総事業所数は 1 万6,075カ所である。対象ディーラー数は1,302で、昨年の1,296と比較して微増している。 1 社当たりの事業所数は平均12.3カ所であり、過去 5 年間は横ばいである。自動車ディーラーは新車や中古車を小売する事業者（販売店）で、自動車メーカー、またはその子会社などと特約店契約を結んでいる。また、ディーラー以外に、個人が修理工場を兼ねて自動車の販売会社を立ち上げて、販売する場合もある。なお、日本自動車販売連合会から新しいデータは公表されていない。

事業所数等の推移

項　　　目	平25年	平26年	平27年
総 事 業 所 数	16,151	15,963	16,075
販 売 拠 点	14,959	14,762	14,861
単独サービス拠点	638	720	678
そ の 他 の 拠 点	554	481	536
対象ディーラー数	1,298	1,296	1,302

（出所）日本自動車販売協会連合会

● **従業員数**

日本自動車販売協会連合会によると、平成27年の総従業員数は257,377人であった。

従業員数の推移（単位：人）

項　　　目	平25年	平26年	平27年
総従業員数	243,705	249,713	257,377
営 業 員	79,237	81,332	83,733
整 備 員	87,056	88,586	90,303
その他の従業員	77,412	79,795	83,341
役 員	5,424	5,304	5,463

（出所）日本自動車販売協会連合会

● **トヨタ自動車系列の販売会社が再就職を支援**

トヨタ自動車系列の販売会社約390社は、人材の紹介制度の運用に乗り出した。結婚や介護などで転居・退職する正社員に再就職先として、転居先の販売会社を紹介する。トヨタ系列の販売会社で組織するトヨタ自動車販売店協会が枠組みをつくり、全国の販売店やリース店など販売会社394社、約7,000店舗で働く正社員約13万人が対象となる。トヨタ系列社の大半はトヨタから出資を受けず、地場の独立資本が経営している。このため、転居時には退職し、再度就職活動をする必要があった。新たな紹介制度では、前の職場での経歴などが考慮され、転職前と同じ待遇を得やすくなるメリットがある。同制度では、会社間での情報のやりとりがないため、法律上の問題はないと

いう。働き手の確保が難しくなる中、即戦力となる人材の流出を防ぐ狙いもある。

ノウハウ

● **ホンダが小型車「フィット」の販売促進に注力**

ホンダは小型車「フィット」の販売促進に注力している。集英社の漫画雑誌「週刊少年ジャンプ」と組んでイベントを企画したり、テレビCMの展開も始めた。若年層では、インターネットなど下調べして購入車種を絞り込んでから販売店に来る人が増えている。イベントの開催などで認知度を高め、選択肢の中に入れてもらい、来店機会を増やす。小型車の需要は堅調で、若い世代を中心にさらなる需要拡大を図る。

経営指標

ここでは参考として、TKC経営指標（平成29年版）より、「自動車（新車）小売業」の数値を掲げる。

TKC経営指標 （変動損益計算書）	全企業　155件	
	平均額（千円）	前年比（％）
売上高	342,145	106.6
変動費	266,112	108.0
仕入高	266,065	108.7
外注加工費	2,270	98.0
その他の変動費	159	95.0
限界利益	76,033	102.1
固定費	72,302	101.9
人件費	41,181	100.7
減価償却費	4,246	100.7
租税公課	1,699	102.6
地代家賃・賃借料	5,629	102.1
支払利息・割引料	1,322	94.6
その他	17,941	105.8
経常利益	3,730	106.7
平均従事員数	9.5名	

今後の課題／将来性

● **課題**

新たな環境技術を搭載した新型車が需要を喚起し、新車販売台数は 2 年ぶりに500万台を回復した。自動車の国内市場は底堅く推移している。一方、自動車各社は販売店の見直しなどを進め、効率的な販売方法や営業体制の刷新を図っている。

《**関連団体**》 一般社団日本自動車販売協会連合会
東京都港区芝大門 1 - 1 - 30 日本自動車会館15F
TEL 03（5733）3100

— 415 —

●小売業●

中古自動車販売業

最近の業界動向

●中古車登録台数は376万2,654台

　日本自動車販売協会連合会によると、平成28年の中古車登録台数（軽自動車を除く）は、前年比0.8％増の376万2,654台であった。また、全国軽自動車協会連合会によると、平成28年の中古軽自動車の販売台数は前年比2.0％減の299万3,468台であった。平成25年から平成26年にかけて軽自動車新車販売が200万台を超えたことで、供給過剰になったことが一因とみられている。

●中古車の個人間取引を支援するサービス

　中古車の個人間取引を支援するサービスが広がりを見せている。中間の販売業者をなくすことで、割安というメリットがある。整備工場と連携したベンチャー企業が保守から修理まで請け負い、市場拡大をけん引している。ベンチャーのAncar（アンカー）は、平成27年9月からネットでの個人間取引の仲介サービスを始めた。アンカーは全国の整備工場と提携し、安全性を確保した車を出品する。出品車の平均価格は300万円程度。収入源は出品車からの手数料（車両価格の6～10％のほかリサイクル料）で、個人売買のため消費税は課せられない。

●中古車の売却代理サービス

　IDOMは、中古車の売却代理サービスを始めた。「クルマ売却プランナー」は、店が中古車を買い取る代わりに、顧客が納得する売却先を見つける仕組みだ。顧客の売却期日に合わせて3通りの売却プランを用意する。1つ目はオークション相場から取引価格を算出し素早く売却する方法、2つ目は自社内で売れる1番高い売り先の金額を提示する方法、3つ目はIDOMが手掛ける個人間取引サービスを使い、顧客自身が売却金額を決めて出品する方法だ。新サービスで顧客満足度を高め、他社の中古車買い取り店に足を運ぶのを防ぎシェア拡大を図る。

マーケットデータ

●中古車登録台数

　日本自動車販売協会連合会によると、中古車登録台数（軽自動車を除く）の推移は次の通り。

中古車登録台数の推移（単位：台）

車　種	平26年	平27年	平28年
普通乗用車	1,630,421	1,668,429	1,729,194
小型乗用車	1,653,214	1,602,719	1,564,982
乗用車計	3,283,635	3,271,148	3,294,176
普通貨物車	163,536	162,130	161,717
小型貨物車	215,295	211,480	217,544
貨物車計	378,831	373,610	379,261
バス	12,531	13,173	13,204
合　計	3,751,533	3,732,148	3,762,654

（注）合計台数は乗用車や貨物車のほかに特殊用途車や大型特殊車、小型三輪貨物車が含まれている
（出所）日本自動車販売協会連合会

●中古軽自動車の販売台数

　全国軽自動車協会連合会によると、平成28年の中古軽自動車の販売台数は次の通り。

中古軽自動車の販売台数推移（単位：台）

車　種	平26年	平27年	平28年
総台数	3,088,641	3,054,666	2,993,468
乗用車	2,367,235	2,354,077	2,322,533
貨物車	721,406	700,589	670,935
バン	370,318	355,926	340,721
トラック	351,088	344,663	330,214

（出所）全国軽自動車協会連合会

●中古自動車の輸出

　日本中古車輸出業協同組合のデータによると、平成28年の輸出台数は前年比5.3％減であった。

中古自動車の主な仕向け国別台数（単位：台、％）

国　名	平27年	平28年	前年比
アラブ首長国連邦	136,180	151,001	10.9
ミャンマー	141,087	124,212	▲12.0
ニュージーランド	118,416	122,329	3.3
パキスタン	49,481	56,952	15.1
チ　リ	64,654	74,069	14.6
ロシア	49,142	48,244	▲1.8
南アフリカ共和国	46,498	48,100	3.4
ジョージア	29,519	37,769	27.9
ケニア	77,457	57,130	▲26.2
スリランカ	59,338	24,342	▲59.0
そ　の　他	482,275	443,562	▲8.0
合　計	1,254,047	1,187,710	▲5.3

（注）ジョージア＝平成27年4月22日以降、グルジアからジョージアに国名呼称を変更
（出所）日本中古車輸出業協同組

スリランカ向けの台数が大幅に減少している。主な仕向け国別台数は表の通り。

業界の特性

●中古自動車販売店の店舗数

NTTタウンページ「iタウンページ」によると、平成29年6月2日現在の中古自動車販売店の店舗数は4万3,020件となっている。都道府県別では北海道の2,693店が最も多く、福岡県の2,657店が続いている。

中古自動車販売店の店舗数

地域	店舗数	地域	店舗数	地域	店舗数
全 国	43,020	富 山	780	島 根	561
北 海 道	2,693	石 川	785	岡 山	1,385
青 森	586	福 井	663	広 島	1,644
岩 手	584	山 梨	257	山 口	1,086
宮 城	913	長 野	1,285	徳 島	233
秋 田	416	岐 阜	657	香 川	270
山 形	485	静 岡	1,225	愛 媛	365
福 島	815	愛 知	1,971	高 知	180
茨 城	770	三 重	637	福 岡	2,657
栃 木	492	滋 賀	567	佐 賀	527
群 馬	568	京 都	760	長 崎	776
埼 玉	1,208	大 阪	1,821	熊 本	1,270
千 葉	1,266	兵 庫	1,633	大 分	741
東 京	1,239	奈 良	427	宮 崎	693
神 奈 川	1,312	和 歌 山	414	鹿 児 島	1,197
新 潟	1,069	鳥 取	403	沖 縄	734

（出所）「iタウンページ」

●業態

中古車販売業は、中古車卸売業や新車ディーラーなどから中古車を仕入れ、消費者に販売する業態である。大手の中古販売業者の中には消費者から直接買い付け、自社店舗で小売と卸売を行う業者もあった。ただ、中古卸売業者や新車ディーラーのほかに、近年はオークション（実物の中古車を展示した会場で行われるオークション）とネットオークションが普及し、仕入先の主流になりつつある。中古自動車オークションの運営を行うユー・エス・エス（USS）の会員数は4万7,111社（平成29年3月末現在）で、中古自動車買取チェーン「ラビット」も展開している。エンドユーザーから買い取った中古自動車は、オークションに出品・販売するほか、一部小売も行っている。平成29年3月期の売上高は671億7,900万円である。

ノウハウ

●デジタルサイネージの導入で来店頻度を高める

IDOMは、平成24年に開いた埼玉県内の大型店「ワオタウン大宮」を改装開業した。デジタルサイネージを導入し、顧客が要望に合った中古車を店頭画面で見つけられるようにした。車にくわしくない場合でも、簡単な項目に答えるだけで、要望に合った車が見つかる。店内で閲覧した車情報は、自宅でも見られるようインターネット上に顧客専用のサイトを設けた。営業担当者を介さず、自由に車探しができるようにしている。来店頻度を高める狙いがあり、ほかの店舗にもデジタルサイネージを導入していく。

経営指標

ここでは参考として、TKC経営指標（平成29年版）より、「中古自動車小売業」の数値を掲げる。

TKC経営指標 （変動損益計算書）	全企業　465件	
	平均額（千円）	前年比（％）
売上高	222,604	102.2
変動費	171,224	101.5
仕入高	167,826	101.0
外注加工費	3,591	108.8
その他の変動費	▲11	▲17.0
限界利益	51,379	104.6
固定費	48,811	101.8
人件費	24,490	101.7
減価償却費	2,497	106.1
租税公課	1,486	111.9
地代家賃・賃借料	3,753	99.6
支払利息・割引料	1,151	97.9
その他	15,315	101.1
経常利益	2,568	216.4
平均従事員数	60名	

今後の課題／将来性

●将来性

中古車の個人間の取引が増える中、個人間取引の代行サービスが広がっている。まだ、台数ベースで全体の6％程度で海外に比べて普及は限定的だが、大手のIDOMの参入もあり、さらなる広がりを見せるだろう。

《関連団体》　一般社団法人日本中古自動車販売協会連合会
　　東京都渋谷区代々木3−25−3
　　TEL　03（5333）5881

●小売業●

バイク店

最近の業界動向

●二輪車の国内販売台数は前年比9.3％減

　国内の二輪販売台数は低迷が続き、二輪車メーカーは販売網の見直しなどてこ入れを急いでいる。また、世界的な排ガス規制の強化に対応するため、製品群の再構築を迫られている。海外では低価格帯が主流で、開発費に転嫁しにくい。このため、成長が見込める製品に投資を集中させる。国内では排気量が125cc以上の中大型モデルの需要が堅調で、このクラスの規制に対応した新型車を投入していく。日本自動車工業会によると、平成28年の二輪車の国内販売台数（国内端末販売店向け出荷台数）は、前年比9.3％減の33万8,148台であった。

●二輪車メーカーが販売網を見直す

　二輪車メーカーは、国内販売の落ち込みを受け販売網の見直しを図る。ホンダは国内販売網を従来の5つから2つに集約する。平成30年から中・大型車を中心に全車種を扱う「ホンダ　ドリーム」と、排気量250cc以下の小型モデルが中心の「ホンダ　コミューター」の2つにする。また、整備や部品交換などのアフターサービスを充実させる。川崎重工は平成28年12月、中・大型車に特化した「カワサキ専門店」を開いた。海外勢の洗練された外観の販売店を参考に、アパレルなどと組み新しいブランドイメージを打ち出している。

マーケットデータ

●二輪車の市場規模

　日本生産性本部「レジャー白書2017」によると、平成28年の二輪車の市場規模は次の通り。

二輪車の市場規模（単位：億円）

年　次	平25年	平26年	平27年	平28年
市場規模	220	230	220	220

（出所）「レジャー白書2017」

●二輪車国内販売台数

　日本自動車工業会によると、二輪車国内販売台数は次の通り。平成28年の原付第一種（50cc以下）の販売台数は前年比16.3％減、軽二輪車は同16.8％減、小型二輪車は同3.6％減となった。一方、原付第2種は同6.9％増の10万1,424台であった。スクーターなど原付Ⅰ種に分類される排気量50cc以下が低迷している。また、バイクの新規購入者の年齢が高くなっている。

二輪車国内販売台数（単位：台）

車　種	平27年	平28年
原付第1種（50cc以下）	193,842	162,130
原付第2種（51～125cc）	94,851	101,424
軽二輪車（126～250cc）	48,515	40,383
小型二輪車（251cc以上）	35,488	34,211
合　計	372,696	338,148

（出所）日本自動車工業会

●バイク店の売上高

　レッドバロンとカワサキモータージャパンの売上高は次の通り。レッドバロンは国内に311店舗（平28年3月末現在）を展開している。バイク購入者は、専属工場（プライベート工場）でのメンテナンスや車検などが受けられる。

バイク店の売上高

社　名	売上高
レッドバロン（旧ヤマハオートセンター）	641億円（平28年10月期、連結）
カワサキモータージャパン	155億円（平27年度）

（出所）各社資料

●二輪車の保有台数

　国土交通省によると、平成27年3月末の二輪車の保有台数は前年比1.8％減の1,148万2,344台であった。全体の54.0％を占めている原付第一種が前年比3.9％減少したが、原付第二種は増加している。

二輪車の保有台数（各年3月末現在）（単位：台）

年次	原付第一種（50cc以下）	原付第二種以上（51cc以上）	合　計
平23年	7,154,455	1,540,667	12,205,926
24年	6,899,459	1,582,925	11,985,085
25年	6,661,807	1,626,094	11,823,429
26年	6,438,002	1,674,884	11,686,632
27年	6,188,710	1,704,083	11,482,344

（出所）国土交通省

業界の特性

●バイク販売店の数

NTTタウンページ「iタウンページ」によると、バイク販売店の数は、平成29年7月14日現在1万5,516店となっている。最も多いのは東京都の1,072店、次いで大阪府の1,000店、神奈川県の957店と続いている。

バイク販売店

地域	店数	地域	店数	地域	店数
全 国	15,516	富 山	95	島 根	156
北 海 道	433	石 川	111	岡 山	290
青 森	188	福 井	78	広 島	575
岩 手	192	山 梨	137	山 口	187
宮 城	303	長 野	414	徳 島	134
秋 田	134	岐 阜	221	香 川	142
山 形	147	静 岡	558	愛 媛	282
福 島	294	愛 知	702	高 知	153
茨 城	316	三 重	300	福 岡	702
栃 木	199	滋 賀	173	佐 賀	126
群 馬	223	京 都	391	長 崎	202
埼 玉	692	大 阪	1,000	熊 本	295
千 葉	551	兵 庫	630	大 分	169
東 京	1,072	奈 良	175	宮 崎	173
神 奈 川	957	和 歌 山	200	鹿 児 島	316
新 潟	411	鳥 取	91	沖 縄	226

（出所）「iタウンページ」

●運転免許試験の受験者・合格者数

警察庁「運転免許統計」によると、大型二輪、普通二輪、原付の免許取得者は次の通り。少子高齢化による「バイク離れ」に歯止めがかからない状況が続いている。

運転免許試験の受験者・合格者数（単位：人）

免許の種類	受験者数		合格者数	
	平27年	平28年	平27年	平28年
大 型 二 輪	92,618	87,528	83,913	79,425
普 通 二 輪	233,423	221,012	196,104	186,849
原 付	213,326	196,133	129,375	121,118

（出所）警察庁

●販売店の種類

バイク店は、メーカー系列の専門販売店か専業者（代理店）による店舗販売に分けられる。最近は節約志向の高まりを背景に、中古バイク専門店が都市部で店舗を増やしている。

ノウハウ

●車検サービス業務の拡充

国内の二輪車販売は減少が続いている。新車販売だけでなく、車検サービスなどの業務を広げていく必要がある。自動車整備工具大手の興和精機は、従来に比べ小型の二輪車診断機を開発した。車検の際に車両速度やブレーキ速度を点検する機械で、中小バイク店で導入しやすい全長約2メートルの小型サイズだ。二輪車を診断機に載せて走らせ、ブレーキの状態などを点検する。車検サービスを行うためのスペースの確保や設備投資は負担が大きい。リピーターを増やすためにも、車検サービスの提供は有効である。

経営指標

ここでは参考として、TKC経営指標（平成29年版）より、「二輪自動車小売業（原動機付自転車を含む）」の数値を掲げる。

TKC経営指標 （変動損益計算書）	全企業 53件	
	平均額（千円）	前年比（％）
売上高	100,508	97.1
変動費	66,686	98.0
仕入高	65,942	97.1
外注加工費	71	110.0
その他の変動費	12	80.9
限界利益	33,821	95.4
固定費	33,842	96.3
人件費	17,426	95.5
減価償却費	2,121	97.8
租税公課	1,034	90.5
地代家賃・賃借料	3,063	98.0
支払利息・割引料	1,168	85.9
その他	9,028	99.3
経常利益	▲21	▲6.5
平均従事員数	5.4名	

今後の課題／将来性

●課題

若者の二輪車離れが顕著だが、ホンダは40～50代のライダーに人気の大型スポーツバイクを全面改良して新たなシリーズを発売した。計量化のためチタンを使ったマフラーなどデザインにこだわって設計されている。メーカーや販売店は、落ち込み幅が少ない中大型バイクに注力している。

《関連団体》　一般社団法人日本二輪車普及安全協会
東京都豊島区南大塚2-25-15
TEL　03（6902）8190

●小売業●

自転車店

最近の業界動向

●自転車販売額は前年比13.2％増

経済産業省の資料によると、平成28年の自転車（完成自転車）の販売金額は前年比13.2％増の609億1,700万円であった。電動アシスト自転車は増加したが、少子化の影響で幼児・子供車は減少している。最近では通勤にスポーツ自転車を利用する人が増え、サイクリングを楽しむ人も多い。一方、通勤用スポーツ自転車の駐輪場は整備が遅れている。駐輪場運営のヴェロスタは、オフィス街のビルの空室を活用して駐輪場を提供している。月額6千円（税別）で、24時間自転車の出し入れができる。出入りにはICカードを用いるため防犯面も確保している。日本交通管理技術協会が行った上場企業などを対象にしたアンケート調査では、80％以上の企業が自転車利用を承認している。スポーツ自転車の普及には駐輪場の整備が不可欠となっている。

●スポーツ自転車の強化

「ママチャリ」などの一般車を中心に自転車需要が減少する中、自転車販売店はロードバイクなどのスポーツ自転車の販売を強化している。自転車販売のあさひは、ほぼ全店でスポーツ自転車を約5割に増やしていく。また、店舗で購入した顧客を対象としたインターネット会員制度を導入する。スポーツ自転車は高額で、購入後にパーツ交換を希望する人が多いため、継続して来店する機会を増やしていく。サイクルスポットもスポーツ車専門店の割合を高める。102店のうち、スポーツ専門店は2割未満だが、新規出店や改装などで全体の3割以上にする。健康ブームやサイクルイベントなどが増え、スポーツ自転車は堅調だ。軸足をスポーツ自転車に移して販売強化を図る。

マーケットデータ

●自転車販売金額

経済産業省「生産動態統計」によると、平成28年の自転車（完成自転車）の販売金額は次の通り。

自転車の販売金額の推移（単位：百万円）

車　種	平26年	平27年	平28年
完成自転車	53,465	53,794	60,917
軽　快　車	12,242	11,453	11,070
電動アシスト車	33,235	33,167	40,769
そ　の　他	7,988	9,174	9,082

（注）金額の合計は四捨五入の関係で一致しないことがある
（出所）経済産業省「生産動態統計」

●スポーツ自転車の市場規模

日本生産性本部「レジャー白書2017」によると、平成28年のスポーツ自転車の市場規模は前年比2.9％増の2,450億円である。

スポーツ自転車の市場規模（単位：億円）

年　次	平25年	平26年	平27年	平28年
その他のスポーツ用品	4,150	4,240	4,400	4,490
スポーツ自転車	2,150	2,250	2,380	2,450
その他のスポーツ用品	2,000	1,990	2,020	2,040

（出所）「レジャー白書2017」

●サイクリング・サイクルスポーツの参加人口

同じく、日本生産性本部「レジャー白書2017」によると、平成28年のサイクリングの参加人口は前年比5.8％増の910万であった。参加率は全体で9.0％、参加率が最も高かったのは男女ともに10代で、男性が21.4％、女性が12.9％であった。

サイクリング・サイクルスポーツの参加人口

年　次	平27年	平28年
サイクリング、サイクルスポーツ	860万人	910万人

（出所）「レジャー白書2017」

●1店舗当たりの車種別新車販売台数

自転車産業振興協会のデータによると、平成28年の1店舗当たりの車種別新車販売台数は表の通り。電動アシスト車が増加した一方、スポーツ車

1店舗当たりの車種別新車販売台数（単位：台）

年　次	平27年	平28年
新車合計	264.2	256.1
一般車	147.5	152.0
幼児・子供車	25.0	21.1
スポーツ車	48.8	40.7
小径車（折りたたみ車含む）	17.7	15.0
幼児同乗用自転車	7.4	7.2
電動アシスト車	18.4	20.3

（出所）自転車産業振興協会

や幼児・子供車が減少した。電動アシスト自転車普及率は、パナソニックによると10％程度で伸びる余地は大きい。

業界の特性

◉自転車店のタイプ

国内の自転車販売店は約１万店あり、自転車店を経営形態により分けると次の通り。新車、中古車を販売する専業店タイプ、このタイプは街の自転車店が減少して、チェーン店が増えている。これらの販売店では、点検・メンテナンスや無料の空気入れなどサービスを充実させて顧客を獲得する店舗が増加している。自転車販売チェーンの大和は、全国に62店舗を展開している。顧客には出張費無料で修理を行っている。店舗でも安全点検や空気入れなど無料で行う。また、フレームやパーツなどの色を好みで変えられるパターンオーダー自転車も販売しており、売上高も増加傾向で推移している。このほか、自転車を中心にオートバイの販売も兼ねるタイプ、兼業部門の比率を高め自転車以外にも主力商品を持つ複合店タイプがある。

◉スポーツ自転車の種類

スポーツ自転車は速度を出しやすく長距離走行に適した自転車で、レースにも使うロードバイクのほか街中での走行にも使えるクロスバイクやマウンテンバイクなどがある。ツーリングを楽しむほか、通勤に利用する若者も増えている。

◉業態別新車販売台数

自動車産業振興協会のデータによると、平成28年の国内新車販売台数（生産動態＋輸出入統計）は約779万台。このうち、自転車小売店での販売台数は約335万台（43.0％）となっている。総合スーパーやホームセンター、通販などでの販売が多くなっている。

全国の業態別新車販売台数（推計）（平成28年）

業態別	新車販売台数	構成比
合　計	7,793,154	100％
小売店	3,351,606	43.0％
小規模	338,890	4.3％
中規模	519,260	6.7％
大規模	2,493,456	32.0％
総合スーパー、通販等	4,441,548	57.0％

（出所）自動車産業振興協会

ノウハウ

◉スポーツ自転車専門店「ワイズロード」

ワイ・インターナショナルは、スポーツ自転車専門店「ワイズロード」を35店舗（平成29年4月1日現在）展開している。スポーツサイクル専門のスタッフを配し、国内外ほぼ全てのメーカーのスポーツ自転車を取り扱っている。また、パーツやウェアの商品も豊富に取り揃えている。平成29年1月9日から、中古スポーツ自転車買取・販売専門店「バイチャリ」と業務提携し、全国35店舗で下取りサービスを開始した。潜在的な自転車の買い替え需要を促す。

経営指標

ここでは参考として、TKC経営指標（平成29年版）より、「自転車小売業」の数値を掲げる。

TKC経営指標 （変動損益計算書）	全企業　28件	
	平均額（千円）	前年比（％）
売上高	188,721	100.8
変動費	115,097	100.6
仕入高	114,131	99.0
外注加工費	—	—
その他の変動費	—	—
限界利益	73,623	101.0
固定費	71,959	101.5
人件費	44,128	101.1
減価償却費	1,490	104.7
租税公課	580	95.7
地代家賃・賃借料	11,966	100.8
支払利息・割引料	653	93.1
その他	13,140	104.3
経常利益	1,664	82.8
平均従事員数	10.6名	

今後の課題／将来性

◉課題

ヤマト運輸の大型配送サービス見直しで、自転車の配送料が大幅に値上げされるケースが出てきた。インターネット通販に力を入れる自転車店では、販売額に転嫁せざるを得ない状況もあり、影響が懸念される。

《関連団体》　一般財団法人自転車産業振興協会
　東京都品川区上大崎３－３－１
　TEL　03（6409）6920

●小売業●

スポーツ用品店

最近の業界動向

●主なスポーツ用品の市場規模は

スポーツウェアを街着として取り入れるファッション「アスレジャー」が広がり、スポーツショップでは、伸縮性や速乾性を高めたウェアなどの商品を増やしている。「レジャー白書2017」によると、主なスポーツ用品の市場規模は、前年比0.4％増の2兆1,040億円であった。ゴルフやテニスなどの球技スポーツ用品市場が低迷する一方、登山・キャンプ用品やトレーニング・競技用ウェアなどが前年を上回った。

●ミズノが新しい旗艦店を開業

ミズノは平成30年4月、「MIZUNO OSAKA（ミズノ大阪）」を開業し、新しい旗艦店でファッション性の高いウェアやシューズを販売し普段着の需要を開拓する。海外高級ブランドがスポーツウェアを普段着に進化させたファッション「アスレジャー」の関連商品を増やし、競争が激化している。将来的には、少子化の影響で部活などの若者向けスポーツ用品市場は縮小すると判断し、新たな顧客層の開拓を図る。1、2階はファッション性の高いウェアなど、3階からは階ごとに野球、サッカー、ゴルフ売り場にする。首都圏を中心に直営店の出店を加速させる計画だ。

●スポーツウェアの小型店

スポーツ用品店のヒマラヤは、首都圏を中心に小型の新業態店の運営に乗り出す。ファッション性の高いスポーツウェアを充実させ、スポーツ用品は扱わない。新たな顧客を開拓し、スポーツ用品店の販売不振を補う。また、不採算店の整理などを行い、既存のスポーツ用品店ではシニア向けを強化するなど、品揃えの見直しを行う。

●女性向けスポーツウェア

ゴールドウインが展開する女性用スポーツウェア「ダンスキン」は、伸縮性や速乾性、デザイン面などを考慮したスポーツウェアを取り揃えている。米国発祥のダンスキンブランドのトレーニングウェアは、日本では主にヨガウェアとして知られているが、もともとはバレエブランドで、バレエの持つエレガントなイメージをブランドに根付かせる狙いがある。平成29年4月には、名古屋市の商業施設「タカシマヤゲートタワーモール」内に、ダンスキンを中心とした複合ショップをオープンした。スポーツ分野を問わず広く着用できるトレーニングウェアを販売し、いままでスポーツに関心のなかった女性客の取り込みを図る。

マーケットデータ

●主なスポーツ用品の市場規模

日本生産性本部「レジャー白書2017」によると、主なスポーツ用品の市場規模は次表の通り。平成28年の球技スポーツ用品市場が前年比2.0％減少した一方、山岳・海洋性スポーツ用品市場は同0.2％増、その他のスポーツ用品市場が同2.0％増、スポーツ服等が同2.1％増であった。

主なスポーツ用品の市場規模（単位：億円）

用品名	平成27年	平成28年
球技スポーツ用品	5,560	5,450
ゴルフ用品	3,390	3,310
テニス用品	550	530
卓球・バドミントン用品	340	350
野球・ソフトボール用品	1,070	1,040
球技ボール用品	210	220
山岳・海洋性スポーツ用品	6,270	6,280
スキー・スケート用品他	1,350	1,220
登山・キャンプ用品	2,000	2,070
釣具	1,660	1,690
海水中用品	1,260	1,300
その他のスポーツ用品	4,400	4,490
スポーツ自転車	2,380	2,450
その他のスポーツ用品	2,020	2,040
スポーツ服等	4,720	4,820
トレ競技ウェア	2,750	2,800
スポーツシューズ	1,970	2,020
合　計	20,950	21,040

（出所）「レジャー白書2017」

●大手スポーツ用品店上位10社売上高

日経流通新聞の「第45回日本の専門店調査」によると、スポーツ用品店の平成28年度売上高上位10社は次の通り。全体の売上高は前年度に比べて1.1％増であったが、伸び率は小幅であった。東京で開催されるオリンピックが追い風となり、ラ

ンニングなどのウェアが好調である。

大手専門店売上高ランキング（平成28年度）

社　名	本社	売上高（百万円）	前年度比伸び率(%)	店舗数
ア ル ペ ン	愛知	219,794	1.5	434
ゼ ビ オ	福島	144,666	1.5	397
メガスポーツ（スポーツオーソリティ）	東京	71,000	3.6	147
ヒ マ ラ ヤ	岐阜	64,556	0.2	123
ヴィクトリア	東京	33,173	▲1.9	82
ゴルフパートナー	東京	27,780	8.2	345
つ る や	大阪	19,520	▲0.7	―
二 木 ゴ ル フ	東京	15,476	▲6.4	51
好 日 山 荘	兵庫	13,928	▲8.6	59
チ ャ コ ッ ト	東京	11,117	0.0	30

（出所）日経流通新聞

●主なスポーツの参加人口

日本生産性本部「レジャー白書2017」によると、主なスポーツの参加人口は次の通り。

主なスポーツの参加人口（単位：万人）

スポーツ部門	平27年	平28年
ジョギング・マラソン	2,190	2,020
エアロビクス、ジャズダンス	450	360
卓　　　　　　球	720	780
バ ト ミ ン ト ン	770	750
キャッチボール・野球	660	580
サイクリング、サイクルスポーツ	860	910
ボ ウ リ ン グ	1,190	1,010
サ ッ カ ー	480	480
水 泳（プールでの）	960	1,020
柔道、剣道、空手などの武道	190	160
テ ニ ス	580	570

（出所）「レジャー白書2017」

業界の特性

●事業所数と従業者数

経済産業省「商業統計表」によると、平成26年のスポーツ用品小売業の事業所数は1万306店で、従業者数は6万4,712人である。

●主な営業形態

スポーツ用品店の主な営業形態は、①総合店…スポーツ用品を全般に扱う店で、代表的な企業はアルペンやゼビオなどだ。②専門店…ゴルフやスキー、アウトドア用品など、単一あるいは少数の商品に特化した店である。

ノウハウ

●「アスレジャー」の広がり

スポーツウェアを街中などで着るファッションは、アスレチックとレジャーを組み合わせた造語で「アスレジャー」と呼ばれる。スポーツウェアメーカーなどが力を入れており、人気が広がっている。また、紳士服大手のはるやまホールディングスとアディダスジャパンが共同企画したスーツが販売されるなど、「アスレジャー」の需要取り込みに各社が注力している。

経営指標

ここでは参考として、TKC経営指標（平成29年版）より、「スポーツ用品小売業」の数値を掲げる。

TKC経営指標（変動損益計算書）	全企業　56件	
	平均額（千円）	前年比（%）
売上高	193,080	99.8
変動費	130,502	100.3
仕入高	129,962	99.5
外注加工費	661	99.8
その他の変動費	5	114.2
限界利益	62,578	98.9
固定費	59,485	97.0
人件費	30,482	99.3
減価償却費	2,086	92.3
租税公課	1,135	88.8
地代家賃・賃借料	5,701	92.6
支払利息・割引料	1,219	90.0
その他	18,854	96.4
経常利益	3,093	162.3
平均従事員数	7.9名	

今後の課題／将来性

●将来性

スポーツメーカーが直営店を増やし、競技向け商品やファッション性を重視した店舗など、専門性を高めた店舗を展開している。オリンピックや競技会の開催などの結果により、人気となるスポーツは変化する。また、消費者のライフスタイルの変化など、複数の要因によって変わるニーズに対応した商品の提供が不可欠である。

《**関連団体**》　一般社団法人日本スポーツ用品工業協会
東京都千代田区神田小川町3－28－9
TEL　03（3219）2041

－ 423 －

●小売業●

ゴルフショップ

最近の業界動向

●ゴルフ用品の市場規模は

日本生産性本部「レジャー白書2017」によると、平成28年のゴルフ用品の市場規模は前年比2.4％減の3,310億円であった。ゴルファーの高齢化に伴い、ボールが飛ばなくなったゴルファー向けのクラブが登場している。ゴルフ場もコースを短くしたり、バンカーを減らしたりして高齢者のゴルファーに対応している。松山英樹選手が世界で活躍しており、ゴルフ市場の活性化につながるか期待される。

●有賀園スポーツモール

ゴルフ用品販売の有賀園ゴルフは、スポーツ専門店を集めたショッピングモールの運営を始めた。平成29年4月14日に開業した「有賀園スポーツモール」には、釣具専門店の上州屋や中古ゴルフ用品のゴルフ・ドゥが出店している。また、ゴルフレッスンの「ダンロップゴルフスクール」もある。有賀園ゴルフの全額出資子会社で、不動産管理会社のイーエスティーがモールの建物を取得し、テナントに貸し付ける方式を採用した。イベントの合同開催なども計画されている。

●練習所内の出店に注力

ゴルフ用品販売大手でゼビオホールディングス傘下のゴルフパートナーは、大型ゴルフ練習所への出店を進める。練習所内の売店はゴルフ用品の品揃えが少ないため、利用者の不満があった。練習と買い物が一カ所ででき、購入を検討しているクラブの試打もできるため、ゴルファーの利便性が高まる。「ワンストップソリューション」をコンセプトに店舗の出店を進める。

●中古ゴルフ用品

中古ゴルフクラブのリユースチェーン「ゴルフ・ドゥ！」を展開するゴルフ・ドゥは平成29年4月11日、ブランド品の買い取り・販売を手掛けるブランドオフと、ゴルフクラブの買い取りにおいて業務提携した。ゴルフ・ドゥは平成29年3月末現在全国に75店舗あり、今後3年を目途に100店に増やす計画だ。オンラインショップでの買い取り・販売も行っており、クラブの仕入れルートを広げて、新規出店に向けた在庫の確保を図る。また、ゴルフパートナーは、平成29年内に中古クラブ販売サイトを刷新する。項目をチェックする仕組みに変え、顧客のプレーの問題点などから最適のクラブを表示する。検索では、メーカーやクラブの種類、製造年数などがチェックでき、顧客の条件に合うクラブを選択できる。また、顧客の都合により、宅配と店頭での受け取りを選ぶことができる。決済方法も従来のカード払いのほか、コンビニエンスストアでの支払いや代引き決済の導入も検討している。

マーケットデータ

●ゴルフ用品市場の推移

日本生産性本部「レジャー白書2017」によると、ゴルフ用品、ゴルフ場、ゴルフ練習場の市場規模推移は次の通り。

ゴルフ関連市場の推移（単位：億円）

年次	ゴルフ用品	ゴルフ場	ゴルフ練習場
平23年	3,340	9,650	1,360
24年	3,370	9,220	1,340
25年	3,400	9,110	1,290
26年	3,330	8,890	1,260
27年	3,390	8,780	1,350
28年	3,310	8,740	1,290

（出所）日本生産性本部「レジャー白書2017」

●ゴルフ専門店の業績

日経流通新聞「第45回日本の専門店調査」によると、ゴルフ専門店6社の平成28年度売上高は次表の通り。ゴルフパートナーは通販番組を始めるなどして好調を維持した。一方、有賀園ゴルフは

ゴルフ専門店の売上高（平成28年度）

社　名	本社	売上高 （百万円）	前年度比 伸び率（％）	店舗数
ゴルフパートナー	東京	27,780	8.2	345
つ　る　や	大阪	19,520	▲0.7	—
二　木　ゴ　ル　フ	東京	15,476	▲6.4	51
有　賀　園　ゴ　ル　フ	群馬	7,600	▲5.0	20
ゴ　ル　フ　・　ド　ゥ	埼玉	3,812	5.1	76
コ　ト　ブ　キ　ゴ　ル　フ	東京	2,697	▲9.5	3

（出所）日経流通新聞

前年の12.6％増から5.0％減になった。

◉ゴルフ用具、ゴルフプレー料金の1世帯当たりの年間支出額

総務省「家計調査年報」によると、1世帯当たりのゴルフ用具、ゴルフプレー料金の年間支出額は次の通り。

ゴルフ用具、ゴルフプレー料金の1世帯当たりの年間支出額

年次	ゴルフ用具（円）	ゴルフプレー料金（円）
平23年	886	8,378
24年	949	8,766
25年	1,083	9,896
26年	1,211	8,378
27年	1,278	8,678
28年	1,198	9,855

（出所）総務省「家計調査年報」

業界の特性

◉店舗数

ゴルフショップの店舗数に関する公的な資料は見当たらないが、NTTタウンページ「iタウンページ」によると、ゴルフショップの店舗数は平成29年7月13日現在で2,961店である。最も多いのは東京都の283店、次いで大阪府（236店）、愛知県（196店）、兵庫県（181店）、千葉県（142店）、と続いている。また、前述の「日本の専門店調査」によると、大手ゴルフ専門店6社の店舗数（平成28年度）は495店となっている。

◉ゴルフ参加人口

日本生産性本部「レジャー白書2017」によると、ゴルフ参加人口の推移は次の通り。平成28年のゴルフ（コース）の参加人口は前年比27.6％減の550万人、ゴルフ（練習所）の参加人口は同24.0％減の600万人であった。

ゴルフ参加人口（単位：万人）

項　目	平24	平25	平26	平27	平28
ゴルフ（コース）	790	860	720	760	550
ゴルフ（練習所）	840	860	760	790	600

（出所）日本生産性本部「レジャー白書2017」

ノウハウ

◉最新機器を備えた試打室

ゼビオホールディング傘下のヴィクトリアの国内2店目となる米プロゴルフ協会認定のゴルフ用品店「PGAツアースーパーストア 大宮店」は、最新のデジタル機器を備えた試打室やトレーニング用のサプリメントを取り揃えている。平成29年3月に改装オープンし、レッスン方法を学んだスタッフが指導してくれる。店内には修理カウンターもあり、顧客の要望に沿ってシャフトの交換なども行う。米国プロゴルフ協会の認定を得るには、展開する店舗数や規模などの基準を満たす必要がある。品揃えも豊富で、単独パーツを使ったカスタムクラブの制作も請け負っている。初心者から上級者まで支持を集めている。

経営指標

ゴルフショップ単独の指標は見当たらないので、ここでは参考として、TKC経営指標（平成29年版）より、「スポーツ用品小売業」の数値を掲げる。

TKC経営指標 （変動損益計算書）	全企業　56件	
	平均額（千円）	前年比（％）
売上高	193,080	99.8
変動費	130,502	100.3
仕入高	129,962	99.5
外注加工費	661	99.8
その他の変動費	5	114.2
限界利益	62,578	98.9
固定費	59,485	97.0
人件費	30,482	99.3
減価償却費	2,086	92.3
租税公課	1,135	88.8
地代家賃・賃借料	5,701	92.6
支払利息・割引料	1,219	90.0
その他	18,854	96.4
経常利益	3,093	162.3
平均従事員数	7.9名	

今後の課題／将来性

◉課題

ゴルフ人口が減少する中、ゴルフショップでは来店客の満足度を高める工夫をしている。女性客向けにウェアの品揃えを増やしたり、最適なクラブを選んでくれるアドバイザーなどサービスの充実を図っている。ゴルファーの高齢化が進んでおり、若年層の取り込みが課題となっている。

《関連団体》　一般社団法人日本ゴルフ用品協会
　　東京都千代田区外神田6−11−11
　　神田小林ビル4F
　　TEL　03（3832）8589

●小売業●

アウトドア用品店

最近の業界動向

●アウトドア用品市場規模は増加傾向

　家族キャンプの人気は底堅く、アウトドアブランドの服などを街着とするファッションが広がり、アウトドア用品市場は増加傾向にある。また、防災や災害時にアウトドア用品を活用しようとする動きが広がっている。登山やラフティングなどで身に付ける用具は軽く携帯しやすいものが多く、寝袋などは防寒やプライバシー保護にも役立つ。メーカーは体験会などを通じて防災に役立つ用具を紹介するなどしている。矢野経済研究所によると、平成28年のアウトドア用品市場規模は前年比2.4％増の1,918億2,000万円と予測されている。

アウトドア用品市場（単位：百万円）

年　　次	平25年	平26年	平27年 （見込）	平28年 （予測）
市場規模	174,190	181,260	187,390	191,820

（注）メーカー出荷金額ベース
（出所）矢野経済研究所

●アウトドア用品などの商品を約1,000品目扱う新ブランド

　カー用品店のオートバックスセブンは平成29年6月、アウトドア用品などの商品を約1,000品目扱う雑貨の新ブランド「JACK&MARIE（ジャックアンドマリー）」を立ち上げた。車を通じたライフスタイルを提案し、アウトドア用品のほか、車内用のインテリア用品も取り揃えた。インターネット通販サイトでの販売のほか、商業施設への出店も進めていく予定だ。

●アウトドア商品などの情報発信

　企業マーケティング支援のアジャイルメディア・ネットワークとアウトドア関連ウェブサイト運営のスペーススキーは、キャンプなどアウトドア好きな人を組織化し、情報発信する取り組みを始めた。「アウトドアアンバサダープログラム」

は、キャンプ予約サイト「なっぷ」などの利用者の中から募集し、SNSへ体験談などを投稿してもらう。商品の評判やキャンプ場などの情報を拡散してもらい、情報波及効果をデータ化して、顧客企業の販促などを支援する。

マーケットデータ

●登山・キャンプ用品市場の推移

　日本生産性本部「レジャー白書2017」によると、平成28年の登山・キャンプ用品の市場規模は前年比3.5％増の2,070億円であった。

アウトドア関連（登山・キャンプ用品）などの市場規模（単位：億円）

用品別	平27年	平28年
山岳・海洋性スポーツ用品	6,270	6,280
登山・キャンプ用品	2,000	2,070
スキー・スケート用品等	1,350	1,220
釣　　　　　　具	1,660	1,690
海　水　中　用　品	1,260	1,300

（出所）日本生産性本部「レジャー白書2017」

●登山・アウトドア用品店の売上高

　日経流通新聞「第45回日本の専門店調査」によると、主な登山・アウトドア用品店3社の平成28年度売上高は次表の通りである。

主な登山・アウトドア用品店の売上高（平成28年度）

社　　名	売上高 （百万円）	前年度比 伸び率（％）	店舗数
ヒ　マ　ラ　ヤ	64,556	0.2	123
好　日　山　荘	13,928	▲8.6	59
さかいやスポーツ	2,100	1.5	6

（出所）日経流通新聞

業界の特性

●店舗形態

　登山・アウトドア用品の店舗形態は次の通りである。①スポーツ用品店が店内の1コーナーとして扱うケース、②スポーツ用品店が登山・アウトドア用品店の単独店を出店するケース、③登山・アウトドア用品メーカーが直営店を出店するケースなどである。

●店舗数

　アウトドア用品店の店舗数に関する公的な資料は見当たらないが、NTTタウンページ「iタウンページ」によると、29年7月13日現在で1,125店である。

－ 426 －

アウトドアショップの店舗数

地域	店舗数	地域	店舗数	地域	店舗数
全　国	1,125	富　山	13	島　根	4
北海道	69	石　川	15	岡　山	22
青　森	20	福　井	13	広　島	22
岩　手	8	山　梨	14	山　口	7
宮　城	22	長　野	50	徳　島	14
秋　田	4	岐　阜	15	香　川	6
山　形	8	静　岡	32	愛　媛	15
福　島	18	愛　知	52	高　知	14
茨　城	16	三　重	7	福　岡	34
栃　木	20	滋　賀	18	佐　賀	15
群　馬	10	京　都	26	長　崎	18
埼　玉	52	大　阪	69	熊　本	13
千　葉	32	兵　庫	42	大　分	6
東　京	125	奈　良	13	宮　崎	7
神奈川	45	和歌山	6	鹿児島	18
新　潟	44	鳥　取	10	沖　縄	22

（出所）「iタウンページ」

●流通経路

登山・アウトドア用品の流通経路は一般的にメーカー→卸→小売である。小売店は展示会やカタログなどを通じてメーカーや卸から商品を仕入れていた。最近はスポーツ用品メーカーが小売を強化する中、登山・アウトドア用品も流通経路が短くなっている。

●需要期

夏休みと秋の行楽シーズンに需要が集中するため、冬場は落ち込みやすい。最近は街中でも気軽に着用できるウエアやバッグの扱いを増やしているため、シーズンによる需要の差は以前に比べると小さくなっている。

●アウトドア用品

アウトドア用品は登山やキャンプなどで使われる。テントやタープ（日差しや雨を防ぐための広い布でキャンプに使用される）、テーブルやチェア、バーベキュー用品、クーラーボックス、ライト・ランタン、寝袋など多岐にわたる。また、キャンピングカーで旅を楽しむ人も増えている。日本RV協会によると、平成27年の国内キャンピングカー保有台数は9万5,100台で中高年の所有者が多い。

キャンピングカーの国内保有台数 （単位：台）

年　次	平24年	平25年	平26年	平27年
総保有台数	75,600	85,200	89,800	95,100

（出所）日本RV協会

ノウハウ

●地域のニーズに対応した店舗を設ける

アウトドア用品のICI石井スポーツは、登山者の多い山やスキー場などの近くに店舗を展開し、登山やスキーの愛好家の取り込みを図る。従来は都心部に店舗を展開していたが、地域密着の店舗を展開し、都心部の既存店の移転も進めていく。山登りの初心者から上級者向け、子供用の登山用品を揃え、地域の特性を反映させた商品で、地元のファミリー客やシニア客を呼び込んでいる。ICI石井スポーツの平成28年8月期の単独売上高は約135億円で、150億円規模に伸ばしたい考えだ。

経営指標

アウトドア用品市場単独の指標は見当たらないので、ここでは参考として、TKC経営指標（平成29年版）より、「スポーツ用品小売業」の数値を掲げる。

TKC経営指標	全企業　56件	
（変動損益計算書）	平均額（千円）	前年比（％）
売上高	193,080	99.8
変動費	130,502	100.3
仕入高	129,962	99.5
外注加工費	661	99.8
その他の変動費	5	114.2
限界利益	62,578	98.9
固定費	59,485	97.0
人件費	30,482	99.3
減価償却費	2,086	92.3
租税公課	1,135	88.8
地代家賃・賃借料	5,701	92.6
支払利息・割引料	1,219	90.0
その他	18,854	96.4
経常利益	3,093	162.3
平均従事員数	7.9名	

今後の課題／将来性

●将来性

アウトドア用品市場は成長が鈍化してきたが、アウトドアブランドを街中で着こなすスタイルが定着し、市場全体では好調である。キャンプ人気も根強くあり、市場は底堅いと予想される。

《関連団体》　一般社団法人日本スポーツ用品工業協会
　　東京都千代田区神田小川町3−28−9
　　TEL　03（3219）2041

－ 427 －

●小売業●

化粧品店

最近の業界動向

●化粧品の販売金額は1兆5,250億8,700万円

百貨店では、専門スタッフが特定のブランドにこだわらず相談に乗ったり、異なるブランドの化粧品を一緒に陳列するなどして、新たな客層を取り込んでいる。また、ネット通販やドラッグストアなどとの競合も激しく、化粧品専門店は厳しい経営を迫られている。経済産業省「生産動態統計」によると、平成28年の化粧品の販売金額は前年比1.2%増の1兆5,250億8,700万円であった。

化粧品の販売数量、販売金額

年次	販売数量（kg）	販売金額（百万円）
平24年	427,660,547	1,404,803
25年	426,007,400	1,427,028
26年	459,838,064	1,488,085
27年	451,746,718	1,507,008
28年	436,069,893	1,525,087

（出所）経済産業省「生産動態統計」

●シニア向け化粧品の販路拡大

ファンケルは主に通信販売でシニア向け化粧品を販売していたが、直営店舗にも販路を広げる。店頭ではシニア向けの接客研修を受けた美容部員が商品説明をし、60代以上の顧客開拓を図る。

●独自開発した化粧品を販売

ロフトは独自開発した化粧品の販売に力を入れている。全国各地の植物や果物などの美容成分を発掘し商品化している。製造は化粧品メーカーに委託する。小学館やJ:COMグループのアクトオンTVと連携し、情報発信を行っていく。ロフトの全店で専門コーナーを設け、顧客の取り込みを図る。

●白髪染めの販路拡大

カネボウ化粧品は白髪染めの新商品の販売に合わせ、平成29年7月から美容部員が店頭で顧客の相談に応じるカウンセリング販売を始めた。カネボウの調査によると、40代以降の女性の約6割が定期的に白髪染めをしており、このうち、7割以上が自宅で白髪染めをしているという。専門的な知識を持つ美容部員のアドバイスを受けながら選べる白髪染めの需要は高いとみている。百貨店や専門店、ドラッグストアにも販路を広げ、シェア拡大を目指す。

マーケットデータ

●1世帯当たりの年間支出額

総務省「家計調査年報」によると、1世帯当たりの化粧品の年間支出額は次の通り。化粧水や乳液、保湿クリームが1品でまかなえるオールインワン化粧品が出回り、時間に余裕のない人や節約志向の消費者に支持されている。

1世帯当たりの年間支出額（単位：円）

品　名	平26年	平27年	平28年
化粧クリーム	5,154	5,324	4,989
化　粧　水	4,440	4,356	4,373
乳　　　液	1,683	1,678	1,600
ファンデーション	2,471	2,439	2,459
口　　　紅	984	943	972
その他の化粧品	15,632	14,999	13,694

（注）二人以上の世帯
（出所）総務省「家計調査年報」

●化粧品の国内販売金額

経済産業省「生産動態統計」によると、化粧品の品目別の販売金額は次の通り。

化粧品品目別の販売金額の推移（単位：百万円）

品目別	平成27年	平成28年
化粧品計	1,507,008	1,525,087
香水・オーデコロン	4,020	3,814
頭髪用化粧品計	408,064	402,823
シャンプー	110,569	105,848
ヘアトリートメント	75,936	71,475
皮膚用化粧品計	706,096	718,812
化粧水	164,217	167,989
男性皮膚用化粧品	21,630	21,592

（出所）経済産業省「生産動態統計」

●化粧品の市場規模

富士経済の資料によると、平成27年の国内化粧品市場規模は前年比5.4%増の2兆4,475億円であった。平成28年は同2.5%増の2兆5,077億円を見込んでいる。チャネル別の市場では、化粧品専門店での販売が減少し、ドラッグストアや通信販売での売り上げが伸びている。

— 428 —

業界の特性

●化粧品販売店数

NTTタウンページ「iタウンページ」によると、化粧品販売店の数は、平成29年8月9日現在3万2,665店である。

化粧品販売店数

地域	店舗数	地域	店舗数	地域	店舗数
全　国	32,665	富　山	481	島　根	292
北海道	1,459	石　川	526	岡　山	733
青　森	353	福　井	453	広　島	928
岩　手	397	山　梨	232	山　口	684
宮　城	557	長　野	961	徳　島	455
秋　田	348	岐　阜	497	香　川	537
山　形	431	静　岡	883	愛　媛	566
福　島	664	愛　知	1,327	高　知	325
茨　城	463	三　重	375	福　岡	2,110
栃　木	457	滋　賀	236	佐　賀	379
群　馬	469	京　都	553	長　崎	599
埼　玉	847	大　阪	1,836	熊　本	846
千　葉	778	兵　庫	1,245	大　分	569
東　京	2,491	奈　良	292	宮　崎	512
神奈川	972	和歌山	345	鹿児島	679
新　潟	810	鳥　取	240	沖　縄	473

（出所）「iタウンページ」

●化粧品の流通別分類

化粧品は流通別に大きく5つに分類される。①制度品＝大手化粧品メーカーと取引契約をかわした店で販売され、美容部員がカウンセリングしながら対面販売されることが多い、②一般品＝問屋や代理店を経由して売り場に並べられる。メーカーとの複雑な取引契約もない、③訪問販売品＝メーカー系列の販売会社や代理店などを経由して、訪問販売員が顧客に販売する、④通信販売品＝メーカーから直接顧客に届けられる、⑤業務用品＝美容院やエステティックサロンで使用される化粧品。しかし、流通のボーダレス化が進み、メーカーは一つのチャネルや販売方法にこだわらず、複数のチャネルで事業展開している。

●化粧品の販売ルート

化粧品の販売ルートは多様化している。専門店や百貨店、ドラッグストア、生活雑貨店などのほか、インターネット通販での購入も増えている。

ノウハウ

●肌カメラの導入

ポーラ・オルビスホールディングス傘下のポーラは、専門店「ポーラ　ザ　ビューティー」を中心に肌カメラを導入する。短時間で肌の状態が判定でき、顧客に適した手入れ方法をタブレットで表示する。平成29年7月から約1,200店舗で肌カメラを使ったカウンセリングを行う。新サービスで、美容部員が一定水準の接客を提供できるよう接客力の底上げを図る。

経営指標

ここでは参考として、TKC経営指標（平成29年版）より「化粧品小売業」の指標を掲げる。

TKC経営指標 （変動損益計算書）	全企業　125件	
	平均額（千円）	前年比（％）
売上高	65,527	99.6
変動費	34,977	101.1
仕入高	34,975	102.4
外注加工費	2	57.7
その他の変動費	1	186.7
限界利益	30,550	98.1
固定費	30,049	94.5
人件費	13,430	95.3
減価償却費	1,236	95.3
租税公課	618	101.7
地代家賃・賃借料	2,056	89.5
支払利息・割引料	223	81.5
その他	12,400	94.0
経常利益	500	▲78.6
平均従事員数	5.0名	

今後の課題／将来性

●課題

節約志向の消費者が増え、高級化粧品の販売は低迷している。百貨店はブランドにこだわらない陳列で顧客の取り込みを図っている。また、イオンの子会社が運営する「コスメーム」は、30以上のブランドを取り揃え、自由に商品を試すことができるセレクトショップだ。専任のスタッフが商品の説明をしてくれる。ネット通販も広がっているが、高級化粧品は実際に試してから購入したい人は多く、こうした需要に対応した販売方法となっている。

《関連団体》　全国化粧品小売協同組合連合会
　　　東京都中央区東日本橋2-10-5
　　　TEL　03（3861）7733

●小売業●

調剤薬局

最近の業界動向

◉「かかりつけ薬剤師」を広げて、診療報酬を伸ばす

アインホールディングスや日本調剤などの大手は、患者の服薬情報を一元的・継続的に把握し、一人の患者を同一の薬剤師が担当する「かかりつけ薬剤師」を広げて、診療報酬を伸ばしている。平成28年の診療報酬改定により、「かかりつけ薬剤師指導料」の項目が新たに加わった。平成28年4月からスタートした「かかりつけ薬剤師」制度は、患者が信頼のできる薬剤師を選び、薬局の営業時間外でも相談できるようになった。

◉日本調剤が「健康チェックステーション」を設ける

調剤薬局大手の日本調剤は、血圧などの簡易な健康測定ができる店舗を拡大する。日本調剤は約560店の調剤薬局を展開しているが、住宅街や医療モールに出店している薬局を対象に改装して「健康チェックステーション」を設ける。管理栄養士による食事のアドバイスや薬剤師の健康相談などを行う。「健康サポート薬局（業界の特性参照）」は平成28年10月に届け出が始まった制度で、処方せんを扱う薬局に医療用医薬品の調剤だけでなく、地域住民の健康相談の窓口としての役割も求めている。ドラッグストア各社も「健康サポート薬局」に力を入れている。調剤薬局は処方せんを持たない利用者の来店が少ないため、「健康チェックステーション」で来店を促す。

◉「在宅調剤」の取り組み

住友商事傘下のドラッグストア「トモズ」は、自宅療養する患者に、医師の処方せんに基づいて調剤した医薬品を届ける「在宅調剤」に取り組む。同社の調剤薬局事業は、店に持ち込まれた処方せんに基づき薬を出す「外来調剤」が中心であった。高齢化により在宅医療の重要性が高まっており、「在宅調剤」に力を入れていく。「在宅調剤」は、調剤までは店に勤務する薬剤師が担当し、患者への配達は本社の薬剤師が配達する。患者数の増加に伴い、薬剤師の人数を増やすなど対応していく。

マーケットデータ

◉調剤大手の業績

調剤大手の業績は次の通りである。各社とも新規出店を進め、主力の調剤事業に力を入れているが、優秀な薬剤師の確保などが課題となっている。

調剤大手の連結業績（単位：億円、％）

社　名	売上高	経常利益	前年比
アインホールディングス （平29.4月期）	2,481 2,675	150 170	▲1.0 13.0
日　本　調　剤 （平29.3月期）	2,234 2,346	79 98	▲19.0 23.0
ク　オ　ー　ル （平29.3月期）	1,315 1,450	70 75	6.0 6.0
総合メディカル （平29.3月期）	1,222 1,355	64 70	4.0 9.0

（注）下段は前期の数値
（出所）各社決算資料

◉調剤医療費、処方せん枚数

厚生労働省の統計調査資料によると、平成28年度の調剤医療費は次の通り。

調剤医療費、処方せん枚数の推移

項　目	平26年度	平27年度	平28年度
調剤医療費（億円）	71,987	78,746	74,953
処方せん枚数（万枚）	80,831	82,372	82,999
1枚当たりの調剤医療費（円）	8,906	9,560	9,034

（出所）厚生労働省

◉医薬分業率

日本薬剤師会の資料によると、平成28年度の処方せん受取率は71.7％で、前年と比較して1.7ポイントの増加となった。医療の高度化とともに機能分化が進んでいる。医師が診察に専念し、薬剤師が調剤することで処方内容が明らかになり、安全性がより高まっている。

医薬分業率の推移

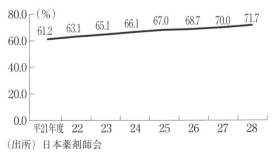

（出所）日本薬剤師会

業界の特性

●薬局数と薬剤師数

厚生労働省の「衛生行政報告例」によると、平成28年3月末現在の薬局数は5万8,326カ所で、前年同月に比べ542カ所（0.9%）増加している。人口10万人当たりの薬局数は全国平均が45.9施設である。また、同省の「医師・歯科医師・薬剤師調査」（隔年調査）によると、平成26年12月31日現在の薬剤師数は28万8,151人である。

●「かかりつけ薬剤師」

「かかりつけ薬剤師」の要件には、①保険薬剤師として一定数以上の薬局勤務経験、②当該保険薬局に週の一定時間以上の勤務、③当該保険薬局に一定期間以上の在籍、④研修認定の取得、⑤医療に係る地域活動への参画がある。また、患者の服薬状況を一元的に把握し、患者からの相談に24時間応じられる体制が求められる。「かかりつけ薬剤師」の評価については、①かかりつけ薬剤師指導料（70点）、②かかりつけ薬剤師包括管理料（270点）が新たに加算される。

●「健康サポート薬局」

「健康サポート薬局」は、薬局の業務体制や設備について一定の基準に適合する薬局が、都道府県知事等に届け出を行うことにより、「健康サポート薬局」である旨の表示ができる制度である。「かかりつけ薬局」の基本的な機能（複数の病院で受診する患者の服薬情報を一括管理し、患者宅での服薬指導や健康チェックを行う）に加え、国民による主体的な健康の保持推進を積極的に支援する「健康サポート」機能を備えた薬局と規定されている。

●小規模薬局を組織化

ドラッグストア大手のマツモトキヨシホールディングスは、個人が営む小規模薬局を組織化し経営支援などを行う。平成28年12月から始めた「調剤サポートプログラム」は、大衆薬や調剤機器、サプリメントなどを同社がまとめて調達し、割安な価格で卸販売する。また、同社のPB商品も供給し、店舗間で在庫の融通なども行う。薬剤師の人材育成のための研修サービスも提供する。国は「健康サポート薬局」の普及を推進している。ドラッグストア業界では競合が激しく、成長は鈍化している。大手ドラッグストアでは、調剤事業を強化する動きが活発化しており、同社は調剤専業の大手チェーンに対抗できる規模を狙っている。

ノウハウ

●調剤部門の強化

キリン堂ホールディングスは、調剤部門の強化を図る。自社のドラッグストアに併設したり、単独店を開設する。調剤薬局は比較的安定した集客が見込めるため、「かかりつけ薬剤師」の育成も強化する。また、近隣の高齢者施設に出張サービスも始め、薬局に出向くことが困難なシニアに対し機会ロスを抑える。

経営指標

ここでは参考として、TKC経営指標（平成29年版）より「調剤薬局」の指標を掲げる。

TKC経営指標 （変動損益計算書）	全企業　599件	
	平均額（千円）	前年比（%）
売上高	263,925	95.8
変動費	169,630	92.6
仕入高	169,499	92.7
外注加工費	14	87.0
その他の変動費	20	105.1
限界利益	94,295	102.1
固定費	88,016	101.7
人件費	62,767	102.2
減価償却費	3,769	98.4
租税公課	1,487	93.3
地代家賃・賃借料	6,267	102.0
支払利息・割引料	344	80.6
その他	13,332	101.8
経常利益	6,278	107.1
平均従事員数	12.9名	

今後の課題／将来性

●課題

ドラッグストア各社が、比較的安定的な集客が見込める調剤部門の強化を図っている。ドラッグストアに併設したり、薬剤師の採用を増やしたりしている。調剤薬局とドラッグストアの競争はさらに激しさを増しており、サービスの充実などで差別化を図っている。

《関連団体》　公益社団法人日本薬剤師会
東京都新宿区四谷3-3-1
TEL　03（3353）1170

●小売業●
ドラッグストア

最近の業界動向

●大手チェーンの売上高は堅調に推移

ドラッグストア業界は、新規出店やインバウンド消費、併設する調剤薬局が好調で、大手チェーンの売上高は伸びている。高齢化や健康志向ニーズの高まりを背景に、各地の有力チェーンは出店攻勢をかけ、M&Aも積極的に進めている。ドラッグストア各社は引き続き調剤併設店を増やしたり、新業態店の出店により、成長維持を目指している。

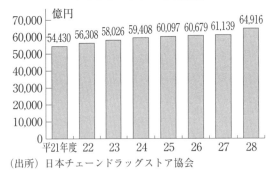
ドラッグストアの市場規模
（出所）日本チェーンドラッグストア協会

●セルフメディケーション

平成29年1月からセルフメディケーション（自主服薬）を後押しする税制がスタートした。ドラッグストア各社は、セルフメディケーションに対応した売り場づくりや社員教育を進めている。セルフメディケーション税制は、医療用医薬品から一般用に転じた薬「スイッチOTC医薬品」の購入金額が年間1万2千円を超えた場合、購入金額の一部を所得から控除する制度だ。ドラックストア各社は、税制の対象となる商品であることを表示するマークを取り付けたり、税制について説明するポスターを掲示して周知に努めている。また、従業員が客から問い合わせなどがあった場合、説明できるよう教育している。

●スギホールディングスが新規出店を加速

ドラッグストア大手のスギホールディングスは平成30年2月期に、「スギ薬局」などのドラッグストアを新たに100店出店する方針。関東、関西、中部の大都市圏を中心に出店の余地があるとみており、平成29年2月期の新規出店実績である75店を上回り、新規出店のペースを加速する。出店増で必要な薬剤師や管理栄養士などの人員は、全店で前年同期比30人増の650人とする計画。平成29年2月期に処理した処方箋の枚数や調剤の売上高が、平成28年2月期と比べ2ケタ前後の成長率で伸びており、さらなる需要増に備える。同社が展開するドラッグストアの「スギ薬局」と「ジャパン」を新規に出店する地域は、関東、関西、中部でほぼ均等にする方針で、各店舗に薬剤師だけでなく、管理栄養士やビューティーアドバイザーなどを配置する。顧客との接点を増やして、ニーズに合った品揃えを強化する。平成30年2月期の退店は20店の予定で、全体の店舗数は1,128店になる見込みだ。

●「健康サポート薬局」の基準を満たす店舗を増やす

ドラッグストア各社は「健康サポート薬局」の基準を満たす店舗を増やして、調剤専業の大手チェーンと同等の体制を整えている。拡大が続く調剤市場で競争力を高め、健康に関わる幅広い需要を取り込みたい考えだ。平成28年10月に始まった「健康サポート薬局」は、地域住民の健康相談の窓口としての役割を担うことが求められる。診療報酬上のメリットはないが、地域住民とのつながりが期待でき、来店機会も増やすことができる。

●ウエルシアHDが北東北で事業を拡大

イオン子会社のドラッグストア大手のウエルシアホールディングス（HD）は、北東北3県でドラッグストアを展開する丸大サクラヰ薬局の全株式を取得し子会社化した。同業他社やホームセンターなど他業態との競争が厳しくなる中、経営基盤を強化したい丸大サクラヰと、北東北で事業を拡大したいウエルシアHDの思惑が一致した形だ。株式取得は平成29年6月1日付で、取得金額は145億円。丸大サクラヰの社名や店名は変わらない。丸大サクラヰはドラッグストア「ハッピー・ドラッグ」や「ドラッグ・オー」を青森県と岩手県、秋田県北部で計64店、調剤薬局を青森県で8店展開する。平成28年9月期の売上高は207億円。

マーケットデータ

◉大手ドラッグストア上位10社の売上高

　日経流通新聞の「第45回日本の専門店調査」によると、ドラッグストア・医薬品の平成28年度の売上高は前年度比7.4％増で、前回の9.8％増を下回ったものの堅調に推移している。ドラッグストア上位10社の売上高は次表の通りである。

ドラッグストア上位10社の売上高（平成28年度）

社　名	売上高 （百万円）	伸び率 （％）	店舗数
ウエルシア薬局（ウエルシア）	546,111	26.3	1,477
マツモトキヨシホールディングス	535,133	▲0.2	1,555
コスモス薬品（ディスカウントドラッグコスモス）	447,271	9.5	738
ス　ギ　薬　局	430,070	4.5	1,048
サ　ン　ド　ラ　ッ　グ	369,047	3.0	695
富士薬品（ドラッグセイムス）	362,827	0.1	1,233
ココカラファインヘルスケア	357,557	1.3	1,234
ツ　　ル　　ハ	335,135	17.2	1,031
アインホールディングス（アイン薬局等）	248,110	5.6	1,118
カ　ワ　チ　薬　品	246,407	2.7	275

（出所）日本流通新聞「日本の専門店調査」

業界の特性

◉ドラッグストア店舗数、商品販売額

　経済産業省「商業動態統計年報」（平成27年）によると、ドラッグストアの店舗数は1万3,547店、商品販売額は5兆3,608億9,900万円となっている。商品販売額の構成比は、食品が1兆3,393億6,500万円で全体の25.0％を占めている。次いで家庭用品・日用消耗品・ペット用品が8,138億3,100万円で全体の15.2％を占めている。医薬品関連ではOTC医薬品が7,910億6,400万円で全体の14.8％、調剤医薬品が3,643億6,000万円で全体の6.8％で、食品や家庭用品と比較すると少額となっている。なお、日本チェーンドラッグストア協会の資料によると、平成29年6月1日現在、協会の正会員（ドラッグストア、他小売業）は139社、店舗数は1万9,654店となっている。このほかに賛助会員222社、個人会員21名、学校会員28校がある。

◉取扱商品

　ドラッグストアの取扱商品は、医薬品や調剤薬のほかに、健康食品、化粧品、ベビー用品、介護用品、家庭用雑貨、衣料品、食品・酒類など多岐にわたる。最近の傾向として、医薬品の構成割合が減少し、食品の構成割合が増加している。

ノウハウ

◉化粧品中心の新型店の出店

　ドラッグストア各社は化粧品を中心とした新型店の出店を進めている。マツモトキヨシホールディングスは平成29年6月30日、東京・銀座に美容に特化した店舗をオープンした。また、クリエイトエス・ディは、化粧品を主力にした新型店を千葉県市原市に開業した。今後は都心部などへの出店を進めていく。働く女性やインバウンド需要の取り込みを図りたい考えだ。

経営指標

　ここでは参考として、TKC経営指標（平成29年版）より「医薬品小売業（調剤薬局を除く）」の指標を掲げる。

TKC経営指標 （変動損益計算書）	全企業　188件	
	平均額（千円）	前年比（％）
売上高	99,406	92.7
変動費	59,692	89.7
仕入高	59,380	90.2
外注加工費	—	59.5
その他の変動費	—	—
限界利益	39,714	97.4
固定費	39,257	97.9
人件費	24,308	98.6
減価償却費	1,815	106.6
租税公課	1,282	87.8
地代家賃・賃借料	2,982	104.3
支払利息・割引料	224	93.0
その他	8,640	94.2
経常利益	456	68.4
平均従事員数	6.8名	

今後の課題／将来性

◉将来性

　ドラッグストア各社は調剤併設店を増やし、拡大が続く調剤市場での需要の取り込みを強化する。また、美容関連商品市場は底堅く、各世代の女性に対応した幅広い商品を揃えるなど強化している。一方、競争は激化しており、市場の変化など素早い対応が求められる。

《関連団体》　日本チェーンドラッグストア協会
　　神奈川県横浜市港北区新横浜2－5－10
　　TEL　045（474）1311

●小売業●

文 具 店

最近の業界動向

●国内文具・事務用品市場規模は4,598億円

企業の経費削減で国内の文具・事務用品市場は伸び悩んでいるが、個人向けの文具は好調で機能性やデザイン性に優れた商品が相次いで発売されている。また、装飾やラッピングなどに使われるマスキングテープは女性に人気で、メッセージカードに貼ったりなどしても使われている。矢野経済研究所の資料によると、平成27年度の国内文具・事務用品市場規模（メーカー出荷金額ベース）は前年度比1.0％増の4,598億円で、個人向け需要が市場規模全体を底上げしている。

●テーマは「ワークとライフの境界を超える」

コクヨは平成29年5月26日、東京・千駄ヶ谷にライフスタイルショップ＆カフェ「THINK OF THINGS（シンク オブ シングス）」をオープンした。独自の視点で文具や家具、ファッション、雑貨などを展開するほか、2階にはレンタルも可能な多目的スペースを設ける。1階には、ライフスタイルショップとカフェがあり、面積は約55坪。ライフスタイルショップでは、オリジナル商品やセレクト商品などを展開する。2階の多目的スペース（スタジオ）は、面積が約28坪、席数32席。自主企画のイベントを開催しながら、レンタルスペースとしての開放も予定している。

●丸善ジュンク堂が文具専門店をオープン

丸善ジュンク堂は平成29年8月10日、東京・池袋に文具専門店を開いた。売り場面積は1,320平方メートル、アイテム数は約6万5千を揃え、都内最大規模の文具店である。文具のほか、コミック関連などの珍しい画材や、併設したサロンでイベントも開く予定だ。1階は一般文具などで、2階は高級筆記具などを揃える。また、併設したカフェではハヤシライスやコーヒー、夜はアルコール飲料も提供する

●スマートフォン連動型文具

スマートフォンの普及により、スマートフォン向けアプリケーション（スマホアプリ）と連動した文房具が人気を集めている。スマホ連携文房具の代表格といえばキングジムの「ショットノート」である。ショットノート自体はシンプルなメモ帳で、専用アプリ「SHOT NOTE」のカメラでメモを撮影すると、自動的に画面のサイズに調整し、データ化される。また、ぺんてるの「アンキスナップ」も人気だ。アンキスナップでラインを引き、専用アプリ「AnkiSnap」で撮影すると、画面上ではラインを引いた部分が黒く表示される。試験勉強などで使った赤い暗記シートのデジタル版といえる。キングジムの「ニュートラルボックス」もユニークだ。ボックスに収納した状態をスマホで撮影し、専用アプリ「DIGITAL TAG」で、ボックスに書き込んだ3ケタのタグ番号とスマホの写真を連携さておけば、後でタグ番号を入力するだけで中身の写真を確認できる。これらの商品はテレビや雑誌等でも取り上げられることが多く、話題性もあることから、文具店でもPRに力を入れている。

マーケットデータ

●主な文具用品の販売金額

経済産業省「生産動態統計（繊維・生活用品編）」によると、平成28年の鉛筆やシャープペンシル、ボールペン（完成品）、水彩絵の具、修正液など文具の販売金額は次表の通りである。

主な文具用品の販売額 （単位：百万円）

品　目	平26年	平27年	平28年
鉛　　　　筆	5,895	6,783	7,047
シャープペンシル	15,692	18,358	19,061
ボールペン(完成品)	72,134	77,524	79,557
水　　性	47,408	52,278	54,099
油　　性	24,726	25,245	25,458
マーキングペン	38,024	41,251	43,071
クレヨン・水彩絵の具	3,734	4,682	4,737
修　正　液	2,040	1,984	1,549
修　正　テ　ー　プ	4,359	4,341	4,289

（出所）経済産業省

●文房具の1世帯当たり年間支出金額

総務省「家計調査年報」によると、平成28年における文房具の1世帯当たりの年間支出金額は6,643円で、前年の6,883円に比べると3.5％減少し

ている。

1世帯当たり年間支出額推移 （単位：円）

年次	支出額	年次	支出額
平19年	6,908	平24年	6,795
20年	6,916	25年	6,844
21年	6,981	26年	6,634
22年	6,803	27年	6,883
23年	6,816	28年	6,643

（注）二人以上世帯
（出所）総務省「家計調査年報」

業界の特性

●事業所数と従業者数

経済産業省「商業統計調査確報」（平成26年）によると、紙・文房具小売業の事業所数は7,254店、従業者数は2万6,222人である。また、年間販売額は3,506億円となっており、従業者1人当たりの年間商品販売額は1,450万円である。事業所規模別では、従業者数2人以下の事業所数が4,164店と最も多く、全体の57％を占めている。

●立地による分類

経済産業省「商業統計表　立地環境特性別統計編（小売業）」（平成26年）によると、紙・文房具小売業の立地別事業所数は、商業集積地区に3,288店、オフィス街地区に897店、住宅地区に1,952店、工業地区に283店、その他の地区に834店となっており、商店街に立地している店舗が全体の45.3％と、およそ半分を占めている。

●文具を取り扱う店舗

文具を取り扱う店舗はスーパーや100円ショップ、ドラッグストア、ホームセンター、書店、雑貨店など多岐にわたる。イトーヨーカ堂では新入学・進級の4月に向け、便利な文具などを揃えた特設売り場を設けて販促している。また、女性に人気のマスキングテープは、幅広の商品を壁紙代わりに使う動きが広がっており、ホームセンターなどで商品を増やしている。

ノウハウ

●個性派文房具店

表紙60種類、中紙30種類の中から、好きなもの選んでノートを作る。東京・蔵前にある「カキモリ」を訪れる客の大半が利用するのが、オーダーノート作製サービスだ。選んだ用紙を専用のリン

グ製本機で閉じれば、世界に一つだけのノートが完成する。また、東京の国立駅から徒歩20分ほどの住宅街にある「つくし文具店」も個性的な品揃えの文房具店だ。一番人気のオリジナル商品は「つくしペンケース」。帆布を使ったペンケースで、品薄状態が続いている。懐かしいと感じる文房具を集めたセレクトショップもある。東京・三鷹市にある「山田文具店」には、懐かしくて味のある文房具が並ぶ。オリジナル商品はないが、独特のセンスや雰囲気があり、多くの客を引き付けている。「自分が共感できる文房具しか使いたくない」というニーズに応えられる個性派文房具店は、今後も増えていきそうだ。

経営指標

ここでは参考として、TKC経営指標（平成29年版）より「紙・文房具小売業」の指標を掲げる。

TKC経営指標 （変動損益計算書）	全企業 148件	
	平均額（千円）	前年比（％）
売上高	219,677	98.8
変動費	169,041	98.9
仕入高	169,299	99.1
外注加工費	13	88.5
その他の変動費	―	19.5
限界利益	50,636	98.4
固定費	48,093	99.1
人件費	28,873	100.0
減価償却費	2,060	94.6
租税公課	797	97.4
地代家賃・賃借料	4,274	103.2
支払利息・割引料	1,210	95.5
その他	10,794	96.2
経常利益	2,543	87.9
平均従事員数	9.6名	

今後の課題／将来性

●将来性

デジタル機器の普及により、国内の文具市場は伸び悩んでいる。一方、芯が折れないシャープペンシルなどの高機能品や、万年筆が見直されつつある。気に入った文具は価格が高くても購入する人は多く、デザイン性や機能性に優れた商品を揃えることが不可欠だ。

《関連団体》　一般社団法人全日本文具協会
　　東京都台東区浅草橋1‐3‐14
　　TEL　03（5687）0961

●小売業●

メガネ店

最近の業界動向

●格安チェーンの成長が鈍化

格安チェーンの成長が鈍化している。低価格商品が増え、需要に飽和感が出始めているためだ。生産コストの上昇もネックとなっている。メガネ市場は伸び悩んでおり、戦略の転換が求められる。眼鏡光学出版の資料によると、メガネ市場は約4,000億円で横ばいが続いている。格安チェーンの台頭で単価が下がったことが一因だ。格安チェーンはファッションとしてメガネを購入する若者などをターゲットにしてきたが、必要に応じて高単価でも購入する中高年層にも注力している。

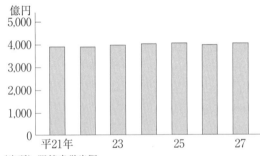

眼鏡の小売市場規模推移

（出所）眼鏡光学出版

●高付加価値の商品を開発

「JINS」を展開するジェイアイエヌは、4つの分かりやすい料金体系（税別4,900円、5,900円、7,900円、9,900円）で若者を中心に支持されてきたが、平成29年3月に1万2千円の商品を発売し、中高年を中心に販促する。低価格だけでは成長が見込めないため、高付加価値の商品を開発して、新たな収入源を確保する。

●子供用メガネ専門店

アイ＆アイは平成29年4月、子供用メガネ専門店「こども眼鏡屋」を初めて路面店に出店した。0～18歳向けのメガネを多数取り揃えている。スポーツ用も揃え、店内にはキッズスペースも設けた。メガネ作り体験も始め、人気となっている。

●Zoffが女性向け新型眼鏡店を出店

眼鏡専門店「Zoff」を運営するインターメスティックは平成29年2月、ルミネエスト新宿内の既存店を改装し、若い女性を主要顧客とする新型店を出店した。紫外線を100％遮断するサングラスや、レトロ感のある丸型の眼鏡など流行に合わせた約50種類の限定商品を用意。美容やファッションへの関心が高い20～30代の女性の需要を取り込む。駅ビルを中心に出店し、1年以内に同様の店舗を5店に増やす。眼鏡の中心価格帯は同社の平均単価より3割程度低い税別5,500円に設定する。季節ごとの買い替えを狙い、品揃えを年に4回刷新する。視力矯正目的でなく、ファッションの一つとして眼鏡を提案する。ルミネ内の店舗は通常店に比べて女性客の比率が1割高いという。国内では視力矯正目的の眼鏡市場は横ばいが続き、場面に合わせて複数の眼鏡を使い分ける需要を掘り起こす。

●三城ホールディングスが都市部出店などで立て直しを図る

「パリミキ」や「メガネの三城」を展開する三城ホールディングスは、低価格チェーンやインターネット通販の台頭で業績が悪化している。主要顧客の高齢化も一因で、若い世代の獲得が進んでいない。このため、サングラスなどを取り扱う「サーカス」を平成28年に初出店し、若者の集客に注力している。再生に向け、店舗の閉鎖や都市部への出店で立て直しを図っている。

マーケットデータ

●眼鏡の1世帯当たり年間支出金額

総務省「家計調査年報」によると、平成28年における眼鏡の1世帯当たりの年間支出金額は6,361円で、前年比8.5％増となった。

1世帯当たり年間支出額推移 （単位：円）

年次	支出額	年次	支出額
平19年	7,653	平24年	6,287
20年	7,283	25年	6,491
21年	6,949	26年	6,785
22年	6,648	27年	5,862
23年	6,683	28年	6,361

（注）二人以上世帯
（出所）総務省「家計調査年報」

●メガネ店の上位10社売上高

日経流通新聞「第45回日本の専門店調査」によると、平成28年の時計・めがね専門店の売上高伸び率は前年度比1.9％増で、前年度の4.1％増から落ち込んだ。メガネ専門店では上位10社のうち増収企業が5社と、明暗が分かれている。

大手時計・めがね専門店上位10社の売上高（平成28年度）

順位	社　名	売上高（百万円）	伸び率（％）	店舗数
1	メガネトップ（眼鏡市場、アルク）	70,200	1.3	943
2	三城ホールディングス（パリミキ、メガネの三城）	49,881	▲7.2	964
3	ジンズ	40,872	10.9	329
4	インターメスティック(Zoff)	21,562	9.2	181
5	メガネスーパー	18,000	14.6	329
6	愛眼	15,588	▲3.7	260
7	ネクストトウェンティワン（JACKROAD）	13,033	14.4	2
8	キクチメガネ	9,887	▲3.7	131
9	和真（和真メガネ）	9,235	▲4.4	90
10	富士メガネ	8,259	▲0.6	67

（出所）日経流通新聞

業界の特性

●事業所数と従業者数

経済産業省「商業統計調査確報」（平成26年）によると、時計・眼鏡・光学器械小売業の事業所数は1万6,715店、従業者数は6万1,759人である。

●高度なスキルが必要

眼鏡専門の販売店では、眼鏡販売に際して、検眼、レンズの選定、フレームの選定、眼鏡制作という工程を経るのが一般的である。このため、一人ひとりの顧客に最も適した眼鏡を提供できる高度なスキルを持った技術者が、眼鏡販売店には在籍していることが望ましいといわれる。日本眼鏡技術者協会では、一定の条件を満たす眼鏡制作者に対し「認定眼鏡士」という検定資格を付与している。

●フレームとレンズで異なる流通経路

フレームは、①メーカー→産地卸→消費地卸→小売店、②メーカー→産地卸→小売店、③メーカー→消費地卸→小売店、④メーカー→小売店のルートがある。なお、最近は低価格店の増加により中国で生産委託するケースが増えている。レンズは従来、メーカー→特約店→卸問屋→小売店の流通経路だったが、チェーン店の進出に伴い、フレームと同様にメーカーから小売店への直結ルートが比重を増している。

ノウハウ

●丸みを帯びた女性好みのフレーム

眼鏡専門店のオーマイグラスは、丸みを帯びたフレームのデザインが女性に人気で、主力商品となっている。インターネット販売からスタートしたが、現在では実店舗9店を展開している。国内生産にこだわり高品質のメガネを販売している。レンズ込みの値段は1万5千円から2万円。女性が好む小さくて縁の薄いフレームにしたことで、女性客を取り込んでいる。

経営指標

ここでは参考として、TKC経営指標（平成29年版）より「時計・眼鏡・光学器械小売業」の指標を掲げる。

TKC経営指標（変動損益計算書）	全企業 179件	
	平均額（千円）	前年比（％）
売上高	75,182	102.9
変動費	37,340	100.9
仕入高	37,248	100.1
外注加工費	1	91.0
その他の変動費	—	—
限界利益	37,842	105.1
固定費	33,706	98.0
人件費	19,317	99.8
減価償却費	1,614	101.2
租税公課	612	105.9
地代家賃・賃借料	3,689	99.6
支払利息・割引料	364	91.7
その他	8,045	91.7
経常利益	4,135	257.4
平均従事員数	5.6名	

今後の課題／将来性

●将来性

高齢化が進み、老眼鏡を含めてメガネを必要とする人は増加傾向にある。平均単価も1万円前後に上がっている。検眼サービスの充実など、これからは中高年の不安を解消するメガネの開発に比重が移りつつある。

《関連団体》　日本眼鏡販売店連合会
　　東京都中央区日本橋3−3−5
　　TEL　03（3275）1776

●小売業●

コンタクトレンズ販売店

最近の業界動向

●コンタクトレンズの市場規模

　スマートフォンやパソコンの利用が増え、近視になる人が増えている。低年齢化も進み、小児期に始まった近視は多くの場合、成長につれて進行する。近視の治療方法はなく、身近な矯正方法はコンタクトレンズや眼鏡の着用だ。近年では、就寝時にコンタクトレンズを着けるだけで矯正できる「オルソケラトロジー」が注目されている。日本コンタクトレンズ協会によると、平成28年のコンタクトレンズの市場規模は前年0.3％減の2,147億円、ケア用品は同1.2％減の340億円であった。市場は減少傾向にあり、ケア用品や周辺商品の取り扱いを増やすなどして、販売単価を高めている。

コンタクトレンズの市場規模（単位：億円）

項　　目	平25年	平26年	平27年	平28年
コンタクトレンズ	1,931	2,056	2,154	2,147
ケ ア 用 品	389	377	344	340
合　　計	2,320	2,433	2,498	2,487
調査対象会員数	31社	32社	37社	39社

（出所）日本コンタクトレンズ協会

●個人向け通販サイトでコンタクトレンズの販売

　眼鏡専門店のメガネスーパーは、アスクルが運営する個人向け通販サイト「ロハコ」でコンタクトレンズの販売を始めた。サングラスや眼鏡ケースなども取り揃え、計108商品を扱う。「ロハコ」で販売するコンタクトレンズは、1箱30枚入りで価格は3,024円。中心部の厚みが薄く、裸眼のような付け心地を維持できる。平成28年からは、宅配サイト「出前館」で、コンタクトレンズの即日宅配も始めている。

●遠近両用の使い捨てコンタクトレンズの販売

　眼科治療機器・コンタクトレンズ大手の日本アルコンは、遠近両用の1日使い捨てコンタクトレンズの販売を始めた。同社の調査では、国内のコンタクトレンズ利用者の4割超が40歳以上で、老眼になると眼鏡に切り替える人が多いため、新製品の投入で、眼鏡に切り替える人の需要を見込んでいる。

マーケットデータ

●コンタクトレンズの年間支出額推移

　総務省「家計調査年報」によると、平成28年のコンタクトレンズの年間支出金額は3,271円で、前年の3,411円と比べて4.1％減であった。

コンタクトレンズの年間支出額推移

年次	金額（円）	年次	金額（円）
平21年	2,952	平25年	3,523
22年	3,272	26年	3,603
23年	3,267	27年	3,411
24年	3,351	28年	3,271

（出所）総務省「家計調査年報」

業界の特性

●厚生労働省がコンタクトレンズの不適切な使用によるトラブルを防ぐための対策を強化

　厚生労働省は、コンタクトレンズの不適切な使用によるトラブルを防ぐための対策を強めている。コンタクトレンズは、取り扱いに注意が必要な「高度管理医療機器」に指定されているが、現状では医師の処方せんは必要ない。管理は使用者に任されており、カラーコンタクトレンズやネット販売の普及などで、医師の診察を受けずに購入する人が増えている。このため、購入者の受診状況の把握や徹底、「処方せん不要」をうたった広告をしないように要請するなどし、通知に従わない業者への監視を強めるよう都道府県などにも求める。

●主要企業

　代表的なコンタクトレンズ販売店としては、平成29年9月現在国内283店舗、海外6店舗を展開しているHOYAが運営する「アイシティ」、中央コンタクトが運営する「フラワーコンタクト」、日本オプティカルが運営する「ハートアップ」、メニコングループのダブリュ・アイ・システムが運営する「エースコンタクト」などがある。

●店舗数

　コンタクトレンズ販売店はメガネ店と併設されるケースが多いので、コンタクトレンズ販売店の数を把握することは難しい。NTTタウンページ「i

タウンページ」によると、コンタクトレンズ販売店の店舗数は平成29年10月24日現在で4,566店である。

コンタクトレンズ販売店の数

地域	店舗数	地域	店舗数	地域	店舗数
全　国	4,566	富　山	72	島　根	39
北 海 道	118	石　川	78	岡　山	94
青　森	59	福　井	41	広　島	121
岩　手	50	山　梨	23	山　口	57
宮　城	92	長　野	117	徳　島	33
秋　田	51	岐　阜	77	香　川	35
山　形	48	静　岡	170	愛　媛	54
福　島	75	愛　知	289	高　知	31
茨　城	73	三　重	68	福　岡	250
栃　木	49	滋　賀	64	佐　賀	39
群　馬	65	京　都	119	長　崎	66
埼　玉	179	大　阪	257	熊　本	85
千　葉	176	兵　庫	188	大　分	61
東　京	402	奈　良	41	宮　崎	65
神 奈 川	210	和 歌 山	37	鹿 児 島	76
新　潟	73	鳥　取	20	沖　縄	79

(出所)「iタウンページ」

●販売形態

コンタクトレンズの販売形態は次の通り。①眼科医専門クリニック、②コンタクトレンズ専門店、③コンタクトレンズ専門量販店、④眼鏡小売りチェーン、⑤ネット通販などである。なお、コンタクトレンズは薬事法で「高度管理医療機器」になるため、販売にあたっては、営業所ごとに都道府県知事の許可が必要である。日本コンタクトレンズ協会は、利用者が安全にコンタクトレンズやケア用品を使用できるよう、販売や広告に関する自主基準を設けている。

●ネット通販が台頭

ネット通販でコンタクトレンズを購入する消費者が増えており、販路に占めるネット通販の割合が拡大している。一方、眼科併設のコンタクトレンズ店はネット販売に押され、売り上げが伸び悩む店が目立つ。ネット通販では定期的にコンタクトを自宅に届けるサービスを実施している。こうした利便性が消費者の支持を集めている。

●立地

特定の眼科医院に顧客を依存する場合は、その眼科医院の近隣地域に出店することになる。一方、大手チェーンは通常の小売店と同じで集客が見込める立地に店舗を構えることになる。

ノウハウ

●「ZOZOTOWN」にカラコン専門ショップ開店

衣料品通販サイト大手「ZOZOTOWN（ゾゾタウン）」を運営するスタートトゥデイは平成28年11月、ZOZOTOWN内にカラーコンタクトの専門ショップ2店舗を開設した。同サイトの主要顧客である10〜30代を中心にカラーコンタクトを取り入れたファッションを楽しむ人が増えていることなどに対応する。

経営指標

コンタクトレンズ販売店を対象にした指標は見当たらないので、ここでは参考として、TKC経営指標（平成29年版）より、「時計・眼鏡・光学機械小売業」の数値を掲げる。

TKC経営指標 （変動損益計算書）	全企業　179件	
	平均額（千円）	前年比（％）
売上高	75,182	102.9
変動費	37,340	100.9
仕入高	37,248	100.1
外注加工費	1	91.0
その他の変動費	—	—
限界利益	37,842	105.1
固定費	33,706	98.0
人件費	19,317	99.8
減価償却費	1,614	101.2
租税公課	612	105.9
地代家賃・賃借料	3,689	99.6
支払利息・割引料	364	91.7
その他	8,045	91.7
経常利益	4,135	257.4
平均従事員数	5.6名	

今後の課題／将来性

●課題

コンタクトレンズ普及のためには、コンタクトレンズの適切な販売を推進することが求められる。インターネット販売が拡大する中、コンタクトレンズ販売店は自社の強みを認識し、インターネット販売と実店舗の関係を明確にした販売戦略が必要になる。

《関連団体》　一般社団法人日本コンタクトレンズ協会
　東京都文京区本郷5－1－13
　TEL　03（5802）5361

●小売業●
貴金属店

最近の業界動向

●平成28年の市場規模は前年比2.9%減

ブライダル関連の需要減少など、国内宝飾品市場は低迷が続いている。宝飾業界では、手頃な価格の商品で若者層を開拓したり、海外進出を図るなどして生き残りを図っている。矢野経済研究所によると、平成28年の国内宝飾品市場は、前年比2.9%減の9,413億円であった。平成29年はインバウンド需要などが期待され、同0.7%増の9,475億円と予測されている。

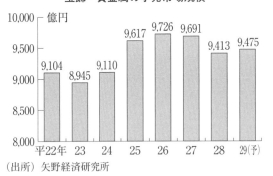

宝飾・貴金属の小売市場規模
(出所)矢野経済研究所

●宝飾品のTASAKIがMBOを発表

宝飾品のTASAKIは平成29年3月24日、海外進出を本格化するためMBO（経営陣が参加する買収）の実施を発表した。非上場になり経営の自由度を高め、海外での出店を進める。欧米でブランド力を高め、世界各地で事業規模を広げたい考えだ。

●デザイナーの育成

宝飾品製造のラッキー商会は、宝飾品デザイナーを発掘する取り組みを始めた。ブランドを立ち上げたいデザイナーを対象に、商品開発や販売ルートの開拓を支援する。三越伊勢丹の協力を得て、平成30年3月以降には期間限定店を出す予定だ。ラッキー商会は伊勢丹新宿本店に「L&Co.」を出店している。国内の宝飾品市場が低迷する中、デザイナーを育成して市場の活性化を図りたい考えだ。

●インターネット通販を拡大

宝飾専門店「アイプリモ」を運営するプリモ・ジャパンは、インターネット通販を拡大する。国内外で98店を運営しているが業績は好調で、ネット販売も伸びている。これまでは一つのサイトで全商品を扱っていたが、ブランドごとに専用サイトを開設した。ブライダル商品など、気兼ねなく選びたい男性の需要が高いと判断し、販売体制などを見直し需要拡大につなげる。また、国内市場が伸び悩む中、アジア展開を加速している。中国を中心に海外店舗を増やす計画で、平成29年7月28日に中国・上海中心部の商業施設に直営店をオープンした。中国本土では5年以内に20〜30店規模に拡大する方針で、販売員の接客教育に力を入れていく。

マーケットデータ

●宝飾品専門店上位10社の売上高

日経流通新聞「第45回日本の専門店調査」によると、平成28年度の宝飾品専門店の売上高は次の通り。前年度に比べて売上高は伸び悩んでいる。

宝飾品専門店上位10社の売上高（平成28年度）

社　名	売上高 (百万円)	伸び率 (％)	店舗数
エフ・ディ・シィ・プロダクツ(4℃, RUGIADA他)	33,030	4.1	197
ミ　キ　モ　ト	27,970	0.6	6
As-meエステール	27,685	▲3.1	357
Ｔ　Ａ　Ｓ　Ａ　Ｋ　Ｉ	20,090	6.6	76
ツ　ツ　ミ	19,172	▲11.9	177
ヴァンドームヤマダ(ヴァンドーム青山)	10,397	3.8	139
NEW ART(銀座ダイヤモンドシライシ他)	10,195	5.0	58
スタージュエリーブティックス	10,003	4.8	50
サダマツ(フェスタリア他)	9,076	1.5	91
ベ　リ　テ	8,537	1.8	92

(出所)日経流通新聞

業界の特性

●仕入ルート

一般的には卸売業者から仕入れる場合が多いが、業者の選定に際しては、自店の営業形態に即しているかどうかが重要である。アッセンブリメーカー（完成品を組み立てるメーカー）と直結し、オリジナル商品を確保したり、あるいは、気に入ったデザイナーに委託しメーカーに製造させるケースや現地で直接買い付けるなど多様である。い

ずれにしても、デザインが勝負なので、まめに仕入先を見て回るなど常に仕入ルートを開拓し品揃えに反映させていく必要がある。

●貴金属店数

NTTタウンページ「iタウンページ」によると、平成29年7月14日現在の貴金属店の数は1万261店である。

貴金属店数

地域	店数	地域	店数	地域	店数
全　国	10,261	富　山	139	島　根	79
北海道	389	石　川	134	岡　山	190
青　森	110	福　井	118	広　島	384
岩　手	69	山　梨	109	山　口	163
宮　城	145	長　野	221	徳　島	90
秋　田	86	岐　阜	195	香　川	107
山　形	108	静　岡	364	愛　媛	133
福　島	152	愛　知	655	高　知	66
茨　城	157	三　重	168	福　岡	505
栃　木	142	滋　賀	90	佐　賀	88
群　馬	159	京　都	239	長　崎	178
埼　玉	251	大　阪	732	熊　本	108
千　葉	266	兵　庫	481	大　分	98
東　京	1,183	奈　良	128	宮　崎	71
神奈川	436	和歌山	112	鹿児島	88
新　潟	215	鳥　取	60	沖　縄	100

（出所）「iタウンページ」

●保有目的

貴金属は、用途別にアクセサリーとして使用する場合と投資的な観点から保有する場合がある。貴金属の価格は、国際市場の取引価格が基本となっており、国内での価格はその時の為替で日本円にして換算して、国内価格が決定される。

●貴金属とは

一般に、金、銀、プラチナの仲間である白金族（プラチナ、パラジウム等）の6種類の合計8種類を貴金属という。このうち、金、銀、プラチナは主材料としてジュエリーに用いられる。最近では金よりプラチナのアクセサリーが人気だ。喜平（きへい）と呼ばれるネックレスは男性の人気も高い。また、ネックレスの先につける小型コインもプラチナ製が人気となっている。プラチナの安値が続いて買いやすくなったためで、手元に置ける資産としても人気が高い。

ノウハウ

●結婚指輪を自ら作る

宝飾店運営のケイ・ウノは、平成27年から指輪のDIYサービスを始めた。平成29年1月からは、結婚指輪を自ら作る「DIY」型サービスを強化する。複数の金属を使って木目調にみせる技法を活用する。独自性が高く落ち着いた雰囲気が人気となっている。工房では職人が金属加工し、顧客は好みの素材を選べる。職人の指導などを受け、2時間ほどで結婚指輪が仕上がる。ケイ・ウノは全国で35店舗を展開しているが、販売だけでなく製作体験などのサービスを重視した店舗運営に力を入れている。

経営指標

ここでは参考として、TKC経営指標（平成29年版）より「ジュエリー製品小売業」の指標を掲げる。

TKC経営指標 （変動損益計算書）	全企業　68件	
	平均額（千円）	前年比（％）
売上高	87,787	97.4
変動費	46,908	95.2
仕入高	44,868	92.3
外注加工費	122	99.4
その他の変動費	15	94.5
限界利益	40,879	100.1
固定費	39,115	96.8
人件費	18,007	94.5
減価償却費	1,709	102.3
租税公課	747	93.0
地代家賃・賃借料	3,361	90.1
支払利息・割引料	1,074	94.0
その他	14,215	101.6
経常利益	1,763	416.3
平均従事員数	5.3名	

今後の課題／将来性

●課題

少子化の影響などで宝飾品市場は縮小が続いている。百貨店からショッピングセンターに新規出店の軸足を移したりして、若者の開拓に力を入れているが、競争は激化している。また、低迷が続いているブライダル宝飾は、戦略の見直しが不可欠となっている。

《関連団体》　一般社団法人日本ジュエリー協会
　　　　東京都台東区東上野2-23-25
　　　　TEL　03（3835）8567

●小売業●

宝石リフォーム業
（貴金属買取り業）

最近の業界動向

◉田中貴金属工業「リ・タナカ」の買い取り量、販売量

田中貴金属工業は平成29年10月11日、資産用地金の売買実績を発表した。金地金の買い取り量（平成29年1～9月）は、同期間で4年ぶりに販売量を上回り、前年同期比33％増の1万7,990キログラムであった。一方、販売量は前年同期比36％減の1万3,069キログラムとなり、低水準であった。北朝鮮問題などの影響で、安定資産とされる金が買われた。買い取り価格は、8月29日に1グラム5,010円（税込）と5,000円台になり、換金需要が増えた。また、プラチナ（白金）地金の販売量は前年同期比49％減の5,810キログラム、買い取り量は前年同期比14％増の3,151キログラムで、1～9月の金とプラチナの平均価格の差は1,000円近くまで広がった。

貴金属価格の推移（単位：円／グラム）

年次	金	プラチナ	銀
平24年	4,321	4,078	82.79
25年	4,453	4,740	77.22
26年	4,340	4,759	67.60
27年	4,564	4,205	64.19
28年	4,396	3,535	62.03

（出所）田中貴金属工業

◉提案力を高める

ジュエリーアセットマネジャーズは、宝飾品の修理やリフォーム、買い取り・販売などを手掛けている。直営する「アイデクト」では、宝飾品を流行のデザインに再生している。提案力が強みで、来店客との会話から所有する宝飾品を探り、リフォームの受注につなげていく。また、宝飾品を不動産や金融資産と同等の「第三の資産」として、相続に関するセミナーを行っている。売却するべきか、デザインを変えて価値を上げるか、メンテナンスをしてそのまま使用するべきか、とい

った悩みに対して、自社内の宝石鑑定士、バイヤーなどが総合的な視点から提案を行うほか、税理士や金融機関などとも連携を図り、相続対策について、最前の方法を選択できるようになるためのセミナーや相談会を行っている。

マーケットデータ

◉宝飾品のリサイクル市場規模

宝飾品のリサイクル市場規模は、買取り市場が4,000～4,500億円、リフォーム市場が500～550億円程度と推定される。また、大手貴金属買取り業のコメ兵、大黒屋ホールディングスの売上高は次の通り。

コメ兵、大黒屋ホールディングスの売上高（単位百万円：%）（平成29年3月期）

社　名	売上高		営業利益	
	金額	前年比	金額	前年比
コ　メ　兵	40,134	▲12.6	832	▲70.2
大黒屋ホールディングス	20,556	1.9	493	▲71.9

（出所）各社決算資料

業界の特性

◉日本リ・ジュエリー協議会の会員数

日本リ・ジュエリー協議会の会員数は、平成29年9月時点で326店舗である。同団体によると、中古品を扱うリサイクルショップ約40％、質店・宝飾店が各30％である。宝飾品のリサイクルは、デザイン等の価値は考慮されず貴金属地金の重量査定を中心に進んでおり、比較的簡単であるため参入障壁は低い。

◉リフォーム業者の分類

宝石リフォーム業者は、次の3つに分けられる。①個人の宝飾デザイナーが中心になってオリジナルデザインによるリフォームをする業者。②取引先の卸、小売店の指定通りにリフォームやサイズ直しを手掛ける業者。③そのほか、サイズ直し、アフターサービスを専門に一部リフォームを手掛ける業者。最近では、百貨店が宝石のリフォームに力を入れている。三越日本橋本店では、チェーンの切り売りや金・プラチナ地金の買取りフェアを開催している。当日相場等に基づいた買取り計算式（金・プラチナの刻印・純度等を確認して、計量・仕分けを行う→買取り金額を計算する）により、算出した価格で買い取る。また、リフォ

－ 442 －

ームでは、職人による無料のリング磨きやフェア期間中に依頼した人にプレゼントを用意している。

●店舗数

NTTタウンページ「iタウンページ」によると、平成29年10月12日現在宝飾・貴金属リフォーム店は2,634店となっている。

宝飾・貴金属リフォーム店数

地域	店数	地域	店数	地域	店数
全　国	2,634	富　山	6	島　根	28
北 海 道	59	石　川	19	岡　山	82
青　森	56	福　井	12	広　島	216
岩　手	25	山　梨	17	山　口	57
宮　城	64	長　野	46	徳　島	21
秋　田	48	岐　阜	27	香　川	17
山　形	64	静　岡	29	愛　媛	14
福　島	75	愛　知	59	高　知	7
茨　城	21	三　重	15	福　岡	197
栃　木	7	滋　賀	31	佐　賀	23
群　馬	20	京　都	81	長　崎	81
埼　玉	45	大　阪	274	熊　本	47
千　葉	45	兵　庫	201	大　分	40
東　京	166	奈　良	46	宮　崎	21
神 奈 川	67	和 歌 山	32	鹿 児 島	30
新　潟	65	鳥　取	16	沖　縄	15

（出所）「iタウンページ」

●買取り業者の分類

貴金属買取り業者を分類すると、リサイクルショップや質屋、宝飾品店、田中貴金属工業などの大手貴金属地金商などに分けられる。これらの業者の中には、宝石（貴金属）リフォーム・リペアを手掛ける業者もある。

●流通経路

貴金属買取り業者は、国内の消費者などから店頭などで受け付けた貴金属を買い取り、精練業者（貴金属地金の不純物を取り除き、純度の高い地金にする業者）に転売するケースと、中間集荷業者（貴金属の売買、精練加工・販売・買取りを総合的に行う業者）に転売されるケースがある。また、買い取った貴金属をリフレッシュ（クリーニング）した上で、国内の一般消費者や企業に販売するケースがある。

●貴金属の訪問買取りに関するトラブル

自宅を訪問して貴金属を強引に安く買い取る業者によるトラブルが問題となっている。特に貴金属等は、価格変動等のリスクを負えないため、買

い取った後、即転売するケースが多い。

ノウハウ

●婚約指輪のリメイク

レフノンが運営する「ラスフローラ」は、親から譲り受けた婚約指輪などの宝飾品をリメイクする事業を行っている。リメイクにあたって、不要となった貴金属の一部については、買い取りも行っている。買い取り金額については、着手前に見積書を提示することによって、消費者の不安感を取り除く取り組みをしている。

経営指標

ここでは参考として、TKC経営指標（平成29年版）より、「貴金属・宝石製装身具製品製造業」の数値を掲げる。

TKC経営指標 （変動損益計算書）	全企業　28件	
	平均額（千円）	前年比（%）
売上高	222,397	97.8
変動費	148,216	99.1
仕入高	123,726	98.1
外注加工費	21,318	97.0
その他の変動費	832	94.6
限界利益	74,181	95.5
固定費	78,015	104.4
人件費	48,105	99.6
減価償却費	3,608	135.4
租税公課	721	100.1
地代家賃・賃借料	3,398	107.2
支払利息・割引料	2,603	91.9
その他	18,764	105.1
経常利益	▲3,835	▲128.9
平均従事員数	12.5名	

今後の課題／将来性

●課題

宝飾品の買い取りについては、規制が導入されたことを一つのきっかけとして、トラブルの多い訪問買取りは少なくなっている。スマートフォンを使用して店舗に出向かなくても簡便に査定ができる取り組みや、貴金属の相場を明示した上で、買い取りを行うなど、信頼性を高めることが求められる。

《関連団体》　一般社団法人日本リ・ジュエリー協議会
東京都台東区東上野１－26－２　オーラムビル
TEL　03（6806）0013

●小売業●

CD・楽器店

最近の業界動向

●音楽ソフトの生産額は3.4％減の2,457億円

　スマートフォンの普及により、インターネット経由の音楽配信をどこでも楽しめるようになり、店舗におけるCD販売は落ち込んでいる。主な音楽聴取手段として、YouTubeなど無料動画投稿サイトが一般化し、音楽配信サービスも低迷していることから、CDなどの販売額は長期的な減少傾向にある。日本レコード協会の資料によると、平成28年の音楽ソフトの生産額は、前年比3.4％減の2,457億円で緩やかな減少が続いている。日本レコード協会「音楽メディアユーザー実態調査」によると、「買いたいと思えるような曲が減った」や「音楽に対する興味が減った」、「音楽にお金を使おうと思わない」など、新しい楽曲に対する興味と音楽に対する支出意欲の低下が、楽曲購入の減少・非購入の大きな要因と考えられる。

●若い世代を中心にアナログレコードが人気

　インターネットで配信されるデジタル音源とは異なる温かみのある音質などが支持され、若い世代を中心にアナログレコードの人気が広がっている。国内の生産枚数も増加している。ソニーは29年ぶりにアナログレコードの自社生産を再開する。人気の一因としてジャケットの魅力がある。アーティストの写真や洗練されたデザインなどを楽しむことができる。音楽のネット配信によって苦戦を強いられている販売店では、アナログ盤の売り場面積を増やすなどしている。また、レコードプレーヤーも売れている。

マーケットデータ

●大手CD・楽器店の売上高

　日経流通新聞「第45回日本の専門店調査」によると、平成28年度の大手楽器・CD店の売上高は前年度比0.6％減で、前回の前年度比0.9％減から引き続き減収となった。なお、大手10社の売上高

は次の通り。

大手楽器・CD店の売上高（平成28年度）

会社名	売上高 （百万円）	伸び率 （％）	店舗数
ゲオホールデイングス （ゲオなど）	268,079	0.1	1,805
タワーレコード	51,239	▲2.3	79
島村楽器	33,607	1.0	162
山野楽器	17,744	▲7.6	61
池部楽器店	9,484	▲0.4	23
黒澤楽器店	8,794	―	18
三木楽器	7,021	7.2	7
イ　ケ　ヤ	2,803	▲15.1	17

（出所）日経流通新聞

●音楽ソフトの生産数量と生産金額

　日本レコード協会の資料によると、平成27年の音楽ソフトの生産量と金額は次の通り。

音楽ソフトなどの生産実績（単位：千枚・巻、百万円）

品　目	数量（十万枚・巻）		金額（億円）	
	平27	平28	平27	平28
オーディオレコード	1,696	1,611	1,826	1,777
うちCD	1,678	1,592	1,801	1,749
シングルCD	551	545	417	429
12cmCDアルバム	1,127	1,047	1,384	1,320
アナログディスク	7	8	12	15
カセットテープ	8	7	7	6
ビデオ(音楽ビデオ含む)	986	1,133	1,680	1,673
うちDVD	723	867	986	952
テープ・その他	263	266	694	721
音楽ソフト	2,237	2,130	2,544	2,457
オーディオレコード	1,697	1,612	1,826	1,777
音楽ビデオ	541	518	719	680

（注）四捨五入のため合計が一致しない場合がある
（出所）日本レコード協会

業界の特性

●事業所数と従業者数

　経済産業省「商業統計調査確報」（平成26年）によると、楽器小売業の事業所数は3,230店、従業者数は2万744人である。また、年間販売額は2,431億8,100万円となっている。

楽器小売業の年間商品販売額等の推移

年次	事業所数	従業者数 （人）	年間商品販売額 （百万円）
平24年	3,461	21,830	238,401
26年	3,230	20,744	243,181

（出所）経済産業省「商業統計確報」

◉CD・DVD・ビデオ・レコード店数

NTTタウンページ「iタウンページ」によると、CD・DVD・ビデオ・レコード店の数は平成29年11月4日現在4,571店である。最も多いのは東京都（511店）、次いで愛知県（304店）、大阪府（288）、福岡県（201店）、神奈川県（183店）と続いている。

◉主な音楽聴取手段

日本レコード協会の「音楽メディアユーザー実態調査」によると、主な音楽調達手段は次表の通りである。

主な音楽聴取手段（複数選択）

項　　目	％
YouTube	42.7
音楽CD（CDレンタル・家族・友人から借りたものも含む）	38.4
音楽CDからPC・スマホ等にコピーした楽曲ファイル（MP3等）	27.0
テレビ（有料・無料のBS放送含む）	24.0
AM・FMラジオ	21.6
ニコニコ動画	12.3
コンサート、ライブ等の生演奏	12.1
音楽DVD・Blu-ray Disc	11.6
カラオケBOX・カラオケ教室	10.4
ダウンロード型有料音楽配信	9.7

（出所）日本レコード協会

◉レコードプレーヤーの新製品

レコードの生産枚数が増加傾向にある。これを受け、レコードプレーヤーの新製品が相次いで発売されている。音源の主流がCDやネット配信になってもシニア層を中心にレコードを支持する人は多くいた。これに加え、若者の間でレコード人気が広がり、1万円前後の低価格プレーヤーが人気となっている。

ノウハウ

◉VRライブや交流カフェが増加

好きなアイドルやアーティストと実際に会える、リアルなライブエンタテインメントに対する需要が高まっている。芸能事務所やレコード会社、CDショップなどが、物販の会場にアーティストがいなくても、音楽や映像を使った演出でライブエンタテインメントを疑似体験できる仕掛けを設けたり、カフェなどの飲食スペースや写真撮影スポットを用意するなど、ファンの交流や憩いの場を提供する企画が増加している。CDストア

チェーン大手のタワーレコードは、ファンとアーティストが集う場として新たにカフェを提供している。平成24年に東京・渋谷店内にオープンしたのを皮切りに、表参道店、大阪・梅田NU茶屋町店などがオープンした。アーティストやアニメ作品などのプロモーションを兼ねたカフェイベントを年間合計30企画ほど展開している。

経営指標

ここでは参考として、TKC経営指標（平成29年版）より「楽器小売業」の指標を掲げる。

TKC経営指標 （変動損益計算書）	全企業　37件	
	平均額（千円）	前年比（％）
売上高	137,366	94.7
変動費	75,093	93.4
仕入高	74,415	93.6
外注加工費	298	65.1
その他の変動費	—	—
限界利益	62,272	96.4
固定費	62,676	99.1
人件費	31,070	96.7
減価償却費	2,743	109.9
租税公課	1,647	111.9
地代家賃・賃借料	10,065	100.1
支払利息・割引料	1,172	93.9
その他	15,960	102.8
経常利益	▲404	▲31.0
平均従事員数	9.1名	

今後の課題／将来性

◉課題

国際レコード産業連盟の「グローバル音楽レポート2016年版」によると、音楽産業全体は収益が3.2％増加して150億ドル（1兆6,250億円）を記録、約20年ぶりに音楽産業がプラス成長した。音楽産業にとっては明るいニュースである。同レポートでは平成28年はデジタル音楽からの収益が全体の45％を占め、39％だったCDなどのフィジカル売上を初めて上回った。デジタルを後押ししたのは、「Apple Music」などの音楽ストリーミングであり、今後もこの傾向は続くと思われる。ライブやイベント開催などにより、店舗への誘引が必要である。

《関連団体》　一般社団法人日本レコード協会
　　東京都港区虎ノ門2-2-5
　　TEL　03（5575）1301

●小売業●

DIY店

最近の業界動向

●売上高は前年比0.8％増の３兆9,850億円

　日本DIY協会の資料によると、平成28年のホームセンターの総売上高は前年比0.8％増の３兆9,850億円であったが、主要38社の売上高は減少している。ホームセンター市場の大きな成長が見込めない中、経営統合や商品の共同仕入れ・開発などを進めている。

●DCMホールディングスがケーヨーとPB商品を統合

　ホームセンター最大手のDCMホールディングスは、平成29年1月に持ち分法適用会社にした同業のケーヨーとPB商品を統合する。完全子会社化する方向で進めてきたが、経営統合協議は20％出資にとどまった。PB商品の統合は平成30年中に完了する見通しで、商品や仕入れ先の統一によるスケールメリットを早期に実現させる。

●コメリが低価格品の販売を強化

　ホームセンター大手のコメリは、平成30年３月期に過去最大となる約20億円の改装投資を実施する。園芸用品や日用品の低価格品を前面に押しだして、需要の喚起につなげる。店舗の入り口付近などに来店客の目線と同じ150〜180センチの新しい陳列棚を導入し、売れ筋の商品をPRする。新設する売り場では、のこぎりやネジといった金物工具、ショベルや肥料などの園芸・農業用品を中心に販売する。今後は商品調達コストの引き下げや物流の効率化などを図り、全店の品揃えを統一していく。消費者の節約志向が高まり、低価格品を武器に店舗の売り上げを底上げする戦略を取っていく。

●カインズが中国でインターネット通販を開始

　ホームセンター大手のカインズは、中国でインターネット通販を開始する。平成29年６月に中国のEC最大手、アリババ集団の通販モール「天猫（Tモール）」に出店し、洗濯用品など自社開発の家庭用品を販売する。同社が海外で商品を販売するのは初めてだ。ネット通販によって現地顧客の需要を見極め、今後の出店の足がかりにする。同社は国内でもネット通販を実施しているが、売り上げは全体の１割に満たない。中国では早期に国内以上の規模に成長させることを目指す。商品の調達や配送は同社の中国法人を通じ、現地のメーカーや配送業者と連携して取り組む。同社は上海に物流センターを設け、商品の輸入などに活用している。

●DCMホーマックが自動仕分けシステムを導入

　DCMホールディングス傘下のホームセンターDCMホーマックは、北海道恵庭市内に新物流センターを建設する。平成30年１月に稼働する予定で、自動仕分けシステムなどを導入し、作業を効率化するとともに仕分けミスを抑制する。利益率の高いプライベートブランド商品を増やすための在庫スペースも確保する。在庫の数を正確に把握するとともに、各店の在庫振り替えの作業負担を減らす。利益率の高いPB商品の売り上げを計画的に伸ばすため、自社内で持てる同商品の在庫量も増やし、PB商品の売上構成比を高めていく。

マーケットデータ

●ホームセンターの年間総売上高

　日本DIY協会によると、ホームセンターの年間総売上高（全店ベース）と店舗数の推移は次の通り。

ホームセンターの年間総売上高と店舗数の推移

年度	総売上高（億円）	店舗数
平23	39,220	4,310
24	39,430	4,430
25	39,780	4,540
26	39,260	4,590
27	39,530	4,650
28	39,850	4,710

（出所）日本DIY協会

●売上高の分野別構成比

　日本DIY協会によると、38社（3,420店）の平成28年の売上高は前年2.9％減の２兆5,587億円（全

分野別構成比（単位：％）

分　野	構成比	分　野	構成比
ＤＩＹ素材・用品	23.5	ペ　ッ　ト	8.3
電　　　気	7.1	カー・アウトドア	5.5
インテリア	6.6	カルチャー	4.5
家　庭　用　品	20.7	サービス業務	2.6
園芸・エクステリア	14.7	そ　の　他	6.5

（出所）日本DIY協会

店ベース）となっている。なお、分野別構成比は表の通り。

●ホームセンター上位10社の売上高

日経流通新聞「第45回日本の専門店調査」によると、平成28年度のHC・カー用品全体の売上高は前年度比0.04％減と、ほぼ前年度並みであった。なお、HC・カー用品業界のうち、HC企業の売上高上位10社は次の通りである。

HC上位10社の売上高（平成28年度）

社　名	本社	売上高 （百万円）	伸び率 （％）	店舗数
カインズ（カインズホーム）	埼　玉	395,043	2.4	205
コ　メ　リ	新　潟	316,444	1.9	1,182
コーナン商事	大　阪	304,788	0.6	319
ナ　フ　コ	福　岡	231,040	0.5	317
ＬＩＸＩＬビバ	埼　玉	182,948	1.7	88
DCMホーマック	北海道	178,386	▲2.5	191
島　　忠	埼　玉	149,987	▲3.2	58
ケ　ー　ヨ　ー	千　葉	146,896	▲6.9	183
ジョイフル本田	茨　城	140,151	▲2.7	15
ＤＣＭカーマ	愛　知	131,413	▲1.2	172

（出所）日本流通新聞

業界の特性

●商品分類別構成比

経済産業省「商業動態統計年報」（平成27年）によると、ホームセンターの店舗数は4,209店、商品販売額は3兆3,012億4,100万円となっている。商品販売額に占める構成比は、家庭用品・日用品が7,237億5,600万円で21.9％を占めている。次いでDIY用具・素材が6,854億3,800万円で20.8％、園芸・エクステリア用品は4,924億900万円で14.9％を占め、インテリア用品、ペット用品、電気がそれぞれ2,000億円余りで7.0～8.0％の構成比となっている。

●取扱商品

DIY店の取扱商品はDIY関連用品のほか、家庭用品、インテリア用品、ペット関連商品、園芸用品・農業資材など多岐にわたる。大型店では、本職の大工や配管工事などの業務（プロ）用の要求にも、ある程度までは対応できる品揃えを持っている。近年では家のリフォームの窓口としての機能が注目されている。

ノウハウ

●家族連れの獲得

ホームセンターのグッディは、店頭の工作体験サービスに力を入れ、家族連れの獲得を図っている。家族で楽しめるワークショップを年間2,000回程度実施している。専門的な工具の売り場では50～60歳代の男性客が多く、子どもや女性客の集客ができていなかった。客層を広げるため、全店で有料のワークショップを開催し、家族連れなどの集客につなげる。

経営指標

ここでは参考として、TKC経営指標（平成29年版）より「他に分類されないその他の小売業」の指標を掲げる。

TKC経営指標 （変動損益計算書）	全企業　381件	
	平均額（千円）	前年比（％）
売上高	161,759	99.6
変動費	106,165	99.6
仕入高	104,283	99.9
外注加工費	1,882	108.6
その他の変動費	41	130.1
限界利益	55,594	99.7
固定費	53,018	100.3
人件費	27,811	100.0
減価償却費	2,118	109.0
租税公課	778	104.1
地代家賃・賃借料	3,819	100.5
支払利息・割引料	577	94.5
その他	17,960	100.2
経常利益	2,576	89.4
平均従事員数	7.8名	

今後の課題／将来性

●将来性

DCMホールディングスのみならず、ホームセンター業界では今後も再編が進むものとみられる。ホームセンター業界は、ここ10年ほど年間4兆円弱の市場規模が続き、頭打ちの状態といえる。こうした中、各社は既存店のマイナスを新規出店で補う構図を続けてきたが、それも限界が見えている。市場が縮小し、出店余地も限られる中では、M&Aによるシェア拡大がもっとも合理的な選択肢と考えられる。

《関連団体》　一般社団法人日本DIY協会
　　東京都千代田区鍛冶町1－8－5
　　TEL　03（3256）4475

— 447 —

●小売業●
ガソリンスタンド

最近の業界動向

◉ガソリンの販売量は前年比

　JXホールディングスと東燃ゼネラル石油の経営統合により平成29年4月1日、ガソリン販売シェア50％超、全国の系列給油所は約1万4,000カ所のJXTGホールディングスが発足した。ハイブリッド車などエコカーの普及により、国内のガソリン需要は減少が続く見通しだ。レギュラーガソリンの価格競争も激しく、コンビニエンスストアやカフェの併設など、さまざまなサービスで集客を図っている。経済産業省「生産動態統計年報」（資源・窯業・建材編）によると、平成28年のガソリンの年間販売量は5,518万1,991キロリットルで前年比2.2％減少した。日本経済新聞がまとめた平成28年のガソリン販売量シェアは次の通り。

国内のガソリン販売シェア（平成28年）

社　名	シェア（％）
ＪＸエネルギー	34.1（0.6）
東燃ゼネラル石油	20.8（0.2）
昭和シェル石油	16.3（0.0）
出光興産	15.4（0.0）
コスモエネルギーホールディングス	10.5（▲0.1）

（注）カッコ内は同一企業のシェアの前年比変動ポイント
（出所）日本経済新聞推計

◉レギュラーガソリンの店頭価格

　資源エネルギー庁の資料によると、レギュラーガソリンの店頭価格は4週連続で下落している。

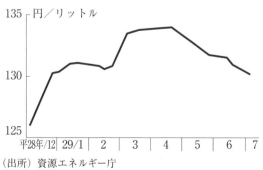

レギュラーガソリンの店頭価格（全国平均）
（出所）資源エネルギー庁

原油価格の下落で、石油元売りの調達コストが下がったことが店頭価格に波及した。石油情報センターでは、今後は上昇に転じると予想している。

◉「ガソリンスタンド過疎地」問題

　国内のガソリンスタンド数は、ガソリン需要の減少や後継者難などにより減少が続いている。これに伴い市町村内のガソリンスタンドが3カ所以下の地域も増加している。経済産業省では、ガソリンスタンド数が3カ所以下の自治体を「ガソリンスタンド過疎地」と定めている。平成29年3月末時点でガソリンスタンド過疎地は302市町村で、前年度から14市町村の増加である。廃業が相次いでいる過疎地の自治体では、ガソリンスタンドの運営や支援に乗り出している。北海道・占冠村（しむかっぷむら）では、地元住民による一般社団法人「トマムスタンド」が設立された。平成28年3月に廃業したガソリンスタンドの設備や跡地を取得し、給油設備なども改修した。村から運営費の支援も受け、営業が再開された。また、和歌山県・すさみ町では、平成29年2月に町が運営するガソリンスタンドが営業を開始した。近隣にガソリンスタンドがない住民にとって、生活全般に及ぼす影響が懸念される。ガソリンスタンド過疎地においては、ガソリンスタンドの効率的な運営や経営体質の強化など、自治体がリーダーシップをとって進めていくことが求められる。

マーケットデータ

◉ガソリン・軽油の販売量

　経済産業省「生産動態統計年報」（資源・窯業・建材統計編）によると、ガソリンと軽油の販売量推移は次の通りである。

ガソリン・軽油の販売量（単位：千キロリットル）

年次	ガソリン	軽油
平24年	56,517	40,554
25年	56,597	44,059
26年	55,276	42,733
27年	56,402	43,717
28年	55,182	42,440

（出所）生産動態統計年報（資源・窯業・建材統計編）

◉スタンド数の推移

　資源エネルギー庁「揮発油販売業者数及び給油所数推移」によると、平成28年度末の給油所（ガ

ソリンスタンド）数は３万1,462カ所で前年に比べ866給油所（2.7％）の減少となっている。このうち、新設が162給油所、廃止が1,028給油所である。また、揮発油販売業者数は前年に比べ496事業者（3.2％）の減少であった。

スタンド数の推移

年度末	揮発油販売業者数	スタンド数
平24	18,269	36,349
25	17,203	34,706
26	16,429	33,510
27	15,574	32,333
28	15,078	31,467

（出所）資源エネルギー庁

●セルフ式ガソリンスタンド数

石油情報センターの資料によると、セルフ式ガソリンスタンド数は平成29年３月末で9,856店と前年比1.3％の増加となった。

セルフ式ガソリンスタンド数の推移

年度末	スタンド数	年度末	スタンド数
平19	7,023	平24	8,862
20	7,774	25	9,275
21	8,298	26	9,530
22	8,449	27	9,728
23	8,596	28	9,856

（注）スタッフ給油、セルフ給油の両方のレーンを持つ、いわゆるスプリット型はセルフスタンドに含まれる
（出所）石油情報センター

ノウハウ

●流通経路

ガソリンスタンドは元売り会社によって系列化されており、系列店では原則として元売りから供給される（系列ガソリン）。ただ、「スポット品」と呼ばれる元売り各社が自社系列ではさばききれないで、燃料商社などに販売する業者間転売ガソリンがあり、流通経路は複雑になっている。元売りは販売業者に対して、週ごとにガソリンや軽油などの卸価格を提示し、販売業者はこれにコストと利益を上乗せして店頭価格を決める。元売りは販売業者に対して、販売数量に応じて卸売価格を割り引く制度を導入しているため、価格競争に拍車がかかっている。

ノウハウ

●住民拠点サービスステーション整備事業

経済産業省は、災害時における燃料の安定供給のため、中小ガソリンスタンドによる燃料供給体制を確保するため、次の事業を実施する。①全国8,000カ所のガソリンスタンドを拠点給油所に指定し、自家発電機を整備する。②過疎地等において、中小ガソリンスタンドが中長期的に燃料の安定供給の役割を果たすため、灯油配送合理化の取り組み（共同タンク運営、配送等）や、省エネ型機器の導入などの支援を行う。石油製品需要の減少を上回るガソリンスタンドの廃業・撤退に歯止めをかけることを目指しており、整備が進められている。

経営指標

ここでは参考として、TKC経営指標（平成29年版）より「ガソリンスタンド」の指標を掲げる。

TKC経営指標 （変動損益計算書）	全企業　470件	
	平均額（千円）	前年比（％）
売上高	369,916	101.2
変動費	299,290	102.1
仕入高	298,667	102.1
外注加工費	434	115.9
その他の変動費	39	104.5
限界利益	70,626	97.8
固定費	66,254	100.6
人件費	36,514	102.7
減価償却費	5,124	101.8
租税公課	3,671	99.0
地代家賃・賃借料	3,866	102.1
支払利息・割引料	1,389	91.5
その他	15,673	96.4
経常利益	4,372	68.6
平均従事員数	10.3名	

今後の課題／将来性

●課題

車の燃費向上などを背景にガソリン需要が減少している。コンビニエンスストアの併設など、サービスの拡充を図る動きもみられるが、ガソリンスタンドの減少に歯止めがかからない。国のエネルギー拠点の整備事業や地方自治体による支援などが期待される。

《関連団体》　一般社団法人全国石油協会
　　東京都千代田区永田町２-17-8
　　TEL　03（5251）2201

●小売業●

家電量販店

最近の業界動向

●市場規模は前年比1.5％減

調査会社のGfKジャパンの推計によると、平成28年度の家電小売市場は前年比1.5％減の7兆円であった。大型生活家電が平均価格の上昇で市場を下支えしたが、パソコン本体や周辺機器のIT関連が苦戦している。また、家電量販店の主力であったスマートフォンは総務省の販売規制の影響で伸び悩み、インバウンド需要も購入単価が下落している。平成29年上半期は猛暑の影響で、クーラーなどの季節家電が好調であった。

●ビックカメラが秋葉原に初出店

家電量販大手のビックカメラは平成29年6月、東京・秋葉原に初めて出店した。傘下のソフマップが手掛けるソフマップ秋葉原本館をビックカメラの店舗に転換する。薬や化粧品などビックカメラが得意とする商品を充実させる。ソフマップ秋葉原本館は、ゲームの販売が中心で男性客が多い。ビックカメラへの転換で、手薄だった女性など新たな客層の取り込みを図る。電気街として知られる秋葉原にはすでにヨドバシカメラやヤマダ電機、エディオンなどが出店しており、ビックカメラの参入で販売競争が激化する見込みだ。

●ノジマは新規市場開拓に注力

家電量販店大手のノジマは、インターネット関連サービス企業へ転換する。平成29年4月に子会社化したニフティとの連携を進める。ニフティの格安スマートフォンの販売や、ネット接続、セキュリティーなどサービスの拠点となる新型店を展開する。ノジマの既存店にコーナーを設置するほか、商業施設へのテナント出店も検討していく。

●ヤマダ電機が住生活・体験重視に

家電量販最大手のヤマダ電機は平成29年4月、東京・目黒に「LABI LIFE SELECT自由が丘」をオープンした。従来の店舗を刷新しリフォームなどのコーナーを広げた。家電市場が伸び悩む中、住宅関連の需要の取り込みを図っている。ヤマダ電機は、注文住宅や住設機器を手掛ける企業を買収するなど家電以外の分野の開拓を急いでいる。傘下の住宅会社の顧客を対象に提供する住宅ローンやリフォームローンの取り扱いも始めた。住宅関連の金融サービスは、平成28年に設立した子会社のヤマダファイナンスサービスが手掛ける。ヤマダ電機はここ数年、住宅事業の拡大を進めてきたが、業績は伸び悩んでいるため、金融サービスなどを提供することで業績改善を進める。

マーケットデータ

●大手家電量販チェーンの売上高

日経流通新聞「第45回日本の専門店調査」によると、平成28年度の家電量販店の売上高上位10社は次の通り。パソコンなどが苦戦し、スマートフォン販売も総務省による販売規制の影響で低迷した。

家電製品上位10社の売上高（平成28年度）

順位	会社名	売上高（百万円）	伸び率（％）	店舗数
1	ヤマダ電機	1,365,630	▲3.9	658
2	ケーズホールディングス（ケーズデンキ）	658,150	2.2	485
3	ヨドバシカメラ	658,042	▲3.2	23
4	エディオン	605,804	▲2.1	―
5	ビックカメラ	426,670	▲4.1	35
6	上新電機	367,819	▲0.2	233
7	コジマ	226,297	0.1	139
8	ノジマ	205,738	0.6	150
9	ベスト電器	128,666	▲4.8	389
10	ソフマップ	58,930	▲12.1	35

（出所）日本流通新聞「日本の専門店調査」

業界の特性

●商品分類別構成比

経済産業省「商業動態統計年報」（平成27年）によると、家電大型専門店の店舗数は2,432店、商品販売額は4兆2,466億6,400万円となっている。商品販売額の分類別構成比は、生活家電が1兆6,979億8,800万円で全体の40.0％を占め、次いで情報家電が9,339億4,700万円で22.0％、AV家電が5,989億6,000万円で14.1％となっている。スマートフォンの需要が一巡し、情報家電が前年比で17.5％減と大きく落ち込んだ。

●独自のアフターサービス戦略

― 450 ―

家電量販店の値引きによる競合店との差別化には限界があり、近年はアフターサービスに力を入れている。高額の商品であれば、メーカーの保証期間に加え、5～10年の長期保証を無料で付与したり、売り場に専門知識を有したサービススタッフを多めに配置し、顧客満足度を高めている。

●家電以外の商品販売

家電量販店では家電以外の商品を増やしている。ヨドバシカメラではキャラクターグッズや玩具、雑貨などを取り扱う。ビックカメラは酒類や飲食物も取り扱い、売り上げも伸びている。ノジマは、衣料品などを利用者同士で売り買いするフリーマーケットのサービスを開始した。出品者が売りたい商品のバーコードや型番を入力すれば、自動で性能を登録できる「スペック自動入力」の機能を持たせるなど、商品情報を簡単に入力できるよう工夫している。同社が店頭で扱ってきた商品の性能情報をデータとして保管しており、フリーマーケットの出品時にも活用する。

●アトム電器チェーンの取り組み

「アトム電器」は町の電器店のチェーンで、販売促進を本部が引き受けることで適正価格を実現している。家電量販店「アトム電器」を全国展開するアトム電器チェーン本部は、1つの店舗を複数の経営者が共有する仕組みを本格的に導入する。同チェーンでは、売り上げの大半は訪問販売が占める。投資や運営経費を分担することで新規開業を促し、事業継承をしやすくする。アトム電器では、実際の店舗は商品を展示、保管する場所で、運営経費の面などから、店舗をシェアしてもいいと考える人が増えている。このため、複数の経営者が店舗を共有する仕組みの導入を進め、本部が既存店のオーナーに共有経営者を紹介する事業を始める。アトム電器は、加盟店向けの情報提供を充実させ、意欲的な経営者候補を加盟店オーナーに呼び込む仕組みを整えていく。

ノウハウ

●訪問サービスで来店につなげる

家電量販店のコジマは、顧客の自宅に購入商品を届け、相談などにも応じるサービスを充実させる。平成28年秋に開始したサービスだが、シニア層に好評なためサービスを提供する店舗を増やし

ていく。家電製品の扱いや設置が苦手なシニア層を中心に、きめ細かいサービスで来店を促す狙いがある。同サービスには、商品の使い方の説明や点検などのほか、商品に使用した段ボールの無料回収などがある。価格以外のサービスで顧客の取り込みを図る。

経営指標

ここでは参考として、TKC経営指標（平成29年版）より「電気機械器具小売業（中古品を除く）」の指標を掲げる。

TKC経営指標 （変動損益計算書）	全企業　275件	
	平均額（千円）	前年比（％）
売上高	139,593	92.3
変動費	93,788	91.0
仕入高	92,950	91.1
外注加工費	561	67.3
その他の変動費	28	115.7
限界利益	45,805	95.3
固定費	44,598	96.4
人件費	22,832	98.2
減価償却費	1,332	95.4
租税公課	639	75.8
地代家賃・賃借料	3,100	94.8
支払利息・割引料	412	93.7
その他	16,166	94.9
経常利益	1,206	68.3
平均従事員数	6.4名	

今後の課題／将来性

●課題

低価格と幅広い品揃えで成長を続けてきた家電量販店にとって、同じ強みを持つネット通販業者は脅威である。単なる家電商品の販売だけでは、店舗や販売員を抱える家電量販店は、コスト面で不利な状況にある。家電量販店各社は店頭だからこそできるきめ細やかなサービスを提供するなど、顧客の来店への動機づけを意識する必要がある。顧客へさらなる利便性を提供し、横並びの品揃えや価格による競争から脱却することが、ネットショップとの差別化を図るための課題であるといえよう。

《関連団体》　公益社団法人全国家庭電気製品公正取引協議会
　　東京都港区虎ノ門1－19－9
　　　虎ノ門TBLビルディング2F
　　TEL　03（3591）6023

— 451 —

●小売業●

ブックストア

最近の業界動向

◉書籍・雑誌の販売額は前年比3.4％減

　出版科学研究所の資料によると、平成28年の書籍・雑誌の推定販売額は前年比3.4％減の1兆4,709億円であった。販売額は12年連続の減少である。雑誌は人気作品の完結や既刊本の不振などの影響で落ち込み幅が大きかった。書籍はベストセラーもあり、減少幅は小さかった。

書籍・雑誌の推定販売額（単位：億円、％）

項　目	平26年	平27年	平28年	対前年比
合　　計	16,064	15,220	14,709	▲3.4
書　　籍	7,544	7,419	7,370	▲0.7
雑　　誌	8,520	7,801	7,339	▲5.9
月刊誌	6,836	6,346	6,009	▲5.3
週刊誌	1,684	1,454	1,331	▲8.5

（注）四捨五入計算のため、合計が合わない場合もある
（出所）出版科学研究所

◉街の本屋を残す取り組み

　街の本屋が減る中、地方都市では街の本屋を残す取り組みが行われている。青森県八戸市の市営書店「八戸ブックセンター」は、市長の政策公約に基づいて平成28年12月に開設された。一般の書店では手に入れにくい芸術や自然科学などの専門書を多く取り扱っている。年間2,000万円の売り上げを見込み、年間運営費6,000万円との差額は市が負担する。また、北海道留萌市で唯一の書店「留萌ブックセンター by三省堂書店」は、住民の声に押されて平成23年に開業した。病院への出張販売やボランティアの手伝いなどで運営を続けている。図書館内に書籍販売コーナーが設置されたケースもある。平成29年3月に開館した福岡県の福智町図書館では、ブックスキューブリックが選書を手掛ける書籍販売コーナーがある。町に1軒も書店がないことから設けられた。街の本屋を残す取り組みが広がっている。

◉一部雑誌の割引販売

　取次の日本出版販売は、全国1,000超の書店と組み、一部雑誌の割引キャンペーンを始めた。発売から一定期間が経過した雑誌を値引きして販売する「時限再販」の一環で、平成28年の夏から本格的にスタートした。売り上げを伸ばす一つの手段として期待される。

マーケットデータ

◉書店の売上高上位15社

　日経流通新聞「第45回日本の専門店調査」によると、平成28年度の書籍・文具の売上高上位15社の売上高は次の通り。

書籍・文具の上位15社の売上高（平成28年度）

社　名	売上高 （百万円）	伸び率 （％）	店舗数
カルチュア・コンビニエンス・クラブ	255,147	6.7	―
紀 伊 國 屋 書 店	105,960	▲2.5	68
丸 善 ジ ュ ン ク 堂	76,939	1.4	―
ブックオフコーポレーション	68,617	4.1	843
未 来 屋 書 店	57,521	4.9	336
有 　 隣 　 堂	49,551	▲5.5	43
く ま ざ わ 書 店	42,143	▲0.2	235
ヴィレッジヴァンガードコーポレーション	36,360	▲0.0	389
フ タ バ 図 書	35,584	2.2	66
ト ッ プ カ ル チ ャ ー	30,935	▲4.4	70
文 　 教 　 堂	29,468	▲3.3	196
三 省 堂 書 店	26,100	3.6	38
山 洋 堂 書 店	22,023	▲4.7	83
精 文 館 書 店	20,116	2.4	51
明 屋 書 店	13,788	▲0.9	91

（出所）日本流通新聞「日本の専門店調査」

◉書籍・雑誌の販売部数

　出版科学研究所の資料によると、書籍・雑誌の推定販売部数の推移は次の通り。

書籍・雑誌の推定販売部数（単位：万部、％）

項　目	平26年	平27年	平28年	対前年比
合　　計	229,549	210,445	197,759	▲6.0
書　　籍	64,461	62,633	61,769	▲1.4
雑　　誌	165,088	147,812	135,990	▲8.0
月刊誌	115,010	105,048	97,417	▲7.3
週刊誌	50,078	42,764	38,573	▲9.8

（出所）出版科学研究所

◉書籍・他の印刷物、雑誌の1世帯当たり年間支出額

　総務省「家計調査年報」によると、平成28年の書籍・他の印刷物、雑誌の1世帯当たりの年間支出金額は次の通り。支出額の減少が続いている。

— 452 —

書籍・他の印刷物、雑誌の年間支出金額（単位：円）

年次	書籍・他の印刷物	雑誌（週刊誌を含む）
平24年	47,625	3,985
25年	46,722	3,953
26年	45,762	3,684
27年	44,724	3,395
28年	43,233	3,351

（出所）総務省「家計調査年報」

業界の特性

◉書店数

アルメディアの資料によると、平成28年5月1日現在の書店数は1万3,041店で、前年同月に比べて447店減少している。都道府県別では東京都の1,415店が最も多く、次いで大阪府の903店、愛知県の805店、北海道の651店と続いている。

◉地域別の書店実態

トーハン「書店経営の実態平成28年度版」によると、地域別の1日平均購買客数、客単価、坪当たりの売上高は次の通り。

地域別の1日平均購買客数、客単価等

地域別	1日平均購買客数（人）	客単価（円）	坪当たり1日の売上高（円）
北海道・東北	366	1,363	2,242
関　　東	489	1,291	3,357
東　　京	619	1,274	7,543
甲信越・北陸	625	1,264	3,406
東　　海	433	1,248	2,375
近　　畿	643	1,227	4,234
中国・四国	399	1,327	2,483
九州・沖縄	380	1,390	2,731
総平均	515	1,285	3,854

（出所）トーハン「書店経営の実態平成28年度版」

◉特徴のある販売制度

ブックストアの販売方法の特徴として、店頭に陳列されている新刊本は、原則として返品可能な委託販売制度と均一の価格を守らせる再販売価格維持制度等がある。委託販売制度の返品期限は定められており、週刊誌は45日、月刊誌は60日、書籍は120日以内とされている。これらを過ぎると原則返品できない。再販売価格維持制度とは、出版社が取次会社や書店に対して再販売価格を指示し、それを遵守する制度であり、独占禁止法の適用除外として認められている。

ノウハウ

◉カフェ併設などの書店が増える

カフェやイベントスペースを併設したりする書店が増えている。複合型書店は家電製品や雑貨、健康グッズなどが売り場に並び、関連分野の本が並んでいる。併設カフェでは試し読みができる。地方や中小の書店でもイベントスペースを設けて集客を図っている。

経営指標

ここでは参考として、TKC経営指標（平成29年版）より「書籍・雑誌小売業（古本を除く）」の指標を掲げる。

TKC経営指標（変動損益計算書）	全企業　88件	
	平均額（千円）	前年比（%）
売上高	264,067	91.2
変動費	183,518	91.4
仕入高	181,964	89.7
外注加工費	1	44.9
その他の変動費	—	—
限界利益	80,548	90.7
固定費	81,082	90.5
人件費	39,793	96.0
減価償却費	4,250	96.9
租税公課	1,732	84.8
地代家賃・賃借料	12,374	90.1
支払利息・割引料	1,928	95.4
その他	21,010	82.5
経常利益	▲535	64.0
平均従事員数	20.1名	

今後の課題／将来性

◉将来性

老舗の芳林堂書店が破産手続きをするなど、書店を取り巻く環境は厳しさを増している。一方、カフェの併設や文具や雑貨などの販売、イベントスペースの活用などで生き残りを図っている書店も増えつつある。「無印良品」を運営する良品計画が書店業に参入し、本との相乗効果を狙った売り場づくりをしている。他業種との連携などで生き残りを図る必要に迫られている。

《関連団体》 日本書店商業組合連合会

　　東京都千代田区神田駿河台1－2

　　TEL　03（3294）0388

— 453 —

●小売業●

新古書チェーン

最近の業界動向

●電子コミックの台頭により業界は縮小傾向

　ブックオフが先駆けとなり、旧来の古本屋とは異なる、新刊本も発売からそれほど時を経ずに安く販売する「新古書店」という新たなビジネスモデルを生み出した新古書チェーンは、業績の低迷が顕著となっている。その理由として挙げられるのは、新古書店の主力商品であるコミック市場に、コミックアプリを中心とした電子版コミックが登場したことだ。従来新刊店では取り扱っていなかった旧作のタイトルを揃えることで優位性を確保してきた新古書店の強みが、そのまま電子コミックへ引き継がれた。また、アプリさえあれば自宅に居ながらにして購入し、読むことが可能であるという利便性までも併せ持ったことで、紙媒体の商品を扱っている新古書店は、デジタル化の波に押され、軒並み業績不振に陥るなど、苦境に立たされている。このような状況下で、新古書チェーン各社は、ネット販売への進出や家電製品やホビー用品等、書籍以外のリユース品の品揃えの強化などの施策を打ち出している。しかし、新たな施策は先行投資や人件費の増加をもたらすため、直ちに業績の向上には寄与できない可能性がある。

●ブックオフは高級路線へ注力

　中古本販売大手のブックオフコーポレーションは、高級路線に力を入れている。フリマアプリ「メルカリ」など、ネットを通じた個人間の直接売買が広がっているあおりを受け、主力の書籍やCDの売り上げが振るわなかった。平成29年3月期の純損益は11億円の赤字で、2期連続の赤字となった。対抗措置として打ち出すのが、競合の少ない富裕層へのアプローチだ。子会社のハグオールは、伊勢丹などの百貨店で買い取りサービスを展開し、売り上げは前年の2.3倍となった。ただ、事業の拡大ペースを見誤り、大型の物流倉庫を借りたため、採算が合わなかった。今後は倉庫を縮小し、黒字化を目指す。

マーケットデータ

●書籍のリユース市場規模

　環境省の「リユース品の流通状況・市場規模調査」によると、平成27年度の書籍の市場規模は787億円と推計され、前回調査時の平成24年度と比べ20.9％減と大きく落ち込んでいる。背景として、書籍の電子化が進んでおり、市場規模は減少傾向にあることが推察される。購入方法別の割合は、リユースショップの店頭で購入が57.5％、インターネットショッピングサイトで購入が29.7％、インターネットオークションで購入が10.6％となっている。今後はさらにインターネットによる購入率が高まっていくものと推察されるが、中古書籍市場規模全体が大きく伸びると期待することはできないため、調達手段による割合が変化するに留まると考えられる。

●新古書チェーンの売上高

　日経流通新聞「第45回日本の専門店調査」によると、ブックオフコーポレーションやテイツー、漫画古書専門店のまんだらけの平成28年度の売上高は次の通り。

新古書チェーンの売上高（平成28年度）

会社名	売上高 （百万円）	伸び率 （％）	店舗数
ブックオフコーポレーション	（直営）68,468 （FC等）2,682	4.1 ▲2.4	843
テ　イ　ツ　ー （古書市場ほか）	28,322	▲2.9	123
ま　ん　だ　ら　け	9,172	0.3	11

（注）掲載する3社の売上高には、中古書籍のほか、ゲームソフトなどの販売が含まれる。ブックオフコーポレーションの売上高は決算資料より掲載
（出所）日経流通新聞

業界の特性

●価格システム

　新古書チェーン店の急速な成長は、新品に近い状態の良質な古本を低価格で提供できるという価格システムにある。買い取りおよび販売価格については、各書店によって独自にマニュアル化されており、一般的な新古書店の価格システムは、定価の1割を基準に、汚れ具合とその本の店頭在庫

量に応じて買い取り価格を決めている。また、販売価格は、定価の半額を上限に100円、200円、300円などと単純化されている。このような新古書店のビジネスを可能にしているのが、再販制度である。これは出版社によって書籍の定価が決められている制度であり、本の価格が一定なため、その価格をもとに新古書店は買い取り価格を定めることができる。チェーン展開している新古書店は、全国一律で買い取り価格を決定し、地域性などに関わらず均一なサービスが提供できるというメリットがある。

●古書店数

NTTタウンページ「iタウンページ」によると、古書店の数は平成29年8月27日現在3,651店となっている。

古書店数

地域	店数	地域	店数	地域	店数
全　国	3,651	富　山	34	島　根	16
北 海 道	173	石　川	37	岡　山	73
青　　森	31	福　井	19	広　島	87
岩　　手	25	山　梨	16	山　口	39
宮　　城	51	長　野	77	徳　島	23
秋　　田	20	岐　阜	37	香　川	32
山　　形	23	静　岡	95	愛　媛	37
福　　島	58	愛　知	205	高　知	23
茨　　城	78	三　重	23	福　岡	149
栃　　木	52	滋　賀	33	佐　賀	22
群　　馬	60	京　都	97	長　崎	39
埼　　玉	161	大　阪	251	熊　本	44
千　　葉	139	兵　庫	165	大　分	23
東　　京	661	奈　良	38	宮　崎	25
神 奈 川	185	和歌山	12	鹿 児 島	35
新　　潟	66	鳥　取	23	沖　縄	39

（出所）「iタウンページ」

ノウハウ

●ブックオフはインターネット販売を強化

ブックオフグループでネット通販を手掛けるブックオフオンラインは、中古品の通販・買取サイト「ブックオフオンライン」を平成29年5月より「Yahoo!ショッピング」に出店した。すでに出店している「ヤフオク!」や「楽天市場」などに加え、「Yahoo!ショッピング」に出店することで多店舗展開を強化する。物流センターの増床や「BOOKOFF」店舗との在庫連携により、ECサイトの取扱商品数や在庫点数が増加している。会員数は平成29年3月末時点で342万人。店舗との在庫連携が減少することなどに伴い、ECの取扱高は横ばいとなる見通しだが、今後業績の向上が見込まれる、有望な市場の一つといえそうだ。

経営指標

新古書チェーンの指標は見当たらないので、ここでは参考として、TKC経営指標（平成29年版）より「中古品小売業（骨とう品を除く）」の指標を掲げる。

TKC経営指標 （変動損益計算書）	全企業　58件	
	平均額（千円）	前年比（％）
売上高	154,288	101.5
変動費	95,549	103.7
仕入高	95,614	101.1
外注加工費	53	100.5
その他の変動費	1	70.0
限界利益	58,738	98.2
固定費	59,144	102.5
人件費	28,713	101.8
減価償却費	3,258	101.1
租税公課	501	110.5
地代家賃・賃借料	6,640	103.2
支払利息・割引料	682	102.0
その他	19,344	103.3
経常利益	▲406	▲19.3
平均従事員数	9.1名	

今後の課題／将来性

●課題

電子書籍や電子コミックの台頭により、新古書店を取り巻く環境は厳しさを増している。このような状況の下、新古書チェーン各社は生き残りをかけて中古書籍中心の販売から、リユース品全般の取り扱いを増やしたり、インターネットによる通信販売に進出するなど、商品の拡大や新たな販路の構築を進めている。これらの取り組みは専門性を排除し、単純化された価格システムにより成長してきた同業界では、むしろ専門性が必要な場面も考えられるため、将来的には業績悪化の要因となり得る。いかに単純なシステムを構築出来るかが、新古書チェーン業界の課題である。

《関連団体》　日本リユース業協会

東京都千代田区紀尾井町4-1

TEL　03（3265）9900

●小売業●

ペットショップ

最近の業界動向

●犬・猫の飼育頭数は減少傾向

ペット市場は有望市場とみられているが、平成28年の犬の飼育頭数は前年比0.4％減、猫は同0.4％減であった。ペット市場が成熟する中、生体販売以外に、ペットの健康やペットと暮らす生活に欠かせない商品などが求められている。

●イオンペットが「ふれあい動物園」を併設した店舗をオープン

ペット用品専門店のイオンペットは、「ふれあい動物園」を併設した店舗をオープンした。フクロウやミーアキャットなどの珍しい動物に触ったり、一部の動物には餌をあげたりできる。屋内型動物園を手掛けるMOFFが運営を委託されている。入場料は4歳～小学生が600円、中学生以上が1,000円、3歳までは無料だ。10歳未満は18歳以上の保護者の同伴が必要となる。イオンペットは、平成29年3月から4月にかけて同様のコーナーを3カ所開き、運営状況を見極めて大型店を中心に拡大を検討する。平成29年4月にイオンモールに改装開業した「ペテモつくば店」には、動物病院やペットホテル、トリミングサロンなどペット関連サービスなどが受けられる。売り場拡大に伴い、犬・猫の関連商品のほか、観賞魚用品なども充実させる。

●ジョイフルエーケーがペット専門店を展開

ホームセンターを展開するジョイフルエーケーは、これまで大型ホームセンター内に設置していたペット専門コーナーを独立した店舗として出店する。札幌市内を中心に3年間に10店舗を出店する計画で、関連サービスも手掛けていく。平成29年12月に開く店舗では、犬や猫、小動物などを販売し、顧客から要望の多かったトリミングなどのサービスも手掛ける。

●高齢犬のヘルスケアサービス

ペット用品店を手掛ける阪急ハロードッグは、高齢犬向けのヘルスサービスを始めた。阪急ハロードッグは、店内で物販やトリミングなどを提供しているが、ヘルスケアを提供する新たなスペースを設け、酸素カプセルを導入したほか、マッサージなどのサービスも行う。

マーケットデータ

●ペット関連市場規模

矢野経済研究所によると、平成27年度のペット関連総市場規模（小売金額ベース）は、前年度比1.5％増の1兆4,720億円であった。このうち、ペット用品市場が同0.1％増の2,505億円、ペットフード市場が同2.8％増の4,735億円であった。

ペット関連総市場規模の推移（単位：億円）

年　度	平26	平27	平28 （見込）	平29 （予測）
市場規模	14,498	14,720	14,889	14,987

（出所）矢野経済研究所

●犬猫飼育頭数

ペットフード協会の「犬猫飼育実態調査」によると、平成28年10月の犬猫飼育頭数は犬が987万8,000頭で前年比0.4％減、猫が984万7,000頭で同0.3％減となっている。また、平均飼育頭数は犬が1.25頭、猫が1.78頭であった。

犬猫飼育頭数と平均飼育頭数（単位：千頭、頭）

区　分	平24年	平25年	平26年	平27年	平28年
犬	11,534	10,872	10,346	9,917	9,878
	1.27	1.26	1.25	1.24	1.25
猫	9,748	9,743	9,959	9,874	9,847
	1.76	1.76	1.79	1.77	1.78

（出所）ペットフード協会

●世帯別飼育率

ペットフード協会によると、平成28年の世帯別の犬猫飼育率は犬が14.16％、猫が9.93％である。

世帯別飼育率（単位：％）

区　分	平24年	平25年	平26年	平27年	平28年
犬	16.77	15.81	15.06	14.42	14.16
猫	10.22	10.14	10.13	10.09	9.93

（出所）ペットフード協会

業界の特性

●店舗数

犬・猫を販売する業態はペットショップ専門店

のほか、ホームセンター、ショッピングモールなどがある。NTTタウンページ「iタウンページ」によると、平成29年10月23日現在ペットショップは1万1,076店となっている。最も多いのは東京都の954店となっている。

ペットショップ

地域	店舗数	地域	店舗数	地域	店舗数
全　国	11,076	富　山	93	島　根	73
北 海 道	489	石　川	97	岡　山	224
青　森	99	福　井	81	広　島	372
岩　手	81	山　梨	55	山　口	194
宮　城	163	長　野	214	徳　島	106
秋　田	80	岐　阜	184	香　川	124
山　形	107	静　岡	349	愛　媛	151
福　島	144	愛　知	586	高　知	78
茨　城	211	三　重	145	福　岡	769
栃　木	163	滋　賀	89	佐　賀	112
群　馬	142	京　都	188	長　崎	155
埼　玉	409	大　阪	763	熊　本	262
千　葉	409	兵　庫	463	大　分	182
東　京	954	奈　良	116	宮　崎	173
神 奈 川	545	和 歌 山	101	鹿 児 島	182
新　潟	238	鳥　取	64	沖　縄	97

(出所)「iタウンページ」

●平均寿命

犬は超小型犬、小型犬の寿命が長く、猫は家の外に出ない猫の寿命が長くなる傾向がある。犬・猫の平均寿命は次の通り。

犬、猫の平均寿命（単位：歳）

区分	平25年	平26年	平27年	平28年
犬	14.19	14.17	14.85	14.36
猫	15.01	14.82	15.75	15.81

(出所) ペットフード協会

●犬・猫の主な流通経路

犬・猫の主な流通経路は次の通り。

犬・猫の主な流通経路

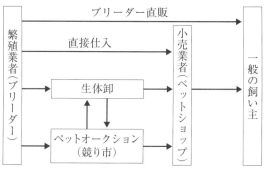

ノウハウ

●健康をサポートするサービスや関連商品の充実

ライオングループでペット事業を手掛けるライオン商事は、高付加価値のペット用シャンプーや、簡便性の高い「指サック歯ブラシ」を発売した。清潔性や簡便性の高い商品を求める飼い主は多い。「指サック歯ブラシ」は、サックの指先にブラシが付いていて、ペットの奥歯までブラシが届きやすい。犬用シャンプーは植物消臭成分が配合されている。飼い主のペットに対する健康志向は高く、サービスや関連商品を充実させることが必要だ。

経営指標

ここでは参考として、TKC経営指標（平成29年版）より、「他に分類されないその他の小売業」の数値を掲げる。

TKC経営指標 （変動損益計算書）	全企業	381件
	平均額(千円)	前年比(％)
売上高	161,759	99.6
変動費	106,165	99.6
仕入高	104,283	99.9
外注加工費	1,882	108.6
その他の変動費	41	130.1
限界利益	55,594	99.7
固定費	53,018	100.3
人件費	27,811	100.0
減価償却費	2,118	109.0
租税公課	778	104.1
地代家賃・賃借料	3,819	100.5
支払利息・割引料	577	94.5
その他	17,960	100.2
経常利益	2,576	89.4
平均従事員数	7.8名	

今後の課題／将来性

●将来性

犬・猫の飼育頭数は減少傾向にあり、高齢化も進んでいる。ペット市場は底堅いとみられているが、新たな収入源の育成が欠かせない。ペット販売以外のサービスを充実させ、飼い主の要望に応じてサービスを拡充していく必要がある。

《関連団体》 一般社団法人ペットフード協会
東京都千代田区神田須田町2－3－16
TEL　03（3526）3212

●小売業●

ゲームショップ

最近の業界動向

●ゲーム市場が復調の兆し

スマホゲームに押されて、ここ数年ゲーム機市場は低迷していたが、復調の兆しが見えてきた。任天堂の新型ゲーム機「ニンテンドースイッチ」が人気で、家庭用ゲーム機市場を活性化させている。また、ソニーの「プレイステーション4」も好調だ。話題のゲーム機が登場したことで、再び盛り上がりつつある。

●任天堂、ゲーム卸に参入

ゲーム機ハード、ソフトメーカー大手の任天堂は、平成28年8月に国内最大手のゲーム卸「ジェスネット」を子会社化し、同時に任天堂商品を扱うゲーム卸の「アジオカ」からゲーム卸事業を買収したことを発表した。2社を合わせて任天堂の国内売上高の6割程度の取扱量を占めることになる。任天堂は商品開発から供給までの一貫体制を構築し、店頭でのプロモーションに力を入れる狙いがある。

マーケットデータ

●国内家庭用ゲーム市場規模3,302億円

コンピュータエンターテインメント協会によると、平成28年度の国内家庭用ゲーム（ハードウェアとソフトウェアの合計）の市場規模は3,147億円で、前年の3,302億円と比べ4.7％の減少である。内訳はハードウェアが前年比6.4％減の1,267億円、ソフトウェアが同3.5％減の1,880億円であ

国内家庭用ゲーム市場規模（単位：億円）

区 分	平27年度	平28年度
ハードウェア市場規模	1,353	1,267
ソフトウェア市場規模	1,949	1,880
合 計	3,302	3,147
ダウンロードソフトウェア ゲーム市場規模	131	79

（出所）コンピュータエンターテインメント協会

る。

●家庭用ゲーム機のシェア

「ファミ通ゲーム白書」によると、平成28年の家庭用ゲーム機のシェアは次の通り。スマートフォンで遊べるゲームが増えている。ソニー・インタラクティブエンタテインメントは、据え置き型ゲーム機「PS4」が好調で前年より販売台数を大幅に増やした。市場は縮小傾向にあり、スマホゲームユーザーの取り込みが課題となっている。

家庭用ゲーム機のシェア（平成28年）

社 名	シェア
ソニー・インタラクティブエンタテインメント	54.9％（11.2）
任 天 堂	44.9％（▲11.0）
マイクロソフト（米）	0.2％（▲0.1）
販売台数	492万6,368台

（注）カッコ内は前年度増減ポイント
（出所）「ファミ通ゲーム白書」

●テレビゲーム1世帯当たりの年間支出額

総務省「家計調査年報」によると、テレビゲーム機とゲームソフトの年間支出金額は次の通り。平成28年はテレビゲーム機が前年比4.3％減の663円、テレビゲームソフト等は同7.2％増の1,240円である。テレビゲーム機の年間支出額は平成22年以降、一貫して減少傾向が続いている。

テレビゲームとゲームソフト等の
1世帯当たりの年間支出額（単位：円）

年次	テレビゲーム機	ゲームソフト等
平23年	1,281	1,494
24年	1,270	1,536
25年	1,157	1,416
26年	964	1,667
27年	696	1,157
28年	663	1,240

（出所）総務省「家計調査年報」

業界の特性

●店舗数

ゲームソフトやハード機を販売する業態は、ゲーム専門店のほか、がん具小売店、大手家電量販店、リサイクル店、CD・DVDレンタル店などさまざまである。NTTタウンページ「iタウンページ」によると、平成29年9月7日現在のゲームソフト販売店は1,631店となっている。

— 458 —

ゲームソフト販売店数

地域	店数	地域	店数	地域	店数
全　国	1,631	富　山	23	島　根	12
北 海 道	52	石　川	12	岡　山	29
青　森	25	福　井	15	広　島	67
岩　手	20	山　梨	7	山　口	21
宮　城	29	長　野	36	徳　島	8
秋　田	9	岐　阜	13	香　川	7
山　形	15	静　岡	38	愛　媛	16
福　島	31	愛　知	125	高　知	12
茨　城	53	三　重	31	福　岡	69
栃　木	19	滋　賀	29	佐　賀	9
群　馬	11	京　都	42	長　崎	21
埼　玉	63	大　阪	145	熊　本	18
千　葉	59	兵　庫	104	大　分	10
東　京	115	奈　良	34	宮　崎	19
神 奈 川	60	和 歌 山	18	鹿 児 島	11
新　潟	54	鳥　取	10	沖　縄	5

（出所）「iタウンページ」

●中古品の仕入れ

一般的に新品ソフトは中古ソフトに比べて利益率が低い。そのため、買い取り価格を自由に設定でき、かつ利益率の高い中古ソフトの品揃えを強化することが売上を維持・確保する上で重要になる。しかし最近では、ゲームメーカーが新品ソフトを発売後数カ月で廉価版として発売して中古品市場を牽制する動きが活発化しており、ゲームショップには厳しい状況になっている。

●取扱商品

取扱商品は、ゲームソフトとゲーム機本体が中心である。ゲームソフトは据え置き型向けソフトと携帯型向けソフト、パソコン向けソフトがある。なお、多くの店舗でフィギュアやトレーディングカードなどのゲーム関連商品を扱っており、ゲームソフト単独で展開する店舗は非常に少なくなってきている。

●ネット販売

ゲームショップは、リアル店舗での販売だけでなく、ネット販売も重要な役割を担っている。新作タイトルでは、Amazonや楽天といった大手ECポータルのほか、ヨドバシカメラやビックカメラといった家電量販店等のECサイトなどで、中古タイトルであれば、ブック・オフ、駿河屋、ゲオといったリサイクルショップやゲームショップのECサイトなどで販売している。

ノウハウ

●専門店の複合店化

ゲームショップ専門店の複合店化が進んでいる。CD・ゲーム販売の「ワンダーグー」を運営するワンダーコーポレーションは、フィットネスクラブの運営に乗り出し平成29年7月、茨城県土浦市に1号店を出店した。ワンダーグーの店舗の一部を改装して事業を開始する。2020年までに30店を出店する計画だ。

経営指標

ここでは参考として、TKC経営指標（平成29年版）より、「がん具・娯楽用品小売業」の数値を掲げる。

TKC経営指標 （変動損益計算書）	全企業　62件	
	平均額（千円）	前年比（％）
売上高	261,888	102.0
変動費	174,902	101.1
仕入高	178,130	101.1
外注加工費	47	55.3
その他の変動費	―	―
限界利益	86,985	103.9
固定費	83,983	103.5
人件費	33,740	103.4
減価償却費	2,319	103.1
租税公課	704	112.4
地代家賃・賃借料	17,113	111.8
支払利息・割引料	897	106.9
その他	29,073	98.7
経常利益	3,001	117.3
平均従事員数	13.0名	

今後の課題／将来性

●将来性

ゲーム機本体がネット接続機能を持つようになり、ゲームソフトのダウンロード販売が増えている。ゲームソフトメーカーにとって、ダウンロード販売はパッケージ費用がかからず、販促費も少なく利益率が高い。さらに、家電量販店などで店頭にゲームソフトを陳列できる期間は限られているため、旧作のゲームソフトであっても長期間売れるようになるなどメリットが大きい。この傾向は今後益々拡大するものと想定される。

《関連団体》　一般社団法人コンピュータエンターテインメント協会

東京都新宿区西新宿2－7－1

TEL　03（6302）0231

●小売業●

リサイクルショップ

最近の業界動向

●市場規模は堅調に推移

フリーマーケット（フリマ）アプリなどを利用して情報収集がしやすくなり、リユース市場は拡大傾向にある。フリマアプリなどで注目されているCtoC（ネット販売）市場がリユース市場を押し上げている。国内のリユース市場は1兆7,000億円～1兆8,000億円と推計される。

●小型店の出店を増やす

古着チェーン大手は、都心部の駅前に小型店を出店している。トレジャー・ファクトリーは、これまで郊外に大型店を中心に出店していたが、若者を中心に車を持たない人が増えているため、交通の便が良い都心部に小型店を出店していく。流行に合わせた洋服や高級ブランドの小物などを多く取り揃える。立地の良さから中古品を持ち込む人も気軽に立ち寄れる。また、古着店を運営するドンドンアップも小型店を駅前で展開する。郊外に大型店を出店していたが、人通りの多い駅前に小型店を増やす。20～30代の働く女性向けに、女性ブランドのシャツやパンツなどを幅広く扱う。フランチャイズチェーン方式で、運営する「チョコチョコダウン　オン　ウェンズデイ」を多店舗展開していく。加盟店は売上高の一部を手数料として本部に支払う。

●百貨店での中古買い取りサービスが広がる

ブックオフコーポレーションの子会社で、中古品の買い取りを手掛けるハグオールは、百貨店に出店している。百貨店ならではの安心感を売りに、シニア世代の取り込みを図る。街のリサイクルショップは、あまりイメージが良くなく、百貨店なら利用者の不安を払拭できる。

●不採算店の削減で収益力の回復をめざす

中古品販売のコメ兵は平成29年2月10日、不採算店を中心に店舗の2割を閉鎖すると発表した。中国人を中心としたインバウンドによる高級品の「爆買い」が減り、国内消費も停滞しているためで、店舗削減などで収益力の回復を図る。

●クルーズが古着や中古雑貨の取り扱いを開始

衣料品通販サイト「ショップリスト」を運営するクルーズは、古着や中古雑貨の取り扱いを始めた。出品者はクルーズ側に査定や配送作業を任せる方法「買い取り形式」か、全ての作業を自分で手掛ける「フリマ形式」を選ぶことができる。古着や中古雑貨を扱うことで、新たな顧客の開拓につなげていく。

マーケットデータ

●日本リユース業協会の会員企業の売上高

日本リユース業協会の資料によると、売上高、店舗数、従業員数は次の通り。

リユース業協会の会員企業の売上高（単位：千円）

売上高合計（平27年度18社合計）			393,536,332
直	営	店	278,972,387
F	C	店	114,563,945
店舗数18社合計（平28年6月末時点）			4,887
直	営	店	3,027
F	C	店	1,860
従業員数19社合計（平28年6月末時点）			45,894

（注1）売上高は書籍を含むリユース品が対象
（注2）従業員数は、正規・非正規社員合計の数（FC加盟店の従業員は除く）
（出所）日本リユース業協会

●大手リサイクル店の売上高

大手リサイクル店の平成29年3月（2月）期の売上高は次表の通りである。

大手リサイクル店の売上高（単位：百万円）

社　名	平28年	平29年
ハードオフコーポレーション	18,190	18,263
シュッピン	22,705	24,996
トレジャー・ファクトリー	12,216	13,325
買　取　王　国	5,694	4,910

（注）ハードオフとシュッピンは29年3月期、他の2社は2月期

業界の特性

●買い取りは原則として現金取引

リサイクル店には、委託販売と買い取り販売の2種類の取引形態がある。委託販売は売りたい人から一定期間（1カ月～3カ月程度）商品を預かり、20～40％程度の販売手数料を受け取る方式。売却時には販売額から販売手数料を差し引いた金額を委託者に支払う。買い取り販売は売りたい人

から直接、リサイクル店が買い取ってしまう方式。この場合、原則として現金取引なので、店では運転資金として仕入れ資金が必要となる。特に不用品、中古品が出回る転勤シーズン、入学・入社・卒業シーズンには季節商品の買い取り資金が必要となる。

● 古物営業許可件数

警察庁の資料によると、リサイクルショップを含む古物営業許可件数は平成28年末現在、前年に比べて9,230件増加して77万5,723件であった。

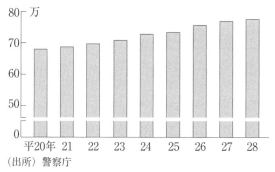

古物営業許可件数の推移
（出所）警察庁

● ネット型BtoC、CtoC事業者の増加

国内リユース市場の拡大を背景に、ネット型のBtoCやCtoCを中心に新規参入する事業者が増えている。テレビCMでもおなじみとなった「メルカリ」を始め、「フリル」、「ラクマ」といったフリマアプリがリユース市場の拡大をけん引している。フリマアプリは、消費者同士の売買を仲介するスマートフォン向けのサービスのことで、店舗型の事業者は対面サービスでフリマアプリにない付加価値をどう付けるかが問われている。経済産業省の「電子商取引に関する市場調査」によると、平成28年のフリマアプリ市場規模は3,520億円で、今後も拡大する見込である。

● 買取専門店のビジネスモデル

ブランド品の買い取り転売を主力とするエコリングは、ボロボロに使い古した衣類もゴミ袋一つ100円で買い取る。中身は、古着や資源の業者へ転売するほか、海外へ輸出する。消費者の「捨てる罪悪感」を減らせる点が集客につながっている。また、併せて同社の主力商品である中古ブランド品の持ち込みを促す呼び水にもなっている。

ノウハウ

● ブランド品の取り扱いは鑑定士の育成が鍵

環境省によると、平成27年のブランド品の中古市場規模は1,887億円で、平成24年から6.4％拡大している。しかし、訪日外国人による「爆買い」が失速するなど、外的な要因による波があるのもブランド品の特徴となっている。外的要因の影響を抑えるためには、何よりも取り扱う商品の鑑定、価値判断の信頼性を高めることも重要となる。中古ブランド品を取り扱うためには鑑定士の育成が欠かせない。

経営指標

ここでは参考として、TKC経営指標（平成29年版）より、「中古品小売業（骨とう品を除く）」の数値を掲げる。

TKC経営指標 （変動損益計算書）	全企業	58件
	平均額（千円）	前年比（％）
売上高	154,288	101.5
変動費	95,549	103.7
仕入高	95,614	101.1
外注加工費	53	100.5
その他の変動費	1	70.0
限界利益	58,738	98.2
固定費	59,144	102.5
人件費	28,713	101.8
減価償却費	3,258	101.1
租税公課	501	110.5
地代家賃・賃借料	6,640	103.2
支払利息・割引料	682	102.0
その他	19,344	103.3
経常利益	▲406	▲19.3
平均従事員数	9.1名	

今後の課題／将来性

● 課題

自分でオークションサイトに出品した方が高く売れるということが認知されるようになってきた。メルカリは、個人情報を売買の相手方に開示せず、個人と個人を結びつけるマッチングサイトであり、リサイクルショップを介さない取引を増やしている。リサイクルショップにとって、商品や商品の見せ方などを含め、これらのサイトとの差別化を図ることが課題である。

《関連団体》　日本リユース業協会
　東京都千代田区紀尾井町4-1　新紀尾井町ビル6F
　TEL　03（3265）9900

●小売業●

均一価格ショップ
（100円ショップ）

最近の業界動向

◉100円ショップが出店攻勢

100円ショップでもSNS映えする商品が増え、節約志向の消費者などに人気が高まっている。定番商品に加え、流行の商品も取り揃えて客の取り込みに成功している。これを受け、大手4社（大創産業、セリア、キャンドゥ、ワッツ）は、出店攻勢をかけている。

◉ワッツが北欧ブランド雑貨を展開

ワッツはソストレーネ・グレーネ（デンマーク）と組み、デンマークの雑貨ブランド「ソストレーネ・グレーネ」を展開している。平成28年10月に東京・表参道にアジア初の旗艦店をオープンした。平成29年9月現在、台場、吉祥寺にも出店している。多様化するニーズに対して、既存の100円ショップと差別化を図ったワッツの多角化戦略である。

◉大創産業が10〜20代女性商品の充実化

平成28年より、大創産業はフリューが運営するガールズトレンド研究所と10〜20代の女性向け商品を企画開発している。ガールズトレンド研究所の若い女性のニーズを汲み取る力を活かし、新商品を投入している。平成29年9月には、両社のコラボ企画として第5弾となる商品シリーズが投入された。第5弾は写真映えするパーティ用品で、紙吹雪が入った風船やカトラリーセット等を販売している。ターゲットを明確化し、両社の強みを活かした大創産業のコラボ戦略である。

マーケットデータ

◉大手100円ショップ4社の売上高

日本経済新聞「第45回日本の専門店調査」によると、大手100円ショップ4社の平成28年度の売上高は次の通り。商業施設などへの出店や女性向けの商品を増やすなどして、平成28年度の売上高は前年度比6.8％増となった。

大手100円ショップ4社の売上高　（単位：百万円、％）

順位	社　名	売上高	前年比伸び率	店舗数
1	大創産業（ダイソー）	420,000	6.1	—
2	セリア（seria生活良品）	145,328	11.0	1,424
3	キャンドゥ	68,030	4.3	967
4	ワッツ（100ショップWatts）	46,176	3.9	1,028

（出所）日経流通新聞

◉訪日外国人需要

訪日外国人の増加に伴い、100円ショップで買い物をする外国人が増えている。観光庁「訪日外国人消費動向調査」によると、訪日外国人の買い物場所の利用率は、100円ショップが8位（17.9％）であり、コンビニエンスストア、空港の免税店、ドラッグストア等に比べ、利用率は低い。訪日外国人の消費がモノからコトへという動きもみられるが、100円ショップにとっては、まだまだ利用率を高めるチャンスがあるとも言える。

訪日外国人の買い物場所利用率　（複数回答）

順位	買い物場所	利用率
1	コンビニエンスストア	64.7％
2	空港の免税店	60.9％
3	ドラッグストア	58.8％
4	百貨店・デパート	54.3％
5	スーパーマーケット	49.8％
6	観光地の土産店	26.2％
7	家電量販店	20.3％
8	100円ショップ	17.9％
9	アウトレットモール	17.1％
10	ファッション専門店	16.6％

（出所）観光庁平成29年4月〜6月期訪日外国人消費動向調査の加工抜粋

業界の特性

◉店舗数

前述の日経流通新聞の大手100円ショップ4社のうち、セリア、キャンドゥ、ワッツの3社合計店舗数は3,419である。大手4社は出店攻勢をかけており、平成29年度の新規出店計画は、大創産業（150店）、セリア（150店）、キャンドゥ（100店）、ワッツ（100店）である。また、大創産業は既存店については改装を実施する。なお、NTTタウンページ「iタウンページ」によると、平成29年9月25日現在の100円ショップは5,249店で、最も多いのは東京都の436店、次いで愛知県の360

店、大阪府の335店、神奈川県の322店、埼玉県の274店と続いている。

●客単価

取扱商品は家庭用雑貨、家庭用消耗品、文房具、食料品、レジャー・娯楽用品、飲料、衣料品、工具類など多岐にわたるが、客単価は平均500円前後とみられる。

●仕入原価

100円ショップの仕入原価は意外と安く、業界平均の粗利益率は25〜30％程度とみられる。これは各社ともPB（プライベートブランド）商品の占める率が高いためである。ただ、中国などの人件費が上昇傾向にあり、仕入原価など原価管理を十分行っている。

●立地

スーパーマーケット、ショッピングセンターなどのテナントとして出店するケースと、郊外駅前や商店街に出店するケースがある。前者はインショップ型と呼ばれる。インショップ型は100円ショップの集客力を見込んだ出店依頼によるものがほとんどであり、最近では100円ショップの集客力を期待して、建物内の目立つ場所を用意するなど、条件が良くなるケースが増えている。

●盛り上がる「ハロウィン」イベント

近年、東京都内を中心に10月31日の「ハロウィン」イベントが定着し、盛り上がりを見せている。イベント需要をチャンスと捉え、100円ショップ各社は、ハロウィンの1カ月程度前から、ハロウィンの仮装グッズ等をまとめたコーナーを展開している。

●手作り雑貨・DIY需要

100円ショップ各社は、手作り雑貨、DIYのための品揃えを充実させている。店頭に手作りした雑貨を陳列し、店舗によっては雑貨作りの体験イベントを行っている。需要の創出の後押しをするとともに、関連商品の販売を拡大している。

ノウハウ

●セリアのIT活用

セリアは、POSの導入など積極的にIT投資を行っている。蓄積したPOSデータを活用し販売戦略や商品開発に活かしている。セリアの重点施策は、販売分析の強化により確実性の高い新商品を投入し、同社専売商品を拡充することだ。売れ筋商品に集中し、同社でしか買えない商品を投入することで、他社との差別化を図り、顧客の囲い込みを狙っている。同社の強みであるIT戦略を活かした戦略である。

経営指標

均一価格ショップを対象にした指標は見当たらないので、ここでは参考として、TKC経営指標（平成29年版）より、「他に分類されないその他の小売業」の数値を掲げる。

TKC経営指標 （変動損益計算書）	全企業　381件	
	平均額（千円）	前年比（％）
売上高	161,759	99.6
変動費	106,165	99.6
仕入高	104,283	99.9
外注加工費	1,882	108.6
その他の変動費	41	130.1
限界利益	55,594	99.7
固定費	53,018	100.3
人件費	27,811	100.0
減価償却費	2,118	109.0
租税公課	778	104.1
地代家賃・賃借料	3,819	100.5
支払利息・割引料	577	94.5
その他	17,960	100.2
経常利益	2,576	89.4
平均従事員数	7.8名	

今後の課題／将来性

●課題

100円ショップ各社は、100円の価値を高める商品作りを行っているが、他社との差別化を図ることは容易ではない。新商品を次々と投入しなければ消費者に飽きられてしまう。また、単価が100円よりも高い商品も取り揃え、商品の多様化を図っている。

●将来性

節約志向を反映して100円ショップの業績は好調を維持している。各社は出店攻勢をかけ、さまざまなアイディア商品を取り揃えている。100円ショップでは、品揃えや店づくりをコンビニエンスストアに近づけ、新たな客層の獲得を図っている。

《関連団体》　一般社団法人日本フランチャイズチェーン協会
　東京都港区虎ノ門3-6-2　第2秋山ビル1F
　TEL　03（5777）8701

●小売業●

生活雑貨店

最近の業界動向

◉新規顧客の取り込みを強化

生活雑貨店は若い女性を主要客としてきたが、新規顧客として男性客の取り込みに力を入れるようになった。また、40代以上の女性にターゲットを絞った高品質の雑貨を揃えるなど、新規顧客の取り込みを強化している。さらに、季節に応じ入学や新生活シーズンには文房具の品揃えを増やすなど、柔軟に売り場や品揃えを見直している。日経流通新聞の専門店調査によると、平成28年度の大手生活雑貨店の売上高は前年度比5.9％増で、7年連続の増収であった。

◉40代以上の女性をターゲットにした品揃え

輸入雑貨店「プラザ」を運営するスタイリングライフ・ホールディングスは、40代以上の女性をターゲットにした新業態「#0101（オトナ）プラザ」の展開を始めた。高品質の化粧品や雑貨を揃え、化粧品メーカーの販売員が来店客の相談などに対応する。また、「プラザデボ」は、男性向けの商品を充実させている。シニア層や男性客の取り込みを強化し、客層を広げたい考えだ。

◉大型総合店の出店を加速

生活雑貨店「無印良品」の良品計画は、大都市を中心に大型総合店を出店していたが、郊外にも大型総合店を広げる。大型総合店では大型家具なども販売し、家の間取りなど住空間の展示コーナーも広げ、ライフスタイル全体の提案力を強化する。ホームセンターなどに対抗する狙いがあり、カフェや書店も導入して集客を図る。また、平成29年2月から、10年ぶりにコーヒーメーカーの新商品を発売した。業務用と同等の機能を付け、プロのハンドドリップで淹れたコーヒーを味わえるようにした。コーヒー豆も販売し、本格的なコーヒーを好む消費者の需要を掘り起こす。

◉店舗ごとの商品構成で集客を図る

平成29年4月1日にワールドリビングスタイルから社名変更したワンズテラスは、雑貨店「ワンズテラス」を全国に約110店を展開している。30〜40歳代の主婦層を中心に、キッチン用品やインテリア雑貨など自社企画品が全体の15％程度を占めている。住宅地に近い立地を中心に店舗展開しているが、ショッピングセンターや駅ビルなどへのテナント出店も検討している。ワンズテラスは、店長が周辺の人口構成や競合店の状況などを考慮して、商品構成を決める。店舗ごとに商品構成を変更できる仕組みを生かし、集客を図っていく考えだ。

◉地方都市での出店を加速

デンマーク発祥の雑貨店「フライングタイガーコペンハーゲン」を運営するゼブラジャパンは、地方都市での出店を加速させる。日本で平成27年までに24店舗を展開したが、路面店などで採算が悪化したため、不採算店の整理を進めていた。整理が一巡したことから、ショッピングセンターなどに店舗網を広げていく。「フライングタイガーコペンハーゲン」は、北欧デザインの雑貨を扱い、デザイン性と手頃な価格を特徴とし、独自ブランドの商品が6割を占める。

マーケットデータ

◉大手生活雑貨店の売上高

日経流通新聞「第45回日本の専門店調査」によると、平成28年度の生活雑貨店大手7社の売上高は次表の通り。食品などが好調で、全体的には増収となった。

大手生活雑貨店の（平成28年度）売上高

社　　名	売上高 （百万円）	伸び率 （％）	店舗数
良品計画（無印良品）	255,818	10.3	418
ロ　　　フ　　　ト	100,264	4.8	109
東　急　ハ　ン　ズ	96,416	1.6	89
スタイリングライフ・ホールディングス（プラザ他）	65,664	0.4	129
クリエイティブヨーコ	6,357	▲4.4	—
京　王　ア　ー　ト　マ　ン	6,034	0.2	8
オ　リ　ン　ピ　ア	5,972	2.2	73

（出所）日経流通新聞

◉ホームファッション市場規模

矢野経済研究所によると、寝具やキッチン・テーブルウェアなどのホームファッション市場規模

— 464 —

（ベッドリネン・寝具、タオル製品、ナイトウェア・ホームウェア、ホームファニチュア、ホームライティング、インテリアファブリックス、キッチン・テーブルウェアの7分野）は次の通り。

ホームファッション市場規模 （単位：億円）

主要7分野	平26年	平27年	平28年（予測）
合　計	34,359	35,070	35,740
ベッドリネン・寝具	6,699	6,920	6,900
タオル製品	1,625	1,600	1,610
ナイトウェア等	1,625	1,650	1,700
ホームファニチュア	9,923	10,200	10,700
ホームライティング	5,822	5,840	5,830
インテリアファブリックス	4,400	4,440	4,470
キッチン・テーブルウェア	4,263	4,420	4,530

（注）売金額ベース、インテリアファブリックスのみ年度
　　　ベースで算出
（出所）矢野経済研究所

業界の特性

●店舗数

前述の専門店調査によると、大手雑貨店7社の店舗数は合計で826店舗である。なお、経済産業省「商業統計」によると、平成26年の用品雑貨・小間物小売業の事業所数は1万4,997店、従業者数は9万219人となっている。

●仕入ルート

商品の仕入れルートは、問屋からの仕入れのほかに、各社のコンセプトに合った商品を品揃えするために、バイヤーによる直接買い付けを行っている。最新のトレンドに合った商品を品揃えするためには、最新動向を常に捉えることが必要になる。

●品揃え

取り扱う商品は、キッチン用品、洗濯用品、バス・トイレタリー用品、掃除用品、収納用品、リビング用品、健康用品、文具品、化粧品など多岐にわたる。また、家具や服飾雑貨を取り扱う店もあり、自社企画商品も取り揃えている。

●立地

大手の生活雑貨店は、都心部の駅ビルやショッピングセンター、郊外型のアウトレットモールなど集客力のある施設に出店している。周辺の購買層を見極め、商品を取り揃える必要がある。

ノウハウ

●店頭にない独自商品の販売

生活雑貨店のロフトは、ネット販売に本格参入した。ネット通販サイト「秘密の屋根裏」では、店頭にない独自商品の販売や、実店舗より先に新製品を販売したりしている。限定販売は平成29年から年3回ほど開催し、テーマに沿ったオリジナル商品を揃える。また、通販サイトへの集客を図るため、SNSでの発信力を持つブロガーらを販促に活用する。実店舗にはない特典などを付け、平成29年度のネット売上高を10億円に引き上げたい考えだ。

経営指標

生活雑貨店を対象にした指標は見当たらないので、ここでは参考として、TKC経営指標（平成29年版）より、「他に分類されないじゅう器小売業」の数値を掲げる。

TKC経営指標（変動損益計算書）	全企業　20件	
	平均額（千円）	前年比（％）
売上高	167,938	100.2
変動費	113,523	103.5
仕入高	113,085	104.9
外注加工費	618	80.0
その他の変動費	3	7.9
限界利益	54,415	93.9
固定費	53,573	92.2
人件費	34,255	90.4
減価償却費	1,710	97.2
租税公課	551	89.6
地代家賃・賃借料	2,346	98.9
支払利息・割引料	721	95.8
その他	14,013	92.9
経常利益	841	▲402.7
平均従事員数	8.0名	

今後の課題／将来性

●課題

生活雑貨は100円ショップなどでも品揃えを強化し、店舗展開を加速しているため、出店競争は激しさを増している。生活雑貨専門店では、PB商品の売り込みを強化し、独自性を打ち出して顧客の掘り起こしを図っている。機能性やデザイン性など、消費者は付加価値のある商品を求めている。異業種の参入など競争が激しい中、豊富な品揃えと消費者のニーズに合った独自ブランド商品で差別化を図る必要がある。

●小売業●

服飾雑貨店

最近の業界動向

●服飾雑貨の市場規模は１兆2,866億円

　服飾雑貨のアイテムは多岐にわたり、ネクタイやスカーフ、ハンカチ類、ベルトからアクセサリーやバッグ、靴なども含まれる。衣料品などに対する消費者の好みは多様化し、より上質な商品を求める傾向にある。流行に敏感な顧客への対応など、提案力を高める必要がある。矢野経済研究所によると、平成28年の国内インポートブランド（衣料品・服飾雑貨品）の市場規模は、前年比2.7％減の１兆2,522億円と予想されている。

国内インポートブランド(衣料品・服飾雑貨品)の市場規模(単位:億円)

年次	市場規模	年次	市場規模
平21年	8,947	平25年	11,673
22年	8,315	26年	12,537
23年	8,999	27年	12,866
24年	9,705	28年(予)	12,522

（注）小売金額ベース、貿易月表の金額をベースに各年の為替レート等を加味して算出
（出所）矢野経済研究所

●レナウンがセレクトショップを開業

　レナウンは平成29年３月、シニア女性の旅行向け商品を取り揃えたセレクトショップを開業した。軽量でシワになりにくい衣料品やバッグ、靴などを販売する。時間に余裕のあるシニア女性は、友人と旅行に行く機会が多く、ファッションに気を使う人が多い。旅行向けの靴やバッグ、キャリーケース、雨用傘など、他ブランドの雑貨も買い付けて販売する。

●アパレル事業の立て直し

　服飾雑貨大手のサマンサタバサジャパンリミテットは、業績が低迷するアパレル事業の立て直しを図る。主力ブランドの「レストローズ」の実店舗を閉鎖し、商品開発などを見直す。衣料品は購入頻度が高く市場規模も大きいため、商品開発体制などを見直し、改めて実店舗の再出店を目指す。人気のスポーツとファッションを組み合わせ

た「アスレジャー」を取り入れ、カジュアルさを前面に出した商品構成にする。また、かばんブランド「サマンサベガ」も刷新する。ナイロン製から合皮にし、普段使いしやすくした。

●こだわりのスニーカーやバッグ

　スニーカーブームが続いている。セレクトショップのバランススタイルが東京・北参道に開業したスニーカーのセレクトショップは、サッカー選手などに人気のブランドを中心に揃えた。中心価格帯は３万〜５万円だが、人と違うスニーカーの需要は高いという。また、職場でもカジュアルな服装の男性が増え、通勤などでこだわりのバッグを持つ男性が多くなった。セレクトショップなどでは、男性向けの自社ブランドを立ち上げ、需要の取り込みを図っている。

マーケットデータ

●装飾・服飾雑貨店の売上高

　日経流通新聞「第45回日本の専門店調査」によると、平成28年度の大手装飾・服飾雑貨店の売上高は次の通り。比較可能な12社のうち、10社が減収となった。消費者の節約志向は根強く、インバウンド消費も減速している。

装飾・服飾雑貨店の売上高（平成28年度）（単位：百万円、%）

社　名	売上高	伸び率	店舗数
サックスバーホールデイングス	56,747	▲0.4	655
サマンサタバサジャパンリミテッド	26,366	▲19.7	300
藤久（クラフトハートトーカイ）	21,800	▲1.5	496
フィットハウス	19,025	▲5.3	32
タビオ（靴下屋他）	15,650	▲4.3	280
アッシュ・ペー・フランス	9,915	▲2.9	77
セキド	8,970	―	17
パティス	7,056	6.9	101
ウンナナクール	4,756	▲4.3	56
協和バック（モンサック）	2,537	▲10.6	64
カンガルー堂	1,149	▲10.2	15
ウエスギ	715	▲13.9	3
ジャガーカバン店	466	9.9	1

（注）サックスバーホールデイングスは連結（時計・メガネ）
（出所）日経流通新聞

●アイテム別のインポートブランド市場規模

　矢野経済研究所によると、平成27年の国内インポートブランドの主要15アイテム分野の市場規模は、前年比7.6％増の２兆3,664億円であった。このうち、衣料品・服飾雑貨品の市場規模が１兆

2,866億円、衣料品・服飾雑貨以外のウォッチやジュエリーなどの市場規模は1兆798億円となっている。アイテム分野別の市場規模は次の通り。

主要アイテム分野の市場規模（平成27年）

アイテム別	市場規模 （億円）	前年比 （％）
レ デ ィ ウ ェ ア	2,547	0.0
メ ン ズ ウ ェ ア	1,791	6.0
そ の 他 の ウ ェ ア	151	2.0
バ ッ グ・革 小 物	5,461	4.7
シ ュ ー ズ	1,953	▲3.1
服飾雑貨（ネクタイ、スカーフ等）	963	4.8
ウ ォ ッ チ	6,369	17.6
ジ ュ エ リ ー	3,534	12.2
ア イ ウ ェ ア	361	8.1
クリスタル・陶磁器類	350	▲7.7
筆 記 用 具	184	5.1
合 計	23,644	7.6

（注）小売金額ベース、貿易月表の金額をベースに各年の為替レート等を加味して算出
（出所）矢野経済研究所

業界の特性

●大手装飾・服飾雑貨店の店舗数

前述の日経流通新聞「第45回日本の専門店調査」によると、平成28年度の大手装飾・服飾雑貨専門店13社の店舗数は、合計で2,097店舗となっている。また、NTTタウンページ「iタウンページ」によると、平成29年8月14日現在、アクセサリー店4万3,210店、靴・かばん・小物店1万9,885店、洋品店6,029店、ネクタイショップ21店、スカーフ店が14店などとなっている。

●セレクトショップ

輸入雑貨など多種多様な衣料や服飾雑貨を販売する専門店で、特定のブランドだけでなく、独自のコンセプトで選んだ商品を販売している。服飾・雑貨など最新の流行を取り入れ、ファッション性の高い品揃えに特徴がある。

●異業種の参入

調剤薬局のアインホールデイングスが化粧品や雑貨を扱う専門店「アインズ＆トルペ」の出店を拡大している。アクセサリーや傘などの雑貨を中心にPB商品を2,000品目扱っている。駅ビルや商業施設を中心に出店を進め、PB商品も強化していく。また、小田急百貨店の雑貨やパターンオーダースーツを販売する「ジェントルマンズ クローゼット」が注目を集めている。1点から注文できるパターンオーダー商品が人気で、スーツやネクタイ、靴下やベルト、革小物など、サイズや生地、裏地などが選択できる。アパレルのほか異業種の参入もあり、競争は一段と激しさを増している。

ノウハウ

●自分好みのカスタマイズバッグ

婦人服専門店の銀座マギーは平成29年5月、イタリアのバッグブランド「ポップバッグ」の販売を始めた。色や柄のパーツを自分好みに組み合わせてバッグを作ることができるのが特徴だ。パーツもバラ売りしている。カスタマイズバッグは大型が税別3万円、中型2万5千円と手頃な価格で販売している。また、携帯ケースやキーケースなど品揃えも充実している。

経営指標

ここでは参考として、TKC経営指標（平成29年版）より、「洋品雑貨・小間物小売業」の数値を掲げる。

TKC経営指標 （変動損益計算書）	全企業　91件	
	平均額（千円）	前年比（％）
売上高	87,757	99.3
変動費	46,338	99.0
仕入高	45,687	97.1
外注加工費	63	57.2
その他の変動費	—	—
限界利益	41,418	99.7
固定費	42,102	102.5
人件費	21,610	101.6
減価償却費	1,387	105.7
租税公課	651	113.0
地代家賃・賃借料	6,124	102.7
支払利息・割引料	298	102.1
その他	12,042	103.5
経常利益	▲684	▲144.2
平均従事員数	8.1名	

今後の課題／将来性

●課題

競合店との競争も激しく、インバウンド需要も伸び悩んでいる。消費者ニーズは多様化し、人と違う自分好みの商品を求める人が増えている。独自商品の開発や流行を的確に捉えた商品の品揃えが不可欠である。

●小売業●

牛乳販売店
（宅配を含む）

最近の業界動向

●健康志向の高まりに対応した乳飲料

　健康志向の高まりを受け、機能性牛乳が増えている。協同乳業が販売する「メイトー」は、腸内で水素ガスを効率的に発生させる効果がある。雪印メグミルク傘下の雪印ビーンスタークは、粉ミルク「プラチナミルク」を発売した。健康志向の中高年に向けた製品で、ビタミンやロイヤルゼリーなどの栄養成分を含んでいる。牛乳離れが進み、牛乳の消費は低迷が続いている。健康意識の高い中高年に向けた製品の発売が相次いでいる。

●中高年に的を絞る

　森永乳業は医療機関や調剤薬局を通じ、乳飲料「プレミル」の販促に取り組んでいる。「プレミル」は低脂肪でカルシウムやビフィズス菌を配合している。1施設当たり60本程度を渡し、栄養補給が必要な患者にパンフレットとともに配ってもらう。また、医療機関の待合室にあるモニターで商品を紹介する動画を流してもらう。給食で牛乳を出さない小学校があるなど、子どもや若者向けの需要が減少している。中高年に的を絞って販促に力を入れる。

●ウイスキーの牛乳割りを提案

　朝霧乳業は静岡県内を中心に牛乳宅配事業を行っている。あさぎり牛乳（900mℓ）週1本、180mℓ週4本、飲むヨーグルトなどは週2本から定期的に届けている。また、富士山の地下水バナジウムも宅配している。平成29年7月からは、サッポロビールと組み、飲食店などへ牛乳など乳製品の販売を始める。ウイスキーを牛乳で割る「カウボーイ」と呼ばれる飲み方を提案し、サッポロビールが持つ販売網を生かして、業務用分野の開拓を図る。

マーケットデータ

●牛乳販売店からの牛乳類の購入先は全体の3.9%

　Jミルクの「牛乳乳製品に関する食生活動向調査2016」によると、牛乳類の購入先はスーパーマーケットが全体の9割弱を占めているが、コンビニエンスストアの割合が徐々に大きくなっている。

牛乳類の購入場所（%）

購入場所	平26年	平27年	平28年
スーパーマーケット	88.0	87.9	88.2
コンビニエンスストア	13.6	15.7	17.2
ドラッグストア	11.1	11.9	11.1
生協（共同購入個配）	7.0	7.1	6.0
牛乳販売店	4.1	4.3	3.9
ディスカウントストア	3.9	3.5	3.5
ネットスーパー	3.4	2.4	3.0
一般販売店	1.1	1.1	1.4
その他の店舗	1.1	0.9	1.3

（出所）Jミルクの「牛乳乳製品に関する食生活動向調査2016」

●牛乳1人当たりの消費量

　農林水産省「最近の牛乳乳製品をめぐる情勢について」によると、牛乳1人当たりの消費量は次の通り。

牛乳の1人1年当たり消費量の推移（単位：ℓ）

年度	平24	平25	平26	平27	平28
牛乳	23.9	23.8	23.6	23.7	23.6
加工乳・成分調整牛乳	3.9	3.7	3.6	3.6	3.6

（出所）農林水産省

●1世帯当たりの牛乳の年間支出額

　総務省「家計調査年報」によると、牛乳とヨーグルトの1世帯当たりの年間支出額は次の通り。平成28年の牛乳の年間支出額は、平均価格の値上がりも反映して前年比0.6％増となった。また、健康志向を受け、ヨーグルトの年間支出額も増加傾向にある。

牛乳・ヨーグルトの年間支出額（単位：円）

年次	牛乳	ヨーグルト
平24年	15,265	10,271
25年	15,212	10,855
26年	15,175	11,459
27年	15,434	12,135
28年	15,519	13,495

（出所）総務省「家計調査年報」（2人以上の世帯）

●食品宅配サービスの市場規模

　矢野経済研究所の資料によると、食品宅配サービスの総市場規模は次の通り。総市場規模のう

ち、牛乳宅配は5.0〜6.0％（1,000〜1,100億円）程度で推移している。

食品宅配サービスの総市場規模（単位：億円）

年度	平25	平26	平27（予）	平28（予）
市 場 規 模	18,797	19,348	19,864	20,281

（出所）矢野経済研究所

業界の特性

●牛乳販売店の数

NTTタウンページの「iタウンページ」によると、平成29年6月2日現在の牛乳販売・施設、牛乳宅配センターの数は9,416件となっている。なお、牛乳店の店舗数は662店である。

牛乳販売・施設、宅配センターの数

地域	業者数	地域	業者数	地域	業者数
全　　国	9,416	富　　山	80	島　　根	85
北 海 道	274	石　　川	120	岡　　山	218
青　　森	152	福　　井	145	広　　島	261
岩　　手	173	山　　梨	106	山　　口	163
宮　　城	228	長　　野	270	徳　　島	129
秋　　田	163	岐　　阜	179	香　　川	137
山　　形	146	静　　岡	353	愛　　媛	163
福　　島	209	愛　　知	407	高　　知	82
茨　　城	306	三　　重	199	福　　岡	336
栃　　木	182	滋　　賀	126	佐　　賀	92
群　　馬	202	京　　都	178	長　　崎	118
埼　　玉	365	大　　阪	395	熊　　本	186
千　　葉	311	兵　　庫	310	大　　分	133
東　　京	449	奈　　良	93	宮　　崎	137
神 奈 川	319	和 歌 山	107	鹿 児 島	200
新　　潟	336	鳥　　取	79	沖　　縄	14

（出所）「iタウンページ」

●立地

牛乳販売店は、宅配での販売がほとんどを占めており、効率的に配達できる配達エリアを中心に立地することが多い。都市部では居住地域の中心部に事業所を設けているが、地方では郊外のロードサイドに配送センターを設ける立地が多い。

●牛乳の種類

牛乳の種類は、牛乳のほか、加工・成分調整牛乳、低脂肪牛乳、無脂肪牛乳などがある。牛乳販売店では牛乳以外にヨーグルト、ヨーグルト飲料、バターなどの乳製品を扱っている。

●回収条件

配達による販売は、1カ月単位の掛売がほとん

どである。新規契約の場合、半年以上継続しないと宅配ボックスなどの初期費用が回収できないため、新規契約後に継続して契約更新をしてもらうことが重要となる。

ノウハウ

●宅配専用商品

牛乳類の購入先は、スーパーマーケットやコンビニエンスがほとんどを占めているが、明治や森永乳業の宅配サービスでは、スーパーやコンビニで買えない宅配専用商品を届けている。使用するビンは洗浄殺菌し再利用している。また、牛乳のほか季節限定品やデザートなども宅配してくれるため、利便性が高い。

経営指標

ここでは参考として、TKC経営指標（平成29年版）より、「牛乳小売業」の数値を掲げる。

TKC経営指標 （変動損益計算書）	全企業　38件	
	平均額（千円）	前年比（％）
売上高	96,805	101.8
変動費	51,304	101.7
仕入高	51,317	101.7
外注加工費	—	—
その他の変動費	—	—
限界利益	45,501	102.0
固定費	43,389	102.6
人件費	23,562	101.8
減価償却費	1,831	96.6
租税公課	736	96.3
地代家賃・賃借料	2,173	113.5
支払利息・割引料	221	90.9
その他	14,865	103.7
経常利益	2,111	92.1
平均従事員数	13.4名	

今後の課題／将来性

●課題

若者を中心に牛乳離れが進んでいる。牛乳販売店の多くは宅配に移行しており、利便性などを訴えて、契約継続や新規顧客の獲得を図る必要がある。

《関連団体》　全国牛乳商業組合連合会
　　　東京都千代田区岩本町2−11−3
　　　　第8東誠ビル7F
　　　TEL　03（5809）1776

— 469 —

● 小売業 ●

玩具店

最近の業界動向

●玩具市場は前年比0.3％増

日本玩具協会の資料によると、平成28年度の国内玩具市場（小売りベース）は前年比0.3％増の8,031億4,400万円となり、3年連続で8,000億円を超えた。ゲームなどの主要10分野は前年比3.2％増で、「リカちゃん」や「アンパンマン」、「仮面ライダー」などの定番商品、定番キャラクターが引き続き好調であった。

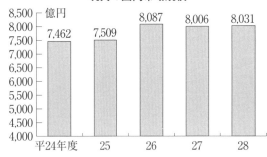

(出所) 日本玩具協会

●知育玩具

遊びながら脳の発達を促す知育玩具が注目されている。価格は高めだが、子どもの才能を見出したい親に加え、孫の成長を期待する祖父母の関心が高く、三世代で楽しむことができる。知育玩具には、積み木やブロック、音楽が出る幼児用楽器などがある。知育玩具が主力のボーネルンドは、直営店を除いて百貨店でしか取り扱ってこなかったが、百貨店での集客力が期待できない中、卸売先を拡大する。20代の集客が見込める東急ハンズや赤ちゃん本舗が運営する「アカチャンホンポ」、家電量販店などの店舗にボーネルンドのコーナーを設置して販促する。20代のファミリー層や友達の子どもへのプレゼントとしてのニーズを期待している。

●知育菓子の販路拡大

知育菓子は手順に沿って材料を混ぜるなどして子どもが楽しみながら作る菓子で、市場は拡大傾向にある。クラシエフーズは知育菓子の販路を広げる。スーパーマーケットを中心に販売してきたが、親子連れが多い手芸店やカジュアル衣料のしまむらなどの専門店でも販売していく。クラシエフーズが専用の陳列ケースや店頭販促を用意し、レジ周りなどで販売してもらう。

マーケットデータ

●分野別市場規模

日本玩具協会の資料によると、平成28年度の分野別の玩具市場規模は次の通り。ぬいぐるみは任天堂キャラクターやディズニーシリーズなどのキャラクターぬいぐるみが好調で前年度比15.9％増となった。女児玩具が同6.8％増、男児キャラクターが同2.2％増などとなっている。一方、ハイテク系トレンドトイは同19.8％減、ジグソーパズルは同6.0％減、男児玩具が同4.7％減であった。

分野別市場規模 （単位：百万円）

品　目	平27年度	平28年度
ゲーム	15,284	16,131
カードゲーム他	96,067	104,564
ジグソーパズル	11,284	10,605
ハイテク系トレンドトイ	5,941	4,767
男児キャラクター	71,086	72,666
男児玩具	51,900	49,451
女児玩具	54,860	58,601
ぬいぐるみ	19,513	22,619
知育・教育	167,753	169,856
季節商品	53,669	53,989
雑貨	100,505	95,003
ホビー	141,410	132,535
その他	11,321	12,357
合計（主要13品目）	800,593	803,144

(出所) 日本玩具協会

●カプセル玩具の市場規模

同じく、日本玩具協会の資料によると、カプセル玩具（自動販売機に硬貨を入れてレバーを回すとカプセルに入った玩具が出る仕組み）の市場規模は次の通り。平成28年度は前年比10.9％減の277億円であった。国際航空に置かれたガチャガチャなどと呼ばれるカプセル玩具が、訪日外国人に人気となっている。帰国時に余った小銭の使い道にもなっている。

玩具関連分野の市場規模 （単位：億円）

分　野	平26年度	平27年度	平28年度
カプセル玩具	319	311	277
玩　菓	659	520	468

（注）玩菓は出荷ベースの市場規模
（出所）日本玩具協会

◉玩具・ホビー用品の大手企業売上高

日経流通新聞「第45回日本の専門店調査」によると、玩具・ホビー用品の大手企業の売上高は次の通り。キデイランドとビーユーが大幅に落ち込んだ一方、タム・タムは売り上げを伸ばした。タム・タムは鉄道模型やプラモデルの品揃えに強みがある。鉄道模型は大人から子どもまで根強い人気がある。

平成28年度の玩具・ホビー用品の大手企業売上高

社　名	売上高（百万円）	伸び率（％）	店舗数
キデイランド	14,369	▲3.3	79
ビ　ー　ユ　ー（テンハット、ペリカン他）	5,809	▲16.1	131
タ　ム　・　タ　ム（ホビーショップタムタム）	4,853	3.9	11

（出所）日経流通新聞

業界の特性

◉玩具・娯楽用品の店舗数

NTTタウンページの「iタウンページ」によると、平成29年6月29日現在、おもちゃ店（3,556店）、娯楽遊技機器・用品（2,241店）、カードショップ（510店）、おもちゃ買取店（334店）、キャラクターショップ（225店）、アニメショップ（217店）、中古おもちゃ販売（207店）などとなっている。

◉競合

これまで玩具は、玩具専門店や百貨店、スーパーなどに販売が限られていたが、最近はネット通販が増えてきたことに加えて、家電量販チェーンが積極的に玩具を取り扱っている。家電量販店は、値引きやポイント付与など消費者にとってメリットが大きく、主要な販路になっている。

◉需要期

玩具は年末年始商戦で年間売上高の3〜4割を稼ぐといわれていた。最近は、ライフスタイルの変化に伴って、時期的な需要は平準化しているものの、年末年始が大きな需要期であることは変わりがない。

ノウハウ

◉「ミニ四駆」の人気が広がる

モーターで走らせる自動車模型「ミニ四駆」の人気が広がっている。模型大手のタミヤが平成24年に全国大会を復活させると、大人を中心に「ミニ四駆」の人気が復活した。ビックカメラ傘下のコジマは、集客策として模型メーカーのタミヤと組み、自動車模型「ミニ四駆」の大会を全国の店舗で開催している。「ミニ四駆」は第1次、第2次ブームを経て、現在の第3次ブームを迎えている。「ミニ四駆」は模型を組み立てる楽しさ、大会で走らせる爽快感など、親子で楽しむことができる。ブームはまだ続きそうだ。

経営指標

ここでは参考として、TKC経営指標（平成29年版）より、「がん具・娯楽用品小売業」の数値を掲げる。

TKC経営指標（変動損益計算書）	全企業　62件	
	平均額（千円）	前年比（％）
売上高	261,888	102.0
変動費	174,902	101.1
仕入高	178,130	101.1
外注加工費	47	55.3
その他の変動費	―	―
限界利益	86,985	103.9
固定費	83,983	103.5
人件費	33,740	103.4
減価償却費	2,319	103.1
租税公課	704	112.4
地代家賃・賃借料	17,113	111.8
支払利息・割引料	897	106.9
その他	29,073	98.7
経常利益	3,001	117.3
平均従事員数	13.0名	

今後の課題／将来性

◉将来性

国内玩具市場は、大ヒット商品はなかったが、定番商品が堅調に推移している。少子化の中でも玩具市場は底堅く推移すると予想される。

《関連団体》　一般社団法人日本玩具協会
東京都墨田区東駒形4−22−4
TEL　03（3829）2513

●小売業●

アンテナショップ

最近の業界動向

●アンテナショップが増えている

特産品のPRや地域情報発信を目的に、自治体が東京都内に開設するアンテナショップが増えている。一方、東京都内の商店街が空き店舗に地方のアンテナショップを誘致する動きが相次いでいる。空き店舗に悩む商店街は多く、地方の食材などで客を呼び込みたい考えだ。地域活性化センターによると、平成28年4月現在の届出店舗数は65店。このうち独立店舗54店、集合型店舗11店である。独立型店舗54店のうち、34店が年間売上1億円以上となっている。取扱品目数は1,000以上で、トップの沖縄県は6,000品目に及ぶ。食の安全への関心が高まり、産地を明示した商品を求める消費者は多い。英語版のパンフレットや無料Wi-Fiなど外国人客への環境整備も進んでおり、順調を維持している。都道府県・市町村別出店状況は次の通り。

都道府県・市町村別アンテナショップ出店数（単位：店）

年度	都道府県	市町村	合　計
平23年	37	16	53
24年	34	20	54
25年	38	16	54
26年	39	13	52
27年	42	13	55
28年	42	23	65

（出所）地域活性化センター

●アンテナショップを巡るスタンプラリーで集客

東京都は日本各地と連携し産業振興施策を実施している。平成29年2月20日～3月20日まで、都内の地方自治体アンテナショップを巡るスタンプラリーを開催した。都内にある31のアンテナショップを巡り、参加者はショップでスタンプを集めて応募すると特産品などが抽選で当たる。日本橋に出店する県のアンテナショップも独自にスタンプラリーを開催するなど、都内地域のアンテナショップが集客を図っている。

●「まるごとにっぽん」が平成29年度に出店するアンテナショップを発表

東京・浅草の商業施設「まるごとにっぽん」は平成29年4月、平成29年度にアンテナショップを出店する自治体（19自治体）を発表した。初出店の自治体は、北海道幌加内町、兵庫県淡路島、広島県備後圏域、愛媛県伊方町、北九州都市圏域、長崎県壱岐島である。特産品の販売や観光名所などをPRし、地域活性化につなげる。施設運営（まるごとにっぽん）側が19自治体をまとめて運営・管理するため、初期費用（約1～2億円）や人件費が発生せず、年間約1,000万～3,000万円かかる運営費も約400万円程度ですむ。契約期間は1年間で、イベントの開催や販売に関するコンサルティング支援もしてくれる。

●西武信用金庫がアンテナショップを開設

西武信用金庫は平成29年4月19日、東京都立川市の商業施設「ららぽーと立川立飛」にアンテナショップを開設した。毎年新宿で開催している「極鮮TOKYOセレクション」から、東京発の物産などの商品を紹介する常設スペースを西武信用金庫が提供する。新規事業者に1～3カ月の期間限定で出店スペースを貸し出す。初期投資を抑えつつ、店舗運営にチャレンジすることが可能となる支援モデルで、多摩地域の活性化や地域振興、販路開拓の支援などを目的としている。

マーケットデータ

●アンテナショップの売上高

地域活性化センター「自治体アンテナショップ実態調査」によると、独立店舗のアンテナショップの年間売上高（平成27年度）は次の通り。北海

アンテナショップの売上高（平成27年度）

年間売上高	店数	シェア（%）
3千万円未満	13	24.1
3千万円以上5千万円未満	4	7.4
5千万円以上1億円未満	1	1.9
1億円以上3億円未満	15	27.8
3億円以上5億円未満	12	22.2
5億円以上7億円未満	3	5.5
7億円以上10億円未満	3	5.5
10億円以上	1	1.9
未回答	2	3.7
合　計	54	100.0

（出所）地域活性化センター

道どさんこプラザが10億円以上の売上高となり、7億円以上10億円未満の売上高は、いわて銀河プラザ、広島ブランドショップTAU、沖縄県の銀座わしたショップとなっている。

●年間入館者数

地域活性化センター「自治体アンテナショップ実態調査」によると、平成27年度入館者数は10万人未満（20店）、10万人以上20万人未満（7店）、20万人以上50万人未満（12店）、50万人以上70万人未満（5店）、70万人以上100万人未満（3店）、100万人以上（4店）、未回答（3店）となっている。

業界の特性

●自治体アンテナショップ

地域の情報を受発信し、特産品販売施設や飲食施設等を設置している店舗で、自治体が主体となって設置した施設である。また、常設施設であり、東京都内に所在している。

●店舗面積

大型店が増え、岩手県のいわて銀河プラザや新潟県の表参道新潟館ネスパスなど、500㎡以上の店舗が8店ある。独立店舗54店の店舗面積は次の通り。

独立店舗54店の店舗面積（平成28年4月1日現在）

面　積	店　数
100㎡未満	14
100㎡以上200㎡未満	12
200㎡以上300㎡未満	4
300㎡以上400㎡未満	10
400㎡以上500㎡未満	6
500㎡以上	8
合　計	54

（出所）地域活性化センター

●運営主体

アンテナショップの運営主体は、民間やNPOなどへの委託が最も多く53.7％、第3セクター、財団、JAなどの運営・委託が14.8％、地方自治体とその他団体の共同運営が20.4％、地方自治体単独は3.7％となっている。民間企業の集客力や販売方法などを導入したショップ運営が行われている。

ノウハウ

●三越伊勢丹がアンテナショップを開設

三越伊勢丹ホールディングスは平成29年2月24日、東京・虎ノ門にアンテナショップを開設した。全国460市町村でつくる「2020年東京オリンピック・パラリンピックを活用した地域活性化推進首長連合」が運営するプロジェクトの一環としてオープンした。全国各地の特産品など、地方自治体と連携しながら商品を決めて販売している。店のテーマは「旅感」で、ストーリーに沿った商品を、三越伊勢丹のバイヤーが集めてくる。定期的に商品を入れ替えて、客を飽きさせない工夫をして集客を図る。

経営指標

アンテナショップを対象にした指標は見当たらないので、ここでは参考として、TKC経営指標（平成29年版）より、「他に分類されないその他の小売業」の数値を掲げる。

TKC経営指標 （変動損益計算書）	全企業　381件	
	平均額（千円）	前年比（％）
売上高	161,759	99.6
変動費	106,165	99.6
仕入高	104,283	99.9
外注加工費	1,882	108.6
その他の変動費	41	130.1
限界利益	55,594	99.7
固定費	53,018	100.3
人件費	27,811	100.0
減価償却費	2,118	109.0
租税公課	778	104.1
地代家賃・賃借料	3,819	100.5
支払利息・割引料	577	94.5
その他	17,960	100.2
経常利益	2,576	89.4
平均従事員数	7.8名	

今後の課題／将来性

●将来性

アンテナショップの出店が相次ぎ、イベントに参加したり、複数のショップを巡る人も増えている。全国各地の特産品などが季節ごとに店頭に並び、地方に行かなくても地元の商品などを手に入れることができる。今後も、堅調に推移すると予想される。

《関連団体》　地域活性化センター
　　東京都中央区日本橋2-3-4
　　TEL　03（5202）6131

●小売業●

手芸店

最近の業界動向

●和洋裁・編物・手芸の市場規模

手芸用品の取り扱いは、専門店のほか、均一価格ショップや生活雑貨店などでも商品数を増やしているため、競争は激化している。日本生産性本部「レジャー白書2017」によると、平成28年の和洋裁・編物・手芸の市場規模は620億円で、前年に比べて5.1％増加した。和洋裁・編物・手芸の市場規模推移は次の通り。

和洋裁・編物・手芸の市場規模（単位：億円）

年次	市場規模	年次	市場規模
平21年	650	平25年	550
22年	610	26年	570
23年	590	27年	590
24年	570	28年	620

（出所）「レジャー白書2017」

●地方都市に出店攻勢をかける

手芸用品販売のユザワヤ商事は、地方都市のショッピングセンターやターミナル駅近くの商業ビルに出店攻勢をかける。ユザワヤは、首都圏などの都市部を中心に1万平方メートルの大型店を駅前などに出店していたが採算が悪化している。このため、1,000平方メートル規模の店舗を中心に出店していく。手芸用品は主婦を中心に一定の需要が見込まれ、人気アニメの衣装などを手作りする若者も増えているため、出店戦略を見直す。一方、海外展開を見据え銀座の商業ビルに実験店を開いた。訪日外国人が多い立地を踏まえ、外国人が手芸用品に求める傾向などを分析し、アジア進出に向けた準備を整える。

●「ハンドメイド」作品売買のWebプラットフォーム

スマートフォンの普及などを背景に、個人間の電子商取引（CtoC）の市場は年々拡大を続け、手芸や趣味工芸を中心とする「ハンドメイド」分野にも波及している。「ハンドメイド」作品の個人間売買のオンラインサイト「minne（ミンネ）」

は、平成24年1月にサービスを開始し、平成29年6月末時点で40万4,000人が作家として登録し、715万点の作品が掲載されている。また、ミンネアプリは類型777万ダウンロードを超えている。平成29年7月から、ミンネ内に「生地・服飾手芸材料専門店オカダヤ」をオープンし、大手手芸用品専門店とタッグを組み、ハンドメイド作家向けに約2,500点の商品を提供している。ミンネはCtoC向けのハンドメイドのプラットフォームだったものが、手芸店が商品を消費者に売るBtoCプラットフォームが構築されたことになり、今後の動向に注目が集まる。

マーケットデータ

●編物・織物・手芸の参加率、年間平均活動回数等

日本生産性本部「レジャー白書2017」によると、編物・織物・手芸の参加率、年間平均活動回数等の推移は次の通り。平成28年の参加人口は1,150万人で、前年に比べて8.0％減少した。また、年間平均費用も6.4％減少している。

編物・織物・手芸の参加率、年間平均活動回数等

項　目	平27年	平28年
参　加　人　口（万人）	1,250	1,150
参　　加　　率　　（％）	12.4	11.4
年間平均活動回数　　（回）	25.3	25.5
年　間　平　均　費　用（千円）	13.4	10.9

（出所）「レジャー白書2017」

●手芸・工芸材料の世帯支出額

総務省の「家計調査年報」によると、平成28年の手芸・工芸材料の1世帯当たりの年間支出額は前年比4.7％増の826円であった。

手芸・工芸材料の支出額（単位：円）

年次	支出額	年次	支出額
平19年	1,115	平24年	885
20年	999	25年	870
21年	1,016	26年	843
22年	896	27年	789
23年	849	28年	826

（出所）総務省「家計調査年報」

業界の特性

●店舗数

NTTタウンページ「iタウンページ」によると、平成29年10月10日現在の手芸店の登録数は2,185件である。

手芸店の店舗数

地域	店舗数	地域	店舗数	地域	店舗数
全　国	2,185	富　山	40	島　根	27
北 海 道	141	石　川	33	岡　山	63
青　森	43	福　井	29	広　島	83
岩　手	44	山　梨	21	山　口	56
宮　城	50	長　野	66	徳　島	46
秋　田	27	岐　阜	48	香　川	36
山　形	37	静　岡	104	愛　媛	38
福　島	47	愛　知	139	高　知	36
茨　城	53	三　重	32	福　岡	105
栃　木	48	滋　賀	34	佐　賀	21
群　馬	42	京　都	87	長　崎	31
埼　玉	105	大　阪	132	熊　本	45
千　葉	92	兵　庫	123	大　分	31
東　京	181	奈　良	30	宮　崎	33
神 奈 川	120	和 歌 山	31	鹿 児 島	50
新　潟	76	鳥　取	23	沖　縄	36

（出所）「iタウンページ」

●取扱商品

手芸専門店の取扱商品は幅広い。主なものを挙げると、①毛糸（手編毛糸、合繊毛糸）、②手芸品（刺しゅう糸、刺しゅう布、ビーズ手芸、フェルト手芸など）、③手工芸品（陶芸、木彫、レザークラフトなど）、④ボタン・裏地などである。

●流通経路

手芸用品の流通経路は次の４通りである。①メーカーが直接消費者に販売する経路。②メーカーが直接取引で、専門チェーンや量販店へ販売する経路。③発売元→卸→小売という経路で、最も一般的な経路。④二次卸が入る経路で、二次卸業務は小売店が兼務するケースが多い。

●多様化する競合

100円ショップやホームセンター、通販やネットショップでも手芸用品を購入することができる。手芸材料の取り扱いを開始しているハンドメイドの個人間売買プラットフォームも競合となる。

●窓装飾プランナー資格による提案力育成

窓装飾は専門性が高く、生活者が自分のライフスタイルに合った窓まわりを実現することは容易ではない。日本インテリアファブリックス協会は、「窓装飾プランナー資格制度」を平成26年に創設した。平成28年までの３年間で、1,385人の有資格者が存在している。カーテンやブラインド等の多彩なアイテムの中から、顧客のニーズやライフスタイルに合った窓装飾を提案・販売できることを目指している。

ノウハウ

●カタログやインターネットショップ

手芸店にはWeb販売を行っているところも少なくない。クラフトハートトーカイを運営する藤久は、手芸用品をカタログ販売している。同社は「クラフトハードトーカイ.com」でも手芸用品を販売している。また、ユザワヤも楽天やアマゾンに出店している。

経営指標

ここでは参考として、TKC経営指標（平成29年版）より、「洋品雑貨・小間物小売業」の数値を掲げる。

TKC経営指標 （変動損益計算書）	全企業　91件	
	平均額（千円）	前年比（％）
売上高	87,757	99.3
変動費	46,338	99.0
仕入高	45,687	97.1
外注加工費	63	57.2
その他の変動費	—	—
限界利益	41,418	99.7
固定費	42,102	102.5
人件費	21,610	101.6
減価償却費	1,387	105.7
租税公課	651	113.0
地代家賃・賃借料	6,124	102.7
支払利息・割引料	298	102.1
その他	12,042	103.5
経常利益	▲684	▲144.2
平均従事員数	8.1名	

今後の課題／将来性

●将来性

手芸教室の開催などで手芸を体験する機会を増やすことが不可欠だ。太い毛糸があれば短時間でマフラーなどが出来上がる、編み棒を使わない「腕編み」が注目され、講習会には初心者などの参加が相次いだ。手芸ファンやニーズの掘り起こしが欠かせない。

《関連団体》　一般社団法人日本ホビー協会
　　東京都台東区柳橋２－２－２
　　TEL　03（3851）6628

●小売業●

仏 具 店

最近の業界動向

●はせがわが新業態店「心のアトリエ」を展開

核家族化や少子化に伴い、ライフスタイルも大きく変わっている。また、供養に関する考え方も変わってきた。そのような中、はせがわは新業態店舗「心のアトリエ」のショッピングセンターへの出店を始めている。従来、同社の立地はロードサイトが中心であり、目的買いの顧客が中心となっていた。集客力のあるショッピングセンター内に出店することで、これまで仏具店へ足を運ばなかった層へのPRや集客を狙っている。店舗ではモダンなデザインの仏壇や神棚、ペットの供養のための仏具、安全祈願等の雑貨など、祈りや願いをサポートする商品展開を行っている。同社は従来の仏具店の領域を打ち破り、ターゲット層を拡大し、新たなニーズの掘り起こしに注力する。

●お香需要の掘り起こし

岩佐佛喜堂は、お香の需要掘り起こしに取り組んでいる。平成27年には自動車車内で使用するお香を開発している。平成29年2月、同社は香川大学との共同研究により、新しい塗香（ずこう：体に塗るお香）を発売した。この塗香は、勉強や車の運転時等にストレスの緩和と集中力を高めることが期待できるとされる。需要掘り起こしのためには、研究機関によるお香の分析結果は、利用者の理解を得やすくなる。

●折り畳み式の神棚

平成29年9月、木工品製造の山田木管工業所は、折り畳み式の「モダン神棚神室-Kamuro-」を発売した。外側がヒノキ木目、内側が白色になり、シンプルな箱型形状であり、壁に掛けても、棚などに置いても使用できる。また、メラミン化粧板を使用しているため掃除しやすく、かつ水で拭いても変色しにくくなっている。ライフスタイルの変化を考慮し、現在の住空間にもなじみやすくなっている。

●仏壇のリメイク

自宅の仏壇を居住空間に合わせリメイクしてくれるサービスが注目されている。核家族化や住環境の変化に伴い、大きな仏壇を置く場所がない場合が多いが、慣れ親しんだ仏壇をそのまま使いたいと思う人は多い。仏壇製作のジェイ・アスラックでは、年間100件の作り替え注文がある。小型化と同時にデザインも洋室に合うように仕上げる。また、葬祭サービスのメモリアルアートの大野屋は、仏壇メーカーと提携してリメイクの注文を受けている。

マーケットデータ

●はせがわの売上高

業界大手のはせがわの平成29年3月期の売上高は前期比0.1％減の193億7,800万円であった。セグメント別では、屋内墓苑を除く全てでマイナスとなった。また、店舗数は117店舗となっている。

はせがわの売上高（単位：百万円、％）

セグメント別	平28年3月期	平29年3月期	前年比
合　計	19,401	19,378	▲0.1
仏壇・仏具	12,954	12,798	▲1.2
墓　　石	5,241	5,226	▲0.3
屋内墓苑	839	1,005	19.8
その他	365	347	▲4.9

（出所）決算資料

●1世帯当たりの年間支出額

総務省「家計調査年報」によると、1世帯当たりの信仰・祭祀費、祭具・墓石の年間支出額の推移は次の通り。平成28年の信仰・祭祀費の支出額は前年比0.2％減の1万4,355円、祭具・墓石の支出額は同21.4％減の3,803円である。

1世帯当たりの年間信仰・祭祀費、祭具・墓石の推移

年次	信仰・祭祀費の支出額（円）	祭具・墓石の支出額（円）
平24年	17,466	4,087
25年	15,433	6,239
26年	15,362	4,266
27年	14,389	4,840
28年	14,355	3,803

（注）二人以上の世帯
（出所）家計調査年報

●宗教用具小売業の年間販売額等

経済産業省「平成26年商業統計」によると、平成26年の宗教用具小売業の年間商品販売額は

1,639億4,200万円となっている。

宗教用具小売業の事業者数、従業者数等

事業所数	従業者数（人）	年間商品販売額（百万円）
3,004	12,024	163,942

（出所）「平成26年商業統計（確報）」

業界の特性

●仏壇・仏具店の店舗数

　NTTタウンページ「iタウンページ」によると、平成29年10月10日現在の仏壇・仏具店の店舗数1万243店となっている。

仏壇・仏具店の店舗数

地域	店舗数	地域	店舗数	地域	店舗数
全　国	10,243	富　山	187	島　根	81
北 海 道	395	石　川	137	岡　山	188
青　森	144	福　井	142	広　島	246
岩　手	183	山　梨	72	山　口	138
宮　城	266	長　野	285	徳　島	125
秋　田	201	岐　阜	200	香　川	123
山　形	164	静　岡	284	愛　媛	143
福　島	264	愛　知	642	高　知	72
茨　城	184	三　重	164	福　岡	393
栃　木	195	滋　賀	205	佐　賀	75
群　馬	208	京　都	364	長　崎	123
埼　玉	435	大　阪	427	熊　本	129
千　葉	319	兵　庫	310	大　分	110
東　京	649	奈　良	89	宮　崎	74
神 奈 川	376	和 歌 山	119	鹿 児 島	192
新　潟	292	鳥　取	73	沖　縄	56

（出所）「iタウンページ」

●仏具の用途

　仏具の用途は大きく寺院用仏具と家庭用仏具に分けられる。仏壇は宗派や製品別に分かれる。主な仏壇の種類は次の通り。①塗仏壇…スギやヒノキなどの木地に金箔を張り、蒔絵で仕上げたもので金仏壇ともいう。②唐木仏壇…黒壇や紫檀、カリンなどを素材とした仏壇である。③そのほかにプリント合板製や家具調の仏壇があるが、販売量は少ない。

●流通経路

　仏具は仏具店からの注文による受注生産がほとんどである。下請けが多数の職種に分かれていることや、宗派とのからみなどから、仏具の流通経路を整理すれば次のようになる。①メーカー→直営小売店→消費者、②メーカー→卸専業→小売店→消費者、③メーカー（製造小売）→消費者などとなっている。

ノウハウ

●若者のデザインを取り入れた商品づくり

　仏壇仏具製造販売のカナクラは、積極的に学校との連携を進め、同社の仏壇デザインに取り入れている。平成29年には、高松工芸高校とコラボした香川の漆芸を使った斬新なデザインの仏壇を発表している。学生とのコラボは、新たなデザインの着眼点が得られるだけでなく、参加した学生を中心とした口コミやSNS発信も期待でき、副次的なPR効果を得られる。

経営指標

　ここでは参考として、TKC経営指標（平成29年版）より、「宗教用具小売業」の数値を掲げる。

TKC経営指標 （変動損益計算書）	全企業　49件	
	平均額（千円）	前年比（％）
売上高	78,694	96.4
変動費	38,677	98.1
仕入高	35,817	94.8
外注加工費	700	89.1
その他の変動費	30	72.0
限界利益	40,017	94.8
固定費	42,084	97.9
人件費	23,577	97.9
減価償却費	1,773	105.8
租税公課	848	114.9
地代家賃・賃借料	4,096	97.0
支払利息・割引料	882	96.0
その他	10,893	96.7
経常利益	▲2,068	264.6
平均従事員数	7.1名	

今後の課題／将来性

●課題

　供養の観念が変化する中、パワースポット巡り等といった祈りに対する文化は存在する。仏具店にとって、これまでとは違ったターゲットの掘り起こしや販売方法が課題になる。また、仏具店の強みを活かした供養に関する新事業展開も経営戦略の一つとなる。

《関連団体》　全日本宗教用具協同組合
　東京都千代田区神田司町2－16－7
　TEL　03（6206）0413

●小売業●

カタログ通信販売業

最近の業界動向

●通販市場は

カタログ通販各社は、百貨店や商業施設への出店を加速させている。販路を拡大して新規顧客を取り込む狙いがある。また、試着できる場が欲しいという要望も多い。一方、百貨店は通販を利用する客を呼び込むことができる。日本通販協会によると、平成28年度の通信販売全体の売上高（速報値）は、6兆9,400億円と推計され前年度の6兆5,100億円に比べて6.6%の増加となり成長が続いている。拡大するネット通販を背景に、カタログ通販最大手の千趣会は、カタログの発行部数を減らしネット通販にシフトする。宅配各社の配送料引き上げも懸念されるため、コスト削減を図る。ネット通販向けの商品も増やし、プライベートブランド商品の開発も進めていく方針だ。

●ベルーナが若年層の開拓に力を入れる

カタログ通販大手のベルーナは、若年層の開拓に力を入れている。シニア層向け通販は比較的堅調だが、20～30代向けは競争が激しいため、低価格商品を増やしたり、紳士服や子供服の投入なども検討してイメージの刷新を図る。婦人服ブランド「RyuRyu（リュリュ）」の中心価格帯は1,990～2,990円で手頃な値段となっている。カタログでは扱ってこなかった雑貨なども扱い、男性客を意識しブランドロゴもピンクから黒に変更した。新規顧客の開拓は喫緊の課題で、若年層の開拓は不可欠である。

●大きめサイズの衣料品の強化

ニッセンホールディングスは、大きいサイズの女性向け衣料品に力を入れている。「スマイルブランド」は大きいサイズに特化し、カタログ通販のほか、インターネット通販や実店舗でも販売している。平成29年からは販促キャンペーンを強化し、内容を変えながら続けていく考えだ。年5回カタログを発行し豊富なサイズの衣料品を提供し

ている。また、実売店では、女性が来店しやすいようあえて看板を掲げず、通常より大きめの試着室を設置するなど配慮している。カタログ通販は苦戦を強いられており、需要が顕著な大きいサイズのさらなる掘り起こしを図る。

●ユニーク雑貨で新規顧客を取り込む

カタログ通販フェリシモのユニークな雑貨が人気となっている。平成26年に立ち上げた雑貨ブランド「YOU＋MORE!（ユーモア）」の商品は、他社にないユニークな雑貨で、一般読者からのアイデアをスタッフが商品化する取り組みも始めている。「猫の肉球」コットンは、コットンの中央に型押しで猫の肉球を再現している。また、うさぎの収納ポーチなど売り上げが好調だ。また、カタログ通販大手の千趣会は、平成28年10月に家事雑貨ブランド「kusu kusu works（クスクスワークス）」を立ち上げている。ハンガーや物干し、洗濯用の道具など、ユニークなデザインにこだわった商品を販売している。

マーケットデータ

●カタログ通販の市場規模

日本通信販売協会によると、カタログ通販やインターネット通販など媒体別の市場規模は次の通り。平成27年度の通信販売全体の推定市場規模は

媒体別の市場規模（単位：%、億円）

媒 体	平成26年度		平成27年度	
	構成比	推定市場規模	構成比	推定市場規模
カタログ	20.4	12,546	18.7	12,174
DM（リーフレット）	14.5	8,917	13.6	8,854
インターネット（パソコン）	22.1	13,530	22.2	14,452
テレビ	11.8	7,257	10.5	6,836
新聞	5.3	3,260	6.1	3,971
ちらし	3.9	2,398	3.0	1,953
雑誌	0.5	308	0.7	455
会員誌	2.0	1,230	2.1	1,367
インターネット（携帯）	6.6	4,059	8.7	5,664
ラジオ	2.0	1,230	2.1	1,367
フリーペーパー・タブロイド紙	0.2	123	0.1	65
その他	10.8	6,642	12.2	7,942
推定市場規模合計	100.0	61,500	100.0	65,100

（注）媒体別の売上高構成比の平均値。四捨五入計算をしているため、合計が100%にならない場合がある。

（出所）日本通信販売協会「第34回通信販売企業実態調査報告書」

6兆5,100億円で、このうち、カタログ通販の推定市場規模は1兆2,174億円、売上高構成比は18.7％であった。媒体別で最も構成比が高いのは、インターネットPCの22.2％となっている。

●大手カタログ通販企業の売上高

通販新聞の資料によると、主力媒体がカタログとする通販企業5社の売上高は次の通り。ニッセンホールデイングスと千趣会が減収となった。

通販カタログ企業の売上高（平成27年10月期〜平成28年9月期）

社　名	売上高 （百万円）	増減率 （％）	決算期
ア　ス　ク　ル	（連）315,024	13.8	5月
ニッセンホールデイングス	152,446	▲24.4	12月
大　塚　商　会	139,106	8.1	12月
千　　趣　　会	（連）134,321	▲5.8	12月
ディノス・セシール	112,208	2.0	3月

（出所）通販新聞

業界の特性

●会員数

日本通信販売協会によると、カタログ通販、テレビ通販などの会員社数は平成29年6月1日現在で644社である。

●カタログ発行部数

日本通信販売協会の資料によると、カタログの発行部数の推移は次の通り。平成27年度の発行部数の平均は453万部で昨年度よりも200万部減少している。また、カタログの年間発行種類は6.8種類（平均）で、前年度の7.9種類より少ない。配布方法としては、メール便（57.9％）が最も多く、次いで自社商品への同梱・他社同梱、郵便となっている。

カタログの発行部数の推移（単位：万部）

年度	平24	平25	平26	平27
発行部数	604	580	653	453

（出所）日本通信販売協会

●カタログのレスポンス率

同じく、日本通信販売協会の資料によると、平成27年度のカタログのレスポンス率（反応率）は、平均で10.0％となり、前年度より1.1ポイント減少している。

●カタログの種類

通販カタログの種類は総合型と専門型に大別される。総合型は幅広い顧客にさまざまな商品を紹介する。ニッセンや千趣会、ディノス・セシールなどが代表的な企業である。専門型は特定の顧客に独自性の高い商品を紹介している。

●通信販売の費用と経営指標

日本通信販売協会の資料によると、平成27年度の売上高に占める各費用の割合は次の通り。「売上原価」の割合は全体平均41.0％で、前年度より2.8％減少している。「販管費」（広告宣伝費、物流配送費、人件費等）は全体平均51.1％で、前年度より2.5％減少した。営業利益率は、全体では「10％未満」が最も多く31.9％、次いで「10〜20％未満」が13.2％、「20％以上」が8.1％となっている。「貸し倒れ率」は0.31％で、貸し倒れ額は約886万円となっている。また、課題となっている分野で最も多かったのは、「売上高の確保」及び「新規顧客の確保」で、次いで「利益の確保」、「既存顧客の維持」、「売れ筋商品の開発」と続いている。

ノウハウ

●シニア層向けのカタログを創刊

コールセンター大手のトランスコスモスは、通信販売事業の「日本直販」で、シニア向けの通販カタログを平成29年5月に創刊した。トランスコスモスは平成25年に事業を取得し、平成27年に事業会社を吸収合併した。「日本直販」はテレビやラジオ通販を通じシニアの認知度も高く、60歳以上の会員が6割を占めている。商品のヒアリングも行い、高齢者が使いやすい商品や着心地を重視した衣料品などを揃えた。既存顧客のほか、リハビリ施設などにも送り、70歳以上を中心に新たな需要を開拓する。

今後の課題／将来性

●課題

宅配業者の運送料金引き上げに伴い、ベルーナやニッセンホールデイングスが配送料金の値上げを表明しており、料金に転嫁する見通しだ。値上げ幅は100円前後で検討しているが、影響が懸念される。

《関連団体》　公益社団法人日本通信販売協会
東京都中央区日本橋小舟町3−2
TEL　03（5651）1155

●小売業●

テレビ通販業

最近の業界動向

●テレビ通販市場は

通販新聞の調査によると、平成28年度（平成28年6月～平成29年5月）のテレビ通販業主要30社の売上高合計は、前年度に比べて4.3％増の5,451億円であった。テレビ通販市場の売上高は安定して推移している。テレビ通販は、24時間生放送のチャンネルもあり、どんな時間帯でも購入に対応できる体制を整えている。消費者は自分の都合に合わせて注文ができる。また、電話だけでなくネットでも注文でき利便性が高い。

テレビ通販市場の推移（各年6月～5月）（単位：億円、%）

年　度	平26	平27	平28
市場規模	5,239	5,223	5,451
（伸び率）	(0.5)	(0.3)	(4.3)

（出所）通販新聞

●ジュピターショップチャンネルが再放送の新チャネルを設ける

テレビ通販のジュピターショップチャンネルは、平成29年1月1日から新たな放送網を設けた。生放送を見逃した顧客の取りこぼしを防ぐため、既存のチャンネルで放送した番組の再放送を中心に構成して放送する。また、インターネット限定で配信していた番組も流し、生放送を見逃した顧客などの取り込みを図る。新たな放送枠は、午前1時～午後11時59分までで、既存チャンネルの生放送を1時間遅れで再放送する。また、ネットでしか視聴できなかった限定番組を放送し、既存チャンネルで紹介しない商品を提案する。今後は、新チャンネル独自の商品を投入するなどして、新たな顧客層を開拓していく。

●料理レシピのサイト開設で商品購入を促す

「ショップジャパン」を運営するオークローンマーケティングは、料理レシピのサイトを開設した。自社で販売するキッチン関連商品を使って、手軽に作れる料理の動画やテキスト形式で紹介す

る。サイト「ララクック」は、商品の使い方に合ったレシピを紹介することで、キッチン関連商品の販売増につなげる。また、利用者がレシピを投稿できる機能も検討しており、動画サイトで商品購入を促したり、利用者の満足度を高める。

マーケットデータ

●テレビ通販企業の売上高

通販新聞の資料によると、テレビ通販企業15社の平成28年度（平成28年6月～平成29年5月）の売上高は次表の通り。首位のジュピターショップチャンネルは、商品開発や新たな番組の企画などを積極的に行い、売り上げを伸ばした。QVCは、欧米などで展開する、QVCグループ各社での売れ筋を積極的に投入し、展開する商品カテゴリーを増やした。靴やバッグなどでヒット商品が複数あり、売り上げが伸びた。

テレビ通販企業の売上高（単位：百万円、%）

社　名	平28年度売上高	増減率
ジュピターショップチャンネル	154,923	11.0
ＱＶＣジャパン	98,100	1.8
ジャパネットたかた	48,060	15.6
サントリーウェルネス	48,000	—
オークローンマーケティング	20,609	▲22.3
テレビショッピング研究所	20,500	▲14.5
キューサイ	17,400	—
ディノス・セシール	12,655	0.2
え　が　お	11,300	—
グランマルシェ	8,900	5.9
ＧＳＴＶ	8,570	▲19.3
日本テレビ放送網	8,441	▲4.5
はぴねすくらぶ	8,400	—
ロッピングライフ	8,082	4.7
テレビ東京ダイレクト	8,027	▲2.7

（出所）通販新聞

業界の特性

●業界構造

テレビ通販業は、①通販専門放送局、②テレショッパー、③テレビ局通販の3つに分類される。①はジュピターショップチャンネルとQVCジャパンの2社である。ジュピターショップチャンネルは他社に先駆けて生放送を開始し、現在は24時間生放送体制に移行している。②はテレビ局から放送枠を購入して通販番組を放映する。代表的な企業はオークローンマーケティングやジャパネッ

たかた、テレビショッピング研究所、えがおなどで、テレビ通販業界の中心的な地位を占める。③は日本テレビやフジテレビなどの在京キー局やグループ企業が運営するテレビ通販である。

●総売上高に占めるテレビ通販売上高の占有率

テレビ通販各社の総売上高のうち、テレビ通販が占める占有率は次の通り。ジャパネットたかたは、テレビ通販の売り上げが27.0％で約480億円であった。前社長の高田明氏のテレビ通販番組の出演引退の影響が懸念されたが、通販枠の拡大や掃除機やエアコンなどの売れ筋を中心に売り上げを伸ばした。

総売上高に占めるテレビ通販売上高の占有率

社　　名	占有率（％）
ジュピターショップチャンネル	100.0
ＱＶＣジャパン	100.0
ジャパネットたかた	27.0
サントリーウェルネス	60.0
オークローンマーケティング	40.6
テレビショッピング研究所	80.0
キューサイ	70.0
ディノス・セシール	11.7
え　が　お	55.0
グランマルシェ	70.7
ＧＳＴＶ	79.9
日本テレビ放送網	100.0
はぴねすくらぶ	35.0
ロッピングライフ	90.9
テレビ東京ダイレクト	99.6

（出所）通販新聞

●「インフォマーシャル」手法

インフォマーシャルは、インフォメーションとコマーシャルを掛け合わせた造語でテレビCMの一種である。商品の説明に長い時間をかける手法で、テレビ通販における主流となっている。商品の詳細や消費者の商品に関する感想などがよりくわしく伝えられるメリットがある。また、テレビ通販では、第三者が商品を評価し購買意欲を高めたり、購入者数をリアルタイムで表示したりして購入を促している。

●注文

テレビ通販で紹介する商品の注文方法は、電話やFAX、インターネットなどである。このうち、電話による注文が最も多いが、ネット経由の注文が増えている。

●セキュリティ対策

テレビ通販業は個人情報を蓄積している。個人情報漏えい問題が発生すると、情報漏えいが発生した個人への対応が必要となるだけでなく、信頼が低下し、受注にも大きな影響を及ぼす。コールセンター等の内部漏洩を起こさせない体制、外部からの不正な侵入を起こさない体制、個人情報を蓄積しているサーバ等のセキュリティ対策等が必須である。また、万が一、情報漏えいが発生した場合の対応策も準備しておく必要がある。

ノウハウ

●テレビ通販にもコト消費商品の展開が始まる

ジャパネットホールディングスは平成28年7月、ジャパネットグループ子会社のジャパネットサービスパートナーズを通じて、JTB首都圏のクルーズ旅行を販売開始した。予想以上の反響を受け、平成29年7月にジャパネットホールディングスが第一種旅行業を取得し、平成29年7月にテレビ通販でジャパネットオリジナルのサービスを企画したクルーズ「ジャパネットクルーズ」の販売を開始した。また、顧客が決めたページ割で写真集を制作する「ジャパネットフォトブック」の新サービスを開始した。今まで撮りためていた写真やデータを一冊の写真集に仕上げ、家族や友人と思い出を共有する機会を提供する。特別な体験をしたい、思い出を共有したいとするニーズに対応した、コト消費を意識した商品がテレビ通販で始まっている。モノだけではないコト消費へと事業領域拡大の可能性が生まれている。

今後の課題／将来性

●課題

テレビ通販事業者は、テレビを通して利用者の心をつかむ表現方法を磨いている。その強みを活かしてコト消費の担い手になる可能性も生まれている。ニーズにあった商品やサービスを販売することの重要性が増している。一方、顧客情報漏えい等を防ぐ体制を維持していくことも継続した課題となる。

《関連団体》 公益社団法人日本通信販売協会
　　東京都中央区日本橋小舟町3－2
　　　リブラビル2F
　　TEL　03（5651）1155

●小売業●

百 貨 店

最近の業界動向

●百貨店売上高は5兆9,780億1,300万円

日本百貨店協会の資料によると、平成28年の百貨店売上は、インバウンド消費の減少や衣料品販売の落ち込みなどにより、3年連続の前年割れとなった。百貨店首位の三越伊勢丹ホールディングスは、地方店を中心に売り場面積の縮小や業態転換を含めた構造改革を行う方法で調整に入った。6兆円を割り込むのは36年ぶりで、百貨店の苦境が続いている。

全国百貨店年間売上高の推移

年次	売上高（百万円）	対前年比増減率（％）
平24年	6,145,317	▲0.1
25年	6,217,140	1.2
26年	6,212,458	▲0.1
27年	6,174,278	▲0.6
28年	5,978,013	▲2.9

（注）対前年比増減率は店舗調整前
（出所）日本百貨店協会

●不振店の閉鎖が相次ぐ

百貨店の苦境が一段と増す中、不振店舗の閉鎖が相次ぎ、大都市圏に経営資源を集中させる動きが加速している。

閉店した主な百貨店（平成29年以降）

店 名	場 所	閉店時期
西 武 筑 波 店	茨城県つくば市	平成29年2月
西 武 八 尾 店	大阪府八尾市	平成29年2月
三 越 千 葉 店	千葉県千葉市	平成29年3月
三越多摩センター店	東京都多摩市	平成29年3月
堺北花田阪急	大阪府堺市	平成29年7月
中合福島店2番館	福島県福島市	平成29年8月

（出所）新聞報道を基に筆者が集約

●従業員向けのSNS

高島屋は従業員向けのSNS「ローズスマイル」を新設し、会社や店舗に関する話題や接客事例などを紹介する。「ローズスマイル」は高島屋グループの社員のほか、アパレル企業から派遣されて1年以上勤務する「ローズスタッフ」と呼ばれる従業員も使える。優秀な販売員の接客や、売り場の改善提案を反映した事例など、商品やサービスの改善につなげる。

●「支付宝（アリペイ）」の導入

そごう・西武は、中国アリババ集団のインターネット決済サービス「支付宝（アリペイ）」を一部店舗で導入した。中国のモバイル決済市場で、「アリペイ」は最も高いシェアを持つ。中国や台湾などからの訪日客が増えているため、「アリペイ」による支払いを受け付けることで、さらなる集客を図る。

マーケットデータ

●全国百貨店の商品別売上高

日本百貨店協会の資料によると、平成28年の商品別の売上高は次の通り。主力の衣料品が前年比5.8％減（うち婦人服が6.3％減）と落ち込んだほか、大半の商品で前年割れとなっている。一方、化粧品は同9.6％増と大幅に増加している。また、食料品は同1.0％減で比較的横ばいを保っている。

百貨店の商品別販売額（平成28年）

品 目	売上高（千円）	対前年比
合 計	5,978,013,630	▲2.9％
衣料品	1,893,306,493	▲5.8％
紳士服・用品	400,322,057	▲5.3％
婦人服・用品	1,212,245,967	▲6.3％
子供服・用品	144,501,167	▲3.9％
その他衣料品	136,237,302	▲5.0％
身の回り品	779,934,052	▲3.6％
雑 貨	1,006,064,918	0.9％
化粧品	439,021,790	9.6％
美術品・宝飾等	337,395,927	▲5.8％
その他の雑貨	229,647,101	▲3.6％
家 庭 用 品	271,246,823	▲5.2％
食 料 品	1,678,829,177	▲1.0％
食 堂 ・ 喫 茶	162,891,031	▲4.9％
サ ー ビ ス	63,632,307	▲2.8％
そ の 他	122,108,929	2.5％
商 品 券	162,758,460	▲7.1％

（注）商品券は総額に含まれない。統計には消費税は含まれない
（出所）全国百貨店協会

●百貨店の店舗別売上高上位10店舗

日経流通新聞「百貨店調査」によると、平成28年度の都市百貨店の店舗別売上高上位10店舗は次の通り。

— 482 —

百貨店店舗別売上高上位10店舗（平成28年度）

店舗名	店舗所在地	売上高（百万円）	前年度比伸び率(%)
伊 勢 丹 新 宿 本 店	東　京	268,597	▲1.4
阪 急 う め だ 本 店	大　阪	220,515	1.0
西 武 池 袋 本 店	東　京	186,597	▲1.8
三 越 日 本 橋 本 店	東　京	165,127	▲1.9
高 島 屋 日 本 橋 店	東　京	132,908	▲2.7
高 島 屋 大 阪 店	大　阪	129,952	1.8
高 島 屋 横 浜 店	神奈川	129,431	▲2.0
ジェイアール名古屋タカシマヤ	愛　知	128,638	▲1.1
松 坂 屋 名 古 屋 店	愛　知	120,685	▲3.3
そ ご う 横 浜 店	神奈川	109,690	▲4.0

（出所）日経流通新聞「百貨店調査」

●全国百貨店の売上高シェア

日本経済新聞社の推計によると、平成28年度の全国百貨店の売上高シェアは次の通り。

全国百貨店の売上高シェア

社　名	シェア
三 越 伊 勢 丹 ホ ー ル デ ィ ン グ ス	19.3%（0.0）
高 　 島 　 屋	13.4%（0.3）
そ 　 ご 　 う ・ 西 　 武	12.6%（▲0.3）
J ・ フ ロ ン ト リ テ イ リ ン グ	12.1%（▲0.3）
エ イ チ ・ ツ ー ・ オ ー リ テ イ リ ン グ	7.2%（0.4）

（注）カッコ内は前年比増減ポイント
（出所）日本経済新聞社

業界の特性

●従業員数、店舗面積

日本百貨店協会によると、平成28年12月の全国百貨店売上高総額は約6,942億円（調査対象百貨店は81社、234店）、総従業員数は7万4,189人、総店舗面積は590万3,199㎡となっている。

●百貨店の事業形態

大きく分けて、①（狭義の）百貨店事業、②法人事業、③メディア販売事業の3つである。②は、法人客への外商による営業活動を通じて法人需要の取り込みや従業員への出張販売等を行うものである。③は、カタログ・インターネットを通じての販売である。会社によって、事業形態の括りは多少異なるが、高島屋の場合、平成29年2月期の売上比率は①93%、②4.7%、③2.3%である。

●顧客層

百貨店の顧客層は40代後半から60代の中高年女性が中心を占めている。各社は、カジュアル衣料品や地下食料品に力を入れ、若い女性の開拓を狙っているが、若年層の開拓は進んでいない。

ノウハウ

●美容・健康関連サービスの強化

百貨店各社は、マッサージやエステなどの美容・健康関連のサービスに力を入れている。衣料品の低迷が続いているが、化粧品の販売は底堅く美容・健康関連の出費は惜しまない女性は多い。京王百貨店新宿店は、化粧品売り場の改装にあわせてエステルームを刷新した。高級化粧品などの施術が受けられ、エステのみか、一定の金額の商品を買ってサービスを受ける仕組みとなっている。エステによって、国内の顧客の取り込みを強化する。

経営指標

ここでは参考として、TKC経営指標（平成29年版）より、「他に分類されないその他の小売業」の数値を掲げる。

TKC経営指標（変動損益計算書）	全企業　381件 平均額（千円）	前年比（%）
売上高	161,759	99.6
変動費	106,165	99.6
仕入高	104,283	99.9
外注加工費	1,882	108.6
その他の変動費	41	130.1
限界利益	55,594	99.7
固定費	53,018	100.3
人件費	27,811	100.0
減価償却費	2,118	109.0
租税公課	778	104.1
地代家賃・賃借料	3,819	100.5
支払利息・割引料	577	94.5
その他	17,960	100.2
経常利益	2,576	89.4
平均従事員数	7.8名	

今後の課題／将来性

●課題

百貨店の大半は繁華街やターミナル駅側の好立地にあるため、活用次第では十分に集客が見込めるはずである。従来の枠にとらわれない、顧客目線での店舗レイアウトやテナント誘致等を戦略的に進めていくことが再生のポイントである。

《関連団体》　日本百貨店協会
　　東京都中央区日本橋2－1－10
　　TEL　03（3272）1666

●小売業●

スーパーマーケット

最近の業界動向

◉スーパーの売上高は微減

　日本チェーンストア協会の資料によると平成28年のスーパーの売上高は、13兆426億4,500万円（店舗調整前）で、前年比1.0％減となった。平成28年度は、天候の影響もあり農産品が相場高となり夏場に苦戦した。衣料品・住関品は比較的堅調に推移したが、天候要因により季節商品が苦戦し総販売額は減少した。食料品が農産品を中心に堅調に推移した一方、水産品は年間を通して苦戦した。また、生活者の健康志向の高まりで、高カカオチョコレート、納豆などの商品が好調だった。総合スーパーにおいては、イオン、セブン＆アイ・ホールディングスの2強が圧倒的な売上高を示している。

◉シニア向けを強化

　イオンは、ステッキや老眼鏡などのシニア向け商品を充実させ、巡回バスなど来店しやすい仕組みを取り入れる。また、一部の新店をシニア向けにし、シニア層の取り込みを強化する。グループの中核企業イオンリテールがシニア向け大型店の改装などを進める。高齢者向け店では、健康体操などのイベントを開催し、健康相談窓口などの設置を各店で検討する。イトーヨーカ堂が食品部門や不動産部門に軸足を移す一方、イオンはシニア対応を強化することで対応する。

◉物販以外のサービスを提供する

　ユニー・ファミリーマートホールディングスは、総合スーパーが苦戦する中、「コト消費」を担う店づくりに乗り出す。スーパー事業の子会社ユニーは、名古屋市内の総合スーパーを改装し、平成29年2月24日にオープンした。これまで食品や婦人衣料などを扱う自社の売り場が中心であったが、CD・DVDレンタルやTSUTAYA、スターバックスを中心に、フードコートやヨガスタジオなどを取り入れ、物販以外のサービスを提供す

る。「TSUTAYA」を運営するカルチャ・コンビニエンス・クラブが運営を担うが、テナント料を受け取るほか、施設全体での来店客の増加が見込める。家族客向けにカジュアル衣料や子供靴などを充実させ、カルチャ・コンビニエンス・クラブとの連携を広げていく。

マーケットデータ

◉年間売上高の推移と商品別売上高

　日本チェーンストア協会の資料によると、平成28年のスーパーの年間売上高（販売額）は次の通り。また、商品別売上高は下表の通り。

スーパーの年間販売額推移（単位：百万円、％）

年次	販売額	前年比 （店舗調整前）	店舗数
平24年	12,534,046	▲1.3	7,895
25年	12,722,449	1.5	8,321
26年	13,020,750	2.3	9,372
27年	13,168,288	1.1	9,384
28年	13,042,645	▲1.0	9,489

（出所）日本チェーンストア協会

商品別売上高（単位：百万円、％）

商　品	平27年	平28年	前年比 （店舗調整前）
総販売額	13,168,288	13,042,645	▲1.0
食　料　品	8,466,772	8,507,725	0.5
衣　料　品	1,191,961	1,111,706	▲6.7
住　関　品	2,687,300	2,620,191	▲2.5
サ ー ビ ス	39,776	35,978	▲9.5
そ　の　他	782,477	767,044	▲2.0

（出所）日本チェーンストア協会

◉スーパー上位10社の売上高

　日経流通新聞の「第50回日本の小売業調査」に

スーパーマーケット売上高ランキング（平成28年度）

社　名	売上高 （百万円）	伸び率 （％）	経常利益 （百万円）
イオンリテール（単）	2,185,300	0.4	7,000
イトーヨーカ堂（単）	1,255,017	▲2.7	1,786
ユ ニ ー（単）	742,032	▲2.1	13,925
イ ズ ミ（単）	702,120	5.0	35,688
ライフコーポレーション	652,974	—	12,834
平 和 堂	437,587	0.1	15,643
ヨークベニマル（単）	426,172	3.2	15,344
マ ル エ ツ	373,069	2.7	7,529
ヤ オ コ ー	343,060	5.4	14,214
オ ー ケ ー	331,315	7.7	15,175

（出所）日経流通新聞

— 484 —

よると、スーパーマーケット業態の上位10社の売上高（平成28年度）は表の通りである。上位の10社は概ね売上高が増加している。

業界の特性

◉総合スーパーの事業所数と従業者数

日本チェーンストア協会の資料によると、平成28年12月の会員企業数は57社（前年比1社減）、店舗数は9,489店舗、売場面積は2,535万859平方メートルである。また、従業員数は44万9,249人で、うち正社員が10万5,263人（男性8万1,485人、女性2万3,778人）、パート34万3,986人（男性5万225人、女性29万3,761人）である。

◉基本コンセプト

スーパーの基本的なコンセプトは、徹底した合理化と大量販売で、次のような特色を持つ。①客は入口でバギーまたはカゴをとって店内に入る、②特別の売場以外店員がいない、③商品はすべて客が手に取れる、④必ず価格の表示がある、⑤会計は出口に限られるなど、セルフサービスが基本になっている。ただし、総合スーパーの場合、衣料品などを扱うため、接客も大切になっている。

◉品揃えの大切さ

スーパーマーケットでは、品揃えが重要である。品揃えと数量に工夫を凝らし、常連の顧客に対して、飽きないような売り場づくりの演出が必要である。時流を読み、メディアで話題の商品は品切れを起こさないように仕入れに気を使うことも大切である。その他、陳列方法の工夫も重要である。顧客の目線や視覚を考慮し、購買意欲を高める演出が求められる。また、季節感の演出や、時には、特別な企画コーナーを設置することが必要である。

ノウハウ

◉顧客宅への配送を専門に担当する「コンシェルジェ」の配置

ダイエーは顧客宅への配送を専門に担当する「コンシェルジェ」の配置を始めた。利用対象者を60歳以上に限定し、電話かFAXで受注する。受注から配送までを同じ担当者が担うことで、利用者との関係を深め顧客の囲い込みにつなげる。新サービス「お買物らくらく便」は、カタログに記載する約550品目が対象だが、店舗にある商品についてはできる限り注文に応じる。代金は現金か商品券で支払うが、クレジットカードでの決済も検討している。顧客宅での商品配送は多くのスーパーで行っているが、専任担当者を置いてシニア限定で対応するのは珍しく、安定的な利用につなげたい考えだ。

経営指標

スーパーマーケットを対象にした指標は見当たらないので、ここでは参考として、TKC経営指標（平成29年版）より、「他に分類されないその他の小売業」の数値を掲げる。

TKC経営指標 （変動損益計算書）	全企業 381件	
	平均額（千円）	前年比（％）
売上高	161,759	99.6
変動費	106,165	99.6
仕入高	104,283	99.9
外注加工費	1,882	108.6
その他の変動費	41	130.1
限界利益	55,594	99.7
固定費	53,018	100.3
人件費	27,811	100.0
減価償却費	2,118	109.0
租税公課	778	104.1
地代家賃・賃借料	3,819	100.5
支払利息・割引料	577	94.5
その他	17,960	100.2
経常利益	2,576	89.4
平均従事員数	7.8名	

今後の課題／将来性

◉課題

大手スーパーの出店ペースが減速している。コンビニエンスストアとの競合が激しく、市場は伸び悩んでいる。各社は既存店のてこ入れに注力している。

◉将来性

総合スーパー各社は、物販以外のサービスを充実させている。また、シニア層の取り込みに注力し、店の改装などをシニア向けにしている。今後は、シニア層に向けたサービス競争が激しくなると予想される。

《関連団体》　日本チェーンストア協会
　　東京都港区虎ノ門1−21−17
　　TEL　03（5251）4600

●小売業●

食品スーパー

最近の業界動向

●地域密着店が好調を維持

食品スーパーは、季節感のある商品の扱いが多く、特に生鮮食品は天候などの影響を受けやすく好不調の期間が入り混じっている。その中で、各社ともに取り組みを強化している総菜部門は、期間を通して概ね好調を維持した。また、細かなニーズを取り込む地域スーパーや地方スーパーは、堅調に推移した。日経流通新聞「第50回日本の小売業調査」によると、地域スーパー、地方スーパーは約3.0％の増収であったが、全国スーパーではイトーヨーカ堂が2.7％減、ユニーが2.1％の減収となった。一方、地域スーパーでは中国地方を地盤とするイズミが5.0％増で、ヨークベニマルやマルエツ、ヤオコーといった食品スーパーも増収を確保した。コンビニエンスストアの総菜や、生鮮食品分野への本格参入で押されていたが、得意分野の生鮮食品、総菜の品揃えや販売方法を再強化したことが好調の原因とみられている。コンビニエンスストアの総菜は、から揚げなどは店内で調理、おでんなども販売しているが、基本は冷蔵ケースに入った商品である。一方、食品スーパーは時間帯別に総菜や生鮮食品の商品を変えたり、ピーク時間に合わせて商品の陳列量を増やしたりと、キメの細かい販売方法で顧客ニーズに対応している。

●東京産の大豆を使った菓子や納豆の独自商品を販売

首都圏地盤の食品スーパーであるいなげやは、東京都内の農家と組み、東京産の大豆を使った菓子や納豆の独自商品を順次売り出す。大豆は東京都内ではほとんど栽培されていなかったが、生産者を募って、買い取る仕組みを構築した。平成28年度は5トンの大豆を収穫し、一定の原料が得られるようになったため、商品販売に乗り出した。地産地消を進め、食の安心安全を訴えて販売につ

なげていく。

●買い物客を無料で送迎するサービス

首都圏地盤の食品スーパーの京急ストアは、シニアのニーズを取り込むため無料の送迎サービスを広げる。横浜市内の2店舗を結ぶ便の運行を新たに始めるほか、平成29年内に神奈川県内の地域でも導入する。平成29年6月から横浜市磯子区で始めた送迎では、運転手を含めて10人乗りの車両で、4ルートを1時間かけて巡回する。平日に1日5回の運行で、シニア層の多い地域や利用客の多いエリアを特定して運行する。また、坂道など自転車での買い物に負担の多いエリアも通る。店舗の送迎だけにとどまらない地域住民サービスに発展させたい考えで、出店先の自治体との連携なども模索している。

●水産加工会社を子会社化して水産品の品揃えを拡充

食品スーパーを展開するバローホールディングスは、宮城県の水産加工会社を子会社化した。食品スーパーでは、水産物は競争力を分ける重要な商品で、子会社化により品質や味の優れた水産品の品揃えを拡充する。一方、食品スーパーなどを運営するタカラ・エムシーは、弁当・食材の宅配を手掛けるディナーサービス・コーポレーションを買収し、ディナーサービスが持つ工場や商品開発のノウハウを活用して、品揃えの拡充や独自商品の開発を進める。

マーケットデータ

●スーパーの食料品販売金額

日本チェーンストア協会によると、平成28年のスーパーの食料品販売金額は前年比（店舗調整後）0.5％増の8兆5,077億2,500万円である。部門別販売額では水産物以外はすべての項目で前年を上回り、特に惣菜で1.9％、農産物で1.5％の増加とな

食料品の販売統計推移（単位：百万円、％）

項　　目	平27年	平28年	前年比 （店舗調整前）
食　料　品	8,466,772	8,507,725	0.5
農　産　物	1,195,262	1,213,312	1.5
畜　産　物	986,241	989,992	0.4
水　産　物	790,937	779,796	▲1.4
惣　　　菜	989,393	1,008,250	1.9
その他食品	4,504,938	4,516,373	0.3

（出所）日本チェーンストア協会

った。

●地域スーパーの業績

日経流通新聞の「第50回日本の小売業調査」によると、地域スーパーの平成28年度売上高上位企業は次の通りである。

地域スーパー大手企業の業績（平成28年度）

社　名	売上高 （百万円）	伸び率 （％）
イ　　　　　ズ　　　　　ミ	702,120	5.0
ヨ　ー　ク　ベ　ニ　マ　ル	426,172	3.2
マ　　　ル　　　エ　　　ツ	373,069	2.7
ヤ　　　オ　　　コ　　　ー	343,060	5.4
オ　　　ー　　　ケ　　　ー	331,315	7.7
万　　　　　　　　　　　代	326,720	4.2
フ　　　　　　　　　　　ジ	317,380	▲0.3
マックスバリュ西日本	278,287	2.3
サ　　　ミ　　　ッ　　　ト	276,849	4.2
カ　　　　　ス　　　　　ミ	262,447	7.1

（出所）日経流通新聞

業界の特性

●会員数

食品スーパー各社が加盟する新日本スーパーマーケット協会の会員数は正会員が約330社、賛助会員が約870社で合計約1,200社、店舗数約6,000店（平成29年4月現在）となっている。当協会の「平成28年スーパーマーケット年次統計調査」によると、売上構成では、「一般食品」が25.7％と最も高く、次いで「日配品」が18.0％、「青果」が15.8％と続いている。

●気温変化により売れ筋が変わる

食品スーパーは、季節性の高い商品が多く、特に気温変化により売れ筋が変わるなど、天候から大きな影響を受ける。季節に対応した売り場づくりを行っている。

●店舗外販売・配送サービスの実施状況

新日本スーパーマーケット協会「平成27年スーパーマーケット年次統計調査」によると、店舗外販売・配送サービスの実施状況は、「店舗販売分の配送サービス」は「ほぼ全店舗で実施」が17.5％、「一部店舗で実施」が38.7％で合計56.2％と、半数以上の企業で実施している。一方、インターネットを使わずFAX等で注文を受け付ける「注文宅配サービス」は28.0％、インターネットで注文を受け付ける「ネットスーパー」は22.7％、「移動スーパー」は14.6％となっている。

ノウハウ

●植物工場の建設で葉物野菜の安定調達ルートの確保

地域スーパーの丸久は植物工場を建設し、栽培した葉物野菜を自社店舗で販売する計画だ。山口大学発ベンチャーと共同出資で植物工場の会社を設立し、天候不順や価格高騰などに左右されない安定調達のルートを確保する。平成30年春から丸久の店舗での販売を予定しており、年間売上高1億円を見込んでいる。

経営指標

ここでは参考として、TKC経営指標（平成29年版）より、「各種食料品小売業」の数値を掲げる。

TKC経営指標 （変動損益計算書）	全企業　313件	
	平均額（千円）	前年比（％）
売上高	266,660	99.8
変動費	197,230	100.2
仕入高	197,181	100.0
外注加工費	48	85.3
その他の変動費	14	178.4
限界利益	69,430	98.9
固定費	68,290	100.5
人件費	35,393	100.9
減価償却費	3,144	101.0
租税公課	730	99.1
地代家賃・賃借料	4,304	101.2
支払利息・割引料	497	89.3
その他	24,156	100.0
経常利益	1,140	50.8
平均従事員数	14.7名	

今後の課題／将来性

●将来性

地域スーパーや地方スーパーは、地域のニーズに対応した品揃えを拡充して集客を図っている。また、食品スーパー大手のヤオコーは、物販だけでなくフードコートを併設して食事を提供し、飲食を楽しむ場を提供している。総菜の量り売りなど、競合するコンビニエンスストアなどとの違いを打ち出して新たな需要を掘り起こしている。

《関連団体》　一般社団法人新日本スーパーマーケット協会
　東京都千代田区内神田3－19－8
　TEL　03（3255）4825

●小売業●

コンビニエンスストア

最近の業界動向

●売上高は11兆1,906億円

　成長を続けてきたコンビニエンスストア市場だが、スーパーやドラッグストアとの競合などで市場は伸び悩んでいる。人手不足も深刻で、売り場の見直しや独自商品の開発などの動きが広がっている。日経流通新聞「第38回コンビニエンスストア調査」によると、国内の全売上高は11兆1,906億円で前年度比3.1％増だった。伸び率は前年度の5.1％から2.0％低下して7年ぶりの低水準となった。また、総店舗数は5万7,610店で伸び率は2.4％増であった。チェーン全店の売上高シェアは、セブン－イレブン・ジャパンが依然としてトップだが、ファミリーマートとサークルKサンクスが統合して新たに発足したファミリーマートが4位から2位になった。

チェーン全店売上高シェア（平成28年度）

順位	社　名	シェア
1	セブン－イレブン・ジャパン	40.4％（1.0）
2	ファ　ミ　リ　ー　マ　ー　ト	26.9％（8.5）
3	ロ　ー　ソ　ン	21.9％（0.2）
4	ミ　ニ　ス　ト　ッ　プ	3.0％（▲0.1）
5	山　崎　製　パ　ン	1.7％（0.0）

（注）カッコ内は前年増減ポイント
（出所）日本経済新聞社

●淹れたてコーヒーに注力

　淹れたてコーヒーは、コンビニエンスストアの売り上げに貢献しており、各社がコーヒーに力を入れている。ローソンは、淹れたてコーヒー「マチカフェ」で、主力のブレンドコーヒーの味をより良くするほか、季節に応じてカップのデザインを変えるなど、幅広い層に売り込む。セブン－イレブン・ジャパンは、ホットカフェラテを提供できるコーヒーマシンを開発し、平成29年12月末までに全店で設置を進めていく。

●チルド総菜の販売を強化

　ファミリーマートは、チルド総菜の主力商品「ファミデリカ」の販売を強化する。主力商品のポテトサラダは製法を変えて味を向上させた。また、サラダ関連の食材の品揃えを拡充する。健康志向を打ち出しながら、高齢者や女性などの個食需要を取り込んでいく。一方、ミニストップは総菜の量り売りを提供する「ホームデリ」というタイプのコンビニエンスストアを増やしている。総菜の販売は、各コンビニエンスストアも力を入れている。

●人材の確保に向けた取り組み

　コンビニエンス各社は、パートやアルバイトの確保に苦慮している。セブン－イレブン・ジャパンは、シニアの活用を進めている。各地のシニア向け就職セミナーに出展したり、仕事の説明会を開いている。また、平成29年9月から店員向けに保育所の設置を始め、子育て世代の人が働きやすい環境を整えて店員の確保につなげる。また、外国人アルバイトの活用も広がり、ファミリーマートの従業員のうち、外国人は全体の5％を占める。平成28年からは、外国人留学生の多い専門学校に出向いての仕事の内容などの説明を行っている。人材の定着に向け、各社がさまざまな取り組みを行っている。

●団地向けコンビニエンスストアの出店

　コンビニエンスストア各社が買い物弱者の支援に力を入れている。高齢化が進む団地の空き地に店舗を出したり、移動販売車で食品や日用品を届ける動きが広がっている。セブン－イレブン・ジャパンは、都市再生機構（UR）子会社の団地の管理事業を手掛ける日本総合住生活（JS）と提携し、団地向けのコンビニエンスストアを展開していく。また、ファミリーマート、ローソン、ミニストップもURと連携して団地向けにコンビニエンスストアの出店を進めていく。一方、過疎化や郊外で移動販売する「走るコンビニエンスストア」が広がり、店舗の少ない地域での需要を掘り起こしている。

マーケットデータ

●平成28年の品目別の販売額

　経済産業省「商業動態統計年報」によると、コンビニエンスストアの平成28年の販売額は前年比4.1％増の11兆4,456億1,400万円である。

－ 488 －

商品別販売額等（単位：百万円、店）

項　目	平26年	平27年	平28年
合　計	10,423,230	10,995,650	11,445,614
商品販売額	9,890,455	10,394,769	10,824,572
ファーストフード及び日配品	3,807,614	4,088,944	4,290,345
加工食品	2,774,280	2,934,438	3,079,523
非食品	3,308,561	3,371,387	3,454,704
サービス売上高	532,755	600,881	621,042
店舗数	52,725	54,505	55,636

（出所）経済産業省「商業動態統計年報（平成28年）」

●コンビニ上位10社の売上高

日経流通新聞の「第38回コンビニエンスストア調査」によると、平成28年度のコンビニエンスストア上位10社の全店舗売上高は表の通りである。

コンビニエンスストアの全店売上高（平成28年度）

社　名	全店舗年間売上高（百万円）	前年度比増減率（％）	期末店舗数
セブン-イレブン・ジャパン	4,515,605	5.2	19,442
ファミリーマート※	3,009,363	50.0	17,001
ロ ー ソ ン ※	2,455,076	4.0	13,111
ミ ニ ス ト ッ プ	340,492	1.2	2,263
山 崎 製 パ ン※	185,699	▲0.4	1,533
セ コ マ	182,755	▲1.1	1,183
JR東日本リテールネット	101,474	▲0.4	494
ス リ ー エ フ	67,995	▲14.8	438
ポ プ ラ	56,927	▲8.7	472
セ ー ブ オ ン	52,601	▲14.5	501

（注）※は、エリアFCを展開する企業。数値はエリアFCを含まない。ローソンはエリアFCを含む
（出所）日経流通新聞「第38回コンビニエンスストア調査」

業界の特性

●事業数と従業員数

経済産業省「平成26年商業統計表」によると、平成26年の事業所数は3万5,096所、従業者数は53万7,618人である。

●チェーンへの加盟と本部の機能

コンビニ店を経営するためにはチェーンに加盟することが必要である。加盟のためには、加盟金・ロイヤリティが必要で、加盟すると本部が開店準備から仕入、陳列、計数管理など、店舗運営全般を取り仕切る。加盟店にとって本部機能の良し悪しが業績に直結する。ただし、加盟店は、仕入・販売・集客・採用・商品開発などの専門的なノウハウを、一度に手に入れることができるメリットもある。加盟店はこうした内容を十分に検討する

ことが必要である。

ノウハウ

●加盟店に従業員を派遣するサービスを拡大

ミニストップは、コンビニエンスストア加盟店に従業員を派遣するサービスを拡大する。人手不足が深刻化する中、人材派遣会社を通じて人手が不足している加盟店に従業員を派遣する。現在6カ所ある派遣拠点を、平成29年度中に10拠点に増やし、派遣後に仕事がスムーズにできるようレジ打ちなどの研修を行う。外国人留学生が在籍する専門学校や自治体などと連携し、パートやアルバイトの確保に悩む加盟店を支援していく。

経営指標

ここでは参考として、TKC経営指標（平成29年版）より、「コンビニエンスストア（飲食料品中心）」の数値を掲げる。

TKC経営指標（変動損益計算書）	全企業	336件
	平均額（千円）	前年比（％）
売上高	336,935	103.2
変動費	244,346	102.7
仕入高	244,116	102.4
外注加工費	142	100.5
その他の変動費	88	98.1
限界利益	92,588	104.4
固定費	90,848	103.8
人件費	35,310	104.8
減価償却費	1,248	102.0
租税公課	318	101.8
地代家賃・賃借料	2,003	100.7
支払利息・割引料	341	95.0
その他	50,141	103.3
経常利益	1,739	146.9
平均従事員数	22.6名	

今後の課題／将来性

●課題

コンビニエンスストアは大手3社による寡占が強まり、中堅は苦境に立たされている。コンビニエンスストアの再編はほぼ一巡し、今後さらにシェア争いが激化する見通しだ。

《関連団体》　一般社団法人日本フランチャイズチェーン協会
　　東京都港区虎ノ門3-6-2
　　　第2秋山ビル1F
　　TEL　03（5777）8701

－ 489 －

●小売業●

生活協同組合

最近の業界動向

◉総事業高は３兆4,794億6,600万円

生活協同組合（生協）は、店舗と宅配による物販事業を中心に成長してきたが、スーパーやコンビニエンスストアなどとの競合は、一層激化してきている。中心となっている宅配事業は堅調であるが、従来と比べると伸びは鈍化してきている。日本生活協同組合連合会の資料によると、平成28年度の総事業高は前年度比1.0％増の３兆4,794億6,600万円である。

◉国際認証を得た食品や飲料などの品揃えを増やす

日本生活協同組合連合会は、平成29年度中に環境に配慮したことを証明する国際認証を得た食品や飲料などの品揃えを増やす。乱獲を抑えて水揚げした魚や、自然を保護した農園で収穫したコーヒーなど125品程度に増やす。既存のPBの食品などを順次認証品に切り替え、全国の会員生協の店舗などで販売する。環境意識の高い消費者が増える中、価格競争とは一線を画した付加価値の高い商品に力を入れていく。また、輸送に使う包装用段ボールも国際的な森林認証「FSC」付に切り替える。生協の利用者は段ボールでケース買いする組合員も多く、環境配慮をアピールする。

◉過疎地で消費につなげる

過疎化が進む地方では、物流を自前で手掛け、ドライバーが接客にあたるなどの取り組みが始まっている。生活協同組合のコープさっぽろでは、宅配の小型拠点（デポ）を初めて設置し、最も遠い利用者宅に１時間程度で行けるようになった。現在約30カ所に宅配センターを設けているが、平成30年度までに４カ所増やし、根室のような遠隔地にもデポを増やしていく。過疎化が進む地方では同生協の宅配は重要な社会インフラであり、高齢者の利用は多い。道内の市町村と「高齢者見守り協定」を締結し、配達員が高齢者の見守りを行っている。配達員は御用聞きのような役割も果たす。過疎地での宅配網を強化し、消費につなげていく。

◉女性ドライバーの採用を強化

生活協同組合コープこうべは、宅配事業でパートの女性ドライバーの採用を強化する。複数の勤務時間の採用や軽トラックの導入、配送拠点に託児所を設置するなど、女性が働きやすい環境を整える。個人配送が増え、人材確保が課題となる中、働きやすさをアピールして採用増につなげていく。

◉乳幼児向けの冷凍食品の販売

日本生活協同組合連合会は、平成29年４月から、乳幼児向けの冷凍食品を発売する。関東信越の６生協でつくるコープネットの共同開発で、コープネットの宅配で扱う。妊娠や出産で買い物が困難な人の加入も多く、需要は大きいとみている。

マーケットデータ

◉生協の総事業高

日本生活協同組合連合会の「生協の経営統計」によると、平成28年度の総事業高（商品売上げなどに共済等の事業収入を加えた数値）は前年度比1.0％増の３兆4,794億6,600万円となっている。なお、地域生協の事業高は1.1％増で、前年に引き続き増加している。

生協の総事業高、組合員数（単位：百万円）

項　　目	平27年	平28年
総事業高	3,444,837	3,479,466
うち地域生協の事業高	2,792,149	2,823,497
供給高	2,979,986	3,010,110
うち地域生協の供給高	2,685,960	2,717,159
店舗事業	903,084	904,941
宅配事業	1,749,306	1,773,088
うち個配	1,187,328	1,226,890
組合員数（千人）	28,190	28,619
うち地域生協	21,374	21,787

（注１）平成27年度の調査対象生協は568生協（うち地域生協は132）。平成28年度の調査対象生協は566生協（うち地域生協は129）。
（注２）総事業高は売上高＋共済事業、福祉事業、その他の事業収入を合わせてもの。供給高は一般に言う売上高のこと
（出所）日本生活協同組合

◉生協売上高上位10社ランキング

日経流通新聞「第50回日本の小売業調査」によると、平成28年度の生協の売上高上位10社は次表の通り。上位10組合中、４組合は減少しているが僅少な減少で、全体的にはスーパー、コンビニエンスストアなどとの競合激化の中では、堅調を維

持している。

生協売上高ランキング（平成28年度）

順位	組合名	売上高 （百万円）	伸び率 （％）
1	コープみらい	385,348	1.3
2	コープさっぽろ	288,433	3.8
3	コープこうべ	238,973	▲0.5
4	ユーコープ	181,588	▲1.0
5	みやぎ生協	103,354	▲1.6
6	大阪いずみ	87,594	6.1
7	市民生京都生協	76,015	2.2
8	おおさかパルコープ	59,460	3.7
9	コープあいち	58,021	▲0.1
10	エフコープ	54,538	0.6

（出所）日経流通新聞

業界の特性

●生協数と組合員数

　日本生活協同組合連合会の資料によると、平成28年度の調査対象566生協のうち購買生協が428（うち地域生協129）、医療福祉生協が113、共済・住宅生協が13、地域生協事業連合が12である。組合員数は2,861万9,000人で、前年度比1.5％増加している。地域生協の概況は次の通り。

地域生協数・組合員数

項　目	平27年	平28年
調査対象数	124	122
組合員数（千人）	21,374	21,787
店舗数	968	965
正規役職員数（人）	27,306	27,692

（出所）日本生活協同組合

●生協の主な事業

　生協の事業内容は、生協法（消費生活協同組合法の略）10条に定められている。主な事業は次の３種類である。①供給事業：生活に必要な物資を職入、加工・生産し、組合員に供給（販売）する。形態は、店舗供給と無店舗供給に２分されている。後者には、共同職入と個配がある。②利用事業：病院、食堂、賃貸住宅など生活に必要な施設を設置し、組合員が利用する。③共済事業：組合員が相互扶助（保険）の仕組みで掛け金を積み立てる火災共済、生命共済などである。

ノウハウ

●移動販売に軽トラックの導入を進める

　日本生活協同組合連合会に加盟する全国の生協は、移動販売に軽トラックの導入を進めている。初期投資も低く、道路が狭い市街地でも小回りが利き運行しやすい利点がある。とちぎコープ生活協同組合では、スーパーなどが撤退した市街地周辺に住む住民からの要望に応えて移動販売を始めた。軽トラックなら自宅の駐車場や自宅の玄関前での販売ができ利便性が高い。全国30の生協では、平成29年４月末時点で約160台の移動販売車が稼働しているが、小型トラックの導入が増加傾向にある。

経営指標

　生活協同組合についての指標は見当たらないので、ここでは参考として、TKC経営指標（平成29年版）より、「他に分類されないその他の小売業」の数値を掲げる。

TKC経営指標 （変動損益計算書）	全企業　381件	
	平均額（千円）	前年比（％）
売上高	161,759	99.6
変動費	106,165	99.6
仕入高	104,283	99.9
外注加工費	1,882	108.6
その他の変動費	41	130.1
限界利益	55,594	99.7
固定費	53,018	100.3
人件費	27,811	100.0
減価償却費	2,118	109.0
租税公課	778	104.1
地代家賃・賃借料	3,819	100.5
支払利息・割引料	577	94.5
その他	17,960	100.2
経常利益	2,576	89.4
平均従事員数	7.8名	

今後の課題／将来性

●将来性

　環境意識の高まりとともに、環境に配慮した食品を選ぶ消費者は増えている。会員生協の組合員はもともと環境意識が高く、そうした商品は需要が見込めるため、付加価値の高い商品は会員増につながる。また、過疎地や小売店が撤退した地域での社会インフラとしての役割も重要で、今後こうした取り組みがさらに求められるようになるだろう。

《関連団体》　日本生活協同組合連合会
　　東京都渋谷区渋谷３－29－８
　　TEL　03（5778）8111

●小売業●

ショッピングモール

●ショッピングセンターの開業数は低迷

　成長を続けてきたショッピングセンター（SC）だが、郊外の開発余地が狭まり、開店数は低迷している。日本ショッピングセンター協会によると、平成28年のSCの開業数は54件であった。日本ショッピングセンター協会が発表した平成29年のSCの開業数予測は46件で、前年比8件減っている。郊外にSCを持つ各社は、物販から「コト」へとシフトしている。

新規オープン1SC当たりの平均店舗面積とテナント数

年次	オープンSC数	1SC当たり平均店舗面積（㎡）	1SC当たりテナント数
平22年	54	16,408	58
23年	54	19,029	69
24年	35	14,802	55
25年	65	18,763	60
26年	55	20,198	61
27年	60	19,942	69
28年	54	17,212	51

（出所）日本ショッピングセンター協会

●住友商事が地方都市での商業施設を増やす

　住友商事は、地方都市での商業施設を増やしていく。平成29年から5年間で5カ所を開業する。千葉や埼玉、北海道で食品スーパーやドラッグストアを誘致する。地元の地権者たちがつくる組合を通じて、それぞれの土地を集める手法を取るため、個別の買収交渉が不要となる。平成29年7月には、千葉県流山市に商業施設を開業した。埼玉県では約6万4千平方メートルの敷地を買収する契約を地元の組合と結んだ。地元の商業施設では、イオンモールの集客力が群を抜くが、地方に強いイオンモールに挑む。

●「新型オーパ」の拡大

　商業施設の管理・運営を手掛ける「OPA（オーパ）」は、平成28年3月にイオンモールの完全子会社となった。衣料が大半を占める従来型の店づくりからの脱却を目指す1号店として、群馬県高崎市に新店を開いた。「高崎オーパ」は、新たに建設した地上8階建ての商業施設で、JR高崎駅と歩行者用通路で直結している。イオングループの食品スーパーや、ナムコの子ども向け屋内遊技場がある。大型ショッピングセンターを設けることで成長してきたイオンは、旧来型の施設だけでは成長余地は少ないと判断し、「新型オーパ」を都市部・駅前向けショッピングセンターの中核と位置付け、今後拡大していく方針だ。

マーケットデータ

●SC総売上高

　日本ショッピングセンター協会の資料によると、平成28年のSCの総売上高（推計）は前年比0.8％増の31兆3,259億円となっている。地域別では北海道3.1％増、東北0.6％増、関東1.0％増、九州・沖縄が1.8％増と堅調だった。それ以外の中部、北陸、近畿、中国、四国は、前年比マイナスとなった。都市規模別では、政令指定都市が前年比0.2％増で、その他の地域も前年比0.4％増であった。

SC年間総売上高（推計）の推移

年次	総売上高（億円）	前年比（％）
平24年	281,876	2.7
25年	289,209	2.6
26年	297,385	2.9
27年	310,779	4.5
28年	313,259	0.8

（出所）日本ショッピングセンター協会

●年次別、立地別SCの分布

　日本ショッピングセンター協会によると、年次別、立地別のSC数は次の通り。平成28年の周辺地域のSC数は2,740カ所で全体の85.3％を占める。なお、平成28年1月より立地区分が改正され、中心地域と周辺地域の2つに区分されることになった。

年次別、立地別オープンSCの分布とSC総数

立　地	平27年	平28年	SC総数
総　合	60	54	3,211
中心地域	8	16	471
周辺地域	52	38	2,740

（出所）日本ショッピングセンター協会

業界の特性

●ショッピングセンター数、テナント数

　日本ショッピングセンター協会によると、SC

は平成28年12月末現在、全国に3,211施設で前年比0.5％増、テナント数は15万9,066店で前年比0.1％未満のわずかな減少だった。なお、1SCの平均テナント数は50店、1SC平均の店舗面積は1万6,109平方メートルである。

SCの概況

項　目	平27年12月末	平28年12月末
Ｓ　Ｃ　総　数	3,195	3,211
テ　ナ　ン　ト　数	159,131店	159,066店
1SC平均テナント数	50店	50店
キ　ー　テ　ナ　ン　ト　数	2,908店	2,931店
総　店　舗　面　積	5,770万㎡	5,172万㎡
1SC平均（店舗）面積	1万5,891㎡	1万6,109㎡

（出所）日本ショッピングセンター協会

●デベロッパー業種・業態別SC数

日本ショッピングセンター協会の資料によると、平成28年のデベロッパー業種・業態別SC数は次の通り。

デベロッパー業種・業態別SC数

業　種	SC数	構成比
Ｓ　Ｃ　　専　　業	541	16.8％
不　　動　　産　　業	912	28.4％
共　同　店　舗　管　理	145	4.5％
小　　　　売　　　　業	1,318	41.0％
運　　輸　　業	95	3.0％
製　　　　造　　　　業	20	0.6％
そ　　　の　　　他	180	5.6％
合　　計	3,211	100.0％

（出所）日本ショッピングセンター協会

●SCの定義

日本ショッピングセンター協会によると、SCとはデベロッパーにより計画、開発されるものであり、次の条件を備えることが必要である。①小売業の店舗面積は、1,500平方メートル以上であること。②キーテナントを除くテナントが10店舗以上含まれていること。③キーテナントがある場合、キーテナントの面積がSC面積の80％程度を超えないこと。ただし、その他テナントのうち小売業の店舗面積が1,500平方メートル以上である場合には、この限りではない。④テナント会（商店会）等があり、広告宣伝、共同催事等の共同活動を行っていること。

●開発主体の業態比率

日本ショッピングセンター協会によると、平成28年のデベロッパー（開発主体）業態比率は小売業が1,318で全体の41.0％を占める（うち、総合スーパーが797で24.8％、食品・衣料スーパーが352で11.0％）。次いで、不動産業が912で28.4％、SC専業が541で16.8％、運輸業が95で3.0％、などとなっている。

●電子看板でのサービスが始まりつつある

ショッピングセンターでは、お薦め商品や特徴を教える電子看板でのサービスが始まりつつある。電子看板の前に立つと、買い物客の属性に合わせた商品やセールなどの情報を画面に表示する。広告画面には、店舗の地図や所在地情報なども表示され、買い物客と専門店を結び付ける役割もある。ショッピングセンターのような広い敷地では、買い物客の利便性向上と効果的なPRが期待できる。

ノウハウ

●ショッピング×ヘルスケア、イオンの取り組み

流通大手のイオンは、同社のショッピングセンターを使った健康増進に関する取り組みを進めている。イオンモール幕張新都心（千葉市）内に、MRIなどの検査機器を備える総合クリニックを開設。イオン和泉府中店には、近隣の府中病院から人間ドック機能を独立させて、店舗内に専門クリニックを開設した。主婦が買い物ついでに検診を申し込み、週末に夫婦で検診を受けるといった使い方が多いという。イオンモール高の原店は、機能訓練型に特化したデイサービス（通所介護）施設を併設している。

今後の課題／将来性

●課題

都市部では小型化が進み、自動車利用客を大型店に呼び込むモデルは失速している。衣料品中心のから飲食、健康を意識した店づくりが求められている。また、島根県がショッピングセンターと協業して少子化対策に乗り出したり、愛媛県が市内のショッピングセンター内に立地するミュージカル施設「坊っちゃん劇場」を核にした街づくりを進めている。物販だけでなく、地域貢献と集客を兼ねた取り組みが求められる。

《関連団体》　一般社団法人日本ショッピングセンター協会
　東京都文京区後楽1‐4‐14　後楽森ビル15F
　TEL　03（5615）8510

●小売業●

アウトレットモール

最近の業界動向

●アウトレットモールの取扱商品が広がる

アウトレットモールの多くは郊外や観光地に立地し、衣料品や服飾雑貨のアパレルが中心だが、最近ではファッション商品以外に取り扱いを広げ、食料品や家具・寝具、有名飲食店などが出店するようになった。利用客が増加するに伴い、アウトレット専用商品も多くなり、品質も良くなり、在庫品の最終処分場というイメージはなくなっている。外観のイメージも、外国の町並みや独特の雰囲気を取り入れ、リゾート地のような楽しさも演出している。三菱地所・サイモンの全国9カ所のプレミアム・アウトレットモールでは、平成29年11月2日～平成30年2月14日まで、LEDのイルミネーションが場内を彩る。フォトスポットも各施設に登場し、幻想的な世界観を演出している。また、期間中は「お買い物券」が抽選で当たるインスタグラム投稿キャンペーンなども行う。

●「三井アウトレットパークジャズドリーム長島」がオープン

三重県桑名市の「三井アウトレットパークジャズドリーム長島」が平成29年9月25日オープンした。大規模なリニューアルを行い既存棟、第5期増床棟と合わせて100店舗が新規出店し、47店舗店がリニューアルオープンした。第5期増床棟においては、36店舗の新規出店、9店舗の移転リニューアルを行い、計45店舗がオープンした。ライフスタイル志向、アスレジャーなスタイルを提案するブランドを集積している。飲食店ではチョコレート専門店や地元三重県の松阪牛専門店など8店舗が出店し、食のブランドを充実させた。既存棟においては、64店舗が新規出店、38店舗が移転リニューアルしている。百貨店の松坂屋が常設出店したほか、キッズブランドも充実させた。モノ消費からコト消費へと変化している消費者のニーズに対応し、施設の快適性や滞在性の向上を図っ

ている。また、各席に充電用のコンセントも備えたラウンジスペースも新設し、快適にショッピングを楽しんでもらえるようにしている。

マーケットデータ

●アウトレットモールの市場規模

正式に公表された資料はないが、日本ショッピングセンター協会の資料では、アウトレットモールは全国で38カ所ある。その内、売上高を公表している24社の売上高は次の通り。平成27年度は合計で7,156億9,600万円、平成28年度は1.5％減の7,053億1,500万円である。未公開の企業は14社あるが、公表された24社の売上高と売場面積などで市場規模を推計すると、公表企業で市場の概ね8割程度はカバーしていると推測できる。

公開24社の売上高（単位：百万円）

名　称	平27年	平28年
御殿場プレミアム・アウトレット	89,100	85,300
神戸三田プレミアム・アウトレット	49,600	50,700
軽井沢・プリンスショッピングプラザ	49,420	49,215
三井アウトレットパークジャズドリーム長島	47,000	45,400
三井アウトレットパーク木更津	42,200	43,100
りんくうプレミアム・アウトレット	41,600	40,000
佐野プレミアム・アウトレット	39,200	40,000
三井アウトレットパーク滋賀竜王	36,000	35,500
三井アウトレットパーク入間	34,200	34,400
土岐プレミアム・アウトレット	30,800	31,200
24社の合計	715,696	705,315

（出所）繊研新聞

●複合ショッピングセンター、アウトレットモールの参加人口など

日本生産性本部「レジャー白書2017」によると、複合ショッピングセンター、アウトレットモールの参加人口などの推移は次の通りである。平成28年の参加人口は前年比6.1％減の3,400万人、参加率は33.8％となっている。

複合ショッピングセンター、アウトレットモールの参加人口等

項　目	平27年	平28年
参加人口（万人）	3,620	3,400
参加率（％）	35.9	33.8
年間平均活動回数（回）	8.8	8.7
年間平均費用（円）	15,400	16,300

（出所）「レジャー白書2017」

業界の特性

●施設数

— 494 —

日本ショッピングセンター協会の資料では、平成28年10月現在でアウトレッモールは全国で38カ所となっている。

◉アウトレットとアウトレットモール

アウトレットとは、英語で「はけ口」の意味である。店舗は、季節外品や過剰生産品、売れ残り品、規格外品などの在庫を処分するために、低価格で販売する。アウトレット店が集まった施設が、アウトレットモールである。業界団体の日本ショッピングセンターの定義では、アウトレット店が10店以上ある施設を示す。テナント数が200を超える大型のアウトレットモールもある。

◉アウトレット店の分類

アウトレット店は運営主体によって、「ファクトリーアウトレット」「リテールアウトレット」に分けられる。ファクトリーアウトレットは、ブランドを有するメーカーが過剰生産・返品・不良品などで抱えた在庫を削減することを目的に、自らアウトレット店を運営するものである。一方、リテールアウトレットは、百貨店やアパレル販売専門店などが抱えた売れ残り在庫を処分するために運営するアウトレット店である。また、観光地型と大都市近郊立地型に二分される。

◉出店コストは低い

アパレル企業などがアウトレットモールへ出店するメリットは、出店コストの低さにある。デベロッパーは保証金制度をとらず、店舗をオープン形式にして、什器の用意だけで出店できるようにしている。また、在庫品処分だけでなく、新たな顧客獲得の場としても活用できるメリットもある。来店客からダイレクトメールを送る許可を取り、再来店や正規店来店への誘導を図る店も多い。

◉運営企業

業界では、三井不動産商業マネジメントが運営する三井アウトレットパークと、三菱地所・サイモンが2強である。全国にあるアウトレットモールのうち、三井不動産のアウトレットモールと三菱地所・サイモンの施設数は合計で全体の約6割を占め、両社の寡占化が進んでいる。

ノウハウ

◉アウトレットに保育施設

三菱地所・サイモンは、運営するアウトレットモールに保育施設を設置する。平成28年9月にまず御殿場プレミアム・アウトレットに設置し、ほかのアウトレットにも順次導入していく計画だ。テナント従業員の子育てと仕事の両立を後押しする環境を整え、人材のつなぎ止めや人手の確保につなげる。

◉速旅プレミアム・アウトレット ドライブプラン

NEXCO中日本と三菱地所・サイモンは、高速道路の定額利用（高速道路周遊パス）と御殿場プレミアム・アウトレット、土岐プレミアム・アウトレットのお買い物券をセットにしたETC車限定のドライブ旅行商品「速旅プレミアム・アウトレット ドライブプラン」を、NEXCO中日本の公式WEBサイトで、平成29年8月より販売を開始した。本プランは、御殿場、土岐プレミアム・アウトレットと合わせ、周辺エリアの観光スポットを楽しんでもらう企画で、「速旅」シリーズとして初の、両社の連携による取り組みとなった。

経営指標

ここでは参考として、アウトレットモールを運営する三菱地所・サイモンの売上高や店舗数の数値を掲げる。

三菱地所・サイモン	平28年3月期 （百万円）	平29年3月期 （百万円）	前年度比 伸び率(%)
売上高	43,946	43,750	▲0.4
営業利益	16,301	16,660	2.2
経常利益	16,521	16,825	1.8
当期利益	10,699	11,390	6.5
敷地面積（㎡）	2,078,900	2,082,000	0.1
延床面積（㎡）	358,500	358,500	0.0
店舗面積（㎡）	308,500	308,500	0.0
店舗数	1,527	1,529	0.1

今後の課題／将来性

◉課題

平成28年のアウトレットモールの売上高上位企業では、増加した企業と減少した企業はほぼ半々で、さらなる地域への浸透や、集客方法の工夫が課題となる。人気のブランドや飲食店の誘致、モノ消費からコト消費へと変化している消費者のニーズへの対応なども必要だ。

《関連団体》 一般社団法人日本ショッピングセンター協会
東京都文京区後楽1-4-14 後楽森ビル15F
TEL 03（5615）8510

●小売業●

ディスカウントショップ

最近の業界動向

●ディスカウントストアは堅調に推移

日経流通新聞「第45回日本の専門店調査」によると、平成28年度の総合ディスカウントストア（DS）の売上高は前年度比6.5%増加し、堅調に推移している。高い成長であるが、スーパーやドラッグストアも低価格商品を充実させるなど、競争は激化している。全体をけん引しているのは4割超のシェアを占める最大手のドン・キホーテである。ファミリー層向けに生鮮食品も扱う大型店「MEGAドン・キホーテ」の出店を拡大した。また、観光地を中心にインバウンド需要も伸ばし、前年度比13.0%増となった。好調を雑持するため、ほかのディスカウント店各社も出店を加速させている。ディスカウント店は、運営費などを抑え、低価格で商品を提供し、節約志向を背景に利用客が増えている。ディスカウント店は所得が低い人のほか、中間層も来店する。ディスカウント各社は、店作りを簡素にし、規模拡大による効率化を急ぎ、低価格を顧客の取り込みを図りたい考えだ。

●ドン・キホーテとユニーファミリーマートが業務提携

ドン・キホーテとユニーファミリーマートは平成29年8月、業務提携で合意したことを発表した。具体的には、ユニーが東海地域を中心に運営する総合スーパーの「アピタ」と「ピアゴ」の一部を、ドン・キホーテの看板も掲げる新業態に衣替えするほか、ユニーが閉鎖予定の店の一部をドン・キホーテの店に変える。また、コンビニエンスストアのファミリーマートを、ドン・キホーテの一部店舗で展開する。このほか、店舗運営や商品の仕入れでの協力、ポイントサービスの共通化なども検討する。

●ディスカウントストアMrMaxが食品などを値下げ

福岡市に本社を置き、九州を中心にディスカウントストアを展開するミスターマックス（MrMax）は、食品や日用品など500品を全57店舗で値下げした。値下げした500品目は大量仕入れによる調達価格の引き下げで利益を確保する。売れ筋商品を見極め、消費者が価格に敏感に反応するティシュなど1〜6カ月間値下げする。同業他社との価格競争が激しくなっており、価格競争力を高めて来店客数の底上げを図る。

●ディスカウントストアのジエーソンが出店を加速

ディスカウントストアのジエーソンは、年間10店未満だった出店ペースを引き上げ、平成30年2月期は10〜15の出店を計画している。消費者の低価格志向を背景に、既存店の販売が好調で、配送センターの増設で商品の供給体制も整ったことから出店を加速させる。

●直営のフードコートの運営を開始

ディスカウントストアのオーケーは、直営のフードコートの運営を始めた。平成28年9月に新設した旗艦店「オーケー　ディスカウント・センター　みなとみらい店」に、オーケー食堂「旬」を開いた。店内で販売する食材を使ったメニューを提供し、近隣客の集客を図る。

マーケットデータ

●総合DSの売上高

日経流通新聞「第45回日本の専門店調査」によると、平成28年度の総合ディスカウントストア（DS）の売上高上位14社は次の通りである。首位のドン・キホーテは13.0%増、九州が地盤のトラ

ディスカウントストアの売上高ランキング

順位	社　名	売上高 （百万円）	前年度比 伸び率（%）	店舗数
1	ドン・キ ホ ー テ	532,671	13.0	270
2	トライアルカンパニー	361,202	3.9	167
3	Ｐ Ｌ Ａ Ｎ Ｅ Ｔ	88,017	1.1	23
4	マ キ ヤ	61,071	1.8	83
5	三角商事（ルミエール）	55,048	2.1	―
6	北辰商事（ロヂャース）	46,492	▲2.6	11
7	多 慶 屋	24,970	▲12.3	2
8	アレス（スーパー・キッド）	24,288	4.8	27
9	ジ エ ー ソ ン	23,331	7.4	100
10	ヒ ラ キ	18,183	1.7	5
11	アタックスマート	14,487	―	28
12	大黒流通チェーン	5,522	▲5.3	43
13	ロ ヂ ャ ー ス	1,058	▲7.2	1
14	セ ル フ ま つ お	86	▲12.2	2

（出所）日経流通新聞「第45回日本の専門店調査」

イアルカンパニーも、3.9％増で堅調だった。

業界の特性

●店舗数

当業界に対する公的な資料は見当たらない。前述の日経流通新聞「第45回専門店調査」に掲載されている総合ディスカウントストア14社（三角商事のルミエールの店舗数は未発表）の店舗数合計は760店となっている。なお、NTTタウンページ「iタウンページ」によると、平成29年10月16日現在ディスカウントストアは3,884店である。

ディスカウント店

地域	店舗数	地域	店舗数	地域	店舗数
全　国	3,884	富　山	6	島　根	13
北 海 道	141	石　川	9	岡　山	42
青　森	35	福　井	9	広　島	70
岩　手	18	山　梨	13	山　口	38
宮　城	69	長　野	53	徳　島	36
秋　田	28	岐　阜	21	香　川	38
山　形	44	静　岡	46	愛　媛	42
福　島	52	愛　知	111	高　知	20
茨　城	100	三　重	27	福　岡	295
栃　木	47	滋　賀	44	佐　賀	48
群　馬	62	京　都	101	長　崎	69
埼　玉	254	大　阪	317	熊　本	128
千　葉	172	兵　庫	223	大　分	62
東　京	444	奈　良	45	宮　崎	70
神 奈 川	194	和 歌 山	31	鹿 児 島	51
新　潟	61	鳥　取	18	沖　縄	67

（出所）「iタウンページ」

●ディスカウントストアの特徴

ディスカウントストアは、食品や衣料品、日用雑貨をスーパーより2～3割前後安い価格で販売する業態である。低価格販売を実現するため、①現金取引、②大量仕入、③返品なしの買取制を基本としている。最近はPB商品やメーカーと共同開発した独自商品を投入し、価格を抑える動きも目立つ。

●現金問屋との取引は減少傾向

ディスカウントストアには多様な流通経路があるが、一般的にはメーカーやメーカー系販社との直接取引でコストダウンを図る。かつて主流を占めた現金問屋との取引は、減少傾向にある。

ノウハウ

●PB衣料品を拡充する

ディスカウントストア最大手のドン・キホーテは、衣料品のPB商品を拡充する。これまで取り扱いが少なかったカジュアル衣料や女性向け衣料などを投入し、商品数を増やす。衣料品は男性向けがほとんどであったが、来店客の半数を占める女性の衣料品の購入につなげる。PB衣料品はドン・キホーテの約300店で販売し、今後改装する店では衣料品の売り場に商品をまとめたコーナーを設置し、衣料品を目的に来店する客を増やしていく。

経営指標

ディスカウントストアを対象にした指標は見当たらないので、ここでは参考として、TKC経営指標（平成29年版）より、「他に分類されないその他の小売業」の数値を掲げる。

TKC経営指標	全企業　381件	
（変動損益計算書）	平均額（千円）	前年比（％）
売上高	161,759	99.6
変動費	106,165	99.6
仕入高	104,283	99.9
外注加工費	1,882	108.6
その他の変動費	41	130.1
限界利益	55,594	99.7
固定費	53,018	100.3
人件費	27,811	100.0
減価償却費	2,118	109.0
租税公課	778	104.1
地代家賃・賃借料	3,819	100.5
支払利息・割引料	577	94.5
その他	17,960	100.2
経常利益	2,576	89.4
平均従事員数	7.8名	

今後の課題／将来性

●課題

業態の垣根を超えた競合が激しさを増す中、低価格競争がさらに激化している。価格や商品面で競合他社との差異化を打ち出すことが重要だが、難しくなっている。ターゲットを絞った商品販売や地域特性に合った販売方法が求められる。

《関連団体》　日本百貨商業協同組合
　　　　　　東京都文京区湯島2−28−6
　　　　　　TEL　03（3815）0100

●小売業●

ギフトショップ

最近の業界動向

●「体験型ギフト」が広がる

「モノ」から「コト」への消費が広がり、「体験型ギフト」の需要が高まっている。音楽鑑賞やエステ体験チケットなど、さまざまなシーンの贈り物として人気がある。また、SNSを通じて贈り物ができるサービスも広がっている。ギフトの市場規模は増加傾向にあり、母の日や誕生日、家族や友人へのお礼など、個人間で贈るギフトが市場をけん引している。

●法人向けギフト専用サイトの開設

ギフト商品販売の大和は、取引先への手土産などビジネスシーンに向けたギフト専用のサイトを開設した。平成29年1月に開設した法人向けギフトの通販サイトは、会社訪問や接待時の手土産、お中元やお歳暮のほか、社員への福利厚生や企業の記念品などの利用を想定している。日持ちする菓子や小分けしやすい菓子など、手土産に選ぶ商品を厳選し、記念品や開業祝いの花など約1千品を掲載した。価格も1千円台から10万円を超える商品を揃えている。午後1時までの注文は当日出荷する。法人向けのギフト市場は堅調で、法人向けギフト専用サイトの開設で需要を開拓する。

●カタログギフト「プレミアム＆プレミアム」

大丸松坂屋百貨店と千趣会、宿泊予約サイトの一休は、共同企画したカタログギフト「プレミアム＆プレミアム」の販売を始めた。レストランや宿泊施設などの体験ギフトと、食品などのグルメギフトがある。千趣会がカタログの発行なとどを担う。価格は5,000～3万円の5種類を用意し、大丸松坂屋の全百貨店と千趣会の通販サイトなどで販売する。儀礼的なギフト市場が縮小傾向にあるため、カジュアルギフト需要の開拓を図る。

●新たなギフトの形「農地を贈る」

雑貨卸のドウシシャは、農場で採れる作物とその成長過程を贈るギフトに乗り出した。贈る側が申し込むと、約550平方センチメートルの農場で採れる作物と、専用のサイトにアップロードされた写真で、農場での日々の成長が自宅で観察できる。現在はスーパーマーケットの店頭に置いてあるカタログに掲載しているが、SNSを通じて贈ることができるソーシャルギフトへの展開も検討している。

マーケットデータ

●ギフト市場規模の推移

矢野経済研究所によると、平成28年の国内ギフト市場規模は、前年比0.8％増の10兆370億円と見込まれている。また、SNSを通じて贈り物ができるソーシャルギフト市場は、企業の利用が広がり拡大傾向にある。平成28年度の発行額は295億円と予想される。

ギフト市場規模推移（単位：億円）

年次	市場規模	年次	市場規模
平26年	97,400	平28年（見込）	100,370
27年	99,535	29年（予測）	111,700

（注）小売金額ベース
（出所）矢野経済研究所

●中元・歳暮市場規模

同じく、矢野経済研究所によると、平成28年の中元・歳暮市場規模（小売金額ベース）は、1兆8,140億円と見込まれる。平成27年の市場規模は1兆8,175億円で、このうち、中元が8,180億円、歳暮が9,995億円である。中元・歳暮ギフトの傾向として、自宅用に注文する人が増えているという。

中元・歳暮市場規模（単位：億円）

年次	平26年	平27年	平28年（見込）	平29年（予測）
市場規模	18,190	18,175	18,140	18,000

（出所）矢野経済研究所

業界の特性

●店舗数

ギフトショップに関する公的な資料は見当たらないため、正確な店舗数は把握できないが、ギフトショップの数は全国で1万店程度あるといわれている。

●ギフトの種類

ギフトは大きく個人用のパーソナルギフトと法

人ギフトに分かれる。これをさらに細分化すると、①中元・歳暮のシーズナルギフト、②個人用のパーソナルギフト、③お返しギフト、④法人ギフトに分けられる。

◉中元・歳暮のアンケート調査

リンベルが行った中元・歳暮のアンケート調査（平成28年7月）によると、贈りたいギフトのトップは和菓子で全体の46.4％であった。次いで、洋菓子（39.4％）、酒類（20.8％）となっている。一方、貰いたいギフトは、肉（生鮮）が34.1％で最も高く、次いで酒類の27.4％、果物の25.2％であった。購入経路は、デパートやスーパに出向いて購入するが約7割で、情報収集経路はインターネットのグルメサイトが67.6％で最も高かった。

◉仕入先

ギフトショップの仕入先は複雑で、問屋のほか、メーカーからの直接仕入、輸入などがある。ギフト取扱問屋の販売形態から類別すると、前売り問屋とルート問屋の2つに分けられる。前売り問屋は広い売り場スペースに豊富な品揃えを行い、登録する小売店が買い付けに行く方式である。一方、ルート問屋はセールスマンが直接来店して、カタログや商品を持ち込み受注する方式である。

◉ギフト・ラッピング、ラッピング技能士認定事業

全日本ギフト協会では、ギフト・ラッピングやラッピング技能士の資格認定事業を行っている。ラッピングの基本的技術や必要とされる知識を、認定校・指定校で受講・受験することができる。また、ラッピング技能士は現場での即戦力を想定した、ラッピングの知識と技術を習得する資格。冠婚葬祭の知識や慶弔の包み方、さまざまな商品に対応した包装技術を習得する。ラッピング技術は百貨店やギフトショップなど、さまざまな現場で活かすことができる。

ノウハウ

◉「アマゾン ペイ」を導入

カタログギフトのリンベルは公式通販サイトで決済方法に「アマゾン ペイ」を導入し、平成29年5月9日より運用を開始した。これにより、パソコンやスマートフォンでの文字入力の手間が減り、手軽に利用できるようになった。また、印刷のし紙を廃止し、アート水引を直販サイトで扱うほぼ全てのカタログギフトで採用する。平成28年6月から開始したアート水引は職人が手作りしている。

経営指標

ギフトショップを対象にした指標は見当たらないので、ここでは参考として、TKC経営指標（平成29年版）より、「他に分類されないその他の小売業」の数値を掲げる。

TKC経営指標 （変動損益計算書）	全企業　381件	
	平均額（千円）	前年比（％）
売上高	161,759	99.6
変動費	106,165	99.6
仕入高	104,283	99.9
外注加工費	1,882	108.6
その他の変動費	41	130.1
限界利益	55,594	99.7
固定費	53,018	100.3
人件費	27,811	100.0
減価償却費	2,118	109.0
租税公課	778	104.1
地代家賃・賃借料	3,819	100.5
支払利息・割引料	577	94.5
その他	17,960	100.2
経常利益	2,576	89.4
平均従事員数	7.8名	

今後の課題／将来性

◉課題

コンビニエンスストアが中元・歳暮市場に参入している。地方を中心にコンビニで注文する人が増え、ギフト用カタログの見直しや地域別のページを新設するなど，販売を強化している。百貨店が近くにない郊外のコンビニでは需要が高く、高齢者を中心に取り込んでいる。また、SNSを通じて贈り物ができるソーシャルギフトの認知度が高まり市場は拡大すると予想される。一方、電子ギフト券を巡る詐欺被害が急増している。専門の売買仲介サイトの乱立が背景にある。消費者の選択肢が広がる一方、業者間の競争激化やトラブルなどの課題も増えている。

《関連団体》　一般社団法人全日本ギフト用品協会
　　東京都台東区寿3-15-10　ペンギンビル3F
　　TEL　03（3847）0691

●卸売業●

商　社

最近の業界動向

◉IoTビジネスを推進

　三菱商事がAIやIoTを事業に活用する取り組みを開始した。インドネシアでトラックの運行を効率化するシステムや、介護職員の出退勤を管理するアプリの開発に着手するなど約60の案件が進行している。一方、三井物産でも平成29年2月から、社内に散在するさまざまなデータを検索できるシステムを順次稼働させる。AIが検索履歴を基に社員が求めていそうな情報を提供し、社員のひらめきを助けるのが狙い。また、海外の発電所や工場でIoTによる運営効率化の取り組みも開始した。

◉コンビニエンスストア事業を強化

　平成28年9月にファミリーマートとユニーグループが経営統合し、ユニー・ファミリーマートホールディングスが発足した。統合により新生ファミリーマートは店舗数で約18,000店となり、セブン-イレブンに肩を並べ、ローソンの約12,500店を抜いた。同社の筆頭株主である伊藤忠商事にとって、ファミリーマートは食料生産、食料加工や卸、消費者向け販売までをつなげる「食料関連の総合戦略」の要となる。また、コンビニは、金融や情報通信など関連産業が幅広いため、さまざまなサービス展開の可能性が期待できる。

◉独自性を磨く専門商社

　専門商社は既存の主力事業のみならず、周辺ビジネスでも収益を拡大させる。鉄鋼販売が主力の日鉄住金物産は台湾で日本風焼肉チェーンを運営する乾杯社と提携を強化し、牛肉を供給する。同社はオーストラリアから牛肉を日本に輸入しているが、国内は少子化で需要拡大が見込みにくいため、海外での拡販を図る。化学品商社の長瀬産業は、生体認証分野にも取り組む。静脈認証ベンチャーのバイオニクス社と組み、競合品に比べ5〜9割薄い読み取り装置を開発した。静脈認証は指紋認証よりもセキュリティの精度が高く、今後需要が広がると判断している。

マーケットデータ

◉総合商社の純利益

　総合商社の純利益は次の通り。平成28年度に赤字転落した三菱商事、三井物産はV字回復、初の業界1位を記録した伊藤忠商事は引き続き好調で、過去最高益を更新した。

総合商社の純利益（単位：億円）

社　名	平成28年3月期	平成29年3月期
三　菱　商　事	▲1,494	4,402
伊　藤　忠　商　事	2,404	3,522
三　井　物　産	▲834	3,061
住　友　商　事	745	1,708
丸　　　　紅	623	1,553
豊　田　通　商	▲437	1,026
双　　　　日	365	407

（注）豊田通商は日本式会計方法、その他の6社はIFRSによる決算数字
（出所）各社決算資料

◉輸出入額の推移

　財務省「貿易統計」によると、輸出入額の推移は次の通りである。平成28年の貿易総額は輸出が前年比3.5％減の71兆5,253億円、輸入が前年比10.2％減の67兆5,253億円で輸出、輸入手とも2年連続で減少している。

輸出、輸入額の推移（単位：億円、％）

年度	輸出	伸び率	輸入	伸び率
平23	652,885	▲3.7	697,106	11.6
24	639,400	▲2.1	720,978	3.4
25	708,565	10.8	846,129	17.4
26	746,670	5.4	837,948	▲0.9
27	741,151	▲0.7	752,204	▲10.3
28	715,253	▲3.5	675,253	▲10.2

（出所）財務省「貿易統計」

◉国別輸出入先の取引額と割合

　財務省「貿易統計」によると、平成28年における輸出入の相手国の上位5カ国は次の通り。輸出先はアメリカが1位で、取引額は14兆円を超え輸出額全体の約2割を占める。輸出品としては自動車が過去20年以上トップの座を占めており、半導体等電子部品、自動車部品、鉄鋼と加工品が続く。一方、輸入元の1位は中国で、取引額は17兆円を超え、2位のアメリカの約2.3倍と圧倒的なシェアとなっている。輸入品としては原粗油、液化天然ガス、石炭といった資源類、通信機、半導体等電

— 500 —

子部品、電算機、科学光学機器といった精密機械類のほか、衣類や医薬品が上位になっている。

平成28年度輸出額上位5カ国（単位：億円、％）

順位	国　別	取引額	割　合
1	米　　国	141,187	19.7
2	中　　国	128,347	17.9
3	韓　　国	52,790	7.4
4	台　　湾	43,877	6.1
5	香　　港	37,628	5.3

（出所）財務省「貿易統計」

平成28年輸入額上位5カ国（単位：億円、％）

順位	国　別	取引額	割　合
1	中　　国	170,568	25.3
2	米　　国	74,903	11.1
3	オーストラリア	35,499	5.3
4	韓　　国	28,258	4.2
5	台　　湾	25,074	3.7

（注）割合は四捨五入による処理をため、取引額が異なっても割合が一致することがある
（出所）財務省「貿易統計」

業界の特性

●商社の業態

商社は、輸出入貿易ならびに国内における物資の販売を行なう事業者であり、広義の卸売業である。商社は、幅広い商品・サービスを取り扱う総合商社と、特定の分野に特化した専門商社に分けられる。総合商社は三菱商事、伊藤忠商事、三井物産、丸紅、住友商事などである。専門商社は鉄鋼商社、機械商社、繊維商社、化学品商社などがある。ただし、近年では伝統的な物品・サービス販売の仲介（トレード）から、事業投資・事業経営の比重が高まっている。

●為替・資源価格の影響

国内外の政治・経済の状況や中東・北朝鮮等における地政学リスクは、為替や資源価格に大きな影響を及ぼし、為替や資源価格の変動は商社の利益と直結している。為替では1ドル当たり1円の円高が三菱商事の純利益を25億円押し下げる要因となる。資源価格の影響はさらに大きく、原油価格が1バレル当たり1ドル下がると三井物産の純利益が29億円目減りする。原料炭や鉄鉱石、ニッケルも価格感度が大きい。

ノウハウ

●非資源分野の強化

各商社では、為替・資源価格の変動といった不透明要素への対応策の一つとして、非資源分野を強化する動きが広がっている。伊藤忠商事は既に純利益の9割以上を食料や情報・金融などから得ている。三菱商事も平成29年2月にローソンを子会社化し、コンビニエンスストア事業への関与を強めている。住友商事は平成29年2月に、アイルランドの青果物生産・販売大手ファイフスを約900億円で買収した。資源投資のような投資リスクが高い一方でリターンが多い事業と、非資源分野への投資のようなリスクが低く安定的な事業の両者をうまくバランスさせるポートフォリオの管理が一段と重要になる。

経営指標

ここでは参考として、TKC経営指標（平成29年版）より、「代理商、仲立業」の数値を掲げる。

TKC経営指標 （変動損益計算書）	全企業　25件	
	平均額（千円）	前年比（％）
売上高	164,851	107.3
変動費	118,063	109.1
仕入高	117,007	112.9
外注加工費	4,787	1083.5
その他の変動費	17	92.3
限界利益	46,788	103.1
固定費	44,812	99.4
人件費	25,118	102.8
減価償却費	1,081	70.4
租税公課	677	98.2
地代家賃・賃借料	3,192	103.0
支払利息・割引料	224	109.7
その他	14,519	96.0
経常利益	1,975	641.5
平均従事員数	5.6名	

今後の課題／将来性

●投資の大型化

エレクトロニクスでも食品業界でも、時価総額で数兆円規模のグローバル企業でないと国際競争力は持てなくなってきている。そのため、商社による事業投資は規模が大きくなる傾向にある。今後、さらなる大型投資が必要になれば、商社同士の提携や再編の重要性が増してくる。

《関連団体》　独立行政法人日本貿易振興機構
　　　東京都港区赤坂1－12－32
　　　TEL　03（3582）5511

●卸売業●

米卸売業

最近の業界動向

●全農が卸売業へシフト

全国で米を農家から集荷する全国農業共同組合連合会（全農）が、川下への直接販売を強化する方針を明らかにした。全農の改革プランでは、外食店や小売などへの直接販売を年間80万トン（平成28年度見込み）から、平成36年度に180万トンへ拡大させる。全農はこれまで全国から集めた玄米を200社以上の米卸に出荷してきたが、将来的に取引先を絞り込む動きも出ている。今後、米卸売業は自前で産地にアプローチして調達することも増えてくるであろう。

●米菓用原料に輸入米利用の動き

せんべいやあられといった米菓原料として、外国産米を使おうとする動きが拡大している。国産米を志向する業者や消費者も多いが、国内の特定米穀は入手が困難で、かつ高値となった。ここ2年間で価格は4倍強に高騰している。米の輸入は国が管理しているが、平成29年3月の入札では2万7,000トンのタイ産米に対して、希望購入量は9万6,000トンと3.5倍の高倍率となった。

●米の取引価格は上昇

外食や弁当などに使われる業務用のコメの卸値が上昇している。飼料米政策の促進や需要増が要因だ。農林水産省によると、米の相対取引価格は次の通り。平成28年産（出回り平29年8月）の取引価格は、平成27年産（出回り平28年10月）に比べて0.9％増の1万4,305円（年産平均価格）であった。最も高い価格は新潟県魚沼産コシヒカリ（2万416円）、次いで山梨県コシヒカリ（1万

コメの相対取引価格推移（60kg当たり価格）

年産	平均価格（円）	年産	平均価格（円）
平23年産	15,215	平26年産	11,967
24年産	16,501	27年産	13,175
25年産	14,341	28年産	14,305

（出所）農林水産省

6,977円）、新潟県岩船産コシヒカリ（1万6,834円）となっている。

●神明の海外展開

コメ卸最大手の神明は、コメで作った冷凍ライスを米国で普及させる。平成29年内にもハンバーカー店やオーガニック食品店などで販売する。販売する玄米を円盤状に焼いた冷凍パテは、平成27年に稼働した米カリフォルニア州の工場で製造する。米国でコメを普及させるために、移動式屋台「フードトラック」も開店した。神明は国内のコメ消費が先細る中、海外事業の強化に乗り出している。一方、国内では農産物加工・販売のナチュラルアートを買収し、青果事業をコメに次ぐ柱に育てる。

マーケットデータ

●コメ卸売業の売上高ランキング

日経流通新聞「第46回日本の卸売業調査」によると、食料品部門で主な扱い商品が米の企業の平成28年度の売上高上位9社は次の通り。上位9社のうち、2社が減収となっている。

米卸売業の大手企業の売上高（平成28年度）

社　名	売上高 （百万円）	伸び率 （％）	経常利益 （百万円）
神明ホールディング	182,474	14.0	5,028
木　徳　神　糧	102,797	2.1	1,116
ヤ　マ　タ　ネ	50,213	▲3.1	4,084
む　ら　せ	41,747	11.0	251
名　古　屋　食　糧	38,359	4.7	209
新　潟　ケ　ン　ベ　イ	36,902	1.1	421
食　　協	20,103	0.5	301
幸　南　食　糧	18,727	20.9	77
食　　創	16,961	▲2.4	102

（注）神明ホールディングス、木徳神糧、ヤマタネは連結決算
（出所）日経流通新聞

●米の1人1カ月当たり消費量

米穀安定供給確保支援機構の調べによると、平成28年度の1人1カ月当たりの米消費量は、前年

米の1人1カ月当たり消費量（単位：g）

年度	消費量	家庭内消費	中・外食消費
平24	4,909	3,351	1,558
25	4,466	2,993	1,473
26	4,554	3,216	1,338
27	4,386	3,027	1,360
28	4,663	3,212	1,451

（出所）米穀安定供給確保支援機構

比6.3％増の4,663グラムであった。このうち、家庭内消費量は同6.1％増の3,212グラム、中・外食消費量は同6.7％増の1,451グラムとなっている。

業界の特性

●事業所数、従業者数、年間商品販売額

経済産業省「平成26年商業統計確報」によると、平成26年の米麦卸売業の事業所数、従業者数、年間商品販売額は次の通り。

米麦卸売業の事業所数、従業者数等

事業所数	従業者数（人）	年間商品販売額（百万円）
2,488	18,713	2,741,417

（出所）「平成26年商業統計（確報）」

●コメの供給量

米卸売業は生産者や出荷事業者、コメ価格センター、政府備蓄などから米を仕入れて精米・検査を行い、小売業者などを経て消費者のもとへ届ける役割を担っている。用途は食用と飼料用に分類されており、食用は一般家庭や中・外食業者に流通され、飼料用は畜産家などに流通される。そのほか、近年では日本米はシンガポールや香港にも流通しており、海外向けに輸出する動きも活発化してきている。米の供給量は農林水産省の政策によって左右される。近年では、飼料用米政策によって食料用米の供給を減少させる意図が働いている。こうした供給量の調整と需要動向によって米単価が上下する。

●相対取引価格と卸間取引価格

相対取引価格と卸間取引価格は、いずれも産地、銘柄ごとに価格が設定される。相対取引価格は新米の出荷時に決まり、市場に出回った後の変動は比較的小さい。一方、卸間取引価格は需要に応じて決まるため、価格が乱高下しやすい。

●コメの需要喚起策

米穀安定供給確保支援機構などの業界団体や機関は、コメを使った料理のレシピや栄養素に関するトピックなどを公開し、コメ離れの防止を図っている。また、米粉に関する認知が拡大していることを活用して、米粉を利用したパンの需要喚起を行うイベントが道の駅などで開催されている。

ノウハウ

●コメ卸がコメの需要喚起に取り組む

コメ卸各社は、コメのおいしさを伝える取り組みを行っている。卸会社が飲食店や小売店を展開するほか、ご飯の配送などを行っている。東洋ライスは、金芽米や金芽ロウカット玄米をPRする「金のダイニング」を平成28年9月にオープンした。海外メディア向けにイベントを開き、世界に向けてコメをPRしている。三菱商事系のミツハシライスは、炊飯米を配達するサービスを始めている。イベントなどの炊き出しなどのほか、10キログラムの小口客にも対応している。神明は平成28年11月にコメの良さを知ってもらう拠点として、米穀店「八十八蔵」を開設した。

経営指標

ここでは参考として、TKC経営指標（平成29年版）より、「米麦卸売業」の数値を掲げる。

TKC経営指標 （変動損益計算書）	全企業　76件	
	平均額（千円）	前年比（％）
売上高	513,079	106.8
変動費	438,999	108.8
仕入高	450,739	107.0
外注加工費	356	103.9
その他の変動費	▲9,645	124.2
限界利益	74,080	96.6
固定費	69,883	100.6
人件費	30,398	101.2
減価償却費	6,642	104.5
租税公課	1,247	85.4
地代家賃・賃借料	2,321	103.6
支払利息・割引料	3,070	99.6
その他	24,770	99.6
経常利益	4,196	57.9
平均従事員数	6.8名	

今後の課題／将来性

●課題

政府は卸間の価格競争による米価下落を懸念しており、再編を推奨している。国内の米消費量は縮小傾向で、特に地方の中小卸では限られた市場の奪い合いが起きている。大手米卸は、中小米卸への出資や買収に動いている。全農も平成29年度の米穀関連の出資予算30億円の枠を確保した。米卸業界の再編動向に注視する必要がある。

《関連団体》　全国米穀販売事業共済協同組合
　　東京都中央区日本橋小伝馬町15－15
　　TEL　03（4334）2100

●卸売業●
酒類卸売業

最近の業界動向

●酒類の公正な取引に関する基準が策定

平成28年6月に、酒税の保全及び酒類の取引の円滑な運行と酒類の適正な販売管理の確保を図ることを目的とした酒税法等の一部改正法が公布された。これに基づき平成29年3月に「酒類の公正な取引に関する基準（国税庁長官告示）」が策定され、同年6月から施行された。この基準は、酒類の公正な取引に関し必要な事項を定め、酒類業者がこれを遵守することにより、酒税の保全および酒類の取引の円滑な運行を図ることを目的としている。具体的な基準は、酒類に係る売上原価の額と、販売費及び一般管理費の額との合計額を下回る価格で継続して販売することや、自己または他の酒類業者の酒類事業に相当程度の影響を及ぼす恐れがある取引をする行為を行ってはいけないとしている。売上原価の算定方法や費用配賦の方法については当基準で定められており、違反し続けると小売店の酒販免許を取り消されることもある。

●「旅酒」の販売

酒類卸・販売の旅酒は、全国39カ所の酒蔵の酒統一ブランド「旅酒東京」を、東京都内限定で発売した。「旅酒」は平成28年から、旅をして出会う地域だけで製造・販売される酒を「旅酒」ブランドとして販売している。今回都内限定で販売される「旅酒」は、訪日外国人などを意識して英語表記のラベルを使っているほか、商品名は番号にした。都内の一部飲食店や酒販店で販売する。

●酒造活性化のプロジェクト

兵庫県の酒所「灘五郷」の酒造組合は、阪神電気鉄道や神戸市、西宮市と組み、酒造活性化のプロジェクトを始めた。平成29年10月から、日本酒のイラスト「GO!GO! 灘五郷」を描いた電車を走らせPR、車内にはポスターやイベント案内も掲示する。阪神電気鉄道では阪神本線やなんば線、神戸高速線で2年程度運行する。酒造組合は地域ブランドとして保護する「地理的表示（GI）」の取得も目指している。官民一体となって、灘の酒造をPRしていく。

マーケットデータ

●酒類卸15社の売上高

日経流通新聞「第46回日本の卸売業者調査」によると、大手酒類卸15社の平成28年度の売上高は次の通りである。酒類卸15社の売上高は前年と比べマイナスとなっているところが多い。増加した企業では、イズミックの伸び率10.3％以外は、1.0％程度の微増となっている。

主要企業の業績（平成28年度）

社　名	売上高 （百万円）	伸び率 （％）	粗利益率 （％）
日本酒類販売	551,431	1.5	5.9
イズミック	223,565	10.3	—
北海道酒類販売	75,945	0.6	9.4
飯　田	64,105	▲16.3	—
やまや商流	61,322	2.0	6.4
西野金陵	59,292	▲2.0	5.9
長野県酒類販売	37,345	▲3.3	5.6
升　喜	36,125	▲5.4	—
群馬県卸酒販	35,223	▲2.1	4.9
新潟酒販	29,262	▲3.1	6.5
秋田屋	27,000	0.0	—
南九州酒販	26,536	▲2.0	6.6
饒　田	25,153	1.1	13.5
福島県南酒販	24,310	▲1.2	4.8
新潟県酒類販売	21,401	0.2	—

（出所）日経流通新聞

●酒類業免許場数

酒類の販売業を行うには酒類販売業免許を販売場ごとに取得する必要がある。酒類販売業免許には、酒類卸売業免許と酒類小売業免許に区分され、税務署において人的要件等の審査を経て免許

酒類業免許場数の推移

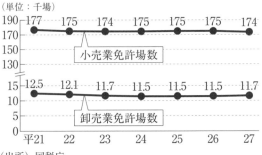

（出所）国税庁

を付与等している。平成27年度の酒類卸売業免許場は1万1,652場、一般酒類小売業免許場は17万4,189場となっている。卸売業免許場、小売業免許場の推移はグラフの通り。

◉酒類の一世帯当たりの年間支出額

総務省「家計調査年報」によると、平成28年の一世帯当たりの酒類の年間支出額の推移は次の通り。

酒類一世帯当たりの品目別支出金額（総世帯）（単位:円）

項　目	平25年	平26年	平27年	平28年
酒　類	36,086	36,845	36,261	36,230
うち　清　酒	5,429	5,567	5,254	5,341
焼　酎	5,860	5,867	5,827	5,711
ビール	10,419	10,463	9,900	9,772
ウイスキー	1,242	1,255	1,664	1,534
ワイン	2,866	2,948	3,049	2,888
発泡酒等	7,770	7,994	7,570	7,725
その他	2,500	2,751	2,998	3,259

（出所）総務省「家計調査年報（総世帯）」

業界の特性

◉企業数と従業者数

経済産業省「平成26年商業統計（確報）」によると、酒類卸売業の事業所数は2,502所、従業者数は3万930人である。従業者規模別の事業所数では、9人以下の事業所は1,648所で全体の65.8％となっている。

◉分類

酒類卸は業態別に①総合食品卸、②専業卸、③業務用卸の3つに分けられる。①は全国規模で酒類のほか一般食品全般を取り扱う卸。②は一般小売店を中心に酒類を専門に取り扱う卸。③は飲食店を中心に取引を行う卸である。

◉機能

酒類卸の機能は次の4つの機能に分けられる。①商品企画開発機能…競合店と差異化できる品揃えや魅力ある売り場作りの支援を行う。②情報収集・分析・提案機能…POSなどによる情報ネットワークを行う。③効率的物流機能…商品の多品種少量化が進展する中で、店舗直送や多頻度小口配送を行う体制を整備する。④小売店経営支援機能…小売店の経営者に対して経営能力の育成や、従業員の教育育成支援などを行う。

ノウハウ

◉食の人工知能プロジェクトで「AIソムリエ」

三菱食品とカラフル・ボード社は、共同で「食の人口知能ブロジェクト」を進めている。AI「SENSY」は、生活者の感性（嗜好）、消費行動に関する莫大な情報を理解・学習し、最適な情報を提供できるため、これをマーケティングに展開し、製造業から小売・飲食業、消費者まで展開することを想定している。現在は、ワインソムリエ7名を含む2,500人以上の味覚データが入っている。「AIソムリエ」は、百貨店で開催されたワインの試飲会やワイン売り場で実験的に導入された。売場で各人に合わせた好みワインを選んでくれるAIは、きめ細かな対応ができる販売員の人手不足解消にもつながる。

経営指標

ここでは参考として、TKC経営指標（平成29年版）より、「酒類卸売業」の数値を掲げる。

TKC経営指標 （変動損益計算書）	全企業	26件
	平均額（千円）	前年比（％）
売上高	427,601	101.0
変動費	325,730	100.3
仕入高	324,174	98.7
外注加工費	—	—
その他の変動費	—	—
限界利益	101,871	103.1
固定費	84,962	108.0
人件費	48,467	105.9
減価償却費	4,675	90.4
租税公課	2,368	105.8
地代家賃・賃借料	6,016	125.3
支払利息・割引料	1,704	86.1
その他	21,208	116.8
経常利益	16,908	84.0
平均従事員数	8.0名	

今後の課題／将来性

◉課題

卸売業を取り巻く環境は厳しく、流通全体をマネジメントする機能が求められている。製造業と小売業をつなぐ卸売業ならではの付加価値の追求が欠かせない。

《関連団体》　全国卸売酒販組合中央会
　　　　東京都中央区新川1－3－10
　　　　TEL　03（3551）3616

●卸売業●

食料品卸売業

最近の業界動向

●食品卸は３年連続で増収増益

　日経流通新聞「第46回日本の卸売業調査」によると、食品卸売業の平成28年度売上高は前年度と比較可能な184社の合計で16兆5,459億円と前年比2.7％の増加となった。また、営業利益も111社で1,283億円と5.8％上回った。その背景には、大口取引先のコンビニエンスストアやスーパーが出店拡大などで売上を伸ばしたことが挙げられる。最大手の三菱食品は２兆4,114億円と過去最高を更新し、２位の日本アクセスは初めて２兆円を超えた。トモシアホールディングスは、平成25年に、旭食品、カナカン、丸大堀内が経営統合した会社で、第46回日本の卸売業調査からトモシアホールディングスとして記載されている。高知県に本社を置く旭食品は、平成27年度の売上高は８位の4,147億8,400万円で関東から九州を担う。石川県に本社を置くカナカンは、同22位の1,555億8,900万円で北陸・信越を担う。青森県に本社を置く丸大堀内は、同32位の888億円で北海道・東北を担う。経営統合することで、平成28年度の売上高は３社

大手食品卸売業の業績（平成28年度）

社　名	売上高 （百万円）	伸び率 （％）	経常利益額 （百万円）	伸び率 （％）
三　菱　食　品	2,411,474	1.2	18,877	3.6
日 本 ア ク セ ス	2,015,494	6.1	20,405	12.9
国 分 グ ル ー プ 本 社	1,817,876	11.0	7,909	▲10.2
加　藤　産　業	953,153	2.9	9,043	▲10.7
三　井　食　品	799,000	0.8	2,500	1.2
トモシアホールディングス	683,892	―	4,749	―
伊　藤　忠　食　品	631,002	▲3.4	4,565	▲2.2
日　本　酒　類　販　売	551,431	1.5	4,238	2.9
ヤ　マ　エ　久　野	379,573	2.9	4,365	▲1.0
ス　タ　ー　ゼ　ン	313,943	3.5	6,599	18.7
山　星　屋	258,086	▲3.4	2,709	▲0.8
イ　ズ　ミ　ッ　ク	233,565	10.3	―	―
コ ン フ ェ ッ ク ス	219,007	4.2	2,221	36.8
ト　ー　ホ　ー	209,834	▲2.4	2,894	19.1
高　　　　　山	206,336	5.2	1,984	18.1

（出所）日経流通新聞

合計と比較し3.8％伸びて業界６位となっている。

●大手卸売の動向

　三菱食品は平成29年９月から、低糖質の健康食の販売を始めた。レトルトごはんやカレーなど14品目を用意している。日本アクセスは、食品スーパーなどに季節に合わせたメニューを提案している。調味料メーカーや乾麺メーカーと組み、独自メニューを開発している。また、伊藤忠食品は食品スーパーに電子看板を設置し、料理のメニュー画像を流して販促している。ヤマエ久野はイスラム教の戒律「ハラル」に対応した食品の業務用販売に参入した。訪日外国人の増加で、飲食店などでの需要増を見込んでいる。また、首都圏が地盤の業務用酒類卸のみのりホールディングスを子会社化した。みのりホールディングスは、首都圏を中心に飲食店やホテルなど約１万軒の顧客を持っており、子会社化することで調達や物流サービスを強化する。

●集約していく卸売業

　選ばれる卸となるためには、製造・販売・物流での「提案力」が重要となる。また、同時に進めるのが川下への事業領域の拡大である。大手には総合食品商社を目指すところもあり、中間流通にとどまらず消費者向けの独自の商品開発にも注力する。また、ネット通販に注力する企業も出始め、新たな卸売業へ変化をみせている。ヤマエ久野は、埼玉県に新物流センターを稼働させた。平成29年11月からフル稼働させる予定で、関東圏のスーパーなどに卸す食料品の保管と配送を担う。また、他社商品の共同配送も検討している。

●地方のメーカーとの取引を強化

　日本アクセスは、地方の中小メーカーが生産した冷蔵品の取り扱いを増やす。通常小売店は、賞味期限があることから冷蔵品は近隣地域で生産された商品を中心に販売している。日本アクセスは、配送網を新たに整備し、地方で生産された冷蔵品を都市部の小売店に届ける体制をつくる。地方で生産された食品の人気が高まっており、地方のメーカーとの取引を強化することで売り上げにつなげていく。また、伊藤忠食品も地方メーカーの製造した商品の取り扱いを強化している。地方の魅力ある商品を掘り起こし、他社との差別化を図っている。

マーケットデータ

◉飲食料品卸売業の年間商品販売額等

経済産業省「平成26年商業統計（確報）」によると、飲食料品卸売業の年間商品販売額は71兆5,530億円で、平成19年調査と比較すると、約5.4％の減少である。事業所数は7万6,653事業所でほぼ横ばい、従業員は79万6,677人で2.8％の減少となっている。

◉経営効率化や営業力強化のための取り組み

日本経済新聞社がまとめた「日本の卸売業調査」によると、経営効率化や営業力強化のための取り組みとして、「在庫日数の短縮・在庫削減（56.1％）」や「不採算取引の見直し（54.8％）」を挙げる企業が多かった。平成29年6月に酒類の安売りを規制するなど政府は低価格化に神経をとがらせており、これを機に取引条件の適正化に取り組もうとしている企業は多い。しかしながら、スーパーの売上高が4年ぶりにマイナスに転じ、小売からのリベート要請や協賛金の要請が増える見通しもあり、効率化は簡単ではない。効率化を進める一方で、新規事業に取り組む企業も多く、「既に手掛けている・拡大する（32.2％）」、「これから取り組む（10.1％）」となっている。具体的には、「ネット通販」が50.8％と最も多く、卸売市場法で定められている「商物一致の原則」の撤廃を見越した回答だと思われる。

業界の特性

◉食品卸の分類

食品卸といっても扱う商品で商習慣、保管や配送方法などが異なり、酒類や菓子に強い卸もあれば、冷凍・冷蔵商品に強い卸もある。冷凍食品はきめ細かい温度管理が必要になる上、配送にもノウハウが必要である。このため、新規取引の開拓は難しく、すでに取引先を確保するパートナーとの連携が重要になる。

◉食品卸の役割

食品卸の役割は大きく分けて商流と物流の2つである。商流は商品の売買によって商品の所有権が移っていく、商売の流れを指す。物流は保管、加工、輸送など生産者から消費者の手に渡るまでのモノの流れを指す。

ノウハウ

◉中小飲食店向けの業務用食品スーパーを開く

業務食品卸のトーホーは平成29年6月、中小飲食店向けの業務用食品スーパーを千葉県に開いた。通常の加工食品や冷凍食品、生鮮食品を扱う。鮮魚や野菜は東京・大田市場や船橋市地方卸売市場から直接買い付ける。かたまり肉は要望に応じて切って販売する。また、店舗の内装設計や品質管理サービスなどもグループ会社が手掛けており、中小飲食店の経営を総合的にサポートする。

経営指標

ここでは参考として、TKC経営指標（平成29年版）より、「飲食料品卸売業」の数値を掲げる。

TKC経営指標 （変動損益計算書）	全企業 1,174件	
	平均額(千円)	前年比(％)
売上高	443,214	100.4
変動費	360,157	100.5
仕入高	360,387	100.4
外注加工費	352	103.7
その他の変動費	▲250	237.4
限界利益	83,057	99.9
固定費	77,792	101.0
人件費	40,027	101.5
減価償却費	3,656	104.7
租税公課	1,231	98.7
地代家賃・賃借料	3,385	101.4
支払利息・割引料	1,233	95.6
その他	28,147	100.1
経常利益	5,264	86.3
平均従事員数	11.2名	

今後の課題／将来性

◉課題

卸売業にとって、これまでの商慣習から新たな基準へと大きく変わろうとしている。この動きに、しっかり乗っていくことが今後の大きな課題となるだろう。

◉将来性

食品スーパーなどへの売り場作りの提案や新たな魅力ある商品を揃えることが、小売店との取引を広げることにつながる。

《関連団体》　一般社団法人日本加工食品卸協会
　　東京都中央区日本橋本町2－3－4
　　TEL　03（3241）6568

●卸売業●

食肉卸売業

最近の業界動向

◉食肉の需要拡大

日本経済新聞社が畜産産業振興機構のデータなどを基に試算した、平成28年度の鶏肉、豚肉、牛肉の食肉3品目の消費量は約475万トン。前年度に比べて約15万トンの増加になり、食肉の需要拡大が続いている。

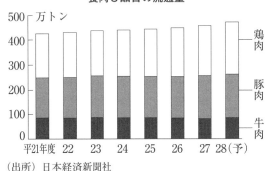

食肉3品目の流通量

(出所) 日本経済新聞社

◉輸入牛肉と国産牛肉の価格差は拡大が続く

農林水産省の「食品価格動向調査(食肉・鶏卵)」によると、輸入牛肉の価格と国産牛肉の価格はほぼ横ばいであり、価格差はそのまま維持された形となっている。豚肉、鶏肉、鶏卵の価格の推移は次の通り。

食品価格動向調査(食肉・鶏卵)による全国平均小売価格 (単位:円/100g)

期間	輸入牛肉(冷蔵ロース)	国産牛肉(冷蔵ロース)	豚肉(ロース)	鶏肉(もも肉)	鶏卵(Lサイズ10個入)
平25・8月	289	652	241	118	185
平26・8月	317	702	266	130	203
平27・8月	338	743	269	134	218
平28・8月	306	798	266	128	219
平29・8月	303	796	264	130	222

(出所) 農林水産省

◉米久は「御殿場高原あらびきポーク」を拡販する

食肉大手の米久は、静岡県と埼玉県の3工場の設備を刷新し、ウィンナーの主力商品「御殿場高原あらびきポーク」を拡販する。平成28年4月に米久は伊藤ハムと経営統合した。伊藤ハム米久ホールディングスは、グループ全体でハム・ソーセージの売上高を平成31年3月期に1,900億円に引き上げる目標を掲げている。「御殿場高原あらびきポーク」は、中核商品の一つに育てていく考えだ。

◉豚肉の加工処理工程にロボットを導入

食肉加工のスターゼンは、豚肉の加工処理工程にロボットを導入した。熟練の除骨作業員不足のため、省力化を進めていく。国内市場向けに肉を丁寧にカットできる機械を機械メーカーと共同で改良した。取引先のスーパーなどが求める品質を維持したまま、より衛生的に加工処理ができるようにする。

マーケットデータ

◉食肉卸売業の年間商品販売額

経済産業省「平成26年商業統計(確報)」によると、平成26年の食肉卸売業の年間商品販売額は5兆5,903億円となっている。平成24年は経済センサス活動調査の数値であり、単純に比較はできないが、減少傾向となっている。

食肉卸売業の年間商品販売額等 (単位:人、百万円)

年次	事業所数	従業者数	年間商品販売額
平19年	7,438	74,478	6,389,088
24年	6,445	60,404	4,826,597
26年	7,077	66,705	5,590,316

(注) 24年の数値は「経済センサス活動調査」
28年の経済センサスは現時点で産業分類が大分類のみの速報値であるため上記数値が最新
(出所) 経済産業書「商業統計確報」

◉畜産物需給の推移

農林水産省「食料需給表」によると、肉類の需要量(国産消費仕向け量)及び国内生産量の推移

畜産物需給の推移 (単位:万トン)

項目		平25年度	平26年度	平27年度	平28年度(概算値)
肉類全体	需要量	592	593	604	620
	生産量	328	325	327	330
牛肉	需要量	124	121	119	123
	生産量	51	50	48	63
豚肉	需要量	244	244	250	252
	生産量	131	125	127	128
鶏肉	需要量	220	223	230	237
	生産量	146	149	152	155

(注) 肉類の需要量および国内生産量は枝肉ベース
(出所) 農林水産省「食料需給表」

は表の通り。

●肉類の一世帯当たりの年間支出額

総務省「家計調査年報」によると、平成28年における肉類（鮮魚肉のほか加工肉も含む）の一世帯当たりの年間支出額は6万8,729円で、前年比21円プラスの横ばいであった。品目別の支出額は次の通りとなっている。

肉類一世帯当たりの品目別支出金額（総世帯）（単位：円）

項　　目	平25年	平26年	平27年	平28年
生鮮肉	48,235	51.990	54,300	54,522
うち牛肉	15,547	16,440	16,458	17,071
豚肉	19,302	21,028	22,498	22,230
鶏肉	10,198	11,093	11,657	11,524
合いびき肉	1,440	1,659	1,762	1,788
その他	1,748	1,771	1,924	1,909

（出所）総務省「家計調査年報（総世帯）」

業界の特性

●事業所数、従業者数

経済産業省「平成26年商業統計（確報）」によると、食肉卸売業の事業所数は5,728事業所、従業者9人以下の事業所数は4.270事業所で、全体の74.5%を占める。

●国産食肉の流通経路

国産食肉の流通経路は次の3つに分けられる。①食肉卸売市場において枝肉で取引され、卸売業者、専門小売店などへ供給されるルート、②食肉センターにおいて部分肉に処理され、農協連などを通じ（または直接）量販店や生協などへ供給されるルート、③産地などのその他の畜場などから加工メーカーや卸売業者を経てユーザーへ供給されるル　ト。

●食肉卸売業者の業務の問題点

日本食肉流通センターの「食肉流通実態調査事業報告書」によると、食肉卸売業者の業務の問題点として挙げられたのは、原料価格の上昇や物流コストの上昇、コスト上昇の製造販売価格への転嫁、加工技術者の育成と確保などである。配送については3割弱が「委託したい」または、「委託を検討中」となっている。物流についてはほかの業界でも課題として挙げられることが多いが、食肉卸売業でも、物流コストの上昇を挙げている企業が半数以上ある。また、他の業務に比べ委託を検討している企業が多いことから、配送に関する見直しが大きな課題となってくるだろう。

ノウハウ

●食肉業界がブロック肉の販売を強化

食肉業界はブロック肉の販売に力を入れている。最近の肉ブームの影響で、ブロック肉が注目されている。米国食肉輸出連合会は平成29年から、「かたまり肉推進プロジェクト」の活動を始めた消費者にブロック肉の調理法やレシピを動画などで配信している。また、MLA豪州食肉家畜生産者事業団もブロック肉のカット法などを配信して普及に力を入れている。

経営指標

ここでは参考として、TKC経営指標（平成29年版）より、「食肉卸売業」の数値を掲げる。

TKC経営指標 （変動損益計算書）	全企業　　114件	
	平均額（千円）	前年比（%）
売上高	535,707	98.5
変動費	421,058	97.4
仕入高	420,127	97.6
外注加工費	354	203.4
その他の変動費	530	111.9
限界利益	114,649	102.4
固定費	104,174	101.6
人件費	55,017	103.1
減価償却費	5,088	105.6
租税公課	1,806	99.5
地代家賃・賃借料	4,999	100.1
支払利息・割引料	1,279	93.7
その他	35,991	99.5
経常利益	10,475	111.1
平均従事員数	15.8名	

今後の課題／将来性

●将来性

食肉（豚肉・鶏肉・牛肉）の需要が拡大している。鶏肉は健康志向の高まりを受け、脂の少ない胸肉を使った加工商品が人気だ。牛肉は割安な米国産やオーストラリア産が伸びている。肉ブームによりブロック肉が広まりつつあるが、さらなる普及で消費需要の拡大につながるか期待される。

《関連団体》　公益社団法人日本食肉市場卸売協会
　東京都千代田区神田小川町3－6－8
　TEL　03（3291）7004

●卸売業●

水産物卸売業

最近の業界動向

●水産物の取扱金額は1兆5,921億円

　農林水産省「卸売市場データ集」によると、平成27年度の中央卸売市場の水産物の取扱金額は前年度比0.5％増の1兆5,921億円であった。平成27年度はわずかにプラスに転じたが、平成15年以降、数量・金額ともに減少傾向が続いている。中央卸売市場の取扱実績の推移は次の通り。

中央卸売市場の取扱実績の推移（単位：千トン、億円）

区　　分		平15年	平25年	平26年	平27年
生　　鮮	数量	1,478	908	855	821
	金額	10,616	7,373	7,358	7,483
冷　　凍	数量	768	440	379	360
	金額	5,966	4,044	3,953	3,861
加　　工	数量	977	570	530	520
	金額	6,803	4,558	4,502	4,549
合　　計	数量	3,238	1,925	1,769	1,707
	金額	23,477	16,014	15,839	15,921

（出所）農林水産省「卸売市場データ」

●築地市場の水産物入荷が減少

　平成28年の東京・築地市場の水産物入荷量が過去最低を更新した。消費者の魚離れや市場外流通の増加で入荷量の減少が続いている。特に加工品の原料とされる冷凍イカ類などの落ち込みが激しい。施設の老朽化もあり、屋外の施設では温度管理も難しい。豊洲市場への移転は不透明で、苦境に追い込まれている。

●水産物の産地登録が広がる

　農林水産物などを地域のブランドとして保護する制度「地理的表示（GI）」の登録が広がっている。海外でブランド力を発揮するために導入する産地が増えている。平成28年に水産物で初めてGI登録されたのは、山口県の「下関ふく」だ。現在、宮城県内の養殖業者でつくるみやぎ銀ざけ振興協議会が「みやぎサーモン」を、静岡県富士市の田子の浦漁業協同組合が「田子の浦しらす」を申請中だ。GIを管轄する農林水産省は、認知

度を高めるためPRしている。

●直接仕入れで安定供給

　生鮮食品卸のキョクイチを傘下に入れる持ち株会社のキョクイチホールディングスは、冷凍マグロの販売に力を入れる。台湾の漁業会社と共同で新会社を設立し、台湾産のマグロの仕入れ・販売を行う。台湾で水揚げしたマグロの冷凍物を現地から直接買い付け、輸入業者を通さず、飲食店などに安定供給する。

●輸入イカやタコなどを使った製品の開発

　イカの卸から加工までを手掛けるマルナマグループ（函館市）は、調達先や新たな商品開発を進めている。函館卸売市場のスルメイカの取扱量は減少傾向にあり、価格が上昇している。マルナマグループの食品会社では、イカ関連商品を手掛けているが、原料の入荷減に対応するため、輸入イカやイカ以外のタコなどを使った製品の開発に乗り出している。

マーケットデータ

●生鮮魚介卸売業の年間商品販売額

　経済産業省「平成26年商業統計（確報）」によると、平成26年の生鮮魚介卸売業の商品販売額は8兆1,634意円となっている。

生鮮魚介卸売業の年間商品販売額等

事業所数	従業員数（人）	年間商品販売額（百万円）
8,638	82,271	8,163,491

（出所）経済産業省「商業統計（確報）」

●生鮮魚介の一世帯当たりの年間支出額

　総務省「家計調査年報」によると、一世帯当たりの品目別支出金額（総世帯）の生鮮魚介の推移は次の通り。過去5年間で多少の増減はあるものの全体としては、ほぼ横ばいとなっている。

生鮮魚介の一世帯当たりの品目別支出金額（総世帯）（単位：円）

項　　目	平24年	平25年	平26年	平27年	平28年
生 鮮 魚 介	35,975	36,430	36,613	36,999	36,272
うち、鮮魚	32,750	33,251	33,542	33,947	33,334
貝　　　類	3,225	3,180	3,072	3,052	2,938

（出所）総務省「家計調査年報（総世帯）」

業界の特性

●流通経路

　水産物は、水揚げが天候や漁況に左右されるた

め生産量の変動が大きい。また、少量・多品種の魚が漁獲されること、同じ種類の魚でもサイズや鮮度により用途が異なることなどさまざまな特性を有している。このため流通は、産地市場において仕分け・分荷・出荷され、次に消費地市場において全国各地の産地市場から集荷された水産物の分荷・品揃え・価格形成などが行われ、最終的に一般小売店（鮮魚店）を通じ、消費者の元に届くという多段階の流通システムが構築されている。

流通システム

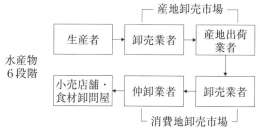

（出所）農林水産省

● 従業員規模別の事業所数

経済産業省「平成26年商業統計（確報）」によると、生鮮魚介卸売業の従業者規模別の事業所数は次表の通り。従業員2人以下が2,050事業所で23.7％、3～4人が2,046事業所で23.7％、9人以下の事業所数は全体の74.6％を占めている。

従業者規模別の事業所数

従業者規模別	事業所数	構成比（％）
2人以下	2,050	23.7
3～4人	2,046	23.7
5～9人	2,353	27.2
10～19人	1,316	15.2
20～29人	413	4.8
30～49人	260	3.0
50～99人	151	1.7
100人以上	49	0.6
合計	8,638	100.0

（出所）経済産業省「商業統計確報」

● 市場経由率

産地直送などの市場外流通の広がりにより、水産物の市場経由率は低下傾向が続いている。農林水産省「卸売市場データ集」によると、平成26年の水産物の市場経由率（中央卸売市場と地方卸売市場の場合）は51.9％である。

ノウハウ

● 実店舗でブランドの認知度を高める

鮮魚流通サービス「羽田市場　超速鮮魚」を手掛けるベンチャーのCSN地方創生ネットワークは、東京・銀座に初めて実店舗を開いた。魚をさばくなどの店内加工も手掛け、周辺の寿司店を中心に水揚げ当日の鮮魚などを卸販売する。また、会員登録した一般消費者にも、夕夜間は販売する。販売する120種類ほどの魚介類は、羽田空港内に設けた鮮魚の仕分けセンターから、水揚げ直後の鮮魚を1日3便体制で仕入れて販売する。直売店の開業でブランドの認知度につなげたい考えだ。

経営指標

ここでは参考として、TKC経営指標（平成29年版）より、「生鮮魚介卸売業」の数値を掲げる。

TKC経営指標 （変動損益計算書）	全企業 251件	
	平均額（千円）	前年比（％）
売上高	360,599	98.0
変動費	292,195	98.2
仕入高	291,306	98.0
外注加工費	468	128.1
その他の変動費	178	87.1
限界利益	68,404	96.9
固定費	66,124	98.8
人件費	34,298	100.1
減価償却費	3,427	98.9
租税公課	1,113	95.5
地代家賃・賃借料	2,275	99.4
支払利息・割引料	1,006	93.2
その他	23,999	97.2
経常利益	2,279	62.7
平均従事員数	9.6名	

今後の課題／将来性

● 課題

築地市場から移転を予定している豊洲市場は、土壌汚染への懸念が強いため、都は風評を払拭し広く理解を得るために豊洲市場の見学会を開催している。平成29年9月からは一般向けに定期的に開催する予定で、加えて空気や地下水に含まれる有害物質などの数値をSNSで発信していく予定だ。他の市場でも、消費者に安心して水産物などを食べてもらうことが大きな課題となっている。

《関連団体》　一般社団法人全国水産卸協会
　東京都港区赤坂1-9-13　三会堂ビル8F
　TEL　03（3583）3642

●卸売業●

生鮮食品卸売市場

最近の業界動向

●卸売経由率は昨年比ほぼ横ばい

生鮮食料品流通は卸売市場が多くを担ってきたが、近年は卸売市場を経由する生鮮食料品は減少傾向にある。農林水産省「卸売市場データ集」によると、平成26年度の卸売市場経由率は、青果が60.2％、水産物が51.9％、食肉が9.5％、花きが77.8％となっている。卸売市場を通さない市場外流通が拡大している。

卸売市場経由率の推移（単位：％）

品　目	平6	平23	平24	平25	平26
青　果	74.5	60.0	59.2	60.0	60.2
野　菜	82.4	70.2	69.2	70.2	69.5
果　実	62.8	42.9	42.4	42.2	43.4
水産物	70.2	55.7	53.4	54.1	51.9
食　肉	16.0	9.4	9.9	9.8	9.5
花　き	85.1	84.4	78.7	78.0	77.8

（出所）農林水産省「卸売市場データ集」

●花き流通の委託手数料の改定

大田市場花き部において中央卸売市場を運営する国内最大手の大田花きは、平成29年4月より生産者（出荷者）から受け取る手数料を改定した。これまで一律9.5％だったが、委託手数料8.0％と荷扱い料に分けた。新設した荷扱い料は一口100円（ただし一定規格を満たした場合一口50円）に設定している。花き中央卸売市場は、物流、商取引、市場情報、決済の4つ機能を果たしているが、今回の手数料改定で、物流にかかる料金を明確化するのが狙いがある。背景には、卸売市場法にある「商物一致の原則」がくずれる時代を想定していることが挙げられる。商物一致の原則は、市場内にある生鮮食料品等以外の卸売をしてはならないことが規定されているもので、商いをする物がその場になくてはならない。しかし、昨今の物流手段や通信手段の発達により、近い将来、商物が分離していても取引が認められる時代が来ることを想定して、口数に応じた手数料に変更したも

のである。卸売業界では、委託手数料率を下げる形で改定するのは初めてであるが、大田花きは、国内最大手であるだけでなく、国内で初めてセリ下げ方式による機械セリを導入し、花き業界のスタンダードとなった実績もある。中央卸売会社のリーディングカンパニーとして、日本の花き農業・花き産業の発展に貢献したい考えだ。合理性の欠いた時代遅れと言われている規制は、今後撤廃される可能性があり、この見直しは他の卸売手数料にも影響を及ぼすことになりそうである。

マーケットデータ

●中央卸売市場と地方卸売市場の取扱金額

農林水産省「卸売市場データ集」によると、中央卸売市場と地方卸売市場の取扱金額は次の通り。卸売市場経由率の低下などで、中央卸売市場、地方卸売市場の取扱金額は減少傾向が続いてきたが、平成25年度に前年を上回り、平成27年までその傾向が続いている。中央の青果が4.7％伸ばしたものの他は微増、ほぼ横ばいである。

卸売市場の取扱金額（単位：億円）

年度	中央卸売市場	青果	水産物	地方卸売市場	青果	水産物
平23	39,476	19,132	16,758	30,265	13,050	6,925
24	38,017	18,295	16,039	30,241	12,198	6,665
25	39,163	19,178	16,014	31,869	12,543	6,964
26	39,110	19,104	15,839	31,329	12,770	7,270
27	40,263	20,001	15,921	31,919	13,317	7,257

（出所）農林水産省「卸売市場データ集」

業界の特性

●卸売市場数

中央卸売市場と地方卸売市場の市場数の推移は次の通りである。平成27年度末の中央卸売市場の

卸売市場数の推移

区　分	平24	平25	平26	平27
中央卸売市場	72	70	67	64
地方卸売市場	1,144	1,105	1,092	1,081
公　設	155	154	157	156
第三セクター	38	36	37	38
民　設	951	915	898	887

（注）各年度末の数値である。ただし地方卸売市場については平成24年度までは各年度当初の数値である（平成24年度末の地方卸売市場は1,126（うち公設154、第三セクター37、民設935））
（出所）農林水産省「卸売市場データ集」

－ 512 －

数は64市場、地方卸売市場の数は1,081市場となっており、いずれも前年と比べると減少している。

◉中央卸売市場と地方卸売市場の要件

中央卸売市場は都道府県、人口20万人以上の市で、農林水産大臣の許可を受けて開設する卸売市場である。地方卸売市場は中央卸売市場以外の卸売市場であって、売場の面積が一定規模以上のものについては都道府県知事の許可を受けて開設する。

◉生鮮食料品等の主要な流通経路

生鮮食料品等の主要な流通経路は次の通り。

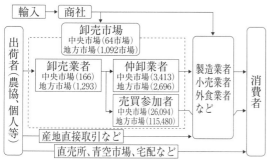

（注）中央市場のデータは平27年度末、地方市場のデータは平26年度末時点
（出所）農林水産省

◉卸売市場の機能

卸売市場の機能を大きく分けると次の4つとなる。①集荷（品揃え）、分荷機能…多種多様な品目の豊富な品揃え。②価格形成機能…需給を反映した迅速かつ公正な評価による透明性の高い価格形成。③決済機能…販売代金の迅速・確実な決済。④情報受発信機能…生鮮食品の需給に関する情報を収集し、川上、川下にそれぞれ伝える機能。

ノウハウ

◉卸売市場の民営化

卸売市場には、農林水産大臣から許可を受ける中央卸売市場や都道府県知事の認可を受ける地方卸売市場などがある。規制が多く煩雑な事務作業があることなどを理由に、10年ほど前には、全国的に中央卸売市場から地方卸売市場への転換が進んだ。その後、取扱量の減少など経営難などから民営化への動きが進んでいる。築地市場からの移転が決まっている豊洲市場についても、民営化を検討する余地があるような意見も出ている。民営化の成功例として、神奈川県にある湘南藤沢地方卸売市場がある。平成24年には民営化を行い、中央卸売市場から民営化した唯一の市場ということだけでなく、人口減少に伴い取扱量も減る中、売上を増加させ成功した例は少ない。民営化を検討するための調査に入った卸売市場は全国にあり、関係者が多く視察に訪れているという。

経営指標

ここでは参考として、TKC経営指標（平成29年版）より、「生鮮魚介卸売業」の数値を掲げる。

TKC経営指標 （変動損益計算書）	全企業 251件	
	平均額（千円）	前年比（％）
売上高	360,599	98.0
変動費	292,195	98.2
仕入高	291,306	98.0
外注加工費	468	128.1
その他の変動費	178	87.1
限界利益	68,404	96.9
固定費	66,124	98.8
人件費	34,298	100.1
減価償却費	3,427	98.9
租税公課	1,113	95.5
地代家賃・賃借料	2,275	99.4
支払利息・割引料	1,006	93.2
その他	23,999	97.2
経常利益	2,279	62.7
平均従事員数	9.6名	

今後の課題／将来性

◉課題

商社や食品卸会社が日本食の海外輸出を拡大するため、販売サイトを開設したり、販売地域や取扱商品を増やしたりしている。海外では日本食人気が高まり、海外事業のノウハウが不足する国内の中小食品メーカーの税関や法手続きも代行し、現地企業への営業も請け負うなど、海外市場を開拓している。輸出する商品のうち9割は調味料や加工食品だが、生鮮食品も拡充を目指している。農林水産省によると、日本の農林水産物・食品の輸出額は平成28年で約7,500億円である。日本食レストランが増えたほか、新興国の所得向上で拡大が見込まれ、日本政府は平成31年に1兆円に増やす目標を掲げている。生鮮食品の卸売業者もこの動きに対応することが課題の一つとなるだろう。

《関連団体》 一般社団法人全国青果卸売市場協会
　東京都千代田区神田松永町104番　TSKビル
　TEL　03（3251）3873

●卸売業●

医薬品卸売業

最近の業界動向

●医薬品卸大手は厳しい経営環境

我が国の医療用医薬品市場は、医療費抑制策に大きく影響を受ける。少子高齢化が進む一方、生活習慣病を中心に患者数は増加傾向にある。国家財政を立て直すための薬価改定により、販売価格に影響が出ている。日経流通新聞「第45回日本の卸売業調査」によると、平成28年度の医薬品卸大手の売上高は、アルフレッサホールデイングやスズケン、東邦ホールディングスなどが減収となった。薬価引下げや後発医薬品への切り替え、C型肝炎治療薬需要の一巡など、厳しい経営環境におかれている。

●免震機能などを採用した物流センター

医薬品卸大手は物流拠点の整備を進めている。医薬品卸最大手のメディパルホールデイングスは、災害時にも医療用医薬品などの安定供給を行うため、埼玉県に物流センターを建設した。免震機能を採用し、自動倉庫化システムを導入している。約3万種類の医薬品の入荷から保管、出荷まで大幅なスピート化と省力化を実現した。ほかに福岡県、岡山県に物流センターを建設し、業務の自動化やコスト削減に力を入れる。また、スズケンも神戸市に竣工した物流センターを、平成29年4月5日から稼働させた。免震機能を採用し、災害時などに備えたBCP（業務継続計画）対策を講じている。

●丸紅が中国で医薬品卸事業に参入

丸紅は平成29年度中に、中国での医薬品卸事業に参入する。中国の製薬会社と合弁会社をつくり、日本製の医薬品を中国の病院などに販売する。日本の製薬会社から、病院で処方する生活習慣病関連などの医療用医薬品と、薬局で買える大衆薬を購入して販売する。経済成長に伴い、中国では生活習慣病などの患者が増えている。高品質な医薬品の市場は拡大が見込まれている。

マーケットデータ

●医薬品卸企業の売上高ランキング

日経流通新聞「第45回日本の卸売業調査」によると、平成28年度の医薬品卸の売上高上位10社は次の通り。

医薬品卸上位各社の業績（単位：百万円、％）

社　名	売上高	伸び率	営業利益額	伸び率
メディパルホールディングス	3,063,900	1.2	39,650	▲6.2
アルフレッサホールディングス	2,551,801	▲1.0	33,228	▲26.6
ス　ズ　ケ　ン	2,126,993	▲4.5	18,712	▲33.7
東　邦ホールディングス	1,231,046	▲5.9	14,244	▲50.2
バイタルケーエスケー・ホールディングス	581,079	▲6.4	3,207	▲53.5
フォレストホールディングス	450,055	▲2.8	3,312	▲36.5
ほくやく・竹山ホールディングス	228,713	1.6	2,084	▲13.1
大　　　木	222,342	7.1	1,298	113.1
中　北　薬　品	218,320	▲3.1	—	—

（出所）日経流通新聞

●卸医薬品販売額に占める医療用・一般用医薬品の推移

日本医薬品卸業連合会によると、卸医薬品販売額に占める医療用・一般用医薬品の推移は次の通り。

卸医薬品販売額に占める医療用・一般用医薬品の推移
（単位：上段金額百億円、下段構成比％）

項　目	平24年度	平25年度	平26年度	平27年度
医　療　用	816 (96.3)	844 (96.3)	821 (96.2)	887 (96.2)
一　般　用	31 (3.7)	33 (3.7)	32 (3.8)	35 (3.8)
合　　計	847	877	853	922

（出所）日本医薬品卸業連合会

業界の特性

●会員構成員、本社数

日本医薬品卸業連合会によると、平成29年3月31日現在の会員構成員は315、本社数は73であり、減少傾向が続いている。

●医薬品卸の販売先別シェア

日本医薬品卸業連合会によると、医薬品卸の販売先別シェアは次の通り。平成27年度の薬局のシ

ェアは55.2%で徐々に上昇する傾向は続いている。

医薬品卸の販売先別シェア（単位：％）

販売先	平24年度	平25年度	平26年度	平27年度
大 病 院	21.1	20.7	21.2	21.4
中小病院	6.7	6.5	6.3	6.0
診 療 所	18.9	18.9	17.7	16.9
薬 局	53.0	53.7	54.3	55.2
そ の 他	0.3	0.2	—	0.5

（出所）日本医薬品卸業連合会

●MRとMS

MR（メディカル・レプレゼンタティブ、医薬情報担当者）とは、製薬会社の営業担当者である。自社の医薬品に関する情報をドクターなどの医療従事者へ提供する。情報提供が目的で、商品を販売することはない。一方、MS（マーケティング・スペシャリスト）とは、医薬品卸売会社の営業担当者である。主な役割は製薬会社から仕入れた医薬品や医療材料などの商品を医療機関や薬局に安定的に供給する。販売だけでなく、薬の効能や効果、医療制度などの情報を提供する。日本医薬品卸売業連合会によると、卸会員会社の従業員数とMS数の推移は次表の通り。

卸会員会社の従業員数・MS数の推移（単位：人、各年6月1日現在）

項 目	平26年	平27年	平28年	平29年
従 業 員 数	54,243	54,033	53,875	56,300
うちMS数	18,184	17,759	17,563	17,102

（出所）日本医薬品卸業連合会

●大衆薬の販売ルート

大衆薬は、卸売経由のルートが3,000億円となっており、取引額の約半分を占めている。薬局・薬店へ医薬品メーカーから卸を経由して流通するルートと、医薬品メーカーから直接薬局・薬店へ流通するルートとがある。

●医薬品の適正な流通の確保が最大の使命

厚生労働省は平成29年1月19日、日本医薬品卸売業連合会へ医薬品の適正な流通の確保につき、通知が発せられた。C型肝炎治療薬「ハーバニー配合錠」の偽造医薬品流通が背景にある。「医薬品受領時の適切な包装か否か」、「適切なルートからの入手か等の確認事項」、などが柱である。

●OTC医薬品の医療費控除制度

平成29年1月から「セルフメディケーション税制（医療費控除の特例）」が始まった。既存の医療費控除制度に加え、特定の成分を含んだOTC医療品の年間購入額が合計1万2,000円を超えた場合に適用される制度が追加された。スイッチOTC（要指導医薬品および一般用医薬品のうち医療用から転用された医薬品）が対象となる。

ノウハウ

●医療用医薬品などの安定供給

医薬品卸は災害時などでも医療用医薬品などを安定的に供給する役割がある。大手各社は災害時でも物流センターを稼働させるため、自家発電装置を備えたり、自然災害にリスクの少ないエリアなどに建設している。

経営指標

ここでは参考としてTKC経営指標（平成29年版）より、「医薬品卸売業」の数値を掲げる。

TKC経営指標 （変動損益計算書）	全企業　51件	
	平均額（千円）	前年比（％）
売上高	679,612	96.5
変動費	578,361	96.9
仕入高	578,393	97.1
外注加工費	100	89.7
その他の変動費	6	78.7
限界利益	101,251	94.6
固定費	88,356	99.0
人件費	54,235	100.4
減価償却費	3,305	99.6
租税公課	1,437	83.8
地代家賃・賃借料	5,937	106.6
支払利息・割引料	1,514	93.9
その他	21,906	95.2
経常利益	12,894	72.4
平均従事員数	10.9名	

今後の課題／将来性

●課題

平成30年度から薬価が毎年改定されることになった。薬価が下がれば、調剤薬局などは仕入れ値を下げようとする一方、卸は利益を確保するのが難しくなる。収益源確保のための対策が求められている。

《関連団体》　一般社団法人日本医薬品卸売業連合会
　東京都中央区八重洲1－7－20
　　八重洲口会館7F
　TEL　03（3275）1573

— 515 —

●卸売業●

鉄鋼卸売業

最近の業界動向

●鉄鋼需給

日本鉄鋼連盟によると、平成28年度の粗鋼生産量は前年比度0.9％増の１億516万6,000トンであった。建設や自動車の国内需要が好調で、３年ぶりに前年度を上回った。国内の自動車産業が堅調で、平成29年度も穏やかな回復が見込まれている。

粗鋼生産量の推移（単位：千トン）

年度	生産量			全鉄鋼輸入	全鉄鋼輸出	粗鋼見掛消費
	粗鋼	普通鋼鋼材	特殊鋼鋼材			
平24	107,305	73,471	18,275	7,796	43,797	67,556
25	111,524	75,923	19,105	8,584	42,482	73,311
26	109,844	74,973	19,468	8,732	42,280	71,961
27	104,229	71,881	17,600	8,066	41,450	66,794
28	105,166	71,763	18,490	8,167	40,680	68,262

（注）輸入、輸出は粗鋼換算量、見掛消費＝生産＋輸入−輸出
（出所）日本鉄鋼連盟

●韓国製安値のH形鋼の輸入が急増

韓国のH形鋼輸出量は平成29年１〜３月に３万トンを超え、前年同時期の４倍に膨らんでいる。韓国では景気の冷え込みなどから鉄鋼の需要が減少し、安値のH形鋼が日本へ流れている。日本メーカーの建値に比べ、１トン当たり１万円（１割強）ほど安く売り出されているという。流通量は、まだ国内出荷量の３％程度にとどまるが、安値の輸出が拡大すれば、日本国内の鉄鋼生産に影響を及ぼす可能性も想定される。さらに、現在は堅調な中国経済ではあるが、中国の内需が縮小すれば、韓国の比較にならない量の中国製の鉄鋼が日本へ流れ込む可能性もあり、注意が必要である。

●鋼板の販売が伸び悩み

鋼材問屋が扱う鋼板の販売が伸び悩んでいる。千葉県浦安団地には200を超える鋼材問屋や加工会社が集まっている。人手不足で中小規模の建設工事の着工が遅れ、荷動きが滞っている。一方、鉄鋼メーカーは原料高を理由に値上げ圧力を強めている。

マーケットデータ

●大手鉄鋼卸の業績

大手鉄鋼卸の業績は次表の通りとなっている。「粗鋼」は圧延や鍛造などの加工を施す前の鋼で、最終的には自動車や電気製品などの耐久消費財や建築材料となることから、生産量は景気動向を示す指標となっている。また、五大元素（炭素、ケイ素、マンガン、リン、イオウ）が入っただけの鋼を「普通鋼」と呼び、その他の元素（ニッケル、クロム、銅、モリブデン等）が入って、特殊な性質を持つようになった鋼を「特殊鋼」と呼んでいる。

大手鉄鋼卸の売上高（平成29年３月期）（単位：億円）

社　名	売上高	当期利益
Ｊ Ｆ Ｅ 商 事	16,710 (17,564)	140 (75)
メ タ ル ワ ン	18,556 (19,740)	226 (167)
伊藤忠丸紅鉄鋼	17,977 (19,689)	151 (131)
阪 和 興 業	15,140 (15,118)	164 (255)
日 鉄 住 金 物 流	2,145 (2,176)	19 (16)
神 鋼 商 事	7,695 (7,913)	30 (35)

（注）カッコ内は前の期の売上高、当期利益
（出所）各社決算資料

●鋼材の用途別受注量

日本鉄鋼連盟によると、普通鋼の国内における用途別受注量の推移は次表の通りとなっている。普通鋼の用途において最も需要が大きい業種は製造業で、全受注量の40％以上を占めている。

普通鋼鋼材用途別受注量（内需）（単位：千トン）

年度	内需合計	製造業	建設業	販売業
平24	43,648	18,983	11,417	13,247
25	46,106	19,927	12,158	14,022
26	44,501	19,455	11,807	13,239
27	42,461	18,695	11,083	12,683
28	43,655	19,071	11,474	13,110

（出所）日本鉄鋼連盟

業界の特性

— 516 —

●鉄鋼卸売業の業態

日本標準産業分類によると、鉄鋼卸売業は、取り扱う商品から、粗鉄鋼を主に取り扱う「鉄鋼粗製品卸売業」と、鉄鋼製品を取り扱う「鉄鋼1次製品卸売業」、さらに「その他の鉄鋼製品卸売業」とに分けられる。また、流通段階により「一次問屋」、「二次問屋」および「三次店」があり、一次問屋は、鉄鋼メーカーと直接取引をしている総合商社または専門商社のことを呼ぶ。二次問屋は、一次問屋から鋼材を仕入れて需要家に販売する業者で、一般に「特約店」と呼ばれている。三次店は卸売業者間の需要調整取引（仲間取引）をする業者を呼ぶ。

●紐付契約と店売契約

鋼材の契約形態には、メーカーと需要家が直接契約する「直売」のほか、「紐付契約」と「店売契約」がある。紐付契約は、契約の際にメーカーと需要家の間で、鋼材の規格・数量・価格などの取引条件を確定させた上で、契約内容に沿って卸売事業者が出荷業務や代金回収を引き受ける形態である。国内の約7割がこの契約形態である。一方店売契約は、需要家を特定することなく、卸売事業者が自己責任でメーカーから鋼材製品を買い切る契約で、需要動向を見極めて、仕入れ数量及び価格を検討する必要がある。

●鋼材の流通

鋼材は、建設会社や自動車などの需要家にわたるまで複数の業者が介在する。メーカー系専門商社や、総合商社を指す1次流通業者が製鉄会社から調達した鋼材は、需要家のほか問屋など中小2次流通業者にも流れる。問屋はさらに別の問屋や鋼材加工業者に出荷する。問屋間の取引などを「店売り」と呼び、鋼材の指標価格を形成する。

●鉄鋼卸売業の事業所数、従業者数

経済産業省の「平成26年商業統計表」によると、鉄鋼卸売業者の事業所数、従業者数および年間販売額は次の通り。

鉄鋼卸売業の事業所数、従業者数、年間販売額（平成26年）

項　目	事業所数	従業者数 （人）	年間販売額 （百万円）
鉄鋼粗製品卸売業	624	5,799	978,866
鉄鋼一次製品卸売業	3,579	54,940	19,017,195
その他の鉄鋼製品卸売業	2,166	22,814	4,444,715

（出所）経済産業省「平成26年商業統計表」

ノウハウ

●鋼材加工能力の強化

鉄鋼卸の柏陽鋼機（柏崎市）は、約2億円を投じてレーザー切断機などを導入し、鋼材の加工事業を強化する。同社は、主に新潟県の上・中越地区を事業エリアとしているが、新潟県の公共事業が減少し、建設用の鋼材の競争は激化していた。そこで、鋼材加工技術で付加価値を高め、2020年の東京五輪により建設需要の拡大が期待される首都圏や北関東の市場を開拓する。

経営指標

ここでは参考として、TKC経営指標（平成29年版）より、「鉄鋼一次製品卸売業」の数値を掲げる。

TKC経営指標 （変動損益計算書）	全企業　43件	
	平均額（千円）	前年比（％）
売上高	1,097,868	98.6
変動費	882,216	97.3
仕入高	883,201	98.5
外注加工費	2,315	251.6
その他の変動費	1,879	94.5
限界利益	215,652	104.2
固定費	186,385	102.3
人件費	109,552	104.6
減価償却費	13,011	101.2
租税公課	4,217	93.6
地代家賃・賃借料	7,543	104.4
支払利息・割引料	3,012	84.3
その他	49,166	100.4
経常利益	29,266	118.1
平均従事員数	19.3名	

今後の課題／将来性

●課題

世界的な景気回復傾向から、鋼材需要について増加が見込まれる。一方、増産や供給制約に伴う鉄鋼原材料の高騰、保護主義の高まり、世界的な業界再編の動きなど、競争環境はますます激化することが予想される。

《関連団体》　一般社団法人日本鉄鋼連盟
東京都中央区日本橋茅場町3-2-10
鉄鋼会館
TEL　03（3669）4811

●卸売業●

日用雑貨卸売業

最近の業界動向

●日用雑貨卸の業績は回復基調

シャンプーや歯磨き、石けんや洗剤など日用品の国内市場は、消費増税後の駆け込み需要の反動減が長引いていたが、健康志向の高まりなどを受け回復基調にある。日経流通新聞「第46回日本の卸売業調査」によると、日用品・医療用品の平成28年度売上高は前年度比4.8％増、営業利益は同29.7％増であった。訪日外国人への販売増や付加価値の高い商品の販売が好調であった。

●爆買い終了も日用品の売上は増加

日本政策投資銀行によると、平成28年の訪日外国人によるインバウンド消費は、前年比7.8％増の3兆7,476億円であった。一方、買い物に使われる消費額は前年比1.9％減の1兆4,261億円となった。買物消費の50％以上が中国人によるものだが、関税引き上げや越境ECの利用拡大等により1人当たりの買い物代が前年に比べ約3万9千円減少したことによる。しかし、服やカバン、電気製品やビデオカメラ、時計、和服などの買い回り品の消費額は減少しているものの、化粧品や医薬品・トイレタリーなどの日用品は前年比13.2％増と、堅調に拡大しており、日用雑貨卸売各社には少なからぬ恩恵が続いている。

●物流の効率化を図る

商品ライフサイクルの短期間化や消費者ニーズの多様化などを背景に、卸売業には流通の効率化が求められている。売れ筋商品を適正量在庫として確保し、迅速に納品しなければならない。メディパルホールデイングス傘下のPALTACは、生産から消費にいたる流通プロセスを検証し、流通過程と店舗作業の無駄をなくしている。全国16カ所の大型物流センター（RDC）では、最先端のテクノロジーを駆使したロジスティクス・システムを駆使しサプライチェーン全体のコスト効率化を実現している。また、平成29年5月12日にタイの消費財大手のサハ・グループと物流などで基本合意した。平成29年内にサハ・グループ傘下のタイガーロジスティックスの株式の3割を取得し、PALTACの物流システムなどを導入する。提携を通じてタイでの流通に関するノウハウを蓄積して、平成30年にはタイで卸売事業に参入する。

マーケットデータ

●日用品・医療用品の売上高ランキング

日経流通新聞の「第46回日本の卸売業調査」によると、平成28年度の日用品・医療用品卸売上位企業の業績は次の通り。日用品卸大手のあらたは、化粧品などが好調であった。健康志向の高まりを受け、歯周病予防やホワイトニング効果のある歯磨き粉など、高付加価値のある商品が好調である。

日用品卸売企業の上位企業の業績（平成28年度）

社 名	本社	売上高 （百万円）	伸び率 （％）	粗利益率 （％）
あ ら た	千葉	704,610	4.1	10.4
フジモトHD	東京	201,186	1.1	―
CBグループ マネジメント	東京	150,072	6.7	10.6
井田両国堂	東京	131,935	15.4	―
広島共和物産	広島	75,059	7.3	―
東 京 堂	東京	65,624	1.5	―
東 流 社	宮城	54,100	6.9	―
森 川 産 業	東京	47,463	5.8	―
ハリマ共和物産	兵庫	45,121	8.9	12.0
小 津 産 業	東京	40,000	3.2	―
ス マ イ ル	東京	31,660	▲0.4	―
川 本 産 業	大阪	22,990	▲14.1	15.7
東 京 サ ラ ヤ	東京	20,528	8.6	―
大 山	東京	18,200	―	―
関	高知	15,246	0.0	12.3

（出所）日経流通新聞

●1世帯当たりの家事用消耗品の支出額

総務省「家計調査年報」によると、家事用消耗品（ポリ袋、ティッシュペーパー、トイレットペ

家事用消耗品の年間支出額推移

年次	支出額（円）	年次	支出額（円）
平19年	26,877	平24年	28,835
20年	27,668	25年	29,916
21年	28,222	26年	31,543
22年	27,854	27年	31,624
23年	28,859	28年	33,192

（注）二人以上の世帯
（出所）総務省「家計調査年報」

ーパー、洗濯用洗剤、台所住居用洗剤など）の1世帯当たり年間支出額の推移は表の通り。室内で使用する消臭剤や芳香剤、洗濯時に使用する柔軟剤など、新商品が相次いで発売されている。生活に欠かせない日用雑貨の支出額は年々増加している。

業界の特性

●事業所数、従業者数

日用雑貨卸を対象とした公的な統計は見当たらないが、総務省「経済センサス－基礎調査」によると、平成26年の医薬品・化粧品等卸売業の事業所数、従業者数は次の通り。なお、全国化粧品日用品卸連合会によると、組合員数は平成29年8月現在、23組合、258社である。

日用品卸売業の事業所数、従業者数（平成26年）

項　　目	事業所数	従業者数（人）
医薬品・化粧品等卸売業	19,531	313,115
紙・紙製品卸売業	7,132	69,430

（出所）総務省「平成26年経済センサス－基礎調査」

●日用雑貨卸売業の業態

日用雑貨卸売業は、せっけんやシャンプーなどのトイレタリー商品のほか、洗濯・掃除用品、トイレットペーパーなどの紙製品、整髪料や化粧品などのコスメティクス商品、衛生用品など幅広い商品を取り扱う卸売事業者である。流通経路は、生産者を軸にした建値制及びリベート制、特約店制度が確立されているため、業種別、メーカー別、商品系列別に取引されるのが一般的であったが、近年では、効率化を主眼においた物流共同化や競合メーカーの相乗りが増えつつある。また、販売先はドラッグストアが最も多く、その他に、ホームセンターや総合スーパー、コンビニなどがある。日用品卸大手のあらたは、売上高に占めるドラッグストア向けの割合が4割を超える。

ノウハウ

●配送の効率化と返品率の縮小

日用品や医療用品市場は、人口減などを考えると、今後大きく拡大することを想定するのは難しい。卸売各社は、有力なメーカーや小売と協力して売れ筋商品の素早い配送や返品率の縮小で収益力を高めようとしている。PALTACの大型物流

センターRDC関東では、返品分析システムを導入し適切な発注を提案する。一方、あらたは、訪日客向けの美容用品や紙おむつ、プライベートブランド商品の販売が伸びている。同社は店舗支援の部隊を約千人配置し、販促コーナーで売り場効率を高めている。

経営指標

日用品雑貨卸の指標は見当たらないので、ここでは参考として、TKC経営指標（平成29年版）より、「化粧品卸売業」の数値を掲げる。

TKC経営指標 （変動損益計算書）	全企業　130件	
	平均額（千円）	前年比（％）
売上高	345,485	104.5
変動費	255,298	104.9
仕入高	237,977	99.7
外注加工費	17,365	372.5
その他の変動費	▲639	519.1
限界利益	90,186	103.5
固定費	80,483	102.0
人件費	41,262	101.3
減価償却費	2,202	97.7
租税公課	652	99.7
地代家賃・賃借料	6,207	100.9
支払利息・割引料	763	86.7
その他	28,965	105.3
経常利益	9,703	118.5
平均従事員数	9.5名	

今後の課題／将来性

●課題

日用品のネット通販（EC）による取引量が拡大している。大手日用品メーカーは、自社のページでECサイトを運営し、アマゾン上ではブランドストアを開設している。現状、メーカーのECストアでは、卸売業を活用するケースが一般的とも言われ、ECもまた卸売業者の収入源となっている。しかし、ECでの売り上げが無視できない規模になれば、メーカーの直販動機が強くなることも想定され、卸売業の商品提案力や物流力のメリットなど、さらなる存在感の発揮が求められる。

《関連団体》　全国化粧品日用品卸連合会
　　東京都千代田区神田佐久間河岸84番
　　サンユウビル501
　　TEL　03（5839）2944

●卸売業●
鉄屑問屋

最近の業界動向

●鉄スクラップ供給量

鉄スクラップは、解体された建物や配車、工場の加工過程で発生する。日本鉄源協会の資料によると、平成27年度のスクラップ供給量（発生量）は前年度比8.2％減の3,961万7,000トンであった。

鉄スクラップ供給量の推移（単位：千トン）

年度	自家発生	市中	合計
平22	14,136	31,061	45,197
23	14,075	30,642	44,717
24	13,634	28,429	42,063
25	13,621	29,493	43,115
26	14,015	29,161	43,177
27	13,441	26,176	39,617

（注）平成26年より統計調査改正により一部過去のデータと不連続がある
（出所）日本鉄源協会

●鉄スクラップの価格

電炉の製鋼原料となる鉄スクラップの価格は、1トン3万円に迫り高値圏にある。国内のスクラップ需要は低調だが、輸出が伸びている。

鉄スクラップ価格の推移（東京、メーカー買値）

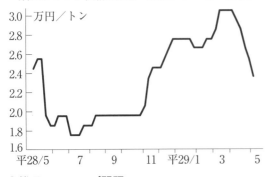

●雑品スクラップ問題

近年、有害物を含む使用済み電子機器等と鉄スクラップが混合されたもの、いわゆる「雑品スクラップ」が大きな問題になっている。雑品スクラップに起因する火災発生、輸出先で雑品スクラップの中から違法廃棄物が見つかり、日本へスクラップが戻されるシップバックが起こっている。このため、経済産業省・環境省が雑品スクラップへの規制を強化している。日本鉄リサイクル工業会によると、雑品スクラップは、同会会員の主要産品ではないが業界全体の信頼にも関わるものであり、雑品スクラップ問題を直視し、対応を進めている。

マーケットデータ

●鉄スクラップの需要実績

日本鉄源協会の資料によると、鉄スクラップの需要実績は次の通り。

鉄スクラップ需要の推移（単位：千トン）

項 目	平25年	平26年	平27年
転 炉 鋼	10,484	10,365	8,622
電 炉 鋼	26,168	26,505	24,904
他鉄鋼工場	244	—	—
鋳 物 用 他	5,522	5,139	4,924
そ の 他	513	787	757
合 計	42,931	42,797	39,207

（注）平成26年より「他鉄鋼工場」は「その他」に含まれる
（出所）日本鉄源協会

●鉄スクラップの輸出量

財務省「貿易統計」によると、日本の鉄スクラップの輸出実績は次の通り。平成27年の鉄スクラップ輸出量は前年比6.8％増の783万9,000トンであった。

日本の鉄スクラップ輸出実績（単位：1,000 M.T）

国 別	平25年	平26年	平27年
韓 国	4,704	3,808	3,104
中 国	2,602	2,095	1,912
台 湾	313	608	922
香 港	5	3	3
ベトナム	414	753	1,579
タ イ	2	5	21
シンガポール	1	5	5
マレーシア	1	1	25
インドネシア	74	46	156
イ ン ド	5	8	60
そ の 他	8	6	52
合 計	8,129	7,339	7,839

（出所）財務省貿易統計

●鉄スクラップ卸売業の状況

経済産業省「商業統計確報」によると、平成26年の鉄スクラップ卸売業の状況は、事業所数が2,720所（法人1,636所、個人1,084所）、従業者数が1万8,090人、年間販売金額が1兆2,218億5,800

万円となっている。

業界の特性

●鉄スクラップ処理業の地域特性

鉄スクラップ処理業者と商社で構成される日本鉄リサイクル工業会によると、平成29年9月現在の鉄スクラップ処理業者数は登録数で878社、商社は52社である。

鉄リサイクル工業会の会員の地域分布

地域別	会員数	地域別	会員数
北 海 道	53	関 西	120
東 北	86	中 四 国	88
関 東	332	九 州	60
中 部	139	合 計	878

（出所）日本鉄リサイクル工業会

●鉄スクラップの種類と発生傾向

鉄スクラップは、「自家発生スクラップ」と「市中スクラップ」とに分けられる。自家発生スクラップは、自動車や工作機械、電機、造船などの工場から発生するスクラップを指す。市中スクラップは廃車、廃船、建物その他使用済みの鉄製品から発生するスクラップである。日本鉄リサイクル工業会の資料によると、市中スクラップは平成28年度に約2,692万トンが回収され、リサイクルされている。市中スクラップの発生量は、日本国内で使用されている鉄の総量（鉄鋼蓄積量）と密接に結びついている。平成26年度時点の鉄鋼蓄積量は13億トンで推移している。鉄スクラップの発生量は鉄鋼蓄積量の約2～3％である。鉄鋼蓄積量の増加とともに鉄スクラップも増加する。

●リサイクルの社会的意義

多くの天然資源を海外に依存する日本において、貴重な鉄鋼原料供給として、年間1億トンの鉄のうち、3,000万トン程度を鉄スクラップのリサイクルが賄っている。近年、発生量が消費量を上回り、年間700万トン前後がアジアを中心に輸出されている。

●リサイクルのフロー

鉄スクラップ業界は、大きなシェアを持つ全国的な企業が存在せず、地域ごとに多数の中小企業がそれぞれ得意分野を持ち、価格やサービスを競っている。鉄屑リサイクルのフローは、①集荷…発生元から鉄リサイクルを集める。②破砕・選別

…リサイクル会社で行われる。③再資源化…電炉メーカーで精錬として行われる。④物流…ものを運ぶ。川上から川下まで広範囲に業務をカバーすれば、ビジネスチャンスが拡大する可能性がある。

ノウハウ

●将来の市場を見込んだ戦略

平成29年7月、スズトクホールディングス、マテック、やまたけ、青南商事の4社は鉄スクラップ、リサイクル、最終処分等を総合的に手掛けるための合弁会社アール・ユー・エヌを立ち上げた。新会社は、将来的にグローバルで戦えるスケールメリットを重視している。将来を見越した合弁なども重要な戦略となる。

経営指標

ここでは参考として、TKC経営指標（平成29年版）より、「鉄スクラップ卸売業」の数値を掲げる。

TKC経営指標 （変動損益計算書）	全企業 70件	
	平均額（千円）	前年比（%）
売上高	241,925	124.3
変動費	166,130	125.4
仕入高	166,784	128.7
外注加工費	1,553	95.7
その他の変動費	400	111.7
限界利益	75,794	121.9
固定費	72,587	100.0
人件費	37,050	97.5
減価償却費	6,176	95.7
租税公課	1,883	102.8
地代家賃・賃借料	3,964	101.5
支払利息・割引料	906	97.5
その他	22,701	105.8
経常利益	3,207	▲30.8
平均従事員数	7.7名	

今後の課題／将来性

●課題

雑品スクラップ問題などが発生しない管理体制を構築することが求められる。また、グローバル的な競争力強化に向け、業界再編などが進むだろう。

《関連団体》　一般社団法人日本鉄リサイクル工業会
　東京都中央区日本橋茅場町3－2－10
　　鉄鋼会館5F
　TEL　03（5695）1541

●卸売業●

古紙卸売業

最近の業界動向

●古紙回収量は減少傾向

古紙回収量は、雑誌や新聞の発行部数の減少などの影響で緩やかに減少している。平成28年の古紙回収量は、2,123万トンであった。古紙回収率は、横ばいまたは微増傾向にあり、平成28年の回収率は81.3％であった。また、利用率は64.2％となっている。

古紙の回収量、回収率、利用率の推移

項　目	平26年	平27年	平28年
古紙回収量（千トン）	21,750	21,401	21,233
古紙回収率（％）	80.8	81.3	81.3
古紙利用率（％）	63.9	64.3	64.2

（出所）古紙再生促進センター

●段ボール古紙の輸出価格が大幅に上昇

製紙原料となる段ボール古紙の輸出価格が大幅に上昇している。関東製紙原料直納商工組合によると、平成29年6月の段ボール古紙の輸出価格は1キロ25.8円と前月よりも2割高く、最高値をつけた同年3月の1キロ26.4円に迫っている。中国ではここ数年、インターネット通販の拡大などで段ボール需要などが増え、中国のメーカーが買い増しに動いているとみられる。輸出価格の上昇は、国内製紙会社の原料調達コストを引き上げる結果となり、段ボール原紙メーカーは4月以降、原料高を転嫁するため相次ぎ値上げを表明している。

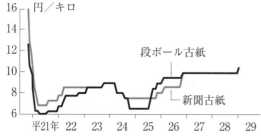

段ボール古紙の価格推移

（注）回収問屋買値、東京地区
（出所）関東製紙原料直納商工組合

●日本紙パルプ商事が古紙商社の福田三商を買収

紙商社最大手の日本紙パルプ商事は平成29年1月27日、古紙商社の福田三商を買収すると発表した。両社合計の古紙取扱量は約200万トンで、全国トップとなる見通しだ。段ボールやトイレットペーパーなどの古紙の需要はひっ迫しており、古紙の安定供給のため買収を通じて取扱量を増やす。買収金額は約37億円。日本紙パルプ商事は、国内卸売事業を柱に、海外卸売や製紙・加工、資源・環境など幅広く事業を展開している。福田三商は国内最大規模の古紙商社で、中部地区を中心に古紙リサイクルネットワークを全国に展開している。また、インドで古紙の回収・販売事業を始める。平成29年内に、古紙の回収ヤード（集めた古紙を選別する施設）を西部ムンバイに新設する。インドのほかにも海外での古紙回収・販売事業を強化していく。

マーケットデータ

●古紙消費量、利用率はやや増加

古紙消費量はやや増加傾向である。平成28年の消費量は1,703万トン、パルプ消費量は952万トンであった。

古紙・パルプ消費量

項　目	平26年	平27年	平28年
古紙消費量（千トン）	17,091	16,984	17,031
パルプ消費量（千トン）	9,695	9,456	9,521

（出所）古紙再生促進センター

●古紙問屋の売上高

古紙ジャーナルによると、平成28年の古紙問屋の平均売上高は前年比10.0％減の3億2,000万円である。業界大手の大本紙料や宮崎などはM&Aで、新規ヤードを増やし売り上げを伸ばしている。大本紙料の平成27年度の売上高は264億円で、前年度の246億円に比べて7.3％増であった。また、宮崎の平成29年5月期の売上高は275億円で前年比15.5％増となった。

●古紙の輸出入

古紙の輸出量は回収量の減少を反映しているのか、減少傾向にある。平成28年の古紙輸出量は413万8,000トンであった。一方、古紙輸入量は4万3,000トンで、輸出量の1.0％程度の規模でしかない。

古紙の輸出入量

項　目	平26年	平27年	平28年
古紙輸出量（千トン）	4,619	4,261	4,138
古紙輸入量（千トン）	34	35	43

（出所）財務省貿易統計

●古紙価格

　古紙再生促進センターの調査によると、輸出向けの古紙価格は、輸出先の中国や東南アジア諸国の景気動向に伴い乱高下しているが、概して国内価格よりも高く2万円/トン以上で取引されている。国内市場における価格は、段ボールで1.5万円/トン、新聞紙で1.4万円/トン程度でほぼ横ばいで推移してきたが、近年の輸出価格高騰により流通価格にも影響を及ぼし始めている。

業界の特性

●古紙卸売業の業態

　古紙卸売業は、利用目的を果たして廃棄された紙（古紙）を、その発生源から収集し、製紙メーカーへ納入・販売することを業務としている。経済産業省の生産動態統計調査によると、平成28年における古紙の入荷量1,698万トンのうち、約半分の881万トンが段ボール、次いで新聞の377万トン、雑誌の193万トンと続く。集められた古紙は、再び段ボール原紙や、印刷用紙、新聞用紙などとして活用される。

平成28年の古紙概況（単位：千トン）

古紙種類	入荷量	消費量
段　ボ　ー　ル	8,812	8,830
新　　　　　聞	3,772	3,802
雑　　　　　誌	1,934	1,939
模　造　・　色　上	1,826	1,818
台紙・地券・ボール	374	378
切　付・中　更　反　古	98	100
上　白　・　カ　ー　ド	65	65
特白・中白・白マニラ	51	52
茶　模　造　紙	46	47

（出所）財務省「貿易統計」

●事業所数、従業者数、年間商品販売額

　経済産業省「平成26年商業統計表確報」によると、平成26年の古紙卸売業の事業所数は1,828カ所、従業者数は1万6,947人となっている。また、従業者19人以下の事業所数は1,660カ所で全体の約90％、従業者数は1万954人で全体の約65％を占めており、中小事業者が多い業界構造となっている。

ノウハウ

●機密文書処理ガイドライン

　平成17年に個人情報保護法が全面施行される前後から、企業や行政機関より廃棄される印刷物は、機密文書として流出することなく確実に処分されることが求められるようになった。このような背景のもと、古紙再生促進センターでは、平成26年に「セキュリティの確保」だけでなく「紙資源の循環」の両方のニーズを満たすべく「リサイクル対応型機密文書処理ガイドライン」を公開している。ガイドラインは、処理会社が守るべき規範を取りまとめたものだが、排出者が機密文書を処理委託する際にも活用できる内容になっている。

経営指標

　ここでは参考として、TKC経営指標（平成29年版）より、「古紙卸売業」の数値を掲げる。

TKC経営指標 （変動損益計算書）	全企業　27件	
	平均額（千円）	前年比（％）
売上高	266,771	96.9
変動費	129,074	88.8
仕入高	124,707	88.6
外注加工費	3,577	88.5
その他の変動費	660	110.0
限界利益	137,696	105.9
固定費	122,989	99.3
人件費	69,677	101.1
減価償却費	7,454	93.4
租税公課	2,596	105.8
地代家賃・賃借料	7,389	96.2
支払利息・割引料	729	101.1
その他	35,143	97.2
経常利益	14,706	240.0
平均従事員数	14.4名	

今後の課題／将来性

●課題

　人口減や電子化の進展によって、紙・板紙の内需は低迷し、古紙の国内発生量の減少や輸出量の増加など、国内の古紙供給量は減少するとみられる。輸出量の増加に伴い、価格の高騰などが懸念され、古紙品質の悪化も課題となっている。

《関連団体》　公益財団法人古紙再生促進センター
　　　東京都中央区入船3－10－9
　　　TEL　03（3537）6822

●卸売業●

書籍取次業

最近の業界動向

●長引く出版不況で書籍取次業の経営は一段と悪化

長引く出版不況を受け、書籍取次業の経営は一段と悪化している。出版科学研究所によると、平成28年の出版物の販売額は前年比3.4％減の1兆4,709億円となり、12年連続でマイナスとなった。内訳は書籍が7,370億円（前年比0.7％減）、雑誌が7,339億円（前年比5.9％減）と、書籍の売上が雑誌の売上を上回ったのは41年ぶりのことだった。雑誌販売の中でもコミックスの下落は大きく、人気作品の完結および電子コミックの急拡大が原因とみられている。こうした中、出版取次大手の日本出版販売とトーハンは、首都圏などの大都市で共同配送をする。書店数が減少する一方、コンビニエンスストアが増え、出版配送の小口化が進んでいる。運ぶ荷物は減少する一方、配達先が増えているため、配送の集約で効率化を図りたい考えだ。取次を通さないアマゾンジャパンの台頭もあり、書籍取次業を取り巻く環境は悪化している。

●ITを使った販促サービス

取次大手の日本出版販売は、書店向けにITを使った販促サービスを導入する。書店のPOPをスマートフォンの画面に表示するサービスで、画面を見て興味を持った本を選ぶような、新しい本の探し方を提示する。希望する書店には、金銭的に負担の少ない方法で導入する。今後もITを使って書店の魅力を高める取り組みを行っていく考えだ。

●共通ポイントの導入

楽天やNTTドコモなどの共通ポイントが多くの書店で使えるようになった。このため、取次大手のトーハンは、ポイントに対応したPOSレジを提供し、書籍購入時にポイントがためられるようにする。トーハンが取引する書店400〜600店で導入される見通しで、共通ポイントの導入で客離れ

に歯止めをかけたい考えだ。また、無料対話アプリのLINEと組んでコミックの販売販促に力を入れている。電子書籍のマンガ1話を無料で試し読みができるサービスで、コミックへの購入を促す。電子書籍を販促に活用するもので、キャンペーンの規模を拡大して販促に力を入れる。

マーケットデータ

●書籍販売額

出版科学研究所によると、出版物販売金額の推移は次の通り。また、平成28年の販売部数は書籍が前年比1.4％減の6億1,769万冊、雑誌が同8.0％減の13億5,990万冊であった。

出版物販売金額の推移（単位：億円）

年次	書籍	雑誌	合　計
平23年	8,198	9,843	18,042
24年	8,012	9,385	17,398
25年	7,851	8,971	16,823
26年	7,544	8,520	16,064
27年	7,419	7,800	15,220
28年	7,370	7,339	14,709

（注）千万円以下切り捨てのため、合計は合わない
（出所）出版科学研究所

●大手書籍卸売業の売上高

日経流通新聞の「第46回日本の卸売業調査」によると、平成28年度の大手書籍卸売業の売上高は次の通り。

大手書籍卸売業の売上高（平成28年度）

社　名	売上高	伸び率	経常利益	伸び率
日本出版販売(連)	624,422	▲2.4	2,409	▲26.8
トーハン（連）	475,907	▲2.6	4,223	18.3
大阪屋栗田	80,200	16.8	—	—
図書館流通センター	42,855	7.4	2,059	6.6
日　教　販	27,357	▲0.9	141	39.6
ユ　サ　コ	5,860	▲3.7	228	28.8
春うららかな書房	3,849	11.1	104	2.0

（出所）日経流通新聞

●返品率の改善

新刊配本の部数の適正化など取次会社の送品引き締め策により、2年連続で返品率が改善した。出版科学研究所によると、平成28年の金額返品率は、書籍が36.9％（前年比0.3ポイント減）、雑誌が41.4％（前年比0.4ポイント減）となった。コンビニエンスストアでの販売状況がやや回復したことなどが一因だ。

金額返品率の推移（単位：％）

年次	書籍	対前年増減	雑誌	対前年増減
平23年	37.6	▲1.4	36.1	0.6
24年	37.8	0.2	37.6	1.5
25年	37.3	▲0.5	38.8	1.2
26年	37.6	0.3	40.0	1.2
27年	37.2	▲0.4	41.8	1.8
28年	36.9	▲0.3	41.4	▲0.4

（出所）出版科学研究所

業界の特性

●書籍取次業の業態

　出版業界は基本的に出版社・取次業者・書店の三者によって成り立っている。書籍取次業は、書籍や雑誌等の出版物を、出版社から全国の書店やコンビニエンスストアなどの小売に流通させる機能を果たしている。業界団体である日本出版取次協会の加盟会社数は平成29年6月現在22社あり、このうちトーハンと日本出版販売が約8割を占め寡占状態にある。

●配本機能

　書籍取次業の大きな役割として「配本」がある。配本は「新刊をどの書店に何冊置くか」を決めることで、取次事業者が過去のデータに基づいて新刊の割り当て数量を決定する。書籍販売における機会損失（欠品）を減らし、返品を少なくするために配本精度向上が取次事業者に求められる。

●委託販売制度

　紙の書籍は基本的に委託販売制度を取っており、小売店では、一定の期間内に売れ残ったものを返品しても良い。取次事業者においても、委託販売制度のもと、書店等で販売された分だけの支払いを出版社に対して行うものであるが、出版社に対して一部前払金を支払うケースもある。

●電子書籍取次業

　電子出版市場の拡大に伴い電子書籍取次という業態も確立しつつある。主な機能として、商流機能、請求・支払に関する金融機能があり、これらは紙の書籍取次と同様であるが、物流や配本の機能は必要とされない。一方で、電子書籍データおよび電子書籍書店で販売するために必要な書誌データ等の作成に技術的なノウハウが存在する。主な電子書籍取次事業者としては、モバイルブック・ジェーピー、出版デジタル機構、クリーク・アンド・リバー社、ブックリスタ、メディアドゥなどがある。

ノウハウ

●「LINEマンガ」への供給で急成長

　電子書籍取次のメディアドゥは平成29年3月、出版デジタル機構を買収し、1,000社超の出版社の書籍データを扱う。メディアドゥは電子書籍データを出版社から仕入れ、電子書店サイトに取り次ぐ。需要の高いマンガの取り扱いが多く、無料対話アプリ「LINE」の「LINEマンガ」への供給で急成長した。平成29年度内に、AIを使って書籍の内容を要約するサイトを開く。

経営指標

　ここでは参考として、TKC経営指標（平成29年版）より、「書籍・雑誌卸売業」の数値を掲げる。

TKC経営指標 （変動損益計算書）	全企業　11件	
	平均額（千円）	前年比（％）
売上高	213,200	93.4
変動費	175,450	92.7
仕入高	174,958	92.9
外注加工費	―	―
その他の変動費	―	―
限界利益	37,749	97.0
固定費	35,249	97.6
人件費	21,517	97.6
減価償却費	814	112.3
租税公課	470	99.9
地代家賃・賃借料	2,575	99.3
支払利息・割引料	683	113.7
その他	8,252	92.9
経常利益	2,500	88.3
平均従事員数	6.0名	

今後の課題／将来性

●課題

　アマゾンジャパンは出版物の一部について、書籍取次を通さず出版社との直接取引を拡大させる動きを見せている。利用者に早く届けるためとしているが、ネット書店の台頭などもあり書籍取次各社は危機感を募らせている。取次経由を原則とする日本の出版流通に変化が起こっている。

《関連団体》　一般社団法人日本出版取次協会
　東京都千代田区神田駿河台1－7
　TEL　03（3291）6763

●建設業●

総合建設業

最近の業界動向

●国内建設投資は増加

平成29年度の国内の建設投資額は、前年度比4.7％増の54兆9,600億円となる見通しである。政府建設投資額は5.4％増となる見通しで、東日本大震災の復旧・復興需要に加え、防災対策などから公共投資が底堅く推移した。民間投資については、企業の業績が好調に推移していることから、民間建設投資額は4.3％増となる見通しである。短期的にはオリンピックに向けた都心部の再開発への投資、長期的には公共インフラの老朽化による維持更新投資が見込まれ、建設需要が拡大する可能性は高い。

建設投資の推移（単位：億円）

区　分	平成27年度 （見込み）	平成28年度 （見込み）	平成29年度 （見通し）
名目建設投資額	508,200	524,700	549,600
名目政府建設投資	211,200	210,900	222,300
名目民間住宅建設投資	147,400	156,800	159,500
名目非住宅建設投資	149,600	157,000	167,800

（出所）国土交通省

●東京オリンピックの影響

2020年の東京オリンピックを控え、建設投資は拡大基調となっている。道路や鉄道などの交通インフラ整備の前倒しや、都心部の大型再開発が計画されており、飲食店や宿泊施設の新設なども期待できる。しかし、オリンピック特需は一過性のものであり、日銀はオリンピック関連投資が一巡すれば減速する可能性が高いと判断している。

●支払い条件の緩和

ゼネコン（総合建設会社）各社は、下請け企業など取引先への支払い条件を緩和して、人手確保の原資などに充ててもらい、経営を支援する。支払い見直しは、下請け会社の建設会社や資材を供給する業者が対象で、支払手形などの決算期間を90日から60日に短縮する。準大手ゼネコンでも支払手形などの決算期間を短縮する検討を始めてい

る。五洋建設は平成29年10月から、協力会社からの資材購入の新規契約の支払いを手形から現金に切り替え、下請け企業向けは7月に切り替えている。

マーケットデータ

●平成28年度の建設受注額

日本建設業団体連合会の統計資料（97社）によると、平成28年度建設受注額は前年度比1.3％増の15兆2,094億5,800万円であった。内訳は国内の建設受注費が同3.2％増の14兆9,159億1,400万円、海外の建設受注費が同48.0％減の2,935億4,400万円で、海外受注の大幅減少に歯止めがかからない。一方、国内受注額は堅調で、全体としては微増となっている。

建設受注額の推移（単位：百万円）

項　目	平成27年度	平成28年度
総合計	15,012,575	15,209,458
国　内	14,448,104	14,915,914
民　間	10,052,878	10,321,105
官公庁	4,361,929	4,566,777
その他	33,297	28,032
海　外	564,471	293,544

（出所）建設経済研究所

業界の特性

●働き方改革を進める

建設業界では、働き方改革を進めている。ゼネコンが加盟する日本建設業連合会は、時間外労働を減らすため自主規制を導入したほか、週休2日の取得に取り組み始めている。働き方改革は、高年齢層の大量離職に対応する一方、新規入職者の確保に欠かせない。また、賃金の面などでも待遇改善を進める。

●建設業の許可業者数

国土交通省「建設業許可業者の現況」によると、建設業の許可業者数は平成29年3月末現在で46万5,454業者と、前年度の46万7,635業者に比べて0.4％減少した。新規に建設業許可を取得した業者は2万222業者で、前年度比1,066業者（5.6％）の増加となっている。平成28年度中に建設業許可が失効した業者は2万2,403業者で前年度比2,039業者（8.3％）の減少となったが、廃業業者数は前年度

－ 526 －

に次いで高い水準になっている。

建設業許可業者数・新規及び廃業業者数

年　度	平25	平26	平27	平28
許可業者数	470,639	472,921	467,635	465,454
新規業者数	15,738	16,959	19,156	20,222
廃業業者数	14,999	14,677	24,442	22,403

（出所）国土交通省

●建設業の就業者数

　国土交通省の資料によると、平成28年（平均）の建設業の就業者数は492万人で、前年の500万人と比較すると1.6％減少している。うち、技能労働者数は326万人であり、1.5％減少している。国土交通省による働き方の抜本的な改善に向けた取り組みとして、適切な賃金水準の確保や週休2日などの取り組みなどにより減少率は緩やかになっているが、労働人口全体の減少などもあり増加には至っていない。

技能労働者数の推移（単位：万人）

項　目	平26	平27	平28
技能労働者	341	331	326
技術者	28	32	31
管理的職業・事務従事者	98	99	99
販売従事者	30	28	27
その他	8	10	9
合　計	505	500	492

（出所）総務省「労働力調査」を基に国土交通省で算出

ノウハウ

●海外事業の拡大

　国内の建設市場が震災の復興需要やオリンピック特需などで、縮小から回復傾向となってきた。大手建設業では収益力も回復し新たな事業へのリスク許容力が高まり、海外事業の拡大を図っている。大林組と鹿島建設は、近年北米の建設会社を買収し子会社化している。地域別ではアジアが最も多く、北米、中東と続く。近年は景気の回復が続く北米での伸びが目立つ。海外建設協会によると、建設業の海外工事受注の約25％が日系法人からの受注で、現地法人からの受注が圧倒的に多くなっている。

●人材不足への対応

　国内建設業では清水建設、鹿島建設、大成建設、大林組、竹中工務店の5社が頂点に立ち「スーパーゼネコン」と呼ばれている。業界全体の人材不足に対応するため、スーパーゼネコンでは外国人技術者を活用していくため、タイなどの海外に研修施設を設置し、海外技術者を対象とした研修を行うなどの対応を取っている。また、清水建設や鹿島建設は、外国人技術者を国内に招いて研修を行うなど、海外の技術者確保を強化している。省力化・生産性向上するために建機の自動化システムの開発や、現場へのロボット導入の取り組みもみられる。

経営指標

　ここでは参考として、TKC経営指標（平成29年版）より、「一般土木建築工事業」の数値を掲げる。

TKC経営指標 （変動損益計算書）	全企業 1,709件	
	平均額（千円）	前年比（％）
売上高	321,110	100.8
変動費	207,197	99.2
仕入高	50,516	100.9
外注加工費	155,456	98.7
その他の変動費	1,166	94.2
限界利益	113,913	103.8
固定費	101,791	102.9
人件費	58,001	102.8
減価償却費	5,533	105.1
租税公課	1,743	104.7
地代家賃・賃借料	7,022	105.1
支払利息・割引料	1,129	91.0
その他	28,445	102.6
経常利益	12,121	112.4
平均従事員数	11.9名	

今後の課題／将来性

●将来性

　震災復興需要やオリンピック特需などで受注量は増加し、建設業は売上利益ともに回復基調にある。これらの需要が一巡し、国内の人口減少から先行きを不安視する懸念もあるが、平成32年以降もリニアモーターカーの建設や公共インフラ維持更新投資が見込まれ、堅調に推移すると予測される。ただ、都心部と地方の格差は広がっており、東京の一極集中が一段と進む可能性がある。

《関連団体》　一般社団法人日本建設業連合会
　　東京都中央区八丁堀2－5－1
　　　東京建設会館8F
　　TEL　03（3553）0701

●建設業●

住宅建設業

最近の業界動向

●新設住宅着工戸数は上昇

国土交通省「建築着工統計調査」によると、平成28年度の新設住宅着工戸数は97万4,137戸と、前年度比5.8％上昇している。消費税増税前駆込需要後の反動から回復し、業界大手の大和ハウス工業では2桁増で最高益を更新した。積水ハウス、住友林業なども大幅増収となっている。富裕層向けの注文住宅や中堅層向けの分譲住宅が好調で、相続税の節税対策などでアパートのような貸家も伸びている。住宅各社は、都心部での賃貸住宅の需要増や、省エネルギータイプの住宅、環境に配慮した住宅需要をとらえ、受注を増やした。また、積水ハウスや住友林業、パナホームなどは海外への事業拡大にも積極的で、業績を伸ばしている。しかし、引き続き少子高齢化による世帯数の減少が予測されていることで、需要が大きく増加することは期待できない状態となっている。

新設住宅着工戸数の推移（単位：戸、％）

項目	平26年度	平27年度	平28年度	前年度比
総　　数	880,470	920,537	974,137	5.8
持 ち 家	278,221	284,441	291,783	4.1
賃　　家	358,340	383,678	427,275	2.6
給与住宅	7,867	5,832	5,793	▲0.7
分譲住宅	236,042	246,586	249,286	1.1

（注）給与住宅とは社宅や官舎など
（出所）国土交通省「建築着工統計調査」

●ZEH（ネット・ゼロ・エネルギー・ハウス）

ZEHは、快適な室内環境を保ちながら、住宅の高断熱化と高効率設備により、できる限りの省エネルギーに努め、太陽光発電などによりエネルギーをつくることで、消費するエネルギー量が概ねゼロ以下となる住宅をいう。政府は平成26年のエネルギー基本計画において、ZEHを標準的な住宅にするとの目標を掲げた。平成32年の目標達成のためには、新築住宅の過半数がZEHとなっていることが必要で、ZEHの新築、既存住宅の

ZEHへの改修に対して補助金を交付している。平成29年9月時点では、全国で6,065社がZEHビルダーとして登録されている。

●玄関一体型の宅配ボックス

ミサワホームは、玄関一体型の宅配ボックスを発売した。室内から宅配物を回収でき、料理中など外に出られない場合でも宅配物を受け取ることができる。また、ダイワハウス工業は、日本郵便などと共同で開発した宅配ボックス付きの戸建て住宅を発売した。メールボックス付きの門柱に宅配ボックスを取り付けた。インターネット通販市場の拡大などで、宅配便取り扱い個数が増加している。再配達問題もあり、住宅メーカーは宅配便の受け取り設備の販売を急いでいる。

マーケットデータ

●住宅大手の売上高

業界最大手の大和ハウス工業は、平成28年度売上高は3兆5,129億円で、前年度比10.0％と大きく伸びた。積水化学工業、旭化成ホームズは減収となっているが、住宅部門は増収となっている。大手ハウスメーカーは、政府による住宅支援策や消費増税の先送りなどの環境的要因により販売数の増加、高付加価値化による単価上昇などで好調だった。

住宅大手の売上高（単位：億円）（平成29年3月期）

社　名	売上高（億円）
大 和 ハ ウ ス 工 業	35,129（31,929）
積 水 ハ ウ ス	20,269（18,588）
積 水 化 学 工 業	10,658（10,963）
住 友 林 業	11,134（10,405）
ミ サ ワ ホ ー ム	3,999（3,993）
旭 化 成 ホ ー ム ズ	5,702（5,830）
一 建 設	3,604（3,408）
パ ナ ホ ー ム	3,596（3,530）

（注）カッコ内は前の期の売上高
（出所）各社決算資料

業界の特性

●建築工事業の許可業者数

国土交通省「建設業許可業者の現況」によると、建築業の許可業者数は平成29年3月末現在で15万4,808業者と、前年度の15万8,263業者に比べて2.2％減少した。

－ 528 －

建築工事業許可業者数（単位：業者数）

項　目	平27年度	平28年度	平29年度
許可業者数	162,538	158,263	154,808

（出所）国土交通省「建設業許可業者数調査」

●資本金階層別の許可業者数

国土交通省の［建設業許可業者数調査］によると、平成29年3月現在の建設工事業の資本金階層別許可業者数は次の通り。個人業者は全体の22.7％となっている。

資本金階層別許可業者数（単位：業者数）

資本金階層別	業者数	構成比
個　人	33,991	22.0
200万未満	2,836	1.8
200万以上300万未満	746	0.5
300万以上500万未満	25,733	16.6
500万以上1,000万未満	21,006	13.6
1,000万以上2,000万未満	34,703	22.4
2,000万以上5,000万未満	26,933	17.4
5,000万以上1億未満	6,003	3.9
1億以上3億未満	1,463	1.0
3億以上10億未満	670	0.4
10億以上100億未満	507	0.3
100億以上	217	0.1
合　計	154,808	100

（注）四捨五入計算しているため、合計が合わない場合がある

（出所）国土交通省「建設業許可業者数調査」

●分類

住宅は注文住宅と分譲住宅に大別される。注文住宅は、顧客の要望に応じて設計から行い、自由度が高い反面、手間や時間がかかる。分譲住宅は、建売住宅とも呼ばれ、販売会社の土地にあらかじめメーカーが建てた住宅で土地と建物を一括購入するものである。注文住宅の建築会社は、住宅メーカー、工務店を組織するフランチャイズ会社、地域ビルダー、工務店、設計事務所がある。

●住宅の選択理由

国土交通省の「住宅市場動向調査」によると、注文住宅取得世帯の住宅選択理由は「信頼できる住宅メーカーだったから」が49.2％で最も高く、前年度より1.6％上昇した。住宅の安全性・信頼性を重視する層が増加していることがうかがえる。

ノウハウ

●高級木造住宅を強化し、富裕層の取り込みを図る

戸建棟数の拡大が期待できない中、住宅大手は高級木造住宅の販売を強化している。大和ハウスは、上質な最高級木造フルオーダー邸宅「プレミアムグランウッド」を発売し、ブランドイメージの強化、木造高級層の取り込みを図る。積水ハウスは、「シャーウッド」の高級モデル「グラヴィス・ステージ」を発売した。住友林業、パナホームなども木造住宅の新商品を発売し、市場拡大を図っている。富裕層向け市場は景気動向に左右されにくく、安定した需要が見込まれることから注目されている。

経営指標

ここでは参考として、TKC経営指標（平成29年版）より、「一般土木建築工事業」の数値を掲げる。

TKC経営指標 （変動損益計算書）	全企業　1,709件	
	平均額（千円）	前年比（％）
売上高	321,110	100.8
変動費	207,197	99.2
仕入高	50,516	100.9
外注加工費	155,456	98.7
その他の変動費	1,166	94.2
限界利益	113,913	103.8
固定費	101,791	102.9
人件費	58,001	102.8
減価償却費	5,533	105.1
租税公課	1,743	104.7
地代家賃・賃借料	7,022	105.1
支払利息・割引料	1,129	91.0
その他	28,445	102.6
経常利益	12,121	112.4
平均従事員数	11.9名	

今後の課題／将来性

●将来性

平成29年は、住宅ローン金利が引き続き低水準なため、戸建住宅の着工は堅調である。しかし、マイナス金利の効果も限定的で、少子高齢化や人口減少、平成32年以降の世帯数減少などを背景に、住宅市場は縮小が予想される。その中でも、高級戸建て住宅やスマートハウス、賃貸住宅が注目されている。性能や価格などで独自性を確立することで、売上・収益につなげていく必要がある。

《関連団体》　一般社団法人住宅生産団体連合会
　東京都千代田区六番町3番地　六番町SKビル
　TEL　03（5275）7251

●建設業●

中小工務店

最近の業界動向

●国土交通省が省エネ住宅・建築物の整備に向け中小工務店を支援

国土交通省は、省エネ住宅・建築物の整備に向けた体制整備事業として、設備・建材メーカー等を通じた中小工務店支援を平成28年から開始した。省エネルギー基準等についての講習会や、適合証明等の取得申請のための申請サポートを行う。この事業は、エネルギー基本計画等で求められている徹底した省エネルギー社会の実現を図るべく進められている。

●地方の中小工務店がゼロエネルギー住宅の普及を進める

地方の中小工務店が、ゼロエネルギー住宅の普及を進めている。福岡市の住宅会社エコワークスは、ゼロエネルギー住宅を標準商品として提案している。空調の使用を抑えるため高性能断熱材や高断熱サッシで断熱性能を最新の省エネ基準より4割ほど高めた。エコワークスの社員の過半数は建築士で、エネルギー消費量を計算して顧客に説明する。大手住宅会社のゼロエネルギー住宅より、平均1〜2割安く提供している。また、北海道から沖縄県までの工務店10社、東京大学などが連携し、太陽熱を活用したゼロエネルギー住宅の実証実験を始めた。戸建て市場のシェアは、大手が大半を占め、中小工務店・住宅会社が3割程度を占めている。人材の確保や技術など課題も多いが、ゼロエネルギー住宅の普及を進めている。

●地域工務店を支援する全国工務店協会

中小工務店の全国組織である全国工務店協会（JBN）は、事務や技術、人材、品質、情報などで会員をサポートしている。年間3万棟、全国30万件のリフォーム実績がある。ZEHの推進支援では、普及・推進をサポートし、保険制度支援や設計事務所との連携、プレカット工場との連携支援を行っている。また、技術面では、伝統的な構法住宅の形式認定支援や木造建築士資格取得を支援している。

マーケットデータ

●新設住宅着工戸数

国土交通省「建築着工統計調査」によると、平成28年度の新設住宅着工戸数は97万4,137戸と、前年度比5.8％上昇している。相続税対策の活発化や消費増税の先送り、日銀の低金利政策が継続していることなどが好影響を及ぼした。

新設住宅着工戸数の推移（単位：戸、％）

項目	平26年度	平27年度	平28年度	前年度比
総　　数	880,470	920,537	974,137	5.8
持 ち 家	278,221	284,441	291,783	4.1
貸　　家	358,340	383,678	427,275	2.6
給 与 住 宅	7,867	5,832	5,793	▲0.7
分 譲 住 宅	236,042	246,586	249,286	1.1

（注）給与住宅とは社宅や官舎など
（出所）国土交通省「建築着工統計調査」

●注文住宅の建築費用

平成28年の家造りの建築費用（土地代を除く）は、平均で2,820万円と前年の2,943万円と比べ123万円減少した。また、大手ハウスメーカーのボリュームゾーンである4,000万円以上の価格帯は減少しており、中小工務店の主力である2,000〜2,500万円はほぼ前年並みとなっている。新築住宅市場が縮小した場合、ハウスメーカーが工務店のボリュームゾーンに進出してくる可能性があり、工務店は低価格か高品質のどちらを開拓していくのか選択しないと受注を伸ばすことができない状況になる。

注文住宅の建築費用の減少率（全国）

建築費用	平27年（％）	平28年（％）
1,500万円未満	6.2	6.3
〜2,000万円未満	12.8	14.5
〜2,500万円未満	23.7	23.6
〜3,000万円未満	16.2	18.6
〜3,500万円未満	17.0	16.8
〜4,000万円未満	7.2	7.2
〜4,000万円以上	16.8	13.0

（出所）㈱リクルート住まいカンパニー「2016年注文住宅動向・トレンド調査」

業界の特性

●工務店のタイプ

工務店にもさまざまな業態がある。①独立自営型（注文住宅の設計・施工を主業務とする）、②施工型（小規模なところが多く、注文住宅施工を主業務とする）、③下請け型（ハウスメーカーや分譲住宅会社の施工に特化する）、④リフォーム型（リフォームを主業務とする）、⑤不動産会社の建築担当型（建築条件付き土地の建築部分を担当する）などがある。

◉顧客ニーズの多様化

新築一戸建て住宅の約7～8割が地域工務店によるものと推察されているが、近年では工務店の後継者不足や職人の減少が懸念されている。また、国からの技術力や品質管理体制に対する要求レベルは高く、顧客のニーズも耐震耐久性やバリアフリー化、環境への配慮（省エネルギー）、デザイン性など高度化・多様化しており、経営規模が小さい程、これらの課題を単独で解決することが困難になってきている。

◉経営多角化

国土交通省によると、平成29年3月末時点で建設業以外の営業を行っている兼業業者数は12万8,756業者で、全体に占める割合は27.7％となっている。前年同月比では業者数で0.9％、割合で0.4％の増加である。大臣許可業者では73.1％、知事許可業者では26.7％となっており、広域で営業している業者の兼業率が圧倒的に高い。また、住宅市場が縮小すると予測される中で、多角化は課題の一つであるが、不動産仲介業などの異業種からの新規参入もあり、今後さらなる競争激化が予想される。

◉大工不足と労務費の増加

平成29年度の最低賃金は全国の加重平均で848円と前年に比べて25円引き上げられた。そのため、中小工務店にとっては、人件費の増加が大きな負担となる。また、人手不足が大きな問題となっており、平成29年4月の建設業の有効求人倍率は4.92倍である。若年層の採用は進まず、大工を確保することがより困難になることが予想され、高齢化も課題となっている。建設業の転職理由については、給与が少ないことが挙げられており、人員の確保のために賃金水準はさらに上昇とみられている。外国人技能実習生を受け入れる建設業者も増えているが、多くの失踪者が発生している

ことが明るみになっている。

ノウハウ

◉地域密着型経営

工務店は大手と比較して広告費も限られており、営業力が弱い面があり、地域住民の口コミが重要となる。地域特性を考慮に入れた提案や、近隣で小回りを利かした柔軟な対応、設計やデザインなどに対する親身な相談などを行うことによって、顧客からの評価を高めることができる。また、新築から将来のリフォームも含めた提案をすることにより、顧客との結びつきを深めて地域の信頼を築いていくことが重要である。

経営指標

ここでは参考として、TKC経営指標（平成29年版）より、「木造建築工事業」の数値を掲げる。

TKC経営指標 （変動損益計算書）	全企業　868件	
	平均額（千円）	前年比（％）
売上高	164,970	101.0
変動費	116,330	99.4
仕入高	42,550	97.7
外注加工費	74,288	103.1
その他の変動費	273	159.3
限界利益	48,639	105.0
固定費	44,638	102.8
人件費	25,339	102.6
減価償却費	2,238	93.0
租税公課	1,129	102.8
地代家賃・賃借料	1,835	102.1
支払利息・割引料	846	94.5
その他	13,484	105.5
経常利益	4,000	136.2
平均従事員数	5.7名	

今後の課題／将来性

◉将来性

住宅ローンの低金利や相続税対策などで新規着工件数は増えたものの、経営環境は厳しい。平成31年10月の消費増税前の駆け込み需要までは新規受注は見込まれる。また、中古住宅のリノベーション市場は拡大する見込みのため、新築住宅以外の開拓によって業績を伸ばせる可能性はある。

《関連団体》　一般社団法人全国中小建設業協会
　　東京都中央区新富2－4－5
　　TEL　03（5542）0331

●建設業●

プレハブ建築業

最近の業界動向

●プレハブ住宅の新設着工戸数は

国土交通省の「建築着工統計調査報告」によると、平成28年度のプレハブ住宅の新設着工戸数は前年度比3.1％増の14万7,594戸であった。構造別の内訳を見ると、木造が前年度比2.5％減、鉄筋コンクリートが同10.4％減、鉄骨造が同4.2％増であった。構造別の構成比で見ると鉄骨造が88.2％を占めている。鉄骨造がプレハブ建築業をけん引している。

プレハブ住宅の新設着工戸数（単位：戸、％）

項　目		戸　数		
		平27年度	平28年度	前年度比
プレハブ新設住宅計		143,164	147,594	3.1
構造別	木　　　造	14,123	13,763	▲2.5
	鉄筋コンクリート造	4,068	3,646	▲10.4
	鉄　骨　造	124,973	130,185	4.2

（出所）国土交通省「建築着工統計調査報告」

●業界再編

平成29年1月、トヨタホームがミサワホームへの出資比率を高め子会社とした。また、平成29年6月パナソニックがパナホームを完全子会社化した。トヨタホームとミサワホームは、コンパクトシティ型不動産開発事業等の新規事業の協業を開始し、マンションの共同事業に取り組んでいる。トヨタホーム、ミサワホーム、パナホームともプレハブを手掛けるため、各社とも子会社化によるメリットを活かした戦略が展開され、今後の動向が注視される。

●中高層市場

プレハブ各社は平成29年秋、中高層市場向け商品を発表した。パナホームは9階まで対応可能なプレハブ工法の多層階住宅の販売を開始した。パナホームは、平成30年度までに受注高1,000億円を目指している。また、旭化成ホームズは、4～6階をメインターゲットとした中高層ビルディングの販売を開始した。都市部商業地域の敷地の高度活用ニーズは4階建て以上の中小規模の中高層ビル需要が多く、平成30年度までに受注高500億円を目指す。また、中高層ビルは大手ゼネコンが対応するには規模が小さく、工務店の在来工法では近年の人手不足のため対応し難く、プレハブ工法に商機がある。

マーケットデータ

●新築住宅に占めるプレハブ住宅の割合

国土交通省の「建築着工統計調査報告」によると、平成28年度の新設住宅総数に対するプレハブ住宅の割合は15.2％の14万7,594戸であり、前年度と比較すると0.4ポイント減少している。しかし、新設住宅総数全体の伸びとともに、プレハブ住宅の新設数自体は伸び、業界全体として上昇基調にある。

新設住宅に占めるプレハブ住宅の割合（単位：戸、％）

項　目	平26年度	平27年度	平28年度
新設住宅総数	880,470	920,537	974,137
うち、プレハブ住宅	140,157	143,164	147,594
プレハブ住宅の割合	15.9	15.6	15.2

（出所）国土交通省「建築着工統計調査報告」

●プレハブ住宅の利用関係別戸数

国土交通省の「建築着工統計調査報告」によると、平成28年度のプレハブ住宅の利用関係別戸数は次の通り。分譲住宅が前年度比3.8％減となる一方、持家が同1.9％増、借家が同3.4％増、給与住宅が同128.7％増となり、全体で同3.1％増となった。構成比では、借家への利用が全体の64.3％を占め、プレハブ新設住宅は借家への利用が多い。

プレハブ住宅の利用関係別戸数（単位：戸、％）

項　目	戸　数		
	平27年度	平28年度	前年度比
プレハブ新設住宅	143,164	147,594	3.1
持　　家	45,136	45,974	1.9
借　　家	91,849	94,966	3.4
給与住宅	534	1,221	128.7
分譲住宅	5,645	5,433	▲3.8

（出所）国土交通省「建築着工統計調査報告」

●簡易建屋メーカー2社の業績

簡易建屋メーカー（ナガワ、三協フロンテア）の、平成29年3月期の業績は次の通り。ナガワは、ユニットハウス（製造工程の9割を工場で行

－ 532 －

い現場では「置くだけ」のプレハブ住宅）事業が被災地支援に貢献したことなどにより増収となった。三協フロンテアは、被災地支援への貢献や建替需要などの獲得によりユニットハウスレンタル事業が伸びた。また、販売ネットワーク拡充によりユニットハンス販売事業も伸び増収となった。

簡易建屋メーカー2社の業績（平成29年3月期）（単位：百万円）

社　名	売上高	営業利益
ナ　ガ　ワ	27,057（26,330）	4,063（3,982）
三協フロンテア	37,194（31,803）	5,216（4,184）

（注）カッコ内は前期実績
（出所）各社決算資料

業界の特性

●業界団体

業界団体のプレハブ建築協会に加盟する会員数は、平成29年5月現在で正会員35社、準会員56社、賛助会員136社となっている。

●分類

プレハブ建築協会に加盟する会員を分類すると次の通りである。①プレハブ住宅・低層（主に一戸建て住宅）、②プレハブ住宅・中高層（主に中高層・共同建て住宅）、③プレハブ建築（事務所・工場・倉庫・仮設建築など）に分かれる。

●プレハブ建築の種類

プレハブ建築とは、あらかじめ部材を工場で生産・加工し、建築現場で加工を行わずに組み立てる建築のことである。構造部材によって次のように分類される。①木質系プレハブ住宅…木材によるパネルなどを主要構造部材とするもの。②鉄鋼系プレハブ住宅…鉄骨の柱、梁に壁パネルを用いるなど、鉄骨を主要構造部材とするもの。③ユニット系プレハブ住宅…鉄骨または木材をフレームとした箱（ユニット）を建築現場で連結して完成させるもの。④コンクリート系プレハブ住宅…PC板（工場生産コンクリートパネル）などを主要構造部材とするもの。

●プレハブ式事業用建築物の完成までの工程

プレハブ式事業用建築物が完成するまでの工程は次の通り。①工場生産…機能、素材、デザインにこだわったユニットが完全工場生産によって作り出される。②現場施工…現場で面倒な工事をする必要がなく、簡単に組み立てられる。③完成…

キッチンなどの機能を付けたいときもアウターユニットの活用で簡単に付け加えることができる。

ノウハウ

●積水ハウスが新構法を開発

積水ハウスは新たに、3～4階建て住宅のプレハブ構法「フレキシブルβ（ベータ）システム」を開発した。新構法は柱の強度を高めることによって、従来より柱の数を25％減らせるため、広いスペースを確保できる。都心部で増えている3～4階建ての店舗を併設する住宅では、プレハブで造ると1階部分に負担がかかり、支える柱が多くなってしまう。保育所やコンビニエンスストアを併設しようとするオーナーにとっては避けたい。このため、個々の柱を減らし、空間の美と安全性を担保した。新構法で売上高の拡大を図る。

経営指標

ここでは参考として、プレハブ大手の積水ハウスの損益計算書の数値を掲げる。

積水ハウス（損益計算書）	平28年1月期（単位：億円）	平29年1月期（単位：億円）
売上高	18,588	20,269
（伸び率）	（▲2.8％）	（9.0％）
売上原価	14,850	16,086
売上総利益	3,738	4,182
（伸び率）	（14.6％）	（11.9％）
販売費・一般管理費	2,242	2,341
営業利益	1,496	1,841
（伸び率）	（2.1％）	（23.1％）
経常利益	1,605	1,901
（伸び率）	（2.6％）	（18.9％）
税引前利益	1,508	1,852
当期利益	843	1,218
（伸び率）	（▲6.5％）	（44.5％）

今後の課題／将来性

●課題

建設業界は建設現場の人手不足問題に直面している。プレハブ工法は現場での作業が少ないため、現場の人手不足に対する解決策の一つと言える。オーナーのニーズに応える商品ラインアップの充実が普及のカギと言える。

《関連団体》　一般社団法人プレハブ建築協会
　東京都千代田区神田小川町2－3－13
　TEL　03（5280）3121

●建設業●

土木工事業

最近の業界動向

●土木工事の国内受注高は増加基調

国土交通省「建設工事受注動態統計調査」によると、平成28年度の土木工事の受注高は前年度比4.1％増の24兆572億2,600万円となった。老朽化した道路などの工事が増え、土木工事業の受注額は増加傾向にある。

土木工事の受注高（単位：百万円、％）

年度	平25	平26	平27	平28
受注高	22,430,098	22,995,028	23,110,375	24,057,226

（出所）国土交通省

●土木工事における海外建設事業の契約金額

国土交通省「建設業活動実態調査」によると、平成28年の土木工事における海外建設の契約金額は前年比32.8％減の3,221億7,000万円で、平成26年に前年比50.1％増加した後、2年連続で減少している。

土木工事における海外建設事業の契約金額（単位：百万円、％）

年　次	平26年	平27年	平28年
土　木　工　事	488,829 (50.1)	479,737 (▲1.9)	322,170 (▲32.8)
土木工事を含む海外建設事業の契約金額合計	1,960,967 (6.5)	2,010,992 (2.6)	1,989587 (▲1.1)

（注）カッコ内は前年比
（出所）国土交通省「建設業活動実態調査」

●五洋建設の海外工事受注が続く

五洋建設は、「グローバルな臨海部ナンバーワンコントラクター」を標榜し、海外市場開拓を続けている。平成28年に香港国際空港第3滑走路の地盤改良工事を現地建設会社と共同で受注した。五洋建設担当の受注金額は約244億円となる。本工事は、香港国際空港 第3滑走路建設において最初に施工される工事であり、全4工区355ヘクタールの地盤改良工事の内、最大工区となる98ヘクタールをJVで施工する。香港国際空港は貨物取扱量では世界第1位、利用旅客数ではドバイ国際空港、ロンドンのヒースロー国際空港に次いで世界第3位と世界屈指の規模を誇り、今回新たに第3滑走路を建設するものである。五洋建設は平成29年、住友商事から「バングラディッシュのマタバリ超々臨界圧石炭火力発電事業における港湾工事」を受注し、受注金額は約1,620億円、単独工事としては過去最大規模となった。石炭船を受け入れるための総延長14kmにわたる航路浚渫、航路への埋め戻りを低減するための防砂堤構築、発電所用地の埋め立て・地盤改良を主な内容とする港湾工事を担当することになった。引き続き、港湾工事を中心に数多くのインフラ整備工事の強みと実績により、海外の社会インフラの建設を続けていく方針だ。

マーケットデータ

●土木工事業の完成工事高

国土交通省「建設工事施工統計調査報告」によと、平成27年度の土木工事業の完成工事高は、前年比0.5％減の10兆5,978億1,000万円であった。内訳は、元請完成工事高が前年度比4.1％減、下請完成工事高が同4.5％増となっている。元請比率は、平成27年度は前年度から2.1ポイント低下し56.3％となった。

完成工事高の推移（単位：百万円、％）

項　目	平26年度	平27年度	前年度比
総　数	10,650,769	10,597,810	▲0.5
元　請	6,216,203	5,961,497	▲4.1
下　請	4,434,566	4,636,313	4.5

（出所）国土交通省「建設工事施工統計調査報告」

●官公庁の発注比率

国土交通省「建設工事施工統計調査」によると、元請完成工事高の発注者別推移は次の通り。平成27年度の民間の元請完成工事高は前年度比1.5％減、官公庁は5.1％減であった。この結果、官公庁の発注比率は70.8％で、前年度比0.8ポイントの低下となった。

元請完成工事高の発注者別推移（単位：百万円,％）

項　目	平26年度	平27年度	前年度比
総　数	6,216,203	5,961,497	▲4.1
民　間	1,764,562	1,738,948	▲1.5
官公庁	4,451,641	4,222,550	▲5.1

（出所）国土交通省「建設工事施工統計調査報告」

業界の特性

●土木工事業の許可業者数

国土交通省のデータによると、土木工事業の許可業者数は平成28年3月末現在で前年比1.3%減の13万2,152業者であった。

許可業者数の推移（各年3月末現在）

年次	許可業者数	年次	許可業者数
平19年	158,429	平24年	139,049
20年	152,883	25年	134,480
21年	150,664	26年	133,904
22年	149,020	27年	133,833
23年	144,039	28年	132,152

（出所）国土交通省

●資本金階層別

国土交通省によると、平成28年3月末現在の土木工事業13万2,152業者のうち、個人は1万2,993業者で全体の9.8%となっている。資本金階層別では、1,000万円以上5,000万円未満が6万5,683業者で49.7%と過半に迫っている。

●就業者数、従業者数

国土交通省のデータによると、土木工事業の就業者数は次の通り。平成27年度の就業者数は前年度比2.1%減の46万2,645人であった。

土木工事業の就業者数（単位：人、％）

項　目	平26年度	平27年度	前年度比
就業者数	472,795	462,645	▲2.1
従業者数	459,203	448,397	▲2.4
常雇等	430,797	423,797	▲1.6
臨時・日雇	28,406	24,600	▲13.4
労務外労働者	13,592	14,248	4.8

（出所）国土交通省「建設工事施工統計調査報告」

●事業特性

土木工事に属するものは総合工事業のうち、一般土木建築工事業、土木工事業、舗装工事業の3種となっている。いずれの工事も公共工事の占める割合が多いのが特徴である。元請として工事を受注するには大臣許可を得ているほうが有利にとなるが、大臣許可を得るケースは少ない。

●代表的な土木工事

代表的な土木工事は、河川工事、河岸工事、砂防工事、ダム工事、道路工事、トンネル工事、農業土木工事などがある。

ノウハウ

●外国人技能実習制度を活用したリーダー育成

中小建設会社では、外国人技能実習制度をリーダー育成に活用している。建設需要が高まっている東南アジアへの進出に向け、実習生を母国の現場でのリーダーに育てる。土木工事を手掛ける北海道の川元建設はベトナム進出を検討しており、実習生19人を受け入れている。コンクリート打ちの技能を学んでもらい、現地では日系ゼネコンから工事の受注を目指している。中小の建設会社は海外進出が大手に比べ遅れており、実習生の活用で人材の育成を進めている。

経営指標

ここでは参考として、TKC経営指標（平成29年版）より、「一般土木建築工事業」の数値を掲げる。

TKC経営指標 （変動損益計算書）	全企業 1,709件	
	平均額（千円）	前年比（%）
売上高	321,110	100.8
変動費	207,197	99.2
仕入高	50,516	100.9
外注加工費	155,456	98.7
その他の変動費	1,166	94.2
限界利益	113,913	103.8
固定費	101,791	102.9
人件費	58,001	102.8
減価償却費	5,533	105.1
租税公課	1,743	104.7
地代家賃・賃借料	7,022	105.1
支払利息・割引料	1,129	91.0
その他	28,445	102.6
経常利益	12,121	112.4
平均従事員数	11.9名	

今後の課題／将来性

●将来性

技能熟練者の高齢化や担い手の不足など土木工事業界が縮小の危機に直面する中、省力化と安全性の向上にドローンやICTなどを組み合わせた新たな工法やシステムを生み出す土壌が国内市場にある。今後人件費が高騰していく新興国向けに日本の土木工事ノウハウニーズが高まると想定される。

《関連団体》　一般社団法人日本建設業連合会
　　　　　　　東京都中央区八丁堀2－5－1
　　　　　　　TEL　03（3553）0701

●建設業●

内装工事業

最近の業界動向

●内装工事業の完成工事高

国土交通省の「建設工事施工統計調査」によると、平成27年度の内装工事業の完成工事高は前年度比4.8％増の2兆3,012億2,900万円であった。また、元請は前年度比14.4％増と大幅に増加し、下請は同0.1％減となっている。

内装工事業の完成工事高（単位：百万円）

項　　目	平26年度	平27年度
総　　数	2,196,780	2,301,229
元　請	734,173	839,858
下　請	1,462,607	1,461,371

（出所）国土交通省「建設工事施工統計調査」

●リフォームの活性化

平成28年度の税制改革において、「空き家の発生を抑制するための特例措置の創設」により、所得税の減税を目的とした住宅リフォーム需要が活性化するとみられており、内装工事業の市場は回復傾向が続くと予想される。

●首都圏を中心とした市場拡大

平成32年に開催予定の東京オリンピックや、近年の訪日外国人の増加に伴い、都市再開発やホテル・商業施設などの整備の拡大など、関連する内装工事需要は拡大すると予測される。一方、消費税の増税による景気の悪化や資材価格の高騰、人件費の上昇が懸念される。収益性を確保するために、生産性向上によるコストの抑制・利益率の向上を図り、売上を拡大することが重要な課題となっている。

●映像演出を使った空間デザインの強化

内装デザインの丹青社は、映像演出を手掛けるアシュラスコープインスタレーションと業務提携した。丹青社は映像や音響を使った体験型の演出事業を強化しており、アシュラスコープインスタレーションの技術を使った空間デザインの提案を増やしていく。

マーケットデータ

●平成28年度大手の売上高

乃村工芸社は3年連続の増収となった。専門店や百貨店・量販店の大型案件は少なかったが、複合商業施設では大型施設や都市部主要駅に隣接する施設の改装を手掛け、大幅な増収となっている。また、オフィスや学校・空港の改装なども大きな増収要因となっている。スペースは、ショッピングセンターを中心とした商業施設の新規出店が減少したことや、小売業の経営統合の影響を受け、減収となった。対象とする市場分野ごとに好不調が分かれる結果となった。

内装工事業の売上高（平成28年度）

企業名	売上高 （百万円）	伸び率 （％）
乃　村　工　芸　社	115,561	6.7
丹　　青　　社	70,781	4.7
ス　ペ　ー　ス	49,243	▲4.1
ジ　ー　ク	32,430	▲3.0
高島屋スペースクリエイツ	34,400	9.7
三　井　デザインテック	32,750	5.7
三越伊勢丹プロパティ・デザイン	35,932	5.2

（出所）各社決算報告

●発注者別元請完成工事高

国土交通省によると、平成27年度の元請完成工事高は民間が前年度比14.4％増、公共は同3.4％増となった。民間では平成25年度の水準にほぼ戻した形となった。内装工事業の民間の発注比率は95.3％で、公共工事の割合が低下している。

元請完成工事高の発注者別推移（単位：百万円）

区　　分	平26年度	平27年度
総　　数	734,173	839,858
民　　間	696,550	800,950
公　　共	37,623	38,908

（出所）国土交通省「建設工事施工統計調査」

●着工数、工事予定額は増額

国土交通省の「建築着工統計」によると、平成

非居住建築物着工数（単位：棟、千㎡、億円、％）

項　　目	平27年度	平28年度	前年度比
棟　　数	71,923	73,324	1.9
床面積合計	44,098	45,299	2.7
工事予定額	103,090	110,283	7.0

（出所）国土交通省「建築着工統計」

27年度の民間非居住建築物の着工は棟数が前年度比1.9％増、床面積が同2.7％、増工事予定額は同7.0％の増であった。面積当たりの金額の上昇傾向が続いている。

業界の特性

●内装仕上工事業の許可業者数

国土交通省によると、内装仕上工事業の許可業者数は平成29年3月現在で7万3,072業者であり、市場拡大への期待もあってか平成28年3月末に比べ1,549業者の大幅増となっている。

内装仕上工事業許可業者数（単位：業者数）

項　目	平27年度	平28年度	平29年度
許可業者数	70,230	71,478	73,072

（出所）国土交通省「建設業許可業者数調査」

●資本金階層別の許可業者数

国上交通省によると、平成29年3月現在の内装仕上工事業の資本金階層別許可業者数は次の通り。

資本金階層別許可業者数（単位：業者数）

資本金階層別	業者数	構成比
個　人	7,994	10.9
200万未満	2,075	2.8
200万以上300万未満	567	0.8
300万以上500万未満	13,920	19.0
500万以上1,000万未満	10,925	15.0
1,000万以上2,000万未満	18,230	25.0
2,000万以上5,000万未満	13,521	18.5
5,000万以上1億未満	3,688	5.0
1億以上3億未満	1,112	1.5
3億以上10億未満	505	0.7
10億以上100億未満	374	0.5
100億以上	161	0.2
合　計	73,072	100.0

（注）四捨五入計算のため、合計が合わない場合がある
（出所）国土交通省「建設業許可業者数調査」

●内装工事業者の就業者数、従業者数

国土交通省によると、平成27年度の内装工事業の就業者数は次の通り。

内装工事業の就業者数、従業者数（単位：人）

項　目	平26年度	平27年度	前年度比
就業者数	87,813	86,535	▲1.5
従業者数	71,549	68,346	▲4.5
常雇等	68,414	66,155	▲3.3
臨時・日雇	3,135	2,191	▲30.1
労務外注労働者	16,264	18,189	9.3

（出所）国土交通省「建設工事施工統計調査報告」

ノウハウ

●内装工事の価格を透明にする

シェルフィーは、内装工事の施工会社と依頼主を仲介するサービスを手掛けている。登録施工会社は現在約280社で、施主が依頼したい案件をサイトに掲載し、内装会社が条件に合えば依頼を受ける。内装業者は繁閑の状況によって、仕事を受けることができる。

経営指標

ここでは参考として、TKC経営指標（平成29年版）より、「内装工事業」の数値を掲げる。

TKC経営指標 （変動損益計算書）	全企業　570件	
	平均額（千円）	前年比（％）
売上高	148,367	100.0
変動費	101,838	99.1
仕入高	32,862	97.5
外注加工費	68,582	99.1
その他の変動費	273	93.6
限界利益	46,529	101.9
固定費	41,734	103.3
人件費	25,741	104.2
減価償却費	1,504	103.3
租税公課	758	100.5
地代家賃・賃借料	1,865	99.6
支払利息・割引料	549	95.3
その他	11,295	102.0
経常利益	4,795	90.9
平均従事員数	5.1名	

今後の課題／将来性

●将来性

内装職人の高齢化が進む中、技術伝承は進んでおらず、若年層の育成が課題となっている。十分な教育コストを確保するには、人件費の上昇や建築資材の高騰などを考慮する必要があり、一層の高付加価値化・高収益化が求められる。国内の内装工事品質は極めて高く、自然災害の多さからライフライン製品も充実するなど高い水準にあり、海外進出する企業もみられる。住宅リフォーム需要は、政府が中古住宅活性化を促しているため、今後も堅調に推移すると予想される。

《関連団体》　一般社団法人全国建設室内工事業協会　東京都中央区日本橋人形町1-5-10　神田ビル4F　TEL　03（3666）4482

－ 537 －

●建設業●

電気通信工事業

最近の業界動向

●電気通信工事業の完成工事高は増加

　国土交通省の「建設工事施工統計調査報告」によると、平成27年度の電気通信工事の受注高は前年度比0.7％増の2兆2,358億2,500万円となった。元請と下請の内訳は、元請は同6.0％増の1兆3,410億9,700万円、下請は同6.3％減の8,947億2,800万円となり、元請が受注高をけん引している。電気通信工事業界全体の元請け比率は60.0％となっている。東京オリンピック・パラリンピック関連施設の建設や、首都圏の大規模再開発事業関連は、引き続き堅調に推移するものと予想される。

電気通信工事業の完成工事高（単位：百万円）

項　　目	平26年度	平27年度
総　　数	2,219,574	2,235,825
元　　請	1,264,845	1,341,097
下　　請	954,730	894,728

（出所）国土交通省「建設工事施工統計調査」

●サンワコムシスエンジニアリングが小型風力発電機事業に参入

　通信工事のサンワコムシスエンジニアリングは、小型風力発電機事業に参入する。デンマークの専門メーカーと契約を結び、平成29年夏から国内で販売を始めた。デンマークの小型風力発電機メーカーソリッド・ウインド・パワーは、デンマークでの小型風力発電機でシェア8割を占める。サンワコムシスエンジニアリングは、通信工事のノウハウも活用し、通信施設用として備える24時間監視センサーで、納入した風力発電機を監視する。新たな成長事業にしたい考えだ。

●小規模のビル向け屋上型蓄電池の開発

　電気工事のきんでんは、日本ガイシと共同で中小規模のビル向け屋上型蓄電池を開発する。蓄電池は大型ビルや商業施設で導入が進み、中小ビルでも使いやすいよう小型化し、省エネ対策としても使える電源として実用化を目指す。実証実験で

得たノウハウを中小ビル向けの新商品開発に生かしていく。

マーケットデータ

●民間の発注比率は75.2％

　国土交通省「建設工事施工統計調査報告」によると、平成27年度の電気通信工事業の元請完成工事高は1兆3,410億9,700万円となっている。発注者別では、民間が前年度比13.9％増の1兆93億7,300万円、公共が同12.5％減の3,317億2,400万円である。平成27年度の民間の発注比率は75.2％であり、70.0％から5.2ポイントの増加となっている。民間受注への依存度が高い業界傾向に変わりはない。

元請完成工事高の発注者別推移（単位：百万円、％）

項　　目	平26年度	平27年度
総　　数	1,264,845	1,341,097
民　　間	885,855	1,009,373
官 公 庁	378,990	331,724

（出所）国土交通省「建設工事施工統計調査」

●大手電気工事業の売上高

　電気工事業大手各社の売上高は次の通り。関電工は、首都圏の大型オフィスや商業施設などの建設需要等を取り込む一方、コストダウンを図り、平成29年度の売上高は前年比5.2％増の4,709億4,300万円、当期純利益は過去最高となり前年度比86.9％増の175億9,100万円となった。九電工は、九州地区が堅調に推移し、首都圏の大型案件を獲得して増収増益となった。東芝プラントシステムは、発電システム事業が業績をけん引し増収増益となった。

大手電気工事業の売上高（平成29年3月期）

企業名	売上高 （百万円）	伸び率 （％）
きんでん	472,591	▲0.6
関電工	470,943	5.2
九電工	341,771	9.8
東芝プラントシステム	226,867	3.4
ユアテック	226,042	▲0.5
トーエネック	197,842	▲0.2
日本電設工業	172,165	▲1.2

（出所）各社決算資料

業界の特性

●電気通信工事業の許可業者数

－ 538 －

国土交通省の「建設業許可業者数調査」によると、平成29年3月現在で1万4,243業者で、前年同月と比べて1.1％増であった。3年連続で許可業者数は増加している。業務拡大のため、電気通信工事業の許可を取得するケースがあり、平成28年にソフトバンクグループの通信サービス業、テレコムエンジニアリングは電気通信工事業の許可を取得している。

電気通信工事業許可業者数

項　目	平26年度	平27年度	平28年度
許可業者数	13,934	14,086	14,243

（出所）国土交通省「建設業許可業者数調査」

●資本金階層別の許可業者数

国土交通省の「建設業許可業者調査数」によると、平成29年3月現在の電気通信工事業の資本金階層別許可業者数は次の通り。300万以上5,000万未満が全体の約8割を占め、個人業者は2.9％となっている。引き続き、この構造に大きな変化はない。

資本金階層別許可業者数

資本金階層別	業者数	構成比(%)
個人	415	2.9
200万未満	414	2.9
200万以上300万未満	118	0.8
300万以上500万未満	2,683	18.8
500万以上1,000万未満	1,478	10.4
1,000万以上2,000万未満	4,097	28.8
2,000万以上5,000万未満	3,184	22.4
5,000万以上1億未満	863	6.1
1億以上3億未満	390	2.7
3億以上10億未満	249	1.7
10億以上100億未満	231	1.6
100億以上	121	0.8
合　計	14,243	100.0

（出所）国土交通省「建設業許可業者数調査」

●電気通信工事業の就業者数、従業者数

国土交通省の「建設工事施工統計調査報告」によると、平成27年度の電気通信工事業の就業者数

電気通信工事業の就業者数、従業者数 （単位：人、％）

項　目	平26年度	平27年度	前年度比
就業者数	94,288	92,721	▲1.7
従業者数	89,415	88,243	▲1.3
常雇等	87,538	87,181	▲0.4
臨時・日雇	1,877	1,062	▲43.4
労務外注労働者	4,873	4,478	▲8.1

（出所）国土交通省「建設業許可業者数調査」

は表の通り。

ノウハウ

●人材育成による競争力強化

きんでんは、きんでん学園や人材開発センターを設け、全人教育を行っている。関電工は、OJT（職場内での実地研修）、集合研修、自己啓発の3本柱の教育マネジメントシステムをつくっている。九電工は、若年層の養成教育を重視し、知識・技術・技能を伝承する制度を設けている。各社の理念に基づき、各社が独自の教育体系を設け、人材育成に努めている。

経営指標

ここでは参考として、TKC経営指標（平成29年版）より、「一般電気工事業」の数値を掲げる。

TKC経営指標 （変動損益計算書）	全企業　561件	
	平均額（千円）	前年比（％）
売上高	175,666	101.6
変動費	91,276	99.9
仕入高	45,765	97.3
外注加工費	44,331	100.0
その他の変動費	679	91.8
限界利益	84,390	103.6
固定費	73,625	102.4
人件費	51,749	102.8
減価償却費	2,673	99.0
租税公課	1,061	104.2
地代家賃・賃借料	2,865	103.5
支払利息・割引料	569	100.7
その他	14,689	99.9
経常利益	10,764	112.7
平均従事員数	9.6名	

今後の課題／将来性

●将来性

2020年の東京オリンピック関連工事や首都圏の大規模再開発が予定され、電気通信事業者にとって大きなチャンスとなっている。電気通信工事業許可業者数が増え、競争激化も想定されるため、中長期的な経営戦略が課題になる。地域性や系列のメリットを活かし、底堅い営業基盤を維持することも重要である。

《関連団体》　全日本電気工事業工業組合連合会
　東京都港区芝2－9－11　全日電工連会館
　TEL　03（5232）5861

●建設業●

塗装工事業

最近の業界動向

●塗装工事業の完成工事高は10.1％増

　国土交通省の「建設工事施工統計調査報告」によると、平成27年度の塗装工事の受注高は前年度比10.1％増の1兆402億2,100万円となった。このうち、元請は同12.2％増の3,911億3,900万円、下請は同8.9％増の6,490億8,200万円であった。塗装工事業界全体の元請け比率は37.6％、下請け比率は62.4％となっている。

塗装工事業の完成工事高（単位：百万円、％）

項　目	平26年度	平27年度	前年度比
総　　数	944,740	1,040,221	10.1
元　　請	348,537	391,139	12.2
下　　請	596,203	649,082	8.9

（出所）国土交通省「建設工事施工統計調査」

●塗装職人の育成

　道路舗装の世紀東急工業は、下請け会社と共同で若い職人を育てるため研修を開いている。土木・建築業界では、従来の現場で見て学べという風土が根強く残っているが、人手不足や高齢化で以前のやり方では難しくなっている。栃木県に建設した施設「トチギトレーニングセンター」では、全国各地で施工作業を行う協力会社19社の職人が集まり、道路整備などのコツを指導する。実地研修では、道路を模したコースで重機の操作の訓練、座学では道路舗装の基礎知識や重機の役割、安全対策などを学ぶ。また、技術研究所では生産工場のためのITを活用した施工方法などの仕組みを学ぶ。現場では複数の業者が協力して作業するため、協力会社と共同で研修して品質向上につなげる。また、研修で仕事に対する士気を高めて、離職率の低減につなげたい考えだ。

マーケットデータ

●民間の発注比率は83.9％

　国土交通省「建設工事施工統計調査報告」によ

ると、平成27年度の塗装工事業の元請完成工事高は3,911億3,900万円となっている。発注者別では、民間が前年度比18.3％増の3,283億900万円、公共が同11.6％減の628億2,900万円であった。平成27年度の民間の発注比率は83.9％であり、前年度の79.6％から4.3ポイントの増加であった。

元請完成工事高の発注者別推移（単位：百万円、％）

項　目	平26年度	平27年度	前年度比
総　　数	348,537	391,139	12.2
民　　間	277,448	328,309	18.3
官公庁	71,089	62,829	▲11.6

（出所）国土交通省「建設工事施工統計調査報告」

●塗装工事業の許可業者数

　国土交通省「建設業の許可業者数調査」によると、塗装工事業の許可業者数は次の通り。平成29年3月末の塗装工事業の許可業者数は前年比3.5％増（1,939業者増）の5万6,565業者である。なお、建設業許可業者における「前年に比べ免許取得事業者数が増加した23業種」の中で、塗装工事業の増加数は1,939業者と最も増加している。

塗装工事業の許可業者数推移

年次	許可業者数	年次	許可業者数
平20年	46,069	平25年	50,318
21年	47,041	26年	51,560
22年	48,469	27年	53,119
23年	49,204	28年	54,626
24年	49,788	29年	56,565

（出所）国都交通省「建設業の許可業者数調査」

業界の特性

●技能産業

　塗装は外観に影響することから、施工の質が重要視される。活用する工具等の性能も質を左右する一因ではあるが、職人の技能が最重要視されている。そのための国家資格認定制度として「塗装技能士検定」がある。この資格には1・2・3級があり、受験資格としてそれぞれに応じた実務経験が必要となり、学科試験と実技試験がある。

●資本金階層別の許可業者数

　国土交通省の「建設業の許可業者数調査」によると、平成29年3月現在の塗装工事業の資本金階層別許可業者数は次の通り。個人事業者が10.4％、5,000万円未満が86.6％を占める。

資本金階層別許可業者数 （単位：業者数、%）

資本金階層別	業者数	構成比
個人	5,887	10.4
200万未満	1,560	2.8
200万以上300万未満	420	0.7
300万以上500万未満	9,591	17.0
500万以上1,000万未満	8,095	14.3
1,000万以上2,000万未満	10,966	19.4
2,000万以上5,000万未満	14,968	26.5
5,000万以上1億未満	3,405	6.0
1億以上3億未満	880	1.6
3億以上10億未満	389	0.7
10億以上100億未満	290	0.5
100億以上	114	0.2
合　計	56,565	100.0

（出所）国土交通省「建設業の許可業者数調査」

●塗装工事業の就業者数、従業者数

国土交通省の「建設工事施工統計調査報告」によると、平成27年度の塗装工事業の就業者数は次表の通り。

塗装工事業の就業者数、従業者数 （単位：人、%）

項　目	平26年度	平27年度	前年度比
就業者数	55,343	62,867	13.6
従業者数	45,944	52,363	14.0
常雇等	44,200	50,582	14.4
臨時・日雇	1,744	1,781	2.1
労務外労働者	9,399	10,504	11.8

（出所）国土交通省「建設工事施工統計調査報告」

●工事対象・分類

工事対象は、建築塗装や構造物塗装、車両塗装、機械・器具の看板塗装など多岐にわたる。塗装工事業は建築塗装工事業（建物内外装工事を手掛ける工事業者）と、鉄骨橋梁塗装工事業（工事用プラント、タンク、鉄塔等の鋼製構築物の保守を目的とした塗装工事業者）等に分かれる。

●社会保険の加入

平成29年度、社会保険未加入業者は公共工事の下請けを行えなくなり、塗装工事業も例外ではない。塗装工事業において、一人親方を活用する場合、働き方によって請負ではなく雇用関係にあるとみなされ、社会保険の加入が必要になることがある。日本塗装工業会は、同会員へ社会保険加入の再点検を促している。

ノウハウ

●ダイバーシティ経営

建設業界では、塗装工事業も職人不足が続いている。塗装工事は男性中心の過酷な現場作業という風潮がある中、女性職人を多く抱えるKMユナイテッド（京都府）が注目を集めている。同社の社員数30名超のうち、10名が女性職人で、女性の声を取り入れ水性塗料を導入し、業界に先駆け水性塗料を使いこなせるようになった。70歳以上の職人、永住外国人のフィリピン人の職人も働いている。平成27年度には、経済産業省から多様な人材を活用しイノベーションを起こす「ダイバーシティ経営」の先駆者として表彰された。「ダイバーシティ経営」は選択肢の一つと言える。

経営指標

ここでは参考として、TKC経営指標（平成29年版）より、「塗装工事業」の数値を掲げる。

TKC経営指標 （変動損益計算書）	全企業　466件	
	平均額（千円）	前年比（%）
売上高	123,142	98.8
変動費	68,489	97.5
仕入高	16,009	101.0
外注加工費	52,480	99.6
その他の変動費	1,070	99.0
限界利益	54,652	100.4
固定費	50,694	101.3
人件費	32,620	102.2
減価償却費	2,141	100.9
租税公課	798	102.4
地代家賃・賃借料	2,359	104.1
支払利息・割引料	595	100.7
その他	12,311	100.9
経常利益	3,958	90.5
平均従事員数	6.9名	

今後の課題／将来性

●課題

新たな機能性を持つ塗料は、従来と異なる塗装方法が必要になることもある。他者に先駆けて新たな塗装方法を習得することは、競争を優位に働かせる。塗装工事事業者にとって新たな塗装技術のノウハウ習得も重要な課題の一つである。

《関連団体》　一般社団法人日本塗装工業会
　　東京都渋谷区鶯谷町19-22　塗装会館3F
　　TEL　03（3770）9901

●建設業●

衛生設備工事業
（水回り工事）

最近の業界動向

●潜在的な市場の可能性

　衛生設備工事業（水回り工事）は、生活に不可欠な飲料水を供給する給水管及び排水管、関連する水槽などの保全工事を行う業種である。住宅やマンション、ビルは、経年劣化により管内汚れや漏水が目立つようになる。配管設備によっては、30年前後で寿命を迎えることもある。国土交通省の「平成28年度住宅経済関連データ」によると、築35年以上の住宅（戸建・共同・マンション含む）は1,369万戸である。将来にわたって、衛生設備工事業（水回り工事）関連の潜在需要は大きい。

●住宅リフォームの市場規模

　矢野経済研究所によると、平成29年の住宅リフォーム市場規模は前年比4.3％増の6兆4,689億円と予測されている。住宅リフォーム市場の主要分野である「設備修繕・維持関連」分野が住宅ストック数の増加に伴って拡大すると予測され、衛生設備工事業の修繕・維持分野も堅調な需要が期待できる。

住宅リフォームの市場規模 （兆円）

年次	平25	平26	平27	平28	平29 （予測）
市場規模	6.9	6.6	6.5	6.2	6.5

（出所）矢野経済研究所

●長谷工コーポレーションがマンション屋上の排水工事技術を開発

　近年の集中豪雨の発生により、既存マンションの屋上等の改修にあたって、集中豪雨時の排水性能の確保が求められるようになっている。長谷工コーポレーションは、縦型排水口に対応した工法を確立していたが、新たに横型排水口に対応した「ルーフドレン更生工法」を開発し、平成29年4月から販売を開始している。排水口や排水管の径をほとんど変えない工法で、新築時と同程度の排水性能を確保している。条件によっては、保証期間が最長20年となる。

●エネルギー会社の水回りサービスの展開

　平成29年5月より、東京電力グループの東京電力エナジーパートナーは、同社の電力利用者向けに月額300円で水回り等のトラブルに対応する「生活かけつけサービス」をスタートした。電力料金競争が激しく、平成29年8月には同サービスを無料とする対応などをしている。東京電力エナジーパートナーは、東京ガスから「生活まわり駆けつけサービス」を受託し、水回り等のトラブルに対応している。衛生設備工事業にとって、家庭のライフラインを提供するエネルギー会社等との提携は、業務拡大手法の一つである。

マーケットデータ

●給水給湯排水衛生機器設備のリフォーム・リニューアル工事の受注件数

　国土交通省「建築物リフォーム・リニューアル調査報告」によると、平成28年度上半期分の給水給湯排水衛生機器設備のリフォーム・リニューアル工事（住宅にかかる工事）の受注件数は、前年同期比5.0％増の88万2,849件となっている。

工事部位別の建築物のリフォーム・リニューアル工事受注件数 （単位：件、％）

工事部位	件数	前年 同期比	主たるもの とした件数	前年 同期比
設備	1,491,664	21.9	1,016,991	▲1.0
防災関連設備	28,166	72.3	14,623	340.1
空気調和換気設備	137,339	55.1	82,377	539.4
給水給湯排水衛生機器設備	882,849	105.0	674,234	187.4
廃棄物処理設備	2,031	▲87.3	1,022	91
電気設備	268,339	51.3	127,223	558.5
昇降機設備	5,144	▲74.1	4,307	▲74.5
太陽光発電設備	36,201	23.8	30,321	13
中央監視設備	1,897	—	1,172	—
その他設備	129,698	192.5	81,712	313.2

（出所）国土交通省

業界の特性

●事業者数

　給水管や排水管等の工事業者は各種事業との兼業が大半であり、小規模な企業も多いことから、事業所数等の正確なデータは見当たらない。なお、NTTタウンページ「iタウンページ」によると、排水管つまり清掃として登録されている事業

者数は平成29年9月20日現在で1万9,068件である。

●受注形態等

給水管及び排水管、関連する水槽などの保全工事は、マンション管理業の改修工事メニューの一つとして提供されるケース（日本ハウズイング、大京アステージ、東急コミュニティー、三菱地所コミュニティ、長谷工コミュニティ等）、住宅会社等のリフォーム業の一つのメニューとして提供されるケース、住宅の水回り等の不具合発生時に駆けつけ保全を行う事業（アクアライン、クラシアン、JBRグループ）等がある。平成27年の全国管洗浄協会の同協会会員へのアンケート結果によると、排水管清掃業が事業の6割を超える会員は15%であった。多くの事業者が他の事業とかけもちしている。

●排水管の洗浄方法

全国管洗浄協会によると、排水管の管内の付着物・堆積物・閉塞物を取り除く洗浄方法には、機械的洗浄方法と化学的洗浄方法とがある。機械的洗浄方法には、①高速噴射による高圧洗浄法、②ブラシ型ヘッド等を取り付けられたワイヤを管内に通し洗浄するワイヤ式清掃法、③1〜1.8mのロッド（棒）を繋ぎあわせて管内に通して洗浄するロッド式、④圧縮空気を管内に放出し清掃する空気圧式清掃法がある。化学的洗浄法は機械的洗浄法が用いにくいとき、アルカリ性や酸性溶剤で清掃する方法である。

●厚生労働省の登録制度

厚生労働省の「建築物における衛生的環境の確保に関する事業の登録」は、排水管を清掃する事業者等（建築物飲料水水質検査業、建築物飲料水貯水槽清掃業、建築物排水管清掃業）の登録制度である。建築物の環境衛生上の維持管理を行う事業者の資質向上のため、一定の基準を満たすと都道府県知事の登録を受けられる。基準は①機械器具その他の設備に関する基準、②事業に従事する者の資格に関する基準、③作業の方法や機械器具の維持管理方法がある。この登録は義務付けられたものではないが、事業遂行力を持つ証といえる。また、給水管を引き込む工事等は、都道府県の指定工事業者でないと行えない。工事内容によっては、免許や資格等が必要になることもある。

ノウハウ

●自社にあった経営戦略

水回り工事は、マンションや住宅のオーナーが発注元になる。オーナーと接点があるインフラ事業者やマンション管理会社とのネットワークを充実することも戦略の一つである。水回りの問題が発生したときに駆けつけ、住宅オーナーと直接取引をする戦略もある。事業者毎、自社の強みを活かした戦略を採る必要がある。

経営指標

ここでは参考として、TKC経営指標（平成29年版）より、「給排水・衛生設備工事業」の数値を掲げる。

TKC経営指標 （変動損益計算書）	全企業 669件	
	平均額（千円）	前年比（%）
売上高	142,685	101.8
変動費	82,385	102.2
仕入高	36,846	100.6
外注加工費	45,502	105.8
その他の変動費	720	99.0
限界利益	60,299	101.1
固定費	54,961	102.4
人件費	35,918	101.4
減価償却費	2,100	97.4
租税公課	848	101.9
地代家賃・賃借料	2,583	100.6
支払利息・割引料	484	91.9
その他	12,274	102.5
経常利益	5,338	89.2
平均従事員数	7.3名	

今後の課題／将来性

●課題

一般顧客は工事費用の判断基準を持っていないことも多く、価格体系や工事内容の適切な説明も課題の一つである。

●将来性

築年数が30年を超える建物が増えてくる中、集合住宅の立て直しを促進する動きもあるが、リフォーム需要は堅調に推移するとみられる。それに伴い、水回り工事は増加する見込みである。

《関連団体》　一般社団法人全国管洗浄協会

　　東京都港区新橋5−10−6

　　TEL　03（6432）4530

●建設業●

鉄骨・鉄筋工事業

最近の業界動向

●着工床面積の減少を工事単価上昇でカバー

国土交通省「建築着工統計」によると、平成28年に着工する鉄筋コンクリート造総床面積は2,382㎡で前年比2.5％増加し全体の17.9％を占める。鉄骨造は4,911㎡で同0.1％増加し全体の36.9％を占め、鉄骨造の市場規模は鉄筋コンクリート造の2.1倍であった。数年続いた工事件数全体の減少と床面積の減少が止まりわずかに増加した。また、前年までの鉄筋コンクリート造の比率減少と鉄骨造の比率増加の傾向が一服し、鉄筋コンクリート造の比率は下げ止まり、鉄骨造の比率は減少に転じた。一方、同年着工の工事費予定額は鉄筋コンクリート造が6兆548億円で前年比8.5％の増加、鉄骨造が10兆241億円で同3.5％の増加で、鉄骨造は鉄筋コンクリート造の1.7倍であった。なお、建築着工統計は、建築工事届に記載されている内容を都道府県が集計し国土交通省に送付する方法で行われる。

構造別床面積・工事予定額（単位：万㎡、億円）

年次	鉄筋コンクリート造		鉄骨造	
	床面積	工事予定額	床面積	工事予定額
平25年	2,985	60,828	5,153	84,672
26年	2,722	62,093	4,923	86,880
27年	2,323	55,827	4,908	96,832
28年	2,382	60,548	4,911	100,241

（出所）国土交通省「建築着工統計」

●構造別床面積比率・床面積当たり工事費予定額

国土交通省「建築着工統計」によると、平成28年の構造別床面積比率・床面積当たり工事費予定

構造別床面積比率・床面積当たり工事費予定額（単位：％、万円/㎡）

項　目	鉄筋コンクリート造		鉄骨造	
	平28年	前年比	平28年	前年比
床面積比率	17.9	0.0	36.9	▲1.0
面積当り工事費	25.4	5.8	20.4	3.4

（注）床面積比率は全着工建築物に対しての比率、前年比は前年との差分
（出所）国土交通省「建築着工統計」から導出

額は表の通り。床面積当り工事費予定額を求めると、鉄筋コンクリート造は25.4万円/㎡で前年に比べて5.8％の上昇、鉄骨造は20.4万円/㎡で同じく3.4％の上昇で、特に鉄筋コンクリート造の工事単価の上昇が際立った。鉄筋工の不足や人件費の高騰がその背景にある。

マーケットデータ

●鉄筋工事業の完成工事高は減少

国土交通省「建設工事施行統計調査報告」によると、平成26年度の鉄筋工事業の完成工事高は2,431億3,600万円で、前年度の2,984億2,600万円と比較して18.5％減であった。前年度の32.5％増から減少に転じた。

鉄筋工事業完成工事高の推移（単位：百万円、％）

項　目	平25年度	平26年度	前年度比
総　数	298,426	243,136	▲18.5
元　請	22,005	21,030	▲4.4
下　請	276,420	222,106	▲19.6

（注）建設業許可業者約47万業者の中から、約11万業者を抽出
（出所）国土交通省「建設工事施行統計調査報告」

●鉄骨工事業の完成工事高

国土交通省「建設工事施行統計調査報告」によると、平成26年度の鉄骨工事業の完成工事高は前年度比20.4％増の1兆6,213億900万円であった。鉄骨工事業の元請比率は27.2％で、鉄筋工事業の8.6％と比較すると高い。

鉄骨工事業完成工事高の推移（単位：百万円、％）

項　目	平25年度	平26年度	前年度比
総　数	1,346,968	1,621,309	20.4
元　請	374,990	440,313	17.4
下　請	971,978	1,180,996	21.5

（出所）国土交通省「建設工事施行統計調査報告」

業界の特性

●許可業者数

国土交通省のデータによると、鉄筋工事業者の許可業者数の推移は次の通り。平成29年3月末現在の許可業者数は1万7,621業者で、前年に比べ

鉄筋工事業の許可業者数の推移（各年3月末現在）

項　目	平26年	平27年	平28年	平29年
鉄筋工事業	15,183	15,852	16,565	17,621

（出所）国土交通省

て6.4％の増加となっている。鉄筋工事業の許可業者数は増加傾向が続いている。

●鉄筋工事業の資本金階層別許可業者数

国土交通省によると、平成29年3月末現在の鉄筋工事業の資本金階層別許可業者数は次表の通り。

資本金階層別許可業者数（平成29年3月末）

階層別	業者数	構成比（％）
個人	1,810	10.3
200万未満	560	3.2
200万以上300万未満	143	0.8
300万以上500万未満	2,571	14.6
500万以上1,000万未満	2,649	15.0
1,000万以上2,000万未満	3,006	17.1
2,000万以上5,000万未満	4,867	27.6
5,000万以上1億未満	1,364	7.7
1億未満3億未満	371	2.1
3億以上10億未満	135	0.8
10億以上100億未満	95	0.5
100億以上	50	0.3
合　計	17,621	100.0

（出所）国土交通省

●鉄筋工事・鉄骨工事

建築物には、柱と梁に使用する材料によって、木造、鉄筋コンクリート造（RC造）、鉄骨鉄筋コンクリート造（SRC造）、鉄骨造（S造）がある。SRC造とS造の柱と梁には、鉄骨が使用される。鉄骨工事は、設計図に基づいて柱・梁などを加工し、建築に伴う溶接などを行う。一方、鉄筋工事は、建築の際に設計図通りに鉄筋を組み立てる。鉄骨・鉄筋工事業ともに元請会社に大きく依存している。

●工事の種類

鉄筋・鉄骨の工事の種類は大きく分けると次の通り。①鉄筋コンクリート工事、②鉄骨・鉄筋・コンクリート工事、③鉄骨建物基礎工事、④宅地造成の擁壁工事、⑤橋梁等の鉄筋コンクリート工事。

●受注経路

受注までの流れは、発注者→元請業者（総合契約者＝ゼネコン）→一次下請業者（鉄筋工事業者＝サブコン）→二次下請業者（鉄筋工事業者＝サブコン）となっている。

ノウハウ

●老朽施設を耐震補強し長寿命化

青木茂建築工房は、老朽施設を耐震補強し長寿命化する「リファイニング建築」を提唱する。リファイニング建築は既存躯体の約80％を再利用しながら、建物の軽量化や補強によって耐震性能を向上させる。集合住宅を中心に、オフィスや商業施設、学校、病院などさまざまな用途の建築物で100件以上の実績がある。JR秋田駅前に平成29年10月にオープンした商業施設「秋田オーパ」にこの工法が使われた。吹き抜けを新設することで建物を軽量化し、耐震性を高めた。鉄骨ブレースは、ガセットプレートやボルトを木質素材で覆うことで安らぎを演出した。既存建築の有効活用を促進する手法として、今後の展開が注目される。

経営指標

ここでは参考として、TKC経営指標（平成29年版）より、「鉄筋工事業」の数値を掲げる。

TKC経営指標 （変動損益計算書）	全企業　198件	
	平均額（千円）	前年比（％）
売上高	240,422	100.8
変動費	146,824	99.4
仕入高	70,581	93.4
外注加工費	71,615	103.0
その他の変動費	4,313	99.0
限界利益	93,597	103.0
固定費	78,244	104.0
人件費	47,574	106.9
減価償却費	4,295	89.2
租税公課	2,242	97.6
地代家賃・賃借料	2,791	100.3
支払利息・割引料	1,214	97.7
その他	20,232	101.5
経常利益	15,353	98.1
平均従事員数	9.4名	

今後の課題／将来性

●課題

オフィスビルなどに使う鉄骨の加工賃が上昇している。業者が減少する一方、受注が増加し加工賃が上昇している。鉄骨加工会社は、専門商社から仕入れた鋼材を建物の構造部材に加工する。都心部を中心に再開発工事が増え、部材が大型化する傾向にある。今後さらに鉄骨造の建物工事は増える見通しで、工期の遅れが懸念される。

《関連団体》　公益社団法人全国鉄筋工事業協会
東京都千代田区神田多町2－9－6　田中ビル4F
TEL　03（5577）5959

●建設業●

解体工事業

最近の業界動向

●解体工事件数は平成27年度で18万6,056件に

国土交通省「建築リサイクル法の施工状況」によると、建築リサイクル法第10条に基づく建築物の解体工事件数は平成27年度で前年度比4.7％増の18万6,056件となった。

建設リサイクル法第10条に基づく建築物の解体工事件数（単位：件）

年度	工事件数	年度	工事件数
平20	174,538	平24	188,139
21	161,155	25	208,771
22	170,158	26	177,788
23	178,816	27	186,056

（出所）国土交通省

●インフラ老朽化の加速による解体工事需要増

国土交通省「平成28年度国土交通白書」によると、高度経済成長期以降に集中的に整備された社会資本の老朽化が進んでいる。国土交通省が所管する社会資本の維持・更新費は、現在の技術や仕組みによる維持管理状況が概ね継続すると仮定の下、平成25年度には約3.6兆円であったものが、平成35年度には4.3～5.1兆円、平成45年度には約4.6～5.5兆円になると試算され、解体工事の見込み需要の高さが垣間見られる。

社会インフラの老朽化の現状（単位：％）

建設後50年以上経過する 社会資本の割合	平25年	平35年	平45年
道路橋（橋長2ｍ以上の橋 約70万のうち、約40万橋）	18	43	67
トンネル（約1万本）	20	34	50
河川管理施設（水門等） （　約　1　万　施　設　）	25	43	64
下　水　道　管　き　ょ （総延長：約45万ｋｍ）	2	8	24
港湾岸壁（約5千施設）	8	32	58

（注）各年3月時点
（出所）国土交通省「平成28年度国土交通白書」

●大成建設、解体工法の拡充による提案力の強化

大成建設は、完全に覆った閉鎖空間で解体工事を行い、外部に騒音や粉塵を出さず、解体部材の飛来落下を防止した解体工法「テコレップシステム」の適用範囲を拡大する。新たに「テコレップ-light」を開発し、RC（鉄筋コンクリート）造の超高層建物にも適用可能となった。新たな開発方式は、従来の3分の1という大幅な重量低減を実現し、屋根降下用ジャッキの数を半減。既存躯体へのジャッキの定着部分をユニット化し、閉鎖空間の構築期間を大幅に短縮できる。また、設置する柱の形状にもフレキシブルに対応できるようにした。これらの工夫により、RC造の超高層建物においても閉鎖空間を実現でき、建物の構造形式に制約されることなく環境に配慮した閉鎖型解体工事を施工できるようになる。大成建設は、テコレップシステムのラインナップの拡充により、100m以上の超高層に限らず、中高層建物まで視野に入れ幅広く展開することを狙っている。

マーケットデータ

●はつり・解体工事業の完成工事高

国土交通省「建設工事施工統計調査報告」によると、平成27年度のはつり・解体工事業の完成工事高は前年比21.8％増の5,356億7,400万円であった。その内訳は、元請完成工事高が前年度比1.4％増、下請完成工事高が同26.1％増となっている。元請比率は、平成27年度は前年度から3.0ポイント低下し14.7％となった。

完成工事高の推移（単位：百万円、％）

項　　目	平25年度	平26年度	平27年度	前年度比
総　　数	358,672	439,944	535,674	21.8
元　　請	70,581	77,913	78,992	1.4
下　　請	288,091	362,031	456,683	26.1

（出所）国土交通省「建設工事施工統計調査報告」

●発注者別の元請完成工事高

国土交通省「建設工事施工統計調査」によると、元請完成工事高の発注者別推移は次の通り。平成27年度の民間の元請完成工事高は前年度比3.4％増、官公庁は同8.0％減であった。官公庁の発注

元請完成工事高の発注者別推移（単位：百万円、％）

項　　目	平25年度	平26年度	平27年度	前年度比
総　　数	70,581	77,913	78,992	1.4
民　　間	59,681	64,269	66,444	3.4
官公庁	10,900	13,644	12,548	▲8.0

（出所）国土交通省「建設工事施工統計調査報告」

比率は15.9％で、前年度比1.6ポイント低下している。

業界の特性

●登録業者数

国土交通省「建設リサイクル法の施工状況」によると、建設リサイクル法第21条に基づく解体工事業者の平成27年度の登録数は前年比7.5％増の9,925業者で、平成23年から増加傾向が続いている。

許可業者数の推移（各年3月末現在）

年次	許可業者数	年次	許可業者数
平20年	7,870	平24年	8,276
21年	8,251	25年	8,646
22年	8,511	26年	9,236
23年	8,254	27年	9,925

（出所）国土交通省

●就業者数、従業者数

国土交通省のデータによると、就業者数・従業員数は次の通り。平成27年度のはつり・解体工事就業者数は前年度比27.1％増の2万8,948人で、平成24年度からの減少傾向から転じて増加している。

はつり・解体工事業の就業者数（単位：人、％）

項目	平26年度	平27年度	前年度比
就業者数	22,767	28,948	27.1
従業者数	20,609	26,517	28.7
常雇等	19,200	24,898	29.7
臨時・日雇	1,409	1,619	14.9
労務外労働者	2,158	2,431	12.7

（出所）国土交通省「建設工事施工統計調査報告」

●地方は兼業が多い

解体工事業者の多くは中小企業である。地方ほど兼業が多いのが特徴で、特に土木工事業、建築工事業、産業廃棄物処理業との兼業が目立つ。

●取引形態

木造の戸建て住宅などを解体する工事は、発注者から直接受注する元請工事の割合が高い。一方、鉄骨で鉄筋などビルの解体工事では下請けで施工する割合が高くなる。受注高が多い解体工事業者ほど、下請け工事の割合が高い。

ノウハウ

●水の凍結圧力で低騒音・低振動・無粉塵の解体

戸田建設と空調衛生設備工事の精研は、水を凍結した際に発生する圧力で擁壁を解体する「コンクリート構造物破壊技術」に取り組んできた。従来法と比べ、低騒音・低振動・無粉塵で擁壁を撤去し、周辺環境に大きな影響を与えることなく解体工事を完了できる。平成29年6月の両社の発表によると、この技術を群馬県の高崎駅近くの歩道橋の杭工事のコンクリート打設後の杭頭処理（強度の弱い杭上部を撤去する処理）に活用した。開発技術の適用範囲を広げることは、ビジネスチャンスを広げることになる。

経営指標

ここでは参考として、TKC経営指標（平成29年版）より、「はつり・解体工事」の数値を掲げる。

TKC経営指標 （変動損益計算書）	全企業 142件	
	平均額（千円）	前年比（％）
売上高	186,892	101.6
変動費	80,902	100.8
仕入高	3,265	101.2
外注加工費	76,082	102.7
その他の変動費	2,948	110.9
限界利益	105,990	102.3
固定費	101,023	100.2
人件費	49,880	102.2
減価償却費	7,327	98.4
租税公課	2,079	95.4
地代家賃・賃借料	6,714	97.6
支払利息・割引料	786	95.4
その他	35,245	102.9
経常利益	4,966	175.4
平均従事員数	10.6名	

今後の課題／将来性

●課題

課題としては、解体しにくい形状の建築物への作業や限定的なスペースでの作業など、効率性・安全性など解体工事の技術革新・高品質化も求められる。

●将来性

高度経済成長期に多くの建物や社会インフラが建設されてきたが、これらのリニューアルのための解体工事需要の伸びが想定される。

《関連団体》 全国解体工事業団体連合会
東京都中央区八丁堀4－1－3
安和宝町ビル6F
TEL 03（3555）2196

●製造業●

製 菓 業

◉菓子の生産量は前年比1.7%増

全日本菓子協会によると、平成28年の菓子の生産数量（推定）は前年比0.6%増の197万8,607トン、生産金額は同1.1%増の2兆4,773億円であった。訪日外国人によるインバウンド需要は減少しているものの日本製菓子の人気は高い。一方、個人消費は依然として低迷が続いている。

◉森永製菓と森永乳業が経営統合

森永製菓と森永乳業は、平成30年4月を目途に経営統合する。持ち株会社方式で経営統合する見通しで、明治ホールディングスに続く総合製菓・乳業メーカーが誕生する。少子高齢化で国内市場が低迷する中、相互の販路を活用して海外事業を拡大し、健康志向に対応した商品づくりを進めていく。

◉海外市場の開拓

菓子各社がアジア市場の開拓に力を入れている。カルビーは、現地での販売増に加え、訪日客の土産として人気を集めていることに対応するため、香港にある工場を増設する。また、フィリピンでは中間層の顧客を開拓するため、従来品に比べて価格が約7割高いポテトチップスの販売を始めた。おやつカンパニーは、台湾に工場を設け海外生産に乗り出す。同社の人気スナック「ベビースターラーメン」は、台湾や香港でも販売実績があり、現地での認知度も高い。アジアでの市場は伸びており、現地生産で需要の増加に対応する。カバヤ食品は中東市場に進出する。平成29年中にドバイへチョコレート菓子を出荷する。アラブ首長国連邦からハラル認証を取得し、ドバイなど現地の小売店で販売する。カステラなどの菓子製造のマルト製菓は、海外事業の拡大に向け工場の生産能力を増強する。平成29年内にも本社工場敷地内に新たな工場を整備する。賞味期限を伸ばすなど質を高めた新商品を投入し、中国などアジア市場で販売し、中近東などイスラム圏への進出も目指す。国内市場の成長力が鈍化する中、各社は海

外事業を強化し始めている。

◉「ちょい高駄菓子」が人気

大人の間で「ちょい高駄菓子」が人気となっている。これを受け、駄菓子メーカーは通常より高い商品の生産・販売を強化している。チロルチョコは工場に新ラインを導入し、通常の2倍の1個42円（税別）の商品を増やす。有楽製菓は平成29年1月に本社工場を建て替え、通販向けの包装ラインを拡充した。通常商品より高い1個50円（税別）の商品の供給体制を強化した。

マーケットデータ

◉菓子の市場規模

全日本菓子協会によると、平成28年の国内菓子市場（小売金額ベース）は前年比0.9%増の3兆3,609億円であった。

菓子の市場規模推移（単位：億円）

平25年	平26年	平27年	平28年
31,757	32,522	33,302	33,609

（出所）全日本菓子協会

◉菓子の生産金額・生産数量

全日本菓子協会によると、平成28年の菓子の生産数量（推定）、生産金額は次の通り。

菓子生産数量・生産金額の推移（単位：トン、億円）

年次 / 品目	平27年		平28年	
	数量	金額	数量	金額
飴 菓 子	169,000	1,790	174,700	1,880
チョコレート	231,350	3,640	238,980	3,800
チューインガム	27,780	751	26,670	715
せ ん べ い	57,505	512	58,082	518
ビ ス ケ ッ ト	258,900	2,580	257,600	2,560
米 菓	220,350	2,730	217,687	2,730
和 生 菓 子	305,000	3,850	305,000	3,850
洋 生 菓 子	189,482	3,278	195,167	3,376
スナック菓子	238,119	2,985	234,716	2,962
油 菓 子	58,510	356	57,632	350
そ の 他	211,738	2,026	212,373	2,032
合 計	1,967,734	24,498	1,978,607	24,773

（出所）全日本菓子協会

◉国内菓子市場に占める品目別シェア

全日本菓子協会によると、平成28年の国内菓子市場（小売金額ベース）に占める品目別シェアは次の通り。チョコレートは健康効果が広く浸透し、高カカオチョコが人気となるなど、好調を維

持している。和生菓子は横ばいで、贈答需要が減少する一方、家庭内消費が堅調である。

国内菓子市場に占める品目別シェア（平成28年）

順位	品目	小売金額（億円）	構成比（％）	前年比（％）
1	チョコレート	5,260	15.7	4.4
2	和 生 菓 子	4,750	14.1	0.0
3	洋 生 菓 子	4,250	12.6	2.0
4	スナック菓子	4,225	12.6	▲0.7
5	ビ ス ケ ッ ト	3,685	11.0	▲0.7
6	米 菓	3,643	10.8	0.0
7	飴 菓 子	2,610	7.8	4.0
8	チューインガム	1,058	3.1	▲4.9
9	せ ん べ い	734	2.2	1.1
10	油 菓 子	510	1.5	▲1.2
	そ の 他	2,884	8.6	0.3
	合 計	33,609	100.0	0.9

（出所）全日本菓子協会

業界の特性

●事業所数と従業者数

経済産業省「工業統計表」によると、平成26年のパン・菓子製造業の事業所数は前年比3.4％減の5,247所、従業者数は同0.2％減の25万7,957人。また、従業者数4〜9人の小規模事業所は35％を占め、特に和生菓子は小規模事業者が多い。

●菓子類の消費動向

総務省「家計調査年報」によると、平成28年における1世帯当たりの菓子類の年間支出金額は前年比0.1％増の6万9,823円となっている。

1世帯（全世帯）当たりの菓子類の年間支出額

年次	金額（円）	年次	金額（円）
平21	67,818	平25	67,168
22	66,412	26	68,253
23	65,335	27	69,775
24	65,843	28	69,823

（出所）総務省

●製造工程

多種多様な商品がある菓子は、製造工程もそれぞれ異なる。一般的に生菓子は手工業的な部分が強く、労働集約的といわれる。一方、チョコレートやスナック菓子などの流通菓子は機械化による大量生産が行われている。

●食の安全性

異物混入や商品の不適切な取り扱いが発生すると、一気に消費者が離れ、収益に大きな影響を引き起こすリスクがある。リスク回避のため、より安全で安心な製造を担保するため、衛生管理手法HACCPを取り入れる事業者も多い。問題発生時の原因発生追求のため、トレーサビリティも大切な取り組みといえる。

ノウハウ

●「グルテンフリー」のクラッカー

亀田製菓は、グルテンを含まない「グルテンフリー」のクラッカーの生産を新工場に集約し、生産能力を高める。「グルテンフリー」の米菓は、小麦アレルギーやダイエットを意識する人に人気が高い。

経営指標

ここでは参考として、TKC経営指標（平成29年版）より、「生菓子製造業」の数値を掲げる。

TKC経営指標（変動損益計算書）	全企業　173件	
	平均額（千円）	前年比（％）
売上高	167,936	96.7
変動費	56,444	97.4
仕入高	53,889	97.4
外注加工費	413	101.8
その他の変動費	2,194	95.3
限界利益	111,492	96.4
固定費	110,433	98.2
人件費	60,646	100.2
減価償却費	5,818	95.3
租税公課	1,715	103.5
地代家賃・賃借料	5,305	96.8
支払利息・割引料	1,725	96.6
その他	35,257	95.8
経常利益	1,058	33.4
平均従事員数	20.6名	

今後の課題／将来性

●課題

少子化で国内市場は先行きに透明感が漂っている。菓子各社は、人口が急増する新興国などに商機を見いだしている。一方、健康関連の食は市場が拡大しているため、乳酸菌を配合した菓子や食物繊維を豊富に含むビスケットなど新商品が相次いで発売されている。

《関連団体》　全国菓子工業組合連合会
　　東京都港区南青山5−12−4
　　TEL　03（3400）8901

●製造業●

製パン業

最近の業界動向

●パン市場は底堅く推移

　素材や製法にこだわったパンや、コンビニエンスストアの調理パンなどが支持され、市場は底堅く推移している。農林水産省「食品産業動態調査」によると、平成28年のパン生産量は平成27年とほぼ同じ生産量123万7,915トン（前年比0.3％増）である。内訳を見ると、学給（学校給食用）パンは少子化の影響もあり減少傾向にあるが、食パン・菓子パン・その他のパンの需要は総じて堅調で、今後も継続するものと考えられる。パンの生産量推移は次の通り。

パン類の生産量の推移 （単位：原料小麦粉使用トン）

品　目	平26年	平27年	平28年	伸び率（％）
食　パ　ン	608,447	604,877	604,366	▲0.1
菓 子 パ ン	386,578	403,187	403,363	0.0
その他のパン	213,606	201,421	205,891	2.2
学 給 パ ン	25,640	24,692	24,295	▲1.6
合　　計	1,234,271	1,234,177	1,237,915	0.3

（注）四捨五入計算のため合計計算が合わない場合がある
（出所）農林水産省「食品産業動態調査」

●冷凍パン活用による人手不足・廃棄ロスの解消

　平成28年のパン製造における冷凍生地利用率は、前年比0.4％増の9万16トンである。冷凍食品大手のテーブルマークホールディングスは、自然解凍できる冷凍パンの生産能力の向上に注力している。訪日外国人の急増で、ホテルの朝食で出すパンの引き合いが強く、外食店でも人手不足でニーズは高い。関東の2工場の生産ラインを増強して対応する。冷凍パンはホテルの朝食バイキン

パン品目別の冷凍生地の使用量の推移（単位：原料小麦粉使用トン）

品　目	平27年	平28年	伸び率（％）
食　　パ　　ン	6,486	6,703	3.3
菓　子　パ　ン	51,779	50,068	▲3.3
その他のパン	31,352	33,245	6.0
合　　計	89,617	90,016	0.4

（出所）農林水産省「食品産業動態調査」を加工

グで出されることが多く、稼働率の上昇に合わせて需要が高まっている。人手不足が恒常化している外食店でも手軽に出せる冷凍パンのニーズが高い。調理の手間を減らせるだけでなく、食品の廃棄ロスを減らせる点もメリットとなっている。パン品目別の冷凍生地の使用状態は表の通り。

●山崎製パンの動向

　山崎製パンは、1枚当たりの大きさを通常の半分程度にした小型パンの販売を拡大する。小型パンは平成26年から発売しているが、上質な小麦を使うなど素材や製法にこだわり、需要を伸ばしている。レーズン入りとチーズ入りに加え、平成28年12月にチョコ味を発売し、スーパーなど小売店での販売を強化している。平成28年12月期の売上高は、食パン部門が941億円（前年比2.2％増）、菓子パン部門が3,563億4,100万円（前年比1.3％増）であった。食パン部門は「ダブルソフト」などの主力商品の品質向上や新製品の投入によるもの、菓子パン部門は「ランチパック」の食材パンの高品質化や「北海道産小麦のバターロール」の投入などによるもので、消費者ニーズに沿った高品質化や新製品投入が功を奏した。

●生産ラインを一本化

　パン製造販売のグンイチパンは、メロンパンなど自社商品の需要に対応するため、本社工場に新たな生産棟を建設した。生産ラインを一本化し、自社の店舗向けと学校給食用のパンを作る。グンイチパンは、OEM（相手先ブランドによる生産）が主力であったが、メロンパンを中核商品として売り上げを伸ばし、自社店舗の展開に力を入れている。

●鳥越製粉の低糖質食品「ブランパン」

　鳥越製粉は、ローソンとコラボし、小麦の外皮（ブラン）を材料とし糖質量を大幅に抑えた「ブランパン」を投入した。ダイエット目的で糖質制限を実践する健康志向の消費者の支持を得ている。平成29年2月には、生活家電メーカーのツインバード工業とコラボしたブランパン対応ホームベーカリーを発売した。鳥越製粉にとって、「ブランパンは鳥越製粉」という認知度がさらに高まるPR効果が期待できるコラボである。

マーケットデータ

●パン市場規模

矢野経済研究所によると、平成28年のパン市場規模（メーカー出荷金額ベース）は前年比1.8％増の1兆5,371億円を見込んでいる。市場はプラス成長を維持している。

パン市場規模の推移（億円）

品目＼年度	平26	平27	平28 （見込）	平29 （予測）
食　パ　ン	3,055	3,146	3,209	3,258
食　卓　パ　ン	1,237	1,250	1,262	1,262
菓　子　パ　ン	4,717	4,858	4,955	5,005
惣　菜　パ　ン	1,809	1,846	1,873	1,892
デニッシュ	1,035	1,045	1,045	1,045
フランスパン	565	568	571	571
調　理　パ　ン	2,270	2,383	2,455	2,504
合　　計	14,688	15,097	15,371	15,537

（出所）矢野経済研究所

●1世帯当たりのパンの購入金額

総務省「家計調査年報」によると、平成28年の1世帯当たりのパンの購入金額は前年比0.1％減の3万294円であった。食パン・他のパンともに購入金額は微減となった。

1世帯当たりの年間パン購入金額・数量の推移

年次	パン 金額（円）	パン 数量（g）	食パン 金額（円）	他のパン 金額（円）
平24年	28,282	44,808	8,525	19,757
25年	27,974	44,927	8,494	19,480
26年	29,210	44,926	8,747	20,464
27年	30,507	45,676	9,023	21,484
28年	30,294	45,009	8,904	21,390

（出所）総務省「家計調査年報」（2人以上の世帯）

業界の特性

●パン製造業の事業所数、従業者数

経済産業省「工業統計表」によると、平成26年のパン製造業の事業所数は前年比3.9％減の1,030所、従業者数は同年比2.6％減の8万5,803人である。

●製造販売形態

パン生地から焼成まで一貫して行う製造形態が一般的であった。近年、冷凍生地等を購入し（トッピング等の二次加工等を行って）焼成を行う製造形態の存在感が高まっている。冷凍生地の品質が向上する中、焼きたてパンを求めるニーズに応えるため、スーパーやコンビニで焼成だけを行う取り組みも一般化してきている。

ノウハウ

●消費者ニーズに合った新製品の開発

高品質な冷凍生地の登場によりパン製造の敷居が低くなった。また、良質で安価なパンを提供する専門店や、スーパーマーケットでは手作りパンを提供するコーナーを設けている。健康志向やプチ贅沢志向、節約志向など多様な顧客のニーズを的確にとらえ、飽きさせない商品展開と継続的な商品開発を実現する体制づくりが事業展開の確立には重要である。

経営指標

ここでは参考として、TKC経営指標（平成29年版）より、「パン製造業」の数値を掲げる。

TKC経営指標 （変動損益計算書）	全企業　41件 平均額（千円）	前年比（％）
売上高	166,203	96.9
変動費	50,761	95.5
仕入高	48,517	95.8
外注加工費	160	82.0
その他の変動費	2,200	102.4
限界利益	115,442	97.4
固定費	111,247	98.3
人件費	72,400	99.7
減価償却費	6,553	94.0
租税公課	1,533	91.4
地代家賃・賃借料	4,938	105.8
支払利息・割引料	723	93.9
その他	25,024	95.3
経常利益	4,194	78.6
平均従事員数	27.5名	

今後の課題／将来性

●将来性

米食を基調としてきた日本の食卓に、パンはさまざまなニーズの広がりとともに、着実に根付いてきた。消費者のニーズがより細分化し、ターゲットに即した商品づくりと販促を行っていくことで事業を伸長させることができる。小麦などの原材料は天候気象や相場動向で大きく揺れ動くため、事業の盤石化にはリスク変動への対策が欠かせない。

《関連団体》　一般社団法人日本パン工業会
東京都中央区日本橋兜町15−6
TEL　03（3667）1976

— 551 —

●製造業●

清酒製造業

最近の業界動向

●清酒市場は２年連続で縮小へ

　若者のアルコール飲料離れや人口減少などを背景に、清酒市場は縮小傾向にある。日本酒だけでなくビールなども苦戦しており、アルコール市場を取り巻く環境は厳しい。平成27年の清酒の出荷量は、前年比0.2％減の55万3,989キロリットルで、平成16年と比べると26.4％減になり、清酒離れに歯止めがかからない。

清酒の課税数量の推移

年度	生産量（kℓ）	前年比（％）
平16	753,112	―
25	587,461	100.8
26	554,857	94.5
27	553,989	99.8

（出所）国税庁

●「山田錦」の産地が広がる

　日本酒の原料となる酒造好適米のうち、人気の高い「山田錦」の産地が広がっている。「山田錦」は兵庫県が開発し同県の奨励品種となったが、九州や北陸でも増産が進み、東北にも広がっている。酒造も地元の好適米を使う動きが広がっている。

●産学連携で日本酒の魅力を伝える

　新潟大学と新潟県、新潟県酒造組合は、日本酒をテーマにした授業の開設で連携協定を結んだ。海外でも日本酒の知名度が上がっているが、市場規模はワインに及ばない。新潟大学は早ければ平成30年度にも日本酒の歴史や製法、産地などの講義を始める。国内の日本酒の出荷量は減少傾向にあり、若者に向け日本酒の魅力を伝えるなどして生き残りを図りたい考えだ。

●「スパークリング日本酒」

　発泡する「スパークリング日本酒」が女性に人気となっている。洗練されたボトルデザインや洋食にも合うことなどが支持されている。平成28年に発足した「aWa酒協会」には、全国９つの酒蔵が参加している。きめ細かい泡が持続するよう自然発酵で炭酸を作ることを条件に、ビン内で一定のガス気圧を保てる品質が求められる。日本航空のファーストクラスに採用されている南部美人も会員だ。岩手県の南部美人は、従来の日本酒のイメージを一新し、洗練されたデザインのボトルで洋食に合う「スパークリング日本酒」を販売し、海外ワイン需要を見据えた展開を開始している。高級路線に舵を切る酒造会社の切り札の一つになっている。

マーケットデータ

●市場規模

　総務省「家計調査年報」及び「世帯数調査」から推計すると、平成28年の消費者支出ベースの清酒の市場規模はおおよそ3,400億円である。

●清酒の年間消費支出額

　平成28年の１世帯当たりの清酒の年間消費支出額は前年比1.9％減の5,826円で、３年連続の減少であった。酒類全体に占める清酒の割合は14.24％である。

１世帯当たりの清酒の支出額推移

年次	酒類全体 金額（円）	清　酒 金額（円）	清　酒 数量（ℓ）	清酒金額 酒類全体
平24年	40,569	5,951	7,753	14.67％
25年	42,064	6,033	7,443	14.34％
26年	42,041	6,188	7,508	14.71％
27年	41,300	5,938	6,927	14.38％
28年	40,909	5,826	7,208	14.24％

（注）２人以上の世帯
（出所）総務省「家計調査年報」

●特定名称の清酒のタイプ別製成数量の増加

　特定名称の清酒（原材料等が指定された香味・色沢基準に適合した清酒）の生産数量が伸びている。特定名称４種合計の製成数量は、前年比5.2％増の19万748キロリットルであり、平成16年に比べて6.1％増になっている。

特定名称の清酒のタイプ別製成数量の推移　（kℓ、％）

年度	吟醸酒	純米酒	純米吟醸酒	本醸造酒	合計
平16	27,756	51,931	28,368	71,718	179,773
25	23,105	56,089	40,101	48,328	167,623
26	23,532	61,529	48,265	48,057	181,383
27	24,497	64,990	54,743	46,518	190,748
前年比	104.1	105.6	113.4	96.8	105.2

（出所）国税庁

●5年連続で清酒の輸出量が増加

清酒の輸出数量・輸出金額は、ともに増加傾向にある。平成28年度の輸出金額は前年比11.1％増の156億円、輸出数量は8.6％の1万9,737キロリットルである。清酒の輸出金額トップのアメリカ（51億9,600万円）は、「輸出に占める割合」が33.3％を占めるが、数量ベースの「輸出に占める割合」は25.9％と、数量ベースに比べて金額ベースの割合が大きい。これは、単価の高い商品を輸出していることを示している。一方、韓国は単価の低い商品を輸出している。国（地域）によって、清酒のニーズも異なっている。清酒の輸出数量・金額の推移は次の通り。

清酒の輸出数量・金額の推移

年度	金額		数量	
	（百万円）	前年比（％）	（kℓ）	前年比（％）
平24	8,945	101.9	14,130	100.7
25	10,523	117.6	16,202	114.7
26	11,506	109.3	16,313	100.7
27	14,011	121.8	18,180	111.4
28	15,581	111.1	19,737	108.6

（出所）財務省

業界の特性

●製造業者数

「国税庁統計年報書」によると、平成27年度の清酒の製造免許数は前年比0.4％減の1,627社である。

清酒の製造免許場数の推移

年度	製造場数	年度	製造場数
平18	1,887	平23	1,709
19	1,845	24	1,684
20	1,807	25	1,652
21	1,761	26	1,634
22	1,736	27	1,627

（出所）国税庁

●日欧経済連携協定（EPA）にて日本酒関税撤廃へ

EUでは日本酒（発泡性無し）に100リットル当たり最大7.7ユーロの共通関税を課しているが、即時撤廃の方向で交渉が進んでいる。加えて、地域の特色ある農産品ブランド「地理的表示（GI）」においても日本酒も保護対象と認められる方向にあり、欧州への輸出拡大に追い風となる。

ノウハウ

●日本酒の移動販売

福井県の国龍酒造は、平成29年7月からワゴン車の移動販売を始めた。熱かんと冷酒の両方を楽しめる銘柄「九頭龍」数種類を販売するほか、つまみも提供する。また、イベントなどで「九頭龍」ブランドをPRし、幅広い日本酒の飲み方を楽しんでもらう。

経営指標

ここでは参考として、TKC経営指標（平成29年版）より、「清酒製造業」の数値を掲げる。

TKC経営指標 （変動損益計算書）	全企業　44件	
	平均額（千円）	前年比（％）
売上高	269,456	101.7
変動費	106,197	101.6
仕入高	103,994	99.0
外注加工費	474	82.2
その他の変動費	2,711	85.3
限界利益	163,259	101.8
固定費	141,697	103.2
人件費	67,010	104.9
減価償却費	13,218	105.3
租税公課	3,223	99.6
地代家賃・賃借料	3,928	100.0
支払利息・割引料	3,200	89.8
その他	53,180	102.5
経常利益	21,562	93.5
平均従事員数	16.3名	

今後の課題／将来性

●課題

海外では日本酒の認知度が高まり、輸出数量、金額ともに増加している。一方、国内では若者のアルコール飲料離れなどで出荷量は低迷している。個性のある日本酒の人気が高まりつつあり、原料や製造方法など付加価値のある日本酒を提供する必要がある。

●将来性

清酒全体が減少傾向にある中、国内の多様な清酒需要への対応、海外のワイン愛好家の清酒への需要掘り起こし、日欧経済連携協定（EPA）における日本酒関税撤廃の動きなどは、清酒の消費拡大につながる。

《関連団体》　日本酒造組合中央会
　東京都港区西新橋1－1－21
　TEL　03（3501）0101

●製造業●

ワイン製造業

最近の業界動向

●「純国産」ワインの人気が上昇

原料に日本産のブドウを100％使用した純国産のワインが人気だ。国内の流通量はまだ少ないが、酒類大手などが事業拡大に乗り出している。大手のメルシャンやアサヒビールは、ブドウ農園を広げ、需要が伸びている日本ワイン用のブドウ栽培を増やしている。

●果実酒は増加傾向

「国税庁統計年報書」によると、平成27年度の果実酒の課税数量（国産及び輸入分合計）は前年度比2.2％増の38万7,505キロリットルで、輸入ワインは国内出荷の量の約7割を占めている。金額・数量ともに堅調に推移している。

果実酒販売（消費）数量の推移

年度	数量（kℓ）	前年比	金額（百万円）	前年比
平22	280,756	9.5%	22,583	9.4%
23	309,879	10.4%	24,962	10.5%
24	352,133	13.6%	28,315	13.4%
25	373,114	6.0%	29,964	5.8%
26	379,322	1.7%	30,443	1.6%
27	387,505	2.2%	31,141	2.3%

（注）果実酒及び甘味果実酒合計値
（出所）国税庁

●ワイン用ブドウ栽培の確立に向けて

サッポロビールは平成29年7月、長野県の自社ワイン用ブドウ畑の管理にAIを導入すると発表した。具体的には、ブドウ園に設置したセンサーで気象・土壌等の環境情報を収集し、生育状況や品質と合わせてクラウドサーバーで分析し、最適な作業指示をリアルタイムでフィードバックする。このAIは農学系の博士を修めた社外の研究者が開発に携わり、科学的な農業技術を用いた栽培の実現を図った独自の栽培ノウハウを蓄積し、共有することも可能としており、安定したぶどう栽培の確立を狙っている。

●宮城県南三陸町がワイナリー経営者を募集

宮城県南三陸町は町内ワイナリーを建設し、経営者の募集を始めた。国の地域おこし協力隊の制度を活用し、平成30年度中に、3年間の所得付きで域外から候補者に移住してもらう。提携する仙台秋保醸造所では、醸造や経営の専門家がセミナーや実習を実施し、ワイナリー運営を軌道に乗せる手助けをする。3年で事業計画を作り、資金調達してもらい、4年後のワイナリー設立を目指す。

マーケットデータ

●市場規模

総務省「家計調査年報」及び「世帯数調査」から推計すると、平成28年の消費者支出ベースのワインの市場規模はおおよそ1,900億円である。

●ワインの年間消費支出額

総務省「家計調査年報」によると、平成28年の1世帯当たりのワインの年間消費支出額は前年比3.4％増の3,333円であり、ここ5年増加傾向にある。

1世帯（全世帯）当たりのワインの支出額推移

年度	消費額（円）	前年比（％）
平24	2,588	7.3
25	2,866	10.7
26	2,948	2.9
27	3,049	3.4
28	3,333	9.3

（出所）総務省「家計調査年報」

●大手5社が市場の約8割を占める

国税庁「果実製造業の概況」によると、製成数量ベースで、平成26年度の大手5社のシェアは74.6％の7万5,264キロリットルで、シェアは縮小傾向にある。

大手5社とその他の企業の製成数量推移

年度	大手5社		その他の企業	
	（kℓ）	シェア	（kℓ）	シェア
平23	66,535	81.3%	15,279	18.7%
24	71,753	81.3%	16,540	18.7%
25	74,864	78.7%	20,233	21.3%
26	75,264	74.6%	25,656	25.4%

（注）大手5社とは、調査対象期間における製成数量上位5社のサッポロワイン、サントネージュワイン、サントリーワインインターナショナ、マンズワイン、メルシャン、メルシャン及び資本関係のある販売会社（朝日ビール及びサッポロビール）
（出所）国税庁

業界の特性

●都道府県別果実酒製造業者

国税庁「国内製造ワインの概況」によると、都道府県別果実酒製造業者数は次の通り。平成28年3月末現在の国内ワイナリー数は261者（280場）となっている。

都道府県別果実酒製造業者

都道府県	果実酒製造免許者数（者）	内ワイナリー	果実酒製造免許場数（場）	内ワイナリー
山梨県	72	71	87	82
長野県	30	28	36	32
北海道	31	26	34	26
山形県	14	13	14	13
新潟県	12	10	13	10
その他	174	113	183	117
合計	333	261	367	280

（注）果実酒の製造免許を有し、ブドウを原料とした果実酒を製造している者（場）
（出所）国税庁

●ワイン原料

国税庁「国内製造ワインの概況」によると、平成27年の国内製造ワインの使用原料構成比は、輸入原料が73.4％を占め6万2,380トン、国内原料が26.6％を占め2万2,558トンである。

●都道府県別ワイン原料ぶどうの使用状況

国税庁「国内製造ワインの概況」によると、都道府県別ワイン原料ブドウの使用状況は次の通り。

都道府県別ワイン原料ブドウの使用状況（単位：トン）

北海道	山形県	長野県	山梨県	合計
3,708	2,428	6,704	8,586	25,254

（出所）国税庁

●ワインの種類構成

国税庁「国内製造ワインの概況」によると、国内製造ワインの製造数量構成比（種類別）は次の表の通り。

国内製造ワインの種類別製造数量構成比（平成27年）

項目	赤ワイン	白ワイン	スパークリング	その他
構成比	50.6％	42.8％	4.1％	2.5％

（出所）国税庁

ノウハウ

●新たな楽しみ方による需要創造

サントリーワインインターナショナルは、チリワイン「サンタ・バイ・サンタ・カロリーナ・クールホワイトブレンド」を発売した。このワインは、氷を入れても楽しめるワインとしてPRしている。多様なワインの楽しみ方の提案は、顧客層拡大・既存顧客のワイン需要拡大を期待できるものである。

経営指標

ここでは参考として、TKC経営指標（平成29年版）より、「蒸留酒・混合酒製造業」の数値を掲げる。

TKC経営指標（変動損益計算書）	全企業　17件 平均額（千円）	前年比（％）
売上高	276,595	102.9
変動費	112,463	98.9
仕入高	112,298	102.1
外注加工費	73	93.1
その他の変動費	2,359	110.3
限界利益	164,131	105.7
固定費	167,426	114.3
人件費	60,732	103.0
減価償却費	10,344	92.9
租税公課	7,224	96.4
地代家賃・賃借料	3,516	103.4
支払利息・割引料	1,843	93.3
その他	78,766	105.6
経常利益	▲3,296	▲38.0
平均従事員数	14.2名	

今後の課題／将来性

●課題

ビール市場が縮小する中、サッポロビールやアサヒビールなどは、人気が高い日本ワインを強化して第2の柱に育てようとしている。今後、新たに参入する企業も増えると予想され、競争が激しくなるだろう。

●将来性

国内市場は拡大傾向であるほか、世界的に日本ワインの評価が高まっている。世界市場での需要獲得には、日本の製造業者だからこその繊細な味わいや、洗練されたパッケージなどの製品開発が必要である。

《関連団体》　日本ワイナリー協会
　　　東京都港区西新橋2－12－7
　　　　武田新江戸橋ビル2F
　　TEL　03（6202）5728

●製造業●

地ビール製造業

最近の業界動向

●地ビールの販売数量は増加傾向

国税庁の資料によると、平成26年度の地ビール製造業の販売数量は前年度比4.8％増の２万2,851キロリットルで、地ビール製造業の販売数量は増加傾向が続いている。容器別では、樽では減少したが、それ以外の容器での数量が増加している。

容器別販売数量の推移（単位：kℓ）

容器別	平24年度	平25年度	平26年度
樽	6,619	7,401	7,088
びん	5,338	5,939	6,216
缶	6,327	8,157	9,169
その他	284	305	378
合　計	18,568	21,802	22,851

（出所）国税庁

●キリンビールが他社のクラフトビールを販売

個性的な味と香りの地ビール（クラフトビール）の人気が高まり、クラフトビール専門店も増えている。飲食店に醸造施設を併設する店もある。キリンビールは、平成29年夏から飲食店向けにクラフトビールを販売している。販売するのは、クラフトビール大手の木内酒造が製造する「常陸野（ひたちの）ネストビール」だ。また、キリンビールはヤッホーブルーイングなどの商品も取り扱っている。ビール需要が減少する一方、クラフトビールの販売は増加傾向にある。幅広い品揃えで、ビールの需要増につなげたい考えだ。

●ヤッホーブルーイングが台湾での展開を加速

国内クラフトビール最大手のヤッホーブルーイングは、台湾での展開を加速させる。現地のクラフト専門メーカーと連携し、主力の「よなよなエール」などを台湾にあるセブンイレブン全店に納入する。平成29年内に全店での展開を始める予定だ。台湾では若者を中心にクラフトビールが人気となっている。また、国内では長野県にある醸造所の老朽化が目立つため、排水処理施設の改善などに投資し、「環境に優しいビール会社」をアピ

ールする。

●軽井沢ブルワリーが生産能力を増強

地ビール製造の軽井沢ブルワリーは、ビール製造工場を新設し年間生産能力を現在の200万リットルから、2.5倍の500万リットルへ引き上げる。平成28年夏にアサヒビールと連携して販売した中元セットが好調で、売上が２割程度上昇した。平成29年は父の日用のギフトの売れ行きが良く、海外向けでは台湾での売れ行きが好調で、米国への販路拡大も見据えている。今後は原料調達についてJA佐久浅間と連携し、100％地元で調達し、「ご当地ビール」としてのブランド力を高めたい考えだ。

マーケットデータ

●地ビール製造業者の業績

国税庁資料によると、地ビール製造業者155社の平成26年度の売上高は153億6,700万円（前年比3.6％増）、１企業当たりの売上高は9,910万円（同0.3％増）であり、１企業当たりの営業利益は750万円（同17.1％増）である。地ビール製造事業者の業績は、増収増益傾向にある。

地ビール製造事業者の経営状況（単位：百万円）

項　目	平24年度	平25年度	平26年度
企業数（社）	147	150	155
売上高	12,776	14.827	15,367
１企業当たり	5,197	98.8	99.1
売上総利益	35.4	5,641	6,180
１企業当たり	1,107	37.6	39.9
営業利益	7.5	956	1,162
１企業当たり	5.7	6.4	7.5

（出所）国税庁

●全国各地の地ビール出荷量ランキング

東京商工リサーチの調査（平成28年１～８月）

出荷量ランキング

順位	商　号	主なブランド	出荷量(kℓ)
1	エ チ ゴ ビ ー ル	エチゴビール	1,981.0
2	木 　内 　酒 　造	常陸野ネストビール	1,270.0
3	銀 河 高 原 ビ ー ル	銀河高原ビール	1,101.6
4	ベアードブルーイング	ベアードビール	359.0
5	二軒茶屋餅角屋本店	伊勢角屋麦酒	315.0
6	御殿場高原ビール	御殿場高原ビール	284.0
7	ベ ア レ ン 醸 造 所	ベアレン・クラシック	275.0
8	網 　走 　ビ ー ル	網 　走 　ビ ー ル	209.0
9	信州東御市振興公社	オラホビール	156.3
10	熊 　澤 　酒 　造	湘 南 ビ ー ル	155.0

－ 556 －

によると、全国主要地ビールの出荷量は前年同期を1.1％上回った。出荷量増加の要因として最も多かった回答は、「飲食店・レストラン向けが好調（28.8％）」であった。次いで「スーパー、コンビニ、酒店向けが好調（15.4％）」、「イベント向け等が好調（13.5％）」と続いている。また、出荷量が判明した80社のうち、上位10社の出荷量は表の通り。

業界の特性

●製造場数、製造者数

国税庁の資料によると、地ビール製造場数と製造業者の推移は次の通り。

地ビール製造場数と製造者数の推移

年度	製造場数	製造者数	年度	製造場数	製造者数
平20	206	196	平24	180	174
21	201	191	25	179	173
22	194	184	26	181	174
23	190	183	27	180	173

（注）平成6年4月1日以降ビールの製造免許を取得した製造場（者）で、大手ビールメーカー5社および試験製造免許にかかわる製造場（者）を除いたものである。
（出所）国税庁

●販売形態

地ビールの販売方法は、自前でのレストラン販売とそれ以外の外販に分かれ、多くの地ビール業者は両方の販路を持つ。国税庁の資料によると、平成26年度の販売形態構成比では、地ビール製造事業者の37.4％が併設レストランを持ち、主要な販売形態といえる。

地ビールの販売形態構成比

販売形態別	平24年度	平25年度	平26年度
テーマパーク（物産店）	19者	14者	19者
レストラン併設	55者	58者	54者
料飲店チェーン供給	19者	20者	21者
そ　　の　　他	54者	58者	61者
合　　計	147者	150者	155者

（出所）国税庁

ノウハウ

●需要発掘を見据えた商品づくり

ビールの主原料の麦芽やホップは国内生産量が少なく、輸入品に依存している。味わいの差別化は国内で生産される副原料の選定、特別な製造方法が決め手となる。地ビールメーカーのサンクトガーレンは、新たな製造方法でジュース風味やチョコレート風味のビールを商品化した。若者や女性をターゲットにしている。ニーズを絞り込み、それにあった商品づくりが重要となってくる。また、ヤッホーブルーイングが親しい友人向けのプチギフトに地ビールを誂えたように、ターゲット顧客が買いやすいような商品形態にする工夫も効果的である。

経営指標

ここでは参考として、TKC経営指標（平成29年版）より、「蒸留酒・混成酒製造業」の数値を掲げる。

TKC経営指標 （変動損益計算書）	全企業　17件	
	平均額（千円）	前年比（％）
売上高	276,595	102.9
変動費	112,463	98.9
仕入高	112,298	102.1
外注加工費	73	93.1
その他の変動費	2,359	110.3
限界利益	164,131	105.7
固定費	167,426	114.3
人件費	60,732	103.0
減価償却費	10,344	92.9
租税公課	7,224	96.4
地代家賃・賃借料	3,516	103.4
支払利息・割引料	1,843	93.3
その他	78,766	105.6
経常利益	▲3,296	▲38.0
平均従事員数	14.2名	

今後の課題／将来性

●課題

地ビール製造事業者の課題として、原材料の高騰や生産能力の限界への対応、人材確保・人材育成（醸造技術の取得）が挙げられる。

●将来性

地元の原材料や丹念な製法による日本の地ビールは、海外でも支持を集めつつある。訪日外国人消費の取り込みや輸出戦略など、海外を見据えた事業展開が、今後の地ビール事業者の方向性の一つとなってきた。

《関連団体》　全国地ビール醸造者協議会
　　東京都新宿区西新宿2－1－1
　　　新宿三井ビルディング25F
　　TEL　03（5909）8929

●製造業●

清涼飲料製造業

最近の業界動向

●清涼飲料水の販売金額

　全国清涼飲料工業会のデータによると、平成28年の清涼飲料水の販売金額は前年比4.8％増の3兆8,787億3,300万円であった。販売金額の推移は次の通り。清涼飲料市場は成長が続いているが、中長期的には市場の縮小が避けられないという見方もある。価格競争からの脱却や付加価値の高い製品開発が不可欠となっている。

清涼飲料水の分類別販売金額（単位：百万円）

分類別	平26年	平27年	平28年
合　計	3,647,667	3,700,498	3,878,733
炭　酸　飲　料	693,962	703,386	726,174
果　実　飲　料　等	354,678	352,690	352,525
コーヒー飲料等	904,179	911,966	940,581
茶　系　飲　料	827,979	844,143	917,405
ミネラルウォーター類	237,348	251,545	275,012
豆　乳　類　等	41,035	43,497	46,704
トマトジュース	14,370	13,122	16,172
その他の野菜飲料	136,728	127,899	128,322
スポーツ飲料	261,086	250,289	273,916
乳　性　飲　料	93,063	108,874	110,532
乳性飲料（き釈用）	12,541	13,910	15,015
その他清涼飲料	70,698	69,177	76,375

（出所）全国清涼飲料工業会

●コカ・コーラボトラーズジャパンの誕生

　平成29年4月、コカ・コーラウエストとコカ・コーライーストジャパンが経営統合し、コカ・コーラボトラーズジャパンが誕生した。新会社コカ・コーラボトラーズジャパンの売上高は1兆円を超え、国内販売数量でトップとなる。量販店への販促費の一本化や、生産・流通の合理化、管理部門の共通化でコスト削減を図り、競争力を高める。

●生産・物流体制の効率化

　アサヒグループホールディングスは、飲料事業の生産・物流体制の効率化を図る。傘下のカルピス工場で生産ラインを増やし、隣接地に物流拠点を新設する。飲料市場の拡大で割高となっていた外部委託比率を下げ、トラック便数を削減して収益性を高める。

マーケットデータ

●清涼飲料メーカーの販売シェア

　日本経済新聞社の推計によると、平成28年の清涼飲料メーカーの販売シェアは次の通り。

国内販売のシェア（平成28年）

順位	社（グループ）名	シェア（％）
1	コカ・コーラグループ	27.1％（0.0）
2	サントリー食品インターナショナル	20.8％（▲0.2）
3	アサヒ飲料	13.4％（0.1）
4	キリンビバレッジ	12.2％（0.7）
5	伊藤園	11.1％（0.0）

（注）カッコ内は前年比増減ポイント
（出所）日本経済新聞

●容器別シェア

　全国清涼飲料工業会によると、容器別シェアは次の通り。年々、PETボトル飲料のシェアが大きくなっている。

容器別シェアの推移（生産量ベース）

容器別	平26年	平27年	平28年
PETボトル飲料	69.5％	70.9％	72.0％
缶　詰　飲　料	17.0％	16.0％	15.2％
紙　容　器　飲　料	8.9％	8.5％	8.4％
びん詰め飲料	1.5％	1.4％	1.3％
そ　の　他	3.2％	3.1％	3.2％

（出所）全国清涼飲料工業会

●清涼飲料水の生産量

　全国清涼飲料工業会のデータによると、平成28

清涼飲料水の分類別生産量（単位：kℓ）

分類別	平27年	平28年
合　計	20,466,400	21,256,200
炭　酸　飲　料	3,729,200	3,806,200
果　実　飲　料　等	1,808,300	1,815,500
コーヒー飲料等	2,978,200	3,051,100
茶　系　飲　料	5,736,200	6,121,900
ミネラルウォーター類	3,038,500	3,176,200
豆　乳　類　等	308,400	318,600
トマトジュース	56,600	71,700
その他の野菜飲料	476,500	473,300
スポーツ飲料	1,472,700	1,500,600
乳　性　飲　料	553,100	587,700
乳性飲料（き釈用）	143,400	150,000
その他清涼飲料	165,300	183,400

（出所）全国清涼飲料工業会

年の清涼飲料水の生産量は前年比3.9％増の2,125万6,200キロリットルであった。

業界の特性

●主な清涼飲料の１世帯当たりの年間支出額

総務省「家計調査年報」によると、主な清涼飲料（茶系飲料、コーヒー飲料、果実・野菜ジュース、炭酸飲料、乳酸菌飲料）の１世帯当たりの年間支出額は次の通り。

１世帯当たりの主な飲料の年間支出額（単位：円）

品　目	平26年	平27年	平28年
茶　飲　料	5,979	6,146	6,632
コーヒー飲料	4,159	4,452	4,452
果実・野菜ジュース	8,226	7,947	7,918
炭　酸　飲　料	4,772	4,867	4,962
乳　酸　菌　飲　料	3,502	3,703	4,079

（出所）総務省「家計調査年報」

●飲料の自動販売機普及台数、年間自販金額

日本自動販売機工業会によると、平成28年12月末の自動販売機普及台数、年間自販金額は次の通り。平成28年12月末の清涼飲料自動販売機は前年比2.5％減、年間自販金額は同4.5％減であった。自販機での販売は利益率が高いため、各社はスマートフォンアプリに連動したポイントサービスなどで販売のてこ入れをしている。

飲料の自動販売機普及台数、年間自販金額（平成28年12月末）（単位：%）

機　種	普及台数（千台）	前年比	自販金額（百万円）	前年比
飲料合計	2,474	▲2.9	2,029,802	▲4.9
清涼飲料	2,133	▲2.5	1,740,528	▲4.5
牛乳	148	▲8.1	120,620	▲10.1
コーヒー・ココア(カップ式)	169	▲2.9	137,904	▲3.7
酒・ビール	24	▲4.3	30,750	▲8.0

（出所）日本自動販売機工業会

ノウハウ

●自動販売機の販売戦略

自動販売機は販売戦略上、重要な販路であると同時に顧客囲い込みツールにもなってきている。コカ・コーラシステムは、スマートフォンアプリ「Coke ON（コークオン）」に対応した自動販売機を展開している。また、地域マーケティングを強化し、顧客反応を分析するなどマーケティングのプラットフォームとしての位置付けも持っている。キリンビバレッジは、コミュニケーションア

プリ「LINE」とスマートフォンと連携した自動販売機サービスを展開している。LINE利用者を取り込み、新規顧客層の開拓を狙っている。各社とも、外国人旅行客のインバウンド需要に対応した外国語対応の自動販売機に取り組むなど、常に新たなニーズに沿った自販機マーケティングに取り組んでいる。

経営指標

清涼飲料製造業を対象にした指標は見当たらないので、ここでは参考として、TKC経営指標（平成29年版）より、「他に分類されないその他の製造業」の数値を掲げる。

TKC経営指標（変動損益計算書）	全企業　156件	
	平均額（千円）	前年比（%）
売上高	268,398	104.1
変動費	145,238	103.2
仕入高	118,229	104.2
外注加工費	23,281	103.1
その他の変動費	3,410	101.0
限界利益	123,159	105.0
固定費	109,916	100.7
人件費	67,255	103.8
減価償却費	7,288	99.1
租税公課	1,586	91.7
地代家賃・賃借料	3,725	99.6
支払利息・割引料	1,877	85.0
その他	27,983	96.4
経常利益	13,242	163.7
平均従事員数	16.1名	

今後の課題／将来性

●課題

清涼飲料水は安定的な需要が見込めるが、現状に安住せずにロングセラーの鮮度を上げる取り組みが行われている。変化するニーズを取り込むマーケティング、ニーズに合ったきめ細やかな製品開発とともに、顧客が欲しくなる商品のプロモーションも大切である。それら一連の活動が常に求められている。コカ・コーラボトラーズジャパンが合併のシナジーや効率化を狙ったように、各社ともに戦略的な経営統合やM＆Aも将来を担う重要な選択肢となっている。

《関連団体》　一般社団法人全国清涼飲料工業会
東京都中央区日本橋室町３－３－３
TEL　03（3270）7300

－ 559 －

●製造業●

ミネラルウォーター製造業

最近の業界動向

●ミネラルウォーターの国内市場規模

矢野経済研究所によると、平成27年のミネラルウォーターの市場規模は、前年度比8.1％増の2,885億円で、平成28年度は4.2％増の3,005億円と見込まれている。ミネラルウォーターが消費者の生活に根付いたことや、ミネラルウォーターのナチュラルで健康的なイメージが消費者に支持されていることが市場拡大の背景として挙げられている。また、フレーバーウォーター、スパークリングウォーターといった派生商品が、上位メーカーを中心にヒットしていることも市場を下支えしている。

ミネラルウォーターの市場規模 （単位：億円）

年度	平25	平26	平27	平28(見込)
市場規模	2,620	2,668	2,885	3,005

（出所）矢野経済研究所

●消費者の防災意識の高まり

熊本地震を機に買いだめ需要も出ている。日本経済新聞社によると、平成28年6月のペットボトル入りミネラルウォーターの売れ筋は次の通り。

ペットボトルミネラルウォーター販売数量上位5商品 （平成28年6月）

順位	商品名	メーカー
1	アルカリイオンの水(2ℓ×6本)	キリンビバレッジ
2	南アルプスの天然水(2ℓ×6本)	サントリー食品インターナショナル
3	南アルプスの天然水(2ℓ)	
4	南アルプスの天然水(500㎖)	
5	アルカリイオンの水(2ℓ)	キリンビバレッジ

（出所）日本経済新聞社

マーケットデータ

●ミネラルウォーターの生産量は増加傾向

日本ミネラルウォーター協会によると、平成28年のミネラルウォーター生産量（国内生産と輸入合計）は、前年比4.0％増の352万2,928キロリットルであった。輸入が微減だったが、国内生産がけ

ん引し全体として増加傾向にある。構成比は国内生産が90.2％、輸入が9.8％であった。

ミネラルウォーターの生産量 （単位：kℓ、％）

項　目	平27年	平28年	構成比	前年比
国内生産	3,038,504	3,176,558	90.2	104.5
輸　入	348,896	346,370	9.8	99.3
合　計	3,387,400	3,522,928	100.0	104.0

（注）構成比・前年比は生産量端数処理前で計算
（出所）日本ミネラルウォーター協会

●販売シェア

日本経済新聞社によると、市場全体では国内販売量と輸入量を合わせて前年比4.0％増の352万2,928キロリットルとなった。トップシェアのサントリーインターナショナルは「天然水」ブランドの販売数量が初めて1億ケースを超えた。炭酸を封入し、香りをつけたフレーバーウォーターも大きく寄与した。

ミネラルウォーターの企業別シェア （平成28年）

順位	社（グループ）名	シェア（％）
1	サントリー食品インターナショナル	37.3 (0.4)
2	コカ・コーラグループ	23.7 (0.4)
3	キリンビバレッジ	15.5 (0.2)
4	アサヒ飲料	9.6 (▲0.7)
5	伊藤園	3.2 (0.4)
6	その他	10.7 (▲0.7)

（注）カッコ内は前年比増減ポイント
（出所）日本経済新聞社

●1人当たりミネラルウォーター消費量

日本ミネラルウォーター協会によると、平成28年の1人当たりのミネラルウォーター消費量は前年比4.1％増の27.8リットルで、年々緩やかに増加している。

ミネラルウォーターの1人当たり消費量推移

年次	消費量（ℓ）	年次	消費量（ℓ）
平19年	19.6	平24年	24.6
20年	19.7	25年	25.6
21年	19.7	26年	25.7
22年	19.8	27年	26.7
23年	24.8	28年	27.8

（出所）日本ミネラルウォーター協会

●ミネラルウォーターの消費傾向

総務省によると、平成26〜28年の各月の1世帯当たりのミネラルウォーター平均支出額は、8月が最も多く379円、1月が最も少なく200円である。8月は1月の1.9倍の消費支出額である。同

― 560 ―

3年間の1世帯当たりの年間平均支出額は、全国平均が2,920円、沖縄県が最も多く4,069円、北海道が最も少なく1,786円であり、沖縄県は北海道の2.3倍の消費支出がある。

地域別ミネラルウォーターの月別消費支出 （平成26～28年平均）

順位	地域	消費支出	順位	地域	消費支出
1	沖　縄　県	4,068円	6	九　　　州	2,467円
2	関　　　東	3,665円	7	東　　　北	2,219円
3	四　　　国	3,018円	8	中　　　国	2,140円
4	近　　　畿	2,723円	9	北　　　陸	1,960円
5	東　　　海	2,699円	10	北　海　道	1,786円

（出所）総務省統計局「家計トピックス」を加工

業界の特性

●都道府県別生産量

　日本ミネラルウォーター協会によると、平成28年のミネラルウォーターの生産量第1位は山梨県であり、142万522キロリットルと、全体の44.7％（前年比10.4％増）を占める。岐阜県は、生産量で前年比16.3％増となり、生産量第4位となった。

ミネラルウォーターの生産量上位都道府県 （平成27年）（単位:kℓ、%）

順位	都道府県	生産量	構成比	前年比
1	山　　　梨	1,420,522	44.7	110.4
2	静　　　岡	537,786	16.9	102.3
3	鳥　　　取	320,948	10.8	98.2
4	岐　　　阜	130,324	4.1	116.3
5	兵　　　庫	124,724	3.9	87.3
6	鹿　児　島	108,257	3.4	95.5
7	富　　　山	66,965	2.1	84.9
8	長　　　野	60,548	1.9	98.6
9	北　海　道	49,683	1.6	75.3
10	熊　　　本	30,347	1.0	49.5
その他	そ　の　他	326,454	8.7	124.2
	合　　計	3,176,558	(100)	104.1

（注）四捨五入により構成比合計は100.0とならない。
（出所）日本ミネラルウォーター協会資料を加工

ノウハウ

●大容量化から顧客ニーズに沿った商品開発へ

　ミネラルウォーターメーカーは、2ℓペットボトル商品などの大容量ボトルを中心とした価格競争からの脱却を図っている。伊藤園伊藤忠ミネラルウォーターズが、「エビアン」シリーズで330㎖ボトルや750㎖ボトルを投入し、持ち運びや手軽

さのメリットを訴求している。大塚食品の「クリスタルガイザー」は、700㎖ボトルにキャンペーンでボトルカバーをプレゼントし好評を得た。顧客の生活スタイルに合わせた商品づくりや、付属品の提供や販促の実施が持続的な需要創造につながる。

経営指標

　ミネラルウォーター製造業の指標は見当たらないので、ここでは参考として、TKC経営指標（平成29年版）より、「他に分類されない食料品製造業」の数値を掲げる。

TKC経営指標 （変動損益計算書）	全企業　112件	
	平均額（千円）	前年比（%）
売上高	274,570	101.8
変動費	144,184	99.5
仕入高	140,020	98.0
外注加工費	1,727	99.9
その他の変動費	3,217	97.1
限界利益	130,386	104.5
固定費	122,683	100.7
人件費	57,954	100.5
減価償却費	8,370	101.2
租税公課	2,200	106.2
地代家賃・賃借料	3,671	94.7
支払利息・割引料	2,534	98.0
その他	48,114	101.1
経常利益	7,702	268.8
平均従事員数	20.8名	

今後の課題／将来性

●課題

　ミネラルウォーターにフレーバーや炭酸を組み合わせたり、容器のサイズを変更するなど多様化する顧客のライフスタイルにあった製品提供が、今後の事業成功の重要な要素となる。

●将来性

　ミネラルウォーター市場は生産量・消費量ともに増加傾向にあり、安定的な市場とも言える。一方、価格競争に陥りやすい側面もある。最近でも700㎖ボトル等の投入が行われ、ニーズの細分化に応える動きもある。常に変化する消費者ニーズを捉えた商品づくりが欠かせない。

《関連団体》　日本ミネラルウォーター協会
　　東京都中央区日本橋室町3－3－3　CMビル
　　TEL　03（6225）2884

－ 561 －

● 製造業 ●

コーヒー焙煎業

最近の業界動向

●コーヒーの消費量は2.8％増の47万2,535トン

コーヒー（全体）の消費量は増加傾向にあり、平成28年は前年比2.8％増の47万2,535トンと、過去10年間で最大の消費量を記録した。コンビニエンスストアで淹れたてのコーヒーを手軽に楽しめるようなった。また、個性的なコーヒーを提供する「サードウェーブコーヒー」の登場など、コーヒー需要の増加につながった。コーヒー焙煎業にとっても追い風といえよう。

コーヒー国内消費量の推移

年次	消費量（トン）	年次	消費量（トン）
平19年	438,384	平24年	427,984
20年	423,184	25年	446,392
21年	418,538	26年	449,908
22年	431,217	27年	461,892
23年	420,932	28年	472,535

（出所）全日本コーヒー協会

●家庭用レギュラーコーヒーの販売金額

家庭用レギュラーコーヒーは封を開けると鮮度が落ちるため、大容量から中容量タイプに売れ筋が移行している。メーカーは中容量の新製品を投入している。調査会社のインテージによると、平成28年度の販売金額は60億円で増加傾向にある。UCC上島珈琲は独自の焙煎技術で香りを高めたレギュラーコーヒーを発売している。キーコーヒーは、家庭用レギュラーコーヒーの市場が拡大しているのを受け、コーヒーの抽出器具のブランドを立ち上げると発表した。

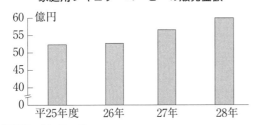

家庭用レギュラーコーヒーの販売金額

（出所）インテージ

●サントリー食品インターナショナルは、新工場を稼働させ生産能力を高める

サントリー食品インターナショナルは、平成30年にコーヒー豆を焙煎する新工場を稼働する。焙煎豆の生産能力を現在の1.6倍に引き上げる。また、高機能の焙煎機を導入して、主力の缶コーヒーの品質や品揃えを強化する。焙煎豆の生産拠点は2工場体制となり、消費者の嗜好を反映した限定商品などの生産が容易になる。

●パナソニック「The Roast」サービス開始

パナソニックは、焙煎機本体や毎月自宅に届けられる生豆、焙煎レシピ（プロファイル）をセットで提供するサービス「The Roast」事業を開始した。生豆はコーヒー豆輸入商社の石光商事が担当し、焙煎は豆香洞コーヒーオーナーが担当する。産地の情報や焙煎士のメッセージが届けられ、コーヒーの味だけでなく「物語を届ける」サービスとなっている。「モノ」から「コト」消費を意識したサービスとして注目が集まっている。レギュラーコーヒー全体の活性化につがると期待される。

マーケットデータ

●大手3社の売上高

UCC上島珈琲、キーコーヒー、アートコーヒーの売上高は次の通り。

大手3社の売上高

社名（決算期）	売上高（億円）
ＵＣＣ上島珈琲 ※ （平29・4月〜12月）（平28年3月期）	986億円（単体） （1,519億円）
キーコーヒー（平29・3月期）	629億円（単体） （649億円）
アートコーヒー（平28・3月期）	107億円（単体） （131億円）

（注）カッコ内は前の期の売上高、UCC上島珈琲は決算期変更
（出所）各社決算報告

●コーヒーの種類別飲用状況

全日本コーヒー協会によると、平成28年度は1人当たり1週間に11.09杯のコーヒーを飲用している。コーヒー焙煎事業者が製造するレギュラーコーヒーを含め、いずれの種類のコーヒーも安定的な需要がある。特にリキッドタイプの消費量は平成26年と比べ36.0％増の1.51杯と伸びている。

これには、リキッドタイプのコーヒーメーカーの普及が少なからず影響している。また、コーヒー焙煎事業者が製造するレギュラーコーヒーも安定的なニーズがあることが分かる。

種類別1人1週間当たり杯数の推移

年次	合計	インスタント	レギュラー	リキッド	缶
平20年	10.60	4.51	3.21	0.82	2.05
22年	10.90	4.69	3.27	1.09	1.87
24年	10.73	4.46	3.20	1.14	1.93
26年	11.13	4.54	3.63	1.11	1.84
28年	11.09	3.95	3.89	1.51	1.75

（出所）全日本コーヒー協会

業界の特性

◉事業所数、従業者数

経済産業業「工業統計表」によると、平成26年のコーヒー製造業の事業所数は前年比7.0％減の107所、従業者数は同年比2.4％減の4,320人、製造品出荷額は同年比4.3％増の2,241億8,000万円である。

◉不安定なコーヒー豆市場

コーヒー豆市場価格は、収穫量・世界需要・為替要因だけではなく、投機的動向等の複合的要因で、世界的に不安定である。日本の消費者にコーヒーが浸透し市場が拡大する中、各社は相場に左右されない安定的な調達方法を摸索し、先物予約、人的なネットワークの構築などにより、相場の変動リスクの耐力を高める取り組みを行っている。また、直営農園を持ち、安定的な調達を図るケースも少なくない。

◉コーヒー鑑定士

全日本コーヒー商工組合連合会では、コーヒー豆の知識や焙煎、抽出方法などの基礎知識から、オリジナルブレンドや商品企画などの技術が身につく、コーヒー検定事業を行っている。受験者のレベルに合わせて、インストラクター2級→1級、鑑定士の順に取得していく。

◉コーヒーを楽しむ機器

タイガー魔法瓶は平成29年9月、抽出時間と浸し時間を調整し15通りの抽出方法を可能とするコーヒーメーカー「ACQ-X020」を発売した。また、キーコーヒーはガラス製サーバーに比べ、保温性が高くコーヒーを楽しめるプラスチック製コーヒ

ーサーバー「グラブサーバー」の販売を始める。コーヒーを楽しむための機器は、コーヒー豆の販売促進につながる。

ノウハウ

◉持続的な市場拡大を下支えする販売促進

伊藤園は、「タリーズ」ブランドの珈琲を製造販売しているが、販売が好調なため焙煎工場を拡充する予定だ。ホームページでは焙煎工程を公開し、焙煎のこだわりを紹介している。ブランド育成や焙煎技術のPRなど、トータルなマーケティング活動が不可欠だ。

経営指標

コーヒー焙煎業を対象にした指標は見当たらないので、ここでは参考として、TKC経営指標（平成29年版）より、「他に分類されない食料品製造業」の数値を掲げる。

TKC経営指標 （変動損益計算書）	全企業　112件	
	平均額（千円）	前年比（％）
売上高	274,570	101.8
変動費	144,184	99.5
仕入高	140,020	98.0
外注加工費	1,727	99.9
その他の変動費	3,217	97.1
限界利益	130,386	104.5
固定費	122,683	100.7
人件費	57,954	100.5
減価償却費	8,370	101.2
租税公課	2,200	106.2
地代家賃・賃借料	3,671	94.7
支払利息・割引料	2,534	98.0
その他	48,114	101.1
経常利益	7,701	268.8
平均従事員数	20.8名	

今後の課題／将来性

◉課題

世界のコーヒーがボーダレスに展開され、日本の消費者の求める味わいも一層多様化している。個性のある商品開発と競合に埋没しないブランディングが今後の重要な課題である。

《関連団体》　全日本コーヒー協会
東京都中央区日本橋箱崎町6-2
マックスビル3F
TEL　03（5649）8377

●製造業●

納豆製造業

最近の業界動向

●納豆の市場規模

全国納豆協同組合連合会の資料によると、平成28年の納豆の市場規模（推計）は2,140億円であった。健康ブームに加え、国産大豆を使用した高価格帯の商品が好調であった。

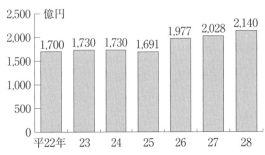

納豆の市場規模

(出所) 全国納豆協同組合連合会

●「わら納豆」の安定供給

茨城県名産「わら納豆」の製造に欠かせない稲わらの確保が難しくなっている。このため、水戸市や生産業者らがわら納豆の安定供給のため、「水戸市わら納豆推進協議会」を設立した。わらの確保から加工、納豆業者への納品まで、効率的な生産の確立・推進に取り組む。わら納豆は、煮た大豆に納豆菌をつけ、蒸気で殺菌したわらに詰めて発酵させたもので、土産品としても人気が高い。一方、わら納豆を取り巻く環境は、生産農家の減少や加工業者の高齢化など厳しさを増しており、連携して課題に取り組んでいく。

●「すごい納豆S-903」

納豆メーカーのタカノフーズは、インフルエンザの予防効果や花粉症の症状を緩和させる新種の納豆菌を使った納豆を発売した。新種は自社で発見し、実験ではインフルエンザの増殖を予防する効果などが確認された。平成29年2月に発売した「すごい納豆S-903」は、3パック入りで213円。タカノフーズは、健康効果に応じた納豆の商品展開を進めている。

●海外販路の開拓

納豆製造の金砂郷食品は、東南アジア市場を開拓するため、イスラム教の戒律に沿ったことを示すはハラル認証を取得した。米国では、においや粘りを抑えた納豆の販売を始めている。国内で販売する商品の包装にハラル認証を示すマークを付けて外国人観光客の需要取り込みを図る。

マーケットデータ

●納豆の生産量の推移

農林水産省「食料需給表」によると、納豆の推計生産量の推移は次表の通り。平成27年の生産量（推計）は前年度比5.8％増の23万8,000トンであった。4年連続で生産量は増加している。

納豆生産量（推計）の推移 （単位：千トン）

年次	生産量	年次	生産量
平20年	232	平24年	221
21年	225	25年	225
22年	221	26年	225
23年	216	27年	238

(出所) 農林水産省「食料需給表」

●1世帯当たりの年間納豆支出金額

総務省「家計調査年報」によると、1世帯当たりの納豆の年間支出額は次表の通り。平成28年の年間支出額は前年度比5.4％増の3,835円となった。

1世帯当たりの年間納豆支出額 （単位：円）

年次	支出額	年次	支出額
平19年	3,867	平24年	3,333
20年	3,744	25年	3,479
21年	3,469	26年	3,417
22年	3,312	27年	3,640
23年	3,295	28年	3,835

(出所) 総務省「家計調査年報」

●納豆連の「納豆に関する調査結果」

平成29年7月に全国納豆協同組合連合会から納豆に関する消費者調査結果「納豆に関する調査結果」が発表された。その中で、納豆を食べる頻度が増えた理由（複数回答）の1位は「栄養が豊富なので（69.4％）」、次いで「価格が安いので（59.1％）」、「健康効果があるので（57.3％）」となっている。納豆は栄養が豊富で健康的という認知率が高く、値ごろ感があるということが消費者の支持を得ている。

業界の特性

●事業所数

厚生労働省「衛生行政報告例」によると、納豆製造業の施設数の推移は次表の通り。平成27年度の事業所数は前年比4.2％減の508所であった。

納豆製造業の施設数の推移（単位：所）

年度	施設数	年度	施設数
平20	642	平24	580
21	641	25	552
22	591	26	530
23	600	27	508

（出所）厚生労働省「衛生行政報告例」

●全国納豆協同組合連合会

全国納豆協同組合連合会に加盟する企業は、133企業（平成28年8月7日現在）である。同協会はホームページで納豆の歴史、健康食品としての納豆をPRしている。また、納豆普及PRを担う「ミス納豆」も紹介している。納豆連は納豆業界全体を盛り上げる活動を行っている。

●大手メーカー

大手メーカーはタカノフーズ、ミツカン、あづま食品、ヤマダフーズ等が挙げられる。最大手のタカノフーズは3割前後のシェアと推定される。

●流通経路

納豆の流通経路を大きく分けると、公営市場に卸す経路と、直接量販店（スーパー・コンビニ、生協、食料品店など）に卸す経路がある。納豆製造事業者がインターネットで消費者に直販していることもある。

ノウハウ

●クラウドファンディングや著名なデザイナーを活用した商品作り

平成29年7月から、菊水食品（茨城県）が品質にこだわった高級ラインの納豆「日立納豆なっとまぁく」を発売した。発売開始は納豆の日である7月10日（なっとう）に合わせた。「日立納豆なっとまぁく」は、インターネットで資金を集めるクラウドファンディングを活用して商品開発を行った。贈答用ニーズを掘り起こしつつ、若い人達にも楽しんでもらいたいということから、パッケージは著名なデザイナーがデザインを担当し、見

た目もおしゃれなものになっている。同社は価格志向ではなく、品質や見せ方にこだわった商品作りを行っている。クラウドファンディング戦略や発売日戦略は、PR効果も引き出している。

経営指標

納豆製造業を対象にした指標は見当たらないので、参考として、TKC経営指標（平成29年版）より、「他に分類されない食料品製造業」の数値を掲げる。

TKC経営指標 （変動損益計算書）	全企業　112件	
	平均額(千円)	前年比（％）
売上高	274,570	101.8
変動費	144,184	99.5
仕入高	140,020	98.0
外注加工費	1,727	99.9
その他の変動費	3,217	97.1
限界利益	130,386	104.5
固定費	122,683	100.7
人件費	57,954	100.5
減価償却費	8,370	101.2
租税公課	2,200	106.2
地代家賃・賃借料	3,671	94.7
支払利息・割引料	2,534	98.0
その他	48,114	101.1
経常利益	7,702	268.8
平均従事員数	20.8名	

今後の課題／将来性

●将来性

納豆は安価でヘルシーなものという認知が広がり、日常に溶け込んでいる。スーパーなどの特売商材になることも多い。一方、品質や見せ方にこだわり、新たな需要を開拓している。価格競争はコストダウンが見込みやすい大量生産型製造事業者に有利な戦略であり、この戦略をとれる事業者は多くない。納豆製造事業者は、自社の強みを活かした差別化戦略が求められる。また、和食ブームを追い風に海外での消費も増えている。訪日外国人が宿泊先の朝食で出された納豆を食べておいしさに気付くことも多いという。健康志向の高まりを受け、納豆人気は当分続くと予想される。

《関連団体》　全国納豆共同組合連合会

東京都台東区元浅草2－7－10　納豆会館4F

TEL　03（3832）0709

●製造業●

みそ製造業

最近の業界動向

●みその国内出荷量は前年比0.2％増

　みその需要は減少傾向が続き、みそ各社は需要を伸ばそうと変わったみそ汁や新たな組み合わせを提案するなどしている。また、健康に配慮した減塩みそも支持されている。全国味噌工業共同組合連合会によると、平成28年のみその国内出荷量は前年比0.2％増の41万4,689トンであった。

みその出荷数量の推移（単位：トン）

年次	出荷量	年次	出荷量
平19年	468,810	平24年	425,508
20年	458,811	25年	418,585
21年	444,606	26年	417,344
22年	432,734	27年	413,818
23年	431,123	28年	414,689

（出所）全国味噌工業協同組合連合会

●みその輸出は増加傾向にある

　世界的な和食ブーム等を背景に、アメリカやアジアへの、みその輸出が堅調である。全国味噌工業協業組合連合会によると、平成28年のみその輸出数量は前年比13.0％増の1万4,759トンであり、5年連続の増加であった。

みその輸出数量の推移（単位：トン）

年次	出荷量	年次	出荷量
平19年	9,252	平24年	10,083
20年	9,882	25年	11,816
21年	9,818	26年	12,301
22年	10,240	27年	13,044
23年	10,503	28年	14,759

（出所）全国味噌工業協同組合連合会

●コラボ商品

　マルコメは、山崎製パンと共同開発した新商品を発売した。山崎製パン主力の「ランチパック」シリーズで、信州産のみそを使用した肉みそ風の具材を詰め込んだ商品だ。今後も定期的にコラボ商品を開発する予定だ。また、ネスレ・ヘルスサイエンス・カンパニーと共同開発した高齢者向け即席みそ汁を発売した。

マーケットデータ

●みそ製造各社の売上高

　みそ最大手のマルコメは、長野県の工業用地4万平方メートルを取得し、生産体制の強化を図る。ハナマルキは、主力の家庭用みそ「風味一番」で、だしの味を濃厚にするなど、新商品5種類を発売した。濃厚・減塩などに対応した商品を中心に拡販する。ひかり味噌も「50％減塩」を発売した。1食で1日に必要な鉄分の2分の1を摂取できる即席みそ汁など、健康志向の商品を拡充する。みそ各社の売上高は次の通り。

みそ各社の売上高

社　名	売上高
マ ル コ メ	439億9,000万円 （平29年3月期）
ハ ナ マ ル キ	179億円　（平28年） みそ98億円、加工食品81億円
ひ か り 味 噌	132億5,600万円 （平28年9月決算）

（出所）各社発表値

●みその種類別出荷数量

　全国みそ工業協同組合連合会によると、みその種類別出荷数量は次の通り。平成28年の米みそは前年比0.2％増の33万5,784トン、麦みそが0.7％減の1万8,556トン、豆みそが前年水準の1万9,862トン、調合みそが0.1％増の4万487トンで、麦みそを除き前年比プラス水準である。

みそ種類別出荷数量（単位：トン、％）

種類別	平26年	平27年	平28年	前年比
米 み そ	336,892	334,979	335,784	0.2
麦 み そ	19,691	18,693	18,556	▲0.7
豆 み そ	20,724	19,863	19,862	0.0
調 合 み そ	40,037	40,283	40,487	0.1
合　計	417,344	413,818	414,689	0.2
買入みそ	4,484	4,807	4,971	3.4
実出荷	412,860	409,011	409,718	0.2

（注）買入みそは他社製品のみその買い入れ
（出所）全国味噌工業協同組合連合会

●みその販売先別出荷数量

　全国みそ工業協同組合連合会によると、みその販売先別出荷数量は次の通り。

みその販売先別出荷数量 （単位：トン、％）

販売別	平27年	平28年	前年比
卸　売　業　者	302,456	302,647	0.1
デ　パ　ー　ト	803	858	6.8
ス　ー　パ　ー	36,515	33,716	▲7.7
コ　ン　ビ　ニ	2,816	2,759	▲2.0
その他の小売業者	11,915	12,467	4.6
消　費　者　直　売	9,557	9,383	▲1.8
加　工　業　者	41,028	43,378	5.7
そ　　の　　他	8,728	9,481	8.6
合　　計	413,818	414,689	0.2

（出所）全国味噌工業協同組合連合会

●みその年間支出金額

総務省「家計調査年報」によると、平成28年の1世帯当たりのみその年間支出金額は前年比3.3％減の2,221円である。みその消費支出は減少傾向が続いている。

みits年間支出金額の推移 （単位：円）

年次	支出金額	年次	支出金額
平19年	2,631	平24年	2,303
20年	2,720	25年	2,346
21年	2,667	26年	2,282
22年	2,511	27年	2,297
23年	2,446	28年	2,221

（出所）総務省「家計調査年報」

業界の特性

●企業数

全国味噌工業協同組合連合会によると、加盟企業数は、平成29年7月現在47組合887企業である。

●みその流通経路

みその流通経路はメーカーの規模や商品によって異なるが、多くは問屋経由の取引となっている。インターネットで消費者に直接販売するみそ製造事業者もある。従来の流通経路から変わりつつある面もある。

●「みそ健康づくり委員会」のサイトを立ち上げてPR活動

全国味噌工業協同組合連合会は、みそに関するPRのため「みそ健康づくり委員会」のサイトを立ち上げた。「美ソビューティーキャンペーン」を展開し、味噌を摂取することによる美容効果をアピールしている。また、全国各地のイベントに参加し、消費者へ魅力を伝え需要創出の活動を行っている。

ノウハウ

●若い女性の取り込み

みそ各社は、トマトと即席みそ汁の組み合わせや、カルピスと赤みその組み合わせなど、新たな組み合わせの提案で若い女性の取り込みを進めている。みそ汁専門店も増えつつあり、みそ汁は日本のソウルフードとして進化している。また、ひかり味噌は、家庭で簡単にみそ造りができる材料と道具セット商品を発売した。みそへの関心を高めてもらう狙いがある。本田味噌本店は、「西京白味噌」を使ったスイーツブランドを展開している。

経営指標

ここでは参考として、TKC経営指標（平成29年版）より、「味そ製造業」の数値を掲げる。

TKC経営指標 （変動損益計算書）	全企業　13件	
	平均額（千円）	前年比（％）
売上高	180,794	101.1
変動費	76,253	104.8
仕入高	64,724	99.4
外注加工費	882	98.3
その他の変動費	10,386	106.1
限界利益	104,541	98.5
固定費	101,694	100.6
人件費	54,485	103.6
減価償却費	8,298	105.5
租税公課	1,652	96.7
地代家賃・賃借料	2,550	88.3
支払利息・割引料	2,095	97.6
その他	34,200	104.2
経常利益	2,847	57.0
平均従事員数	19.2名	

今後の課題／将来性

●将来性

みそを活用した料理の情報を提供するなど消費者の直接的な需要喚起を継続的に行い、市場全体を盛り上げることが必要である。また、今後の事業成長の成功のカギは、着実なみそ製造技術の強化のほか、世界市場を見込んだインターネットを活用した取り組み等も大切な戦略になってくる。

《関連団体》　全国みそ工業協同組合連合会

　東京都中央区新川1－26－19

　TEL　03（3551）7161

●製造業●

しょうゆ製造業

最近の業界動向

●平成28年の生産量は前年比0.4%減

しょうゆの出荷数量は少子高齢化や食生活の洋風化の進展、めんつゆなど加工調味料の増加などを背景に減少傾向にある。農林水産省「米麦加工食品生産動向統計調査」によると、平成28年の出荷数量は、前年比0.5%減の77万6,408キロリットルで減少傾向が続き、平成元年と比べると35.2%減少している。

しょうゆの生産量 （単位：キロリットル）

年次	生産量	年次	生産量
平21年	867,934	平25年	793,363
22年	848,926	26年	790,165
23年	825,854	27年	780,411
24年	807,060	28年	776,408

（出所）農林水産省「米麦加工食品生産動態統計調査」

●だし入りしょうゆが人気

昆布などのだしが入ったしょうゆが人気となっている。新商品も相次いで発売され、種類も豊富だ。しょうゆ全体の市場が縮小する一方、だし入りしょうゆは拡大傾向にある。キッコーマンは、広島県産のカキやシイタケ、ホタテ、昆布のだしを使ったしょうゆを発売している。ヤマサ醤油は、北海道産昆布のだしやみりん、醸造酢を使い塩分を抑えたしょうゆを発売した。だしを取る手間が省けて幅広く料理に使えるだし入りしょうゆは、さまざまな商品があり幅広く利用されている。

●減塩タイプのしょうゆが広がる

健康志向を背景に、減塩タイプのしょうゆが広がっている。キッコーマンは減塩タイプのしょうゆを主力商品にし、テレビCMの放映も始めた。高付加価値型商品の開発・販売に力を入れるため、千葉県野田市の工場の生産ラインを増強し、平成29年内にフル稼働時の生産能力を2倍に引き上げる見通しだ。また、液体しょうゆをフリーズドライした「食べられる」新形状のしょうゆを発

売した。若い人の需要を見込んでいる。平成29年9月からは、国際的なハラール認証機関HFFIAのハラール認証を受けた「ハラールしょうゆ」を発売した。HFFIAは各国の認証機関と相互認証しているハラール認証機関であり、この認証を受けたことにより、幅広いムスリムの人にしょうゆを楽しんでもらうことができる。

マーケットデータ

●製造品出荷額

経済産業省「工業統計表」によると、平成26年のしょうゆ・食用アミノ酸製造業の製造品出荷額は前年比0.3%減の1,899億8,800万円であった。

しょうゆ・食用アミノ酸製造業の推移

年次	事業所数	従業者数（人）	製造品出荷額（百万円）
平21年	488	8,406	232,990
22年	472	8,678	293,856
23年	463	7,357	188,710
24年	449	8,330	210,359
25年	429	7,293	190,638
26年	406	7,182	189,988

（出所）経済産業省「工業統計表」

●しょうゆの1世帯当たりの支出金額

総務省「家計調査年報」によると、調味料としょうゆの支出金額の推移は次の通り。平成28年は調味料が前年比2.0%増の3万8,249円、しょうゆは前年比2.5%減の1,852円となっている。しょうゆの支出額は、2年連続で減少している。

しょうゆの消費量推移 （単位：円、mℓ）

年次	調味料 金額	しょうゆ 金額	しょうゆ 数量	しょうゆ 価格
平23年	36,252	2,101	6,806	30.47
24年	36,134	1,964	6,587	29.82
25年	35,862	1,943	5,934	32.75
26年	36,711	1,951	6,030	32.35
27年	37,517	1,900	5,733	32.91
28年	38,249	1,852	5,618	33.50

（出所）「家計調査年報」

●しょうゆの輸出数量

海外での和食人気に支えられ、しょうゆの輸出が拡大傾向にある。財務省「貿易統計」によると、平成28年のしょうゆの輸出数量は前年比15.0%増の2万9,911キロリットルで、5年連続の増加である。輸出金額も前年比6.8%増の66億861万円と増加傾向が続いている。国・地域別を金額ベースで見ると、アメリカ合衆国が全体の21.7%、英国

が8.9％となっている。

しょうゆの輸出数量の推移 （単位：キロリットル）

年次	輸出数量	年次	輸出数量
平21年	18,356	平25年	19,114
22年	17,682	26年	23,037
23年	16,597	27年	26,001
24年	17,337	28年	29,911

（出所）財務省「貿易統計」

業界の特性

●工場数

　日本醤油協会によると、平成26年の全国のしょうゆの企業（工場数）は前年比3.0％減の1,258社で、工場の淘汰・廃業が加速している。

しょうゆ企業（工場数）の推移

年次	工場数	年次	工場数
平20年	1,537	平24年	1,364
21年	1,523	25年	1,330
22年	1,447	26年	1,297
23年	1,403	27年	1,258

（出所）日本醤油協会

●都道府県別出荷数量

　日本醤油協会によると、平成28年の都道府県別の出荷数量では、第一位が千葉県で36.9％、第二位が兵庫県で15.6％、第三位が愛知県で6.0％、第四位が群馬県で5.6％、第五位が香川県で5.2％となっている。

ノウハウ

●体験を通じた消費喚起

　老舗メーカーの笛木醤油（埼玉県）は、江戸時代の伝統製法によるしょうゆ造り体験を開催している。原料の大豆栽培から収穫を行い、木おけで2年かけて仕込む工程も披露する。体験を通してしょうゆへの理解を深めてもらうことは、同社のしょうゆの良さを伝えてもらえるファンを増やすことにつながる。自社の商品を選んでもらうには、知ってもらって選んでもらうブランド構築が欠かせない。そのためには、同社のようなファンをつくる活動は重要である。

●しょうゆの使用シーンを意識した商品開発

　しょうゆの鮮度を保つためには、開封後に酸化を防がなければならない。キッコーマンの「いつ

でも新鮮シリーズ」、ヤマサ醤油の「鮮度の一滴」などは、開封後も鮮度を維持する包装容器を採用し定番商品になっている。しょうゆの味だけでなく、鮮度保持や利便性も消費者の心をつかむものである。しょうゆ製造者には、消費者が何を欲しているかを見極め、その要求に応える商品作りが求められる。

経営指標

　しょうゆ製造業の指標は見当たらないので、ここでは参考として、TKC経営指標（平成29年版）より、「他に分類されない食料品製造業」の数値を掲げる。

TKC経営指標 （変動損益計算書）	全企業　112件	
	平均額(千円)	前年比（％）
売上高	274,570	101.8
変動費	144,184	99.5
仕入高	140,020	98.0
外注加工費	1,727	99.9
その他の変動費	3,217	97.1
限界利益	130,386	104.5
固定費	122,683	100.7
人件費	57,954	100.5
減価償却費	8,370	101.2
租税公課	2,200	106.2
地代家賃・賃借料	3,671	94.7
支払利息・割引料	2,534	98.0
その他	48,114	101.1
経常利益	7,702	268.8
平均従事員数	20.8名	

今後の課題／将来性

●将来性

　日本と欧州連合（EU）が経済連携協定（EPA）の締結で大枠合意し、平成31年にも日本からの輸出品目の大半で関税が即時撤廃されることになると、欧州需要取り込みは事業拡張に追い風となる。欧米向けの商品開発や、パッケージのデザインや使いやすさ、販促などの対策が重要となる。また、国内で増加するインバウンド需要に対応するため、国際的なハラール認証機関HFFIAのハラール認証を受けたしょうゆの発売や、外国人の好みに合ったしょうゆの開発などが求められている。

《関連団体》　全国醤油工業協同組合連合会
　東京都中央区日本橋小網町3-11　醤油会館内
　TEL　03（3666）3286

●製造業●

ハム・ソーセージ製造業

最近の業界動向

●ベーコンの生産量は増加傾向

日本ハム・ソーセージ工業協同組合によると、平成28年の食肉加工食品の生産量は前年比1.1％増の53万8,841トンで、ここ数年横ばいが続いている。各社は糖質カットや減塩などの健康志向に対応した商品を発売して需要拡大を図っている。生産量の内訳はハムが前年比0.5％減の13万6,790トン、ソーセージが1.2％増の31万344トン、ベーコンが3.6％増の9万1,707トンである。

食肉加工製品の生産量推移 （単位：トン）

年次	ハム	ソーセージ	ベーコン	合計
平23年	130,099	296,210	84,022	513,097
24年	123,866	301,420	86,436	522,938
25年	135,082	306,586	86,941	529,722
26年	136,794	312,859	86,946	536,599
27年	137,498	306,743	88,552	532,793
28年	136,790	310,344	91,707	538,841

(注)四捨五入計算のため、合計が合わない場合がある
(出所) 日本ハム・ソーセージ工業協同組合

●健康志向のハム

プリマハムや伊藤ハムは、健康志向のハムを発売している。糖質ゼロは、ビール系や飲料などにも広がっている。プリマハムは、糖質をゼロにしたハム、ベーコンを発売した。ロカボ（低糖質）ダイエットの愛好家に売り込む。伊藤ハムは、塩分を25％カットしたロースハムを発売した。また、食べごたえを求める消費者のニーズに対応し、1本65グラムの量感のあるフランクフルトタイプを発売した。ブランド志向、健康志向、量感志向など、消費者の多様なニーズに対応した商品が発売されている。

●総菜を増産するための新工場を建設

伊藤ハム米久ホールディングスは、冷蔵ピザなどの総菜を増産するため、平成30年3月までに新工場を建設する。伊藤ハム米久ホールディングスは、惣菜など調理加工食品の強化を成長の柱に据

えており、ハム・ソーセージと並ぶ収益源に育てたい考えだ。

●米国産牛肉の新ブランドシリーズを発売

プリマハムは、米国産牛肉の新ブランドシリーズを発売した。生産者や与えた餌の種類まで追跡でき、安心・安全な商品であることをPRし国内で普及させていく。価格は、国産牛肉よりやや安めに設定している。

マーケットデータ

●ハム・ソーセージの出荷量シェア

日本経済新聞社によると、ハム・ソーセージの出荷量シェアは次の通り。

ハム・ソーセージの出荷量シェア

順位	社（グループ）名	シェア（前年比）
1	伊藤ハム米久ホールディング	25.6％ (0.2)
2	日　本　ハ　ム	18.9％ (0.6)
3	丸　大　食　品	15.2％ (0.2)
4	プ　リ　マ　ハ　ム	13.0％ (0.5)
5	そ　　の　　他	27.3％ (▲1.5)

(出所) 日本経済新聞社

●大手企業の売上高

日本ハム、伊藤ハムなど大手企業の平成29年3月期売上高は次の通り。4社ともに前期の売上高を上回っている。

大手企業の売上高 （平成29年3月期）

社　名	売上高（百万円）	前年比（％）
日　本　ハ　ム	348,253	3.0
伊藤ハム米久HD	281,404	—
プ　リ　マ　ハ　ム	245,104	2.3
丸　大　食　品	163,057	0.7

(注) 日本ハムは加工事業本部の売上高、伊藤ハム米久HDは加工食品事業部の売上高、プリマハムは加工食品事業本部の売上高、丸大食品は加工食品事業部の売上高。伊藤ハム米久HDは経営統合後初の決算
(出所) 各社決算資料

●1世帯当たりの加工肉の年間支出額

総務省「家計調査年報」によると、平成28年の加工肉（ハム、ソーセージ、ベーコン、その他の加工肉合計）の1世帯当たりの年間支出金額は前年比2.0％減の1万8,006円で、昨年までの3年連続プラスから一転減少傾向を示した。このうち、ハムは5.2％減、ソーセージは0.9％減、ベーコンは2.1％増、その他加工肉は2.6％増の2,513円である。

－ 570 －

加工肉の１世帯当たりの年間支出金額 （単位：円）

年次	ハム	ソーセージ	ベーコン	他の加工肉	合計
平22年	5,618	7,067	2,275	1,793	16,754
23年	5,634	7,098	2,430	1,988	17,150
24年	5,628	7,077	2,398	1,881	16,984
25年	5,631	7,210	2,417	2,101	17,360
26年	5,832	7,468	2,602	2,247	18,149
27年	5,807	7,457	2,656	2,447	18,367
28年	5,504	7,389	2,600	2,513	18,006

（注）他の加工肉は、鳥獣肉のみそ漬、塩物又はたれなど
に漬けたもの、干物、中身の主成分が肉である缶
詰、瓶詰も含む
（出所）総務省「家計調査年報」

業界の特性

●肉加工製造業の事業所数、従業者数

経済産業省「工業統計表」によると、平成26年
の肉加工製造業の事業所数は前年比0.2％減の416
所、従業者数は前年比1.3％増の３万3,948人、製品
出荷額は前年比7.2％増の8,414億300万円である。

●海外展開

日本ハムは平成29年、ハノイ（ベトナム）のハ
ム・ソーセージ工場を増強する。日本向けの生産
拠点としてだけではなく、アジアへの販売拡大も
狙っている。日本ハム・ソーセージ工業協同組合
は、香港の食品展示会に出展し、海外のバイヤー
にPRする活動を行っている。

●ハンバーグ生産が増加傾向

ハム・ソーセージ等の製造者は、ハンバーグ類の
製造を手掛けていることが多い。日本ハムは「極
み焼チーズ入りハンバーグステーキ」を投入して
いる。伊藤ハムはコンビニ向けハンバーグの販売
が好調に推移している。日本ハム・ソーセージ工
業協同組合によると、平成28年のハンバーグ類の
生産量は前年比14.4％増の１万8,155トンである。
平成26年の落込みから回復傾向を維持している。

ハンバーグ類の生産量の推移 （単位：トン、％）

年次	生産量	前年比（％）
平23年	15,003	▲3.8
24年	15,614	4.1
25年	16,587	6.2
26年	14,711	▲11.3
27年	15,872	7.9
28年	18,155	14.4

（出所）日本ハム・ソーセージ工業協同組合

ノウハウ

●多様なニーズに向けた商品作り

日本ハムが自社ブランド食肉「桜姫」を使った
ソーセージを販売している。フードリエは、国産
銘柄鶏「但馬どり」を原材料にし、食の安全を前
面に押し出したハムやソーセージを発売した。こ
れらは、ブランド食肉のもつブランドイメージを
活用した商品展開である。ハム・ソーセージのブ
ランドイメージを向上させるためには、食肉のブ
ランドイメージを築くことも、ハム・ソーセージ
製造業事業者にとって大切な販売戦略になってい
る。

経営指標

ここでは参考として、TKC経営指標（平成29
年版）より、「肉加工品製造業」の数値を掲げる。

TKC経営指標 （変動損益計算書）	全企業　12件	
	平均額（千円）	前年比（％）
売上高	354,941	104.4
変動費	197,303	100.5
仕入高	191,491	99.8
外注加工費	988	74.0
その他の変動費	2,914	89.8
限界利益	157,638	109.8
固定費	137,780	101.2
人件費	78,415	109.7
減価償却費	9,870	96.1
租税公課	710	101.2
地代家賃・賃借料	4,770	102.5
支払利息・割引料	2,401	81.7
その他	42,417	92.6
経常利益	19,857	267.4
平均従事員数	29.9名	

今後の課題／将来性

●課題

食品においては、個食や時短、減塩など多様な
ニーズがある。各社は消費者のニーズに対応して
新たな製品を発売している。今後も人口構造の変
化、ライフスタイルの変化などに伴う新たなニー
ズに対し感度を高めて、商品開発や販促活動を展
開し続けることが不可欠となっている。

《関連団体》　日本ハム・ソーセージ工業協同組合
　　　　東京都渋谷区恵比寿１－５－６
　　　　TEL　03（3444）1211

— 571 —

●製造業●

水産練製品製造業

最近の業界動向

●水産練製品の輸出拡大

水産練製品は、欧米でヘルシーフードとして認知され、世界的にも堅調な需要がある。海外現地工場でも水産練製品は生産され、食文化として根付いており、日本国内からの輸出も増加傾向にある。財務省「貿易統計」によると、平成28年の水産練製品（魚肉ソーセージ、かまぼこ、その他練製品の合計）の輸出数量は前年比8.8％増の1万2,241トン、輸出金額は前年比11.5％増の115億1,100万円である。水産練製品の輸出数量・輸出金額の推移は次の通り。

水産練製品の輸出数量・輸出金額推移

年度	数 量		金 額	
	（トン）	前年比（％）	（百万円）	前年比（％）
平24	7,972	▲0.4	6,640	▲0.2
25	8,746	9.7	7,413	11.6
26	9,878	12.9	8,652	16.7
27	11,256	13.9	10,323	19.3
28	12,241	8.8	11,511	11.5

（注）前年比計算は千円単位で端数四捨五入。魚肉ソーセージ等を含む
（出所）財務省「貿易統計」

●アメリカ・香港で根強い人気の魚肉かまぼこ

財務省「貿易統計」によると、平成28年のかまぼこの輸出は、アメリカ向けが36.9％、香港向けが30.3％と、アメリカ・香港向けが全体の67.1％を占める。

かまぼこの輸出上位5国（地域）（平成28年）

順位	国（地域）	輸出に占める割合
1	ア メ リ カ	36.9％
2	香 港	30.3％
3	中華人民共和国	6.3％
4	台 湾	4.9％
5	大 韓 民 国	3.7％
	その他	17.9％
	合 計	100.0％

（出所）財務省「貿易統計」より金額ベースで算出

●アジアへの輸出対応が進む

日本国内の練り製品市場では、原材料のスケソウダラのすり身の価格が高止まりし、収益環境が厳しさを増している。国内消費が伸び悩む中、東南アジアは外食産業の伸びと和食ブームで、水産練製品の需要は成長が見込まれる。有村屋は、郷土の特産物の一つであるさつま揚げの輸出を行い、海外でも支持を得ている。平成26年には「ハラル認証」を取得しており、イスラム教徒の外国人需要を取り込む準備を整え、インドネシア等、販売地域の拡大を狙っている。水産加工のスギヨは、「かに風味のかまぼこ（カニカマ）」の増産に向け、10億円以上を投じて、宮城県の同社敷地内に工場を新設する。増設により、東南アジアへの輸出拡大を見込んでいる。一正蒲鉾は平成28年12月、インドネシアで水産練製品の本格生産を始めている。

●かまぼこの需要喚起に向けた取り組み

日本市場での水産練製品の消費は正月に集中する傾向にある。夏場の需要を喚起するため、全国かまぼこ連合会では、大阪のあんべいや魚そーめんなど、夏に冷やして食べるかまぼこをWebサイトなどで紹介している。また、紀文食品では、季節限定のスイーツだて巻きを販売している。ひな祭りや端午の節句などに合わせて、さくらやイチゴなどの食材を使った期間限定の商品で需要を喚起している。

マーケットデータ

●魚肉製品の年間支出額推移

総務省「家計調査年報」によると、平成28年の魚肉練製品の支出額は前年比3.2％減の8,736円であった。品目別では、「他の練製品以外」は前年に比べて減少している。

魚肉練製品の年間支出額推移（単位：円、％）

品　目	平26年	平27年	平28年	前年比
魚肉練製品	8,722	9,030	8,736	▲3.2
揚げかまぼこ	2,473	2,569	2,407	▲6.3
ちくわ	1,719	1,778	1,743	▲2.0
かまぼこ	3,086	3,152	3,057	▲3.0
他の練製品	1,444	1,531	1,529	0.0

（出所）総務省「家計調査年報」

●水産練製品の生産量

農林水産省によると、水産練製品の生産量の推移は次の通り。平成28年の水産練製品の総生産量

は、前年比4.7％増の49万2,782トンであった。

水産練製品の生産量（単位：トン）

品　目	平26年	平27年	平28年
ち　く　わ	77,999	73,743	69,973
板　か　ま　ぼ　こ	55,732	54,495	60,532
包装かまぼこ	15,115	11,945	15,758
なると・はんぺん	27,354	24,644	27,437
揚げかまぼこ	194,040	201,638	211,980
そ　の　他	100,299	104,098	107,102
総生産量	470,539	470,563	492,782

（出所）農林水産省

業界の特性

●事業所数・従業者数等

経済産業省「工業統計表」によると、平成26年の水産練製品製造業の事業所数は前年比4.4％減の774所、従業者数は0.3％減の２万6,359人である。

●原材料調達

海外輸入原材料を使用している場合、円高は調達コスト低減により、一時的に収益アップが見込める。しかしながら、世界的に魚肉へ注目が集まり、水産物を確保しにくくなってきている面もある。年々、原材料調達ルートを確保の重要性が増している。

●消費の傾向

日本国内では、鍋物やおでん等の料理で、はんぺん、ちくわが使用される。正月料理にかまぼこが消費されることから、水産練製品は正月に需要が集中する傾向がある。

●製品の種類

練製品の種類はさまざまであるが、代表的な製品は、揚げかまぼこ（さつま揚げ、つけ揚げなど）、かまぼこ（板かまぼこ、だて巻き、笹かまぼこなど）、ゆでかまぼこ（なると巻、はんぺん、つみれなど）、ちくわなどがある。

●高級食材にそっくりの練製品

アワビやホタテなどの食材にそっくりの練製品が増え、酒のつまみなどに人気となっている。代表的な商品は、味も見た目もカニの「カニカマ」だ。最近では、ホタテやウナギのかば焼きなど種類も増えている。カニやアワビ、ホタテは、漁獲量の減少や海外需要の拡大で価格が上昇している。風味カマボコは、味も良くヘルシーで価格も手頃なため、消費者から支持を得ている。

ノウハウ

●販促による需要喚起

紀文食品は、こどもが職業体験できる「キッザニア東京」で、期間限定で「はんぺん職人」アクティビティーを実施し、はんぺん製作と、オリジナル「ハンペンバーグ」の調理を体験できるイベントを開催した。また、水産練製品の食感や、「煮る」「焼く」「炒める」調理の方法やメニューを紹介し、最終消費者へ水産練り製品のPRをして、需要喚起の一翼を担っている。

経営指標

ここでは参考として、TKC経営指標（平成29年版）より、「水産練製品製造業」の数値を掲げる。

TKC経営指標 （変動損益計算書）	全企業　43件	
	平均額（千円）	前年比（％）
売上高	393,920	98.1
変動費	172,936	95.2
仕入高	164,262	94.7
外注加工費	1,287	80.7
その他の変動費	5,692	95.4
限界利益	220,984	100.5
固定費	217,779	98.3
人件費	108,632	99.8
減価償却費	9,880	97.2
租税公課	2,711	100.8
地代家賃・賃借料	5,298	92.8
支払利息・割引料	4,518	92.4
その他	86,557	97.1
経常利益	3,205	▲194.1
平均従事員数	34.7名	

今後の課題／将来性

●課題

水産練製品に必要なスケソウダラなどの原材料は、海外での需要の高まりで価格が高止まりしている。また、水産練製品の製造工程では、海外からの実習生に依存しているところも少なくない。今後、原材料価格変動や人手不足へ対応が課題となる。国内での消費は低迷しているが、東南アジアなどでは練製品の需要は拡大傾向で、各社は輸出を増やすなどしている。

《関連団体》　全国蒲鉾水産加工業協同組合連合会
　　東京都千代田区神田佐久間町３−37
　　TEL　03（3851）1371

－ 573 －

●製造業●

漬物製造業

最近の業界動向

●野菜・果実漬物の生産量は71万3,697トン

食品需給センターの「食品製造業の生産動向調査」によると、平成28年の漬物・果実漬物の生産量は前年比1.3％減の71万3,697トンであった。野菜・果実漬物の生産量推移は次の通り。

野菜・果実漬物の生産量推移

年次	生産量（トン）	伸び率
平23年	772,799	▲11.5%
24年	718,844	▲7.0%
25年	718,923	0.0%
26年	705,197	▲1.9%
27年	722,904	2.5%
28年	713,697	▲1.3%

（出所）食品需給研究センター

●東海漬物が機能性食品表示食品「＋GABA たくあん」を発売

東海漬物は平成29年7月、血圧が高めの人の血圧を正常に維持する機能があるとされるGABA（ギャバ）が含まれるたくあんを発売した。一般的な漬物に比べて塩分を30％カットしている。漬物は塩分量が多いというイメージから、血圧を気にする人が漬物を敬遠することもある。漬物のイメージアップにも貢献する商品でもある。

●「岩下の新生姜ミュージアム」が話題

岩下食品は平成27年に自社の美術館を改装し、主力製品「岩下の新生姜」をモチーフとし、ピンクで統一した「岩下の新生姜ミュージアム」を始めた。ミュージアムでしか手に入らない独自商品、「ジンジャー神社」、パンクロックのミニコンサートのステージなどユニークな展示と奇抜なイベントで従来の漬物のイメージとは異なる価値観を提供している。新生姜の作り手の想いを体験する場となり、メディアで取り上げられることも多い。同社にとって、大きな宣伝効果が期待できるとともに、漬物業界のPRにもつながる。

●GI取得

鳥取市の砂丘らっきょうの生産団体は、加工品の強化に乗り出すため地理的表示（GI）取得を目指す。GI保護制度は、地域に長年培われた伝統的な生産方法などを知的財産として登録し、保護する制度だ。すでに地域ブランドとしてGIに登録されたが、加工品でもGI取得を目指す。登録を目指すのは「鳥取砂丘らっきょう・ふくべ砂丘らっきょう」で、青果物として登録しているため加工品にはGIマークを表示できない。酢漬けなどの加工品にGIマークを表示することで、さらなるブランドの確立を目指す。

●コラボ商品から主力商品の魅力を発信

漬物メーカーの異種コラボが相次いでいる。ふりかけ製造のニチフリ食品とピックルスコーポレーションのコラボにより、キムチ風味とうまみを再現した「ご飯がススムキムチ味ふりかけ」を発売した。また、ニチフリ食品と東海漬物のコラボにより、生姜醤油などを使って漬物風味を生み出した「きゅーりのキューちゃん味ふりかけ」を発売した。岩下食品は、クラフトビール製造のサンクトガーレンと共同開発し、「岩下の新生姜」の粉末を混ぜたピンクの新生姜ビールを販売した。エールビールのコクに新生姜のさわやかな香り、ピンクの色合いが特長で岩下食品のオンラインショップなどで限定販売する。また、酒類卸の横倉本店とのコラボで、新生姜の漬け液を使った「ピンクジンジャエール」の炭酸飲料を、県内の道の駅や土産店などを中心に販売を開始している。異色コラボによる新たな切り口での商品づくりで注目を集め、主力商品の魅力を発信していくことも販売促進施策の一つとなる。

マーケットデータ

●漬物の年間支出金額

総務省「家計調査年報」によると、平成28年の

漬物の1世帯当たりの年間支出金額の推移（単位：円）

品　目	平26年	平27年	平28年
梅干し	1,281	1,237	1,347
だいこん漬け	1,006	1,028	1,058
はくさい漬け	542	537	540
他の野菜の漬物	5,209	5,079	5,048
合　計	8,038	7,881	7,993

（出所）総務省「家計調査年報」

1世帯当たりの漬物の年間支出金額は前年比1.4％増の7,993円であった。

●品目別の生産量推移

食品需給センターの「食品製造業の生産動向調査」によると、平成28年の品目別の野菜・果実漬物生産量は次の通り。品目別では、醤油漬類が29万9,503トン（前年比6.1％減）と最も多く、味噌漬類が33.2％増と伸び率が最も大きい。

野菜・果実漬物品目別生産量推移（単位：トン）

品目	平26年	平27年	平28年	前年比
塩 漬 類	100,390	108,788	114,570	▲1.3％
酢 漬 類	70,599	74,853	81,162	8.4％
浅 漬 類	118,391	134,078	129,942	▲3.1％
糖 漬 類	50,493	46,498	45,725	▲1.3％
醤 油 漬 類	325,528	319,113	299,503	▲6.1％
粕 漬 類	25,148	23,112	23,686	2.5％
味 噌 漬 類	5,802	7,463	9,940	33.2％
他 漬 物 類	8,845	8,999	9,169	1.9％
合 計	705,197	722,904	713,697	▲1.3％

(注) 四捨五入により合計が合わない場合がある
(出所) 食品需給研究センター

●大手の売上高

業界最大手のピックルスコーポレーションの平成29年2月期の売上高は、前年比18.7％増の358億100万円となるものの、営業利益は同年比16.2％減の7億8,000万円となった。同社決算資料によると、増収要因はフードレーベルードの子会社化、「ご飯がススム キムチ」等のキムチ製品が好調であった。一方、天候不良や生育遅れによって出荷量が減り、主要原料の白菜や胡瓜の仕入価格が高騰したことが減益要因である。

業界の特性

●事業所数・従業者数・製造製品出荷額

経済産業省「工業統計表」によると、平成26年の野菜漬物製造業の事業所数は前年比7.0％減の107所、従業者数は前年比2.4％減の4,320人となっている。都道府県別の事業所数では、和歌山県が梅干しの産地としても知られ、全体の11.5％（123所）を占める。長野県は漬け菜の野沢菜漬けで知られ、全体の6.7％（71所）を占めている。

●原材料調達

天候不良などの影響で野菜の生育不良が起こると野菜供給量が不足し、野菜価格が高騰すると原材料調達費がアップする。しかし、価格転嫁が難しい面があり、原材料の安定調達は大切である。ピックルスコーポレーションは、原材料安定供給のため、契約栽培の拡大を計画している。

ノウハウ

●個食など多様化するニーズへの対応

野菜加工食品製造のアキモは、容量を従来の半分以下に抑えた浅漬け「プチカップ」が好調で、商品のパッケージや中身を刷新し、さらなる売上拡大を狙っている。一人でも食べきれるサイズや塩分を抑えた点が好評を博し、高齢層や健康志向を中心とした需要を取り込んでいる。多様化する消費者ニーズに応えていくことが、他社との差別化戦略の一つになる。

経営指標

ここでは参考として、TKC経営指標（平成29年版）より、「野菜漬物製造業」の数値を掲げる。

TKC経営指標 （変動損益計算書）	全企業　36件	
	平均額（千円）	前年比（％）
売上高	172,226	95.6
変動費	95,713	95.4
仕入高	93,709	95.4
外注加工費	926	115.7
その他の変動費	1,257	100.8
限界利益	76,513	95.8
固定費	78,657	96.0
人件費	41,921	93.7
減価償却費	4,494	98.7
租税公課	1,435	104.8
地代家賃・賃借料	2,510	96.1
支払利息・割引料	1,431	97.1
その他	26,984	97.9
経常利益	▲2,145	102.8
平均従事員数	18.0名	

今後の課題／将来性

●課題

消費者の食生活は日々変化していくため、ニーズに合った漬物づくり、容量の最適化、漬物の楽しみ方に加え、ユーザーへ商品をアピールすることが今後の成長に向けた課題である。

《関連団体》　全日本漬物協同組合連合会
東京都江東区三好1－1－2　渡辺ビル
TEL　03（5875）8094

●製造業●

冷凍食品製造業

最近の業界動向

●冷凍食品の市場規模は前年比2.6％減

　健康志向の商品や高級品など、冷凍食品の品揃えが広がっている。イオンは冷凍食品専門店の展開を始め、コンビニエンスストアも冷凍食品の品数を増やしている。また、スーパーマーケットの冷凍食品売り場では、定期的に冷凍食品の安売りが行われ、冷凍食品メーカーも低価格品の投入を行い、低価格志向の消費者対応を行っている。一方、少し価格が高くても、美味しい冷凍チャーハンや冷凍ピラフ等の冷凍食品が消費者の人気を集めている。手軽な冷凍食品のニーズは高いが、市場は伸び悩んでいる。日本冷凍食品協会によると、平成28年の冷凍食品の国内出荷額（国内生産と冷凍野菜輸入・調理冷凍食品輸入の合計）は2.6％減の9,894億4,100万円であった。

●海外展開活動を加速化する味の素

　味の素冷凍食品は、フランスで調味料などを含む家庭用・外食用の日本食市場が拡大基調にあるため、平成29年4月からフランス全土で日本食の冷凍食品8品種の本格販売を開始した。現地流通技業者と連携し販路を開拓し、フランスの一般家庭における「AJINOMOTO」ブランドの確立を図る。北米向けでは約44億円を投じ、新工場を米国ミズーリ州に建設し、日本の技術を活用し冷凍アペタイザー製品の生産能力を拡大する。北米での冷凍食品におけるアジアン・エスニックの圧倒的ナンバーワンを目指している。

●おかずとしての冷凍食品

　おかずとして冷凍食品を利用する需要は高く、冷凍食品メーカーも注力している。ニチレイフーズは、平成28年から食卓用のおかずシリーズを展開している。新商品「特性牛肉どうふ」は、豆腐の間に牛肉をはさみ、衣を付けて揚げたもので、主菜として利用する消費者も多い。マルハニチロは、冷凍チャーハンを発売している。火力を向上

させ、パラパラ感を出している。夕食のメーンメニューとして食べてもらうことを想定している。味の素冷凍食品は、昼食や夕食の主菜として冷凍シューマイを発売した。

マーケットデータ

●冷凍食品の国内市場

　日本冷凍食品協会によると、冷凍食品の市場規模の推移は次の通り。

冷凍食品の市場規模の推移（単位：百万円）

年次	国内生産額	冷凍野菜輸入額	調理冷凍食品輸入額	合計
平24年	643,293	133,104	122,799	899,196
25年	677,373	157,210	142,542	977,125
26年	680,518	171,965	135,773	988,256
27年	687,044	187,684	140,866	1,015,594
28年	687,060	170,139	132,242	989,441

（注）平成28年は速報値
（出所）日本冷凍食品協会

●国内の生産数量、生産金額の推移

　日本冷凍食品協会によると、平成28年の冷凍食品の国内生産数量は前年比2.3％増の155万4,265トンであった。一方、生産金額はほぼ横ばいの6,871億円であった。

冷凍食品生産高の推移（単位：トン、億円、％）

項　目	平27年	平28年	前年比
工場数	480	476	▲0.8
企業数	416	414	▲0.5
生産数量	1,519,883	1,554,265	2.3
生産金額	6,870	6,871	0.0
業務用	3,926	3,985	1.5
家庭用	2,944	2,866	▲2.0

（注）平成28年は速報値
（出所）日本冷凍食品協会

●冷凍食品の国内出荷額シェア

　日本経済新聞社の推計によると、平成28年の冷凍食品の国内出荷額（国内生産＋冷凍野菜類＋調

冷凍食品の国内出荷額シェア（平成28年）

順位	社　名	シェア（％）
1	マルハニチロ	23.7％（1.5）
2	ニチレイ	23.4％（1.6）
3	テーブルマーク	11.9％（0.1）
4	味の素冷凍食品	11.7％（3.2）
5	日本水産	8.5％（0.7）
	その他	20.8％（0.2）

（注）カッコ内はシェアの前年比増減ポイント
（出所）日本経済新聞社

理冷凍食品輸入）のシェアは表の通り。

●国内生産量上位10品目

日本冷凍食品協会によると、平成28年の冷凍食品の国内生産量上位10品目は次の通り。

国内生産量上位10品目（平成28年）

順位	品　目	生産数量（トン）	構成比（％）
1	コ　ロ　ッ　ケ　ン	183,914	11.8
2	う　　ど　　ん	162,877	10.5
3	炒　　　　飯	76,509	4.9
4	ハ　ン　バ　ー　グ	65,772	4.2
5	ギ　ョ　ウ　ザ	65,059	4.2
6	カ　　ツ	58,408	3.8
7	ス　パ　ゲ　ッ　テ　ィ	57,879	3.7
8	ピ　ラ　フ　類	52,229	3.4
9	たこ焼・お好み焼き	49,790	3.2
10	ラ　ー　メ　ン　類	47,630	3.1
	そ　　の　　他	734,198	47.2
	合　　計	1,554,265	100.0

（出所）日本冷凍食品協会

業界の特性

●冷凍調理食品製造業の事業所数、従業者数

経済産業省「工業統計表」によると、平成26年の冷凍調理食品製造業の事業所数は前年比0.3％増の681所、従業者数は同5.1％増の4万8,561人となっている。

●冷凍食品とチルド食品との違い

冷凍食品は、生産から流通・消費の段階まで一貫して−18℃以下の低温を保って取り扱われる食品である。チルド（冷蔵）食品は、昭和50年に農林省が設定した食品低温流通推進協議会において、−5〜+5℃の温度帯で流通する食品とされている。チルド食品の温度帯に法的な規制はないが、食品別に最適な温度帯が設定され、通常は0〜+10℃の温度帯で流通するのが一般的である。

●調味料や水分、原材料などを工夫する

冷凍食品は、電子レンジの普及とともに家庭に受け入れられ、種類も増えてきた。冷凍食品は急速凍結されているため、おいしく食べることが可能となった。冷凍技術はすでに確立されているため、各社は電子レンジなどで解凍した後の味にこだわっている。

ノウハウ

●京野菜の冷凍加工

岩谷産業は、京都府亀岡市に京野菜の冷凍加工工場を新設した。平成29年4月から、冷凍九条ネギなどの出荷を開始した。独自の冷凍技術で、野菜の鮮度や栄養価を保っている。新工場では、九条ネギのほか万願寺とうがらしなど季節や地域が限定されていた京野菜を、年間を通じて出荷する計画で、外食チェーンやスーパーなどに販売する。

経営指標

ここでは参考として、TKC経営指標（平成29年版）より、「冷凍調理食品製造業」の数値を掲げる。

TKC経営指標（変動損益計算書）	全企業　14件	
	平均額（千円）	前年比（％）
売上高	513,866	101.1
変動費	281,050	97.3
仕入高	271,036	98.1
外注加工費	7,791	129.7
その他の変動費	5,280	92.8
限界利益	232,816	106.1
固定費	203,301	98.8
人件費	110,820	103.1
減価償却費	10,450	86.4
租税公課	1,597	99.9
地代家賃・賃借料	10,018	103.6
支払利息・割引料	2,058	87.1
その他	69,073	96.1
経常利益	29,514	216.0
平均従事員数	28.7名	

今後の課題／将来性

●将来性

冷凍食品はこれまで軽食として利用されていたが、夕食の主菜として利用する消費者が増えている。冷凍食品各社も、さまざまな新商品を発売し需要拡大を図っている。一方、コンビニエンスストアでもチルド弁当などを販売し、競争は激化している。製法や保存技術の向上で品質も高まり、中高年層にも利用が広がっている。冷凍食品は、消費者の嗜好に合わせて進化しており、各社の商品開発が活発化している。

《関連団体》　一般社団法人日本冷凍食品協会
　　東京都中央区築地3−17−9
　　TEL　03（3541）3003

●製造業●

健康食品製造業

最近の業界動向

◉トクホの品質管理の徹底

平成28年の消費者庁の特定保健用食品（トクホ）買上調査で、一部の商品にトクホ許可時の成分が規定量に満たないことが確認された。そのため、事業者は、年一回、許可時と同等の試験を行い、試験結果を消費者庁に提出しなければならなくなった。トクホ製品には、日々の厳格な品質管理が求められ、業界全体でトクホの安全性や信頼性を維持し、消費者から信頼を得ることが求められている。

◉機能性を前面に押し出した食品や飲料が相次いで発売される

健康志向の高まりを受け、機能性を前面に押し出した食品や飲料が相次いで発売されている。機能性表示食品として消費者庁が受理した件数は、平成29年5月現在882件で、菓子やカップめんなど種類が増えている。平成27年に始まった機能性表示食品制度は2年が経過し、対象を広げる指針の見直しも予定されている。ストレスを低減するチョコレートや、内臓脂肪を減らすドリンクヨーグルトなどは人気が高い。

◉エーザイが美容飲料を発売

エーザイは平成28年10月から美容飲料「チョコラBBリッチセラミド」を発売した。肌の乾燥などを抑える効果がある。美肌飲料の市場は400億円程度あるとされ、コラーゲンの美容飲料が7割程度を占めている。エーザイのセラミド飲料は、美容飲料の分野では業界初の機能性表示食品である。

◉ロコモ分野の市場を開拓

日清製粉は、歩いたり立ったりする機能が加齢で低下する「ロコモティブシンドローム（ロコモ）」分野の市場を開拓する。独自研究したオリーブのロコモ予防成分を基に開発されたゼリーで、フィットネスクラブや介護施設でのデザートとしての利用を促す。

◉飲みやすい酢が人気

疲労回復に効果があるとされる酢が注目されている。最近では飲みやすい果実酢や果実風味の飲料用酢も多く出回っている。メーカーは血圧や血糖値の改善などに効果があるとPRしている。最大手のミツカンは、「アサイー黒酢　ストレート」など14商品を販売している。タマノイ酢は、果実などを使った「はちみつ黒酢ブルーベリー濃縮タイプ」を展開し、売り上げは好調だ。

マーケットデータ

◉特定保健用食品の市場規模

日本健康・栄養食品協会によると、平成28年度の特定保健用食品（トクホ）の市場規模は前年度比1.1％増の6,463億円となった。なお、トクホの認定を受けていない健康食品は通常の食品としても流通するため、健康食品市場の市場規模は2兆円を超えるとも言われている。

特定保健用食品の市場規模

年度	市場規模	年度	市場規模
平19	4,121	平24	5,175
20	5,669	25	6,275
21	6,299	26	6,135
22	6,798	27	6,391
23	5,494	28	6,463

（出所）日本健康・栄養食品協会

◉トクホの用途別市場規模

日本健康・栄養食品協会によると、トクホの用途別市場規模は次の通り。平成28度の整腸分野の合計は3,418億7,000万円で前年比0.1％増であった。このうち、48.7％を占める乳酸菌は同0.3％減

トクホの用途別市場規模の推移（単位：億円、％）

用　途	平27	平28	前年比	構成比
整腸（乳酸菌）	3,154	3,145	▲0.3	48.7
整腸（食物繊維）	182	193	6.0	3.0
整腸（オリゴ糖）	81	80	▲0.7	1.2
コレステロール	226	270	19.4	4.2
血圧	205	187	▲8.8	2.9
骨・ミネラル	149	176	18.3	2.7
歯	305	299	▲1.8	4.6
血糖値	182	162	▲10.8	2.5
中性脂肪・体脂肪	1,908	1,950	2.2	30.2
合　計	6,391	6,463	1.1	100.0

（注）掲載値は四捨五入のため合計値、比率の下一桁が計算と異なることがある
（出所）日本健康・栄養食品協会

であった。

●トクホの種類別市場規模

日本健康・栄養食品協会によると、平成28年度のトクホの種類別の市場規模構成比は次の通り。

トクホの種類別市場規模（単位：億円、%）

種　類	平27	平28	前年比	構成比
乳　　製　　品	3,198	3,187	▲0.3	49.3
清　涼　飲　料　水	2,290	2,342	2.3	36.2
加工食品・調味料	402	413	2.7	6.4
菓　子・その他	502	521	3.8	8.1
合　　計	6,391	6,463	1.1	100.0

（出所）日本健康・栄養食品協会

●トクホの販売経路別市場規模

日本健康・栄養食品協会によると、トクホの販売経路別市場規模は次の通り。平成28年度のトクホの販売経路別では、スーパー、通信販売の構成比が高くなっている。一方、戸販が24.5％から22.2％に縮小している。

トクホの販売経路別市場規模（単位：億円、%）

種　類	平27	平28	前年比	構成比
スーパー	2,435	2,563	5.3	39.7
戸配	1,567	1,433	▲8.5	22.2
コンビニ	1,037	1,071	3.3	16.6
ドラッグ・薬局	441	449	1.7	6.9
通信販売	242	283	16.7	4.4
その他	668	664	▲0.7	10.3
合　　計	6,391	6,463	1.1	100.0

（出所）日本健康・栄養食品協会

業界の特性

●日本健康食品・栄養食品協会

日本健康・栄養食品協会の正会員数は、平成29年4月現在で698社である。

●トクホ品目数

日本健康食品・栄養食品協会がトクホとして表示許可・承認した食品は、平成28年12月末時点で1,204品目である。トクホ表示許可・承認品目数の推移は表の通り。

トクホ表示許可・承認品目数の推移

年次	年間新規許可品目数	累計実質許可品目数
平24年	52	1,030
25年	69	1,095
26年	66	1,140
27年	80	1,210
28年	95	1,204

（出所）日本健康・栄養食品協会

ノウハウ

●ターゲットを絞った食品開発

健康食品市場は拡大が続いている。低糖質やカロリーオフに加え、乳酸菌や健康増進の効果が期待できる成分を加えたメニューを提供する飲食店も増えている。また、小麦などのたんぱく質を含む食品を取らない「グルテンフリー」が広がっている。食品メーカーもグルテンフリー食品に注目している。

経営指標

健康食品製造業の指標は見当たらないので、ここでは参考として、TKC経営指標（平成29年版）より、「他に分類されない食料品製造業」の数値を掲げる。

TKC経営指標 （変動損益計算書）	全企業　112件	
	平均額（千円）	前年比（%）
売上高	274,570	101.8
変動費	144,184	99.5
仕入高	140,020	98.0
外注加工費	1,727	99.9
その他の変動費	3,217	97.1
限界利益	130,386	104.5
固定費	122,683	100.7
人件費	57,954	100.5
減価償却費	8,370	101.2
租税公課	2,200	106.2
地代家賃・賃借料	3,671	94.7
支払利息・割引料	2,543	98.0
その他	48,114	101.1
経常利益	7,702	268.8
平均従事員数	20.8名	

今後の課題／将来性

●将来性

高齢化進行に伴い、認知症予防としての脳内血流改善成分入りの健康食品が脚光を浴びている。トクホや機能性表示食品の棲み分けなど、業界全体の課題に対応するとともに、健康志向の高まりを背景に、健康食品市場はさらなる需要拡大が期待される。

《関連団体》　公益財団法人日本健康・栄養食品協会
　　東京都新宿区市谷砂土原町2－7－27
　　TEL　03（3268）3134

●製造業●

介護食品製造業

最近の業界動向

●介護食品の潜在的なニーズ

介護食市場は、高齢化を背景に増加傾向にある。矢野経済研究所によると、平成27年度の介護食市場規模は、加工食品が991億円、調理品が4,942億円となっている。介護食市場は拡大が見込まれているため、平成28年度は6,000億円程度と推計される。

●アサヒグループ食品による介護食品の拡充

アサヒグループ食品は、在宅介護の家族の負担の軽減等に繋がる口腔ケア食品「うるおいキャンディー」をドラッグストアなどで販売をする。このキャンディーは、乾燥した喉つまりリスクを軽減するために気管を塞ぎにくい穴あき形状である。医療・介護現場の声をもとにした安全設計の商品で、要介護者の食べる楽しみも支える商品となっている。

●新規参入による市場の活性化

吉野家ホールディングスは介護食市場に参入した。平成29年2月から、咀嚼・嚥下機能が低下している高齢者向けに「吉野家のやさしいごはん 牛丼の具」を発売した。定番の牛丼の味わいをそのままに、弱い力でも噛める「やわらかタイプ」と舌で摺り潰せる「きざみタイプ」の2種類を揃え、主に介護施設を対象として販売する。また、ギョウザ製造の信栄食品は、食品安全の国際規格「FSSC22000」認証を取得し、医療・介護食向けのギョウザ販売に参入する。糖質や塩分を抑え、噛む力が低下している高齢者にも食べやすいサイズにしている。成長する介護食品分野は、新規参入が相次ぎ活性化されている。

●イオンがPBの介護食の品揃えを増やす

イオンはPBの介護食の品揃えを増やす。平成30年2月期に40品目を揃え、PBトップバリュの「やわらか」シリーズとして売り出す。スーパー大手では、イトーヨーカ堂も介護売り場を改装

している。味の素も在宅介護に的を絞って、家庭用栄養ケア食品を強化している。

マーケットデータ

●介護食品市場の形成

総務省「人口推計」によると、平成28年10月時点で、高齢者（65歳以上）は3,459万1,000人となり、総人口に対して27.3％に達し過去最高となった。これは介護食を必要とする高齢層が増えていることを意味している。農林水産省によると、低栄養傾向の高齢者（65歳以上）は17.8％、85歳以上になると約2割に及ぶ。加齢とともに、噛む力が弱くなり、食べられる物が限られ、食べ物を摂取しにくい傾向が出てくる。やわらかい食べ物を求める高齢者ニーズに応えた「やわらか食」にも注目が集まっている。介護食という名称を使わず、スーパーやコンビニでも「やわらか食」として、店頭陳列数も増えてきている。

●ユニバーサルデザインフードの生産量・金額

日本介護食品協議会によると、平成28年は生産量が前年比20.4％増の1万9,285トン、金額は同12.2％増の225億7,500万円であった。生産量、金額ともに5年連続2桁増である。

ユニバーサルデザインフードの生産量・金額

年度	生産量（トン）		金額（百万円）	
		前年比		前年比
平23	7,908	15.0%	9,328	12.5%
24	9,237	16.8%	10,825	16.0%
25	11,686	26.5%	13,481	24.5%
26	13,117	12.2%	16,719	24.0%
27	16,018	22.1%	20,107	20.3%
28	19,285	20.4%	22,575	12.2%

（出所）日本介護食品協議会

●ユニバーサルデザインフードの販路別シェア

日本介護食品協議会によると、平成28年のユニ

ユニバーサルデザインフードの販路別シェア

年度	市販（百万円）		業務用（百万円）	
		前年比		前年比
平23	2,128	41.0%	7,200	6.1%
24	2,480	16.5%	8,345	15.9%
25	3,242	30.7%	10,239	22.7%
26	5,800	78.9%	10,920	6.7%
27	6,795	17.2%	13,313	21.9%
28	7,402	8.9%	15,174	14.0%

（出所）日本介護食品協議会

バーサルデザインフードの販路別シェアは、市販が32.8％、業務用67.2％であった。市販、業務用ともに前年比増となり、ユニバーサルデザインフード市場全体は年々拡大している。

業界の特性

●日本介護食品協議会

日本介護食品協議会は、食べやすさに配慮した介護食品ユニバーサルデザインフードの普及を促進している。平成29年6月1日現在、加盟企業数は68社である。

●ユニバーサルデザインフードの登録状況

ユニバーサルデザインフードは、前年比で69品目増加し、平成29年度5月末現在で1,853品目が登録されている。食品の食べやすさに応じて、区分1～4と、とろみ調整食品の5つに分けられる。平成29年の区分登録状況は、区分3の舌でつぶせる食品が全体の45.9％を占め最も多い。

ユニバーサルデザインフード区分登録状況（平成29年5月現在）

項　目	登録数	構成比
区分1（容易にかめる）	398	21.5％
区分2（歯ぐきでつぶせる）	381	20.6％
区分3（舌でつぶせる）	850	45.9％
区分4（かまなくて良い）	138	7.4％
とろみ調整食品	86	4.6％
合　計	1,853	100.0％

(注)とろみ調整食品は、食べ物・飲み物に加えて混ぜ、適度なとろみを簡単につけられる粉末状の食品である
(出所)日本介護食品協議会資料を加工

●スマイルケア食

平成28年から農林水産省が導入している介護食品普及促進のための「スマイルケア食マーク制度」の動向が注目される。3つのマークが設けられて

スマイルケア食制度の概要と認定社数（平成29年9月現在）

マーク	概要（一部抜粋）	認定社数
青	飲み込む機能及び噛む機能のいずれも問題はない人向けに市販される加工食品で一定の基準を満たすもの	16社
黄	「容易にかめる食品の規格」「歯ぐきでつぶせる食品の規格」「舌でつぶせる食品の規格」「かまなくてよい食品の規格」等	1社
赤	えん下困難者用食品たる表示の許可を得たもの	1社

(注)概要は一部抜粋でマーク毎認定基準がある
(出所)農林水産省

いる。スマイルケア食制度の概要等は表の通り。

ノウハウ

●介護食品のアジア展開

鮮魚小売業の海商は、歯茎でつぶせる在宅用介護食「やわらかシリーズ」の台湾市場への進出を進めている。同社の介護食品は、煮魚や焼き魚の形のまま食べられるよう加工技術や熱処理を工夫している。介護食品の市場は国内から海外へ広がる可能性があり、海外市場を狙う介護食品製造業者は、海外市場での自社ブランドの地位確立が重要である。

経営指標

ここでは参考として、TKC経営指標（平成29年版）より、「他に分類されない食料品製造業」の数値を掲げる。

TKC経営指標 （変動損益計算書）	全企業　112件	
	平均額（千円）	前年比（％）
売上高	274,570	101.8
変動費	144,184	99.5
仕入高	140,020	98.0
外注加工費	1,727	99.9
その他の変動費	3,217	97.1
限界利益	130,386	104.5
固定費	122,683	100.7
人件費	57,954	100.5
減価償却費	8,370	101.2
租税公課	2,200	106.2
地代家賃・賃借料	3,671	94.7
支払利息・割引料	2,534	98.0
その他	48,114	101.1
経常利益	7,702	268.8
平均従事員数	20.8名	

今後の課題／将来性

●課題

成長期の介護食品市場では、新規企業との競争が激しく、特長的な製品づくりが課題となっている。医療・介護現場の声に耳を傾け、安全性を確保し、利用者が楽しく食べられるよう味や見た目などを重視した商品作りが求められる。

《関連団体》　日本介護食品協議会
　東京都千代田区東松下町10-2
　　翔和神田ビル3F
　TEL　03（5256）4801

－ 581 －

●製造業●

果実加工業

最近の業界動向

●果実缶びん詰とジャム缶びん詰の生産量

　果実加工業は、果実の水煮やジャム、果実のジュース原液、乾燥果実などを製造する業種である。日本缶詰びん詰レトルト食品協会によると、平成28年の果実缶びん詰の生産量は前年比5.0％減の５万690トンであった。カップ入りのフルーツゼリーなどに需要を奪われ、果実缶びん詰の需要の減少傾向が続いている。また、平成28年のジャム缶びん詰の生産量は同1.9％減の３万4,711トンであった。果実缶びん詰とジャム缶びん詰の生産量の推移は次の通り。

果実缶びん詰とジャム缶びん詰の生産量（単位：トン）

年次	果実缶びん詰	ジャム缶びん詰
平23年	51,829	37,406
24年	54,760	37,572
25年	54,331	34,652
26年	55,934	35,772
27年	53,342	35,398
28年	50,690	34,711

（出所）日本缶詰びん詰レトルト食品協会

●アヲハタの健康志向・個食対応への取組拡充

　大手ジャムメーカーのアヲハタは、砂糖を使わず、果実と果汁のみで作った自然の甘味を特徴とする「アヲハタまるごと果実」を刷新し、販売を強化する。新製品は、加熱量を約15％減らし、フルーツへのダメージを削減して、従来品に比べて果実感や香り、鮮やかな色合いなど、より健康的なものにしている。また、「アヲハタまるごと果実」シリーズの小容量サイズもリリースし、トライアルユーザーが購入しやすくし、少人数世帯の需要開拓を狙う。

●山形県工業技術センター庄内試験場がメロンジャムを開発

　従来メロンは青臭さや変色が発生しやすく、ジャムに加工しにくいものであった。平成29年7月、山形県工業技術センター庄内試験場は、着色料や香料を使用せず、メロンの風味を保持した新たなメロンジャム製造方法を開発した。山形県庄内産メロンを使用した、メロンジャム「プレミアムメロンジャム」の販売を開始した。

マーケットデータ

●大手企業の売上高

　果実加工の市場規模に関する公的なデータは見当たらない。なお、ジャムや果実飲料などの加工品を製造する大手企業3社（明治屋、アヲハタ、日本デルモンテ）の売上高は次の通り。

大手企業の売上高

社　　名	売　上　高
明　治　屋	280億円 （平28年３月～平29年２月） ジャムなどの食料品の他、和洋種類の小売・製造業販売業も含む
ア　ヲ　ハ　タ	243億5,400万円 （平28年度連結）
日 本 デ ル モ ン テ	158億円 （平29年３月期） 缶詰、瓶詰のほか、トマトケチャップなどのソース、清涼飲料水も含む

（出所）各社決算資料

●飲料缶詰生産量の推移

　日本缶詰びん詰レトルト食品協会によると、飲料缶詰生産量の推移は次の通り。平成28年の飲料合計は280万3,086トンである。このうち、果実飲料の生産量は前年比2.4％減の16万5,364トンであった。ミネラルウォーターや茶系飲料水の需要増

飲料缶詰生産量の推移（単位：トン）

品　名	平26年	平27年	平28年
果 実 ジ ュ ー ス	50,786	48,090	58,142
果 実 ド リ ン ク	89,230	81,322	67,127
果 実 ネ ク タ ー	11,901	10,300	11,334
果 粒 入 飲 料	28,826	29,736	28,761
果実飲料計	180,743	169,447	165,364
ト マ ト ジ ュ ー ス	13,495	14,234	13,433
野菜ミックスジュース	34,116	33,084	34,160
そ の 他 野 菜 飲 料	19,462	17,645	16,366
野菜飲料計	67,073	64,963	63,959
嗜好飲料計	2,626,973	2,566,480	2,573,763
飲料合計	2,874,788	2,800,890	2,803,086

（出所）日本缶詰びん詰レトルト食品協会

加、安価な輸入製品の増加に伴い、果実飲料の生産量は減少傾向で推移している。

業界の特性

●事業所数、従業員数

果実加工業のみの事業所数、従業員数は見当たらない。経済産業省「工業統計表」によると、果実加工業が含まれる野菜缶詰、果実缶詰、農産保存食料品製造業の平成26年の事業所数は前年比3.6％減の1,668所、従業者数は同3.3％減の46,868人、製品出荷額は同2.2％増の7,605億7,900万円であった。

野菜缶詰、果実缶詰、農産保存食料品製造業の推移

年次	事業所数 （所）	従業者数 （人）	製品出荷額 （百万円）
平22年	1,923	51,622	774,075
23年	1,881	46,594	806,885
24年	1,788	48,807	784,437
25年	1,730	48,480	744,019
26年	1,668	46,868	760,579

（出所）経済産業省

●果物加工品の摂取理由

中央果実協会「果物の消費に関する調査報告書」によると、平成27年度における果物加工品月1回以上摂取する理由は、全体では、「簡単に食べられる（飲める）から」が最も高い。次いで、「おいしいから」「買い置きができるから」の順に続いている。

果物加工品の摂取理由（複数回答）（単位：％）

摂取理由の選択肢	割合
簡単に食べられる（飲める）から	49.4
おいしいから	30.4
買い置きができるから	19.7
季節を問わず食べられる（飲める）から	14.3
近くの店で買えるから	9.6
手ごろな値段で買えるから	9.0
健康に良いから	8.0
ビタミン等の栄養源になるから	7.2
その他	0.2
この果物加工品はほとんど食べない（飲まない）	5.2

（出所）中央果実協会

ノウハウ

●こだわり商品つくりとPR

明治屋の「日本のめぐみ」は、平成27年秋に立ち上げたジャム・スプレッド及び果実缶詰のブランドで、主原料の産地や品種を限定したこだわりの商品である。それぞれの土地が育んだ農産物の味わいを楽しめるよう工夫して仕上げている。平成29年秋には、「日本のめぐみ果実缶詰まるごとシリーズ」に2アイテムが追加された。果実缶詰としてはめずらしい素材である金柑と若桃（わかもも）をまるごと使用した缶詰で、お茶菓子などとして楽しむことができる。

経営指標

ここでは参考として、TKC経営指標（平成29年版）より、「他に分類されない食料品製造業」の数値を掲げる。

TKC経営指標 （変動損益計算書）	全企業 112件	
	平均額（千円）	前年比（％）
売上高	274,570	101.8
変動費	144,184	99.5
仕入高	140,020	98.0
外注加工費	1,727	99.9
その他の変動費	3,217	97.1
限界利益	130,386	104.5
固定費	122,683	100.7
人件費	57,954	100.5
減価償却費	8,370	101.2
租税公課	2,200	106.2
地代家賃・賃借料	3,671	94.7
支払利息・割引料	2,534	98.0
その他	48,114	101.1
経常利益	7,702	268.8
平均従事員数	20.8名	

今後の課題／将来性

●課題

近年は使用頻度の高いみかんの原料が数年連続で供給不足に陥ったほか、白桃やパイナップルなどの主要フルーツでも原料不足が続いた。国産原料については、天候不順に加え、生産農家の高齢化などにより減産傾向が続いている。より高値で取引される生果向けに原料の流出が進むなど、長期的な供給不足が危惧されている。原材料の安定的な確保も継続的な課題である。

《関連団体》　日本缶詰びん詰レトルト食品協会
　　東京都千代田区神田東松下町10−2
　　翔和ビル3F
　　TEL　03（5256）4801

●製造業●

医薬品製造業

最近の業界動向

●薬価ベースで10兆円超の医薬品市場

　日本経済新聞社によると、平成28年度の医薬品市場（薬価ベースの国内販売額）は前年比0.3％増の10兆6,246億円となり、平成27年度から2年連続で10兆円を超えた。国内外の医薬品メーカーは、「バイオ医薬品」への投資を強化している。バイオ医薬品は成長分野で、新たな収益源として期待されている。

●武田薬品工業がTESARO社（米国）のがん治療薬の独占的開発・販売ライセンスを取得

　武田薬品工業は、TESARO社（米国）の有するポリADPリボースポリメラーゼ（PARP）阻害薬「ニラパリブ（一般名称）」に関する日本での全ての癌、韓国・台湾・ロシア・豪州での前立腺癌を除く全ての癌を対象とした独占的開発・販売権を獲得した。武田薬品工業からTESARO社に支払われる契約一時金は1億米ドルである。開発や販売に応じてロイヤリティを支払う。武田薬品工業が臨床開発を実施し、その費用を負担する。武田薬品工業は、画期的な医薬品として大きな期待を込めている。

●製薬業界でもAIの活用が広がる

　製薬業界でもAIの活用が広がっている。エーザイやアステラス製薬は開発、大日本住友製薬は、営業の現場でAIの活用を進めている。アステラス製薬は、治療歴などの電子記録と副作用データなどを統合・分析し、AIで解析する取り組みを始めた。エーザイは、AIを活用して開発期間やコスト短縮につなげる。大日本住友製薬は、医師向けの情報提供サイトの解析にAIを導入した。膨大なデータの解析作業などにAIを活用することで、人材不足の解消にもつながる。

マーケットデータ

●医薬品の生産金額

　厚生労働省「薬事工業生産動態統計」によると、平成27年の医薬品の生産金額合計は前年比3.5％増の6兆8,204億1,300万円であった。医療用医薬品が全体の87.9％を占め、一般用医薬品が11.8％を占めている。用途別の生産金額推移は次の通り。

医薬品の用途別生産金額（単位：百万円）

年次	総合計	医療用医薬品	一般用医薬品	配置用家庭薬
平21年	6,819,589	6,174,202	616,601	28,786
22年	6,779,099	6,148,876	602,193	28,030
23年	6,987,367	6,344,512	617,231	25,624
24年	6,976,712	6,263,010	689,018	24,684
25年	6,894,014	6,193,983	677,407	22,624
26年	6,589,762	5,868,927	700,376	20,459
27年	6,820,413	5,996,890	823,523	18,962

（出所）厚生労働省

●剤形分類別生産金額

　厚生労働省「薬事工業生産動態統計」によると、平成27年の剤形分類別生産金額は次の通り。

剤形分類別の生産金額（単位：百万円、％）

順位	剤型分類	平27年	前年比	構成比
1	錠剤	3,230,842	99.9	47.4
2	外用液剤	459,913	128.6	6.7
3	カプセル剤	442,634	108.2	6.5
4	注射液剤	390,366	113.1	5.7
5	散剤・顆粒剤等	382,505	103.1	5.6
	その他	1,067,955	104.6	28.1
	合　計	6,820,413	103.5	100.0

（出所）厚生労働省

●医療用医薬品の国内販売額シェア

　日本経済新聞社によると、平成28年度の医療用医薬品、総合漢方薬のシェアは次の通り。

医療用医薬品、総合漢方薬の国内販売額シェア（平成28年度）

種別	社　名	シェア
医療用医薬品	武田薬品工業	6.4％（0.0）
	第一三共	6.0％（0.2）
	アステラス製薬	5.6％（▲0.5）
	中外製薬	4.5％（0.1）
	ファイザー	4.3％（▲0.1）
総合漢方薬	大正製薬	27.8％（▲0.2）
	第一三共ヘルスケア	20.2％（0.2）
	武田薬品工業	12.7％（▲0.3）
	エスエス製薬	7.2％（0.6）
	全薬工業	4.8％（▲0.2）

（注）カッコ内は前年比増減ポイント
（出所）日本経済新聞社

●**大手４社の売上高**

医薬品大手４社の売上高、研究開発費は次の通り。

医薬品製造業大手4社の売上高及び開発費（単位:百万円、%）

社 名	売上高	前年比	研究開発費	開発費比率
武田薬品工業	1,732,051	95.8	312,303	18.0
アステラス製薬	1,311,665	95.6	208,129	15.9
第 一 三 共	986,446	107.3	214,347	22.4
中 外 製 薬	498,839	98.6	81,900	17.3

（注）各社連結決算、国際会計基準による決算数値、カッコは前期の数値。中外製薬（平成27年12月期）を除き、各社平成28年３月期の数値

（出所）各社決算資料

業界の特性

●**事業所数と従業者数**

経済産業省「工業統計表」によると、平成26年の医薬薬製造業の事業所数は前年と同じ781所、従業者数は1.6％増の９万5,732人である。

●**薬価**

薬価は、国が定める医療用医薬品の公定価格である。２年に１回、薬価は実勢価格などを反映して改定される。日本などの先進国では、医療費削減を理由に薬価の引き下げが相次いでいる。

●**ジェネリック医薬品の動向**

これまで、日本は先発医薬品への支持が強く、先発医薬品は特許が切れた後でも、一定規模の収益が期待できた。日本ジェネリック医薬製薬協会の発表によると、平成28年度のジェネリック医薬品のシェアは65.5％に達し、シェアを伸ばしている。ジェネリック医薬品の存在感が高まる中、先発医薬品事業者はビジネスモデルの見直しに直面している。先発医薬品事業者は特許が切れる前に、ジェネリック医薬品製造事業者へ製造権を売却し、多額のロイヤリティ費を得て、商品開発や事業戦略投資に振り向けることも珍しくない。

ノウハウ

●**中高年向け漢方薬の商品を拡充**

クラシエ薬品は、中高年向け漢方薬の商品を拡充する。物忘れなどの症状に効果がある漢方・生薬のシリーズを平成30年までに８種類に増やし、成長する漢方薬市場の主力商品に育てる。また、漢方薬関連の自社サイトも充実させ、ネット販売も視野に入れている。

●**研究体制を支える資金循環とブランディング**

医薬品開発には多額の投資が必要となり、特許切れの商品の売却により獲得した資金を新たな収益源となる医薬品への開発に投資するなど、投資資金のフローの強化が重要だ。さらに収益性を高めるためには、広く知名度とともに信頼性を高めるブランド戦略との組合せも重要である。

経営指標

医薬品製造業の指標は見当たらないので、ここでは参考として、TKC経営指標（平成29年版）より、「他に分類されないその他の製造業」の数値を掲げる。

TKC経営指標 （変動損益計算書）	全企業 156件	
	平均額（千円）	前年比（％）
売上高	268,398	104.1
変動費	145,238	103.2
仕入高	118,229	104.2
外注加工費	23,281	103.1
その他の変動費	3,410	101.0
限界利益	123,159	105.0
固定費	109,916	100.7
人件費	67,255	103.8
減価償却費	7,288	99.1
租税公課	1,586	91.7
地代家賃・賃借料	3,725	99.6
支払利息・割引料	1,877	85.0
その他	27,983	96.4
経常利益	13,242	163.7
平均従事員数	16.1名	

今後の課題／将来性

●**将来性**

先発医薬品製造事業者だけでなく、ジェネリック医薬品製造事業者も新薬領域に入ることもあり、医薬品製造事業者全体での競争が激しくなっている。特許切れ薬の売却、海外の有力医薬品の独占販売権獲得、AIを活用した新たな医薬品開発手法などさまざまな事業戦略がある。ニーズを捉え自社の強みを生かした事業戦略が重要性を増している。

《関連団体》 日本製薬団体連合会

東京都中央区日本橋本町３－４－18

TEL　03（3270）0581

●製造業●

ジェネリック医薬品製造業

最近の業界動向

●ジェネリック医薬品の使用促進の加速

　ジェネリック医薬品は、先発医薬品と治療学的に同等であるものとして製造販売が承認されており、先発医薬品の特許が切れた後発医薬品として開発される。そのため、研究開発費が低く抑えられ、先発医薬品に比べ薬価が安くなっている。日本経済新聞社の推計によると、平成28年度のジェネリック医薬品の出荷数量は、前年度比6.5％増の700億錠となった。厚生労働省は、平成27年6月に「経済財政運営と改革の基本方針2015」を策定し、2018年度〜2020年度までの間にはジェネリック医薬品の使用割合を80％にすることを目標とした。その後、平成29年6月の閣議において、ジェネリックの80％の使用割合の達成時期を半年前倒しし、2020年9月と決めた。厚生労働省は、ジェネリック医薬品の使用が患者の費用負担を軽減するとともに医療保険財政の改善にも役立つものとして、目標実現に向けジェネリック医薬品の使用促進の施策に取り組んでいる。

●基礎的医薬品の導入

　平成28年4月の薬価制度改革で、先発医薬品（新薬）や後発医薬品（ジェネリック薬）でもない「基礎的医薬品」が導入された。この基礎的医薬品とは、長い期間に渡って薬価収載（公定価格として厚生労働省が定めた薬の価格の一覧表である薬価基準に載せること）され、度重なる薬価改定によって採算が厳しくなった薬のうち、医療現場に必要不可欠な医薬品の安定供給を維持するために、薬価改定の際の薬価の引き下げを受けずに薬価が維持される医薬品をいう。この基礎的医薬品として認可されるためには、①安定供給は絶対、②市場実勢価格は平均乖離率以内、③診療報酬上の後発医薬品から除外、④代替調剤は引き続き可能といった要件が課されている。

●日医工、沢井製薬が米国ジェネリック製薬会社を買収

　日医工は平成28年6月、米国のジェネリック製薬会社であるセージェント・ファーマシューティカルズを約750億円規模で買収した。この買収により、バイオシミラーの米国市場への展開や両社が有する販売承認の製剤の日米相互の市場への上市を進め、世界のジェネリック医薬品のトップ10入り達成のための重要なステップと位置付けている。また、沢井製薬は平成29年4月、米国ジェネリック製薬会社であるアップシャー・スミス・ラボラトリーズを約1,150億円規模で買収すると発表した。この買収の狙いは、中期経営計画で掲げた「世界から認知されるジェネリック医薬品企業」の実現の一環であり、国内の事業に次ぐ第2の柱として米国市場を最優先市場と位置付け、本格的な米国市場への進出を実現し迅速な展開を図るためである。

●ニプロがジェネリック薬の製造販売会社を取得

　ニプロは平成29年10月、田辺三菱製薬の子会社の田辺製薬販売の全株式の取得を完了する。田辺三菱製薬が保有するジェネリック医薬品等を田辺製薬販売に吸収分割して、ジェネリック医薬品のメーカーとしての機能を持たせた上で、ニプロが田辺製薬販売の全株式を取得する。株式取得の目的は、ジェネリック医薬品の取扱製品の拡充、シェア拡大に伴う事業効率の向上、ブランド力強化、調剤薬局向け等の販路強化である。

マーケットデータ

●ジェネリック薬の国内販売額シェア

　日本経済新聞社の推定によると、平成28年のジェネリック薬の国内販売額シェアは次の通り。上位3社は全体シェアを増加させ、合計で前年比1.3％増の32.9％となり、上位3社以外の企業が70％弱を占めている。

ジェネリック薬の国内出荷量シェア

社　　名	シェア
沢　　井　　製　　薬	13.9％（0.8）
日　　医　　工	11.2％（0.3）
東　　和　　薬　　品	7.8％（0.2）
武田テバファーマ	4.5％（—）
Ｍｅｉｊｉ　Ｓｅｉｋａファルマ	4.0％（▲0.8）

（注）カッコ内は前年比増減ポイント
（出所）日本経済新聞社

●ジェネリック医薬品大手３社の売上高

ジェネリック医薬品大手３社の売上高は次表の通り。大手３社の売上高はいずれも前の期を上回り、好調が続いている。

ジェネリック医薬品大手の売上高 （単位：百万円）

社　　名	売上高	決算期
日 医 工	163,372（145,513）	平29年３月期（連結）
沢 井 製 薬	132,428（123,492）	平29年３月期（連結）
東 和 薬 品	84,949（82,115）	平29年３月期（連結）

（注）カッコ内は前の期の数値
（出所）各社決算資料

業界の特性

●日本ジェネリック製薬協会の会員数

日本ジェネリック製薬協会会員数は、平成29年８月現在53社で構成され、平成26年８月に比べて５社増加している。会員企業には、ジェネリック医薬品の売上高上位３社の沢井製薬、日医工や東和薬品などの専業メーカーのほか、新薬とジェネリック医薬品の両方の製造業者である日本ケミファや外資系のサンド（ノバルティスグループ）、イスラエルのテバが設立した武田テバ薬品（武田テバファーマの子会社）も加盟している。今後もジェネリック医薬品の普及は、政府の後押しがあることから高まるとみられ、ジェネリック医薬品市場はますます競争が激化すると予想される。

●ジェネリック薬の数量シェアの推移

日本ジェネリック製薬協会によると、ジェネリック医薬品の数量シェアは右肩上がりに増加しており、平成28年度は前年比6.0%増の65.5%となった。なお、新方式は、ジェネリック薬の普及率＝（ジェネリック薬の数量）÷（ジェネリック薬のある先発医薬品の数量）＋（ジェネリック薬の数量）で算出される。

ジェネリック薬の普及率 （数量換算）（単位：％）

年度	平27				平28			
４半期	4～6	7～9	10～12	1～3	4～6	7～9	10～12	1～3
普及率	57.1	58.8	59.9	62.3	63.7	65.1	66.4	67.1

（出所）日本ジェネリック製薬協会

ノウハウ

●医療機関はジェネリック医薬品の安定供給要望

厚生労働省の資料によると、病院や診療所、保険薬局が後発医薬品メーカーに望むこととして、供給停止しないことや品切れ時の代替品入手の適切な対応などの安定供給、後発医薬品の品質情報の公開・提供が挙がっている。厚生労働省は、ジェネリック医薬品の使用割合を高める施策として、医療関係者がジェネリック医薬品を採用する際の各種情報を入手しやすいように、「安定供給体制等を指標とした情報提供項目に関する情報提供ページ」を開設している。

経営指標

ここでは参考として、TKC経営指標（平成29年版）より、「他に分類されないその他の製造業」の数値を掲げる。

TKC経営指標 （変動損益計算書）	全企業　156件	
	平均額（千円）	前年比（％）
売上高	268,398	104.1
変動費	145,238	103.2
仕入高	118,229	104.2
外注加工費	23,281	103.1
その他の変動費	3,410	101.0
限界利益	123,159	105.0
固定費	109,916	100.7
人件費	67,255	103.8
減価償却費	7,288	99.1
租税公課	1,586	91.7
地代家賃・賃借料	3,725	99.6
支払利息・割引料	1,877	85.0
その他	27,983	96.4
経常利益	13,342	163.7
平均従事員数	16.1名	

今後の課題／将来性

●課題

国による使用促進策などを受けて、ジェネリック医薬品の使用割合が伸びると見込まれているが、一品目に数十社が参入するなど競争が激化している。また、国民医療費の増加により、政府は医薬品の価格抑制を進めている。平成28年４月にはジェネリック薬の単価も引き下げられ、各社の収益は鈍化している。今後の成長には不透明感が漂うが、品質基準を遵守しながら、医療機関が望む「安定供給」に対応する体制構築が求められる。

《関連団体》　日本ジェネリック製薬協会
東京都中央区日本橋本町３－３－４
TEL　03（3279）1890

●製造業●

医療機器製造業

最近の業界動向

●国内の医療機器市場は2兆7,479億円

　厚生労働省「薬事工業生産動態統計」によると、平成27年の国内医療機器市場は2兆7,479億円で、前年と比べ1.4％減少した。世界的に高齢化が進む中、新興国の医療水準の向上などから中長期的には医療機器市場は拡大すると見込まれる。また、日本政府が「未来投資戦略2017」の中で、具体的な施策として「日本発の優れた医薬品・医療機器等の開発・事業化」と掲げていることも市場の大きな追い風となっている。

●医療機器の輸出、海外展開を支援

　関東経済産業局は、管内企業が開発した医療機器の輸出を支援する取り組みを始めた。医療機器や開発企業の特徴などを東南アジアなど海外の医療機関に紹介する。平成28年12月に医療関係者向けにサイトを立ち上げ、第一弾として管内企業6社が開発した医療関連機器を使った手術動画を公開した。今後、海外の国際学会などで動画を周知する。また、東京都は医療機器分野の中小企業の海外展開を支援する。平成29年11月13日から4日間、ドイツで開催される国際展示会の出展費用を補助し、ビジネススキルを学んでもらうプログラムも提供する。商談時には通訳を付けるなど、商談の成立につながる支援に乗り出す。

●テルモが米医療機器会社を買収

　テルモは、米国の医療機器会社ボルトンメディカルを買収し、心臓血管カンパニーの血管事業に統合する。この買収により、ステントグラフトの製品ラインアップを広げるとともに、最大市場である米国への参入機会を得ることで、血管事業のさらなる成長につなげたい考えだ。大動脈瘤の治療では、外科的に患部を人工血管に置換する手術を行うのが一般的だが、患者の負担軽減などの観点から、カテーテル（医療用細管）でステントグラフトという機器を血管内に留置し、血液の流れ

を遮断してこぶが破裂するのを防ぐ手法が広がってきている。ボルトン社は胸部や腹部の大動脈瘤治療に用いるステントグラフトを製造・販売し、社員数は約300人、平成28年12月期の売上高は約4,500万ユーロ（約55億円）。テルモも人工血管や腹部のステントグラフトを手掛けており、同事業の売上高は平成28年3月期で139億円だった。

●オリンパスが外科手術用3D内視鏡を発売

　オリンパスは、3D観察により奥行き感を容易に把握し、迅速で正確な内視鏡外科手術をサポートする3D硬性ビデオスコープを発売した。内視鏡外科手術は、患者の身体への負担が少なく回復が早い低侵襲治療として、国内では急激に広がっている。近年は大腸切除術や胃切除術などの高度な技術を要する難易度の高い手術にも広がりを見せており、これら手術を安全安心に実施するためには奥行き感の把握が重要になっている。平面的な2D映像では困難だった対象臓器の立体的な把握が、3D映像では容易になり、より迅速で正確な内視鏡外科手術の実現をサポートできる。

マーケットデータ

●医療機器産業の市場規模

　厚生労働省「薬事工業生産動態統計年報」によると、平成27年の医療機器の国内市場規模は2兆7,479億円となった。医療機器の市場規模の推移は次の通り。

医療機器の市場規模の推移（単位：億円）

項　　目	平24年	平25年	平26年	平27年
国内売上高	25,935	26,758	27,857	27,479

（注）国内売上高は国内生産額＋輸入額－輸出額で算出
（出所）厚生労働省「薬事工業生産動態統計年報」

●医療機器の国内生産額

　厚生労働省「薬事工業生産動態統計年報」によると、平成27年の医療機器の国内生産額は、前年比2.2％減の1兆9,455億9,900万円であった。

医療機器の国内生産額の推移（単位：百万円）

年次	生産金額	年次	生産金額
平20年	1,692,352	平24年	1,895,239
21年	1,576,198	25年	1,905,492
22年	1,713,439	26年	1,989,497
23年	1,808,476	27年	1,945,599

（出所）厚生労働省「薬事工業生産動態統計年報」

●主な医療機器の生産金額

厚生労働省「薬事工業生産動態統計年報」によると、平成27年の医療機器の国内生産金額に占める構成割合が多い医療機器の生産金額は次の通り。

主な医療機器の生産額 （単位：百万円）

医療機器	平25年	平26年	平27年
処置用機器	484,334	522,497	520,845
画像診断システム	291,270	290,456	291,958
生体機能補助・代行機器	261,833	265,450	271,417
生体現象計測・監視システム	254,227	260,616	205,351
医用検体検査機器	147,099	169,450	180,700

（出所）厚生労働省「薬事工業生産動態統計年報」

業界の特性

◉医療用機械機器製造業の事業所数、従業者数

経済産業省「工業統計表」によると、平成26年の医療用機械器具製造業の事業所数は前年比0.9％減の555社、従業者数は同0.1％増の2万9,063人となっている。

医療用機械器具製造業の現況

年次	事業所数（所）	前年比（％）	従業者数（人）	前年比（％）
平23年	646	6.6	29,964	▲1.8
24年	589	▲8.8	29,994	0.1
25年	560	▲4.9	29,033	▲3.2
26年	555	▲0.9	29,063	0.1

（出所）経済産業省「工業統計表」

◉分類

医療機器はさまざまな種類があり、病院で使用する大型の画像診断装置のほか、家庭用血圧計、メスやハサミなども含めると30～50万種類の数があるといわれる。医療機器を大きく分類すると次の通りである。①診断系医療機器…画像診断システム、医用検体検査装置、生体現象計測・監視システムなど。②治療系医療機器…処置用機器、治療用又は手術用機器など。③その他…眼科用品及び関連製品、歯科材料、家庭用医療機器などがある。

ノウハウ

◉新興国戦略の強化、中東の開拓

医療機器メーカーが新興国戦略を強化している。新興国は医療水準の高まりに加え、中間層が拡大して糖尿病などの生活習慣病の増加が予想されている。ニプロはインドで製販体制を強化し、シスメックスはカンボジアなどで病院の検査体制の支援に取り組む。また、富士フイルムやオリン

パスは、中東での事業展開を加速させている。富士フイルムはサウジアラビアの国立病院にX線撮影装置を200台強納入した。オリンパスは中東アフリカの地域統括会社をドバイに設立し、平成29年4月から営業を開始した。中東各国の医療機器市場はまだ小さいが、富裕層も多く年間10％前後の伸びが期待できるとの見方が多い。

経営指標

ここでは参考として、TKC経営指標（平成29年版）より「医療用機械器具製造業」の指標を掲げる。

TKC経営指標（変動損益計算書）	全企業　13件	
	平均額（千円）	前年比（％）
売上高	260,055	99.2
変動費	127,123	96.9
仕入高	104,899	97.7
外注加工費	19,766	105.4
その他の変動費	1,733	94.4
限界利益	132,931	101.4
固定費	121,692	94.5
人件費	84,732	93.9
減価償却費	9,779	82.8
租税公課	2,988	101.0
地代家賃・賃借料	2,509	92.5
支払利息・割引料	2,333	103.2
その他	17,760	94.3
経常利益	11,239	493.2
平均従事員数	17.8名	

今後の課題／将来性

◉課題

医療機器市場は、高齢化や新興国の医療水準の向上で中長期的には拡大傾向にある。しかし、日本の医療機器業界は大幅な貿易赤字が続き、特に心臓ペースメーカーや人工関節のような治療系機器は、ほとんどが海外からの輸入に頼っているのが現状である。中国やアフリカなどの途上国においては、簡単に使いこなせる医療機器を作らなければならない。大型で高価な医療機器ではなく、小型で安価、電源が不安定でも使える機器が必要で、各国の実情に合った医療機器の開発が求められている。

《関連団体》　日本医療機器産業連合会
東京都新宿区下宮比町3－2
TEL　03（5225）6234

●製造業●

福祉機器製造業

最近の業界動向

●福祉用具産業の市場規模は1兆3,483億円

福祉機器（用具）は、高齢者や障害者が自立した生活を送る上で不可欠なものだ。日本福祉用具・生活支援用具協会の調査によると、平成27年度の福祉用具産業（狭義）の市場規模は、前年度比2.4％増の1兆4,337億円となった。高齢者の増加を背景に、拡大傾向が続いている。この業界に大きな影響を与えるものの一つは介護保険法の改正である。現在のところ、改正はあるもののその影響は受けていない。ここ数年は次期改定に向けての準備期間という位置づけとなる。

●介護状況に応じて機能を加えることができるリクライニングベッドを開発

家具製造・販売を手掛けるコイズミファニテックは、高齢者の介護状況に応じて機能を加えることができるリクライニングベッドを開発し、平成29年8月から販売を始めた。利用者の体調に合わせて、手すりや昇降機が付けられる。また、背もたれの角度が調整できる。価格はベッドや手すりなどのセットで21万4,000円（税別）で、一般的な介護ベッドの中級クラスと同レベル。将来的には、介護施設などでのレンタルも検討している。

●赤ちゃん型のコミュニケーションロボット

フランスベッドは、赤ちゃん型のコミュニケーションロボット「泣き笑い　たあたん」を発売した。軟性プラスチック製で、本物の赤ちゃんの抱き心地にした。泣いたり笑ったりする機能が使え、高齢者の気分転換に役立つ効果があるという。「ドールセラピー」という手法で、認知症患者の増加で需要拡大が見込めると判断した。

●リストバンド型の端末を使った高齢者の見守り支援サービス

セコムは、リストバンド型の端末を使って高齢者の見守り支援サービスを始めた。外出先などで高齢者に異変があると、端末が検知してセコムに自動通知する。端末は利用者が常時身に付けることを想定しており、電池は10日間持ち、充電は20分で完了する。従来の見守りサービスでは、異変が起こった際に、利用者自身が知らせる必要があったが、新サービスでは、倒れた際などに端末が異常を判断する。また、自宅での異常もきめ細かく対応する。IoTを活用した見守りサービスは広がっている。

マーケットデータ

●福祉用具産業の市場規模

日本福祉用具・生活支援用具協会によると、平成27年度の福祉用具産業の市場規模（狭義）は次の通り。

福祉用具産業の市場規模（単位：億円）

分　類	平26年度	平27年度
福祉用具（狭義）	13,995	14,337
領域A	13,482	13,810
家庭用治療器	703	820
義肢・装具（広義）	2,224	2,285
パーソナルケア関連	4,275	4,382
移動機器等	1,288	1,294
家具・建物等	1,103	1,085
コミュニケーション機器	3,460	3,514
在宅等介護関連分野・その他	409	410
その他	20	20
領域B（福祉施設用機器システム）	67	67
領域C（社会参加支援機器等）	446	460

（出所）日本福祉用具・生活支援用具協会

●要支援・要介護者数の増加

厚生労働省の発表によると、平成29年8月現在の要支援・要介護者数は639万1,702人で年々増加している。これに伴って福祉用具の需要も平成27年度は前年比2.4％増となっている。品目別では、パーソナルケア関連が4,382億円、次いでコミュニケーション機器の2,514億円、義肢・装具の2,224億円となっている。高齢者人口の増加は確実であることから、この分野の市場規模は成長が見込まれる。また、富士経済によると、介護福祉関連機器、用品、サービスの市場規模は、2021年には1兆879億円になると予想されている。内訳は、機器・器具・システムが2,116億円、消耗品・用具・用品が3,191億円、サービスが5,572億円となっている。

— 590 —

業界の特性

●登録業者数

　テクノエイド協会に登録する福祉機器・用具のメーカーは、平成28年10月現在で736業者となっている。登録企業は大企業から専門性の高い小規模企業まで幅広い。テクノエイド協会では、福祉用具情報のデータを収集し、収録されている。平成28年10月現在の情報件数は次の通り。

福祉用具情報のデータ情報件数（平成28年10月現在）

大分類	件　数	構成比
治　療　訓　練　用　具	741	7.4%
義　肢　・　装　具	24	0.2%
パーソナルケア関連用具	1,446	14.4%
移　　動　　機　　器	4,034	40.2%
家　　事　　用　　具	25	0.2%
家具・建具、建築整備	3,183	31.8%
コミュニケーション関連用具	488	4.9%
操　　作　　用　　具	21	0.2%
環境改善機器・作業用具	39	0.4%
レクリエーション用具	5	0.1%
そ　　　の　　　他	15	0.2%
合　　計	10,021	100.0%

●他業態との兼業が大半

　福祉機器・用具は、高齢者や障害者の衰えた身体機能を機器・用具で補ったり、高齢者や障害者の自立した生活を促したり、あるいは介護する人の手間や労力を省く用具・機器を指す。福祉機器メーカーは、一部の専業を除けば他業態との兼業をとるところが大半である。

●国際福祉機器展の開催

　平成29年9月に、第44回「国際福祉機器展」が東京ビッグサイトで開催された。ハンドメイドの自助具から最先端技術を活用した介護ロボット・福祉車両まで世界の福祉機器を一堂に集めたアジア最大規模の国際展示会である。毎年、500社以上の出展社と11〜12万人の来場者を迎えるビックイベントである。同時に国際シンポジュウムも行われ、社会保障・福祉分野の重要テーマについて、国内外から有識者を招聘し、グローバルな観点から日本との比較・考察もする。また、利用者・家族向け、福祉施設役職員・企業関係者など向けに最新情報の紹介や知識、技術を習得する場を提供している。

ノウハウ

●介護施設用 自動巡回見守りロボット

　鬼頭精器製作所は、自動巡回見守りロボット「アイミーマ」を発売した。「アイミーマ」は、指示した走行経路に沿って自動巡回する機器で、天井に貼り付けたマークを認識して、現在地を把握する。赤外線カメラにより、夜間も対応する。徘徊者など人を認識して、ナースステーションに連絡することができる。手元の端末と「アイミーマ」の画面を見ながら会話が可能で、段差・転倒・接触時に自動停止をするようになっている

経営指標

　福祉機器製造業の指標は見当たらないので、ここでは参考として、TKC経営指標（平成29年版）より、「医療用機械器具製造業」の数値を掲げる。

TKC経営指標 （変動損益計算書）	全企業　13件	
	平均額（千円）	前年比（％）
売上高	260,055	99.2
変動費	127,123	96.9
仕入高	104,899	97.7
外注加工費	19,766	105.4
その他の変動費	1,733	94.4
限界利益	132,931	101.4
固定費	121,692	94.5
人件費	84,732	93.9
減価償却費	9,779	82.8
租税公課	2,988	101.0
地代家賃・賃借料	2,509	92.5
支払利息・割引料	2,333	103.2
その他	17,760	94.3
経常利益	11,239	493.2
平均従事員数	17.8名	

今後の課題／将来性

●将来性

　介護用の電動ベッドや徘徊・転倒防止機器、見守りサービスの需要が伸びている。介護福祉ロボットも広がりを見せ成長が期待できる。また、認知症患者の増加とともに、認知症対策関連の需要は堅調である。今後も、新商品やサービスの開発が進められるだろう。

《関連団体》　一般社団法人日本福祉用具供給協会
　　東京都港区浜松町2−7−15
　　TEL　03（6721）5222

● 製造業 ●

防犯機器製造業

最近の業界動向

●防犯設備市場は1兆2,153億円

　ゆるやかな景気の回復や2020年の東京オリンピック・パラリンピックを背景に、首都圏を中心に再開発向けの需要による住宅や新着工数が堅調である。また、多発する国際的なテロ事件、凶悪犯罪や大規模災害に対する安全・安心のニーズが高まっていることから、防犯設備市場は拡大傾向にある。日本防犯設備協会によると、防犯設備市場（推定）は平成23年度を底に平成24年度から拡大しており、平成27年度は前年度比1.6％増となった。

●電車内に防犯カメラを導入

　JR東日本は、車内犯罪や迷惑行為の抑止効果、テロなどの未然防止の為に、既に埼京線の一部車両に防犯カメラを設置しているが、これを山手線全車両にも拡大し、平成30年以降の量産車両にも順次防犯カメラを導入していく。また、東京メトロも、吊革の盗難、座席シートのいたずらや迷惑行為などの車両内での犯罪行為が発生している。テロ対策やセキュリティ向上の必要性の高まりや利用客の安心感の向上のため、平成30年以降の全車両に監視カメラを導入する計画だ。東急電鉄は平成28年3月末から一部車両内への監視カメラの導入を行っており、2020年の東京オリンピックに向けて全車両への導入を検討している。

●監視カメラ各社はソリューションビジネスへ

　日立製作所やキヤノンなど国内の監視カメラ各社は、単なる機器販売から映像解析機能などを使いさまざまな用途に対応したソリューションビジネスへの転換を急いでいる。現在、監視カメラ市場では中国企業が上位を占めており、国内各社はより効率的な監視や用途拡大を図って巻き返しを図る。日立産業制御ソリューションズは、平成29年度にもカメラ設置後に画像分析などの内蔵ソフトを更新できるネットワークカメラを市場投入し、顧客ごとのソリューション提案を後押しす

る。購入者はソフト更新によって最新技術を使用でき、日立側はハードウエアを共通化して開発コストを低減できる。キヤノンは、買収した監視カメラ大手のアクシス（スウェーデン）の第三者の映像解析ソフトなども追加できるソフトウエアプラットフォームを使うなど、グループの技術資産を活用している。また、米IBMや富士通などと広域監視やマーケティングといった目的に合わせたソリューションを開発している。国内最大手のパナソニックも、監視カメラや映像解析機能を生かして、顧客業界別のソリューション開発に注力しており、鉄道システム全般を手掛ける企業との提携を生かして監視カメラのニーズを吸い上げる。ソニーは、NECと連携して複数台を連携させて低解像度画像から認識率を上げ、人物の顔を見つける技術を商品化する。日系企業は、監視カメラのデジタル化で高画質化や映像解析機能が拡充され、今後は映像による監視だけでなく、加工や分析による解析技術を利用するソリューションビジネスの拡大が見込まれており、この分野の体制の強化を急いでいる。

マーケットデータ

●防犯設備市場の推移

　日本防犯設備協会の資料によると、防犯設備市場の規模の推移（推定）は次の通り。平成27年度は機械警備業が前年度比4.5％増の5,914億円、施工業が横ばいの768億円、製造業（国内）が1.0％減の5,471億円となり、製造業（国内）を除き前年実績を上回った。

防犯設備市場の推移（推定）（単位：億円）

項　　目	平25年度	平26年度	平27年度
機械警備業	5,524	5,660	5,914
施工業	583	768	768
製造業（国内）	5,131	5,528	5,471
合　　計	11,238	11,956	12,153

（出所）日本防犯設備協会

●侵入窃盗の認知件数

　警察庁によると、侵入窃盗の認知件数の推移は次の通り。認知件数は平成28年で前年比11.5％減の7万6,477件であり、14年連続の減少となった。特に、住宅対象で前年比14.8％減の3万9,249件である。

－ 592 －

侵入窃盗の認知件数の推移（単位：件）

区　分	平25年	平26年	平27年	平28年
認知件数	107,467	93,566	86,373	76,477
住宅対象	57,891	48,120	46,091	39,249
住宅対象以外	49,576	45,446	40,282	37,228

（出所）警察庁

業界の特性

●防犯機器メーカーの分類

　日本防犯設備協会によると、同協会に加盟する企業数は平成29年4月現在で正会員数が74社、準会員数が150社、合計で224社である。防犯機器を専業とするメーカーは少なく、ほとんどが兼業メーカーであり、主に大手電気・通信メーカー、防災機器メーカーや警備保障会社の系列メーカーである。

●防犯機器の種類

　防犯機器の主要製品は、「鍵やガラス」、「侵入通報機器」や「出入監視機器」がある。「鍵やガラス」は、ピッキングやサムターン回しなど防犯性能の高い鍵、強化ガラス、防犯ガラスや合わせガラスなどがある。侵入通報機器として、侵入監視システム（防犯センサー、防犯受信機や緊急通報機器など）、一体型防犯機器（センサー付きライト、センサー付きスピーカーなど）、やテレビドアホンなどがある。出入監視機器が、非接触式ICカードや指紋・静脈・顔認証などの人物を認証する技術を使用した生体認証機器などがある。

●通園・通学する子ども向け防犯グッズ

　通園、通学する子ども向けの防犯グッズやサービスが広がっている。ランドセルに固定する防犯ブザーやGPS内蔵の小型端末を使ったサービス、腕時計型端末や防犯対策シールなど、子どもの安全を見守るグッズやサービスがある。

ノウハウ

●人工知能（AI）技術

　三菱電機は、AI技術の一つで画像の特徴を自ら学ぶ深層学習（ディープラーニング）を使って商業施設内の不審者や社会弱者を監視カメラでとらえるシステムを開発した。このシステムは、予め設定した属性の人を自動で発見するもので、用途として防犯や来店者支援を想定しており、2020

年の東京オリンピック・パラリンピックを見越して実用化する。また、日立製作所は、AIによって性別や年齢層、服装など100項目以上の特徴情報をリアルタイムに判別することで該当する人物を探し出し、その人物がどのような足取りを取ったのかをリアルタイムに広域の防犯カメラ映像の中から抽出する技術を開発した。AI技術を活用した防犯機器が進化している。

経営指標

　防犯機器製造業の数値は見当たらないので、ここでは参考として、TKC経営指標（平成28年版）より、「その他の電気機械器具製造業」の数値を掲げる。

TKC経営指標 （変動損益計算書）	全企業　41件	
	平均額（千円）	前年比（％）
売上高	159,671	95.0
変動費	84,550	92.1
仕入高	66,775	94.2
外注加工費	16,705	88.0
その他の変動費	1,710	183.7
限界利益	75,120	98.5
固定費	70,530	102.2
人件費	46,760	103.9
減価償却費	3,957	99.9
租税公課	1,009	86.5
地代家賃・賃借料	2,979	102.1
支払利息・割引料	1,797	92.1
その他	14,225	105.4
経常利益	4,589	63.2
平均従事員数	13.0名	

今後の課題／将来性

●将来性

　多発する凶悪犯罪、国際テロ事件や大規模災害の発生などを背景に、安全・安心ニーズが高まっていること、2020年の東京オリンピック・パラリンピックに向けた新築建物や改修案件の着工件数が増加することから、防犯機器市場の拡大が期待される。また、監視カメラなどの画像解析技術やAIを活用したソリューションビジネス市場やドローンによる新市場の創出が期待される。

《関連団体》　公益社団法人日本防犯設備協会
　　東京都港区浜松町1-12-4
　　　第2長谷川ビル4F
　　TEL　03（3431）7301

●製造業●

家具製造業

最近の業界動向

●家具製造業は３年連続で微増

　経済産業省「工業統計表」によると、家具製造業の製造品出荷額は、平成24年は前年比7.1％減となったが、その後は緩やかな増加で推移している。平成26年は前年比6.1％増の１兆2,641億3,200万円となった。家具市場はかつて東日本大震災では損壊による買い換え需要があったが、ここ数年では横ばいから緩やかな回復が見られた。ただ、家具業界全般としては、少子化による人口の減少から、中長期的には市場規模が縮小する見込みだ。一方、住宅の新築着工件数が増加すれば、家具の製造や販売も同様に増加すると見込まれる。このような市場環境の中で、個性的でデザイン性の高い家具を求める消費者と、景気低迷の影響でより低価格な家具を求める消費者の二極化が進んでいる。

●中国向け家具の輸出額の増加

　財務省「貿易統計」によると、平成28年の家具の輸出額は前年比1.5％減の853億2,300万円となった。一方、中国向けは前年比5.3％増の185億1,100万円であった。中国人富裕層の間で「中国製と比べると日本製の家具は壊れにくい」などと人気を集めている。また、日本家具産業振興会では、日本の家具の海外輸出の促進に積極的に取り組んでいる。日本の家具は優れた品質と、洗練されたデザインが特徴であり、近年では海外のバイヤーからも高い関心を集めている。今後も中国を中心に徐々に輸出実績も増加すると見込まれる。

●海外に通用する家具作り

　岐阜県や北海道などの木製家具産地は、輸出やデザイン力の強化に力を入れている。国内の家具市場は低迷し、輸入家具の増加も産地の衰退につながっている。岐阜県高山市の家具メーカーは、海外への販路拡大に動いている。柏木工は韓国や台湾に進出し、ソウル市内の百貨店などに販売拠

点を開いている。また、飛騨産業と日進木工は中国・上海に出店した。外国人観光客に日本製家具の良さを知ってもらうため、柏木工や日進木工は、ショールームを拡大している。アジアや欧州の観光客がショールームに立ち寄り、帰国後にネット注文する客もいる。また、輸入家具に対抗するため、デザイン力を高めている。建築家やデザイナーとの交流を深め、家具職人の技能との融合を図り競争力を高める。自治体も支援を始め、岐阜県は海外に通用するデザイナーと地場産業を橋渡しし、海外に通用する商品作りを推進している。

マーケットデータ

●製造品出荷額の推移

　経済産業省「工業統計表」によると、木製家具製造業（漆塗りを除く）、金属製家具製造業、マットレス・組スプリング製造業の製造品出荷額の推移は次の通り。平成26年の木製家具製造業の出荷金額は8,140億4,900万円（前年比4.8％増）、金属製家具製造業の出荷金額は4,187億5,600万円（前年比8.5％増）、マットレス・組スプリング製造業は313億2,700万円（前年比9.1％増）となった。

製造品出荷額の推移（単位：百万円）

項　　目	平23年	平24年	平25年	平26年
家具製造業	1,216,255	1,130,499	1,191,280	1,264,132
木製家具製造業（漆塗りを除く）	819,313	725,538	776,650	814,049
金属製家具製造業	370,384	371,669	385,922	418,756
マットレス・組スプリング製造業	26,558	33,292	28,708	31,327

（注）従業者４人以上の事業所が対象
（出所）「工業統計表」

●輸出家具実績表

　財務省「貿易統計」によると、平成28年の家具の輸出額の推移は次の通り。

家具の輸出額の推移（単位：百万円）

品　　目	平27年			平28年		
	中国向け	その他	合計	中国向け	その他	合計
木製家具	342	3,088	3,430	359	3,609	3,968
金属製家具	373	5,240	5,613	891	4,787	5,678
その他の材料製家具	436	881	1,317	620	983	1,602
完成品合計	1,152	9,209	10,360	1,869	9,379	11,248
家具部分品	16,424	59,811	76,235	16,642	57,433	74,075
合　　計	17,576	69,020	86,596	18,511	66,812	85,323

（出所）財務省「貿易統計」

◉一般家具の年間支出額

　総務省「家計調査年報」によると、平成28年の1世帯当たりの一般家具の年間支出額は6,034円で、前年の6,414円と比べ5.9％の減少となっている。

1世帯当たり年間支出額（単位：円）

品目　＼年次	平25年	平26年	平27年	平28年
一般家具	6,204	6,845	6,414	6,034
た　ん　す	560	860	722	550
食卓セット	1,277	1,166	1,176	1,113
応接セット	1,719	2,111	2,087	1,910
食器戸棚	676	511	573	613
他の家具	1,972	2,196	1,857	1,850
ベッド	1,504	2,023	1,770	1,447

（出所）総務省「家計調査年報」二人以上世帯

業界の特性

◉家具製造業の事業所数、従業者数

　経済産業省「工業統計表」によると、平成26年の家具製造業の事業所数は3,016所である。従業者規模では4人から9人の構成比が53.1％で最も高い。従業者数は6万1,964人で、従業者規模では10人から19人の構成比が最も高い。

規模別従業者数（平成26年）（単位：所、人）

従業者規模	事業所数	構成比	従業者数	構成比
4人～9人	1,601	53.1	9,602	15.5
10人～19人	736	24.4	9,899	16.0
20人～29人	295	9.8	7,247	11.7
30人～49人	174	5.8	6,754	10.9
50人～99人	121	4.0	8,095	13.1
100人～199人	63	2.1	8,750	14.1
200人～299人	14	0.5	3,449	5.6
300人～499人	9	0.3	3,365	5.4
500人～999人	2	0.1	1,617	2.6
1,000人以上	1	0.0	3,186	5.1
合　計	3,016	100.0	61,964	100.0

（出所）経済産業省「工業統計表」

◉国内の主要家具産地

　国内の主要家具産地としては北海道（旭川市）、静岡県（静岡市）、岐阜県（高山市）、広島県（府中市・広島市）、香川県（高松市）、福岡県（大川市）の家具が国内の主要家具産地として有名である。

ノウハウ

◉カリモク家具がAR活用して設備保守の効率化

　家具メーカーのカリモク家具は、工場の製造設備の保守作業に拡張現実（AR）技術を活用したシステムを導入した。タブレットを機械にかざし、表示されたボタンを押すと稼働状況や操作マニュアルをすぐに確認できる。ITを活用してベテラン作業員のノウハウを共有化し、故障による設備停止時間の削減というメンテナンスの質向上も図る。

経営指標

　ここでは参考として、TKC経営指標（平成29年版）より「木製家具製造業（漆塗りを除く）」の指標を掲げる。

TKC経営指標（変動損益計算書）	全企業　84件	
	平均額(千円)	前年比(％)
売上高	140,071	96.1
変動費	75,806	94.2
仕入高	59,579	95.3
外注加工費	14,115	88.8
その他の変動費	1,191	129.3
限界利益	64,264	98.5
固定費	62,375	99.2
人件費	40,306	100.0
減価償却費	2,622	84.3
租税公課	1,083	108.8
地代家賃・賃借料	2,179	98.5
支払利息・割引料	1,265	93.7
その他	14,827	102.5
経常利益	1,889	80.2
平均従事員数	10.6名	

今後の課題／将来性

◉課題

　中長期的には、国内の家具市場は縮小することが予想される。製造コストの削減と品質の向上が課題となる。特に中小企業は厳しい状況が続き、インターネットを活用した無店舗販売の促進や流通経路の再構築やロボットの活用なども検討する必要がある。海外市場への進出する動きが広がっているが、輸出する国の実情に合った家具を製造する必要がある。家具メーカーとしてのブランド力を生かしたトータルコーディネートによる事業展開が不可欠となっている。

《関連団体》　一般社団法人日本家具産業振興協会
　　東京都千代田区飯田橋2－9－4
　　TEL　03（3261）2801

●製造業●

カメラ製造業

最近の業界動向

●デジタルカメラ市場の縮小傾向が続く

日本企業が世界市場で高いシェアを持つカメラ事業が岐路に立ち、デジタルカメラ市場の縮小が止まらない。特にスマートフォンの急速な普及により、小型デジタルカメラは前年比3〜4割減のペースで出荷台数が減少している。カメラ映像機器工業会によると、平成28年の世界のデジタルカメラ出荷台数は約2,400万台で、ピークだった10年に比べ5分の1に縮小した。国内市場も同様に、平成28年のデジタルカメラの総出荷台数がピーク時の平成22年に比べ5分の1以下に落ち込み、国内出荷台数、金額ともに前年比20〜30％と大幅に減少し、減少傾向に歯止めがかかっていない。

●ニコンが医療分野に注力

カメラ大手のニコンは、事業の柱をデジタルカメラから医療機器に転換する。また、1,000人規模の人員削減を実施する。デジタルカメラの売り上げはスマートフォン普及によって減少傾向にある。デジタルカメラに代わる収益源として、成長が見込める医療機器分野に注力する。富士フイルムやオリンパスは、既に医療分野が事業の柱となっている。

●リコーが個人向けカメラを縮小

リコーは、中期経営計画(平成32年3月期まで)を発表した。初年度に生産拠点の統廃合やカメラ事業の戦略見直しなどの構造改革を断行し、2年目以降に成長事業への重点投資により最終年度である平成32年3月期に1,000億円以上の営業利益を目指す。赤字が続くデジタルカメラ事業は業務向けに投資を集中し、「ペンタックス」ブランドで展開する個人向けカメラ事業は製品機種の縮小を検討している。デジタルカメラ事業は平成29年3月期に100億円の減損損失を計上する見通しで、3年間で1,000億円の構造改革効果を見込む。

●各社が高機能の「ミラーレス一眼」を発売

一眼レフより小型で軽いデジタルカメラ「ミラーレス一眼」が復調の兆しを見せている。「ミラーレス一眼」は高機能化が進み、「一眼レフ」並みの機能を備えたカメラも増えている。「ミラーレス」は、反射板を使わないため小型・軽量化でき、持ち運びやすく初心者にも人気がある。キヤノンは一眼レフより約400グラム軽いミラーレスの新商品を発売、富士フイルムは4K動画も撮影できる商品を発売した。オリンパスやパナソニックも高機能のミラーレスを発売している。

マーケットデータ

●平成28年のデジタルカメラ国内市場

カメラ映像機器工業会によると、平成28年のデジタルカメラの総出荷台数は、前年比31.7％減の2,418万9,870台となった。これは、4月の熊本地震による主要部品工場の被災で操業停止に陥ったことによる供給不足も要因の一つである。また、デジタルカメラの総出荷金額は、前年比19.8％減の7,102億7,499万円となった。

デジタルカメラの出荷実績 (単位：千台、百万円)

項目	平26年	平27年	平28年
総出荷台数	43,434	35,395	24,189
国内向け	5,783	4,896	3,520
国内向け以外	37,650	30,498	20,669
総出荷金額	96,451	88,544	71,027
国内向け	13,837	12,165	9,453
国内向け以外	82,613	76,378	61,574

(注) 出荷金額は四捨五入計算のため、合計が合わない場合がある
(出所) カメラ映像機器工業会

●ミラーレスカメラの出荷数量、出荷金額

デジタルカメラは苦戦が続いているが、ミラーレスカメラの出荷金額は増加傾向を維持している。出荷台数は減少しているが、出荷金額は0.1

デジタルカメラのタイプ別出荷台数、出荷金額

区分	総出荷数量(台)		総出荷金額(万円)	
	平27年	平28年	平27年	平28年
レンズ交換型	13,053,999	11,607,778	57,829,835	51,955,975
一眼レフ	9,709,093	8,449,043	42,903,330	37,012,694
ノンレフレックス※	3,344,906	3,158,735	14,926,504	14,943,280

(注) ノンレフレックスにはミラーレスやコンパクトシステムカメラなどが計上されている
(出所) カメラ映像機器工業会

％増加し、需要回復に向けた材料となっている。

◉デジタルカメラ出荷台数のシェア

平成28年のデジタルカメラ国内出荷台数は、前年比28.1％減の352万377台であった。また、レンズ交換式カメラの国内出荷台数は前年比22.2％減の128万3,243台であった。日本経済新聞社によると、デジタルカメラ、レンズ交換式カメラのシェアは次の通り。

デジタルカメラ・レンズ交換式カメラの出荷台数シェア

順位	会社名	シェア（％）
	（デジタルカメラ）	
1	キヤノン	33.7％（0.4）
2	ニコン	22.4％（0.2）
3	カシオ計算機	12.6％（2.9）
4	ソニー	8.8％（▲2.4）
5	オリンパス	8.3％（▲0.9）
	（レンズ交換式カメラ）	
1	キヤノン	45.8％（7.0）
2	ニコン	23.0％（▲1.4）
3	オリンパス	10.5％（▲3.6）
4	ソニー	7.1％（▲3.5）
5	パナソニック	5.5％（1.7）

（注）カッコ内は前年比増減ポイント
（出所）日本経済新聞社

業界の特性

◉デジタルカメラの種類

デジタルカメラは、①レンズ一体型のコンパクトデジタルカメラと、②レンズ交換式の一眼レフとミラーレスに分かれる。ミラーレスはレンズ交換式に含まれる一眼レフからミラーなどの光学部品を省いた製品である。レンズが交換できるため、一眼レフと同様に多彩な撮影が可能である。

◉デジタルカメラの普及率と平均使用年数

内閣府「消費動向調査」によると、デジタルカメラの普及率、平均使用年数の推移は次の通り。普及率と平均使用年数も前年に比べて増加している。普及率はここ数年75～77％前後で推移している。平均使用年数は長くなる傾向にある。

デジタルカメラの普及率、平均使用年数（各年3月末現在）

項目	平25年	平26年	平27年	平28年
普及率（％）	77.0	76.5	75.2	75.6
平均使用年数（年）	4.6	4.5	5.0	5.5

（出所）内閣府「消費動向調査」

ノウハウ

◉カシオ計算機の自撮り用デジタルカメラが好評

カシオ計算機は、自分撮り機能に特化したデジタルカメラの販売が好評である。「SNSで映えるオシャレな自撮り写真を撮りたい」女性のために、新たな画像処理のアルゴリズムの開発により「メイクアップ機能」を進化させたり、超広角レンズを活かしてすらりとした美脚に撮影できる「美脚ガイド」を搭載したりしている。スマートフォンではできない美肌調整機能が女性層に支持されてデジタルカメラの販売を伸ばしている。ニーズを捉えて新たな重要を獲得した例といえる。

経営指標

ここでは参考として、TKC経営指標（平成29年版）より、「他に分類されないその他の製造業」の数値を掲げる。

TKC経営指標 （変動損益計算書）	全企業　156件	
	平均額（千円）	前年比（％）
売上高	268,398	104.1
変動費	145,238	103.2
仕入高	118,229	104.2
外注加工費	23,281	103.1
その他の変動費	3,410	101.0
限界利益	123,159	105.0
固定費	109,916	100.7
人件費	67,255	103.8
減価償却費	7,288	99.1
租税公課	1,586	91.7
地代家賃・賃借料	3,725	99.6
支払利息・割引料	1,877	85.0
その他	27,983	96.4
経常利益	13,242	163.7
平均従事員数	16.1名	

今後の課題／将来性

◉将来性

スマートフォンの普及に押されてデジタルカメラ市場は縮小しているが、10～20代の2人に1人以上はインスタグラムを利用しているなど新たなデジタルカメラの利用者層が現れている。これらの利用者層の需要を満足させるようなカメラの開発が期待されている。それと同時に、スマートフォンのカメラとの差別化を図り、新たな需要の掘り起こしが必要である。

《関連団体》　一般社団法人カメラ映像機器工業会
　東京都港区芝浦3－8－10
　TEL　03（5442）4800

●製造業●
ガラス製品製造業

最近の業界動向

●板ガラスの生産数量は3.5％減

経済産業省「窯業・建材統計」によると、平成28年の板ガラスの生産数量は前年比3.5％減、住宅の窓に使われる複層ガラスは同3.2％減少した。断熱性の高い複層ガラスは、リフォームや新築住宅などの用途に使われている。建築用ガラス市場が回復しつつあり、省エネ効果のある複層ガラスの需要も高まっている。

板ガラス等の生産数量推移

品　目	平26年	平27年	平28年
安全ガラス（千㎡）	46,681	43,467	43,366
複層ガラス（千㎡）	16,481	15,726	15,219
板ガラス（千換算箱）	25,188	25,663	24,767
台所・食卓用品（トン）	35,042	34,937	32,494

(注) 換算箱：1換算箱は厚さ2㎜、面積9.29㎡の板ガラスの数量を表す単位
(出所) 経済産業省「窯業・建材統計」

●ガラスの特長を生かした製品

耐久力などガラスの特長を生かしたガラス製品の開発が進んでいる。米ガラス大手のコーニングのX線保護メガネは、外科手術の現場で採用されている。外科手術では、見えにくい場所の処置はX線撮影しながら進める。執刀医は被ばくを避けるため、防護用プロテクターを付けるが、顔はそのままのことが多い。長時間の被ばくは白内障などを患うリスクがあるが、コーニングの防護メガネは、X線を吸収する鉛を樹脂製より10倍多く混ぜている。また、スマートフォンの画面に使われるガラスや冷蔵庫のドアに使われるガラスなど他素材の領域に進出している。ガラスの強みを生かし、各社が開発を進めている。

マーケットデータ

●ガラス業界の市場規模

ガラス業界全体を正確に把握するデータは見当たらない。なお、ガラス大手5社の売上高は次の通り。

主要5社の売上高（単位：億円）

社　名	売上高	決算期
旭硝子	12,827	平28年12月期
日本板硝子	5,808	平29年3月期
Ｈ　Ｏ　Ｙ　Ａ	1,108	平29年3月期
日本電気硝子	2,394	平28年12月期
セントラル硝子	2,289	平29年3月期

(出所) 各社決算報告

●板ガラスの国内出荷量

日本経済新聞社の推計によると、平成28年の板ガラスの国内出荷量（輸入含む）のシェアは次図の通り。

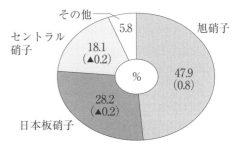

板ガラスの国内出荷量シェア

(注) カッコ内は前年比増減ポイント
(出所) 日本経済新聞社

●硝子製品（板硝子以外）生産トン数

経済産業省「生産動態統計年報」によると、板ガラス以外のガラス製品の生産数量は次の通り。平成28年の酒類用のびんは37万6,747トンで前年比3.0％増、食料調味料用が32万6,460トンで同3.0％増であった。

ガラス製品（板ガラス以外）の生産数量（単位：トン）

用　途	平27年	平28年
酒類用びん	375,601	376,747
食料調味料	326,135	326,460
薬びん	239,228	239,735
清涼飲料用	183,705	176,286
嗜好滋養飲料	103,204	99,803
その他硝子製品	87,821	86,563
化粧品容器	19,572	19,669
コップ	18,165	16,707
その他台所食卓	16,772	15,790
合　計	1,370,203	1,357,760

(出所) 経済産業省「生産動態統計年報」

●ガラス製品製造業の出荷額

経済産業省「工業統計表」によると、ガラス製品製造業の出荷額の推移は次の通り。

ガラス製品製造業出荷額 （単位：百万円）

業　種	平25年	平26年
板硝子製造業	299,185	272,870
板硝子加工業	388,972	365,523
加工素材製造業	280,198	286,541
ガラス容器製造業	136,337	136,271
理化学・医療用ガラス器具製造業	24,226	24,250
卓上厨房用器具	35,674	35,350
ガラス繊維同製品	246,426	247,455
その他ガラス製品	241,728	250,257
合　計	1,652,746	1,618,517

（出所）経済産業省「工業統計表」（産業編）

業界の特性

●ガラス・同製品製造業の事業所数、従業者数

　経済産業省「工業統計表」によると、平成26年のガラス・同製品製造業の事業所数は前年比3.1％減の833所、従業者数は同2.5％減の4万7,009人であった。このうち、業種別の現況は次の通り。

平成26年度ガラス製品製造業の業種別現況

業　種	事業所数	従業者数	生産額（百万円）
板 硝 子 製 造 業	9	3,980	263,741
板 硝 子 加 工 業	243	13,760	317,790
加 工 素 材 製 造 業	77	5,319	244,885
ガ ラ ス 容 器 製 造 業	39	3,893	130,242
理化学・医療用ガラス器具製造業	65	2,003	17,022
卓 上 厨 房 用 器 具	47	2,145	21,470
ガ ラ ス 繊 維 同 製 品	138	6,440	211,109
そ の 他 ガ ラ ス 製 品	215	9,469	223,173
合　計	833	47,009	1,429,432

（出所）経済産業省「工業統計表」

●流通経路

　ガラスは主に建築用ガラス、自動車用ガラス、ディスプレイ用ガラス、ソーラー用ガラスなどがある。建築用ガラス製品の一般的な流通経路は、板ガラスメーカー→複層ガラスメーカー→窓メーカー→ガラス施工業者となっている。

●ガラス用途の割合

　ガラスメーカーの資料によると、世界のガラスの用途は建築物が83％、自動車が7％、太陽光発電用など特殊用が10％である。建築用の内訳は、新築用が40％、増改築用・補修用が40％、内装用が20％となっている。

ノウハウ

●高機能で省エネ効果のある製品の開発

　省エネ効果のあるガラスの需要は堅調で、複層ガラスは新築住宅、リフォームでも採用率が高く、海外でも伸びると予想される。また、自動車用では紫外線カットできる製品の需要が高い。高機能で省エネ効果のある製品の開発が求められる。

経営指標

　ガラス製品製造業の指標は見当たらないので、ここでは参考として、TKC経営指標（平成29年版）より、「他に分類されないその他の製造業」の数値を掲げる。

TKC経営指標（変動損益計算書）	全企業　156件	
	平均額（千円）	前年比（％）
売上高	268,398	104.1
変動費	145,238	103.2
仕入高	118,229	104.2
外注加工費	23,281	103.1
その他の変動費	3,410	101.0
限界利益	123,159	105.0
固定費	109,916	100.7
人件費	67,255	103.8
減価償却費	7,288	99.1
租税公課	1,586	91.7
地代家賃・賃借料	3,725	99.6
支払利息・割引料	1,877	85.0
その他	27,983	96.4
経常利益	13,242	163.7
平均従事員数	16.1名	

今後の課題／将来性

●課題

　経済産業省は板ガラス各社の拠点統合を促しているが、再編に向けた動きに進展はない。ガラス各社の工場は分散しているため、生産拠点の統合が進んでも輸送上の課題が生じる。また、ガラス業界は、旭硝子、日本板硝子、セントラル硝子の上位3社の寡占状態にあり、拠点統合は難しい。中国勢の台頭もあり、将来を見据えた議論の必要性が高まっている。

《関連団体》　一般社団法人日本硝子製品工業会
　　東京都新宿区百人町3-21-16
　　　日本ガラス工業センター3F
　　TEL　03（5937）5861

●製造業●

化粧品製造業

最近の業界動向

●平成28年の化粧品国内出荷金額は1.2％増

経済産業省「化学工業統計」によると、平成28年の化粧品の国内出荷金額は前年比1.2％増と前年を上回った。訪日外国人旅行者による需要と、アジア地域への輸出の拡大を受け、市場は堅調である。一方、既存の化粧品メーカーのほかに、新興異業種企業からの新規参入企業が急増したため、業界の競争激化が続いている。

●男性をターゲットにした化粧品が増加

近年男性用の化粧品が数多く各社から開発されている。これは男性でもある程度の清潔感がビジネスマナーとして意識されていることや、ジェンダーレスの浸透により男女の性差がなくなったことが背景にある。女性向け化粧品市場がほぼ飽和状態にあり、競合の少ない男性向け化粧品に着目し、売上の増大が見込める市場と位置付けている。各世代別に男性の需要を取り込もうと、各社が積極的に顧客獲得を図っている。現在、男性用化粧品市場を構成する主な製品は、シャンプーやリンス、メンズスカルプケア、スタイリング剤である。中でも特に男性の加齢臭をケアする効果のある商品が中年の男性に好調だ。一方、男性用スタイリング剤だけは縮小傾向にある。スタイリング剤市場は10年前と比べて約30％縮小している。これは従来のワックスやジェルでがっちりと固めるヘアスタイルから、自然なナチュラルヘアスタイルへと流行が変化したことが一因だ。

●しわを改善するクリームが発売され注目される

女性にとって大きな悩みとなっているしわについて、改善効果のあるクリームが各社から発売されている。ポーラ・オルビスホールディングスは、日本で初めてしわを改善する薬用化粧品リンクルショットメディカルセラム（１万6,200円）を発売した。購入者のうち約１割を男性が占めており、仕事で接客が多い営業職などで美容意識の高い男性が購入しているという。同社は当初、今年のリンクルショットの目標売上高を100億円に設定していたが、125億円に引き上げた。また、資生堂は日本で初めて有効成分レチノールによるしわ改善効能について、厚生労働省から承認を得た上で、しわを改善する薬用化粧品エリクシールシュペリエルエンリッチリンクルクリームＳ（6,264円）を発売した。これまでポーラが独占かと思われたしわ改善効果のある医薬部外品競争の中に、ポーラよりも値段が安い強力なライバルが出現したことになった。ポーラや資生堂以外の他社についても類似品の研究開発が進んでおり、しわ改善効果のある薬用化粧品による顧客獲得競争はますます激化する見込みだ。

●オンワードホールディングスが化粧品事業に参入

アパレル大手のオンワードホールディングスは、化粧品事業に参入する。自然派化粧品を扱うベンチャー企業を買収し、自社のECサイトや「オンワードメンバーズ」の会員組織を通じて販売し、百貨店や大手雑貨専門店などにも販路を広げていく。本業の衣料品販売が低迷していることら、化粧品を新たな収入源に育てたい考えだ。

マーケットデータ

●化粧品５社の業績

化粧品５社の業績は次表の通り。決算期変更の花王を除き、各社増収であった。中でも資生堂が前年比11.4％増と大きく増収となった。営業利益については明暗が分かれている。

化粧品５社の業績（単位：百万円）

社　　名	売上高	営業利益
資　生　堂 （平28.12月期）	850,306（763,058） （前期比11.4％増）	36,780（37,660） （同2.3％減）
花　　　王 （平28.12月期）	601,600（608,600） （前期比1.1％減）	51,100（37,900） （同34.8％増）
コ ー セ ー （平29.3月期）	266,762（243,390） （前期比9.6％増）	39,160（34,634） （同13.0％増）
マ ン ダ ム （平29.3月期）	77,351（75,078） （前期比3.0％増）	7,617（6,594） （同15.5％増）
ファンケル （平29.3月期）	96,305（90,850） （前期比6.0％増）	2,244（1,204） （同86.3％減）

（注）カッコ内は前期の数値。各社とも連結（花王はビューティーケア事業の業績）。
（出所）各社決算資料

●化粧品国内出荷金額の推移

経済産業省「化学工業統計」によると、化粧品国内出荷金額の推移は次の通り。平成28年の化粧品国内出荷金額は1兆5,250億8,700万円であった。

化粧品の国内出荷金額の推移（単位：百万円）

種　　類	平26年	平27年	平28年
香水・オーデコロン	3,896	4,020	3,814
頭髪用化粧品	414,367	408,064	402,823
皮膚用化粧品	680,702	706,093	718,812
仕上用化粧品	308,437	302,405	313,536
特殊用途化粧品	80,683	86,427	86,101
化粧品合計	1,488,085	1,507,008	1,525,087

（出所）経済産業省「化学工業統計」

業界の特性

●事業所数と従業者数

経済産業省「工業統計表」によると、平成26年の化粧品・歯磨・その他の化粧用調整品製造業の事業所数は前年比2.4％減の456所、従業者数は同4.0％増の3万2,948人となっている。

化粧品・歯磨・その他の化粧用調整品製造業の現況

年次	事業所数（所）	前年比（％）	従業者数（人）	前年比（％）
平23年	519	18.0	31,147	▲2.7
24年	472	▲9.1	31,842	2.2
25年	467	▲1.1	31,685	▲0.5
26年	456	▲2.4	32,948	4.0

（出所）経済産業省「工業統計表」

●販売形態による分類

日本の化粧品メーカーを流通形態別で分類すると、①制度品メーカー、②一般メーカー、③訪問販売品メーカー、④通信販売品メーカー、⑤業務用品メーカーの5形態に大別できる。

●季節要因

紫外線対策用スキンケア製品は、紫外線の多いとされる4月頃から需要が増える。季節要因により需要の変動する製品も混在する。

ノウハウ

●メイク講座やエステを拡充

化粧品メーカー各社が自社の製品を使ったメイクアップ講座やエステなどを展開している。資生堂の美容施設では、美容部員がマンツーマンでメイクの基礎などを教える。レッスンでは初めに利用者の顔を撮影し、顔の形や口の幅などを測定する。バランスの良い顔立ちに近づけるためのメイク方法を指導する。コーセーは複合施設内にオープンした売り場の個室でエステティシャンによる施術を受けられる。ポーラでは、各ブランドの商品を使ったエステコースを設けている。アドバイスなどを通じて自社製品の販売につなげたい考えだ。

経営指標

化粧品製造業を対象にした指標は見当たらないので、ここでは参考として、TKC経営指標（平成29年版）より、「他に分類されないその他の製造業」の数値を掲げる。

TKC経営指標 （変動損益計算書）	全企業 156件	
	平均額（千円）	前年比（％）
売上高	268,398	104.1
変動費	145,238	103.2
仕入高	118,229	104.2
外注加工費	23,281	103.1
その他の変動費	3,410	101.0
限界利益	123,159	105.0
固定費	109,916	100.7
人件費	67,255	103.8
減価償却費	7,288	99.1
租税公課	1,586	91.7
地代家賃・賃借料	3,725	99.6
支払利息・割引料	1,877	85.0
その他	27,983	96.4
経常利益	13,242	163.7
平均従事員数	16.1名	

今後の課題／将来性

●将来性

訪日外国人観光客によるインバウンド需要や、中国を含むアジア地域などへの輸出など、アウトバウンド需要も引き続き増加している。一方、国内の化粧品市場は化粧品ブランドメーカーの生産拠点の整理や統合の進展、ブランドの再構築と合理化が進められている。大手企業を中心に海外の需要を確保すべく、海外営業窓口の設置や現地法人新設により海外営業に特に力を入れており、化粧品製造市場のグローバル化がさらに進むと予想される。

《関連団体》　日本化粧品工業連合会
東京都港区虎ノ門5－1－5
TEL　03（5472）2530

●製造業●

楽器製造業

最近の業界動向

●ギター、ピアノの販売金額は微増

経済産業省「繊維・生活用品統計」によると、平成28年の主な楽器の販売金額は次の通り。ピアノ台が前年比2.4％減、電子キーボード類が同17.6％減、管楽器が同10.0％減となった。一方、電子ピアノ台・電子オルガンが同2.1％増、ギター・電子ギターが同5.1％増と微増であった。景気低迷による消費の冷え込みから、主要な楽器販売は厳しい状況だ。

主な楽器の販売金額推移（単位：百万円）

品　　目	平26年	平27年	平28年
ピ　ア　ノ　台	27,144	25,004	24,395
電子ピアノ台・電子オルガン	21,036	17,997	18,381
電子キーボード類	7,551	7,177	5,912
管　　楽　　器	20,588	20,521	18,473
ギター・電子ギター	4,524	5,027	5,284

（出所）経済産業省生産動態統計年報「繊維・生活用品統計」

●ヤマハがインドとインドネシアに楽器新工場

ヤマハは、インドとインドネシアに計100億円を投じて新工場を建設する。新興国を中心に需要増が見込まれる楽器や音響機器を生産する。同社がインドに工場を設けるのは初めてで、将来は中近東やアフリカなどにも製品を供給する方針だ。また、インドネシアのブカシ県に楽器製造子会社を設立し、約50億円を投資して、電子ピアノなどを生産する新工場を整備する。インドでは南部のタミル・ナドゥ州に約50億円を投じ、工場を新設する。当面はインド国内向けに普及価格帯のポータブルキーボードやアコースティックギター、スピーカーなどを生産する。将来は中近東や中東、アフリカなどインド以西向けの供給拠点としての活用も見込む。

●河合楽器がパーソンズと資本業務提携

河合楽器製作所は、パーソンズ・ミュージック・コーポレーション（PCM）と資本業務提携する。PCMは、中国本土と香港において楽器の生産・販売や音楽人材の育成を行う39の関係会社と92の直営店を抱える一大音楽企業グループである。自社ブランド・欧米著名ブランドの楽器生産と多くの国と地域での販売、多様な芸術コースの教室展開やコンクール・演奏会等の音楽イベント展開など、音楽芸術産業の発展に積極的に取り組んでいる。PMCは、河合楽器製作所が発行する株式の9.94％に当たる89万6,600株を取得し、中国（香港含む）における、KAWAIブランドの楽器生産、商品のプロモーションと販売、アフターサービス、音楽教室展開と講師人材の育成、ピアノ調律サービスの普及、調律技術者の育成と調律技術の向上、音楽産業の発展と音楽文化振興に資する事業活動全般といった業務分野での協業を深め、両社グループの業容拡大ならびに企業価値および株主利益の向上に努めるとしている。

マーケットデータ

●楽器製造業の製造品出荷額

経済産業省「工業統計表」によると、平成26年の楽器製造業の製造品出荷額は前年比7.4％増の1,675億800万円となっている。

楽器製造業の製造品出荷額等

年次	事業所数	従業者数（人）	製造品出荷額（百万円）
平22年	250	7,885	162,820
23年	266	8,054	197,470
24年	230	7,583	162,639
25年	222	7,216	155,936
26年	216	7,001	167,508

（出所）経済産業省「工業統計表」

●楽器大手2社の売上高

楽器大手2社の楽器事業の売上高は次の通り。

大手2社の楽器事業売上高（平成29年3月期）

社　名	売上高（百万円）	前期比（％）
ヤ　マ　ハ	257,664（278,872）	▲7.6
河　合　楽　器	35,725（38,640）	▲7.5

（注）売上高は国内と海外の合計。カッコ内は前期の数値
（出所）各社決算資料

●1世帯当たりの楽器の支出金額

総務省「家計調査年報」によると、平成28年の1世帯当たりの楽器の支出金額は前年比8.6％減の1,303円であった。

1世帯当たり楽器の年間支出額推移（単位：円）

年次	支出額	年次	支出額
平21年	1,605	平25年	1,519
22年	2,433	26年	1,732
23年	1,418	27年	1,426
24年	1,463	28年	1,303

（出所）総務省「家計調査年報」

業界の特性

●事業所数と従業者数

経済産業省「工業統計表」によると、平成26年の楽器製造業の事業所数は216所、従業者数は7,001人となっている。

楽器製造業の事業所数、従業者数（単位：人、％）

項 目		平26年	前年比
楽 器 製 造 業	事業所数	216	▲2.7
	従業者数	7,001	▲3.0
ピ ア ノ 製 造 業	事業所数	3	▲25.3
	従業者数	1,115	▲3.5
その他の楽器・楽器品・同材料製造業	事業所数	213	▲2.3
	従業者数	5,886	▲2.9

（出所）経済産業省「工業統計表」

●製品の種類

アコースティック楽器と電子楽器の2つに大きく分けられる。アコースティック楽器は①管楽器（フルート、ピッコロ、クラリネット、トランペット、ホルンなど）、②弦楽器（ギター、バイオリン、チェロなど）、③打楽器（ドラム、木琴、シンバルなど）、④その他アコースティック楽器（オルガン、ハーモニカ、リコーダーなど）に分類される。電子楽器は①電子ピアノ、②電子オルガン、③電子キーボードに分類される。

●中高年の間でウクレレが人気

ウクレレが中高年の間で人気となっている。小型で持ち運びが楽で手軽に弾けるのが魅力だ。ヤマハ音楽振興会が運営する「ヤマハ大人の音楽レッスン」でも人気が高まっている。受講生のうち、60代以上が約45％を占める。音が大きくなく家で練習しやすいのもメリットとなっている。また、ウクレレには認知予防の効果も期待されている。

ノウハウ

●ISO1401の対応

大手楽器メーカー上位3社（ヤマハ、河合楽器、ローランド）は、ISO1401を取得している。

各社のホームページにおいて、環境活動の取り組み状況が詳しく閲覧可能になっている。リサイクルの促進や廃棄物の削減、工場における有害物質の使用の低減など企業の社内的責任として環境問題に対応していることは企業イメージの向上につながっている。

経営指標

楽器製造業を対象にした指標は見当たらないので、ここでは参考として、TKC経営指標（平成29年版）より「他に分類されないその他の製造業」の指標を掲げる。

TKC経営指標（変動損益計算書）	全企業　156件	
	平均額（千円）	前年比（％）
売上高	268,398	104.1
変動費	145,238	103.2
仕入高	118,229	104.2
外注加工費	23,281	103.1
その他の変動費	3,410	101.0
限界利益	123,159	105.0
固定費	109,916	100.7
人件費	67,255	103.8
減価償却費	7,288	99.1
租税公課	1,586	91.7
地代家賃・賃借料	3,725	99.6
支払利息・割引料	1,877	85.0
その他	27,983	96.4
経常利益	13,242	163.7
平均従事員数	16.1名	

今後の課題／将来性

●課題

楽器製造業は成熟した市場である。景気の不透明感を背景とした消費の落ち込みや少子化による人口減少から、中長期的に市場は縮小すると予想される。今後は製品の音質をより良くするなど付加価値の高い製品開発を行い、企業ブランド力をいっそう高める必要がある。各地でターゲットを絞った音楽教室の開催などで製品を知ってもらう機会を増やし、販売につなげる必要がある。また、国内生産だけでなく積極的に中国やインドネシアなど、アジア諸国に生産移転を進めることは避けて通れない状況になっている。

《関連団体》　一般社団法人全国楽器協会
　　東京都千代田区外神田2-18-21
　　TEL　03（3251）7444

●製造業●

玩具製造業

最近の業界動向

●玩具の国内市場は8,031億円

日本玩具協会によると、平成28年度の玩具の国内市場規模（小売金額ベース）は8,031億4,400万円で、前年度に比べて0.3％増となった。また、玩具の中核を占める10分野では前年比3.2％増の5,158億1,900万円となった。

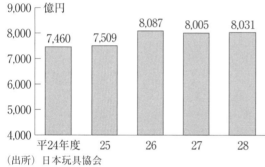

玩具の国内市場規模
（出所）日本玩具協会

●スマートフォンと連動させた玩具

平成29年6月1日から4日まで玩具見本市が開催された。国内外153社から約3万5,000点の玩具が出展された。スマートフォンと連動させて使う玩具や、スマートフォンで愛犬の健康管理ができる玩具など、大人向けの玩具が増えている。

●キャラクター「モンチッチ」の商品数を増やす

人形やぬいぐるみの製造などを手掛けるセキグチは、インバウンド需要を取り込むため、和をテーマにした「モンチッチ」の商品を増やす。これまで、着物や歌舞伎の衣装など、日本らしさの定番の素材を使い「和のもの」シリーズを30種類展開していたが、リピーター客をターゲットに新商品を発売する。玩具店以外にも販路を広げ、高速道路のサービスエリアや道の駅などでも販売する。ぬいぐるみや人形業界は、訪日外国人需要の獲得に力を入れている。

●価格を抑えた鉄道玩具プラレール

タカラトミーは、価格を従来よりも抑えた鉄道玩具プラレールを発売した。手で転がすタイプで、机や床の上で遊ぶことができる。価格を下げたことで、コンビニエンスストアや駅の売店でも売りやすい。スマートフォン連動の玩具が増える一方、以前から慣れ親しんだ定番商品も人気となっている。

マーケットデータ

●国内の玩具市場

日本玩具協会によると、平成28年度の玩具主要10分野の国内市場規模（小売金額ベース）の推移は次の通り。主要10分野の市場規模（5,158億1,900万円）のうち、知育・教育が全体の23.7％のシェアを占めている。また、伸び率では、ぬいぐるみが前年度比15.9％増、カードゲーム・トレーディングカードが同8.8％増となっている。

国内玩具の市場規模（主要10品目）（単位：百万円）

分　類	平27年度	平28年度
ゲーム	15,284	16,131
カードゲーム・トレーディングカード	96,067	104,564
ジグソーパズル	11,284	10,605
ハイテク系トレンドトイ	5,941	4,767
男児キャラクター	71,086	72,666
男児玩具	51,900	49,451
女児玩具	54,860	58,601
ぬいぐるみ	19,513	22,619
知育・教育	120,163	122,426
季節商品	53,669	53,989
主要10品目合計	499,767	515,819

（出所）日本玩具協会

●玩具関連分野の市場規模

日本玩具協会によると、カプセル玩具（ガチャガチャ）や玩菓（菓子や飲料にセットされた玩具）の市場規模は次の通り。平成28年度のカプセル玩具市場（小売金額ベース）は前年度比1.9％減の277億円、玩菓（出荷ベース）は同年度比10.0％減の468億円であった。

カプセル玩具・玩菓の市場規模（単位：億円）

項　目	25年度	26年度	27年度	28年度
カプセル玩具	278	319	316	277
玩　菓	563	659	520	468

（出所）日本玩具協会

●玩具大手4社の業績

大手玩具4社（タカラトミー、バンダイナムコホールディングス、セガサミーホールディングス、

サンリオ)の平成29年3月期の業績は次表の通り。

大手4社の業績 （単位：百万円）

社　名	売上高	営業利益
タ　カ　ラ　ト　ミ　ー	167,661 (163,067)	7,744 (2,698)
バ　ン　ダ　イ　ナ　ム　コ	620,061 (575,504)	63,238 (50,774)
セガサミホールディングス	366,939 (347,984)	29,527 (17,617)
サ　ン　リ　オ	62,695 (72,476)	6,900 (12,600)

（注）カッコ内は前期売上高。バンダイナムコはトイホビ
　　　ー事業の売上高
（出所）各社決算資料

業界の特性

◉事業所数と従業者数

経済産業省「工業統計表」によると、平成26年の娯楽用具・玩具製造業（人形を除く）の事業所数は320所で前年と同一、従業者数は5,448人で、前年比0.4％の減少となっている。

◉日本玩具協会の会員数

業界団体の日本玩具協会の正会員数は平成29年9月7日現在186社、賛助会員数は3社、団体会員数は11団体となっている。

◉需要期

玩具の需要期はゴールデンウィークのほか、ボーナスからクリスマス時期、年末年始が需要期である。しかし、近年は大人向けをターゲットにした玩具が増えており、需要は年間を通じて平準化される傾向にある。

◉STマーク

玩具は子どもが遊ぶことを前提としてきたため、安全性が求められてきた。玩具業界が策定した玩具安全マーク（STマーク）制度は、玩具の安全基準で機械的安全性、可燃安全性、化学的安全性で構成されている。第三者検査機関によるST基準適合検査に合格した玩具は、STマークを付けて販売することができる。販売店や卸売事業者がSTマーク取得を納入条件とすることも多い。玩具製造業には、業界の基準を考慮した商品開発・製造が求められる。

ノウハウ

◉玩具のアイデアや開発を競うイベントを開催

タカラトミーは、玩具のアイデアや開発を競うイベントを開催して、有力なものを1年以内に商品化する取り組みを始めた。試作の段階から消費者を参加させるのは珍しく、参加者は自分のアイデアが商品になると喜んでいる。参加者は各自の構想を共有し、共感したメンバーがチームを編成する。タカラトミーの社員が採算性などをアドバイスする。作品を利用する権利や特許権などはタカラトミーに帰属する。玩具はアイデアが重要で、消費者の知恵を借りることで、ヒット商品につなげたい考えだ

経営指標

玩具製造業を対象にした指標は見当たらないので、ここでは参考として、TKC経営指標（平成29年版）より、「他に分類されないその他の製造業」の数値を掲げる。

TKC経営指標 （変動損益計算書）	全企業　156件	
	平均額（千円）	前年比（％）
売上高	268,398	104.1
変動費	145,238	103.2
仕入高	118,229	104.2
外注加工費	23,281	103.1
その他の変動費	3,410	101.0
限界利益	123,159	105.0
固定費	109,916	100.7
人件費	67,255	103.8
減価償却費	7,288	99.1
租税公課	1,586	91.7
地代家賃・賃借料	3,725	99.6
支払利息・割引料	1,877	85.0
その他	27,983	96.4
経常利益	13,242	163.7
平均従事員数	16.1名	

今後の課題／将来性

◉将来性

スマートフォン連動の玩具が増える一方、昔懐かしい玩具の人気も根強い。また、大人向け、子ども向け、女児向け、さらに訪日外国人に人気のカプセル玩具では、カプセルのない「ガチャガチャ」が登場するなど、玩具各社の商品開発が激しくなっている。

《関連団体》　一般社団法人日本玩具協会
　　　東京都墨田区東駒形4-22-4
　　　TEL　03（3829）2513

●製造業●

ゲームソフト製造業

最近の業界動向

●国内ゲーム市場は1兆3,801億円

ファミ通の調査によると、平成28年の国内市場規模は過去最高の1兆3,801億円となった。家庭用ゲーム市場（ハードとソフトの合計）は前年比4.5％減の3,440億円と縮小が続いている。一方、オンラインプラットフォーム（ゲームアプリ、フィーチャーフォン、PC）市場は前年比3.7％増の1兆361億円と増加し、家庭用ゲーム市場の減少をカバーした。国内ゲーム市場は次の通り。

国内ゲーム市場規模（単位：億円）

項　目	平27年	平28年
家 庭 用 ゲ ー ム 市 場 （ ハ ー ド と ソ フ ト 合 計 ）	3,602	3,440
オンラインプラットフォーム市場 （ゲームアプリ、フィーチャーフォン、PC）	9,989	10,361
国内ゲーム市場規模	13,591	13,801

（出所）ファミ通

●ポケモンGOが世界で大ブーム

平成28年7月に発売されたスマートフォン（スマホ）ゲーム「ポケモンGO」は、世界で爆発的なヒットとなり社会現象ともなった。発売後1年でダウンロード数は累計7億5,000万回、利用者が歩いた距離は合計158億キロ、捕まえたモンスターは1,250億匹となった。「ポケモンGO」は、スマートフォンを持ち歩きながら、登場するキャラクターを探して捕まえるゲームだが、地図データや位置情報を活用した目新しさなどから、配信されると瞬く間に世界で大ブームが巻き起こった。平成29年8月には、横浜赤レンガ倉庫周辺で、大々的な「ポケモン」イベントが開催された。発売当初に比べ落ち着いたものの、根強いファンに支えられている。

●任天堂がニンテンドースイッチを発売

任天堂は平成29年3月、新しいコンセプトの家庭用ゲーム機「ニンテンドースイッチ」を発売した。「ニンテンドースイッチ」は自宅のテレビにつないで遊ぶだけでなく、液晶画面付きの本体を持ち出せば外でも複数の人と遊ぶことができる。国内の店頭で買える対応ソフトの出足は予想を上回っており、品切れが続いている。「ゼルダの伝説」、「マリオカート」の発売後も「スーパーマリオオデッセイ」と継続して楽しむ仕掛けがあり、ソフトのラインアップ戦略も好調である。

マーケットデータ

●テレビゲーム等の参加人口

日本生産性本部「レジャー白書2017」によると、平成28年のテレビゲーム（家庭での）の参加人口は前年比8.7％減の1,980万人、ゲームセンター・ゲームコーナーの参加人口は同2.2％減の1,450万人となっている。それぞれの参加人口の推移は次の通り。

テレビゲーム等の参加人口（単位：万人）

年　　次	平26	平27	平28
テレビゲーム（家庭）	2,680	2,170	1,980
ゲームセンター・ゲームコーナー	1,920	1,480	1,450

（出所）「レジャー白書2017」

●家庭用ゲームソフトの国内販売本数シェア

ファミ通によると、平成28年度の家庭用ゲームソフトの国内販売本数は前年比7.3％減の3,220万6,000本であった。「ポケモンGO」がヒットしたポケモンや、「ファイナルファンタジー15」を発売したスクウェア・エニックスがシェアを伸ばした。家庭用ゲームソフトのシェアは次の通り。

家庭用ゲームソフトのシェア（平成28年度）

順位	会社名	シェア
1	任天堂	17.4%（▲6.9）
2	スクウェア・エニックス	11.7%（3.2）
3	ポケモン	11.5%（9.1）
4	バンダイナムコエンターテイメント	10.3%（▲3.1）
5	レベルファイブ	8.5%（0.5）

（注）カッコ内は前年度比増減ポイント
（出所）ファミ通

●家庭用ゲーム機の国内販売台数シェア

ファミ通によると、平成28年度の家庭用ゲーム機の国内販売台数は前年度比8.4％減の492万6,368台となった。特に、携帯型ゲーム機は性能が向上したスマートフォンに押され、販売台数が縮小している。家庭用ゲーム機は上位2社でほぼ市場を占有している。ソニー・コンピュータエンターテ

イメントは、「プレイステーション4」の高性能機能が好調で国内販売台数が首位となった。家庭用ゲーム機の国内販売台数シェアは次の通り。

家庭用ゲーム機の販売台数シェア（平成28年度）

順位	会社名	シェア
1	ソニー・コンピュータエンタテインメント	54.9 (11.2)
2	任天堂	44.9 (▲11.0)
3	マイクロソフト（米）	0.2 (0.0)

（注）カッコ内は前年度比増減ポイント
（出所）ファミ通

業界の特性

●ゲーム会社の分類

　ゲームソフト会社は、大きく大手ゲームメーカーと、ソフトウエアハウスに分かれる。大手はバンダイナムコエンターテインメント、スクウェア・エニックス、カプコン、コナミなどがある。大手メーカーの特徴は、自社ブランドでゲームソフトを販売する点である。ソフトウエアハウスは、大手ゲームメーカーのゲームソフトの下請け制作を専門に行うゲーム会社を指す。小規模な企業が中心だが、中には従業員数100人を超える企業もある。会社数では、ソフトウエアハウスの数が圧倒的に多い。

●ゲーム／ソフトの単価

　ゲーム／ソフトの単価は、上昇している。テレビゲームのソフトとハードの単価は、少しずつ高くなっている。各社は、ソフト・ハードともに機能の充実を図っている。

ゲームソフト／ハードの単価

項　目	平24年	平25年	平26年
新品ソフト（円／本）	5,536	5,505	5,589
中古ソフト（円／本）	12,873	12,413	13,893
新品ハード（円／台）	3,567	4,405	4,845
中古ハード（円／台）	13,363	14,411	16,005

（出所）メディアクリエイト

●開発費

　ハード機の性能向上とともに、ゲームソフトの開発費は膨らんでいる。大作ともなれば100億円を超える。国内市場だけでは開発費の回収が難しいため、海外市場の開拓が不可欠になっている。

ノウハウ

●カプコンがスマホゲームを他社と開発

　カプコンは、自社で保有する知的財産を有効活用するため、独自で開発してきた路線を転換する。外部のゲームソフト開発会社と組んで出遅れているスマホ用ゲームのてこ入れを急ぐ。スマホゲーム開発を専門とする部署を新設し、既に数社と協業に向けた検討を進めている。カプコンは家庭用ゲーム機向けに有力ソフトを多数持っており、早期にスマホゲームへの展開を増やしてヒット作品を生み出す体制を整える。

経営指標

　ここでは参考として、TKC経営指標（平成29年版）より、「他に分類されないその他の製造業」の数値を掲げる。

TKC経営指標 （変動損益計算書）	全企業　156件	
	平均額（千円）	前年比（％）
売上高	268,398	104.1
変動費	145,238	103.2
仕入高	118,229	104.2
外注加工費	23,281	103.1
その他の変動費	3,410	101.0
限界利益	123,159	105.0
固定費	109,916	100.7
人件費	67,255	103.8
減価償却費	7,288	99.1
租税公課	1,586	91.7
地代家賃・賃借料	3,725	99.6
支払利息・割引料	1,877	85.0
その他	27,983	96.4
経常利益	13,242	163.7
平均従事員数	16.1名	

今後の課題／将来性

●課題

　「ポケモンGO」は、有名なキャラクター・新たな「AR（拡張現実）」技術を活用して、体験型のゲームプレイの提示や家族で楽しむ健康的なゲームの提案を行ったことが一大ブームを巻き起こした。スマートフォンや専用機の高性能化、VRなどの技術開発が進んでいる。ゲームソフト製造会社には、新規技術の採用や強いキャラクターを持つ企業との連携などが求められている。

《関連団体》　一般社団法人コンピュータエンターテインメント協会
　東京都新宿区西新宿2-7-1
　TEL　03（6302）0231

●製造業●

自転車製造業

最近の業界動向

●自転車の出荷台数は5年連続の減少

　最近ではスポーツとしてサイクリングを楽しむ人が増え、運動不足解消のためスポーツ車を購入する30〜40代の初心者の男性も増えている。日本生産性本部「レジャー白書2017」によると、平成28年のサイクリング・サイクルスポーツの参加人口は、前年の860万人に比べ50万人増の910万人であった。一方、自転車産業振興協会によると、平成28年の出荷台数（国内生産台数と輸入台数合計）は、前年に比べて2.9％減少し778万8,412台と5年連続の減少となった。ただ、電動アシスト自転車の国内出荷台数は増加している。各社は新モデルの投入で、子育て世代の取り込みを図っている。

自転車の出荷台数（国内生産台数と輸入台数合計）の推移（単位：台）

年次	台数	年次	台数
平23年	10,552,258	平26年	8,685,912
24年	9,511,758	27年	8,020,539
25年	8,898,349	28年	7,788,412

（出所）自転車産業振興協会

●各社が電動アシスト自転車に注力

　自転車の出荷台数が減少する中、比較的好調を維持している電動アシスト自転車に各社が注力している。ブリヂストン自転車は、子育て世代用に子どもが後ろに乗っても車体のバランスを保て、こぎ出しの抵抗感やハンドルの利きも良くした。ヤマハ発動機は、ハンドルの中央にある新型チャイルドシートをパネルが上下するスライドにし、子どもの足などが露出しないようにした。また、2重のロックなども付けて安全性を高めた。子育て世代を取り込むため、安全性能や機能性能、デザイン性などを高めた新モデルの投入を行っている。

●パナソニック、自転車売上高を1,000億円に

　パナソニックの子会社のパナソニックサイクルテックは、主力の電動アシスト自転車に加え、高価格帯のスポーツ用の開発を進め、10年後を目途に売上高を平成27年度に比べ3倍強の1,000億円規模に引き上げたい考えだ。平成27年度の自転車事業の売上高は288億円で、このうち、電動アシスト自転車が大半を占めている。高性能のモーターや電池などの中核部材を自社グループ内で生産できるのが強みで、海外にも部材供給を拡大するとともにスポーツ用自転車の販売も増やす予定だ。

マーケットデータ

●自転車の輸出数量・金額

　財務省「貿易統計」によると、自転車の輸出数量・金額の推移は次の通り。平成28年の自転車の輸出数量は前年比11.1％減、輸出金額は同16.8％減となった。平成27年まで輸出数量と輸出金額ともに6年連続の増加傾向であったが、平成28年では一転減少に転じた。

自転車の輸出数量・金額（単位：台、百万円）

年次	輸出数量	輸出金額
平23年	2,676,620	3,505
24年	2,980,626	3,864
25年	3,142,282	4,321
26年	3,301,196	5,128
27年	3,558,029	6,476
28年	3,161,422	5,390

（出所）財務省「貿易統計」

●電動アシスト自転車の国内出荷台数

　自転車産業振興協会によると、平成28年の電動アシスト自転車の国内出荷台数は54万7,593台で、前年の46万4,800台と比べると17.8％と大幅に増加している。

電動アシスト自転車の国内出荷台数（単位：台）

項　　目	平成26年	平成27年	平成28年
出荷台数	474,762	464,800	547,593

（出所）自転車産業振興協会

業界の特性

●完成車メーカーの分類

　完成車メーカーは、工業型と製造卸型に区分される。工業型は、ブリヂストンサイクルやヤマハなど大手有力メーカーに多く、フレームなどの主要部品を自社製造して組み立て生産する。一方、製造卸型は中小メーカーに多く、フレームなどの部品は内製せずに購入して組み立て生産している。

●流通経路

一般的な自転車の流通経路は、部品メーカー→完成車メーカー→地方卸→小売店・百貨店・スーパーという経路をたどる。卸問屋は複数のメーカーから商品を仕入れ、メーカーも同様に複数の問屋へ卸すという形になる。最近は自転車販売店大手のあさひや大手スーパーのプライベートブランド製品が市場に出回っており、卸問屋を通さずに、直接小売店に販売される経路も増えている。

●需要期

自転車産業振興協会によると、平成28年の自転車店の1店舗当たりの平均総卸販売台数は、前年に比べて2.3％減の293.2台となった。月別1店舗当たりでは4月が最も多く、春から夏にかけて需要が高い。一方、2月が最も少なく冬季は需要が低迷する。また、地区ブロック別の1店舗当たりの平均総卸販売台数は、関東が396.9台（同7.8％増）との販売台数が最も多く、次いで北海道・東北が323.7台（同4.3％減）、中部・北陸が前年に比べて21.0％減の226.2台と最少であった。

●自転車シェアサービスが日本に進出

中国の自転車シェアサービス大手の「摩拝単車（モバイク）」は、日本法人を設立し日本に進出する。平成29年中に一部地域でサービスを始め、年内にも主要10都市程度に広げる予定だ。自転車にはGPSが搭載され、利用者はスマートフォンで最寄りの自転車を探して、スマホの専用アプリで自転車に貼られたQRコードを読み取ると、ネット経由でカギが自動解錠される。目的地に着いて手動でカギをかけると、料金がスマホで自動決済される。当面は30分100円以下で試験提供するとみられる。同社の海外展開はシンガポール、英国に続き3カ国目となる。

ノウハウ

●スリムな車体で乗りやすい電動アシスト自転車の発売

ヤマハ発動機は、電動アシスト機能を搭載したクロスバイクを発売した。通勤や通学のほか趣味で楽しむためのスポーツ自転車の需要が伸びている。最新版モデルはスリムな車体で、軽量バッテリーを搭載している。握りやすいスレートハンドルなどを採用し、初心者や女性なども乗りやすく

し、幅広い層にアピールする。

●スポーツ用自転車の改良を進める

ブリヂストンサイクルは、スポーツ用自転車の改良を進めている。踏み込んだ時の推進力や、素材の剛性などなどの要素を最大にできるか、実際に試作品を設計する前にシミュレーションで解析するシステムを開発。開発は親会社のブリヂストンの研究所と共同開発し、長距離走行用のスポーツ自転車に応用していく。

経営指標

自転車製造業を対象とした指標は見当たらないので、ここでは参考として、TKC経営指標（平成29年版）より、「他に分類されないその他の製造業」の数値を掲げる。

TKC経営指標 （変動損益計算書）	全企業　156件	
	平均額（千円）	前年比（％）
売上高	268,398	104.1
変動費	145,238	103.2
仕入高	118,229	104.2
外注加工費	23,281	103.1
その他の変動費	3,410	101.0
限界利益	123,159	105.0
固定費	109,916	100.7
人件費	67,255	103.8
減価償却費	7,288	99.1
租税公課	1,586	91.7
地代家賃・賃借料	3,725	99.6
支払利息・割引料	1,877	85.0
その他	27,983	96.4
経常利益	13,342	163.7
平均従事員数	16.1名	

今後の課題／将来性

●課題

日本の人口は減少が避けられず、ママチャリを中心とする一般自転車の販売拡大は今後も見込めない。コストパフォーマンスの良い差別化された独創的な自転車の開発力が問われる。また、交通渋滞や環境上の懸念は今後も拡大すると予想される。高齢化社会での健康意識の高い中高年向けに、販売価格の高いスポーツ車や電動アシスト自転車は、今後販売の拡大余地がある。

《関連団体》　一般財団法人自転車産業振興協会
　　東京都品川区上大崎3－3－1
　　TEL　03（6409）6920

●製造業●

自動車製造業

最近の業界動向

●自動車生産台数が２年連続減少

　自動車工業会によると、平成28年の国内自動車生産台数は、前年度比0.8％減の920万4,696台となり２年連続で前年を下回った。特に、三菱自動車の燃費不正問題等で軽四輪車の生産台数が前年比17.4％減と大幅に落ち込んだのが響いた。また、トラックは8.3％減、バスも5.9％減と減少したが、乗用車は0.6％増となった。平成29年前半は復調の兆しも見えつつあるが、今後の人口減少や若者の車離れなど、中長期的な自動車需要の活性化策は引き続き必要である。

●自動運転技術を搭載した車種を増やす

　障害物を検知して止まる自動ブレーキなどの安全技術やドライバーの負担を軽減する技術などの普及が進んでいる。スバルは平成29年６月、安全運転支援システム「アイサイト」を改良し、どんなスピードで走っていてもハンドル操作を自動で行う機能を追加すると発表した。ホンダも国内で販売する全ての新型車に、自動ハンドル操作の機能がある安全運転支援システムを標準装備すると発表した。自動車各社は、自動運転技術を搭載した車種を増やしている。

●実態に近い燃費表示の義務付け

　国土交通省は平成30年10月、燃費の測定方法を改め、実態に近い燃費表示を義務付ける。これを受け、自動車各社は実燃費を向上させる取り組みを強化している。現在の測定法「JC08モード」は、実燃費より２割程度良い数値が出るのに対し、新しい測定法「WLTCモード」は、細かい速度変化を付けて測る。自動車各社はカタログで示す燃費との差をできるだけ小さくするため、研究開発を進めている。

●IT分野などの技術者を中途採用

　自動車大手は、IT分野などの技術者を中途採用する動きを活発化させている。技術開発の焦点が自動運転やインターネットに常時接続する「コネクテッドカー」に移っているため、人材の確保が急務となっている。開発競争が激しくなる中、自動運転の開発には、画像認識や処理、通信、データ解析などの技術が必要で、社内の人材ではまかなえない。技術者を多く抱える電機業界からの転職など、人材の流動が進んでいる。

マーケットデータ

●国内の自動車生産台数

　自動車工業会によると、平成28年の国内自動車生産台数は、前年度比0.8％減の920万4,696台になり、２年連続で前年を下回った。乗用車は同0.6％増の787万3,886台、うち普通乗用車は前年度比5.4％増の499万9,566台であった。

自動車（四輪）の車種別生産台数（単位：台）

年次	乗用車	うち普通車	トラック	合計（バスも含む）
平23年	7,158,525	4,180,361	1,135,996	8,398,630
24年	8,554,503	4,686,396	1,266,354	9,943,077
25年	8,189,323	4,618,014	1,308,177	9,630,181
26年	8,277,070	4,657,765	1,357,761	9,774,665
27年	7,830,722	4,744,471	1,309,749	9,278,321
28年	7,873,886	4,999,566	1,201,067	9,204,696

（出所）日本自動車工業会

●自動車販売台数シェア

　日本経済新聞社の推定によると、平成28年の自動車販売台数シェアは次の通り。

自動車販売台数シェア（平成28年）

	順位	社　名	シェア（％）
乗用車	1	ト　ヨ　タ　自　動　車	31.8 (2.1)
	2	ホ　　　ン　　　ダ	14.2 (▲0.2)
	3	ス　　　ズ　　　キ	12.5 (▲0.1)
	4	ダ　イ　ハ　ツ　工　業	11.8 (▲0.3)
	5	日　産　自　動　車	10.8 (▲0.9)
トラック	1	日　野　自　動　車	36.4 (▲0.9)
	2	い　す　ゞ　自　動　車	36.0 (2.8)
	3	三菱ふそうトラック・バス	16.6 (▲0.9)
	4	U　D　ト　ラ　ッ　ク	11.0 (▲1.1)

（出所）日本経済新聞社

●国内の四輪車新車登録台数

　自動車工業会の統計データによると、平成28年の四輪車新車登録台数は前年度比1.5％減の497万258台であった。若者の車離れを反映し、３年連続で500万台を割り込んだ。

－ 610 －

四輪車新車登録台数 （単位：台）

年次	乗用車	うち普通車	トラック	合計（バスも含む）
平24年	4,572,332	1,411,700	785,450	5,369,720
25年	4,562,282	1,399,407	801,975	5,375,513
26年	4,699,591	1,437,589	851,314	5,562,888
27年	4,215,889	1,354,541	817,234	5,046,510
28年	4,146,458	1,490,216	808,302	4,970,258

（出所）日本自動車工業会

業界の特性

●自動車産業に関連する就業人口

日本自動車工業会の推計によると、直接・間接に自動車関連産業に従事する就業人口は全就業人口6,440万人の8.3％の約534万人に相当する。

自動車関連産業の就業人口 （平成28年平均）

部門別	内　訳		就業人口（千人）
製造部門	自動車製造業	188	814
	自動車部分品・付属品製造業	609	
	自動車車体・付随車製造業	17	
利　用　部　門			2,694
関　連　部　門			349
資　材　部　門			456
販売・整備部門			1,031
合　　計			5,344

（出所）日本自動車工業会

●乗用車の平均車齢と平均使用年数

日本自動車工業会によると、乗用車の平均車齢と平均使用年数は長期傾向にある。

乗用車の平均車齢と平均使用年数の推移

年度	平均車齢(年)	平均使用年数(年)
平24	7.95	12.16
25	8.07	12.58
26	8.13	12.64
27	8.29	12.38
28	8.44	12.76

（出所）日本自動車工業会

ノウハウ

●経済産業省は自動運転データの集約を目指す

経済産業省は、運転手支援システムや自動運転の実現に向け、AIによる状況認識や判断への技術向上につなげるため、走行映像を中心に自動車各社や部品各社が集めたデータを開示するよう要請する。集めたデータや情報をAIに反復学習させて、特に市街地など複雑な市街地環境での走行、歩行者や自転車の有無を見極める外界認識、歩行者の行動予測、最適な経路の選択判断などの自動運転技術の開発を加速させる。また、自動車各社、独自データをもつ大学や研究機関との連携体制も構築する。

経営指標

ここでは参考として、TKC経営指標（平成29年版）より、「自動車車体・附随車製造業」の数値を掲げる。

TKC経営指標（変動損益計算書）	全企業　16件	
	平均額(千円)	前年比(％)
売上高	587,537	97.3
変動費	343,282	99.0
仕入高	267,159	112.5
外注加工費	71,253	93.3
その他の変動費	4,320	105.8
限界利益	244,255	95.0
固定費	195,767	99.1
人件費	130,883	99.3
減価償却費	12,740	94.3
租税公課	3,077	111.9
地代家賃・賃借料	7,566	134.3
支払利息・割引料	1,361	107.0
その他	40,173	92.8
経常利益	48,457	81.2
平均従事員数	20.4名	

今後の課題／将来性

●課題

自動車産業には従来の競合メーカーだけでなく、自動運転技術の分野にグーグルやアップルが参入するなど前例のない変化が迫ってきている。また、自動運転、通信機能を持つコネクテッド車、環境負荷を考慮した電気自動車など次世代車の開発を迅速に行うためにも、自社内だけでなく他業界との連携などの体制づくりが課題となる。

●将来性

人口の減少化に伴い国内市場が縮小していくのは不可避であり、潜在的マーケットのあるアジア（特にインドや東南アジア）やアフリカへ重点地域をシフトし、日本のメーカーの利点である環境技術や安全技術を高めていくことも必要である。

《関連団体》　一般社団法人日本自動車工業会
　　東京都港区芝大門1-1-30
　　TEL　03（5405）6118

●製造業●

スポーツ用品製造業

最近の業界動向

◉スポーツ用品の国内市場は２兆1,040億円

　日本生産性本部「レジャー白書2017」によると、平成28年のスポーツ用品市場は前年比0.4％増の２兆1,040億円となり、微増であるが５年連続で増加した。スポーツ総合メーカーは、供給過剰で苦しんだ経験から需給バランスを見極めて余剰在庫を持たないビジネス展開を進め、出荷量を抑制しており、売上重視から利益重視にシフトしている。

◉「アスレジャー」市場の拡大

　普段気にスポーツの要素を取り入れた「アスレジャー」市場が拡大している。大手スポーツ用品メーカーは、女性向けの品揃えに注力している。アディダスは女性需要を取り込むため、女性向けスポーツコミュニティーを設置し、女性限定のハイテクランニングシューズを発売した。ランニングシューズは、ファッション企業も関連商品や店舗展開を強化して顧客の取り込みを図っている。

◉膝や腰の負担を軽減するスポーツ用のロングタイツ

　健康志向の高まりを受け、日常的に筋力トレーニングやランニングなどに取り組む人が増えている。ゴールドウインは平成29年３月、「C3fit（シースリーフィット）」のブランドから、膝と腰をサポートして動作を補助するスポーツ用のロングタイツを発売した。着用すると血流の流れを改善する。スポーツに取り組みたいが、膝や腰に不安を抱える人は多く、需要が見込める。

◉厚底のランニングシューズの人気が広がる

　日本生産性本部「レジャー白書2017」によると、平成28年のジョギングやマラソンの参加人口は2,020万人で、平成27年の2,190万人に比べて7.7％減少しているが根強い人気がある。ランニング中・上級者の間で、熱い靴底のランニングシューズの人気が広がっている。ナイキが平成29年６月に発売した厚底のランニングシューズ「ズームフライ」は実売価格１万6,200円（税込）と高めだが、品薄状態だという。以前は薄い厚底が早く走れるといわれていたが、厚底でも安定性を高めたランニングシューズが登場し人気が広がった。プーマは平成29年６月、クッション性と反発性のあるランニングシューズを発売した。ランニングが生活の中に定着する中、足の筋肉に負担のかからない機能性に優れたランニングシューズが相次いで発売されている。

マーケットデータ

◉スポーツ用品別の市場規模

　日本生産性本部「レジャー白書2017」によると、平成28年のゴルフ用品や野球用品が含まれる球技スポーツ用品は前年比2.0％減の5,450億円であった。一方、山岳・海洋性スポーツ用品は前年比0.2％増の6,280億円、その他のスポーツ用品は前年比2.0％増の4,490億円、スポーツ服は前年比2.1％増の4,820億円であった。スポーツ用品別の市場規模は次の通り。

スポーツ用品別市場規模（単位：億円）

用品別	平26年	平27年	平28年
球技スポーツ用品	5,450	5,560	5,450
ゴルフ用品	3,330	3,390	3,310
テニス用品	530	550	530
卓球・バドミントン用品	320	340	350
野球・ソフトボール用品	1,050	1,070	1,040
球技ボール用品	220	210	220
山岳・海洋性スポーツ用品	6,140	6,270	6,280
スキー・スケート・スノーボード用品	1,410	1,350	1,220
登山・キャンプ用品	1,950	2,000	2,070
釣り具	1,600	1,660	1,690
海水中用品	1,180	1,260	1,300
その他のスポーツ用品	4,240	4,400	4,490
スポーツ自転車	2,250	2,380	2,450
その他のスポーツ用品	1,990	2,020	2,040
スポーツ服等	4,500	4,720	4,820
トレ競技ウェア	2,640	2,750	2,800
スポーツシューズ	1,860	1,970	2,020
合　計	20,330	20,950	21,040

（出所）日本生産性本部

◉スポーツ用品の支出額

　総務省「家計調査年報」によると、１世帯当たりの品目別支出金額（２人以上世帯）のスポーツ

用品の支出額は次の通り。平成28年の支出額は8.4％減の１万1,012円であった。

スポーツ用品の１世帯当たりの年間支出額

年次	支出額（円）	年次	支出額（円）
平21年	11,356	平25年	11,304
22年	10,655	26年	11,420
23年	10,855	27年	12,020
24年	10,932	28年	11,012

（出所）総務省「家計調査年報」

業界の特性

●事業所数、従業者数

経済産業省「工業統計表」によると、平成26年の運動用具製造業の事業所数は前年比4.4％減の497事業所、従業者数は同1.9％減の１万2,515人、製造品出荷額は3.6％増の2,657億8900万円であった。

●業界構造

スポーツ用品製造業は、自社ブランドの製造、卸売、小売り向け販売及びOEM（相手先ブランド）生産を行っている。スポーツ用品全般を扱う「総合メーカー」と、特定の競技や特定分野に絞った「専門メーカー」がある。主な企業はミズノ、アシックス、デサント、ゴールドウイン、ヨネックス、ダンロップ、ブリヂストンスポーツなどがある。近年では、製造業が卸や小売りの業界を越えたビジネス展開を実施している。例えば、ミズノは製造・卸・小売りと一貫したビジネス展開を行っている。

●野球・ソフトボール活性化委員会を設立

ミズノ、アシックスやゼットなどスポーツ用品メーカー21社は、平成29年１月16日に野球とソフトボールの振興を目指す「野球・ソフトボール活性化委員会」を設立したと発表した。活性化委員会では、プロ野球の日本野球機構などと協力してプロ野球の試合に親子ペアを招待したり、小学生向けの野球教室を開いたりして、野球の競技人口の減少による市場縮小を食い止め、野球やソフトボールの競技人口の拡大を目指す。

ノウハウ

●アシックスが働き方改革に取り組む

平成29年７月からアシックス（およびアシックスジャパン）は、意識改革や制度・環境整備を通じて、社員の自律的な働き方を促す「働き方改革」に段階的に取り組んでいる。働き方改革は、社員の質の高いライフスタイルやワークライフバランスを実現するもので、心身を健康に保つことで多様な人財が能力を最大限に発揮してイノベーションの創出につながり、企業が持続的に成長していくための戦略である。

経営指標

ここでは参考として、TKC経営指標（平成29年版）より、「運動用具製造業」の数値を掲げる。

TKC経営指標 （変動損益計算書）	全企業	16件
	平均額（千円）	前年比（％）
売上高	168,129	89.1
変動費	70,607	79.6
仕入高	43,471	85.2
外注加工費	29,990	95.5
その他の変動費	1,455	127.9
限界利益	97,521	97.6
固定費	94,211	100.0
人件費	62,494	102.2
減価償却費	4,127	86.5
租税公課	2,550	109.2
地代家賃・賃借料	3,654	112.0
支払利息・割引料	1,862	92.9
その他	18,532	96.9
経常利益	3,310	57.3
平均従事員数	12.3名	

今後の課題／将来性

●課題

スポーツ用品業界は、国内では少子化による縮小傾向が続くと見込まれ、各社は海外へと活路を見出そうとしている。しかし、海外には知名度・ブランド力・資本力のある企業が多数存在しており、M&Aを含めた海外へのさらなる展開やブランド力の強化が課題となる。

●将来性

2020年の東京五輪・パラリンピックに向けたスポーツ熱の高まりを受け、ランニングシューズや関連ウェアなどの売れ行きが好調だ。また、アウトドア用品の需要も伸び、比較的元気なシニア層が市場を支えている。

《関連団体》　一般社団法人日本スポーツ用品工業協会
東京都千代田区神田小川町３−28−９
TEL　03（3219）2041

●製造業●

ゴルフ用品製造業

最近の業界動向

●ゴルフ用品の市場規模

日本生産性本部「レジャー白書2017」によると、平成28年のゴルフ用品の市場規模は前年比2.4％減となり、減少に歯止めがかからない。また、ゴルフの参加人口も減少している。平成28年のゴルフコースの参加人口は前年比27.6％減、ゴルフ練習所の参加人口は同24.0％減となった。

ゴルフコース、ゴルフ練習所の参加人口

年　次	平27年	平28年
ゴルフ（コース）	760万人	550万人
ゴルフ（練習所）	790万人	600万人

（出所）「レジャー白書2017」

●若年層のゴルフ需要を促進

リオ五輪に続き2020年の東京五輪でもゴルフが正式種目に採用され、若年層のゴルフ需要を促進する施策が打ち出されている。日本ゴルフ用品協会などの各ゴルフ業界団体やリクルートライフスタイルは、ゴルフ需要を促進するため、無料でゴルフを楽しめる「ゴルマジ」プロジェクトを実施している。19〜20歳の若年層は、プロジェクトに参加しているゴルフ練習場で30分間（50球）、ゴルフを無料で楽しむことができる。このプロジェクトを契機として、若年層に練習場へ足を運んでもらうことが狙いだ。平成26年から開始し、平成28年には全国の練習場の240施設がこの取り組みに参加している。

●アディダスがゴルフ用具事業から撤退

独アディダスは、平成29年5月10日にゴルフ用品事業（傘下のテーラーメイドゴルフなど）を米投資ファンドに4億2,500万ドル（約470億円）で売却すると発表した。主力のスポーツシューズやアパレルに重点を置いて経営資源を集中する。特に主力の米国市場でゴルフ用品の需要減が続いており、収益が低迷していた非中核となるゴルフ用品事業の売却方針を決めていた。平成28年はスポーツ用品メーカー大手の米ナイキが、ウェアやシューズ類を除くゴルフクラブ、ボールやキャディバッグなどゴルフ用具事業から撤退したばかりである。

マーケットデータ

●ゴルフ用品の市場規模

日本生産性本部「レジャー白書2017」によると、ゴルフ用品の市場規模は次の通り。平成28年のゴルフ用品の市場規模は前年比2.4％減の3,310億円であった。ゴルファーの高齢化が進み、消費が伸びていない。

ゴルフ用品の市場規模の推移（単位：億円、％）

項　目	平26年	平27年	平28年	対前年比
ゴルフ用品	3,330	3,390	3,310	▲2.4
ゴルフ場	8,890	8,780	8,740	▲0.5
ゴルフ練習場	1,260	1,350	1,290	▲4.4

（出所）日本生産性本部「レジャー白書2017」

●ゴルフクラブの国内販売額のシェア

日本経済新聞社の推計によると、平成28年のゴルフクラブの国内販売額のシェアは次表の通り。

ゴルフクラブの出荷額シェア

順位	社　名	シェア（％）
1	ダンロップスポーツ	20.1％（▲1.5）
2	アクシネットジャパン	13.9％（3.0）
3	キャロウェイゴルフ	13.0％（3.0）
4	テーラーメイドゴルフ	9.6％（0.0）
5	ブリヂストンスポーツ	7.6％（▲1.5）

（注）カッコ内は前年比増減ポイント
（出所）日本経済新聞社

●ゴルフ用具・ゴルフプレー料金の支出額

総務省「家計調査年報」によると、1世帯当たりの品目別支出金額（2人以上世帯）のゴルフ用具、ゴルフプレー料金の支出額は次の通り。ゴルフ用具は増加傾向にあったが、平成28年は前年比6.3％減の1,198円となった。ゴルフプレー料金は

ゴルフ用具・ゴルフプレー料金の1世帯当たりの年間支出額

年次	支出額（円）	
	ゴルフ用具	ゴルフプレー料金
平23年	886	8,378
24年	949	8,766
25年	1,083	9,896
26年	1,211	8,378
27年	1,278	8,678
28年	1,198	9,855

（出所）総務省「家計調査年報」

平成26年に減少に転じたが、それ以降は増加しており、平成28年の支出額は前年比13.6％増の9,855円となった。

業界の特性

●主要企業

ゴルフクラブを製造する国内メーカーは、ダンロップスポーツ、ブリヂストンスポーツ、ミズノ、ヨネックス、横浜ゴム、マルマン、ヤマハなどがある。海外メーカー勢では、米テーラーメイド、米キャロウェイゴルフ、アクシネットなどがある。

●特徴

ゴルフ用品メーカーは、①専業メーカー、②ゴムメーカーの子会社、③総合スポーツメーカーに区分される。マルマンのように主にゴルフ事業を専業とするメーカーは少ない。ゴムメーカーの子会社として、ダンロップスポーツ、ブリヂストンスポーツ、横浜ゴムがある。他のスポーツ用品の製造販売を行う総合スポーツメーカーとして、ミズノやヨネックスなどがある。

●マーケティング戦略

ゴルフ用品メーカーの契約選手は、企業のイメージアップとしての広告塔の役割を担う。契約選手の活躍によりクラブ、ボールやシューズなどのゴルフ用品の販売が伸びるため、活躍する選手をいち早く見出して契約を結ぶことが企業業績に影響を与えることになり、マーケティング戦略上重要な意味を持つ

ノウハウ

●高価格帯のゴルフボールで市場を開拓

ブリヂストンスポーツは平成29年3月、1球500～700円の高価格帯のゴルフボールを発売した。全盛期ほどではないが根強い人気のあるタイガー・ウッズと契約を結んだ製品と併せて拡販する。ゴルフボールはインパクト時の余分なスピンを抑えて初速をアップさせた。中級者以上のゴルファーは、ボールの機能にこだわりがあり、高価格帯でも売れると判断した。ゴルフ場などでサンプルを配布などしてPRしている。また、タイガー・ウッズと契約を結んだボールは、パイオニアと共同研究で打感と打音を追求し、スピン性能を

進化させた製品だ。ゴルフ用品店にタイガー・ウッズの等身大パネルなどを使った売り場を設置して販促する。

経営指標

ゴルフ用品製造業を対象にした指標は見当たらないので、ここでは参考として、TKC経営指標（平成29年版）より、「運動用具製造業」の数値を掲げる。

TKC経営指標 （変動損益計算書）	全企業 16件	
	平均額(千円)	構成比(％)
売上高	168,129	89.1
変動費	70,607	79.6
仕入高	43,471	85.2
外注加工費	29,990	95.5
その他の変動費	1,455	127.9
限界利益	97,521	97.6
固定費	94,211	100.0
人件費	62,494	102.2
減価償却費	4,127	86.5
租税公課	2,550	109.2
地代家賃・賃借料	3,654	112.0
支払利息・割引料	1,862	92.9
その他	18,532	96.9
経常利益	3,310	57.3
平均従事員数	12.3名	

今後の課題／将来性

●課題

ゴルフ用品市場が縮小しており、ゴルフクラブの製造からは撤退が続いている。ゴルフクラブは、反発係数などのルール規制、性能を上げるために希少な素材の使用や多額の開発費用がかかり、明確な性能差がなければヒットにつながりにくい。また、毎年のように新製品が発売され競争が激化しており、すぐに販売価格に転嫁することが難しく、ゴルフクラブのメーカーにとってうまみのある事業とはいえない。一方で、ゴルフクラブを手掛ける事業者も多く、ゴルファーのニーズや競合他社の動向を捉えた事業戦略が重要である。潜在的な市場である若い世代の需要を掘り起こすことが急務となっている。幅広い世代にゴルフを楽しんでもらえるような施策が求められる。

《関連団体》　一般社団法人日本ゴルフ用品協会
　東京都千代田区外神田6-11-11
　TEL　03（3832）8589

●製造業●

時計製造業

最近の業界動向

●ウオッチ、クロックの完成品の総出荷は減少

日本時計協会の資料によると、平成28年のウオッチ及びクロックの完成品総出荷（輸出プラス国内出荷）は、数量、金額ともに減少となった。インバウンド需要や国内消費の伸び悩みなどで国内時計市場が縮小している。また、急速な円高により輸出も振るわず総出荷の減少要因となった。

ウオッチ・クロックの出荷数量、出荷金額

年　　次	平26年	平27年	平28年
ウオッチ出荷数量（10億個）	68.3	68.7	67.7
ウオッチ出荷金額（10億円）	248.2	286.3	260.6
クロック出荷数量（100万個）	16.0	15.9	15.4
クロック出荷金額（10億円）	27.7	28.9	28.7

（出所）日本時計協会

●働く女性を意識したピンク色の腕時計

働く女性が増加する中、ビジネスで使うため高級感のある腕時計の需要が高い。ただ、女性はファッションアイテムとして身に付ける人も多く、腕時計大手は、女性が好むピンク色の腕時計を相次いで発売している。シチズン時計は「サクラ」をテーマに大人の女性にも合うピンク色「サクラピンク」を採用。カシオ計算機は女性の肌をきれいに見せる「ピーチゴールド」を採用している。

●上位３社の戦略

平成28年は時計業界の上位３社（カシオ、シチズン、セイコー）にとって、訪日外国人需要の減少、円高の進行やムーブメント（駆動装置）販売の低迷などが大きく響き、売上や経常利益が減少した。セイコーホールディングスは、高価格帯を伸ばしていくとともに、女性向けも積極的に展開していく。シチズンホールディングスは、平成28年にスイスのフレデリック・コンスタントを買収し、低・中・高価格帯のポートフォリオを構築、シチズングループのマルチブランドを全面に押し出していく。カシオ計算機では、スポーツの要素

を取り入れた「アスレジャー」が人気となる中、平成29年３月にはランニング用時計を発売。ラップタイムやスプリットタイムを計測できる機能も搭載して、スポーツを楽しむ20～30代の女性の需要を取り込む。日本経済新聞社の推計によると、平成28年の腕時計完成品の国内出荷シェアは次の通り。

腕時計完成品の国内出荷シェア（平成28年）

順位	社　　名	シェア
1	カシオ計算機	46.8%（1.6）
2	シチズン時計	31.4%（0.8）
3	セイコーウオッチ	20.0%（▲2.2）
4	オリエント時計	1.6%（▲0.1）
5	リコーエレメックス	0.1%（▲0.1）

（注）カッコ内は前年比増減ポイント
（出所）日本経済新聞社

マーケットデータ

●ウオッチ、クロックの市場規模

日本時計協会の資料によると、平成28年のウオッチ、クロックの市場規模は次の通り。平成28年のウオッチの実売金額（国内メーカー品と輸入品合計）は、前年比13.0%減の7,867億円、クロックは同2.0%減の546億円であった。

平成28年のウオッチ、クロックの市場規模（推定）

品　　種		数量 （百万個）	前年比 （%）	金額 （億円）	前年比 （%）
ウオッチ	国内メーカー品	9.3	0.0	1,860	▲10.0
	輸　入　品	24.2	▲12.0	6,007	▲13.0
	合　　計	33.5	▲9.0	7,867	▲13.0
クロック	国内メーカー品	11.7	▲4.0	400	1.0
	輸　入　品	17.4	5.0	146	▲8.0
	合　　計	29.1	1.0	546	▲2.0

（注）市場規模は財務省「貿易統計」及び日本時計協会統計を基に算出
（出所）日本時計協会

●日本のウオッチ・クロック完成品輸出の推移

日本時計協会の資料によると、日本のウオッ

日本のウオッチ完成品輸出の推移

品　　種	平26年	平27年	平28年
ウオッチ			
数量（100万個）	60.3	59.5	58.3
金額（10億円）	141.3	157.3	144.3
クロック			
数量（100万個）	4.0	3.7	3.7
金額（10億円）	4.9	5.3	4.9

（出所）日本時計協会

チ・クロック完成品の輸出の数量・金額の推移は表の通り。

●日本のウォッチ完成品輸出の地域別構成比

日本時計協会の資料によると、平成28年の日本のウオッチ完成品輸出の地域別構成比は次の通り。

ウオッチ完成品輸出の地域別構成比（平成28年）

地域別	シェア（数量）	シェア（金額）
ア　ジ　ア	36.0%	36.0%
北　　　米	19.0%	24.0%
欧　　　州	19.0%	20.0%
中　近　東	17.0%	12.0%
中　南　米	6.0%	5.0%
大　洋　州	2.0%	2.0%
そ　の　他	1.0%	1.0%
合　　　計	100.0%	100.0%

（出所）日本時計協会

●時計大手3社の決算

時計大手3社の決算は次の通り。3社とも売上高、経常利益が減収となった。

時計大手3社（平成29年3月期）**決算**（連結）

社　名	売上高（百万円）	経常利益（百万円）	純利益（百万円）
セイコーHD	257,115 （296,705）	6,671 （11,879）	5,392 （12,142）
シチズンHD	312,559 （348,267）	21,985 （30,619）	17,028 （13,201）
カシオ計算機	321,213 （352,258）	26,239 （41,069）	18,410 （31,194）

（注）カッコ内は前の期
（出所）各社決算報告

業界の特性

●事業所数、従業者数

経済産業省「工業統計表」によると、平成26年の時計・同部分品製造業の事業所数は前年と同様の91所、従業者数は同16.0%減の7,441人となっている。

●時計の種類

時計にはウオッチ（どんな姿勢でも作動し、かつ携帯することを目的にした時計）と、クロック（一定の姿勢で使用する時計）がある。一口に時計といっても数十種類以上ある。主な時計の種類を挙げると、クオーツ時計、クロノグラフ、クロノメーター、太陽電池時計、多機能時計などがある。消費者は性能や場面によって時計を使い分けている。

ノウハウ

●音楽を聴くことができる掛け時計

リズム時計工業は平成27年、近距離無線通信でスマートフォンなどとつながり、音楽を聴くことができる掛け時計を発売した。中高年層に加え、20～30歳代にも人気が広がっている。「ながら聴き」を想定して長時間聴いていても疲れにくい音色を追求した。また、インテリア性にもこだわっている。平成29年秋には、置時計や掛け時計などのクロックの需要の掘り起こしを図り、法人向けや個人向けの贈答用に売り込む。

経営指標

ここでは参考として、TKC経営指標（平成29年版）より、「他に分類されないその他の製造業」の数値を掲げる。

TKC経営指標 （変動損益計算書）	全企業　156件	
	平均額（千円）	前年比（％）
売上高	268,398	104.1
変動費	145,238	103.2
仕入高	118,229	104.2
外注加工費	23,281	103.1
その他の変動費	3,410	101.0
限界利益	123,159	105.0
固定費	109,916	100.7
人件費	67,255	103.8
減価償却費	7,288	99.1
租税公課	1,586	91.7
地代家賃・賃借料	3,725	99.6
支払利息・割引料	1,877	85.0
その他	27,983	96.4
経常利益	13,242	163.7
平均従事員数	16.1名	

今後の課題／将来性

●課題

スマートウオッチやスポーツウオッチなどの特定の機能に特化した時計など、消費者や時代のニーズに合わせた新規の商品開発力や、海外市場におけるシェアを獲得するためのブランディング戦略が重要な課題となる。

《**関連団体**》　一般社団法人日本時計協会
　　東京都千代田区九段北1-12-11
　　　九段スカイビル4F
　TEL　03（5276）3411

●製造業●

眼鏡製造業

最近の業界動向

◉国内回帰が進む

　眼鏡や衣服などで国内回帰が進んでいる。眼鏡店「Zoff」を運営するインターメスティックは、福井県鯖江市で生産した商品の販売を始めた。一方、福井県眼鏡工業組合では、IoTを活用して生産性を高めるためのプロジェクトを始めた。眼鏡の部品メーカーなど12社が参加し、生産状況の情報を集約して現場の改善につなげたりしている。鯖江市によると、低価格眼鏡の影響で出荷額は減少し続けていたが、回復しつつあるという。

◉チタンを使ったメガネフレーム

　メガネフレーム大手のシャルマン（福井県鯖江市）が立ち上げたメガネブランド「ラインアートシャルマン」は、チタンを組み合わせたフレームに特長があり人気となっている。レーザーでチタンを溶かして溶接した、編み目のような模様のフレームは、弾力性があり掛け心地が良い。SNSなどを使って40〜50代の需要も掘り起こしたい考えだ。また、米アウトドア衣料のエディー・バウアー社と、眼鏡フレームとサングラスの製造販売ライセンス契約を結んだ。エディー・バウアー社ブランドの製品を国内外に投入する。紳士向け眼鏡フレームは、掛け心地を重視し、鼻パットの角度を調節する部分にはチタンを使用する。米国やカナダでも順次、販売を開始する。

マーケットデータ

◉眼鏡の市場規模

　矢野経済研究所によると、眼鏡フレーム、眼鏡レンズ、既製サングラス、既製老眼鏡の市場規模

眼鏡の市場規模（単位：億円）

年次	平25年	平26年	平27年	平28年（予測）
市場規模	4,717	4,798	4,939	5,087

（出所）矢野経済研究所

（小売金額ベース）は次の通り。平成27年の市場規模は前年比2.9％増の4,939億円であった。平成28年は同3.0％増の5,087億円と予測されている。

◉1世帯当たり眼鏡の年間支出額推移

　総務省「家計調査年報」によると、1世帯当たりの眼鏡の支出金額は次の通り。

1世帯当たりの眼鏡の支出金額の推移（単位：円）

年次	支出金額	年次	支出金額
平21年	6,949	平25年	6,491
22年	6,648	26年	6,785
23年	6,683	27年	6,527
24年	6,287	28年	6,361

（出所）総務省「家計調査年報」

業界の特性

◉眼鏡製造業の製造品出荷額の推移

　経済産業省「工業統計表」によると、眼鏡製造業の製造品出荷額の推移は次の通り。

眼鏡製造業の製造品出荷額等の推移

年次	事業所数	従業者数（人）	製造品出荷額（百万円）
平23年	297	7,949	115,457
24年	264	8,207	114,770
25年	253	7,928	108,783
26年	246	7,838	107,202

（出所）経済産業省「工業統計表」

◉メガネフレームの製造工程

　メガネの完成までには、200〜250の工程が必要とされる。プラスチックフレームの主な製造工程は次の通り。①デザイン完成後製造図面作成、②プラスチックシートを眼鏡の形状に切削、③プラスチックシートをテンプル（つる）の形状に切削し金属の芯を打ち込む、④切削後の断面や表面の研磨と艶出しの研磨、⑤テンプル、鼻パッドをネジ留めして組み立て、⑥工場出荷前の最終検査となる。

◉メガネレンズの製造工程

　メガネレンズの製造工程は次の通り。①レンズ基材を成形する。この工程では、超音波清浄機にて型（モールド）を洗浄し、2枚の型を位置合わせして特殊なテープで巻いて固定する。型の隙間にレンズの原料である樹脂を注入し、オーブンの中で樹脂を加熱して焼き固めたら透明な樹脂に変化するので、テープをはがして型を外す。②レン

— 618 —

ズ基材を研磨加工する。この工程では、レンズ基材を加工機械に取り付けて、顧客に合わせた度数になるようレンズ基材を切削する。③染色する。なお、カラーレンズの場合に実施する。④プラスチックレンズを傷から守るため、表面に薄くて固い皮膜を形成する（ハードコート）。⑤表面の光反射を抑えるため、レンズ表面に反射防止コーティングを加工する。⑥水滴や油をはじく撥水加工を行う。⑦レンズの傷の有無を検査する。

●福井県の眼鏡等の輸出入額

鯖江市を中心とする福井県の眼鏡フレーム生産地域は、眼鏡フレームの国内製造でシェア9割を超えている。福井県の調査によると、平成27年の福井県の眼鏡等の輸出額は前年に比べて11.2％増の197億368万円となった。平成27年の福井県の眼鏡貿易額は次の通り。

福井県の眼鏡等の輸出入額の推移（平成27年）（単位：千円）

国	輸出金額	国	輸入金額
米　　　　国	6,322,072	中　　　　国	10,247,471
香　　　　港	2,044,542	韓　　　　国	798,901
中　　　　国	1,703,370	香　　　　港	461,173
韓　　　　国	1,425,840	台　　　　湾	130,133
ド　イ　ツ	1,425,409	タ　　　　イ	20,000
そ　の　他	6,782,449	そ　の　他	584,409
合　　計	19,703,682	合　　計	12,242,087

（出所）福井県の資料

●流通経路

眼鏡の流通経路はフレームとレンズで異なる。フレームの流通経路の主なものは次の4つである。①メーカー→産地卸→消費地卸→小売店、②メーカー→産地卸→小売店、③メーカー→消費地卸→小売店、④メーカー→小売店である。最近は④のルートの比率が上昇している。一方、レンズの流通経路はメーカー→特約店→卸→小売店が一般的であるが、フレームと同様にメーカー→小売店の直販ルートの比率が高まっている。

●直販ルート

直販ルートが高まる背景には、眼鏡の低価格化がある。低価格を実現するには直販ルートでコストを削減しなくてはならないからで、レンズ込みで1万円を切るのは珍しくない。

ノウハウ

●ジンズがブランド再構築

眼鏡専門店「JINS」を運営するジンズは、外部のデザイナーを迎えて定番商品を刷新し、平成29年春からチタンなどの素材を採用し品質にこだわった高額商品を展開するなど、ブランドの再構築に動き始めた。低価格帯の眼鏡の需要は飽和傾向にあり、付加価値の高い商品の投入で中高年層を中心に顧客層を広げる。ジンズでは、視力矯正以外を目的とした機能的な眼鏡の開発に取り組み、PC用眼鏡などや眼球の動きやまばたきの回数を測定するセンサー付き眼鏡「ジンズ・ミーム」を、社員の健康管理を目的とした企業向けに販売している。

経営指標

ここでは参考として、TKC経営指標（平成29年版）より、「他に分類されないその他の製造業」の数値を掲げる。

TKC経営指標 （変動損益計算書）	全企業　156件	
	平均額（千円）	前年比（％）
売上高	268,398	104.1
変動費	145,238	103.2
仕入高	118,229	104.2
外注加工費	23,281	103.1
その他の変動費	3,410	101.0
限界利益	123,159	105.0
固定費	109,916	100.7
人件費	67,255	103.8
減価償却費	7,288	99.1
租税公課	1,586	91.7
地代家賃・賃借料	3,725	99.6
支払利息・割引料	1,877	85.0
その他	27,983	96.4
経常利益	13,242	163.7
平均従事員数	16.1名	

今後の課題／将来性

●将来性

低価格の眼鏡需要は一巡し、中高年向けのおしゃれな老眼鏡や掛け心地を追求したメガネが支持されている。開発力や技術力、デザイン力が問われている。

《関連団体》　全日本眼鏡工業連合会
　　　　福井県鯖江市新横江2-3-4
　　　　TEL　0778（51）1724

●製造業●

タオル製造業

最近の業界動向

●今治地区、泉州地区とも生産増加

国内有数のタオル生産地区である愛媛県今治地区は、吸水性や安全性などを高めた「今治タオル」ブランド力の向上を背景に、生産量が増加傾向にある。今治タオル工業組合によると、平成28年の生産量は前年比5.2％増の1万2,036トン、生産額は同5.2％増の183億円であった。また、「泉州タオル」として名高い大阪府泉州地区も生産増加に転じた。大阪タオル工業組合によると、平成28年の生産数量は前年比4.4％増の8,583トンとなっている。

今治地区の企業数・生産数量等、泉州地区の組合員数・生産数量

項　　目	平26年	平27年	平28年
今治地区			
組合員数（社）	116	113	110
組合員織機台数	1,454	1,454	1,433
綿糸受渡数量（棚）	65,547	66,364	69,827
生産数量（トン）	11,298	11,439	12,036
生産額（億円）	172	174	183
泉州地区			
組合員数（社）	100	98	95
生産数量（トン）	8,704	8,202	8,583

（出所）今治タオル工業組合、大阪タオル工業組合

●体感施設のオープン

今治タオル工業組合は平成29年4月、今治タオルの品質の高さを知ってもらうため、体感施設を今治市内にオープンした。体感施設は組合が運営する複合施設の一部を改装した。複合施設内にある今治タオル本店もリニューアルした。

●オギタヘムト、今治タオルでワイシャツ販売

シャツ専業メーカーのオギタヘムトは平成29年5月、今治タオル生地を使った「三豊肌衣」を、専用オンラインショップ及び、百貨店で発売を開始した。高温多湿な日本の気候を考慮し、素材と着心地を重視しシャツに仕上げた。愛媛県今治市のタオルメーカー丸栄タオルと、香川県三豊市にある縫製工場のコラボレーションで企画された商品である。タオルには通常使用しない細番手の糸を使用した。着用時に肌に触れる部分が、なめらかでふわふわした軽い肌触りを感じられるように、特殊なパイル地を縫製して仕上げている。

●丸山タオル、硬水対応の柔らかタオルを海外へ

丸山タオルは平成29年7月、海外の硬水地域での洗濯でもやわらかさが続くように繊維から独自開発したタオルの販売を開始した。同社の既存ブランド「百洗綿花（ひゃくせんめんか）」を活かしたリニューアル販売という位置付けをとっている。特長は、独自開発の糸と特殊加工を施して洗濯時の毛羽落ちと硬化を抑制し繰り返し洗濯しても硬くなりにくく、海外の硬水地域で洗濯しても硬くなりにくい点にある。タオル生地は、しっかりとしたボリュームのあるタイプと、さらりとした使いごこちのタイプの2種類で、クリーム、オレンジ、ブラウンと3色を揃え、海外市場に展開する。

マーケットデータ

●輸入タオルの数量と金額の推移

財務省「貿易統計」によると、輸入タオルの数量は前年比4.3％増の7万2,235トン、金額は同11.2％減の597億6,100万円となった。数量ベースでは中国が全体の50.6％を占めているが、中国の割合は減少傾向にある。一方、ベトナムのシェアは前年の37.5％から39.1％と伸長している。

輸入タオルの数量、金額の推移（単位：トン、百万円）

項　　目	平27年		平28年	
	金額	数量	金額	数量
中　　　　国	36,371	41,523	36,586	35,312
ベ ト ナ ム	25,973	18,101	28,275	17,301
インドネシア	1,140	1,098	1,467	1,122
台　　　　湾	1	1	3	4
パ キ ス タ ン	646	487	709	463
タ　　　　イ	1,169	2,153	1,097	1,852
イ ン ド	1,791	1,611	1,922	1,515
その他とも合計	69,226	67,333	72,235	59,761

（出所）財務省「貿易統計」

●タオル1世帯当たりの年間支出金額

総務省「家計調査年報」によると、タオルの1世帯当たりの年間支出金額は、平成28年は前年比3.4％減の2,026円で3年ぶりに減少に転じた。

タオル1世帯当たりの年間支出金額

年次	支出額（円）	年次	支出額（円）
平21年	1,814	平25年	1,843
22年	1,733	26年	1,986
23年	1,880	27年	2,098
24年	1,962	28年	2,026

（出所）総務省「家計調査年報」

業界の特性

●タオル製造業の事業所数、従業者数

経済産業省「工業統計表」によると、平成26年のタオル製造業の事業所数は前年比5.7％減の165所、従業員数は同0.1％減の2,926人、製造品出荷額は同1.3％増の456億1,700万円だった。

タオル製造業の事業所数、従業者数等

年次	事業所数	従業者数（人）	製造品出荷額（百万円）
平23年	188	2,539	40,645
24年	180	3,113	46,054
25年	175	2,930	45,037
26年	165	2,926	45,617

（出所）経済産業省「工業統計表」

●タオルの種類

タオルは大きく4種類に分けられる。①浴布は、浴用タオルのことでタオル製品の主力商品である。②反物は、ねまきやパジャマなどの加工に用いられる。③湯上りは、いわゆるバスタオルで、ホテルなどの業務用から家庭用までニーズは幅広い。④タオルケットは、タオルと毛布を意味するブランケットをかけた和製英語である。

●流通経路

タオルの流通経路は①生産部門、②流通部門、③小売部門に分けられる。①は原糸メーカー、タオルメーカーなどで構成される。②は商社、タオル問屋、寝具問屋などで構成される。③は百貨店、量販店、一般小売店などで構成される。

●生産形態

タオル生産は受注生産か見込生産かに分けられる。問屋との結びつきが強い場合は計画的な受注生産を行うことができる。ただ、見込生産は生産過剰や不足になりやすいため、注意を要する。また、受注生産は強制力が弱く、問屋の商品引き取り遅延や拒否などトラブルが発生しやすい。

●需要期

タオルは贈答用需要が大部分を占めるため、売上の7割は中元期と歳暮期に集中するといわれるが、需要は平準化の傾向にある。

ノウハウ

●商品特長を明確にしたブランドの強化

ホットマンは、紡績から縫合まで自社内工場で行うタオル専門ブランドである。独自の製法で素材の特性を引出し、肌や髪の毛に優しい吸水性を持つ「1秒タオル」や、洗濯の回数を重ねても、色落ちしにくい性質を持つ特殊な染料で染めたタオルなどを販売している。

経営指標

ここでは参考として、TKC経営指標（平成29年版）より、「他に分類されないその他の製造業」の数値を掲げる。

TKC経営指標（変動損益計算書）	全企業 156件	
	平均額（千円）	前年比（％）
売上高	268,398	104.1
変動費	145,238	103.2
仕入高	118,229	104.2
外注加工費	23,281	103.1
その他の変動費	3,410	101.0
限界利益	123,159	105.0
固定費	109,916	100.7
人件費	67,255	103.8
減価償却費	7,288	99.1
租税公課	1,586	91.7
地代家賃・賃借料	3,725	99.6
支払利息・割引料	1,877	85.0
その他	27,983	96.4
経常利益	13,242	163.7
平均従事員数	16.1名	

今後の課題／将来性

●将来性

海外の新興国の所得向上に伴う生活様式の水準向上で、高品質なタオルなどのニーズが高まるとみられる。日本顧客のきめ細やかな嗜好に対応してきた経験をもとに、硬水などの対象国特有の風土や対象顧客の好みに合わせたタオル作りが海外需要獲得に重要である。

《関連団体》　日本タオル工業組合連合会
　　　東京都中央区日本橋人形町3－4－5
　　　TEL　03（3663）1087

●製造業●
健康機器製造業

最近の業界動向

●マッサージチェアの国内販売台数

健康志向の高まりを受け、高機能の体組成計や、座り心地の良いマッサージチェアや小型で簡単に測れる血圧計など、健康機器各社はさまざまな新製品を発売している。フジ医療器のデータによると、マッサージチェアの国内販売台数は横ばいで推移している。手軽に体のこりなどをほぐせるマッサージチェアの需要は高まっているが、潜在需要の掘り起こしができていないのが現状だ。

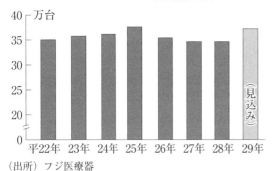

マッサージチェアの国内販売台数
(出所) フジ医療器

●家庭用マッサージ器等の自主基準

日本ホームヘルス機器協会は、平成29年3月に家庭用マッサージ器及び指圧代用器の安全確保に関する自主基準を制定した。これは、過去に起きた健康被害の再発の防止を図るため、製造販売業者及び製造業者に対する基準であり、製造・輸入、マッサージ器の構造や表示・取扱説明書などが記載されている。健康機器製造業は安全性確保が求められている。

●草津市とNTT西日本、オムロンヘルスケアが連携協定を締結

草津市とNTT西日本、オムロンヘルスケアが、「健幸都市づくり」を推進するため、ICTやIoTの連携協定を締結した。草津市は健やかで幸せに暮らせるまちづくりを目指し、市の総合政策として「健幸都市づくり」を進めている。NTT西日本は、ICT・IoT分野でこれまで培った経験や技術を活かして地域活性化支援策や地域課題の解決を進めている。オムロンヘルスケアは、血圧計などの健康機器を提供して健康で健やかな生活へ貢献してきた。今回3者は草津市の健幸都市づくりを推進するため、ICT・IoTのノウハウを取り入れた取り組みの推進と先進的な事業モデルの構築に取り組む。オムロンヘルスケアにとっても、ICT・IoT連携は大きなビジネスチャンスとなることが期待されている。

●オムロンヘルスケアがブラジルで家庭用電子血圧計の生産を開始

ブラジルでは、経済成長に伴う生活水準の向上や生活習慣の変化に伴って、高血圧など生活習慣病患者の増加などが社会的問題となっている。オムロンヘルスケアは、ブラジルでの血圧計事業を拡大するため、平成29年7月からサンパウロ州にある工場で家庭用電子血圧計の生産を開始した。ブラジル国内で販売する家庭用電子血圧計90％以上を同工場で生産する予定だ。また、国内では小型化した血圧計を発売した。本体と上腕を締め付ける腕帯が一体になった血圧計で、使いやすさにこだわった。同社は血圧計で世界シェア46％を持つ世界最大手だ。血圧計は他社製品との差別化が難しいが、小型化で需要拡大を目指す。

マーケットデータ

●家庭用医療機器の生産金額

厚生労働省「薬事工業生産動態統計」によると、家庭用マッサージ器や家庭用吸入器等が含まれる家庭用医療機器の生産金額は、平成27年で前年比6.9％増の942億4,300万円であった。

家庭用医療機器の生産金額 (単位：百万円、％)

項　目	平25年	平26年	平27年	前年比
家庭用医療機器	83,017	88,147	94,243	6.9

(出所) 厚生労働省「薬事工業生産動態統計」

●健康機器メーカーの売上高

マッサージチェアの草分け企業であるフジ医療器は、アサヒホールディングのグループ企業である。平成29年3月期の売上高は189億4,400万円、経常利益10億4,300万円、当期純利益7億4,000万円となっている。パナソニックヘルスケアは血糖値測定器などを製造している。米投資ファンド

KKRの傘下で、パナソニックの持ち株比率は20％である。平成28年3月期の単独売上高は992億円。血圧計などを製造するオムロンの平成28年3月期の売上高（ヘルスケア事業）は1,081億円、営業利益72億円となっている。

業界の特性

●健康機器の種類

　家庭で使用される健康機器はさまざまな種類があり、価格も千差万別である。健康機器を分類すると、①家庭用医療機器、②健康管理機器、③その他の機器に区分される。①家庭用医療機器は、薬事法による医療機器の承認や認証を受け、効果・効能をうたうことができる機器であり、マッサージ器や赤外線治療器などがある。②健康管理機器は、日常の健康管理、トレーニングや運動量の記録と生活習慣病の予防などに役だてる目的で利用される機器で医療機器ではない。特に通信機能を内蔵し、計測データをスマートフォンやパソコンなどとやり取りすることで、継続的な管理が容易で、専門的な分析結果やアドバイスなども得ることができる。製品として、血圧計、体温計、体重計、体組成計、尿糖計、心電計・心拍計、歩数計、活動量計などがある。③その他の機器には、美顔器などがある。

●業態区分

　日本ヘルス機器協会による業態区分は、①製造業（医療機器の製造を行うための許可を受けた者）、②製造販売業（医療機器の製造販売もしくは輸入販売するために許可を受けた者）、③販売業（管理医療機器を販売するために都道府県に販売業を届け出た者）である。

●業界構造

　健康機器メーカーはタニタ、オムロンヘルスケア、パナソニック（アプライアンス社）や日立アプライアンスなどの大手企業から中小企業まで、企業規模はさまざまである。大手企業は血圧計、マッサージ器、健康管理器具や美顔器など複数の機器を製造しているが、中小企業の多くは電解水成器、電気磁気治療器や温熱治療器などの単品に製品を特化している。

ノウハウ

●座りながら体幹を鍛えられる椅子

　パナソニックは平成29年2月、座りながら体幹を鍛えられる椅子型機器「コアトレチェア」を発売した。V字状などに動く座面に対して反射的にバランスを取ろうとすることで体幹を鍛えることができる。アスリートが体幹を鍛えていることが広く周知され、体幹を鍛えたいと思っている人は多い。機器本体の店頭実勢価格が35万円程度と高いが、狭いリビングにも設置しやすい。

経営指標

　ここでは参考として、TKC経営指標（平成29年版）より、「医療用機械器具製造業」の数値を掲げる。

TKC経営指標 （変動損益計算書）	全企業　13件	
	平均額（千円）	前年比（％）
売上高	260,055	99.2
変動費	127,123	96.9
仕入高	104,899	97.7
外注加工費	19,766	105.4
その他の変動費	1,733	94.4
限界利益	132,931	101.4
固定費	121,692	94.5
人件費	84,732	93.9
減価償却費	9,779	82.8
租税公課	2,988	101.0
地代家賃・賃借料	2,509	92.5
支払利息・割引料	2,333	103.2
その他	17,760	94.3
経常利益	11,239	493.2
平均従業員数	17.8名	

今後の課題／将来性

●将来性

　健康志向の高まりを受け、健康機器は需要の拡大が見込まれる。購入しやすい価格設定や、狭いスペースでも設置しやすくするなどして、需要の掘り起こしを図る必要がある。単なる健康機器を「モノ」としての販売モデルから、健康機器で取得した健康情報を活用した「コト」へのビジネスモデルへの展開が始まっており、健康機器の分野にICTやIoTの最新技術を取り入れた新規サービスの創出が期待される。

《関連団体》　一般社団法人日本ホームヘルス機器協会
　　　　東京都文京区湯島4－1－11
　　　　TEL　03（5805）6131

●製造業●

食品機械製造業

最近の業界動向

●堅調な食品機械の国内販売額

　日本食品機械工業会の資料によると、平成28年の食品機械の国内販売額は増加率の減少はあるものの、前年比0.7％増の5,214億800万円となり、平成24年からの増加傾向は継続している。これは食品業界のラインの増強や集約を中心とした設備需要があるためである。

●レオン自動機がIoT技術を導入

　製菓・製パン機器の製造大手であるレオン自動機は、国内のユーザー向けに中華まんなど、包あんの主力機「火星人」シリーズ3機種にIoT技術を導入した。「新型火星人」では、本体の稼働状況を把握してクラウド上に蓄積、顧客が生産状況や生産コストを分析し生産性の向上につなげられるようになった。故障した際も、いつどんな状況で止まったかを把握できるため、メンテナンスなど顧客サポートも充実している。食品機械業界でもあらゆるモノがネットにつながるIoT技術を導入する動きが広がりそうだ。

●川崎重工が協働型ロボットを販売

　川崎重工はヒトと一緒に作業できる「協働型ロボット」の開発・生産に注力しており、平成27年から弁当の箱詰め工程などの工場に最新鋭のロボットを販売している。最新鋭機「デュアロ」は、おかずを詰めたり、ごはんの上にゴマを振りかけたり、さまざまな作業ができ弁当ラインでも即戦力となる。食品は商品としてライフサイクルが短く、短期間でラインの見直しが発生する。その度にロボットの移設などをしていては手間やコストもかかるため、これまで産業用ロボットは食品工場に不向きとされていたが、プログラムを見直すことですぐに違う作業ができるように工夫した。

●オムロン子会社が新型ロボットシステムを開発

　平成27年にオムロンが買収した米国の産業ロボットメーカーのアデプトテクノロジー（現オムロ

ンアデプトテクノロジーズ）は、食品向けコンベヤーピッキングシステムの新型ロボットシステムを開発した。新型ロボは、高性能画像センサーを使ってコンベヤーの上に大量に流れてくるコロッケを0.1秒で形やサイズが良品なのか認識する。良品と判断すれば、瞬時につかんで冷凍のために包装する別ラインに移す。1分間に60個のコロッケをピッキングできる。新型ロボでは、まんじゅうなど加工品の大半を選別して運べるので、多くの食品工場が販売対象の市場となる。今後は人手不足がより深刻な生鮮食品の加工場などでも使えるようなロボットを開発していく。

●飲食店向けのロボットを拡充

　米飯加工機大手の鈴茂器工は、飲食店向けのロボットを拡充する。新たに開発した「すしロボ」は、すしのシャリを握る速度を1割向上させた。速度向上に合わせ、軍艦巻き装置とシャリ玉を整列させる装置も高速化に対応している。スーパーの総菜売り場や回転寿司チェーンなどの主要顧客以外に、バイキングを行うホテルなどにも拡販していく。

マーケットデータ

●食品機械の国内販売額推移

　日本食品機械工業会によると、平成28年の食品機械の機種別国内販売額は前年比0.7％増の5,214億800万円とほぼ横ばいでであった。また、機種別構成比24.3％を占める製パン・製菓機械は、前年比0.2％減の1,265億200万円であった。機種別国内販売額は表の通り。

機種別国内販売額の推移（単位：百万円）

機種別	平26年	平27年	平28年
製パン・製菓機械	113,962	126,770	126,502
乳製品加工機械	55,174	57,308	59,371
飲料加工機械	22,597	23,048	23,693
肉類加工機械	18,478	21,732	21,688
水産加工機械	16,045	15,904	16,063
醸造用機械	13,988	14,561	14,462
精米麦機械	14,332	14,397	14,612
製粉機械	12,577	12,526	12,689
製めん機械	10,854	10,802	11,040
その他の食品機械	170,198	220,498	221,288
合計	448,205	517,546	521,408

（注）会員数増加による増加を含む
（出所）日本食品機械工業会

●食品機械の輸出金額の推移

財務省「通関統計」によると、食品機械の輸出金額の推移は次の通り。平成28年は前年比10.7％減であった。西欧向け輸出が25.9％増、北米向け輸出が2.7％増となったが、主要市場であるアジア向け輸出が3.1％減、中近東向け輸出が63.7％減であった。

食品機械の輸出金額の推移（単位：百万円）

年次	輸出金額	年次	輸出金額
平21年	18,542	平25年	34,335
22年	28,218	26年	38,880
23年	30,000	27年	43,076
24年	32,567	28年	38,488

（出所）財務省「通関統計」

業界の特性

●食品機械とは

食品機械とは、主に農作物、畜産物または水産物を原料素材として加工処理し、これを多種多様な食品、飲料、調味料などに調理生成するための工程において使用される食品機械・器具及び装置のことである。

●主な食品機械の機種別特徴

製菓・製パン機械は、製造する製品によって多種多様の機械が開発され、生地の撹拌、成形、焼く、蒸すなどの工程においてマイコン制御の電子化が最も進んだ分野で、食生活の多様化に対応し安定した発展を遂げている。製麺機は、日本で最初に発明された食品機械であり、「即席めん」の登場に伴って、独特の蒸し工程、揚げ工程が加わり製麺装置も大型化・システム化が進んだ。製麺業界の「即席めん、カップめん」は国内外に急速に普及し、国際化の進展とともに製麺機の精度・能力がより向上した。肉類加工機械は、食肉需要の増大に伴って肉類を加工する各種機械の需要と大型化、高能率化が要求されてきた。畜産物の加工は、解体、脱骨、成形、肉挽き、燻煙、(煮沸、焼く、蒸す）など多種・多様な工程を経るため生肉、ハム、ソーセージ、ハンバーグその他の製品別に各種機械が自動化・システム化され、マイコン搭載のメカトロ機種も大型化が進んでいる。

ノウハウ

●デンソーウェーブの食品業界向けロボット

デンソー子会社のデンソーウェーブは、食品・飲料工場のニーズに対応するためアーム部分を軽量化して、ペットボトルを高速でつかんで箱詰めする最新型ロボットなどを展開している。同社は本物の腕のようにものを扱える「垂直多関節型ロボット」も手掛け、平成29年6月の食品機械の展示会では、本格的なドリップコーヒーを提供するロボットカフェを出展した。拡大が見込める市場で、新規参入者も増える中、他社との差別化が益々重要になってくる。

経営指標

ここでは参考として、TKC経営指標（平成29年版）より、「食品機械・同装置製造業」の数値を掲げる。

TKC経営指標 （変動損益計算書）	全企業	26件
	平均額（千円）	前年比（％）
売上高	272,594	102.2
変動費	152,955	105.0
仕入高	84,156	118.2
外注加工費	62,760	88.5
その他の変動費	1,606	89.6
限界利益	119,639	98.9
固定費	104,401	97.0
人件費	74,443	101.2
減価償却費	5,935	91.4
租税公課	2,498	121.5
地代家賃・賃借料	3,880	116.7
支払利息・割引料	1,524	91.0
その他	15,151	81.7
経常利益	15,237	113.7
平均従事員数	11.4名	

今後の課題／将来性

●将来性

アジアでは人件費が高騰しており、省力化につながる食品機械には商機がある。食品機械市場では異業種の大手なども加わり、競争が激しくなることも予想されるが、独創的で魅力的な新技術の開発が続けば、食品産業の生産性の大幅な向上にもつながり、世界市場での拡大が見込める。一方、国内でも人手不足を背景に、食品工場などでは自動化の要望が高くなっている。

《関連団体》　一般社団法人日本食品機械工業会
　　東京都港区芝浦3－19－20
　　TEL　03（5484）0981

●製造業●

ワイシャツ製造業

最近の業界動向

●ワイシャツの年間支出額は1,727円

　ワイシャツメーカーが属するアパレル業界は、消費者の節約志向などを背景に苦戦している。一方、オーダーシャツの売れ行きは好調で、シャツ専門店が力を入れている。シャツメーカーとしては、高品質で機能性、デザイン性に優れた製品を製造することが求められている。総務省「家計調査年報」によると、平成28年のワイシャツの1世帯当たりの年間支出額は前年比3.7％減の1,772円であった。また、ブラウスは同5.8％減の3,576円、他の婦人用シャツは同4.4％減の7,957円、子供用シャツは同3.6％減の2,042円となっている。

ワイシャツの1世帯当たりの年間支出額、購入数量（単位:円、枚）

年次	ワイシャツ		他の男子用シャツ	
	支出額	購入枚数	支出額	購入枚数
平23年	1,814	0.644	6,095	3.037
24年	1,747	0.614	5,935	2.960
25年	1,836	0.615	6,125	2.955
26年	1,757	0.556	6,193	2.794
27年	1,793	0.554	5,790	2.646
28年	1,727	0.508	5,586	2.536

（出所）総務省「家計調査年報」

●ワールドが価格を抑えた国産ワイシャツなどの販売を拡大

　アパレル大手のワールドは、価格を抑えた国産ワイシャツなどの販売を拡大する。ショッピングセンターを中心に展開するブランド「THE SHOP TK（ザ　ショップ　ティーケー）」では、平成28年から長崎で仕立てた「長崎シャツ」の販売を始めた。長崎シャツは、兵庫県の播州織の生地を使い、長崎市の縫製工場で仕立てたシャツだ。業界団体である日本ファッション産業協会が認定する「Jクオリティー」を取得している。Jクオリティーは、素材や染色、縫製の3工程を国内で手掛ける商品が認証の対象である。認証を取得することで、国産品であることをアピールするこ

とができる。購入しやすいよう、価格も5千円前後に抑え、消費者の低価格志向に対応している。

●山喜が新たに欧米市場、北米市場を開拓

　ワイシャツ大手の山喜は、欧米向けにしわになりにくいワイシャツを販売する。シンガポールに新会社を設立し、欧米のシャツメーカー向けにOEM（相手先ブランドによる生産）供給する。SMグループ傘下のナーク・シンガポール社と合弁会社を設立し、SMグループが持つ海外顧客のネットワークを活用し、新たに欧米市場や北米市場を開拓する。

マーケットデータ

●製造品出荷額

　経済産業省「工業統計表」によると、平成26年の織物製シャツ製造業の製造品出荷額は263億3,600万円で、前年の243億5,400万円に比べて8.1％の増加であった。

製造品出荷額等の推移（単位：人、百万円）

年次	事業所数	従業者数	製造品出荷額
平21年	206	5,480	26,066
22年	198	5,458	25,293
23年	209	4,712	24,898
24年	185	4,909	23,369
25年	178	5,008	24,354
26年	171	5,022	26,336

（出所）経済産業省「工業統計表」

●山喜の売上高

　紳士・婦人用シャツの製造・販売を手掛ける山喜の平成29年3月期の売上高、営業利益等は次の通り。売上高は前年同期比6.9％減の176億4,500万円、営業利益は同54.5％減の1億9,000万円、経常利益は同32.9％減の2億円、当期純利益は同54.1％減の1億2,900万円であった。

山喜の売上高等（平成27年3月期）（単位:百万円、％）

決算期	平28年3月期	平29年3月期
売　　　　　上　　　　　高	18,950	17,645
営　業　利　益	418	190
経　常　利　益	298	200
当　期　利　益	281	129
自　己　資　本　比　率	44.3	46.4

（出所）決算資料

業界の特性

●事業所数、従業者数

経済産業省「工業統計表」によると、平成26年の織物製シャツ製造業の事業所数は前年比0.3％減の171所、従業者数は同2.0％増の5,022人となっている。

●ワイシャツの種類

ワイシャツはドレスシャツとカジュアルシャツに大別される。ドレスシャツはネクタイの着用を前提に襟回りなどでサイズを表示する。一方、カジュアルはネクタイをしないことを前提に、サイズはS、M、Lで表示している。

●流通経路

ワイシャツの流通経路を大まかに分けると、合繊・紡績メーカーによる生地卸商からシャツ製造業、小売業まで垂直的に系列化されている。仕入れは、生地についてはロットにより商社や生地卸商から、ボタン、縫製用糸、芯地などは専門の卸商から仕入れる。

●大手アパレル企業と中小企業

ワイシャツ製造業者は、従業員4～19人の中小零細企業と大手アパレルメーカーに分かれ、零細企業が大半を占めている。零細企業は優れた製品を製造している企業もあるが、一般的には企画力や販売力は比較的弱い。一方、大手アパレルメーカーは企画から製造まで手掛けている。このため、ワイシャツ市場は大手アパレルや中国製に代表される安価な輸入品に席巻され、中小零細のワイシャツ専業メーカーは劣勢を強いられている。

●海外生産と低コスト化

ワイシャツ製造業は、低コストが競争力の源泉であり、大手に限らず人件費の安い海外に生産拠点を移す傾向が一層強まっている。生産拠点は中国が多かったが、最近は多様化している。専業メーカーの山喜は、台湾やタイ、上海、ラオス、インドネシアに進出し、現在バングラデシュでもシャツを生産している。

●ネット販売

従来、採寸や生地の触感の問題、他の衣類とのコーデネートの問題などから、シャツはネットでの販売は困難であつたが、IT技術の進展もあり、ネット販売が可能となり売上が伸びている。

ノウハウ

●商品企画力を高める

ワイシャツは比較的長期に着用でき、流行のサイクルもほかのアパレル製品に比べて長い。また消費者は実用性から価格を重視する傾向がある。ただ、ファッション性を重視する消費者も多く、商品企画力に注力するメーカーが増えている。素材メーカーと連携による新素材の開発や、提案力などが求められる。企画段階から開発チームを組むことによって、百貨店向けなど付加価値が高い商品が生み出される。

経営指標

ここでは参考として、TKC経営指標（平成29年版）より、「織物製シャツ製造業」の数値を掲げる。

TKC経営指標 （変動損益計算書）	全企業	10件件
	平均額（千円）	前年比（％）
売上高	162,258	101.9
変動費	73,347	103.8
仕入高	35,501	100.9
外注加工費	38,970	115.5
その他の変動費	1,105	124.7
限界利益	88,911	100.4
固定費	87,093	102.6
人件費	58,941	100.7
減価償却費	4,220	102.2
租税公課	553	70.8
地代家賃・賃借料	9,897	98.6
支払利息・割引料	871	97.2
その他	12,752	121.7
経常利益	1,818	49.3
平均従事員数	22.4名	

今後の課題／将来性

●課題

低価格だけでは客離れが起きる。高品質で値ごろ感のある製品、デザイン性に優れた製品を提供していくことが求められる。また、海外市場は開拓があまり進んでいない。今後、海外進出を見据えた経営戦略が必要になる。また、ネット通販の活用やITを活用した販売なども行っていく必要があり、人材の育成なども欠かせない。

《関連団体》　協同組合日本シャツアパレル協会
　　　　東京都墨田区緑1－14－5
　　　　TEL　03（3631）9443

●製造業●

ユニフォーム製造業

最近の業界動向

●ユニフォームの市場規模

ユニフォームは、建設作業員が使う作業着や学校制服、介護や医療などのサービス業向け、オフィス向けなどに分かれる。このうち、介護施設や病院向けのユニフォームは需要拡大が見込まれる。矢野経済研究所によると、平成27年度のユニフォームの市場規模（メーカー出荷金額ベース）は前年度比1.6％増の5,026億円であった。平成28年度は同1.1％増の5,079億円と予測されている。

ユニフォームの市場規模（単位：億円）

年度	市場規模	年度	市場規模
平21	4,788	平25	4,832
22	4,655	26	4,949
23	4,757	27	5,026
24	4,764	28（予）	5,079

（注）市場規模の調査対象は、学校制服と食品製造向けユニフォーム、事務服、サービス業向けユニフォーム（病院、清掃業、飲食業、食品工場向け）の4分野
（出所）矢野経済研究所

●制服のオーダーメードサービス

ワールドは平成28年5月、子会社のワールドプロダクションパートナーズに制服の専門部署を設置し、制服のオーダーメードサービスを始めた。制服のデザインは、働き手のモチベーションアップにもつながり、制服のデザインにこだわる企業が増えている。ワールドは、デザイン画やサンプルを基に顧客と打ち合わせを重ね、ワールドプロダクションパートナーズが企画・生産する。これまで、サンシャインシティの展望台や、遊園地よみうりランド、観光バスガイドなどの制服を手掛けている。制服の果たす役割は大きく、アパレル企業にとって商機になるだろう。

●素材やデザインにこだわった学生服

ミズノは平成27年12月に学生服を発売した。スポーツウェアの開発ノウハウを生かし、動きやすさや温かさを前面に出した。学生服の詰め襟は業界団体の厳しい規定があり、認定マークを取らないと学生服として着てもらえない。学生服大手の瀧本と共同で取り組み、販売にこぎつけた。ズボンのかたちは、ミズノのゴルフウェアのパンツのパターンを取り入れた。素材は独自開発した水分反応して発熱する保温素材をズボンの裏地に入れた。少子化の影響で学校関連の売上高の増加が見込めない中、販売するアイテムを増やして安定的な収益確保につなげる。学生服専門店や百貨店の学生服売り場などを経由しての販売を進め、学校への営業活動にも力を入れていく。

マーケットデータ

●制服等の生産量

経済産業省「生産動態統計」によると、学校服、制服・作業服・事務服の生産量の推移は次の通り。平成28年の学校服の生産量は前年比4.2％減、制服・作業服・事務服の生産量は同1.2％減であった。

学校服、制服等の生産量（単位：千点）

項　目	平26年	平27年	平28年
学校服	6,780	6,426	6,153
制服・作業服・事務服	3,727	3,536	3,492

（出所）経済産業省「繊維・生活用品統計」

●需要分野別ユニフォーム市場

矢野経済研究所によると、平成27年度のユニフォームの市場規模（メーカー出荷金額ベース5,026億円の需要分野別市場構成比は次の通り。ワーキングユニフォームは、訪日外国人の増加などにより、ホテルなどの宿泊施設での需要が見込まれる。サービスユニフォームは、介護施設などの増加に伴い、介護用ユニフォームの需要増が見込まれる。

需要分野別市場構成比（平成27年度）

需要分野別	構成比	市場規模
ワーキング	52.3％	2,629億円
スクール	21.9％	1,101億円
サービス	16.8％	844億円
オフィス	9.0％	452億円

（出所）矢野経済研究所

●学生服大手の売上高

学生服大手4社（トンボ、菅公学生服、瀧本、明石スクールユニフォームカンパニー）の売上高は次の通り。少子化で需要は縮小しているが、学

校別に多品種小ロット化で受注は底堅い。明石スクールユニフォームカンパニーは売上高が前期比6.6％増、経常利益が同35.9％増で増収増益となった。人気アニメ「ワンピース」を起用した詰襟学生服の新入学キャンペーンが販促に貢献した。トンボは売上高が同4.0％増、経常利益が同26.4％増であった。菅公学生服は、東京・原宿に「カンコーショップ原宿セレクトスクエア」をオープンして新しい制服を発信している。瀧本は学生服専業メーカーで、全国約5,000校の生徒に制服やスポーツウェアを販売している。

学生服大手4社の売上高

社　名	売上高	経常利益	決算期
ト　ン　ボ	265億円	17億円	平28・6
菅　公　学　生　服	348億円（グループ連結）	—	平28年度
瀧　　　本	98億円（単体）	—	平28・6
明石ユニフォームカンパニー	248億円	15億円	平28・5

（注）カッコ内は前期比
（出所）各社資料

業界の特性

●製品の種類

ユニフォーム製造業は学生服製造業、作業用・スポーツ用衣服製造業で構成されている。それぞれの製品は次の通り。①学生服製造業…男子学生服、女子学生服、小学生服、シャツ、ブラウス、オーバーコート、スポーツ衣料、カジュアル衣料、②作業用・スポーツ用衣服製造業…現場作業向け作業服、事務用作業服、防寒作業服、そのほか特殊産業用作業服など。

●標準型学生服

標準型学生服は、日本被服工業組合連合会の「標準型学生服認定基準」を満たし、認定された全国の中学・高校で一般的に着用されるスタンダードな学生服で、「認証マーク（標準マーク）」が添付されている。全国で詰襟タイプを採用している中学校の大多数が標準型学生服を指定している。学校によっては、標準型の中でもさらに細かい規定を設けている場合もある。国内の標準型学生服メーカーは、トンボ、菅公学生服、瀧本、明石ユニフォームカンパニーなどがある。

●学生服の需要期

学生服は新学期が始まる前の12月～4月までが最大の需要期である。9～10月は買換えを目的とした需要があるが、5～8月の需要はほとんど発生しない。

ノウハウ

●顧客の目的に合ったユニフォーム作り

目的に合ったユニフォームが求められている。作業現場では動きやすさや安全性、サービス業向けにはデザイン性や、昼休みにそのまま外出する際に恥ずかしくないよう配慮したユニフォームなど、顧客のニーズに応えることが求められる。

経営指標

ここでは参考として、TKC経営指標（平成29年版）より、「織物製事務用・学校服等製造業」の数値を掲げる。

TKC経営指標（変動損益計算書）	全企業　30件	
	平均額（千円）	前年比（％）
売上高	317,037	103.4
変動費	177,952	101.3
仕入高	135,676	102.3
外注加工費	46,123	104.3
その他の変動費	▲79	▲6.2
限界利益	139,085	106.3
固定費	124,586	101.5
人件費	81,587	100.9
減価償却費	8,090	145.0
租税公課	1,760	101.4
地代家賃・賃借料	3,714	100.9
支払利息・割引料	2,274	102.0
その他	28,012	96.0
経常利益	14,498	180.4
平均従業員数	29.5名	

今後の課題／将来性

●将来性

2020年に開催される東京オリンピック・パラリンピックに向け、サービス業向けのユニフォームの需要増が見込まれる。また、衣料・介護分野の制服も堅調だが、参入する企業も多くなり競争は激しくなっている。

《関連団体》 日本被服工業組合連合会
　東京都中央区日本橋人形町3－4－5
　　日本タオル会館内
　TEL　03（3808）2244

●製造業●

インテリア製品製造業

最近の業界動向

●インテリアファブリックス市場

　日本インテリアファブリックスによると、平成28年度のインテリアファブリックス（卸売ベース）の市場規模は前年度比0.2％減の5,652億3,000万円であった。分野別ではウィンドートリートメント（カーテン、ブラインド類等）が同0.5％増の2,014億4,000万円、ウォールカバリング（壁紙）が1,168億1,000万円であった。市場規模の推移は次の通り。

インテリアファブリックス市場規模の推移（単位：億円）

年　　度	平24	平25	平26	平27	平28
市場規模	5,442	5,701	5,651	5,661	5,652

（出所）日本インテリアファブリックス

●和紙の畳が人気

　和紙を使った畳は色の種類も多く、洋風の間取りにも合わせやすいため注目を集めている。フローリングの床に置くだけで使える「置き畳」も人気だ。内装建材や住宅機器などの製造販売を行う大建工業は、イグサの畳以外に和紙の畳を製造販売している。機械ですいた薄い和紙をこより状にして糸にし、機械で編めるようにした。吸湿性があり摩擦などによる痛みも少ない。大建工業では、15種類の和紙畳を揃えている。

●セミオーダー式のLED照明

　省エネ機能や長寿命などが支持され、LED照明が広がっている。コイズミ照明は、セミオーダー式のLEDスタンド照明を受注している。床に置くフロアスタンド、テーブルスタンドがあり、照明の傘と土台を選ぶことができる。生産は既製品生産を任せている協力工場に委託し、最短で約3週間で納品する。傘は和紙を使用したものや布を使用したもの、電球が透けて見えるものなど、デザインに工夫を凝らした。セミオーダーにすることで、完全オーダー品より価格を下げた。ビジネスホテルの客室や、企業の応接間などの利用を

見込んでいる。

マーケットデータ

●インテリアファブリックスの分野別市場規模

　日本インテリアファブリックスによると、インテリアファブリックスの分野別市場規模は次の通り。平成27年度のウィンドートリートメントは前年度0.2％増の2,003億4,000万円、フロアカバリングは同0.7％減の2,492億円、ウォールカバリングは同2.2増の1,166億3,000万円であった。

インテリアファブリックスの分野別市場（単位：百万円）

項　　目	平26年度	平27年度
インテリアファブリックス	565,180	566,170
ウィンドートリートメント	200,040	200,340
フ ロ ア カ バ リ ン グ	250,970	249,200
ウ ォ ー ル カ バ リ ン グ	114,170	116,630

（注）ウィンドートリートメント（：カーテン、ブラインド類など）、フロアカバリング（カーペット、プラスティック系床材）、ウォールカバリング（壁紙）
（出所）インテリアファブリックス協会

●インテリア製造業の出荷金額

　インテリア製品製造業の範囲は広く、カーペット、インテリア・ファブリック（繊維製織物製品）、壁紙、電気照明器具など多業種に及ぶ。その需要は、住宅着工戸数に左右されやすい構造となっている。このため、増改築・リフォームや買換需要への期待が大きい。インテリア製造業の出荷金額は増加傾向にある。各業種別の出荷金額の推移は次の通り。

業種別の出荷金額（単位：百万円、％）

業種／年次	じゅうたん・その他の繊維製床物製造業	壁紙・ふすま紙製造業	家具・装備品製造業	電気照明器具製造業
平22年	135,789	38,340	1,575,390	844,656
23年	140,344	43,906	1,673,939	663,749
24年	136,252	40,958	1,730,851	976,546
25年	127,858	43,787	1,819,001	922,949
26年	139,940	45,486	1,915,042	1,005,086
26/25比	9.4％増	3.9％増	5.3％増	8.9％増

（出所）経済産業省「工業統計表」

●新設住宅着工の戸数・床面積

　国土交通省「建築着工統計」によると、新設住宅着工の戸数の推移は次の通り。平成28年の新設住宅着工戸数は前年比6.4％増の96万7,237戸で、2年連続の増加となった。内訳は、持家が同3.1

－ 630 －

％増の29万2,287戸で3年ぶりに増加した。貸家は同10.5％増の41万8,543戸で5年連続の増加となった。分譲住宅は3.9％増の25万532戸で2年連続の増加であった。

新設住宅着港の戸数

年次	新設住宅着工戸数		うち持家	分譲住宅
		前年比		
平22年	813,126	3.1	305,221	201,888
23年	834,117	2.6	305,626	234,571
24年	882,797	5.8	311,589	246,810
25年	980,025	11.0	354,772	263,931
26年	892,261	▲9.0	285,270	237,428
27年	909,299	1.9	283,366	241,201
28年	967,237	6.4	292,287	250,532

（出所）国土交通所「建設着工統計調査」

業界の特性

●事業所数、従業者数

経済産業省「工業統計表」によると、じゅうたん・その他の繊維製床敷物製造業、壁紙・ふすま紙製造業、家具・装備品製造業、電気照明器具製造業における事業所数、従業者数は次の通り。

事業所数、従業者数

業種／年次	じゅうたん・その他の繊維製床敷物製造業		壁紙・ふすま紙製造業		家具・装備品製造業		電気照明器具製造業	
	事業所数	従業員数	事業所数	従業員数	事業所数	従業員数	事業所数	従業員数
平22	193	4,586	78	1,514	6,610	99,053	541	24,756
23	179	4,529	73	1,607	7,052	99,454	585	22,783
24	178	4,383	84	1,556	6,101	96,769	548	26,599
25	172	4,442	76	1,544	5,776	97,386	522	26,346
26	168	4,403	70	1,516	5,550	96,824	493	25,911

（出所）経済産業省「工業統計表」

●流通形態

インテリア製品のうち、カーペットとカーテンの流通経路は次の通り。①カーペット…自社ブランドを持つ製造卸と、商社主体の経路に大別される。中小メーカーの多くは、製品の企画・販売を商社に依存している。②カーテン…既製品は製品問屋から小売店に直接流通することが多く、注文品は製造問屋から代理店・問屋経由で施工業者に流通することが多い。

ノウハウ

●サンゲツがカーテン専門の販売会社を設立

サンゲツは、カーテン専門の販売会社を設立した。これまでの内装工事に加え、住宅メーカーなどにも販路を拡大し、オーダーカーテンの販売に力を入れる。住宅メーカーやパワービルダーが、インテリアコーディネーターを擁し、内装提案も一貫して手掛ける例が増えている。カーテンについて、これまで壁紙や床材と同じ内装工事業者を主な販路としてきたが、住宅メーカーなどに向けて営業活動を展開していく。

経営指標

インテリア製品製造業を対象にした指標は見当たらないので、ここでは参考として、TKC経営指標（平成29年版）より、「他に分類されない家具・装備品製造業」の数値を掲げる。

TKC経営指標（変動損益計算書）	全企業 14件	
	平均額（千円）	前年比（％）
売上高	214,688	91.2
変動費	121,399	86.3
仕入高	70,207	83.3
外注加工費	49,865	95.0
その他の変動費	1,165	100.7
限界利益	93,289	98.5
固定費	88,583	98.5
人件費	54,804	102.8
減価償却費	7,353	112.1
租税公課	3,491	144.0
地代家賃・賃借料	3,360	100.4
支払利息・割引料	1,387	76.8
その他	18,743	86.0
経常利益	4,706	98.5
平均従事員数	11.1名	

今後の課題／将来性

●課題

消費者ニーズは多様化し、それぞれの生活シーンに合わせたインテリアが求められている。また、デザイン性を重視する傾向が強まっており、特にホテルなどの商業空間ではデザイン性を高めた商品でなければならない。競争力のある製品開発や使いやすさなど、さまざまな要望に応えることが求められている。

《関連団体》 公益社団法人インテリア産業協会
東京都新宿区新宿3-2-1
新宿三丁目ビル8F
TEL 03（5379）8600

－ 631 －

●製造業●

ゴム製品製造業

最近の業界動向

●平成28年のゴム製品出荷金額は3.6%減

経済産業省「生産動態統計」によると、平成28年のゴム製品の出荷金額合計は前年比3.6%減の2兆1,805億9,200万円であった。このうち、全体の52.3%を占める自動車タイヤは同7.5%減の1兆1,406億3,200万円となった。ただ、天然ゴムなどの原材料価格が落ち着きを見せ、タイヤ各社の業績は上向いている。

●旭化成が低燃費タイヤ用ゴムの海外生産増強

旭化成は、シンガポールで低燃費タイヤ用合成ゴムの生産能力を増強する。低燃費タイヤは、新興国でのモータリゼーションの進展によるタイヤ生産の拡大や、世界的なタイヤに対する環境規制の強化などを背景に、急速に市場が拡大している。現在、国内では神奈川県と大分県、海外ではシンガポールに製造拠点があり、さらなる需要拡大と顧客のニーズに応えた供給体制の拡充を図る。旭化成の低燃費タイヤ用ゴムは、連続重合プロセスを主力とし、独自の技術開発によりタイヤの低燃費性とブレーキ性能を高次元でバランスさせながら、耐摩耗性や操縦安定性の改良も実現している。グローバル展開と自動車用途向けでの拡大を推進していく。

●タイヤの値上げ

タイヤの値上げが相次いでいる。値上げの背景には、各種製品の主要原材料である天然ゴムや合成ゴムなどの価格高騰がある。ブリヂストンは平成29年6月から夏用タイヤを平均6.0%値上げ、横浜ゴムも平成29年4月から夏用タイヤを平均6.0%値上げし、東洋ゴムは夏用・冬用タイヤを平均5.5%値上げした。また、住友ゴムや日本ミシュランタイヤも検討に入っている。

●住友ゴムが欧州の医療用ゴムの積極展開

住友ゴムは、医療用精密ゴム部品事業のグローバル展開を加速するため、約44億円を投じてスロ

ベニアに工場の新設を決定した。平成27年1月に、欧州の大手製薬メーカー向けを中心に、医療用包装材、医療用精密ゴム部品などを製造・販売するスイスのLonstroff AG（Lonstroff Holding AG傘下）を取得し、事業を拡大した。新工場を平成31年4月に稼働予定で、これにより欧州における医療用精密ゴム部品の生産能力は約3倍（平成28年比）となり、同事業のさらなる拡大につなげる。

●自動車部品向け中小製造業の医療分野進出

自動車向け防振ゴムを製造する東栄化学工業は、「群馬がん治療技術地域活性化総合特区（がん特区）」による群馬県の支援を活用して、医療機器メーカーと帝王切開専用シリコンゲルシートを共同開発した。自社の自動車部品のコア技術を磨き、異業種への応用技術につなげた結果で、自動車部品用途以外に医療分野も事業の柱に育てる。

マーケットデータ

●ゴム製品の出荷金額

経済産業省「生産動態統計」によると、平成28年の製品別の出荷金額の推移は次の通り。ゴム製品の自動車タイヤが全体の52.3%を占め、工業用品が31.1%を占めている。

ゴム製品の出荷金額（単位：百万円、%）

項　目	平27年	平28年	前年比
自動車タイヤ	1,233,408	1,140,632	▲7.5
ゴム底布靴	32,157	34,167	6.2
総ゴム靴・その他ゴム製履物	3,326	3,173	▲4.6
ゴムベルト	70,512	67,162	▲4.8
ゴムホース	136,237	135,490	▲0.5
工業用品	665,750	679,204	2.0
医療用品	40,813	45,362	11.1
運動用品	15,441	15,616	1.1
ゴム製品合計	2,262,120	2,180,592	▲3.6

（出所）経済産業省「生産動態統計」

●自動車用タイヤのマーケットシェア

日本経済新聞によると、平成28年の自動車用タイヤのマーケットシェアは次の通り。ゴム生産量は101万9,801トンで、円高で輸出向けの生産が減少した。ブリヂストンは新車装着用のほか、静粛性や低燃費性に優れた市販品の拡販でシェアを高めた。横浜ゴムは収益性重視の戦略を打ち出し、住友ゴムはシェアを落とした。平成29年は海外勢を含めた競争激化が予想されている。

自動車用タイヤのマーケットシェア（平成28年）

順位	企業名	シェア
1	ブリヂストン	46.1％（0.7）
2	住友ゴム工業	25.7％（▲0.2）
3	横浜ゴム	15.3％（▲0.5）
4	東洋ゴム工業	12.8％（0.0）
5	その他	0.1％（0.0）

（注）カッコ内は前年比増減ポイント
（出所）日本経済新聞社

業界の特性

◉事業所数・従業者数・製造品出荷額

　経済産業省「工業統計表」によると、ゴム製品製造業の事業所数、従業員数は次の通り。平成26年の事業所数は前年比2.4％減の2,525所、従業員数は同0.8％減の11万987人、出荷品出荷額は同3.0％増の3兆2,072億8,000万円であった。

ゴム製品製造業の事業所数、従業員数

年次	事業所数	従業員者数（人）	製造品出荷額（百万円）
平24年	2,698	111,743	3,176,725
25年	2,586	111,826	3,112,878
26年	2,525	110,987	3,207,280

（出所）経済産業省

◉ゴム製品製造業の分類

　ゴム製造業を大別すると、①タイヤ・チューブ製造業、②ゴム製・プラスチック製履物・同付属品製造業、③ゴムベルト・ゴムホース、工業用合成品製造業、④その他のゴム製品製造業となる。

◉原材料

　ゴム製品の原材料は天然ゴムと合成ゴムがある。天然ゴムの流通は、生産地の輸出業者からメーカーへの直接取引や、商社などのディーラーを経由して商品取引所で取引される。一方、合成ゴムは原油価格の変動の影響を受けやすく、仕入れ価格の変動幅が大きい。天然ゴムは投機資金が流入しているほか、産地であるタイで平成29年1月に洪水が起き、供給不安が高まったことから価格が上昇。合成ゴムも石油化学製品の価格上昇の影響を受けている。

ノウハウ

◉騒音と摩耗を抑制する独自技術を適用した乗用車用スタッドレスタイヤ

　ブリヂストンは、平成29年9月に発売する乗用車用スタッドレスタイヤに、騒音と摩耗を抑制する独自技術を適用した。滑りの原因となる氷上の水膜を取り除く独自技術の「発泡ゴム」の機能を強化してブレーキ性能を引き上げ、騒音も抑えた。自動車向けでは今後一層運転効率や環境への配慮といったニーズが多様化し、先んじた技術力の強化が必要となる。また、住友ゴム工業は、理化学研究所が運用中の大型放射光施設「スプリング8」を活用し、タイヤのゴム構造を解析し、変形を抑えても滑りにくい低燃費タイヤのゴムを開発した。国の施設・制度を活用するなど研究開発の効率性を高めることも有効である。

経営指標

　ここでは参考として、TKC経営指標（平成29年版）より、「ゴム製品製造業」の数値を掲げる。

TKC経営指標（変動損益計算書）	全企業　68件	
	平均額（千円）	前年比（％）
売上高	435,156	104.9
変動費	239,864	106.2
仕入高	184,493	105.5
外注加工費	53,436	109.3
その他の変動費	4,945	103.4
限界利益	195,292	103.4
固定費	177,615	102.2
人件費	116,482	102.3
減価償却費	7,567	37.0
租税公課	2,505	102.9
地代家賃・賃借料	3,762	96.4
支払利息・割引料	3,452	101.7
その他	44,349	146.0
経常利益	17,677	118.3
平均従事員数	26.1名	

今後の課題／将来性

◉将来性

　国内のタイヤ需要は縮小傾向にあるが、世界のタイヤ需要は増加傾向にある。国内では低燃費タイヤの競争が激しく、低燃費製品の基準を決めるラベリング制度（転がり抵抗性能とウェットグリップ性能の両性能を等級制度に基づいて表示を行う）の認定を受けることが競争に不可欠となっている。開発競争が激しさを増している。

《関連団体》　一般社団法人日本ゴム工業会
　　東京都港区元赤坂1－5－26
　　TEL　03（3408）7101

●製造業●

LED照明製造業

最近の業界動向

●新規参入が相次ぎ、需要も一巡気味

　LED照明市場は、東日本大震災後の節電ニーズの高まりを受けて急成長し、新規参入する企業が相次いだ。従来まで電球を生産していたのは、パナソニック、日立ライティング、三菱電機、NECライティングなどの大手メーカーだけだった。しかし、LED照明は半導体産業の一部であるため、それほど大規模な投資が不要であり参入も比較的容易になった。各メーカーは価格を抑えたLED照明の新製品を続々と発売し、低コスト化と製品ラインナップの拡充を図った。ただ、省エネ意識の高まりや電気料金の上昇を背景に急成長したLED照明の市場は、曲がり角を迎えている。需要が一巡した上に、韓国など海外から低価格の製品が入っている。また、長寿命というメリットが逆に作用し、買い替え需要の伸びも従来ほどは見込めなくなっている。

照明器具年間出荷数量・金額（単位：千個、百万円）

品目	平26年		平27年		平28年	
	数量	金額	数量	金額	数量	金額
白熱灯器具	7,539	61,809	5,178	47,699	3,432	22,526
蛍光灯器具	12,425	114,894	6,956	64,378	3,855	34,102
LED器具	41,469	465,522	53,675	568,140	60,465	639,077

（出所）経済産業省機械統計

●地面に埋め込めるLED照明

　「Luci（ルーチ）」は、地面に埋め込んで設置できるLED照明「OCEANOS（オセアノス）」の販売を平成29年7月に開始した。「耐衝撃性IK10」に認定されており、地面に埋め込んで設置し、器具の上を歩いたり、車両で横切ったりすることが可能で、駐車場の設置に適している。駐車場や道路に埋め込めば、誘導灯や夜間の安全灯として機能する。歩行者用通路や受付エリアなどに設置して、行き先ガイドシステムとして活用することも

できる。照明部にはポリウレタン素材を使用しており、使用温度範囲はマイナス50〜80℃。取り付けフレームには耐性ステンレスを使用している。使用しているポリウレタン素材は、使用温度範囲がマイナス50〜80℃で、LED照明器具によく用いられる一般的なシリコン素材と比べ、耐薬品性は5倍、耐水性は10倍優れている。このため、最深2メートルでの水中への設置も可能となる。全面発光の高品質で均質な光は、魅力的なデザイン上のアクセントや歩行者のための地面上の行き先ガイドシステムとして、夜間時に行先案内と安全性を提供できる。公園や広場、道路、ホテル、受付エリア、地下駐車場、歩行者用通路、橋、空港や鉄道施設などでの利用に適している。

●新カバーで高い省エネ性能を実現

　日立アプライアンスは、LED照明の新製品6機種を平成29年9月に発売した。同社は日立製作所の100％子会社で、家電や照明・住宅設備機器などを手掛ける。高効率のLEDモジュールや、光の取り出し効率に優れる新しいカバー、独自のレンズなどを採用することで、高い省エネ性能を実現した。新製品は、LEDシーリングライト購入時に重視される省エネ性を向上させた。新たなカバーは、透過性が高く拡散性に優れる材料で光の取り出し効率を高めた。レンズはLEDの光を効率よく広げるため、内周部の透明レンズと外周部の半透明、透明の3種類を使用した。LEDモジュールの形状と位置で使い分け、適用畳数で最高の明るさにする。明るさの低下要因になる熱への対策として、LEDからの熱を放散する大型の放熱構造を導入するとともに、LEDモジュールを広い面積にまんべんなく配置して熱を分散させる技術を取り入れた。

マーケットデータ

●照明市場規模の推移

　矢野経済研究所によると、照明市場規模の推移は次の通り。平成27年のLED照明器具の市場規模は前年比20.0％増の5,868億800万円であった。平成28年は同10.5％増の6,482億6,500万円が見込まれている。住宅やオフィス向けが低迷する中、照明メーカーは、工場や倉庫で使う産業用の照明開発に力を入れている。

照明市場規模の推移 （単位：百万円）

用途別	平26年	平27年	平28年 （見込）
合　計	1,035,737	1,058,690	1,027,694
ＬＥＤランプ	111,000	110,776	103,788
従来光源ランプ	207,590	176,812	144,741
ＬＥＤ照明器具	489,094	586,808	648,265
従来光源照明器具	228,053	184,294	130,900

（出所）矢野経済研究所

業界の特性

◉多機能のLED照明が増える

多機能な照明器具が増えている。スマートフォンを使って点灯・消灯などの操作ができるLED照明や、スピーカーや香りの放出など多彩な機能を搭載した商品が相次いで発売されている。近年増えているのは、スマートフォンで操作できる商品だ。高機能とLEDの採用、さまざまな工夫により、省エネ性能も年々向上している。

◉日本照明工業会の会員数

日本照明工業会は、照明用光源、材料、点灯装置、照明器具などの製造及び販売を行う事業者、関係団体を会員とする。平成29年10月17日現在正会員数は191である。

◉事業所数、従業者数

LED照明器具製造業に特化した事業所・従業者数等の調査統計が無いため、ここでは経済産業省「工業統計表」の電気照明器具製造業の調査統計を記載する。

電気照明器具製造業の現況

年次	事業所数	従業者数 （人）	製造品出荷額等 （百万円）
平25年	522	26,346	922,949
26年	493	25,911	1,005,086

（出所）経済産業省「工業統計表」

◉主要企業

国内の主要企業は、東芝ライテックやパナソニック、三菱電機照明等の大手電機メーカーのほか、大光電気やコイズミ照明などの照明器具専門メーカー、さらにアイリスオオヤマの新規参入企業が存在する。

ノウハウ

◉植物育成用光源としての可能性

LED照明は、植物工場で利用される光源（LEDユニット）として注目されている。従来、植物育成用光源は主に蛍光ランプ、メタルハライドランプ、高圧ナトリウムランプが採用されていたが、LEDの価格低下により初期投資が大幅に縮小したことに加え、省電力、低発熱であることや、波長コントロールによる栽培品種の多様化が可能などの要因から、新設の植物工場での採用や既設の植物工場での置き換えが進んでいる。

経営指標

LED照明器具製造業を対象にした指標は見当たらないので、ここでは参考として、TKC経営指標（平成29年版）より、「その他の電気機械器具製造業」の数値を掲げる。

TKC経営指標 （変動損益計算書）	全企業　41件	
	平均額(千円)	前年比（%）
売上高	159,671	95.0
変動費	84,550	92.1
仕入高	66,775	94.2
外注加工費	16,705	88.0
その他の変動費	1,710	183.7
限界利益	75,120	98.5
固定費	70,530	102.2
人件費	46,760	103.9
減価償却費	3,957	99.9
租税公課	1,009	86.5
地代家賃・賃借料	2,979	102.1
支払利息・割引料	1,797	92.1
その他	14,225	105.4
経常利益	4,589	63.2
平均従事員数	13.0名	

今後の課題／将来性

◉課題

照明市場は人口減少やそれに伴う建設需要の減少などの要因で、長期的には縮小に向かうとみられる。そのため、照明制御ソリューションの提案による照明の高付加価値化が進められている。IoTを活用したほかの設備機器との連動なども視野に入れた、照明制御ソリューション市場の拡大が期待される。

《関連団体》　一般社団法人日本照明工業会
　　　東京都台東区台東4−11−4
　　　三井住友銀行御徒町ビル
　　TEL　03（6803）0501

— 635 —

●製造業●

製材業

最近の業界動向

●国産材の供給量は増加傾向

　農林水産省「木材統計」によると、平成28年の製材工場における製材用素材需要量は1,659万立方メートルと、新設住宅着工戸数の増加等を受け3年振りに上昇した。このうち、国産材は前年比1.5％増の1,218万立方メートルと全体量の約73％を占めている。国産材の比率は、円安による輸入木材の価格上昇などを受け近年増加傾向にある。

製材用素材需要量（単位：万㎥、％）

年次	国産材需要量	外材需要量	国産材比率
平24年	1,132	493	69.7
25年	1,206	521	69.8
26年	1,221	445	73.3
27年	1,200	418	74.2
28年	1,218	441	73.4

（出所）農林水産省「木材統計」

●製材工場の集約化・大型化が進む

　農林水産省「木材統計」によると、製材用素材消費量の製材用動力の出力規模別では、平成28年の出力規模300kW以上の大規模工場が、前年比6.8％増の1,151万立方メートルと全体消費量の約70％の割合を占めている。製材加工業界大手の中国木材は、平成29年5月に広島県呉市に取得した約9万平方メートルの土地に国産材の製材工場と木材乾燥場を新設することを発表した。製材生産は、スケールメリットを生かすことが可能な大規模工場に集約される傾向にある。なお、平成28年に廃止された製材工場数の約92％が出力規模150kW未満の比較的小規模な工場であった。

●木材の生産から加工・販売を一貫して行う

　埼玉県の伊佐ホームズや島崎木材などが共同出資して設立した森林パートナーズは、木材の生産から住宅建材などへの加工・販売を一貫して行う事業を始める。埼玉県秩父市内にある山林のデータベースを作成し、山林に生育する木について情報を収集し、データを活用して住宅用の建材などに利用する際に最適な木材を切り出す。木材には次元コードを付け管理する。建材の需要に応じて木材の切り出しや加工ができるため、買い取り価格の引き上げにもつながる。

マーケットデータ

●用途別製材品出荷量

　農林水産省「木材統計」によると、平成28年の製材品出荷量は前年比0.7％増の929万3,000立方メートルとなった。製材品の用途区分別では、全体の8割以上を占める建築用材は前年比1.9％増と増加したが、ほかの用材はすべて前年を下回った。

用途別製材品出荷量（単位：千㎥）

区　分	平26年	平27年	平28年
合　計	9,595	9,231	9,293
建築用材	7,875	7,481	7,623
土木建設用材	409	410	376
木箱仕組板・こん包用材	1,033	1,048	1,019
家具・建具用材	56	63	51
その他用材	222	227	221

（出所）農林水産省「木材統計」

●木材輸出額と輸出国

　林野庁「木材輸出の現状」によると、平成28年における木材輸出額は前年比4.0％増の238億3,000万円となった。アジアへの輸出を中心に輸出額は年々増加している。

木材輸出額（単位：百万円）

国　別	平26年	平27年	平28年
中　　　　　国	6,786	8,876	9,029
韓　　　　　国	2,873	3,780	3,116
フィリピン	1,967	3,478	5,573
台　　　　　湾	2,005	2,085	1,561
米　　　　　国	1,155	1,721	1,330
そ　の　他	3,048	2,985	3,223
合　　計	17,834	22,924	23,831

（出所）林野庁「木材輸出の現状」

業界の特性

●製材工場、従事者数

　農林水産省「木材統計」よると、平成28年12月31日現在の製材工場数は4,933工場、製材業の従業員数は2万8,016人であった。

製材工場数、従業者数（各年12月31日現在）

年次	製材工場数	従業者数（人）
平24年	5,927	31,638
25年	5,690	31,124
26年	5,447	30,282
27年	5,158	29,069
28年	4,933	28,016

（出所）農林水産省「木材統計」

●木材自給率は回復している

　林野庁によると、平成28年の木材自給率は31.1％で前年に比べて0.3ポイントの上昇となった。木材自給率は回復傾向にある。

木材供給量と木材自給率（単位：万㎥、％）

年次	木材供給量	木材自給率
昭30年	4,528	94.5
平25年	7,386	28.6
26年	7,255	29.6
27年	7,088	30.8
28年	7,194	31.1

（出所）林野庁「木材自給率」

●国産材の種類

　国産材は品質の高い順にA材、B材、C材と呼ばれる。一般的にA材は柱などに使う製材用、B材は床や壁などに使う合板用、C材は輸出量、製紙用、燃料用が該当する。

●製材業者の販売先

　製材業や合板工場は、国産丸太や輸入丸太などを購入し、製材品や合板に加工する。製材業が加工した製材品は、木材市売場や木材流通業、大工・工務店などの地元需要者に販売する。

●丸太の用途と種類

　丸太は国内外の森林で伐採し、製材品やチップに加工する。製材品は丸太を切断しただけの製材や裁断した板を接着した集成材、薄くむいた丸太を重ねた合板などがある。国内丸太の産地は、北海道や宮崎県、秋田県、岩手県で、主にスギやヒノキ、カラマツが中心である。輸入品は米材が8割弱を占めている。

ノウハウ

●木材輸出への取り組みが加速

　日本木材輸出振興協会は平成28年10月、今後有望な市場と考えられるベトナム・ホーチミン市に日本産木材製品の展示施設「ジャパンウッドステーション」を開設した。日本産木材の認知度向上や販売促進、ベトナム市場の情報収集などを目的としている。農林水産省は、輸出力強化に取り組んでいる。林産物については、今までの丸太中心の輸出から、耐久性に優れた高温熱処理木材、高性能木製窓製品など付加価値の高い製品輸出への転換、販路拡大のための現地パートナーの新規開拓、新たな輸出先国の市場調査や日本製品の展示などを通じたPRに取り組むなどの方針が示されている。

経営指標

　ここでは参考として、TKC経営指標（平成29年版）より、「一般製材業」の数値を掲げる。

TKC経営指標 （変動損益計算書）	全企業	113件
	平均額（千円）	前年比（％）
売上高	195,252	103.7
変動費	120,415	102.3
仕入高	109,393	103.6
外注加工費	8,996	103.1
その他の変動費	2,255	117.0
限界利益	74,836	106.2
固定費	71,136	101.9
人件費	36,525	100.0
減価償却費	4,192	75.7
租税公課	1,977	117.9
地代家賃・賃借料	3,036	118.4
支払利息・割引料	2,109	95.6
その他	23,002	108.2
経常利益	3,700	543.1
平均従事員数	10.7名	

今後の課題／将来性

●課題

　違法木材の流通を防ぎ、自然環境の保全に配慮した木材産業の発展等を目的として「合法伐採木材等の流通及び利用の促進に関する法律（クリーンウッド法）」が平成29年5月に施行された。クリーンウッド法では、罰則は無いものの木材関連事業者全てに、取り扱う木材の合法性確認を求めており、事業者が法律を遵守できる運用確立が今後の課題となる。

《関連団体》　一般社団法人全国木材組合連合会
　　東京都千代田区永田町2-4-3　永田町ビル6F
　　TEL　03（3580）3215

●製造業●

ペットフード製造業

最近の業界動向

●ペットフードの市場規模は2,655億5,700万円

ペットフード協会によると、平成27年度のペットフードの市場規模（流通総額）は前年度比4.8％減の2,655億5,700万円であった。2年連続で増加していたが、平成27年度は減少に転じた。ペットフード市場は、流通総額、流通量ともに減少しているが、高価格帯のプレミアム・ペットフードが人気を集め、市場を下支えしている。背景には、ペットの家族化（コンパニオンアニマル）により、素材にこだわった商品やペットの高齢化による機能性のある商品が求められ、飼い主の健康志向によるペットフードへのこだわりが高まっていることなどがある。市場は大手外資メーカーのシェアが多くを占めているが、飼い主がより高品質のペットフードを求める傾向が強まり、国産メーカーによる、国産材料を使用した商品が増加の傾向にある。

ペットフードの流通総額の推移（単位：百万円、％）

年度	出荷額	前年度比
平22	268,308	▲0.8
23	264,367	▲1.5
24	262,806	▲0.6
25	268,132	2.0
26	278,984	4.0
27	265,557	▲4.8

（出所）ペットフード協会

●カテゴリー別に分類して売り場を工夫する

マースジャパン・リミテットは、機能性ドッグフードの販売を拡大するため、ホームセンターなどの量販店に新しい売り場を展開している。売り場は、犬種や目的、年齢のカテゴリー別に分類して棚に並べ、飼い主が迷うことなく購入できるようにしている。同社が扱うペットフードは、「プロマネージ」28品目と「アイムス」31品目で、用途別にきめ細かく分かれている。プロマネージは800グラム入りで880～980円と高価格帯だが、価格に見合う価値を飼い主に納得してもらうことでシェア拡大を狙っている。

マーケットデータ

●ペットフードの流通量の推移

ペットフード協会によると、平成27年度のペットフードの流通量は前年度比5.4％減の56万4,907トンと2年連続で減少した。このうち、犬用は前年度比4.9％減、猫用は同6.2％減となっている。

ペットフードの流通量（単位：トン）

項　目	平25年度	平26年度	平27年度
合　計	655,082	596,870	564,907
国　産　品	312,742	289,205	281,989
輸　入　品	342,340	307,665	282,918
犬　　　　用	351,725	307,150	288,122
猫　　　　用	271,928	260,436	247,798
その他用	31,429	29,284	28,987

（出所）ペットフード協会

●ペットにかける年間支出額

アニコム損害保険の調査によると、ペットにかける年間支出額は次の通り。ペットにかける年間費用は犬が34万円、猫が16万円であった。

ペットにかける年間支出額（平成28年）（単位：円、％）

項　目	犬		猫	
病気などの治療費	57,129	▲1.2	35,016	▲2.1
フード・おやつ	49,994	2.5	41,503	14.3
しつけ、トレーニング	41,393	▲24.8	—	
トリミング等	45,718	17.9	7,132	▲9.1
ペット保険	43,799	3.0	30,944	0.6
ワクチン等	24,862	6.8	8,638	▲20.7
ペットホテル等	22,297	▲15.8	15,195	▲15.4
日用品	16,323	2.9	16,024	▲3.7
洋服	13,169	14.4	2,444	▲
ドッグラン等	9,706	71.5	—	—
首輪リード	6,900	▲7.0	2,770	▲7.5
防災用品	5,901	▲2.1	3,781	▲44.0
合　計	337,191	▲0.7	163,447	▲4.5

（出所）アニコム損害保険

●ペットの飼育頭数

ペットフード協会の「平成28年全国犬猫飼育実

犬猫の飼育頭数（平成28年）

項目	飼育率	飼育世帯	平均飼育頭数	飼育頭数
犬	14.16%	7,902千世帯	1.25	9,878千頭
猫	9.93%	5,542千世帯	1.78	9,847千頭

（出所）ペットフード協会

態調査」によると、平成28年の犬の飼育頭数は987万8,000頭、猫は984万7,000頭だった。飼育世帯率は犬が14.16%、猫が9.93%であった。

業界の特性

●協会会員数

ペットフード協会の加盟企業数は、平成28年7月現在94社（正会員60社、賛助会員34社）となっている。

●国産品と輸入品の割合

ペットフード協会によると、平成27年度の国産品と輸入品の割合（流通量ベース）は国産品が49.9%、輸入品が50.1%である。ペットフードは、海外工場で製造して国内に輸入されたものと、国内工場で製造されたものに分かれる。国内メーカーでも海外工場を持つメーカーは多い。海外メーカーの輸入品ばかりでなく国内メーカーの海外生産品の輸入品により、輸入品の割合が高くなる要因になっている。しかし、直近5年間では少しずつではあるが、国産品の割合が増えている。

●ペットフードのタイプ別利用率

ペットフード協会の「平成28年の全国犬猫飼育実態調査」によると、ペットフードのタイプ別利用率は次の通り。犬、猫ともに市販のドライタイプのペットフードの利用が多い。また、ペットフードの購入先としては、ホームセンターやディスカウントショップが多く、ネット通販も伸びている。

ペットフードのタイプ別利用率

タイプ別	犬（%）	猫（%）
市販のドライタイプ	85.1（85.0）	91.8（92.0）
市販のウェットタイプ	24.7（24.4）	49.3（48.4）
市販の半生タイプ	17.8（17.5）	14.6（13.4）
市販のおやつ	36.1（35.9）	28.7（25.3）
ペット用治療食	6.9（6.6）	10.6（8.9）
手作りのペット用食事	12.7（13.7）	4.3（3.9）
人間の食事の残り	7.2（7.7）	4.5（4.2）
そ　の　他	3.3（3.0）	2.8（3.0）

（注）複数回答、カッコ内は前年の利用率
（出所）ペットフード協会

ノウハウ

●ローソンのペットフード「NL 犬おやつ」

ローソンのPBペットフード「NL 犬おやつ」は、平成28年10月に発売され好調な売れ行きとなっている。保存料や着色料を使わず、国産の原料を使用している。ペットフード市場は伸び悩んでいるが、ペットの小型化と高齢化に対応した健康志向のPB商品を開発した。高齢で噛む力の弱った犬には、食べやすいやわらかな食感の商品、小型犬には与える量を調整できるチャック付のパウチ包装を採用した。平成29年4月には、乳酸菌を配合した猫用おやつを発売し、今後は売れ行きに応じて商品の入れ替えなどを行っていく。

経営指標

ここでは参考として、TKC経営指標（平成29年版）より、「他に分類されない食料品製造業」の数値を掲げる。

TKC経営指標 （変動損益計算書）	全企業	112件
	平均額（千円）	前年比（%）
売上高	274,570	101.8
変動費	144,184	99.5
仕入高	140,020	98.0
外注加工費	1,727	99.9
その他の変動費	3,217	97.1
限界利益	130,386	104.5
固定費	122,683	100.7
人件費	57,954	100.5
減価償却費	8,370	101.2
租税公課	2,200	106.2
地代家賃・賃借料	3,671	94.7
支払利息・割引料	2,534	98.0
その他	48,114	101.1
経常利益	7,702	268.8
平均従事員数	20.8名	

今後の課題／将来性

●将来性

ペットフード市場では、犬、猫ともに飼育率が低下し、高齢化、小型化によりペットフードの消費量も減少傾向で推移することが予測される。しかし、一方で素材にこだわったペットフードや高齢ペット向けや健康に配慮したペットフードは好調だ。従来の量販店での廉価販売品と高価格商品の二極化が進行することが予測され、市場の変化に対応した商品開発が求められる。

《関連団体》　一般社団法人ペットフード協会
　東京都千代田区神田須田町2-3-16
　TEL　03（3526）3212

●製造業●

工作機械製造業

最近の業界動向

●平成28年の工作機械の受注額は大幅に減少

日本工作機械工業会によると、平成28年の工作機械の受注額は前年比15.6％減の１兆2,500億円であった。内需は同9.5％減の5,305億円、外需も同19.6％減の7,195億円と内外共に大きく落ち込んだ。特にアジア向けの受注は前年比35.3％減の2,869億円と過去５年で最も低い数値であった。円高が進んだことや、中国経済の低迷などが影響した。しかし、平成29年に入り、アジアからの受注回復を中心に受注額は上昇傾向となり、平成29年６月の工作機械受注額は前年同月比31.1％増の1,430億円と、単月として過去３番目の高水準であった。内需も「ものづくり補助金」効果が続き前年同月を上回る月が続いている。また、日本工作機械工業会は、平成29年度の受注額が１兆3,500億円になる見通しを発表した。不調だった中国では高付加価値製品などの需要が高まりつつあり、工作機械の受注は穏やかに回復するとの見方が多い。

●IoT専門人材の育成

工作機械各社は、IoT専門の人材の育成に力を入れている。DMG森精機は人材育成の専門部署として「先端技術研究センター」を発足した。社内先行を経た35歳以下の社員らを研究員として配置する。通常の業務を離れ、IoTやAIに関する専門資格を取得する。また、ファナックはIoT関連の技術開発を強化するため、ソフトウェア開発者の中途採用を進める。工作機械業界ではIoTに関する異業種連携が広がり、共同開発も進んでいる。IoT人材の育成は不可欠となっている。

マーケットデータ

●工作機械の受注額

日本工作機械工業会によると、平成28年の工作機械の受注額は前年比15.6％減の１兆2,500億円で、２年連続の減少となった。内需、外需の受注額の推移は次の通り。

工作機械の受注額推移（単位：百万円）

年次	総額	内需	外需
平24年	1,212,445	375,822	836,623
25年	1,117,049	400,803	716,246
26年	1,509,397	496,391	1,013,006
27年	1,480,592	586,240	894,352
28年	1,250,003	530,545	719,458

（出所）日本工作機械工業会

●外需の地域別受注額

日本工作機械工業会によると、工作機械の受注額のうち、外需比率は平成27年からは６割程度に落ち込んでいる。地域別の内訳を見ると、アジア向けが前年比35.3％減と大きく減少し、全体の５割近くを占めていた比率も４割に減少している。外需の地域別受注額の推移は次の通り。

外需の地域別受注額遷移（単位：百万円）

地域	平26年	平27年	平28年
アジア	518,443	443,512	286,933
欧州	189,611	181,032	179,437
北米	286,077	256,195	237,247
中南米	11,645	6,203	8,889
その他地域	7,230	7,410	6,952
合計	1,013,006	894,352	719,458

（出所）日本工作機械工業会

●主要7社の平成29年1月期の受注額

日本経済新聞社のまとめによると、工作機械メーカー主要７社の平成29年１月期の受注額は次の通り。

主要7社の平成29年1月期の受注額

社名	受注額（百万円）	うち、輸出	増減率
オークマ	10,347	5,237	▲24.7
OKK	1,474	483	▲38.2
ジェイテクトグループ	3,299	1,869	3.3
ツガミ	2,862	1,994	6.9
東芝機械	1,866	681	▲3.5
牧野フライス製作所	6,695	4,674	18.7
三菱重工工作機械	2,138	1,246	▲14.2
合計	28,681	16,184	▲7.6

（出所）日本経済新聞社

業界の特性

●従事者数と生産金額

経済産業省生産動態統計によると、平成28年の

－ 640 －

金属工作機械製造業の従事者数は、前年比0.2％減の2万6,023人、生産金額は同19.5％減の1兆128億1,000万円であった。

金属工作機械製造業の推移

年次	従業者数（人）	生産台数（台）	製造品出荷額（百万円）
平24年	25,333	93,649	1,151,980
25年	24,473	56,780	886,372
26年	25,524	99,407	1,186,293
27年	26,072	102,101	1,258,087
28年	26,023	67,991	1,012,810

（出所）経済産業省生産動態統計

◉工作機械の種類

工作機械は自動車産業を始め製造業の幅広い分野で使われる。あらゆる製品の源になるため、「マザーマシン（母なる機械）」とも呼ばれる。工作機械の主な種類は、マシニングセンターのように刃物工具で削る切削型の加工機のほか、放電加工機やと石で削る研削盤などがある。コンピュータ等による数値制御で自動運転が可能な「NC工作機械」が、日本の工作機械生産額の90％以上を占めている。

◉業界構造

工作機械メーカーはマシニングセンターや旋盤を多く揃える大手のほか、特定の分野に強みを持つ中小も存在する。最近は中国や韓国メーカーが安さを武器に勢力を拡大している。このため、国内だけでなく、海外勢との受注競争が激しさを増している。競争激化を受けて、工作機械業界では事業の統合・連携が活発化している。

◉生産体制

工作機械は国内製品の輸出が主体であるが、価格競争の激化により、海外生産や部品の輸入などを進めている。汎用機種などは海外生産にシフトする一方、ハイエンド機（最上位機種）や中核部品は国内生産にという流れが広がっている。

◉ユーザー

工作機械は自動車産業のほか、船舶や鉄道車両の製造などにも使われている。ユーザーは幅広く、風力発電機部材などのエネルギー分野や、航空機産業も有望市場として注目されている。

◉サイバー攻撃などよる工場の稼働停止リスク

生産工場のスマートファクトリー化の浸透に比例して、サイバー攻撃やコンピュータウイルス感染による工場の稼働停止リスクが高まっている。日本国内では、制御システムへのウイルス感染被害による稼働停止事例が報告されており、適切な対策が行われていない工場は攻撃対象となる確率が高まっている。セキュリティを確保した生産工場の運用体制確立は、今後の大きな課題である。

ノウハウ

◉自動車産業向けに注力

ブラザー工業は工作機械事業で、営業部内の技術担当者を増員し、提案型営業の体制を整えた。工作機械や運搬機などを組み合わせて、一括で納入する方式の受注増を目指す。同社の工作機械はIT産業向けが主力だが、自動車向け商品の開発に力を入れ、自動車産業向けに注力していく。

経営指標

ここでは参考として、TKC経営指標（平成29年版）より、「金属工作機械製造業」の数値を掲げる。

TKC経営指標（変動損益計算書）	全企業　46件	
	平均額（千円）	前年比（％）
売上高	312,019	105.5
変動費	158,375	105.3
仕入高	86,878	106.3
外注加工費	68,140	103.1
その他の変動費	3,096	101.2
限界利益	153,643	105.7
固定費	138,949	104.4
人件費	95,111	102.3
減価償却費	8,700	106.0
租税公課	2,877	96.7
地代家賃・賃借料	3,728	103.5
支払利息・割引料	3,496	95.3
その他	23,904	104.0
経常利益	14,694	119.8
平均従事員数	18.0名	

今後の課題／将来性

◉将来性

工作機械各社はIoTやロボットとの融合など最新の技術を競っている。技術開発には優秀な人材の確保が不可欠で、工作機械各社は育成などを急いでいる。

《関連団体》　一般社団法人日本工作機械工業会
東京都港区芝公園３－５－８
TEL　03（3434）3961

－ 641 －

●製造業●

農業機械製造業

最近の業界動向

●国内向けの出荷金額は7.4％減

日本農業機械工業会「日農工統計」によると、平成28年の農機の出荷額（国内と輸出合計）は、前年比7.4％減の4,824億2,000万円であった。このうち、国内向けは同4.2％減の3,160億1,600万円、輸出は同12.9％減の1,664億400万円であった。

農業機械の出荷金額（国内と輸出）（単位：百万円）

年　次	平26年	平27	平28
総出荷	531,272	520,691	482,420
国　内	354,432	329,745	316,016
輸　出	176,841	190,946	166,404

（注）四捨五入計算のため、合計が合わない場合がある
（出所）日本農業機械工業会

●クボタがタイでコンバインの生産体制を強化

クボタは、タイで稲の収穫に使うコンバインの生産体制を強化している。クボタはタイ素材大手のサイアム・セメント・グループとの合弁会社を通じて主力工場を運営している。現地で販売価格が400万〜600万円程度の売れ筋モデルを増産する。タイのコンバイン市場では、7割以上のシェアがあるとみられ、需要が見込まれる東南アジア市場に力を入れる。クボタは得意とするコンバインとトラクタを軸に、先行して販売増を狙う。一方、国内では機能を抑えた低価格のトラクタを平成29年中に発売する。標準モデルよりも2割安くし、自民党の構造改革の議論中に出た農機が高いとの批判に対応する。これまで、海外用の安価なトラクタを国内でも販売していたが、機能を高める一方、価格を抑えた機種を投入していく。競合各社も低価格の農機を投入している。

●三菱マヒンドラ農機が大型農機の補修サービスを強化

三菱マヒンドラ農機は、一時三菱重工業の完全子会社となったが、平成27年10月に同業のインド最大手マヒンドラ＆マヒンドラから出資を受け再

スタートした。政府が農地の集約による大規模経営を推進しているのを受け、大型農機の需要が高まると見込み、国内の整備工場を増やし大型農機の補修サービスを強化する。農機具メーカーでは、大型農機の安定稼働のための部品交換や修理など、保守関連サービスに力を入れ、農家の経営を支援する取り組みが増えている。

マーケットデータ

●農業機械の出荷金額

日本農業機械工業会によると、平成28年の主な農業機械の出荷金額は次表の通り。品目別ではトラクタが前年比14.9％減と大きく減少した一方、乾燥機は同6.2％の増加であった。

農業機械の出荷金額の推移（単位：百万円、％）

品　目	平27	平28	前年比
総合計	520,691	482,420	▲7.4
ト　ラ　ク　タ	277,125	235,933	▲14.9
耕　う　ん　機	17,300	16,162	▲6.6
田　植　機	36,877	34,579	▲6.2
防　除　機	16,926	15,594	▲7.9
刈　払　機	24,853	23,811	▲4.2
コ　ン　バ　イ　ン	69,464	71,206	2.5
乾　燥　機	13,445	14,277	6.2
そ　の　他	18,034	18,395	2.0
作業機	46,667	52,463	12.4

（出所）日本農業機械工業会

●農業機械の生産金額

日本農業機械工業会によると、平成28年の主な農業機械の生産金額（国内・輸出計）は次表の通り。品目別では、コンバインが前年比17.9％減、トラクタが同11.7％減、刈取機が同10.5％減となっている。

農業機械の生産金額の推移（単位：百万円、％）

品　目	平27	平28	前年比
総合計	469,710	433,866	▲7.6
ト　ラ　ク　タ	257,589	227,436	▲11.7
耕　う　ん　機	15,289	16,216	6.1
田　植　機	30,525	31,466	3.1
防　除　機	12,926	12,759	▲1.3
刈　払　機	19,252	17,222	▲10.5
コ　ン　バ　イ　ン	71,221	58,491	▲17.9
乾　燥　機	13,025	14,123	8.4
そ　の　他	16,515	15,603	▲5.5
作業機	33,368	40,550	21.5

（出所）日本農業機械工業会

●大手農機具メーカーの売上高

大手農機具メーカーの売上高は次の通り。

大手農機具メーカーの売上高

社　名	本社	売上高 (億円)	決算期
ク　ボ　タ	大阪	15,961	平28年12月期
ヤ　ン　マ　ー	大阪	3,417	平29年3月期
井　関　農　機	愛媛	1,531	平28年12月期
三菱マヒンドラ農機	愛媛	448	平29年3月期
タ　カ　キ　タ	三重	69	平29年3月期

(出所) 各社資料

業界の特性

●事業所数、従業者数

経済産業省「工業統計表」によると、平成26年の農業用機械（農業用器具を除く）の事業所数は720所で、前年の758所と比べると5.0％減、従業者数は3万144人で、前年の3万613人と比べて1.5％減少した。

農業用機械製造業（農業用器具を除く）の推移

年次	事業所数	従業者数 （人）	製造品出荷額 （百万円）
平24年	749	30,343	986,597
25年	758	30,613	1,050,017
26年	720	30,144	1,128,377

(出所)「工業統計表」

●汎用機を手掛ける大手農業機械メーカー

大手農業機械メーカーは、トラクタやコンバインなど主に汎用機械の開発・生産を手掛けている。一方、中小農機メーカーは作業機を中心に手掛けており、メーカー系の販社や農協などの代理店で販売している。

●農業機械の平均価格

日本農業機械化協会によると、主な農業機械の平均価格は次の通り。ほかの農業資材と比較して単価が高く、農家経営にとって負担が大きくなっている。

主要な農業機械の平均的な価格

機　種	種　別	価格 （千円）	利用面積 （ha）
ト　ラ　ク　タ	30PS級	3,497	10
	40PS級	4,978	15
田　植　機	4〜5条	1,453	7
	6条	2,442	10
自脱型コンバイン	3条	3,667	10
	4条	6,088	15
	5条	9,254	20

(出所)「日本農業機械化協会便覧（平成26年）」

ノウハウ

●新たな市場の開拓

井関農機は、女性農業者の視点を取り入れた製品開発に力を入れている。ペダルに足が届きやすいようシートを前後に動かして調整できる機能や、乗り降りを補助するステップなどを充実させたトラクタを発売している。また、家庭菜園など幅広く使える小型の耕運機も拡充した。ヤンマーホールディングスも小規模農業向けのミニ耕運機を発売するなど、新たな市場の開拓に力を入れている。

経営指標

ここでは参考として、TKC経営指標（平成29年版）より、「金属工作機械製造業」の数値を掲げる。

TKC経営指標 （変動損益計算書）	全企業　46件	
	平均額（千円）	前年比（％）
売上高	312,019	105.5
変動費	158,375	105.3
仕入高	86,878	106.3
外注加工費	68,140	103.1
その他の変動費	3,096	101.2
限界利益	153,643	105.7
固定費	138,949	104.4
人件費	95,111	102.3
減価償却費	8,700	106.0
租税公課	2,877	96.7
地代家賃・賃借料	3,728	103.5
支払利息・割引料	3,496	95.3
その他	23,094	104.0
経常利益	14,694	119.8
平均従事員数	18.0名	

今後の課題／将来性

●将来性

農機大手は、コメ農家などの負担を減らすため、ITを搭載した製品の実用化を急いでいる。GPSや自社クラウドサービスなどと連携させたシステムの活用など、開発競争が激しくなっている。今後、ITの活用は農機メーカーにとって生き残りのカギとなるだろう。

《関連団体》　一般社団法人日本農業機械工業会
　　東京都港区芝公園3－5－8
　　TEL　03（3433）0415

●製造業●

土木建設機械製造業

最近の業界動向

●建設機械の総出荷額は前年度比2.2

トラクターやショベルなどの建設機械は、インフラ整備から建物の建設まで幅広い分野で使用されている。最近では技術開発により、操作性や安全性などの性能が高まり、環境規制への対応や燃費性能の向上なども進んでいる。日本建設機械工業会によると、平成28年度の建機の総出荷額（内需と外需合計）は前年度比2.2％減の2兆2,065億6,700万円だった。国内向けは同1.3％減、輸出は同3.0％減であった。国内需要は排ガス規制生産猶予期間の終了に伴い、旧型機種需要が見込まれることもあって一時的に増加が見込まれる。輸出は、北米やインドネシアでの需要増加が期待できることから、増加に転じる予測される。

●作業現場の「見える化」が進む

コマツは平成29年6月、工事現場で土砂を効率良く運ぶクラウドサービスの実験を始めた。ダンプトラックに載っている土砂の量や、空いているダンプがどこにいるかを把握し、作業を指示できる。これまでコマツ製の油圧ショベルなどの建設機械では可能であったが、他社製のダンプでも工事現場でクラウドに加われるようにした。システムを利用することで、無駄を省くことができる。また、日立建機は、建設現場で進捗管理や機械と人との接近検知の機能を持つ「ソリューション・リンケージ・モバイル」を開発した。建設現場をスマートフォンなどのモバイル端末を活用することでIoT化し、「施工現場の見える化」により、機械や人の配置をリアルタイムに把握できるようになり、段取りの検討における効率化が図れる。また、位置情報を活用し、運搬回数や土量などを把握した施工現場の進捗管理や建設機械と現場作業員の接近を検出し、モバイル端末を通じて、建設機械やダンプトラックのオペレータ、現場作業員に通知した安全性の向上につながっている。

●欧州の販売体制をてこ入れ

コベルコ建機は、欧州の販売体制をてこ入れする。平成24年にオランダのCNHグローバルとの資本提携を解消して以来、販売シェアの回復が課題であった。欧州では住宅建設などで小型建機の需要があり、狭小な施工現場に向く機種を投入する。また、用途に応じてバケットなど部品ごとに取り換える傾向があるため、顧客の要望に応じて特注品に取り換えられるよう、附属品の供給網も整える。提供できるサービスを拡充して、南欧や東欧にも販売地域を広げていく。

マーケットデータ

●機種別出荷額

日本建設機械工業会によると、平成28年度の機種別の出荷金額（輸出と国内合計）は次表の通り。出荷金額総合計のうち、国内出荷は9,865億2,700万円で44.7％、輸出出荷は1兆2,200億4,000万円で55.3％である。

建設機械の出荷金額（単位：百万円、％）

機　種	平27年度	平28年度	前年度比
ト ラ ク タ	267,231	240,153	▲10.1
油 圧 シ ョ ベ ル	722,202	751,308	4.0
ミ ニ シ ョ ベ ル	273,962	255,605	▲6.7
建 設 用 ク レ ー ン	321,754	283,953	▲11.7
道 路 機 械	71,590	62,312	▲13.0
コンクリート機械	32,551	31,024	▲4.7
ト ン ネ ル 機 械	9,940	18,072	81.8
基 礎 機 械	38,461	45,119	17.3
油圧ブレーカー圧砕機	27,014	26,456	▲2.1
その他建設機械	215,197	229,088	6.5
本 体 合 計	1,979,901	1,943,090	▲1.9
補 給 部 品	276,890	263,477	▲4.8
総 合 計	2,256,791	2,206,567	▲2.2

（出所）日本建設機械工業会

●油圧ショベルの国内出荷台数シェア

油圧ショベルの国内出荷台数シェア（平成28年）

順位	社　名	シェア（％）
1	コ マ ツ	23.9（▲0.4）
2	日 立 建 機	22.2（1.4）
3	コ ベ ル コ 建 機	20.0（0.1）
4	キャタピラージャパン	17.6（2.4）
5	住 友 建 機	11.0（▲0.9）

（注）カッコ内は前年比増減ポイント、▲はマイナス
（出所）日本経済新聞社

— 644 —

日本経済新聞社によると、平成28年の油圧ショベルの国内出荷台数シェアは次の通り。コマツは7年連続の首位で、上位3社のシェアは2年ぶりに増加した。一方、中小メーカーは苦戦している。

業界の特性

◉事業所・従業者数

経済産業省「工業統計表」によると、平成26年の建設機械・鉱山機械製造業の事業所数は前年比0.2％増の1,239所、従業者数は同5.0％増の5万6,358人だった。

建設機械・鉱山機械製造業

年次	事業所数	従業者数（人）	製造品出荷額（百万円）
平24年	1,240	53,412	2,998,415
25年	1,236	53,689	2,889,674
26年	1,239	56,358	3,083,121

（出所）経済産業省「工業統計表」

◉建設機械購入の業種比率

経済産業省「建設機械動向調査」によると、建設機械購入の業種比率は、建設業24.6％、建設機械器具賃貸業等54.2％、官公庁等1.3％、農業，林業及び漁業4.2％、採石業，砂・砂利・玉石採取業2.0％などで、購入の大半は建設機械器具賃貸業等となっている。建設工事を行うゼネコンは、建設機械の購入によって発生する維持管理コストの削減や、効率的に機械を稼働させるための運用面を考えると、必要な時期に建機を調達することができる賃貸によって調達することが多くなると予測される。

◉「アイ・コンストラクション」の推進

国土交通省では、ICTの全面的な活用等の施策を建設現場に導入することによって、建設生産システム全体の生産性向上を図る「アイ・コンストラクション」を進め、ICT建機のリース料を含む新積算基準を平成28年度より導入している。今後、産学官関係者による建設工事にICTの導入が積極的に研究されていることから、建設機械の遠隔操作や自動化施工などの技術開発が活発化している。

ノウハウ

◉女性作業員との接点を増やす

建設業界の人手不足が深刻化する中、女性作業員が増えることが見込まれる。日本キャタピラーは、女性専用の講習イベントを強化している。指導するのは日本キャタピラーの女性スタッフが務める。女性作業員との接点を増やして新たな顧客層の開拓を図る。また、コベルコ建機は、家族経営の中小企業向けに土木作業者の妻などを意識した展示会を開催している。家族経営の会社では、妻が作業現場を担う可能性もあり、女性の目線を意識した展示会にした。各社は将来の顧客の囲い込みを進めている。

経営指標

ここでは参考として、TKC経営指標（平成29年版）より、「他に分類されないその他の製造業」の数値を掲げる。

TKC経営指標（変動損益計算書）	全企業156件	
	平均額(千円)	前年比(％)
売上高	268,398	104.1
変動費	145,238	103.2
仕入高	118,229	104.2
外注加工費	23,281	103.1
その他の変動費	3,410	101.0
限界利益	123,159	105.0
固定費	109,916	100.7
人件費	67,255	103.8
減価償却費	7,288	99.1
租税公課	1,586	91.7
地代家賃・賃借料	3,725	99.6
支払利息・割引料	1,877	85.0
その他	27,983	96.4
経常利益	13,242	163.7
平均従事員数	16.1名	

今後の課題／将来性

◉課題

国内のインフラ整備は、新規建設より維持管理の割合が高くなって来ている。今後は維持管理用に特化した建設機械の開発によって国内需要に対応すること求められる。大型土木工事などで用いる従来型の建設機械は、海外の途上国向けに需要を見込めるため、販路開拓が課題となる。

《関連団体》　一般社団法人日本建設機械工業会
　　東京都港区芝公園3－5－8
　　TEL　03（5405）2288

●製造業●
合板製造業

最近の業界動向

●床や壁に使う国産針葉樹合板が値上がり傾向
合板の用途は広く、建築土木用や建具用、展示装飾用、家庭用など多岐にわたる。また、合板は単板（スライスした板、ベニア）を接着剤で貼り合わせて作るため、接着強度が不可欠だ。戸建て分譲住宅などの建築需要は堅調で、幼稚園や高齢者施設などの非住宅施設向けの出荷も伸びている。このため、床や壁に使う国産針葉樹合板が値上がりしている。また、輸入合板の市場も回復しつつある。

●北米産丸太の日本向け輸出価格が上昇
住宅部材となる北米産丸太の日本向け輸出価格が上昇し、日本国内の丸太も高値となっている。住宅建築コストの増加要因となる可能性があり、懸念される。

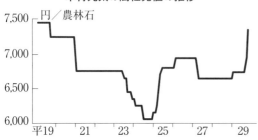

米材丸太の商社売値の推移

(注) 米材丸太松、東京、商社売値、本船渡しベース

●「森林バンク」の創設
政府は手入れの行き届かないスギなどの人工林を市町村が集約し、森林経営者に貸し出す新たな制度「森林バンク」を創設する。山林をまとめて、運搬網を整え効率化を図る。間材の管理も適切に進めて、保全や防災にもつなげていく。林野庁は平成30年度までに、所有者の申告や地籍調査に基づく所有者・境界情報を載せた「林野台帳」をつくる。木材生産額2千億円に対して、林道・造林の補助金は3千億円に達するなど課題も多いが、林業の競争力を高めていく。

マーケットデータ

●普通合板供給量
農林水産省「合板統計」によると、普通合板の生産量、輸出入量の年次推移は次の通り。平成28年の生産量は前年比11.1％増、輸入量は同4.0％減で、総供給量は同2.5％増となった。

普通合板供給量（単位：㎥）

項　目	平26年	平27年	平28
普通合板及び一貫工場数	32	34	32
生産量（P）	2,813,000	2,756,000	3,063,000
輸出量（E）	8,335	43,116	93,594
輸入量（I）	3,491,168	2,885,794	2,770,633
総供給量（P－E＋I）	6,295,833	5,598,678	5,740,039

（出所）日本合板工業組合連合会

●合板の輸入量
財務省「貿易統計」によると、合板の輸出量では、マレーシア、インドネシア、中国の3カ国が94％を占めている。マレーシアでは森林保護の動きが出ており、今後の動きに注目する必要がある。

仕入国別合板輸入量（単位：㎥）

	平26年	平27年	平28
マレーシア	1,426,583	1,199,750	1,075,798
インドネシア	1,026,340	858,941	903,319
韓　　　国	9	75	10
中　　　国	778,228	649,057	616,643
台　　　湾	18,042	11,060	6,316
カ ナ ダ	5,355	1,699	1,438
アメリカ	1,333	1,180	1,097
フィリピン	9,375	8,254	9,695
ニュージーランド	44,042	23,803	22,547
その他とも合計	3,491,167	2,885,794	2,770,633

（出所）「貿易統計」

●針葉樹合板生産への移行が進む
日本では、合板はインドネシアやマレーシアなどからラワン材（広葉樹）を輸入して製造していたが、自然環境保全などにより輸入が困難になった。このため、国産針葉樹への切り換えが行わ

針葉樹合板への移行状況（単位：千㎥、％）

年次	総生産量	針葉樹合板	針葉樹率
平26年	2,813	2,615	93
27年	2,756	2,569	93
28年	3,063	2,888	94

（出所）日本合板工業組合連合会

れ、平成28年には針葉樹化率は94％まで進んでいる。日本合板工業組合連合会によると、針葉樹合板への移行状況は表の通り。

業界の特性

●日本合板工業組合連合会の会員数

日本合板工業組合連合会の組合員は、平成28年4月現在で29企業、35工場（普通合板工場28、二次加工合板工場7）である。

●事業所数、従業員数

経済産業省「工業統計表」によると、平成26年の合板製造業の事業所数は前年比6.3％減の311所、従業者数は前年比6.9％減の8,219人となっている。

事業所数、従業員数

年次	事業所数	従業者数（人）	製造品出荷額等（百万円）
平22年	371	9,512	262,739
23年	379	8,645	249,195
24年	349	8,914	280,800
25年	332	8,826	318,989
26年	311	8,219	307,818

（出所）経済産業省「工業統計表」

●用途別分類

合板は住宅の床や壁のほか、生コンクリートを流し込む型枠に使われる。用途別に分類すると次の通り。

種類	用途
普通合板（広葉樹、針葉樹）	建築物の内装、家具、建具など一般的な用途に広く使われる
コンクリート型枠用	コンクリート打ち込み時に使用される
表面加工コンクリート型枠用	表面に塗装などが加工され土木用型枠として多用される
構造用合板	建築物の構造上重要な部位に使用される
天然木化粧合板	高級家具やキャビネットや建材用など高級品として使用される
特殊加工化粧合板	耐久性があり、カウンターや家具などに使用される

●合板の製造

合板の製造は、原木入荷→貯木→剥皮・玉切→原木切削・単板堆積→単板乾燥・単板切断→選別・補修・仕組→接着剤塗布→冷圧→熱圧→寸法裁断→研磨仕上げ→検査→出荷となる。

ノウハウ

●新栄合板工業が新工場を建設

国産合板大手のセイホクグループの新栄合板工業は平成29年11月21日、大分県の玖珠工業団地に新工場を建設すると発表した。九州地区では、熊本地震からの復興住宅建設などにより、合板素材の需要が増えている。玖珠工業団地は平成30年3月に完成する予定で、約10ヘクタールを取得し、このうち1万5,000平方メートルに合板工場を建設し、平成31年春からの稼働を目指す。新工場では国産のスギやひのきを活用し、住宅の壁や床など向けの合板を製造する。年間6万8,000立方メートルを見込んでおり、地元からの新規採用を増やす計画だ。今後は、輸送コストの面からも新工場周辺の原木を積極的に使っていく方針だ。

経営指標

ここでは参考として、TKC経営指標（平成29年版）より、「他に分類されないその他の製造業」の数値を掲げる。

TKC経営指標（変動損益計算書）	全企業 156件	
	平均額（千円）	前年比（％）
売上高	268,398	104.1
変動費	145,238	103.2
仕入高	118,229	104.2
外注加工費	23,281	103.1
その他の変動費	3,410	101.0
限界利益	123,159	105.0
固定費	109,916	100.7
人件費	67,255	103.8
減価償却費	7,288	99.1
租税公課	1,586	91.7
地代家賃・賃借料	3,725	99.6
支払利息・割引料	1,877	85.0
その他	27,983	96.4
経常利益	13,242	163.7
平均従事員数	16.1名	

今後の課題／将来性

●課題

国産針葉樹の需要が高まり、品薄感が広がっている。これまで外国産の広葉樹に押されて国内の森林管理が十分でなかったが、今後は植林に力を入れ、環境に優しい国産材づくりが求められる。

《関連団体》　日本合板工業組合連合会
　　東京都千代田区三崎町2-21-2
　　TEL　03（5226）6677

●製造業●

塗料製造業

最近の業界動向

●塗料の生産量は165万406トン

　日本塗料工業会によると、平成28年の塗料の生産量は165万406トンで、前年の164万4,882トンに比べて1.9％増加した。一方、塗料の出荷金額は前年比1.2％減の6,696億9,200万円となっている。塗料業界では、人体や環境への負荷を抑えた塗料の開発が進められている。傷や汚れなどによる木材の劣化を防ぐ塗料や、室内の温度上昇を抑える省エネ塗料などが発売されている。国内の建築用塗料市場はリフォーム向けに需要が高い。また、サビ止め剤入りの塗料などさまざまな塗料が発売されている。

●関西ペイントが工業用塗料を軸に事業規模を拡大

　関西ペイントは、工業用塗料を軸に事業規模の拡大を図る。自動車向けが主力だが、世界的に市場が大きい鉄道向けなど安定した成長が見込める工業用の塗料に注力する。工業用は、自動車や船舶を除く製造業向けの分野で、平成29年3月末に買収したオーストリアの塗料メーカー、ヘリオスグループを中心に進めていく。ヘリオスグループは、欧州の鉄道車両メーカーに販路を持ち、クレーンなども手掛けている。欧州に加え、鉄道網の整備が進むインドやアジア諸国での需要の取り込みを図っていく。関西ペイントは、インドでの自動車塗料市場で首位を確保しており、現地の事業拠点を活用しやすい環境にある。工業用塗料を手掛ける企業は中規模の専業メーカーが多く、大手が競り合う建築用と比べて価格低下のリスクも少ないという。工業用塗料で早期に市場を確保したい考えだ。

マーケットデータ

●塗料の生産数量、出荷金額の推移

　日本塗料工業会によると、塗料の生産数量、出荷金額の推移は次の通り。

塗料の生産数量、出荷金額の推移（単位：トン、百万円）

年次	生産数量	出荷金額
平23年	1,563,115	652,153
24年	1,611,414	675,887
25年	1,605,131	679,232
26年	1,619,349	666,234
27年	1,644,882	677,868
28年	1,650,406	669,692

（出所）日本塗料工業会

●塗料大手の業績

　塗料大手4社（関西ペイント、日本ペイント、中国塗料、大日本塗料）の平成29年3月期の業績（連結）は次表の通り。

塗料大手の業績（平成29年3月期）（単位：百万円）

企業名	売上高	経常利益	純利益
日本ペイント※	577,000 (470,161)	84,000 (77,143)	37,000 (34,788)
関西ペイント	405,000 (330,235)	49,000 (40,025)	30,000 (24,168)
中国ペイント	85,000 (82,368)	6,300 (6,076)	3,800 (3,643)
大日本塗料	74,000 (72,789)	6,600 (6,600)	4,300 (5,199)

（注）カッコは前の期、日本ペイントは平成28年12月期
（出所）各社決算資料

●塗料の品目別生産・販売数量

　塗料の品目にはラッカー、電気絶縁塗料などさまざまなものがある。日本塗料工業会によると、平成28年度の品目別の生産・販売数量は次の通り。

塗装の品目別生産数量・販売数量（平成28年）（単位：トン）

品目	生産数量	前年比	販売数量	前年比
ラッカー	17,277	4.2	10,185	0.1
電気絶縁塗料	24,449	1.4	23,680	1.0
合成樹脂塗料	1,107,022	0.1	1,144,443	0.6
その他の塗料	75,676	▲1.5	111,510	3.6
シンナー	425,982	1.2	472,308	1.6
合計	1,650,406	0.3	1,762,126	0.3

（出所）日本塗料工業会

業界の特性

●需要

　塗料の主な需要先は自動車や建築、金属製品、船舶、電気機械である。出荷数量ベースでは、建築が需要全体の4割近くを占める。次に多いのが自動車用の2割で、さらに金属製品、電気機械な

どの工業製品、船舶用と続いている。

●塗料と環境問題

日本塗装機械工業会（CEMA）は、平成29年10月に「第18回CEMA技術シンポジウムを東京、大阪で開催した。基調講演は「日本・中国における塗装環境規制と取組み」である。当該業界において環境問題は極めて重要である。中でもVOC、揮発性有機化合物の削減が最重要課題である。VOCを削減するためには、①低VOC塗料への切り替え、②塗装方法の見直し（静電塗装、エアレス塗装の活用）、③VOCガスの後処理（インシエネレーターという焼却設備や、活性炭による吸着等の方法でVOCの排出を防ぐ）、などの方法が研究されている。環境問題に対する配慮が必要な業界である。当業界では、さまざまな規制に従って環境汚染対策を行っている。そのため、メーカーが負担するコストは年々大きくなっている。中小企業は、その負担にどう耐えていくかが問題となっている。

●多品種少量生産

塗料の用途は多種多様であり、多品種少量生産が基本である。このため、大量生産によるコスト削減は困難であり、中小・零細企業でも販売数量に応じた効率化を進めることで、大企業に伍して経営を維持できる。需要分野は多岐にわたるが、中でも住宅用と自動車用が全需要の60％を占めている。

●商品開発力と共同研究

塗料はあらゆる分野に副資材として関与している。従って、大企業も中小企業も、さまざまな新素材に対応した製品を開発し、需要先からの要求に対応できる商品開発力が要求される。環境対応型の商品開発力を向上させるには、莫大な投資が必要である。そのため、中小企業の場合、複数の企業での共同研究など投資コストの軽減が必要となってくる。

ノウハウ

●市場創造の試み

温暖化が進み夏場の平均気温も年々上昇している。ヒートアイランド現象への対策として、熱を遮断する塗料（遮熱塗料）を使った取り組みが、企業や自治体の間で広がりつつある。太陽光を反射して蓄熱を防ぐ性質を持った塗料が温度上昇を抑える効果を持つというもので、屋根に塗ることで室温を下げて冷房コストの削減を図る試みや、道路や駐車場のラインに使用して路面温度の上昇抑制に役立てるなど各所での活用が期待されている。新しい分野への挑戦がこの業界の将来を担っていくといえる。また、環境への配慮は不可欠である。自動車工場などで水性塗料を用いた塗装を行う場合、製品に付着する塗料は全体の40％程度で、残りは廃棄物となる。廃棄物の処理には大変なコストがかかるため、有機物を分解する海洋系微生物を利用し、浄化を行うシステムが開発されている。化学薬品を使用しないため二次汚染の心配がなく、最終的に発生する無機廃棄物も大幅に削減できる。環境問題に対する対応が欠かせない。

経営指標

ここでは参考として、TKC経営指標（平成29年版）より、「金属製品塗装業」の数値を掲げる。

TKC経営指標 （変動損益計算書）	全企業 56件	
	平均額（千円）	前年比（％）
売上高	284,216	100.8
変動費	125,032	93.6
仕入高	64,524	99.9
外注加工費	52,960	84.8
その他の変動費	7,362	107.2
限界利益	159,184	107.3
固定費	149,631	107.5
人件費	93,275	111.7
減価償却費	10,984	103.5
租税公課	1,855	102.5
地代家賃・賃借料	4,625	106.0
支払利息・割引料	2,259	94.0
その他	36,795	100.4
経常利益	9,553	104.0
平均従事員数	22.3名	

今後の課題／将来性

●将来性

鉄道網の整備が進められているアジア諸国では、工業用塗料の需要が見込める。塗料大手は、積極的に海外展開を進めている。

《関連団体》　一般社団法人日本塗料工業会
　　東京都渋谷区恵比寿3-12-8
　　　東京塗料会館1F
　　TEL　03（3443）2011

－ 649 －

●製造業●

印 刷 業

最近の業界動向

●転換期を迎えた印刷事業

　本や雑誌などの出版印刷や、パンフレット、チラシなどの商業印刷は、デジタルメディアの進展により従来の印刷事業は転換期を迎えている。印刷業界では、印刷技術を基礎に電子事業やコンテンツ事業などを開拓し、事業展開を行っている。経済産業省「工業統計」によると、平成26年の印刷業の製造品出荷額（４人以上の事業所）は、４兆6,476億1,100万円であった。このうち、オフセット印刷が３兆528億5,100万円である。

●「プリント・オン・デマンド（POD）」の広がり

　「プリント・オン・デマンド（POD）」の利用が広がっている。書店や出版社の在庫にない本を１冊から注文できるもので、個人の利用も増えている。大日本印刷では注文数年間40万冊で、法人利用が多いが、個人の注文も１割弱を占めている。平成29年６月からは、オンライン書店「楽天ブックス」がPOD事業を始めた。一般消費者の利用が増えるにつれ、PODに積極的な書店や出版社が増えている。

●図書印刷が企業の営業担当者向けのeラーニング研修サービスを始める

　図書印刷は、企業の営業担当者向けのeラーニング研修サービス「BIZSTEP」を平成30年２月から始める。営業戦略のような実務的な内容のほか、経済や法務、財務など幅広いジャンルの知識を、受講者のパソコンやスマートフォンを使って学習する。図書印刷は、導入企業にログイン用のIDとパスワードを付与し、導入企業は受講者の成績を把握できる。eラーニングの受講時間は30分の予定で、80問を解いてもらう。業種や職種に応じた問題を提供し、１人当たりの月額利用料金は600〜1,000円となる見込み。

マーケットデータ

●印刷の生産金額

　経済産業省の「生産動態統計（紙・印刷・プラスチック製品・ゴム製品統計編）」によると、平成28年の生産金額は前年比2.6％減の3,868億1,600万円であった。

印刷の生産金額推移（単位：百万円）

区　分	平26年	平27年	平28年
出　版　印　刷	75,040	74,747	70,832
商　業　印　刷	136,596	147,422	142,788
証　券　印　刷	5,665	6,134	5,540
事　務　用　印　刷	56,421	56,051	55,423
包　装　印　刷	78,196	72,767	74,608
建　装　材　印　刷	17,487	16,921	16,183
そ　の　他　印　刷	20,789	23,242	21,439
生産金額合計	390,196	397,282	386,816

（出所）経済産業省

●印刷大手の５社の売上高

　印刷大手５社の平成29年３月期の売上高は次の通り。大日本印刷は平成29年11月９日、平成29年４〜９月期決算で特別損失535億円を計上したと発表した。販売済みの壁紙製品に剥がれる不具合があり、張り替えなどの補修関連費用が発生したためだ。同社の調査によると、国内10万戸に使用されている。生産拠点の統廃合や遊休地の売却などで、損失を埋め合わせる方針だ。また、凸版印刷は欧州市場で生産効率を高めるため、買収したスペインの建装材メーカーのデコテックプリンティングをテコに、欧州向けの建装材の供給ルートを整備する。現地生産に切り替え、納期を短縮する。共同印刷は情報コミュニケーション部門の製造を担う埼玉県の越谷工場の再開発を進めている。都心へのアクセスの良さを生かし、印刷に加え、グループの物流拠点として機能を整備する。越谷工場はグループの共同オフセットが運営を担っている。出版、一般商業印刷を行っているが、物流拠点として整備する。

印刷大手企業売上高（平成29年３月期）（単位：百万円）

社　名	売上高	経常利益
凸　版　印　刷	1,431,595	49,698
大　日　本　印　刷	1,410,172	36,740
トッパン・フォームズ	257,734	10,065
フジシール・インターナショナル	141,977	9,993
共　同　印　刷	94,553	4,096

（出所）各社決算資料

●容器印刷へのニーズが高まる

容器印刷は堅調に推移し、コスト削減や環境に配慮した印刷、商品の見栄えを良くする印刷など、ニーズが高まっている。これらに対応する印刷技術では、プラスチックや金属など、紙以外の包装材料への高品質な印刷が求められる。特に、軟包装材料への印刷技術が向上し、ネット上で受注する印刷通販は、短納期や低コストを武器に成長している。

業界の特性

●印刷業界団体の会員社数

印刷産業の10団体で構成する日本印刷産業連合会の資料によると、主な印刷業界団体の会員社数は次の通り。

印刷業界の会員社数（平成29年4月1日現在）

名称	会員社数	概要
印刷工業会	93社	大手および中堅印刷会社等が組織する団体
全日本印刷工業組合連合会	4,750社	中小印刷業が組織する団体。団体の中で最も加盟社が多い
日本グラフィックサービス工業会	880社	文字・画像を主体とする印刷物を生産する印刷業・製版業の団体が加盟
全日本シール印刷協同組合連合会	550社	シール印刷業の全国団体
全国グラビア協同組合連合会	159社	グラビアを主力とする印刷会社によって組織される全国団体
全日本スクリーン・デジタル印刷協同組合連合会	159社	スクリーン印刷を出荷する印刷会社によって組織される全国団体

●版式による違い

印刷は方法（版式）の違いにより、凸版（活版）、平版（オフセット）、凹版（グラビア）、孔版（シルクスクリーン等特殊印刷）に分けられる。うち、書籍や新聞など、紙への印刷で最も多く使われるのがオフセット印刷である。オフセット印刷は、水と油が反発しあう性質を利用した方式であり、素早く大量に印刷できるのが最大の特徴である。

ノウハウ

●利用が広がるデジタル印刷

印刷業界でもIoTやAIの応用に関心が高まっている。印刷関連の展示会でも、デジタル印刷にIoTを応用したシステムが相次いで出展されている。印刷工場など現場の自動効率化が進められて

おり、機械の稼働状況をネット経由で遠隔操作し、トラブル防止やトラブル時の対応が迅速にできるシステムが登場している。また、デジタル印刷はパンフレットやチラシなどを中心に利用が広がっている。

経営指標

ここでは参考として、TKC経営指標（平成29年版）より、「オフセット印刷（紙に対するもの）」の数値を掲げる。

TKC経営指標 （変動損益計算書）	全企業　248件	
	平均額（千円）	前年比（%）
売上高	218,285	97.3
変動費	102,405	96.8
仕入高	46,167	95.9
外注加工費	53,186	97.7
その他の変動費	3,009	100.2
限界利益	115,879	97.8
固定費	112,159	97.6
人件費	68,457	97.7
減価償却費	8,337	92.2
租税公課	1,892	100.4
地代家賃・賃借料	4,503	100.5
支払利息・割引料	1,844	96.1
その他	27,143	98.9
経常利益	3,720	103.7
平均従事員数	16.7名	

今後の課題／将来性

●課題

インターネットが常識になっている現在、出版・商業パンフレットにおいてもデジタル化が進んでいる。紙の印刷物はなくなることはないが、デジタル化に転用する技術を習得する必要がある。そのための人材確保が一層重要になろう。

●将来性

印刷大手は、半導体部やエレクトロニクス分野に進出し、純粋な意味での印刷に関する売上比重は低下している。一方、中小印刷業者は投資額がかさんでいるが、それに見合った仕事量が確保できないのが現状で、印刷プロセスの合理化や、デザインや企画、インターネットを組み合わせた戦略を展開できるかが成否のポイントになる。

《関連団体》　全日本印刷工業組合連合会

東京都中央区新富1-16-8

TEL　03（3552）4571

●製造業●

香料製造業

最近の業界動向

●香料の国内生産額は増加

香料は動植物から抽出する天然香料と、化学反応で製造する合成香料に分けられる。主な需要は食品向けのフレーバーや化粧品向けのフレグランスである。日本香料工業会によると、平成28年の香料の国内生産額は前年比3.4％増の1,669億1,300万円であった。国内市場の成熟化が進む中、大手香料メーカーは、製品の差別化を強化し海外市場の開拓を加速させている。

●長谷川香料は北米事業強化へ

長谷川香料は平成29年7月、米国で健康食品向けに強みを持つ香料メーカー FLAVOR INGREDIENT HOLDINGSを買収し、安定的な成長が見込める北米市場での事業拡大に乗り出した。従来、長谷川香料の米国子会社はスナック菓子やドレッシング向けの香料を手掛けてきた。平成24年から市場規模の大きい飲料分野への参入を決め研究開発を進めてきた。今回買収した会社は、健康食品や飲料向けの香料を得意としている。設備や物流の効率化を図り、北米事業のさらなる成長を図る。

●花王ケミカル事業がフィリピンに新設備導入

花王は、フローラル系の香料の生産設備をフィリピンのピリピナス花王に新設する計画を発表した。伸長著しいアジア市場の需要をターゲットに、洗剤・柔軟剤・クリーナーなどのファブリック＆ホームケア製品から石鹸などのパーソナルケア製品まで家庭用品に幅広く使用される香料の製造設備を新設。花王フィリピンの年間生産能力を5,000トンとし、花王スペインの既存設備と合わせて、生産数量グローバルナンバーワン規模となる。自社の強みのある製品での市場開拓に向けた意欲的な投資である。

マーケットデータ

●香料の国内生産

日本香料協会によると、平成28年の香料生産は前年比4.2％増の6万5,099トンであった。種別では、全体の7割を占める食品香料は同4.3％増、合成香料は同8.0％増となった。

香料生産実績（単位：トン、百万円）

種　別		平26年	平27年	平28年
天 然 香 料	数量	580	691	588
	金額	2,806	3,086	3,237
合 成 香 料	数量	9,885	9,706	10,484
	金額	23,493	22,134	21,998
食 品 香 料	数量	46,767	45,215	47,154
	金額	117,840	118,302	122,479
香粧品香料	数量	6,827	6,891	6,873
	金額	17,978	17,891	19,199
合 　 計	数量	64,059	62,503	65,099
	金額	162,117	161,413	166,913

（注）数量、金額は会員からの合計数値
（出所）日本香料協会

●香料の輸出入の推移

財務省「貿易統計」によると、香料の輸出入（数量ベース）の推移は次の通りである。

香料の輸出入の推移（数量ベース）（単位：トン）

種　別		平26年	平27年	平28年
天 然 香 料	輸入	12,648	10,942	19,932
	輸出	97	101	114
合 成 香 料	輸入	139,978	162,939	185,154
	輸出	33,395	29,115	25,921
食 品 香 料	輸入	3,831	4,012	3,765
	輸出	5,395	5,489	4,138
香粧品香料	輸入	4,018	4,681	5,557
	輸出	5,751	6,514	5,926

（出所）財務省「貿易統計」

●大手2社（高砂香料工業、長谷川香料）の業績

国内香料大手（高砂香料工業、長谷川香料）の

大手2社の連結業績（単位：百万円）

項　目	高砂香料工業 （平28年3月期）	長谷川香料 （平28年9月期）
売 上 高	136,764 (141,660)	47,591 (47,228)
営 業 利 益	7,159 (6,635)	5,160 (4,352)
当 期 純 利 益	6,327 (4,880)	3,637 (3,043)

（注）カッコ内は前期の数値
（出所）各社決算資料

連結業績は表の通り。生産性向上や業務全般の効率化も寄与し、両社ともに増益を果たした。

業界の特性

●事業所数、従業員数

経済産業省「経済センサス―活動調査」によると、平成26年の香料製造業の従業所数は平成25年と同じ71所、従業員数は前年比1.0％増の3,641人、製造品出荷額は同3.3％増の1,576億7,600万円であった。

香料製造業の事業所数、従業者数等

年次	事業所数	従業者数（人）	製造品出荷額（百万円）
平22年	76	3,636	147,275
23年	73	3,400	175,090
24年	72	3,582	147,800
25年	71	3,606	152,667
26年	71	3,641	157,676

（注）平成22年までは工業統計表
（出所）経済産業省「経済センサス―活動調査」

●香料の分類

用途による分類では、①食品香料（フレーバー）は、加工食品に使用される香料、②香粧品（フレグランス）は、日用品に使用される香料である。また、原料、製造方法による分類では、①天然香料は、花や樹皮、果実などの天然に存在する有香物質から濃縮などの分離操作によって採取した香料である。②合成香料は、天然香料の成分などを分析し、全く同じ構造の香りを人工的、化学的に作り出した香料である。③調合香料は、複数の天然香料や合成香料を混合させた香料である。

●香料の役割

香料はお菓子やジュースなどの味を引き立てる役割があり、注文に応じて生産される。顧客が求める香りを提供することが求められ、食品用香料は市場が拡大している。また、海外では消費者の味覚や臭覚が日本と異なるため、市場開拓には現地に根差した営業や生産が欠かせない。また、日本食への関心が高まり、味の好みなどの変化に素早く対応することが求められている。

ノウハウ

●技術を活かした新事業開発

高砂香料工業のファインケミカル事業は、香料製造で培った技術を活かし、医薬品成分の受託生産を行っている。平成29年3月期のファインケミカル事業の売上高は前年比11.7％増の67億円である。12億円を投じ磐田工場に医薬品成分の製品棟を建設し、受託案件を増やして、将来的には売上高100億円規模に発展させることを目標としている。技術力を活かした異分野への進出は、一つの事業へ集中した際のリスク分散にもつながる。

経営指標

香料製造業の指標は見当たらないので、ここでは参考として、TKC経営指標（平成29年版）より、「他に分類されないその他の製造業」の数値を掲げる。

TKC経営指標（変動損益計算書）	全企業　156件	
	平均額（千円）	前年比（％）
売上高	268,398	104.1
変動費	145,238	103.2
仕入高	118,229	104.2
外注加工費	23,281	103.1
その他の変動費	3,410	101.0
限界利益	123,159	105.0
固定費	109,916	100.7
人件費	67,255	103.8
減価償却費	7,288	99.1
租税公課	1,586	91.7
地代家賃・賃借料	3,725	99.6
支払利息・割引料	1,877	85.0
その他	27,983	96.4
経常利益	13,242	163.7
平均従事員数	16.1名	

今後の課題／将来性

●将来性

日本国内の香料市場は成熟化している。一方、新興国では、所得向上に伴う生活様式の水準が向上し、食の健康志向や家庭用品の高品質化が進んでいる。香りへの嗜好が洗練化されてきているため、香料の需要も高まっている。各国の規制を踏まえた上で、日本メーカーが培ったきめ細やかな香料開発技術を発揮することで、海外市場の開拓を進める必要がある。

《関連団体》 日本香料協会
　東京都中央区日本橋本町4－7－1
　　三恵日本橋ビル6F
　TEL　03（3516）1600

— 653 —

●製造業●

介護（福祉）ロボット製造業

最近の業界動向

◉介護ロボットの普及が進む

　介護ロボットは、モーターなどで介護作業を支援するロボットで、要介護者や介護者が使用することで、身体的、精神的負担の軽減につながる要介護者の移動を助ける移乗ロボットや、歩行を助けるロボットなどがある。矢野経済研究所によると、平成27年度の介護ロボット市場規模（メーカー出荷金額ベース）は、34億円と予想され、前年度比3.2倍と大幅に伸長する見込みである。平成30年は77億円市場になると予想されている。AIなどの技術を使った施設内の転倒予防システムの開発や電動歩行器、介護ロボットなどが医療・介護現場を支えている。

◉介護ロボット導入を促す

　厚生労働省は、介護施設にロボットの導入を促す。平成30年度の介護報酬改定で、ロボットを導入して職員の負担を軽くする事業所に対して、介護報酬を加算することを検討している。介護分野では慢性的に人手が不足している。人手不足の解消に介護ロボットの利用が期待されている。導入を促すため融資制度を拡充する。介護施設向けの無担保融資の上限額を300万円から3,000万円に引き上げる。融資期間は最長で15年。グループホームや特別養護老人ホームなどが対象となる。

◉トヨタ自動車がリハビリ支援用ロボットを実用化

　トヨタ自動車は平成29年4月12日、リハビリ支援用ロボットを実用化したと発表した。実用化したロボットは、脳卒中などの患者が歩けるように支援する。患者が歩行練習する際、ロボット部分が体重を支えたりして支援することで、リハビリ期間を短縮できる。平成28年11月に医療機器として認可を得た。将来的にはリハビリ施設がある医療機関（全国1,500カ所）への導入を目指している。トヨタ自動車は、医療・介護などの分野でロ

ボットを開発して新たな事業の柱に育てていく。

◉サンヨーホームズが介助ロボットの販売に乗り出す

　プレハブ住宅のサンヨーホームズは、介助ロボットの販売に乗り出す。「寄り添いロボット」は、高齢者の自立歩行を助けるロボットで、天井にレールを張り、可動式のセンサーを付ける。センサーから伸びたワイヤーと着用するベストをフックでつなぐ。転びそうになるとセンサーが作動して、ゆっくり床に倒れるようにしているため、負傷を防ぐ。サンヨーホームズのデイサービスで実証実験をへて、他社の施設での導入に向けた販売を拡大していく。

◉施設内の転倒防止システムを開発

　パナソニック介護子会社のパナソニックエイジフリーは、AIなどの技術を使い、施設内の転倒防止システムを開発している。パナソニックエイジフリーは、パナソニックグループの介護分野強化に向け平成28年4月に、関連4社を統合して発足した。開発している技術の一つは、立ち上がりの動作などを認識するカメラ画像分析で、高齢者が立ち上がりと関係がある動作をすると、カメラがとらえ施設職員のインカムに知らせる。また、ベットの下に生体センシングの機器を設置し、心拍数や呼吸のデータを取り、睡眠時の状態を分析する。2019年ごろの実用化を目指している。

◉ロボットスーツ「HAL」

　医療や介護用の装着型ロボットを手掛けるサイバーダインのロボットスーツ「HAL」は、使用者が体を動かそうとしたときに、脳から筋肉に伝わる微弱の電位信号を捉えて、手足の動きを助ける。筋力の衰えた人が重い物を持ったり、歩いたりするのを補助してくれるため、介護施設などで導入が進んでいる。平成22年に高齢者や障害者向けの福祉用「HAL」の出荷を始め、平成28年9月には筋委縮性側索硬化症（ALS）などの病気の患者の歩行機能を改善する医療保険での診療が始まった。さまざまな現場でのロボットが注目され、機能も多様化している。

マーケットデータ

◉国内介護ロボット市場規模

　矢野経済研究所によると、介護ロボットの市場

規模推移は次の通り。

国内介護ロボット市場規模（単位：百万円）

年度	平27	平28 （見込）	平29 （予測）	平30 （予測）
市場規模	1,076	3,408	5,510	7,730

（出所）矢野経済研究所

◉ロボット介護機器開発・導入促進事業

　65歳以上の高齢者は増え続け、社会全体の高齢化率は上昇している。介護現場では7割の介護職員が腰痛を抱えるなど、現場の負担軽減が喫緊の課題だ。経済産業省は、平成25年から「ロボット介護機器開発5カ年計画」を実施し、移乗介助、見守り支援等、安価で利便性の高いロボット介護機器の開発をコンテスト方式で進め、平成29年度までに介護ロボットの市場規模を500億円に拡大することを目指す。開発等の重点分野は、①移乗介助（介助者のパワーアシストを行う装着型の機器）、②移動支援（高齢者等の外出をサポートし、荷物などを安全に運搬できる歩行支援機器）、③排泄支援（排泄物の処理にロボット技術を用いた設置位置調節可能なトイレ）、④認知症の人の見守り、⑤入浴支援である。

業界の特性

◉介護（福祉）ロボットの種類

　介護（福祉）ロボットの中にはさまざまなものがあり、新製品も相次いで開発されている。代表的なものとして、自立支援型ロボット、見守り型ロボット、コミュニケーション型ロボットなどがある。自立支援型は、要介護者が介護ロボットにおぶさるだけで移乗作業が可能になるものであり、アートプラン社の「愛移乗くん（あいじょうくん）」などがある。また、見守り型は、利用者の様子が遠隔地のタブレットで見られるなどの機能を持つもので、キング通信工業の「シルエット見守りセンサー」などが発売されている。今後売上げが大きく伸びることが予想されるのは、コミュニケーション型である。例えば、NTT東日本で開発された「Sota」は遠隔者との対話ばかりではなく、ロボット自体が話しかけられると動いたり返答をするものである。身長が28cmの「Sota」は、会話の中で次第に成長していくという特性を持つ。「写真を撮って」と言うと写真も撮ってくれ

る。AIの進展とともに、よりきめ細やかなコミュニケーションを取っていくことが期待できる。

ノウハウ

◉通信機能を備えた電動アシスト歩行器

　介護機器開発のRT.ワークスは、通信機能を備えた電動アシスト歩行器を発売する。高齢者の外出時の歩行状態や位置情報など、家族らがリアルタイムで把握できる。介護保険制度を利用すれば、1～2割の負担でレンタルできる。介護施設のほか、一般家庭での利用を見込んでいる。

経営指標

　ここでは参考として、TKC経営指標（平成29年版）より、「他に分類されないその他の製造業」の数値を掲げる。

TKC経営指標 （変動損益計算書）	全企業　156件	
	平均額（千円）	前年比（％）
売上高	268,398	104.1
変動費	145,238	103.2
仕入高	118,229	104.2
外注加工費	23,281	103.1
その他の変動費	3,410	101.0
限界利益	123,159	105.0
固定費	109,916	100.7
人件費	67,255	103.8
減価償却費	7,288	99.1
租税公課	1,586	91.7
地代家賃・賃借料	3,725	99.6
支払利息・割引料	1,877	85.0
その他	27,983	96.4
経常利益	13,242	163.7
平均従事員数	16.1名	

今後の課題／将来性

◉将来性

　トヨタ自動車が実用化した生活支援ロボットは、使用する際に不特定多数の人が関わるため、安全性の確保が不可欠で、共通基準の整備が欠かせない。安全基準の整備は始まったばかりである。ホンダも歩行支援ロボットを手掛けるほか、パナソニックも介護ロボットに力を入れている。成長する分野だけに大手の参入が相次いでいる。

《関連団体》　一般社団法人日本ロボット工業会
　東京都港区芝公園3-5-8　機械振興会館
　TEL　03（3434）2919

― 655 ―

●製造業●

自動販売機製造業

最近の業界動向

●自動販売機普及台数の減少傾向が続く

　日本自動販売システム機械工業会によると、平成28年12月末の自動販売機及び自動サービス機の普及台数は前年比1.2％減の494万1,400台であった。最も普及台数の多い飲料自動販売機（自販機）は、減少に歯止めがかからない。自販機台数減少の主な要因としては、飲料業界再編の影響などによる使用年数の増加、コンビニエンスストアのカウンターコーヒーや、低価格商品販売自販機との競合により自販金額が減少したことから、中身商品メーカーの自動販売機投資意欲が著しく低下したことなどが挙げられる。また、自動販売機及び自動サービス機により販売・提供された商品・サービスの年間自販金額は、4兆7,360億3,470万円で前年比3.0％減となった。

自動販売機の普及台数、自販金額（単位：台、万円、％）

年次	普及台数	前年比	自販金額	前年比
平23年	5,084,340	▲2.4	530,231,194	▲2.1
24年	5,092,730	0.2	537,497,990	1.4
25年	5,094,000	0.0	521,380,200	▲7.0
26年	5,035,600	▲1.1	495,265,520	▲5.0
27年	5,001,700	▲0.7	488,118,320	▲1.4
28年	4,941,400	▲1.2	473,603,470	▲3.0

（出所）日本自動販売システム機械工業会

●未来型自販機をダイドーが開発

　飲料メーカーのダイドーは、Bluetoothでスマートフォンと通信する未来型の自動販売機「Smile STAND」の新サービスを開始する。「Smile STAND」は、Bluetooth通信機能を備える自動販売機で、飲料購入時にスマートフォンをかざすことでポイントが入手できる。貯まったポイントは飲料購入のほか、各種ポイントに交換も可能である。開発の背景には、若者の自動販売機離れがある。幼い頃からコンビニエンスストアで飲料を買うことに慣れた若年層は、自動販売機を使わなく

なっており、20～30代の顧客の獲得が課題であった。このため、若年層の認知が高いスマートフォンに着目した。ダイドーがゲーム会社のSNKと連携し、飲料メーカーとしては国内初となる、スマートフォン向けのゲームアプリを平成29年9月にリリース。未来型自動販売機のSmile STANDと連携し、飲料購入ポイントをゲームコインに交換することも可能とした。ゲームでもポイントを獲得できるが、自販機で飲料購入によって貯めたポイントで、さらにゲームを楽しむことができる。また、自販機にかざしたスマホに情報発信するサービスも提供する。リクルートライフスタイル社と提携し、自動販売機1キロ圏内にあるホットペッパーグルメ、及びホットペーパービューティーの掲載店のクーポンなどをスマートフォンのアプリ内に配信するというものである。

●IoT対応の見守り自動販売機

　情報通信研究機構（NICT）は、見守りや交通安全、観光などのリアルタイムな地域情報を、マルチホップ中継しながら発信もできるIoT対応の「見守り自動販売機」の実証実験を開始すると発表した。アサヒ飲料と共同で行うもので、平成29年6月から順次実施する。NICTは、平成28年度にWi-SUN、Wi-Fi、BLEを融合活用する「ビーコン通信型地域IoT無線サービスプラットフォーム」を開発。同プラットフォームは、飲料自動販売機向けの固定型IoT無線ルーターと車載用のスマートフォン型IoT無線ルーター、子供用のWi-SUN、BLEハイブリッドビーコン端末「つぶやきセンサー」で構成される。今回の実証実験では、東京都墨田区を中心としたエリアにおいて、自動販売機、飲料補充車両、タクシーにIoT無線ルーターを設置し、地域に構成可能なIoT無線サービスエリアを検証する。また、構築したIoT無線サービスエリアで、業務をしながら、見守りや子どもの飛び出しなど交通安全に関わる注意喚起サービスなどの実用性を検証する。今後は、アサヒ飲料と共同でより広いエリアで、IoT対応自動販売機の試験展開を進め、これを活用した地域IoT基盤が生み出す新たな価値とサービスの検討、実証実験を行っていく。

マーケットデータ

●機種別普及台数と年間自販金額

日本自動販売システム機械工業会によると、平成28年12月末の年間自販金額は次表の通り。主力の飲料自販機分野では、熊本地震後のミネラルウォーターなどの需要増や、西日本地区の夏場の好天が影響したことにより飲料の生産量としては増加した。一方、自販機設置台数が多い首都圏・関東地方では、夏場の天候不良などが影響して、パーマシン（1台当りの売上）が減少した。

機種別普及台数と年間自販金額（平成28年12月末）（単位：台、百万円）

機　　種	年間自販金額	前年比
飲 料 自 動 販 売 機	2,029,802	▲4.9
食品自動販売機（冷凍食品、菓子等）	54,132	0.0
た ば こ 自 動 販 売 機	209,356	▲18.1
券類自動販売機（乗車券、食券等）	1,826,815	▲0.1
日用品雑貨自動販売機（カード等）	470,730	0.8
自動販売機合計	4,590,835	▲3.1
自動サービス機（両替機等）	145,200	2.0
合　　計	4,736,035	▲3.0

（出所）日本自動販売システム機械工業会

業界の特性

●主要企業

日本自動販売システム機会工業会に自動販売機の主要メーカーが加盟している。同工業会の平成28年2月現在の正会員数は34社である。自動販売機の主要メーカーは、上場企業等の大手であり、これらが高い市場シェアを占めている。一方で中堅メーカーは、切符販売機や自動改札機・入場機等の専門分野に特化しており、各分野で高い特長を発揮し存在感を示している。

●自動販売機業界の構成について

自動販売機業界は自動販売機メーカー、中身商品メーカー、オペレーターに分けられる。中身商品メーカーは自社製品の卸業務のほか、自らオペレーター業務を展開する企業もある。オペレーターは自動販売機を保有し、管理・運営を行う企業である。機械の設置、中身商品の配送や補充、売上代金の回収などのサービスを提供する。

ノウハウ

●インバウンド対応自動販売機

増加する訪日外国人の消費を自動販売機に取り込むため、清涼飲料各社は対応を進めている。ダイドードリンコは、訪日外国人向けの「おしゃべり機能」などを活用したインバウンド対応自動販売機を設置している。コカ・コーラボトラーズは、地図や観光ガイドを発行する昭文社が開発した無料の観光情報アプリを活用し、自動販売機には通信料がかからないWi-Fiを搭載した。表示しているQRコードをアプリで読み取ると、観光地などの情報が表示される。

経営指標

ここでは参考として、TKC経営指標（平成29年版）より、「他に分類されないその他の製造業」の数値を掲げる。

TKC経営指標 （変動損益計算書）	全企業　156件	
	平均額（千円）	前年比（％）
売上高	268,398	104.1
変動費	145,238	103.2
仕入高	118,229	104.2
外注加工費	23,281	103.1
その他の変動費	3,410	101.0
限界利益	123,159	105.0
固定費	109,916	100.7
人件費	67,255	103.8
減価償却費	7,288	99.1
租税公課	1,586	91.7
地代家賃・賃借料	3,725	99.6
支払利息・割引料	1,877	85.0
その他	27,983	96.4
経常利益	13,242	163.7
平均従事員数	16.1名	

今後の課題／将来性

●課題

国内人口が減少傾向にある中、自動販売機製造業者間の競争に加え、コンビニエンスストアなどの小売業との競争も激しくなっている。消費者にとって単なる自動販売機としての用途だけではなく、IoTなどをキーとしたサービスマシンとしての機能を備えた自動販売機を開発し、リリースしていくことが業界全体としての課題といえる。

《関連団体》　一般社団法人日本自動販売システム機械工業会
東京都新宿区市谷田町2－7－15
　　近代科学社ビル
TEL　03（5579）8131

●製造業●

パソコン製造業

最近の業界動向

●パソコンの国内出荷台数は大幅減

電子情報技術産業協会によると、平成28年度のパソコンの国内出荷台数は前年比1.9％減の697万台となった。デスクトップ型は0.5％増、ノート型は2.7％減であった。なお、全出荷台数に占めるデスクトップ型の比率は25％で3年前の30％より5％減少しノート型が伸びている。

パソコンの国内出荷台数（単位：千台）

項　目	平26年度	平27年度	平28年度
パソコン出荷台数	9,187	7,111	6,974
デスクトップ型	2,581	1,753	1,762
ノート型	6,606	5,358	5,212

（出所）電子情報技術産業協会

●「ウィンドウズ7」のサポート期間が2020年1月に終了

日本マイクロソフトは、「ウィンドウズ7」のサポート期間が2020年1月に終了するため、平成29年5月から企業や自治体に告知活動を始める。「ウィンドウズXP」では、中小企業などで切り替えの遅れなどで混乱が生じたため、「ウィンドウズXP」に比べて1年以上前倒しして混乱のないよう移行を促す。平成30年1月から、代理販売店やパソコンリース会社など、提携企業のホームページや、取引先への訪問時の周知キャンペーンを本格的に行っていく。

●パソコンの企業向け運用サービスを開始

NECは、日本マイクロソフトの基本ソフト「ウィンドウズ10」を搭載したパソコンの企業向け運用サービスを始めた。パソコンの調達から返却までの管理を代行する。「ウィンドウズ7」のサポート終了に伴い、「ウィンドウズ10」への移行が進むと見込まれ、パソコン導入に関する企業の負担を軽減する。

●パソコン購入後の周辺サービスを拡充

NECや富士通のパソコン大手は、端末購入後の周辺サービスを拡充している。レノボ傘下のNECパーソナルコンピューターは、「あんしん保証サービス」を販売し、売上は伸びている。1年間の保証が付き、故障の際には無料で修理が受けられる。富士通クライアントコンピューティングは平成29年5月から、自社のウェブサイトで提供していたサービスの店頭販売を始めた。ノートパソコン「ライフブック」の購入者を対象に、引き取り修理を保証する。価格は3年保証で2万360円。パソコンメーカーは端末販売だけでなく、修理などの周辺サービスに力を入れている。

マーケットデータ

●パソコンの国内出荷金額

電子情報技術産業協会によると、パソコンの平成28年度の国内出荷金額は前年度比0.9％減の6,181億円であった。このうち、デスクトップ型は同2.4％減の1,504億円、ノート型は同0.4％減の4,677億円であった。

パソコンの国内出荷金額（単位：億円）

項　目	平26年度	平27年度	平28年度
パソコン出荷台数	7,336	6,238	6,181
デスクトップ型	2,064	1,541	1,504
ノート型	5,272	4,697	4,677

（出所）電子情報技術産業協会

●パソコンの国内出荷台数シェア

IDCジャパンによると、平成28年の出荷台数は1,056万台で前年比0.1％増であった。平成27年は買換えの反動減で出荷台数が大きく落ち込んだが、下げ止まりが見られる。個人向けが減少する一方、法人向けは堅調である。平成28年の出荷台数シェアはグラフの通り。

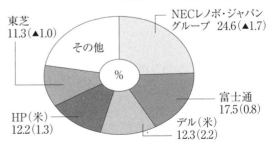

パソコンの出荷台数シェア（平成28年）

東芝 11.3（▲1.0）
NECレノボ・ジャパングループ 24.6（▲1.7）
その他
富士通 17.5（0.8）
HP（米）12.2（1.3）
デル（米）12.3（2.2）

（注）カッコ内は前年比増減ポイント、▲は減
（出所）IDCジャパン

●ビジネス市場・家庭市場のPC出荷台数

IDCジャパンによると、ビジネス市場・家庭市場のPC出荷台数の推移は次の通り。平成28年の国内PC出荷台数は前年比0.1％増の1,056万台であった。このうち、ビジネス市場は前年比5.6％増の637万台、家庭市場は同7.3％減の418万台であった。

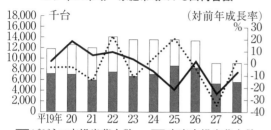

ビジネス市場・家庭市場のPC出荷台数
（出所）IDCジャパン

業界の特性

●専業メーカーの割合

　国内パソコンメーカーはNECや東芝、パナソニックなどの大手電機メーカーが一事業としてパソコン事業を行ってきた。このほか、ヤマダ電機などの家電量販店等のノーブランドパソコンもある。このため、専業メーカーが占める割合は小さい。海外勢の攻勢により、採算が悪化し、NECは中国のレノボと提携した。

●ノートパソコンの人気ランキング

　GfKの調査（平成29年2月20日～3月19日）によると、ノートパソコンの人気ランキングは次の通り。

ノートパソコンの人気ランキング5

順位	メーカー	製品型番
1	ＮＥＣ	ラヴィノートスタンダードNS150/FA
2	富士通	FMVライフブックAH42/A3
3	ＮＥＣ	ラヴィノートスタンダードNS350/FA
4	富士通	FMVライフブックAH53/A3
5	アップル	マックブックエアMMGF21/A

（出所）GfK

●家庭向けのパソコン市場

　個人向けで縮小幅が大きいのは、スタンダードノートパソコンや液晶一体型デスクトップなど、主に家庭内での据え置きでの使用を想定したタイプだ。ネットショッピングなどにスマートフォンやタブレット端末が使われるようになり、PCの買い替えサイクルが長期化している。一方、持ち歩きしやすい、モバイルノートPCは堅調である。

ノウハウ

●大学生や専門学校生に標準を合わせたモデル

　NECパーソナルコンピュータが、平成29年に発売した小型ノートパソコン「ラヴィ・ノート・モバイル」は大学生や専門学校生を対象にしたモデルだ。企画段階から大学生の意見を集め、開発に反映させた。図書館や教室での使用に配慮して、ファンを使わず底面全体を排熱する仕組みにし、駆動音を抑えている。また、女子学生の声を反映して、本体色にアクアブルーのモデルを加えた。価格は高めだが売れ行きは好調だ。

経営指標

　パソコン製造業を対象にした指標は見当たらないので、ここでは参考として、TKC経営指標（平成29年版）より、「その他の電気機械器具製造業」の数値を掲げる。

TKC経営指標 （変動損益計算書）	全企業 平均額(千円)	41件 前年比(％)
売上高	159,671	95.0
変動費	84,550	92.1
仕入高	66,775	94.2
外注加工費	16,705	88.0
その他の変動費	1,710	183.7
限界利益	75,120	98.5
固定費	70,530	102.2
人件費	46,760	103.9
減価償却費	3,957	99.9
租税公課	1,009	86.5
地代家賃・賃借料	2,979	102.1
支払利息・割引料	1,797	92.1
その他	14,225	105.4
経常利益	4,589	63.2
平均従事員数	13.0名	

今後の課題／将来性

●課題

　スマートフォンの普及でパソコン離れが懸念されている。使いやすさやデザイン性、価格などメーカーのさらなる取り組みが求められる。

《関連団体》　一般社団法人電子情報技術産業協会
　東京都千代田区大手町1－1－3
　　大手センタービル
　TEL　03（5218）1050

●製造業●

包装・容器製造業

最近の業界動向

●包装・容器の市場規模は5兆6,543億円

　食品や日用品の包装容器は商品の売れ行きを左右するだけでなく、企業イメージのアップにもつながる重要な役割を担っている。使いやすさやデザイン性など、包装容器は進化している。日本包装技術協会の資料によると、平成28年の包装・容器の出荷金額は前年比2.2％減の5兆6,543億円、出荷数量は前年比1.3％増の1,901万4,000トンであった。容器・包装の出荷金額の推移は次表の通り。

包装・容器の出荷金額の推移（単位：億円、千トン、％）

年　　次	平25年	平26年	平27年	平28年
出荷金額	55,344 (0.7)	57,051 (3.1)	57,814 (1.3)	56,543 (▲2.2)
出荷数量	18,643 (1.1)	18,742 (0.5)	18,776 (0.2)	19,014 (1.3)

（注）カッコ内は前年比、数値は小数点以下切り捨て。平成28年は一部推定値
（出所）日本包装技術協会

●容器包装の規制の見直し

　食品などの容器包装は、食品衛生法で規格基準が定められている。規格基準の国際的な整合性を採用するため平成28年夏から、厚生労働省が「食品用器具及び容器包装の規制のあり方に係る検討会」を設置し、規制の見直しを行っている。

●凸版印刷、伊藤忠商事がタイの食品包装容器事業に参入

　凸版印刷と伊藤忠商事は、タイのTPPグループと共同でタイの食品包装容器（軟包装）事業に参入する。ASEAN地域は経済成長が著しく、タイの都市部では屋台からスーパーやコンビニエンスストアなどの近代的な食品販売へと移行し、現在約1,200億円の食品包装容器市場は拡大すると見込んでいる。

マーケットデータ

●包装・容器の材料別出荷状況

　日本包装技術協会の資料によると、包装・容器の材料別出荷金額推移は次表の通り。平成28年の包装・容器の出荷金額のうち、紙・板紙製品が41.8％で最も多く、プラスチック製品の29.6％が続く。紙・板紙製品とプラスチック製品合計で71.4％を占め、包装・容器の材料は紙やプラスチックに依るところが大きい。

包装・容器の材料別出荷金額推移（単位：億円、％）

材料別	平26年	平27年	平28年	構成比
紙・板紙	23,166 (0.9)	23,525 (1.5)	23,625 (0.4)	41.8
プラスチック	17,704 (6.4)	18,055 (2.0)	16,744 (▲7.3)	29.6
金　　属	9,351 (2.6)	9,454 (1.1)	9,487 (0.3)	16.8
ガ ラ ス	1,262 (1.2)	1,295 (2.6)	1,282 (▲1.0)	2.3
木	1,394 (7.9)	1,380 (▲1.0)	1,379 (▲0.1)	2.4
そ の 他	4,172 (2.1)	4,102 (▲1.7)	4,022 (▲1.9)	7.1
出荷金額	57,051 (3.1)	57,814 (1.3)	56,543 (▲2.2)	100.0

（注）数値は小数点以下切り捨て、カッコ内は前年比
（出所）日本包装技術協会

●アルミ缶需要が拡大

　アルミ缶リサイクル工業会の資料によると、平成28年のアルミ缶需要量は前年比0.8％増の22億缶と見込んでいる。ビール用アルミ缶は減少し、ビール以外のアルコール飲料、非アルコール飲料へのアルミ缶の使用が増加している。コーヒー缶はスチール缶がメインだったが、近年鮮度を維持しやすく輸送コストの低いアルミ缶の採用が増え、蓋つきのアルミ缶（SOT缶）も増えている。アルミ缶需要推移は次表の通り。

飲料用アルミニウム缶需要量（単位：億缶、％）

年　　次	平27年	平28年 (見込)	平29年 (予想)
需　要　量	222.0	223.8	224.6
（伸び率）	(0.0)	(0.8)	(0.4)

（出所）日本アルミ缶リサイクル協会

業界の特性

●日本包装技術協会の会員

　日本包装技術協会の会員数は、平成29年3月末

現在で、法人会員は1,017社（年度内で退会38社、入会65社）、個人会員は160名（年度内で退会27名、入会14名）である。同協会は、毎年「東京国際包装展」を企画し、包装・容器業界を盛り上げている。平成28年は「東京国際包装展」が50回目を迎え、出展者数は669企業、来場者は18万人を超えた。

◉日本プラスチック食品容器工業会

日本プラスチック食品容器工業会によると、平成28年12月末現在会員企業は正会員32社、準会員6社、特別会員8社、会員合計の売上高は約6,000億円、会員出荷量は49万1,000トン（平成27年度）である。

◉リサイクル

容器包装リサイクル法の「容器包装」とは、商品を入れる「容器」及び商品を包む「包装」で、商品を消費し商品と分離した場合に不要となるもので、再商品化等（リサイクル）の義務がある。対象となるものは、ガラスびん、PETボトル、紙製容器包装、プラスチック製容器包装である。アルミ缶、スチール缶、紙パック、段ボールもリサイクルの対象となるものの、既にリサイクルの仕組みが整っているため、再商品化の義務はない。リサイクルを推進する団体として、容器包装リサイクル協会がある。包装・容器製造事業者はリサイクルを意識した取り組みが必要である。

ノウハウ

◉包装・容器が食文化を変える

日本プラスチック工業会の資料によると、食品分野における包装・容器は、日本の食文化への貢献の歴史でもある。昭和46年に登場したカップラーメンは、カップ容器そのものが商品の包装、調理器、食器の3つの機能を兼ね備えていた。そのために、微生物から食品を保護するための密封性、簡単に壊れないようにするための剛性、油の劣化を防止する遮光性、調理器具・容器としても使用するための耐熱性など、さまざまな特性を持つ。近年は、しょう油の酸化を防止し品質を維持しやすくし、風味を保つ、包装・容器が開発されている。また、食品以外の日用品の分野でも包装・容器は進化し、握力が弱い人でも押しやすいシャンプー容器が開発されている。包装・容器製

造事業者にとって、新商品開発は需要家に対する存在感を発揮できる場である。価格競争に陥らないためにも新たな包装・容器開発は重要である。

経営指標

ここでは参考として、TKC経営指標（平成29年版）より、「他に分類されないその他の製造業」の数値を掲げる。

TKC経営指標 （変動損益計算書）	全企業	156件
	平均額（千円）	前年比（％）
売上高	268,398	104.1
変動費	145,238	103.2
仕入高	118,229	104.2
外注加工費	23,281	103.1
その他の変動費	3,410	101.0
限界利益	123,159	105.0
固定費	109,916	100.7
人件費	67,255	103.8
減価償却費	7,288	99.1
租税公課	1,586	91.7
地代家賃・賃借料	3,725	99.6
支払利息・割引料	1,877	85.0
その他	27,983	96.4
経常利益	13,242	163.7
平均従事員数	16.1名	

今後の課題／将来性

◉課題

新開発の容器包装が、食品や日用品の利便性の向上を果たす一方、中身を保護したり運搬したりする二次的な機能から、包装・容器製造事業者は需要家から低価格対応を求められる。また、リサイクルや安全性視点からの高度な要求仕様が求められるため、商品開発体制の維持が課題の一つである。

◉将来性

普及している技術の容器包装は価格競争に陥りやすい。また、容器包装の売上は、包装された中身の売上に左右されるところが大きい。包装容器製造事業者は、自社の強みを認識しつつ、成長性がある分野や販売力が強い需要家と手を組むことが大切である。

《関連団体》　公益社団法人日本包装技術協会
　　東京都中央区築地4−1−1　東劇ビル10F
　　TEL　03（3543）1189

●製造業●

自動車部品製造業

最近の業界動向

◉部品メーカーの売上高は15兆4,934億円

　日本の自動車部品メーカーは、系列取引によりグループ単位で事業を拡大してきた。しかし、現在は系列枠を超えた取引が拡大し、自動車完成車メーカーの新商品開発企画コンペに参入するチャンスを、多くの自動車部品メーカーが狙っている。日本自動車部品工業会「自動車部品工業の経営動向」によると、平成28年度の自動車部品メーカー79社の売上高は前年度比0.9％減の25兆8,532億円となった。売上高は好調な海外事業による需要の増加があったものの、円高による為替換算の影響や軽自動車の需要減少等により、前年度比で減収した。営業利益の増益は合理化や生産増加による操業度差益などによるものである。

自動車部品メーカーの業績（単位：億円、％）

項　目	平27年度	平28年度	前年度比
売　　上　　高	260,993	258,532	▲0.9
営　業　利　益	15,696	16,462	4.9
当　期　利　益	8,637	8,577	▲0.7

（注）平成29年5月1日現在の会員企業440社中、上場企業で自動車部品の売上高比率が50％以上、かつ前年同期比較が可能な自動車部品専門企業79社の連結決算合計
（出所）日本自動車部品工業会

◉デンソー、半導体IP設計の新会社を設立

　デンソーが自動運転の動作を判断する次世代プロセッサー「データフロープロセッサー（DFP）」を開発中で、3年後の実用を目指すと平成29年8月に発表した。半導体メーカーにライセンス供与する役割を担う新会社「エヌエスアイテクス」を平成29年9月に設立した。同社の次世代プロセッサーが見据えるのは、「レベル4」の完全自動運転で、①人や車両等を検出する「知覚」、②周辺環境を把握する「認知」、③最適な経路を決定する「判断」、④決定した経路で操作を制御する「操作」である。このうち、デンソーが狙うのが「判断」の領域だ。自動運転車の「判断」を担う上で半導体に求められるのが、複数の条件を同時に処理し、最適解を瞬時に判断する計算能力で、DFPは複数の処理を柔軟に組み立てて並列動作が可能とされる。

◉旭化成の中国子会社が中国に樹脂コンパウンド工場を建設

　旭化成の中国の子会社である旭化成投資は、中国に樹脂コンパウンド製造工場を建設する。中国で自動車の大幅な生産台数増加が見込まれる中、燃費性能の向上を目的にした自動車の軽量化ニーズに対応する。樹脂コンパウンドは、合成樹脂にガラス繊維や難燃剤などの添加剤を加えて、機能性を付与した素材を指す。樹脂コンパウンドの製造工場は、中国江蘇省常熟市の新材料産業園区内に設ける。製造工場ではポリアミド、ポリプロピレンを中心にした機能樹脂コンパウンド製品を生産する。年間2万8,000トンの生産能力を持ち、2020年初めの稼働を予定している。中国は平成28年に自動車生産台数が過去最高を更新し、今後も増加が予想されている。環境規制の強化などを背景に、自動車の軽量化が求められ、自動車部品で金属から樹脂への代替需要の高まりが期待される。旭化成グループは、強度や耐熱性を高めたプラスチックのエンジニアリング樹脂を重点戦略事業に掲げ、自動車用途で拡大を目指す。

マーケットデータ

◉自動車部品の製造金額

　経済産業省「生産動態統計年報機械統計編」によると、平成28年の自動車部品の生産金額は前年比1.4％増の8兆3,580億円であった。エンジン、機関部品、その他部品は減少傾向にある。一方、駆動電動及び操縦装置部品、懸架制御装置部品は増減を繰り返している。

自動車部品の生産金額推移（単位：10億円）

品　目	平26年	平27年	平28年
エ　ン　ジ　ン	2,315	2,152	2,124
機　関　部　品	763	732	721
駆動電動及び操縦装置部品	2,911	2,820	2,909
懸架制御装置部品	455	447	485
シャーシ及び車体部品	1,568	1,600	1,639
そ　の　他　の　部　品	503	492	480
自動車部品計	8,515	8,243	8,358

（出所）経済産業省「生産動態統計年報（機械統計編）」

業界の特性

●部品メーカーの構造

部品メーカーは、完成車メーカーに部品を直接納入する1次下請け（ティア1）、1次下請けに部品を納入する2次下請け（ティア2）、2次下請けに部品を納入する3次下請け（ティア3）に分類される。グローバル化が進むにつれて、系列の枠を越えて取引する「脱系列化」の流れが進んでいる。また、センサーや制御装置など幅広い自社製品を揃えるサプライヤーと、部品ごとの専業メーカーがある。

●海外生産法人数、売上高

日本自動車部品工業会「海外事業概況調査」によると、平成27年度の自動車部品メーカーの海外生産法人数は1,986法人、売上高は16兆7,323億円である。平成27年度の法人数は前年度比で微減だが、一社当たりの売り上げが拡大している。

●業界再編の兆し

自動車部品製造業は大きく分け、主要完成車メーカーの系列、独立系などに区分される。各社の業績を最も左右するのは、顧客である完成車メーカーの販売台数だが、一部でこの構図が崩れつつある。自動車部品業界では、系列や国を超えて競争が激化してきている。ホンダは「N-BOX」の部品に、系列以外からの部品を多く採用するなど、メガサプライヤーからの部品調達を増やそうとしている。背景の1つには、主要完成車メーカー各社が採用するメガプラットフォーム戦略の影響などが挙げられる。自動車部品製造業側としても、いろいろなメーカーに同様の部品を大量に供給することで、車1台当たりにかかる部品の開発費などの固定費を軽減する効果が期待できる。今度は系列を超えて自動車部品製造業同士のグローバルでの競争がこれまで以上に激化し、合従連衡も進むものと考える。

ノウハウ

●高質な品質管理、コンプライアンス姿勢

自動車のリコール件数、リコール対象台数が増加傾向にある。リコールによる損失は非常に大きく、自動車メーカーの収益を圧迫する。自動車部品製造業としても、リコールは業績悪化や、場合によっては経営危機を引き起こす。反対にリコールを減らせば業績向上だけでなく、自動車メーカーからの信頼を得ることにつながる。リコールは早期発見が重要であり、発見が早ければ損失を抑えることが可能となる。リコールの早期発見は以前よりも容易になったが、自動車ユーザーの視点に立った企業姿勢、コンプライアンスに対する取り組み姿勢も今後より一層重視される。

経営指標

ここでは参考として、TKC経営指標（平成29年版）より、「自動車部分品・附属品製造業」の数値を掲げる。

TKC経営指標 （変動損益計算書）	全企業　227件	
	平均額(千円)	前年比(%)
売上高	347,912	106.4
変動費	198,437	104.8
仕入高	144,443	105.3
外注加工費	44,961	102.3
その他の変動費	9,397	110.6
限界利益	149,475	108.6
固定費	139,282	105.7
人件費	92,796	105.3
減価償却費	13,406	106.5
租税公課	2,321	112.2
地代家賃・賃借料	4,206	101.2
支払利息・割引料	2,259	96.9
その他	24,306	108.0
経常利益	10,192	172.9
平均従事員数	23.2名	

今後の課題／将来性

●将来性

自動車メーカーの海外での現地生産、中国や東南アジアの自動車市場拡大の動きなど、日本国内ではなく、海外での新規市場開拓が必要となる。海外にある工場の拡張や現地生産の拡大、研究開発部の海外移管など、既に需要に対応するための具体的な動きが見られ、今後この動きはますます活発になると予想される。政治情勢が不安定な国はあるものの、さらなる市場開拓が不可欠となっている。

《関連団体》　一般社団法人日本自動車部品工業会

東京都港区高輪1－16－15

自動車部品会館5F

TEL　03（3445）4211

●製造業●

エクステリア製品製造業

最近の業界動向

◉アルミニウムエクステリアの出荷金額は1,121億5,600万円

エクステリア製品には、門扉やフェンス、玄関、バルコニー、テラス、物置などがあり、エクステリア製品の需要は、新設住宅着工戸数などの影響を受けやすい。経済産業省の資料によると、平成28年のエクステリアの出荷額は前年比4.5％減の1,121億5,600万円、生産量は2.8％減の10万1,706トンであった。

アルミニウムエクステリアの生産量と出荷金額の推移

年次	生産量（トン）	出荷金額（百万円）
平25年	100,259	114,690
26年	119,785	125,656
27年	106,216	117,452
28年	101,706	112,156

（出所）経済産業省「生産動態統計年報（資源・窯業・建材統計編）」

◉「スマートエクステリアシリーズ」の拡充

LIXILの「スマートエクステリア」シリーズは、IoT技術を活用した、室内・エクステリアを見守るシステムである。平成29年6月、「スマートエクステリア」シリーズに、カーゲート用通信ユニットが追加された。スマートフォンなどからカーゲートの開閉ができるだけでなく、開閉通知によって家族の外出・帰宅をスマートフォンに知らせることができる。また、屋外カメラと連動し、不審者の侵入を通知することも可能である。IoT技術の進展を捉え、エクステリアに新たな価値を生み出している事例といえる。

マーケットデータ

◉アルミ建材の需要予測

日本サッシ協会が平成29年4月に発表した「アルミ建材需要予測」によると、アルミ建材に含まれるエクステリアの需要予測は次の通り。平成28

年度のエクステリア需要は前年度比5.1％減の10万8,000トン（見込み）、平成29年度は同年度比3.0％減の10万5,000トン（予測）となっている。新設住宅戸数は低調に推移しているため、エクステリア製品の需要は落ち込む見通しである。

アルミ建材の需要予測（単位：千トン、％）

項　目	平27年度 実績	前年比	平28年度 見込	前年比	平29年度 予測	前年比
木造用	115	▲2.9	113	▲1.8	107	▲5.2
ビル用	102	▲0.3	93	▲8.1	90	▲4.0
アルミサッシ用計	216	▲1.7	206	▲4.8	197	▲4.7
ドア	24	0.2	24	▲1.7	23	▲2.5
エクステリア	114	▲6.7	108	▲5.1	105	▲3.0
アルミ製室内建具	36	▲5.4	36	1.0	35	▲1.7
アルミ建材計	390	▲3.4	374	▲4.2	360	▲3.7

（注）千トン以下切り捨てのため合計が合わない場合がある
（出所）日本サッシ協会

◉大手企業の業績

エクステリア製品など、建築用金属製品を製造する大手企業の売上高（連結）は次の通り。

大手企業の売上高（連結）（単位：億円）

会社名	売上高	決算期
Ｌ　Ｉ　Ｘ　Ｉ　Ｌ	17,864（18,90）	平29年3月期
Ｙ　Ｋ　Ｋ　Ａ　Ｐ	7,127（7,419）	平29年3月期
三　協　立　山	3,208（3,321）	平29年5月期
三和シャッター工業	1,762（1,801）	平29年3月期
文化シャッター	1,458（1,431）	平29年3月期

（注）LIXILはIFRS基準値、カッコ内は前の期
（出所）各社決算資料

業界の特性

◉事業所数、従業者数

経済産業省「工業統計表」によると、金属製サッシ・ドア製造業と建築用金属製品製造業の事業所数、従業者数は次の通り。

事業所数、従業者数（単位：所、人）

工業統計表		平25年	平26年
金属製サッシ・ドア製造業	事業所数	1,204	1,158
	従業者数	36,863	34,867
建築用金属製品製造業	事業所数	1,546	1,537
	従業者数	32,057	32,641

（出所）工業統計表

◉業界の特性

エクステリア製品は、門扉、フェンス、玄関、

バルコニー、テラス、シャッター、物置などがある。何れも住宅にあったデザインが求められるとともに、屋外設置に必要な耐久性も求められ、製品の作り込みが重要な分野である。

●新設住宅の戸数

総務省「住宅着工件数」によると、平成28年度の新設住宅戸数は前年度比5.8％増の97万4,137戸であった。平成28年度は前年比を上回っているが、少子高齢化に伴い、新設住宅戸数は減少になるといった見方が強い。

新設住宅の戸数（単位：戸）

年度	件数	年度	件数
平19年	1,035,598	平24年	893,002
20年	1,039,214	25年	987,254
21年	775,277	26年	880,470
22年	819,020	27年	920,537
23年	841,246	28年	974,137

（出所）総務省「住宅着工件数」

●リフォーム市場

矢野経済研究所によると、平成29年の住宅リフォーム市場規模は前年比4.3％増の約6.5兆円と予測し、平成37年には7.2兆円に拡大すると予測している。

市場規模予想推移（単位：兆円）

年	平29年	平37年	平42年
市場規模	6.5	7.2	7.1

（出所）矢野経済研究所

●リフォーム市場のエクステリアの位置付け

国土交通省の試算によると、住宅リフォーム市場約6兆円のうち、外溝・エクステリアは4.8％を占め約2,900億円規模である。リフォーム市場の拡大とともに、エクステリア需要が拡大されることが期待される。

ノウハウ

●フジ産業が「マツモト物置」のラインアップを拡充

エクステリア商品の卸売販売のフジ産業（埼玉県）は、平成27年から自社ブランド「マツモト物置」を販売している。「マツモト物置」は三角形の屋根をし、デザイン性にこだわった物置である。ソーラーパネル設置の物置など、商品ライン

アップを拡充している。同社は、製造から施工までを行う方針のため、関東圏を中心とした販売となっている。楽しさやデザイン性に訴えるホームページを構築し、既存メーカーと差別化した見せ方を行い、エクステリア業界に新たな風を吹き込んでいる。産業や市場の大きな波を捉えた商品開発が戦略の一つとなるとともに、消費者のライフスタイルの変化を捉えたデザイン性に訴える商品開発も戦略の一つとなる。自社の強みを生かした戦略が益々重要になってくる。

経営指標

ここでは参考として、TKC経営指標（平成29年版）より、「建築用金属製品製造業」の数値を掲げる。

TKC経営指標 （変動損益計算書）	全企業 47件	
	平均額（千円）	前年比（％）
売上高	387,093	102.0
変動費	215,913	101.3
仕入高	142,530	101.1
外注加工費	70,197	108.1
その他の変動費	5,315	97.8
限界利益	171,179	102.8
固定費	141,757	89.9
人件費	83,457	103.3
減価償却費	11,580	38.2
租税公課	2,111	110.0
地代家賃・賃借料	5,715	102.7
支払利息・割引料	2,329	93.1
その他	36,663	100.8
経常利益	29,422	330.2
平均従事員数	17.3名	

今後の課題／将来性

●将来性

人口減少社会を迎え、新設住宅戸数減によるエクステリア需要の減少が予想される。リフォーム市場は堅調な市場規模が予想され、リフォーム市場にあった商品供給などが重要になる。海外市場を拡大する住宅会社とのつながりを活かせば、エクステリア製品製造業にとってビジネスチャンスと捉えることもできる。

《関連団体》　日本エクステリア工業会
　　東京都台東区東上野５－２－３
　　TEL　03（3841）9961

●製造業●

事務用品製造業

最近の業界動向

◉出荷額は4,500億円台で推移

国内文具・事務用品市場規模は、ここ数年は4,500億円台で安定的に推移している。平成27年度は筆記具が引き続き伸長したことに加え、事務用品分野もプラス成長となったが、平成28年度（予測）は筆記具のほかは前年度に比べて減少するとの予測になっている。

国内文具・事務用品 分野別市場規模推移（単位：億円）

年度	平24	平25	平26	平27	平28(予測)
市場規模	4,556	4,576	4,552	4,598	4,594
事務用品	2,064	2,032	1,984	2,003	2,000
紙製品	1,649	1,650	1,640	1,630	1,618
筆記具	843	894	928	965	976

（出所）矢野経済研究所

◉国内万年筆市場の拡大

平成27年度の国内万年筆市場規模は、メーカー出荷金額ベースで前年度比19.1％増の46億8,000万円となり、市場規模は大きく拡大した。市場の拡大理由としては、エントリーユーザー向けの低価格モデルの市場投入で、従来の万年筆のコアユーザーであった中高年男性から、女性や低年齢層などへユーザー層が拡大している。また、かつての万年筆ユーザーである中高年男性も、万年筆に回帰する流れも見られる。さらに、中高価格帯の万年筆を中心に訪日外国人客のインバウンド消費も追い風となっており、日本独特の蒔絵などを施した商品が好調な伸長を示している。

◉リヒトラブの「ツイストノート」

リヒトラブが開発した「ツイストノート」シリーズが、年間約2億円を売り上げるヒット商品になっている。ツイストノートとは、とじ具が開いてリーフ交換できるノートである。ダブルリングノートのようにかさばることなく、360度折り返して使うことができ、バインダーのように中のページを自由に抜き差しできるのが特徴である。但

し当初よりヒットしたわけではなかった。リーフを日本の規格であるJIS規格ではなく、国際標準のISO規格にしたことから、小売店が取り扱いに難色を示し、流通すら困難を極めた時期があった。流れが変わったのが、カラフルな10色のツイストノート「AQUA DROPs」シリーズの発売がきっかけであった。ネットで消費者の注目を集め、消費者の声に促される形で、取扱店が増え現在ではリヒトラブを代表するヒット商品となった。

◉積極的なM＆A

出版印刷やシールラベル印刷、ファンシー・キャラクターグッズ製造の事業会社を傘下に持つ日本創発グループは、宏和樹脂工業を子会社化した。また、日本創発グループを株式交換完全親会社、宏和樹脂工業を株式交換完全子会社とする株式交換を行うことを発表した。宏和樹脂工業は、ポスター・パッケージ・出版物などの印刷メディアに対し、合成樹脂コーティング加工、フィルムラミネート加工などによるツヤ出しなど、強度を与えるさまざまな加工を行っている。日本創発グループは、宏和樹脂工業の高付加価値なサービスが加えることで、顧客のニーズに対しトータルに提案できる機会を増やす。また、エヌビー社とフォロンの株式取得を発表した。株式取得日は平成29年7月である。エヌビー社は、便箋や封筒、シールなどのオリジナルデザインの文具の製造・販売を手掛ける会社。フォロンはエヌビー社とは別ブランドによる商材と販路を拡大することを目的に設立された。日本創発グループは2社を子会社化することで、商品ラインアップの充実、製品の企画・製造でのシナジー効果を見込む。

マーケットデータ

◉主な文具の販売金額

経済産業省「繊維生活用品統計」によると、主

主な文具の販売金額の推移（単位：百万円、％）

品　目	平26年	平27年	平28年	前年比
鉛　筆	5,895	6,783	7,047	3.9
シャープペンシル	15,692	18,358	19,061	3.8
ボールペン	72,134	77,524	79,557	2.6
マーキングペン	38,024	41,251	43,071	4.4
クレヨン・水彩絵具	3,734	4,682	4,737	1.2

（出所）経済産業省「繊維生活用品統計」

要な文具の販売金額の推移は表の通りである。

●事務用品主要企業の売上高

事務用品主要企業の売上高の推移は次の通りである。通信販売を主たる事業とする企業や事務用機器や什器関係を扱う企業が上位にきている

事務用品主要企業の売上高（単位：億円、％）

社　名	平26年度	平27年度	平28年度	前年比
ア ス ク ル	2,534	2,767	3,150	13.8
コ ク ヨ	2,930	3,043	3,076	1.1
岡 村 製 作 所	2,201	2,408	2,368	▲1.7
内 田 洋 行	1,435	1,399	1,382	▲1.2
イ ト ー キ	1,029	1,065	1,110	4.2
パ イ ロ ッ ト	902	991	1,000	0.9
マ ッ ク ス	649	665	669	0.6
三 菱 鉛 筆	603	637	647	1.6
ナ カ バ ヤ シ	535	562	578	2.8
キ ン グ ジ ム	331	341	346	1.5

（出所）各社資料

業界の特性

●流通経路

事務用品の流通経路は、品種により次のような流通経路となっている。鉛筆や万年筆のようにブランドが確立しているものは、メーカー→小売→消費者。絵具やクレヨンなどの比較的小物については、メーカー→（販社）→一次卸→二次卸→小売業→消費者。事務用品は従来、メーカー→卸→小売の流れが整っていたものの、近年はディスカウントショップ、コンビニエンスストアの台頭もあり、流通経路は複雑化している。

●新規取引先開拓の必要性

国内事務用品流通は、大手文具通販の登場で、販売チャネルの変革が進んでいる。価格競争と中間流通の排除で、中小文具店・問屋の淘汰が急速に進んでおり、平成26年には7,254店まで減少している（平成26年商業統計確報）。需要の減退と東南アジア諸国の激しい追い上げなどの厳しい条件下で生き残るためには、市場・製品の絞り込み、新製品の開発、生産・流通面の改革に着手し、市場の動きに敏感に対応する必要がある。大手文具通販への売込みも必要であるが、法人需要や厳しいながらも営業を続けている小売店の開拓が必要である。

ノウハウ

●製品開発力という強みを生かす

事務用品業界は、法人需要の伸び悩みやデジタル機器の普及による紙離れなど、依然として業界の苦境は続くものの、ボールペンや紙といった分野では、次々と新商品を送り出して市場を切り開いてきた。消費者の声に応え、ほかの分野からのアイデアも柔軟に取り入れ、絶えず挑戦してきたことで、事務用品業界は独自の進化を遂げ、日本の製品開発力が世界的にみても高いレベルにある。製品開発力という強みを生かしながら、新商品の生産を続けていく努力は必要である。

経営指標

ここでは参考として、TKC経営指標（平成29年版）より、「他に分類されないその他の製造業」の数値を掲げる。

TKC経営指標 （変動損益計算書）	全企業　158件	
	平均額（千円）	前年比（％）
売上高	268,398	104.1
変動費	145,238	103.2
仕入高	118,229	104.2
外注加工費	23,281	103.1
その他の変動費	3,410	101.0
限界利益	123,159	105.0
固定費	109,916	100.7
人件費	67,255	103.8
減価償却費	7,288	99.1
租税公課	1,586	91.7
地代家賃・賃借料	3,725	99.6
支払利息・割引料	1,877	85.0
その他	27,983	96.4
経常利益	13,242	163.7
平均従事員数	16.1名	

今後の課題／将来性

●課題

企業の経費節減により、オフィスの事務用品市場は縮小すると予想される。事務用品は経費削減のターゲットになりやすいこと、IT化で筆記具の利用機会減少、ペーパーレス化が大きな要因である。ただ、事務用品はビジネスの必需品であり、一定消費量が確実に見込まれる分野でもあるため、業界全体として打開策を見出す必要がある。

《関連団体》　一般社団法人全日本文具協会

東京都台東区浅草橋１－３－14

TEL　03（5687）0961

●製造業●

電子部品製造業

最近の業界動向

●新たな分野開拓により安定市場に

大口需要先であったスマートフォンは飽和状態にあるものの、自動運転や安全装備の拡大に伴う新たな市場の開拓や、モノづくりのシーンにおいても、自動化などのニーズが増え、日々の生活におけるデジタル化のさらなる進出などを要因として、電子部品市場は堅調に推移している。電子情報技術産業協会によると、平成28年の日本メーカーの電子部品出荷額は前年比2.9％減の3兆8,599億円であった。電子部品メーカーは、スマートフォンの次に向けた動きを活発化させ、自動車やIoTなどの成長分野に注力している。

電子部品グローバル出荷統計（単位：億円）

主要品目	平27年	平28年
電子部品合計	39,739	38,599
受動部品	13,291	13,142
接続部品	10,550	10,529
変換部品	8,247	8,397
その他の電子部品	7,649	6,529

（注）合計は四捨五入のため一致しない場合がある。
（出所）電子情報技術産業協会

●アルプス電気とアルパインが経営統合、車載事業を強化

アルプス電気とアルパインが経営統合する。アルパインの株式がアルプス電気の株式に交換され、アルパインが上場廃止となり、アルプス電気の完全子会社となる。平成31年4月に持ち株会社「アルプスホールディングス」（上場予定）が設立され、アルプス電気とアルパインは非上場の事業会社となる。アルプス電気は片岡電気として創業し、電子部品メーカーとして事業を行ってきた。アルパインはアルプス電気と米Motorola社の合弁会社としてスタートし、カーオーディオ製品を中心に事業を進めてきた。今回、経営統合を決めた背景には、車載市場の変化がある。車載市場が拡大する中で、アルプス電気の車載向け電子部品

事業が急拡大し、車載機器事業を行うアルパインと独立として運営するよりも、両社の事業がより密接に関連する新グループ体制を敷いた方が良いとの判断があった。アルプス電気は、アルパインのシステム設計・ソフトウウェア開発力を取り込むことで、電子部品事業を強化する。一方、アルパインは、アルプス電気の電子部品コア技術を活用しやくなり、車載情報機器の開発に弾みがついたり、アルプス電気の販売チャネルを使うことで販路を広げることができる。

マーケットデータ

●電子部品の生産金額

経済産業省「機械統計」によると、電子部品の生産金額の推移は次の通り。平成28年の電子部品の生産額は各製品とも前年を下回っている。

電子部品の生産金額の推移（単位：百万円）

主要品目	平27年	平28年
受動部品	1,061,221	1,025,102
抵　　　抗　　　器	90,956	88,754
固定コンデンサ	557,354	543,804
ト　ラ　ン　ス	9,205	8,748
イ　ン　ダ　ク　タ	61,986	60,903
機　能　部　品	341,720	322,902
電子回路基板	484,134	459,274
接続部品	514,730	466,746

（出所）経済産業省「機械統計」

●電子部品の生産金額

電子部品大手の連結業績は次の通りである。6社中4社が売上高、純利益とも前年度を下回る結果となっているが、平成30年3月期は各社とも最終増益となる見通しだ。北米やアジアでスマートフォンに使う部品が伸び、自動車の電装化に向けた需要も取り込む。最終増益を見込む背景には、スマートフォン向け需要の回復だ。米アップルの

電子部品大手の連結業績（平成29年3月期）（単位：億円、％）

社　名	売上高	前期比増減率	純利益	前期比増減率
村田製作所	11,355	▲6.2	1,560	▲23.4
京セラ	14,226	▲3.8	1,038	▲4.8
日本電産	11,993	1.8	1,089	248.2
日東電工	7,677	▲3.2	637	▲22.3
TDK	11,782	2.2	1,451	248.2
アルプス電気	7,532	▲2.7	349	▲10.5

（出所）各社決算書

iPhoneなどの高機能化に伴い、より品質の高い部品が求められるようになった。また、電気自動車やADAS（先進運転支援システム）の拡大を受け、自動車向け需要が高まっている。

業界の特性

●事業所数、従業者数

経済産業省「経済センサス」によると、平成28年の電子部品・デバイス・電子回路製造業の事業所数は平成26年に比べて6.3％増の4,536所。一方、従業員数は平成26年に比べて0.1％減の38万1,686人となっている。

電子部品・デバイス・電子回路製造業の推移

年次	事業所数	従業者数
平26年	4,267	382,110
28年	4,536	381,686

（出所）経済産業省

●電子部品の種類

電子部品とは、電子デバイスの動きを補助したり、電力を他のエネルギーに変換する機能を持った部品である。電子部品には、受動部品、電子回路基板、接続部品、変換部品、及びその他の電子部品がある。受動部品の例として、コンデンサや抵抗器、インダクタが挙げられ、その役割は蓄電、放電、整流、同調等である。電子回路基板は、一般的にはプリント配線板と呼ばれる部品であり、各種部品はこのプリント配線板上に搭載される。接続部品は電子部品を繋いだり、切り替えたりする部品で、コネクタ、スイッチ、リレー等がある。変換部品は、電子エネルギーを音や運動エネルギー等に変換する部品で、スピーカーや磁気ヘッド、小型モーター等がある。その他の電子部品は、スイッチング電源やメモリ部品等が含まれる。

ノウハウ

●世界最小サイズのエンコーダースイッチ micro ESを商品化

村田製作所は、世界最小サイズのエンコーダースイッチとして、スイッチ付きロータリーエンコーダーの超小型品micro ES（マイクロイーエス）の開発に成功し、サンプル供給を開始した。主にスマートウォッチ、Bluetooth対応ヘッドセット、スマートグラスなどでの採用を目指す。量産開始

は平成29年12月の予定。ウェアラブル機器では、小型で操作性に優れたユーザーインターフェイスが求められている。今後、ウェアラブルデバイスに向けて需要開拓と拡販を目指す。

経営指標

ここでは参考として、TKC経営指標（平成29年版）より、「その他の電子部品・デバイス・電子回路製造業」の数値を掲げる。

TKC経営指標 （変動損益計算書）	全企業　110件	
	平均額（千円）	前年比（％）
売上高	212,751	99.3
変動費	93,514	93.4
仕入高	64,861	100.4
外注加工費	27,062	82.1
その他の変動費	3,086	105.6
限界利益	119,237	104.6
固定費	111,093	104.4
人件費	81,441	105.1
減価償却費	4,892	73.8
租税公課	1,528	96.9
地代家賃・賃借料	4,092	92.3
支払利息・割引料	1,157	90.6
その他	18,253	119.7
経常利益	8,144	107.4
平均従事員数	24.4名	

今後の課題／将来性

●課題

グローバルの視点では、スマートフォン需要は伸びると予想される。また、自動車のIT化に伴い、電子部品の需要は増加が見込まれる。一方、汎用化した電子部品は競争が激化し、値下げの要求も強くなる。今後、勝ち残っていくためには、常に技術開発に注力し、独自製品を開発し続ける必要がある。

●将来性

IoTなどの新分野の成長や中国など新興国のスマートフォン需要が堅調で、電子部品の需要は回復傾向にある。電子部品メーカーは自動車やスマートフォンを中心に出荷が堅調に推移すると予想される。

《関連団体》　一般社団法人電子情報技術産業協会
東京都千代田区大手町１－１－３
　大手センタービル
TEL　03（5218）1050

●製造業●

半導体製造装置製造業

最近の業界動向

●国内大手半導体製造装置メーカーは業績

　国内大手半導体製造装置メーカーの平成29年3月期の業績は次の通り。半導体製造装置大手は、顧客に販売した後のサービス事業を強化している。IoTの普及でデータ通信量が増え、半導体を製造するための装置受注が堅調に推移しているが、補修や部品交換などのサービス事業を安定収益の柱に育てる狙いがある。

半導体製造装置大手の連結業績（平成29年3月期）（単位：億円）

企業名	売上高	当期利益
日立ハイテクノロジーズ	6,445（6,290）	401（360）
東京エレクトロン	7,997（6,639）	1,152（779）
日立国際	1,718（1,807）	74（130）
アドバンテスト	1,559（1,624）	142（ 79）
ディスコ	1,342（1,279）	242（231）
東京精密	778（ 703）	99（ 97）

（注）カッコ内は前の期の値
（出所）各社決算資料

●日立製作所は日立国際電気を米ファンドに売却

　日立製作所は平成29年4月26日、半導体製造装置子会社の日立国際電気を米投資ファンドのコールバーグ・クラビス・ロバーツ（KKR）に売却すると発表した。非中核事業を切り離して得た資金を、社会インフラやあらゆる機器をインターネットにつなぐIoT事業に振り向ける。日立国際は東証1部上場企業で、半導体製造装置と放送・映像機器が主力である。売上の過半を占める半導体製造装置は、主要顧客である韓国サムスン電子などアジア向けの販売拡大が続き、全体の業績も堅調に推移している。日立製作所は事業構造の見直しを加速し、成長投資で先行する欧米大手を追撃する。

●長野県に半導体製造装置工場を新設し、IoTや自動車領域などの半導体需要増に対応

　半導体製造装置メーカーのディスコは、子会社が利用していた長野県茅野市の工場を自社の半導体装置の製造拠点として活用する。半導体の設備投資は活発化しており、増産体制を整える。平成30年4月に製造拠点にし、人材確保も進めていく。IoTや自動車、医療分野など半導体の活用領域や使用量は拡大を続けており、今後は半導体製造装置のさらなる需要拡大も見込まれている。ディスコでは、広島県呉市の広島事業所・桑畑工場で製造棟の拡張などを進めているが、桑畑工場では主に精密加工ツールの需要拡大に対応するもので、半導体製造装置の製造スペースが将来的に手狭になる可能性があった。さらに、ディスコの製造拠点は広島県呉市の桑畑工場、呉工場に集中しており、BCP（事業継続管理）の観点から被災リスクを分散する必要性があった。これらの背景から、新たに長野事業所・茅野工場の開設を決定した。

マーケットデータ

●半導体製造装置の生産金額

　経済産業省「生産動態統計（機械統計編）」によると、平成28年の半導体製造装置の生産金額は前年比16.9％増の1兆1,715億3,300万円となり、3年連続で前年を上回っている。

半導体製造装置の生産金額（単位：百万円）

品目	平27年	平28年
半導体製造装置	1,001,770	1,171,533
ウエハ製造用装置	13,748	11,801
ウエハプロセス用処理装置	727,626	872,331
薄膜形成装置	173,785	167,017
その他の装置	329,474	412,600
組立用装置	92,457	79,156
半導体製造装置用関連装置	168,179	208,245

（出所）経済産業省

業界の特性

●半導体製造装置製造業の事業所数と従業者数

　経済産業省「工業統計表」によると、平成26年

半導体製造装置製造業の事業所数、従業者数等の推移

年次	事業所数	従業者数（人）	製造品出荷額（百万円）
平24年	1,130	55,617	1,671,187
25年	1,089	54,626	1,549,881
26年	1,066	51,783	1,694,641

（出所）「工業統計表」

の半導体製造装置製造業の事業所数は前年比2.1％減の1,066所、従業者数は同5.2％減の５万1,783人であった。

◉半導体製造装置の工程、装置の種類

半導体製造装置の製造工程は、「前工程」と「後工程」に分けられる。「前工程」は、シリコンウエハーに回路を形成する工程であり、前工程だけでも1,000工程存在する。「後工程」は、検査と組み立てに分けられる。検査の種類も多岐にわたり、組み立ても多数の工程を経てマーキング・収納となる。このように何百もの工程を必要とする半導体の製造に用いられる製造装置は、主要なものだけでも100種類以上にのぼる。製造装置メーカー各社は、これら高い要求を満たす技術力を駆使し、工程ごとの製造装置を半導体設計製造企業に販売している。

◉BBレシオ

BBレシオとは、集荷額に対する受注額の比率を指す。さまざまな業界で活用されるが、半導体業界では業界全体の先行きを表す指標として用いられる。BBレシオが１を超えると需要が供給を上回り、また、このレシオが上昇しているときは景気が拡大しているみなすことができる。半導体製造装置協会では３カ月平均速報値を毎月公表している。しかし、東京エレクトロンが平成29年３月期決算発表の際に、今後は受注実績の開示を取りやめると発表。それに伴いBBレシオの意義や影響などを検討して中止を決めたという。背景には、受注額の開示を止める装置メーカーの増加がある。東京エレクトロンは四半期の受注額開示を取りやめた理由を「短期の株価変動を抑え、中長期の成長性判断をより重視する」ためと説明する。BBレシオがなくても、市場が安定していれば問題ないが、半導体業界は短期で状況が激変することも少なくなく、今後の影響に注視が必要となる。

ノウハウ

◉新しい半導体の生産システムを普及させる取り組み

全国の半導体関連の中堅・中小企業は、産業技術総合研究所との共同プロジェクトを始め、新しい半導体の生産システムを普及させる取り組みを進めている。平成29年度中に、多くの製造装置を設置した大規模なデモセンターを産業技術総合研究所の九州センターに開設し、電子デバイスの試作を請け負うとともにオペレーターの人材を育成する。「博多共創プラン」には、全国の中堅・中小企業が参加し、約70の装置が開発されている。

経営指標

半導体製造装置製造業の指標は見当たらないので、ここでは参考として、TKC経営指標（平成29年版）より、「集積回路製造業」の数値を掲げる。

TKC経営指標 （変動損益計算書）	全企業	15件
	平均額（千円）	前年比（％）
売上高	483,547	117.1
変動費	118,758	93.6
仕入高	84,803	89.0
外注加工費	24,106	134.0
その他の変動費	10,900	89.1
限界利益	364,788	127.5
固定費	310,459	116.5
人件費	167,765	108.5
減価償却費	86,560	137.0
租税公課	3,159	86.4
地代家賃・賃借料	2,867	115.1
支払利息・割引料	418	84.5
その他	51,982	121.0
経常利益	54,328	274.4
平均従事員数	36.0名	

今後の課題／将来性

◉課題

今後、期待されるのがIoTやAI、第５世代移動通信方式（5G）、自動運転といった新たなデジタル革命による需要だ。特にIoT市場は半導体メーカーだけでなく、エンドユーザーまで裾野が広がりつつある。生産する半導体の数は膨大で、顧客の半導体メーカーは既存の装置や消耗品を効果的に使う必要がある。このため、半導体製造装置大手は、維持・補修などのサービス事業に注力している。足元の事業が好調なうちに、どれだけIoT市場で足場を築けるかが、装置メーカーの共通課題となる。

《関連団体》　一般社団法人日本半導体製造装置協会
東京都千代田区六番町３
　六番町SKビル６F
TEL　03（3261）8260

●製造業●

昇降機製造業

最近の業界動向

●昇降機の新設台数は減少

　日本エレベーター協会によると、平成28年度のエレベーターの新設台数は、前年度比3.0％減の２万3,618台だった。平成23年度から増加に転じ、平成26年度まで増加傾向にあったが、27年度から２年続けて減少している。昇降機の新設台数の推移は次の通り。

昇降機の新設台数の推移（単位：台）

年度	台　数	年度	台　数
平21	22,622	平25	24,837
22	22,042	26	25,876
23	22,250	27	24,343
24	23,540	28	23,618

（注）日本エレベーター協会の正会員が対象
（出所）日本エレベーター協会

●日立はエレベーター事業の海外展開を加速

　日立製作所は平成29年４月、昇降機の販売・サービスを手掛けるイギリスのテンプル社を買収して欧州市場に参入した。これまで日本や中国に注力してきたが、国内は昇降機の新設需要は概ね横ばいで推移し、中国は建設工事の減少で需要の大きな伸びを見込みにくい面もある。一方、欧州は世界全体の30％強を占める市場規模がある。また、平成29年３月にも、カンボジアのプノンペン市にも昇降機の販売・サービスを手掛ける合弁会社を設立した。今後は、M&Aをテコにシェアを拡大し、世界規模での事業展開を狙い日立ブランドを確立する計画だ。

●技術者の底上げを図り、海外事業の拡大を図る

　三菱電機は、技術者の育成を行いながら、エレベーターなど昇降機の開発を進める。保守点検を担う子会社や協力会社などと協力し、耐久性や強度など技術者の技術力を高めながら、海外市場の開拓を急ぐ。これまで、中国や東南アジアが中心であったが、インドや中東、南米などにも販売を広げていく。新市場でブランド力を高めるには、

日本と異なる環境でも安全性と品質の高さを担保しなければならない。下請けや部品メーカーなども参加して、昇降機の試作や検証を一貫して担う専任組織もつくり、技術力の底上げを図りながら海外市場の事業拡大を進める

マーケットデータ

●エレベーター・エスカレータの生産金額

　経済産業省「機械統計」によると、平成28年のエレベーター（自動車用エレベーターを除く）の生産金額は前年比1.7％減の2,056億円、エスカレーターの生産金額は前年対比9.9％増の234億900万円だった。昇降機の生産金額の推移は次の通り。

昇降機の生産金額の推移（単位：百万円）

区　分	平25年	平26年	平27年	平28年
エレベーター	206,747	206,876	209,163	205,600
エスカレーター	18,867	21,316	21,308	23,409

（出所）経済産業省「機械統計」

●昇降機の保守台数の推移

　日本エレベーター協会によると、平成28年度のエレベーターの保守台数は前年比1.4％増の73万5,018台、エスカレーターは同0.2％増の７万711台であった。昇降機の保守台数の推移は次の通り。

昇降機の保守台数の推移（単位：台）

年度	台　数		年度	台　数	
	エレベーター	エスカレーター		エレベーター	エスカレーター
平21	660,481	63,977	平25	693,774	68,113
22	667,656	65,387	26	704,830	69,002
23	672,097	66,788	27	724,854	70,597
24	678,982	67,508	28	735,018	70,711

（注）日本エレベーター協会の正会員を対象
（出所）日本エレベーター協会

業界の特性

●法改正による運用の変更

　「建築基準法の一部を改正する法律」が、平成28年６月１日に施行された。この法改正では、昇降機（エレベーター・小荷物専用昇降機）関連法令の変更も含まれている。具体的には、小荷物専用昇降機（ダムウェーター）の確認申請の有無の判断を、特定行政庁が判断する（設置場所によって確認有無が異なっていた）ことになっていたが、今回の建築基準法改正で小荷物専用昇降機

（フロアタイプ：扉と床が同じ高さにあるタイプ）は確認等を要する建築設備に指定され、設置場所を問わず、確認申請が必要になった。また、定期検査報告制度に関しても一部変更となり、小荷物専用昇降機のテーブルタイプは、改正後も引き続き、特定行政庁が定期検査の有無を判断するが、フロアタイプに関しては、設置場所を問わず定期検査が必要になった。さらに、「昇降機検査資格者」の資格者は、新講習の受講は必要ないが、法改正後も引き続き資格を維持するためには、国土交通省に申請を行い、新たに「昇降機等検査員」の資格を取得する必要がある。

●昇降機の機種

主な昇降機の機種は、エレベーター、エスカレーターと小荷物専用昇降機などがある。エレベーターは、人の輸送や人荷供用を目的とした「乗用」、病院などで患者をストレッチャー（移動式寝台）に乗せて輸送を目的とする「寝台用」、荷物の輸送を目的とする「荷物用」、駐車場に設置され自動車の輸送を目的とする「自動車用」、定員が5名以下の（ホームエレベーターを除く）「小型エレベーター」と、個人住宅内に設けられかつ利用者は家族に限定される「ホームエレベーター」がある。エスカレーターは、踏段幅が600mm相当の「S600型」、踏段幅が1,000mm相当の「S1000型」、踏段間に段差がなく傾斜角度が15度以内の「動く歩道」がある。小荷物専用昇降機は、腰高（約500mm）に出し入れ口がある「テーブルタイプ」と床面又は床面に近い位置に出し入れ口がある「フロアタイプ」がある。

●エレベーター業界の大手企業

国内エレベーター市場は、三菱電機、日立製作所、東芝エレベーターの電機メーカー、専業のフジテック、米オーチスの5社が大部分の市場を占有している。

●エレベーターの構造

エレベーターには、現在主流の「ロープ式」と「油圧式」の2つの方式がある。「ロープ式」には、重りを利用する「トラクション式」とドラムを利用する「ドラム式」がある。「油圧式」は油圧ジャッキで下からかごを持ち上げる方式であり、他のタイプに比べるとより重い重量に耐えられるため、主に工場などで荷役用として使われている。

ノウハウ

●「いす式階段昇降機」を発売

クマリフトは、高齢者の家庭内における階段での転落事故防ぐために、平成28年9月から超高齢社会に対応する製品として、いすに座ったまま階段を昇り降りできる「いす式階段昇降機」の販売を開始した。不使用時は折りたたんで階段端から約370mmにコンパクト収納でき、通路も確保できるように開発した。ニーズを捉えた商品開発が重要になっている。

経営指標

ここではTKC経営指標（平成29年版）より、「物流運搬設備製造業」の数値を掲げる。

TKC経営指標 （変動損益計算書）	全企業　13件	
	平均額（千円）	前年比（%）
売上高	496,240	106.8
変動費	271,845	102.4
仕入高	199,917	98.9
外注加工費	58,996	96.6
その他の変動費	6,398	87.9
限界利益	224,395	112.6
固定費	176,593	98.6
人件費	114,413	99.6
減価償却費	15,057	113.6
租税公課	3,555	115.0
地代家賃・賃借料	3,537	100.4
支払利息・割引料	2,466	86.2
その他	36,550	88.1
経常利益	47,801	238.1
平均従事員数	18.9名	

今後の課題／将来性

●将来性

エレベーターは所定の階数の建物が建つと必要になるもので、且つ一度据え付けたら定期的にメンテナンスが必要となる設備である。また、設置から所定年数を経過すると改修が必要になることから需要は安定している。東京オリンピック前の再開発などで新規にエレベーターを設置する需要と、バブル期に設置したエレベーターが改修時期に来たことからリニューアル案件も少なくない。

《関連団体》　一般社団法人日本エレベーター協会
　東京都港区南青山5－10－2　第2九曜ビル
　TEL　03（3407）6471

●製造業●

ガス・石油機器製造業

最近の業界動向

●ガス機器・石油機器の国内出荷額は3,846億円

日本ガス石油機器工業会によると、平成28年度のガス機器・石油機器合計の国内出荷額は3,846億円（見込）で、前年度の3,847億円と比べほぼ横ばいが続いている。政府の経済政策のもと個人消費の回復が徐々に図られ、国内景気の緩やかな上昇がみられたが、消費税先送りによる駆け込み需要などはなかった。

●リンナイが米国に2工場を新設し米国市場を拡大

米国の給湯器市場は年間900万台と推定され、中でも、貯湯式（タンク式）給湯器が主流となっている。リンナイアメリカは、平成11年よりガス瞬間式（タンクレス）給湯器の販売を開始し、平成27年に20万台を超え、平成28年に23万7,000台となった。平成30年4月からは、新設したジョージア州グリフィンの2工場で生産を開始する予定だ。2工場合わせた年間生産台数は30万台を計画している。投資規模は約90億円であり、生産体制増強とともに、米国市場のさらなる販売拡大を狙っている。

●省人化や省力化に対応した遠隔監視システムの強化

業務用市場では、運用面で省人化や省力化、故障時の影響を最小限にするなど、迅速な修繕対応などのニーズが高まってきている。リンナイやノーリツなど主要メーカーは、相次いで遠隔監視機能を搭載した業務用機器を投入している。特徴は、遠隔監視ユニット通信を介して無線通信網を利用し、データセンターに情報を常に送信する。そのデータを管理することにより機器の使用状況を確認し、故障の未然防止や点検時期の事前把握により機器を正常に保ちつつ、顧客の業務への影響を最小化させることができる。ノーリツが対象とする顧客は、給湯器を複数台連結したマルチシ

ステムを導入しているホテルなどの大規模施設から、給湯器を単体で使用している飲食店などの小規模施設で、遠隔監視システムの導入の手軽さを訴求して各方面への浸透を図る。

マーケットデータ

●大手企業の売上高

大手企業（リンナイ、ノーリツ、新コスモス電機、ダイニチ工業）4社の売上高は次の通りである。リンナイは売上高のうち、給湯機器が最も大きい。新コスモス電機はガス警報器の国内最大手である。

大手企業の売上高（単位：百万円）（連結）

社　名	売上高（下段経常利益）	
	平28・3月期	平29・3月期
リ　ン　ナ　イ	319,935	330,256
	35,807	35,280
ノ　ー　リ　ツ　※	218,809	211,872
	6,013	9,343
新コスモス電機	19,555	24,062
	1,746	1,905
ダイニチ工業	17,280	18,246
	461	744

（注）ノーリツは平成27年12月期、平成28年12月期の売上高
（出所）各社決算報告

●ガス機器・石油機器の国内出荷金額

日本ガス石油機器工業会によると、ガス・石油機器の国内出荷金額の推移は次の通り。平成28年度出荷金額は、ガス機器全体では前年度比1.1％減の2,919億円、石油機器全体では同3.6％増の927億円となり、ガス・石油機器合計で同0.1％減の3,846億円と見込まれる。

ガス機器・石油機器の国内出荷金額の推移（単位:億円）

項　目	平26年度	平27年度	平28年度（見込）	平29年度（予測）
ガス調理機器	1,077	1,065	1,055	1,053
ガス温水機器	1,716	1,751	1,743	1,754
ガス暖房機器	108	90	73	65
カセットコンロ	45	46	47	46
ガス機器合計	2,949	2,952	2,919	2,919
暖　房　機　器	581	523	549	548
温　水　機　器	349	372	378	374
石油機器合計	930	895	927	922
総合計	3,879	3,847	3,846	3,841

（出所）日本ガス石油機器工業会

●ガス機器・石油機器の輸出金額

財務省「貿易統計」によると、ガス機器・石油

機器の輸出金額全体は、直近では増加傾向であったが、平成28年は前年比4.0％減の431億700万円となった。

ガス機器・石油機器の輸出金額の推移（単位：百万円）

項　目	平26年	平27年	平28年
石油ストーブ	3,631	3,125	3,551
ガスストーブ	3,497	2,968	2,686
ガス調理器具	1,917	2,068	2,064
石油調理器具	19	15	7
ガス瞬間湯沸器	31,118	36,586	34,685
その他の湯沸器	102	143	113
合　計	40,284	44,906	43,107

（出所）財務省「貿易統計」

業界の特性

◉事業所数と従業者数

経済産業省「工業統計表」によると、平成26年のガス機器・石油機器製造業の事業所数は前年比0.9％増の346所、従業者数は同2.3％増の2万1,746人となった。

◉日本ガス石油機器工業会の会員数

日本ガス石油機器工業会によると、平成29年7月現在、ガス石油機器・関連部品製造・販売会社・賛助会員合計で98社である。同工業会の主要対象機器は、①ガス機器（ガスこんろ、ガス給湯器、ガスストーブ）、②石油機器（例、石油ストーブ、石油給湯機等）、③カセットコンロ・ボンベである。

◉製品の種類

ガス・石油危機は用途に応じて調理厨房器具、給湯機器、暖房機器に分かれる。給湯機器には、風呂釜と給湯機器がある。調理用厨房機器はガス機器の種類が多い。

◉メーカー分類

ガス・石油機器製造業は最終製品まで手掛けるセットメーカーと、一部組立から半製品まで手掛けるメーカーに分かれる。それぞれ取引形態や条件は異なる。また、自社ブランドで生産し出荷するケースと、OEM供給で受託生産し相手先に納入するケースに分かれる。OEM供給のケースでは、ガス会社や住宅設備会社などから一括して受注して供給先の名前を使って販売している。

ノウハウ

◉消費者のニーズを捉えた新商品の発売

リンナイは平成29年7月、ガスと電気を組み合わせた新しいファンヒーターを発売した。すぐに部屋を暖めたいときはガスの立ち上がりを活かし、就寝時には電気ヒーターで適温に保つといった機能を持つ。ガスと電気それぞれの長所を活かした製品である一方、それぞれの長所はニーズを捉えている。ノーリツは平成29年8月、ガスビルトインオーブンで初めて「かき混ぜ」ができる機能を搭載した。これによりカット済み材料等を入れておけば、料理が完成する。

経営指標

ガス・石油機器製造業の指標は見当たらないので、ここでは参考として、TKC経営指標（平成29年版）より、「他に分類されないその他の製造業」の数値を掲げる。

TKC経営指標 （変動損益計算書）	全企業　156件	
	平均額（千円）	前年比（％）
売上高	268,398	104.1
変動費	145,238	103.2
仕入高	118,229	104.2
外注加工費	23,281	103.1
その他の変動費	3,410	101.0
限界利益	123,159	105.0
固定費	109,916	100.7
人件費	67,255	103.8
減価償却費	7,288	99.1
租税公課	1,586	91.7
地代家賃・賃借料	3,725	99.6
支払利息・割引料	1,877	85.0
その他	27,983	96.4
経常利益	13,242	163.7
平均従事員数	16.1名	

今後の課題／将来性

◉将来性

欧米などでは省エネニーズが高まり、瞬間湯沸器などの日本の市場で磨き上げられた製品がビジネスチャンスをつかんでいる。特に安全性が求められる分野であり、安全性を重視しつつ、ニーズを捉えた特長的な商品づくりが求められる。

《関連団体》　一般社団法人日本ガス石油機器工業会
　東京都千代田区神田多町2－11
　　ガス石油機器会館
　TEL　03（3252）6101

●製造業●

洋紙製造業

最近の業界動向

◉平成28年の紙の生産数量は前年比0.2％増

広告や文書のデジタル化で需要の減少が続き、印刷用紙の価格が安価で推移している。また、書籍やノートに使う非塗工紙も落ち込んでいる。経済産業省によると、平成28年の紙の生産数量は前年比0.2％増となったが、厳しい状況が続いている。一方、段ボール箱の原材料として使われる段ボール原紙は前年比2.0％増、衛生用紙は同2.3％増であった。

◉北越紀州製紙が物流の内製化を進め海外販売に注力

北越紀州製紙は、国内の印刷用紙需要が縮小する中、海外販売に注力する。主力の新潟工場で外部委託していたコンテナへの積み込み作業を、平成29年度から内製化を進め、コスト競争力を高める。従来の北米に加え、東南アジア向けの販売も開拓する。国内の紙需要は縮小傾向にあり、原材料の木材パルプを輸入に頼る製紙業界は、円安対策と販売数の確保のため、輸出拡大を進めている。

◉大王製紙が日清紡ホールディングスの紙事業を買収

大王製紙は平成29年2月11日、日清紡ホールディングスの紙事業を買収すると発表した。紙・板紙の需要は品種によって需要の明暗が分かれている。インバウンド需要の増加に伴い、宿泊施設や飲食店では家庭紙の需要が高まり、家庭紙の需要は堅調に推移している。このため、トイレットペーパーなどの家庭紙を中心に展開する日清紡の紙事業を買収して強化を図る。また、三菱製紙と家庭紙で業務提携する。共同出資会社を立ち上げ、青森県内に家庭紙の新工場を建設する、新工場平成31年4月の稼働を目指し、ティシュやトイレット紙を年間1万8千トン生産し、王子ホールディングスは「ネピア」、三菱製紙は「ナクレ」のブランド名で主に東北地方に出荷する。

マーケットデータ

◉大手製紙の売上高

大手製紙の売上高（連結）は次表の通りである。製紙業界は王子ホールディングスと日本製紙の2社の影響力が強まっている。

大手製紙の売上高（連結）（単位：億円）

社　名	売上高	
	平成28年3月期	平成29年3月期
王子ホールディングス	14,335	14,398
日　本　製　紙	10,071	9,924
レ　ン　ゴ　ー	5,325	5,454
大　王　製　紙	4,740	4,771
北　越　紀　州　製　紙	2,468	2,623
三　菱　製　紙	2,163	2,019

(注) 連結売上高
(出所) 各社決算資料

◉紙・板紙の生産数量

経済産業省「紙・パルプ統計」によると、紙・板紙の生産数量の推移は次表の通りである。平成28年の紙・板紙合計の生産数量は前年比0.2％増の2,627万5,000トンとなっている。このうち、新聞用紙が同2.6％減の290万6,000トンで減少が続いている。一方、衛生用紙が同2.3％増の180万7,000トン、段ボール原紙が同2.0％増の936万4,000トンで需要が拡大している。

紙・板紙の生産数量推移（単位：千トン）

項　目	平成26年	平成27年	平成28年
新　聞　用　紙	3,134	2,985	2,906
印刷・情報用紙	8,491	8,384	8,309
包　装　用　紙	905	891	877
衛　生　用　紙	1,767	1,766	1,807
雑　種　紙	821	804	807
紙　計	15,118	14,830	14,706
段 ボ ー ル 原 紙	9,096	9,187	9,364
紙　器　用　板　紙	1,593	1,570	1,576
雑　板　紙	671	642	629
板紙計	11,360	11,398	11,569
紙・板紙計	26,478	26,228	26,275

(注) 四捨五入のため合計は合わない
(出所) 経済産業省「紙・パルプ統計」

◉紙の輸出、輸入

日本製紙連合会によると、平成28年の紙の輸入は洋紙・板紙合計で前年比10.8％減の138万トン、

輸出は前年比14.4％の155万トンであった。

紙の生産量と輸出入の割合（単位：トン）

種類	項目	平26年	平27年	平28年	比率
洋紙	生産量	15,118	14,830	14,706	100.0％
	輸入	1,388	1,226	1,060	7.2％
	輸出	904	1,010	1,116	7.6％
板紙	生産量	11,360	11,398	11,569	100.0％
	輸入	348	325	323	2.8％
	輸出	297	347	437	3.8％
合計	生産量	26,478	26,228	26,275	100.0％
	輸入	1,736	1,551	1,383	5.3％
	輸出	1,201	1,357	1,553	5.9％

（出所）日本製紙連合会

業界の特性

●事業所数と従業者数

経済産業省「工業統計表」によると、紙製造業等の事業所数、従業者数は次表の通り。平成26年の事業所数は紙製造業が前年比1.0％減の381所、従業者数は前年比1.4％減の3万125人であった。

紙製造業、板紙製造業の事業所数、従業者数

項目		平25年	平26年
紙 製 造 業	事業所数	385	381
	従業者数	30,560	30,125
洋紙・機械すき和紙製造業	事業所数	235	238
	従業者数	21,683	21,569
そ の 他	事業所数	150	143
	従業者数	8,877	8,556

（出所）経済産業省「工業統計表」

●紙の種類

紙の種類は紙と板紙に分けられる。紙は新聞用紙、印刷情報用紙、包装用紙、衛生用紙などがある。板紙は段ボール原紙、紙器用板紙などがある。さらに、使用用途や材質、処理方法によって多くの種類に分類される。

●地産地消産業

紙の生産高と輸入・輸出を比較すると、生産数量に対し輸出入とも依存度は非常に低い状況である。これは単位量当たりの価格が低いため、輸送コスト、エネルギーコストを下げるため地産地消が主流となっている。

●他社との商品の差別化が難しい

紙製品については成熟、品質にも製品の差別化が非常に難しくなっている。ITの進展により、電子化によるペーパーレスが進み、需要減の圧力もあり厳しい環境といえる。

ノウハウ

●本の表紙などに使用される高級紙の販売を拡大

特殊東海製紙は、本の表紙などに使用される高級紙の販売を拡大する。高級紙「ファンシーペーパー」は、特殊東海製紙の主力商品で、従来品より軽量にして、食品包装用などに適した新製品を販売する。代理店を通じて、食品会社や日用品メーカーへの活動を始め、書籍以外での需要を開拓する。新たな用途を広げて高級紙のブランドの認知度を高め、新規の利用者を掘り起こしていく。

経営指標

ここでは参考として、TKC経営指標（平成29年版）より、「紙器製造業」の数値を掲げる。

TKC経営指標 （変動損益計算書）	全企業　69件	
	平均額（千円）	前年比（％）
売上高	218,207	102.1
変動費	118,365	103.3
仕入高	101,668	102.8
外注加工費	14,305	104.4
その他の変動費	2,135	104.0
限界利益	99,841	100.7
固定費	91,319	101.4
人件費	59,232	100.0
減価償却費	8,116	118.2
租税公課	1,850	94.4
地代家賃・賃借料	4,223	100.1
支払利息・割引料	1,307	92.8
その他	16,406	100.3
経常利益	8,522	93.4
平均従事員数	14.9名	

今後の課題／将来性

●将来性

紙全体の需要が縮小する一方、トイレットペーパーやティシュなどの家庭紙の需要は増加している。紙製大手は、業務提携や買収で事業を拡大して需要の取り込みを図っている。また、段ボール原紙はインターネット通販の拡大により、東南アジア向けの輸出が増えている。国内の堅調な市場で収益を上げ、海外事業の強化を図っている。

《関連団体》　日本製紙連合会

東京都中央区銀座3－9－11　紙パルプ会館

TEL　03（3248）4801

－ 677 －

●製造業●

セメント製造業

最近の業界動向

●セメントの国内販売量は

セメント協会によると、平成28年度のセメント国内販売量は前年度比21.7％減の4,149万7,000トンで、減少傾向が続いている。国内需要の減少に加え、工場で使う燃料の石炭価格が上昇し、セメント各社の収益を悪化させている。また、電力コストも上昇し、運送費も上がっている。今後は、東京五輪関係の施設向け特需や、リニア中央新幹線などの整備などが本格化するため、内需の増加が見込まれる。需要の取りこぼしを防ぐため、各社は供給体制を強化している。

●ドローンを活用した埋蔵産出量、在庫管理

住友大阪セメントは、ドローンを石炭石鉱山の埋蔵量算出と在庫管理に活用する。ドローンで撮影した鉱山全体の写真から作成した3次元データを基に、石灰岩がどれくらいあるか割り出す。これまでGPSを使って測量していたが、作業員4人で10時間がかかる。ドローンを使えば1人だけの作業が可能で、作業開始から埋蔵量の算出まで5時間でできる。住友大阪セメントは、平成28年9月から北九州の小倉鉱山でドローン測量の実証実験を開始し、従来と同等の精度で埋蔵量を算出できることを確認した。これまで測量の一部を外部に委託していたが、費用が不要になるため測量コストを10分の1に減らせるという。今後は、鉱山以外でも石灰岩を粉砕するためのプラントなどの設備点検などへの応用も検討していく。

マーケットデータ

●セメントの販売量の推移

セメント協会のデータによると、セメントの販売量は次表の通り。平成28年度の販売量（国内と輸出合計）は前年度比0.2％増の5,302万トンであった。このうち、国内は同2.0％減の4,149万トン、輸出は同8.9％増の1,152万トンであった。

セメント販売量の推移（単位：千トン）

年度	国内	輸出	合計
平23	41,912	10,006	51,918
24	43,754	9,632	53,387
25	46,953	8,503	55,455
26	45,048	9,421	54,469
27	42,347	10,583	52,930
28	41,497	11,529	53,026

（出所）セメント協会

●セメントメーカーの国内シェア

日本経済新聞社によると、平成28年のセメントの国内シェアは次の通り。セメントは上位3社で国内市場の4分の3を占める寡占状態が続いている。

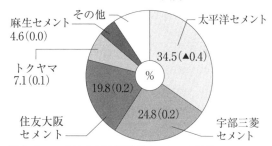

セメントメーカーの国内シェア

（注）カッコ内は前年比増減ポイント、▲は減
（出所）日本経済新聞社

●大手セメントメーカーの売上高

大手セメントメーカー（太平洋セメント、宇部三菱セメント、住友大阪セメント、トクヤマ、麻生セメント）の売上高は次の通り。

大手セメントメーカーの売上高（平成29年3月期）

社　名	本社	売上高（億円）	従業員数（人）
太平洋セメント	東京	7,985（連結） 3,004（単独）	13,178 1,773
宇部三菱セメント	東京	1,201	308
住友大阪セメント	東京	2,341（連結） 1,507（単独）	2,973 1,170
トクヤマ	東京	2,991（連結） 1,736（単独）	5,406 1,869
麻生セメント	福岡	161	190

（出所）各社資料

業界の特性

●事業所数、従業者数

経済産業省「工業統計表」によると、平成26年のセメント製造業の事業所数は前年比4.3％増の

73所、従業者数は同2.7％増の4,468人であった。製造品出荷額は同6.9％増の5,041億6,700万円となっている。

セメント製造業の事業所数等の推移

年次	事業所数	従業者数（人）	製造品出荷額（百万円）
平23年	70	4,150	346,958
24年	66	4,140	414,180
25年	70	4,350	471,576
26年	73	4,468	504,167

（出所）「工業統計表」

● セメントの販売経路

セメントはメーカーが直接販売するほか、販売店を通じて生コンクリートメーカーなどの顧客に届けられる。顧客は生コンクリートメーカーが7～8割、護岸ブロックや側溝などを作るコンクリート製品メーカーが1～2割、そのほかに工事業者がある。生コンメーカーは太平洋セメントなどセメント大手の直系のほか、全国にある独立系の中小企業が多い。

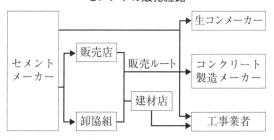

セメントの販売経路

● セメントの品種

出来上がったセメントの約77％が汎用性のあるポルトランドセメントである。それ以外が混合セメントやエコセメント（都市ごみ焼却灰、汚泥等を主原料にしたセメント）と呼ばれる。いずれもJIS規格に定められた品種である。

ノウハウ

● 多角化と国際競争力

セメントは石灰岩や粘土を主な原料として、高温で焼いて作る。火力発電所から出た石灰岩や、製鉄所の廃棄物である高炉スラグを引き取り活用している。同時に製造工程で生じる熱エネルギーを生かし、産業廃棄物を受け入れて焼却している。産業廃棄物はセメント各社にとって重要な副収入源となるため、工場の稼働率を一定に保つ必要がある。建設・インフラ整備などセメントの用途は多岐にわたるが、建材、不動産事業などの多角化が求められる。また、諸外国のメジャーと対等に勝負できる国際競争力をつけることが必要となっている。

● 経営指標

セメント製造業の指標は見当たらないので、ここでは参考として、TKC経営指標（平成29年版）より、「他に分類されないその他の製造業」の数値を掲げる。

TKC経営指標（変動損益計算書）	全企業 156件	
	平均額（千円）	前年比（％）
売上高	268,398	104.1
変動費	145,238	103.2
仕入高	118,229	104.2
外注加工費	23,281	103.1
その他の変動費	3,410	101.0
限界利益	123,159	105.0
固定費	109,916	100.7
人件費	67,255	103.8
減価償却費	7,288	99.1
租税公課	1,586	91.7
地代家賃・賃借料	3,725	99.6
支払利息・割引料	1,877	85.0
その他	27,983	96.4
経常利益	13,242	163.7
平均従事員数	15.1名	

今後の課題／将来性

● 課題

建設現場での人手不足やセメント使用の少ない「プレキャスト工法（あらかじめ作った部材を現場で組み立てる工法）」の採用が進み、セメント需要は減少傾向にある。また、鉄筋コンクリート造りから鉄骨造りへのシフトが進んで、セメント使用料が減少している。

● 将来性

セメント協会は、平成29年度の国内セメント需要が前年度3.1％増の4,300万トンで、4年ぶりにプラスに転じると発表した。東京五輪関係施設の工事などで公共事業が増え、内需が回復すると見込んでいる。

《関連団体》　一般社団法人セメント協会
　東京都中央区日本橋本町1-9-4
　TEL　03（5200）5051

●製造業●

生コンクリート製造業

最近の業界動向

●生コンクリートの需要減
　幅広い建築物に使用される生コンクリートの出荷量は減少が続いている。平成28年度の出荷量は前年度比3.6％の減少となった。東日本大震災の復興需要の一巡と、建設作業者不足などの影響で着工できない工事があることや、進捗が遅い工事などの影響が出ていると推測される。

●首都圏の販売価格が上昇
　東京都心の生コンクリート製造会社でつくる東京地区生コンクリート協同組合は、平成29年12月契約分から7％（1,000円）程度の販売価格を引き上げる。三多摩地区の組合でも平成30年から引き上げる。生コン輸送運転手の深刻な人手不足や、原材料費や物流費が上昇しているため、今後都心の大規模開発や五輪関連施設工事によってさらに上昇する可能性もある。また、神奈川地区や埼玉地区でも販売価格が引き上げられている。

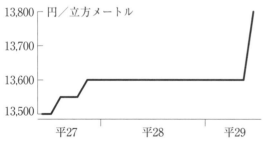

東京地区の生コンクリート価格
（注）東京地区、建築用180キロ強度品
（出所）東京地区生コンクリート協同組合

●ミキサー車、運転手不足
　2020年開催の東京オリンピック・パラリンピックの選手村などの建設現場では基礎工事が急ピッチで進められている。生コンクリートを積んだミキサー車がフル活動している。東京地区生コンクリート協同組合によると、平成29年5月末までのオリンピック関連工事の契約数量は約120万立方メートルで、平成28年度実績の4割強を占めている。一方、ミキサー車と運転手不足が懸念され、ミキサー車と運転手の確保が課題となっている。

マーケットデータ

●生コンの出荷量推移
　全国生コンクリート工業組合連合会によると、生コンの出荷数量推移は次表の通りである。

生コンの出荷量推移（単位：千㎥、％）

年度	官公需	民需	総出荷量	前年度比
平21	38,276	49,687	87,963	3.1
22	39,746	52,352	92,099	4.7
23	43,725	55,124	98,850	7.3
24	41,233	52,780	94,014	▲4.9
25	37,207	49,853	87,061	▲7.4
28	34,830	49,082	83,912	▲3.6

（出所）全国生コンクリート工業組合連合会

●需要部門別出荷量
　経済産業省の「生コンクリート統計年報」によると、生コンクリートの需要部門別出荷量の推移は次の通り。平成28年は土木の合計が前年比10.3％減、建築の合計は同7.1％減となっている。

生コンクリートの需要別出荷量（単位：千㎥）

項 目		平26年	平27年	平28年
土木	鉄道電力	1,095	1,130	1,252
	港湾空港	2,757	2,485	2,040
	道　路	5,804	5,565	5,213
	その他	12,684	11,080	9,673
	土木計	22,340	20,262	18,178
建築	官公需	6,802	6,168	5,050
	民需	30,701	28,479	27,138
	建築計	37,503	34,648	32,187

（注）四捨五入計算の為、合計が合わない場合がある
（出所）経済産業省

●月間生産能力
　経済産業省の「生コンクリート流通統計調査」によると、平成28年12月末時点の生コンクリートの月間生産能力は全国合計4,601万4,000㎥である。都道府県別では、東京都、福岡県、静岡県、埼玉県、神奈川県の順で生産能力が高い。

業界の特性

●事業所数、従業者数
　経済産業省「工業統計表」によると、平成26年の生コンクリート製造業の事業所数は前年比1.0％減の2,624所。従業者数は同0.7％増の3万7,451

人だった。

生コンクリート製造業の事業所数等の推移

年次	事業者数	従業者数 （人）	製造品出荷額 （百万円）
平24年	2,709	36,766	1,136,768
25年	2,651	37,161	1,211,673
26年	2,624	37,451	1,264,055

（出所）「工業統計表」

●企業数、工場数

全国生コンクリート工業協同組合連合会によると、平成29年3月末の生コンクリート製造業の企業数は3,041社、工場数は3,368工場である。このうち、JIS（日本工業規格）は2,936工場となっている。

●共同受注

生コンクリートは最終製品が確定していない製品を取引すること、品質が多様なこと、現場の作業予定時間に合わせた納品が必要なことなどから、製造・出荷にきめ細かな管理が求められる。また、供給過剰による値崩れが起きやすい。全国に生コンクリート協同組合がつくられ、共同受注による出荷が行われている。

●生資材であることの事業特性

生コンクリートは固まりやすいため、消費地の近くで製造するのが基本である。JISでは品質が保証されるよう、製造から建設現場での荷降ろしや型枠に流し込むまでの時間を90分以内と規制している。これを順守するためにミキサー車は60分以内に現場に着く必要があり、よって商圏が工場から半径5〜15分程度と狭くなる。また、需要は地域差があり、価格も一様ではない。

ノウハウ

●生コンの再利用技術によりCO₂排出量削減

宮松エスオーシーは、産業廃棄物として処理され現場で余った生コンクリートを、砂と砂利に再資源化して再び生コンクリートに使用する技術を開発した。これによって産業廃棄物の削減に加え、従来製造する生コンクリートに比べCO_2排出量削減に寄与する。

●地区生コン協同組合と地方公共団体と協定

小樽市と小樽地区生コンクリート協同組合は、「大規模火災時における消火用水の搬送協力に関する協定」を締結した。協定の目的は、大規模な火災が発生し、消火用水の確保が困難となった場合に、小樽市が小樽地区生コンクリート協同組合にミキサー車による消火用水の搬送協力を要請し、消火用水の確保を図るもので、同様の協定を浜松市、糸魚川市や南三陸町などが、地区生コンクリート協同組合と締結している。

経営指標

ここでは参考として、TKC経営指標（平成29年版）より、「生コンクリート製造業」の数値を掲げる。

TKC経営指標 （変動損益計算書）	全企業　71件	
	平均額（千円）	前年比（%）
売上高	491,083	104.5
変動費	275,271	104.9
仕入高	255,924	104.8
外注加工費	17,440	106.1
その他の変動費	1,895	80.4
限界利益	215,812	103.9
固定費	196,052	102.3
人件費	90,732	104.3
減価償却費	17,695	99.4
租税公課	4,694	99.3
地代家賃・賃借料	7,316	104.3
支払利息・割引料	2,616	93.0
その他	72,586	100.2
経常利益	19,759	122.8
平均従事員数	19.6名	

今後の課題／将来性

●課題

東京五輪やリニア中央新幹線建設などの一部大型工事による需要増加があるものの、全体として社会インフラ整備が整いつつある中、新たな需要が見込める状況ではなく供給過剰状態である。集約化による規模の拡大で業務効率を上げることが考えられるが、JIS規格にある90分以内の使用を考えると集約にも限界がある。地区内での供給状況と配送ルートの状況考慮した生産施設の集約化にいち早く着手することが不可欠である。また、生産施設の縮小や、IT化などによって施設維持管理コストを削減することが必要となる。

《関連団体》　全国生コンクリート協同組合連合会
　　東京都中央区八丁堀2-26-9
　　　グランデビル4F
　　TEL　03（3553）7231

●製造業●

電線・ケーブル線製造業

最近の業界動向

●銅電線需要は平成29年度微増の見通し

日本電線工業会によると、平成28年度の銅電線の出荷量は前年度比3.3％減の67万6,000トンの見込となっている。これは通信や電力、建設・電販部門で、通信・電力会社での投資抑制や人手不足による建設需要の低迷に伴い前年度より減少となったことの影響が大きかった。平成29年度の銅電線の需要は前年度比2.8％増の69万5,000トンの見通しだ。電力部門では再生可能エネルギーの連携線の整備への期待から需要が回復、電装品部門では電気自動車製造比率の増加に伴う電装化が維持され堅調に推移、建設・電販部門では東京五輪や中央新幹線関連工事などへの需要の立ち上がりが期待されている。

主要部門別電線需要見通し（単位：千トン、％）

品種＼年度	平27（実績）	平28（見込）	前年度比	平29（見込）	前年度比
通　　　信	11.3	10.8	95.6	10	92.6
電　　　力	59.6	54.8	91.9	56	102.2
電気機械					
重　　電	33.1	32.8	99.1	33	106.6
家　　電	12.2	12.3	100.8	12	97.6
電子・通信	26.6	26.9	101.1	27	100.4
電装品	54.4	57.2	105.1	58	101.4
その他	23.4	21.4	91.5	21	98.1
自　動　車	70.2	73.0	104.0	73	100.0
建設・電販	338.1	319.0	94.4	336	105.3
その他内需	48.5	51.8	106.8	53	102.3
内需合計	677.3	660.0	97.4	679	102.9
輸　　　出	21.9	16.0	73.1	16	100.0
合　　　計	699.2	676.0	96.7	695	102.8

（出所）日本電線工業会

●無電柱化条例の制定へ

東京都は、都道府県レベルでは初となる無電柱化を推進する条例を制定した。都道2,200キロメートルのうち、無電柱化率は平成29年3月末時点で2割前後とみられ、都内の道路の総延長の9割の2万キロメートル超に及ぶ区市町村道の無電柱化が大きな課題となっていた。都は区町村に対して補助金を支給し、工事を促進していく。

●アルミの自動車用組み電線の生産能力を高める

古河電気工業は、アルミの自動車用組み電線（ワイヤーハーネス）の生産能力を高める。ワイヤーハーネスは、パワーウィンドーやメーターなどをつなぐ電子機器で、エンジンの次ぎに重い。アルミに変えれば重さが3分の1になるため、ワイヤーハーネスもアルミになりつつある。計量化を競う自動車関連メーカーの需要は大きいと見込まれ、生産能力を5～10倍に高めていく。

マーケットデータ

●銅電線の出荷金額は減少傾向

日本電線工業会によると、銅電線の出荷金額（内需と輸出合計）は次の通り。平成28年度は前年比11.8％減の1兆1,297億9,035万円となっている。

銅電線の出荷金額（単位：万円、％）

品種＼年度	平27	平28	前年比
裸　　線	4,346,280	3,415,714	▲21.4
巻　　線	13,500,491	12,428,656	▲7.9
機器用電線	11,525,386	11,038,656	▲4.2
通信用電線・ケーブル	4,363,393	3,754,917	▲13.9
電力用電線・ケーブル	26,954,989	22,566,765	▲16.3
被覆線	19,024,042	16,716,811	▲12.1
輸送用電線	48,400,415	43,057,516	▲21.0
銅電線合計	128,114,995	112,979,035	▲11.8

（注）四捨五入のため、合計が合わない場合がある
（出所）日本電線工業会

●アルミ電線は出荷量・金額ともに増加傾向

日本電線工業会によると、アルミ電線の出荷量と出荷金額は次の通り。平成28年度のアルミ電線の出荷量は前年度比8.9％増の2万8,351トン、出荷金額は5.5％増の227億8,900万円に達し、増加基調にある。

アルミ電線の出荷量と出荷金額

年度	出荷量（トン）	出荷量前年比	出荷金額（百万円）	金額前年比
平24	20,773	―	15,256	―
平25	23,159	1.5%	17,151	12.4%
平26	23,876	3.1%	17,811	3.8%
平27	26,043	9.1%	21,593	21.2%
平28	28,351	8.9%	22,789	5.5%

（出所）日本電線工業会のデータを加工

●国内光ケーブルの需要見通しは減少傾向

日本電線工業会によると、平成29年度の国内光ケーブルの需要見通しは次の通り。

国内光ケーブル出荷量（単位：千kmc）

年　度	平27(実績)	平28(見込)	平29(見通し)
公衆通信	4,346	3,870	3,540
公共関連	138	139	140
一般民需	1,589	2,058	2,110
合　計	6,073	6,067	5,790

（出所）日本電線工業会のデータを加工

●住友電気工業の売上高

住友電気工業の平成29年3月期の連結決算は、純利益が前の期に比べ18.0％増の1,075億円となった。海外拠点での生産コスト削減や、採算性の高い超高圧の電力ケーブルが東南アジア向けに伸びた。一方、売上高は同4.0％減の2兆8,144億円であったが、営業利益は5.0％増の1,505億円であった。

業界の特性

●事業所数と従業者数

経済産業省「工業統計表」によると、平成26年の電線・ケーブル製造業の事業所数は前年比6.2％減の351所、従業者数は同年比3.6％減の2万7,172人である。

●電線とケーブル

電線は電力や電気信号を伝える金属線の総称とされてきたが、昨今では金属線のほかに光ファイバーのようにガラスを用いて光信号を送るものも含まれるようになった。電線とケーブルに明確な区分は無いが、一般的に構造が太くて外装のあるものをケーブルと呼んでいる。電線は通信、電力、電気機械、自動車、機設・電販があり、建設・電線販売業向けが需要の大半となっている。

●種類

電線は、導体の材料（銅、アルミ、ガラスファイバ）や導体の構成（単線、より線）、被覆の有無（裸線、被覆線、さらに被覆の材料別）のほか、単芯・多芯、統計上の分類に基づく分け方、使用目的などで分けられる。

●特徴

電線は種類が多く、顧客ごとの製品が多くなるため、多品種・小ロット生産の傾向がある。原材料の電気銅を溶解し心線を作り、最終製品まで一貫して製造できるのは大手数社に限られる。中小の電線メーカーは、大手から心線を購入し各種製品を生産している。

ノウハウ

●自動化設備を導入して、生産性を高める

電線製造のヤマキンは、アルミ電線の生産を効率化する。電線業界では、銅価格の上昇で割安なアルミ製の需要が拡大している。これを受け、予熱から冷却までの4種類の炉を数時間おきに移動し加工する自動化設備を導入して、生産性を高める。

経営指標

ここでは参考として、TKC経営指標（平成29年版）より、「配線器具・配線附属品製造業」の数値を掲げる。

TKC経営指標 （変動損益計算書）	全企業　21件	
	平均額(千円)	前年比(％)
売上高	413,441	113.2
変動費	207,493	110.5
仕入高	184,754	113.9
外注加工費	26,122	101.6
その他の変動費	1,917	144.1
限界利益	205,947	116.1
固定費	179,094	107.1
人件費	133,569	107.5
減価償却費	5,515	118.5
租税公課	1,876	111.7
地代家賃・賃借料	6,772	108.0
支払利息・割引料	1,032	107.0
その他	32,019	109.4
経常利益	26,852	263.9
平均従事員数	31.4名	

今後の課題／将来性

●課題

銅電線の需要は今後大幅な需要増大は見込みにくい。アルミ導線、環境配慮型の電線・ケーブル、電気自動車向けの電装品などの分野は、需要伸長が見込めるが規格標準化などが進むため、開発期間の縮小やコスト削減で優位に立ち、収益基盤を拡充させる必要がある。

《関連団体》　一般社団法人日本電線工業会

東京都中央区築地1-12-22

TEL　03（3542）6031

●製造業●

段ボール製造業

最近の業界動向

●段ボールの生産量は横ばい

全国段ボール工業組合連合会の資料によると、平成28年の段ボールの生産量は前年比1.6％増の139億5,700万平方メートルであった。平成29年度の国内経済は穏やかな回復基調が続くと予想され、前年比1.0％増の141億平方メートルと予測されている。

段ボールの生産量推移（単位：百万㎡、％）

年　次	平26年	平27年	平28年	前年比
生産量	13,630	13,737	13,957	1.6

（出所）全国段ボール工業組合連合会

●王子ホールディングスがマレーシアで段ボール箱の生産能力を増強

東南アジアでは段ボール需要が高まっている。王子ホールディングスは、マレーシアで段ボール箱の生産能力を増強する。マレーシアでは包装資材として段ボールの需要が増えているため、段ボール原紙の新工場も計画している。国内ではネット通販の拡大で段ボール需要は好調だが、東南アジアでは小売市場全体に占める割合は１％前後で、拡大の余地は大きい。

●ITを活用した生産改革

段ボール最大手のレンゴーは、ネット通販の需要拡大を追い風に平成29年３月期の連結純利益が前年同期に比べて41％増の138億円となった。生産の増加に対応するため、国内工場ではITを活用した生産改革を進めている。京都工場ではITを使った「ハイテク倉庫」の仕組みを導入し、生産や出荷の効率化を図っている。また、全国の工場生産計画は、システムで一元化し、受注量の変動などに対応し、生産のムダを少なくしている。また、小売業の人手不足に対応した段ボール箱を開発した。段ボールを開けるとそのまま陳列できるよう、商品ごとに段ボールのデザインや色を特別に作り込んでいる。段ボールの側面や上部にミシン目が入っているため、手で簡単に開けられる。ディスカウントストアやスーパなどで採用されている。

マーケットデータ

●段ボール需要部門別の消費動向

全国段ボール工業組合連合会によると、段ボールの需要部門別の消費動向は次表の通り。平成28年の主な需要部門動向としては、健康志向を背景にトクホ飲料などが好調で加工食品用は前年比3.0％増、通販・宅配・引越用も引き続き好調であった。

段ボール需要部門別の消費動向（単位：千㎡、％）

部門別	平27年	平28年	前年比
電気器具機械器具用	735,499	765,816	4.1
薬品・洗剤化粧品用	582,792	611,850	5.0
食料品用			
加工食品（飲料含）	3,964,638	4,085,275	3.0
青果物	1,100,409	1,083,345	▲1.6
その他の食料品	446,468	446,520	0.0
繊維製品用	210,197	213,566	1.6
陶磁器・ガラス製品・雑貨用	534,819	556,922	4.1
通販・宅配・引越用	450,696	478,942	6.3
その他の製箱用	1,624,105	1,681,567	3.5
包装用以外	107,619	107,398	▲0.2
合　計	9,757,242	10,031,201	2.8

（出所）全国段ボール工業組合連合会

●段ボール地域別生産動向

全国段ボール工業組合連合会によると、段ボールの地域別生産動向は次の通り。

段ボール地域別生産動向（単位千㎡、％）

地域別	平27年	平28年	構成比	前年比
北　海　道	436,234	424,993	3.0	▲2.6
東　　　北	857,915	889,348	6.4	3.7
関　　　東	5,979,474	6,102,340	43.7	2.1
中　　　部	1,743,367	1,772,942	12.7	1.7
近　　　畿	2,404,967	2,459,050	17.6	2.2
中　　　国	575,187	590,086	4.2	2.6
四　　　国	505,152	514,094	3.7	1.8
九　　　州	1,235,123	1,222,538	8.7	▲1.0
合　計	13,737,419	13,975,391	100.0	1.7

（出所）全国段ボール工業組合連合会

●段ボールメーカー大手６社の売上高

段ボールメーカー大手６社の売上高は次の通り。

— 684 —

大手6社の売上高（単位：百万円）

社　名	本社	売上高	決算期
レ　ン　ゴ　ー	大阪	545,489	平29年3月期
ト　ー　モ　ク	東京	152,153	平29年3月期
特 殊 東 海 製 紙	静岡	77,718	平29年3月期
中 央 紙 器 工 業	愛知	11,685	平29年3月期
岡　山　製　紙	岡山	8,356	平29年5月期
大　村　製　紙	神奈川	4,969	平29年3月期

（出所）各社資料

業界の特性

◉段ボール工場数

　段ボールは、まず3枚の段ボール原紙を貼り合わせることから始まる。この貼り合わせる機械を持つ会社は、国内に約200社以上ある。張り合わせた段ボールシートを段ボール箱に加工する会社は、全国に2,000社以上あるとされるが、複数の工場を持つ会社も多くあり、段ボール工場は全国に2千数百カ所にのぼる。

◉分類

　段ボール製造業は、段ボール原紙から段ボール製品まで一貫生産行うメーカー、原紙を購入してシートケースを製造するシフトメーカー、シフトメーカーからシートを購入して段ボールに加工するメーカーの3業態からなる。

◉段ボールの種類

　段ボールは、波形に成形した中芯原紙の片面または両面にライナーを貼り合わせたもので、種類は、①片面段ボール、②両面段ボール、③複両面段ボール、④複々両面段ボールの4種である。

◉用途別分類

　段ボール箱を用途別に分類すると次の通り。①個装用段ボール箱…消費者の手元に渡る最小単位の物品を包装するために用いる段ボール箱。②内装用段ボール箱…個装をまとめ、それを保護するために用いる段ボール箱。③外装用段ボール箱…主に輸送用に用いる段ボール箱。

◉100％リサイクル可能

　段ボールはほぼ100％のリサイクルが可能な包装材で、国内の段ボール回収率は95％以上である。

ノウハウ

◉差異化を図って需要の取り込みを図る

　王子ホールディングスは、オーストラリアに段ボールの新工場を建設し、現地で増えている中国向け農産物輸出などの需要を取り込む。オーストラリアの新工場では、古紙ではなくパルプを原料とする段ボールを生産し、現地の精肉工場や農業従事者に供給する。豪州では原料の調達が難しいなど、パルプ製の段ボールを作る大手製紙会社もあり、差異化を図って需要の取り込みを図る。

経営指標

　ここでは参考として、TKC経営指標（平成29年版）より、「段ボール箱製造業」の数値を掲げる。

TKC経営指標 （変動損益計算書）	全企業　29件	
	平均額（千円）	前年比（％）
売上高	325,231	101.3
変動費	195,154	101.2
仕入高	186,871	100.9
外注加工費	6,218	100.7
その他の変動費	1,441	95.3
限界利益	130,077	101.6
固定費	125,913	99.0
人件費	79,377	102.6
減価償却費	7,249	66.9
租税公課	2,616	100.1
地代家賃・賃借料	5,568	100.5
支払利息・割引料	2,524	92.3
その他	28,436	100.9
経常利益	4,163	448.0
平均従事員数	24.0名	

今後の課題／将来性

◉課題

　段ボール箱の原材料である段ボール原紙の輸出拡大が続いている。段ボールは、原材料に使う紙の9割超が使用済み段ボールを回収した古紙で、中国などの需要増を背景に古紙の価格が上昇し、収益を圧迫しないか懸念される。

◉将来性

　節約志向を背景に中食の拡大が見込まれ、段ボール需要には追い風となっている。ネット通販も引き続き堅調に推移すると予想され、段ボール需要は底堅いと思われる。

《関連団体》　全国段ボール工業組合連合会
　　東京都中央区銀座3-9-11　紙パルプ会館
　　TEL　03（3248）4851

－ 685 －

●製造業●

金属プレス加工業

最近の業界動向

◉金属プレスの販売額は9.0％減

経済産業省「金属加工統計調査」によると、平成28年の金属プレス加工の販売額は前年比9.0％減の7,368億2,300万円であった。金型の需要は、景気の変動や発注先の受注量に左右される。また、中国などの金型メーカーの台頭で厳しい環境にある。国内メーカーはさらなる技術の向上や高品質化、低コスト・短納期化などを進めている。

◉自動車車体向け「ホットスタンプ」設備増強

自動車車体の軽量化対応に向け、各プレス加工製造業者は「ホットスタンプ」と呼ばれるプレス加工の新ラインを増設している。ホットスタンプは、従来のプレス部品より強度を高めることで鋼材使用量を減らし、1～2割の軽量化を実現する。昨今の自動車は、最新機能が搭載されるごとに重量は増えきており、年々部品の軽量化のニーズが高まり、プレス部品の軽量化は欠かせなくなってきている。フタバ産業は、平成30年度までに約100億円を投じ、ホットスタンプの加工ラインを増やす。幸田工場の新工場で平成30年から新ラインを稼働し、順次ラインを導入する。ユニプレスは、平成31年度までに倍の6ラインに増やす。ホットスタンプ材を生産する合弁会社を中国・広東省に設立。15億円を投じて平成31年4月に操業を始めるほか、栃木工場やメキシコでも平成31年度に新ラインの稼働を目指す。金属プレス加工業において、ホットスタンプへの期待が高まっている。

◉自動車向けプレス部品のスペイン社による日本進出

自動車向けプレス部品最大手のゲスタンプ・オートモシオン（スペイン）は、75億円を投資し、三重県松阪市に日本初の工場を新設する。工場面積は1万5,000平方メートルで、「ホットスタンプ」技術を活用したボディー関連の部品を生産する。

また、日本国内で初となる研究開発センターを東京・八重洲に開所した。自動車メーカーと開発前段階から議論をはじめ、設計や性能シミュレーション、性能試験まで共同で開発する拠点とし、日本自動車メーカーへの進出をさらに推進する。ゲスタンプは北南米や欧州、アジアなどに約100カ所の工場を持つ。

◉建設機械部品製造による自動車向けプレス加工部品への本格的参入

建設機械部品製造の日本エー・エム・シーは、タイで自動車用部品の製造を本格化し、プレス加工の新工場を立ち上げる。切削や溶接ができる現地の既存工場と併せて、ブレーキ回りを中心にシャフトなど多くの金属部品の製造が可能になる。主力の建設機械市場はほぼ横ばいが続いており、自動車部品事業を第二の柱に育てる意向だ。旋盤加工工場と連動させることで、複雑な部品も生産できる。日系自動車企業が要求する品質レベルは高く、タイの企業では十分対応できないことも新工場建設の背景にあった。

マーケットデータ

◉金属プレス加工の販売額

経済産業省「金属加工統計調査」によると、金属プレス加工の用途別の生産金額推移は次の通り。平成28年の構成比は自動車用が79.9％を占めている。

需要部門別販売額の推移（単位：百万円）

需要部門別	平26年	平27年	平28年
産業機械器具用	34,173	27,177	24,274
農業機械器具用	8,751	8,236	7,445
事務用機械器具用	3,125	3,603	3,308
電気機器通信機器用	38,097	29,317	32,982
自 動 車 用	787,250	666,510	588,898
精 密 機 器 用	6,046	6,665	6,595
厨 暖 房 機 器 用	37,851	37,470	45,197
家 具 建 築 用	9,863	8,827	7,808
そ の 他 用	37,155	22,089	20,316
金属プレス合計	962,311	809,894	736,823

（出所）経済産業省「金属加工統計調査」

◉製造品出荷額

経済産業省によると、平成26年の金属プレス製品製造業（アルミニウム・同合金を除く）の事業所数は前年比1.0％減の2,777所、従業者数は同2.2％増の6万962人、製品出荷額は同10.3％増の1

兆2,241億9,200万円であった。

金属プレス製品製造業の出荷額等の推移

年次	事業所数	従業者数 （人）	製品出荷額 （百万円）
平22年	2,965	61,643	1,157,585
23年	3,139	59,689	1,063,296
24年	2,955	61,179	1,165,596
25年	2,806	59,625	1,109,428
26年	2,777	60,962	1,224,192

（出所）経済産業省「工業統計表」

業界の特性

◉素形材産業の全体像

素形材産業は、川上である鉄鋼業や非鉄金属業と、川下にある自動車や情報通信機器産業の間に位置し、さまざまな加工を行う。加工分野は、鋳造・金型・鍛造・ダイカスト・熱処理など多岐にわたり、金属プレス加工業はその一角を担っている。

◉主要販売先

納入先は多岐にわたるが、自動車産業は少子高齢化などを背景とした国内需要の落ち込みや、新興国の需要増を取り込むため海外生産へのシフトがより顕著になってきている。このような納入先の動きに対応して海外進出をする金属プレス加工企業も多い。

◉事業者の規模

金属プレス加工業の事業者は比較的小規模事業者が多い。業者間で、年間の生産高や従業員一人当たりの生産高格差が大きい。また、小規模事業者は多い一方で、大規模金属加工業者は金型兼業メーカーが多い。

◉取引形態

取引形態も多様である。特定1社の専業、10社前後の特定取引先を持つ事業者、不特定多数の取引先から受注販売する事業者、さらに商社や問屋から受注販売する事業者などが存在する。

◉より良い条件での取引

金属プレス加工業は価格競争が激しく、有利な条件交渉を行いにくい面もある。日本金属プレス工業協会は、適正取引ガイドラインを広め、下請法セミナーを開催し、より良い条件での取引につながる支援を行っている。

ノウハウ

◉金型の設計から量産まで取り組む対応力の強化

プレス加工・自動車部品の長島製作所は、最新の設計システムや金型の精度を高めるための機械を導入する。自動車メーカーの多様な要求に応えるため、金型の設計から製作、量産まで一貫して取り組む体制を確立する。設備導入のほか、設計部門の社員の育成にも力を入れ、より高品質の金型を製造する。顧客の多様なニーズに対応するため、自社内での一貫対応力の確立のほか、東京都内の金属加工3社が連携をする「つながる町工場プロジェクト」のように、同業他社との連携により対応力を高めることも有効である。

経営指標

ここでは参考として、TKC経営指標（平成29年版）より、「金属プレス製品製造業」の数値を掲げる。

TKC経営指標 （変動損益計算書）	全企業 274件	
	平均額（千円）	前年比（％）
売上高	274,990	105.1
変動費	136,065	102.6
仕入高	91,185	101.4
外注加工費	39,594	105.5
その他の変動費	5,373	105.4
限界利益	138,924	107.6
固定費	126,520	103.8
人件費	83,618	103.8
減価償却費	12,375	99.7
租税公課	2,509	104.8
地代家賃・賃借料	4,288	106.5
支払利息・割引料	2,136	97.0
その他	21,573	104.2
経常利益	12,404	171.2
平均従事員数	18.6名	

今後の課題／将来性

◉課題

中国メーカーなどの台頭で金型メーカーは厳しい環境にある。海外での生産や営業拠点の拡充に活路を求めるとともに、自動車以外の分野に進出していくことも必要だ。また、金型のノウハウの継承も業界全体の課題となっている。

《関連団体》　一般社団法人日本金属プレス工業協会
東京都港区芝公園3-5-8　機械振興会館
TEL　03（3433）3730

●製造業●

LPG元売業

最近の業界動向

●LPGの需要見通し

経済産業省によると、平成29年度の液化天然ガス（LPG）需要は、全体で約1,402万トンと、前年比0.7％増の見通しである。家庭業務用は、世帯数の減少や給湯器などの高機能化などで需要が減少している。一般工業用は、堅調な経済動向により一定の需要が見込める。都市ガス用は、液化天然ガスでは供給が追い付かないため、LPGが混合され需要の伸長を想定している。自動車用は、タクシーなどの燃費効率が高まることを想定し需要が減少、化学原料用はエチレン用の原料の需要増を見込んでいる。

LPG需要見通し（単位：千トン）

部　　門	平28年度見込	平29年度見通	平30年度見通	平31年度見通
家庭業務用	6,258	5,994	5,970	5,923
一般工業用	3,062	3,090	3,191	3,211
都市ガス用	903	1,054	1,239	1,331
自動車用	1,013	988	965	944
化学原料用	2,689	2,893	2,950	2,934
合　　計	13,925	14,019	14,315	14,343

（出所）経済産業省

●パナマ運河運行料値上げによる米国産LPG輸入コスト上昇へ

日本のLPG元売りが調達先の多様化を進める中、米国産の輸入は年々上昇している。日本LPGガス協会によると、米国産の輸入は全体の37.9％を占める。従来は米国から喜望峰を回りインド洋を経る航路で45日程度要したが、平成28年よりパナマ運河が拡張されたことで、大型輸送船が通行できるようになり、米国からの日本への輸送期間が27日程度に短縮された。しかし、平成29年冬にパナマ運河通航料が値上げされた。平成28年6月の運河拡張後初の価格見直しとなる。新運河を通行する大型のLPG船などの通航が値上がりとなる。米国産のLPGは輸送コストが上がることは、

日本市場での卸売価格の上昇要因となる。

マーケットデータ

●主要企業の売上高

LPG業界の主要企業の売上高は次の通り。

LPG業界の主要企業の売上高

企　業　名	売　上　高（億円）
アストモスエネルギー	4,300（平28年度）
ＥＮＥＯＳグローブ	2,760（平28年3月期）
岩谷産業 （総合エネルギー事業）	2,721（平29年3月期）
ＪＸＴＧグループ （石油・天然ガス開発事業）	1,400（平29年3月期）

（注）JXエネルギーが東燃ゼネラル石油を合併し、JXTGエネルギーに商号変更、IFRS値
（出所）各社資料

●LPガスの販売量

日本LPガス協会によると、平成28年度のLPガスの販売量は前年度比2.2％減の1,441万3,993トンであった。部門別販売量は次の通り。販売量の5割を占める家庭業務用は前年度比0.6％減で、減少が続いている。

LPG部門別販売量（単位：トン、％）

部　　門	平27年度	平28年度	前年比
家庭業務用	7,634,996	7,591,021	▲0.6
一般工業用	2,838,660	2,790,098	▲1.7
都市ガス用	821,164	778,640	▲5.2
自動車用	1,338,872	1,212,639	▲9.4
化学原料用	1,929,657	1,740,630	▲9.2
電力用	170,007	300,965	77.0
合　　計	14,733,356	14,413,993	▲2.2

（出所）日本LPガス協会

●国別LPG輸入構成比

国内のLPGの約75％は海外からの輸入品で、残りの25％は原油精製時及び化学製品の生産時に発

LPG輸入国別構成比（平成28年度）

国　　名		シェア（％）
中東	カタール	15.4
	UAE	16.8
	クウェート	11.4
	サウジアラビア	10.3
アメリカ		37.9
東ティモール		2.9
オーストラリア		2.7
その他		2.6

（出所）日本LPガス協会

生する国内発生分となる。輸入元の構成は、従来サウジアラビアやカタールなどの中東地域に依存してきたが、近年米国産のシェール随伴LPGの輸入比率が大幅に増加している。

◉LPGのスポット（随時契約）価格がアジアで上昇

主に暖房燃料となるLPGのスポット（随時契約）価格がアジアで上昇している。石油輸出国機構によると、原油減産の影響で供給が減る一方、中国で石油化学原料として需要が増えている。スポット価格の上昇は、長期契約にも影響を与えるため懸念される。

業界の特性

◉LPG業界

LPG業界は元売り、卸売、小売で構成されている。元売りは中東などの産ガス国から輸入・販売や原油精製による製造・販売を行っている。卸売業者は元売り事業者からLPGを購入し、ユーザーの小売店に販売している。小売業者は購入したLPGを家庭などへ販売、配送、保安、集金など幅広い業務を行っている。

LPG業界の業者数

項　　目	業者数
LPG精製・元売関係（※1）	10社2団体
LPG卸売関係（※2）	28社
LPG小売り関係（※1）	48団体
LPG販売事業者数（※2）	19,024者

（出所）※1はエルピーガス振興センター（平成29年6月現在）、※2は経済産業省（平成29年3月末時点）

◉LPGとは

LPGとは液化石油ガスの略称で、プロパンやブタンなどの比較的液化しやすいガスの総称である。主な成分がプロパンの場合はプロパンガス、ブタンの場合はブタンガスと呼ばれている。

◉流通経路

LPGの流通経路は多岐にわたる。用途別に基本的な流通経路を示すと次の通り。①家庭燃料その他用…元売り→卸売→小売→消費者。②工業燃料用・都市ガス用…元売り→卸売→消費者。③自動車用…元売り→LPガススタンド→需要家、あるいは元売り→卸売→LPガススタンド→需要家。

ノウハウ

◉配送網の構築

アストモスエネルギーと東京ガスリキッドホールディングスは、平成28年10月に関東における配送網で連携し、物流コストの削減を図っている。エネルギー自由化が進む中、新たなサービスの導入や新規事業の開拓でも連携していく。また、変動リスク対応に向けた調達の多様化を図るため、アストモスエネルギーは平成29年8月、アルタガス（カナダ）からカナダ産LPGを複数年にわたり購入することを発表した。カナダ西海岸から日本までの航海日数は10日程度と短く、政治的安定性もあり、アストモスエネルギーは新たな安定的供給先を見つけたことになる。

経営指標

LPG元売業の指標は見当たらないので、ここでは参考として、TKC経営指標（平成29年版）より、「ガス業」の数値を掲げる。

TKC経営指標 （変動損益計算書）	全企業　32件	
	平均額（千円）	前年比（％）
売上高	231,076	100.2
変動費	108,770	100.0
仕入高	103,146	101.8
外注加工費	5,781	96.1
その他の変動費	180	82.1
限界利益	122,306	100.4
固定費	113,673	102.8
人件費	61,634	100.4
減価償却費	9,932	124.1
租税公課	3,140	104.4
地代家賃・賃借料	3,911	104.4
支払利息・割引料	1,932	96.5
その他	33,123	102.2
経常利益	8,632	76.9
平均従事員数	11.8名	

今後の課題／将来性

◉課題

中期的にはLPGガスの需要も高まることが予想されている。米国産LPGにより安価な調達傾向にあるものの、引き続き安定した調達は大きな課題である。

《関連団体》　日本LPガス協会
　　　東京都港区虎ノ門1-14-1
　　　TEL　00（3503）5741

— 689 —

●製造業●

農薬製造業

最近の業界動向

●減少傾向にある農薬の出荷量

農薬工業会の資料によると、国内農薬の出荷数量は減少傾向にある一方、出荷額は各メーカーが新製品を市場投入することで単価を引上げてきたことから、ほぼ横ばいで推移している。しかし、主要用途である水稲の作付面積が減少傾向にあり、環境意識も高まる中、農薬散布量の少量化など、農薬を取り巻く環境は厳しくなりつつある。

農薬の出荷量の推移（単位：百万円トン）

農薬年度	出荷金額	出荷量
平25	337,209	196,688
26	343,991	195,524
27	335,869	186,578
28	331,018	183,917

（注）農薬年度：10月〜9月
（出所）農薬工業会

●日本ジェネリック農薬協議会設立

日本ジェネリック農薬協議会は、平成28年12月にJA全農が事務局となり、世界的なジェネリック農薬メーカーのアダマ・ジャパン、ニューファム、UPLジャパン、日本のOATアグリオにより設立された。ジェネリック農薬は、世界の農薬市場の3割強を占めるといわれるが、日本では5％程度にすぎない。日本でジェネリック農薬が普及しない要因は、日本の登録制度が欧米やアジア諸国と比べて厳しいためだ。ジェネリック農薬を普及させるためには、登録制度の要件の緩和が必要と指摘されている。農林水産省は、農薬取締法を改正してジェネリック農薬の登録制度を簡素化し、EUに近い形にすることを検討している。

●全農と三菱商事が農薬で合弁会社設立

JA全農と三菱商事は、農薬の登録・製造・販売のための合弁会社を平成29年10月に設立し、平成29年度から営業を開始する。JA全農は農薬のコスト引下げに向け、保有する農薬原体の海外及び非農耕地への拡販を通じた需要拡大や、国内に

おけるジェネリック農薬開発促進を行うため、農薬原体の海外製造・輸出入・登録業務の新たな仕組み作りを検討してきた。一方、三菱商事は、世界的な人口増加に伴い拡大する食料・農業資材需要に応えるため、インドや中国における農薬の受託製造事業や国内外における販売事業に取り組んでいるが、さらなる事業領域の拡大を目指している。

●新規殺菌剤開発で戦略的協力関係を構築

住友化学とドイツのBASF社は、農薬の新規殺菌剤開発で協力関係を構築することに合意したと発表した。住友化学が発明した新しい化合物を有効成分とする、新たな殺菌剤の開発に取り組む。この化合物は、既存の殺菌剤に抵抗性を持つものを含む、主要な植物病害に高い効果を示すもので、安定した収穫量を確保するための新たな手段として期待される。販売時期は、各国において平成30年以降に申請する農薬登録および関連当局の承認後に開始される予定だ。

マーケットデータ

●種類別農薬の出荷量の推移

農薬工業会の資料によると、種類別出荷量の推移は次表の通りである。

種類別農薬の出荷量の推移（単位：トン、％）

項目別	平27農薬年度	平28農薬年度	前年比
水　　　稲	63,261	58,735	▲7.2
果　　　樹	18,673	18,252	▲2.3
野菜・畑作	77,598	77,220	0.0
そ　の　他	22,188	24,714	11.4
分 類 無 し	4,858	4,996	2.8
合　　　計	186,578	183,917	▲1.4

（注）その他（非農耕地・林野・芝・ゴルフ場・家庭園芸）、分類無し（使用分野の分類をしないもの）
（出所）農業工業会

業界の特性

●分類

国内農薬メーカーは、多国籍農薬メーカーの日本法人である外資系メーカー、原体の開発から製剤の製造・販売までを一貫して手掛け、開発した原体を他社にも販売する研究開発型メーカー、他社から購入した原体により製剤を製造する製剤メーカー、特殊な農薬のみを扱うメーカーに大別さ

れる。

類型	企業
外 資 系	シンジェンタ、デュポン、ダウ・ケミカル、BASF、バイエルクロップサイエンス
研究開発型	日産化学工業、住友化学、クミアイ化学、三井化成アグロ、日本農薬　等
製 剤	北興化学、日本化薬アグロ・カネショウ、保土谷化学等
特殊な農薬	井上石灰、南海化学、細井化学、三井化学等

●流通経路

農薬の流通経路は、農協系と商系（卸・小売ルート）に分かれる。農協系のみを利用するメーカーと農協系と商系の二系統ともに利用するメーカーに分かれる。農薬価格交渉が全農を窓口とすることや全農の水稲農薬の取扱比率が高いことから、大半のメーカーが全農と取引している。

●農薬の種類

農薬の種類と用途は次の通りである。

種　類	用　途
殺　虫　剤	農作物を加害する有害な昆虫を防除する
殺　ダ　ニ　剤	農作物を加害する有害なダニ類を防除する
殺　線　虫　剤	根の表面や組織に寄生し加害する線虫類を防除する
殺　菌　剤	植物病原菌（糸状菌や細菌）の農作物を加害する有害作用から守る
除　草　剤	雑草類を防除する
殺 虫 殺 菌 剤	殺虫成分と殺菌成分を混合して、害虫、病原菌を同時に防除する
殺　そ　剤	農作物を加害するねずみ類を駆除する
植物成長調整剤	植物の生理機能を増進または抑制して、結実を増加させたり倒伏を軽減したりする
忌　避　剤	鳥や獣が特定の臭い、味、色を嫌うことを利用して農作物への害を防ぐ
誘　引　剤	主に昆虫類が特定の臭いや性フェロモンに引き寄せられる性質を利用して害虫を一定の場所に集める
展　着　剤	薬剤が害虫の体や作物の表面によく付着するように添加する

ノウハウ

●日産化学工業が即効性を高めた家庭用除草剤を発売

農薬メーカーの日産化学工業は、天然由来の成分を使った家庭用除草剤を発売した。即効性を高めた除草剤で、散布した翌日から雑草が枯れ始め、庭の草むしりの負担を軽くする。除草剤の需要は拡大しており、即効性と持続性のある点をアピールして、シェア拡大を図る。

経営指標

農薬製造業の指標は見当たらないので、ここでは参考として、TKC経営指標（平成29年版）より、「他に分類されないその他の製造業」の数値を掲げる。

TKC経営指標 （変動損益計算書）	全企業　156件	
	平均額（千円）	前年比（％）
売上高	268,398	104.1
変動費	145,238	103.2
仕入高	118,229	104.2
外注加工費	23,281	103.1
その他の変動費	3,410	101.0
限界利益	123,159	105.0
固定費	109,916	100.7
人件費	67,255	103.8
減価償却費	7,288	99.1
租税公課	1,586	91.7
地代家賃・賃借料	3,725	99.6
支払利息・割引料	1,877	85.0
その他	27,983	96.4
経常利益	13,242	163.7
平均従事員数	16.1名	

今後の課題／将来性

●課題

政府主導の農業改革が進められる中、生産コストの削減に注目が集まっている。農業再生のためには農機、肥料、農薬、飼料などさまざまな資材の価格を下げる必要があるが、中でも農薬に関してコストダウンに向けた新しい動きが出てきた。開発に膨大な費用が掛かるといわれる農薬のコストダウンは、着手すべき課題の一つだ。ジェネリック農薬は、コスト削減に大きな効果が見込め、政府、企業ともに真剣に取り組んでいく必要がある。

《関連団体》　農薬工業会
　東京都中央区日本橋茅場町２−３−６
　　宗和ビル
　TEL　03（5649）7191

●製造業●

肥料製造業

最近の業界動向

◉JA全農が化学肥料の卸価格を引き上げ

全国農業協同組合連合会（JA全農）は、化学肥料の卸価格を引き上げる。化学肥料は定期的に年2回改定される。肥料年度は6〜10月の秋肥と、11〜翌年5月の春肥で構成されている。今回の値上げは秋肥に当たる。肥料原料である尿素やカリウムの国際相場が前期に比べて上昇したため、平成29年6月から卸価格を前期比1.8〜11.9％引き上げる。

◉有機肥料生産への新規参入

大豆を原料とした食品メーカーの旭松食品は平成29年7月、有機質肥料生産施設「旭松バイオセンター」を竣工すると発表した。同社の凍り豆腐（こうや豆腐）事業の副産物である微生物塊と間伐材チップを原料に、有機肥料を生産する。8,000万円を投資し、3年後約300トンの生産を目指す。長野県下伊那郡泰阜村三耕地地区と環境協定を結び、継続的に生産が行える体制を構築している。新規参入が少ないと言われる肥料業界にあって、業界を活性化する可能性を秘めている。

マーケットデータ

◉製造出荷実績

経済産業省「工業統計」によると、肥料関連の製造品出荷額の推移は次の通り。

肥料の製造品出荷額等の推移（単位；百万円）

業　　種	平24年	平25年	平26年
化学肥料製造業合計	309,811	326,476	315,445
窒素質・リン酸肥料	48,940	44,228	41,764
複合肥料	243,564	257,939	250,201
その他の化学肥料	17,308	24,308	23,480

（出所）経済産業省「工業統計表」

◉複合肥料の出荷実績

日本肥料アンモニア協会の資料によると、化学肥料（複合肥料）の出荷実績は次の通り。平成28肥料年度（平成27年6月〜平成28年5月）の複合肥料の出荷数量は前年比4.5％増の181万5,297トンとなったが、長期的には減少傾向にある。

複合肥料の出荷実績（単位：トン）

品　　目	平15年度	平27年度	平28年度	前年比
高 度 化 成	1,137,071	776,810	810,334	4.3％
普 通 化 成	310,226	195,471	205,272	5.0％
Ｎ Ｋ 化 成	55,162	30,204	34,680	14.8％
液 状 複 合	46,814	33,440	33,356	▲0.3％
成 形 複 合	27,677	18,814	19,345	2.8％
配 合 肥 料	817,001	682,912	712,310	4.3％
合　　計	2,393,951	1,737,651	1,815,297	4.5％

（出所）日本肥料アンモニア協会

◉国内肥料大手の概況

国内肥料大手の概況は次の通り。平成27年にコープケミカルと片倉チッカリンが統合し、片倉コープアグリとなった。それにより、大手は片倉コープアグリ、ジェイカムアグリ、サンアグロ、エムシー・ファーティコムの4社に統合された。

国内肥料大手の概況

社　　名	売上高	株主
片倉コープアグリ	（平29・3）386億5,700万円	全農、丸紅等
ジェイカムアグリ	（平27・3）345億円	JNC、三菱化学、旭化成ケミカルズ
サ ン ア グ ロ	－	日産化学工業、丸紅、三井化学等
エムシー・ファーティコム	（平27・3）191億円	三菱商事、宇部興産等

（出所）売上高は各社決算資料

◉農家の経営費などに占める肥料費の位置付け

農林水産省によると、農家の経営費に占める肥料の割合は全体の約8.0％で、経営別では8〜17％の位置付けとなっている。

経営費に占める肥料費の割合（単位：千円）

類型別	農業経営費	肥料費	肥料費の割合
全　　　　体	3,348	264	7.9％
水　田　作	2,006	203	10.1％
畑　　　作	5,771	971	16.8％
野　菜　作	4,545	478	10.5％
果　実　作	3,556	265	7.5％

（出所）農林水産省「平成27年経営形態別経営統計（個別経営）」および「平成27年営農類型別経営統計」

業界の特性

◉事業所数と従業員数

経済産業省「工業統計表」によると、肥料関連製造業の事業所数と従業員数の推移は次の通り。

肥料関連（製造業）の事業所数、従業員数

業　種	事業所数 平25	事業所数 平26	従業員数 平25	従業員数 平26
化学肥料	160	161	4,482	4,526
窒素質・リン酸質肥料	14	15	440	505
複合肥料	105	107	3,249	3,272
その他の化学肥料	41	39	793	749

（出所）経済産業省「工業統計表」

●肥料の流通構造

肥料は、原料の多くを全農と商社が海外から調達して、国内約3,000社で製造され、国内生産額は約4,000億円。生産者から全農など系列に3分の2、元売業者など商系に3分の1の割合で出荷される。流通段階では、元売業者や卸売業者から一部は農協やホームセンターなどに流通する。販売段階では、農協から約4分の3、商系（資材店など小売業者、ホームセンター等）から4分の1の割合で農業者に販売される。

●主要肥料の販売価格の推移

農林水産省「農業物価統計」によると、主要肥料の販売価格の推移は次の通り。肥料の販売価格は肥料原料価格や為替等の影響などにより、穏やかな上昇傾向で推移している。

主要肥料の販売価格の推移

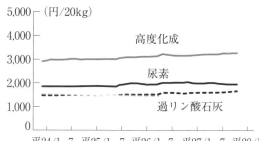

（出所）農林水産省「農業物価統計」

●肥料原料の海外依存

化学肥料の原料はほとんどが海外に依存している。リン鉱石は全量、塩化カリはほぼ全量を輸入に頼っている。資源は世界的に偏在しているため、輸入相手国も偏在している。

●化学肥料の種類

化学肥料は肥料の三要素と呼ばれる窒素、リン酸、カリウムを化学合成、加工して製造する。このうち、肥料の三要素の一つしか含まないものが単肥で、2つの成分以上を含む肥料が複合肥料といわれる。

ノウハウ

●国内農家の肥料費低減ニーズへの対応

日欧EPA締結などにより、今後海外の農産物との競争に対峙する国内農家にとって費用削減のニーズが高まる中、鶏ふん燃焼灰など安価な国内未利用資源を活用した肥料の開発、生産銘柄の集約化による生産性の向上、原材料の安定的でより安価な調達体制の構築などが求められる。

経営指標

ここでは参考として、TKC経営指標（平成29年版）より、「他に分類されないその他の製造業」の数値を掲げる。

TKC経営指標（変動損益計算書）	全企業 156件 平均額（千円）	前年比（％）
売上高	268,398	104.1
変動費	145,238	103.2
仕入高	118,229	104.2
外注加工費	23,281	103.1
その他の変動費	3,410	101.0
限界利益	123,159	105.0
固定費	109,916	100.7
人件費	67,255	103.8
減価償却費	7,288	99.1
租税公課	1,586	91.7
地代家賃・賃借料	3,725	99.6
支払利息・割引料	1,877	85.0
その他	27,983	96.4
経常利益	13,242	163.7
平均従事員数	16.1名	

今後の課題／将来性

●将来性

日本国内の肥料市場は縮小傾向にある一方、新興国では所得の増加に伴う食生活の変化で、高性能な肥料を始めとした農業関連需要が期待できる。作物・土壌ごとにきめ細やかに対応した日本の肥料製造業の強みが発揮できる土壌が出来上がりつつある。

《関連団体》　日本肥料アンモニア協会
　東京都千代田区神田司町2-2-12
　TEL　03（5297）2210

●製造業●

金型製造業

最近の業界動向

●金型の生産金額は3,978億円

　金型とは、塑性加工や射出成型などに使用する型で、金属、プラスチック、ガラスなどの素材を加熱、加圧し、同一形状の工業部品や製品を大量に成形加工するために利用される型の総称である。経済産業省「生産動態統計年報（機械統計編）」によると、平成28年の金型の生産金額合計は前年比4.1％増の3,978億円である。プレス金型は同1.9％増の1,485億円、ダイカスト用金型は同0.5％増の509億円、プラスチック用金型は同8.9％増の1,426億円などとなっている。

●IoTで稼働状況などを監視

　金型製造現場でIoTを活用する動きが出始めている。マシニングセンタや放電加工機など生産設備の新旧やメーカーを問わずに、それらの機械情報を取得し、クラウド上で分析できるシステムやサービスが登場した。従来把握が困難であった工場内の機械の稼働状況を数値化し、稼働率や品質の向上を図ることができる。金型に要求される精度や品質が年々厳しくなる中、こうしたシステムやサービスが広がっていくものと考えられる。ゼネテックは平成29年8月、工場内にある設備の稼働状況などを監視できるモニタリングサービス「GC遠隔稼働監視ソリューション」の提供を始めた。ネットワーク機能のない既存設備にも対応可能で、稼働率の改善などに活用できる。日本金型産業でも平成29年初めから、同様のシステムをシムックスと協業し販売している。これらのシステムは電力だけでなく、圧力や温度などにも対応できるセンサーの種類を増やし、機械のさまざまな情報を取得できるようにする。

●カムスが中国企業とライセンス契約

　日本高周波鋼業の子会社のカムスは、愛知県の中部テクノセンターで行っている冷間プレス金型用表面処理技術を、中国・深圳市の和勝金属技術

有限公司とライセンス契約した。同技術は、冷間プレス金型用に開発された表面処理皮膜で、特にハイテン鋼板成形用金型の寿命向上に効果があり、自動車関連に多くのユーザーを持つ。近年、自動車骨格部品はハイテン鋼板が多く使われており、同技術のニーズが高まっている。また、海外でのハイテン鋼板使用の増加計画もあることから、今回の技術提携は、中国国内の表面処理需要を拡大するものとみられる。和勝金属技術は、中国で金型熱処理・表面処理を行っており、処理技術を活用することで、中国国内での日系自動車メーカーを中心とする表面処理事業の拡大が見込まれる。

マーケットデータ

●製造品出荷額の推移

　経済産業省「生産動態統計年報（機械統計編）」によると、金型の型別生産金額の推移は次の通り。

金型の型別生産金額の推移（単位：百万円）

年次 品　目	平26年	平27年	平28年
プ レ ス 用 金 型	138,443	145,821	148,538
鍛 造 用 金 型	28,793	27,884	30,059
鋳 造 用 金 型	7,486	7,805	7,290
ダイカスト用金型	41,156	50,672	50,987
プラスチック用金型	123,033	130,920	142,618
ガ ラ ス 用 金 型	2,916	2,866	2,915
ゴ ム 用 金 型	5,452	9,496	9,087
粉末・金用金型	6,517	6,636	6,314
合 計	353,796	382,100	397,808

（出所）経済産業省「生産動態統計年報（機械統計編）」

業界の特性

●金型の用途

　金型の主な用途は、①塑性加工用として、プレス用、鍛造用に、②射出成型用として、プラスチック用、ゴム用、ガラス用、ダイカスト用、粉末冶金用に大別され、うちプレス用とプラスチック用で生産額全体の7割を占めている。金型は、成形する部品・製品の仕様に基づき設計・製作されるため、海外では部品・製品の組立メーカーによる内製が一般的であるが、日本では金型専業者が金型を製作し、プレス・成形業が部品をプレス、成形加工し、それら部品を組立メーカーに納品するサプライチェーンによる分業生産体制が構築さ

－ 694 －

れている。このため、金型は専業者により製作されることが多い。

◉金型の販売価格

金型の価格は、そのサイズや形状の複雑や素材に応じて数十万から数千万円まで多様である。金型製造業の多くは中小零細企業でもあり、発注者との力関係から交渉力が弱く、十分な収益を確保できないケースも多い。

◉製造工程

金型の製造工程は、①設計→②材利用調達→③外形加工→④型彫り→⑤仕上及び磨き→⑥試打ちの順で行われる。かつては、熟練工が作業の大部分を担っていたが、近年は機械化も進んでいる。ただ、ユーザーからの要求は厳しく、仕上工程では手作業が不可欠である。

◉精密化、IT化

家電製品の多くが小型化するのに伴い、金型もより精密な加工が必要となる。精密な金型を製作するには、精密加工が可能な最新鋭の加工機と加工精度を確認する測定器等が必要で、金型設計には3DCADは必要不可欠である。顧客からのデータ3次元データになり、金型製造業も3次元データに対応することが求められる。

◉短納期化、熟練・ノウハウ化

金型は多品種少量生産で、リードタイム（開発期間）の短縮が金型製造の時間短縮にもつながっている。一方、金型製造において、NC加工機の精度が向上しても機械の加工精度はまだ「人」には勝てないケースがある。熟練技能者が今まで蓄積してきた「設計・製造のノウハウ」と「磨きの技術」をいかに継承していくかがポイントである。

◉金型マスター制度発足

日本金型工業会は、「金型マスター認定制度」を発足させた。認定制度を導入することで、海外との技術力の差別化を図り、日本の金型のブランド力を高める。認定されるには金型アカデミーを受講する必要がある。受講する推薦基準は同工業会正会員に所属し、金型製造を10年以上経験し工場長・工場長に準ずる能力のある者を対象としている。

ノウハウ

◉特注品の生産体制を強化

金型部品大手のパンチ工業は、主要顧客の自動車関連メーカーが量産品では対応できない新たな加工が必要な電装部品などの採用を増やしているため、顧客の要望に応じて作る特注品の生産体制を強化する。特注品は製造に手間がかかる一方、利益率が高い。価格競争が激しい量産品は人件費のベトナムに新設した工場に一部移転する。自動車メーカーは、電気自動車や運転支援装備の開発を急いでおり、新たな加工方法が求められる部品が増加している。このため、特注品の需要増に対応する。

経営指標

ここでは参考として、TKC経営指標（平成29年版）より、「金属用金型・同部分品・附属品製造業」の数値を掲げる。

TKC経営指標 （変動損益計算書）	全企業　195件	
	平均額(千円)	前年比(％)
売上高	164,317	101.1
変動費	59,189	101.9
仕入高	25,069	98.3
外注加工費	28,154	106.6
その他の変動費	6,373	91.9
限界利益	105,128	100.6
固定費	94,433	101.2
人件費	64,040	101.8
減価償却費	7,106	86.5
租税公課	1,484	104.9
地代家賃・賃借料	3,022	102.9
支払利息・割引料	1,649	96.6
その他	16,438	97.9
経常利益	10,694	95.4
平均従事員数	12.3名	

今後の課題／将来性

◉将来性

金型業界では、コストや納期が優先されてきたが、中国などが技術力を上げ、中小企業は厳しい経営を迫られている。プラスチック金型製造のIBUKは、金型にセンサーを付け、位置や圧力、温度などの情報を常時把握して品質維持を図っている。IoTの活用が広がる中、金型の製造現場でもIoTの活用が活発化している。

《関連団体》　一般社団法人日本金型工業会
東京都文京区湯島2-33-12
TEL　03（5816）5911

●製造業●
蓄電池製造業

最近の業界動向

◉市場の拡大が期待されるリチウム電池
蓄電池は充放電を繰り返し行う電池で、二次電池やバッテリーともいう。家庭用や自動車向け、発電所向けの定置型など幅広い用途がある。排ガス規制の強化を背景に、電気自動車（EV）の開発競争が激化しているが、二次電池、中でもリチウムイオン電池はEVに欠かせない。市場の拡大が期待される一方、開発競争が激化している。

◉パナソニックとEV大手の米テスラモーターズは家庭向け蓄電池で提携
パナソニックと電気自動車（EV）大手の米テスラモーターズは、家庭向け蓄電池で提携した。家庭向けの蓄電池を量産することで、低価格を実現する。平成28年11月、米ネバダ州で稼働したEV向け蓄電池の大型工場で、家庭向けの蓄電池を量産し、米国の家庭向け蓄電池市場に本格参入した。販売は共同で手掛ける方針で、北米以外の地域の展開も視野に入れている。また、国内では太陽光発電と蓄電池の連携用パワコン（電力変電機）の新製品「パワーステーションS」を発売した。同社の従来品に比べ小さく軽くすることで設置時の基礎工事の必要がなく、後付けもしやすい。「パワーステーション」シリーズは、つくった電気をためて家庭内で使うのに役立つ機器で、太陽光でつくった電気の買い取り価格が下がっているため、需要は高まっている。

◉リチウム電池の弱点である発火のリスクを抑えた、個体電解質の実用化
EVやスマートフォンに使用されるリチウムイオン電池は、主に4つの部材（正極材、負極材、電解液、セパレーター）で構成されている。電極液は可燃性の有機溶剤を含み、負極材と正極材の間のイオンの移動量が多いほど容量が大きくできるが、発火のリスクが伴う。三井金属は、リチウム電池の弱点である発火のリスクを抑え、大容量化も可能なリチウム電池の部材、個体電解質の量産化技術の確立を急いでいる。完成車メーカーの関心も高く、個体電解質の実用化を目指している。

マーケットデータ

◉二次電池の販売実績
経済産業省によると、二次電池（繰り返し使用することができる電池）の販売金額の推移は次の通り。平成28年は前年比4.4％増の7,406億7,600万円であった。このうち、リチウムイオン電池が前年比6.8％増の3,852億3,600万円で、全体の販売をけん引した。

二次電池の販売金額 （単位：百万円）

項　目	平26年	平27年	平28年
二次電池合計	703,377	709,177	740,676
自動車用	106,490	108,425	109,938
その他鉛	62,027	63,286	65,251
ニッケル水素	168,157	160,294	167,785
リチウムイオン	349,761	360,705	385,236
その他のアルカリ蓄電池	16,942	16,467	12,466

（出所）経済産業省

◉蓄電システムの市場規模
シード・プランニングによると、蓄電システムの国内市場規模は次の通り。需要をけん引するのは戸建て住宅で、「ゼロ・エネルギー・ハウス」の普及も追い風となっている。

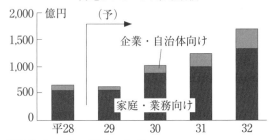

蓄電システムの市場規模

（出所）シード・プランニング

業界の特性

◉事業所数と従業員数
経済産業省「工業統計表」によると、蓄電池製造業の事業所数、従業者数等の推移は次表の通り。平成26年の事業所数は前年比0.1％減の113所、従業者数は同1.9％減の2万864人である。製造品出荷額は同11.7％増の1兆229億9,100万円と

なっている。

蓄電池製造業の事業所数、従業者数（単位：人、百万円）

年次	事業所数	従業者数	製造品出荷額
平23年	121	22,143	789,007
24年	119	21,336	914,624
25年	114	21,263	916,127
26年	113	20,864	1,022,991

（出所）経済産業省「工業統計表」

●**蓄電池の種類**

　蓄電池は鉛蓄電池、ニカド電池、ニッケル水素電池、リチウムイオン電池、NAS電池の５つの種類がある。それぞれ材料、コスト、安全性、容量などで異なる特徴を持ち、用途によって使い分けられている。５種類の蓄電池の特徴と用途は次の通り。

蓄電池の種類と特徴

種　類	特　徴	用　途
鉛　蓄　電　池	コストが安い、長年の実績がある	車載用、産業機器用
ニ カ ド 電 池	出力が大きい	民生用
ニッケル水素電　　　　　池	ニカド電池より安全性が高い	民生用、車載用、産業機器用
リチウムイオン電　　　　　池	エネルギー密度が高く少量で高容量が可能。出力も大きい。	民生用、定置用、車載用、産業機器用
Ｎ Ａ Ｓ 電 池	コストが安い、小型で長寿命	定置用

●**蓄電池の可能性**

　蓄電池は供給された電気を貯めるものである。身近なところでは、コンセントを通じてスマートフォンに電気を充電する際、充電池（蓄電池）に電気を貯めている。太陽パネルや水力発電システムで生成された電気を貯めるときに、蓄電池が利用される。今後、市場拡大が期待される電気自動車にも蓄電池が必要となる。持ち運び式のポータブルスピーカーから、電気自動車、航空機等、大小問わず、蓄電池が使用されるシーンは多い。

ノウハウ

●**折り曲げ可能なリチウムイオン電池の開発**

　リチウムイオン電池は、曲げたり、ねじったりすると、電池内で化学反応を起こし、発熱・発火・発煙を引き起こす特性がある。パナソニックは、折り曲げできる0.55mm厚フレキシブルリチウムイオン電池を開発している。折り曲げ可能な

蓄電池が普及すれば、ウェアラブル端末などへの搭載が容易になり、さまざまなIoT関連商品への適用が期待でき、蓄電池の市場拡大の可能性が期待される。

経営指標

　ここでは参考として、TKC経営指標（平成29年版）より、「その他の電気機械器具製造業」の数値を掲げる。

TKC経営指標 （変動損益計算書）	全企業　41件	
	平均額（千円）	前年比（％）
売上高	159,671	95.0
変動費	84,550	92.1
仕入高	66,775	94.2
外注加工費	16,705	88.0
その他の変動費	1,710	183.7
限界利益	75,120	98.5
固定費	70,530	102.2
人件費	46,760	103.9
減価償却費	3,957	99.9
租税公課	1,009	86.5
地代家賃・賃借料	2,979	102.1
支払利息・割引料	1,797	92.1
その他	14,225	105.4
経常利益	4,589	63.2
平均従事員数	13.0名	

今後の課題／将来性

●**課題**

　蓄電池は広く使用される一方、蓄電池関連の事故も多い。大手企業のスマホや航空機で使用されるリチウムイオン電池（蓄電池）の不具合発生を伝える報道も少なくない。発煙や発火等の重大事故になると、顧客への対応とともに、ブランドにも傷がつくことがある。蓄電池を制御するシステムに厳密な蓄電管理が求められるとともに、蓄電池そのものにも厳密な設計や製造品質管理が求められる。蓄電池製造業にとって、安全性確保は気を抜けない課題である。

●**将来性**

　蓄電池市場は、再生可能エネルギーの利用促進や環境配慮による政府の施策により、生成したエネルギーを貯める蓄電池は拡大基調にある。

《関連団体》　一般社団法人電池工業会

　　東京都港区芝公園３－５－８

　　TEL　03（3434）0261

－ 697 －

●製造業●

太陽電池製造業

最近の業界動向

●国内の太陽電池出荷量は前年比11.1％減

太陽光発電協会によると、平成28年度の国内の太陽電池出荷量は前年比11.1％減の634万906キロワットであった。家庭用、産業用ともに市場縮小に歯止めがかからない。価格競争も激しく、太陽光発電事業は転換期を迎えている。また、太陽光発電事業は再生可能エネルギーの固定価格買取制度が導入されて以降、全国に大量の太陽光発電設備が設置されたが、太陽光パネルが寿命を迎える時期にきている。どのようにリユースするか課題となっている。

●販売戦略の見直し

太陽光パネル各社は、市場が縮小しているため販売戦略の見直しを図っている。東芝は代理店を通じ、業務用の発電事業者向けに補助金申請の作成支援や、発電した電力を自家消費に使う場合の経済性などをシュミレーションするサービスを導入する。カナダのカナディアン・ソーラーは、売電量を増やしたい顧客向けに、出力を1割高めたパネルを業務用に標準搭載した。

●「鹿屋大崎ソーラーヒルズ太陽光発電所」建設

ガイアパワーや京セラ、九電工、東京センチュリーの4社が共同出資する鹿屋大崎ソーラーヒルズは、鹿児島県に九州最大級の出力約92MWの太陽光発電所を建設し、平成32年の稼働を予定している。一般家庭約3万3,370世帯の年間電力消費量に相当する電力を供給する大規模プロジェクトである。同発電所には、京セラ製の太陽電池モジュール340万枚以上が設置される予定だ。

●パナソニックは太陽電池セル単体販売を強化

パナソニックは、太陽電池モジュールだけではなく太陽電池セル単体の販売を開始する。同社は、強みである太陽電池セル販売強化のため、グローバルでの生産効率化を図る。住宅・産業用太陽電池モジュールは海外工場での生産、車載用モジュールは国内での生産となり、平成30年3月までに滋賀工場でのモジュール生産を終了する。

マーケットデータ

●太陽電池の国内出荷量

太陽光発電協会によると、平成28年度の国内の太陽電池の出荷量は634万906キロワットで、前年度の713万6,677キロワットに比べ11.1％の減少だった。固定価格買取制度の引き下げなどの影響が背景にある。

太陽電池の出荷量（単位：kW）

用途別	平27年度	平28年度
合　計	7,136,677	6,340,906
住　宅	1,547,317	1,211,445
非住宅	5,556,364	5,125,860
発電事業	3,363,963	3,476,010
一般事業	2,192,401	1,649,850
その他	32,996	3,601

（出所）太陽光発電協会

●太陽電池の国内出荷量シェア

日本経済新聞社の推定によると、平成28年の太陽電池の国内出荷量シェアは次の通り。昨年首位のシャープは営業活動が停滞気味であった。首位の京セラは、太陽電池供給体制をグローバルで見直し、外部委託や海外・国内工場の生産体制の効率化及び集約化を図っている。

平成28年の太陽電池国内出荷量シェア

順位	社　名	シェア
1	京　セ　ラ	13.5%（2.7）
2	シ　ャ　ー　プ	11.3%（▲1.4）
3	ハンファQセルズ（韓国）	10.8%（2.5）
4	カナディアン・ソーラー（カナダ）	9.8%（▲0.6）
5	インリーグリーンエナジー	9.1%（▲0.9）

（注）カッコ内は前年比増減ポイント
（出所）日本経済新聞社

業界の特性

●メーカー分類

国内の太陽電池メーカーは、①京セラ、シャープ、パナソニック、三菱電機などの国内電機大手、②昭和シェル石油グループのソーラーフロンティアなど石油・化学系、③その他機械系などがある。

●太陽電池の種類

太陽電池は使用する素材や構造、製造方法によ

ってさまざまな種類がある。このうち、現在主流の結晶シリコン系の太陽電池は、シリコン半導体基板を原材料とする単結晶シリコン太陽電池、多結晶シリコン太陽電池を指すことが多い。

● 固定価格買取制度（FIT）の仕組み

再生可能エネルギーの固定価格買取制度（FIT）は、再生可能エネルギーで発電された電気を、その地域の電力会社が一定の価格で買い取ることを国が約束する制度である。電力会社が買い取る費用を電気利用者の全員から賦課金という形で集め、現在のコスト高の再生可能エネルギーの導入を依然として支えている。平成29年度から改正されたFITでは、これまでのFIT電気の買取義務者が、送配電事業者に変更される。この結果、「小売事業者が自己の需要家のために必要な再生可能エネルギーを買い取る」という現行制度では、エリア全体の需給状況に合わせて火力発電や揚水発電所の活用・広域融通を柔軟に行うことが困難であったが、系統運用に責任を持つ送配電事業者がFIT電気を買い取り、卸電力市場を通じて供給する仕組みに変更する（改正法第17条）ことで効率的な系統運用やFIT電気の広域的活用の促進を実現することができることになる。

● 太陽電池モジュールの設置方法

建築物に設置する太陽電池には、設置する部位や設置方法、付加機能によってさまざまな製品がある。住宅向けの太陽電池は、屋根置き型（屋根材の上に架台を取付け、その上に太陽電池を設置）と、屋根建材型（太陽電池に防火性能と屋根材機能を持たせたもの）に分けられる。

● 信頼性向上技術

太陽光発電システムは20～30年もの長期間に亘り使用される設備であることから、長期間安定稼働するための技術開発が行われている。太陽電池モジュールは、長期的な発電電力量確保、長寿命化による発電コスト低減への寄与、耐電圧性や耐水蒸気性、耐温度変動性などを向上するため、封止材やバックシートの改良などの技術開発が行われている。加えて、メガソーラーの発電事業等では、収益源となる売電電力量の確保のため、発電電力量のモニタリング・回路やPCS不具合検出など、新たな領域としての監視やサービス役務が広がっている。

ノウハウ

● 海外進出に向けて、日本ノウハウの先鋭化

太陽光製造業の継続的な発展成長には、海外進出を進める必要がある。パネルの高出力と長寿命による日本ブランドの強化や日本市場ならではのノウハウを先鋭化させることが不可欠となる。太陽光パネルのトラブルの未然の防止や、不具合を検知するモニタリングなど、きめ細やかな保守によるパネルの長寿命化などのノウハウはブランド化でき、海外でのニーズの獲得が見込める。

経営指標

ここでは参考として、TKC経営指標（平成29年版）より、「その他の電気機械器具製造業」の数値を掲げる。

TKC経営指標 （変動損益計算書）	全企業　41件	
	平均額（千円）	前年比（％）
売上高	159,671	95.0
変動費	84,550	92.1
仕入高	66,775	94.2
外注加工費	16,705	88.0
その他の変動費	1,710	183.7
限界利益	75,120	98.5
固定費	70,530	102.2
人件費	46,760	103.9
減価償却費	3,957	99.9
租税公課	1,009	86.5
地代家賃・賃借料	2,979	102.1
支払利息・割引料	1,797	92.1
その他	14,225	105.4
経常利益	4,589	63.2
平均従事員数	13.0名	

今後の課題／将来性

● 将来性

日本国内市場では、固定価格買取制度見直しで、太陽光パネルの需要の大幅な増加は見込みにくい。しかし、太陽光発電システム稼働後に生じる運営や保守サービス、付帯するシステムなど周辺需要が見込め、トータルな取り組みがもう一段の成長につながる。人工衛星や宇宙船に使う薄くて軽い太陽電池も大きな市場性が期待されている。

《関連団体》　一般社団法人太陽光発電協会

東京都港区新橋2－12－17　新橋I-Nビル8F

TEL　03（6268）8544

●製造業●

電力会社

最近の業界動向

●電力小売全面自由化によるさまざまなサービス

電力小売全面自由化により参入した事業者は、さまざまなサービスを打ち出している。新電力ベンチャーのみんな電力は、消費者が好みの再生可能エネルギーの発電所を選べるサービスを始めた。みんな電力と契約を結んだ消費者は、専用サイトで好きな発電所を毎月1カ所選ぶことができる。みんな電力は33カ所の発電所の電力を一括調達して、東京電力のバックアップ電源と組み合わせて、消費者に電力を安定供給している。また、新電力のエフティグループは、主に中小企業向けに、オフィス機器や通信機器と電力を組み合わせた割安なセット販売をしている。

●電力10社の連結業績

平成29年3月期の電力大手10社の連結決算は次の通り。四国電力を除く9社が減収となった。

電力10社の平成29年3月期連結決算（単位：億円、％）

会社名	売上高	最終損益
北 海 道	7,027 (▲3.0)	87 (212)
東 北	19,495 (▲7.0)	699 (973)
東 京	53,577 (▲11.7)	1,328 (1,407)
中 部	26,035 (▲8.8)	1,147 (1,697)
北 陸	5,425 (▲0.4)	▲62 (128)
関 西	30,113 (▲7.2)	1,407 (1,408)
中 国	12,003 (▲2.5)	113 (271)
四 国	6,642 (1.6)	103 (111)
九 州	18,275 (▲0.4)	792 (734)
沖 縄	1,799 (▲1.3)	55 (36)

（注）カッコ内は前年同期比
（出所）各社決算報告

●保守作業の効率化を図る実験

中部電力は、ソニーなどと共同で電柱に通信機器を設置し、保守作業の効率化を図る実験を始めた。実証実験では愛知県豊田市内の電柱など電力施設や巡回車に通信機器を設置する。中部電力は、防犯カメラなどを手掛ける企業に通信基盤を提供し、見守りサービスなどの新事業につなげる。

マーケットデータ

●電力需要実績

電力需要実績については、電気事業協会のデータを使用していたが、平成28年4月からの電力小売全面自由化の開始などに伴い、集計ができなくなった。このため、資源エネルギー庁「電力調査統計表」のデータを示す。「電力調査統計表（速報）」によると、平成28年度の需要電力量合計（電気事業者の販売電力量＋電気事業者の特定供給・自家消費）は、8,997億kWhで、前年度比6.9％増となった。平成28年度の電力需要実績の内訳は次の通り。電力会社などのみなし小売電気業者等の需要が全体の87.1％を占める。

平成28年度電力需要実績（単位：1,000kWh）

事業社名	合　計
北海道電力	26,806,123
東北電力	74,258,302
東京電力パワーグリッド	424,909
東京電力エナジーパートナー	241,524,762
中部電力	121,821,490
北陸電力	28,103,547
関西電力	121,499,720
中国電力	57,253,882
四国電力	25,696,717
九州電力	78,619,051
沖縄電力	7,812,699
合計（みなし小売電気業者等）	783,821,202
合計（みなし小売電気事業者以外）	459,011
電気事業者の特定供給	3,444,265
電気事業者の自家消費	45,805,652
合　計	899,745,685

（出所）資源エネルギー庁

●新電力のシェア

資源エネルギー庁によると、需要電力量合計

新電力のシェア（単位：億kWh）

項　　目		平27年度		平28年度	
		販売電力量	新電力の割合	販売電力量	新電力の割合
特別高圧・高圧受電分	みなし小売	4,910.6	7.57%	4,800.1	10.86%
	新電力	422.3		584.9	
	合　計	5,312.9		5,385.1	
低圧受電分	みなし小売	3,060.0	—	3,015.5	2.55%
	新電力	—		79.0	
	合　計	3,060.0		3,094.5	

（出所）資源エネルギー庁「電力調査統計表」

（8,997億kWh）のうち、新電力（みなし小売電気事業者「旧一般電気事業者」以外の小売電気事業者及び特定送配電事業者）の販売電力量は667億kWhで、販売電力量の割合は7.8％となった。低圧における販売電力量は3,095億kWhである。

業界の特性

●電力調査統計の変更

電気事業者の区分が見直され、旧一般電気事業者の供給区域（エリア）の概念がなくなった。これに伴い、電力統計の見直しが行われた。変更は次の通り。

平成28年3月実績まで	平成28年4月実績以降
報告対象	報告対象
一般電気事業者（10社） 卸電気事業者（2社） 特定電気事業者（5社） 特定規模電気事業者(135社) （平成28年3月提出）	小売電気事業者（295社） 一般送配電事業者（10社） 送電事業者（1社） 特定送配電事業者（14社） 発電事業者（273社） （平成28年4月提出）
報告内容	報告内容
原動力別、燃料種別の発電実績 火力発電用燃料の消費実績 送受電実績 電源種別の受電実績 振替供給実績 電灯電力等の需要実績 自家消費実績	都道府県別・電源種別の発電実績 火力発電用燃料の消費実績 送受電実績 電灯電力等の需要実績 都道府県別の需要実績 自家消費実績（準備中） 設備投資実績（準備中）

●電気事業の種類

平成28年4月から小売全面自由化によって、これまで旧一般電気事業者が独占的に電気を供給していた約8兆円の電力市場が開放され、既に自由化されていた高圧以上の分野と合わせて計18兆円の市場となった。電気事業の運営は電気事業法により、①小売電気事業（小売供給＝一般の需要に応じて電気を供給する）、②一般送配電事業（自ら維持し、及び運営する送電用及び配電用の電気工作物によりその供給区域において託送供給及び発電量調整供給を行う）、③送電事業（自らが維持し、及び運用する送電用の電気工作物により一般送配電事業者に振替供給を行う）、④特定送配電事業（自ら維持し、及び運用する送電用及び配電用の電気工作物により特定の供給地点において小売供給又は小売電気事業者若しくは一般送配電

事業の用に供するために電気に係る託送供給を行う）、⑤発電事業（自ら維持し、及び運用する発電用の電気工作物を用いて小売電気事業、一般送配電事業又は特定送配電事業の用に供するための電気を発電する）の5種類に分かれて規定されている。

ノウハウ

●効率化の追求

中部電力では、外部から専門家を採用し、送配電事業に「トヨタ方式」を導入し、一層の業務効率化を図っている。中部電力、北陸電力、関西電力の3社で連携し、各社の送配電設備が混在している地域の設備形成の最適化を図っている。

経営指標

ここでは参考として、TKC経営指標（平成29年版）より、「電気業」の数値を掲げる。

TKC経営指標 （変動損益計算書）	全企業　48件	
	平均額（千円）	前年比（%）
売上高	133,205	133.1
変動費	38,751	227.4
仕入高	16,967	315.6
外注加工費	21,717	147.4
その他の変動費	68	78.0
限界利益	94,453	113.7
固定費	71,011	98.8
人件費	14,654	109.2
減価償却費	35,232	101.5
租税公課	4,014	114.7
地代家賃・賃借料	6,610	129.0
支払利息・割引料	6,449	103.7
その他	4,066	45.7
経常利益	23,442	209.3
平均従事員数	3.1名	

今後の課題／将来性

●課題

電電力各社は、電気料金の値下げやスマートメーターなどの電気使用状況を利用して見守りサービスを始めている。価格・サービス競争が市場の活性化につながる一方、顧客獲得競争が一層激しさを増している。

《関連団体》　電気事業連合会
　東京都千代田区大手町1-3-2　経団連会館
　TEL　03（5221）1440

●製造業●

種　苗　業

最近の業界動向

●国内市場規模は2,000〜3,000億円を維持

　経済成長に伴い人口増加が続く新興国では、農作物の需要も高まっている。引き続き、世界の種苗市場はさらなる成長が見込まれる。種苗の国内市場規模を示す一般的な統計資料がないが、日本種苗協会の資料によると、約2,000〜3,000億円程度と推計される。

●サカタのタネがベトナム進出

　サカタのタネは平成29年8月、アジア5拠点目の進出となるベトナムでの現地法人設立を発表した。ベトナムは経済成長で中間層が増大し、野菜消費が増加したため、野菜種子の需要も拡大している。ベトナム法人設立により、現地取引先へきめ細かな対応を行い、販売拡大を狙っている。同社の主力商品であるブロッコリー等を中心に営業活動をしていく。売上高目標は5年後4億円、10年後9億円としている。

●シンガポール都市型農業プロジェクトが進展

　住友化学は、平成27年よりシンガポール農食品獣医丁と共同で都市型農業プロジェクトに取り組んでいる。同プロジェクトでは、カネコ種苗の種子や溶液培養システムを用い、レタス等の栽培試験を行ってきた。平成29年秋から実証実験に移り、今後の動向が注目されている。同プロジェクトで開発されるシステムは、アジアの大都市での都市型農業需要を取り込む可能性があり、今後の市場拡大のため重要な意味を持っている。

マーケットデータ

●種子大手の業績

　サカタのタネとカネコ種苗の2社の平成29年5月期の業績は次の通り。サカタのタネは増収増益になった。国内卸売事業では野菜種子の売上が好調に推移し、海外卸売事業でも野菜種子と花種子の売上が伸び増収増益となった。小売事業は不採算商品の削減により減収となったものの、トータルでは増益となった。カネコ種苗は種苗事業や農材事業が順調に推移したが、施設材事業の低調により減収減益となった。

種苗大手の業績（単位：百万円）

社　名	売上高	営業利益
サカタのタネ	61,844（58,773）	7,702（7,317）
カネコ種苗	57,848（58,099）	2,015（2,144）

（注）カッコ内は前期業績
（出所）各社決算資料

●種子の品目別輸出シェア

　財務省「貿易統計」によると、平成28年の種苗の輸出額は149億円である。このうち、野菜の種子は73.9%を占め種苗の輸出品目の主力である。

種苗の輸出品目シェア（平成28年）

品　目	シェア
野　　　　　菜	73.9%
草　　花　　類	20.9%
き　の　こ　類	1.7%
球　　　　　根	0.5%
そ　の　他	3.0%

（出所）財務省「貿易統計」

●野菜種子の輸出入額

　財務省「貿易統計」によると、野菜種子の輸出入額の推移は次の通り。

野菜種子の輸出入額の推移

年次	輸入額（億円）	前年比（%）	輸出額（億円）	前年比（%）
平24年	90	1.1	73	▲18.0
25年	123	36.7	91	24.7
26年	128	4.1	100	9.9
27年	152	18.8	116	16.0
28年	147	▲3.3	110	▲5.2

（出所）財務省貿易統計

●種苗会社の世界シェア

　農林水産省の資料によると、農作物の世界シェアは次の通り。

農作物（会社名）と世界シェア

会社名	農作物	世界シェア
タキイ種苗	観賞用ヒマワリ及びハボタン	70〜80%
サカタのタネ	トルコギキョウ	75%
	ブロッコリー	65%
	パンジー	30%

（出所）農林水産省食料産業局

業界の特性

◉種苗業界の構造

種苗メーカーや種苗販売業者が会員となっている日本種苗協会の正会員数は、平成28年3月31日現在1,083名である。このうち、自社品種を開発するメーカーは約50社程度とみられる。このうち、野菜と花を含めた多品目にわたり品種を開発する種苗メーカーはサカタのタネやタキイ種苗、カネコ種苗などの大手数社に限定される。農林水産省食料産業局の資料によると、野菜の種子の交配の約9割が海外で行われている。また、稲、麦、大豆、ジャガイモ等の主要作物の種苗は公的な試験場で開発されることが多い。

◉流通経路

種苗メーカーは研究用の農場で栽培用の試験や素材保持などを行う。種苗生産は、種苗メーカーが採取農家に生産委託を行うことが多い。採取農家が生産した種苗は、系統と呼ばれる農協ルートと、商系と呼ばれる種苗ルートに分かれ、一般農家に届く仕組みとなっている。

◉種類

種苗の種類は、F1種と固定種（あるいは在来種）の2種類である。前者は人為的に開発されたもので、ハイブリッド種とも呼ばれる。一方、後者は何世代にもかけて選抜淘汰が行われ、遺伝的に安定した品種である。現在、農業生産（野菜）ではF1種が数多く占める。F1種は生育スピードが速く均一であり、形状も統一されていて、生産者のメリットが多い品種となっている。その他、安全性にこだわった有機種という分類もある。

◉天候リスクへの対応

豪雨や干ばつなど天候の変化は、種苗メーカーの業績に大きな影響を与える。種苗メーカーは天候の変化によるリスク分散に取り組んでいる。具体的には、季節が反対である北半球と南半球の双方に採種地を持ち、年間を通して種子生産リスクの分散を図る方法がある。

◉種苗法

新たな品種を開発した場合、種苗法に定められた品質登録を行えば、種苗法の権利者は原則25年間独占的に種苗を提供できる。種苗業において、種苗法を熟知した事業展開は、事業を有利に進めることができる。第三者に模倣されてしまうと、それまでの開発投資を回収し難くなる。拡大する海外市場の需要を獲得するために、各国での権利保護策は欠かせない戦略となっている

ノウハウ

◉省力化など農家ニーズを汲み取った種苗開発

タキイ種苗は受粉をしなくても育つナスの種子を開発し、平成29年春より発売している。実を育てるため昆虫を使って花を受粉させる手間が不要となり、農作業時間が2～3時間減らせるため、人手不足に悩む農家にとってメリットのある商品である。

経営指標

ここでは参考として、TKC経営指標（平成29年版）より、「野菜作農業（きのこ類の栽培を含む）」の数値を掲げる。

TKC経営指標 （変動損益計算書）	全企業　141件	
	平均額（千円）	前年比（％）
売上高	113,097	98.4
変動費	30,780	92.8
仕入高	25,904	93.1
外注加工費	1,819	86.6
その他の変動費	3,199	95.8
限界利益	82,317	100.8
固定費	82,009	102.0
人件費	36,714	103.4
減価償却費	7,594	105.6
租税公課	1,675	98.7
地代家賃・賃借料	3,671	96.4
支払利息・割引料	609	92.2
その他	31,713	100.2
経常利益	307	23.7
平均従事員数	14.2名	

今後の課題／将来性

◉将来性

植物を育てることは癒しにつながり、新たな需要として期待できる。例えば、野菜栽培をしたことのない女性層の掘り起こしなど、栽培する楽しみの訴求といった販促面の工夫も、新規需要獲得には重要になってくる。

《関連団体》　一般社団法人日本種苗協会
東京都文京区本郷2-26-11　種苗会館7F
TEL　03（3811）2654

●製造業●

農業法人

最近の業界動向

●一般法人の農業参入の動向

農林水産省によると、農地を利用して農業経営を行う一般法人は平成28年12月現在2,676法人である。リース方式による参入の全面自由化（平成21年の農地法改正）以降、改正前に比べて約5倍のペースで増加している。

一般法人数の推移（単位：法人数）

年次	NPO法人等	特例有限会社	株式会社	合　計
平21年	249	97	81	427
22年	470	152	139	761
23年	655	191	206	1,052
24年	880	224	322	1,426
25年	1,059	258	417	1,734
26年	1,249	286	494	2,209
27年	1,454	317	573	2,344
28年	1,677	348	651	2,676

（出所）農林水産省

●アジアでの生産に乗り出す

農業関連企業は、日本のイモやコメをアジアで生産し、現地や周辺国・地域に売り込んでいる。農業生産法人「のくしまアイオファーム」は、ベトナムでサツマイモの作付けを始めた。農業生産法人のGRAは、中東でイチゴの生産開始に向けた調査を進める。日本品質と鮮度を武器にアジアなどの成長市場の開拓を図る。

●就職先として農業法人が人気

若者の間で農業の関心が高まり、平成29年3月には農業就職イベントが開かれ、農業法人47社が参加した。就職先として農業法人の人気が広がる中、農林水産省は新規就業者向けの「農業住宅」の整備に乗り出した。若者が住みやすい住環境を整えて就農を促す。平成30年度には建設を始め、モデル地区で約40戸を整備し、状況などを判断して全国的に展開していく。

マーケットデータ

●農業生産法人の平均年間売上高

日本農業法人協会の「農業法人白書」によると、平成27年の農業生産法人の平均年売上高は、前年比1.9％減の3億565万円であった。農業生産法人の平均売上高の推移は次の通り。

農業生産法人の平均年間売上高（単位：万円）

年次	平均売上高	年次	平均売上高
平22年	24,289	平25年	26,377
23年	26,007	26年	31,142
24年	28,174	27年	30,565

（出所）日本農業法人協会

●農地所有適格法人数の推移

農林水産省によると、農地所有適格法人の数は平成28年1月1日時点で前年比7.2％増の1万6,207法人であった。形態別農業生産法人数の推移は次の通り。

形態別農業生産法人の数の推移（各年1月1日現在）

形態別	平26年	平27年	平28年
農事組合法人	3,884	4,111	4,555
会社法人	10,449	10,995	11,652
株式会社	3,679	4,245	4,851
合資・合名・合同会社	279	323	390
特例有限会社	6,491	6,427	6,411
合　計	14,333	15,106	16,207

（注）合同会社は平成18年5月1日施行の改正会社法にて新たに設けられた会社形態である
（出所）農林水産省

業界の特性

●企業の農地所有化とビジネスチャンス

企業が農業に参入する場合、土地を借りるリース方式、農地所有適格法人への出資比率を50％未満に抑え農地を所有する方式があった。これは、企業が農地を所有することが難しいことを意味していた。規制緩和により、農業特区において一定の要件はあるものの、実質的に企業が農地を所有することも可能となった。平成28年9月に兵庫県養父市が農業特区に指定され、印刷製造関連業のナカバヤシの子会社兵庫ナカバヤシなどが、農地を所有できる道筋がついた。企業にとっては、経営の主体性を持って取り組めることになり、ビジネスチャンスとして期待されている。

●営農作物・業務形態別の法人数

農林水産省によると、平成28年12月末現在の一

— 704 —

般法人6,676法人のうち、営農作物・業務形態別の法人数の構成比は次の通り。

営農作物・業務形態別の参入法人数

営農作物別	(2,676法人)		業務形態別	(2,676法人)	
野　　　菜	1,101	41.0%	食品関連業	592	22.0%
複　　　合	494	18.0%	農業・畜産業	579	22.0%
米 麦 等	491	18.0%	建　設　業	335	13.0%
果　　　樹	318	12.0%	製　造　業	102	4.0%
工 芸 作 物	105	4.0%	その他卸売・小　売　業	126	5.0%
畜　　産（飼料用作物）	58	2.0%	特定非営利活 動 法 人	251	9.0%
花　　　き	63	2.0%	学校・医療・社会福祉法人	97	4.0%
そ の 他	46	2.0%	サービス業他	594	22.0%

（出所）農林水産省

●借入農地面積規模別

農林水産省によると、平成28年12月末現在の一般農業法人2,676法人のうち、借入農地面積の規模別で最も多いのは、「50ha未満」で890法人、次いで「1ha以上5ha未満」が786法人、「50ha以上1ha未満」が585法人となっている。また、一般法人の借入面積の合計は7,428ha、1法人当たりの平均面積は2.8haとなっている。

●農業法人のメリット

農林水産省のリーフレット「農業経営の法人化」によると、農業者の法人化のメリットは、①家計と経営を分離、②就業条件整備による従業員確保、③取引先に対する信用力アップ、④円滑な経営承継、⑤節税等の視点が挙げられている。一方で、法人化しなくとも、効率的な経営を行えるという指摘もあり、農業者はメリットを精査した上で、農業法人を選択することになる。

●農業法人の参入要件

法人として農業に参入する場合、農地を所有するか借りるか何れかを選択することになる。農地を所有できる農業法人を「農地所有適格法人」という。要件を満たせば、組織形態は、株式会社（公開会社でないもの）、農事組合法人、持分会社のいずれも可能である。要件は、主たる事業が農業であること、農業関係者が議決権の過半数を有すること、役員の過半が常時農業に従事すること等である。農業特区では、この要件が緩和されている。農地を借りる法人は一般法人と呼ばれている。

●法人経営体の雇用状況

農林水産省「食料・農業・農村白書」によると、平成27年度の販売農家における農業従事者数は10年間で22％減の175万人である。一方、農業法人増加に伴い、平成27年度の法人経営体の雇用者数は10年前比、1.97倍の10万4,285人となっている。法人経営体の雇用者数推移は次の通り。

法人経営体の常雇い人数（単位：人）

年次	平17年	平22年	平27年
常雇い人数	52,888	67,713	104,285

（出所）食料・農業・農村白書より一部加工

ノウハウ

●M&Aで事業を軌道に乗せる

さまざまな企業が農業に参入しているが、撤退する企業も少なくない。このような中、産業ガス大手のエア・ウォーターは事業を軌道に乗せている。平成21年にトマト施設を買収し農業に参入した。平成27年3月期まで赤字が続いたが、売り先をスーパー中心から外食チェーンに広げ、販売先の需要に応えて新たな品種を増やして商品力を高めた。また、農業機械メーカーとのM&A、青果物の加工・卸販売会社の買収、青果物店をグループに入れるなどして、野菜を栽培する農場から小売店までつながり、事業を軌道に乗せている。

●ブランディングの重要性

市場ニーズをくみ取り、ターゲットを定めて、他地域と差別化できる生産物供給とともに、指名買いを誘うブランド育成が大切である。ブランディングの第一歩として、適切な情報発信も欠かすことのできない戦略になる。

今後の課題／将来性

●将来性

作物に応じた、省力化や効率化を図るための機器の活用が重要である。そのためには、目まぐるしく変化する農業支援技術を収集することが欠かせない。費用対効果を見極め、省力化・効率化機器を投入し、絶えず生産性向上を図る取組みが必要になってくる。

《関連団体》　公益社団法人日本農業法人協会
　　東京都千代田区二番町9-8　中労基協ビル1F
　　TEL　03（6268）9500

●製造業●

植物工場

最近の業界動向

●税負担を軽くし、企業の参入を増やす

　政府は、屋内で温度や光の利用を管理しながら野菜などを栽培する植物工場を農地と認めるよう、農地法を改正する検討に入った。現行法では植物工場は宅地扱いで、農地と比べて固定資産税が高いため、事業者の負担を軽くして企業などが参入しやすい環境をつくる。総務省によると、農地の10アール当たりの固定資産税の平均税額（平成27年度）は1,000円なのに対し、植物工場などが建つ農業用施設用地は1万2,000円で大きな開きがある。企業の参入を増やし、農業を活性化させる狙いがある。

●レタスを安定供給

　電子部品商社のバイテックスホールディングスは、石川県中能登町にサンドイッチなどに使うフリルレタスを生産する工場を新設する。平成30年春からの操業を目指している。生産したレタスは、北陸や関西、関東方面に出荷し、スーパーなどのほか、コンビニエンスストア向けのサンドイッチを生産する加工拠点の需要を見込んでいる。近年は天候不順などで、レタスの生産量が不安定となり、業務用を中心に植物工場への引き合いが増えている。また、三協立山は、富山県高岡市の自社の植物工場でレタスを栽培している。同社は遊休地を活用するため外部から植物工場の施設を導入し、社員食堂などで使う野菜の試験栽培を始めたが、外販に向け専門家の技術指導を受けた。

●ハーブ工場の新設

　不動産事業を手掛ける三福グループは、松山市にハーブの植物工場を開設した。LED照明を光源にして水耕栽培をし、各苗は種まきの段階から35〜40日かけて栽培する。ハーブの栽培農家は少ないが、飲食店では食材として人気が高い。植物工場で安価なハーブを栽培し年間を通じて安定的に供給できるようにして、飲食店の食材としての需要を開拓する。

マーケットデータ

●植物工場の市場規模

　市場規模を示した公的データはないが、矢野経済研究所によると、植物工場の市場規模は完全人工光型の市場規模が200〜250億円程度、太陽光・人工光併設型、太陽光型800〜850億円程度と推計される。

●植物工場の施設数の推移

　日本施設園芸協会の資料によると、植物工場の施設数の推移は次の通り。

植物工場の施設数の推移（単位：カ所）

調査期日	太陽光型	太陽光人工光併用型	人工光型
平成23年3月時点	13	16	64
平成24年3月時点	83	21	106
平成25年3月時点	151	28	125
平成26年3月時点	185	33	165
平成27年3月時点	195	33	185
平成28年2月時点	79	36	191
平成29年2月時点	126	31	197

（注）平成27年度以降の「太陽光型」は、施設面積が概ね1ha以上の養液栽培装置を有する施設（大規模施設園芸）に限る

（出所）日本施設園芸協会

業界の特性

●施設の分類

　施設の分類は、①太陽光型…温室などの半閉鎖環境で太陽光の利用を基本として、環境を高度に制御して周年・計画生産を行う施設で、人工光による補光をしていない施設。②太陽光・人工光併用型…温室などの半閉鎖環境で太陽光の利用を基本として、環境を高度に制御して周年・計画生産を行う施設で、特に人工光によって夜間など一定期間補光をしている施設。③人工光型…太陽光を使わずに閉鎖された施設で人工光を利用し、高度に環境を制御して周年・計画生産を行う施設の3つに分類される。

●施設形態

　日本施設園芸協会「全国実態調査（平成28年度）」によると、施設形態は太陽光型が47％、太陽光・人工光併用型が16％、人工光型が37％となっている。また、組織形態は全体で株式会社が49％で最も多く、次いで農地所有適格法人・農業者が38％

であった。ただし、組織形態は施設の型によって違いが見られる。

●収支状況

日本施設園芸協会「全国実態調査（平成28年度）」によると、収支状況は次の通り。それぞれの課題については、人材面では病害虫の早期発見や植物体の管理など長期間労働できる人材の確保と育成、コスト面では人件費、水道光熱費のコスト増、販売面では付加価値の向上や価格の高い時期での出荷など、単価向上に向けた課題が多かった。

経営収支

	黒字	収支均衡	赤字
全体（N=98）	36%（35）	28%（27）	37%（36）
太陽光型（N=45）	47%（21）	27%（12）	27%（12）
太陽光・人工光併用型（N=17）	41%（7）	24%（4）	35%（6）
人工光型（N=36）	19%（7）	31%（11）	50%（18）

●栽培品種

栽培品目はレタス類が多く、次いで果菜類（トマト等）が多い。太陽光型では果菜類が最も多く、トマトやパプリカが中心となっている。太陽光・人工光併用型では、バラなどの花きが多い。

●雇用者数

常時雇用者数は全体で20〜50人が多い。施設形態別では、太陽光・人工光併用型で50人以上の割合が高い一方、人工光型では10人未満の割合が高い。花きや果菜類では臨時作業量が多いためと推測される。

●出荷先

植物工場で栽培される品目はおおむね次の3つに出荷される。①需要家…食品メーカーや飲食店など。②小売店…スーパーマーケットなど。③一般消費者…インターネット通信販売業者など。

ノウハウ

●電力コスト削減への取組み

電力料金のコストに占める割合は、完全人工光型では約20%と高いため、この軽減に取り組んでいる企業は多い。深夜電力の活用や栽培室を分割管理して、明暗期を逆転させることによる使用料

の平準化やLED化など、さまざまな取組みを行なっている。

●作業の標準化と周年の計画生産

露地栽培と最も差別化できる強みである周年生産機能を活かし、約90%の施設が作業の標準化と周年計画生産を実現させている。また、商品開発、同業との連携による需要先の要求水準の確保、生産品質を保証する認証の仕組みづくり、消費者に認知徹底させるための仕組みづくりなどに取り組んでいる。

経営指標

ここでは参考として、TKC経営指標（平成29年版）より、「野菜作農業（きのこ類の栽培を含む）」の数値を掲げる。

TKC経営指標 （変動損益計算書）	全企業　141件	
	平均額（千円）	前年比（%）
売上高	113,097	98.4
変動費	30,780	92.8
仕入高	25,904	93.1
外注加工費	1,819	86.6
その他の変動費	3,199	95.8
限界利益	82,317	100.8
固定費	82,009	102.0
人件費	36,714	103.4
減価償却費	7,594	105.6
租税公課	1,675	98.7
地代家賃・賃借料	3,671	96.4
支払利息・割引料	609	92.2
その他	31,713	100.2
経常利益	307	23.7
平均従事員数	14.2名	

今後の課題／将来性

●将来性

植物工場の成長を阻んでいた農地法の改正について、政府は検討に入った。農地のあり方が農業を成長産業にするための新たな論点になっている。農林水産省は、農地法の改正や解釈の変更などについて検討を進めている。植物工場は初期投資がかかる上、光熱費や税負担などコストがかさみ、多くの事業者は採算が取れていない。農地法の改正について、注目が集まっている。

《関連団体》　一般社団法人日本施設園芸協会
　東京都中央区東日本橋3-6-17　山一ビル4F
　TEL　03（3667）1631

〈資料〉

主な中小企業関係機関一覧

※（　）内はページ

■ 都道府県等中小企業支援センター（710）

各都道府県と政令指定都市に設置されて、経営診断、経営相談、企業経営に関わる研修、各種経営調査等中小企業経営に必要な全ての指導・支援を行なう。

■ 全国商工会議所（712）

全国の主に市地域に設立されており、地域の企業に対する金融、税務、経営、労働等の相談や指導を行なう。また、講習会や経営関連の調査等を行なう。

■ 都道府県商工会連合会（726）

全国の主に町村地域に設置されており、地域の中小企業の金融、税務、経営等の相談や指導を行なう。また、経理記帳の指導や決算書の作成を行なう。

■ 都道府県中小企業団体中央会（728）

協同組合等の設立や組合経営の仕方等について指導する他、組合員企業の経営の全般についての相談・指導を行なう。

■ 中小企業診断協会・各支部（730）

中小企業診断士が加入する団体で、企業からの依頼に応じて診断士を派遣して、経営指導をする。

都道府県等中小企業支援センター

注：(公財)は公益財団法人

都道府県等中小企業支援センター名	郵便番号	住　　　所	電話番号
(公財)北海道中小企業総合支援センター	060-0001	札幌市中央区北1条西2丁目 経済センタービル9F	011-232-2001
(公財)21あおもり産業総合支援センター	030-0801	青森市新町2-4-1 青森県共同ビル7F	017-777-4066
(公財)いわて産業振興センター	020-0857	盛岡市北飯岡2-4-26 先端技術センター2F	019-631-3820
(公財)みやぎ産業振興機構	980-0011	仙台市青葉区上杉1-14-2 宮城県商工振興センター3F	022-222-1310
(公財)あきた企業活性化センター	010-8572	秋田市山王3-1-1	018-860-5610
(公財)山形県企業振興公社	990-8580	山形市城南町1-1-1 霞城セントラル13F	023-647-0660
(公財)福島県産業振興センター	960-8053	福島市三河南町1-20 コラッセふくしま6F	024-525-4070
(公財)茨城県中小企業振興公社	310-0801	水戸市桜川2-2-35 茨城県産業会館9F	029-224-5317
(公財)栃木県産業振興センター	321-3226	宇都宮市ゆいの杜1-5-40 とちぎ産業創造プラザ内	028-670-2600
(公財)群馬県産業支援機構	379-2147	前橋市亀里町884-1 群馬県産業技術センター内	027-265-5011
(公財)千葉県産業振興センター	261-7123	千葉市美浜区中瀬2-6-1 WBGマリブイースト23F	043-299-2901
(公財)埼玉県産業振興公社	330-8669	さいたま市大宮区桜木町1-7-5 ソニックシティビル10F	048-647-4101
(公財)東京都中小企業振興公社	101-0025	千代田区神田佐久間町1-9	03-3251-7886
(公財)神奈川産業振興センター	231-0015	横浜市中区尾上町5-80 神奈川中小企業センタービル	045-633-5000
(公財)にいがた産業創造機構	950-0078	新潟市中央区万代島5-1 万代島ビル9F・10F	025-246-0025
(公財)長野県中小企業振興センター	380-0928	長野市若里1-18-1 長野県工業技術総合センター3F	026-227-5803
(公財)やまなし産業支援機構	400-0055	甲府市大津町2192-8	055-243-1888
(公財)静岡県産業振興財団	420-0853	静岡市葵区追手町44-1 静岡県産業経済会館4F	054-273-4434
(公財)あいち産業振興機構	450-0002	名古屋市中村区名駅4-4-38	052-715-3061
(公財)岐阜県産業経済振興センター	500-8505	岐阜市藪田南5-14-53 ふれあい福寿会館10F	058-277-1090
(公財)三重県産業支援センター	514-0004	津市栄町1-891　三重県合同ビル内	059-228-3321
(公財)富山県新世紀産業機構	930-0866	富山市高田529	076-444-5600
(公財)石川県産業創出支援機構	920-8203	金沢市鞍月2-20 石川県地場産業振興センター新館	076-267-1001
(公財)ふくい産業支援センター	910-0296	坂井市丸岡町熊堂第3号7-1-16 福井県産業情報センタービル内	0776-67-7400

(公財)滋賀県産業支援プラザ	520-0806	大津市打出浜2−1 コラボしが21　2F	077-511-1410
(公財)京都産業21	600-8813	京都市下京区中堂寺南町134	075-315-9234
(公財)大阪産業振興機構	540-0029	大阪市中央区本町橋2−5 マイドームおおさか	06-6947-4324
(公財)ひょうご産業活性化センター	651-0096	神戸市中央区東川崎町1−8−4 神戸市産業振興センター	078-977-9070
(公財)奈良県地域産業振興センター	630-8031	奈良市柏木町129−1 奈良県産業振興総合センター内	0742-36-8312
(公財)わかやま産業振興財団	640-8033	和歌山市本町2−1 フォルテ・ワジマ6F	073-432-3412
(公財)鳥取県産業振興機構	689-1112	鳥取市若葉台南7−5−1	0857-52-3011
(公財)しまね産業振興財団	690-0816	松江市北陵町1 テクノアークしまね内	0852-60-5110
(公財)岡山県産業振興財団	701-1221	岡山市北区芳賀5301 テクノサポート岡山	086-286-9664
(公財)ひろしま産業振興機構	730-0052	広島市中区千田町3−7−47 広島県情報プラザ内	082-240-7715
(公財)やまぐち産業振興財団	753-0077	山口市熊野町1−10　NPYビル10F	083-922-3700
(公財)とくしま産業振興機構	770-0865	徳島市南末広町5−8−8 徳島経済産業会館2F	088-654-0101
(公財)かがわ産業支援財団	761-0301	高松市林町2217−15	087-840-0348
(公財)えひめ産業振興財団	791-1101	松山市久米窪田町337−1 テクノプラザ愛媛内	089-960-1100
(公財)高知県産業振興センター	781-5101	高知市布師田3992−2	088-845-6600
(公財)福岡県中小企業振興センター	812-0046	福岡市博多区吉塚本町9−15 福岡県中小企業振興センタービル	092-622-6230
(公財)佐賀県地域産業支援センター	849-0932	佐賀市鍋島町八戸溝114	0952-34-4411
(公財)長崎県産業振興財団	850-0862	長崎市出島町2−11　出島交流会館	095-820-3838
(公財)くまもと産業支援財団	861-2202	熊本県上益城郡益城町大字田原2081−10	096-286-3311
(公財)大分県産業創造機構	870-0037	大分市東春日町17−20 ソフトパークセンタービル	097-533-0220
(公財)宮崎県産業振興機構	880-0303	宮崎市佐土原町東ト那珂16500−2 宮崎テクノリサーチパーク	0985-74-3850
(公財)かごしま産業支援センター	892-0821	鹿児島市名山町9−1 鹿児島県産業会館2F	099-219-1270
(公財)沖縄県産業振興公社	901-0152	那覇市字小禄1831−1 沖縄産業支援センター4F	098-859-6255

全国商工会議所

都道府県名	会議所名	郵便番号	住　　　所	電話番号
北海道	函　　館	040-0063	函館市若松町7－15	0138-23-1181
	小　　樽	047-8520	小樽市稲穂2－22－1　小樽経済センタービル3F	0134-22-1177
	札　　幌	060-8610	札幌市中央区北1条西2丁目	011-231-1076
	旭　　川	070-8540	旭川市常盤通1丁目	0166-22-8411
	室　　蘭	051-0022	室蘭市海岸町1－4－1　むろらん広域センタービル2F	0143-22-3196
	釧　　路	085-0847	釧路市大町1－1－1　道東経済センタービル	0154-41-4141
	帯　　広	080-8711	帯広市西3条南9－1	0155-25-7121
	北　　見	090-0023	北見市北3条東1－2　北見経済センター	0157-23-4111
	岩　見　沢	068-0021	岩見沢市1条西1－16－1	0126-22-3445
	留　　萌	077-0044	留萌市錦町1－1－15	0164-42-2058
	網　　走	093-0013	網走市南3条西3丁目　網走産業会館	0152-43-3031
	根　　室	087-0016	根室市松ケ枝町2－7	0153-24-2062
	滝　　川	073-8511	滝川市大町1－8－1	0125-22-4341
	稚　　内	097-0022	稚内市中央2－4－8	0162-23-4400
	深　　川	074-0001	深川市1条9－19　深川市経済センター1F	0164-22-3146
	栗　　山	069-1511	北海道夕張郡栗山町中央2－1 　くりやまカルチャープラザ「EKi」内	0123-72-1278
	美　　唄	072-0025	美唄市西2条南2－1－1	0126-63-4196
	砂　　川	073-0164	砂川市西4条北4－1－2	0125-52-4294
	紋　　別	094-0004	紋別市本町4丁目　紋別経済センター	0158-23-1711
	森	049-2325	北海道茅部郡森町字本町6－22	01374-2-2432
	士　　別	095-0022	士別市西2条5丁目	0165-23-2144
	富　良　野	076-0031	富良野市本町7－10	0167-22-3555
	名　　寄	096-0001	名寄市東1条南7丁目　駅前交流プラザ「よろーな」	01654-3-3155
	遠　　軽	099-0415	北海道紋別郡遠軽町岩見通南2丁目	0158-42-5201
	江　　別	067-8547	江別市4条7－1	011-382-3121
	倶　知　安	044-0032	北海道虻田郡倶知安町南2条西1丁目	0136-22-1108
	芦　　別	075-0031	芦別市南1条東1－10－6	0124-22-3444
	夕　　張	068-0403	夕張市本町4－38	0123-52-3266
	美　　幌	092-0004	北海道網走郡美幌町字仲町1－44　美幌経済センター	0152-73-5251
	歌　志　内	073-0403	歌志内市字本町139	0125-42-2495
	赤　　平	079-1134	赤平市泉町2－2　赤平経済センター	0125-32-2246
	浦　　河	057-0013	北海道浦河郡浦河町大通1－36	0146-22-2366
	伊　　達	052-0025	伊達市網代町24	0142-23-2222
	苫　小　牧	053-0022	苫小牧市表町1－1－13	0144-33-5454

	留 辺 蘂	091-0003	北見市留辺蘂町仲町6番地		0157-42-2221
	岩　　　内	045-0003	北海道岩内郡岩内町字万代47－1 　岩内商工会議所会館		0135-62-1184
	余　　　市	046-0003	北海道余市郡余市町黒川町3－114　余市経済センター		0135-23-2116
	千　　　歳	066-8558	千歳市東雲町3－2－6		0123-23-2175
	上 砂 川	073-0201	北海道空知郡上砂川町字上砂川町254－4		0125-62-2410
	登　　　別	059-0012	登別市中央町5－6－1		0143-85-4111
	恵　　　庭	061-1444	恵庭市京町80		0123-34-1111
	石　　　狩	061-3216	石狩市花川北6条1－5		0133-72-2111
青　森	青　　　森	030-8515	青森市橋本2－2－17		017-734-1311
	弘　　　前	036-8567	弘前市上鞘師町18－1		0172-33-4111
	八　　　戸	031-8511	八戸市堀端町2－3		0178-43-5111
	十 和 田	034-8691	十和田市西二番町4－11		0176-24-1111
	黒　　　石	036-0307	黒石市市ノ町5－2　黒石市産業会館2F		0172-52-4316
	五 所 川 原	037-0052	五所川原市東町17－5　五所川原商工会館5F		0173-35-2121
	む　　　つ	035-0071	むつ市小川町2－11－4		0175-22-2281
岩　手	盛　　　岡	020-0875	盛岡市清水町14－12		019-624-5880
	釜　　　石	026-0021	釜石市只越町1－4－4		0193-22-2434
	一　　　関	021-0867	一関市駅前1番地		0191-23-3434
	宮　　　古	027-0074	宮古市保久田7－25		0193-62-3233
	花　　　巻	025-0075	花巻市花城町10－27		0198-23-3381
	奥　　　州	023-0818	奥州市水沢区東町4		0197-24-3141
	北　　　上	024-0031	北上市青柳町2－1－8　北上商工会館		0197-65-4211
	大 船 渡	022-0003	大船渡市盛町字中道下2－25		0192-26-2141
	久　　　慈	028-0065	久慈市十八日町1－45　久慈商工会館		0194-52-1000
宮　城	仙　　　台	980-8414	仙台市青葉区本町2－16－12		022-265-8181
	塩　　　釜	985-0016	塩釜市港町1－6－20		022-367-5111
	石　　　巻	986-0824	石巻市立町1－5－17		0225-22-0145
	気 仙 沼	988-0084	気仙沼市八日町2－1－11		0226-22-4600
	古　　　川	989-6166	大崎市古川東町5－46　古川商工会議所会館		0229-24-0055
	白　　　石	989-0256	白石市字本鍛冶小路13		0224-26-2191
秋　田	秋　　　田	010-0923	秋田市旭北錦町1－47		018-863-4141
	能　　　代	016-0831	能代市元町11－7		0185-52-6341
	大　　　館	017-0044	大館市御成町2－8－14		0186-43-3111
	横　　　手	013-0021	横手市大町7－18		0182-32-1170
	湯　　　沢	012-0826	湯沢市柳町1－1－13		0183-73-6111
	大　　　曲	014-0027	大仙市大曲通町1－13		0187-62-1262
山　形	山　　　形	990-8501	山形市七日町3－1－9		023-622-4666

	酒　　　田	998-8502	酒田市中町2－5－10	0234-22-9311
	鶴　　　岡	997-8585	鶴岡市馬場町8－13	0235-24-7711
	米　　　沢	992-0045	米沢市中央4－1－30	0238-21-5111
	新　　　庄	996-0022	新庄市住吉町3－8	0233-22-6855
	長　　　井	993-0011	長井市館町北6－27	0238-84-5394
	天　　　童	994-0013	天童市老野森1－3－28	023-654-3511
福　島	福　　　島	960-8053	福島市三河南町1－20　コラッセふくしま8F	024-536-5511
	郡　　　山	963-8005	郡山市清水台1－3－8	024-921-2600
	会 津 若 松	965-0816	会津若松市南千石町6－5	0242-27-1212
	い　わ　き	970-8026	いわき市平田町120　ラトブ6F	0246-25-9151
	白　　　河	961-0957	白河市道場小路96－5	0248-23-3101
	原　　　町	975-0006	南相馬市原町区橋本町1－35	0244-22-1141
	会 津 喜 多 方	966-0827	喜多方市字沢ノ免7331	0241-24-3131
	相　　　馬	976-0042	相馬市中村字桜ケ丘71	0244-36-3171
	須　賀　川	962-0844	須賀川市東町59－25	0248-76-2124
	二　本　松	964-8577	二本松市本町1－60－1	0243-23-3211
新　潟	新　　　潟	950-8711	新潟市中央区万代島5－1　万代島ビル7F	025-290-4411
	上　　　越	943-8502	上越市新光町1－10－20	025-525-1185
	長　　　岡	940-0065	長岡市坂之上町2－1－1	0258-32-4500
	柏　　　崎	945-0051	柏崎市東本町1－2－16	0257-22-3161
	三　　　条	955-8603	三条市須頃1－20	0256-32-1311
	新　発　田	957-8550	新発田市中央町4－10－10	0254-22-2757
	新　　　津	956-0864	新潟市秋葉区新津本町3－1－7	0250-22-0121
	燕	959-1200	燕市東太田6856	0256-63-4116
	小　千　谷	947-8691	小千谷市本町2－1－5　小千谷商工福祉会館	0258-81-1300
	糸　魚　川	941-8601	糸魚川市寺町2－8－16	025-552-1225
	村　　　上	958-0841	村上市小町4－10	0254-53-4257
	十　日　町	948-0088	十日町市駅通り17	025-757-5111
	新　　　井	944-0048	妙高市下町7－1	0255-72-2425
	加　　　茂	959-1313	加茂市幸町2－2－4	0256-52-1740
	五　　　泉	959-1864	五泉市郷屋川1－2－9	0250-43-5551
	亀　　　田	950-0125	新潟市江南区亀田新明町2－2－30	025-382-5111
富　山	富　　　山	930-0083	富山市総曲輪2－1－3	076-423-1111
	高　　　岡	933-8567	高岡市丸の内1－40　高岡商工ビル内	0766-23-5000
	氷　　　見	935-0013	氷見市南大町10－1	0766-74-1200
	射　　　水	934-0011	射水市本町2－10－35	0766-84-5110
	魚　　　津	937-0067	魚津市釈迦堂1－12－18	0765-22-1200

	砺 波	939-1332	砺波市永福町6-28	0763-33-2109
	滑 川	936-0057	滑川市田中町132	076-475-0321
	黒 部	938-0014	黒部市植木23-1	0765-52-0242
石 川	金 沢	920-8639	金沢市尾山町9-13	076-263-1151
	小 松	923-8566	小松市園町二の1	0761-21-3121
	七 尾	926-8642	七尾市三島町70-1　七尾産業福祉センター	0767-54-8888
	輪 島	928-0001	輪島市河井町20部1-1	0768-22-7777
	加 賀	922-8650	加賀市大聖寺菅生口17-3	0761-73-0001
	珠 洲	927-1214	珠洲市飯田町1-1-9	0768-82-1115
	白 山	924-0871	白山市西新町159-2	076-276-3811
長 野	上 田	386-8522	上田市大手1-10-22	0268-22-4500
	長 野	380-0904	長野市七瀬中町276	026-227-2428
	松 本	390-8503	松本市中央1-23-1	0263-32-5355
	飯 田	395-0033	飯田市常盤町41番地	0265-24-1234
	岡 谷	394-0021	岡谷市郷田1-4-11	0266-23-2345
	諏 訪	392-8555	諏訪市小和田南14-7	0266-52-2155
	下 諏 訪	393-0087	長野県諏訪郡下諏訪町4611	0266-27-8533
	須 坂	382-0091	須坂市立町1278-1	026-245-0031
	伊 那	396-0011	伊那市中央区4605-8	0265-72-7000
	塩 尻	399-0736	塩尻市大門一番町12-2　えんぱーく406	0263-52-0258
	小 諸	384-0025	小諸市相生町3-3-12	0267-22-3355
	信 州 中 野	383-0022	中野市中央1-7-2	0269-22-2191
	駒 ヶ 根	399-4191	駒ヶ根市上穂栄町3-1	0265-82-4168
	大 町	398-0002	大町市大町2511-3	0261-22-1890
	茅 野	391-8521	茅野市塚原1-3-20	0266-72-2800
	佐 久	385-0051	佐久市中込2976-4	0267-62-2520
	飯 山	389-2253	飯山市大字飯山2239-1	0269-62-2162
	千 曲	387-0011	千曲市杭瀬下3-9	026-272-3223
茨 城	水 戸	310-0801	水戸市桜川2-2-35　茨城県産業会館 3F	029-224-3315
	土 浦	300-0043	土浦市中央2-2-16	029-822-0391
	古 河	306-0041	古河市鴻巣1189-4	0280-48-6000
	日 立	317-0073	日立市幸町1-21-2	0294-22-0128
	石 岡	315-0013	石岡市府中1-5-8	0299-22-4181
	下 館	308-0031	筑西市田中町丙360	0296-22-4596
	結 城	307-0001	結城市大字結城531	0296-33-3118
	ひたちなか	312-8716	ひたちなか市勝田中央14-8	029-273-1371
栃 木	栃 木	328-8585	栃木市片柳町2-1-46	0282-23-3131

	宇　都　宮	320-0806	宇都宮市中央3−1−4	028-637-3131
	足　　　利	326-8502	足利市通3−2757	0284-21-1354
	鹿　　　沼	322-0031	鹿沼市睦町287−16	0289-65-1111
	小　　　山	323-8691	小山市城東1−6−36	0285-22-0253
	日　　　光	321-1262	日光市平ケ崎200−1	0288-30-1171
	大　田　原	324-0051	大田原市山の手1−1−1　皇漢堂ビル1F・2F	0287-22-2273
	佐　　　野	327-0027	佐野市大和町2687−1	0283-22-5511
	真　　　岡	321-4305	真岡市荒町1203	0285-82-3305
群　馬	高　　　崎	370-8511	高崎市問屋町2−7−8	027-361-5171
	前　　　橋	371-0017	前橋市日吉町1−8−1	027-234-5111
	桐　　　生	376-0023	桐生市錦町3−1−25	0277-45-1201
	館　　　林	374-8640	館林市大手町10−1	0276-74-5121
	伊　勢　崎	372-0014	伊勢崎市昭和町3919	0270-24-2211
	太　　　田	373-8521	太田市浜町3−6	0276-45-2121
	沼　　　田	378-0042	沼田市西倉内町669−1	0278-23-1137
	富　　　岡	370-2316	富岡市富岡1130	0274-62-4151
	渋　　　川	377-0008	渋川市渋川2403	0279-25-1311
	藤　　　岡	375-8506	藤岡市藤岡853−1	0274-22-1230
埼　玉	川　　　越	350-8510	川越市仲町1−12	049-229-1810
	川　　　口	332-8522	川口市本町4−1−8　川口センタービル8F	048-228-2220
	熊　　　谷	360-0041	熊谷市宮町2−39	048-521-4600
	さ　い　た　ま	330-0063	さいたま市浦和区高砂3−17−15	048-838-7700
	秩　　　父	368-0046	秩父市宮側町1−7	0494-22-4411
	行　　　田	361-0077	行田市忍2−1−8	048-556-4111
	本　　　庄	367-8555	本庄市朝日町3−1−35	0495-22-5241
	深　　　谷	366-0823	深谷市本住町17−1	048-571-2145
	所　　　沢	359-1121	所沢市元町27−1　所沢ハーティア東棟3F	04-2922-2196
	蕨	335-0004	蕨市中央5−1−19	048-432-2655
	飯　　　能	357-0032	飯能市本町1−7	042-974-3111
	上　　　尾	362-8703	上尾市二ツ宮750番地	048-773-3111
	狭　　　山	350-1305	狭山市入間川3−22−8	04-2954-3333
	草　　　加	340-0016	草加市中央2−16−10	048-928-8111
	春　日　部	344-8585	春日部市粕壁東1−20−28	048-763-1122
	越　　　谷	343-0817	越谷市中町7−17　越谷産業会館内	048-966-6111
千　葉	銚　　　子	288-0045	銚子市三軒町19−4	0479-25-3111
	千　　　葉	260-0013	千葉市中央区中央2−5−1　千葉中央ツインビル2号館13F	043-227-4101
	船　　　橋	273-8511	船橋市本町1−10−10	047-432-0211

	木　更　津	292-0838	木更津市潮浜1－17－59		0438-37-8700
	市　　　川	272-8522	市川市南八幡2－21－1		047-377-1011
	松　　　戸	271-0092	松戸市松戸1879－1		047-364-3111
	佐　　　原	287-0003	香取市佐原イ525－1		0478-54-2244
	茂　　　原	297-0026	茂原市茂原443		0475-22-3361
	野　　　田	278-0035	野田市中野台168－1		04-7122-3585
	館　　　山	294-0047	館山市八幡821		0470-22-8330
	八　　　街	289-1115	八街市八街ほ224		043-443-3021
	東　　　金	283-0068	東金市東岩崎1－5		0475-52-1101
	柏	277-0011	柏市東上町7－18		04-7162-3311
	市　　　原	290-0081	市原市五井中央西1－22－25		0436-22-4305
	習　志　野	275-0016	習志野市津田沼4－11－14		047-452-6700
	成　　　田	286-0033	成田市花崎町736－62		0476-22-2101
	佐　　　倉	285-0811	佐倉市表町3－3－10		043-486-2331
	八　千　代	276-0033	八千代市八千代台南1－11－6		047-483-1771
	浦　　　安	279-0004	浦安市猫実1－19－36		047-351-3000
	君　　　津	299-1163	君津市杢師1－11－10		0439-52-2511
	流　　　山	270-0164	流山市流山2－312		04-7158-6111
東　京	東　　　京	100-0005	東京都千代田区丸の内2－5－1　丸の内二丁目ビル		03-3283-7500
	八　王　子	192-0062	八王子市大横町11－1		042-623-6311
	武　蔵　野	180-0004	武蔵野市吉祥寺本町1－10－7		0422-22-3631
	青　　　梅	198-8585	青梅市上町373－1		0428-23-0111
	立　　　川	190-0012	立川市曙町2－38－5　立川ビジネスセンタービル12F		042-527-2700
	むさし府中	183-0006	府中市緑町3－5－2		042-362-6421
	町　　　田	194-0013	町田市原町田3－3－22		042-722-5957
	多　　　摩	206-0011	多摩市関戸1－1－5		042-375-1211
神奈川	横　　　浜	231-8524	横浜市中区山下町2　産業貿易センタービル8F		045-671-7400
	横　須　賀	238-8585	横須賀市平成町2－14－4		046-823-0400
	川　　　崎	210-0007	川崎市川崎区駅前本町11－2　川崎フロンティアビル3F		044-211-4111
	小田原箱根	250-8567	小田原市城内1－21		0465-23-1811
	平　　　塚	254-0812	平塚市松風町2－10		0463-22-2510
	藤　　　沢	251-0052	藤沢市藤沢607－1　藤沢商工会館2F		0466-27-8888
	茅　ヶ　崎	253-0044	茅ヶ崎市新栄町13－29		0467-58-1111
	厚　　　木	243-0017	厚木市栄町1－16－15		046-221-2151
	秦　　　野	257-8588	秦野市平沢2550－1		0463-81-1355
	鎌　　　倉	248-0012	鎌倉市御成町17－29		0467-23-2561
	三　　　浦	238-0243	三浦市三崎3－12－19		046-881-5111

	相 模 原	252-0239	相模原市中央区中央3－12－3　相模原商工会館	042-753-1315
	大 和	242-0021	大和市中央5－1－4	046-263-9111
	海 老 名	243-0434	海老名市めぐみ町6－2	046-231-5865
山 梨	甲 府	400-8512	甲府市相生2－2－17	055-233-2241
	富 士 吉 田	403-0004	富士吉田市下吉田7－27－29	0555-24-7111
静 岡	静 岡	420-0851	静岡市葵区黒金町20－8	054-253-5111
	浜 松	432-8501	浜松市中区東伊場2－7－1	053-452-1111
	沼 津	410-0046	沼津市米山町6－5	055-921-1000
	三 島	411-8644	三島市一番町2－29	055-975-4441
	富 士 宮	418-0068	富士宮市豊町18－5 富士健康福祉センター富士宮分庁舎2F	0544-26-3101
	富 士	417-8632	富士市瓜島町82	0545-52-0995
	下 田	415-8603	下田市2－12－17	0558-22-1181
	磐 田	438-0078	磐田市中泉281－1	0538-32-2261
	伊 東	414-0028	伊東市銀座元町6－11	0557-37-2500
	熱 海	413-0014	熱海市渚町8－2	0557-81-9251
	島 田	427-0029	島田市日之出町4－1	0547-37-7155
	焼 津	425-0026	焼津市焼津4－15－24	054-628-6251
	掛 川	436-0079	掛川市掛川551－2	0537-22-5151
	藤 枝	426-0025	藤枝市藤枝4－7－16	054-641-2000
	袋 井	437-8691	袋井市新屋1－2－1	0538-42-6151
岐 阜	岐 阜	500-8727	岐阜市神田町2－2	058-264-2131
	大 垣	503-8565	大垣市小野4－35－10　大垣市情報工房	0584-78-9111
	高 山	506-8678	高山市天満町5－1	0577-32-0380
	多 治 見	507-8608	多治見市新町1－23	0572-25-5000
	関	501-3886	関市本町1－4	0575-22-2266
	中 津 川	508-0045	中津川市かやの木町1－20	0573-65-2154
	美 濃	501-3743	美濃市上条78－7	0575-33-2168
	神 岡	506-1111	飛騨市神岡町船津1325－3	0578-82-1130
	土 岐	509-5121	土岐市土岐津町高山6－7	0572-54-1131
	瑞 浪	509-6121	瑞浪市寺河戸町1043－2	0572-67-2222
	恵 那	509-7203	恵那市長島町正家1－5－11	0573-26-1211
	各 務 原	504-0912	各務原市那加桜町2－186　各務原市産業文化センター3F	0583-82-7101
	美 濃 加 茂	505-0042	美濃加茂市太田本町1－1－20	0574-24-0123
	可 児	509-0214	可児市広見1－5　可児市総合会館3F	0574-61-0011
	羽 島	501-6241	羽島市竹鼻町2635番地	058-392-9664
愛 知	名 古 屋	460-8422	名古屋市中区栄2－10－19	052-223-5611
	岡 崎	444-8611	岡崎市竜美南1－2	0564-53-6161

	豊	橋	440-8508	豊橋市花田町字石塚42－1	0532-53-7211
	半	田	475-0874	半田市銀座本町1－1－1	0569-21-0311
	一	宮	491-8858	一宮市栄4－6－8	0586-72-4611
	瀬	戸	489-8511	瀬戸市見付町38－2	0561-82-3123
	蒲	郡	443-8505	蒲郡市港町18－23	0533-68-7171
	豊	川	442-8540	豊川市豊川町辺通4－4	0533-86-4101
	刈	谷	448-8503	刈谷市新栄町3－26	0566-21-0370
	豊	田	471-8506	豊田市小坂本町1－25	0565-32-4567
	碧	南	447-8501	碧南市源氏神明町90	0566-41-1100
	安	城	446-8512	安城市桜町16－1	0566-76-5175
	西	尾	445-8505	西尾市寄住町若宮37	0563-56-5151
	津	島	496-8558	津島市立込町4－144　津島商工会議所会館	0567-28-2800
	春 日 井		486-8511	春日井市鳥居松町5－45	0568-81-4141
	稲	沢	492-8525	稲沢市朝府町15－20	0587-81-5000
	常	滑	479-8668	常滑市新開町5－58	0569-34-3200
	江	南	483-8205	江南市古知野町小金112　江南商工会館	0587-55-6245
	小	牧	485-8552	小牧市小牧5－253	0568-72-1111
	犬	山	484-8510	犬山市天神町1－8	0568-62-5233
	東	海	476-0013	東海市中央町4－2	0562-33-2811
	大	府	474-8503	大府市中央町5－70	0562-47-5000
三 重	四 日 市		510-8501	四日市市諏訪町2－5	059-352-8191
		津	514-0033	津市丸之内29－14	059-228-9141
	伊	勢	516-0037	伊勢市岩渕1－7－17	0596-25-5151
	松	阪	515-0014	松阪市若葉町161－2	0598-51-7811
	鈴	鹿	513-0802	鈴鹿市飯野寺家町816	059-382-3222
	桑	名	511-8577	桑名市桑栄町1－1	0594-22-5155
	上	野	518-0873	伊賀市上野丸之内500	0595-21-0527
	亀	山	519-0124	亀山市東御幸町39－8	0595-82-1331
	尾	鷲	519-3611	尾鷲市朝日町14－45	0597-22-2611
	名	張	518-0729	名張市南町822－2	0595-63-0080
	鳥	羽	517-0022	鳥羽市大明東町1－7	0599-25-2751
	熊	野	519-4323	熊野市大本町171	0597-89-3435
福 井	福	井	918-8580	福井市西木田2－8－1	0776-36-8111
	敦	賀	914-0063	敦賀市神楽町2－1－4	0770-22-2611
	武	生	915-8522	越前市塚町101	0778-23-2020
	大	野	912-0083	大野市明倫町3－37	0779-66-1230
	勝	山	911-0804	勝山市元町1－18－19	0779-88-0463

	小　　　浜	917-8533	小浜市大手町5－32		0770-52-1040
	鯖　　　江	916-8588	鯖江市本町3－2－12		0778-51-2800
滋　賀	大　　　津	520-0806	大津市打出浜2－1　コラボしが21　9F		077-511-1500
	長　　　浜	526-0037	長浜市高田町10－1		0749-62-2500
	彦　　　根	522-0063	彦根市中央町3－8		0749-22-4551
	近 江 八 幡	523-0893	近江八幡市桜宮町231－2		0748-33-4141
	八　日　市	527-0021	東近江市八日市東浜町1－5		0748-22-0186
	草　　　津	525-0032	草津市大路2－11－51		077-564-5201
	守　　　山	524-0021	守山市吉身3－11－43		077-582-2425
京　都	京　　　都	604-0862	京都市中京区烏丸通夷川上ル		075-212-6400
	舞　　　鶴	625-0036	舞鶴市浜66番地		0773-62-4600
	福　知　山	620-0037	福知山市字中ノ27		0773-22-2108
	綾　　　部	623-0016	綾部市西町1－50－1　Ｉ・Ｔビル4F		0773-42-0701
	宇　　　治	611-0021	宇治市宇治琵琶45－13		0774-23-3101
	宮　　　津	626-0041	宮津市字鶴賀2054－1		0772-22-5131
	亀　　　岡	621-0806	亀岡市余部町宝久保1－1		0771-22-0053
	城　　　陽	610-0196	城陽市富野久保田1－1		0774-52-6866
大　阪	大　　　阪	540-0029	大阪市中央区本町橋2－8		06-6944-6211
	堺	591-8502	堺市北区長曽根町130－23		072-258-5581
	東　大　阪	577-0809	東大阪市永和1－11－10		06-6722-1151
	泉　大　津	595-0062	泉大津市田中町10－7		0725-23-1111
	高　　　槻	569-0078	高槻市大手町3－46		072-675-0484
	岸　和　田	596-0045	岸和田市別所町3－13－26		072-439-5023
	貝　　　塚	597-0094	貝塚市二色南町4－7		072-432-1101
	茨　　　木	567-8588	茨木市岩倉町2－150　立命館いばらきフューチャープラザB棟1F		072-622-6631
	吹　　　田	564-0041	吹田市泉町2－17－4		06-6330-8001
	八　　　尾	581-0006	八尾市清水町1－1－6		072-922-1181
	豊　　　中	561-0884	豊中市岡町北1－1－2		06-6845-8001
	池　　　田	563-0025	池田市城南1－1－1		072-751-3344
	泉　佐　野	598-0006	泉佐野市市場西3－2－34		072-462-3128
	北　大　阪	573-8585	枚方市大垣内町2－12－27		072-843-5151
	守 口 門 真	571-0045	門真市殿島町6－4		06-6909-3301
	松　　　原	580-0043	松原市阿呆1－2－30		072-331-0291
	高　　　石	592-0014	高石市綾園2－6－10		072-264-1888
	箕　　　面	562-0003	箕面市西小路3－2－30		072-721-1300
	和　　　泉	594-1144	和泉市テクノステージ3－1－10		0725-53-0330
	大　　　東	574-0076	大東市曙町3－26		072-871-6511

兵　庫	神　　戸	650-8543	神戸市中央区港島中町6－1	078-303-5801
	姫　　路	670-8505	姫路市下寺町43	079-222-6001
	尼　　崎	660-0881	尼崎市昭和通3－96	06-6411-2251
	明　　石	673-8550	明石市大明石町1－2－1	078-911-1331
	西　　宮	662-0854	西宮市櫨塚町2－20	0798-33-1131
	伊　　丹	664-0895	伊丹市宮ノ前2－2－2	072-775-1221
	西　　脇	677-0015	西脇市西脇990	0795-22-3901
	相　　生	678-0031	相生市旭3－1－23	0791-22-1234
	赤　　穂	678-0239	赤穂市加里屋68－9	0791-43-2727
	三　　木	673-0431	三木市本町2－1－18	0794-82-3190
	洲　　本	656-0025	洲本市本町3－3－25	0799-22-2571
	豊　　岡	668-0041	豊岡市大磯町1－79	0796-22-4456
	高　　砂	676-8558	高砂市高砂町北本町1104	079-443-0500
	龍　　野	679-4167	たつの市龍野町富永702－1　龍野経済交流センター	0791-63-4141
	加　古　川	675-0064	加古川市加古川町溝之口800	079-424-3355
	小　　野	675-1372	小野市王子町800－1	0794-63-1161
	加　　西	675-2302	加西市北条町栗田11－15	0790-42-0416
	宝　　塚	665-0845	宝塚市栄町2－1－2　ソリオ2　6F	0797-83-2211
奈　良	奈　　良	630-8586	奈良市登大路町36－2	0742-26-6222
	大　和　高　田	635-0095	大和高田市大中106－2	0745-22-2201
	生　　駒	630-0257	生駒市元町1－6－12	0743-74-3515
	橿　　原	634-0063	橿原市久米町652－2	0744-28-4400
和歌山	和　歌　山	640-8567	和歌山市西汀丁36	073-422-1111
	海　　南	642-0002	海南市日方1294－18	073-482-4363
	田　　辺	646-0033	田辺市新屋敷町1番地	0739-22-5064
	新　　宮	647-0045	新宮市井の沢3－8	0735-22-5144
	御　　坊	644-0002	御坊市薗350－28	0738-22-1008
	橋　　本	648-0073	橋本市市脇1－3－18	0736-32-0004
	紀　州　有　田	649-0304	有田市箕島33－1	0737-83-4777
鳥　取	鳥　　取	680-8566	鳥取市本町3－201 鳥取産業会館・鳥取商工会議所ビル4F	0857-26-6666
	米　　子	683-0823	米子市加茂町2－204	0859-22-5131
	倉　　吉	682-0887	倉吉市明治町1037－11	0858-22-2191
	境　　港	684-8686	境港市上道町3002	0859-44-1111
島　根	松　　江	690-0886	松江市母衣町55－4	0852-23-1616
	浜　　田	697-0027	浜田市殿町124－2	0855-22-3025
	出　　雲	693-0011	出雲市大津町1131－1	0853-23-2411
	平　　田	691-0001	出雲市平田町2280－1	0853-63-3211

	益	田	698-0033	益田市元町12－7	0856-22-0088
	大	田	694-0064	大田市大田町大田イ309－2	0854-82-0765
	安	来	692-0011	安来市安来町917－28	0854-22-2380
	江	津	695-0016	江津市嘉久志町2306－4	0855-52-2268
岡 山	岡	山	700-8556	岡山市北区厚生町3－1－15	086-232-2260
	倉	敷	710-8585	倉敷市白楽町249－5	086-424-2111
	津	山	708-8516	津山市山下30－9	0868-22-3141
	玉	島	713-8122	倉敷市玉島中央町2－3－12	086-526-0131
	玉	野	706-8533	玉野市築港1－1－3	0863-33-5010
	児	島	711-0921	倉敷市児島駅前1－37　倉敷市児島産業振興センター2F	086-472-4450
	笠	岡	714-0098	笠岡市十一番町3－3	0865-63-1151
	井	原	715-8691	井原市七日市町13	0866-62-0420
	備	前	705-8558	備前市東片上230	0869-64-2885
	高	梁	716-8601	高梁市南町16－2	0866-22-2091
	総	社	719-1131	総社市中央6－9－108	0866-92-1122
	新	見	718-0003	新見市高尾2475－7　新見商工会館	0867-72-2139
広 島	広	島	730-8510	広島市中区基町5－44	082-222-6610
	尾	道	722-0035	尾道市土堂2－10－3	0848-22-2165
		呉	737-0045	呉市本通4－7－1	0823-21-0151
	福	山	720-0067	福山市西町2－10－1	084-921-2345
	三	原	723-8555	三原市皆実4－8－1	0848-62-6155
	府	中	726-0003	府中市元町445－1	0847-45-8200
	三	次	728-0021	三次市三次町1843－1	0824-62-3125
	庄	原	727-0011	庄原市東本町1－2－22	0824-72-2121
	大	竹	739-0612	大竹市油見3－18－11	0827-52-3105
	竹	原	725-0026	竹原市中央5－6－28	0846-22-2424
	因	島	722-2323	尾道市因島土生町1762－38	0845-22-2211
	東 広	島	739-0025	東広島市西条中央7－23－35	082-420-0301
	廿 日	市	738-0015	廿日市市本町5－1	0829-20-0021
山 口	下	関	750-8513	下関市南部町21－19　下関商工会館内	083-222-3333
	宇	部	755-8558	宇部市松山町1－16－18	0836-31-0251
	山	口	753-0086	山口市中市町1－10	083-925-2300
	防	府	747-0037	防府市八王子2－8－9	0835-22-4352
	徳	山	745-0037	周南市栄町2－15	0834-31-3000
	下	松	744-0008	下松市新川2－1－38	0833-41-1070
		萩	758-0047	萩市東田町19－4	0838-25-3333
	岩	国	740-8639	岩国市今津町1－18－1	0827-21-4201

	山　　陽	757-0001	山陽小野田市大字鴨庄101－29	0836-73-2525
	長　　門	759-4101	長門市東深川1321－1　長門商工会議所会館	0837-22-2266
	光	743-0063	光市島田4－14－15	0833-71-0650
	小　野　田	756-0824	山陽小野田市中央2－3－1	0836-84-4111
	柳　　井	742-8645	柳井市中央2－15－1	0820-22-3731
	新　南　陽	746-0017	周南市宮の前2－6－13	0834-63-3315
徳　島	徳　　島	770-8530	徳島市南末広町5－8－8 徳島経済産業会館 KIZUNAプラザ1F	088-653-3211
	鳴　　門	772-0003	鳴門市撫養町南浜字東浜165－10	088-685-3748
	小　松　島	773-0001	小松島市小松島町字新港36 小松島市総合コミュニティセンター	0885-32-3533
	吉　野　川	776-0010	吉野川市鴨島町鴨島169－1	0883-24-2274
	阿　波　池　田	778-0002	三好市池田町マチ2191－1	0883-72-0143
	阿　　南	774-0030	阿南市富岡町今福寺34－4	0884-22-2301
香　川	高　　松	760-8515	高松市番町2－2－2	087-825-3500
	丸　　亀	763-0034	丸亀市大手町1－5－3	0877-22-2371
	坂　　出	762-8508	坂出市京町3－3－8	0877-46-2701
	観　音　寺	768-0067	観音寺市坂本町1－1－25	0875-25-3073
	多　度　津	764-8508	香川県仲多度郡多度津町東浜6－30	0877-33-4000
	善　通　寺	765-0013	善通寺市文京町3－3－3	0877-62-1124
愛　媛	松　　山	790-0067	松山市大手町2－5－7	089-941-4111
	宇　和　島	798-0060	宇和島市丸之内1－3－24	0895-22-5555
	今　　治	794-0042	今治市旭町2－3－20	0898-23-3939
	八　幡　浜	796-0048	八幡浜市北浜1－3－25	0894-22-3411
	新　居　浜	792-0025	新居浜市一宮町2－4－8	0897-33-5581
	四　国　中　央	799-0111	四国中央市金生町下分865番地	0896-58-3530
	西　　条	793-0027	西条市朔日市779－8	0897-56-2200
	伊　　予	799-3111	伊予市下吾川1512－6	089-982-0334
	大　　洲	795 0012	大洲市大洲694－1	0893-24-4111
高　知	高　　知	780-0870	高知市本町1－6－24	088-875-1177
	中　　村	787-0029	四万十市中村小姓町46	0880-34-4333
	安　　芸	784-0004	安芸市本町3－11－5	0887-34-1311
	須　　崎	785-0012	須崎市西糺町4－18	0889-42-2575
	宿　　毛	788-0001	宿毛市中央2－2－18	0880-63-3123
	土　佐　清　水	787-0323	土佐清水市寿町11－16	0880-82-0279
福　岡	福　　岡	812-8505	福岡市博多区博多駅前2－9－28	092-441-1110
	久　留　米	830-0022	久留米市城南町15－5	0942-33-0211
	北　九　州	802-8522	北九州市小倉北区紺屋町13－1　毎日西部会館2F	093-541-0181
	大　牟　田	836-0843	大牟田市不知火町1－4－2	0944-55-1111

	飯	塚	820-8507	飯塚市吉原町6－12	0948-22-1007
	直	方	822-0017	直方市殿町7－50	0949-22-5500
	八	女	834-0063	八女市本村425－22－2	0943-22-5161
	田	川	826-0025	田川市大黒町3－11	0947-44-3150
	柳	川	832-0045	柳川市本町117－2　柳川商工会館	0944-73-7000
	豊	前	828-0021	豊前市大字八屋2013－2	0979-83-2333
	行	橋	824-0005	行橋市中央1－9－50	0930-25-2121
	苅	田	800-0352	福岡県京都郡苅田町富久町1－22－14	093-436-1631
	大	川	831-0016	大川市大字酒見221－6	0944-86-2171
	豊 前 川 崎		827-0003	福岡県田川郡川崎町大字川崎351－10	0947-73-2238
	嘉	麻	821-0012	嘉麻市上山田502－3	0948-52-0855
	筑	後	833-0041	筑後市大字和泉118－1	0942-52-3121
	宮	若	823-0011	宮若市宮田3673－3	0949-32-1200
	朝	倉	838-0068	朝倉市甘木955－11	0946-22-3835
	中	間	809-0036	中間市長津1－7－1	093-245-1081
佐　賀	佐	賀	840-0826	佐賀市白山2－1－12　佐賀商工ビル6F	0952-24-5155
	唐	津	847-0012	唐津市大名小路1－54	0955-72-5141
	伊 万 里		848-8691	伊万里市新天町663　伊万里商工会館	0955-22-3111
	鳥	栖	841-0051	鳥栖市元町1380－5	0942-83-3121
	有	田	844-0004	佐賀県西松浦郡有田町大樽1－4－1	0955-42-4111
	小	城	845-0001	小城市小城町253－21　ゆめぷらっと小城3F	0952-73-4111
	武	雄	843-0024	武雄市武雄町大字富岡7719	0954-23-3161
	鹿	島	849-1311	鹿島市大字高津原4296－41	0954-63-3231
長　崎	長	崎	850-8541	長崎市桜町4－1	095-822-0111
	佐 世 保		857-8577	佐世保市湊町6－10	0956-22-6121
	島	原	855-8550	島原市高島2－7217	0957-62-2101
	諫	早	854-0016	諫早市高城町5－10	0957-22-3323
	大	村	856-0826	大村市東三城町6－1	0957-53-4222
	福	江	853-0005	五島市末広町8－4	0959-72-3108
	平	戸	859-5121	平戸市岩の上町1481－1	0950-22-3131
	松	浦	859-4501	松浦市志佐町浦免1807	0956-72-2151
熊　本	熊	本	860-8547	熊本市中央区横紺屋町10番地	096-354-6688
	八	代	866-0862	八代市松江城町6－6　八代商工会館	0965-32-6191
	荒	尾	864-0054	荒尾市大正町1－4－5	0968-62-1211
	人	吉	868-0037	人吉市南泉田町3－3	0966-22-3101
	水	俣	867-0042	水俣市大園町1－11－5	0966-63-2128
	本	渡	863-0022	天草市栄町1－25	0969-23-2001
	玉	名	865-0025	玉名市高瀬290－1　玉名商工会館	0968-72-3106

	山　　鹿	861-0501	山鹿市山鹿1613	0968-43-4111
	牛　　深	863-1901	天草市牛深町215－1	0969-73-3141
大　分	別　　府	874-8588	別府市中央町7－8	0977-25-3311
	大　　分	870-0023	大分市長浜町3－15－19　大分商工会議所ビル	097-536-3131
	中　　津	871-0055	中津市殿町1383－1	0979-22-2250
	日　　田	877-8686	日田市三本松2－2－16	0973-22-3184
	佐　　伯	876-0844	佐伯市向島1－10－1	0972-22-1550
	臼　　杵	875-0041	臼杵市洲崎72－126	0972-63-8811
	津　久　見	879-2442	津久見市港町1－21	0972-82-5111
	豊 後 高 田	879-0628	豊後高田市新町986－2	0978-22-2412
	竹　　田	878-0013	竹田市大字竹田1920－1	0974-63-3161
	宇　　佐	879-0456	宇佐市大字辛島198－2	0978-33-3433
宮　崎	都　　城	885-8611	都城市姫城町4街区1号	0986-23-0001
	宮　　崎	880-0811	宮崎市錦町1－10　宮崎グリーンスフィア壱番館7F	0985-22-2161
	延　　岡	882-0824	延岡市中央通3－5－1	0982-33-6666
	日　　向	883-0044	日向市上町3－15	0982-52-5131
	高　　鍋	884-0002	宮崎県児湯郡高鍋町大字北高鍋5138	0983-22-1333
	日　　南	887-0012	日南市園田2－1－1	0987-23-2211
	小　　林	886-8502	小林市細野1899－3	0984-23-4121
	串　　間	888-8691	串間市大字西方5657	0987-72-0254
	西　　都	881-0033	西都市大字妻1538－1	0983-43-2111
鹿児島	鹿　児　島	892-8588	鹿児島市東千石町1－38　鹿児島商工会議ビル13F・14F	099-225-9500
	川　　内	895-0052	薩摩川内市神田町3－25	0996-22-2267
	鹿　　屋	893-0015	鹿屋市新川町600番地	0994-42-3135
	枕　　崎	898-0051	枕崎市中央町1	0993-72-3341
	阿　久　根	899-1624	阿久根市大丸町16	0996-72-1185
	奄 美 大 島	894-0034	奄美市名瀬入舟町12－6	0997-52-6111
	南 さ つ ま	897-0006	南さつま市加世田本町23－7	0993-53-2244
	出　　水	899-0205	出水市本町7－16	0996-62-1337
	指　　宿	891-0401	指宿市大牟礼1－15－13	0993-22-2473
	いちき串木野	896-0015	いちき串木野市旭町178	0996-32-2049
	霧　　島	899-4332	霧島市国分中央3－44－36	0995-45-0313
沖　縄	那　　覇	900-0033	那覇市久米2－2－10	098-868-3758
	沖　　縄	904-0004	沖縄市中央4－15－20	098-938-8022
	宮　古　島	906-0012	宮古島市平良字西里240－2　琉球銀行宮古支店ビル3F	0980-72-2779
	浦　　添	901-2567	浦添市勢理客4－13－1　浦添市産業振興センター・結の街2F	098-877-4606

都道府県商工会連合会

機　関　名	郵便番号	住　　　所	電話番号
北海道商工会連合会	060-8607	札幌市中央区北1条西7－1 プレスト1・7ビル4F	011-251-0101
青森県商工会連合会	030-0801	青森市新町2－8－26 青森県火災共済会館5F	0177-34-3394
岩手県商工会連合会	020-0045	盛岡市盛岡駅西通1－3－8 岩手県商工会連合会館	019-622-4165
宮城県商工会連合会	980-0011	仙台市青葉区上杉1－14－2 宮城県商工振興センター2F	022-225-8751
秋田県商工会連合会	010-0923	秋田市旭北錦町1－47　秋田県商工会館4F	018-863-8491
山形県商工会連合会	990-8580	山形市城南町1－1－1　霞城セントラル14F	023-646-7211
福島県商工会連合会	960-8053	福島市三河南町1－20　コラッセふくしま9F	024-525-3411
茨城県商工会連合会	310-0801	水戸市桜川2－2－35　茨城県産業会館13F	029-224-2635
栃木県商工会連合会	320-0806	宇都宮市中央3－1－4　栃木県産業会館6F	028-637-3731
群馬県商工会連合会	371-0047	前橋市関根町3－8－1　群馬県商工連会館	027-231-9779
埼玉県商工会連合会	330-8669	さいたま市大宮区桜木町1－7－5 ソニックシティビル7F	048-641-3617
千葉県商工会連合会	260-0013	千葉市中央区中央2－9－8 千葉広小路ビル3F	043-305-5222
東京都商工会連合会	196-0033	昭島市東町3－6－1	042-500-1140
神奈川県商工会連合会	231-0015	横浜市中区尾上町5－80 神奈川中小企業センター10F	045-633-5080
新潟県商工会連合会	950-0965	新潟市中央区新光町7－2 新潟県商工会館2F	025-283-1311
長野県商工会連合会	380-0936	長野市中御所岡田131－10 長野県中小企業指導センター1F	026-228-2131
山梨県商工会連合会	400-0035	甲府市飯田2－2－1　山梨県中小企業会館3F	055-235-2115
静岡県商工会連合会	420-0853	静岡市葵区追手町44－1 静岡県産業経済会館6F	054-255-8080
愛知県商工会連合会	450-0002	名古屋市中村区名駅4－4－38 愛知県産業労働センター16F	052-562-0030
岐阜県商工会連合会	500-8384	岐阜市藪田南5－14－53 岐阜県県民ふれあい会館9F	058-277-1068
三重県商工会連合会	514-0004	津市栄町1－891　三重県合同ビル6F	059-225-3161
富山県商工会連合会	930-0855	富山市赤江町1－7 富山県中小企業研修センター	076-441-2716
石川県商工会連合会	920-8203	金沢市鞍月2－20	076-268-7300

		石川県地場産業振興センター新館3F	
福井県商工会連合会	910-0004	福井市宝永4-9-14 福井県商工会連合会館2F	0776-23-3624
滋賀県商工会連合会	520-0806	大津市打出浜2-1 コラボしが21 5F	077-511-1470
京都府商工会連合会	615-0042	京都市右京区西院東中水町17 京都府中小企業会館4F	075-314-7151
奈良県商工会連合会	630-8213	奈良市登大路町38-1 奈良県中小企業会館3F	0742-22-4411
大阪府商工会連合会	540-0029	大阪市中央区本町橋2-5 マイドームおおさか6F	06-6947-4340
兵庫県商工会連合会	650-0013	神戸市中央区花隈町6-19　兵庫県商工会館	078-371-1261
和歌山県商工会連合会	640-8152	和歌山市十番丁19　Wajima十番丁4F	073-432-4661
鳥取県商工会連合会	680-0942	鳥取市湖山町東4-100 鳥取県商工会連合会館	0857-31-5555
島根県商工会連合会	690-0886	松江市母衣町55-4　島根県商工会館4F	0852-21-0651
岡山県商工会連合会	700-0817	岡山市北区弓之町4-19-401 岡山県中小企業会館4F	086-224-4341
広島県商工会連合会	730-0051	広島市中区大手町3-3-27 大手町マンション2F	082-247-0221
山口県商工会連合会	753-0074	山口市中央4-5-16　山口県商工会館3F	083-925-8888
徳島県商工会連合会	770-0865	徳島市南末広町5-8-8 徳島経済産業会館2F	088-623-2014
香川県商工会連合会	760-0066	高松市福岡町2-2-2-301号 香川県産業会館3F	087-851-3182
愛媛県商工会連合会	790-0065	松山市宮西1-5-19　愛媛県商工会連合会館	089-924-1103
高知県商工会連合会	781-5101	高知市布師田3992-2 高知県中小企業会館3F	088-846-2111
福岡県商工会連合会	812-0046	福岡市博多区吉塚本町9-15 中小企業振興センター7F	092-622-7708
佐賀県商工会連合会	840-0826	佐賀市白山2-1-12　佐賀商工ビル6F	0952-26-6101
長崎県商工会連合会	850-0031	長崎市桜町4-1　長崎商工会館8F	095-824-5413
熊本県商工会連合会	860-0801	熊本市中央区安政町3-13　熊本県商工会館8F	096-325-5161
大分県商工会連合会	870-0026	大分市金池町3-1-64 大分県中小企業会館5F	097-534-9507
宮崎県商工会連合会	880-0013	宮崎市松橋2-4-31　宮崎県中小企業会館2F	0985-24-2055
鹿児島県商工会連合会	892-0821	鹿児島市名山町9-1　鹿児島県産業会館6F	099-226-3773
沖縄県商工会連合会	901-0152	那覇市小禄1831-1 沖縄産業支援センター604号	098-859-6150

都道府県中小企業団体中央会

機　関　名	郵便番号	住　　　所	電話番号
北海道中小企業団体中央会	060-0001	札幌市中央区北1条西7-1 プレスト1・7	011-231-1919
青森県中小企業団体中央会	030-0802	青森市本町2-9-17　青森県中小企業会館4F	017-777-2325
岩手県中小企業団体中央会	020-0878	盛岡市肴町4-5　岩手酒類卸㈱ビル2F	019-624-1363
宮城県中小企業団体中央会	980-0011	仙台市青葉区上杉1-14-2 宮城県商工振興センター1F	022-222-5560
秋田県中小企業団体中央会	010-0923	秋田市旭北錦町1-47　秋田県商工会館5F	018-863-8701
山形県中小企業団体中央会	990-8580	山形市城南町1-1-1　霞城セントラル14F	023-647-0360
福島県中小企業団体中央会	960-8053	福島市三河南町1-20　コラッセふくしま10F	024-536-1261
茨城県中小企業団体中央会	310-0801	水戸市桜川2-2-35　茨城県産業会館8F	029-224-8030
栃木県中小企業団体中央会	320-0806	宇都宮市中央3-1-4　栃木県産業会館3F	028-635-2300
群馬県中小企業団体中央会	371-0026	前橋市大手町3-3-1 群馬県中小企業会館	027-232-4123
埼玉県中小企業団体中央会	330-8669	さいたま市大宮区桜木町1-7-5 大宮ソニックシティビル9F	048-641-1315
千葉県中小企業団体中央会	260-0015	千葉市中央区富士見2-22-2 千葉中央駅前ビル3F	043-306-3281
東京都中小企業団体中央会	104-0061	中央区銀座2-10-18　東京都中小企業会館	03-3542-0386
神奈川県中小企業団体中央会	231-0015	横浜市中区尾上町5-80 神奈川中小企業センター9F	045-633-5131
新潟県中小企業団体中央会	951-8133	新潟市中央区川岸町1-47-1 新潟県中小企業会館3F	025-267-1100
長野県中小企業団体中央会	380-0936	長野市中御所岡田131-10 長野県中小企業指導センター4F	026-228-1171
山梨県中小企業団体中央会	400-0035	甲府市飯田2-2-1　山梨県中小企業会館4F	055-237-3215
静岡県中小企業団体中央会	420-0853	静岡市葵区追手町44-1 静岡県産業経済会館	054-254-1511
愛知県中小企業団体中央会	450-0002	名古屋市中村区名駅4-4-38 愛知県産業労働センター16F	052-485-6811
岐阜県中小企業団体中央会	500-8384	岐阜市藪田南5-14-53 県民ふれあい会館9F	058-277-1100
三重県中小企業団体中央会	514-0004	津市栄町1-891　三重県合同ビル6F	059-228-5195
富山県中小企業団体中央会	930-0083	富山市総曲輪2-1-3　富山商工会議所ビル6F	076-424-3686
石川県中小企業団体中央会	920-8203	金沢市鞍月2-20 石川県地場産業振興センター新館5F	076-267-7711
福井県中小企業団体中央会	910-0005	福井市大手3-7-1　繊協ビル4F	0776-23-3042

— 728 —

滋賀県中小企業団体中央会	520-0806	大津市打出浜2－1　コラボしが21 5F	077-511-1430
京都府中小企業団体中央会	615-0042	京都市右京区西院東中水町17番地 京都府中小企業会館4F	075-314-7131
奈良県中小企業団体中央会	630-8213	奈良市登大路町38－1　奈良県中小企業会館	0742-22-3200
大阪府中小企業団体中央会	540-0029	大阪市中央区本町橋2－5 マイドームおおさか6F	06-6947-4370
兵庫県中小企業団体中央会	650-0011	神戸市中央区下山手通4－16－3 兵庫県民会館3F	078-331-2045
和歌山県中小企業団体中央会	640-8152	和歌山市十番丁19番地　wajima十番丁4F	073-431-0852
鳥取県中小企業団体中央会	680-0845	鳥取市富安1－96　中央会会館	0857-26-6671
島根県中小企業団体中央会	690-0886	松江市母衣町55－4　島根県商工会館4F	0852-21-4809
岡山県中小企業団体中央会	700-0817	岡山市北区弓之町4－19－202号 岡山県中小企業会館2F	086-224-2245
広島県中小企業団体中央会	730-0011	広島市中区基町5-44　広島商工会議所ビル6F	082-228-0926
山口県中小企業団体中央会	753-0074	山口市中央4－5－16　山口県商工会館6F	083-922-2606
徳島県中小企業団体中央会	770-8550	徳島市南末広町5－8－8 徳島経済産業会館 KIZUNAプラザ3F	088-654-4431
香川県中小企業団体中央会	760-8562	高松市福岡町2－2－2－401 香川県産業会館4F	087-851-8311
愛媛県中小企業団体中央会	791-1101	松山市久米窪田町337－1 テクノプラザ愛媛3F	089-955-7150
高知県中小企業団体中央会	781-5101	高知市布師田3992－2 高知県中小企業会館4F	088-845-8870
福岡県中小企業団体中央会	812-0046	福岡市博多区吉塚本町9－15 福岡県中小企業振興センター9F	092-622-8780
佐賀県中小企業団体中央会	840-0826	佐賀市白山2－1－12　佐賀商工ビル6F	0952-23-4598
長崎県中小企業団体中央会	850-0031	長崎市桜町4－1　長崎商工会館9F	095-826-3201
熊本県中小企業団体中央会	860-0801	熊本市中央区安政町3－13 熊本県商工会館7F	096-325-3255
大分県中小企業団体中央会	870-0026	大分市金池町3－1－64 大分県中小企業会館4F	097-536-6331
宮崎県中小企業団体中央会	880-0013	宮崎市松橋2－4－31　宮崎県中小企業会館3F	0985-24-4278
鹿児島県中小企業団体中央会	892-0821	鹿児島市名山町9－1　鹿児島県産業会館5F	099-222-9258
沖縄県中小企業団体中央会	900-0011	那覇市字上之屋303－8	098-860-2525

一般社団法人　中小企業診断協会・各支部

支 部 名	郵便番号	住　　　所	電話番号
北 海 道 支 部	060-0004	札幌市中央区北4条西6-1　毎日札幌会館4F	011-231-1377
青 森 県 支 部	030-0801	青森市新町2-4-1 青森県共同ビル7F ㈶21あおもり産業総合支援センター内	017-775-3234
岩 手 県 支 部	020-0878	盛岡市肴町4-5　岩手酒類卸ビル2F 岩手県中小企業団体中央会内	019-624-1363
宮 城 県 支 部	980-0811	仙台市青葉区一番町2-11-12-303	022-262-8587
秋 田 県 支 部	013-0013	秋田市南通築地1-1	018-834-3037
山 形 県 支 部	990-2413	山形市南原町1-14-51	050-3681-2427
福 島 県 支 部	960-8031	福島市栄町7-33　錦ビル4F	024-573-6370
茨 城 県 支 部	315-0014	石岡市国府1-2-5	0299-56-4301
栃 木 県 支 部	320-0065	宇都宮市駒生町1487-14 ナック・ワース・プロ㈲内	028-652-6224
群 馬 県 支 部	371-0036	前橋市敷島町244-1	027-231-2249
埼 玉 県 支 部	330-0063	さいたま市浦和区高砂4-3-21　三協ビル5F	048-762-3350
千 葉 県 支 部	260-0015	千葉市中央区富士見2-22-2　千葉中央駅前ビル3F 千葉県中小企業団体中央会内	043-301-3860
東 京 支 部	104-0061	中央区銀座2-10-18　東京都中小企業会館7F	03-5550-0033
神奈川県支部	231-0005	横浜市中区本町6-52　本町アンバービル8F	045-228-7870
新 潟 県 支 部	950-1101	新潟市西区山田3081-6　ピュアハートビル1F	025-378-4021
長 野 県 支 部	390-0875	松本市城西2-5-12　城西ビジネスビル2F	0263-34-5430
山 梨 県 支 部	400-0042	甲府市高畑1-13-28	055-215-2261
静 岡 県 支 部	420-0857	静岡市葵区御幸町3-21　ベガサート3F	054-255-1255
愛 知 県 支 部	450-0002	名古屋市中村区名駅3-22-8　東海ビル8F	052-581-0924
岐 阜 県 支 部	500-8381	岐阜市市橋3-13-15	058-276-6596
三 重 県 支 部	514-0004	津市栄町1-891　三重県合同ビル5F	059-246-5911
富 山 県 支 部	930-0866	富山市高田527 情報ビル2F	076-433-1371
石 川 県 支 部	920-8203	金沢市鞍月2-20 石川県地場産業振興センター新館3F	076-267-6030
福 井 県 支 部	910-0296	坂井市丸岡町熊堂3-7-1-16 福井県産業情報センタービル内	0776-67-7447
滋 賀 県 支 部	520-0806	大津市打出浜2-1　コラボしが21 4F	077-511-1370
京 都 支 部	600-8431	京都市下京区綾小路通室町西入善長寺町143　マスギビル5F	075-353-5381
奈 良 支 部	630-8217	奈良市橋本町3-1　きらっ都3F302号	0742-20-6688
大 阪 支 部	541-0029	大阪市中央区本町橋2-5　マイドームおおさか7F	06-4792-8992

兵 庫 県 支 部	650-0044	神戸市中央区東川崎町1－8－4　神戸市産業振興センター8F	078-362-6000
和歌山県支部	640-8214	和歌山市寄合町44　宮本ビル3F ㈱奥村総合企画内	073-428-7370
鳥 取 県 支 部	683-0064	米子市道笑町2－242	0859-32-5060
島 根 県 支 部	690-0048	松江市西嫁島1－4－5　㈱社長室内	0852-28-1600
岡 山 県 支 部	700-0985	岡山市北区厚生町3－1－15　岡山商工会議所8F 816号室	086-225-4552
広 島 県 支 部	730-0052	広島市中区千田町3－7－47　広島県情報プラザ3F	082-569-7338
山 口 県 支 部	753-0074	山口市中央4－5－16　山口県商工会館2F	083-934-3510
徳 島 県 支 部	770-0804	徳島市中吉野町3－27－4	0886-22-7521
香 川 県 支 部	761-0301	高松市林町2217－15　香川産業頭脳化センター402号	087-814-6456
愛 媛 県 支 部	790-0003	松山市三番町4－8－7　越智会計ビル1F	089-961-1640
高 知 県 支 部	780-0822	高知市はりまや町3－19－15　factビル3F AI経営コンサルタント内	088-878-1198
福 岡 県 支 部	812-0013	福岡市博多区博多駅東2－9－25　アバンダント84－203 福岡県中小企業振興センター10F	092-771-7781
佐 賀 県 支 部	849-0905	佐賀市金立町大字千布1450－10　㈲フジソーケン内	0952-98-0441
長 崎 県 支 部	850-0056	長崎市大黒町3－1　交通会館5F	095-832-7011
熊 本 県 支 部	860-0805	熊本市中央区上戸塚町2－20　はらの7県庁東ビル204	096-288-6670
大 分 県 支 部	870-0037	大分市東春日町17－20　ソフトパークセンタービル2F	097-538-9123
宮 崎 県 支 部	880-0939	宮崎市花山手西2－33－9	0985-55-1836
鹿 児 島 県 支 部	890-0046	鹿児島市西田2－20－26－401	099-258-1871
沖 縄 県 支 部	903-0801	那覇市首里末吉町4－2－19　コーポ23－202号	098-917-0011

総 合 索 引

ア行

アイスクリームショップ‥‥58
アウトドア用品店‥‥‥‥426
アウトレットモール‥‥‥494
アニメ制作業‥‥‥‥‥‥260
アパート経営‥‥‥‥‥‥322
アンテナショップ‥‥‥‥472
e ラーニング業‥‥‥‥‥318
囲碁・将棋‥‥‥‥‥‥‥92
居酒屋チェーン‥‥‥‥‥62
医薬品卸売業‥‥‥‥‥‥514
医薬品製造業‥‥‥‥‥‥584
医療機器製造業‥‥‥‥‥588
印刷業‥‥‥‥‥‥‥‥‥650
インテリア製品製造業‥‥630
インテリア用品店‥‥‥‥400
うどん店（讃岐うどんチェーン店）‥10
運送業‥‥‥‥‥‥‥‥‥344
英会話学校‥‥‥‥‥‥‥128
衛生設備工事（水回り工事）‥542
エクステリア製品製造業‥‥664
エステティックサロン‥‥212
LED 照明製造業‥‥‥‥‥634
LPG 元売業‥‥‥‥‥‥‥688
園芸店‥‥‥‥‥‥‥‥‥410
オートキャンプ場‥‥‥‥86
屋外広告業‥‥‥‥‥‥‥232
お好み焼き店‥‥‥‥‥‥48
オフィスコーヒーサービス業‥64

音楽配信サービス業‥‥‥304
温泉旅館‥‥‥‥‥‥‥‥108

カ行

カーシェアリング業‥‥‥350
カー用品店‥‥‥‥‥‥‥412
外航クルーズ業（国内クルーズを含む）‥96
介護食品製造業‥‥‥‥‥580
介護（福祉）ロボット製造業‥‥654
解体工事業‥‥‥‥‥‥‥546
回転寿司店‥‥‥‥‥‥‥30
家具製造業‥‥‥‥‥‥‥594
家具店‥‥‥‥‥‥‥‥‥398
学童保育所‥‥‥‥‥‥‥118
貸会議室‥‥‥‥‥‥‥‥358
家事代行業‥‥‥‥‥‥‥242
果実加工業‥‥‥‥‥‥‥582
貸ビル業‥‥‥‥‥‥‥‥328
カジュアル衣料品店‥‥‥368
ガス・石油機器製造業‥‥674
ガソリンスタンド‥‥‥‥448
カタログ通信販売業‥‥‥478
楽器製造業‥‥‥‥‥‥‥602
家庭教師派遣業‥‥‥‥‥120
家電リサイクル業‥‥‥‥244
家電量販店‥‥‥‥‥‥‥450
金型製造業‥‥‥‥‥‥‥694
かばん・袋物店‥‥‥‥‥406
カプセルホテル‥‥‥‥‥102
カメラ製造業‥‥‥‥‥‥596

カラオケボックス‥‥‥‥74
ガラス製品製造業‥‥‥‥598
カレー専門店‥‥‥‥‥‥42
環境測定業‥‥‥‥‥‥‥160
玩具製造業‥‥‥‥‥‥‥604
玩具店‥‥‥‥‥‥‥‥‥470
貴金属店‥‥‥‥‥‥‥‥440
既製紳士服店‥‥‥‥‥‥370
喫茶店‥‥‥‥‥‥‥‥‥26
ギフトショップ‥‥‥‥‥498
給食業‥‥‥‥‥‥‥‥‥66
求人情報サービス業‥‥‥220
牛丼店‥‥‥‥‥‥‥‥‥18
牛乳販売店（宅配を含む）‥468
ぎょうざ専門店‥‥‥‥‥52
行政書士‥‥‥‥‥‥‥‥154
均一価格ショップ（100円ショップ）‥462
金属プレス加工業‥‥‥‥686
串焼き・串カツ店‥‥‥‥56
靴修理業‥‥‥‥‥‥‥‥270
靴・履物店‥‥‥‥‥‥‥404
クリーニング店‥‥‥‥‥250
グループホーム‥‥‥‥‥190
クレジットカード‥‥‥‥278
経営コンサルタント‥‥‥148
携帯電話販売業‥‥‥‥‥310
携帯電話・PHS 会社‥‥‥308
警備保障業‥‥‥‥‥‥‥238
ケーブルテレビ（CATV）‥236
ゲームショップ‥‥‥‥‥458

ゲームセンター・・・・・・・・・78	サービス付き高齢者向け住宅・・198	小児科・・・・・・・・・・・・・176
ゲームソフト製造業・・・・・・606	再生資源回収業 (古紙回収業を含む)・・226	消費者金融・・・・・・・・・・280
化粧品店・・・・・・・・・・・428	産業廃棄物処理業・・・・・・・224	情報処理業・・・・・・・・・・316
化粧品製造業・・・・・・・・・600	産婦人科・・・・・・・・・・・174	しょうゆ製造業・・・・・・・・568
結婚式場・・・・・・・・・・・216	CD・楽器店・・・・・・・・・・444	食事・食品宅配業・・・・・・・36
結婚情報サービス・・・・・・・214	ジーンズショップ・・・・・・・380	食肉卸売業・・・・・・・・・・508
健康機器製造業・・・・・・・・622	ジェネリック医薬品製造業・・586	食品機械製造業・・・・・・・・624
健康・自然食品店・・・・・・・394	歯科医院・・・・・・・・・・・172	食品検査業・・・・・・・・・・158
健康食品製造業・・・・・・・・578	資格学校・・・・・・・・・・・126	食品スーパー・・・・・・・・・486
検診サービス機関・・・・・・・182	市場調査（ネット調査）業・・320	食品リサイクル業・・・・・・・246
建設機械器具賃貸業・・・・・・286	自転車製造業・・・・・・・・・608	植物工場・・・・・・・・・・・706
建築設計事務所・・・・・・・・152	自転車店・・・・・・・・・・・420	食料品卸売業・・・・・・・・・506
コインランドリー業・・・・・・254	自動車整備業・・・・・・・・・356	書籍取次業・・・・・・・・・・524
航空貨物運送業・・・・・・・・362	自動車製造業・・・・・・・・・610	ショッピングモール・・・・・492
広告代理店・・・・・・・・・・230	自動車販売業・・・・・・・・・414	鍼灸院・整骨院・・・・・・・・202
工作機械製造業・・・・・・・・640	自動車部品製造業・・・・・・・662	寝具店・・・・・・・・・・・・402
高速バス業・・・・・・・・・・354	自動販売機製造業・・・・・・・656	新古書チェーン・・・・・・・・454
公認会計士・・・・・・・・・・142	シネマコンプレックス・・・・・76	人材派遣業・・・・・・・・・・218
香料製造業・・・・・・・・・・652	地ビール製造業・・・・・・・・556	診療所・・・・・・・・・・・・170
合板製造業・・・・・・・・・・646	写真館・・・・・・・・・・・・164	スイーツ専門店・・・・・・・・390
港湾運送業・・・・・・・・・・364	シャツ専門店・・・・・・・・・378	水産物卸売業・・・・・・・・・510
コーヒーチェーン店・・・・・・28	しゃぶしゃぶ料理店・・・・・・50	水産練製品製造業・・・・・・・572
コーヒー焙煎業・・・・・・・・562	事務用機械器具賃貸業・・・・・288	水族館・・・・・・・・・・・・94
古紙卸売業・・・・・・・・・・522	事務用品製造業・・・・・・・・666	スイミングクラブ・・・・・・・90
呉服店・・・・・・・・・・・・384	住宅建設業・・・・・・・・・・528	スーパー銭湯・・・・・・・・・266
ゴム製品製造業・・・・・・・・632	住宅展示場・・・・・・・・・・360	スーパーマーケット・・・・・484
米卸売業・・・・・・・・・・・502	住宅リフォーム・・・・・・・・240	スキー場・・・・・・・・・・・84
ゴルフ会員権売買業・・・・・・82	手芸店・・・・・・・・・・・・474	ステーキ料理店・・・・・・・・46
ゴルフショップ・・・・・・・・424	種苗業・・・・・・・・・・・・702	スポーツ用品製造業・・・・・612
ゴルフ場・・・・・・・・・・・80	出版業・・・・・・・・・・・・274	スポーツ用品店・・・・・・・・422
ゴルフ用品製造業・・・・・・・614	酒類卸売業・・・・・・・・・・504	製菓業・・・・・・・・・・・・548
コンタクトレンズ販売店・・・438	商業デザイン業・・・・・・・・166	生活協同組合・・・・・・・・・490
コンビニエンスストア・・・・488	証券会社・・・・・・・・・・・282	生活雑貨店・・・・・・・・・・464
サ行	昇降機製造業・・・・・・・・・672	製材業・・・・・・・・・・・・636
	商社・・・・・・・・・・・・・500	清酒製造業・・・・・・・・・・552

— 733 —

生鮮食品卸売市場・・・・・・・512
製パン業・・・・・・・・・・・550
生命保険会社・・・・・・・・・290
制服・作業服店・・・・・・・・382
税理士・・・・・・・・・・・・144
清涼飲料製造業・・・・・・・・558
セメント製造業・・・・・・・・678
葬儀社・・・・・・・・・・・・252
総合建設業・・・・・・・・・・526
総合レンタル業・・・・・・・・276
倉庫業・・・・・・・・・・・・338
総菜店・・・・・・・・・・・・396
ソーシャルネットワークサービス業（SNS）・・302
測量調査業・・・・・・・・・・162
ソフトウェア業・・・・・・・・312

タ行

大衆食堂・・・・・・・・・・・・8
太陽電池製造業・・・・・・・・698
タオル製造業・・・・・・・・・620
宅配ピザ店・・・・・・・・・・34
宅配便業・・・・・・・・・・・346
宅配ボックス・コインロッカー業・・262
ダンス教室・・・・・・・・・・138
段ボール製造業・・・・・・・・684
蓄電池製造業・・・・・・・・・696
チケット取扱業・・・・・・・・268
治験関連業務委託機関・・・・・186
中華料理店・・・・・・・・・・20
中古自動車販売業・・・・・・・416
駐車場・・・・・・・・・・・・336
中小企業診断士・・・・・・・・150
中小工務店・・・・・・・・・・530
調剤薬局・・・・・・・・・・・430
通信教育業・・・・・・・・・・140

漬物製造業・・・・・・・・・・574
DIY店・・・・・・・・・・・446
DPE店・・・・・・・・・・・248
デイサービス（通所介護事業所）・・194
ディスカウントショップ・・・496
データセンター・・・・・・・・314
鉄屑問屋・・・・・・・・・・・520
鉄鋼卸売業・・・・・・・・・・516
鉄骨・鉄筋工事業・・・・・・・544
電気通信工事業・・・・・・・・538
電線・ケーブル線製造業・・・682
電子部品製造業・・・・・・・・668
テレビ通販業・・・・・・・・・480
テレマーケティング業（コールセンター）・・256
電力会社・・・・・・・・・・・700
特別養護老人ホーム・・・・・・196
時計製造業・・・・・・・・・・616
土壌改良業・・・・・・・・・・366
塗装工事業・・・・・・・・・・540
土木工事業・・・・・・・・・・534
塗料製造業・・・・・・・・・・648
特許事務所・・・・・・・・・・156
土木建設機械製造業・・・・・・644
ドラッグストア・・・・・・・・432
とんかつ店・・・・・・・・・・44

ナ行

内装工事業・・・・・・・・・・536
納豆製造業・・・・・・・・・・564
生コンクリート製造業・・・・680
日用雑貨卸売業・・・・・・・・518
ネットカフェ・・・・・・・・・300
ネット広告業・・・・・・・・・296
ネット証券会社・・・・・・・・306
ネットショップ・・・・・・・・298

農業機械製造業・・・・・・・・642
農業法人・・・・・・・・・・・704
農薬製造業・・・・・・・・・・690

ハ行

バー・・・・・・・・・・・・・60
バイク店・・・・・・・・・・・418
廃プラスチック再生加工業・・228
ハイヤー・タクシー・・・・・・342
パスタ専門店・・・・・・・・・40
パソコン製造業・・・・・・・・658
パチンコ店・・・・・・・・・・70
ハム・ソーセージ製造業・・・570
半導体製造装置製造業・・・・670
ハンバーガー店・・・・・・・・14
ビジネススクール・・・・・・・124
ビジネスホテル・・・・・・・・100
引越し専門業・・・・・・・・・352
ビデオ（DVD）レンタルショップ・・264
百貨店・・・・・・・・・・・・482
美容院・・・・・・・・・・・・210
病院・・・・・・・・・・・・・168
肥料製造業・・・・・・・・・・692
ビルメンテナンス・・・・・・・334
ファーストフード・・・・・・・12
ファミリーレストラン・・・・・16
フィットネスクラブ・・・・・・68
福祉機器製造業・・・・・・・・590
福祉用具レンタル業・・・・・・206
服飾雑貨店・・・・・・・・・・466
福利厚生代行業・・・・・・・・222
婦人服店・・・・・・・・・・・372
ブックストア・・・・・・・・・452
仏具店・・・・・・・・・・・・476
不動産業・・・・・・・・・・・330

不動産仲介業・・・・・・・・・・332	持ち帰り弁当店・・・・・・・・・・32
フラワーショップ・・・・・・・・408	

ヤ行

フレッシュベーカリー・・・・・388	焼き鳥店・・・・・・・・・・・・・54
プレハブ建築業・・・・・・・・・・532	焼肉店・・・・・・・・・・・・・・・24
プログラミング教室・・・・・・132	有料老人ホーム・・・・・・・・・188
文具店・・・・・・・・・・・・・・434	ユニフォーム製造業・・・・・・628
米穀店・・・・・・・・・・・・・・386	洋紙製造業・・・・・・・・・・・・626
ペット関連サービス業・・・・272	幼稚園・・・・・・・・・・・・・・114
ペットショップ・・・・・・・・456	ヨガ教室・・・・・・・・・・・・・136
ペットフード製造業・・・・・・638	予備校・・・・・・・・・・・・・・122
ペット病院・・・・・・・・・・・・204	

ラ行

ベビーシッター・・・・・・・・・258	ラーメン店・・・・・・・・・・・・22
ベビー服・子供服店・・・・・・374	来店型保険ショップ・・・・・・292
弁護士・・・・・・・・・・・・・・146	ランジェリーシュップ・・・・376
ベンチャーキャピタル・・・・294	リース業・・・・・・・・・・・・・284
保育園・・・・・・・・・・・・・・116	リサイクルショップ・・・・・・460
宝石リフォーム業（貴金属買取り業）・・442	リゾートホテル・・・・・・・・・104
包装・容器製造業・・・・・・・・660	リハビリテーション科・・・・178
放送局・・・・・・・・・・・・・・234	理容店・・・・・・・・・・・・・・208
防犯機器製造業・・・・・・・・・592	旅館・・・・・・・・・・・・・・・106
訪問介護サービス・・・・・・・192	旅行代理店・・・・・・・・・・・112
訪問看護ステーション・・・・200	料理学校・・・・・・・・・・・・・134
ホテル・・・・・・・・・・・・・・98	臨床検査業・・・・・・・・・・・・184
ボルダリングジム・・・・・・・88	冷凍食品製造業・・・・・・・・・576

マ行

	レジャーセンター・・・・・・・・72
マンション管理業・・・・・・・326	レンタカー・・・・・・・・・・・・348
マンション事業・・・・・・・・324	レンタルオフィス業・・・・・・340

ワ行

みそ製造業・・・・・・・・・・・566	ワイシャツ製造業・・・・・・・626
ミネラルウォーター製造業・・560	ワイン製造業・・・・・・・・・・554
民泊サービス・・・・・・・・・・110	和菓子店・・・・・・・・・・・・・392
眼鏡製造業・・・・・・・・・・・618	和食レストラン・・・・・・・・・38
メガネ店・・・・・・・・・・・・436	
メンタルヘルス科（心療内科）・・180	
モータースクール・・・・・・・130	

本書の各業種に掲載の「TKC経営指標」について

　この経営指標は、全国に散在する1万名超のTKC会員に所属する公認会計士・税理士が、関与先を往訪し、全部精密監査を実施した結果を全国的規模で集約したものです。

　その分析対象となった企業数は中小企業約23万社です。これだけの品質水準と規模とをもつ、中小企業の分析統計は類例がありません。

　信頼性の極めて高い経営指標を、最新資料としてご活用下さい。

　なお、本書で引用しているTKC経営指標の分析値は、当該業種における変動損益計算書の全企業の平均額と構成比の数値です。

「業種別業界情報カスタマイズ版」の特注について

　経営情報出版社では、大手情報企業各社や官公庁などからの要請を受け「業種別業界情報のカスタマイズ版」を作成し、ご提供しております。

　貴社独自の必要とされる業種・内容をオリジナルでお届け致します。

◆受注は、貴社ご指定業種、10業種以上～500業種まで承ります。

◆内容は「業種別業界情報2017年版」を基本ベースとして、同書に未掲載でも貴社のご要望にそって内容を追加提供致します。

◆弊社専門スタッフにより、調査・取材・執筆・編集を行います。

◆ご提供の方法は、CD-ROM、MOなど、またコンテンツデータはパワーポイント、PDF、HTMLでの制作提供が可能です。

◆ご提供価格は、情報内容、情報量、業種数などにより異なりますので、ご連絡頂き次第、見積書を提出致します。

◎また、「業種別業界情報」の社内イントラネット掲載についても、PDF等でのご提供を承っております。

お問合せ先：㈱経営情報出版社
TEL：03(5214)0030　FAX：03(5214)6208

業種別業界情報　2018年版

平成30年1月4日　初版発行

編　著　　中 小 企 業 動 向 調 査 会
発行者　　坂 　田 　幸 　夫
印刷所　　株式会社 日 　本 　ア 　ド
製本所　　株式会社 坂 　田 　製 　本

発行所　　株式会社 **経営情報出版社**
〒102-0073 東京都千代田区九段北1-7-12
ＴＥＬ03(5214)0030　　ＦＡＸ03(5214)6208

©2018 Printed in Japan
《禁無断転載・記載》

ISBN978-4-87428-235-9 C3560
本体 22,381円+税